二〇〇四年度国家哲学社会科学基金重点项目（04AZJ001）

中国各民族原始宗教资料集成

布依族卷　侗族卷　仡佬族卷

总　主　编：吕大吉　何耀华

副总主编：陈国安

布依族卷　主编：颜　勇　周国茂　梁永枢

侗　族　卷　主编：吴　嵘

仡佬族卷　主编：李平凡

中国社会科学出版社

图书在版编目（CIP）数据

中国各民族原始宗教资料集成．布依族卷、侗族卷、仡佬族卷／吕大吉，何耀华总主编．—北京：中国社会科学出版社，2012.12

ISBN 978 - 7 - 5161 - 0003 - 5

Ⅰ．①中…　Ⅱ．①吕…②何…　Ⅲ．①布依族—原始宗教—资料—汇编—中国②侗族—原始宗教—资料—汇编—中国③仡佬族—原始宗教—资料—汇编—中国　Ⅳ．①B933

中国版本图书馆 CIP 数据核字（2011）第 171105 号

出 版 人	赵剑英
选题策划	黄燕生
责任编辑	李　是
责任校对	孙洪波
责任印制	戴　宽

出　　版	中国社会科学出版社
社　　址	北京鼓楼西大街甲 158 号（邮编100720）
网　　址	http://www.csspw.cn
	中文域名：中国社科网　　　010 - 64070619
发 行 部	010 - 84083685
门 市 部	010 - 84029450
经　　销	新华书店及其他书店

印刷装订	环球印刷（北京）有限公司
版　　次	2012 年 12 月第 1 版
印　　次	2012 年 12 月第 1 次印刷

开　　本	787×1092　1/16
印　　张	52.75
字　　数	1201 千字
定　　价	188.00 元

布依族

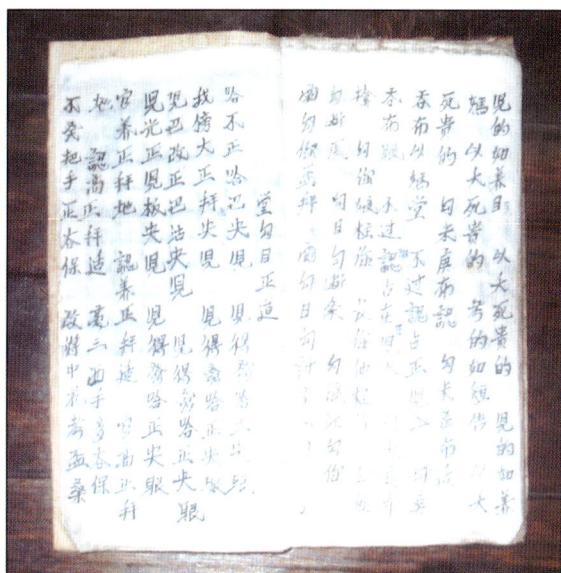

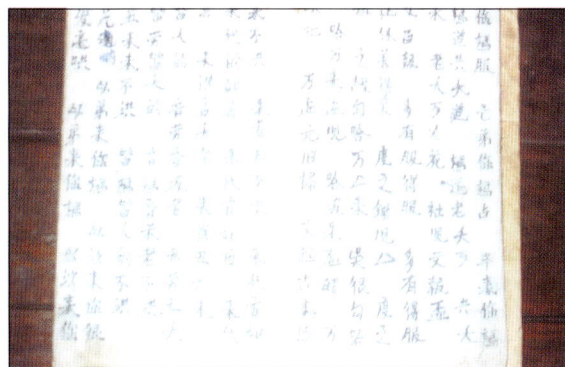

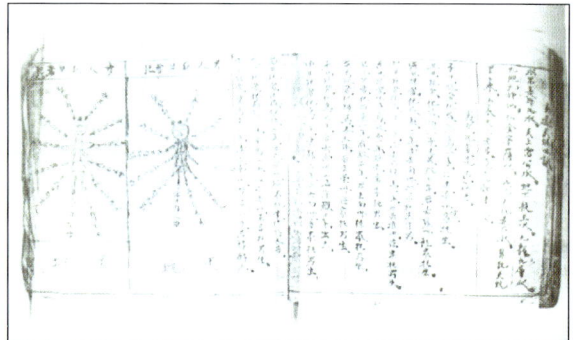

5 贵州六盘水布依族的摩经
6 贵州威宁布依族摩经（四）
7 贵州贵阳花溪布依族摩经（一）
8 贵州望谟布依族摩经
9 贵州贵阳花溪布依族摩经（二）
10 贵州水城布依族摩经

5	8
6	9
7	10

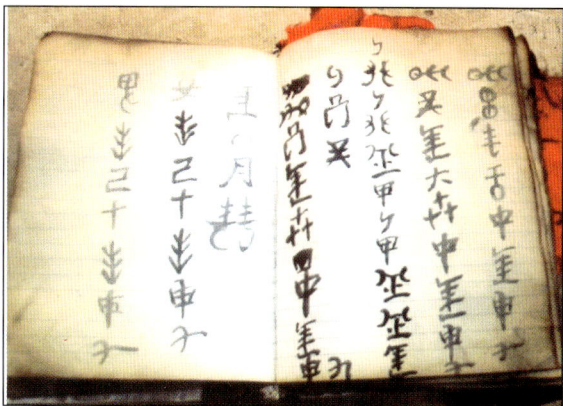

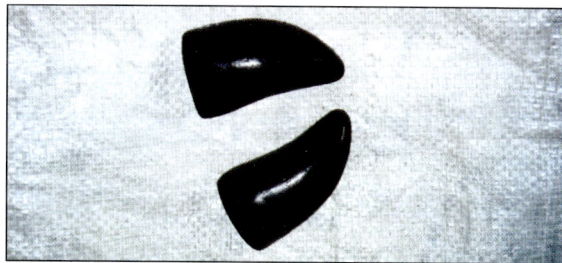

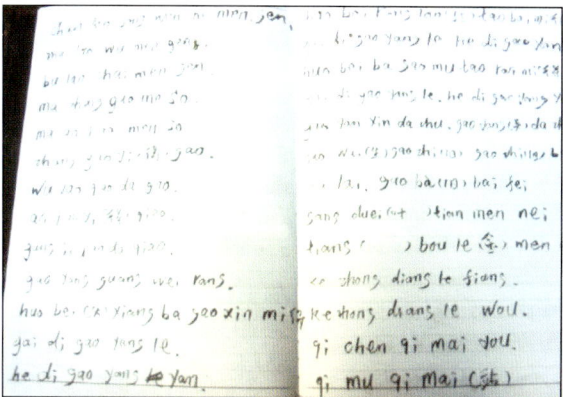

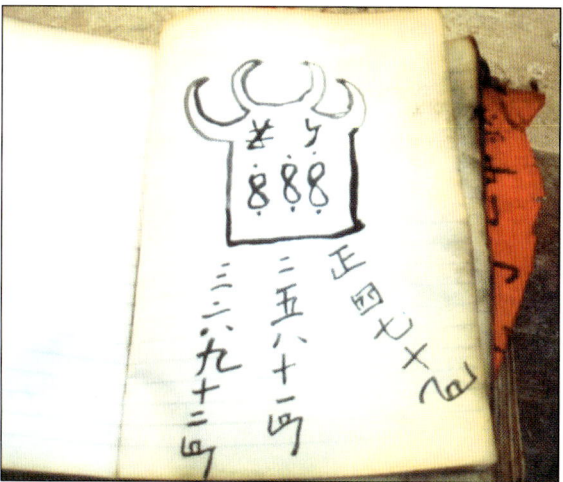

11 云南宁蒗布依族摩经（一）

12 云南宁蒗布依族摩经（拼音文字）

13 云南宁蒗布依族摩经（二）

14 布依族布摩卜卦用的卦板

15 贵州贞丰一带布依族丧葬仪式期间
   制作的"隔坛"

16 布依族"六月六"祭田神，在田中
   插纸旗驱虫

17 贵州贞丰一带布依族丧葬仪式上亲
   友送给亡灵的"灵房"，供其在阴
   间享用

11	14
12	15
13	16
	17

18	22
19	23
20	24
21	

25 布依族布摩率领众孝（孝男孝女）
　　围着拴牛"鬼杆"转嘎（鬼场）
26 布依族"六月六"祭田神
27 布依族村寨旁的神庙
28 布依族为孩子"解关煞"所立的"挡
　　箭碑"
29 布依族村寨中或村寨旁为幼童"解
　　关煞"所立的"指路碑"
30 布依族村寨旁或村寨中的"神树"

25	28
26	29
27	30

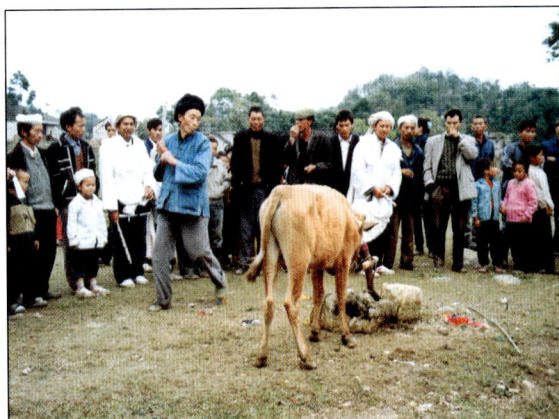

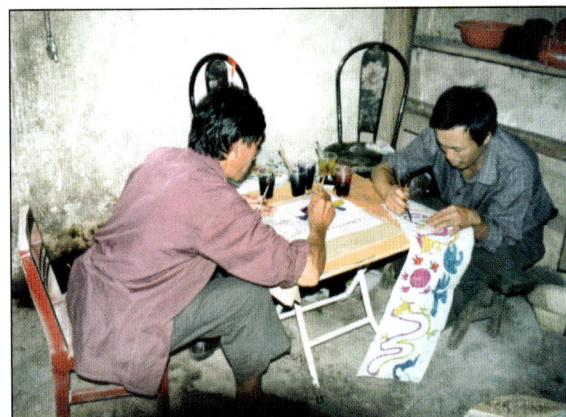

31 布摩在布依族丧葬仪式中的出丧仪式

32 布依族"砍牛（嘎）"仪式

33 贵州黔西南自治州布依族村寨旁供主祖用的"官厅"（或称"老人房"）

34 丧葬仪式上用来分隔灵柩和供桌的"隔坛"正中部分

35 丧葬活动中，布摩身披"法衣"，手执长矛，率众孝男孝女向"转嘎场"进发，在那里举行"转嘎"仪式（贵州贞丰）

36 丧葬仪式前，布摩在绘制"隔坛"图画

37 从丧家出发赶赴"转嘎"场之前，布摩举行仪式，向众孝男孝女们撒米（称"毫哈"），孝男孝女们用衣襟或伞等接住。据说存放在家中可做种，使家业兴旺（贵州贞丰）

31	35
32	36
33	37
34	

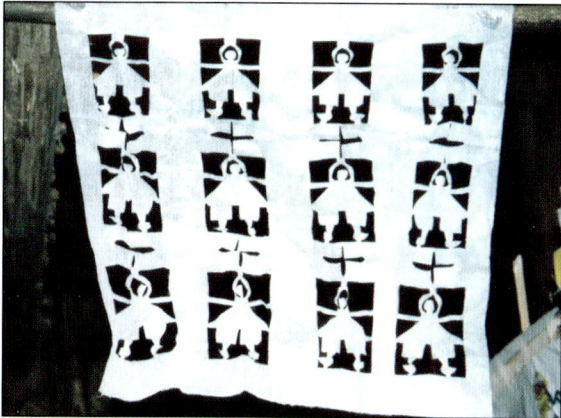

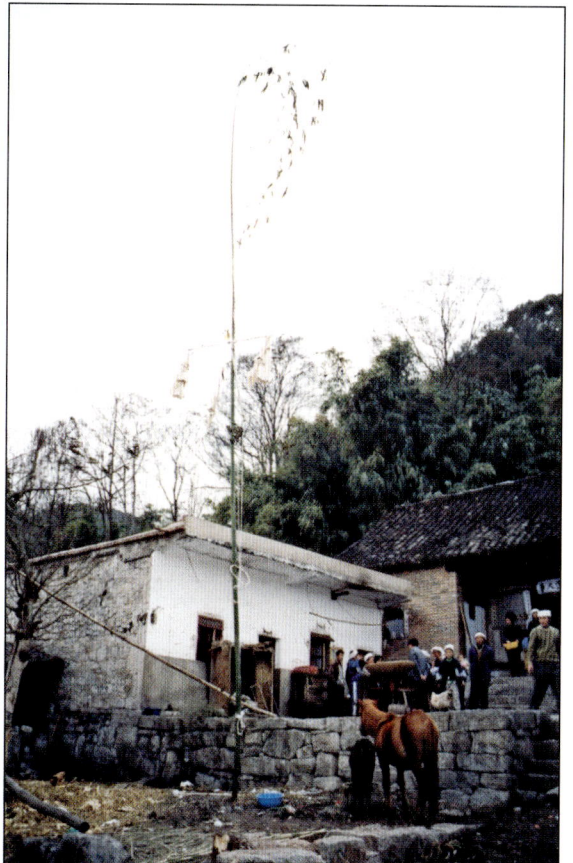

38 下葬前举行"采井"仪式（贵州贞丰）

39 布摩剪纸《女神》，用于祈福、禳灾、丧葬等仪式活动

40 布摩剪纸《女神》（圆形），用于祈福、禳灾和丧葬等仪式

41 布依族丧葬仪式活动中制作的彩色纸旗纸幡

42 丧葬活动期间丧家立于院子中的幡

38	41
39	42
40	

43	46
44	47
45	48

侗　族

1	4	5
2	6	
3	7	

15 贵州黎平肇兴堂安寨"圣母祠"内部陈设
16 贵州黎平肇兴登江寨祭司祭祀"萨玛"的典籍
17 贵州黎平肇兴纪堂寨祭司祭祀"萨玛"的典籍
18 贵州黎平肇兴理寨"圣母坛"
19 贵州黎平肇兴纪堂寨"圣母宫"
20 贵州黎平肇兴堂安寨"圣母祠"

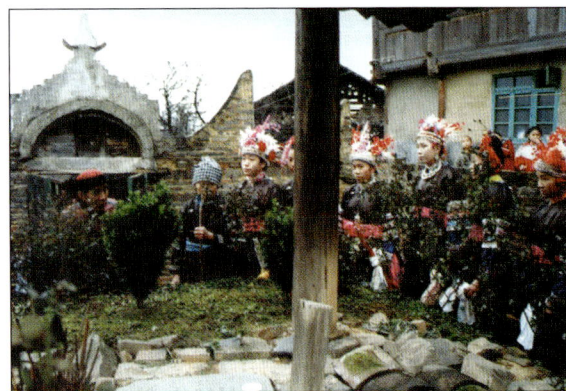

21 贵州黎平肇兴纪堂寨"鸢萨"祭祀活动中的佯扮萨玛者（左三）与寨老在一起举行祭萨仪式

22 贵州黎平肇兴纪堂寨"鸢萨"祭祀活动中的佯扮萨玛者（左二）与"登萨"（左四）

23 贵州黎平肇兴纪堂寨"鸢萨"祭祀活动中的祭司与佯扮萨玛者

24 贵州黎平肇兴纪堂寨"鸢萨"祭祀活动中的佯扮萨玛者

25 贵州黎平肇兴纪堂寨祭祀萨玛活动的女性队伍

21	22
	23
24	25

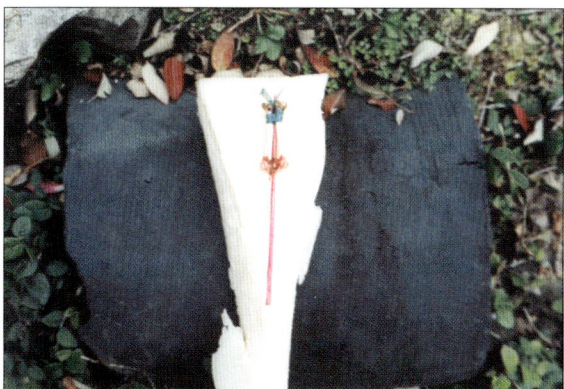

40 贵州黎平上地坪寨"鸾萨"活动中
的祭祀队伍

41 贵州黎平肇兴纪堂寨——在鼓楼里
举行丧葬祭祀活动

42 贵州黎平肇兴纪堂寨丧葬祭祀活动
中用于"隔鬼"的设置

43 贵州黎平肇兴纪堂寨门外的土地庙

44 贵州黎平茅贡青寨边过冬田保护母
鱼的草标

40	42
	43
41	44

仡佬族

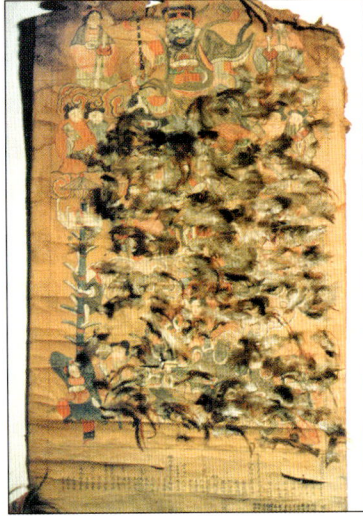

1992年，居都吃新节，寨老正在地母田摘新谷

1995年，居都吃新节，鬼师李发旺在杀牛山主持杀牛仪式

1996年，居都吃新节，鬼师李发旺正念祭词祭天神，簸箕中的牛血即为祭天所用

6	7	8
9		10
11		12

6 巫术——退七星剑
7 粘满"挂号"鸡毛的巫祭神案
8 巫术——金鸡上剑
9 寨老在地母田边摘新谷
10 巫祭仪式——劝茅
11 居都"吃新节"，鬼师在主持杀牛仪式
12 鬼师正念祭天词

1993年，居都吃新节，鬼牛为祭天神的牺牲

1995年，居都吃新节，鬼师李发旺用仡佬语请祭天神玉皇玉书、金角和沙达，提斧者为鬼师李发旺

1993年，居都村仡佬族举行祭山仪式

1996年居都吃新节，李发旺在杀牛仪式前向天神和祖先请祭

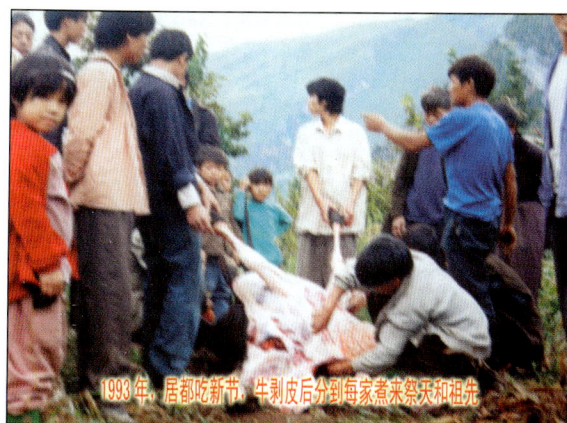
1993年，居都吃新节，牛剥皮后分到每家煮来祭天和祖先

1992年居都吃新节，寨老正边念祭词边用斧背猛锤牛头

1996年居都吃新节，寨老李发胜正用泡木为桩、野山药叶和泡木叶为顶搭棚，准备杀白马祭地母

1996年居都吃新节，寨老李发胜引导族人牵白马到地母田

1996年居都吃新节，寨老李发胜正念祭词祭大地母亲，被压住的马为将被杀来祭地母的白马

1996年居都吃新节，杀马祭地仪式结束后，李发胜割两只马耳放在地母房上祭地母

19	20
21	22

19 搭棚准备祭祀
20 牵马到地母田
21 杀马祭祀地母
22 杀马祭地

1992年居都仡佬族过吃新节，图为祭神用的牛肉

1996年居都吃新节，寨老李发胜正杀牛祭天

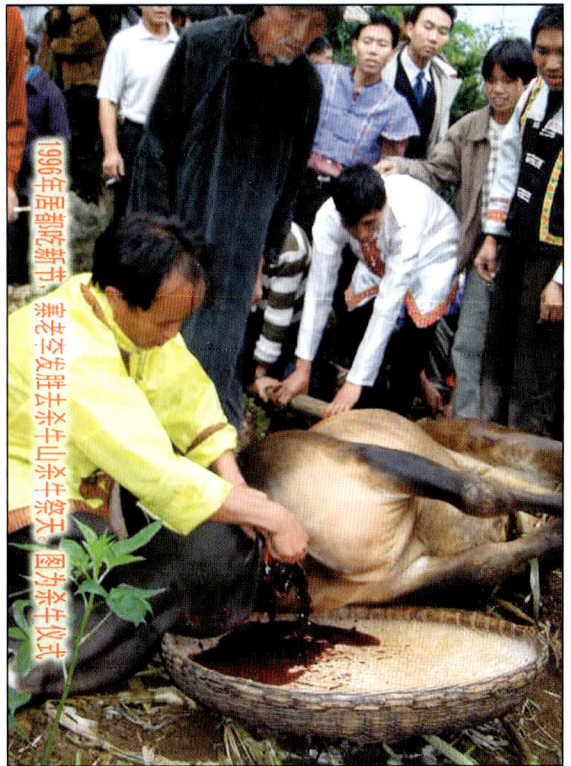

1996年居都吃新节，寨老李发胜去杀牛山杀牛祭天，图为杀牛仪式

1996年居都吃新节，寨老李发胜正用仡佬语请祖先，请寨中老幼来给玉皇、玉书、金角、沙达碴头、给老王山、老黑山、寨周围六个小山碴头

此大树一人合抱不完，生长极其缓慢，三年难长二寸半，当地人称龙皮树，据寨中古老传说，此树已有千年以上树龄，为居都仡佬族崇拜的神树，其枝叶不能用来烧火，准用来烧火遍身上将起大水泡，更不能在树脚拉屎拉尿，谁做了将会生病，更不能在树脚放牛马，否则牛马会死亡

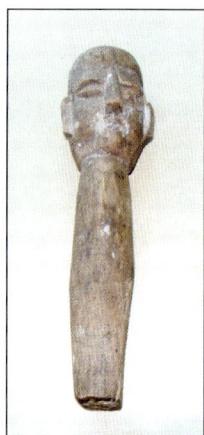

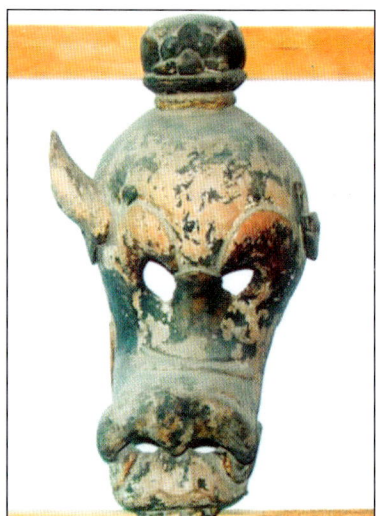

中国各民族原始宗教资料集成
总　　序

吕大吉

　　1. 原始人的宗教信仰，不但是整个人类宗教的发端，在一定意义上，也是人类社会各种文化形式的源泉。文明时代的各种宗教，不管它们崇拜的神灵多么伟大，信奉的教义信条多么玄秘，构建的礼仪体制多么神圣，实际上都不是来自神灵的启示，而是起源于原始时代野蛮人粗俗不堪的膜拜。同样，文明时代各种高雅精致的文化形式：崇高的道德规范，庄严的政治制度，赏心悦目的文学艺术，智慧深邃的哲学思辨……尽管它们各有自己植根的社会土壤，但在其发育的初期，几乎无不脱胎寄养于原始宗教的腹中。宗教和其他文化形式在发生学和发育学上的这一事实，凸显出研究原始宗教的学术意义。人们如果想了解宗教和其他文化形式的本质和奥秘，就得探索它们得以产生的根据和发展的原因，对之进行追根溯源的研究。正是由于这个缘故，许许多多的宗教学家、哲学家、伦理学家、文学家、艺术家、人类学家、民族学家、社会学家、历史学家……像探寻金矿的淘金者一样，都情不自禁地走进原始宗教这个令人困惑不解而又使人兴奋不已的领域。

　　2. 宗教如何产生，这在宗教学中是一个至关重要的问题。传统的信仰总是相信神圣的宗教必有其神圣的来源，宗教神学家则说成是神的启示。科学的宗教研究打破了这种神话。历史上的启蒙思想家们用理性的批判精神破除信仰主义的独断，肯定宗教这种事物和世界上其他一切事物一样都有其形成和发展的自然过程，并从人而不是从神那里寻找宗教的本质及其产生的根据。对宗教进行的这种理智性探讨，使得宗教研究得以摆脱神学的束缚，在 19 世纪下半叶形成为一门独立的人文学科——宗教学。研究宗教的起源和发展问题，不仅催生了近代宗教学，而且一直是宗教学者乐此不疲、孜孜以求的热点。达尔文生物进化论的胜利，更对近代宗教学的发展给予了极大的推动。既然人类是从类人猿进化而来，那末，人类所有的一切，包括神圣的宗教，理所当然地也有其从产生到发展、从低级形式到高级形式的进化过程。于是，野蛮的原始人代替"神圣的上帝"成了人类宗教的最初创建人，也成了探索宗教之根的宗教学者们追踪逐猎的主要目标。一时之间，对世界上各个民族的原始社会、原始文化和原始宗教进行实地调查、文献收集和学术研究之风，勃然兴起，成为学术界的时尚。

　　3. 从 19 世纪下半纪宗教学的诞生到 20 世纪初，是近代宗教学蓬勃发展的时期，名家辈出，学派林立，百花竞放。他们争鸣的焦点主要集中在宗教如何产生、如何发展问题上。单以宗教起源论而言，其中之影响较大者，就有德国自然神话学派的"自然神话说"①，泰勒的"万物有灵论"②，斯宾塞的"祖灵论"③，杜尔凯姆和弗洛伊德的"图腾说"④，马雷特的"前万物有灵论"⑤，施米特的"原始启示说"或"原始一神论"⑥……除了"原始启示说"把最初的宗教说成是"上帝"对原始人的启示以外，其他诸种宗教起源论实质上都是把宗教的发端归结为原始人的错误观念和错误联想，把宗教的神还原为原始人的幻想，把神的神性还原为原始人的人性。这些宗教学说的争鸣，使近代宗教学从其问世之日起就展现出一种波澜壮阔的态势。

　　研究宗教之起源并非始自19世纪，早在古代希腊罗马时代，思想家们即已提出过种种不同的理论。如：克塞诺芬尼的"神灵拟人说"⑦，德谟克里特、伊壁鸠鲁、卢克莱修的"恐惧造神说"⑧，普罗蒂库斯的"感恩说"⑨，克里底亚的"神道设教说"⑩，亚里士多德的"天象惊奇说"⑪，犹希麦如的"人死封神说"⑫……这些宗教起源论也是把宗教和神的产生归结为人的错误观念，是一种反信仰主义的理智性探讨。但近代宗教学的宗教起源论有一个大不相同的特点。古代的宗教起源论没有与生物进化论有关的"原始人"观念，没有有关"原始宗教"的实证资料，基本上是一种哲学性的思辨与推理。近代宗教学则不然，它非常重视原始社会之宗教与文化的实地调查和实证资料的积累。近代宗教学的奠基人麦克斯·缪勒以巨大的热情整理并翻译古代东方的宗教典籍（特别是古印度的吠陀经典），出版了震惊学术界的《东方圣书集》（原文有五十卷）；宗教人类学的开创者爱德华·泰勒青年时代深入墨西哥对原始文化与原始宗教进行实地考察，写成不朽之作《原始文化》；弗雷泽通过《关于未开化或半开化的各民族的风尚、习俗、宗教、迷信等问题的调查》，广泛收集世界各地许多原始民族的宗教、习俗的资料，写成了关于原始宗教的巨作《金枝》；马林诺夫斯基等许多卓有贡献的宗教学家都曾长时

---

　　① 认为宗教和神话中的"神"，均发端于原始人对自然力（特别是日月星辰）的人格化。

　　② 认为原始人由于对梦幻等生理心理现象的误解而产生的灵魂观念，是人类宗教的最初起源。

　　③ 认为原始人对死去祖先的鬼灵的崇拜，是一切宗教的起源。

　　④ 认为原始人的图腾崇拜是人类宗教的原初形式。

　　⑤ 认为原始人在信仰万物有灵之前有某种更原始的宗教形式，如美拉尼西亚人的"玛纳-禁忌"信仰。

　　⑥ 认为最原始的民族都信仰至上神。一神观念是亘古就有的，起源于上帝对人类的原始启示，多神宗教则是原始一神信仰的退化。

　　⑦ 认为神灵是人的虚构，是拟人化的产物。

　　⑧ 认为宗教神灵观念起源于对自然力的恐惧。

　　⑨ 普罗蒂库斯是公元前5世纪希腊智者派哲学家，他认为宗教和神灵观念起源于人对生存攸关的自然力的感恩活动。

　　⑩ 克里底亚，公元前5世纪希腊智者派哲学家，他认为古代立法者为了约束人民，便虚构出诸神作为人类道德的监督者和审判官。

　　⑪ 认为宗教神话和哲学一样，起源于自然万物之创生与天体之运行而产生的迷惑感与惊奇感，解答此种惊奇，产生宗教神话；摆脱神话的愚蠢，就形成哲学。

　　⑫ 犹希麦如，公元前4—3世纪希腊人，他认为古代人所信诸神皆是声名显赫的帝王或英雄死后神格化的结果。

期深入到原始部落民中生活，实地调查原始民族的宗教信仰，在占有实证资料的基础上进行理论著述。可以毫不过分地认为，如果没有关于人类早期和古代宗教信仰的调查和有关资料的积累，就不可能有近代宗教学的诞生。

4. 与此同时，我们也不能不注意到事情的另一方面：近代宗教学发展初期出现的各种宗教起源论，不仅在理论上各执一词，而且在经验事实上往往也互相冲突。这种情况的继续，便使不少宗教学者产生了对研究原始宗教的怀疑。文明民族的原始时代毕竟已成遥远的过去，当代尚存的原始民族情况又非常复杂，任何学者都不可能穷尽所有民族原始宗教信仰的情况，了解和掌握全部有关资料。因此，当时的宗教学者们在构建其人类宗教的起源和发展理论体系时，难免就会以偏概全，用半哲学性的思辨去填补历史事实上的缺环。鉴于这种情况，有些宗教学者便认为，关于宗教起源和发展问题的研究不可能得到经验材料的实证而成为真正的科学。于是，他们逐渐放弃此种性质的研究，转向对各种宗教信仰和宗教现象进行同时性的比较分析，作心理学、社会学和现象学的解释。这样一来，在近代宗教学的领域中，除了宗教人类学、宗教史学之外，又形成了宗教心理学、宗教社会学、宗教现象学等宗教研究的新理论与新方法。但是，宗教学的这种发展绝不意味着降低或否定研究原始宗教的重要学术意义。宗教学作为一门独立的人文学科出现于学术之林，毕竟只有短暂的一百余年，在其发展的早期，出现不同学术见解的纷争，是一种势之必然的正常状况。各种宗教起源论和宗教发展观都有一定的事实根据，从不同方面加深了我们的认识。我们不会因此而离开真理，而是更接近真理。学术上的争论只是告诉我们，应当在更广大的范围内加强对世界各民族原始宗教的调查研究，收集更多、更全面的事实，为进行新的理论综合打下更坚实的资料基础。

宗教心理学、宗教社会学、宗教现象学之类同时性的比较研究方法无疑是有价值的，但它们实际上也得益于早期宗教学者关于原始宗教的研究，从他们对原始人之所以产生宗教神灵观念，并以各种方式进行崇拜活动的分析上汲取营养，进一步对原始人的宗教信仰进行心理学和社会学的分析，作出现象学的解释。在宗教信仰活动的心理基础问题上，原始人的宗教心理最为单纯；在宗教的社会功能上，原始宗教在原始社会中体现得最为充分；在各种宗教现象的人性基础上，原始人的"人性"更为直接地展现在宗教生活的现象形态之中。离开原始宗教，这些宗教研究的新方法不可能得到充分的发展。

5. 研究原始宗教的意义远不限于宗教学领域。在漫长的历史中，宗教一直高居于社会上层建筑的顶端，支配着广大人类的精神世界。正像宗教的神被视为君临世界的主宰一样，它也被视为人类社会各种文化形式的神圣之源。古代中国人把人事的一切都说成是天命所定。此即《尚书》所谓"天惟与我民彝"、"天叙有典"、"天秩有礼"、"天命有德"。西方人更有甚焉，认为上帝创造世界，天命决定一切。

近代各种人文学科都在各自领域内不断批判这种传统观念，而宗教学关于原始宗教的研究则从根本上予以毁灭性的一击。既然人类最早的神不过是原始时代野蛮人的创造，那末，一切文化形式也和宗教一样，它们的真正创造者便不是神，而是人；而文化的最初创造者便是最初造出了神的原始人。各种文化的幼芽几乎无不包容在原始人的宗教观念和宗教活动之中。不管泰勒的"万物有灵论"能否得到宗教学者的普遍赞同，但相信万物有灵的原始民族在世界上确是相当普遍。所谓神灵支配万物虽有宗教的幻想，但原始人有这种幻想却是确定无疑的事实。正是这种普遍的信念给原始人配戴上一副"万物有灵论"的眼镜，把观察所及的世界投入于宗教神秘主义的浓云密雾之中。原始时代的宗教变成了原始人包罗万象的纲领，成为他们思想的原理，行为的原则，激情的源泉，道德的仿效的准则，人际关系的纽带，社会秩序的保证。原始人的社会生活和各种文化形式无不打上宗教的印记，从宗教观念汲取成长所需的营养，通过宗教活动来展现自己的存在，并由之而取得自己的表现形式。原始时代文化与宗教的这种结合，不仅不曾阻碍各种文化的成长，反倒是促使其进一步发展的契机。原始宗教体系赖以构成的基本要素，诸如宗教的观念、宗教的感情、宗教的行为、宗教的体制，都对原始文化的生长产生过"激素"似的作用。

6. 原始人的头脑中产生出某种灵魂观念和神灵观念，应该说是人类思维发展史上一次质的飞跃。从高深的神学理论和现代文明人的眼光看，原始人的神灵粗俗不堪，但在使用石器的原始时代，神灵观念却是原始人所能设想出来的最伟大、最崇高的一种存在。它集中了原始人的最高智慧，寄托着他们对美好生活的期待以及对自身命运的关注。凭借自然本能、终日以生存为务的原始人群，不知何时竟能构想出某种能脱离肉体的"灵魂"观念，再进一步，竟至设想灵魂的不死，设想出飘忽不定的"精灵"，设想出能创造原始人所不能创造的"奇迹"的"神灵"……这样的幻想，较之于现代科学家设计脱离地球引力的宇宙飞船，是毫不逊色的，那是划破原始时代黑暗世界的一道曙光。原始宗教的神灵观念给原始人的想象添上了超自然的羽翼，使之解脱了人类生理本能的自然束缚，翱翔于超自然的无垠空间；也使原始人超出动物式的感性直观，进入人所特有的抽象思维领域。正是这种具有超自然性质的宗教观念和神灵观念，孕育了人类关于人与超人、自然与超自然的思考，成了文明时代各种哲学思辨和科学探索的起点。我们当然不能像泰勒那样，把产生万物有灵观念的原始人称之为"原始的哲学家"，因为他们头脑中所有的，不过是某种模模糊糊的信念，而不是明晰的推理。但是，如果原始人没有某种关于"超自然力量"的信念，就不会有宗教的神，也就不会在文明发展的一定阶段出现论证它的哲学与神学；当然，也不会因此而激发起把这种"超自然力量"还原为自然力量的自然科学和启蒙科学。

7. 原始人一旦在自己的幻想世界里生出超人间、超自然的神灵观念，必然伴生出对神灵的依赖之感和敬畏之情。随着神灵观念的演进，神的神性愈益崇高，神的权能日渐强大，人对神的依赖感和敬畏感也就相应膨胀。对神的信仰愈是虔诚，人的宗教感情便越发强烈。情动于中势必发之于外，表现为相应的言词和身体动作。由于神灵只是幻想中的存在，任何人都不可能对神有实在感触，所以，一切表现神灵的言词和身体动作便不能不是拟人化的、象征性的。或者用某种物质性的实物和偶像象征那本属虚无的神灵，或者用比喻性的语词来表象神灵的性状，或者用模拟化的身体动作再现神灵的活动……一切"象征"性的表现，都是人性的创造活动，成为形象化的艺术。语言的象征，发展为讴歌神灵事功、感谢神灵恩德的文学艺术（诗歌和神话之类）；身体动作的象征性模拟，发展为舞蹈艺术；神灵偶像的制作，发展为雕塑绘画之类造型艺术……原始人的艺术活动和艺术创作之最深刻的源泉无疑是他们的社会实践，但同样无疑的事实是，原始艺术在原始社会的存在与发展，不可能脱离宗教观念的刺激和宗教崇拜活动的哺育。文化人类学的研究告诉我们，世界各民族的早期文化艺术几乎无不具有宗教的色彩，寄生于原始人的宗教生活。

8. 原始人对神灵的依赖，必然表现为向神祈求、对神献祭之类崇拜行为；对神灵的敬畏又必然体现为对自身行为上的限制和禁戒规定。由于相信万物有灵，原始人的活动几乎成了事事献祭、处处禁忌的宗教生活。原始社会是一个以血缘关系为纽带而结成的氏族制社会，全体氏族成员信仰共同的神灵，进行共同参加的宗教活动，这就逐渐形成了全体氏族成员必须共同遵奉的规范化的宗教礼仪。它把氏族全体成员纳入于普遍性的行为模式和统一性的宗教体制之中。规范化的宗教礼仪具有超个人的权威，对氏族集团中的每一个人的行为与活动具有社会的强制力。氏族社会赋予宗教禁忌规定和宗教礼仪以神圣的权威，迫使原始人逐渐强化对社会规范的服从和对个人行为的约束。这些神圣的禁忌和规范成了原始人在生活中必须遵守的"无上命令"，使原始人的动物性本能受到抑制，由此而受到自制的教诲。年深日久，这些神圣的禁忌和行为规范演变而成为氏族的习尚，外在的强制化为内在的责任，行为上的"必须"积淀为良心上的"应该"，这就强化了源于人际关系的行为准则和伦理意识。弗雷泽说，与神圣观念相联系的禁忌制度，在人类早期的社会生活中，对稳定社会秩序，对确立私有财产不被盗窃和不受侵犯，对婚姻的神圣性，对保护和尊重人的生命，都有重大作用。这个说法确有道理。在原始社会，如果没有与宗教崇拜相联系的礼仪制度和禁戒规定，以及随之而来的严酷可怕的神圣制裁，原始人的道德规范和"法纪"规约是难以建立的，社会的文明与进步就难以想象了。

9. 在原始时代，宗教的体制与社会的体制是浑然一体的。氏族制度被宗教化，宗教崇拜活动的体制也构成氏族社会的社会制度。由图腾崇拜而固定了同一图腾氏族男女不婚的外婚制；由祖先崇拜而规定出丧葬制度，与生产活动相联系的丰产巫术发展为各种祭祀制度……这一切都说明，原始宗教渗透到氏族社会生活的各个方面，固定以至构成氏族社会的各种制度，它是原始社会的无所不包的上层建筑。当然，各种上层建筑（其中包括宗教）的终极根源是社会的经济基础，但它们在原始社会是作为原始宗教的一个组成部分而表现出来的。尽管随着社会的演进，许多上层建筑和社会制度都先后脱去了宗教的外衣，但如追根溯源，我们几乎总是可以在原始时代的宗教中找到它们诞生之初的表现形态。

10. 探究事物的根源，集中反映出人类理智的本性。人类的理智之所以有别于动物的感知，就表现在它不满足于感官的直观陈述，而不断追溯直观背后的根源，以至根源的根源……这种追根溯源的研究激发起思想的热度，促进认识的深化。地理学家探寻长江、黄河的源头，目的不是使江河倒流，而是为了科学地揭示其形成过程，预见其未来的发展，以求更好地整治和利用。同样，从原始宗教那里去探寻各种文化形式的源流，并不是把文明还原为野蛮，贬低文化的高雅和价值，而是从原始人性中寻找各种文化的种子，揭示出文化发展的真正轨迹。

11. 原始社会是一个漫长的历史过程，原始宗教为我们的研究留下了巨大的时间和空间，是宗教学和其他人文学科取之不尽的知识之源。但是，如要研究原始社会的宗教，就得广泛收集一切有关的资料。没有资料就没有学术研究。而有关人类早期宗教情况的第一手资料，只能是原始人的遗骸和文化遗址。尽管宗教的观念不可感知，但如其萌生于原始人的思想之中，迟早总得外化为相应的语言和行为，表现为宗教崇拜活动。活动本身可以消失，但活动的后果却会以感性化、物态化的形式留存于世（如山顶洞人的随葬品，新石器时代原始人的墓葬，红山文化遗址的神庙和祭仪礼器……），人类学、考古学可以对这些原始遗物进行比较分析，推断原始人的宗教观念和崇拜活动。考古发现的宗教遗物本身并不能直接陈述原始人宗教崇拜的故事，我们只能根据与之处于同一文化时代的现代原始民族的宗教信仰情况，通过类比推理对之作出诠释。地理大发现以来，世界各地区、各民族的社会生活和文化习俗越来越多地为人们所了解。其中，不少民族至今尚处于原始社会阶段，民族学的资料可以为我们的研究提供直接根据和参照系统。

12. 中国是人类发祥地之一。中华各民族的原始祖先都有自己的原始性宗教信仰。大多数民族在其发展的一定阶段跨入文明时代，但迟至本世纪50年代，仍有一些民族停留在原始社会，他们是原始宗教和原始文化的"活化石"。即使像华夏民族这样早已创造了世界最古老文明的民族，其传统宗教也并未彻底除去原始祖先的印迹，其历史文献更大量保存有关于原始宗教生活的记叙和历史追述；至于考古发现的原始宗教遗址，则遍布长城内外，江河南北。所有这些，为我们研究中国各民族原始社会、原始宗教和原始文化提供了丰富的人类学、考古学、历史学和民族学的资料。如果我们今天想要追溯中国文化和中国宗教的源头，必须对我国各民族的原始宗教给以特殊的关注。

鉴于原始宗教研究的重大学术意义，我在1983年于福州召开的我国第六个五年计划（1981—1985）期间哲学社会科学规划会议上，建议把研究中国原始宗教、收集整理有关资料列为国家科研计划。这个建议得到了学术界的重视。1986年在北京召开的"七五"期间哲学社会科学规划会议把这项研究列入国家重点科研项目，并委托我为这一课题的主持人。全国各地许多宗教学者、民族学者热烈支持此项研究，愿意投身到这一学术事业中来。在很短时间内，数十名学有专长、卓有成就的专家和教授参加我们这个规模壮观的课题组，展开广泛的协作。

13. 当务之急是要广泛深入地进行调查研究，全面系统地占有原始资料，整理出版，为广大的宗教学者和其他人文学科的学术工作者提供最有权威的资料。为此，我们决定，在实地调查和整理文献记载和考古资料的基础上，编辑出版这一套《中国各民族原始宗教资料集成》（原名"丛编"）。本书将尽可能汇集迄今为止有关各民族原始宗教的全部资料，其来源有四：一是实地调查，二是考古发现，三是历史文献记载，四是学术论著中具有资料价值的记叙。这将是我国各民族原始宗教研究资料的全面集成。这里，我们应该强调指出的是：尽管我国各民族有关原始宗教的资料是丰富的，但长期以来我国学术界对它的调查研究却是不充分的。本世纪 50 年代、60 年代，出于社会改革的需要，我国政府曾组织大批力量（其中不少是民族学者）对各民族的社会和历史进行过规模颇大的社会调查，获得了不少有关各民族传统文化和民俗活动的资料，这些资料是非常难得的、宝贵的。但是，由于种种历史原因，当时的调查主要侧重于社会经济形态和阶级构成，对于传统宗教的调查（通常视为迷信之类，不予重视），一般不过是一鳞半爪，浅尝辄止。对原始性宗教的表层现象虽有所记述，但对其深层内容则触及不多。这使我们失去了许许多多至今无法补救的、珍贵的、不可重复的第一手资料。如果我们今天再想补上宗教调查这一课，客观上确有难以克服的困难。可是，对各民族原始宗教的调查与研究，又不允许我们继续拖延下去。中华人民共和国成立 40 多年来，是社会大变动和各族文化交融加速进行的历史时期。随着社会的改造和开放，至今尚存的原始民族以及各民族原始性宗教的传统遗迹已经很少了，并正在加快消失——这加重了我们完成这项事业的历史责任感和紧迫感。对各民族原始性传统宗教的调查研究以及资料的收集整理，是一桩带有抢救性的文化学术工程，必须充分重视，立即行动，抓紧进行。现在开展这方面的调查，为时已嫌过晚，如果一误再误，将来时过境迁，让时间的洪流冲刷尽原始性宗教的最后痕迹，我们就后悔莫及了。我们课题组全体同仁就是本着这样的认识承担起这副历史担子的。我们在经费短缺、人手不够的情况下，一方面对现有文献资料进行大规模的收集整理，一方面深入民族地区进行实地调查。有些同志年事已高，体弱多病，但他们却忘我地献身于这项事业，跋涉于高山深谷之地，奔走于穷乡僻壤之间。阅读本《集成》各卷的学界同事，当能从中体味到他们所作的奉献。对由于客观条件的限制而引起的某些资料缺欠，也就能更多地予以谅解。

14. 本书的性质决定我们编选的资料只限于各民族的原始性宗教，可我国的大多数民族早已越过原始阶段，进入阶级社会，原始宗教的因素已沉积和混杂于后来发展的宗教之中。这就有一个按"原始宗教"的内涵和外延来收集和编选有关资料的问题。我们课题组对此作过多次研讨并达成共识。我们认为，所谓"原始宗教"的"原始"，是一个历史范畴，本意是指产生于原始社会的宗教形态，它是人类宗教的发端。原始宗教随着原始社会的发展而演变，但并不随原始社会发展为阶级社会而完全消失。它的许多因素和表现形式都经过变形而沉积在后代的宗教之中。尽管阶级社会的宗教已不再是标准意义的"原始宗教"，但却保留"原始性"宗教的因素。只要我们应用科学的分析方法，不难剥离阶级社会的"附加品"，筛选出原始宗教的"沉积物"。如果要对这种"附加品"和"沉积物"作出科学的甄别，我们必须对原始宗教不同于非原始宗教的特殊性有一个科学的认识。我们认为，这种特殊性主要表现在两个方面：

第一，原始宗教是原始氏族制社会的上层建筑和社会意识的总汇，它的社会本质集中体现为巩固氏族制度和维护氏族社会的传统。原始宗教所包含的各种基本要素（宗教观念、崇拜对象、崇拜行为、崇拜礼仪、宗教体制……）无论在内容和形式上，都体现出原始时代人际关系的性质和氏族制度的需要，并与氏族制的社会结构浑然一体，成为制约整个氏族集体所有成员之意识和行为的规范。原始宗教是氏族集团全民信仰的"氏族宗教"，不具有阶级社会所特有的阶级色彩。

第二，原始人的宗教观念是原始时代支配人们日常生活的异己力量在原始人头脑中的幻想反映。从人类诞生之日起，人就要仰赖于自然界以维持生存的需要。在当时，人要从自然界获取生存所需，便必须依赖由血缘关系结成的群体共同从事生产活动。这就决定原始人的生活既服从于自然力量的支配，又要接受社会关系的制约。两种异己力量在原始人的幻想世界中反映为神圣而又神秘的对象，集中表现为祖先崇拜和自然崇拜。这两种是原始社会氏族宗教的基本观念和基本崇拜对象，其他的崇拜对象大体上均由此衍化而来。图腾崇拜则是原始人观念世界中人与自然朦胧未分之际把自然物视为氏族祖先和氏族象征的一种宗教表现。阶级社会中的图腾崇拜、祖先崇拜、自然崇拜等宗教现象，本质上是原始宗教的"沉积物"，只要我们剥离其阶级色彩，就可在一定程度上还原原始宗教的一些现象形态。

《中国各民族原始宗教资料集成》各卷大体上就是按此理论原则来进行资料的调查、收集、选择和编辑处理的。

由于中国在世界上是一个率先进入文明时代的文明古国，除少数几个民族以外，绝大多数民族早已脱离原始时代，所以，严格意义上的"原始宗教"形态早已成为历史的陈迹。如果不采用这种剥离"附加品"，提取"沉积物"的办法，那些原始性的宗教因素就将永远埋没在历史的底层。这就像开采黄金一样，我们只有通过复杂的筛选程序或者取粹提纯，或者沙里淘金。在自然界，天然的纯金即令不是绝对没有，至少也是稀世之珍。它总是作为因素或颗粒，共生于包含诸多元素的矿石之内，散存于大片沙砾之中。主观上，我们当然希望淘取的"黄金"纯而又纯，但在实际的淘取过程中却不能不受客观的限制。有些宗教意识的共生物常常被历史化合为一种新的质态，如果想要把它还原为组合成它的原始因素，只能通过理论分析。可这样做，我们献给社会的产品，便不是原始资料，而是某种理论的抽象物了。基于这种考虑，《集成》各卷有时不得不向读者和学界提供某些原始宗教与其他宗教的"共生物"。对于志在研究中国原始宗教及其历史发展的学者，这种"共生物"也许更能使他们了解原始宗教的踪迹及其与其他宗教的关系。我们想，这不仅不会降低此类性质资料的学术价值，反倒可以激发学者们进一步的联想。

15. 我国是一个多民族国家，各民族的原始性宗教既有共同性因素，也各有其民族特色。为保持这种特性，我们决定以民族为单元，并依据某些民族族源的相似性或地区上的共同性，分卷编辑出版。除了各民族分卷以外，还包括《考古卷》和《古代文献卷》。

《集成》的编辑与出版，是一项意义重大的学术事业，工程浩大，卷帙众多。但由于课题组同仁们的艰苦努力和精诚合作，工程进展相当顺利，可以预期必成。我们现在已推出第一批成果，在未来的几年内，将陆续完成计划中的全部分卷。此时此刻，我们在享受收获之乐的激动之余，不能不向中国社会科学出版社表示我们由衷的敬意和谢意，没有他们开拓学术新边疆的远见卓识和实际支持，在目前这种出版事业大不景气的时候，本书各卷的出版是难以想象的。

（一九九六年）

A GENERAL INTRODUCTION TO
A SERIES OF SOURCEBOOKS ON THE
PRIMITIVE RELIGIONS OF CHINA

Lü Daji

1

The religious beliefs of primitive peoples were not only the beginning of religion of all the people, but also, in some senses, the origin of all forms of culture of human society. The various religions in the epoch of civilization, no matter how great their deities, how mystic their creeds and how holy their ritual institutions, in fact, came from the vulgar worship of the barbarians of primitive society instead of through divine revelation. The same is true of the various forms of the refined, elaborated cultures: norms of lofty morality, solemn institutions of politics, literature and arts pleasant to both the mind and eyes, philosophical thoughts wise and deep, etc., which, for all they took their roots in societies, grew and developed in primitive religions. The genesis and evolutionary development of religion and other forms of culture show that the study of primitive religion is of great significance. In order to have a good understanding of the nature and mystery of religion and other forms of culture, we should research their roots and the reasons for their genesis and development. For this reason, many scholars of religion, philosophy, ethics, literature, arts, anthropology, ethnology, sociology, history, etc., like those who rush to a newly-discovered gold-field, cannot help going into the research field of primitive religion, which always makes one both puzzled and excited.

2

How religion came into being is an issue of great importance in the study of religion. According to traditional belief a holy religion must have its holy origin. Theologists believe that their religion came from divine revelations. But the scientific study of religion broke away from the mythical interpretation. The thinkers emerging during the Enlightenment eradicated the dictatorial decision of fideism with judgments made through rational criticism. They confirmed that religion, like other things in the world, has its process of formation and development. They tried to find out the nature of religion and the basis of its origin among human beings instead of deities. Owing to the rational research into religion, the study of religion shook off the yoke of theology and developed into an independent branch of the humanities-the science of religion-in the second half of the nineteenth century.

The research into the origin and evolutionary development of religion not only helped the modern science of religion to take shape but has also been a field of great interest to scholars of religion who pursue the subject avidly. Darwinism has played a great role in the development of the modern science of religion. Since man evolved from the anthropoid ape, everything in the human world naturally has its process of development, which is basically the evolutionary development of more complicated forms of life from earlier and simpler forms. Religion is no exception. Therefore, it was not the sacred gods and deities but the barbarians in primitive society who founded religion, and thus they become the target of the research into the origin of religion. As a result, it became a fashion to do field work and investigation on the subject of primitive societies, primitive cultures and primitive religions of various ethnic groups in the world.

3

From the late nineteenth century, when the science of religion had just been founded, to the early twentieth century, the modern science of religion achieved a vigorous development that produced a host of prominent scholars and academic sehools in relationto religion. The diversity of their points of view on religion focused on its origin and development. Let us review some of the different conclusions on the problem of the origin of religion. Some German scholars held that the "gods" in religion and myths originated in the natural forces (especially the sun, the moon and the stars), which were personifled by the ancient people. According to Edward Burnett Tylor, religion arose from the ancient people's animistic ideas that developed through the process of a faulty logic drawn from physiological and psychological phenomena such as dreams, visions and trances. Herbert Spencer held that religion originated from the ancient people's worship of ancestors. Robertson Smith, Emile Durkheim and Sigmund Freud regarded the worship of the totem as the beginning of religion. R. R. Marett of Britain believed that the ancient people had held some more primitive forms of religious belief, such as "Manataboo" among the Melanesians. before they believed in animism. The German Roman Catholic priest and ethnologist Wilhelm Schmidt maintained that all the primitive people believed in a supreme God, that the idea of one God emerged in ancient times from the God's revelation to the human beings and that polytheism was the degeneration of the primitive monotheism. Other conclusions on the origin of religion owe it to the primitive people's faulty concepts and faulty association of ideas and attribute gods (objects of religious belief) to people's fantasy and the nature of god to the human nature. As a result of the extensive debate in relation to religion, the modern science of religion swept ahead magnificently ever since it came into being.

The study of the origin of religion did not begin in the nineteenth century. As early as the Greco-Roman period, philosophers already raised various theories. Xenophanes defined deities as man's fantasy, the result of personification. According to Democritus (460? —362 B. C.), Epicurus (342? —270 B. C.), and Lucretius (997—755 B. C.), men's ideas of deities originated from their fear of the forces of nature. Pradikos, a Greek philosopher of the fifth century B. C., attributed religion and the concepts of deities and spirits to the activities by which men showed gratitude to the forces of nature that were critical to the existence of human beings. Critias, another Greek philosopher of the fifth century B. C., believed that deities were fabricated by ancient legislators as supervisors and judges of morals so as to control the people. Aristotle maintained that religion, like philosophy, originated in man's awe and confusion about the creation of all things in nature and the movements of celestial objects. According to him, in order to explain the unknown, people produced religious myths, and in order to free the people from the stupidity of myths, philosophy came into being. Euhemerus, a Greek of the fourth-third centuries B. C., attributed gods to the deification of the deceased eminent emperors and heroes. All these conclusions on the origin of religion ascribe the starting point of religion and gods to man's faulty ideas and therefore are a rational study based on antifideism.

Nevertheless, the approach to the study of the genesis of religion is quite different in the modern science of religion. In ancient society the study of the origin of religion was chiefly a philosophical inference, which had neither the concept of "primitive people" in relation to evolutionism nor positive evidence of "primitive religion": while the modern science of religion put stress on field-work investigation and the collection of evidence in relation to the religion and culture of primitive society.

Max Muller, the founder of the modern science of religion, devoted great enthusiasm to the edition and translation of oriental religious classic books (particularly the Veda of ancient India) and published *Sacred Books of the East*, which created a great sensation in academic circles. Edward Tylor, the founder of religious anthropology, wrote a well-known book, *Primitive Culture*, based on the field-work of primitive religion and culture he had made in Mexico when he was young. On the basis of his *Questions on the Manners*. Customs, Religions, Superstitions, etc. of Uncivilized or Semicivilized Peoples and through the investigation of religious beliefs and customs of primitive people, James G. Frazer wrote and published *Golden Bough*, a masterpiece of primitive religion. Malinowski and many other fruitful scholars of religion all made long-term investigations into the religious belief of primitive peoples and worked among tribesmen before they wrote books with the materials collected from their field-work. So it can be held that without the investigation of the religious beliefs of the primitive and ancient people and the accumulation of materials, there could not have been the modern science of religion.

4

At the same time we have to notice that in the early period of the modern science of religion various theoretical conclusions on the origin of religion were expounded, but many of them were in conflict with each other in theory and facts. This situation thus made many scholars of religion cast doubts on the value of the study of primitive religion. Since the primitive age had become a remote past, as they thought, and the religious belief of the existing primitive tribes was too complex for anyone to have a thorough and comprehensive understanding of it, the scholars of religion in developing the theories of the origin and evolution of religion had to take a part as a whole and make use of pseudo-philosophical deductions to substitute the missing links of historical facts. In view of this, some scholars maintained it was impossible for the study of the origin and growth of religion to become a true science because it could not be proved by experimental evidence. So they gradually gave up the study and turned to the contemporary comparative study of various religious beliefs and religious phenomena, giving psychological, sociological and phenomenological interpretations to them. Thus, in the modern science of religion, in addition to anthropodogical and historical studies of religion, there emerged new theories and new methods-psychological, sociological, and phenomenological studies of religion.

Nevertheless, the growth of new disciplines in the science of religion certainly did not mean that the academic importance of the study of primitive religion was reduced or negated. It is only a century since the science of religion was established and developed as an independent branch of humane studies. It is only natural that in its early period there were different points of view in relation to the study of religion. This was a result of in depth study and a subsequent understanding of the origin and growth of religion from different stands because the different theories on the subject are all based on certain facts. Instead of going away from it, scholars have come nearer to the truth. The diversity of academic discussions only shows that we should put more stress on he investigation of the peoples of the world on a wider scale and collect more comprehensive data that contain more facts, so as to lay down a more solid base for the newly-established comprehensive study of religion.

The contemporary comparative study of religion made by religious psychologists, religious sociologists, religious phenomenologists and others was doubtless important. In fact, they benefited considerably from the study of primitive religions made by the early scholars, who had made analyses of the starting point of the primitive people's religious concedt of gods and their various activities of worship. By absorbing nutrition from the early analyses, the contemporary comparative study of religion gives psychological and sociological analysis and phenomenological interpretation of primitive religious belief. As to the psychology of religious activities, the primitive people's religious psychology was the simplest; as to the social functions of religion, the social functions of Drimitive religions were given the fullest expression in the primitive society; as to the human nature reflected in various religious phenomena, it was most directly reflected in the Dhenomenal forms of religious life in the primitive society. Thus it can be seen that without the study of primitive religions, these new approaches to the study of religion could not have attained its fullest development.

5

The significance of the study of primitive religion is not limited within the science of religion. Throughout history religion has been high on the top of the superstructure of society, controlling the spiritual world of the masses of people. Just as gods are considered as the rulers of the world, religion is taken as the sacred origin of all forms of culture in the human society. To the ancient Chinese, all things in the world were decided by the Mandate of Heaven, as is said in *Shang Shu* (*Book of History*), a Chinese classic. It is all the more for the westerners, who maintain that God created the world and Heaven decides all.

In modern times this traditional concept was criticized in all the disciplines of the humanities, and the study of primitive religion gave it a crushing blow. Since the earliest gods were but a creation by the savages in the primitive era, the real creator of all forms of culture must have been man instead of god; the earliest creator of culture must have been the primitive people who created god. Almost all the young shoots of culture began in the religious concepts and activities of the primitive people. No matter whether Tylor's "animism" bas enjoyed the support of many scholars, the fact is that most of the primitive peoples of the world believed in animism. The belief that all objects are controlled bv deities and spirits is a religious fantasy, but it is a doubtless fact that the primitive people had the fantasy. It was just such a universal belief that provided the primitive people with the "glasses of animism", through which everything in their eyes were covered by clouds of religious mysticism. The religion in the primitive era became an all-embracing guiding principle of their life, a basis of their thoughts, a principle of their behavior, an origin of their passion, a standard of their morals, the ties of their social and personal relations, and a guarantee of their social order. The social life and all forms of culture of the primitive people were stamped with the brand of religion. They absorbed nutrition necessary for their growth from religious concepts, showed their existence through religious activities and thus developed their different forms of representation. The connection of culture with religion in the primitive era was not an obstruction but a promotion to the growth of culture. The fundamental elements necessary to the formation of religious system, such as religious concepts, religious feelings, religious actions and religious institutions-all played a role similar to "hormones" in the growth of the primitive culture.

6

It should be taken as a qualitative change in the evolutionary development of the thoughts of human beings that the primitive people conceived of the ideas of souls and gods. Though they are vulgar and ill in taste in the light of the profound theories of theology and in the eyes of modern men, souls and gods in the primitive era were the greatest and loftiest existence the primitive men had ever imagined, on which they concentrated their highest wisdom and placed their hope for a happy life and the concern about their fate. It is not known how primitive people, who spent all the day seeking food to support their life by means of their natural capacities, could have conceived of the idea that a soul was able to leave the human body. Moreover. they imagined that "spirits" were floating and "gods" could create the miracles men could not make. . . The imagination, like the light of early dawn that broke the dark world of the primitive era, was not in the least inferior to the design of the first spaceship made by modern scientists. The concepts of gods and spirits of primitive religion put a pair of supernatural wings on the imagination of primitive people. Thanks to the wings, they shook off the natural yoke of men's physiological instincts and thus made men fly freely in the limitless supernatural space. Therefore, the primitive people went beyond the world directly perceived through senses into the sphere of abstract thinking that can be achieved only by human beings.

It was the supernatural religious ideas and the coucept of gods that made men ponder over men and supermen, nature and supernature, and that thus became the starting point of all philosophical thoughts and scientific research in the epoch of civilization. We cannot, of course, call the primitive people who had the conception of animism "primitive philosophers" as Tylor did, because what they formed in their minds was but a dim belief instead of a clear inference. On the other hand, if the primitive people did not have a certain belief in "supernatural power", there would not have been either religious concepts of gods, or the philosophy and theology that expounded and proved it later in a certain period of civilization; nor would there have been the natural science and the Enlightenment philosophy that have subsequently returned the "supernatural forces" to the original forces of nature.

7

Once the imagination about the supernatural and above-the-world gods and spirits emerged in their unrealistic fancies, the primitive people were certainly in awe of and dependent on them. With the development of the imagination, the higher the divinity was, the stronger the divine power became, and the deeper the feelings of awe and dependence were.

Feelings had to be expressed outwardly through speech and physical actions. Since gods were but an existence in men's fancies, nobody could have physical contacts with them. Therefore, all the speech and physical actions that represented divinities had to be personified and symbolized. All symbolized representations, whether they are the symbolization of the purely illusory gods through objects and idols, or the representation of the nature and form of gods through speech by analogy, or the imitation of the imagined actions of gods through ment's physical acts, were the creation of human nature and became visualized arts afterwards. As a result, the symbols of speech developed into the literature and arts (poems, myths and so on) that express men's praise of and gratitudes to the meritorious contributions of gods: symbolized imitation through physical actions developed into dances, and the creation of idols of gods developed into plastic arts such as sculpture and painting.

The artistic activities and creation of the primitive people doubtlessly came first of all from their social practices, and on the other hand it was also a doubtless fact that the primitive arts in the primitive society could not exist and develop without the stimulus of religious conception and the nutrition of religious worship. The studies of cultural anthropology show that the early arts of all peoples without exception were tinged with religion and dependent on their religious life.

8

The primitive people's dependency on gods and spirits was expressed as the worship of gods (praying and offering sacrifices), their feelings of respect and awe of gods were expressed in the restriction of their own acts (taboos and the like). Owing to the belief of animism, the daily activities of the primitive people almost became a religious life full of sacrifices and taboos. Primitive society was of the clan system based on blood ties. In the society the members of a clan all believed in their common gods and thus engaged in common religious activities. This resulted in the gradual formation of the institutionalized religious rituals, which all clan members should observe and therefore brought them into a universal pattern of behavior and a unitary religious institution. The rituals enjoyed superpersonal authority and imposed many restrictions on the behavior and action of every member of the clan. The clan society gave religious taboos and rituals sacred authority, which forced the primitive people to gradually intensify the observation of social norms and the control of personal behavior. The sacred taboos and norms became the "highest orders" the primitive people had to obey in their daily life. Under the "orders" their animal instincts were restrained and they learnt to control themselves. With time passing by. the sacred taboos and the norms of behavior evolved into the cus toms and habits of the clan, the outward compulsion into inner voice urging one to behave in a certain way. and the "necessity" in one's behavior into the "obligation" required by one's conscience. All this caused the strengthening of behavior norms and consciousness of moral principles.

According to Frazer, in the early societies, the taboo institution, related to the concept of sacred, played an important role in stabilizing social order, guarding private property from robbery and encroachment, establishing the sacred nature of marriage, and safeguarding and respecting a person's life. There is truth in the argument. In primitive society, without ritual institutions and taboo regulations, which were related to religious worship, and the terrifying holy sanctions that would follow, the primitive people's moral principles and "laws" would have been difficult to set up, let alone the development of civilization and social progress.

9

Religious institutions and social institutions formed a harmonious whole in the primitive epoch. The clan system became religious, and the institution of religious worship became a social institution of clan society. The totem worship stipulated exogamy, by which marriage was prohibited within a totemic clan. Ancestor worship stipulated funeral institutions. Beliefs in relation to productive activities evolved into various sacrificial rites, etc. All this shows that the primitive religion penetrated into all the aspects of the clan's social life and fixed and even formed all of its social jnstitutions. It was an allembracing superstructure of primitive society. All superstructures (including religion) originated, of course, from the economic base of the society, but in primitive society they expressed themselves as a part of primitive religion. With the evolution of societies, manv superstructures and social institutions have taken off the overcoat of religion, but, if we trace back to their origin, we can almost always find their earliest forms in primitive religion.

10

Research into the roots of things reflects the nature of human intellect. What distinguishes human intellect from animal perception lies in the fact that the power of the human mind to reason is not satisfied with the information gained just through the senses and thus continuously attempts to trace back to the roots, even the roots of roots, behind the direct perception. The research by way of tracing back to roots arouses the enthusiasm in thinking and intensifies understanding. The scientists of geography who traced the origin of the Yangtse River and the Yellow River did not aim to make them run backward, but to scientifically reveal the formation of the two rivers and foresee their future changes in order to control and make use of them. Similarly, the search for the origin of all forms of culture in primitive religion does not aim to make civilization go back to barbarism and degenerate the elegance and high value of the culture, but to find the seeds of all forms of culture in the human nature of the primitive people, revealing the true traces of the evolution of culture.

11

The period of primitive society covered a very long time in history. The primitive religion that covered a long time and great space is in fact the origin of later knowledge, inexhaustible and essential for the science of religion and other disciplines of the humanities. But, if we are to study the religion of primitive society, it is necessary to collect all the relevant materials available. Without materials, there certainly will not be scientific study.

The first-hand materials about the early religions could only be the remains and cultural relics of primitive man. The concept of religion cannot be perceived, but, as it began to grow in the mind of primitive man, it would be sooner or later expressed through speech and action as the activities of religious worship. The activities themselves might have passed away, but the result they left behind might have been materialized and stay in the world (such as the funeral objects of Upper Cave Man, the ancient tombs of the Neolithic Age, the temples and sacrificial objects and other cultural relics of the Hongshan Culture) . Therefore, anthropologists and archaeologists can make a comparative study of the primitive relics and then deduce a conclusion about the primitive man's religious concepts and worship activities. The religious relics in the archaeological findings themselves can not show how primitive man had carried out their religious worship. We can only make an explanation of it on the basis of a comparative study of the religious beliefs of the modern primitive ethnic groups which are analogous to those of the ancient people. With the great Geographical Discoveries the peoples in the world began to know each other's social life, customs and habits. There are still a number of peoples who live in primitive societies, about which ethnological information can provide our studies with a direct basis and a referral system.

12

China is one of the cradles of human beings. The ancestors of all the peoples in China had their own primitive religious beliefs. Most of the ethnic groups have entered into the epoch of civilization, but a few of them still remained in primitive society as late as the 1950s. They could be taken as the "living fossils" of primitive religion and culture. Even the Chinese people, who created one of the oldest civilizations in the world, cannot get away from the prinis their ancestors have left in the traditional religion. In their historical documents there are a lot of records of primitive religious life. As to the relics of primitive religion in archaeological findings, they have a wide spread in China, inside and outside of the Great Wall and to the north and south of the great rivers. All these findings provide our study of the primitive societies, religions and cultures of the various ethnic groups in China with rich information in anthropology, archaeology, history and ethnology. If we hope to trace the origin of Chinese culture and religion, we must pay a great deal of attention to the primitive religions of China's various nationalities. In view of the importance of the scientific study of primitive religions, on the conference held in Fuzhou in 1983 for making the program of philosophical and social sciences in the period of the Sixth Five-Year Plan of China (1981—1985) I proposed that we should list the study of Chinese primitive religions and the collection of information concerned as a part of the national program of scientific studies. The proposal was highly valued by the academic circles. The. conference for making the program of philosophical and social sciences in the Seventh Five-Year Plan (1986—1990) held in Beijing in 1986 listed the project I had proposed as one of the important items of the program and entrusted the work to me. Many scholars of religion and ethnology warmly supported the project, hoping to take part in the work. In a short time dozens of experts and professors that had made remarkable achievements in their studies took part in one of the most comprehensive studies of primitive religions, that has been carried out involving broad multi-sided cooperatlon.

13

The most pressing task at the moment is that we must make an indepth investigation of wide scope and get overall systematic firsthand data and have them published so as to provide the scholars of religion and other disciplines of the humanities studies with the most authoritative information. For this purpose we decide that *A Series of Sourcebooks on the Primitive Religions of China* should be edited and published after collecting and sorting out, systematically, the archaeological findings, historical literatures and the field investigation data on the nation's primitive religions. The collection will gather as much data as possible about the primitive religions of various ethnic groups of China up to the present day. The sources consist of (1) field-work reports. (2) archaeological findings, (3) historical records, and (4) valuable data in academic works, It will be a comprehensive expression of all the data concerned.

On the other hand, we should notice that, though the primitive religions of China are rich in color, our academic circles have not made sufficient investigations of them. In the 1950s and 1960s, to meet the needs of social reforms, the Chinese government sent a large number of personnel (of whom many were ethnologists) to carry out a largescale investigation of the society and history of all minority nationalities in China. From the investigation a lot of data about the traditional culture and folk activities of minority groups was gathered. the data was of course very valuable, But, for some historic reasons. the investigation laid particular stress on socio-economic formation and class formation. As to the investigation of traditional religions, it stopped after only scratching the surface. There were only fragmentary records of superficial knowledge of the religions, and few touched the inside of them. Today, as we make up for the missed investigation of religions, we will certainly meet with many difficulties that cannot be overcome objectively. However, the investigation does not allow us to put it aside any longer. The forty years since the founding of the People's Republic of China have witnessed a historical period in which China has experienced great changes and the cultural interchange between nationalities has sped up. With social reforms, the existing primitive societies and the remains of primitive religions are dying away quickly. This situation heightened our responsibility to fulfill the task. To investigate and study primitive traditional religions of all the peoples in China and to sort out the data is an academic project to record the primitive culture. We must pay much attention to it and carry it out as soon as possible. To do the work at the moment is already rather late. If we delay it again and again, when the last traces of primitive religions are washed away in the tor-rents of time, it will be too late to repent. That is why all the scholars who take part in the project are eager to undertake this important historical responsibility. For all the shortage of financial support and hands, we began to collect and sort out written re-cords and to carry out field-work in the areas of national minorities in China. Some of our group members are of old age and in bad health, but they selflessly threw themselves into the work, traveling across mountains and rivers in remote and undeveloped places. When you read the series, you will know in what difficult situations they have made the contributions and thus will have a sympathetic understanding of the shortage of data caused by objective conditions.

14

The nature of *A Series of Sourcebooks on the Primitive Religions of China* has de-cided that the sources involved should be only the data of the primitive religions. But. since most Chinese nationalities have passed over the primitive period and entered class society, and the elements of their primitive religions have fallen into or mixed with later developed religions, the collecting and sorting out of the data must be in accordance with the intension and extension of "primitive religion" . After several discussions we reached a better understanding of the term. The "primitive" here, we think, is a his-torical category, referring to the religious form. that emerged in primitive society as the origin of all religious. Though they grew with the development of primitive society, primitive religions did not disappear when the primitive society evolved into class socie-ty. Many of their elements and forms through transformation were deposited in the reli-gions of later generations. The religions of class society are not "primitive" in its true sense, but they have kept many elements of the "primitive religions" . If we use scien-tific methods to analyze them, it will not be difficult to tear off the elements added by class society and discover the original characteristics of the primitive religions.

If we want to clarify the distinctions between the two scientifically. we should have a scientific understanding of the characteristics of primitive religions, which, we think, lie in the following two aspects:

First, the primitive religion was a comprehensive expression of the superstructure and social consciousness of the primitive society of the clan system. Its social nature was mainly embodied in the consolidation of the clan system and the safeguarding of the tra-dition of clan society. The fundamental elements of primitive religion such as religious concepts, objects of worship, acts of worship, rites of worship, religious institutions-all reflected, both in content and form, the nature of human relationship and the needs of the clan system in primitive times, and mixed with the social structure of the clam system to form a harmonious whole as the norms which put the thinking and behavior of all the members of the clan under control. The primitive religion was also a "clan religion," which all members of a clan believed in and which was not colored by class consciousness.

Second, the religious concepts of the primitive people were the fantastic reflection in their minds of the alien powers that decided their daily life. From the earliest times, human beings had to rely on nature to maintain their existence. At that time, in order to get what they needed for their daily life, they had to carry out productive activities in groups based on blood ties. Thus, their life was under the control of natural forces and restricted by social relations. The two alien powers were imagined by them as sacred and mysterious objects, which were mainly expressed as ancestor worship and nature worship. Ancestors and nature were the main concepts and objects of worship of the clan religion in primitive society, from which other objects of worship developed.

Totem worship was a religious expression, by which natural objects were considered as clan ancestors and clan symbols when the primitive people could not clearly distinguish men from nature in their minds. The totem worship, ancestor worship, nature worship and other religious expressions in a class society are in nature the "deposited elements" derived from primitive religion. We may infer to some extent some other phenomena of primitive religion from them, provided we tear off their class color.

It is generally according to this theoretical principle that the field-work investigation for *A Series of Sourcebooks oll the Primitive Religions of China* was made, and the sources were collected, sorted out and edited.

China is one of the pioneer civilized ancient countries. The majority of ethnic groups in China have long passed over the primitive period of social development, and cultural and religious interchange has been frequent among them. Except in a few ethnic groups, the forms of "primitive religion" in its strict sense have long become things of the past. If we do not use the scientific method to pick up the original characteristics by way of taking off the "added elements" as mentioned above, the primitive religious ele ments will be buried at the bottom of history forever.

It is just like digging gold. In the natural world, pure gold is very rare. Gold, as a rule, is always found in the ore consisting of many other metallic elements, or in sand. Gold can be purified and refined by sieving and other methods. Of course, we should like to have our gold panned as pure as possible. But in reality the work is always restricted by objective conditions. The same holds good of our work. The primitive religious consciousness and their co-existing practices have always been combined by history into some new religious understandings. To restore them to their original state requires theoretical analysis. If we did so, what we offer to our readers would not be the sources but some theoretical abstracts. Nevertheless, *A Series of Sourcebooks on the Primitive Religions of China* sometimes have to provide our readers with some "co-existing objects" of these co-existing practices and not just the primitive religions in their original form. To those who are interested in the study of Chinese primitive religions and their history, the "co-existing practices" will perhaps give them a better understanding of the traces of primitive religions and the relations between the primitive religions and other religions. Instead of reducing the academic value of the sources, we think, this will enlighten the scholars.

15

China is a multi-national country. The primitive religions of the minority nationalities have common elements, while each has its characteristic features. To keep the national characteristics, we shall publish the Series with a nationality as one unit. But for the convenience of printing, some nationalities who have many similarities in beliefs or who inhabit the same area are put into one volume. So, besides the volumes about the nationalities, there is a volume on archaeology and a volume on ancient documents in the Series. The editing and publishing of the Series with so many volumes is an important and difficult academic project. Thanks to the hard work and sincere cooperation of our colleagues, things have gone smoothly and the project will be accomplished on schedule. Now we are offering the first fruits to the readers. In the coming years we shall cornplete the writing of other volumes. At this moment when we are over joyed at our harvest, we would like to express our heartfelt thanks to the China Social Sciences Publishing House. Without their foresight and sagacity in opening up new academic frontiers and their great support, the publishing of the Series would have been impossible at the present time when the publishing business is at a low ebb.

English translation by
Chen Guansheng (陈观胜)

总 目 录

图版目录

侗族

布依族卷

主编　颜勇　周国茂　梁永枢

布依族卷目录

绪　论

颜　勇　周国茂

一　人口分布及族源、族称

布依族是云贵高原上一个古老的、有着丰富和灿烂文化的世居民族。布依语属汉藏语系壮侗语族壮傣语支。由于各种原因，布依族历史上只有语言没有文字。中华人民共和国成立以后，人民政府为布依族创制了试行文字。据第五次全国人口普查统计，布依族共有 280 余万人，其中绝大多数居住在贵州省，且主要分布在黔南布依族苗族自治州的惠水、长顺、平塘、罗甸、独山、荔波、龙里、贵定、福泉、瓮安、三都、都匀等县市，黔西南布依族苗族自治州的册亨、望谟、安龙、贞丰、普安、晴隆、兴仁、兴义等县市，贵阳市的花溪区、白云区、乌当区以及清镇、开阳、息烽等县市，安顺市的西秀区以及镇宁、关岭、紫云、普定、平坝、安顺等县市，六盘水市的六枝、水城和盘县特区，毕节地区的威宁、黔西、金沙、大方、织金、赫章等县。此外，遵义地区的仁怀县，铜仁地区的石阡县，黔东南苗族侗族自治州的黎平、麻江等县，以及云南省的罗平、马关、河口、师宗、富源等县，四川省的宁南、会里、会东等县也有布依族人口分布。

布依族分布的主要特征是成片聚居，但多与汉、苗、瑶、水、侗、彝、壮、仡佬等民族交错杂居。

布依族的族源，最早可以追溯到远古时期的"百越"。布依族自称"buxqyaix"、"buxqyix"或"buxqyoix"，用汉字记音，可写为"布越"或"布依"，直译的意思是"越人"或"依人"。研究结果表明，布依族与"百越"中的"骆越"有直接的渊源关系。《水经注》引《交州外域记》说："交趾未立郡县之时，土地有骆田。其田随潮水上下，民垦食其田，因名雒民。""雒田"与"骆田"通。"骆越"意即"垦食骆田的越人"。雒田不只交趾有，红水河及南、北盘江广大地区也有。布依语称山间谷地为"洛"（"log"）。"洛"与"骆"同音，"骆田"就是山谷里的田，布依语称为"那洛"、"那洛曼"、"那洛如"等。古人把垦食骆田的越人称为"骆越"，以别于越人的其他支系。

春秋到西汉，布依族地区先后出现过牂牁、夜郎两个部落国家，布依族先民是这两个国家的主体民族。因牂牁国统治者是越人，故有"越王牂牁"之称。夜郎时，布依族先民被称为"夷"、"僚"或"濮"。"濮"是中国西南古代一个较大的族群，有"百濮"之称。"濮"在布依语、壮语中指"人"或"族"，而且是作为称谓词头出现的，如现在所称"布依"、"布哈"（汉族）、"布尤"（苗族）等等。甚至布依族内部的地域性称谓，也冠以"布"（濮），如"布纳"、"布农"、"布央"等等。众多的"布"（濮）构成了"百濮"。故"百濮"中应含有布依族先民"濮越"，或者说布依族先民与"越"、"濮"有渊源关系，也是不错的。

　　汉、魏、晋以后，在汉文史献中，"濮越"的称谓被"僚"的称谓取代，但"濮越"作为民族自称，在布依族内一直使用，直至今天。僚人分布很广。《太平寰宇记》说："僚，音佬，在牂牁、兴古、郁林、苍梧、交趾。"交趾即今之越南；郁林、苍梧之地在今之广西。老挝古称"僚国"，今老挝的主体民族仍称"寮人"或"寮族"，其语言亦属壮侗语族。布依族先民属当时牂牁郡、兴古郡的僚人。

　　隋唐时期，布依族先民被称为"蕃蛮"。"蕃"古音读"博"，是布依语的同音异写。当时的谢姓"蕃蛮"首领颇有些势力，有"东谢蛮"、"西谢蛮"和"南谢蛮"之分。"蕃蛮"的风俗文化是承袭僚人而来的。《旧唐书》说谢蛮"依树为层巢而居，汲流以饮"，"有功者以牛马、铜鼓赏之"，"坐皆蹲居，男女椎髻"。在今安顺、长顺等县市，布依族谢氏仍为数不少。

　　宋代初期，"诸蕃以龙氏为宗，称西南蕃主。分龙州部落、东山部落、罗波源部落、训州部落、鸡平部落、战洞部落、罗母珠部落、石人部落八大部落分支。"[①] 其地在今贵州的安龙、罗甸、册亨、兴义、镇宁、贵阳等县市，与目前布依族的聚居分布状况基本一致。西南蕃中，以龙、罗、石、方、张五姓势力较强，后来增加韦、程二蕃，称为"七蕃"，元代又增加卢蕃，统称"八蕃"，领地在今贵州惠水、长顺一带。元世祖至元十六年（1279 年）置"八蕃宣尉司"统其地。蕃（或番）在这里成了布依族地区的地方政权名称。其中的罗、韦、卢等至今仍是布依族中人口众多的大姓。

　　元代，出现了"仲家"的称谓。《元史·地理志》中就提到"栖求等处仲家蛮"。对这个称谓的来历，汉文献有不同解释。清《贵阳府志》卷八七认为是五代时马殷遣马平、龙德寿等率柳州兵讨略两江溪洞，所遣大将姓仲，因此就称仲家。清道光《安顺府志》则说："仲家，相传仲之始祖奉檄而来，身穿重甲，因名。"但这些解释显得牵强附会。稽诸《五代史》、《资治通鉴》等史籍，马希范征讨两江溪洞，势力仅达于今湘西，并未深入今贵州布依族地区，且征讨者是刘勍、刘金明，也不是马平、龙德寿，更不是仲氏。结合布依族以农耕为主业的特点，笔者认为，"仲家"一称当由古代一部分布依族的自称转化而来的。众所周知，壮、布依两个民族有相近的历史渊源，在今天的壮族众多自称中，"布壮"一称（壮、仲同出一源）仍占相当一部分，而在布依族中，也有

---

① 参见《宋史·蛮夷四》。

自称"布仲"的。

明清两代，中央封建统治王朝先后推行"调北征南"、"调北填南"和"改土归流"政策，大批汉族军民进入布依族分布地区。部分人与布依族通婚，融合到布依族中，同时，民族歧视、民族压迫十分严重，中原封建统治王朝曾规定"土人"（指少数民族）不能参加科举考试，不得任用为官。为了政治上的出路和避免遭受歧视，不少布依族人不得不隐瞒自己的民族成分，一些与汉人往来密切的人于是因同姓而"联宗"，借用当地汉人中流传的从江西、湖广来的传说，把自己也报为江西、湖广籍了。于是，在布依族中就出现了明朝从江西、湖广"调北征南"迁来的说法。

在民间交往中，布依族人和其他民族都把布依族称为"土边"、"土家"或"本地人"，而把汉族称为"客边"、"客家"等。在布依族丧葬仪式活动中，要举行"热纳"或"热旁"仪式，将祖先迁徙路线报出，意在指引亡灵沿祖先迁徙路线回到祖先发源地。这些地名每个姓氏所传各不相同，但从南北盘江流域布依族的情况看，不外有"达罕"、"蛮路"、"拉少"、"林上"、"歌告"、"善书"、"珉谷"、"阿娄"、"刚旁"、"波定"等等。而这些地名大多在贵州境内，如珉谷即今之贞丰县城所在地；达罕、蛮路、拉少、林上在北盘江附近；阿娄、刚旁、波定在今之镇宁、安顺，如此等等。这些，从一个方面说明了布依族是贵州土著民族。

除了"仲家"、"土家"、"土边"等称谓外，民间对布依族的称谓还有"夷家"、"水户"、"沙人"、"侬人"等。直到20世纪50年代初，布依族的称谓仍沿用旧称，显得很混乱。为了与之前的称谓区别，有的文章根据布依族自称中"qyaix"这一发音，写为"夷族"或"彝族"。1951年、1952年在惠水、镇宁等县建立县级民族区域自治地方，也用的是"彝族（或夷族）自治区"的名称。族称的混乱和不统一，尤其是过去对布依族的他称含有歧视和侮辱成分，不利于民族团结，也不利于民族经济社会的发展。针对这一情况，1951年7月在贵州省首届各族各界人民代表会议上，一些布依族代表提出了按本民族称谓译音作为布依族正式名称的提案。在广泛征求本民族群众意见的基础上，1953年8月24日，贵州省人民政府在贵阳召开贵州省仲家（布依）族更正民族名称代表会议。会上，代表们根据本民族自称提出了"布依"、"布伊"、"布越"等27个选用方案。通过比较，大会最后确定用"布依"作为正式名称。随后，省人民政府将会议形成的意见报请中央人民政府民族事务委员会批示，同年10月，该会以"民（53）字第77号文件"函复同意。这样，布依族族称终于恢复了本来面目，从而确定了布依族在国家政治生活中的地位。

"布依"二字系本民族自称译音，"布"是"人"或"族"的意思；"依"是族名专称，无实际含义。"布依"二字与汉文古籍中的"濮"、"越"、"夷"等字有密切的关系。

二　历史沿革与经济、文化发展状况

布依族经历了漫长的原始社会。从春秋开始进入了阶级社会。布依族先民先后建立了牂牁国和夜郎国。楚顷襄王时，庄蹻西征至滇（今昆明市），遇秦夺去黔中，归路被断，遂留滇为王。夜郎变为半独立状态。秦统一中国后，在布依族地区设毋敛、且兰、夜郎等县。秦始皇嬴政三十三年（公元前 214 年），略取南越陆梁地，置桂林、南海、象郡，以谪徙民五十万戍五岭，与越人杂处。其中象郡相当于今越南北部、广西西北、贵州南部地区。先所设夜郎、且兰、毋敛等县划归象郡领属。秦亡后，南越国兴，三郡不复存在，夜郎、且兰、毋敛、同并等布依族地区的小国恢复原有国号，割据统领一方。汉武帝灭南越，开牂牁，以吴霸为牂牁郡太守。布依族地区形成了郡国并存的局面。汉成帝河平年间（公元前 28—前 25 年），夜郎王兴被牂牁太首陈立所杀，夜郎国政权被郡县取代。汉魏六朝以后布依族进入封建领主制时期。一些布依族大姓凭着雄厚实力，演变成当地的封建官僚。唐宋时期，中原封建统治王朝采取"以故俗治之"的统治策略，在布依族地区建立了"庄"、"琰"、"盘"、"矩"等羁縻州，设立刺史、将军等职，于黔州设都督府以统之，为以后土司制奠定了基础。元朝统一中国后，在总结历代王朝特别是唐宋统治经验的基础上，又有新的发展。鉴于羁縻制虽命以郡县之名，实同独立王国。为加强中央王朝的控制，在原有羁縻州的基础上，在布依族地区设置了许多宣尉司、安抚司和长官司即一部分土府、土州和土县，史称土司制度。到了明朝，土司制度更臻完备。清初，中原统治王朝为了进一步加强对布依族地区的直接统治和控制，利用布依族农民起义和统治阶级内部的互相倾轧，削弱土官势力，废除土司制度，派出流官来代替土官统治，史称"改土归流"。改土归流后，布依族地区地主经济普遍有了发展。19 世纪中叶，随着外国资本主义经济的侵入，布依族地区进入了半殖民地半封建社会。1949 年 11 月，中国人民解放军进入贵州布依族地区，1951 年 3—5 月解放军最后肃清了盘踞罗甸、望谟、册亨等地的国民党残余部队。中华人民共和国成立后，由于贯彻落实中共的民族政策，布依族地区实现了民族区域自治，先后建立了黔南布依族苗族自治州、黔西南布依族苗族自治州以及关岭、镇宁两个布依族苗族自治县、紫云苗族布依族自治县等。民族区域自治的实现为布依族经济社会的发展奠定了良好基础，布依族正逐步摆脱贫困落后，向全面小康迈进。

布依族是农业民族，稻作农耕经济具有悠久历史。研究结果表明，包括布依族在内的"百越"是最早发明稻谷栽培技术的民族成员之一。近年来，国内外学者分别从作物学、遗传学、人类学、地理学等角度，对稻作文化的起源地及稻谷栽培发明者的民族属性进行了考察，得出了稻谷栽培起源于以云南和印度阿萨母邦为中心的，包括中国浙江、福建、江西、台湾、广东、海南、广西、贵州、云南等省区及中南半岛的越南北部、老挝北部、泰国北部、缅甸北部（主要是掸邦）、印度阿萨母邦等地的所谓"半月形地带"。而这一地带从民族学、民族史学及语言学角度考察，基本上是古百越分布的地区。直至今天，稻谷在布依族耕地面积中仍占很大比重。贵阳、惠水、清镇、平坝、安顺、兴仁、兴义、都匀、平塘、独山等地区，稻田约占 80%。这些地区的一些村寨，甚至占 95% 以上，其他地区的布依族中，稻田所占比例也在 60% 以上，只有极少数地方稻田少于旱地。布依族种植的稻谷主要为籼稻、糯稻等几类共数十个品种。

在以农为主的前提下，布依族以少量采集和渔猎为补充。这种经济成分随着社会历史的发展逐步减少，而畜牧、纺织印染、林业和手工业等副业的经济成分则逐步增大。布依族的商品交换，据《安王与祖王》等宗教典籍可知，在母系氏族社会向父系氏族社会的过渡阶段就应该出现了。在长期的历史发展过程中，布依族在自给自足的前提下，将剩余的农产品和纺织品等拿到市场进行交换，贞丰一带布依族的布依"土布"大量销往周边邻近的云南、广西等省区。近代，由于一些发达地区出现了资本主义经济因素，"洋布"大量进入，布依族传统的纺织手工业受到重大打击。布莱克本商会访华成员曾目睹布依族地区"今日差不多走到任何一家农户，都可以看到，过去曾不可少的纱车都摆一边，布满灰尘，被遗弃了"。[①] 但是资本主义因素在布依族地区的出现也促进了布依族地区农产品的商品化。盘江流域与红水河流域北部地区出产的棉花，贵定地区的烟叶，独山、荔波、安龙、贞丰、关岭等地的桐油，红水河及盘江流域低洼地带生产的蔗糖等，都被大批投入市场，艾粉和桐油等产品还通过广西运往香港，远销国外。同时，布依族地区商业和城镇也得到了发展，还兴办了一些有现代工业色彩的工厂。[②] 中华人民共和国成立后，由于实行了民族区域自治制度，布依族经济取得了飞速发展，呈现了百业兴旺的局面。

布依族有独具特色的传统文化。

作为贵州高原上一个土著民族，早在远古时期，布依族先民就参与了该地区的文化创造。根据考古发掘，早在 10 万年前，布依族地区就有了人类存在。自旧石器时代到新石器时代，包括布依族先民在内的人类祖先已经在贵州这块土地上栖息、生活和繁衍，属于这阶段的人类化石主要有"水城人"、"穿洞人"、"兴义人"、"飞虎山文化"等史前文化遗址。

物质文化方面：与其他很多民族一样，布依族先民经历了一个漫长的采集、狩猎和捕捞经济相结合的时期。这在布依族神话和古歌中有很多生动的反映。例如用弓箭射日的神话，在虚妄的故事背后隐含的是布依族先民狩猎生活的事实。适应这一经济生活特点，布依族先民发明创造了用石、木、骨、角等为原料的各类武器、工具和用具。这构成了布依族远古文化的一些基本内容，奠定了布依族文化发展的基础。大约在新石器时代，布依族先民发明了自己的农业，其中最突出的就是稻谷栽培技术的发明。

---

① 《中国近代手工业史资料》第二卷，第 250 页。

② 参见《布依族简史》，贵州人民出版社 1984 年版，第 67—68 页。

　　稻作是古代百越文化的一大特点，布依族作为百越后裔之一，并且居住在贵州高原，无疑应该是稻谷栽培技术的发明者之一。从布依族的宗教经典、神话、古歌及生活习俗、民间信仰中，也有布依族稻作文化历史的诸多反映。布依族"摩经"中的《安王和祖王》叙述在母系社会向父系社会转变的过程中，父系氏族集团内争夺继承权的斗争。它在叙述同父异母的祖王出生前后安王所受待遇时说，祖王出生前，安王能得到父王给的"宗祖田"、"肥沃田"、"水田"等，而祖王出生后，这些都得不到了。作品反映的显然是较进步稻作犁耕。如果说"分给水牛"还不足以说明已有了犁耕（牛也可以用于踏耕），那么，与这部作品同时代或稍后的"摩经"作品《赎谷魂》则很明显地反映了犁耕农业。作品中有关于远古时天上出现十二个用蛇作绳索，套上狗犁田的内容。这说明，到父系氏族社会初期，布依族原始农业的发展水平已经提高了。

　　除了犁而外，布依族稻作农耕中较古老的工具应该是摘刀了。而石刀，则是其前身。布依族地区的稻谷品种有数十种之多，而最主要的品种是籼稻、糯稻。布依族日常生活中以籼稻为主食，但对糯稻有特别的嗜好。在节日或喜庆仪式上，糯食是祭神或祭供祖先的礼品。

　　"干栏"建筑是布依族远古文化成果之一。日本学者鸟越宪三郎认为：百越民族的"干栏"建筑与稻作文化有关。他的证据是，"干栏"建筑中的晒台，其主要功能是晒谷。这个观点当然还可以讨论。不过"干栏"的确是百越民族的文化特征之一。河姆渡遗址中曾发现稻谷遗存的同时，也发现了榫卯结构的干栏建筑遗存，说明百越民族中"干栏"建筑具有悠久的历史。至今，百越民族后裔仍普遍沿袭这一建筑形式。

　　布依族的纺织文化源远流长。平坝"飞虎山文化"新石器时代遗址和赫章县可乐新石器时代遗址均发掘出陶纺轮，可知至迟在新石器时代布依族地区已产生纺织技术。布依族古歌《造万物·造棉造布歌》中有：远古的时候，世上没有棉，"人人挂树叶，个个裹树皮"，后来人们在从事采集过程中，发现山上有花，叶子好大，"叶片圆又滑，真像大巴掌……拿花慢慢捻，丝纶细又长，结实不易断，好比蜘蛛网"。于是"大家快去拣，拣来野花花，姑娘就捻线，线子挽成团，就把布来编。"可以看出，布依族纺织文化是在长期的采集生活实践中逐步创造出来的。

　　布依族服饰有自己的特色。直至清代前期，大部分地区的布依族妇女仍着传统的短衣长裙。清乾隆以后，由于受汉文化影响，各地服饰开始发生较大变化，一些地方的妇女陆续开始易裙为裤。现在，除镇宁、关岭、六盘水、普定、威宁一带的布依族妇女仍穿着传统裙装而外，其余地区的妇女多已改为裤装。裙装的总特点是短衣长裙，根据衣饰等特点的不同，可分为若干亚类。裤装的特点是大襟衣、长裤，也有若干类型。布依族服饰色彩，一般喜用青、蓝、白几种颜色。

　　布依族的制陶技术和金属冶炼也有悠久历史。在布依族地区的考古发掘中还发现有几何印文陶遗存，说明远古时期布依族先民已发明了制陶艺术。金属冶炼方面，虽然布依族地区考古发掘尚未发现秦以前的金属遗迹，但从布依族神话、古歌及摩经中出现大量金属器械的情况看，远古时布依族先民是掌握冶炼技术的。中华人民共和国成立后，考古工作者在布依族聚居的普安发掘出铸造铜钺的沙石范，年代在汉文帝年间（公元前179—前157年），由此也可以推测布依族先民在两千多年前就已掌握铜钺和铜鼓的铸造技术了。布依族地区存有铜鼓数量较多而且很神圣，与此不能说没有关系。

精神文化方面：远古时期，布依族先民曾经历了从原始到母系氏族社会、父系氏族社会几个阶段。母系氏族社会中妇女社会地位比男子高，母亲受到特别尊崇，这在布依族神话和民俗中有所反映，例如，布依族神话中的"雅王"就是一位女性始祖。布依族信仰"美王"意即"母神"，认为婴儿出生后冥冥之中都有母神在保佑着。小孩哭闹、身体不适等，都要举行仪式祭供。这些都反映了尊重母权的遗风。此外，布依族中外甥的婚嫁、分家产和较大的纠纷，舅父都要亲自到场做主。祖母和母亲去世，儿子都要亲自到舅家报丧。这些都是布依族曾经历过母系氏族社会的反映。

母系氏族社会氏族内部的婚姻制度是按辈分划分的。布依族神话、古歌中关于洪水泛滥后余生的两兄妹按神的旨意结婚重新繁衍人类，就是血缘婚制的反映。

能表现布依族父系氏族社会特征的文化现象也很多，突出的如世系以男子计，男性长者普遍受到尊崇等等。婚姻方面，一些地区婚礼中的追打"抱古"习俗，就是一种父系氏族社会"外婚制"导致氏族间互相抢婚的习俗残存。

布依族中的"家族议事会"和"议榔制"的社会组织有着悠久的历史，其残余形式一直在一些布依族地区保留到中华人民共和国成立前夕。

这两种组织的功能主要是仲裁纠纷，维护本组织的正常生产生活秩序，组织抵御外侮，保护全体成员的公共利益及人身安全等等。其区别在于范围各不相同，"家族议事会"是家族（远古时是氏族）内部的社会组织，是农村公社出现后产生的。这两种组织属于弗·恩格斯所说的部落议事会一类的社会组织，它显示了布依族由母权制发展的历史痕迹。

布依族先民创造了丰富的精神文化，在其分布地区流传了大量的神话、古歌、传说故事和歌谣作品。布依族民间文学是布依族人民创作的自我娱乐、自我教育的精神文化产品。它伴随着布依族的历史，对研究布依族历史文化哲学伦理等具有重要价值。布依族的"摩经文学"是布摩对民间文学进行改编并创作部分作品形成的，是一种准作家文学。布依族作家文学始于清代，是用汉文进行创作的。有"西南巨儒"之称的莫友之父子在文学上取得了很高成就。到了民国年间，创作者有所增加。到了中华人民共和国成立后，作家文学超过前代。

人类远古艺术起源时，是以综合的形态呈现的，诗、歌、舞往往共于一体，而且与巫术有密切关系。因此，我们虽不能很具体、明确地指出布依族音乐、舞蹈中哪些作品产生于某个具体的社会历史阶段，但那些宗教仪式上表演的作品无疑有相当一部分是从远古延续下来的。布依族美术最早可追溯到越人的文身。关于古越人的文身习俗，汉文史籍不乏记载。直到中华人民共和国成立前，册亨等地布依族中还有在手上刻绘花纹的习俗。中华人民共和国成立后，布依族音乐、舞蹈、美术等人才不断涌现，更取得了长足发展。

　　布依族原始社会的哲学可从神话、古歌和宗教经典中略见一斑。例如，人们认为万物有灵，人死后灵魂不灭；还认为冥冥之中有一种超自然力在支配着人的命运等。也正是由于先民们对宇宙、自然及社会的认识都依据自身的经验，从而使先民的哲学思想中闪现出朴素唯物主义的光辉。例如，在对宇宙起源的认识上，布依族先民认为天地是由清气和浊气通过外力作用演化而成；而万物的起源大都与劳动有关，是劳动创造了世界。

　　布依语属于汉藏语系壮侗语族壮傣语支。布依语内部差异较小，根据语音和部分词汇的不同，布依语分为三个语言区。历史上，布依族并没有形成过自己的通用文字，但在一些特殊人群中（主要是布依族宗教职业者"布摩"中），曾产生过几种文字。如流行于多数地区的方块布依字和流行于贵州西北部的威宁一带的夹杂汉字和自创符号的文字类型和贵州西部六盘水市一带根据伯格里苗文创制的布依文字等等。这些文字在一定的范围与时间流行过。20世纪50年代，有关政府部门组织专家在大量调查研究的基础上，为布依族创制出了拉丁字母拼音文字，广泛推行，收到一些效果。

三　布依族宗教信仰

　　道教、佛教和儒家等汉族地区的主流文化对布依族文化都产生过影响，主要表现在布依族的传统宗教中含有儒、道、佛的一些因素。而近代以来，至民国年间，外国基督教传教士深入布依族地区进行传教活动，在镇宁、安龙、册亨等地建立教堂，并发展了不少信徒。但是，从总体看，布依族主要信仰本民族的传统宗教。

　　布依族的传统宗教，现在通称为"摩教"。它在全民族内流行面较广泛，表现形式和内容相对统一。这是一种从原始宗教向人为宗教过渡阶段的宗教形态，是一种"准人为"宗教，其中包含了诸多原始宗教的成分。"摩教"的称谓源于布依族宗教职业者"布摩"。

　　布摩"buxmol"也称"报摩"（"baohmil"）、"掌摩"（"xaanghmol"）等等。布依族把人、族等称为"布"（"bux"），因而主持仪式诵经者就被称为"布摩"（"bux-mol"）。"报"的意思是成年男性，强调的是从事该职业者的性别和年龄特征；"掌"则是"匠人"、"工匠"之意，强调的是这类人从事的职业与一般的活计不同，需进行专门的训练才能掌握。

　　也许是因为布摩主持宗教仪式，与鬼神打交道，所以过去布摩被很多文献写为"老磨公"、"老魔"、"鬼师"、"巫师"等等，均含有一定的贬义，实际上是把布摩等同于装神弄鬼骗人钱财的"神汉"，这容易使人们联想起一些民族中的萨满或巫师。应该说，布摩与萨满、巫师的确有一些相似之处，比如他们都主持宗教仪式，布摩有时也行使巫术等等。但布摩与萨满、巫师也有很大的不同。主要的不同是他们取得从事宗教仪式资格的方式不同。在信仰萨满教的一些民族中，据说人"出生时未脱胞衣者，长久患病或神经错乱，许愿当萨满后病愈者，都认为是被萨满的神灵选中，只要请一老萨满为师，即可进行领神仪式"，成为萨满。[①] 珞巴族中的巫师"爸目"，"先要发疯，裸体到处乱跑，自己抓破自己的身体，并敢于铤而走险去投江跳岩"，人们就认为他是神灵附体了，于是就让他向老"爸目"学跳神，成为新的"爸目"。彝族中一个人要成为"苏理"（巫师），一般开始时要患精神病，胡言乱语，说自己见到了已死去的某某"苏理"。[②] 总之，这些巫师在成为巫师之前，都必须发生过疾病、神经错乱等情况。布依族中，布摩的情况完全不是这样。一个人想成为布摩，只要他向"交摩"（"jaucmol"，即布摩中的头领或师傅）提出请求，得到同意后，先跟师傅学习宗教经典，能记住全部经典或能流利地诵读后，让其参加宗教仪式，见习和实习，直到能熟练地主持宗教仪式后，"交摩"就通过一定的仪式正式宣告他可以独立主持宗教仪式，正式成为布摩，并取得带徒弟的资格。

从职能来看，布摩与巫师也有区别。巫师的主要职能是通过各种巫术仪式达到替人消灾、祛病、祈福、驱邪等等目的，在这些巫术仪式上，巫师往往动作行为显得怪异、夸张，使人产生强烈的恐惧感。布摩的职能主要是超度亡灵，也主持消灾、祈福、驱邪等仪式，但布摩是以诵读相应的经文为主，主持仪式时举止庄重，态度严肃，使仪式笼罩着神秘而庄严的气氛。布摩常主持寨子与寨子之间或全寨、全宗族的大型祭祀活动，因而，把布摩汉译为"祭司"似乎更准确些。

布依族中，与其他民族的萨满或巫师类似的宗教职业者是"押"（"yaz"），有人称之为"迷纳"。"押"一般由女性充任，实际上就是"女巫"。成为"押"不需要专门学习，只要出现迷狂或神经错乱等症状，就可能认为有"独押"（"tuezyaz"，一种神灵）附身，这个人就可在家里设坛祭供，正式成为"押"，开始为人们算命、占卜和主持驱邪、祈福和禳灾等仪式。"押"在主持仪式时也常常表现为行为怪异、夸张，且没有经文，有的只会念诵一些短小的咒语或祷词。可见"押"与布摩有着明显的区别。

在一些地方，人们也把懂得阴阳五行和堪舆的男性称为"报押"。这可能是受汉文化影响使然。因为汉族中的巫师多懂得阴阳五行和堪舆，他们在从事巫术活动方面与布依族传统文化中的"押"相似，于是懂得阴阳五行与堪舆的人便有了"报押"的称谓。

在布依族传统的民俗社会中，"押"与布摩的社会地位有很大不同。布摩无论在布依族文化的创造、传承还是在社会生活中都扮演着重要角色，有着较高的社会地位。"交摩"（布摩师傅或头领）往往还成为寨老或村寨的自然领袖，主持较大的社会事务活动、排解纠纷等等。布摩一般也是布依族中汉文化程度较高者。他们借用汉字并根据汉字"六书"造字法创造新的方块文字符号，将经文记录下来，后来的布摩就必须具备懂得汉文这个条件。这无疑促进了汉文在布依族地区的推行，并进而促进了布依、汉文化

---

① 参见秋浦《萨满教研究》，第 60 页。

② 同上。

的交流。布摩在宗教活动中和社会生活中的重要地位和作用，对布依族宗教经典的传承以及对布依、汉文化交流的重要作用等等，使其成为研究布依族文化不容忽视的一个重要对象。而"押"就难得到此"殊荣"。

摩与押虽然现在有很大区别，但最初他们却是一体的，是社会发展到一定时期才发生分化的。这要作一些回顾。

根据一些资料推测，摩的来源与布摩的祖师爷"报陆夺"（"bauslegdoz"）及其同类性质的神祇"摩陆呷"（"molleggaabt"）有关。

在贵州省册亨、望谟等地的布依族中，布摩也称"呷"（"gaabt"）。"呷"指的是"摩陆呷"。在布依族传说中，摩陆呷是一个与"报陆夺"同时代的人，有的地方认为他是报陆夺的徒弟，也有的认为他就是"报陆夺"。不管怎样理解，布摩在主持仪式诵经时每当提到报陆夺，总要同时提到摩陆呷，"摩经"中报陆夺和摩陆呷总是对举。比如，"摩经"中总是出现这种情况：当人们遇到难题不能解决，就去请教报陆夺和摩陆呷（布依语经文为"bail hams bauslegdoz, bail hams molleggaabt"，用汉语直译为："去问报陆夺，去请教摩陆呷"）。这表明，报陆夺和摩陆呷是有关联的。摩陆呷是与报陆夺同一类性质的人物或神祇。但在摩经中或布依族宗教和民间神话传说中，目前已经找不到有关摩陆呷更多的线索。

壮族与布依族有着密切的亲缘关系，壮族也信仰"报陆夺"和"摩陆呷"。在布依族和壮族观念中，报陆夺是具有神性和超常智慧的人物。壮族中的"报陆夺"被汉译为"布洛陀"、"布碌陀"、"陆达公公"、"包老铎"等等，被神化为男性始祖神，流传很广。他的功绩是安排天地万物，造太阳、月亮、星星，教人们捕鱼狩猎、造火、种植、造动物及家畜，并设定万事万物间的秩序

在壮族中，"摩陆呷"（通常汉译为"姆六呷"）则被神化为第一代女性始祖神。与布依族中已找不到有关摩陆呷的神话传说不同，壮族中仍保留着有关这一女神的神话传说：天地分开以后，大地一片荒芜。后来长了杂草，草上开花，花里长出一位赤身裸体披头散发的女人，这个女人就是姆六呷。她派蝼蛄去修天，派屎壳郎（蜣螂）去修地，结果天小地大盖不严，她就用手心一抓，天地才盖严实了，但大地却因此起了皱褶，高的地方成了山，低洼的地方成了海河湖泊。她见大地没有生气，便受风怀孕，撒尿和泥捏成人。但这些人分不出男女，她又上山采来杨桃和辣椒，撒在地上由这些孩子抢，结果抢到杨桃的是女孩，抢到辣椒的是男孩。也许因为这个缘故，姆六呷在壮族信仰中被当做生育神，但从故事主干看，她是一个地地道道的女性始祖神。

到目前为止，有关摩陆呷的神话传说在布依族地区尚未发现，而在壮族地区，据说也是"不完整"的、零散的。[①] 这种情况的出现是很正常的。姆六呷作为女性始祖神，无疑是母系氏族社会的产物。按照壮族民间的说法，姆六呷是第一代神，是女性；第二代神有管天界的雷王、管下界的龙以及管人间和中界的布洛陀；第三代神是布伯。他接

---

① 参见蓝鸿恩《广西民间文学散论》，第24—25页。

布洛陀的班，管人间和中界。既然姆六呷是母系氏族社会的产物，那么随着父权制的确立和发展，男性始祖神必然产生，人们对女性始祖神也就必然逐渐淡忘，以至有关女性始祖神的神话传说消失。如果说壮族地区姆六呷神话的"不完整"表现的是一种"淡忘"，那么布依族中的摩陆呷只在"摩经"中保留了名字而在人们的记忆中已经找不到相关神话传说，表明此类神话传说在布依族中已经消失。按照蓝鸿恩的推断，姆六呷神话演变下来，就成了壮族习俗中信仰的生育女神"花婆"。类似花婆的神祇，布依族中称"乜房"（"meehfaangz"）（直译为"母神"）。如果蓝鸿恩的推断正确，那么"乜房"（"meehfaangz"）的前身应该是摩陆呷，也就是说，摩陆呷是女性神，只不过她的名字早已被人们遗忘，只存在于"摩经"中罢了。

由此看来，摩陆呷与报陆夺并非一个人，而应该是两个人。根据人类社会和宗教发展规律，笔者认为，摩陆呷应该是在报陆夺之前就出现的布依族宗教祭司，也就是说，摩陆呷是布依族中最早的布摩。

母系氏族社会是人类最早出现的社会组织形式，这已是一个历史常识，而宗教的产生几乎与母系氏族社会同步。宗教史研究表明，宗教产生于旧石器时代中期或晚期，而这一时期，正是人类社会发展的智人阶段。由于智人阶段生产力的发展和开始实行族外婚，引起了社会结构的改变，导致了以母系血缘关系为纽带的氏族组织（即母系氏族）的萌芽。考古资料也充分证明，"氏族和氏族制的遗迹与宗教的遗迹一样都是出现于旧石器时代的中期和晚期，而且宗教的遗迹往往就是氏族的遗迹"[1]。

母系氏族社会形成时期，由于在人们的思维还未把自己和周围的自然界区别开来，还不能完全了解男女交合的生殖作用，当人们需要把自己的氏族与别的氏族加以区别而追溯本氏族的起源时，就很自然地联想起与他们生活关系最为密切的周围的动植物、天体或其他物体等，并从中认定一种作为本氏族的图腾祖先。随着先民们支配自然力的能力的提高，一方面，"妇女在氏族经济生活中的重要地位，自然受到尊敬，而子女是母亲所生的这一生理现象也是有目共睹的。原始人并不是完全陷于宗教幻想，也在不断地积累实践知识，所以开始注意女性在繁衍氏族中的作用，从而幻想出氏族与图腾动植物感触或婚配而繁衍人类的神话"[2]。另一方面，母系氏族杰出的女首领先是被尊崇而后是被神化，成为女始祖。

母系氏族社会的女首领同时也应该是宗教祭司。所以当她被神化为女始祖后，同时也被神化为宗教的创始人。

在布依族"摩教"传说中，摩教主明明是男性始祖报陆夺，摩陆呷虽然不分性别、含含糊糊地排列在报陆夺后边，但并没有突出表明其摩教创始者之一的身份，这是何道理呢？

笔者认为这是父权制代替母权制的必然结果。母系氏族社会女性具有比男性更高的

---

① 吕大吉：《宗教学通论》，中国社会科学出版社 1990 年版，第 349 页。
② 同上书，第 359 页。

社会地位，而在社会生活中扮演重要角色的必然是女性，但父权制确立后，男子在社会生活中渐居支配地位，因而主要的重大的宗教活动必然转而由男子主持，男权社会也必然相应地产生男性始祖神。这个神（报陆夺）创造了宇宙万物的同时，也创设了摩教，这样，摩教的创始人就从摩陆呷逐步变成了报陆夺。

我们都知道汉族古代有所谓"女巫"、"男觋"之说。《说文》："巫，祝也，女能事无形，以舞降神者也。"可见，"巫"是对能沟通看不见的神鬼的女性的称谓。

按清代学者钱大昕"古无轻唇音"的说法，"巫"的发音似应为"mu"。在现代汉语中，"巫"发音为"wū"，属零声母。王力曾对零声母的来源进行过研究，认为其来源之一是韵母（ɱ），"ɱ"的发音方法与 m 相同，但发音部位和 v 相同，于是在北方话里逐渐变为一个 v，这个 v 从 14 世纪中原音韵时代起一直保持到 17 世纪，然后才变成为半元音 w，最后成为元音 u（韵头或全韵）。[①] 由此可以推知，14 世纪以前，汉语中"巫"的发音仍为"ɱ"，与"姆"（摩）的发音 mu 或 mo 近似。一些地区壮族的本地方言中，"巫"的发音也为 mo。由女巫演唱的"巫论"、"巫朗"，汉字虽记为"巫"，但读音为 mo，可见壮族女性宗教职业者还有被称为"摩"（mo）的。

布依、壮语和汉语虽同为汉藏语系语言，有很多同源词，而且"姆六呷"、"摩陆呷"中的"姆"或"摩"很可能与汉语"巫"是同源词。所谓"姆六呷"、"摩陆呷"应该是壮族、布依族原始社会崇拜的宗教首领或创始人。但是，不能由此得出结论，说壮族、布依族信仰的民族宗教是"巫教"。壮族宗教情况这里不作论析。就布依族宗教来看，固然其中有很多巫的成分，但总体上与巫或萨满教有着明显区别。虽然社会上还有女巫"押"，但主持主要宗教仪式的角色早已由女性变为男性，仅仅在称谓上保留了"摩"这一名称罢了。因为主持宗教仪式的宗教职业者被称为布摩，因此布依族的民族宗教也就有了"摩教"的称谓。

过去人们一直认为布依族的信仰崇拜为多神信仰崇拜，属原始宗教或自然宗教。的确，从现象上来看，布依族宗教中主要表现为多神或多鬼信仰崇拜，有大自然崇拜、动植物崇拜、鬼魂崇拜、图腾崇拜、祖先崇拜、灵物崇拜、偶像崇拜等。但通过深入考察和研究可以看到，布依族宗教信仰已具备较为明显的人为因素，并且在整个民族范围内有着很大的共同性。因此笔者认为它是布依族的民族宗教，是一种由多神教向一神教演变过程中初步具备了一神教雏形的宗教形态，属于一种准人为宗教。主要依据如下：

首先，摩教已具备较专门的宗教职业者布摩，并开始形成最高神祇。摩教就是因为宗教职业者的称谓（布摩、报摩、掌摩）而得名。而布摩，无论居住何地，属何教派，均尊奉"报陆夺"为开山祖师。不同地区的布摩在解释各地各教派经典及仪式的差异时均说："xibnyih bauslegdoz, gogt mizhoz byaail hoz." 这是布依文，意思是：报陆夺有十二个弟子，所以经文（或仪式）不是开头相同就是结尾相同，差异不会太大。贵州罗甸一带布依族布摩中，有一个报陆夺和摩经的传说：报陆夺创教时经书很多，他自己精

① 　王力：《汉语史稿》上册，中华书局 1980 年版，第 131 页。

于卜算，料事如神。后来，七仙女下凡与凡人结婚生子后又回天上，其子欲知母亲为何人，请报陆夺告诉他。报陆夺对他说：你七月七日在某处水边等候，将有七个女人在那里洗澡，其中某位就是你母亲。这天，仙女之子遵嘱来到水边，照报陆夺指点认出了母亲，并随母上了天。仙女认为报陆夺泄露了天机，欲惩罚，嘱其子带一壶"酒"去"答谢"报陆夺。以聪明善卜算著称的报陆夺恰巧糊涂一时，一下子打开了壶。谁知壶中装的不是酒竟是火。火苗一下子蹿出，烧掉了他不少经书，所以后代弟子都不及他会卜算了。

在布依族民间传说和信仰中，报陆夺是一位男性神，从神格看他属于智慧神或创造神。这个形象的出现无疑是父权制确立后的产物，其原型可能是一位杰出的父系氏族或部落首领。到了摩教那里，报陆夺不仅被尊为教主，而且被赋予了更加非凡的才能。对他来说，没有任何办不到的事，没有什么解决不了的问题。他能洞察宇宙万物的一切，是一位非凡的预言家并能解决任何难题。有学者认为壮族、布依族的布洛陀或报陆夺实际上是（"bausroxdoh"）的音变或误读，我认为此说有一定道理。所谓（"bausrox-doh"）者，直译其意，即遍知一切之男人也。两者不仅读音相近，而且与人们观念中布洛陀或报陆夺的特点一致。可以推想，假如与之相适应的社会历史条件能正常发育和发展，布洛陀或报陆夺发展的逻辑结果必然是一位至上神，从而使摩教发展为一神教，或由一位至上神主宰同时有着诸多不同等级功能神的民族宗教类型。

其次，摩教有较系统的经典——摩经，布依语称"诗摩"（"selmol"）。原始宗教不是说没有经典，但一般说来，原始宗教的经典不是过于粗陋就是不成系统。布依族的摩经则不同，其经典不仅卷帙浩繁，而且有系统。从大的方面分，有《殡亡经》和一般杂经两大系统。《殡亡经》是用于丧葬仪式活动超度亡灵的经典，一般杂经则是除此之外的用于驱邪祈福禳灾的经典。其中《殡亡经》卷册数量较多，也更具系统性。

最后，已形成比较固定和规范的宗教礼仪。例如，超度亡灵的"殡亡"仪式活动，就需经过"请师"、"祭棺"、"开丧"、"转场"（或"转嘎"、"砍牛"）、"送仙"、"嘱咐"等几个程序，每个大的程序又往往包含若干小的程序，如"转场"仪式就包含"叫场"、"转场"、"砍牛"三个小的程序。祈福、驱邪、禳灾等比较小型的仪式，也是比较规范化的。布摩认为，必须遵循代代沿袭的仪式程序、规范和禁忌，否则就达不到仪式所欲达到的目的。

此外，摩教还形成了自己的基本教义。"摩经"认为很多文化事象都是"报陆夺"创设的，人是否健康长寿，庄稼能否丰收，六畜是否兴旺，家境好还是不好，都是神或者命运决定的。但通过祭祀神灵，给神灵供奉牺牲，人与神双向互动可以在一定范围与一定程度上或彻底扭转不利运势。人、畜之所以生病，是因为受某种鬼魅作祟，不同的疾病分别由不同的鬼魅作祟所致，需举行相应的仪式予以被除，病才会痊愈。即使用药物治疗，也需举行这些宗教仪式，"神药两解"方能奏效。人死后，通过"殡亡"仪式，亡灵即可进入极乐世界"拜"（"bad"）、"仙"（"sianl"）。在阳世与冥界的交界处，有一"峤龙"（直译为"铜桥"）。善良、德行高尚者其亡灵踏上"铜桥"时越走越宽，而做过偷窃等恶行的人踏上去时则越走越窄，最后桥面窄如刀口，不能过去，而且只能在冥途中做漂游浪荡的野鬼，得不到人们的供奉，只能靠作祟于人讨口。凶死者的鬼魂被认为堕入了"游魂世界"，要举行"入交"（"ruhjauc"）（意为"赎头"）或"招魂"仪式，将其灵魂"赎"或"招"回"生魂世界"，再超度到"拜"、"仙"界，否则其灵魂在"游魂世界"受苦，就会经常骚扰阳世人们使之不得安宁，有的甚至要找活人做替身，使自己能得到解脱。"拜"、"仙"界有"王代"、"王绍"、"安王"等众多神灵，还有祖先神和众多"拜"、"仙"。亡灵进入"拜"、"仙"界后自己也成了"拜"、"仙"，可以成为管理者和上层社会成员，但也要耕田种地、娱乐社交。但在那里可以长生不老，成为上层社会成员并成天与"拜"、"仙"在一起，荣耀无比，其乐融融。

摩教具备了一神教的雏形，同时，原始的多神崇拜特点也还十分明显，主要表现在"报陆夺"虽有被尊为至上神的趋向，但众多的神祇仍处于游离和分散状态，未被真正纳入一个严密的神灵体系之中。

布依族摩教以鬼神观念和冥世观念作为信仰的思想基础，以祖先崇拜为信仰的核心，以解脱疾病痛苦和导引亡灵进入极乐世界为信仰宗旨。它是在原始宗教基础上，利用诸多原始宗教材料创建的，因而包含了很多原始宗教内容，主要有：

1. 大自然及动植物崇拜。在布依族地区，普遍信仰寨神、山神、树神、火星神、土地神、谷神、田神、天神、雷神、水神、雨神等等。每年农历的三月三、六月六等节日，都要在寨老主持下，由布摩举行仪式，率众村民祭祀山神、田神和谷神等。怪异而巨大的石头，牛、马、猪、鸟、蛇等动物，甚至建筑物的一些部位如门、梯等都有神灵。

2. 图腾崇拜。从摩经和现存的宗教民俗中，都可以看见这方面的遗迹。比如，汉文古籍中，有"越为蛇种"之说。所谓"蛇种"也就是说古越人信仰蛇。在摩经《赎谷魂经》中，"比香"射中太阳后在"王"拒绝兑现用良田奖赏诺言的情况下，愤而用蛇捆猪犁田，激怒天神降暴雨而洪水泛滥。天神之所以发怒，就是因为"比香"亵渎了图腾神蛇。摩经《安王与祖王》中，还反映了布依族曾有过龙图腾和雷图腾的信仰。这部经文讲述了同父异母兄弟安王与祖王争夺继承权的故事。安王的身世很特殊：他的父亲是雷神的儿子，母亲则是龙王的女儿。这表明，安王父母分属图腾信仰不同的两个氏族。此外，在现存的一些特定的人生礼仪和有关宗教活动中，还反映出布依族的竹图腾崇拜遗迹。比如，在贵州的六盘水、关岭、晴隆等地布依族中，新婚女子怀上第一胎时，要举行求子仪式，由舅家送竹前来祝贺，布摩诵经后，将竹安放在孕妇卧室门口或床头上方。"神竹"要保留到该妇女超过生育年龄才取下。贞丰一带布依族正月间都要请布摩为老年人举行添寿仪式，须砍来金竹枝，布摩诵经后又把金竹枝绑回原来的金竹竿上，祈望老人长寿，如金竹那样长青。丧葬仪式也离不开竹，仪式活动期间要在门口立一根大楠竹，上挂引魂幡，表明亡魂将随竹的指引，进入极乐世界"傍仙"、"傍拜"。

3. 鬼魂崇拜和祖先崇拜。布依族认为土人的灵魂不死，它变成鬼魂，会继续干预活人的生活并影响生死祸福。如果亡魂不能进入"傍仙"、"傍拜"，就会变成四处游荡的野鬼，作祟于人，不断干扰阳世人们的正常生活，使人不得安宁。为使鬼魂到其该去的地方，就必须请布摩举行"殡亡"仪式，或者举行"开路"仪式，指引亡灵进入"拜"、"仙"的路径。由于在举行了"殡亡"仪式，亲人的"鬼魂"有时也会回家"造访"，出现于这个家庭成员中某个人的梦境中。在这种情况下，就必须设祭供奉亡魂，请其享用，之后鬼魂就会立即返回其居住之所，好好保佑阳世亲人平平安安，万事遂顺。

祖先崇拜是"鬼魂"崇拜的发展，早期的祖先崇拜对象主要为血缘祖先。在布依族地区，每家都设有祭祀祖先神灵的神龛。每一个宗族或房族每年清明节都要集体为共同的祖坟进行清扫、维修和挂上白纸坟标，并进行祭祀活动。受汉文化影响，一些宗族还有自己的宗祠。布依族祖先崇拜还有一种表现，就是对跨血缘的部落、部族首领或英雄人物的神化和崇拜。如贵州贞丰一带布依族"三月三"节日祭祀活动，就有这种性质。届时，村寨成年男性聚集到"讲苏"（意为"主祠堂"）举行"敬苏"祭祀活动，在祠堂大门贴上"公生三月三日，民祝万代千秋"对联。从对联和祭祀活动特点看，祭祀对象应该是一位"农村公社"首领。布依语"苏"意思是"主"、"首领"，"敬苏"正确的翻译应该是"祭主"、"祭首领"。在兴仁、兴义一带，这种祠堂被称为"讲赛"，意思是"官祠堂"，也有人译为"官厅"，有关祭祀活动称为"敬赛"，意思是"祭官"。可见，这种活动是祭祀统治者、首领，一种跨血缘祖先。此外，在很多地方有对"德者"（贵州镇宁、关岭、贞丰等地）或"金竹师"（贵州贵阳花溪）的崇拜，也属此类信仰崇拜。"德者"或"金竹师"与广西壮族崇拜的"莫一大王"名称不同，事迹详略也不同，但却是同一个崇拜对象。

4. 灵物崇拜与偶像崇拜。灵物崇拜在原始宗教中属比较晚起的一种崇拜形式，它与自然崇拜不同之点在于，"灵物崇拜的对象并不是以灵物本身的自然形态来表现，灵物的种种威力也不是灵物的自然形态所表现出来的威力，而是灵物以外的自然威力或人体本身和社会现象中的神秘力量。因此，灵物崇拜的对象可能是一块形状特别的小石，或一根树枝，甚至是一片被人丢弃了的用具的碎片。只要它被认为有灵，人们就加以供奉，求它除灾赐福，或增加体力、眼力等。另一方面，人们又把生活中的祸福或自然现象的异常现象归诸灵物的作用"[1]。布依族"摩教"中的灵物崇拜物，不论是自然物还是人工制造物，其灵性大多是布摩赋予的，例如，一片茅草叶经布摩念咒后即可成为镇邪的灵物。农历正月逢辰日或新居落成庆典之日举行的"请龙"仪式上，布摩将两个蛋埋入主人新屋头柱脚下，鸡蛋即成灵物，能使被祷告人家五谷丰登、六畜兴旺、财源旺盛。老年人生病，布摩为其举行"改邦"仪式，用竹篾编一拱形桥（称"桥盖"），于仪式后插于病人卧室床壁上，此"桥"即为灵物，有镇邪作用。

偶像崇拜的特点是崇拜对象被形象化了，是在灵物崇拜的基础上产生的。一些表示动物或人的"灵物"勾画出"五官"，涂上色彩后即成为偶像。如一些地方的布依族，

---

① 朱天顺：《原始宗教》，上海人民出版社 1978 年版，第 60 页。

在寨中一棵古树下建一小石房，石房中立一尊像人形并勾画出五官的小石像，称"报艮嫡"，为村寨守护神。这是比较原始的偶像，其制作比较粗放。20世纪50年代前，很多地区的布依族人在寨旁小庙内常供奉一种用木刻的被称为"独谬"神像，功能各异，其制作就比较精细了。在黔南一些地方，布摩在举行一种旨在求生育、保子女的被称为"祧祭"的宗教仪式上，要祭祀36位神灵，诵经七天七夜。这些神灵均用木刻其形象，在仪式上供奉。

5. 教主崇拜。在布依族中，"教主"实际上是一种行业神。宗教职业者"布摩"把报陆夺尊为"摩教"的创立者加以崇拜，每个布摩家里的神龛一侧，均设有祖师"报陆夺"的神位，逢年过节时或在举行宗教仪式上，布摩一开始都要先举行"请师"仪式，祭祀"报陆夺"，祈求他保佑仪式活动顺利进行，保佑布摩在仪式活动中若得罪了一些邪鬼后不致遭到报复，使自己和家人免于罹祸。

第一章　图腾崇拜遗迹总论

第一节　鱼图腾

布依族世居红水河和南北盘江流域一带，住地靠近江河，依山傍水，同时稻耕历史悠久。种水稻离不开水，所以与鱼类接触的时间较长，互相关系非常密切。过去的绣品如背扇、枕头、被面、童帽、鞋面等普遍绣有鳌鱼的花纹图案，但鳌鱼的形象不像字典中所解释的鳌鱼。字典解释说："鳌鱼是传说中海里的大鳖。"然而布依族刺绣图案中的鳌像鲶鱼一样，头大尾小，弯曲时很美丽，布依族把它视为吉祥之物、神圣之物。不但绣品如此，在雕刻艺术上，也常常用这种图案。特别是在墓碑上，碑头是双鳌鱼形，碑侧、碑基都刻有鳌鱼的花纹图案，好似鳌鱼与祖先灵魂在一起非常放心，客观上起到保护神的作用。从这些情况来看，可能鳌鱼是布依族先民的民族标志或符号，因年代久远而淡化了。

另外古歌《安王与祖王》叙述安王的母亲是鲶鱼，安王的外家都是鱼，说明鱼与布依族先民有血缘关系。从这些情况看来，大部分地区对鱼的崇拜是无可置疑的了。然而之后鱼却成为餐桌上的美味佳肴、祖先的祭品，如《黔记》郭子章所说的"仲家祭以枯鱼"，是何原因？可能先民们先是崇拜动物身上的自然属性，然而它们却又是生活所必需，因而祈求所依赖动物的灵魂来帮助解决生活上的问题，就成以后的祭品和美味佳肴了。

［黄义仁：《布依族宗教信仰与文化》，第 24 页，中央民族大学出版社 2002 年版］

鱼图腾主要存在于百越后裔布依、水等民族中。

在布依族摩经中，《安王与祖王》可谓鸿篇巨制，它讲述的是安王与祖王这两个同父异母兄弟为王位与财产继承权而发生争斗的故事。安王与祖王的父亲是盘果王。盘果王下河打鱼时遇见了龙女，二人结为夫妇，生下安王。安王长得很快，三天会骑马，五天会射箭打猎。他用麻织成渔网，打得一条紫鳞绿鳍的鱼。他的母亲告诉他，鱼是外戚，不能煮食。安王不听，把鱼下了锅。其母愤然跳回江中，丢下盘果王与安王。盘果王又娶了后妻，生下祖王。故事以较长的篇幅讲述了安王与祖王如何围绕权力（掌印）和家产进行了激烈的争斗。最后，以安王管上方、祖王管下方达成了妥协。故事的具体情节这里不赘述。值得注意的是，故事中，安王的母亲是一条鱼，她是龙王之女。从古百越后裔诸民族中普遍有龙或鱼图腾崇拜遗迹的情况看，布依族先民观念中的鱼当是龙的化身，而鱼或龙当是布依族先民社会中安王氏族的图腾。

［周国茂：《自然与生命的意义世界——贵州少数民族原始崇拜与民俗》，第 92 页，贵州教育出版社 2004 年版］

第二节　龙图腾

大部分地区都有对龙的崇拜，如耍龙时妇女争要龙须望能佑其生子，崇拜观念有如汉人，这可能受汉文化的影响。但索其根源，却与汉族对龙的崇拜有所不同。有些传说称蛇变成蛇郎，心地善良，与人间妇女结婚，给该妇女带来美好的生活和爱情。然而一般人称水蛇可以变成蛟，蛟变成龙，其神力除掌管当地河流、湖泊、深池之外，还可以上天造雨发洪水，淹没庄稼。但容易被布依族的铜鼓所征服。一般还视它们为河神和水鬼，作祟于人间，残害人民。

［黄义仁：《布依族宗教信仰与文化》，第 25 页，中央民族大学出版社 2002 年版］

贵州各民族中比较普遍崇拜的，大概就是龙图腾了。布依族摩教经典《安王与祖王》中，安王母亲所属氏族虽然以鱼的形态出现，但实际上这是一个以龙为图腾的氏族。作品中，当同父异母弟弟祖王把安王诱骗到井下欲谋害安王时，安王惊呼："救救我啊，龙舅舅！救救我啊，雷父兄！"呼救时不是叫"鱼舅舅"而是叫"龙舅舅"，说明布依族的图腾应该是龙，或者说在布依族中鱼图腾和龙图腾是一回事。……

贵州各民族中，以鱼、蛇和龙作为图腾的多是百越族系的民族，这正好与汉文文献中的记载相吻合。诸多文献在记载越人的龙蛇崇拜的同时，把这种信仰与越人的断发文身联系起来。《淮南子·泰族训》许慎注中指出："越人以咸剌皮为龙文，所以为尊荣也。"《说苑·奉使训》说："诸发日：彼越……处海垂之际，屏外蕃以外居，而蛟龙又与我争焉，是以剪发文身，斓然成章，以成龙子者，将避水神也。"《汉书·地理志》应邵注："越人需在水中，故断其发而文其身，以像龙子，故不见伤害也。"这些记载表明古越人因生活环境的原因与蛇、龙认同，为使本族取得图腾神的尊贵荣耀地位，使图腾神认出自己的子孙而不加害，古越人便剪掉头发，在身上剌上花纹。今天，虽然古百越后裔的壮侗语族诸民族的文身习俗已不存在，但他们仍保留了诸多古百越的文化特征。

龙图腾崇拜遗迹即是这些文化特征的一部分。

［周国茂：《自然与生命的意义世界——贵州少数民族原始崇
拜与民俗》，第98—99页，贵州教育出版社2004年版］

第三节　猿猴图腾

　　布依族民间传说都说人与猿猴同类，例如说在洪水滔天之后，人类几乎灭绝，只剩下兄弟二人，一人沿着北盘江而上与猴子结婚生子；一人沿南盘江而上，与猿结婚生子。说明不但人与猿同类，而且有血缘关系。又有神话说："海面见猴崽，三天小猴长牙齿，五天小猴长毛衣……第一代就是你们，人类祖先是你们，你们去生养姑娘，你们去生养后生，这时才有雄和雌，这时才有男和女。"既然把猿猴当祖先，对祖先的崇拜，即是对猿猴的崇拜了。

［黄义仁：《布依族宗教信仰与文化》，第25页，中央民族大
学出版社2002年版］

　　布依族古歌中有两则解释人的来源的神话很值得注意：一则说，神脚踏一座山，山垮了，从山里蹦出一些猴子，掉到海里游水，有的仰泳，有的匍泳，后来，匍游的变成了男人，仰游的变成了女人。他们互相婚配，繁衍了人类。另一则说，洪水消退后，兄弟二人幸存下来，他们分别与猿猴婚配，重新繁衍了人类。认为人是由猴变化而来，或认为是人与猴婚配繁衍而来，实际上是认猴为祖先，这符合图腾观念的特征。尽管布依族中今天已找不到猴图腾崇拜的实例，但古歌反映出布依族古代可能有过猴图腾崇拜，而古歌对人来源的解释实际上是布依族古代的图腾神话。猴与人的形体特征比较接近，因此先民们完全可能把猴认作图腾物。

［周国茂：《自然与生命的意义世界——贵州少数民族原始崇
拜与民俗》，第92页，贵州教育出版社2004年版］

第四节　鹰图腾

　　山高谷深的晴隆县中营一带，有鹰崇拜的痕迹。那一带的布依族群众每年"三月三"，都要祭老鹰坟。传说他们祖先在过河时，江水滩多浪急，两边都是悬崖，不能过渡，幸有老鹰驮他们飞过江水，后来才能在那一带生活，繁衍子孙。因而时常记住这种恩情，每年都要祭供纪念。古歌《安王与祖王》也叙述，安王受继母与弟弟祖王的逼迫，逃到远方去，后来他父亲病重，差人去通知他，谁都不愿意去，只有老鹰愿去；后来安王飞到天上，要做瘟疫来报复祖王，祖王惧怕，差人去找他，没有人愿去，只有老鹰冒着许多危险才把安王找到。说明老鹰古时曾为布依族先民做好事，后人纪念它。老鹰虽与布依族没有血缘关系，但有特殊关系，后人崇拜它，是有一定原因的。

［黄义仁：《布依族宗教信仰与文化》，第 26 页，中央民族大学出版社 2002 年版］

第五节　牛图腾

农村不少布依族人家，门边钉上一架牯牛头，系以红绫，每逢节日都要祭它。另外布依族村寨普遍保存有铜鼓。据考古学家研究，有的铜鼓是在汉代由布依族先民铸造的，在普安的铜鼓山发现有沙石范，说明这地区那时已能铸造铜鼓。鼓上多有牛、蛙等动物图案，而铜鼓素被布依族视为神圣之物。铜鼓不但在丧葬和节日敲击，有通灵及乐器之功能，而且有保护全寨清净平安，特别是具有防御水灾的作用。因传说铜鼓有灵，可以战胜蛟龙，避免蛟龙作恶用大水来淹没人们的庄稼。所以有人经常怕铜鼓显灵失踪，所以用红绫捆好，并挂上牛角，防止它跑掉。有人说牛的神灵与铜鼓亲善，有的说牛神可以驾驭鼓神，不管怎么说，对牛的崇拜是很明显的。布依族历史上以“稻耕”著称，牛耕技术历史悠久，牛在人们生活中占有重要地位。费尔巴哈说：“人的生命和生存所依赖的东西，对于人类来说就是神。”与鱼一样，起先人们崇拜动物身上的自然属性，而后为生活上的需要而依赖它，固又祈求所依赖的动物灵魂的支持。所以祭祀时需要牛，平时食用需要牛，而丧葬时又有砍牛的习惯。牛的自然属性为人们崇拜的就是它的角。布依族的传说故事和童话寓言中，都描写牛的角很厉害，牛力气又大，连老虎都怕它，尊称它为大哥。贞丰一带布依族，传说中有先民们逃难时找不到水吃，在白水牛的指引下，才找到水源，因而妇女们戴牛角形头帕，是为纪念这个事情的。而且很多人都忌吃白牛肉。望谟一带，还以白牛为珍贵的祭品，专用来供祭他们的古代英雄“抱唐塞”。种种迹象表明，布依族与牛在历史上有特殊的关系，是牛崇拜的痕迹。

［黄义仁：《布依族宗教信仰与文化》，第 26—27 页，中央民族大学出版社 2002 年版］

第六节　竹图腾

红水河沿岸一带，盛产楠竹，使用楠竹做成各种生活用品，甚至用来作为建筑材料。竹子与布依族生活上的关系十分密切，而且竹子生命力强，繁殖率高。这些超人的力量，先民们感到很神秘，对它们有一定的依赖性，这种依赖性是宗教崇拜的基础。同时富有之家，在大院内或住宅旁，都要培植一蓬竹子作欣赏竹或风景竹，不能任人砍伐。奇怪的是从普安、晴隆、六枝沿北盘江而下到望谟、册亨一带的布依族，都有内容相同的关于竹子的故事。故事说古代有一位英雄，力大无比，无人与他相敌，皇帝惧怕他，派人把他杀死。他持着头颅回家问他母亲："草木到春天都能再发芽生长，人死了能不能再活呢?""草木是草木呀，人死就不能复生了。"听罢，尸体就倒地而死，人们把他安葬了，结果坟边长出一蓬竹子，人们把竹子砍掉，发现竹子每节都长出许多小人来，一遇风吹就死了。人们猜想如果不砍竹子，可能会长出许多人来呢! 后来许多地区都建有庙宇纪念这位英雄，如望谟城中心的山堡上，过去就建有一座"庙堂塞"，纪念这位英雄。庙中建有雄伟威赫的神像，庙侧一厢房塑一女性小像，说是这位英雄的母亲。每年"三月三"都要杀白牛祭祀。……故事隐约地提出竹子能生人以及对人发挥其神力的作用。另外一些地区建有"竹王坟"、"竹王庙"、"竹王城"等等，说是纪念《后汉书》所说的竹王，与上述故事有着密切的联系，说明布依族先民与古夜郎国的民族有关，是布依族先民建立的国家。

> ［黄义仁：《布依族宗教信仰与文化》，第 27—28 页，中央民族大学出版社 2002 年版］

人们发现，图腾崇拜是世界各民族都曾经历过的、具有普遍意义的原始宗教形态。它是某个历史阶段的人们群体认为自己与自然物存在某种超自然联系的信仰，以及由此引起的人类各种行为所构成的总和。一般说来，图腾崇拜的特征，有以下几方面。

第一，古老的图腾崇拜物，大都是由某种特定的动物或植物来充任。

第二，崇拜图腾的氏族成员，一般都认为图腾对象与自己祖先有血缘关系。

第三，认为图腾对象对本氏族的兴旺发达能起到保护神作用。

第四，每个氏族对自己的图腾都有一定的崇拜礼仪。

第五，原始社会里同一氏族成员，禁止内部通婚，其婚姻缔结必须在此氏族与彼氏族之间进行。

在以上特征中，认为人与自然物有一定血缘联系是图腾崇拜的本质特征，也是识别图腾崇拜的主要依据，否则就可能属于一般的自然崇拜。图腾在原始社会里不仅作为氏族的主要标志，而且是维系氏族团结的重要纽带。布依族竹图腾在民间世代传承，经历了数千年历史，虽然已非原始面貌，但其图腾信仰的主要特征仍然保存下来。竹图腾主要表现在特定的与人生礼仪有关的宗教活动中。举行这类仪式，必须选择吉日，请本民族祭司"布摩"先生设坛供祭牺牲，并按传统礼节摆上象征神灵的"新鲜竹子"。"布摩"在这方面的祭神诵词，内容可大体分为祈福和祛病两种。

祈福包括"人类诞生以竹保佑"、"人的灵魂从竹而来"、"独子与竹为伴"、"年老逝世随竹升天"、"氏族神房每年更换新竹子"等等。布依族大部分地区在新媳妇怀上第一胎时，为了让她能顺利生下长子或长女，要在家中举行一种宗教仪式，称为"改都雅"。"改都雅"除设坛祭供猪肉、公鸡、酒、糯米饭等外，还需由舅家选择一对竹节一致、高矮相同的金竹，限于当日砍下，竹尖留有竹叶表示生命旺盛，派两名男性长者送竹前来祝贺。"布摩"用此竹弯成拱门，门上挂着红纸人形 3 排（每排 9 人），纸人图互相牵手。神竹代表舅家送子送孙。"布摩"念诵祭词谢竹赐子，祈祷祖神保佑。后又将神竹安放到孕妇卧室门口或床头上方。主家当天宴请亲友。相信经此仪式后，孕妇将来便能顺利生产，不会出现意外事故。这对神竹则必须要一直保持到该妇女超过生育年龄时才能取下。

在六盘水、关岭、晴隆、贞丰等市县的盘江两岸，举行这种仪式时，是由"布摩"先生采新鲜大楠竹破成一船形，竹船上扎茅人，茅人身缠一支竹制船桨，作为祈子的神物。仪式上将此物放在主家水缸脚祭祀，认为竹船能渡魂魄过江，孕妇也就能顺利生下第一个孩子。

若遇独子之家，家长害怕独子难以长大成人，要请"布摩"先生祭神，并栽上金竹一蓬，意为"竹神与儿作伴，护儿生长"。因此，栽竹都很细心，必须保证成活。"布摩"在祭词中祝贺独子"马能洋，上能魏"（意为"像竹笋一样生长，如树木一样不惧风霜"）。仪式之后，独子长至 18—20 岁之前，此竹不得随意砍伐。若需用此竹林之竹，也要用酒肉再行祭供神竹，由独子亲手砍下第一棵竹子，其他人才能采用。

年老逝世者的超度仪式，布依族是很讲究的。办斋超度时除了用糯米饭、牛、公鸡、鸭、鱼、猪肉等祭供外，还伴以铜鼓、唢呐、土炮、长号等乐器吹吹打打，孝子数日守灵，"布摩"念诵《祭祖经》和《古谢经》。最典型者是死者的魂幡必须采用大楠竹（竹尖留有竹叶），作为死者灵魂归回祖先住地、升入天堂的必由之路。选择楠竹须竹节均匀，不准折断竹尖。砍伐时不能让竹子倒地。魂幡立于丧家屋旁，进行砍牛祭祖礼，由死者的大女婿用刀劈断竹尖，表示阴阳两隔。从此，死者灵魂告别阳间，随竹升到天堂。出丧时，也由孝子肩扛金竹走在棺材前，意为"神竹引路"。途中过水过桥，孝子下跪前行。安葬完毕，将金竹插于坟上，以后按期祭扫。《祭祖经》在请魂时念道："请从那水竹口，你从水竹来；请你从那楠竹口，从那楠竹来。不享儿孙酒，来受儿孙鱼……"

北盘江沿岸的每个布依族村寨都有一种村寨神房，它是各家各祖灵的共同住所，布依语称为"报吉兜"。因布依族多为聚族而居，同一村寨多是同一姓氏，故"报吉兜"实际上是氏族神的象征。神房高约 3 米，用楠竹搭为三层，上层供酒六杯，中层供土布和织布梭子，下层供鱼、公鸡和猪肉等。它是全寨最神圣的地方，平时不准牛马牲畜从神房前走过。神房上盖半圆形竹制屋面，布依语称"架跃"。每年除夕夜，各家持酒肉前往祭供，采数枝竹枝或竹片带回家中插于堂屋神龛祭供，表示接祖宗回家过年。神房屋面，每年由寨老按古代年底修理住宅的风俗换上新竹。当地不产竹子的，也要想法筹办。六枝、晴隆两县的个别村寨，新中国成立前则由当地"李民人"（一种未识别的人们共同体）无偿送竹搭神房。"李民人"从外地迁入布依族地区，古时达成"所开土地不用征粮，只需每年给布依寨送酒数斤、楠竹数棵来搭神房"的协议。这种民族间无偿送竹的关系一直延续至新中国成立后土改时才免去。

信仰竹神的祛病仪式中亦有数种。如"防瘟疫种竹保寨的'保板'"、"驱鬼除病插竹保护家的'邦朗'"、"为凶死者搭灵房的'兰汪'"等等。解放前若遇村寨突发疟疾或伤寒而久治不愈者，就要举行"保板"请竹神驱除"疫鬼"。仪式由寨老主持，挖新鲜楠竹4蓬祭祀。每户出钱若干买牛、公鸡等祭神。"布摩"先生用鸡血淋于竹上，又带领全寨人将神竹栽于甲方路口。祭词称此4蓬竹子为"四位老人"，恭请他们守护村寨，不让"疫鬼"侵入。每户家长聚集饮酒，吃剩的酒菜只能倒于祭场之中。

平时老人生病，则要举行"邦朗"仪式"为老人补力"。"邦朗"以公鸡、猪肉、糯米酒酿祭供4棵金竹，祭祀后将金竹插于房屋四角"驱除疫鬼"。这4棵金竹上挂特制纸条，称为"沙马"。祭词曰："祭祀此家四房角，插四棵金竹；祭后此家四房角，插四棵楠竹，鬼来你挡，神来你要保……"在农村的自然村寨，往往会看到不少住户的内房角都插有干燥的竹子，那就是布依族为老年人的健康长寿而举行"邦朗"宗教仪式后留下来的。

对于年轻的去世者，布依族则视为"凶恶鬼"。对"凶恶鬼"要进行火化后才能安葬。事后又用竹子为其单独建一个半圆形灵房，摆在堂屋某角，使之"得以安身"。布依语称"勒章"。笔者曾为此询问过一个住户，主人答曰："前妻难产病死，人们认为其不能与祖先一道享受香火，因而为她另建一个'勒章'"。

这些原始宗教仪式，在偏僻的布依族地区仍不同程度地存在，有的地方还很盛行。他们相信竹神，信仰竹神，认为竹神在特定的人生礼仪中具有神圣的保护作用。认为竹神不仅与人口繁衍、家庭兴旺关系密切，而且还对祛病除邪有特殊效用。人类依靠竹神才能出世、灵魂从竹中来、人死后灵魂随竹升天等等观念，可能是布依族原始社会时期曾将竹子作为氏族象征和标志的结果。

认为竹子这一自然物与人类具有一定的超自然血缘联系的图腾信仰，深信竹神的保护作用和由此引起的各种宗教行为所构成的总和，正是图腾崇拜的本质特征。它具有深刻的历史渊源，至今仍表现在重要的人生礼仪之中。

……

布依族地区的竹图腾信仰，历史上曾有记载，晋常璩《华阳国志·南中志》中说："有竹王者兴于豚水。有一女浣于水滨，有三节大竹流入女子足间，推之不肯去，闻有儿声，取持归，破之，得一男儿，长养有才武，遂雄夷濮。氏以竹为姓，捐所破竹于野，成竹林，今竹王三郎神是也。"

"竹王"即"夜郎王"。夜郎国兴于战国，衰于西汉，是贵州高原继牂牁国后建立的一个著名奴隶制国家。中心区在今贵州西南的盘江流域。"豚水"亦名"牂牁江"，即今之北盘江。《史记》、《汉书》都说："牂牁江广数里，出番禺（今广州）城下。""夜郎者，临牂牁江，江广百余步，足以行船。"常璩乃为川人，本地人记本地事，材料翔实，《华阳国志·南中志》历来为史学界所推崇。他的记载说明以下几点：

第一，"竹王从竹而生"，这是明显的竹图腾信仰。

第二，其母"浣纱水滨"，指出了竹王的出生应在北盘江边。

第三，竹王的族属是"夷濮"人。

第四，他们"以竹为姓"。

第五，当地人信奉竹王，建有竹王神庙。

竹王庙当时在夜郎，但后世川、黔、云、桂、鄂诸省皆有。明代贵州"竹王祠在今杨老驿，去清平县西三十里（今黔南福泉县东三十里），三月间香火极盛……黄丝驿（今福泉县西南三十里）亦有其庙，香火亦盛"。其余各省的竹王庙可能是夜郎文化传播的结果。

"以竹为姓"，今日西南各族还未发现。关于"夷濮"人，学术界有两种观点。一种认为"夷"是泛称，相当于"西夷"、"南夷"，"濮"是专称。另一种认为"夷"、"濮"是两种不同的人们共同体。古书本无标点，争鸣尚未统一。

北盘江流域为今日布依族人口最密集的地区。黔南、黔西南两个民族自治州和镇宁、关岭、紫云3个民族自治县就分布在此区域。盘江沿岸几乎全是布依族人居住，布依族亦信仰竹图腾。这个信仰是否与夜郎竹王有关，牵涉布依族祖先何时始居住于该地区。

……

考古学的越文化遗物证明，布依族祖先在新石器时代就已生活于今贵州，珠江流域可能是当时的主要通道。布依族在老人去世的祭词中要将其灵魂送到原祖先居住地升往天堂。每个家族都有自己的送祖路线，但数百家族的送祖词中至今还未发现有送出盘江流域者。说明布依族的古代迁徙多是内部搬迁，不能不与夜郎国的竹图腾崇拜有关。盘江流域是古代夜郎国中心区，至今仍是布依族的主要聚居区。

产生竹图腾的原因，不仅有社会根源，而且还有认识论根源和一定的自然环境根源。布依族聚居的盘江流域，崇山峻岭，气候炎热，雨量充沛，河谷两岸生长着茂盛的竹类。日常生活中，人们很难遇见自然死亡的竹子。每年竹笋破土而出，一批高过一批，农村中有"新长的竹子高过母"的俗谚。这极强的生命力对原始人不能不产生巨大的影响。《祭祖词》叙述了布依族古代曾普遍用竹子盖房："用水竹作柱，用楠竹作箍，芭蕉叶盖顶……"往后才过渡到土木或石木结构住宅。……人们相信竹子与人是可以转化的，竹子与人是可能具有某种联系的，这是竹图腾产生的重要认识论根源。明代贵州才建立行省，开发较晚，交通不便，古老的竹图腾崇拜才得以保存至今。

然而，竹图腾在布依族原始社会也发挥过重要作用。当时生产力低下，人们必须共产互助、团结合作以求生存。原始氏族存在的两个条件，一是氏族成员之间必须协同合作，二是同一氏族的成员之间禁止发生婚姻关系，氏族内实行严格的外婚制。这是图腾崇拜的特征所决定的。判断是否为同一氏族的标准，就是看其有无血缘关系。因此，内部进一步明确血缘关系，是氏族巩固和发展的客观要求。当时自然崇拜和祖先崇拜还处于混沌未分的思维水平，社会客观要求曲折地表现为各氏族自发地从日常生活中经常接触到的动植物中选择一种作为氏族的永久性标志，设想它与氏族有血缘关系。竹图腾一旦产生，那么以同种自然物为标志的人们不管其年龄和辈分如何，彼此间都必然履行一定的公认的义务。

在布依族竹图腾崇拜中，人与图腾对象的关系，曲折地反映着原始社会氏族时期人与人之间的关系。信仰的图腾对象是一种生命力繁殖力极强的自然物，它的选择与当时布依族所处的生态环境和思维水平密切相关。当社会进入阶级社会阶段，竹图腾崇拜的功能才逐渐减弱。由此引起的宗教行为的总和也是一些形式变化了，一些内容省略了，但其图腾崇拜的主要特征还保存流传下来，发展成民族固定的人生礼仪和风俗习惯。这种信仰，全世界各民族中也都经历过。

［伍文义：《论布依族竹图腾》，载贵州省布依学会编《布依
学研究》之一，第136—147页，贵州民族出版社1989年版］

第七节　无生物和自然现象图腾

图腾崇拜是母系氏族社会产生的一种宗教信仰。现除了从摩经中可以看到远古时期布依族先民图腾崇拜的遗迹外，还在现存的宗教民俗中有所反映。《赎谷魂经》中，主人公"比香"之所以激怒天神降大雨使洪水泛滥，就是因为他用蛇捆猪狗犁田。汉文史籍中有所谓"越为蛇种"之说，用蛇捆猪狗犁田，显然是亵渎了图腾神蛇。民族是由氏族发展而来的，一个民族中包含了原来的若干氏族，因此，一个民族中往往有若干种图腾物。除蛇图腾外，《摩经》还表明，布依族古代还有龙图腾（布依族称"独厄"）和雷图腾（布依族称"独岜"）。《赎头经》（《安王和祖王》）中，安王的母亲是龙王的女儿。这无疑是龙图腾的反映。安王的父亲盘果是雷神（或北斗星），则是雷图腾或某种天体图腾的反映。属雷图腾或天体图腾氏族的盘果王（安王之父）与属龙图腾氏族的龙女（安王之母）的结合，反映的是一种氏族外婚制。图腾物具有保护本民族成员的功能，所以当安王受到同父异母弟弟祖王迫害遇险时，同时分别向龙王和雷神呼救并得到了救护。此外，在现存的一些特定的人生礼仪和有关宗教活动中，还反映出布依族的竹图腾崇拜遗迹。其包含的主要意义分别为："人类诞生以竹保佑"（表明远古氏族与图腾物血缘关系的认同）；"人的灵魂从竹而生"（反映氏族成员与图腾物在精神继承关系上的认同）；"独子以竹为伴"（表明图腾物能对本氏族成员进行保护）；"年老逝世随竹升天"（图腾物能将亡灵引到祖先亦即氏族成员的共同归所）；等等。

［周国茂：《摩教与摩文化》，第60—61页，贵州人民出版社
1995年版］

贵州各民族中，有关无生物和自然现象图腾的资料非常罕见。到目前为止，仅在布依族宗教经典《摩经》中发现一些记载。《摩经·安王与祖王》记述了同父异母的安王与祖王两兄弟为争夺王位继承权而斗争的故事，有多种版本。在追溯安王与祖王世系时，都说他们的父亲是盘果王，而关于盘果王的父亲，则有不同说法，有的说是雷公的儿子，有的说是星星的儿子，有的说是北斗星的儿子，还有的说是风的儿子。把祖先来源追溯为无生物，说明布依族祖先曾有过无生物图腾的信仰。《安王与祖王》反映的是母系氏族社会向父系氏族社会过渡时期的社会生活。这一传说反映的婚姻制度是一种氏族外婚制，盘果王与鱼女的婚姻反映的是代表无生物图腾的雷公（或北斗星）氏族与代表动物图腾的龙（鱼）氏族的联姻。《摩经·温·送仙歌》中，既有布摩、孝子孝孙们对亡灵的嘱咐，也有亡灵对阳世子孙的嘱咐。亡灵先对送他到仙界、"拜"界的人们说："你送我到'拜'界，你不能留在'拜'界，你送我到仙界，你不能留在仙界，魂魄终得回去。"接着，他请他们回去后告诉儿孙们："如果以后想听到我的声音，那就听雷声得了；如果想看我的面容，那就看鱼好了。""那青幽幽的天宇，星星成股成串，看去如天门开的地方，那就是我吃早饭歇息的地方；那红红的天宇，就是我吃晌午歇凉的地方；那幽暗的苍穹，就是我吃晚饭歇气的地方。"这段"嘱咐"说明，在布依族观念中，人死后其灵魂回归图腾祖先（龙、鱼或雷），并以图腾物的形象出现。

［周国茂：《自然与生命的意义世界——贵州少数民族原始崇拜与民俗》，第 104 页，贵州教育出版社 2004 年版］

第二章　自然崇拜

第一节　动物崇拜

1. 牛崇拜

布依族是一个传统的稻作农耕民族，牛是人们从事传统农耕活动的主要助手，所以被看作是崇拜的对象。牛崇拜主要表现在布依族传统节日"四月八"的祭祀仪式中。相传，农历四月初八这天是"牛王节"，绝大部分的布依族地区都要过这个节日，内容基本一致。这天，家家户户都要做红、黄、黑、白、紫五色糯米饭祭祖、祭牛王，并用枫叶泡水给牛洗澡，给牛喂食糯米饭和糍粑，让牛休息一天，以示对牛为人类辛勤劳动的慰问。

传说"四月八"是"牛王节"，又是快要插秧的时节了，布依族流传这样两句话："妥加拉绕，更交豪完。"每逢这个节日，家家户户都要做五色糯米饭，祭祖、祭"牛王"。为什么要吃五色糯米饭呢？据说"五色"是代表五谷的。五谷丰登是牛辛勤耕耘的结果，俗话说"庄稼无牛空起早，做饭无米枉费心"，是有道理的。布依族自古以来善于农耕，种植水稻，无牛就空起早，所以对耕牛特别爱护，精心喂养。"四月八"这一天让牛休息一天，要用苦竹笋加各色米面，一起舂成苦竹笋粑（布依语叫"毫坝"）喂牛。吃苦竹笋粑，意为过了"四月八"就要辛苦了。用枫叶泡水给牛洗身上，擦眼睛，除疾去病，这些以示对牛的慰问。

[惠水县布依学会编：《惠水布依族》，第 114 页，贵阳·贵州民族出版社 2001 年版]

（农历）十月初一，称"小年节"，亦称"牛王节"。在织金、黔西、纳雍、威宁等地一带，届时布依族要打粑粑、杀鸡供祖先，亦供牛王菩萨，祈求他们保佑耕牛力大无穷，夺得丰收。同时要用米饭喂牛，让牛休息一天。有的地方还在牛角上绑上粑粑，上山采九里光花插在粑粑上，然后牵牛出去饮水，让牛于水中看到自己头上的粑粑和鲜花，使牛高高兴兴地亲眼看到人们对它的奖赏。这体现出布依族保护耕牛、重视农耕的观念。

［贵州省地方志编纂委员会编：《贵州省志·民族志》上册，第223页，贵州民族出版社2002年版］

　　古历十月初一早晨，在新发乡布依族中，各家的大小耕牛，整天关在牛圈里，一律让牛休息。主人备好全天饲料，让牛饱餐一天。各家舂好两个大糯米粑，并在牛圈大门口烧香、烧纸、牵一只大公鸡祭牛王菩萨，用鸡的鲜血拌饲料给牛吃，将酒、饭和煮熟的鸡作为祭品，祭供十五分钟后，收起供品，主人家才开始吃饭。饭后，主人家把两个大糯米粑穿在牛角上，牵牛到水边喝水。据说当牛埋头喝水时，亲眼看到自己头上的角有两个大粑粑映在水中，心中非常欢喜，心想：我没有白辛苦呀！辛苦了一年还是值得；粑粑挂在我的头上，叫我心里美滋滋的！这是主人对我的关心和爱护。往后，牛只好为主人全家老幼吃饱而一年四季勤耕田土，让粮食大丰收。因此布依族人民特别爱护耕牛，并把每年古历十月初一定为"牛王节"。

［杨光勋：《威宁红岩乡布依族习俗》，载贵州省志民族志编委会编《民族志资料汇编》第六集（布依族），第104页，1988年（内部）印］

　　（在兴仁、安龙等地，大年三十夜有"拉牛"习俗。）大年三十这天，各家男童相约，各持三炷香、几张纸钱来到村旁河边溪边"拉牛"，又叫取"六畜"。此用棕叶拴住几个鹅卵石，谓之牛、马、鸡、犬、豕、狗六畜带回家。无男童人家可请别人代取。……交更鸡鸣第一声，孩子们要将"六畜"移入圈中，希望来年六畜兴旺。

［王开吉：《兴仁县布依族调查》，载贵州省志民族志编委会编《民族志资料汇编》第六集（布依族），第13页，1988年（内部）印］

　　此俗（拉牛习俗）在镇宁革老坟一带称"牵石牛"。正月初一清早，各家男孩子们早起到荒山野坝去，将藤索把有眼之石穿而为牛，"咕噜咕噜"地往家里牵，意为牵牛回家，表示六畜兴旺。

［王芳礼：《布依村寨革佬坟调查》，载贵州省志民族志编委会编《民族志资料汇编》第六集（布依族），第61页，1988年（内部）印］

　　贞丰一带布依族妇女把头帕包成牛角形，据说是为了纪念水牛而形成的习俗。相传，远古时候布依族祖先迁徙来到贞丰一带，在饥渴难忍时，突然看见前方有一头水牛，他们跟着水牛前行，走不多远，终于发现了水源。祖先们认为这是一头神牛，是来指示他们安家地点的，于是就在这里定居下来了。为了纪念水牛，妇女们就把头帕包成牛角形，这样一代代传了下来。

［周国茂：《自然与生命的意义世界——贵州少数民族原始崇
拜与民俗》，第60页，贵州教育出版社2004年版］

2. 龙神崇拜

布依族信仰龙神，布依语称为"duezluaangz"或"duezngeah"。布依族摩经《罕王经》表明，龙曾经是布依族先民的图腾物。安王的父亲属雷氏族，而其母亲是鲤鱼，属龙氏族。当安王遭到祖王迫害到了危急时刻，安王即大声疾呼："救我啊龙舅舅，救我啊雷父兄！"在布依族的观念中，龙是管理水域的，龙一旦离开其原住水域，就会引起水灾或旱灾。受汉族风水观念的影响，布依族选择阳宅和阴宅时均讲究龙势，认为选中了龙地，就会使子孙荣华富贵。在摩经《请龙经》中，反映的龙神有七种："金公龙"、"银母龙"、"瀑下龙"、"山坳龙"、"田野龙"、"龙郎"、"龙崽"。"金公龙"和"银母龙"主管财源不断，"瀑下龙"管风调雨顺，"山坳龙"管山林茂盛，"田野龙"管五谷丰登，"龙郎"管衣食充足，"龙崽"管子孙发达。

［周国茂：《摩教与摩文化》，第69页，贵州人民出版社1995年版］

毕节地区布依族的宗教信仰，多是对自己祖先和一些自然物的崇拜，其中最为崇拜祖先。对自然物的崇拜，主要有山神、树神、土地神、灶神、石神、河神等。这是因为历史上布依族人民在与大自然的斗争中，由于缺乏科学知识，在特定的历史阶段中对日、月、星、辰、风、雨、雷、电等自然现象无法理解，无法抵抗和战胜自然灾害，对自然现象非常恐惧和崇拜，从而敬之为神。如年末岁首要敬神树，农历三月要敬"土地神"，腊月要敬"灶神"等。由于受汉文化的影响，布依族也信道教、儒教等，若遇疾病，也常求助于巫师，跳鬼敬神，神龛上设有"天地君亲师位"等。

布依族认为万物皆有神：天上有玉皇大帝、王母娘娘、雷公雷母；地有土地公公、土地婆婆；还信山神、水神、岩神、洞神、花神、树神、竹神、门神、灶神、龙神及鬼等等。如果发生灾害或碰上不吉利的事情，则认为得罪某神或闯鬼，便许愿乞神庇佑，到期要烧香或杀牲祭祀还愿，或请布摩先生驱鬼。

祭龙山。每年农历七月间，属龙那天（头龙二龙均可），威宁县红岩的布依族，都要举行隆重的祭龙山仪式。龙山（神山）古树参天，深山老林，在山林中选一两棵最大的古树作为龙树，也称神树、祭树。龙山不准砍伐，不准耕种，平时，禁止妇女上龙山。祭龙山，全寨各家平均出钱，由会首收齐后，买一头大猪或一只羊、两只大公鸡等作为祭品。先点好香烛，烧几份钱纸，布摩先生念经，然后杀猪或羊祭供。在猪（羊）未断气时，扯鸡脖子上的毛沾鲜血贴在龙树前的石板上。将杀的猪、鸡整理干净后，砍下猪头，把猪尾巴割断放在猪嘴里，与猪肝、猪心及蒸熟的供祭等作祭品。祭祀完毕，大家会餐，剩下的分给大家带回家。

［罗剑：《毕节地区布依族》，第 62 页，贵州民族出版社 2004 年版］

有的地方把龙神分为九种，即"卧龙"、"家龙"、"出龙"、"圈龙"、"寨龙"、"朝门龙"、"造园龙"、"银公龙"、"粮母龙"。敬龙神，有单家独户进行的，有全寨祭供的，也有几个寨子共同联合敬供的。仪式均由布依族布摩主持，主要内容是祈求龙神保佑人畜平安、兴旺，农业五谷丰登。在很多地方，春节、六月六等节日都要举行耍龙活动。耍龙前必须先于河边祭祀龙神，然后才能进入寨中玩耍，此活动不论男女都可参加。布依族耍龙的龙形状，其头高昂，血盆大口，龙眼突出，并有龙须。人们以龙须为贵，常以龙须系于小孩的手上为符祈求龙神时时左右护佑。青铜制作的铜鼓上常刻有龙宝，上扎各色花朵，非常珍贵，无子夫妇可备酒肉等祭品接去保佑，以祈求生育男孩。若遇生育男孩，则视为"龙子"，名曰"龙神感生"。

在贵阳市乌当区一带的摩经《砍牛经》中，还叙述了布依族女始祖"雅王"与"龙神"的关系："雅王生吉元，元生金龙出。元落福龙保，三龙带水出，九龙带水洗。洗儿白又白，洗白似桃花……""雅王"之子"元"因龙神的保佑而出生，长大后便当了该氏族的首领。《砍牛经》是布依族老人过世后，为其举行大型超度仪式过程中布摩必须念颂的经书之一。"九龙带水洗婴儿"的布依族古代信仰，表明布依族先人认为自己与龙神有着非常亲近的关系。

［贵州省地方志编纂委员会编：《贵州省志·民族志》上册，第 225 页，贵州民族出版社 2002 年版］

"请龙"，布依语称"xuxluangz"，是布依族一个请龙神回来保佑主家，祈求吉祥富足的宗教祭仪，一般在农历正月逢辰日（龙场天）或新居落成庆典之日举行。先在堂屋中摆上丰盛酒席，同时在房屋头柱下摆一簸箕，内放一只装满稻谷和大豆的升子，并有双数现钞或硬币押升口，旁边摆上酒、猪头、猪肉等祭品，另有两只大碗盛米，将纸马扎于碗上。布摩坐在祭桌前，手拿主人一件上衣念诵《请龙经》。诵毕，主人献上两枚鸡蛋，由布摩亲自拿着锄头在中柱下挖一坑，把蛋埋于其下。蛋黄象征金子，蛋白象征银子，蛋壳象征仓库和金银库。埋下鸡蛋的意思是为主人埋下金银财富，所以永远不能掘出，否则会破财败家。若中柱之下偶被猫、狗刨掘，即当场打死，并请布摩来家扫邪。

［周国茂：《摩教与摩文化》，第 100 页，贵州人民出版社 1995 年版］

布依族崇拜龙，认为龙是吉祥之物，每年农历正月初三到十五，布依族小伙子们要舞着彩龙，走村串寨去各家各户拜年。每到一家，主人都要燃上香、烛，封好"红封"

迎接。在爆竹和镲、锣等乐器声中，小伙子们在主家的院子里耍龙，领头者对主人家说些吉利的"四言八句"。如久旱不雨，一些布依族聚居区就要由众人集资购买猪、雄鸡、酒、香、烛、纸钱等祭品，抬到井边由摩公主持祭祀龙王的仪式，祈求降雨。有的地方不用祭品，而是将七个猪笼每隔五尺左右一个用绳索串起来，每个猪笼用木棒绑好，遍插柳枝，这样就成了一条"水龙"。由后生们举着"水龙"，敲锣打鼓逐寨逐户去耍龙求雨。每到一家，主人及围观者用水泼龙，水泼得越多越好，认为这样龙王才会降雨。

> [安龙县民族事务委员会编：《安龙县民族志》，第37—38页，1989年（内部）印]

布依族有很多关于龙的传说故事，从目前掌握的情况看，反映同自然作斗争的龙的故事主要有《耍龙的来历》、《铁蛋打龙王》、《蔡状元和夏德海》、《龙王考试》等，其中以《耍龙的故事》较有代表性。

布依族的很多地区，农历三月大旱时有耍龙求雨的习俗。《耍龙的来历》就是叙述这一习俗来历的传说之一。这个传说最早可能源于幻想，后来逐步形成布依族的习俗。据传，在古老的时候，西方山上有个妖怪，常常把所有的水都吸干，造成天下大旱。布依族的祖先"翁戛"想制伏妖怪。一天夜里，他正在想制伏妖怪的办法，忽然神农托梦给他，叫他去请东海龙王来除妖怪，并教给他请龙王的办法。第二天，他照神农的指点去做，结果龙王真的从东海飞来吞吃了妖怪。从此以后，布依族人民每逢天旱，就以耍龙来驱赶作恶的妖怪，乞降甘雨。

> [罗汛河、田兵等主编：《布依族文学史》，第92页，广西人民出版社1983年版]

无论是在过去和现在，龙的观念都渗透了我们的民族文化和民族意识。从性质上看，对龙的崇拜，是属于原始宗教范畴，发端于原始社会人与自然物质之间还处于混沌未分的意识阶段。但是人们对它的信仰和崇拜并非随着阶级社会的到来而完全消亡，而是以"变形和省余"的方式保存在"现存"宗教之中。民族间的经济文化发展水平不同，现实生活里有些民族的龙崇拜只能在节庆礼仪中看出信仰的痕迹了，布依族的龙崇拜活动则集中地表现在原始宗教的祭祀礼仪中。他们不仅有专门的祭司，而且有"寨龙"、"家龙"、"朝门龙"、"拉龙"、"出龙"等不同祭祀层次的典型。

自明代布依族学习使用汉文以来，人们采用汉字作拼音字母将古代信承的祭祀记录成书，世代相传。在偏僻的农村中，每年都还祭祀龙神。笔者在调查中访问了大桥乡祖传三代的布依族祭司（布依族称"布摩"）罗朝元先生，并翻译了他保存的祭龙经典。这古老原始的宗教活动，为我们研究布依族的龙意识提供了活生生的材料。

一般说来，布依族的龙崇拜具有以下特点：

①多种龙神的分类，反映在龙的不同名称里。布依族信仰的龙，共分为"出龙"、"家龙"、"朝门龙"、"圈龙"、"寨龙"、"粮母龙"、"银公龙"、"造园龙"、"造寨龙"等

等。九种龙神各司其职，在冥冥中保佑人类平安、农事兴旺。

②农历正月为"龙出月"，布依语称"卧龙"。人们的意识中，龙神皆随自然万物的复苏而觉醒，每年春天来临，龙神开始活动。它是保佑庄稼和六畜兴旺的吉祥神。中华人民共和国成立前，每年农事开始，要先行祭龙。现在的祭龙时间也多在正月举行。

③祭龙仪式，由本族"布摩"主持贡献牺牲。不同的龙神，礼仪不尽一致，祭词也不相同，有单家独户安坛祭祀者；有全村统一敲锣打鼓，"唤龙、追龙"集中祭祀者；有的还必须将"竹神与龙神"一同敬供，祭祀时做些简单原始的娱神动作。

如"祭卧龙"：在大门里侧摆供桌1张，上置刀头肉1块、大碗5个、小碗3个、酒1壶、香1炷祭祀。

"祭朝门龙"：在寨门土地庙前，用雄鸡1只、刀头肉1块、猪头1个、小碗5个、大碗3个。"布摩"念毕头遍经词杀鸡，与刀头肉煮熟后再祭一次。

"祭家龙"：在家中中柱脚，用大碗3个、小碗5个、猪头1个、刀头肉1块、母鸡1只、鸭1只。用竹筛放置供品，念完祭词头遍，便杀鸡杀鸭。"布摩"割上鸭头、鸭翅、鸭爪等部位在中柱处排成活鸭状（使鸭头朝向门外），意为"用鸭拉龙"。

"祭寨龙"：寨老出面组织，每户出钱米若干置办山羊、雄鸡、猪头、酒等供品。先在村边开阔地用带叶金竹3棵做三角形祭坛（坛中捆一竹条，中部吊一"纸马"）。寨老带领全村人抬着供品"唤龙、追龙"。"追龙者"敲锣打鼓、吹着唢呐发出的"喝喝"喊声，做些简单动作，由寨左追至寨右，再将供品摆于金竹前方祭祀，意为"龙归金竹。"

以上仪式皆在农历正月举行。平时若是寨老做梦，梦中看见房屋塌陷或发生火灾，便认为不吉，也要请本族"布摩"举行祭祀、"请龙保屋"。布依语称"洛拉洛郎"。

仪式在堂屋举行，供桌上盖雨伞。上置雄鸡1只、猪头1只、大碗3个、小碗5个、稻米1升。升上插带叶金竹5枝、香3炷。竹枝上吊纸团，布依语称"沙马"。"布摩"祭毕，将金竹分插于神龛和房屋四角，意为"金竹保家"，亦曰"龙、竹保屋"。

农历"六月六"或正月"玩龙"，先于河边祭龙，才能入寨玩耍。布依族玩的龙与汉族苗族玩的龙模样不同。其龙头高昂、血盆大口、龙眼突出，长着獠牙，并有龙须。人们视龙须为贵，常以龙须系小孩手上为护符。布依族有铜铸"龙宝"，上扎各色花朵。龙宝被视为神物，无嗣人家备重礼接去"作保"，以祈生育男孩，若适遇生子则视为"龙子"。许多布依族妇女的衣裙、头帕及其他图案均有龙的图形。

④《祭龙经》主要反映的是龙与农业生产的密切关系，同时也叙述了"龙与竹子"、"龙与葫芦"、"龙与雷"等自然物的关系。如《祭寨龙》中说：

"先辈王造天，王来造星辰。天才如此讲，星辰这般亮。男神造地方，团聚七百处，七处有神女。

"龙神造田园，龙神造村寨，种粮得好粮。龙神升上天，与雷神交友，水淹森林成河道。下地建村寨，塘边造寨子，水边建州城。鸡鸭有多母，人畜不生病。

"早先人来病，今来人畜病。寨有头问头，地方问男神。问到'抱洛沱'，问到'莫洛更'。'抱洛沱'来讲，'奥洛更'来说。早先未唤龙神回，我来唤龙回；早先未唤龙归，我来唤龙归。用公猪来接，用大鹅来接，大雄鸡来接，收寨内稻谷来接，收全寨大米来接，土布匹来接，官布匹来接。

"龙啊抬脚转身，龙神调转头。龙神响声如怒吼，龙神带弓箭，射逃病恶鬼。祭了人畜不生病，病愈到时辰。早未抬长龙，我来抬长龙，龙神响声张大嘴，龙神带弓箭，射逃病恶鬼。祭了鸭鸡不让病，水牛不让病，祭了龙神让顺心。

"古辈未造天，古辈未造星。天地紧挨近，中间未语声。未有人姓氏，未兴高山垮，未造'女雅神'。高山未成神，未造'潭留神'，未造'潭杰神'。才造"且潭留"，才造"且潭杰"。山顶大龙来，山顶大龙在。'粮母龙'来往，'银龙公'来往。来造寨寨兴，来造州州亮。寨山稳得住，州山稳不垮。

"祭了州山不会垮，州墙不会爆。龙神不惊扰，龙神不夜逃。龙神用头抵山寨，龙神用身抵州山。山倾龙神用头推，墙倾龙神用头推。养鸡鸭满园，养黄牛水牛满园，地方人发旺，寨内皆人声。龙让人清爽，清爽像在水浴。……龙神顺我言，龙神顺我心，转身龙归来，转膝龙归来，龙享你供品，保寨内人多，保人类吉祥。"

《祭出龙》中说：

"先辈王兴出龙。古辈王兴出龙，出了男神'报洛沱'，出了男神'莫洛更'。首代母龙出粮，二代公龙出银，三代母龙出粮，四代母龙出金。龙神东南西北方，大模大样归中央。龙自中央出，粮银皆龙出，母龙粮，公龙银，公龙金。高猪头来祭、大猪嘴来祭，肉当牛来祭，盐当血来祭……

"大门有龙神，猪窝有龙神，畜圈有龙神。祭龙种菜生，种粮成，养牛发，本钱长顺。神出，祭龙神，祭了后代吃旧粮，存新粮，养鸡鸭满园，并猪羊满圈。顺着'布摩'言，龙着"布摩"语……"

《祭朝门龙》说：

"古辈兴起葫芦龙，
兴祭朝门龙，
兴祭大头龙。
葫芦龙吃鸡……

"古时龙神未住寨，鸡瘟死瘟死，牛滚坡滚坡，牛畜逃远处，鸭鸡死成园，牛畜死成圈，身未兴斤两，人类未好长。未兴大龙头，未兴朝门龙，未兴葫芦龙。

"'抱洛沱'来讲，'奥洛更'来说。此辈兴牵葫芦龙，此辈兴祭朝门龙，兴祭大头龙。头滩种粮菜，寨脚种粮菜。我师来唤葫芦龙，龙神跑来朝。带钱接龙神，龙神直进寨。才兴来认师，才兴来立祭，才兴祭寨龙。

"祭了鸡鸭不成病，猪羊不成病。用全鸡来祭，大斗粮大马粮来祭，大米做马料来祭。箱底白布用来祭，箱底黑布用来祭，箱底红布用来祭……

"祭了保全寨，祭了保安宁，发旺如同骨节草，发展如同上水筏……"

这些祭词，突出地反映了对龙崇拜与农业生产的直接关系。有了龙，村寨才兴旺发达，才"造出塘边园、水边田"。布依族在宗教活动里将开发大自然的功绩归于龙神，对之贡献牺牲，举行隆重的祭礼。用"龙与雷交友"或"龙变雷"的神话，来解释河流的形成是由于雨水淹没森林的结果。古人关于龙与雨水的相存关系，有龙即有水，雨水的好坏直接影响农业的收成。布依族经济以水稻农业为主，当人类还不能有效地控制和利用自然力的时候，大概是龙崇拜形成的重要因素。

龙的分类多达九种，它们各司其职，互不统辖，说明布依族相信的各种龙神还处于并列阶段。这是原始宗教中众神特征之一。而龙与竹子、龙与雷、龙与葫芦等自然物的关系，可能这些自然物在古代也是某个氏族或部落的图腾标志。随着原始宗教的发展，他们与龙神逐趋融合，参与到龙神的祭祀活动之中。杨堃先生在《图腾主义新探》一文中也说："（在原始母系氏族社会）葫芦也是图腾，也是女性生殖器的象征，所以才把葫芦作为母体崇拜的象征。我相信，佤族的先民是经过一个漫长的母系氏族公社时代，穴居野处，经济生活是以采集为主。他们生活的山洞，就是他们的天地。他们的宇宙观与人生观受到这种社会存在的局限性与原始思维的制约，故将所居山洞、人类是妇女生的、妇女采集葫芦、葫芦是妇女生殖器的象征等混为一谈，这是符合当时的原始逻辑的。"布依族崇拜的龙神之一"葫芦龙"，可能是分别崇拜葫芦和崇拜龙的两个氏族融合的结果。

龙崇拜不仅与农业生产有关，而且与人的住宅建筑有关。《龙、竹保屋经》说：

"请你龙王坐，龙王还未变雷神，龙王下山变成虹。龙呵抬头高高竖，'濮翁'房屋垮；龙呵抬头竖上天，'濮光'房屋垮。主人修又垮，种谷谷不成，种菜菜不生。屋垮如马蜂窝，屋垮呈青色。害怕塌着家父母，害怕塌着众儿孙。天日转吉日，命运今日吉。吉日好认师，我才来认师；吉日好起屋，我才来起屋。祭龙起新屋用大的竹筒，用的芦苇秆，用的奶木桩，用的金竹枝。剪纸马来祭；用种鸡、用雄鸡来祭；高猪头、大猪嘴来祭；肉当牛、盐当血来祭；香酒壶、辣酒酿来祭。屋垮重起好，让儿长成人；屋垮重起好，让儿成富贵，后代发子孙……

"龙王穿绿衣，龙王穿黄衣。为父起新屋，龙神用大力，脚似水獭脚来起，嘴似狐狸嘴来起。……请你两母龙，请你七公龙，三个公龙起，九个带冠龙。越起越往上，越起越向高。用水竹来起，用芦苇来起，奶木桩来起，金竹枝来起……"

这说明布依族的古代建筑应多为竹木结构。采用这些原料建房只有人类才能做到，但祭词中把它归为龙神起屋。这可能是古代布依族曾有以龙为图腾的某个氏族或部落。他们这一氏族或部落的成员所做的事情便带上了龙的色彩，经万物有灵的思维方式，逐渐形成了宗教礼仪。起房造物有"龙神用大力，脚似水獭脚来起，嘴似狐狸嘴来起"的记载，无非是采用动物形象来形容人们造物的姿势和用力的程度而已。

龙在布依语中有"龙"、"吉"、"勒"等几个音节。"龙"与汉语无异；"吉"有"神"的意思；"勒"是"蛇或虹"两种自然物的名称。布依族来源于"古越人"，在古籍中就有"越人，蛇种"的记载。闻一多在《伏义考》中认为，龙是一个以蛇为图腾的氏族或氏族部落，在合并其他氏族部落的过程中吸取了他们图腾的个别部分，如吸取了马头、鹿角、鸟翅、鱼鳞、兽足等，拼凑在一起成了龙。说明龙和蛇有着密切的联系，幻想中的龙是从现实中的蛇发展而来的。现实中布依族塑造的龙的基本体形还是蛇形。

原始社会以蛇、龙为图腾，一方面可能由于人类意识还处于人与自然物的混沌未分状态，另一方面也可能与当时恶劣的自然环境有关。《孟子·滕文公》说："当尧之时，水逆行、泛滥于中国，蛇龙居之，民无所定，上者为巢，下者为窟。"古人在这样的环境下生活，遭到不少自然物包括蛇的危害，其艰难程度是难以想象的。卜辞中常见的"虵"，郭沫若考证"虵"字从它，而"它"即蛇。古人的图腾崇拜，原因不外两种，一种是出于恐惧，一种是出于喜爱。而二者又常常交织在一起，由此引起的崇拜心理和构成的种种崇拜活动的总和，便是原始宗教形成的前提。

蛇的生活习性与水密切相关，与炎热的气候密切相关。炎热的地区雨水多，蛇类也多。雨水过多时淹没蛇洞，蛇类只好出游寻找新的洞穴。而雨水稀少时蛇也少见。这种现象使古人很容易把蛇与水联系起来，认为水是蛇，有蛇就有水，可能还把蛇看成水神加以崇拜。当原始农业一出现，农业对雨水的需求就显得更加重要，经济需求的有力杠杆使古人将蛇与农业联系在一起。随着人类意识的进步，人们希望蛇也能腾云驾雾，兴云致雨，龙的神话和崇拜也进一步发展了。现实中的蛇变成了幻想中的龙，龙就是被神话了的蛇。

当龙的神话出现后，龙神代替了原始的蛇。在信奉蛇图腾的氏族或部落中，保护图腾的禁忌也随之取消。"越人以食蛇为美味"，越人的后裔布依族亦然。但在民族语言中，还有蛇的语音，如布依语中蛇为"ngez"，称龙为"ngeh"，两者声韵相同，仅有一调之差。因此，龙在古代布依语中可能应为"ngez"，即"蛇"。蛇为龙之体，这在布依族的龙崇拜调查中得到了证实。

[伍文义：《关岭县大桥乡布依族龙崇拜调查报告》，载贵州省民族研究所、贵州省民族研究学会编《贵州民族调查》之六，第296—299页，1989年（内部）印]

布依族人认为，凡有水的地方都归龙神管辖。江河深潭、山塘水库等都是龙宫水府。他们把龙神分成善神和恶神两类，善的龙神赐福于人，恶的龙神作祟于人。如患水肿病的人，被人们认为是触犯了龙神，或是魂魄被龙宫里的虾兵蟹将抓去淘沙做苦役所致；患肝炎病的妇女则被认为是龙太子要娶其为妻所致等等。凡患这些病的人，都要备办祭品到水边去举行"破龙"仪式。

[黄福建：《黔西南布依族的原始宗教》，载黔西南州布依学会编《黔西南布依学会研究》第一集，第297—298页，2002年（内部）印]

3. 狗崇拜

很多布依族地区都有关于狗给人们带来谷种的传说《茫耶寻种记》：远古时候，世间没有谷种，人们吃的是兽肉树皮，生活非常艰难。人们都知道在很远的西边天脚下有一个神洞，洞中藏着很多谷种，但必须有一个聪明勇敢的人，去克服千难万险才能得到。布依族青年茫耶自告奋勇担当了这个任务，历经千难万险之后，终于在小狗的帮助下取得了谷种。为了纪念狗的功劳，布依族在吃新节时，要先舀一碗饭喂狗，表示崇敬。……由于狗的凶猛，人们相信狗血可以辟邪，一些地方的布依族每年扫寨后要杀狗，就含有这种意义。

由于狗是神圣之物，而亵渎神圣能激起雷神的愤怒，引起霹雳和降雨，因此在久旱不雨的情况下，用抬狗游行、役使狗犁田、扫地、舂碓等方式激怒雷公，使其愤怒而打雷下雨。布依族摩经中的《射日·洪水》神话就讲述了这样一个故事：古时候曾出现十二个太阳同出的现象，"王"以奖赏好田好土为条件招募射日者。"比香"（有的地方称为"金"或"兴"等）应招射掉了十个，留下的两个成了现在的太阳和月亮。但"王"食言，不兑现承诺。"比香"愤怒，用蛇做纤索，拉狗犁田，结果惹怒雷公，连降大雨，造成洪水泛滥。蛇是布依族先民的图腾物，狗也是布依族先民信仰和崇拜的神物，"比香"用它们来犁田，无疑是亵渎了神圣，遭到报复就在情理之中了。

［周国茂：《自然与生命的意义世界——贵州少数民族原始崇拜与民俗》，第61—62页，贵州教育出版社2004年版］

安龙一带，在"吃新节"那天晚上，当人们还未尝到新米饭之前，先舀一碗饭给狗吃。这是什么道理呢？相传，古时候布依族地区没有谷种，需要到西边天脚的神洞去取谷种。布依族的先辈有个能人叫茫耶，他自告奋勇前去西边天脚的神洞去取谷种，经过千辛万苦，斗过数不清的毒蛇猛兽和妖魔鬼怪，终于到达了贮藏谷种的神洞，但是并未轻而易举取到谷种，还需经过几番斗争。在千钧一发之际，跟他前去取谷种的小狗，帮助了主人，战胜了洞神；接着又帮助主人咬死神雀，最后帮助主人顺利把谷种从西边天脚的神洞带到人间，给人们送来了谷种，让人们过幸福的生活。后人们在过吃新米节的时候，除了供祖先和勇敢的茫耶外，还要纪念那只勇敢的小狗。……

［韦廉舟编：《布依族苗族风土志稿》，第45—46页，黔南布依族苗族自治州民族事务委员会、文学艺术研究室1981年（内部）编印］

4. 青蛙崇拜

（在三都县周覃一带）有与生产有关的一种宗教活动，即捧跤祭青蛙（"别雅归"）活动。

"别"，即捧跤；"雅"，即祖母，含有尊敬意；"归"，青蛙。此活动颇为独特，仅见于这个地区，流行于三江村和洞览村的甲本、洞里两寨。"别雅归"是埋葬青蛙，以祈祷农业丰收而举行的捧跤活动。在农历腊月初二这天，村人们到田里寻找一对住在一窝的青蛙，然后用木盒（"美尽"）抬青蛙至各家"要米"；同时每个寨子选择一间宽敞的楼房，铺上稻草，作为摔跤堂，将青蛙供祭在神案下。本寨内或寨与寨之间年轻人自由结合，相互进行摔跤比赛；另外还举行其他形式的游乐活动，一般要进行两三天。到最后一天，大家敲锣打鼓，抬着青蛙到山上去埋葬。回来后，将所得的米煮成稀饭，做成粑粑，大家共同分食。"别雅归"活动的起源年代已不可考。据说举行此活动，当年粮食收成就会好些。这从另外一个侧面可以说明人们已初步意识到了青蛙与水稻作物的关系。

[唐合亮：《三都县周覃镇布依族生活习俗》，载贵州省民族研究所、贵州省民族研究学会编《贵州民族调查》之四，第320页，1986年（内部）印]

（独山县麻尾一带，大年春节期间），贮之，锣鼓送往山间痰土内，次年启视蟆。"（见《独山县志·卷十三·风俗》）。史载的民俗还有："除夕寻获虾蟆一，作小棺藉卜雨旱，其语谓'枧雅规'，译之为'埋虾'现已无此俗。

[覃东平：《独山县麻尾区布依族来源及节日婚姻丧葬习俗调查》，载贵州省民族研究所、贵州省民族研究学会编《贵州民族调查》之九，第60页，1992年（内部）印]

雅蝈节盛行于黔桂边区的荔波、三都等县。每年除夕之夜，各寨青年组成队伍，抬着一只"雅蝈"（布依语，汉意为"青蛙母神"）走村串寨，每到一家，大家祝贺曰："'雅蝈'今天来，你们送酒肉。它保佑你家，粮丰人富旺。"大伙串完各户，把"雅蝈"及供品抬到田坝中供祭，企望"雅蝈"保护来年庄稼丰收，各户人丁兴旺。

[贵州省地方志编纂委员会编：《贵州省志·民族志》上册，第222页，贵州民族出版社2002年版]

第二节　植物崇拜

1. 古树崇拜

大部分地区的布依族村寨内或村寨旁都有一些古老的树木或树林，有些大树或森林被认为附有神灵，因此被当地村民作为神树或神林加以崇拜。这种附有神灵的树木被称为"faixxeax"。据传说，古时候，布依族地区的大森林很多，当有战事的时候，森林作为很好的屏障使得外敌难以进攻。布依族人民利用森林抵御外敌，得以安居乐业，认为是树木和森林之神灵护佑的结果，所以对这些神树、神林极为崇敬。在和平年代，神树能保佑整个村寨的人畜安宁。有些地方，有的小孩爱生病，多把小孩寄拜给树以求护佑；有的地方，扫寨子完毕后要在神树下杀牲祭祀神树，祈求树神挡住火星神及各种邪鬼，使其不能进入村寨，保佑村寨人畜安宁幸福。

在兴仁一带，对神树和神林不仅不能随意砍伐，甚至连其枯枝落叶也不能捡拾和践踏。每有神树自然干枯老死后，还要像超荐正常死亡的老人一样超度树神神主。超度神树的仪式非常严肃。首先，要由布摩到"官厅"问卜，"询问"哪些神树需要进行超度，开列需要超度的神树名单然后砍伐，不进行超度的不可砍伐，但要系上一条白布表示戴孝。在举行仪式时，还要在寨老中用问卜的形式选取两位老人作为"神孝"。超度仪式由布摩主持，念诵专门的摩经"荐神经"。仪式中必须敲击铜鼓，据说主要是以此专门的通灵之物的声音通知天神做好迎接树神的准备。超度树神时有专门的铜鼓调，称为"祭神调"，与超度凡人时所击铜鼓调完全不同。超度后的神树要进行火化。举行了超度神树的仪式后，该寨三年内不能再举办大事，当年如有老人过世，亦不能举行隆重的丧事活动。寨老会告诫年轻人不可在外惹是生非，以免给树神添麻烦。

[王开吉：《兴仁县布依族调查》，载贵州省志民族志编委会编《民族志资料汇编》第六集（布依族），第3—4页，1988年（内部）印]

（贵阳市花溪区）竹林寨有3棵大神树，它们已生长了700余年。寨子左侧的香樟树，被称为"男神仙树"；右侧的檬子树，称为"女神仙树"。人们认为，一男一女神仙树居于寨子左右，保寨安宁。井边的大皂角树，被称为"龙王神树"。这3棵大树都有神秘而优美的民间传说故事流传至今，一直是竹林寨布依族所信奉和崇拜的圣物，历受寨人的严加保护。

"女神仙树"在寨子右侧西边，是檬子树，生长在一片石岩包上，犹如高山上的劲松。树高20米，树围0.8米，树冠10.6米。四季常青，木质坚硬，呈淡红色。传说这棵檬子树是女神仙的化身。据说，在很久以前，经常有人在老远的地方看檬子树，每次总能看见树上有一位姑娘，年轻漂亮，穿着鲜艳的花衣服，样子很像美丽的布依族姑娘。她在树上爬来爬去，有时坐在树上唱歌。小伙子们听见歌声，又看见人，于是怀着喜悦的心情，说说笑笑，向树脚走去。他们想看个究竟，找姑娘对歌。不料，众人走到树脚却什么也看不见，歌声也停止了。胆小的大伙子，回头就跑，胆大的小伙子，仔细观察，但仍然什么也看不见，听不着，就说是有鬼。时间长了，一传十，十传百，人们就相信了，认为有鬼仙。人们害怕鬼仙给寨子带来灾祸，就杀猪宰羊，烧香点烛，请巫师将鬼仙送走。从那以后，人们再也看不见树上的姑娘，更听不见她那动听的歌声了。

后来，寨上有人生病，晚上托梦给一个老人，说"女神仙树"能消灾。第二天，人们做好斋饭、净茶，拿着香烛纸火前去供祭后，病果然就好了。当时人们都认为那是神树显灵。因此，寨上一旦有人头痛、腰痛，就用斋饭、净茶、香烛纸火等前去供祭以求清平吉祥，消灾免病。时至今日我们还能看到檬子树一米高处，有一条缝，它是供人们插香点烛的。缝长40厘米，宽14厘米。虽然树干已被烧空，但树冠仍青枝绿叶。

　　"男神仙树"位于寨子左侧，与"女神仙树"遥遥相对。树高23米，树围6.1米，树冠直径13米。树干约6米高处，中间空，空度长2.5米，宽50厘米。

　　"男神仙树"是一棵香樟树，原来长势茂盛，树冠直径达30来米，伸过班文明、金其现家的房顶上。1944年4月的一天中午，狂风暴雨，夹着冰雹，扭断树冠的两大分枝，树枝飘落在班文明家的院坝里和大梨树上。落在大梨树上的树枝把大梨树都压断了。人们传说，因为它是真正的神树，所以才能保寨安民，树枝明明伸在房顶上，却断落在院坝和梨树上，不损坏房屋，不砸伤人，那也是神树显灵。中华人民共和国成立前，经常有人到树脚去烧香磕头，祈求神灵保佑家人及全寨的健康安宁。竹林寨年年都要耍龙灯，上九（正月初九）之夜，敲锣打鼓，把龙灯和两个龙宝拿到树下庆贺。

　　"文化大革命"十年浩劫中，神树还立了一大功：班光琪曾将一些古文物、古书籍藏于神树洞中。党的十一届三中全会后，拨乱反正，这些古文物、古书籍又被取出为民族研究服务。

　　"龙王神树"生长在寨脚的泉井边，是一棵皂角树。它的木质坚硬，缠绵难断，枝叶上长有刺，每年结满皂角，可供洗衣、洗头、去污之用。传说这棵皂角树是龙王的化身，它管辖着泉井的水，所以每年耍龙灯，都要先到泉井边燃香点烛向它请水。中华人民共和国成立前，除夕之夜，哪怕腰酸背痛者也要到龙王神树下供祭。时至今日，春节时仍还有人到那里去烧香点烛买水。

　　龙王神树由于生长在泉水边，水分充足，枝叶繁茂，果实累累。此树较大，树围6米多，树冠遮天盖地数十丈，直接伸到泉井边，形成天然的"水上公园"。远远望去，犹如一座小山坡。

　　1936年9月的一天晚上约9时许，狂风大作，降下瓢泼大雨。当时，许多成年人和老人正在井边堰班华堂家的烟馆里抽烟聊天。笔者时年6岁，亦在场听老人们摆龙门阵。突然听见外面"咔、咔、咔……轰……"的巨响声。雨停后，人们打着灯笼、火把，纷纷赶到井边。啊！原来是龙王神树被刮倒了，把整个泉井范围数十丈远的地方都遮住了。人们一下子吓呆了，担心神树倒了，不知会给竹林寨带来什么灾难。人们交头接耳，议论纷纷。本来谁也不敢动神树的，但没有水能活命吗？次日清晨，全寨百余人，带着锯、斧、镰刀等来到井边，供祭后才开始砍枝截节，连续数日，才把树枝截断顺走完毕，谁也没有拿走一枝一丫回家当柴烧，害怕神树降灾难于全寨。后来，由于天干，人们日夜守在泉井边守水供田，灌溉秧地，因深夜太冷才用这些木柴就地烧火取暖，久而久之才将其烧完。幸好神树可怜大家，没有降下什么灾难、瘟疫，全寨人、畜兴旺发达。龙王神树由于人们长年累月供奉，香火烧焦了半边树干。神树被刮倒的第二年春天，树的树根上又重发新芽，生长出新的幼苗。50多年后的今天，幼苗又长成了参天大树。树根成一扁弧形，宽1.2米。树冠虽然比以前矮小一些，但枝叶繁茂，生长得很好，把泉井边挑水的沟渠、洗菜的方池、洗衣的圆池及池附近的空地等，全部遮盖住了。每到盛夏，竹林寨男女老幼，过路客人，全都喜欢到这里喝上一口泉水，乘乘凉，拭去浑身的汗水。即便是在烈日炎炎的三伏天，只要到此处坐上不到半小时，就会感觉到全身凉爽，清新舒适。

竹林寨布依族人民把这 3 棵树木视为神树，世代加以保护，禁止砍伐，禁止用锄背和棍棒等物敲打撞击。在神树下不准议论神树，更不准说对神树不尊、不敬的话，因为人们认为它不仅是风水树，而且是保护神，可把各种邪恶鬼神、毒蛇猛兽、疾病灾难等等拒之于寨子之外，使全寨人、畜得以安宁。

泉井边的皂角神树，被认为是龙王神树，它不仅可以保证泉水长流不断，而且日夜守卫在泉井边，驱逐邪恶鬼神和毒蛇虫害的侵入。它还能保护井水不受污染，使水质保持其纯净甜美。

每年除夕，傍晚时各户都要备筷子两双，茶杯、酒杯各两个，净饭净茶，肉片菜肴，香烛钱纸等，打着灯笼火把到龙王神树前供祭。其用意，一是在过去的一年中，全家人饮用了井水，获得安宁，身体健康，前来供祭表示感谢；二是春节来临，自己家祖先的灵魂要回家过年，来到寨脚井边，被龙王神树挡住不能进寨，人们只有打着灯笼火把到这里来迎接，请求神树放其进寨。新的一年开始，不管哪一家，到井边挑第一挑水时，都要准备 3 炷香，一对烛和几张钱纸，先在神树前点烛燃香，作揖恭贺，焚化钱纸，表示向神树买水，然后才能挑水回家。这与当地汉族春节大年初一买"金银水"是截然不同的。

中华人民共和国成立前，竹林寨每年正月耍龙灯时，初九晚上要将龙灯、宝灯、鱼虾灯等组成浩浩荡荡的队伍，敲锣打鼓来到龙王神树及泉井边恭贺。先将龙灯、宝灯等头朝神树，燃香点烛，斟酒倒茶，焚化钱纸，并齐唱"贺神树"之歌：

"贺树神，贺树神，树神住在寨脚门。白天保寨得饮水，夜晚保寨得安宁……"

香樟神树和檬子神树（又称男神仙树与女神仙树），平时并无集会供祭，只在正月初九日，用龙灯、宝灯、鱼虾灯前往恭贺。恭贺的方式与供祭龙王神树相同。若平时人们头痛、眼痛、腰痛或关节痛的时候，病人家长就要准备一罐净茶、一壶酒、茶杯酒杯各两个、筷子两双、三炷香、一对烛及几张钱纸，带着病人的头帕或帽子，到神树脚去摆列祭奠，作揖燃香，一边用布依语喃喃地念道："××不慎，走路犯着你，使他（她）头痛、腰痛……今日焚香化钱，望您保佑，今晚立即痊愈，消除疼痛，得到安康。"说毕，将病人的头帕或帽子，在烧化纸钱的火焰上晃动 3 次，并把茶、酒倒于树脚。回家后，将头帕或帽子包（戴）在病人头上。有时，有的病人在经过了这一仪式后，得到了精神上的莫大安慰，减轻了精神负担，病情好转，乃至痊愈，人们便更加信奉神树了。

竹林寨布依族信奉神树，不像当地汉族那样要杀鸡宰羊、挂红放鞭炮等许愿、还愿。他们供祭的方法简单，搞一点素饭净茶即可。

［班光瑶、孙定朝、赵焜：《贵阳市花溪区新民乡竹林村调查》，载贵州省志民族志编委会编《民族志资料汇编》第六集（布依族），第 244—246 页，1988 年（内部）印］

2. 稻禾与谷魂崇拜

农历七月，布依族大部分地区的水稻正出穗灌浆，丰收来临。此时家家户户都必须要选择第一个辰日（龙场天），用口袋到田坝中去背新稻（虽曰"背新稻"，但实际上只摘几吊灌满浆的稻穗即可）回家过"吃新节"。用热水烫过新稻穗后将其挂在家中堂屋神龛上，然后，又将部分新稻米和糯米一起蒸熟与酒肉等一同祭祖，合家欢饮，其乐融融，名曰"尝新米"。尽管土地私有，稻田分属各家各户，但是在过"吃新节"摘新稻穗时，田坝中哪块田的稻穗成熟较早，任何人都可以去摘，只要不过分乱摘，主人一般不会责怪，体现了布依族农耕社会的古朴民风。

[贵州省地方志编纂委员会编：《贵州省志·民族志》上册"布依族"篇，第223页，贵州民族出版社2002年版]

布依族过"七月半"，晚上孩子们要点上一大把香，从家中神龛起，每间隔几步插一炷，直插到大路上，据说此是为了接谷魂回家。在布依族的观念中，包括谷子在内的万物都是有灵魂的。万物是由肉眼看得见的物质形态和肉眼看不见的精神形态有机构成的。谷子作为充饥的食物，如果其灵魂离开了其"肉体"，那么它的充饥功能就会大打折扣。布依族一些地区流行的"赎谷魂"习俗，就根源于这样一个传说：世间有一种鬼魅会偷食谷魂，哪家发生了这种情况，这家人的粮食就会经不起吃。所以当出现粮食不够吃的情况时，就要请布摩到家里来举行"赎谷魂"仪式，驱走偷食谷魂的鬼魅，赎回谷魂。"七月半"晚间插路香接谷魂，也是基于这样的观念。路香有路标的作用，可以引导谷魂回家的路径。农历七月正是庄稼成熟季节，很显然，插路香具有祈盼农作物丰收的良好愿望。

[周国茂：《自然与生命的意义世界——贵州少数民族原始崇拜与民俗》，第169页，贵州教育出版社2004年版]

从具体表现形式看，布依族谷魂崇拜有如下特点：

第一，布依族谷魂崇拜的表层意识——物质因素。

（1）产妇坐月，以能吃糯米为佳，据说糯谷的魂多；

（2）小孩饮食不佳或经常生病，以为家里的谷魂与其命不合，要给孩子找"保爷"，叮嘱孩子常到保爷家吃饭，才会长高；

（3）人到晚年，体力不好，以为自身魂魄所剩不多，叫亲朋好友每人带几斤糯米为其"添粮祝寿"；

（4）每逢新年伊始，老人出走亲友，吃上几餐饭，以别家的米魂充实自己。

以上四例，粗看似乎是一种精神寄托，实际具有物质因素。"产妇吃糯食"和"以糯米为老人添粮祝寿"并不是因为糯谷魂魄多，而是糯谷营养价值高或他们有喜欢糯食的习惯；而孩子去吃保爷饭和老人去吃亲友饭也并非别家谷魂强，而是得到对方的厚礼招待，同时也换一下饮食环境，于心于体都有益。但他们并不明白这些物质因素，相反地崇拜米魂、相信米魂。

第二，布依族谷魂崇拜的深层意识——精神的寄托。

（1）贵州南部的罗甸、平塘、独山、荔波一带的布依族民间，想要孩子的青年夫妇在生育前要举行一次隆重的求子仪式，布依语称为"kwasjeeuz"，意即"架桥"。届时桌上有三碗糯米饭、三挂粽子、三个红蛋、一个花筒，筒里的花象征着未投胎的孩子。布摩手持一根木棒，棒的另一头挂一块尺许的白布，唱起《米魂引花歌》、《粽子引花歌》、《鸡蛋引花歌》等，边唱边用白布去抹筒里的花，使了巫术之后，筒里的花竟然粘到白布上，就标志得了孩子。于是，夫妇便高高兴兴地过性生活，不久果然受孕。现在有的人认为这是因为在心情舒畅的精神状态下女方容易受孕，但在他们传统的观念中，认为这是谷魂给他们引来的结果。

（2）有人得病卧床不起，用一碗米置于病人枕边片刻，然后用病者衣服包去请布摩"jius jeeuz"（问卜）。布摩先向来者询问病人近日活动范围及病情，然后用一根稻草线吊一把剪刀，剪架上放几颗病者拿来的米，双手捏草线，面对装有病者衣物和米的簸箕念念有词："保洛沱、妈洛赶……"念毕，便告诉是哪个鬼，讨什么食，主人回家后告诉病者说："我们的米魂已经通了鬼了，病很快就会好的！"病者即愉快起来。他坚信米魂为他驱除了病魔，心理得到慰藉，身体果然好转。

（3）有人被吓落了魂，回家生病，请布摩来"招魂"，届时摘一把竹叶，将一碗糯饭、一碗米、三杯酒置于其上。布摩一边撒米一边念："这是好时辰，主人来接你，快快来呀你，回到主人身，魂呀魂！"竹叶里的小蜘蛛等爬行动物顺着香味爬上碗来，旁边的人便喊："来啦！来啦！"即刻以糯饭裹之，带回家叫病者连"虫"带饭吞下肚或缝一个小布袋包好挂于胸前，以示魂归于体，使病人增强信心。

由此可见，布依族对谷魂信仰与崇拜以及相应的巫术形式构成了强大的精神支柱，使身受苦难而又无法摆脱困境的人增强生活的信心和力量。从这个意义上讲，信仰与崇拜、宗教与巫术对于科学文化知识还很缺乏的人类祖先来说，是十分重要的，它给人的力量是物质力量不可替代的。正如马林诺夫斯基所说："巫术表现给人的更大价值，是自信力胜过犹豫的价值，有恒心胜过动摇的价值，乐观胜过悲观的价值。"这当是谷魂意识的意义所在。

第三，谷魂崇拜的思维定式——敬畏。

随着崇拜意识的不断加深，伴之而来的敬畏心理也与日俱增，于是，便出现了与功利目的有直接关系或间接关系的各种禁忌：

（1）在黔南的惠水、长顺一带，每年响第一次雷，各家各户敲击锅盖和仓门，叫谷魂醒来，否则，休眠了一冬的谷魂就会睡死；与此相反，另一说与佤族的"叫谷魂"相同，冬天谷魂出去玩，春天来了，叫它回家，魂归于体，撒秧才生。

（2）在龙里、贵定、紫云等地，每逢六月牛日或马日，村内各家在自家田坎上插三角纸旗，以防谷魂受侵或自行散走而出现白壳，来年歉收。

（3）镇宁一带，每逢秋收时节，不准人坐门槛，更不能脚踏门槛，否则，谷魂以为不受欢迎而远走他乡，收来的谷物不耐吃。

（4）各地布依族，几乎都共同遵守一条严格的禁忌：不论何时何地，都不准糟蹋粮食，见谷子落在地上要捡起来；谁任意糟蹋粮食，雷公要劈他。这条禁忌早已成为布依族乃至许多民族爱护粮食的"传家训"和道德观念。

从以上禁忌可以看出谷魂具有二因素：一方面它是人们赖以生存的食物，它是崇高的、神圣的；另一方面，它是神秘的、危险的。所以，谷魂可敬可畏。

第四，布依族谷魂崇拜的文学表现形式——谷种起源神话传说

综观布依族谷种起源的神话传说，反映其谷魂崇拜意识的：一是对谷物体积和形状的夸张，二是将谷物人格化，三是动物寻谷种。

（1）在扁担山一带民间有"古时谷子大若箩筐，够几个人抬，够几十人吃"之说；流传于黔南、黔西南等地的布依族古歌《造万物·造粮》中唱道："那时一颗米有鸡蛋大，那时一粒米有秤砣大"，诸如此类夸张之说，表现了布依族先民对谷物的敬仰与崇拜心理。

（2）在望谟、贞丰等地布依族民间，传说古时谷子生于天上，谷随雨下，满山都是，人各一份，互不侵占，后来有人多占暗偷，谷怒而起，飞回天上。从此，天不降谷，自耕自种。这一传说，再现了原始农业的史影：即采集的结束和农耕的开始；原始平均主义的崩溃和私有观念的出现。

（3）关于动物寻谷种的神话传说较多，在此举三种为例。流传于黔西南望谟一带的古歌《谷种》唱道："谷种在云端/谷种在天上/'雅伟'鸟把它带到人间/'雅伟'鸟把它带到地上/撒在哪里哪里就生/撒在那里那里就长。"流传于黔南荔波一带的《谷魂引花歌》中说远古时候，水淹天下，谷种绝灭，鼠游过海去取来谷种。"落在岩坡成小米/落在平地成红稗/糯米种子撒水田/还兴荞子种两季/撒下川粮在田里/撒下玉米在山地。"流传较广的《狗为啥吃屎》的传说中说，洪水之后，狗游到一个被淹的岛上，在谷堆里打滚，身上的毛沾谷种回来。这三种传说，显示了谷种非凡的生殖能力，同时显示了动物在原始农业社会里的地位和作用，其中蕴涵着布依族先民对谷物和动物的崇拜意识。

综上所述，布依族谷魂崇拜源起于"万物有灵观念"，它渗透于布依族的信仰、禁忌、巫术、语言文学等民俗文化中的各个精神领域。

应该指出，布依族对谷魂的信仰与崇拜使处于困境中和苦难中生活的人们坚强和自信地生活和耕作，这是谷魂崇拜积极的一面。然而，谷魂崇拜使一些人放弃物质的创造而去追求纯粹精神的东西，把人们引上了迷信的邪路，阻碍着人类精神文明进步和社会生产力的发展，无疑是民俗文化中的糟粕部分，应予抛弃。

［黎汝标：《试论布依族的谷魂崇拜》，载《布依学研究》之一，第145—150页，贵州民族出版社1989年版］

3. 芭茅崇拜

若家中经常有人病，或者做事不顺遂，或者牲畜不利达等，又常有乌鸦在房上叫，蛇在房梁上出现，狗爬房子等，都认为是不吉之兆，要请老摩公或道士来扫家……一种做法是老摩公手持芭茅秆，用簸箕装满沙子，由老摩公念咒词，并用芭茅秆东指西指，南点北指，跟随之人按指点的方向撒出河沙，称为"石沙驱邪"。

有人生火眼，则请寨中一老人，手拿茅草，立于患者背后，让患者面向西方，凝视晚霞，这位老人则在身后叨念："火眼鬼，滚到西方去！"边说边把茅草烧燃，让患者双眼盯着火光，用茅草来回熏烟，如此数次，即逐渐好了。其实"熏烟"就是退火疗法。

［黄义仁、韦廉舟编撰：《布依族民俗志》，第 134 页，贵州
人民出版社 1985 年版］

在发軔前半小时，族中亲眷要集中坐在灵堂左侧或右侧的另一房间里，背对灵堂，肩扛撑开的雨伞。在灵柩侧面，放一小桌，桌上放一升米，插香点烛，桌上还要放一束桃树枝及芭茅草。念经师先杀鸡，后用一根白棉线，由灵柩处牵至亲眷背坐地点，线的各端穿有一个纸人。经师一边用布依语阴惨惨地念唱"生离死别经"，一边左右挥动桃树枝和茅草把，其大意是："现在要你们分离，不光我叫你们分离，还有桃树枝和芭茅草，都叫你们分。此后，死者自己去当家，活人自己去种田。断绝家庭关系，不准互相惦念。死者与活人各奔前程，各走东西，不得互相干扰。我要分你们两边各去各，我要叫你们分离去永远。"最后，两人横抬着一根扁担，将白棉纱担在扁担上，刚杀死的鸡亦担在扁担上，让鸡的头部向死者，尾部朝活人。接着砍断棉线及鸡颈子，鸡头放在灵柩上，边砍边说："砍断鸡头不要你们哭，砍断棉线不要你们想。"表示死人与活人一刀两断，互不相干。

［班光瑶、孙定朝、赵焜：《贵阳市花溪区新民乡竹林村调
查》，载贵州省志民族志编委会编《民族志资料汇编》第六
集（布依族）第 142 页，1988 年（内部）印］

拉搭鬼（布依语称为 duezril）作祟于人使人肚子痛。赶法：把碗筷摆好，还放着瓦片、扁担、钱纸、香、烛，然后供上猪头、猪蹄、猪尾巴之类。又把骨头烧出气味，鬼师执着芭茅秆口念咒语来把鬼赶走。

［黄义仁、黄生科：《都匀富溪村民族调查》，载贵州省志民
族志编委会编《民族志资料汇编》第六集（布依族），第 38
页，1988 年（内部）印］

草标：是茅草挽结做成的标记。即用一根茅草，在顶部大约全长的三分之一处挽个

结，挂在门上或用小竿插在路口。当你看见这种标记时，就得止步回转或问问侧边人。这种草标，有短限长限之分，短限限时，长限限日。短限者，是主人正在做或家里正在发生某件不需要外人参看的事，如牛马在圈里生崽，或打老磨解鬼等，忌外人进入，办完事才拿草标丢掉；限日者，指办的事较重大，有的是集体办的（如祭寨神），时间长些，也忌外人进入。时限一般为一日，多则两三日，如扫寨、三月三、六月六祭山神等（有的村寨忌，也有不忌的）。这种规矩，过去要是违犯了，轻者下跪赔礼道歉，重者要赔偿所祭用的财物，重新开祭。

> [卢衍：《黔西南布依族礼俗调查》，载贵州省志民族志编委会编《民族志资料汇编》第六集（布依族），第 24—25 页，1988 年（内部）印]

正常年景农历四月八前后开始插秧，以后逐渐普遍大栽，四月底前后共 20 多天即可插完。土质瘦的田栽秧前还得追加圈肥，边犁耙边栽插。第一天插秧，称为开秧门，要蒸糯米饭吃酒肉。插完后，要以一株刺一株茅草捆在一起插在田里，意思是可以避邪，否则认为会影响秧苗的成长。

> [赵大富：《平塘县上莫乡布依族经济调查》，载贵州省民族研究所编《贵州民族调查》之二，第 390 页，1984 年（内部）印]

第三节　山、石崇拜

1. 祭山神

布依族的山神崇拜早有汉籍记载，如（清乾隆）《南笼府志》上说："仲家每年三月初三宰猪、牛祭山，各寨分肉，男妇饮酒，食黄糯米饭……犹汉语呼之过小年也。"（清）《贵州通志》也说："仲家三月三杀牛祭山神，男妇饮酒，各寨不通往来，误者罚之。"近现代，此俗犹存。如北盘江边的很多村寨多有祭山活动，神坛是用江边生长的大楠竹和树枝搭为三层，上层以 12 个竹筒当做酒杯，供以米酒和稻米；中层供妇女纺织的梭子和自制土布；下层供鸡、猪等祭品。活动由布摩主祭，主要内容是感谢山神保佑村寨人畜平安，祈求来年风调雨顺，农业丰收。活动仪式过后，再由寨老当众宣布乡规民约，用以维护当地社会治安和社会秩序。

> [贵州省地方志编纂委员会编：《贵州省志·民族志》上册"布依族"篇，第 224 页，贵州民族出版社 2002 年版]

（在望谟县乐康乡一带）山神，布依语称为"斜儿播"。认为有一些山住着山神，如去山里打猎，须先在山下燃香烧纸拜过山神，方可入山，否财打不到野物。认为猎物是山神喂养着的。有一些山，不知是否住着山神。出猎多次都未打到猎物的山，也被认为有山神，再次出猎时，也要点香烧纸，拜山神。

[赵崇南：《望谟县东康乡布依族生活习俗调查》，载贵州省民族研究学会、贵州省民族研究所编《贵州民族调查》之四，第 269 页，1986 年（内部）印]

布依族认为，有山皆有神，且认为山神是一个集团，有首领、兵丁，他们驻扎在山头，管辖着一个地方。这些山神集团，是由驻守在那个地方因战斗而阵亡的前人灵魂组成。虽然他们人死了，但灵魂还在，他们仍然管辖着这个地方，主宰这个地方的万事万物。人们凡是在那个山上开荒种地、修沟开田、砍伐树木、撵山狩猎、埋葬老人等等，都要先在那个地方点香烧纸祭供，通报山神，并祈求山神赐福。如要在某个山地上种植棉花，下种那天，要用花糯米饭、腊肉、炒鸡蛋、米酒等祭祀山神。祭毕，把蛋壳挂在小树枝上并摔于地下，祈求山神保佑，使棉花开得像蛋壳那样又大又白。

[黄福建：《黔西南布依族的原始宗教》，载黔西南州布依学会编《黔西南布依学会研究》第一集，第 297 页，2002 年（内部）印]

在很多村寨，都修有山神庙或山王庙，每年于固定的日子由全村寨子集体祭祀。例如贞丰一带有的村寨于农历三月十五日由布摩率寨子全体男性村民集体祭祀山王爷，祈求山神保佑全村寨来年风调雨顺、六畜兴旺。

[周国茂：《摩教与摩文化》，第 65 页，贵州人民出版社 1995 年版]

威宁红岩乡一带的布依族有农历七月祭龙山的习俗。传说古时，皇帝赐给布依族长老领地，让布依族长老登红岩乡高山，凡是用眼睛向四面八方望得见的山河就划为其领地。当时东望到麻窝山，西望到袁家口子拖乡夏，南望到牛兰江边，北望到昭通专区小铺子，这块土地，算是当时的领地。可是，在这片荒山野岭里，老虎、豹子、野物嗥叫，经常出来伤人，因此人们不敢上山劳动。长老们便商议祭龙树，因龙大于虎，借"龙神"壮大胆量，认为这样后便可出入平安。

龙树选在山寨周围古树参天的深山老林，并在山林中选两棵最大的古树定为祭树，那座山定为"龙山"，从此不准砍伐、不准耕种，平时不准妇女上山。

……

每年古历七月间属龙那天，定为祭龙日子（头龙二龙均可），届时全寨各家平均出钱，由会首收齐后，买一头大猪或一只羊，两只公鸡，一碗斋饭，一升包谷，一个熟鸡蛋，几斤酒，两包香，七八斤钱纸，两扎金银纸（每扎一百张）等作为祭品。先由某个寨民点燃几炷香、烧几张钱纸后，请白摩（布摩）先生念经，再把猪或羊拉来杀。在猪或羊未落气之前，用钱纸沾上血，叫"宰血钱"。此钱暂时不烧，放在石台上。又将一对公鸡宰死，鸡未断气之前，扯鸡脖子上的毛沾着鸡血，贴在龙树前的石板上，然后把猪（羊）、鸡洗净，把猪头砍下，猪尾巴割断放于猪嘴里含着，与猪肝、猪心及一对公鸡等一起煮熟作为祭品。煮熟后，把酒、肉、饭及一升包谷摆好，开始烧香、烧血钱纸。

这时，白摩先生翻转一顶篾帽，用熟鸡蛋放在帽檐，跑着念经，叩头三下，不规则地将篾帽交给其他人。

祭祀后的祭品，大家煮熟会餐一顿，剩下的分给各人带回家。

散会之前，选好三个新会首，筹备明年祭山事宜，剩下的钱当面交给新会首，到腊月间扫火星用。那升包谷则送给白摩先生。

［杨光勋：《威宁红岩乡布依族习俗》，载贵州省志民族志编
委会编《民族志资料汇编》第六集（布依族），第 111—112
页，1988 年（内部）印］

三月三，这是布依族的传统节日，兴仁的长青、马路河、屯脚等地一带都过此节。这个节日主祭"山神"、"社神"，为的是使来年庄稼不受自然灾害。人们通过这种形式以达到"求神保平安"的目的。

当地王、杨、贺、曹等姓氏有这样的传说：很久以前，三月初三这一天寨中青年人，进深山砍柴，到了森林里，忽然看见很多猛虎和大蛇，迎着他们扑来，青年们被吓得目瞪口呆，不知如何是好。老虎开口说话："小伙子们，你们到我山林中来了，我要把你们吃掉，你们有话快说。"其中有一青年立即求情道："山神老爷，求你们不要吃掉我们，我们打到柴后，要拿回家煮饭给老父老母。你们把我们吃了，我们的老父老母怎么办？望山神老爷放我们回去，我们叫寨子的群众备办好吃的东西来给你们。"老虎们听到青年人们叫它们为"山神"，高兴极了，又盼望寨子的群众回去办好吃的东西，也就放过了他们。青年人们返回寨子后，把此事一一告诉了老人们。寨老们商量了办法，决定送牛去给虎、蛇们吃，但怎么送去呢？去的人少了，又害怕。最后决定，全寨男子全部出发，把牛送到山上去杀了请"山神老爷们"来食用。老虎和蟒蛇们果然来了，但它们吃完后又说："你们以后还要送吃的来。"众人道："照办就是了。"老虎和蟒蛇们吃完后归山去了，以后人们进山再也没有受到猛兽的威胁。所以，每年三月初三这一天，寨中人都要杀牛祭山。有的又分别用三月的第一个寅日（虎日）或巳日（蛇日）举行祭供仪式。这就是当地"祭山"的来历。相传，从每年三月三祭山以后，连年风调雨顺，人畜安全，庄稼也很少遭到害虫的危害了。"祭山"后的三天内，人们不动山上的一草一木，以感谢"山神"、"社神"保佑生灵之恩，世代相传，三月三就成了布依族固定下来的一个传统节日。以后，每逢三月三，由寨中"值年官"负责向各户收取祭山钱，筹集经费，预先买好牛等祭品，到时全寨一同祭山。祭山时禁止生人进山进寨。

六月六是布依族的又一个重要传统节日，（兴仁一带布依族）有些村寨要集中到附近山上杀猪或杀牛祭山神和社神，做法与三月三同。

杀牛或杀猪祭山神的村寨，每户要带一小块肉回家与鸡肉等一同祭供祖宗。

[王开吉：《兴仁县布依族调查》，载贵州省志民族志编委会编《民族志资料汇编》第六集（布依族），第14—15页，1988年（内部）印]

“三月三”是布依族的传统节日，北盘江畔的布依族欢度这个节日时，举行的祭仪都基本相同。都是通过扫寨赶鬼、祭山神、社神、“躲山”等形式来达到“寨子平安，五谷丰登”的目的。……

“三月三”的来历，各地传说不一。……在贞丰、安龙一带有这样的民间传说：古时候，有一年农历三月初三这天，山王神出生了，随着，他就把各种蚊蝇、蝗虫、蚂蚱等害虫放了出来，因而庄稼受害，人和各种牲畜都被害虫叮咬，患病身亡。所以后来每到农历三月初三日，都要“扫寨赶鬼”、祭山神、社神。

[贵州省贞丰县民族事务委员会编，王兴赋、王荣胜、韦国英编撰：《北盘江畔布依人》，第112页，1985年（内部）印]

平塘上莫乡的“上硐煤山”猎人捕获虎豹以后，不能直接抬进家，要先在院坝里摆酒、插香米、备饭等敬供山神，然后才能剥皮。

……

“中硐煤山”的猎人在猎获野猪后，也只能放在院坝里，不能抬进家，烧好开水拿到院子里脱猪毛，然后先割下猪头敬供山神。

敬山神的仪式是：在院坝里摆上八仙桌，用升子装上大米放在桌上，升内插香三炷和“中硐煤山”牌位，称为“插香米”。还要放上酒碗四个，饭碗一个，钱纸三至五张，猎枪也放在供桌上。仪式由猎人首领主持，把野猪头放在供桌中央，又夹一颗小红火子（炭火）放在野猪头上，意思是山神吃生的。猎人首领的念词是：“火塘土地、朝门土地、当门土地、前五里土地、后五里土地、五五二十五里土地、中硐煤山、追山大王、赤脚大仙、追山童子，请你们吃野猪头。你们吃生的，我就交生的。今后你们还要保佑打得新的猎物，永远保佑。”然后烧化钱纸和牌位，把桌上的酒碗全部倒在地上。至此仪式结束，猎人们收拾桌子，把野猪肉抬进家去。

有趣的是，在敬山神的仪式中，猎人首领除了叫山神土地的名字外，还要叫已经死去了的先辈猎人首领的名字，叫他们也来享受猎获的野物，表示猎人对先辈的崇敬之情。

……

“中硐煤山”猎人的首领猎人，在每年的正月初一，都要用一只公鸡敬供山神，请山神保佑在新的一年里获得更大的收获。供山神念词与一般情况相同。但公鸡不拔毛，敬供时用火子（炭火）把鸡烧出气味，表示神已经领受。

［伍文义：《上莫乡布依族古代狩猎调查报告》，载贵州省志民族志编委会编《民族志资料汇编》第一集（布依族），第48、49、50、51页，1985年（内部）印］

2. 石神崇拜

一些硕大或形状奇特的石头，布依族人们都认为它们有神，布依语称"xeaxrinl"。花溪竹林寨上有一巨石，石上有一铁磬，传说这块巨石是天上掉下来的，它可保佑全寨平安。人们向它祭拜，可获得石神赐福。竹林寨的背后有一溶洞，人们也认为洞中石壁有神，叫"石公"、"石婆"，将小孩拜寄给石神，可保佑小孩长命、平安。所以不少人家都带小孩去寄拜，并用墨汁墨水书写或用凿子刻字在石壁上以记其事，拜帖迄今已有一百多条。贞丰兴北镇岜浩村背后田中有一块巨石，被认为有神，可保佑小孩平安长寿，人称"石保爷"。农历正月十五和七月十五，当地的孩子们都要提着香、纸、酒肉等祭品前往祭供，祈求保佑。在这块巨石上有一水坑，蓄水常年不干，据说此水可以治疗眼疾和耳疾，患者在神石前焚香化纸祷告后将水取回家，涂于患处，据说会痊愈。

［周国茂：《摩教与摩文化》，第68页，贵州人民出版社1995年版］

布依族人民常把村寨边的怪石视为有神灵依附从而加以崇拜、祭祀。布依族人认为，石神能保佑小孩平安，便把小孩拜托给怪石，称之为"保爷"、"谊父"。每在大小节日，特别是春节、正月十五、七月半和八月十五以及小孩生病的时候，都要带上祭品到怪石旁祭祀，并招小孩魂魄回家。

［黄福建：《黔西南布依族的原始宗教》，载黔西南州布依学会编《黔西南布依学会研究》第一集，第297页，2002年（内部）印］

（在贵阳市花溪区）竹林寨东边左后侧1公里处，有一片良田，名叫落水冲。这片田坝，三面环山，北高南低，平缓而下，宽阔肥沃，旱涝保收，是竹林寨盛产大米之处。在田坝的北端，有几口枯井，若天下大雨，则可冒出黄缸粗细的大水，连淌数天乃至半月。中部有一股较大的清泉水，天干三年也不断水，潺潺流出，灌溉着这片百亩良田。在枯井的一侧，有一座美丽壮观的青石岩小坡，名叫"姜太公"。田坝中部靠西边山脚，有像竹笋或塔状的大小石岩18座，名叫"鲤鱼"。这里有山、有水、有千姿百态的岩石，合称为"太公钓鱼岩"。田坝南端的那座石岩十分奇特，它坐落在柳山脚下，高大魁伟，形如一只大狮子。岩脚有一个长方形的溶洞，远处看去，像一座礼堂的舞台。溶洞宽 6.9 米，高 3 米，深 3.6 米。竹林布依人称之为"鸭棚地"。古时候，由于经济和医药卫生不发达，这里的布依人，生活贫困，疾病缠身，病魔夺去了许多人的生命。特别是刚出生不久的婴儿及年幼的小孩，身体娇嫩，无法抵御各种疾病的侵袭。人们找不到真正的原因，认为这是天地神灵所致，必须找一个依托作为保护，才能抵御各种疾病。于是，有不少的人家，便找到了这个溶洞作为保全安康的精神支柱，俗话称为"找保爷"。

溶洞里，在清朝的道光年间，就有人在其石壁上写下了许多文字，拜岩公公、岩婆婆为"保爷"，请他们保佑婴幼儿健康平安，长命百岁。据实地察看，从清朝嘉庆、道光、咸丰、同治、光绪、民国年间到（20 世纪）70 年代，皆有人在这个洞内写下了不少的"拜请保佑帖"。

拜请的人一般都用黑墨或大红墨水书写，也有用錾子在岩石上凿字的。这些"保帖"共有上百处之多。现抄录 4 条于下：

①"嘉庆九年（1804 年）六月二十二日记名，岩公、岩母保名永长命，万代富贵。二十二日，吉时。"

②"道光三年（1823 年）七月初一日，记名陈氏班母，生长男。壬午年（道光二年，即 1822 年）戊申月丙寅日戊寅时记名。石公、石婆，永保长命，万古千年，保佑通世富贵。七月初一日立。"此外明显指出是第一个孩子周岁时去拜请的。

③"宣统三年（1911 年）十二月三十二日，班如珍同王氏所生长男，辛亥年庚子月丙辰日乙亥时记名，石公、石母、岩棚保佑长命富贵，万保千秋。冬月初八日记。"

④额题为"寿比南山"，此 4 字较大，正文为"民国十七年（1928 年）六月，谨择吉旦拜请石公、石母。兹有班罗氏所生第二子，生于丙寅年（民国十五年，即 1926 年）十月初七日寅时。指示特来拜记石公、石母，在座前请照名保。班国祥均获神恩，且保长寿，永保平安，沾恩不浅。罗。"

这种将婴幼儿"拜记"石公、石母的习俗，时至今日仍有人信仰。当然不是所有的婴幼儿都要"拜记"给石公、石母，大多是当小孩生了病时，才将小孩的"八字"（出生年月日时）拿去请先生掐算（注：先生，布依语称"纳摩"、"布摩"，意为大师，95％的"纳摩"都有文化），若算出此孩应该"拜记"石公石母（有的需"拜记"人、树或桥等等），再选择吉日前往祭拜。

祭拜溶洞的仪式，先将杯、筷、酒、肉等摆在地上，燃香点烛，斟酒倒茶，再磨墨把字写在溶洞石壁上。字写完后，杀鸡，将鸡血转滴于洞内，焚烧钱纸，将小孩戴的帽子在钱纸之火焰上绕两下，口念祈求保佑之语，倾酒、茶各一杯于洞内。最后先生及同去的家长在溶洞内共同饮酒数杯而回。

［班光瑶、孙定朝、赵焜：《贵阳市花溪区新民乡竹林村调查》，载贵州省志民族志编委会编《民族志资料汇编》第六集（布依族），第 246—248 页，1988 年（内部）印］

"护寨神"——石人、石马、石鞍。（贵阳市花溪区）竹林寨的石人、石马、石鞍，坐落在寨脚南面。其实这是天然岩层隆起而形成的一种怪石现象，这在贵州喀斯特地质结构地区是常见的，但处于人烟稠密的村寨中还是少有。它们分别犹如人、马、鞍的样子，互相间隔数百米。竹林人民认为它们是上天遣下凡界的3块"神石"，天长日久，经过日晒雨淋，与人同伍，已经成神、成仙、成佛。当地人们认为，托石人、石马和石鞍的福，有了它们的存在，寨中辈辈出人才，人畜得以平安兴旺。实则把它们当成了"护寨神"。

竹林寨的石人，位于寨脚泉井下游的大荷花池中。池底平坦，唯有一座小岩，在池底自然突起，高大像人。石高1.54米，有50厘米潜入水中，露出水面约104厘米，肩宽40厘米。据现今90岁高龄的班文友老人说，在他还是幼年时候的清朝，这石人是有脑壳的。记得有一年，小偷特别猖狂。一天夜里，有一个小偷，摸进井边堰的一家人家，偷走腊肉和糍粑。主人家发现后，立即追赶出来。那时，石人附近为一片草坪，小偷跑到石人背后躲避，主人即用大石头甩砸过去。小偷没砸着，反而把石人的脑壳给砸断了，当即掉在草坪上。从那以后，石人就无脑壳了，身躯却一直存在至今。

离泉井不远有一草坪，有3块怪异岩石从草坪上突起，形如3匹骏马，自北向南，排成一个纵队，奔向石人。每匹马高约2米，长约4米，形象逼真，栩栩如生，势如向石人处跳跃。清朝末年，竹林寨中堰班文锦为了要把这块草坪开挖成田，他请来石匠，打凿炮眼，准备用火药炸掉，但打完炮眼以后，装上火药，几次点炮都点不燃。当时有一个巫师指点说，这里有鬼神、邪恶，所以点炮不响。石匠问怎么办，巫师说，装完火药，放一点银子和几颗大米在炮眼里就能点爆炸了，因为银子和大米都是能驱鬼除邪的。石匠照此去做，果然把炮点炸了。他们放了数十炮，才把石马炸碎。炸平以后，他们把炸碎的石头，扛到左右和前面安砌田坎。据传当时有人在炸平后去看那些石缝，石缝中冒出了许多淡淡的红色液体，认为是血，证明这3匹石马确实已经成佛、成仙了。第二年，全寨人、畜大遇瘟疫，死牛若干，人病不停，甚至死亡。全寨人认为这是仙马遇难，才使全寨人、畜不得安宁。许多人一面埋怨班文锦，一面纷纷到原石马处烧香磕头，祈求神灵保佑，免去灾祸。现在的班呈乃家住房右侧，是一石马原在之处。20世纪四五十年代，笔者亦亲眼看见有人到这里烧香作揖，祈求神灵保佑平安。

石鞍位于竹林寨前面一华里处的高笋塘下游，石鞍距离石人、石马约300米远。洪水季节，流水淹没河底时看不见。枯水季节，石鞍露出水面，看得一清二楚，是一块形似马鞍的页岩。那页岩说来也怪，稍稍隆起，形如马鞍，至今仍存。石鞍长3.6米，宽1.65米，拱度约60厘米。传说因为这石鞍离石人、石马太远，所以竹林寨虽出人才，但为数不多，是其原因之一。这虽然是一些传说，但也说明了古人的思想观念。自古以来，竹林寨的人们都很爱护石人、石马和石鞍。有人还写了一首打油诗曰："石人石马笑颜开，牵到石塘去配鞍；石鞍架在马背上，竹林贤人多增添。"

[班光瑶、孙定朝、赵焜：《贵阳市花溪区新民乡竹林村调查》，载贵州省志民族志编委会编《民族志资料汇编》第六集（布依族），第248页，1988年（内部）印]

第四节　水火崇拜

1. 祭水口神及田神

在布依族的信仰观念中，认为稻田的进、出水口处有神灵，布依语称为"xeax-daangxnaz"，此神主要负责保护田水不干，肥水不外流，以保证粮食丰收。农历的每年"六月六"节，家家户户都要到田边水口处杀鸡祭供水口神，并在田中插三角纸旗，以驱虫害。因为水旱情况如何，直接关系到庄稼的丰歉，所以人们格外重视水口，这是很自然的。实际上，水口神也相当于田神。

[周国茂：《摩教与摩文化》，第 65 页，贵州人民出版社 1995
年版]

在布依族的很多地方，每年"开秧门"（插秧的第一天）时，都要由主家带上酒、肉、纸钱等祭品，选择在一块大田的进、出水口处为祭祀点，燃香化纸，祈求水神保佑稻田肥水不断，不遭水灾。也有的地方称之为"田神"或"水神"。

[周国茂主编：《中国民俗大系·贵州民俗》，第 294 页，甘
肃人民出版社 2004 年版]

乾隆《贵州通志》云："仲家、补纳、补依皆以五月第·寅日（虎日），杀狗祭寨，名曰'祭水口'。六月六日为大年，十二月除夕为小年。在过去自称'夷'或称'水家'……"这段史料说的是布依族的节日情况，文中第一次提到了"补纳"一名。

[伍长胜：《布依族古今名称及其使用范围析考》，载《布依
学研究》第一集，第 40 页，贵州民族出版社 1989 年版]

（望谟县乐康乡一带）水神，布依语称为"斜儿嚷"。在小孩子常落水的河岸边，找一块较平的石台，上面放置一块大石头，即为"斜儿嚷"，认为它可保佑小孩。

[赵崇南：《望谟县东康乡布依族生活习俗调查》，载贵州省
民族研究学会、贵州省民族研究所编《贵州民族调查》之
四，第 269 页，1986 年（内部）印]

2. 取"聪明水"（或称"新水"、"新年水"、"勤水"等）

三十晚上合家吃过年饭后，围火塘"守岁"。天微明时，姑娘们争相到河边、井边

挑新水，意为"聪明水"，以求吉祥。

［唐合亮：《惠水羡塘乡布依族调查》，载贵州省志民族志编
委会编《民族志资料汇编》第六集（布依族），第85—86
页，1988年（内部）印］

春节初一凌晨"敬井神"，每位妇女带肉一盘、小型清明纸一吊、香三炷及纸钱三张，到井边敬供井神，然后挑水回家，名曰"挑聪明水"。人们认为能抢到第一挑水者最为能干。

［伍文义：《水城特区猴场、红岩民族乡布依族婚俗与节日礼
仪调查报告》，载贵州省民族研究所、贵州省民族研究学会
编《贵州民族调查》之五，第357页，1988年（内部）印］

布依族过春节时，初一清晨挑"聪明水"。晨曦未现之前，男女青少年争先恐后到井边去挑水，祈求"井神"给予聪明智慧，认为能挑第一者运气最好。

［唐合亮：《独山县布依族文化特点调查》，载贵州省民族研
究所、贵州省民族研究学会编《贵州民族调查》之八，第
158页，1990年（内部）印］

除夕，每家每户都备有丰盛的酒菜祭祖，而后全家欢聚吃年饭。正月初一清晨，姑娘们争先去挑"新年水"（也称"聪明水"）。据说谁先挑到第一担水，那她在这一年中就会事事顺心、全家平安。

［辛丽平：《惠水县布依族生活习俗文化变迁调查》，载贵州
省民族研究所、贵州省民族研究学会编《贵州民族调查》卷
二十，第274页，2002年（内部）印］

（除夕）班、王等姓还有陪祖宗坐夜守到天明的习俗。雄鸡开叫，青少年不分男女，争着到水井挑第一挑聪明水。彻夜鞭炮不断，热闹非凡。

［吴顺轩：《紫云县布依族社会调查》，载贵州省志民族志编
委会编《民族志资料汇编》第一集（布依族），第45页，
1986年（内部）印］

交更鸡鸣第一声，青年妇女要去挑"新年水"，常有用新年水同往年水作重量比较的习惯，然后说："今年的水要好一点"（以求吉利）。

［王开吉：《兴仁县布依族调查》，载贵州省志民族志编委会
编《民族志资料汇编》第六集（布依族），第13页，1988年
（内部）印］

大年初一凌晨要挑新水和牵石牛。挑新水即鸡叫就早起去挑井水，带上香和纸钱去敬井神，乞求它保护井水常流，水美清凉，煮饭粒大如槌。

[王芳礼：《布依族村寨革老坟调查》，载贵州省志民族志编委会编《民族志资料汇编》第六集（布依族），第 61 页，1988 年（内部）印]

正月初一抢新水：在腊月三十夜晚，布依族人民吃过年饭后，一夜火烛辉煌，一家老小，围坐在火塘边守夜，有些坐到鸡叫之后才睡。自古传说：这天晚上祖先刚回来过年，全家后生要陪同祖先坐一夜，过了这几天年节后，祖先又要回去。因此，各家守夜到鸡叫。鸡叫后，每家由一男人挑起水桶，手拿 3 炷香、3 张钱纸，点着灯笼火把去到井边，先烧香纸，再从井里舀水挑回家，然后，将做好的肉、饭、酒摆好，祭祀祖先。传说正月初一早上，祖先们要赶早上山去打仗，所以这顿饭要吃早。

[杨光勋：《威宁红岩乡布依族习俗》，载贵州省志民族志编委会编《民族志资料汇编》第六集（布依族），第 105—106 页，1988 年（内部）印]

腊月三十那天，家家户户要把水缸挑满，至少够用三五天。新年初三、初四，清早带着钱纸和香烛，挑着水桶，到竹林寨脚土地庙及龙王神树前燃香点烛，表示向龙王菩萨买水，再到井边挑水回家。

[班光瑶、孙定朝、赵焜：《贵阳市花溪区新民乡竹林村调查》，载贵州省志民族志编委会编《民族志资料汇编》第六集（布依族），第 147 页，1988 年（内部）印]

大年初一，各家的姑娘或媳妇们，在雄鸡报晓时便争先恐后地起床挑水，人们认为谁先挑到新年之水，谁在新年就会最为遂顺，办事易成。姑娘媳妇们到井边或河边后，便点香、烧纸钱敬天地龙脉，并用手掬三口凉水喝，同时念道："喝三口就乖，尝三口就伶，吃三口来润喉咙。"祝愿自己在新的一年里聪明伶俐，能歌善舞。

[覃东平：《独山县麻尾区布依族来源及节日婚姻丧葬习俗调查》，载贵州省民族研究所、贵州省民族研究学会编《贵州民族调查》之九，第 60 页，1992 年（内部）印]

初一早上，鸡叫两遍时，姑娘们要出门担水。在井边点三炷香，烧钱纸。

[赵崇南：《望谟县乐康乡布依族生活习俗调查》，载贵州省民族研究所、贵州省民族研究学会编《贵州民族调查》之四，第 264 页，1986 年（内部）印]

3. 祭河神

祭河神是布依族超度非正常死亡者亡灵所举行的一种仪式。旧时，在河边设一祭坛，由布摩念经祭之。此俗源于布依族摩经《招魂经》所载：相传，布依族首领"翁"的前妻为鱼所变，而"翁"之子不听劝告，犯忌捕鱼、食鱼，其母愤而回到河中。祭祀河神，旨在祈求祖母保佑后裔，控制江水，让大地风调雨顺。

［周国茂主编：《中国民俗大系·贵州民俗》，第 294 页，甘肃人民出版社 2004 年版］

4. 火神崇拜及扫火星

先民们发现，在野外燃起大火，野兽就不敢接近。于是他们认为，火可以驱邪。布依族迎亲仪式上有这样一个细节：新娘来到夫家门口，不能立即就跨进门，而要在门口停留片刻，等布摩举行"回车马"仪式后，才能进门。大门的门槛上要放着马鞍，门槛下点着一盏灯，新娘必须从马鞍和灯火上跨过去。据说从前是在门槛下燃一小堆火。火起着驱邪的作用。兴义一带布依族的"火箭节"也有以火驱邪的含意。

火神在给人们带来福祉的同时，一旦发怒也会给人们带来刻骨铭心的灾难。特别是定居的农业民族，火灾带来的损失就更为惨重。火灾意味着他们多年的心血将在顷刻间化为乌有，意味着他们今后将流离失所，意味着他们将面临衣食无着的境地。因此，防范火灾，成了先民们宗教活动的重要内容。最初，先民们没有区分出火神的善恶两种神格，随着思维能力的发展，先民们逐步把火神区分为善恶两种，把给人们带来温暖、光明、健康的火神视为善神，而把给人们带来灾难的火神视为恶神、邪神、灾星，布依族称之为"火星"。善的火神，被物化为灶、火塘、三脚架等，现在这些东西有的还保留有一些敬重的禁忌，且有的还有祭祀活动，如祭灶等。也许是对火灾刻骨铭心的恐惧，所以布依族大多数地方都有"扫（驱赶）火星"的大型仪式活动。如"三月三"的"扫寨"仪式中，内容之一就是扫火星神。仪式中布摩逐户扫除"火星"，通过掷卦判断每户的"火星"是否已"扫"出，如果未"扫"出，就得重做，一直到"扫"除为止。

［周国茂主编：《中国民俗大系·贵州民俗》，第 294 页，甘肃人民出版社 2004 年版］

扫火星是布依族摩教的主要仪式之一，大多数地方一般每年都要在正月中旬举行一次"扫火星"的活动，各地的内容和形式都大同小异。

在贵阳花溪一带，"扫火星"也称为"谢土"或"谢寨土"。每到正月中旬即选出专人向全寨各户筹集举行"扫火星"仪式的活动费用，并备齐所有祭品。届时，先到土地庙举行"谢寨土"仪式，在庙前放一张小桌，桌上置祭品及仪式所需各种物品。备好一条长 2 米、宽 1.2 米的芦苇"龙船"，一只用草扎的长约 1 米、直径约 10 厘米外糊白纸的"黄鼠狼"，一把大马刀和一大束冬青树叶。由布摩主持祭祀完毕后，即收拾好庙前的所有器具，随后，布摩手提雄鸡，其帮手一人提着大马刀，一人牵拖着"黄鼠狼"，一人手握冬青树叶，两人抬着芦苇所扎的"龙船"，锣鼓队敲锣打鼓，浩浩荡荡向寨子中各家各户走去。这天，各户须事先备好三炷香和三张纸钱，插于自家大门口左侧或右侧的柱子上，再用一只破碗装上灰置于门口一侧。当"龙船"来到人户的院子里时，即调转龙头向外放下，收走放于门外的香、纸、灰等物放入"龙船"里，再由布摩手提雄鸡走到大门前高举并挥动一下，同时高声念诵扫火星词："东头对西头，正屋梁上走，水星来捉瘟，把住大门口。一扫天火归天界，二扫地火归灶普，三扫日火归灶炉……一扫东方甲乙木，火星出！二扫南方丙丁火，火星出！三扫西方庚辛金，火星出！四扫北方壬癸水，火星出！五扫中央戊己土，火星出！……"念毕，手握冬青者、牵"黄鼠狼"者和提大刀者一同气势汹汹地进入主家堂屋之中驱赶"火星"。户主用葵花秆点着火，在堂屋中烧燃几张纸钱，此时手握冬青树叶者迅速将火扑灭，并且口中还念念有词："天火地火出！年火月火出！日火时火出！飞火野火出！火烟火怪出！"牵"黄鼠狼"在堂屋中转上一圈，提刀者举刀在堂屋中作欲砍之势走动，表示一齐驱赶"火星"。待三人一走出大门，主人即将已准备好的一碗清水同时泼出门外，然后关上大门。扫完全寨各户后，便将"龙船"抬至河边，杀鸡鸣炮，点燃"龙船"。当"龙船"烧得正旺时，将其抛入河中，表示已将"火星"瘟神送入河中，顺流入海不再回头。人们相信如此后，全寨就会在一年中免遭火患。

［班光瑶、孙定朝、赵焜：《贵阳市花溪区新民乡竹林村调查》，载贵州省志民族志编委会编《民族志资料汇编》第六集（布依族），第 148—149 页，1988 年（内部）印］

在大多数布依族地区，如果寨上发生火灾或偶见流星出现，即认为是火星神作祟，此时必须举行扫火星活动。仪式由布摩主持。是时，布摩身披法衣，左手执牛角拐杖，右手拿一个铜铃，口中念念有词，时不时举起铜铃摇响。布摩身后跟着一群弟子，各司其职，吹号的吹号，打鼓的打鼓，与布摩的铜铃声互相呼应。每过一家，布摩便将主人家预先放在门前的一碗水向屋顶上洒去，同时在其门上插上一棵芭茅草。走完全寨各户，到远离寨子的一个偏僻处，生火架锅，把带去的鸡、狗同时宰杀，煮光吃光，一律不得带走。最后，布摩用茅草编成草绳若干条，绳上插着许多画有条纹的木质长剑，在供祭完毕后，将长剑分别插在通往村寨的每条路口，草绳横挂路上，祈望以此阻挡火星神进入村寨。

［周国茂主编：《中国民俗大系·贵州民俗》，第 310 页，甘肃人民出版社 2004 年版］

布依族居住集中，一旦失火，往往酿成大的灾害。过去，人们认为发生火灾是因为得罪了"火星神"。如果在夜晚发现流星"落"到哪个寨子，或是黄牛进到堂屋中，或是狗爬到灶上或屋顶上等等，都认为是火星神降临的预兆。此时，全寨就要集资购买猪、鸡、香、烛、钱纸等，在田坝中请布摩祭祀火星神，称为"送火星"。

［安龙县民族事务委员会编：《安龙县民族志》，第38页，
1989年（内部）印］

5. 祭灶

灶神，布依语称为"baaussaaus"。布依族的人们认为，灶是家中具有神灵的神圣之物，平时不得随意用筷子、锅铲或其他物件敲击锅或灶，更不能撞伤和亵渎，否则会让灶神生气，他会上天去向玉皇大帝报告，给主人带来灾难。传说，灶神主要负责对主家的一切行为进行监督，平时把主家的过失都记在家中的墙壁、柱头、木板等上面。农历腊月二十三的晚上，天门开放，天上的玉皇大帝在这个时候都要招回凡间所有灶神，让它们上天向天神报告主家一年来的功过善恶。所以，布依族人家在腊月二十三的白天，都要进行一次"扫阳尘"活动，这是一次年末准备"迎新年"的大扫除活动，其目的主要就是要赶在灶神被玉皇大帝招回之前把它记在家中的主家过失赶快消除干净，使其没有证据，无法向天神报告主家的过失。

平常祭灶神的时间一般在农历腊月二十三日深夜十一点左右进行，无论是什么灶，首先都要先将灶里的火拆掉，再将里里外外收拾干净。祭祀时，燃香点烛，泡鲜茶一杯，摆素糖点心一碗即可。……传说，从前，竹林寨子有一家人，平时家庭和睦，互敬互爱，日子过得顺顺当当。有一天，儿媳正在灶头上的铁锅里洗搓筷子时，她的丈夫不知为何惹她生气了，于是她用筷子敲击锅底，发泄怨气。这下可就招来祸事了。灶神生了气，腊月二十三上天向玉皇大帝报告说："我监视的那家人，样样都好，十分善良勤劳，就是那媳妇脾气太怪，用筷子头敲击我的老壳，实在受不了。"玉皇大帝说："这好办，你转下凡去，叫她落点小难，她自然就乖了。"第二年，这妇人不知得了什么病，两个月才好。从那以后，竹林布依人洗碗洗筷时只能轻洗轻放，再也不敢重手重脚了。

［班光瑶、孙定朝、赵焜：《贵阳市花溪区新民乡竹林村调
查》，载贵州省志民族志编委会编《民族志资料汇编》第六
集（布依族），第145页，1988年（内部）印］

但在平时如有犯忌，不小心冲撞了灶神，就认为会给主家带来灾难，此时必须择日杀鸡祭灶，其形式与平常祭灶全然不同。此时祭祀灶神时，在堂屋中的神龛下叠放两张四方桌，上摆三碗米，三杯酒，三块牌位插在米中；中间摆一碗米，一杯酒，一块牌位插在米中。此外还在灶口前也摆放一张四方桌，上摆一碗米，一杯酒，一块牌位插在米中。摆毕，布摩焚香化纸，再抓两把玉米放在桌面上，然后念诵《请神经》。其弟子通通坐在灶门口，围成半圆形，此起彼落地念诵《灶王经》。其大意是祈求灶公灶母、灶子灶孙驱邪逐鬼，保佑病人早日康复；同时保佑家人"贼盗不起，祸患不侵，男安女泰，四季康宁"。每念完一遍就抓起一粒玉米在手心，翻来覆去地念诵，直到手里装满玉米为止。其主要内容是祈求灶神原谅主家的过失，还给主家健康与安宁。

［周国茂主编：《中国民俗大系·贵州民俗》，第296—297页，甘肃人民出版社2004年版］

第五节　　天地崇拜

1. 天神崇拜

信奉天神，认为神仙住在天上，凡人一举一动都在天神眼里，好事坏事，好人坏人，好心坏心，人不见天见，人不报天报。天神是最公正的判官，裁者。所以，人们认为，说不清的纠纷对天起誓，受了屈对天喊冤，被诬陷时对天赌咒，天神会惩恶扬善。

［吴顺轩：《紫云县布依族调查》，载贵州省志民族志编委会编《民族志资料汇编》第一集（布依族），第46—47页，1986年（内部）印］

天神，布依语称为"duezsianl"。据说，天神知晓宇宙万物的一切，注视着人类的一言一行、一举一动，代表公正和良心，对人的言行进行监督和裁决，并给以相应的报赏和惩罚。并且天神还掌管着大地上的阴晴雨雪等事务。若久旱不雨或久雨不晴，人们可以对天神进行责骂。在日常生活中，对天神的祭祀没有固定的时间和地点，只在求雨等仪式中，包含有对天神的祈祷内容。

［周国茂：《摩教与摩文化》，第64页，贵州人民出版社1995年版］

贞丰一带的布依族，在（农历）六月逢六的任何一天（即六月初六、十六、二十六均可），带着香、纸和白纸剪的纸马一匹和一只开叫了的小公鸡，到田边祭"田神"，兼祭"山神"、"天王神"。

［黄义仁、韦廉舟编撰：《布依族民俗志》第108页，贵州人民出版社1985年版］

2. 日月崇拜

对于太阳和月亮，布依族人也认为其有神，但没有专门的大型的祭祀仪式活动，只保留了一些古老的信仰和崇拜行为。例如，不能用手乱指太阳，显然是对太阳神的恐惧。又如，与汉族对月亮的认识相似，布依族人也认为月亮里有某种动植物。较普遍的说法是里面有一棵桫椤树，一个人在砍树。由于这棵桫椤树也是神物，砍下去斧子刚一离开，创口马上就长合拢了，所以这个人一直在砍，成千上万年，总砍不倒。

　　出现日食或月食时，人们认为是太阳或月亮被蛤蟆吃了。凡出现日食或月食，均被认为是凶兆，人们便纷纷敲锣击鼓，朝天鸣枪，敲簸箕，捶板壁……凡是能弄出声音的都弄出声音来，企图将这吞噬太阳或月亮的怪物轰走。

> ［周国茂：《自然与生命的意义世界——贵州少数民族原始崇
> 拜与民俗》，第82页，贵州教育出版社2004年版］

3. 土地崇拜

　　（紫云一带布依族）信奉地神。地神以土地菩萨为代表。土地菩萨布依族称"寨主"，每个寨子都有土地庙。重大节日如春节等，家家早晚都要拿刀头酒礼去土地庙供祭，以求"寨主保一家、一寨平安"。出门经商，合伙办事要当着土地爷盟誓，必要时吃生鸡血酒，认为经此仪式后，谁起了歹心，土地爷会给"报应"。

> ［吴顺轩：《紫云县布依族调查》，载贵州省志民族志编委会
> 编《民族志资料汇编》第一集（布依族），第47页，1986年
> （内部）印］

　　（都匀富溪等地一带）布依族人家神龛正中贴上"某氏宗亲神位"……神龛下面安置土地神位，一般为"镇宅土主神位"等，两旁写"土中生白玉，地内发千祥"、"土能生万物，地可发千祥"等联语。（一般祭祖时一同祭祀。）

> ［黄义仁、黄生科：《都匀富溪村民族调查》，载贵州省志民
> 族志编委会编《民族志资料汇编》第六集（布依族），第38
> 页，1988年（内部）印］

　　（安龙等地一带）一些布依族村寨前（或附近），有用石板、石条建成的土地庙，内供用石雕或泥塑的土地菩萨。每年农历正月十五和七月十五日，由寨内每户轮流或公推一人前往祭祀一次。

> ［安龙县民族事务委员会编：《安龙县民族志》，第38页，
> 1989年（内部）印］

　　（贵阳乌当等地一带）每年三月初三日，人们祭祀土地神。每一村寨都建立有土地庙。土地庙建于寨子的中间或高于村寨的山坡上，庙内立一石头为神。祭祀时用公鸡或猪头及酒、饭等，燃香化纸……

"六月六",敬祭土地神,方法与"三月三"同。

[雷广正、杨昌文:《贵阳乌当区羊场乡黄连村布依族社会调查》,载贵州省志民族志编委会编《民族志资料汇编》第六集(布依族),第50—51页,1988年(内部)印]

贵州各民族村落中,最为普遍的是土地神崇拜(有的布依族称为社神)。每个村寨(往往是村口,有的设在大树脚)均建有土地庙……在一些布依族地区,每年农历正月十五和七月十五,由寨内公推一人或每家轮流祭祀一次。供品为刀头(正方形肥猪肉)、煎鸡蛋、米酒、香纸等。目的是祈求豺狼不要伤害人畜(土地神管豺狼)。

[周国茂主编:《中国民俗大系·贵州民俗》,第73页,甘肃人民出版社2004年版]

"鲍更嫡"是镇宁一带布依族信仰的一种神灵,从其功能来看,似应为寨神和土地神,是一种执掌地域性事务的社会神。这种神性是布依族古代社会政治管理的折光反射。在第三土语区,一般是在寨中某棵古树下建一小石房,石房内以两块近似靠椅或人形的石头立于其中代表神灵偶像。其表现形式与汉族的社神相似,但鲍更嫡似乎不属于人鬼系统,而是由自然崇拜演化而来,是一种抽象理念的人格化。

在镇宁一带,鲍更嫡的功能主要有这样一些:

1. 代表神界对本寨进行监护。据说,新媳妇必须从其面前经过去拜堂,才证明已加入本寨寨籍,往后才能得到神通过鲍更嫡转赐的恩典;死者灵柩必须从其面前抬出寨,才能让鲍更嫡注销寨籍,其灵魂才能回到"拜"、"仙"界,和祖先们的灵魂居住在一起;虎豹豺狼如没有得到鲍更嫡的允许,不敢擅自出入寨中,各种病魔灾疫也会被鲍更嫡挡在寨外。

2. 转赐神赐给人的恩典,转告人对神的要求。例如,每年大年正月初一早上,人们都拿着香、纸,燃化于鲍更嫡前,然后从其身旁牵走象征牛、马、猪、羊等家畜家禽之魂的石块,回家拴于圈门,表示买来了畜禽之种;每年全寨性的大型活动,人们都要请鲍更嫡作为"公证人"起誓遵守各种乡规民约,如违犯,鲍更嫡可以代表神进行惩处;每遇庄稼受灾,人们也要祈求鲍更嫡向神转告民众的请求,派专神来给民众消灾除害。

[周国茂:《摩教与摩文化》,第64页,贵州人民出版社1995年版]

布依族的"谢土"宗教祭仪,主要是谢土地神,凡是住户的屋基(包括猪圈等),都认为有土地神。它时刻都在保佑人畜平安,家运顺利。不管人畜有病无病,每年都要在春节或春节后,未动土之前,家家户户都要举行"谢土"仪式。"谢土"仪式是用刀头、豆腐、粑粑、香纸等放在筛子上摆放在火炉边或牛圈边。布摩叨念咒语,请东、西、南、北、中五方地神。最后用锄头敲击五方，驱除邪恶，祈祷人畜平安，来年风调雨顺、五谷丰登。

［惠水县布依学会编：《惠水布依族》，第 123 页，贵州民族出版社 2001 年版］

　　社神庙多设在村子中或村子旁的一株大树或一块怪石处。人们认为社神是保护该村的神灵。村寨人丁的兴旺、人畜的平安以及庄稼的丰歉等都得依赖于社神的庇佑，所以把社神视为主宰一切的至高无上的神灵加以信奉。对社神的祭祀每年进行一次或两次。祭品主要有牛、猪、鸡等家畜家禽。祭祀社神是一项很严肃的仪式，祭祀前，由村里有威望的长者召集村民集资，指派人采购祭品。届时，各家各出一名男性参加祭祀活动，分别挑锅提碗等前往社神处集结。有的翻盖神棚，有的清扫垃圾杂草，有的拾柴搭灶，有的杀牛宰猪宰鸡等等，各自奔忙，但都不许大声说话，只能默默工作。待祭品备办完毕，由一位布摩主祭。祭毕，大家在社神处地上聚餐。但每个人都必须给自家人留下一份肉，没有男性而未能参加活动的人家也要由别人帮忙带去，其意是让每个人都能享受到一份社神恩赐的神肉，以保佑每个成员都平安、万事顺遂。

［黄福建：《黔西南布依族的原始宗教》，载黔西南州布依学会编《黔西南布依学会研究》第一集，第 296—297 页，2002 年（内部）印］

　　祭社神。《贵州通志》记载："仲家三月三杀牛祭山神，男女饮酒，各寨不通往来，误者罚之。"社神是怎样的神，人们已经弄不清，只有人说他是男性的。人们认为敬社神庄稼才长得好，可保秧苗不生虫，或说他能保人畜平安、五谷丰登，还说他管鸟兽虫不危害庄稼，其作用如土地菩萨。所谓的社神，即在寨边或寨后的古树下，搭一个社棚（多系茅草棚），棚内一个石砌小台上供一颗石头，代表社神。在棚内和棚外四周一定范围内，禁忌很多，人们经过这里不能说下流话，不能吐口水，不能大小便，不能捡走棚内外掉下的树叶树枝，不准妇人进入，妻子怀孕的丈夫不能进入，包白帕的人也不能进入，敬社神时禁止说汉话，不准外人进寨等等。祭社神的祭品有猪、牛、狗等。用牛作祭品者，有一年祭一次的，也有几年祭一次的；用猪作祭品的，有一年一祭的，也有一年几祭的；用狗作祭品，几乎是布依族所独有，反映了布依族的饮食习俗。祭社神时间，有的地方是"三月三"，有的地方是"六月六"。有的地方是一年三祭，第一次是在正月初三，由各家凑一点肉来祭，据说是过年了，求社神保佑全村一年喜庆平安；第二次是在"三月三"，要杀猪来祭，主要是祈求庄稼长得好；第三次是在"六月六"，也要杀猪祭，主要是谢社神保佑庄稼长得好，风调雨顺。祭品如是猪、狗、牛等，如系买来，则由全寨各户分摊款价，有些地方，专门留有社神田由人耕种，收入作为祭祀社神费用的开支。

　　敬社神这天早上，每户一个男子齐集社神棚前，准备祭祀活动。每人各带三炷香，一叠纸。祭祀多由老人（寨老）、把事（布摩）主持，准备好锅、桶、柴、刀等用具，猪、狗、牛等杀好后，即将头、骨、脚、内脏等放入锅内煮熟，以这些东西为祭品，烧香、纸祭祀。主持人念道："众人得猪（狗、牛）来祭祀老祖，希望你保佑庄稼好，寨子平安。"祭完社神，煮熟的肉，则按人（或桌）平均分配、聚餐，生肉则平分每户带回家。用猪、牛祭祀的，分食后有把颚骨挂在棚内梁上的，也有就地土埋的，原因不明。三月初四，忌做农活，农具不能动，禁止洗澡。据说这天做农活，雀鸟爱糟蹋庄稼；这天洗了澡，牛爱到田里打滚。

［周国茂主编：《中国民俗大系·贵州民俗》，第 49 页，甘肃
人民出版社 2004 年版］

第六节　　自然现象崇拜

1. 雷神崇拜

（紫云一带）雷神，布依语称为"斜儿岜"。当雷声隆隆，越来越大时，要朝天打枪，并烧一点头发和牛角，认为这样便可息雷霆。

［吴顺轩：《紫云县布依族调查》，载贵州省志民族志编委会
编《民族志资料汇编》第一集，第 47 页，1986 年（内部）
印］

雷神布依语称"duezbjac"，在祧祭仪式上，供奉的雷神形象身肥体胖，满脸横肉，手持令牌，一副凶相。布依族摩教认为，雷神的主要职责是司雨，并监督人类的行为中是否有打骂父母及长辈，以及浪费粮食等情况，如有，则要对其进行惩罚。布依族人民常以此来教育小孩要孝敬父母，尊敬长辈，爱惜粮食。为不使雷神误伤无辜，布依族人家在大年三十和新年正月初一都要分别做一个大粑粑"hauxxizmeeh"，用来"daanglbjac"，即"遮挡"雷神。雷神是个欺软怕硬的角色，据说雷鸣时，朝天打枪，并烧一点头发和牛角，就能吓跑雷神，息雷霆。

［周国茂：《摩教与摩文化》，第 65 页，贵州人民出版社 1995
年版］

布依族对待雷神的心态具有两重性：每年听到第一声春雷时，各家都用细石沙把粑粑颗粒炒泡，让小孩子吃，名曰"吃雷肝"。据说，"吃雷肝"后，小孩子出门不怕响雷，雷神亦保佑小孩健康成长。另一方面，民间在办结婚酒时则忌雷鸣，特别是当新娘进门时若遇响雷，雷声一停就必须立即请布摩举行"敬雷神"仪式。敬雷神需要在院子里用两张四方桌重叠架成高桌，上盖红伞，伞下用金竹扎两个代表新人的"竹人"，并分别穿上新郎新娘的衣服。桌上供大米一升，大碗24个，内装糯米饭、酒、肉等祭品，排列成3行，进行祭祀。其中有一首《敬雷神歌》唱道："天上两妇人，天上二老人，春药闹鱼虾。结婚遇着你过节，害怕成双不到老，特地来敬供。好年好月与雷神共享，吉日吉时与雷神同用。请你受供品，请你说吉语，叫成双到老，生男十二双，生女十二对……"祭时需丢卦进行占卜，若卦成单数，认为雷神没有领受，需要再念祭词，再次占卜，直至卦成双数，表示雷神已然领受。祭毕奠酒，焚香化纸。据说供桌上的大米和酒肉是新娘新郎献给雷神，祈祷幸福的。

　　　　　　　　　　［贵州省地方志编纂委员会编：《贵州省志·民族志》上册
　　　　　　　　　　"布依族"篇，第225页，贵州民族出版社2002年版］

2. 虹崇拜

　　彩虹对于初民来说，无疑是最为神奇的了。它的色彩是那么美丽，两头落地似在喝水或觅食。明明看见它的头在那里，但当走近那里，却又不见其踪影。布依族人认为那就是龙的化身，虹是显形喝井水的龙。人们认为，不能用手去指它，否则手指会断。据说，这"龙"的嘴里含有珠宝，用金瓢在舀水喝，如果人走近它喝水的井边，大吼一声，彩虹口里的珠宝会因受惊吓而掉下来，舀水的瓢也会因此掉下，若能捡到，将有大福。

　　　　　　　　　　［周国茂：《自然与生命的意义世界——贵州少数民族原始崇
　　　　　　　　　　拜与民俗》，第81页，贵州教育出版社2004年版］

　　布依族有"祭防雄（祭虹）"的宗教祭仪。布依族人认为，"虹"是一种凶魔。虹出来的时候，一头搭在河边，一头搭在山溪或山泉边。传说有人在它走时，还留下一些匙瓢之类的东西。布摩或迷拉婆如果卜定某患儿受"虹魔作祟"，就要大操大办祭祀仪式。届时请布摩到溪、沟或井边主祭，有的要杀猪杀羊，并用彩纸制成小彩虹，置放在溪井边，设席供祭。布摩边敲小铜锣边念巫词，念完烧纸，在溪边吃席。主家吃毕即招魂回家，认为就可以治好患儿疾病了。

　　　　　　　　　　［黄义仁：《布依族史》，第305页，贵州民族出版社1999年
　　　　　　　　　　版］

3. 捉旱精

　　"捉旱精"是一个古老的布依族民间传说，叙述古时候在布依族人民居住的地方，有一座高高的火焰山，山上有个旱精，天黑后就出来作恶，把所有的河水吸枯、井水吸干。人们无水灌田浇地，种不出庄稼。聪明的布依族祖先翁夏终于想出了办法，和大家一道扯来山上的葛藤，挽成套子，四处安放。第一次虽是把旱精的脚套住了，但旱精把

脚轻轻一抬，套子就绷断了。翁戛同众人商量后，决定把葛藤增多、加粗，再次套住了旱精，没想到套子又被旱精用锋利的牙齿咬断了。第三次，翁戛和人们改变了方法，在田边地角挖上水井水坑，蓄满水，然后在每一个井口和坑口上安放更粗更牢的套子。这一回生效了，粗大的套子套在了旱精的脖子上，绷不断，咬不着，旱精终于被人们擒住打死了。从此，"水井不会干，水坑水常满，再也不怕干旱了。"

［罗汛河、田兵等主编：《布依族文学史》，第 57—58 页，广西人民出版社 1982 年版］

4. 锁孽龙

相传旱精被打死后，它的老庚黄龙发誓要为其报仇。每年冬天，黄龙悄悄离开东海，在西北高山上生下了许多小白龙。到了阳春三月，条条小白龙在黄龙的带领下，化为汹涌的洪水，奔腾而下，冲洗田地，淹没庄稼，给人们造成巨大灾难。翁戛决心制伏黄龙。他不畏艰苦，爬到高高的木棉山上，仔细观察，发现四道八处的水凼里，锁住不少白龙，心里豁然开朗，想出了用石块把山口和山槽砌成坝坎，堵成一个个水凼凼，以此妙计来锁住孽龙。他和大家反复实践，失败了再干，经过几个回合的激战，终于在各处垒起了厚实的大石坝坎，砌成了许多坚固的水凼凼，还在所有洼地上挖上水沟。这样，条条小白龙就被锁住了。黄龙身单势孤，不能再逞凶了，只好乖乖顺着洼地的沟沟逃回东海。

［罗汛河、田兵等主编：《布依族文学史》，第 58 页，广西民族出版社 1983 年版］

5. 驱风魔

水治住了，但还有风沙在作害。传说，风魔拿着一把力大无比的芭蕉扇，东扇西扇的，人们搭好房屋，三回九次都被扇飞，只好住进潮湿的山洞里。翁戛多次仔细观察，发现了奥秘：风魔怕山挡！他和大家在山弯弯的平地上搭房子，再用大石头把房屋四周砌好。风魔对人们住的房子逞不了狂了，又去危害田里的庄稼。翁戛又和众人在房屋和园子四周种上许多树，大树伸出手，撕烂了风魔的芭蕉扇，从此，风吹不倒房屋，吹不坏庄稼了。

［罗汛河、田兵等主编：《布依族文学史》，第 58 页，广西民族出版社 1983 年版］

第七节　人造物崇拜

1. 灶神崇拜

布依族人认为，灶有灶神，主要负责监督主人的一举一动并向天神汇报。灶神崇拜应是火及火种崇拜的延伸。（详见祭灶）

2. 门神、梁神及梯坎神崇拜

布依族人认为，门有门神，梁有梁神，梯坎有梯坎神，但对这几位神灵没有祭祀仪式，只在布依族摩经《下场经》中分别有几段专门唱述这几位神灵。从经文的内容来看，主要是谴责这几位神灵的。摩教认为，人之死是因为其灵魂被恶鬼捆去，人失去灵魂才会死亡。这些神的主要职责本来是负责把恶鬼挡在家的外面的，但它们却失职了，才让恶鬼得以进到家中捆去亡者的灵魂。经文以死者孝子的身份对这些神进行谴责：你让鬼进来，鬼才进得来；你指人给鬼捆，鬼才捆到人；你煮饭给鬼吃，鬼才得饭吃……用剑砍这些神，却不见刀印。神最后回答：这代我没挡住鬼，下代我挡好。于是人们寄希望于这些神对后代有所庇护，它们的这一罪过最后得到了人们的宽恕。

［周国茂：《摩教与摩文化》，第 69 页，贵州人民出版社 1995 年版］

3. 桥神崇拜

（北盘江沿岸一带地区，）七月十五还兴祭桥。祭桥时，预先要在家里炒好糯米饭、猪肉、鸡蛋等菜肴，盛于碗碟中，由家庭主妇提着，并带领小孩，到自己生小孩时所修的桥边去祭桥（或去祭指路碑、神仙洞等）。目的是祈求神灵保佑孩子身体健康，万事如意。

［王兴赋、王荣胜、韦国英编撰：《北盘江畔布依人》，第 116 页，1985 年（内部）印］

4. 铜鼓崇拜

（安顺、镇宁一带，）铜鼓是布依族珍贵的文化遗产。铜鼓的历史源远流长，它是布依族的祖先——古代百越集团中的骆越一支所铸造。正如《后汉书·马援传》记载：

"援好骑，善别名马，于交趾得骆越铜鼓，乃铸为马式。"又《隋书·地理志下》载："秦岭以南二十余郡……铸铜为大鼓，初成，悬于庭中，置酒以招同类。"因此，布依族人民对铜鼓十分尊重，把它视为祖先的传家宝，宗族的团结灯，敬若神灵，年年施祭，逢节施祭。铜鼓由各家轮流珍藏，每逢大年三十夜，全族家长汇聚一堂，共商铜鼓的接送大事。即商议将铜鼓由原先珍藏的那一家转送到另一家。商定后，并不能立即送走，必须在原收藏之家将其挂起，以酒肉奉祭后，尽情击奏，全族欢庆，热闹十多天，直到正月十五，再次举行隆重祭祀，用雄鸡、猪头、米酒等祭品供祭，由布摩念上咒语及祝词以后，合族欢聚共餐，然后才将铜鼓转送到另外一家。转到另一家后也不能立即藏起，要将之挂起来，一直击奏到正月结束，过了"了年"，吃了"油团粑"后将之收藏起来。故在乾隆《贵州通志》中有"仲家……岁时击铜鼓为欢"的记载。击铜鼓之意，一庆丰年，二祝年节，三思祖德，四驱邪恶，五畅心胸。击鼓不能乱击，它有专门的和谐的"铜鼓调"，如"喜鹊调"、"散花调"、"祭鼓调"、"送鼓调"、"三六九调"等等，什么时候击什么调子都有严格的规定。击铜鼓时有手鼓、镲、铓锣等进行伴奏，声音远传数里，令人陶醉，有的催人泪下。布依族在举行"古夜王"的葬礼活动时，必须要击奏铜鼓，其铜鼓调深沉悲壮，以超度亡灵。当地有"亡人升天在击鼓"之说，即无鼓不成葬礼。因此，过去每个布依族村寨，都得保存一至二面铜鼓。但在"大跃进"和"文革"中遭到严重破坏，损失不少。尽管如此，布依族人民冒着危险保存下来一部分，现在显得更加珍贵了。

镇宁一带对这珍贵的铜鼓，还有美妙的传说。说它在静谧无声之时，会趁人不注意"逃跑"出去，与天上的龙、虹角斗，与潭里的龙王争宫，与塘里的蟒蛇争位等等。故有"铜鼓井"、"铜鼓潭"之类的地名。为了避免铜鼓"逃跑"，在保管中，必须用红布或绳索系鼓耳。这样做，一是有红色记号，二是可以把它拴住。并在鼓中装上黄豆、谷种等东西，它"逃跑"时就会有响动，以便及时将它找回来。为了让它永远不走，人们特别将那完好的鼓边敲个小缺口，其意是撕坏它的裙子，让它害羞不敢出去，等等。多种保存铜鼓的办法，充分反映布依族人民古往今来，珍惜铜鼓的思想感情。

[马启忠：《镇宁自治县布依族习俗》，载贵州省志民族志编委会编《民族志资料汇编》第一集（布依族），第13—14页，1988年（内部）印]

在兴仁一带，对铜鼓敬若神明，不能作为娱乐乐器使用，使用它的时间和场合是有限制的，而且也是很严肃的。农历正月（有的村寨七月间也可），寨中人可学习击铜鼓（调有祭神和凡用两类）。每一调都分为十四节，第一节称起鼓节，第二到十三节为正节，第十四节称尾调。正节十二节有的认为标志十二个太阳，也有的认为标志十二重天、十二地支或十二个月份等，说法不一。当地的铜鼓调是用汉字记音，据说它不但表音，同时也表意，可惜今人找不到懂其意的人了。除了正月、七月外，只有超荐老人或超度神树时才可使用。除此之外，任何时候都不准击铜鼓。铜鼓藏在谁家，谁家要专门设铜鼓灵位，于大小节日要进行祭供。

关于铜鼓有很多传说，据说，铜鼓在古代专用于战争。打仗时，把铜鼓搬上山头，作战鼓用，或传报战情，或击鼓进军。各山头均以铜鼓声为号令，将士听鼓声作战事行动，民众听鼓声作战备支援。所以自古以来，铜鼓就是不可乱击的。

又传说，古时候，布依族在一次疆土保卫战中，敌军以数十倍的兵力向我布依人的地方包抄过来。各山头的头领在敌众我寡的危难关头，紧急中聚众议事，传令各山头集中有生力量，在迎战前杀羊为将士们饱餐待命，人人整装待发。头领以击鼓为号，鼓声齐作，各营官兵将士，如猛虎下山，似离弦之箭，奋不顾身，英勇杀敌，其势锐不可当。又有森林作天然保障，后方还有得力的群众支援，连续血战几天几夜，终于击破了敌人的重重包围圈，将敌军截为若干段，进行各个击破，把敌人打得溃不成军，尸横遍野，血流成河。这一场恶战，以少胜多，保卫了疆土的完整，民族得到了生存。布依族人民认为，能在危急的时候，夺取保卫战的全面胜利，有赖于铜鼓的威力，因此铜鼓受到了人们的珍爱和敬重。布依族的铜鼓一般要系上羊角，这也是为了追念羊在战前给将士们饱餐，增强了战士的战斗力。因而在铜鼓上系羊角也是布依族人民表示对羊的怀念。一面铜鼓系两只羊角，在一只羊角上系上红布，在节庆和学击铜鼓时使用；在另一只羊角上系上白布，办丧事时使用，使亡灵能追随祖先及战时在战场上为民族捐躯的将士一同去寻找极乐世界。

[王开吉：《兴仁县布依族调查》，载贵州省志民族志编委会编《民族志资料汇编》第六集（布依族），第4页，1988年（内部）印]

布依族的铜鼓，平时收藏在有一定威望的人家，一般收藏于高处和人畜踩不到的地方，用时才抬出来。布依族第三土语区，人们多把铜鼓当神看待，据说铜鼓能镇邪，还会与蛟龙打架。为避免铜鼓外出与龙打架，所以铜鼓的两耳需用红绸系着，并且不能让它见天，需从甲家抬到乙家时，必须用布包好。铜鼓都是在比较庄重的场合才用，比如过年、祭祀和丧葬仪式等，只能在室内敲击。祭祀时铜鼓一般都由布摩或布摩指定的人敲击，旁人不能触动。但在独山、荔波一带，铜鼓可以用来为舞蹈伴奏，可在室外敲击，没有禁忌。到了节庆的时候拿出来敲击，以示喜庆吉祥。

[周国茂：《自然与生命的意义世界——贵州少数民族原始崇拜与民俗》，第85—86页，贵州教育出版社2004年版]

（四川省凉山彝族自治州宁南县一带布依族地区，）铜鼓只有在春节期间或超度老人时，才能敲击。铜鼓有喜调和哀调两种，节日奏喜调，超度老人时奏哀调。铜鼓平时藏于固定人家，为布依族人民所珍视。

[伍文义：《四川宁南县西瑶乡那落村布依族调查》，载贵州省志民族志编委会编《民族志资料汇编》第六集（布依族），第681页，1988年（内部）印]

铜鼓，布依语称"勒云"。平时藏于固定人家，正月初一还需举行"妥云"（祭铜鼓）仪式后才能敲击。仪式由"布摩"主持，先将铜鼓扑于堂屋之中，鼓面所置供品有猪肉 1 盘、酒 3 杯、香 3 炷、糯米粑 7 个等。届时由"布摩"开念"祭鼓经"。经曰：

"三月狗要春，九月野狗强。生一只新鲜，养一只九尾。生一只胸阔，舌黑会追山。脑阔猎狗找脚印，带到高上林，带到青冈林。猎狗急急叫，叫何事呀狗？洞里铁砣响，洞里铁砣声。'濮声'（古人名）对'濮声'，'濮声'向'濮柔'（人名）。'濮柔'来送'哇'（古器物），'濮柔'带'旷广'（人名）。'旷广'站两边垒墙，风箱摆右面，铁水出左边。首灶刚烧热，灶墙跨下了；连续垒三道，灶口亦塌光。从前未如此，后来未经历。寨上人问人，地方问父老。去问'报能多'（人名），去问'莫能更'（人名）。'报能多'来谈，'莫能更'来说，你们来敬供，杀鸡祭祖师，杀鸭祭山神，杀猪来祭灶，杀鸡祭众神。……起头灶也燃，三灶也不跨。要成柚子形，铸成柚子形；要成击鼓点（即太阳纹，布依语'点对云'），铸成击鼓点。要成打铁座，也成打铁座；要成打铜窝，也成打铜窝。……铜鼓铸成了，头锅酒来祭，大盘肉来祭，七块粑来祭。祭了保子孙发达，祭了佑村寨平安；祭了保五谷丰收，祭了佑六畜兴旺。……"

祭毕鸣炮 3 响，烧化纸钱，奠酒，用各色纸花（布依语称"沙马"）挂于铜鼓耳上。铜鼓悬于堂屋之中，由"布摩"先生先打一谱"正月鼓"。经此仪式后，大家便可随便击鼓。《祭鼓经》里提到不少人名，其中"报能多"、"莫能更"就是相传为无所不能、创造了后世宗教经词的古代文化英雄。从内容上看，称《祭鼓经》还不如说是《造鼓经》，它叙述了布依族先民铸造铜鼓的全部过程。如同贵州的最早志书明代的《宏治图经》所载："仲家……铸铜为鼓。"在铸鼓技术于民间已完全消失的今天，发现了"造鼓祭词"，无疑是很有研究价值的。击铜鼓娱乐从正月初一进行至正月十五。十五日晚间，全寨还要吹唢呐举行隆重的"收鼓"仪式，布依语称"送云"。

[伍文义：《水城特区猴场、红岩民族乡布依族婚俗与节日礼仪调查报告》，载贵州省民族研究所、贵州省民族研究学会编《贵州民族调查》之五，第 357—359 页，1988 年（内部）印]

（布依族）所击铜鼓分雌、雄两种。雌鼓声音尖脆，雄鼓则低阔辽远。

[唐合亮：《三都县周覃镇布依族生活习俗》，载贵州省民族研究所、贵州省民族研究学会编《贵州民族调查》之四，第 317 页，1986 年（内部）印]

器乐习俗，是革佬坟布依族游艺习俗的一种，此俗由来已久。尤其是打铜鼓和吹唢呐，这是最普遍的民乐活动，以打铜鼓为最庄重。打铜鼓一般是在春节期间，鼓调由"召、吉、左、错、卡"等音调组合变换而成，长约 30 句左右，有祭祖调、迎鼓调、送鼓调、喜调、悲调、敬花调等等。鼓声伴以手镲、铜锣、皮鼓等乐音，更觉和谐、优雅、悦耳、动听。夜间击鼓，音传数里，振动人心，给人以沙场激战或喜庆欢乐等种种感受。相传铜鼓有神，它会行走，下潭去和龙打架。故平时搁鼓，都要以绳系鼓耳，以防它走。鼓为一种神化物，"古谢"时，一鼓声可定音，俗谚："魂灵归去头声鼓。"鼓多为宗族共有，革老坟有三个宗族分支，过去有三面鼓，现仅存一面，为汉代所铸。鼓是公共财宝，又是宗族团结的象征。对鼓大家都很尊崇，每年春节，在"启鼓"和"休鼓"的时候，都要举行祭鼓和迎送铜鼓的仪式，故又有"吃（送）铜鼓"的习俗。鼓在宗族人家轮流保管，一年放在一家，要放在家中宽敞处，并以红布遮盖。铜鼓是整个宗族共同信念所依，共同议事所用，它有至高的神力。

[王芳礼：《布依村寨革佬坟调查》，载贵州省志民族志编委会编《民族志资料汇编》第六集（布依族），第65页，1988年（内部）印]

　　这里几乎每个布依族村寨都有铜鼓和皮鼓，起着集众告知、传达信息、娱乐等作用。铜鼓平时不随便使用，只在节日、喜庆、丧葬等场合中才用。有"哀调"、"喜调"等不同的铜鼓调。铜鼓使用年代很久远，无人能说清从何时开始使用。附近布依族地区亦有不少。

[唐合亮：《惠水羡塘乡布依族社会调查》，载贵州省志民族志编委会编《民族志资料汇编》第六集（布依族），第86页]

第三章　鬼魂崇拜

第一节　灵魂不灭与万物有灵观念

1. 灵魂不灭

摩教认为，人死，是灵魂永远离开肉体。肉身会腐烂，但灵魂不死。人死灵魂变成"独亡"（"duezvaangz"）或"独凡"（"duezfaangz"），意思是"鬼魂"。鬼魂并不是一个精神实体，它是散漫的。通常的情况是：由布摩举行仪式，超度到"拜"、"仙"界，那里也是祖先居住之地。同时，也聚集于坟地里，活着的人路过坟地时，鬼魂哪怕是善意的问候也会使其生病，认为需祭供祷告，才会痊愈。逢年过节，焚香烧纸祷告，死去的灵魂就知道是亲人在召唤，于是就回到家中神龛上，接受子孙供奉。

［周国茂：《摩教与摩文化》，第 44 页，贵州人民出版社 1995年版］

2. 喊魂和招魂

布依族摩教的灵魂观认为，人由肉眼看得见的身体和肉眼看不见的灵魂构成。当两者结合在一起时，人就活着，而当灵魂离开肉体，人即死亡。人在睡眠时灵魂处于休眠状态或暂离人体。灵魂犹如水，盛于人体这个"容器"中。人受到惊吓，就像容器中静止的水突然被抖动泼洒出来一样，灵魂也会泼洒出来。稚嫩的孩童"容积"小，灵魂的"容量"也少，因而也就更不能经受惊吓。道理很简单：本来就少的灵魂再泼洒出去，孩童的生命就受到威胁。青壮年时正是人的灵魂容量最多的时间，因而这时候人的生命力也就十分旺盛。随着年龄的增长，灵魂逐渐"泼洒"掉了不少，人也逐渐衰弱，也同样经不起惊吓。

在这个观念支配下，布依族特别重视对小孩灵魂的保护。但凡小孩受到惊吓、摔倒，大人就连声说："maaux wanl luz! maaux wanl luz!"译成汉语，大意是：涨魂啰！涨魂啰！人们希望通过这种类似巫术的咒语，影响孩子，使孩子灵魂满盈。如果孩子在水边、陡坡处不慎摔倒，母亲即用挑水扁担到摔倒地点，一边用扁担击地，一边呼喊："××（孩子名字）啊，孩子，快来吧，跟着我回家！"成年人受到巨大惊吓，比如溺水、从高山险处摔下来等，也被认为魂失落了不少，需请布摩举行仪式招魂。老年人满六十花甲以后，每年正月间，都要在与老人属相干支相同的日子请布摩为老人举行仪式，叫"gaaicbaanglxangl"或"deemlreengz"，直译是"添力气"，汉语俗称"打保福"，其含义实际上是通过仪式保护和加固老人的魂，使其身体健壮。

　　摩教认为人睡着时灵魂处于休眠状态，或暂离人体。贞丰一带殡亡仪式中需默诵的经文《亨闷经》，据布摩说古时候是念诵出声音的，传说因为孩子们记住后，上山放牛，有一个小孩睡着了，其他小孩照着布摩的样子，把睡着的小孩当成死者，为他举行仪式诵《亨闷经》，谁知这小孩竟一睡不再醒来。为了不让悲剧重演，后来布摩们即用默念的方式，以免孩子们记住。原来，这部经文中有一段讲死者灵魂离开肉身上了"拜"（"pad"）界和"仙"（"sianl"）界，死者的儿子请"押"（女巫）前去把死者的灵魂招回来，但亡灵说在那里过得很愉快，不愿回阳世。人死不能复生，这个仪式具有巫术含义，即通过这种仪式安慰亡灵：冥界生活同样好，不要回到阳世来，免得它来作祟。既然有巫术含义，那它既可影响死者，也可影响睡着的人，因为他们都有一个共同点，即此时灵魂已离开肉体。仪式均可使他们的魂魄不再回到肉身。

　　　　　　　　　　　　　　　　　〔周国茂：《摩教与摩文化》，第42—44页，贵州人民出版社1995年版〕

　　罕王，也称"招魂"，布依族丧葬仪式。布依语"haangswaangz"，意为"超度异域鬼魂"，是对非正常亡灵的一种超度活动。布依人的古老宗教观念，鬼域中有两个不同世界，一是生魂世界，一是游魂世界。死于家中的人的魂魄，生活在生魂世界，只要经过"古谢"（对正常死亡者的超度仪式）即可回归始祖生存之地，有再生希望；而在家外死于战争、灾变的人魂，则进入游魂世界。这个世界黑暗荒寂，鬼魂孤单无伴，所以必须经过招魂活动，将游魂招至生魂世界，然后再"古谢"，将亡魂送回始祖生存之地，以期来世再生。招魂活动是布依族惟一能与"古谢"并提的最大的一种原始宗教活动。先由"布摩"择定日子，既而选择看不见村寨的山坳，用芦苇在山坳中插成迷宫似的魂归径，其中有一坑，将红泥与水搅拌成血色，谓血河；又置一口油锅，下燃火，谓火海；另将杀猪刀三十二把刃口向上做成刀梯，谓刀山。魂归径旁东向用八仙桌搭成神台。仪式开始，远近民众会聚山坳，布摩与十名徒弟穿着巫服，在神台祭"鲍尔陀"后开始念招魂经，从清早至下午。接着，布摩手执"摩剑"，带领孝子贤孙去魂归径中将亡魂引出，引魂时数千观众也参加，因为过刀山、火海、血河被人们视为可免掉人生几多灾难的活动。"血河"上搭有一块木板，布摩先带魂主子孙从上"渡"过，以示魂主开始离开苦海；"火海"旁备有一堆荞麦糠壳，由一布摩徒弟在旁念经，向油锅中撒一把糠壳便有一人从火焰中跃过，以使亡魂走向光明；过刀山时布摩在旁用功念咒，孝子们纷纷赤脚从利刃上走过，众人皆从旁绕道。招魂活动整整一日才结束，最后将做魂归径的芦苇拔下烧掉，将写有魂主名字的牌位护送至主家，安放于神龛上，等待来日"古谢"。

[参见《中国各民族宗教与神话大词典》布依族词条，学苑
出版社 1990 年版]

3. 回煞

（布依族信仰中的"回煞"，）它是指这样一种观念：丧葬仪式完毕，死者被送到墓地安葬后，当天晚上，亡灵会化身为某种动物返回家中。为了验证死者的魂是否回家，死者的家人在各道门的门槛处撒上草木灰，第二天清晨起床后，仔细检查草木灰上出现什么动物的脚印，便知道死者是否回家，是变成什么动物回家的。

[周国茂：《自然与生命的意义世界——贵州少数民族原始崇
拜与民俗》，第 85—86 页，贵州教育出版社 2004 年版]

4. 赎魂

赎谷魂钱魂仪式基于这样的观念：有一种鬼魅暗中偷食粮食（魂），偷用钱财（魂）使人们粮食不经吃，钱不经花，所以需要举行祭仪将粮魂钱魂赎回。在具体做法上，各地不尽相同。镇宁一带的做法是：先把请龙时的摆设搬来，放于神龛下的小桌，增加各种五谷杂粮的小包，"布摩"仍拿着主人的一件上衣，吟诵《赎买经》。仪式中，由布摩代表主人唤请"陀嫡"带着金银到天市去选购五谷牲畜，并请求天神赐予最好的粮魂牛马魂，来年丰收后向天神交租税。

[周国茂：《摩教与摩文化》，第 102 页，贵州人民出版社
1995 年版]

（赎钱魂粮魂，）布依语直译为"呼唤钱的灵魂和粮食的灵魂"，是举行请龙仪式后必须举行的一种仪式。首先把请龙时的摆设搬来，放于神龛下宴席前的小桌，增加各种五谷杂粮的小包，"布摩"仍拿着主人的一件上衣，吟诵《赎买经》。意为将稻、高粱、荞麦、各种豆类和水牛、马的魂儿从天神那里买来，以期来年五谷丰登，六畜兴旺。仪式中，由布摩代表主人唤请"陀嫡"（往返于神界和布摩、巫婆之间传达信息的使者）带着金银到天市去选购五谷牲畜，并请求天神赐予最好的粮魂牛马，来年丰收后向天神交租税，让天神的槐树仓装不完。

[参见《中国各民族宗教与神话大词典》布依族词条，学苑
出版社 1990 年版]

第二节　鬼神的种类与驱、禳鬼仪式活动

1. 鬼神的种类

布依语对神鬼没有比较固定的称谓。神一般称为"喜"［duezxenx］，鬼一般称为"独亡"［duezfaangz］、"独喂"［duezweex］。但是，像"乜王"［meehfaangz］按其性质却不能称作"母鬼"，因为她是负责保佑小孩的，所以其实是母神。可见在名称上神鬼并不是分得很清楚。对祖先、教主或民族领袖，以及很多自然神灵，往往直呼其人名或物名。例如称祖先神为"报娅"（意为父系祖先、母系祖先）；造物主、智慧神，摩教的创始者直呼报陆陀。岑氏首领岑彭，人们也直呼其名。

在"儒交"仪式上，供奉万端王、盘果王、王韶、安王、祖王、神农等，有一定先后继承关系。但总的来看，摩教的神鬼之间一般很少存在互相统属的关系。这与摩教是在原始宗教基础上产生的准人为宗教这一性质有关。摩教神鬼大多为自然神鬼，各种神鬼均各司其职，而且很多神鬼在各地间虽功能基本相同或相近，名称却不一定相同。这与原始宗教产生的时代有关。

摩教的神鬼系统从不同角度可做出不同的划分。从流行地域分，有全民信仰的神鬼、区域性神鬼和一寨或数寨小范围信仰的神鬼；从功能的角度看，有全能神鬼、影响农业生产的神鬼和司人类祸福疾病的神鬼。为叙述的方便，这里从神鬼的属性将其分为人鬼系统和自然神灵系统。

（1）人鬼系统

这类神鬼由人演化而成。他们有人的称谓、人的秉性和人的特点。当然更有凡人所不具备的超凡能力，因此才被人们崇拜。比较著名的有报陆陀、母陆呷、母神、二十四圣母、十二神母、祧祭三十六神、莫一（德者、金竹师）、万端王、盘果王、王韶、王代、安王、祖王、祖先神、主神、岑彭、马武、迪俊（德金）、迪云、雅各冬、雅各迪等。

……

（2）自然神灵系统

（布依族信仰中）自然神灵系统很复杂。几乎每种自然现象和各种事物都有相应的神灵。例如天神、雷神、月神、山神、河神、田神等等；动植物也有相应的神灵，如牛王、树神、谷神等；人工制造物也有神灵，如门神、灶神、圈神、梯子神等等；还有一类可称之为社会神，如寨神、家神、社神等等；此外，还有专司人类各种疾病的相应神灵。……

［周国茂：《摩教与摩文化》，第55—71页，贵州人民出版社1995年版］

布依族幻想的鬼魂世界，非常复杂，主要分善鬼与恶鬼两大类。善鬼主要是亲人故友死后，相信他们和在世时一样亲善友好，相信不会对后人有加害的想法，所以随时供祭请其庇护，举行的祭祀活动有过节祭祖，葬礼活动等。而恶鬼则复杂又多种多类，这是布依族进入阶级社会以后，产生多种多样的利害冲突而反映在这方面的复杂幻想。所以人一生病就要请"老摩"或"丫牙"（巫婆，也称迷拉）卜卦看病，并请他们解除，认为他们能通鬼神，能知鬼的来处和特性。望谟、罗甸一带，鬼魅大概有下面几种：

①"独岜上"

这种鬼祟不十分厉害，只是一般的头痛而已，类似今日的重感冒。老摩卜卦找到这种鬼魅时，只做一般处理，请鬼祭鬼时祭品简单，用一只大簸箕放上几个杯子，几双碗筷，一二斤熟肉，斟着酒，念些咒语，念毕与老摩吃席完事。有的人硬挺着不请鬼祭鬼。

②"独然"

认为这种鬼作祟时，全寨鸡犬不宁，不是这个病就是那个病，并且发生许多奇异的征兆，例如狗爬墙、乌鸦叫、房上发现老蛇等，于是要扫家扫寨。

布依族村寨每年二月间，一般都要扫一次寨，人们都认为要保全村清吉平安，无灾无难，六畜兴旺，五谷丰登，必须在年初把寨子里的鬼魅扫除干净。仪式名叫"送然"。做法各地不一，一般先扎个纸轿或龙船，在寨口两旁，各树立两根龙竹竿，两竿顶用一根稻绳连接，中间系一木刀，请道士或老摩来驱邪扫鬼。道士身着道袍，八卦帽冠，手执大刀，在前面开路，后面跟着一群锣鼓手，有两人抬着指轿或龙船，敲锣打鼓到每家送鬼。这时，每家各置一碗米，一块腊肉，供在门边，待道士或老摩带领众人进屋，大闹一通，念动符言咒语，用大刀指东画西，喷了几口净水，然后在卧室及门上贴上标签，再用两块木卦从空中抛下，看两扇俱扑为"阴卦"，表示邪已除尽，一扇仰一扇扑系"顺卦"，也表示主家顺利，六畜兴旺。如两卦都仰为"阳卦"，表示主家有不利之兆，如此则道士要反复念咒，再卜得好卦才离开。临离屋时，把门边的米肉倒在他们预先抬来的竹箩里抬走。如此家家做完，在路口龙竹绳上挂上符签，表示全寨清扫完毕。然后每户出一人，大家同到河边会餐，会餐时顺便议定乡规民约。

凡牲畜不顺利就要扫圈。做法则打一斤糯米粑，请本寨四个青年同老摩进圈，四人各蹲在一角，各拿一个糍粑，互不说话，老摩在圈中间，口念咒语，然后吃糍粑，四人也同样吃。吃毕齐奔圈内，口中发出"叽！叽！"声，如猪吃食一样。事毕主家请酒吃席。有的则用一只大公鸡在圈内扫来扫去，嘴里发出"咄！咄！"的声音，表示驱邪，扫毕把鸡血淋在圈门，立即回家吃鸡喝酒。

有人生火眼也要扫火眼。做法请寨中一老人手抛芭茅秆，立与患者之后，让患者面向西方凝视晚霞，老人在身后叨念："火眼鬼，滚西方去！"边说边燃烧茅草，让患者双眼盯着火光，用芭茅秆来回地缭绕熏烟，如此数次，就说鬼已驱除。

③"独热"（疫鬼）

如卜得这种鬼来作祟，就非同小可，一般上吐下泻或屙红痢，就是今天的霍乱和传染性痢疾。新中国成立前这种病就难治，死亡率很高，在缺医少药的情况下，只有请鬼祭鬼，祭鬼方式耗资很大，一般要宰牛杀马，弄得一些人家倾家荡产，人财两空。做法是请摩公来设祭坛，设了许多座位，请了若干鬼魅。每座位都要祭供丰盛的酒肉，老摩念动经文咒语，从早到晚，忙碌不堪，还须许多人来帮忙，一同吃饭喝酒，病人病情不减，一直供念下去，有时人死才收场，非常可怜！有死马当活马医的味道，不忍眼睁睁地看着亲人死去罢了。

④"独相"（淹死鬼）

这种病皮肤发肿，肚皮膨胀，可能是肝硬化。卜得这种鬼作祟，就要请摩公到河塘、池边设席供祭，祭品是猪狗之类。这也是严厉的鬼魅之一。

⑤"独塘"（难产鬼）

祭这种鬼魅，有歧视妇女的意味。认为妇女难产死了就变成这种鬼，因为生时受的苦难太大，时时要向人间报复，所以非常厉害。认为这种鬼附身时就昏迷不醒，不能说话吃饭，祭这种鬼几乎与"独热"一样，耗资也大。妇女难产时也要祭这种鬼。另外还认为有一种鬼附在孕妇身上，称为"独曼"。做生意或下河打鱼时，遇这种鬼就要落空。所以孕妇不能提网，不能拿秤以及不能看新娘新房等，否则不吉利。

⑥"堕魂"

就是落魂。认为孩子受惊跌倒或者衣服被人抽去一线，就说落魂或灵魂被人摄去。所以有病就要招魂。……

⑦"堕防凶"

就是被"虹鬼"作祟。这种鬼很凶，有的视它为恶神，……"虹"的形象非常神秘，所以幻想它为一种很凶的鬼或神。如老摩卜算有这种鬼作祟时，就要杀猪宰牛来供祭，请老摩到溪边设席念咒解除，要做一天到黑，请帮忙的人很多，耗费很大，主家不堪重负。

……

册亨一带把鬼分为许多等级，如人世间一样，如碾山、大兵、王海等鬼名鬼职，总算有百多种。这是布依族进入阶级社会后鬼魂崇拜发生的重大变化，逐渐改变原始崇拜的意义了。

［黄义仁：《布依族宗教信仰与文化》，第 29—33 页，中央民族大学出版社 2002 年版］

2. 驱、禳鬼仪式活动

访几

访几，是布依族的一种宗教祭祀活动。每年农历六月初，由寨中各户按人头凑钱凑粮，备烧酒、肥猪、公鸡等，在寨旁某棵古树、某尊怪石（被视为犊几魂所附的自然物）设供台，"布摩"身披蓑衣，头戴斗篷唱诵《访几经》，请犊几守护寨子，以求来年各种瘟疫、虫灾、火灾不侵袭本寨，让寨人安康、五谷丰登、六畜兴旺。

半天时间，访几经唱毕，即到寨老、各户屋内，由布摩高执"摩剑"，边念咒边高喊："×鬼出不出？"另一布摩应声："出！"接着将各种鬼送出寨门，在寨边各入口处横挂一根用茅草搓成、间挂白纸条的绳子，以示将各种灾鬼拒于寨外。近晚，各户派人到寨神庙前赴宴，喝血酒，逐人向寨神起誓：保证家人不偷盗，看护牲口不让其随意践踏庄稼，如有违，愿受神灵惩罚。

〔《中国各民族宗教与神话大词典》，第 33 页，学苑出版社 1990 年版〕

退仙

退仙，布依族宗教仪式。布依语意为"退避、堵住仙人"，布依族宗教活动中较大的仪式之一。旧时，在布依族民间，如有人重病不愈便带上生辰八字去找布摩择算，如算得病人被仙人缠身，就得举行退仙仪式。按病人八字可分别择出五头仙、七头仙、九头仙、十二头仙四种（即有多少种仙人缠住病人之意）。按仙的头数买上相应数的猪、羊、狗、鸡、鸭、鹅等，然后据布摩选定的日子，在病主堂屋中摆上两张八仙桌的祭品，布摩手执摩剑，唱诵《退仙经》退仙。退仙仪式请各方亲朋长辈参加，经过一天诵经，天黑时将象征各路仙家的剪纸送至寨外路口烧掉，仪式结束。

〔《中国各民族宗教与神话大词典》，第 33 页，学苑出版社 1990 年版〕

移克魂

移克魂，布依族的禳解习俗。旧时，小孩出生后，布摩来写生辰八字时，若测算出此孩有"克魂"，认为会克死父母兄弟者，选择吉日，举行移克魂仪式。先在家中设宴，布摩念经恭请各路神仙来聚会，抓住克魂。事毕，将示克魂的剪纸"押"往河边，找一棵柳树让其克之，以求小孩亲人免遭克难。当地，凡见大棵枯柳，均认为被人送克魂所致。

〔《中国各民族宗教与神话大词典》，第 33 页，学苑出版社 1990 年版〕

第三节　丧葬习俗与仪式

1. 丧俗

丧葬是人死以后，由亲属对其进行哀悼、纪念、评价、祭奠的仪式，它既有社会习俗的特点，又有人类特有的处理死者的信仰性质。不同的民族，不同的地域，丧葬习俗亦有不同。革老坟的布依族，由于信仰多神，对死者也是奉为神灵的，不仅祭祀隆重，而且有许多禁忌。例如，不能由死者的小辈抬尸装殓，只能由死者的老辈来执行。守灵要席地而坐，不能坐高于棺椁（棺椁搁置在两条长凳上），不能高声武气，不能食荤，不能让头灯、脚灯熄灭，以及用最好的衣物装殓死者，为死者"念经"、"开路"，等等，都表现了对死者的尊重，视死者为神灵，祝祷他的灵魂升天，归随祖灵。

丧葬全过程都反映了敬老为神的思想。在老人逝世后，如果是女的，必须立即到外家去报丧。派去两人，抱鸡一只，到外家门口即先跪拜，待外家家主把孝布拿来，给其缠头，方能起来。外家要先蒸好糯米饭，装入饭箩带来供上。其他亲友也要立即遣人去通知，只是口头通知就行了。

在老人死后，先把其尸移至堂屋中，置于神龛前，平放，盖上孝布，然后择吉日吉时装殓（一般两天以内）。装殓时，如老人的八字与后辈的相克，后辈则要回避。人死后装殓前，要喂"亡灵饭"，由其亲生子女跪喂，边喂边念祝词，祝他归天一路顺风，安心与祖灵在一起。孝女还要给其亡母梳头。人刚落气时，要用一小块自染红土布接其口涎，将此布珍藏，意为"接福"，以常思亲恩、亲德、亲训，代代传为家宝。在葬祖时，要丢买路钱。相传在归天路上，鬼邪甚多，这买路钱是给拦路鬼的，以便畅通其道，并无外来买路走之意。同样，还要行"买地礼"。即由孝子身背一张"契纸"（无字）走在前，一步一跪地用汉语念道："买地葬母（父）"，也是此意，亦无外来赎买之意。同时，也说明了布依族祖先历来讲文明，不随便占人一地一土。行买地礼时，随后的长者一步一挖一念："买得明"。因坟地为众有，而在阴府的亡灵也不可随意独占，须讲一定代价。这又反映了布依族祖先严格的众规众矩，也可以说是原始公社制的一种残余，亦可能是汉文化影响所致。这还反映在埋坟的一些禁忌上，比如，不管贫贱富贵，均不可在寨头上或寨子的风水处埋坟，那是公有的宝地，神圣不可侵犯。扁担山一带，如有侵犯公众宝地埋坟者，则全寨群起而毁之，也反映了寨纪寨规的严肃性。

革老坟布依族的丧葬礼仪还有为死者开路、办灵、念唱经词、送祖归天等，埋时由阴阳先生祭"五方"（东南西北中），撒粑粑、撒糯米，等等，都有其自己的民族特点。当然后来由于佛教的传入和影响，经词中也多少夹杂有一些佛教的色彩，不过那并不是主要的。

［王芳礼：《布依族村寨革老坟调查》，载贵州省志民族志编委会编《民族志资料汇编》第六集（布依族），第 63—64 页，1988 年（内部）印］

老人去世，用温水洗尸，里外换上全新的服装（男性外穿长衫）后，停于堂屋。相对于房梁，有的家族横放，有的则竖放。然后鸣枪（火药枪或座炮）几响报丧。随即派人通知亲戚（死者如系女性，则先通知其娘家）。通知的人带上白孝帕（自织的土布），见到亲戚即跪下递上孝帕，亲戚家即知有丧事。然后做好准备，按时间到孝家参加葬礼。

治丧期间，孝子穿孝服、戴孝帕；请"八仙"（唢呐班子），吹奏丧曲，从早到晚，通宵达旦。每隔约半小时，鸣一枪。本村寨的亲戚，都前往丧家帮忙。

停尸时间，根据阴阳先生推算决定。有停放3天的，也有停放7天或9天的。大多三五天。

外地亲戚于亡人上山的头一天到达。来时，带有糯米、活猪、鸡等祭祀物品，并带来一套"八仙"。进村时，边走边吹奏唢呐、长号，击木鼓，并鸣枪以通知亡人家（也有燃放鞭炮的）。孝子即到村口路边跪接。当晚亲戚即将带来的猪、鸡杀来供祭。

亡人在上山前的头天晚上入棺。棺材是亡者生前准备好的，用油漆漆成黑色。上山的日时也由阴阳先生推算确定。上山那天凌晨，先派人去挖墓坑，当挖墓坑的人看到抬棺上山时，不论挖好与否，即丢下工具离去。如未挖完，则由送葬人再挖。下葬之前，要撒些大米在墓底，铺平，并用手指在米上写几个表示吉祥的字。

发丧时，走在最前边的是几个举着旗幡的人，然后是唢呐队，再后是一人拿着一把点燃的木柴，走在棺材前面。安葬前，要开棺，盖上一块白布，由孝子脸尸，检查头正不正，如不正，认为后代会变成歪脖子；检查耳朵里是否有物堵塞，如堵塞，认为后代会成聋子，等等。所有不妥都要及时纠正过来。

安葬后，外地亲戚返回吃过午饭后即离去。如不离去，则要等3天后方可离去。

经阴阳先生推定，一时不宜上山的，则停棺于堂屋之中，等待吉日再上山。亲戚可返回，到了预计上山的日子再来送葬。有些当年不宜上山的，即用沙子将棺材封住，并洒些水，这样可停放一年左右。或者可以上山，但不宜入土，棺材便停放山上，盖一小棚挡雨。每天孝子送饭摆供。停棺时间，有一两个月的，也有一年的。待到入土吉日，再行埋葬。

死者入葬后，其用过的衣服、席子和床等，全部拿去烧掉。上山时用以"买山"的公鸡，拿回饲养，家人不可食，不出售，任其老死。

老人去世，要请道士先生或老摩公开路，但以前者为多。乐康无道士，要到外乡去请。道士开路念的是汉语，老摩公则念布依语。做道场一般3—5天，也有长达49天的。

10岁以下的小孩死亡，不办丧开路，用几块木板临时钉一个小棺材，抬上山去埋掉就行了，不做坟堆，叫做"乱来乱去"。不得葬入祖坟山。

在村外死亡者和非正常死亡者，不得抬入村中，只能停放于村外办丧。无焚尸习俗，均为棺葬。非正常死亡的人不得葬入祖坟。

老人去世未葬之前，孝子不得吃肉，要穿草鞋或打赤脚。晚上睡在亡人旁边的地上。

没有洞葬、崖葬习俗。

入葬后的第三天，要去上一次坟。这次上坟，要带鸡（3只）、糯米饭、肉等去摆供，放在一块芭蕉叶上。鸡头向里。另放两双筷子，3只小勺子，里面放酒。点上10

来根香。坟的左右和后面均摆有鸡、糯米饭和酒杯、筷子等。坟上放一些钱纸。所有东西都摆放好后，即放鞭炮、鸣枪。然后，撤去供品（还要拿回家去摆供），众人在坟边埋锅造饭、煮肉，围成几大堆，吃肉喝酒后方回家。

葬后，要"服孝"（穿孝服）一段时间。其间，一日三餐要给亡人牌位供饭，不得猜拳行令。如有事外出，家中必得留一人供饭。一般当年"脱服"，否则要到第三年方可脱服。脱服时，须举行脱服仪式。请阴阳先生推算吉日，届时杀猪请客，唱"脱服歌"，在门上张贴脱服对子。死者葬后，服孝开始，即用白纸写一副对子贴在门上，服孝中期，换黄、绿、蓝色对子；脱服时，换上红纸对子。

［赵崇南：《望谟县乐康乡布依族生活习俗调查》，载《贵州民族调查》之四，第 273—274 页，贵州省民族研究学会、贵州省民族研究所 1986 年 8 月（内部）印］

对死者均实行土葬。对因难产、落河、摔死等非正常死亡者实行火化棺葬。对未成年者葬法简单，仅用木匣（散板），也不择吉日安葬；对于老人则比较隆重、讲究。一般分为停丧、入殓、祭吊、出殡、安葬、复山等几部分。

（1）停丧、入殓。

老人年迈时，子时就为之备好棺木。棺木多置于楼下，式样与汉族棺木相同。

老人病危时，家人要告知家族、亲友前来探视；在老人弥留之际，要用一点碎银含在其舌下，意即为到阴间后渴了好买水喝；又在其左右手各放一点碎银，寓意为"买路钱"。同时，将老人抬到堂屋里，按头朝神龛，脚向大门摆放。人咽气后，要马上请阴阳先生择日子，孝子们剃头。在屋前树立引幡。引幡用竹竿系白布制成。家人们有节奏地擂击悬挂在门外的铜鼓，并用竹竿在楼板上撞打，传知寨邻和亲友，表明某某老人已经去世。大家闻讯也自动拢来吊丧、帮忙。所击铜鼓分雌、雄两种。雌鼓声音尖脆，雄鼓则低阔辽远。家人到齐之后，为死者净身、换寿衣，选吉时入殓。若是女性，大多待外家来人亲视后方能入殓。男性寿衣为左衽长衫，脚着布鞋或草鞋；女性则为右衽滚圆领中长衫，脚着绣花鞋或草鞋。

在整个丧事期间，同家族亲友均要头缠白布孝帕，同时忌食动物的肉、油，可以吃菜油、豆腐、花生、蔬菜等植物性食物。

丧家请阴阳先生择吉日安葬。如果不对吉日，往往要延长葬期。葬期一般为三至五天，多者七至八天，甚至达到七七四十九天的。如果离下葬的时间较长，就需要采取"停棺待葬"的方式。为防腐尸污浊房屋，多在屋子附近选一僻静处（如菜园），将棺木用石、木垫好，封严棺隙，再在其周围用稻草、砖、瓦围好，搭上草棚以避雨淋，待吉日再移出安葬。

（2）祭吊。

在下葬头两天，寨邻和亲友们纷纷携带礼物前来吊唁、帮忙。视财物和亲疏情况，送幡文、酒、鸡、钱或小猪等。女婿和舅家要送香亭、祭幡。孝子要头系长幅孝帕，脚著草鞋。丧家在堂屋设祭堂，挂写祭文、对联，在灵柩前焚香、烧纸、燃烛。当外家、舅爷到来之时，孝子们要在柩前跪迎，由来者扶起。是夜，举行打刷把舞、吹唢呐、敲铜鼓等治丧仪式。

"打刷把"是村寨男女齐集在丧家门外，每两人做一对，分行对立，各人手持一把尺余长的竹刷把，相互交叉对击，一人执木棒敲击木粑槽为拍子。有单打、双打、三打、五打以至十二打的打法，以及薅秧、薅地等十几个项目，声调铿锵整齐和谐，有条不紊。又于灵柩前悬数面铜鼓有节奏地敲击，同时用竹竿敲击楼板相应，名曰"打铜鼓"。唢呐均为女婿所请，有一至数对。整个村寨笼罩在悲声之中。

到下葬的前一夜，举行堂祭。堂祭分家祭和宾祭两种。家祭是儿子、女婿等的祭吊；宾祭则是一般亲友的祭吊。祭吊的主要内容是宣读祭文、缅怀逝者生平，寄以生者哀思。在祭桌上摆上九道素菜和九道荤菜供奉死者。素菜是：花生、甘蔗、萝卜、糕点、葵花、白菜、青菜、橙子、黄果。荤菜则是用鸡和猪的内脏做成各种形状的菜，有：杀鸡去头，成姜公钓鱼状；猪肝做成伏地金钟状；粉肠绕成一圈；豆腐圆子；猪肺做成乌龟状；鸡肝做成燕子衔泥状；粉条盘成"奠"字；用猪肛门烧成金钱状；猪腰切成四瓣，豆腐垫于下。以前是孝家素、荤两菜均做，现在是丧家做素菜，女婿做荤菜。堂祭结束，将灵柩移出至门外停放。

（3）出殡安葬。

由阴阳先生择吉时出殡（多在凌晨）。当众人将灵柩移动时，孝子们跪拜于前，此刻铁炮、唢呐、铜鼓、鞭炮、恸哭声响成一片。灵柩在众人簇拥下向墓地徐徐前行。孝子们披麻戴孝，手拄孝棍（长约 50 厘米），在旁人搀扶下走在灵柩前头。

在临安葬的前半夜选择吉时和地势开挖墓圹。开挖前，阴阳先生杀一只雄鸡滴血于要挖的土地上，谓之"播土"。墓圹挖好后，阴阳先生在圹内用朱砂画八卦、撒糯米，再杀一只雄鸡滴血于墓穴内，谓之请"地脉龙神"。灵柩抵达，孝子们跪在圹边。阴阳先生在圹内焚烧纸钱，谓之"暖井"。待灵柩放入穴内后，阴阳先生又杀一只雄鸡滴血于棺上。孝子们依次匍跪于柩上，由阴阳先生撒糯米在他们身上。孝子们先后退下。之后，封土隆坟。与此同时，杀牛或敲马，将牛头或马头供奉于墓前，谓之"砍戛"；倘若是女性则杀猪。

在下葬归来的当天，丧家和亲族们漱口开荤，设宴款待众帮忙者。当晚众人大都散去。女婿送的香亭及祭幛置放在堂屋神龛下，待三年服丧期满时，抬到墓上焚化。

（4）复山。

出殡后的第三天，丧家要到墓上祭扫，即复山。届时，用小猪、鸡、豆腐等供祭。丧事到此便告结束。以后每年清明时合家备祭品到墓上祭扫。

［唐合亮：《三都县周覃镇布依族生活习俗》，载《贵州民族调查》之四，第 317—318 页，贵州省民族研究学会、贵州省民族研究所 1986 年 8 月（内部）印］

　　"古夜王"是布依族丧葬中一种有着浓厚民族风情的习惯（"古夜王"是布依语，翻译成汉语，"古"是"做"、"夜"是"客"、"王"是"鬼"，合为"做鬼客"），意思是活着的人对死去的人的一种特别仪式。由于各个民族的经济、文化、风俗、习惯的不同，因此埋葬死者的仪式也就不同。为使读者了解布依族"古夜王"这一丧葬形式，以便探讨布依族的古代社会的情况，现将"古夜王"的粗略见闻叙述如下。

　　（一）请客和接客。"古夜王"分三种类型，一是给冷鬼做的（即死了多年的）；二是给热鬼做的（即刚死的）；三是给冷热鬼混合做的。三种类型无论哪一种，做鬼客的这家择定日期后，要去邀请三方面的亲戚作为鬼客。首先，提一壶酒、一只鸡去母舅家"报丧"，以便他家有时间请老魔做"达贤"（即用竹子编成一个小房子，用彩色纸剪成各种图案贴上，再做一把白纸伞，在"古夜王"的前三天送去做鬼客一家）。送"达贤"，要数十人敲锣打鼓，吹唢呐放鞭炮，主人家要率孝男孝女拿酒肉到路口跪接。"达贤"送到主人家，由老魔公放在事先做好的鬼房里敬供。此后，主人家还要提一壶酒去通知死者的女婿家和媳妇家，要他们准备猪头、纸伞等来祭祀。这样的鬼客有上百拨。到做鬼客的那天，主人家要组织一对吹唢呐的接客，孝男孝女们来道跪接。

　　在布依族中，历来都有"换手抓背，邻里相帮"的传统。做鬼客也一样，在请客之前，主人家先请寨邻（主要是同姓家门）父老吃一餐便饭，请各家帮忙招待客人，一般是一拨客一家，来客的吃、住由这家代为招待，主人家只负责招待请来的老魔公。

　　（二）栽龙戈（汉语叫望山钱杆）。在赶鬼场的前几天，做客的这家要请十多人带着唢呐锣鼓，用饭箩装着糯米饭，到长有大斑竹的寨子去寻求"龙戈"。求"龙戈"要提一壶酒，一只鸡去拜竹子的主人，请求同意砍竹去做"龙戈"（在布依族居住的地区，一般都晓得这个习惯，因此竹子的主人不管是布依族还是其他民族，都会同意的）。然后烧钱纸、放鞭炮，跪着将竹子砍倒。在竹根底下埋一个小铜钱，意思是布依族祖先在古代就已用钱买下了这根竹子给死者做"龙戈"，将会沿着迁徙来的路线上天。

　　抬"龙戈"回来的路上，每逢一个寨子就要吹一调唢呐。把"龙戈"抬回家后，要把它放在屋檐下专人管理，不能让鸡、狗、猫等动物爬过。然后由老魔公用白纸扎望山钱、纸人纸马做"求骆"，（"求骆"即祖宗通往部落的桥）。"求骆"是根据不同姓氏的字头做的。有的用红纸，有的用白纸，上面写着该姓古往今来迁徙来的地名，如"薛州、巴州、纳养、歪商"等字样，指明祖宗上天去的路径。上述准备结束后，就由老魔公在择好的时辰里唱道："栽竹树／立绿荫／修桥补路孝子心／架天桥／修天路／栽竹送祖去归阴。"

　　于是随着一声炮响，火炮和鞭炮齐鸣，把所有的"龙戈"统统立起来。

　　（三）做"然王"（汉语：鬼房）。按照"冷鬼"做在屋外，"热鬼"做在屋内的规定，由老魔公用青竹、楠竹编扎成一个高六尺、长丈二的小房子，用红、黄、蓝、白、黑，以黑色为主的纸剪成纸人、纸马、山岩、树木及水波浪等式样贴在小房架上，留有门窗，肃穆庄严。在鬼房里，点着油灯，用细麻绳拴着些小鸡在里面。外面用斗装着谷子，插上香，摆着酒肉祭祀。这鬼房在砍牛后，搬到死者墓地烧掉，说明祖宗上天了。

（四）"破王"（醒鬼的意思）。要将为这次"做鬼客"的鬼统统闹醒，使其弃阴复阳，通过"赶鬼场"解除他们在人间的罪过，送其上天去享清福。醒鬼，要看各个鬼的性别，摆出其生前用过的东西。男的主要摆锄头、镰刀、斗笠、斧头、犁耙等；女的主要摆出布匹、针、钱、纺车、布机、草鞋架、蜡染架、梭子、磨、碓等。摆实物祭祖，据说是有来源的。如有的姓在给热鬼做鬼房的时候，必须用一把破镰刀、一个破草箩放在棺材的头部底下，也有放在鬼房上的。为什么要这样做呢？相传在古老的时候，布依族的祖宗是"拓维"（奴隶），专门给"然首"（奴隶主）割草喂牛。一天有一个"拓维"上山割草死在山上，于是其他"拓维"就将他埋在山上。后来，这些奴隶在埋死去的人时就照这个形式进行，一直传到现在。"破王"在摆好实物后，还要准备铜鼓、唢呐、鞭炮、坐地炮、火药炮等，集中家庭中的妇女来哭丧。当"报魔"（布摩）宣布醒鬼开始，于是火炮声、唢呐、铜鼓声连同哭丧声、舂碓、推磨、织布纺线声混合为一体，闹得全寨沸腾起来，十里以外都能听到。这样就算把"做鬼客"的鬼闹醒了。

（五）拜客。在"古夜王"的头天晚上，当所有应来参加"做鬼客"的每拨鬼客（即亲戚）都到齐吃罢晚饭后，主人要集中孝子们，提酒去拜访每拨"鬼客"，举行轰轰烈烈的拜客活动。拜客要下跪，并致拜客词。大意是：为了对祖宗的孝敬，你们来做鬼客，由于条件差，招待不够，请原谅；老祖宗会保佑亲戚平安无事，富贵发达。每拨鬼客也同样以礼相待，赞颂死者生前的绩德，孝子们的孝心及保佑平安等，随后便互相敬酒。

（六）打鬼耙。按照习惯，"古夜王"要连续打三个晚上的糯米耙耙。第一晚上是主人家的，第二晚上是死者家族凑的，第三晚上是死者的女儿们拿来的。打鬼耙很有趣，耙耙手分别由女婿和主人家一方各派两个身强力壮的小伙子担当。相传到耙耙打好时，各方用自己的耙耙棒卷裹盆里的耙耙；谁卷得多谁多发财。因此，各方都拼命地卷，把耙耙盆内的耙耙卷完后扛起就跑。于是在场的人们蜂拥伸手抓棒上的耙耙，以为抓得越多越发财。真是热闹非凡。

（七）"赶鬼场"。"赶鬼场"是"做鬼客"习惯的最后阶段，也是最热闹神奇的阶段。"赶鬼场"一般是在大一点的田、地或草坝进行，所需面积百把平方米。每当"赶鬼场"，不管是参加做鬼客的或者是不参加的，不管是本民族或其他兄弟民族，都可以观看，往往有数千观众。在赶鬼场上，中间栽着砍牛桩，用葛藤拴着即将砍的牛，牛的头数不等，多的数头，最少的一头。穿孝布戴白帕的孝子孝女们，在老魔公的率领下，围着牛慢慢移动转三转。"赶鬼场"的始终，唢呐锣鼓不断，火炮鞭炮齐鸣。

"赶鬼场"的高潮是砍牛。砍牛前，孝子们要提酒肉去跪拜"报丧"，请求"赶鬼场"，要求同意砍牛。经过再三请求，"报丧"才把砍牛刀交给死者的女婿一方（布依语叫"王奎"）。"王奎"接到砍牛刀后，等孝子们拿着糯米饭去喂即将砍的牛，给牛烧钱纸。（意思是拜托它到阴间去为死者替罪，不让死去的祖宗再受折磨。）此后就是砍牛了。事前"王奎"要根据砍的牛多少，准备几个彪形大汉砍牛，安排第一持刀手和第二持刀手。第一持刀手的任务是带领其他刀手围牛跑三转，然后举刀在牛背上划一下子，双手从头上将刀转交给第二持刀手，便向做鬼客的主人家跑去，敲响挂在堂屋里的铜鼓；其他砍手在第一砍手交刀以后，用刀向牛砍去，只能三刀将牛砍倒。这其中必须注意，不许抬腿；如果牛下跪也必须跪着砍，不许将牛脖子彻底砍断，牛倒地时尾巴一定要朝着不吉利的方向。如果违反了这些习惯，就可能立即受到孝子们"芦苇"抽打。砍死牛后，用极快的办法剥开牛皮，砍下一支牛腿，由几个大汉轮流扛跑到主人家祭"龙戈"。孝子方面呢？要在牛倒地时，由几个大汉立即摇拔牛桩。如果在对方的牛腿未砍下扛跑之前摇了起来，就称胜利，否则就是对方胜利。将牛腿扛到"龙戈"底下，老魔公开始"越旁"（唱鬼歌，叫祖籍，指天路），嘱咐死去的祖宗沿着古代迁来的道路上天去。按照古老的规矩，不按老路走是上不了天的。唱鬼歌，无论哪一姓，头一地名都是薛州，然后是巴州、荆州、磨冷、纳养等，各有区别。最后一句是"拜啃罗"即上天罗。这一过程结束后，叫了祖籍，立即放倒大小"龙戈"，将望山钱，"求骆"，长纸条等一起烧掉，表示已送祖宗上天，并将各方亲戚送的纸伞插到死者坟上。故明朝《炎缴纪闻》有"仲家，葬以伞盖墓"记载。

　　前面，我们概述了布依族丧葬习惯中"古夜王"的过程。一个民族的风俗习惯，是这个民族在长期的历史进程中形成的。它反映该民族的历史传统及心理感情，是"古代风俗的贮藏库"（法国马克思主义者拉法格《财产及其起源》）。因此，众多布依族"古夜王"的传说者"报魔"现今都还相传着"古夜王"的来源，为我们探讨布依族古代社会提供了可考证的材料。

　　1972年古历正月二十二日，当时我家住镇宁自治县六马区的民族小学。这天陇槐寨的"报魔"韦焕其老先生来我家玩儿，在谈到"古夜王"时说：你是吃公粮的，不一定同意我说的。不过，我是七十多岁的人了，活不了好久了。你是自家人，我们布依祖祖辈辈传下来的这个风俗不让下代知道不行，讲了随你听不听。反正我们做"老魔"的相信，这是我们学做"老魔"时就必须晓得的。

　　古老的时候，我们布依族就懂得用树枝、土块、树干来造房子了。当时"拓妄"还住在山洞，觉得布依族的房子好，于是请教布依族去帮他们造房子。每造好一厢房子时都很高兴。为了庆贺，他们就将那些在打仗中抓来的人杀来摆肉宴祭祀。后来，我们布依族做房子，也去请他们来帮忙抬树子。房子起好后，也学他们大搞祭祀，用什么祭呢？虽然我们布依族也存在"然首"和"拓维"之分，但杀人祭供那不是我们布依族的规矩。在那时之前，我的老祖宗们就已经喜欢"攃山"（即打猎），获得来的野牛、野羊等兽类吃不完，用圈关起来叫"拓维"（即"奴隶"，参见《贵州民族研究》1982年第三期《从语词上探讨布依族的奴隶制》），割草喂养。因打来的野兽越来越多，用"拓维"也比较多，因此，祖先们即想，与其杀"拓维"，不如留他来割草，多杀些牛、羊。于是，就杀很多牛、羊来祭供，由于牛、羊多，用刀杀不过来，于是就用"攃山"的大砍刀砍。从而成为布依族祭祀活动的主要形式。后来，我们的祖先过世就采用"古夜王"的形式砍牛、羊祭供死去的亲属。古老的时候，对每个死者都要砍数头牛、羊祭供。

[马启忠等：《镇宁布依族苗族自治县布依族》，载贵州省志
民族志编委会编《民族志资料汇编》第一集（布依族），第
10—13 页，1988 年（内部）印]

上莫乡布依族丧葬习俗主要实行土葬；唯有对非正常死亡者，如因为落河、倒崖、凶杀、野兽伤害、妇女难产、上吊等等原因而致死的人，才对之进行火葬，但火葬后又须捡骨接着进行土葬，土葬前有"坑尸"习俗（即把棺抬在山上连续搁置几年或一段时间）。其整个过程仪式复杂，内容丰富。笔者还亲自参加了该乡甲斗寨韦明元家，在1984 年 5 月 28 日至 29 日为其去世老母举办的"砍牛做斋"整个仪式。

正常死亡者，对其丧葬习俗共分为"搭凉床"、"洗尸"、"穿戴"、"交倒头猪"、"入殓"、"发丧"、"造地埋坟"、"砍牛做斋"、"包坟"、"谢坟"等诸种仪式。

当老人病重到饮不能食、话不能讲时，族中亲人开始守护。老人落气时，即用金或银片放入口中，称为"含口钱"，意思是让亡人在阴间仍有钱花。并于丧家堂屋搭一简易木板平床，上铺草席和床单，俗称"凉床"，布依语叫"贯濮代"。

搭好"贯濮代"。须亲族人或孝子亲自将亡人尸体移至上面仰躺起来，同时在"贯濮代"头部安排灵位敬供。灵位用小桌一张作为灵桌（其高度须与"凉床"相等）。桌上置五升斗一只，斗内装满稻谷，上插灵牌与燃香三炷，供品有米酒一碗、猪肉一碗、猪杂一碗、豆腐一碗、糯米饭一碗等等。点灯一盏，昼夜照明，布依语称"当屯矫"（dang^{13} den^{11} jao^{14}），意思是明灯供祭。灵牌上写有亡人姓名，以及注明其孝男、孝孙名字，形式与埋坟时碑文格式同，但此处均用汉文书写。

"报丧"。与布置"贯濮代"同时，由族中派人通知各方亲戚，在受遣"报丧"的人中只有去舅家者须带上白布孝帕一张，届时舅家一见，便知姑爷或姑母已经去世。

对移上"贯濮代"的尸体，第一步是"洗尸"。"洗尸"有固定顺序，先从亡人头部洗起，"男左妇右"。如亡人为男性，即由头部洗起，经左臂洗至左脚，再沿右脚洗至右臂。洗尸水是以净水烧温，然后将梨树丫、桃树丫、柏枝叶等浸泡许时，制成后由孝子带头洗尸。使用后的洗尸水，须倒于僻静干净之处，不能让人踩。

第二步是"穿戴"，即给亡人全身换副新装。先穿裤子，裤带为布料，系紧后须打死疙瘩，带头留有五至六寸长度；再穿汗衣、上衣。亡人为男性者着长衫三至五件，外套马挂，共七件或九件，必须全为单数；亡人为女性者，亦"放单不放双"。女性戴头帕，男性戴帽子，而且女性头帕要"反戴"，以示阴阳之别。

相传古时的妇女均穿筒裙，故女性亡人也着裙子；由于现在妇女均改穿衣裤，因而有的也穿裤子。布鞋均是长筒船形，妇女着绣面花纹鞋。这些东西统称"寿衣"。"寿衣"一般在活着时就已备齐。新中国成立前有钱人家还缝制绸缎寿衣。

"洗尸"、"穿戴"完毕，即于当晚举行"交倒头猪"的宗教仪式。仪式由族"掌摩"（布摩）先生主持，用活猪一头敬供死者，意思是送给亡人作会见祖宗之见面礼。"掌摩"在念词中念到已故祖先名，请"他们"接受亡人礼物，并带"他"一起走。念毕，把活猪"当着死者面杀死"，称为"生敬"；接着整理干净，煮熟又来敬供一次，称为"回熟敬"。"掌摩"再念请一遍祖先名，意思是大家熟悉死者。这两个过程，俗称"交生在前，回熟在后"。

在"交倒头猪"的念词中，把亡人所穿戴的全部衣装，都要"点清"，每点一样，即用火将那件东西灼一小洞，认为这样，才能交给死者。因此，所着衣服，每件都有灼洞。念词说："路上人家向你买，你也不要卖；别人卖给你，你可向人买；人家要抢你就打。"

亡人手中还有白纸纸具两个，形如清明挂青纸，皆用麻套于死者双手之一，没有麻不行。人们认为有此两个纸具，死者在阴间路上双手一甩，前方亮堂，行路方便，亦须用火灼成小洞。

"穿戴"毕，以白布一幅长约五尺盖于死者身上。待"交倒头猪"仪式之后，将此白布撕成若干条块，分给族中孝子孝孙，每人一条作悼念的孝帕。

"入殓"选择吉日举行，届时还需再用"长兜单"和"小兜单"装扮死者。"长兜单"专由亡人长媳拿出的土白布一块为之，用以垫尸。其长度以死者身材高矮而定，从脖子处垫至脚后跟（头部另有垫物），"长兜单"只限于女性亡人使用。

"小兜单"男女亡人均用，而且数量较多。它们是族中的下辈媳妇们每人献出的正方形土白布一块，意思是媳妇送老人帕子一张。"小兜单"需打成圆形钱纸图样。使用"小兜单"男女有别，男性者将其盖于胸部处；女性者则将其垫在身后腰部处，意思是妇女生前生育哺养小孩，非常辛苦，后腰是背孩子时被经常尿湿的地方。"小兜单"垫于此处以示尊敬。

"长兜单"与"小兜单"用以装扮死者时亦灼小洞。但死者的媳妇当时若有身孕，即被免去送"兜单"的职责，由其他媳妇代替。孕妇还严禁参加"洗尸"与"穿戴"仪式，甚至死者面前亦不许经过。

"入殓"，只有死者亲人方能抱尸放进棺材。女性亡人，尸体上再盖白布一幅，称为"盖单"，其长度只限从脚至下巴处，头部不能遮盖。"盖单"须沿小肚处剪开直至脚趾，使之呈两条裤筒形。棺内垫木枕头，但木枕头不能太高，意思是不能让死者看到自己的脚。木枕上垫枕帕，是土布花帕一块，同样灼成小洞。棺材太长时，让死者脚部抵着下端，上端（头部）不管空有多长都行。尸体安放周正，盖棺后在棺木上灼一火痕，表示全部交给死者。

"入殓"的禁忌是，死者的"寿衣"、"兜单"等物，外族人不得触摸，已经出嫁成家的姑娘也不行，因为她既已嫁出即变成外族人了；同样，死者的亲媳妇，包括所有嫁进来的本族媳妇，都可替死者整理衣服，因为她们已是本族人。这种严格禁忌，若遇有的人家不懂如何在丧事中装扮死者，请外族老人指导时，这位老人只站立一旁指导，"只能动口，不能动手。"

"入殓"一般不等舅爷亲视含殓。唯有出现死者生前家庭不和睦、后代有不孝父母的情形时，舅爷不放心，才必须亲视含殓，但此种事例极少。

丧葬所用棺木，中华人民共和国成立前多以杉树为之，"整墙整盖"，称为"大棺材"。现在大树极少，改用木方子为材料，称为"小棺材"。

停丧时棺材顺梁放，从大门发丧。灵柩停放方向固定。男性死者头部在房子左方，脚蹬右方，女性死者方向相反，以头部为准，"男左女右"。停丧期间，族中孝子孝孙集中守灵，直到发丧出门为止。

"发丧"仪式亦选择吉日进行。准备阶段，孝子、孝女、孝孙们各备竹制"孝棒"一根（孝棒长约1.5尺，上缠白色纸条）。孝子着白布孝衣，腰系麻带或草带，头披孝帕（孝帕亦以麻缠绕，从头部沿背拖下到腰间）。孝衣为反面缝制，称"反衣"，意示出丧事的阴阳之别。

从老人落气逝世时，孝子开始打赤脚。

"发丧"前，丧家门外备有一匹马，此马称"驮魂马"。配齐马鞍，鞍上置亡人生前之衣服、鞋袜、烟杆、旱烟叶以及小布袋装盛的茶叶等物。吉时一到，"掌摩"先生于棺材上放一瓷碗，内装炭灰，只见"掌摩"手持斧头一把念诵经词，念毕用斧背打破灰碗，大喊一声："出。"帮忙抬丧的外族人随即捆棺抬出，同时鸣铁炮三响。孝子们是禁止自己抬棺的。

抬出的棺材，上盖锦被或床单，被上再站公鸡一只，称"引路鸡"。

送丧队伍顺序固定。最前面者是女婿牵着"驮魂马"，马前又有婿方一青年手持火把一束。接着是孝子、孝女、孝媳、孝孙等手持孝棒跪拜迎接。出门后遇较宽处还有一个仪式，届时任凭地下烂泥烂塘，孝子也要趴下让棺材从自己身上抬过（邻近的掌布乡布依族地区，已不趴在地，只是跪拜迎接即可）。然后才又与孝女孝媳们一齐走在灵柩之前。途中抬棺者若是走得太慢，他们也要跪下等候让其赶上。（棺材在上路时，中途不准搁下。）人们认为下跪等候有两重意思，一是孝敬去世老人，另一方面是尊敬帮忙抬丧的"抬丧郎"。

灵柩上山，停放的地方及棺材放置时的朝向都已由"掌摩"事先选定。到了山上，人们按规定搁好，马上取下盖棺锦被，并随即动手用茅草盖好棺材。

有的死者，"掌摩"先生按其生辰八字推算出认为需马上埋葬，即在上山前先挖好井坑，吉时一到立即安埋；若需"炕尸"者，就用茅草与木棒盖成小草房，把棺材遮住，使不漏雨水，草房上还架"木马"一个，这是防止野兽破坏的。人们认为"木马"弹过墨线，而野兽最怕墨线。

用过的竹制"孝棒"统一放棺材旁，解下腰系的麻绳进行火化，并各人将原来披着的"孝帕"改着平时"包头帕"式样。"驮魂马"由"掌摩"先生用烧酒一碗浇淋马头，表示献给死者。马上衣服可带回使用，但中华人民共和国成立前，这些东西，一般是连同亡人睡过的床铺被盖等物，都拿在河边沟旁水较急处火化。抬棺用的杠子可带回家继续作抬其他东西用，但不能用作打制其他工具或用具。

据反映，中华人民共和国成立前，上莫乡布依族对"驮魂马"的选择很有经验。若在市上选用此种马匹，人们只需看马眼中的人影如何便能知晓，如人影稍偏，那么此马已驮过一次魂；如马眼中的人影更偏，则已驮过二次魂。不少老年人表示亲眼看见，"驮魂马"驮的东西虽少，但一到山上，马背汗水淋淋，俨然一副长路负重的样子。他们认为，"驮魂马"驮过一次魂后，一般寿命都不长，因此"驮魂"仪式一过，办完丧事就把它拿到市上出售。

上山后灵柩停放的时间长短，由"掌摩"先生推算而定，如需停棺待葬时间较长者，便形成了"炕尸"习俗。寨子周围，一般都有固定的"停棺山"或"炕尸山"，但这绝非是所谓"家族坟山"。上莫乡布依族已经没有固定的公共墓地。

埋葬分"选地"、"挖坟坑"、"下棺"、"垒坟"几个过程。

"选地"由"掌摩"先生确定地点和日期。地点选好即按吉日上山挖坟井，此处男子才能进行。井坑呈长方形。待埋葬日期一到，"掌摩"在坑中用纸钱和芝麻叶同时烧化，将灰扒平后，再将雄黄粉于坑内中部画圆形"八卦图"一幅。"八卦图"画法按自乾至坤的顺序与方向进行，画时有念词，但"掌摩"只是默诵在心，不念出口。

卦图画成，待吉时"下棺"。棺材放入坑内，要下罗盘定方位，称为"定中墨"。接着用原"盖棺被"或"盖棺单"，由四人各执一角遮住棺材，开棺进行清理，称为"清棺"。"清棺"不能露天。其目的，是为了观察送丧时是否因路上颠簸而使死者睡的姿势、衣物等穿戴不周正，须整理一番，让死者安稳睡于棺中，然后盖上棺盖，撤去遮棺布，进行掩土。

"掩土"仪式，孝子们需身着孝衣，先背棺木跪于前方，双手反兜衣服接住"掌摩"从棺木头部撒来的泥土。届时"掌摩"口念经词，孝子接住泥巴，按兄至弟依次退至棺材头部，将泥撒于其上，又转身每人先挖三锄泥土盖棺。帮忙的人到此方能大家动手，掩土垒坟。

"谢土"仪式在垒好坟后进行。仪式由"掌摩"主持。新坟四角及坟前坟后各摆一排酒饭，总共六排。各排供品一样，均为糯米饭、糯米粑、豆腐、猪肉、酒、饭等各一碗及香纸。坟前一排多有公鸡一只。此时孝子已不需下跪，"掌摩"念完经词，即杀鸡供奉，将鸡毛与木炭埋于新坟四角，以确定新坟界限。"掌摩"念道："左有青龙，右有白虎，前有朱雀，后有玄武，中央地脉龙神，亡人×××某年某月某日某时，今天与你们大家会合，请你们一起来吃。用鸡、酒、粑粑、豆腐、香纸、蜡烛来敬请，你们从此是一家人啦。"念毕烧四方香纸。经词念诵两遍，"先交生"、"后回熟"。同时也敬亡人，认为这样灵魂才能与地脉龙神相安。

"谢土"仪式完毕，敬供酒肉可在山上吃，也可带回家吃。安埋完毕，原来作"倒头猪"敬供的猪肉，要留猪身最厚一块送舅爷（有几个舅爷送几块）。女婿亦有份，但肉块较薄。人们认为："娘亲舅大、爷亲叔大。"这是遵循古礼。

丧葬过程中，还有一种独特的宗教仪式"砍牛做斋"。但何时举行，以丧家经济条件而定。有的人家现埋坟现砍牛；有的人家先埋新坟，待以后家中经济宽裕时再举行"砍牛做斋"。甚至有的人家把新坟埋了三五年才来砍牛祭祀。

"砍牛做斋"，可以几个亡灵一起集中举行，但一个亡灵起码要黄牯牛一头。现在由于耕牛贵重，有的地区因而改用牛皮一张、公鸡一只以代替。这也算人民群众在丧葬习俗中自觉向节约方面改进的一个表现。

倘若埋新坟与砍牛祭祀同期，"做斋"仪式必须待灵柩抬上山后才能举行。

"砍牛做斋"或不"砍牛做斋"，各方亲戚所送礼品不相同。不砍牛的丧葬仪式中，亲戚所送礼物较轻，舅爷、姑妈、女婿都只送幡帐一幅（帐上贴有白纸写成的祭文）。同来吃酒的亲戚不带鸡、酒也可，而且人数较少。亲戚送来的祭文需拿在堂中与亡人灵牌一起敬供，供期与孝期相同。唯有女婿送来灵房一幢，摆在堂中供桌上，待到满三年后才能抬到坟上烧化。

头年埋好新坟，第二年还要举行"包坟"、"谢坟"仪式。仪式在山上坟地举行，由孝子把酒和大米、粑粑、豆腐、香柱、纸钱等物挑到坟边；女婿抬来生猪一头（约重120斤）。仪式由"掌摩"主持，先在坟前点香三炷，烧纸钱三张，然后把所有供品在坟前排列敬供。"掌摩"念道："请你×××（亡人名。）今天给你修理坟墓，有大米、酒、猪、粑粑……来敬，请领受。"接着杀猪，称为"生敬"。"生敬"完毕，帮忙的人即给新坟添土，称"包坟"。一些人烧水把猪毛烫掉，煮熟后又来敬供一次，称为"熟敬"。

"熟敬"时把猪肝、猪头、猪肉等摆于坟前，坟的四角各放瓷碗一个，碗中装有猪肉一块及豆腐，碗旁插香一炷。这里的"熟敬"亦称"谢坟"。

"谢坟"的经词是："左青龙，右白虎，前朱雀，后玄武。×××（亡人名）你们是一寨，请你们一起来吃。把你的房子修整好啦。你要保佑子孙发达，女婿方亦子孙发达。"念毕烧化香纸。仪式结束，所有人可在山上吃点酒饭，然后把供品抬回家中（回家后不再举行敬供仪式），招待各方亲戚。

丧葬习俗的孝期，从出殡之日起，亡人如是母亲，孝期为一百二十天；亡人若是父亲，孝期为"七七四十九"天。出殡之日，孝子们统一剃发，往后整个孝期不得理发。必待孝期满后，才行剃发仪式。届时请来"掌摩"先生及舅爷、姑妈、女婿等亲戚，由"掌摩"主持用公鸡与酒敬供家神，并对祖宗交代："儿女已经孝你××天，孝期已满，要剃头啦。"接着取下堂中敬供的祭文、灵牌等，烧化于家神面前，俗称"烧灵"。孝子们才能一齐理发。

孝期过后，未举行"砍牛做斋"仪式的人家，每逢开饭都要多备瓷碗一个与竹筷一双，碗内装上米饭，并夹菜一箸放上叫声："爹爹（或妈妈），来吃饭啦。"全家方开始就餐，就是孝期已过三五年亦行此礼。必待请"掌摩"举行了"砍牛做斋"的宗教仪式，此礼方免。为此，新坟安埋好后，家中经济一旦宽裕，还要举行这个仪式。

"砍牛做斋"，布依语称"挽者"。这是群众中长期以来流行的一种丧葬习俗，目的是超度亡灵升到天堂。它在整个丧葬习俗中显得尤其隆重，所需供品起码是黄牯一头，解放前有钱人家也有用几头黄牯牛的。

"砍牛做斋"，可把死去十年、八年，但未给举办"砍牛做斋"的亡灵，都集中起来一同超度。这些亡灵可共一个灵堂，但亡灵各需黄牯牛一头，并另做灵桌一张单独敬供。有几个亡灵需要几个"掌摩"先生，到时各负其责。

"做斋"仪式均由后代为其去世父母举办，如遇绝嗣人家，则由族中亲侄子代其举行。人们认为，经此仪式，亡灵才不来给族中的人找吃。

整个仪式分为"议牛桩"、"起斋"、"下田坝"几个过程。

"议牛桩"即"砍牛做斋"之筹备会议。仪式举行之前，丧家一般提前一个月左右通知各方亲戚前来商量筹办，称"议牛桩"。届时丧家需杀猪或杀狗招待。席间对整个宗教仪式的内、外总管由谁担任，以及由大女婿或小女婿砍牛；谁人登记礼单；谁家煮酒，谁人发酒；炮手、号手、铜鼓手由谁负责；谁人朗诵祭文；寨上如何对前来参加仪式的亲戚分配招待等等，都在筹备会上事先决定。

这里在婚丧喜事的酒期中，寨上都有互相帮助和为主人家招待客人的良好传统。丧事中前来的各方亲戚，以舅爷方而为重，寨人招待他们的人家，其居住地势必须比丧家居住的地势高。总之，整个白喜酒期，处处都显示出舅爷地位不比一般。

"做斋"所需黄牯牛，解放前由主人家先买一头，女婿义送一头。女婿送牛是因为姑娘出嫁时，主人家陪嫁有牛马田地等物。老人过世了，买牛敬供以示报恩。倘若陪嫁时未得田地，此时送牛之后，主家要送田地一份作为还礼，而且待斋事办完，女婿可把"驮魂马"牵走。仪式举行之前，先把双方的牛放在田坝斗架。一般情况要让女婿方的牛打赢，若是输了，女婿会立即买来新牛继续斗架。但也有婿方的牛打赢后，看热闹的人也会取笑"主压不过客"。因此用牛打架往往引起亲戚不和，甚至打架斗殴。这种习俗在中华人民共和国成立前就已由各方亲戚和主人家在"议牛桩"会议中，决定取消女婿送牛的礼节。同时，在姑娘出嫁之时，主人家也只陪嫁一般用具，不再陪嫁牛马和田地。据今年79岁高龄的蒙德明老先生回忆，女婿送牛做斋的事，只在他还11岁时看见一次，往后就一直未见了。

"砍牛做斋"的宗教仪式，分为"起斋"、"放客"、"下田坝"三个阶段，为期三天。

第一天"起斋"，布依语称"外龚"。仪式在丧家堂屋举行，届时神龛用白纸封住，表示举办丧事。屋内灵堂摆设是：以八仙桌一张为灵桌置于神龛之下，桌上放五升斗一只，无斗的人家用一般升子也行。斗内装满稻谷，斗口蒙上白纸不让谷子掉下，上插亡人灵牌及燃香三炷。摆酒一碗，糯米饭一碗，刀头肉一碗。灵桌前方又置长方形供桌一张，上置圆形竹制簸箕一个，内装若干糯米饭团，饭团上插有用竹条叉上的鲜鱼一条（邻近掌布乡罗姓家族只插新鲜竹叶，不插鲜鱼）。另有豆腐与豆芽搅拌而成的供品三碗，亦放簸箕之内。供菜均由男子制作，其禁忌有当时老婆身怀有孕的男子除外。

有几个亡灵一起"做斋"，即设几张灵桌，每桌前"掌摩"先生一名主持敬供，每位"掌摩"配有男性助手二人。"掌摩"本人的老婆也必须当时未有身孕，否则别人请他也不会来，不然对他本人不利。

灵桌旁竖有"摆头纸"一蓬，"装粑竹"一根以及亡人生前所需生产、生活用具。"摆头纸"蓬高六、七尺，其间共分五层，用赶牛鞭和白纸绑成，形如挂青纸。纸张数量多少以亡人岁数而定，每岁一张。但也"放单不放双"，如亡人80岁，即用白纸81张；90岁，即用白纸91张。

摆设的生产、生活用具，有铁三脚、铁锅、甑子、空箕、坛子、犁粑、铧口等物，几乎都是真的，唯犁粑用竹仿制，上糊白纸而成。人们的意识中，亡人在阴间也同样要这些生产和生活用具，从事劳动和生活。

灵桌旁的"装粑竹"，布依语称"董保"。"董保"内装糯粑若干团，其制作方法是，先把糯米粑捏成鸡蛋般大小，上撒食盐少许，再用白纸包上一头放入火塘烧熟，取出后把砍来的竹筒打破，夹进粑团再让竹子合拢而成。这是亡人在阴间使用的干粮筒。

灵堂之上还并排横搭三根竹子，其长度与堂屋宽度相同。前竹挂有水彩画一幅，画的质地为白土布料，长八尺宽六尺，上有宗教活动各种图案，布依语称"董曼"。中间横竹挂有三角形竹片一架，为宗教进行过程中挂鸡肉之用，布依语称"董介"。后竹挂有稻穗一把，布依语称"董好"。"董曼"、"董介"、"董好"是针对三根竹子在宗教仪式中的功用而言，其名也因此而得。

"掌摩"先生的打扮是，身着长衫，头绕青布帕子，肩扛长刀一把（刀刃长约2.5尺）刀上捆有麻皮几条及青布帕子一张。

"起斋"开始，"掌摩"口念经词，请亡灵到位。其帮手二人立即手持火把一束和稻谷一穗，抬着一只水桶出寨去取"净水"。但一到井边，他们将火把、稻穗置于水旁，只象征性地往桶里舀水一碗，即把"净水"带回。灵堂中的"掌摩"，则先将铁三脚与铁锅置于火塘之上烧熟，等待"净水"一到才移至灵前，再把甑子放于锅上，并把一团糯饭放入甑中，形如做饭之情形。随即倒进"净水"，顿时锅中水沸声响，蒸汽上升，表示亡灵的饭已经蒸熟。

此时，"掌摩"先生念请亡人："×××亡人，××时死去，现在你的孩子有能力，要送你上天。有三脚、有甑子、有空箕、罐子、有犁有粑、铧口……各种各样，拿送你去吃，拿送你去用。"念毕又到丧家大门口再念一遍经词。

丧家门口置有粑槽一个，"掌摩"一到，其助手一人为其打伞，另一人手持粑棒站立一旁。"掌摩"手持公鸡一只，口念经词，将公鸡在粑槽边连打三下，旁边助手立即冲打粑槽。粑槽声一响，立即轰鸣起丧家事先准备好的铁炮声及铜鼓、长号、小号、皮鼓等乐器声音。乐声中，"掌摩"把打死的公鸡扒下鸡皮，将鸡皮挂于灵堂供桌之上，鸡肉则挂于灵堂之上的"董介"竹上。到此，"起斋"仪式结束。

第二天"放客"，布依语称"重谢"。此天丧家请来的铜鼓、长号、小号、唢呐、皮鼓等各种乐手于灵堂吹打，称为"坐堂"。同时，一清早丧家要在大门口鸣铁炮一次，中午饭时再放一次，每次一响。

下午，奔丧吃白喜酒的各方亲戚陆续到来，他们中间以舅爷最受尊重。当舅爷来到寨边，孝子们要牵牛出寨迎接；舅爷走到村口，把自带铁炮鸣放三响，丧家听到也须鸣炮迎接，但只准一响。其余亲戚到来之时，无牵牛迎接之礼，且亲戚鸣炮三响，丧家亦可三响相迎。表示所有亲戚除舅爷外全部地位相等。

　　"放客"这天，丧家预先派人在田坝选定场地栽牛桩，准备第三天砍牛仪式所用。规矩是：牛桩要倒栽，表示阴阳之别。桩上用木炭画"♯♯"字形图样，桩顶绑红绿纸伞一把，四面撑起小木桩，再用篾条缠绕。木桩长约五尺，约二尺插地，地面三尺均剥掉树皮。

　　晚饭后，由"掌摩"主持把亲戚所送礼物在丧家灵堂安排"堂祭"。

　　"堂祭"分"生祭"和"熟祭"两过程。"生祭"即用活猪、活鸡，抬在灵前杀死敬供亡人。敬毕，各方亲戚把自己所带礼物拿回寨上接待人家整理干净，再将整猪、整鸡抬回灵堂敬供一次，此称"熟祭"。"熟祭"时由专人朗诵祭文。祭毕，各方亲戚仍将整猪、整鸡带走，在待客人家自己享用。以上过程均在鼓乐声中进行，直到深夜才告结束。

　　第三天举行"砍牛祭祀"仪式。这是整个做斋过程中最隆重的场面。也分为"放番"和"下田坝"两个仪式。

　　"放番"，布依语"博估"。它是在丧家屋后与灵桌对直处立上竹子一根，称为"番杆"，上面挂有"天梯布"，表示亡灵的升天梯子。

　　选做"番杆"的竹子很讲究。第一，此竹要长得茂盛，竹尖从未断过；第二，砍竹人由男子进行，妇女不许参加。且这些男子的老婆当时必须未有身孕；第三，须由"掌摩"亲自选竹并带人砍伐；第四，砍下的竹子不许用脚踩；第五，砍倒竹子，须从竹尖最上端数起，留下 13—17 节（留单不留双），这段竹子必须留有青色竹叶，其余部分修理光滑；第六，竹竿扛至丧家屋后，即把"天梯布"绑于留有竹叶的下面一节，等得吉时一到，抽立"番杆"栽于屋后；第七"番杆"需与屋内灵桌形成直线，"番杆"顶部必须高过屋脊若干尺。

　　吉时一到抽立"番杆"即称"放番"。在上莫乡布依族各姓家族中，"放番"时间各不相同。以上卡寨为例，"濮晋"陈家在"斋期"第二天半夜"放杆"；而蒙姓则于第三天拂晓"放番"。

　　"天梯布"质地与结构，均是自纺白土布与"草布"镶接而成。每节长约五寸，宽约一尺。最下端为白土布，底端有布须。依次是"草布"、白土布、"草布"相间上升。

　　"草布"用山间"席子草"编织。采集时由男子进行，须到离寨子较远，寨内鸡狗叫声都听不到的、平时牛马吃不到的刺蓬中找来。当天采集，回家后由丧家族中妇女当天编织。"草布"经线为棉，纬线为草（棉线用棉花现纺）。规矩是当天完成，不得过夜。"天梯布"的纺织方法均为经纬互为直角交叉的平板布料。其长度多少，以"草布"节数为准，"数单不数双"。按亡人岁数，51 岁至 70 岁用七节；70 岁至 90 岁用九节；90 岁至 100 岁用十一节。

　　几个亡灵一齐"超度"时，每个亡灵各有"番杆"。但谁的放在前面，不以亡人生前辈分与年龄而定，而以其"八字"和死亡时间，经"掌摩"推算，"命大"者"番杆"立在最前。人们认为在亡灵上天的路上，不把"命大"者放在前面，就会快慢不均，互相堵路，上天时走得不快。反之，若以命大者带头，亡灵们快慢相宜，路上速度会更快一些。

　　"天梯布"最下端写有文字，称为"番文"。写"番文"需以桃树嫩丫作笔，先将番布铺于铜鼓之上（禁止放在桌上写），规矩是：蘸一笔墨汁，只准写一字。例如"濮晋"陈家的"番文"是："廿卅田，占引路，鬼祖公，请上元天官保我，中元地官保我，下元水官保我，命进年，岁到死，买到棺材衣绿，有牛、鸡、酒吃。埋葬冬至，千年不退，万年不回，太上老君急急如律令，先天去了。"到此，"放番"仪式结束。

　　灵堂中还有竹制篾桌一张，为"掌摩"自己作供师之用，桌上置糯米饭一碗、酒一碗、肉一碗、香三炷、纸钱三张。相传"掌摩"最古的师傅有两人，名叫"吉来"和"吉虚"。"掌摩"站立于前，首先念请祖师享用酒肉，诚恳表示敬师之意。敬毕，叫女婿把牛从圈中牵出（布依族住房设牛圈于楼底一则），"掌摩"下楼念经，然后用酒一碗浇淋牛头，表示牛已交给死者，称为"生祭"。

　　"生祭"完毕，"掌摩"上楼穿衣打扮，他身着长衫，头戴斗笠，肩扛砍牛刀，刀片上除原有捆着的麻条和土布青帕条，增加挂上几条稻穗。与此同时，丧家家族选出的"站斋妇女"和"打伞妇女"，亦需先吃一顿糯饭（象征性地也得吃上一点）。然后也去穿衣打扮。接着，回灵堂继续仪式，"掌摩"念经，"站斋"与"打伞"妇女立于"掌摩"身旁，意思是准备送亡灵上天。

　　经词念诵之中，"掌摩"持牛刀轻砍壁头一下，走至大门又念一段经词，也用牛刀轻砍一下门槛，走至屋外阶梯亦然。届时"掌摩"的助手须手提篾桌走在前，两名妇女跟随"掌摩"，但一出大门就要打伞遮住"站斋妇女"。"掌摩"在门外念经，须面对大门，篾桌放于面前，"刀砍"动作的意义是，"感谢祖先花费钱米修成壁头、门槛、石坎，人才好过，路才好走。"

　　接着，"掌摩"指挥队伍往田坝祭祀地点走去，称"下田坝"。"下田坝"队伍，人数众多，装束华丽，前方有孝子孝女手持"孝棍"及各色纸旗、纸伞；一人手持火把（由女婿请来）；女婿牵牛；"掌摩"与各方亲戚及寨上群众尾随其后。鸣放铁炮三响，队伍走在长长山路之上，围观者众多。

　　用作祭祀的牛，牛角上拴有土白布孝帕一张，长约五尺；牛鼻用麻线穿通后绾成拳头大小套子；又有将稻草与麻线合搓而成的牵牛绳一根，从牛脖拴上又翻过牛头与牛鼻处套子连接；余下绳头长约六至七尺，供女婿牵牛之用。"穿牛鼻"规矩是，必须用麻线，并有"掌摩"站立一旁念经："×××亡人，这牛全部交给你，没有任何人要你的牛。"

　　在祭祀地点，"掌摩"领队绕场三周，方向经右至左。三圈绕完，女婿才将黄牛拴于预先准备的牛柱之上。

　　距离牛桩约三丈远处，站着"掌摩"，面前有篾桌。"站斋妇女"与"打伞妇女"立于"掌摩"身后左侧，约距五尺。孝子们跪于"掌摩"对面，其中隔着牛桩，须待诵毕经词，他们方能起身。

　　经词念诵之中，"掌摩"又将牛刀轻砍牛角三下，意思是给牛打上记号，往后放于阴间何处，亡人都能辨认是他的牛。

人群中，以"站斋妇女"和"打伞妇女"最为突出。"站斋妇女"身穿绸衣，腰缠绸带，头戴绸帕，外部绕土白布孝帕一条，手提圆形小竹篓一个，篓内装有剪刀一把、鸡蛋一个、稻穗二吊。"打伞妇女"则是专为"站斋妇女"服务的，她身着土布新衣，不如"站斋妇女"豪华。在"祭祀"处，"打伞妇女"经常转动雨伞，"站斋妇女"则经常用脚踏地，眼眺远方，意思是送亡灵走路上天。

"掌摩"的助手此时没有多少事做，只不时给"掌摩"倒酒、倒茶。经词念到中间，有孝子二人提两个竹篮，篮内装入酒肉，糯饭，先从牛桩处自左向右绕场三周，再到"掌摩"面前放下。"掌摩"停下饮酒吃饭，意思是走到半路，累了吃晌午再走。吃罢继续念经。此时，面对"掌摩"的孝子跪拜处，另有饭桌一张，桌上有酒一壶，肉、菜几碗，丧家族中老人与舅爷在那里饮酒，并观看砍牛。

"掌摩"念毕经词，即开始砍牛。跪拜的孝子们起身站立一旁。由女婿持刀跪拜东西南北四方，然后跪拜舅爷，请他先砍。舅爷接刀先砍三刀，但只用刀背做做样子，刀背滑下后说道："辈辈发啰。"接着由女婿继续把牛砍死。舅爷先砍即舅爷为大。砍牛刀法有一定规矩，砍下后只准往后拉刀，不准推刀。牛未叫以前，女婿追牛的方向必须从右至左，与绕场方向相同。待牛叫以后，才能自由追牛，直到砍死为止。牛叫，即表示亡灵已经得到手中，并在阴间顺从亡灵驱使，故以牛叫为吉。

相传布依族和汉族的亡灵都要升到天堂的，但布依族亡灵除了随身的生产和生活用具外还肩扛"糯粑棒"和牵着一头黄牛。天门上有一双怪兽守门，专吞食上天亡灵。有的亡灵不知，不少被他们吞掉。但布依族亡灵上到天门，先用"糯粑棒"中的食物丢给怪兽吃，然后驱使黄牛冲开天门，布依族和汉族的亡灵才得以进入天堂。

返家前，舅爷当众宣布分肉规定。借给铜鼓的人家得牛头（如丧家自己已有铜鼓则自己得牛头）；牛排骨由"站斋妇女"、"打伞妇女"以及炮手、乐手等每人一份。女婿得"牛翁堆"；舅爷得前腿一支，后腿一支，软肚（带皮）一半；丧家前后腿一支，家族得前腿一支；女婿得牛尾（但需送给请来搓牛绳的人）。送竹子人家得牛心脏。寨老得牛肝肺。代买牛者得牛卵。打火把者得牛软肚（带皮）四分之一。栽牛桩者得牛屁股至肛门处约八寸大一块肉。牛杂碎由丧家、女婿、姑妈共分。送番帐和祭文的亲戚共分牛胸软骨。分牛肉者得牛软肚（带皮）四分之一。

按舅爷规定，从田坝中先由分肉人将肉带回寨子，待亲戚返家时来领。唯有舅爷回家时，丧家需派专人给他送去。

"封斋"仪式在"砍牛祭祀"后于丧家举行。舅爷、女婿方面带来粑粑、米酒等物各做一挑放于大门之外，经过特定对话仪式，拿进灵堂敬供亡灵。届时，亲戚们鸣铁炮，吹唢呐，由女婿上前叫门三声："舅爷舅爷（或舅奶）。"门内"掌摩"代替回答："哪个？"外答："我是女婿，到上方卖牛卖马，今晚到此天黑，特来舅家住宿。"内答："你顾去买卖，你舅爷（或舅奶）去世啦。"外答："为何不叫我知道，你们为他做过'添粮接寿'的事没有？"内答："我们用猪、用狗做过仪式，也用了医药，但他命尽，去世了。"外答："为何不通知我?"内答："通知啦,你不在家。今天我们为亡人砍牛做斋,要你买牛送给老人。"外答："这样,待我转回家去,把竹柜打开拿钱来,我要买红毛角尖的好牛送给老人。"内答："还要你做粑粑、米酒,成挑成抬,要从热闹地方走过,拿来送给舅爷(或舅奶)。"外答："我熟悉家啰,请人帮忙办的礼物,已抬到舅家大门了,请开门。"经此对话仪式,客人才能进屋,并将礼物供于灵位之前。"掌摩"则将粑槽移至灵前,站立其上念道:"亡人×××,女婿送你米酒、粑粑……各样礼物,请领受。"念毕,女婿送钱币一元三角,请"掌摩"说好话。"掌摩"接钱后道贺词说:"主客双方子孙发达,发财发富。"然后叫人收拾供品。接着乐器齐鸣,大门外铁炮鸣放三响,由丧家族中一名男子站在门外大声喊道:"各乡亲戚、寨内老幼听着,某年某月某日,已经送×××亡灵上天去了。"

连喊三次,这就是"封斋"。

"封斋"仪式结束,客人陆续回家,只有女婿留下,帮"掌摩"撤灵堂。撤灵堂时,"掌摩"每点一样物品,女婿要把那件物品甩出大门之外。直到全部供物包括铁三脚、铁锅、水桶……全部甩出。甩出门外的东西,可由女婿一人带回自家享用,丧家不会阻拦。如果女婿想到舅家,留下一些也可以。但这些留下的东西,需待到第二天,丧家才能捡回家中继续使用。

灵堂供品全部撤出了,唯原来盖住祖先牌位"天地君亲师位"的白纸还不能动。次日清晨,丧家再请"掌摩"用公鸡一只杀来敬供,方能启封。"掌摩"此时念道:"祖先们请回原位,守护你们的家堂,像以前那样保佑全家子孙发达,发财发富。"接着启下封纸。此后丧家一个月内不许再请"掌摩"做任何其他宗教活动。家中不许吹号,吹唢呐,也不能唱歌,意思是让祖先安静一下。一个月后,禁忌取消。

祭祀的牛肉,所有亲戚分到后,都不能吃,都要送人。相传很古很古的时候,人类还不会埋葬,死了人都丢弃在荒野之中。这些丢弃的亡人尸体,都被一种叫"独令"的动物吃掉。后来有一个名叫"董因"的布依族青年,看到这种情况非常气愤,他母亲死后就不拿去丢弃荒野了,而是砍来山上大树做成棺材,装上尸体藏于家中,然而时间一长尸体腐烂,吃尸动物闻到臭气到他家来寻找。青年"董因"就把家中喂养的黄牯牛杀给它吃,"独令"吃后也就走了。"董因"请来本族人家,把棺材抬到山上埋葬,同时在家中用木头雕成母亲形象经常背随身后,就是下田干活也把雕像放在田边进行看护。这就是布依族实行棺葬的开始。"董因"的做法得到人们的称赞。上天看见了,为考验他的孝心如何,有一天他在晒谷子,天上突然暴雨倾盆,雷鸣闪电,董因赶紧跑去抢收,但他首先抢救的不是谷子,而是谷子旁边的木雕像。从此,"董因"的名字在布依族人民中流传至今。

那么,吃尸动物"独令"的形象如何呢?人们认为,它是一种半人半兽的动物,身子像人,头像狗。"掌摩"说,这种吃尸动物,还形象地画在灵堂上方的大型布画上。

我们知道,女性崇拜是母系氏族社会的共同现象,是当时社会物质条件下意识形态的反映。这种社会产物"木雕像",可能就是母神崇拜。到了父系氏族社会时期(董因是男性），布依族人民可能就已经实行棺葬了，故事本身反映的正是这种历史转折。

[伍文义：《平塘县上莫乡布依族社会历史及婚姻丧葬》，载贵州省民族研究所编《贵州民族调查》之二，第426—436页，1984年（内部）印]

布依族的瓮棺葬。

对惠水县布依族丧葬习俗的调查，仅在摆金区的摆金乡、斗底乡、岗渡乡、本底乡等地进行。

据说，平塘县，贵定县二县与惠水县摆金区相邻地区的布依族，亦有与此相同的丧葬习俗，因未进行调查，情况不明。现仅将在惠水县摆金区初步调查到的布依族的丧葬情况，简介于后（笔者调查时，惠水县正在进行社改乡，有的公社已改为乡，因此文中两种单位并存）：

在这一地区的布依族中，按人的不同死因而区分为正常死亡与非正常死亡两种情况。在家中病死的人，为正常死亡。但如因患浮肿病死亡，或妇女因难产而死，则与因意外事故而死亡在外，如跌崖摔死、动物咬死、车祸压死等等相同，均为非正常死亡。两种不同死因的死亡，在丧葬习俗上，是有区别的。

下面，先介绍属于正常死亡的丧葬习俗：

正常死亡的人，在病重尚未死亡时，就在火塘边铺一张床，把病人移在火塘边睡（布依族的火塘是全家吃饭等的活动中心，平时不作卧室使用），这时，家属、本家、亲戚等，都要到场守护，送终。死亡的时辰，一定要搞清楚。

人死以后，将尸体移放在堂屋中间，放在门板上，其下放两根板凳。尸体顺屋梁在堂屋中横放，头在左边（进门对着的右面）。斗底乡的田姓，现在又改作横着屋梁放了。尸体在家中停放的时间不定，如能将各项准备工作做完，当天抬上坡去，就不管日子的好坏，都可以抬上坡去。如果准备工作不及，当天不能抬出去，就要由阴阳先生看日子，决定在第二天或第三天抬出去，但尸体在家里停放的日子，一般在三天左右，不会太长。

人死以后，要剃头，剃胡子，（或梳头）擦澡，换穿新衣。过去给死人剃头、剃胡子、擦澡时，死人要坐在铜鼓上面。铜鼓放在堂屋中间，把死者放上去后，由死者的儿子给死者剃头，剃胡子，妇女则梳头，然后擦澡。擦澡共擦三帕。头两帕是从头上擦下来，经过手、躯体、腿，一直擦到足部，男性先擦左边，女性先擦右边。第三帕则是从头面向下，擦过胸部，到腹部为止。擦完澡后，给死者穿上新衣。新衣一般用缎子做，穿单不穿双；穿三件或穿五件，系根据死者家庭经济情况决定。尸体停在堂屋中时，要用红缎子盖上。

亲戚来时，要送礼。一般送一只鸡，女婿须送一头活猪（只要一二十斤重的小猪即可）。活猪装在竹箩中，放在死者脚下，由鬼师（布摩）念经，然后杀猪，砍成几大块，煮熟后抬到死者面前，鬼师又念鬼一次，请祖宗来享用。

亲戚来后，在死者面前跪下，由孝子把孝布拴在亲戚头上，女婿可得一件孝衣。亲戚送礼的，须回礼。送鸡的，回送一只鸡腿，送猪的，回送一只猪腿。

装殓死者用的棺木有两种。一种叫大棺材，一种叫"散板"。大棺材与现在汉族使用的棺木，形制完全相同，应是受汉族文化影响而使用的。"散板"则是用一种薄木板，叫"三分板"的做成。其形制是在"三分板"上打出榫头，做成木盒子，外面用两个木框，将棺壁、棺盖和棺底加以固定。"散板"的形制，与我们目前尚能见到的苗族和瑶族进行岩洞葬时所使用的棺木，形制基本相同。

人死以后，使用哪种棺木，则由死者家庭经济状况来决定。经济条件好的，使用大棺材，经济条件不好的，就使用"散板"。大棺材一般是在生前就准备好，并且多数用生漆漆过，也有死后临时制作的，但也是在生前就准备好材料。"散板"则是在人死以后才临时做，亦上不漆。

装殓的时间是由阴阳先生根据死者的生辰八字，死亡的时间和儿子的生辰八字，推算决定的。

装殓时，先在棺材底部放一层白布，叫做"兜单"，"兜单"上面即放置尸体。尸体头下放一个枕头（内装树叶），尸体上面不盖东西，棺木中也不放其他随葬品。棺盖盖上后，不钉钉子。

棺木停在棺里时，可以敲击打击乐器，如锣、钹等，也要吹唢呐、放地炮。如果要砍牛，就打铜鼓，如不砍牛，就不打铜鼓。

抬棺材上坡时，要先由阴阳先生发丧，发丧以后，才抬棺材出门。棺材抬上山后，停在山坡上，上面搭一个架子，盖上竹席或茅草，遮住风雨，叫做"寄葬"（有的"寄葬"，也不搭架）。不论使用大棺材或"散板"，都要"寄葬"。"寄葬"的时间满了，埋进土中，叫做"落土"。

"寄葬"棺木，没有固定的地点，由死者的家属决定，一般选择在不放牛、马的山坡上。棺木"寄葬"以后，再由阴阳先生选择埋葬的墓地。因此，"寄葬"的地点同"落土"的墓地，往往不是在一处。

"寄葬"时间的长短，也是由阴阳先生根据死者的生辰八字、死亡的时间和儿子的生辰八字，推算决定。但"寄葬"的时间，一般不超过三年。

"落土"时，如果是大棺材，就直接埋葬大棺材；如果是"散板"，就要把尸骨改装到经坛中，然后埋葬经坛。用经坛收检尸骨埋葬，这是一种"二次葬"的习俗。其过程如下：

准备好经坛以后，在"寄葬"的"散板"旁边烧一炉火，火上面放一个竹笆子（篱笆），然后打开"散板"，先把酒喷在骨骸上面，用树枝夹起骨骸，放在竹笆子上面，用下面的火把骨骸烤干，然后依次把骨骸装入经坛。在把骨骸装入经坛时，是按照脚、腿、手、躯干和头的次序，先装脚骨，最后装入头骨；在装放骨骸时，还必须注意，左、右肢骨，要分清楚，左手、左脚骨骸，放在左边；右手、右脚骨骸，放在右边，不能混淆。这样装放骨骸，仿佛死者是站在经坛中一样。

　　惠水县摆金区布依族所使用的经坛，全部由宁旺乡坛罐厂烧制。这里过去是专业烧制坛罐的小手工业者，都是汉族。他们既烧制泡菜坛、罐等日常生活用品，也烧制布依族在丧葬中专用的经坛。

　　经坛为泥质红陶，用泥条盘筑法，修制而成，火候较高。有大、小两种，形制完全相同：大口、直颈、斜肩、腹微鼓，下收于小平底。大者高51厘米，口径21厘米、腹径34厘米、底径19厘米，小者高32厘米，口径16厘米、腹径25厘米、底径14厘米。在腹壁中部有一用泥条堆成的长方形纹饰，堆纹为锯齿形，长约15厘米，宽约6厘米，两侧堆纹向上延伸约4厘米，上有乳钉状堆纹。经罐有盖，大者盖顶径13厘米，盖底口沿径28厘米、盖高13厘米，盖上亦有三条直线堆纹。

　　如果妇女难产死亡，或因浮肿病等所谓"非正常死亡"者，死亡后，立即将尸体用火焚化，然后将骨灰装入经坛。尸体火化后装入经坛者，与用棺木埋葬的情况，完全一样，即经坛亦须在山坡上"寄葬"，同样须请阴阳先生推算"寄葬"时间的长短，到时才能"落土"埋葬。

　　在"落土"时，将棺木或经坛埋葬，垒好封土以后，阴阳先生在墓地周围，尚有若干活动，如请神、烧疏、买地等。神位、地契、疏等，均系木板刻印，用时填上姓名等，然后火化。

　　神位有"九垒大帝"、"九垒大帝后宫夫人神位"、"中央　帝土府　龙神君位"、"帝方土府龙神君位"和"八山二十四向七十二龙"等。

　　在整个丧葬活动中，阴阳先生活动很多，但所得报酬不多。丧葬活动结束后，丧家送给阴阳先生一只鸡，一升米，一元二角钱，"落土"后，请阴阳先生吃一顿饭。

　　也有少数人，死后不"寄葬"，而行"偷葬"。"偷葬"必须是使用大棺材者。其法是，事前看好墓地，抬棺材上山后，即行埋葬，并堆上封土。但在棺材下面，必须垫两根长的竹篾片。竹篾片的两端，均须伸出封土之外。用竹篾片垫在棺材下面，表示棺材与土地隔开，棺材并未"落土"，到了应该"落土"的时间，只需将竹篾片从棺材下面抽出来，即表示棺材已"落土"。

　　同苗、瑶等民族相同，砍牛亦是布依族在丧葬活动中的一件隆重的大事，人死以后，均需进行。有的丧家，经济情况较差，无力备办大棺材，只能用"散板"，也要竭尽全力，举行砍牛。有的丧家，实在无力砍牛，但也要举行这种砍牛的仪式，只是不把牛砍死，作出砍的样子，然后把牛牵走。充分表明了布依族对砍牛的重视。

　　砍牛的时间，由阴阳先生根据死者死亡的时间，推算决定。是否砍牛，则由寨老召集三亲六戚，然后作出决定。砍的牛，由孝子准备；砍牛，却是由女婿砍。岳父死了，由大女婿砍，岳母死了，由小女婿砍（或与女婿同寨的人砍，也是可以的），没有女婿，由舅舅砍。

　　砍牛的地点，一般选择在距家不远的田坝中（约在500公尺以内）。头天晚上，先在田坝中栽一根木桩，并且开始放铁炮。砍牛的当天早上，舅家、女儿、女婿要抬猪、羊来上祭。舅和女婿来时，放三声地炮，丧家放一声地炮，孝子出去迎接。中午，鬼师到场"开路"，念经请祖先，并对死者说：现在把牛交给你，你有牛了，到阴间去后，要搞好生产。鬼师念完后，就回到丧家家中，不参加砍牛活动。鬼师念经时，女婿在家中，鬼师回到家中后，女婿才到田坝去砍牛。布依族砍牛的方法是把刀放在牛脖子上，一抽一拉地"锯"，一直把牛"锯"死为止。"锯"牛时，牛要叫，才吉利，表示顺心，牛的叫声越大，大家越高兴，并热烈鼓掌。如果砍牛时，牛不叫，就不吉利，大家都不高兴，孝子就要去跪在牛的面前，表示自责，希望牛能叫起来。

砍牛以后，牛的分配情况如下：女婿砍牛，分得牛颈；舅舅合分一条牛腿；其余牛肉，煮熟后给参加丧葬活动的人吃，但本家的人，不能吃。

综上所述，惠水县摆金区布依族目前所行的丧葬习俗，便表现出了三种埋葬形式：一、用大棺材的土葬；二、用"散板""寄葬"后，装尸骨入经坛，然后土葬的"二次葬"；三、因难产、浮肿等"非正常死亡"者，火化尸体后，装骨灰入经坛的土葬。

从惠水县摆金区布依族丧葬习俗中所表现出来的三种埋葬形式，我们可以看出，它具有以下一些特点：

（一）第一个特点是文献中记载的布依族的丧葬习俗，与我们调查到的情况，有较大的不同。乾隆《贵州通志》说："仲家……葬用棺，以伞盖墓上，期年而火之。"民国《贵州通志》说："宣慰司属中曹司，惟仲家最多，习俗大略皆同……死葬，以一伞盖墓，取雨水不侵不意，或三五年掘而化之。葬无定处。"《定番县乡土教材调查报告》记载"夷人的丧事"说："夷人葬时极注意风水，葬后并用花伞一顶，盖在坟上，伞内挂满花巾、纸花等物，以示新葬。夷人常有安埋满一年以后，家中仍须请鬼师到家，作法事二三日后，便掘坟焚烧，类似流行的'火葬'。"此处所说"夷人"，应为今天的布依族。但对瓮棺葬这种习俗，文献中没有任何记载。

（二）第二个特点是布依族的丧葬习俗，与苗族、瑶族、侗族等民族的丧葬习俗，有若干相同之处。调查时，在岗渡乡屯上村所见到的王德文的母亲所使用的"散板"，其形制与苗族、瑶族在岩洞葬中所使用的墓木，基本相同。而"停棺待葬"的习俗，以及"正常死亡"与"非正常死亡"的划分，及其对不同死亡原因的尸体的不同处置方法，如"非正常死亡"者，需将尸体火化以后，埋葬骨灰等，又与侗族的丧葬习俗，有若干相似之处。除了"停棺待葬"以外，对死因的划分及不同死因尸体的处置方法，在部分苗族中，亦具有相似的习俗。在文献中，则是笼统地指出布依族的丧葬习俗，与"苗俗"相同。《定番县乡土教材调查报告》记载"夷人的丧事"时说，"夷人"死后，放铁炮、杀牛"做戛"、"吃老人酒"、"开路"、"停尸"、"开吊"、"上山"等仪式，"几与苗俗无多差别"。

（三）第三个特点是布依族的丧葬习俗，又受到汉族的影响，羼杂有若干汉族丧葬习俗的因素。这主要表现在丧葬时，阴阳先生的一系列活动中，以及使用所谓的"大棺材"（即汉族习用的棺木）。至于使用"偷葬"的埋葬方法，则说明在汉族的影响下，布依族的丧葬俗已经开始改变，由"二次葬"向一次土葬演变了。

（四）第四个特点是从布依族的丧葬习俗，可以看出一个民族丧葬习俗的发展演变，是受到经济发展情况的制约的。如前所述，摆金区布依族的丧葬，目前主要是使用大棺材的土葬和"散板"的瓮棺葬，在调查中，我们见到使用大棺材的较多，只有少数由于家庭经济困难，仍然使用"散板"，用经坛"二次葬"。随着农村经济政策的落实，农民日益富裕，使用大棺材的情况，更会不断增多，经坛土葬，将会消失。

（五）通过对摆金区布依族丧葬习俗的调查，可以帮助我们了解在考古学上发现的古代葬俗中的一些问题。瓮棺葬的习俗，在我国出现是很早的，在我国的南方和北方，考古学在若干新石器时代的墓葬中，都发现有瓮棺葬，但那时主要是用于儿童。这种葬习后来的发展演变情况，目前尚不清楚。1982年，在四川米易、昭觉等地发现的明代摆夷人（即今日的傣族）的瓮棺葬，与惠水县摆金区布依族的丧葬习俗，有若干相似之处：①葬具相似。明代四川摆夷人使用的瓮棺，同惠水摆金区布依族使用的经坛，形制颇为相似，而且上面都有用泥条堆成的锯齿形纹饰。②他们对尸体的处置方法，也大体相似。明代四川摆夷人的瓮棺葬中，发现有"二次葬"的骨骼和火化尸体后的骨灰；惠水摆金区布依族则根据死者死因的不同，或"寄葬"后，用经坛盛死者的骨骼土葬，或火化尸体后，用经坛盛骨灰土葬。我们亦可据此推测，明代四川米易、昭觉等地摆夷人的瓮棺葬中有骨骼和骨灰两种情况，其原因与此相同。③这种丧葬习俗，都不用随葬品。

在初步调查以后，我们尚不能确定惠水摆金区布依族丧葬习俗中的瓮棺葬是从什么时间开始流行使用的。通过同明代四川米易、昭觉等地摆夷人瓮棺葬的比较，说明瓮棺葬这种习俗，从新石器时代出现以来，曾经有一个流行的过程（我们目前尚不清楚），至迟在明代，此种丧葬习俗，在西南某些少数民族中，已经流行。在布依族中，或许也曾较普遍地流行，但在目前，仅在惠水县摆金区尚有残留。所以，惠水县摆金区布依族的丧葬习俗中，既保留了古代瓮棺葬的特点，又反映出与苗族、瑶族、侗族等民族的丧葬习俗，有若干相似之处，并已开始由"二次葬"向一次土葬演变。当然，这种演变，除了意识形态上的原因外，经济基础，亦是一个重要的因素。

［席克定：《惠水县苗族石棺葬、布依族瓮棺葬调查报告》，载贵州省民族研究所编《贵州民族调查》之二，第462—466页，1984年（内部）印］

布依族的丧葬，因死者的情况不同而礼俗有异。兴仁县布依族的丧葬有"老人过世"、"中年病故"、"凶死妖折"的区别，风俗仪式也不同。

老人过世：布依族中，一般为50岁以上的老人死了称过世。儿孙要举办丧事，叫"byangcfaangz"汉意是"烧灵"。要请"摩师"诵三天《摩经》。老人病危，姑娘和女婿必须前来探望。危急关头，姑娘要"提鸡"为病者替死。蒸成熟鸡肉后送到重病老人跟前给病人吃，盼望吃后不要离开人间。无可救药时，其子女必须守在身旁，陪伴着老人，看老人"落气"。老人快要落气时，子女必须扶着老人。落气后，女儿放声哭丧，少时，族宗人闻声会集一起，商量后事。由亲人为死者沐浴剃发，女尸要梳洗，修容整面。然后穿好寿衣（男为右侧开扣青布长衫，女为古老的短衣百褶长裙），包好帕子，穿好鞋袜，端放于正堂侧的门板上，待收殓入棺。木棺都用土漆，由墙、盖、头、脚、底几部分组成，多用杉或梓木。棺内用洁净的草木灰、荞灰铺底，若干白棉纸铺于灰面及棺内四围，用三片瓦作枕。将死者端放于棺中。此时，亲房中众媳妇每人拿出自纺自织的白布约两公尺，经"摩师"念词，并按大小顺序依次而将布覆盖在死者的尸体上。就是只定亲而未婚的媳妇或孙媳妇，也要照礼行事，以表孝敬。再用一粒银放于死者口中。死者的女儿要用葛麻织成的布给死者作"垫盖"。"摩师"念经交代后盖棺，安放于中堂。棺木安放有"骑梁式"、"顺梁式"两种，有的说顺梁是古来就是布依族，"骑"梁是来源于汉人与之融合而兴的；有的说祖先有文职者顺梁，有武职者"骑"梁；前者说法较多。兴仁布依族以顺梁者多，"骑"梁者次之。只有岑姓，"骑"梁较为普遍。"骑"、"顺"又阴阳有别。即棺"顺"而床"骑"、棺"骑"则床"顺"。总之，各姓氏习俗有别。此时要放火炮通告邻里。较早一些时期，还有击铜鼓数声向寨邻报丧的。寨邻人闻声，就纷纷赶来看望，安慰死者家属，为丧家出主意安排后事。

　　首先，请"摩师"先生按死者生死日期时辰推出举办"烧灵"日期，派人到亲戚家报丧。报丧人为两个，要提主家一壶酒、三炷香到亲戚家放于中堂大桌上，然后将死者的死因和"烧灵"日期告诉对方。主人家招待一餐饭后，报丧者即返丧家，亲戚家中妇女要急于备办糯米饭、一节白布、几炷香和纸钱赶来丧家哭丧。亲戚到齐后，若"烧灵"日期较远，可移棺堂侧，用蚊帐罩棺，叫停丧。若不大举丧事，"摩师"念"开路经"、"送魂经"后抬上山入土垒墓，待经济条件稍好或亲家族中有死老人办丧事时搭灵"超荐"。

　　停丧待办期间，要请好"摩师"，丧家作好一切准备，亲戚中女婿家（包括孙婿）要备办"纸火"（即旗、房、罗、伞），分为"gaiznoh"和"gaizndail"，汉称"马郎"客和普通女婿帮客，当"马郎"客的是"大孝老子小孝娘"。即：父死，大女婿当"马郎"；母死，小女婿当"马郎"。当"马郎"的要用猪羊作为祭品，猪为杀死后刮毛的全猪，羊为活羊，并准备一篮（专制竹编篮）糯米饭，由两人抬着，还备若干用枇杷叶包着拇指大小的两条小粑粑，十公斤左右白酒和一些糖食果品为祭品，到丧家作祭。孝子日夜在丧房中守灵，哭丧。吊丧的亲戚以老外家为大。要准备"纸火"、祭帐、熟食、糖食果品及猪羊等祭品。母舅家在办丧事期间有监督孝家行礼和镇场的权利。孝家、"马郎"一切要听从外家的安排。儿、孙丈母家要为自己的女儿、女婿（包括外孙）送孝衣、孝帕、孝鞋，平时所认的义儿义女均与上述同礼。丧家的姑娘和孙女的孝衣、孝帕、孝鞋，一般由丧家负责缝制。"烧灵"三天内，男女孝帕要加麻丝戴于头上垂于脑后，男孝的孝衣只能披不能穿，脚穿麻草鞋。举哀三天，"摩师"和孝家不吃荤。

　　"烧灵"，第一天为"开（坛）"，第二天为"传客"，第三天为"转场"及上山安葬。开始前要上"宫厅"禀告主神。

　　开坛：先用竹竿、竹丝扎好"客坛"，敷上白纸，画上五彩花，还画上龙、松、鹤图案，两侧留圆拱门，中为蜘蛛网窗，贴哀悼对联，坛前摆八仙桌一张，供吊丧客下祭。

接着"摩师"设神位于中堂之侧，祭供"布摩主师"和"传教先师"，《摩经》放于师桌上，用白纸遮住家神祖宗牌位和大门的门神。"客坛"后挂上"摩师"神案图及钢刀、竹剑、长矛等物。棺木头设香案小桌，棺木头下由"摩师"封一小罐子叫"灵坛"。据摩师介绍，此坛若封不好，就会有尸体的臭味。坛中装纸钱灰、小块木灰、少许饭食，除了"摩师"外，任何人不可乱动。棺木脚挂铜鼓。棺木上开天窗，插"天马"（纸花马）。门外立幡竿（有用大竹、用杉树、细叶青枫的，还有用其他树的，族系不同风俗习惯亦各有不同）。幡竿腰吊大束纸钱花，用白纸打成，按死者年龄计算，一岁一张，加天地父母四张，扎成两束，用笼毛竹分挑两头，用麻绳系好，吊于竿头。竿中有条三米长五寸宽的纸叠长书，叫"saelraiz"。长书头有用白布（或红布）做成"△"型幡头。长书系汉字记音的布依语文书。其内容包括祖宗迁徙或居住地址。幡竿的布依语叫"golgaauh"。"golgaauh"是为死者沿着祖先的足迹上天，找到祖先共享天堂荣华，也是丧家标志。"摩师"一切准备就绪即开坛，先诵《摩经》"hencsel"一卷。诵经时，孝男孝女、孝子孝孙跪拜于幡竿脚，长子手拉"长书"下端，诵毕，撕下角，藏于怀中，立即入堂举哀，女孝在内、男孝在外俯首大哭，铜鼓调首次击响，地炮三声，火枪、鞭炮齐鸣，丧家媳妇舂碓不停，皮鼓铜锣伴奏。顿时铜鼓声、金乐声、哭声、舂碓声交织一起，甚为凄惨、催人泪下。此情景直等铜鼓调击十四段结束才逐步停止。开坛后，"摩师"最忙。三天内要诵《摩经》若干本若干段。《摩经》有高派和平派两大部之分，高派有十二本三十六卷。平派有五六本，兴仁布依族多用高派。"摩师"诵《gaai-icgaul》、《gaaicweah》经时，孝男要肩扛钢刀竹剑待守灵枢。诵毕，又要同前一样痛哭一场。晚上，摩师要诵《上灯花》，孝家男女、女婿要给亡魂"点灯"。接着，"摩师"设一便桌，备上点心、糖果、炒黄豆、白酒等开始"waelxaauxranz"（念《孝经》），诵《孤儿经》、《苦恋经》、《创业经》，此经从古到今都是用来教育人的。这是布依族一种古老的民族教育形式，而且教益不浅，其内容丰富多彩，情节上悲欢交错，富有戏剧性。此时男女老少都要恭敬地静听，乐时使人心情舒畅，悲时催人泪下，要四小时左右才诵完毕。这为开坛的一天活动。

传客：传客这一天为丧事最隆重的一天。从早到晚，三亲六戚各带领吊丧队伍，打着五彩缤纷的各种"纸火"、抬猪、牵羊，撑着祭帐，提上祭品，放着鞭炮，先后前往吊丧。老外家来时，孝家男女要到寨边俯首跪拜迎接，外家宗族妇女一行泪流满襟，上前拉起孝家男女，顿时哭声动地，跌跌撞撞地进入丧房，鼓锣炮声、哭声、诵摩经声又交织一起，甚为悲切，这时要击两道鼓调。鼓声停而哭声才止，当天孝家要请礼生唱"祭奠诗"。为客祭读悼词，每支吊丧队伍祭奠一次，先生忙个不停。孝家男女披麻戴孝，手执龙竹丧棍，躬身不停地忙着迎接吊丧队伍。晚上，为亡灵"点灯"后，孝家要为死者设家祭奠，设家祭奠的念词要花四小时左右才能结束。孝家男女痛哭一场，此后，"摩师"要诵"摩经"通宵达旦。礼谷十分繁琐而气氛隆重。

转场：转场、上山安葬都在第三天进行。转场，即开鬼场，举行杀牛仪式。"摩师"

要在村旁选择一块空地做鬼场，鬼场中央立"鬼桩"，四周插"纸马"。"摩师"头戴花冠，手执古矛古刀，口诵"摩经"，孝男扛刀、剑，孝女跟后，媳女和宗族妇女四人穿着古代布依族女装，手提纺织工具竹线筒、箩尾随，一行人似赶场模样跟着"摩师"往鬼场徐徐前进，到了鬼场要围着鬼桩绕若干转，行如为死者买牛，买针买线，有时又似狩猎状，"摩经"里也常念出狩猎的声，表现出本民族最古老原始的自然风貌。转到中途，"马郎"家派两人，打着花脸用野藤条牵着牛拉到鬼场中，拴在鬼桩上。"摩师"诵"摩经"把牛交给"死者"，让"死者"带去阴间作耕牛。交付死者后，穿古服的媳妇便离鬼场，跑着直奔丧房。把牛拴在鬼桩上后，"马郎"客要以锣鼓、唢呐等吹吹打打去请外家"镇场"。外家要检查"马郎"买的"鱼虾"（糯米及包粑袋）的大小及数量，少和小都要受外家"指责"。外家提出的要求，"马郎"都要一一照办。直到外家事事满意，镇场才告结束。"马郎"客用锣鼓、唢呐把外家送回原地休息。"摩师"诵"离场经"，领着孝家男女离鬼场，慢步返回丧房。留在鬼场的是"马郎"帮客了。"马郎"客负责杀牛的人要听"摩师"下令，才可杀牛。表示"马郎"已把买的牛交付给"死者"。牛肉由"马郎"客自办自吃，"摩师"、孝家、寨中人都不能吃牛肉。意思是吃了死者牵不走。转场结束，寨邻亲友要充分做好出丧准备。"摩师"和孝女在家，把大门关上，男孝在外，从大到小列成队伍，前者戴着斗笠、肩扛一杆秤；次者挑竹篮，扮着做生意模样。绕幡竿三圈，然后走到大门前用布依语叫道："开门呀！开门呀！开门呀！"连续三声，"摩师"应道："你是谁？"前者要报出一行人的乳名："我是××、××、××……"摩师道："你家××在家死了喽！"接着大门一开，铜鼓、金乐、诵"摩经"声齐响，孝家男女又一次俯首痛哭，此场哭丧，阴风惨惨，冷气逼人，旁观者亦泣不成声，真是一派与死者永别的悲凉景象。此后，"摩师"放倒幡竿，帮者拆除"客坛"，寨中儿童收拾"纸火"，炮手添药，亲友齐心协力，一哄而起，将灵柩捧出房中，放于门外的板凳上，用扛绑在棺材上，等"摩师"诵完"送丧经"，发丧一声令下："起！"铜鼓声终止。锣声、鞭炮声、哭别声跟随抬棺上山，死者儿子在前，扛着"望山钱"，烧着引路香，丢着"买路钱"（有些不丢买路钱），边退边走，逢险磕头，逢"水"搭"桥"，直把抬棺人引到安葬处，帮忙者挖好"井"，阴阳先生扫"井"定向，按择好的时间把棺安置于穴，男孝先给死者盖上一把土，众亲友才撮土垒墓。儿童将"纸火"焚烧于葬地边，孝女用稻草包火送"灵柩"。至墓地后，将死者衣服和贴身用物当即焚烧。垒好墓，孝子将纸插在坟上，脱下披麻及麻草鞋，包好帕，穿好衣，即可回家。

　　返家后，"摩师"需念《回灵经》，带头和孝家举行开荤仪式，至此方可动荤。此时姑娘、媳妇要把房屋里外打扫干干净净。然后设宴招待亲邻，以谢"摩师"先生及众人，此外，孝家要备狗、鸡、鸭各一只，由"摩师"用为驱邪，送到野外，让寨邻煮熟午用，布依语叫"genljianhlangl"。往后三日内，主人拒生人来家。丧事仪式结束。

　　若遇不满五十岁的病死者，一般不举办丧事。死后按收殓习俗入棺，请"摩师"开路，诵经，当时或第二日立即送上山安葬，不为其"烧灵"，葬规同前，要等宗族老人死后才搭灵办丧事，搭灵的叫"faangzxeenx"（冷灵），此属二次葬。不举办丧事的死者，葬后近年内要给亡灵"做牛头"。原因是死时，未到鬼场得牛，死后必须补给。"做牛头"，需买牛头一个，脚、尾、内脏各有一点，表示全牛，经"摩师"诵经交付与死者。

凶死妖折的死者，丧事极简单，开路、入棺、安葬了事。在外死者，不许尸体进屋，过后有机会亦可搭灵超度。

办丧事人家忌三年：出门不坐上席，不办喜酒，不出远门，春节不贴红对联。

（注：文中提到"超度"、"超荐"、"烧灵"、"办丧事"布依语都称为"byangcfaangz"。都是"烧灵"的意思。）

［王开吉：《兴仁县布依族调查》，载贵州省志民族志编委会编《民族志资料汇编》第六集（布依族），第10—13页，1988年（内部）印］

父母要断气之前就要抬出床，放在灶边，请老摩（布摩）给他念咒。大意是给带去所有的东西，叫他放心。这时不准孕妇或仇人看见，否则不吉利。断气后即到舅家报丧，舅家立即派人一同前来料理丧事。入殓时要在死者腰边挂一水瓢，表示在黄泉路上有瓢舀水喝。还要在口中放一小片碎银，让死者在阴间有钱买东西吃。棺材停放在堂屋。根据姓氏的不同而有横梁安放或顺梁安放的情况。横梁安放时要足蹬大门，顺梁安放时头要靠在厨房这一边。这时门外挂上纸幡、纸钱吊……表示这家正办丧事。

祭奠时过去有砍牛或砍马的习惯，砍牛时由舅家一支负责砍。这时姑娘的姑爷或女婿牵牛或马，把它拉到祭场上，绕鬼杆（在门外广场置一木桩）一圈就砍。如果请舅公砍则需给他一席酒肉，以示酬劳，称为"保马酒"。棺材在祭奠时已抬到门外，堂房则设经堂，由老磨来念经咒。女婿在设经堂时，送猪或羊来祭奠。砍的牛或马由主家自备。祭奠时请地理先先读祭文，并按亲人送礼的情况来分发孝帕、孝衣。外舅不管送礼与否都要分给孝帕，祭完还送一只猪腿给他。上述祭奠规模，已逐渐改变。

送葬队伍是长子执幡前导。这时亲友如生辰相逢就要回避。出殡时先杀公鸡来祭祷，然后把死鸡挂在扁担上一起送葬。半路女眷们各杀鸡和置备果品之类设送别席。路上棺材抬不动时孝子就要跪下等待，直抬到墓穴（墓穴先挖好，也须先杀一破土鸡才挖洞穴）。这时用一只鸡放下去作为"润井鸡"，或称"跳井鸡"。这只鸡拿回家饲养不准杀吃，由它自行老死。下窖时请阴阳先生来校正方向，然后向井内撒一把米，孝子跪等棺材下窖。壅土时放进几根茅草并叫魂，垒坟时拨出茅草，同时把亡人生前垫的草垫和衣物（也有给亡人制的新衣）烧掉，作为送给他到阴间使用。回家时送葬人用柏枝叶浸水洗手，就算丧葬结束。这里也有停棺待葬的习俗，那是通过老摩（布摩）卜算的结果。

葬后由老摩卜算"回杀"时辰，那时全家都要回避。未满月死亡的孩子用席子包裹土葬，半年以上的孩子死亡用木匣安葬。凶死者不准抬进屋里，直接在外面安葬。

［黄义仁、黄生科：《都匀富溪村民族调查》，载贵州省志民族志编委会编《民族志资料汇编》第六集（布依族），第37页，1988年（内部）印］

羡塘布依族对于老年人丧事办得比较隆重。而对年轻人（未婚者）和小孩的丧事就较简单，多随即装棺移出埋葬，不举行什么祭吊仪式。对于所谓"冷尸"，即死于外面者，严禁移入家中，只能在门外搭临时丧棚停尸吊丧。对于因难产或患瘟疫而死者多焚化葬之。

一般丧葬包括以下几个主要程序：停尸、入殓、祭奠、出殡、安葬、复山等。整个丧葬时期为三天左右，若做斋，则达七天以上。

当老人病危时，要在火塘边搭地铺日夜守望，并准备好棺木、寿衣，以防万一。人快咽气时，在其口上放置一块银元（或碎银），没有者可以放镍币。此称"落气钱"。落气后，鸣放铁炮或鞭炮，以告知村寨、家族，这叫"落气炮"。悬挂铜鼓敲击。家人披孝。众亲友携带酒、米等物，纷纷赶来吊丧、帮忙，丧家视其亲疏，给以孝服或孝帕，此叫"普孝"。同时马上请阴阳先生来对各种后事进行安排。之后，用茶叶烧水为死者洗身、剃头或梳整，穿寿衣（宜单不宜双）。男的为长绸衫，着靴戴帽；女的上身为圆领右衽衣，下身为长筒裙，脚穿绣花鞋，在堂屋顺梁用凳架板垫席，停尸于其上。尸身用白布单盖住，头部用白布遮掩。这是一般丧事采取的方法。若要做斋，则将死者头朝神龛脚向大门。做斋是超度已过世的数代祖宗的亡灵，须请道士十多人来做道场，规模大、时间长、耗资多。做斋时，丧家家族均不能吃荤菜。不做斋时罗姓与陈姓有些区别，罗姓可以吃荤菜，陈姓则无论何种形式均不能吃荤菜。待家族人来齐后，阴阳先生选择好吉时，装殓入棺。入殓前，先在棺底铺上一层契纸或其他东西，再放一床白被单或夹被做"兜单"，然后移尸入内，尸身盖白布单或夹被为"上盖"即死者的被子；在死者口中放的一枚银元或铜元作为含口钱"（买路钱）"，接着取出。随后举行绕棺诀别仪式。由丧家长辈揭开盖在死者脸部的白纸，孝子孝女们瞻仰死者最后的遗容。之后，鸣放铁炮封棺。阴阳先生择吉日出殡安葬。在临出殡的头一天晚上，举行祭奠仪式，为死者开路，超度亡灵。祭奠分为家祭和宾祭两种，主要内容是缅怀死者生平，希望他到阴间后能过上好日子等。若是由阴阳先生（摩公）主持，用布依语念，若是道士先生则用汉语。解放前，丧家在举行祭奠仪式时，必须敲马或砍牛追祭。由死者女婿执大刀将马或牛砍死，若第一刀未达目的，可以由旁人代替。砍前，阴阳先生绕马或牛念咒语，众围观者鸣铁炮、击铜鼓呐喊助威。富有之家往往砍牛马数头以上，一般人家一头左右。新中国成立后，此俗已大有改变，大多杀猪祭吊。堂祭结束，移棺屋外。当晚举行敲铜鼓、打粑棒舞等吊祭活动，以此怀念死者和消除守夜的寂寥。

另外，当地布依族在人去世后，多在棺后的屋壁上悬挂灵堂画，以示哀悼。"灵堂画"又称"案子"，系用土麻白布制成，长约一丈，高约六尺。画面比较鲜明地表现了布依族社会、历史、文化、生活习俗等许多方面的内容，具有多角度的研究价值，画面共分为九层，每层内容各具特点，依上至下的内容为：第一层是玉皇大帝、龙王等众神；第二层是天兵过桥；第三层是空中战马；第四层是鸣放铁炮、抬轿上天和孝子哭堂；第五层是斗牛场；第六层是民间舞蹈，如铜鼓舞、织布舞、粑棒舞、放铁炮、摔跤等；第七层是陆地战马；第八层是各种野兽；第九层是水生动物等。画面色彩斑斓，意趣深长。

第二天清晨，按择定的吉时开始出殡，在灵柩上放一匹红布或毡子，另放一只公鸡作为死者的报晓鸡。孝子们手持丧棒跪在柩前，孝女、亲友们跟在柩后，恸哭声声。众亲友及寨人抬棺牵绳扶着孝女们前住墓地，途中吹奏唢呐、长号，鸣放鞭炮及铁炮。墓地已在灵棺到前已选好。灵柩抵达后，先用鸡、酒等在选好的墓圹祭供，之后，动土掘圹。圹成，由阴阳先生用朱砂粉在圹内画"八卦图"，接着移棺入内。首先由孝子撮土盖棺。随后众亲友和帮忙者铲土垒坟。事毕，丧家设席酬谢众人。三天以后，家人上山圆坟。葬事宣告完成。每年清明，丧家祭扫坟墓。在时机成熟时则为死者立碑以示悼念之情。

[唐合亮：《惠水县羡塘乡民族社会调查》，载贵州省志民族志编委会编《民族志资料汇编》第六集（布依族），第87—88页，1988年（内部）印]

布依族老人过世的出殡习俗：

出殡吉日天亮时，由白磨（布摩）先生先点一炷香在前头，孝子们按大小辈分各人拿香一炷随白磨先生绕棺，然后把棺材移出大门，用两条板凳停于院坝（叫统材）。正当统材之时，堂屋里原停棺木的地方放一桶清水、一记磨扇（上扇），用口袋装两三升包谷放在磨上，并找寨里一位男性老人坐在口袋上（押坐）。另由亲姑爷一人到死者屋里扫地，主人家丢一点钱在地下，让姑爷扫地后捡走（表示遍地金银财宝），扫毕，帮忙的人在家吃早饭，孝子们则将饭菜带到棺材旁边陪着死者吃最后一顿饭（叫死别饭）。准备抬上山时，棺木上放着一只大公鸡，帮忙人把棺材抬起，让孝子按大小排队，在棺材底下由前向后复钻三次（叫过棺），然后孝子回屋洗脸。由大姑爷点一把明火，抱着一只公鸡走在棺材最前头，另找一个寨里人跟在姑爷后面丢买路线。长子身背一把弩弓和一个装着炒面的口袋，走在棺材前头，其他男孝子跟在长子后面（棺材前面）；孝妇们跟在棺材后面哭送一百多公尺后返回家中。男孝子一直送到山上。途中若遇险路、陡坡、深沟，孝子在前面跪地叩头三下。遇到河沟，要用黑、青、蓝布牵过河岸（叫搭阴桥），孝子在河对岸跪地叩头三下，口喊"妈（爹）桥上过河"。到坟山，放下棺材，由主人家请来指挥的人高喊一声："劳累三亲六戚，隔壁邻舍众亲友。"男孝全部叩头，感激大家。这时由亲姑爷、堂姑爷散发烟酒，如果某个姑爷准备的烟、酒散发得多，那就更体面。

抽烟吃酒过后，由布摩先生定好新坟方向，前后打一个桩，然后把棺材上的站棺鸡拿在手里，在下桩的地方反复扫三转，念斩草经。白磨先生提起锄头在挖井的地方对角挖泥，交换泥巴后，将锄头扛在肩上，长子从白磨先生肩上接过锄头跪着挖三锄，其他男孝照样做完，然后由帮助的人开始动土，继续挖井。垒好坟后回家，安埋结束。

老人逝世后的禁忌：

在布依族的习俗中，老人逝世后，孝子立刻带上孝帕（一律用白布不带青纱）。在死者未埋葬之前，孝子禁吃油盐、禁披衣服、禁走邻家、禁坐板凳、不准扫地。同时，孝子必须把头发理好，穿干净衣服，另外，每天晚上还要用茶、酒、饭敬供，白磨先生边念经，孝子绕着棺材转三转；每绕一转都要喊死者"爹（妈）"一声，并舀三交饭放在供碗里。

死者埋葬后十三天内，禁吃油，到十三天满，要请布摩念经，念到中途就可开荤。开荤前孝子重包孝帕，开荤后挽起孝帕包在头上。其余与葬前的礼节相同。

孝期一百天后，才准理发和洗衣。如果衣服太脏，要提前洗者，孝子必须将衣服先打湿水，搓三下，又在河中喝三口水，一边喝一边说："××老人，我的脏水我喝了，不让水冲去。"然后才能继续洗。一百天后，家中一切事情恢复正常，但孝子的孝帕要继续戴满三年才脱孝。三年内，孝子不准骑马，不结婚，不嫁女；如果是屠户，三年内不准杀猪。

布依族老人死后棺木下井仪式：

坟井挖好之后，先用喜鹊窝和包谷草在井内燃烧，又把燕子窝磨碎撒在井内，烟火过后，把井内的灰扫出坑外，这叫热井，接着要用一碗雄黄染色的黄米由白磨先生在井底绘一条龙，让龙头对着死者的头，龙尾对着死者的脚。主人用一个小土罐装满雄黄米，用红纸封好小口，放在棺木大头上的土墙壁内（保瓶罐）。棺木放进井里，由白磨先生定好方向后，口念着经撒三把泥土，后由孝男长子到最小的孝子，每人用后衣角背三把泥土撒在棺木上，其他帮忙人一齐动土。坟垒好后，白磨先生撒五谷，口念经说："一次你荣华富贵，二次你儿孙满堂，三次你家六畜兴旺，四次你四季发财，五次你五子登科……"赞颂词后，烧香烧纸。站棺鸡抱回家养满一百天，在孝子剃头、先衣服时，宰鸡祭供。

非正常死亡的处理：

布依族习俗中，不论男女老少，凡是不在家中死亡的人，严禁抬到屋里装棺材，只能把死尸停在外面装好，并请白磨先生看好日期（葬礼与正常死亡相同）在某天某时抬上山埋葬。人死后十三天满，再请白磨先生来念经，才能把死者的灵魂请回家来；请的那天，又到死者死的地方杀一只公鸡，并扯山上的茅草来扎成茅草人，再用死者的衣服穿上，将茅草人丢在死者原来死去的地方。届时，死者的姑爷（或堂姑爷）砍14根青枫树丫，在死者死亡处搭成七道小门，相隔小门不远，又把死者的衣服用生麻扎成一个小布人，代替死者假尸，通过白磨先生念经，将小布人钻过七道小门，然后由孝子背回家来，设灵位念经，用一只公鸡宰祭。这样，死者便能同原来祖先在一起了。

十二周岁以下死亡者的处理：

不论男女娃娃，不满十二周岁死时，请白磨先生在家中念经后才抬上山去埋葬，但死者的尸体，忌与祖坟埋在一起，村里另规定一个娃娃坟山。凡死了的小孩，有条件的家庭用几块板钉成木盒，装好尸体抬上山去埋。条件差的家庭或娃娃太小，可用稻草包好抱上山去埋，堆好泥土，一切葬礼不举行。

［杨光勋：《威宁新发乡布依族习俗》，载贵州省志民族志编委会编《民族志资料汇编》第六集（布依族），第109—110页，1988年（内部）印］

竹林寨布依族的丧葬习俗，有一套完整的仪式，内容极为丰富多彩。这种独特的俗规，流传了几百年。它是竹林寨布依族世代保存下来的传统习俗之一。

人老了是要死的，这是自然发展的规律，因此要备好棺材，当老人病危快要落气时，按男左女右的规矩，停放在堂屋的左边或右边。当老人去世时，即鸣放鞭炮，表示送老人归天，并立即洗净尸体，换上新帽、新衣、新鞋、笆笋衣、布依裙、银钩鞋等（这些都是事先已备好的）。老衣穿单不穿双，一般三件以上，同时将棺材抬至中堂，头朝神龛，足朝门，放置安稳。揭开棺材盖，将松香熬成液体，倒入棺内浪平，同时用瓢舀淋棺内四角，以防今后尸水渗漏，再装上陈旧的石灰粉，用升子（农村装米的量器）底逐一压平，将钱纸、白皮纸各铺垫一层，然后用兜单布将死者抬入棺内，放一点碎银子于死者口中，整理尸身。左右两侧用白皮纸包裹石灰塞紧，以免出殡时，死者在棺内偏动。死者手上系有白纸剪的纸马，表示让亡人骑马。用红绸一段，长五尺多，盖在死者的身上，名曰"上盖"，但需事先剪留一小块，将它剪成小条，给族中活着的人分带，表示对死者的悼念。然后盖棺。备酒数瓶，瓶上系一条约二尺长的白布，带去母舅或姑妈家报丧。舅爷、姑妈当天赶到亲视入殓，与遗体告别，再将燃香逐件烧灼死者穿的衣服、鞋帽，表示让死者确认自己的穿戴。再请"张磨（布摩）"念"掩棺词"：

"棺木四块金黄梁，梦里惊。今朝才落奠，亡人得超生。如此恩情留不住，金刀割肉泪沾襟。弥陀接引西方去，千年万代永不回……"

（以下是活人劝亡人"亡魂幽幽莫向……东、南、西、北、中，要入棺到黄泉去。"）

"天无忌，地无忌，年无忌，月无忌，日无忌，时无忌，百事无忌，大吉大利。雷公差我来下界，手执雷锤重千斤，一钉棺，二钉材，三钉丧家福禄满门来，四钉亡人超生度……"

念到钉棺时，用木锤捶击棺盖落槽盖实，再用生漆将口封严。同时，在灵柩底侧，点上长明过桥灯，表示照亮死者到冥界去的道路、桥梁。书写临时牌位，以供祭奠。煮一碗半生半熟的米饭，上插一双筷子，布依语叫"好拜告"，放于灵位前，以供死者进餐。大门和神龛上，用白纸条架"×"字贴着，以示此家有丧事。

家祭过程，首先请来翻花匠人，编扎形状各异的各种纸礼物。

"塔式走马转角香亭"：用五色蜡光纸所制，方形，高 1.4 米，宽 0.9 米。亭的上层是纸扎的马，能自然转动不停；亭上点有大烛，烛灭则纸马停止转动。这种香亭专放于大门口大桌上，名曰"香案"，供敬香燃烛之用。

"望山钱"：用一刀皮纸凿染而成，长丈余，直径一尺多。传说扎制这种望山钱，以死者的寿诞而定，每十岁一道花箍。这种花的顶部，做成一朵大梅花罩住。现砍顶部带叶的大竹子，系上望山钱，捆扎在挑檐上，撑向天空，一般要高出房顶。如果双亲故一，则撑一笼。双亲已故，则须撑两笼。

"秧碑"：秧碑的规格，与一般石碑一样大小，用竹编扎而成，上糊白皮纸，两边及顶部扎一些五颜六色的花朵。碑的中部书写文字，阐明死者姓名、生卒年月，葬期葬址，所生子女等。

此外，还须扎灵堂、香伞等物品。

家祭，一般选择在出枢前两天。这天要杀猪宰羊，烧滚水烫，分别刮去猪、羊之毛，且刮毛时不能将毛全部刮掉，背脊上都要留一小撮；亦不能破肚，将全猪全羊分别放置于院坝两边，头朝前。

家祭开始，首先要"成服"。三或五辈之内的族中小辈，不论男妇，均须戴孝参与跪拜祭奠。仪式开始，这些人都要在灵堂集中。

司仪先生拿着一束燃着的神香，站在大门内喊道："内静外肃，执事者各执其事，行成服礼。合户。"接着将大门关上，"起鼓、再鼓、三鼓。"击鼓之人应声连擂三次鼓。"鼓止，鸣磬。"执事者击磬三下。"磬止，奏乐。"吹鼓手，吹奏短小的几声唢呐乐曲。"乐止辟户。"这时执事者将大门打开。"引礼者引孝子出离丧所，孝妇孝眷以下出离丧所。"随着喊声，孝子领头，按先后次序，逐人在司仪先生手中领取一支燃香，走出大门，至院坝香案前，转身面向灵堂。"跪！"拜者应声下跪。"伏、伏、伏，香必入炉。"执事者从跪拜者手中，收香集中插在香亭前面。"兴，平身。孝子孝孙，东阶西向立；孝妇孝眷以下，西阶东向立，排班序立。""跪拜者起立，男女各分东西走向。男排东边面向西，女排西边面向东。各排站立略有躬身，以表示哀悼。""执事者承帛、系带、纳履、加冠、授杖。"执事者将孝帕、孝帽、孝衣、香带和丧杖，分别送给参拜者穿戴好。

长子初献：司仪先生喊："哀止。各就各位。跪，伏、伏、伏，兴，平身。引礼者，引孝子至盥洗所，拄杖，濯水，净巾，授杖，复香案位。"孝子听从指挥，躬腰走至大门口左侧的一盆净水边，将丧杖置放于旁，洗手后，复拿丧杖，走回香案前跪下。"跪，上香。初上香，香必入炉，奠爵。初奠爵，献刚鬣，献柔毛。初献柔毛，献帛。初献帛，帛毕叩首，再叩首，三叩首。"执事者应声施礼仪，举香，倾杯滴酒，将点燃之钱帛，烧于猪羊背上那一小撮毛处，表示向死者敬献猪、羊、酒、饭、钱财。"起，平身。引礼者，引孝子升堂，行初献礼，举礼献乐。"孝子从左边走至灵堂前跪下。司仪先生立灵堂前喊："谊灵位前跪，上香。初上香，香必入炉，奠爵。初奠爵，献馔。初献馔，献肴。初献肴，进食。初进食，献羹，献帛。初献帛，帛毕俯伏跪听读文。"孝子跪在灵前，执事者朗读祭文。祭文均有一定的格式，现举一例如下：

"维，公元××年，岁次××之年，月建××之令，朔日××祭戊子，宜祀亡丧。不孝男××、××、××；期服孙××、××、××。右暨阖家人等，敬备豕一羊一，香烛冥钱，家常素馐，不腆之仪。虔诚致祭于×母（×父）×老孺（大）人之灵位前，泣而言曰：呜呼！古之有云，山中尚存千年树，世上难逢百岁人。独有彭祖八百载，我×享年××秋。不幸天不佑，病魔来缠，医治数×，尚无见效，日趋亦日，精神秃败，于本月×旬，弃不孝而长逝，舍诸孙而永别，辞尘于世，永诀千秋。乳哺大德，瞻仰莫酬，实甚悲哉，实甚痛哉！回忆我×生前往事，吾×生于巨族，适于蓬门。平时处事，素性温良，品德端恭，有礼有节，克勤克俭，料理家园，勿怠勿荒。儿等愚庸，荒矩镂骨。自今以往，训诚失闻，悔之晚矣。父子恩深终有别，母女义重也离分。人生似鸟同林宿，大限来时各自飞。不料本月初×，慈×溘然长逝。从今以往，酒我难酬，唯有憔心泣血，号天抱痛而已矣！虽及黄泉，难报×恩。兹值安葬吉期，略尽子职之意，谨陈素酌，奠献灵前。×其有知，来鉴斯言，哀哀敢告！"

读完祭文，司仪先生喊："叩首，再叩首，三叩首。兴，平身，复香案位。"孝子应声，三次叩头，然后站起来，转身从右边走出大门，至院坝香案位前。因读祭文时，香案前所有参拜者都是跪着的，司仪先生再喊，"以下皆兴"。众人起身站立，待孝子回到香案前。"跪，伏、伏、伏，兴，平身。孝子孝孙，东阶西向立，孝妇孝眷以下，西阶东向立。排序立，歌诗者，歌'蓼莪之首章'。"

灵堂内早已坐定歌诗者数人，听见司仪先生喊声，由一人领唱，几人跟唱"蓼莪之首章"：

"蓼蓼者莪，匪莪伊蒿。哀哀我父（母），生我劬劳。"

次子亚献：司仪先生喊："歌毕，举哀。哀止各就各位，跪、伏、伏、伏，兴，平身。初献礼毕，行亚献礼，举亚献乐。"整个礼数同上。一切礼仪完毕，孝男孝女，分东西侧排班。

歌诗者唱"蓼莪之次章"：

"蓼蓼者莪，匪莪伊蔚。哀哀我父（母），生我劳瘁。"

侄子三献：司仪先生喊："歌毕，举哀。哀止各就各位。跪、伏、伏、伏，兴，平身。亚献礼毕，行三献礼举三献乐。"整个礼数同上。一切礼礼仪完毕，孝男孝女，分东西侧排班。歌诗者唱"蓼莪之三章"：

"父会生我，母会鞠我，抚我畜我，长我育我，顾我护我。欲报之德，昊天罔极，罔极昊天。"

孝妇侑食：司仪先生喊："三献毕，行侑食礼。引礼者，引孝妇谊盥洗所，濯水、净巾、升堂，谊灵位前跪。"儿媳妇们至灵堂叩拜，上香。"初献帛，亚献帛，三献帛，兴。入帏侑食。"儿媳妇们端着饭，走至神龛下死者牌位前放下，并呼唤死者吃饭。"绕棺出帏，复灵前跪。"儿媳妇们走至灵前再跪拜一次，起身复至院坝香案位前跪下。歌诗者领唱"侑食诗"：

"虽无旨酒，或饮庶几；虽无佳肴，或食庶几。"

孝眷敬茶：孝眷，指的是死者的女儿或侄女。司仪先生喊："侑食礼毕，行点茶礼，举点茶乐。（吹奏几声唢呐曲。）引礼者，引孝眷谊盥洗所，濯水、净巾、升堂。"亡人的女儿、侄女跪拜叩首上香后，端着茶走到神龛下的牌位前，将茶放于牌位前，呼唤死者请用茶，绕棺出帏，复灵前跪拜后，复香案前位，又与参拜者再次跪拜。歌诗者领唱："点茶诗"：

"茶是南山注鼎茗，春残应节采芽苓。素志常守天地德，清泉可奉二双亲。"

孙眷敬烟：司仪先生喊："点茶礼毕，行敬烟礼。引礼者，引孝孙眷谊盥洗所濯水、净巾。升堂。"孙女和侄孙女们，应声从左边走至灵堂前跪拜叩首以后，拿着早已叭燃的叶子烟杆（旱烟袋），至牌位前放下，并呼唤死者抽烟。绕官出帏，复至灵前跪拜，回院坝香案前位。歌诗者领唱"敬烟歌"：

"烟能玩情，可奉高堂。虽无鲜色，其味最长。我父（母）逝矣，大德流芳。孝子祭奠，以荐馨香。"

孝孙问安：问安一般在暮奠时进行。司仪先生喊："敬烟礼毕，行问安礼。引礼者，引孝孙孝侄孙谊盥洗所，濯水、净巾、升堂。"小孙子们逐个洗手，方能进入灵堂，跪拜后要向死者问安。小孙子们，若太小不会问安，则由执事们一些扮小孙子，一些扮死者，进行问安仪式。

问：安食否？

答：安。

问：安居否？

答：安。

问：安寐否？

答：安。

然后，小孙子们绕棺出帏，复灵堂前跪拜后，回院坝的香案前位。歌诗者领唱"问安诗"：

"云山苍苍，江水茫茫。我父（母）之德，山高水长，如松之茂，如兰之芳。其生也荣，其死也哀。"

最后，所有参拜者都在院坝香案前，面向灵堂站立。司仪先生喊："跪，问安礼毕，行垒酒礼。孝子谊垒酒位，跪奠茅沙。奠爵，初奠爵，亚奠爵，三奠爵。叩首，再叩首，三叩首，平身。执烛者奉烛，执帛者奉帛。孝子恭谊燎所，望燎，化钱。一揖、再揖、三揖。孝子、孝妇、孝眷入帏大哀，奏大乐。"参拜者随着司仪先生的喊声行礼。执事者将香烛、冥钱拿至朝门口点燃。众跪拜者面向朝门化钱处，连作三揖躬，后散开回到灵堂。妇女伏在灵柩上大哭，沉痛哀悼，家祭毕。

暮奠之歌诗还有如下三章。

首章："循彼南陔，言采其阑，眷恋庭帏，心不遑安。彼居之子，团或油盘，馨尔夕膳，厥尔夕餐。"

次章："循彼南陔，阙草油油，眷恋庭帏，心不遑晋。彼居之子，色思其柔，馨尔夕膳，剐尔夕膳。"

三章："有獭有獭，在河之涘。凌波赴泪，篓魴捕鲽。嗷嗷林鸟，受哺于子，养隆敬薄，唯井之似。悠增尔虔，以介丕祉。"

各种仪式结束后，接下来的两项工作是张贴对联和祭文。对联、祭文都用白皮纸书写。祭文贴在堂屋墙上，对联贴在门、窗上方和两边，内容均为悼念亡人。

家祭完毕后，次日则进行外祭。外祭气氛庄严、肃穆，十分隆重。这天需要进行的事情很多，不仅迎宾待客，还要念经、砍牛、点主等。外祭主要是三亲六戚前来悼念，重礼者还要致悼词。根据三亲六戚与亡人的亲疏关系，外祭一般分为三等。

敬献上等祭奠礼的人，一般是舅爷、姑妈、姻亲；以及较好的朋友。这种祭礼又名"献猪羊"。清朝至民国年间，行上等祭奠礼的人需杀一头肥猪，一只肥羊；备扣碗一席，糖食一席，果品一席，每席8碗；鞭炮两串，香烛、帛线若干，祭帐一幅，并备有悼词。带着唢呐吹鼓手一同前往丧家。进寨时，鸣放鞭炮，进入院坝休息片刻，主人倒茶、装烟。执事人员将祭席摆在香案桌上。此时司礼先生拖声拖气地喊："主祭者就位！"主祭客人应声齐至香案前站立。"跪！"客人跪下，"献柔毛、献羹、献肴、献糖食、献果品、献帛"。之后，主祭者首次升堂，跪着致悼词，悼词由他人代念。

这种祭礼，新中国成立后的20世纪50年代，改为送活猪、活羊。至七八十年代，改为用现金折价赠送。礼封均用白纸包着，上面书写"奠仪"二字，表示猪、羊折款。折款一般是60元、80元至150元不等。祭席、祭帐照旧没有改动。

丧家对于送"献猪羊"祭奠礼的客人，要发给头孝、腰孝。

中等祭奠礼做席一桌，8碗，碗内均是鸡、鱼、猪肉之类，备祭帐一幅，香烛、火炮若干。祭奠时，主祭者只在灵堂前三拜，不行九叩礼，丧家发给两小段孝帕。新中国成立后，改用现金，不做席，一般12元至16元不等。

下等祭奠礼一般是10元以下，都用白纸包着，写上"香敬"二字交司仪房登记，不跪拜起礼，交钱登记就完事。丧家发给一般孝帕。

"点主"首先要购买神主牌。这种神主牌分三层，可独立放置，内层两块薄片木板合在一起，插入同一孔内，外罩两侧有插头，前面为玻璃，一般是祖考、祖妣两位老人的名字，都写在一个牌位上。但应注意：先逝先写，后逝后写。外层再用一条水红绒和一条大红绫，由顶至两侧盖搭于牌位之上，用缝衣针穿上红线系着。牌位内容要先书写，但"主"字不写上面一点，"神"字不写中间一竖，待点主时添上。一切准备停当后，即请一位两老俱在、儿孙满堂、家庭富裕的老人前来点主。

点主开始，司仪先生喊："内静外肃，执事者各执其事，行点主礼。合户，启鼓，再鼓，三鼓。鼓止鸣金，磬止奏乐，外止辟户。"执事人员，听应喊声，关上大门，擂鼓三下。继而击三下铛锣，然后吹唢呐，再打开大门。"引礼者引孝子出帏，谊灵位前跪。叩首，再叩首，三叩首，兴，平身，出帏迎请大宾。"

出门迎请大宾时，执事人员提一个蒲垫团，孝子戴孝，拄丧棒随后，唢呐、锣鼓齐鸣，形成浩浩荡荡的队伍，来到大宾家门前。大宾知道自己受聘点主，事先穿好长袍马褂，戴上缎子小帽，站在自家门口等候。司仪喊道："执事者报帖。"执事人员躬身站立，将红纸写的请帖展示于大宾面前。随后孝子跪于大宾前叩首三下，请大宾起步。大宾来到丧家，就座于专备红线毯铺垫的椅子上，由执事敬烟敬茶。孝子从灵堂躬腰走出门外，跪于大宾面前，行叩首礼，起身站立。司仪先生喊道："歌诗者，歌'庶见之首章'。"

执事人员数人在灵堂内合唱"庶见之首章"：

"庶见素冠兮，棘人栾栾兮，劳心博博兮。"

歌毕，孝子二次跪拜，六叩首完毕，起身站立。歌诗者歌"庶见之次章"：

"庶见素衣兮，我心伤悲兮，聊与子同为兮。"

孝子第三次跪拜，行九叩首。平身站立。歌诗者歌"庶见之三章"：

"庶见素鞸兮，我心蕴结兮，聊与子如一兮。"

引礼者引孝子回帏，孝子转身回灵堂。

司仪先生："请大宾，身点主位。"丧家用一小圆盘，内盛大米、大洋（现改为人民币）和两支新毛笔，将神主牌位置于上面，两名执事把盘交给孝子端着。孝子走出门外，下完坎子，跪着用膝走至大宾面前，把神主牌交给大宾。大宾接到神主牌，放于香案桌上，将毛笔蘸一下墨，假装书写"全福"二字（这两字是早已写好了的）。接着将神主盒拆散，把上面的红绒、红绫拿掉，将神主牌卧放桌上，把两层分开，佯装用笔写一下粉面。两名执事拉着孝子的手，拍拍其背，用穿有红线的缝衣针刺孝子的中指，血流出后，用毛笔蘸一下手指上的鲜血，然后将笔交给大宾，大宾就在"王"字上加一点变成"主"字，再补上"神"字中间的一竖（原先没有）。注意先内后外，写4次。

司仪先生："点天仓。"

大宾："天仓满。"点一下神主顶头上。

司仪先生："点地库。"

大宾："地库盈。"点一下神主脚。

司仪先生："贯左耳。"

大宾："左耳聪。"在神主左侧用笔圈一下。

司仪先生："贯右耳。"

大宾："右耳明。"在神主右侧用笔圈一下。

"先前。"

"裕后。"

"必发后人。"

"后人必发。"

他们的话音未落，观众中就会有人迅速将笔抢走。据说谁抢到毛笔，他的门第以后必然是文化发达之家。随后大家将神主牌位按原样装好，置于盘上，执事将盘端给孝子，孝子将神主牌放于灵堂桌上。神主牌放好后，大宾从院坝走至灵堂，后转至院坝椅子上就座。由执事将酒、肉、筷摆在大宾桌前，大宾把椅子移至桌前坐下，端起酒杯举一下（但不喝），把筷子伸向桌子、盘子（但不夹）。此时，司仪先生道："歌诗者，歌嘉鱼之诗首章。"（此诗与《诗经·小雅·南有嘉鱼》文字有差异。——编者注）

嘉鱼之诗首章："南有嘉鱼，烝然罩罩。孝子有酒，嘉宾式燕以乐。"

歌毕，执事再端三碗扣肉放于桌上，大宾再举杯、举筷。司仪先生又喊："歌诗者，歌嘉鱼之诗次章。"

嘉鱼之诗次章："南有嘉鱼，烝然汕汕。孝子有酒，嘉宾式燕以衎。"

歌毕，执事第三次设席，大宾第三次举杯、举筷。司仪先生又喊："歌诗者，歌嘉鱼之诗三章。"

嘉鱼之诗三章："南有樛木，甘瓠累之。孝子有酒，嘉宾式燕绥之。"

歌毕，司仪先生喊："请大宾歌'丹凤之诗'，以架孝子。"本诗应由大宾歌，由于大宾年老，一人难歌，由众执事代歌。诗分春、夏、秋、冬四首：

春：

"丹凤来仪丹凤兮，高岗鸣止恨天低。杏花好景亲丧尽，福寿双全百世稽。"

夏：

"丹凤来仪丹凤兮，高岗鸣止恨天低。荷花好景亲丧尽，福寿双全百世稽。"

秋：

"丹凤来仪丹凤兮，高岗鸣止恨天低。菊花好景亲丧尽，福寿双全百世稽。"

冬：

"丹凤来仪丹凤兮，高岗鸣止恨天低。梅花好景亲丧尽，福寿双全百世稽。"

丹凤诗歌完后，执事向大宾敬茶，孝子从灵堂走至大宾前，行三叩首礼，以表谢意，然后回灵堂。此时，大宾起身，在自己儿子的护送下，步行回家。鸣炮三响，表示欢送大宾。次日，丧家将那被大宾点试过的菜肴赠给大宾，以示酬谢。以后便是"砍牛祭祖"。

"砍牛"是布依族办丧事特有的一种仪式。砍牛时要念《砍牛经》。经文是布依族祖先创造的一种独特经文，它不同于世界上其他任何宗教的教义。《砍牛经》分初经（布依叫"早撞"）、中经"果撞"、末经"磨当"三个部分。中经在田坝砍牛时念唱，初经、末经都在堂内唱念。三部经文念唱完，大约需要六个小时。《砍牛经》这么长，主要用两种方法记忆传至如今。一是背诵；二是用汉字记布依语音，念时需翻书念唱。

砍牛有一定的程序，不得紊乱。念经师头戴斗笠，肩扛大马刀，手握经书，在灵前念唱。死者的儿媳、侄媳、儿女侄女们，身穿孝衣跟在经师后面。几名衣着奇特的妇女亦跟于其后，这种衣着叫"半冠大盘头"，身穿绸缎筐箩衣，下围百褶裙，腰挂自绣的五颜六色的花条巾，脚蹬银钩翘尖鞋，左右手捏自绣花巾（只捏住一个角）。每人配给一名妇女打伞遮阳，这种习俗布依语叫"耸读"。

门口院坝里，一名执事牵着黄牛，吹鼓手已作好准备。经师念完梁、门、坎、院4节经文后，鸣放鞭炮，奏乐击鼓，前呼后拥，向田坝走去。

田坝砍牛的地方叫"天床"，中间竖有一根约5米高的木柱，布依语称叫"东轴"，顶端吊有扎制花朵。牛拴在木柱上，经师带着参加砍牛祭礼的人，围着木柱边走边念，转3圈停下。儿媳、女儿们排队面向"东轴"站立，听经师念经。不久，两名妇女回丧家将糯米饭端来，倒在筛子里，在"天床"上喂牛。

念唱《砍牛经》过程中，丧家执事人员要挑简单的菜肴和一大坛自制米酒到"天床"来，请经师（布依语称叫"张磨"）、吹鼓手及观众行食畅饮。《砍牛经》念毕，经师带领众孝绕"东轴"三圈，然后由死者女婿砍牛，将牛杀死。此牛肉丧家五服以内的人均不能吃。

当地布依族砍真牛的习俗只在民国以前时兴，往后只用刀把牛耳朵割破一个口子，流点血就行了，再用钱纸沾点血化掉，代之以砍牛。而贫困者，无资购牛，可用一根长凳，用绳子拴着，再盖上一领蓑衣，亦可代替祭牛。念完《砍牛经》，儿媳、女儿等即转身向灵堂跑去，奔至灵堂哭丧。

魂幡均用棉纱卡在整齐的稻草中制作而成，长丈余，宽一尺，形如许多"亚"字连成一串，下端留有棉纱之要须。放幡的时间，在外祭日的中午。幡上事先书写好有关"超度亡人"之词，然后卷成"筒"状。放幡时，孝子跪于灵堂中，面向神龛，双手横举马刀，刀口向上。经师戴着斗笠，左手端一碗清水，右手握幡，咒念"度亡经"（用布依语）。楼上之人用绳拴住幡头，经师边念，边放手中幡，不时还喷口清水于幡上。楼上的人根据经师放展的速度，缓慢地往上提幡，直到经文念完，幡亦展完。将幡系在竹竿上，竹竿绑在挑梁上伸向天空，迎风飘扬。其含义是：超度亡人上天堂，自能获得幸福。希望死者能像在生一样，得到一个舒适而美好的环境。

放完幡后，即请先祖赴宴。族中所有过逝老人，都要在外祭时一同奉请。将一席酒菜置于灵位桌上，请族中熟悉先祖名字的老人到来，由近及远，向经师诉说名字。当念完一代人的名字时，经师须诵一段经词。其大意是：桌上已摆好酒肉，请你们前来赴宴。新逝亡人不熟悉你们那里的生活，你们要多多帮助和照顾。

装粮：此仪式须在外祭之夜进行。准备的物品有粮阴坛一个，蒸一升六角米的糯米饭。装粮时，将一个簸箕放在灵位桌上，糯米饭倒在里面，并放上粮阴坛、筷、酒杯，斟上酒，所有参加叩拜的小辈都要给死者装粮。先由孝子下跪双手扶住粮阴坛，经师用坛子一点一点地装。尔后，逐人跪拜照办。装粮时，经师边装边念：

"尚来此意，略伸告白，炉中有香，瓶中有酒，仓中有粮，库中有钱。劳勤孝眷人等，与亡人装粮。孝眷××与亡者××装粮。三石三斗三升三合三勺三抄。"

从"三石"的词以下，凡参加装粮者均跟着念。

司仪先生问："有无有？"

答："有，天长地久。"

问："足不足？"

答："有衣禄。"

司仪先生接着念：

"孝眷装粮，亡人得了归天去，孝眷××吃了寿延长。"

孝眷跪地领一小团糯米饭，走开。装完粮，簸箕里还剩有糯米饭，司仪喊："诸亲六叔上前散粮！"众人一齐伸手，一抢而光。司仪接着念：

"仓中装起千年粮，库中藏下万年粮。亡人不肯吃，亡人不肯尝，亡人不肯饮，留与子孙做栋梁，留与子孙敬君王，留与子孙敬朝廷。南无生天量菩萨，生天界菩萨，摩阿萨。装粮已完，亡人早升天，要达菩提路。一卷咒章与亡人。咒云：南无西方极乐世界，三十六万亿，九千五百同名同号，大慈大悲，接引亡人。导师阿弥陀佛。诵经功德，荐亡魂装粮事，华（休）为珍重。"

装粮完毕，将红绸密封坛口，用红线拴扎，放于神龛上，待下圹时，随死者葬于井的侧面（按男左女右放置）。

出柩前凌晨3点钟，先把"望三钱"和"引魂幡"放下来。放"引魂幡"有个规矩，孝子须跪在房右的屋檐下，两人把孝子的后衣襟牵着，呈兜状，幡缓缓放入兜内，收至灵堂，以后拿去坟上火化。发轫前半小时，要放地炮若干响。族中帮忙的人听见炮声，就会赶到丧家帮忙。

在发轫前半小时，族中亲眷要集中坐在灵堂左侧或右侧的另一房间里，背对灵堂，肩扛撑开的雨伞。在灵柩侧面，放一小桌，桌上放一升米，插香点烛，桌上还要放一束桃树枝及芭茅草。念经师先杀鸡，后用一根白棉线，由灵柩处牵至亲眷背坐地点，线的各端穿有一个纸人。经师一边用布依语阴惨惨地念唱"生离死别经"，一边左右挥动桃树枝和茅草把，其大意是："现在要你们分离，不光我叫你们分离，还有桃树枝和芭茅草，都叫你们分。此后，死者自己去当家，活人自己去种田。断绝家庭关系，不准互相惦念。死者与活人各奔前程，各走东西，不得互相干扰。我要分你们两边各去各，我要叫你们分离去永远。"最后，两人横抬着一根扁担，将白棉纱担在扁担上，刚杀死的鸡亦担在扁担上，让鸡的头部向死者，尾部朝活人。接着砍断棉线及鸡颈子，鸡头放在灵柩上。边砍边说："砍断鸡头不要你们哭，砍断棉线不要你们想。"表示死人与活人一刀两断，互不相干。

发轫出柩，一般都在凌晨四五点钟。出柩时，棺材上放一碗草灰或煤灰及鸡头。灵柩前后左右，站满青壮年人，由经师咒念"发轫词"：

"日时吉良，天地开张，鲁班造屋，不许停丧；扶柩是天王，火手八金刚。发丧不用力，勿发百何丧。亡者，来也空，去也空。来时无影，去时无踪。风都关井，来时难上难。吉请：天煞地煞出，年煞月煞出，日煞时煞出，锅头二郎出，油灶火把出！响东斗驾出！主师勒令下金刚，发丧出！"

呼喊到最后一个"出"的同时，经师用重锤把灰碗砸破，同时大家齐声喊"出"。灵柩刚出门口，屋内鸣放鞭炮。儿媳迅速把灵堂所余杂物收拢堆集，用鸡笼罩着，用切菜板压在鸡笼上。这表示亡人既走，所余财物，应归在生儿女，不许带走。

下土安葬：灵柩抬出门后，不能随便放在地下，须用板凳支垫。棺材上盖红布一张，用公鸡一只灌点酒，站立其上，名曰"站龙鸡"。起抬行走，须用百丈白布套住灵枢后头，数十人至百余人在前牵着白布缓缓而行。媳妇、女儿送葬只能至中途即返，不能送至葬地。

灵枢落土： 开挖葬井时，先生用八卦罗盘定下方向，再定桩，燃烛点香，化钱念词，方能破土。挖好井，如死者是男性，则在左面开一小孔，放进"粮阴坛"，再用石块堵住洞口。将少许钱纸和引子秆焚化于井内，"暖井烘干"，再喷洒白酒。阴阳先生念出魂词：

"孝男孝女生魂出，众寨人等生魂出！亡人死魂入。"

公鸡跳井，念念有词，棺材落入井内。先生把罗盘放于棺材上部的米袋，拨准字向，孝子跪下，由棺脚爬至棺材头，一边念词，一边撒土于后襟衣兜内。垒坟时，棺材面层，用石灰搅拌黄泥巴，捶紧夯实。

年轻人死了，不像老人亡故那样办得隆重。但要念"砍牛经"。另外，寨中青年要凑钱买一把新雨伞，伞沿贴上许多图案各异的花条。发丧埋葬后，把伞撑开放于坟上，意为让死者在阴间得以游玩唱歌。

埋葬垒坟的第三天，要复山谢土。在坟前燃香点烛，坟的前后左右及中央，摆上酒肉、筷子。由法师念诵谢土词。

谢坟土的来源，据说，亡人活在人间时，可以享受世上万事万物；死入阴间土层，就要和阴间鬼神去过日子了。亡人初去，一无所有，孝子必须花费香帛冥钱，请东西南北中青白赤黑黄帝为证，向"土府基笼神君"购买土地一块，作亡人坟葬居住之用，过着富裕安乐的生活。

谢坟土的颂词较长，约有三千多字。今摘诗首如下：

"诚心一念叩地惊，直透九垒大府门。孝子虔诚修因果，唯愿菩萨亲降临。烛焰结成金彩凤，香纸化作白鹤飞。半天云外孤雁叫，唤醒南柯梦里人。清净奉圣设供俸，香炳烛奠谢坟茔。"

谢坟土后，设灵堂供奉。堂屋里按男左女右安灵位。牌位字数与碑文相同，写单不写双，写生不写死。用生、老、病、死、苦五个字照推。中华人民共和国成立前的规矩，灵位供奉满一百天后才能洗孝帕，才能理发，3 年后才能拆散灵位。

丧葬禁忌：家祭、外祭之日，禁忌唱歌，诙谐逗笑。

抬棺移动时，禁止放置地下。

棺材上不准钉铁钉。

禁忌倒淋狗肉汤及桐油。

出枢时，棺材不能刮门枋、门槛。

［班光瑶、孙定朝、赵焜：《贵阳市花溪区新民乡竹林村调查》，载贵州省志民族志编委会编《民族志资料汇编》第六集（布依族），第 131—144 页，1988 年（内部）印］

　　述里乡位于望谟的东面，和罗甸县接壤，距望谟县城约84公里。此乡的布依族丧俗较为特殊，具有比较浓厚的原始宗教性质。他们认为每个人都有一个灵魂支配着自己的生命，灵魂永远不灭，人死了灵魂变成鬼。因此，他们对死者怀着恐惧的心里，不得不为亡人举办妥当的葬仪和丧礼，亡人方能永远保子佑孙，保护庄稼，六畜兴旺。在葬俗的活动过程中分若干个步骤进行，每一步骤均有一定的规律性，丧礼的内容甚繁琐和肃穆。

一、停尸

　　老人病危时，子孙均在身边护理。病者一断气，子孙请人鸣枪三响，向寨人报丧，若死者是女的，需先通知舅家，并立即忌荤吃素（鱼类水产动物不忌）。此时，子孙们及时为死者剃头，刮净胡子；女性死者须为其梳头，然后用热水给其洗尸。

　　给死者梳洗，穿"寿衣"。"寿衣"数量择单忌双。换毕，由长子或女婿用一块碎银放于死者口中，并说："你带这块银子，到阴间路上买水喝，别人问不说，别人哄不给。"然后即抬尸停放堂屋中间，用一块板子垫起，用白布裹尸（只裹到胸口），白纸蒙脸，以旧衣为其作枕。死者双手各捏一张钱纸。停尸时，远方来的家族及亲者可以随时揭开白纸瞻仰遗容，痛哭致哀。

　　未入殓前，子孙们必须轮着守尸，请人来帮扎"望山钱"，用一根竹竿于大门口高高挂起，布依语称"为啥"。接着用白纸写"今当大事"贴于门头上。从断气直至安葬，子孙也不准穿鞋。死者的遗物拿到寨旁烧掉，好的遗物需经阴阳先生熏于香烟上，念咒语后方可留下保管。

二、入殓

　　棺材一般用杉木、椿木料。

　　入殓前，须先于棺材底部铺一层筛好的木灰，然后铺钱纸及几张白布。再用棉花反搓成绳抬尸入殓。届时若子孙中与死者出生日期相同者则需回避。入殓后，又将绳子解除，用钱纸塞紧尸体两旁。有钱的人家尚用丝绸盖尸一层。随着盖棺，用树汁封紧，以防臭味。棺材停放脚蹬大门，棺脚用四方桌一张设灵位一个，上面摆有稻谷一升（内插三炷香），酒杯两个，筷子二双，灵牌一块，糯米粑一团供祭；桌下放一个盆，供烧纸用。由家族一人主持发孝仪式。首先丧家子孙轮着焚香烧纸，跪于灵位边叩头三次，由发孝者发给一块孝帕（其中长子、长女、女婿的孝帕须与棺材一样长）缠于头顶。孝帕不用麻绺而是用原捆尸入殓解丢的那些绳子来捆。发孝后，孝子们方可吃饭。未吃之前，先以一碗饭、一碗素菜供祭亡灵。全家孝子孝孙不许坐着吃饭。棺底点"地龙灯"。孝子孝孙无论白天晚上，要轮着守灵，其任务是随时添油、焚香烧纸、点烛，防止熄灭。若瞌睡来了，须于灵边铺睡。

三、祭奠

　　祭奠之日，先请阴阳先生择定吉日。

　　祭奠日天刚亮时，孝子孝孙需添穿孝服、孝鞋（因入殓那天，未及裁好，直拖至今方穿），用稻草反搓成绳捆起腰部，孝帕亦要往背后拖到裤腰处。其意有二：一是表示让客人分辨出孝者与死者的关系，二是表示死者的子孙比其他亲友孝敬深些。当午，四方三亲六戚带着丧礼纷至沓来参加吊丧。舅家或夫家则送来猪、羊、祭帐、纸伞（用竹子编制而成的，周围蒙上绸缎和花花绿绿的纸，并挂上古老的纸菩萨、纸龙、纸凤等，若死者是男性则还须送纸马）、一座古老瓦房（用竹子、花样的纸编成的，以之安于丧家香火处，至少满三年，称"灵堂"），其他亲友则送酒、米、香、钱纸、糯米粑、公鸡之类的东西。这些客人须于寨边整队出行，多吹唢呐。到丧家门口时，放鞭炮，孝子孝孙立即依次在大门外每人手持一炷香下跪迎接客人，以示感谢。当客人进入丧家时，孝女须于灵旁痛哭。丧家安排家族一人专门接待。送来的第一件礼物，由丧家拿去锁放柜子里，不准任何人看见（待安葬后方能拿出来用），其余的全部摆放于灵位或棺材上面。至亲客人进入丧家时，须向死者焚香烧纸，叩头三次，方能戴孝帕，并且须帮丧家做些事情。其他客人也各得一块孝帕，这些客人被安排在哪家，便由哪家安排食宿。

有钱的人家在祭奠这天，还要请道士先生"开路"、"破地狱"，昼夜绕棺敲锣打鼓、吹螺号、念经，并且请唢呐手日夜吹奏。特别在晚上，孝子孝孙各人手持一炷香跟在道士先生后面，每次绕到棺头、棺脚皆叩一次首。祭奠，是丧事的高潮。

四、第二次葬

第二次葬也称为"停棺待葬"。一般在祭奠这天，丧家请阴阳先生根据《通书》和死者的"八字"（也称"字命"）推算出葬期。

若推算死者不能当年葬，便在祭奠的第二天早上通知寨人帮助，抬上择好的山坡停葬。届时用两根大圆木垫棺，搭盖草房，待到符合安葬年月再行入土安葬。这就是所谓的"第二次葬"。这种"葬俗"究竟起于何时，当地民族都不知道。

五、择坟井

择井，由丧家孝子、客人和阴阳先生几个人带香、纸钱、酒杯、锄头、罗盘（没有罗盘也可以用一枚鸡蛋代替）到山上去择井、号龙脉。安葬地点一般选择于视线较开阔的高处台地上，背靠一座山，像靠椅似者为佳。阴阳先生择好山形后，又将《水书》和死者的生辰八字来确定坟井，再用罗盘投地，根据罗盘的指针来确定坟门的方向。然后，焚香烧纸、供酒，阴阳先生蹲在旁边念：

"天上开土地，地下开屋基，保第一第二，保奉贵先生（即阴阳先生本人），保子孙成吃，保子孙富贵，保子孙成人，保子孙富贵。"

念毕，便由孝子跪于坟门处，旁边人递锄头给他动三撮土（这三撮搁于一边，待到棺材落井安葬那天再用来盖棺），这叫"开土"。然后，由帮忙人挖成。

六、出殡

出殡一般放在祭奠的次日凌晨卯时。丧家先放鞭炮，亲友闻声前来帮助抬棺。起棺时，孝子孝孙须跪于棺旁痛哭央求。先将棺材移出门外停于两条长凳上，然后用两根木棒捆紧两旁，再用一只会叫的公鸡和一把香捆放棺材上面，布依语称为"当散"。起步时，孝子孝孙们依次跪于棺材前面向死者痛哭致哀，以示最后的诀别。出殡行列中，领先人拿一把火，表示引路，一个扛"望山钱"，一个丢买路钱，背后的人抬纸马（死者是女性便送纸伞)、祭帐等,中间是孝男孝女身穿孝服,各手持一炷香,一路痛哭致哀。其中有长孝子在前挑一挑死者的"午饭"。"午饭"是一包米饭和一瓶水,布依语称为"送毫立"。挑者不准换肩,且须拄丧棍由一人扶着弯腰前行。孝子后是棺材,棺材后是鞭炮、唢呐队及送行客人。遇到路上有涵洞或河水时,孝子孝孙须贴地,让棺材从身上抬过,象征背老人涉水过沟。路远需停棺歇脚时,须用凳子垫棺,不准落地,否则死者会迷失方向,变成野鬼。快到达坟井时,除留长孝子外,其余人均需返回家,不能随至坟井。

七、安葬

安葬时,先将朱砂在井底画一个古老房屋及一条龙,写上"富贵双全"四个字。用意是龙很喜欢朱砂,放了朱砂,井内便凉爽,亡人舒适,且老鼠、老蛇等动物不敢钻进去破坏龙脉。然后,阴阳先生将公鸡丢入井内,叫"掉井"或"滚井"。边丢边唱下井歌:

"此地乃是天生成,青龙白虎左右分。

朝山尽是文笔岭,绿水施绕不现形。

亡人今日逢正道,葬后子孙万代兴。"

接着将望由钱、钱纸及贴于祭帐上的挽联烧于井底,这叫"暖井"。

暖井毕放鞭炮,抬棺落井垒坟。垒坟之第一撮土(即打井那天留下的三撮土)须由孝子包于背衣下摆,从棺头跪爬到棺脚,放于棺材上面,然后跳出井,由旁人挖土垒成坟。坟墓约高三尺,宽三尺,长五尺,周围用石头垒起,成椭圆形。安葬后,在坟门前焚香烧纸、供祭食品。从家抬来的纸马(或纸伞)插放在坟顶上,表示亡人"骑马"升天。返家聚餐,孝子须于客人后面,边走边说:"从今天起,你自己做自己吃吧?"接着将从家挑来的那瓶水往背后砸破。从坟地一直走到家门口,不许回头张望,也不能同过路人说话。

这天早上,阴阳先生提前返回丧家,用一盆清水(盆里放有几颗火炭)放在大门外,供从坟地回来的客人洗手,方能进入丧家,表示样样干净。未吃饭前,孝子孝孙依次跪于灵堂前,由阴阳先生递给每人一块猪肉,表示开荤。就餐时,孝子或女婿一人带一块板子、两个酒杯向客人敬酒,行跪拜礼,由一人陪同倒酒(规定每桌敬两杯)并代表孝子向客人说感谢话。较老的客人领酒喝后,也代表整个桌客向孝子说几句吉利话。

安葬后的第三天早上,孝子孝孙和舅舅家及姑爷家各带猪、鸡、酒、米及炊具到坟地修整坟墓,立碑(墓碑的写法与汉族同)。这叫"复山",布依语叫"亥寿"。此须唱"挂青歌":

"一根金竹插坟标,仗送亡人荫究生。

九宫八挂明然在,二十四向定中标。

自从今日插过后,富贵荣华万万年。"

挂青后,以香、酒食品供祭坟墓,然后放鞭炮,通知寨上的青年男女到坟地参加吃饭,寨老则集中于丧家,这天猜拳饮酒非常热闹。

复山回来后，当午，孝子孝孙行剃头礼（女的便梳头），此后规定满九十天（女性死者规定一百二十天）后方能剃第二次头。相传母亲生下孩子，从婴儿降世在襁褓中起，拉屎拉尿、吃奶喂饭，直至长大成人多是母亲料理，父亲只能帮寻粮觅钱，不如母亲辛苦。故孝敬母亲必须比孝敬父亲的时间长些。

从安葬的这年起，以后每年农历三月三日再去挂青。并规定在三年内每日每餐前先于灵堂供菜饭，插一炷香，表示孝敬，满三年后方能脱孝。

八、非正常死亡

非正常死亡者的丧葬情况与正常死亡者的情况不同。非正常死亡者如难产、被杀、投河、吃药、中毒、动物咬、摔跤等类的死者，这些都被认为是凶死，死后往往变成恶鬼，容易纠缠人。对于这种死者，虽然也要放银子、换寿衣，举行祭奠仪式等等，但不拖延时间，当天死，次日埋。若在外面死的，不准抬尸入家。有"冷死不准进屋"的说法。认为这样做，恶鬼才不能回家中危害子孙和家禽、庄稼。

［韦富德：《望谟县述里乡布依族丧俗调查》，载贵州省志民族志编委会编《民族志资料汇编》第六集（布依族），第292—295页，1988年（内部）印］

布依族的丧葬既肃穆，又烦琐，带有浓厚的传统宗教色彩。老人去世以后，要派专人向亲友报丧。及时给死者洗脸梳头，穿寿衣。停尸于堂屋神龛前。其停尸方法各姓氏有所不同。有的脚蹬大门停，有的顺中梁停。然后择定吉时入殓。入殓时，先在死者嘴里放一点碎银子，意为用银压嘴，死者变神鬼以后，不随意捉弄阳间人。棺内用松香浪过或垫上木炭面和钱纸，尸体周围用白纸、钱纸或布塞好，盖上老被，鸣炮三声才盖棺。到出殡之前孝子孝女忌荤。

出殡的前一天，三亲六戚赶来参加哀悼仪式。亲友们要拿糯米饭、鸡、羊、祭幛、供品及纸人纸马等来祭奠。吊丧者用唢呐或长号奏哀乐，孝子披麻戴孝在大门外跪着迎接吊丧亲友。祭奠时。孝女和女宾扶灵痛哭，祭奠先生念奠词和祭文，吊丧客头在灵前跪着点蜡烛、插香、烧钱纸、磕头、接受孝帕等。此时，整个灵堂既肃穆又凄惨，人人泪流满面。水塘的伍姓，火烘的韦姓和伍姓等有砍牛奠祭的风俗，一般不砍牛就不开孝，或者先许愿再开孝，过后补砍牛。砍牛浪费大，不利于生产，不利于发展经济，现在已基本革除。

出殡时，先由祭奠先生号令发丧。灵柩抬到大门外绑扎时，孝家分给帮忙的人每人一段"衣缘饭"。灵柩抬上路时，由一老翁用竹亮蒿点火在前引路，一人随后散"买路钱"。孝子孝女们持一炷点燃的香在灵前跪拜，直到灵柩到达墓地。

布依族很相信风水，所以墓地都经过阴阳先生择定。墓穴挖好，由先生用朱砂在穴中画上八卦图，写上些封赠好话和"左青龙，右白虎，前朱雀，后玄武"等字。先生写毕，帮忙的人才烧纸"热井"。热完井，用酒灌一雄鸡"跳井"，然后再择吉时将灵柩放入穴中。灵柩放入穴后，孝子用布包着一碗米和一个鸡蛋跪着从棺木上走过，表示接亡灵回家与祖宗在一起。这时，帮忙的人才开始挖土垒坟。如果备有石碑，也一道立于坟前。

［吴顺轩：《紫云县布依族社会调查》，载贵州省志民族志编委会编《民族志资料汇编》第一集（布依族），第44—45页，1986年（内部）印］

1. 装殓　无论男女过世，家里人都要一边通知亲朋，一边杀猪待客，同时还派人去请地理先生和道士。但请道士有"隔河请不来，女人请不来"的规矩，男人去请，即使在路途中遇见道士，道士也是先回家敬过祖师爷后再来。死者不满36岁的，均当娃儿看待，只有满36岁后才当做成年人看待。对死者先洗尸再穿衣服，但衣服只能穿单，不能穿双。另外做一个小包，装几分钱或一角钱，放在棺材内，意为给死者的"买路钱"和"买茶钱"，让死者去了以后就不再回头。如果死者是男性，装殓时还要撒些酒，让他安心走，不要牵挂。如果死者是老人，还要把一块金（或银、锑）毫子破成两片，放一片在老人嘴里，如果是真银真金，盖棺时可以不拿出来；如果不是金、银，或者认为含有杂质，盖棺时要把它拿出来，免得对后代的眼睛不利。死者不满36岁或家贫的，可不备棺木，用木板拼好下葬便可，但拼合木板只能用木钉，不能用铁钉，否则对子孙眼睛不利。装殓完毕后要绕线，一是在孝子腰上绕线，死者有多少岁，便以十为单位绕线，即10岁为一圈，四舍五入，使人一看孝子，便知死者的大致年龄；二是绕一些线圈，规矩与前相同，放在死者手上，让他在阴间过路时示鬼，别的鬼魂一看便知。所用的线为一般家用线，无特殊要求。死者为非正常死亡者（多指伤死），不能抬入寨内及家中，只能在寨外装殓安葬；在寨内伤死的，也不能抬入家中，只能在门外或楼脚下装殓。死者年满36岁的，可在神龛上设位供奉，死者不满36岁的，不能上神龛。死者年纪过小，便没有什么活动，悄悄埋葬而已。

2. 停尸　装殓盖棺后，什么时候送出门，要请地理先生算好，时辰好方可送出门。一般都在家停尸一天左右。在家中停尸，一般正对神龛，但尸体的摆放各姓又不相同。以何氏为例，传说何氏迁来时有5房，祖上传下来的习俗有差异：第一房老人过世后装进棺材，老人的双脚要指向神龛，头朝大门；第五房则正好相反。有的死者，因为连遇凶日，要在家停尸六七天，即使大热天也如此。尸体在家停留时间过长，便认为是死者孝道不好，阴功差，阎王爷不肯收；如尸体在家发臭，尸水淌出来，也认为是儿女子孙孝道不好，老人不肯上山。认为孝道好，老人就会死在好时辰，就不会连遇凶日而使其停留在家。人死后地理先生要理一张"尸单"，也就是地理先生按死者生辰八字、死亡时辰而推算的办事程序。如：何时可出门，何时灵魂回家等。还要做"尸包"，即用红纸包的纸钱，共是49包，并杀鸭用鸭血淋上，由主家烧掉，称为"烧尸包"，7天烧一次，从老人过世那天算起，共49天烧完，故每次烧的数量不同：第一次是1包，第二次是3包，第三次5包，第四次7包，第五次9包，第六次11包，第七次13包，正好49天49包。据说此喻尸魂上天要走49天的路。灵柩上山前，家属食素不能吃荤，若谁不孝吃了肉，祖先会不高兴。老人死后未送出门前，其灵位亦不能用肉供奉，只能炒黄豆供。老人上山后，可以煮鸭子来供，据说鸭子可涉水，能把死者驮过河，使他能顺利地上西天。

3. 出殡　出殡有一定仪式，死者为男性的，还要举行"破地狱"仪式。人们认为男人在世间犯了太多的罪行，故要超度他，要敬诸多菩萨；死者为女性的，则要举行"破血河"仪式，认为女人生孩子时流血太多，浇了地脉和阎王，要请阎王恕罪。一般请道士来开路。开路的方法有几种：一种是开"五方路"，即东、西、南、北、中五方。开"五方路"较简单，由一个道士画符唱经，敲木鱼，诵完"东方甲乙木，南方丙丁火，西方庚辛金，北方壬癸水，中方戊己土"后，便可出殡。一种叫"大通"，由3—5个道士来做，形式与开"五方路"大致相同。再一种是"隔夜"，画的符要多些，并点36盏灯，象征一年的360天，其过程有"上花"、"解结"等，祈求死者升入极乐世界，保佑生者平安。如果是七八十岁以上的老人非正常死亡，家庭经济条件又较好的，便请道士、摩公来举行"上刀山"、"过火链"仪式。认为老人死得不干净，便要举行此仪式，即在木杆上装好36把快刀（尖刀），每把间隔五六寸，象征一年的360天，然后由道上赤脚踩上去，每把均要踩到。如果道士的脚被割破，一般说是道士的功夫不到家，道士则认为是老人死得太凶，德行少，要请阎王论断处置。"过火链"是把36块砖放在火中烧红，同时取出排成一行，由道士赤脚走过。如果道士脚被烫伤，也得请阎王论断。搞完这些活动，方能送上山下葬。

4. 下葬　棺材送到山上后（地点由地理先生事先看好），孝家拿出随带的酒肉，烧香敬供山神。之后地理先生拿一只公鸡，念道："此鸡此鸡，不是非凡鸡，是皇母娘娘的报晓鸡；别人拿它无用处，孝家拿它来敬地脉；此鸡此鸡，此鸡生得一身红，孝家拿它来敬地龙；此鸡生得一身黑，孝家拿它来敬地脉。"地理先生念毕，便用嘴咬破鸡冠，用鸡血在黄纸上写告状书然后破土。破土的方法是由地理先生拿一把锄头，从东方破起，念一句"一破东方甲乙木"，便在预定的墓穴东方挖一锄；念一句"二破南方丙丁火"，便在南方挖一锄；依次到西方、北方和中央，最后再念一句"破土已毕，大吉大利"。此后由其他帮忙的人把墓穴挖好。墓穴挖好后，地理先生便拿来一只母鸡（意繁殖后代，多子多孙），把鸡杀得半死，放入墓坑内，看鸡头朝向，便念相应的词句。如鸡头指向天空，便念道："鸡头朝上，主家代代大吉昌。"如鸡头朝地，则念"鸡头朝下，主家代代坐中堂"。鸡头指向东西南北各方，也有相应动听吉利的话语。然后用雄黄拌糯米汤在黄纸上写几个字，如死者已满36岁，便可以写上"富贵双全"4字，如死者未满36岁，则要写上"扫除恶煞"4字，把纸放入坟底。一切工作做好后，便按预定的好时辰把棺材放入坑中，培好土，放完鞭炮，就完成了下葬的整个过程。

安葬一般没有集中的墓地，而以风水宝地来决定。如地理先生认为某一地点风水好，孝家便依言安葬，但这仅限于死者已满36岁。死者不满36岁的，即使他已成家立业，也只能被埋在烂泥塘里，和小孩的待遇一样，不看风水，不用找好地方，一般都埋在人迹罕至的荒坡，背光有水的地方，以使尸体尽快地烂掉，绝迹。因为他们死得不干净，免得日后变鬼来危害地方。

5. 摆香厅　死者年满 36 岁的，灵柩送上山后要在神龛旁设一个香厅，意为死者的安乐窝，也是逢年过节时家人祭祀死者的地方。香厅一般有四五层，总高度在 50—80 厘米之间，以竹篾编好再用红纸糊上，它的模样有棱有角，有点像庙宇，但只设香坛，不设菩萨，每层都有一副对联和匾额。一般是，岳父或岳母不管谁先过世，首先由大女婿送香厅，其次由二女婿送。如果没有女婿或孩子还小，便由家人自己扎香厅或由姑妈姨妈送给，自己不会编扎可以请人代扎，也可以去买。香厅要摆供 3 年，其时间不是从死者死日算起，而是以死者死后第一个秋收季节算起，到第三年秋收前才把香厅烧掉。烧香厅那天，凡是死者过世时戴孝帕的人都要前来参加，当天均需戴孝帕。烧完香厅后才算真正渡过孝期。

6. 接尸魂　按当地说法，尸体上山后，其灵魂要回家一次，地理先生根据死者的生辰八字和忌日忌时推算，可知道它什么时候回来，从什么方向来，距离地面有多高，或变成什么动物回来等。据说灵魂回家时，家里会有相应的现象发生，如某物无缘无故地响动；点的煤油灯忽明忽暗等等。灵魂在晚上 12 点钟之前回来，主人家可以坐等；但如回家时间在下半夜，主人家一般难以等待，为确认死者灵魂是否回家，孝家用筛子筛一些草木灰，用簸箕装好，不留任何痕迹，再用筛子盖好，并用东西压在筛子上，然后把簸箕放在门槛边（门内门外都可以），或者放在老人过世的地方。第二天便打开筛子，如果发现有痕迹，便认为是死者的灵魂已经回来了；如果没有，就继续摆放，直到能确认死者灵魂已回来为止。

7. 其他风俗　若是父亲过世，孝子要在葬后 49 天之后才能剃头；而若是母亲过世，孝子要在 120 天以后才能剃头。其间不管头发有多长，也不能去理发。因此为避免头发过长，老人过世时，孝子一般都要剃头。老人过世后，3 年之内，孝子在喝酒时，酒杯一般搁在地上，不与别人划拳或换酒；如果别人一定要换酒，孝子的杯子一定要端得比别人的杯子低，不能一般高或更高，有"孝子三年不能抬头"之说。孝子入席吃饭，只能面对神龛，背对神龛则为不孝。老人过世时要以白纸写对联，之后在 3 年内要用绿纸写对联，烧完香厅后方能用红纸写对联。

[覃东平：《独山县麻尾区布依族来源及节日婚姻丧葬习俗调查》，载贵州省民族研究所、贵州省民族研究学会编《贵州民族调查》之九，第 64—66 页，1992 年（内部）印]

2. 葬式

布依族的墓葬，主要有"木棺葬"、"石棺葬"、"瓮棺葬"三种。木棺葬因材料普遍，易于加工，是使用时间最长、最普遍的葬具。如古越人在西周至春秋时期在华南武夷山脉一带的悬棺葬均为木棺，且多数为船形棺。至今布依族仍实行木棺葬，但都埋入竖穴长方形土坑中，再垒坟，其船形棺可能是古越人葬俗的继承。

石棺葬，亦称石室墓。在清镇、平坝等县发现，但年代已晚至宋朝时期。这种石棺葬遗俗，在今安顺、镇宁、关岭、六枝、普定等县市布依族中还很盛行，一般墓室以石头垒砌或大石板镶成长方形竖穴，上盖大石板。有的乡村在老人病重期间，就已经开挖出数米长的大石板，打成铆锥结构以备用。安葬时，先将棺材放入石头墓坑中，上盖大石板，外面再用石头垒坟。形成了一种特殊的石棺石室墓葬式。这显然是古代石棺葬习俗的传承。

瓮棺葬，是指以陶瓮、陶罐等作为葬具的墓葬。布依族实行瓮棺葬习俗，明代以后始有记载。如（明）嘉靖《贵州通志》说："仲家……葬，以伞盖墓。期年而火之，祭以枯鱼。"以后各书传抄，内容大同小异。实际上瓮棺葬是一种"捡骨二次葬"。实行瓮棺葬有三种情况：一是新坟安埋数年，若遇家中不吉不顺者即请祭师占卜，认为是该坟作祟才进行迁坟；二是布依族有"停棺待葬"习俗，按死者八字推算不宜当年安葬者，须将棺材抬到山上放置数年再卜吉期安葬；三是对非正常死亡者的尸体须经火化后安葬。以上三种情况，都是用俗称"金坛"的陶瓮或陶罐收殓骨骸安埋，故曰瓮棺葬。此俗在今部分布依族地区还有，从其把骨骸按蹲坐姿势装在金坛内的习俗看，可能与新石器时代遗址中发现的古越人的屈肢葬有渊源关系。

［贵州省地方志编纂委员会编：《贵州省志·民族志》布依族
部分，伍文义撰，第 219—220 页，贵州民族出版社 2002
年版］

3. 《殡亡经》

《殡亡经》是用于超度亡灵的经典。《殡亡经》确实称得上"卷帙浩繁"。不过千万不能把各地《殡亡经》简单相加。其实各地《殡亡经》中，有些经文是同一文本的不同异文。只不过名称有差异罢了。有些差异其实是因翻译方式不同而造成的。例如，《嘱咐经》、《下场经》也译作《牛经》、《摩近》、《摩冗任》、《摩结》等，《孝男祭经》、《女婿祭经》、《迪云经》、《请师经》、《头经》、《赎谷魂经》、《赎头经》（即《安王与祖王》）等，就是各地基本上都共有的经文。差异部分的经文，也不是绝对只在一个布摩师徒中传承，只是其流行的范围稍小罢了。就目前掌握的资料看，在贞丰县北盘江镇岜浩村搜集的《殡亡经》数量最多。下面以岜浩《殡亡经》为主，介绍布依族《殡亡经》中的主要经典。

(1)《祭棺经》

主要叙说死者子女如何为其超度，然后叙述棺材制作过程、性能，并嘱咐死者珍爱。叙述制作过程，先说如何到林中选了又选，最后才选中其中一棵，然后叙述如何砍、修枝，抬回家，匠人制作。再描述做好的棺材如何如何好：放水不会漏，毛发穿不进（严实无缝）、十人扳不动（结实牢固）……最后嘱咐亡灵：再穷也不能卖掉棺材，因为这是亡灵的家。下雨可进去躲避，天黑了可住在里面。请亡灵享用祭品后安心前去，保佑子孙长寿。

（2）《入冥经》

此卷经文旨在送亡灵登上通往冥界之途。经文可分两大部分。第一部分用感伤的语调述说整个地方人们生病，而死者当时却不病，等到死者生病时，一病就要命，死去了，离别了水井、洗脸盆、离别了他（她）所熟悉的环境、生活的亲人，死后其子女又如何超度，超度了对生者对死者有何好处等等。

如果超度的亡灵中有死去几年的"冷鬼"，经文还加上一段，叙述古时人死不超度，所以"撒菜子不生，撒谷种不长，金子见不着，银钱挣不到"。人们都不知是怎么回事，就去向"报陆陀"、"摩陆呷"两位智慧大神请教，两位神说：这是因为没有超度死者。人们照着他们的话去超度亡灵，一切才好了起来。这段经文宣扬摩教教义的目的很明显。

第二部分较长。其中一段对研究布依族远古历史很有价值。先叙述远古时人们不会建造房屋，走到哪里天黑就睡在那里。后来学会用芦苇做柱子，用马铃光树做檩子，用金丝朗树做椽皮，用玉禾叶覆盖，造成简易房子。但由于太简陋，盖不久就不能遮雨。有一个叫"囊"（naangz）的人就发明了更加牢固的房屋。经文叙述他如何从架炉冶制斧头，然后到大森林伐树木，建成了摇里晃荡的房子，并用壁笆围起，在壁笆上留孔让光线射进家。

然后经文转而说到死者：年轻时耳朵好使，腿未跛，不提拐杖就可以去串门。七月天气酷热，还能下河游泳。随着岁月的流逝，逐渐老迈了，体力不支，跟人家一起赶场，"人家说有点累，你却说累得要死"。最后终于离开人世。接着经文用较大篇幅叙述死者子女派使者去找"押"（巫婆）的过程以及"押"招亡魂时在冥界与亡灵的对话。"押"见到亡灵，劝它回到阳世，但它说在仙界里过得很舒服，而自己的肉体在阳世腐烂，亲人在阳世孤苦伶仃，它也不管。

（3）《出冥经》

本卷经文的意图在于送走亡灵后，布摩的灵魂转回阳世。全卷经文与《登冥途经》略同，在此基础上，加上一段，令亡灵快走，如不快走。就要把通往仙界的洞口堵塞。然后叙述布摩如何从第一"门"回到第六"门"，最后回到阳世的经过。

（4）《温（歌）经》

这是全部经文中最长而且最富文学色彩的部分。共由十三节构成。分别为：

《呼吼歌》。述说布依族青年男女在进行"囊哨"这种谈情说爱或社交活动中，双方在不认识时而又无介绍人撮合的情况下，一方通常在一定距离外挥手或挥动手巾向中意的异性示意。同时发出"欧！欧！"的呼唤声。这叫"打呼吼"。对方听到呼唤声，若有意，也应和对方，并互相走到一块，谈心，对歌。本段经文表现的就是青年男女如何通过"呼唤"而走到一起，进行对歌的过程。

《病痛歌》。此段先唱述亡人早先如何生病，离开了人世，后来唱歌者如何在周游时碰到丧家超度亡灵，于是到了丧家，唱歌超度亡灵上仙界。

《报女婿歌》。主要叙述女婿做噩梦，梦见雷击倒树木、击死猪狗，梦见自己挖了三块地、三块田（布依族观念，认为梦种田耕地预兆亲人死亡），等等。后来果然丈人家来人报丧。随后，女婿来到丈人家，上山砍竹来做幡竿。

《建家歌》。本段经文通过对丧葬活动中一些用具特殊用途的吟唱，表达了生者与死者诀别的痛楚心情。情调凄婉，因为棺材是死者的"房屋"，而一些用具如米箩、马刀、宝剑、桌子、纸伞、牛、背箩、锅等，也是送给死者到另一个世界做家具用的，故名《建家歌》。

《穷困、孤寡歌》。本段经文先从老人的角度，唱述有儿有女者的好处和无儿无女者的凄苦境况。有儿有女者，生病了儿女精心服侍，死后儿女来超度，找好坟地埋葬；无儿无女者，生病了自己照顾自己，十分凄凉。然后又从生者角度，唱述老人在世时的种种好处，老人去世，子女如孤儿一般，看到别家父母在世的种种温情，更觉心酸。

《宵夜歌》。本段经文在夜间打粑粑做夜宵，祭供死者，招待亲友时吟唱。篇幅较短。内容主要为蒸粑粑时的一些注意事项和禁忌，如，蒸粑粑的女人要心怀坦荡，手要灵巧，那种一升米"两次甑"甚至"三次甑"的（表示耽搁时间）女人和手笨拙的女人，不能让她们蒸。而"两三升一次甑，四五升一次甑"（表示能干）的女人才有资格蒸。蒸粑粑时，人们不能到灶边解头发，不能挽起袖子进厨房。担心肉皮沾上米饭，或鼻涕淌到甑子里。如果在亡灵进入仙界的途中解开饭来吃晌午，发现饭里有头发之类，就会记恨而不保佑生者。

《送仙歌》。此段经文意在送亡灵登仙界。分为两大部分。第一部分为送亡灵登仙，指示亡灵行走的路线以及途中应注意事项。跨过越走越宽的"桥龙"就到了仙境。经文对仙境的美妙进行了描绘，并唱述了亡灵到仙境后能得到的种种好处。第二部分为亡灵对子孙的嘱咐，希望他们年节时祭供祖宗，并经常给外家拜年。经文中"谁人没有二十个情人，谁没有九十个情人，他就不能上仙桥，他就不能过铜桥"。说明摩经产生的年代很早（对偶婚时代）；"叔伯五辈亲、外家五辈拜"则反映了布依族社会礼俗；而对登仙路途、仙境的描绘，则反映了布依族的宗教观念。但亡灵对在世者的嘱咐，内涵不及望谟、罗甸等地经文丰富。

《诅咒歌》[①]。本卷经词多为污秽语言。经文诅咒："……不唱头会疼，不唱手脚会起鸡爪疯。"因而本段经文尽管语言淫秽，也必须诵读。为何插进这样的经文，其意图不甚清楚。经词多涉及性交秽语，应该是生殖崇拜或性教育的一种反映。

《猜歌》。对唱双方一方唱出谜面，另一方答出谜底。谜底涉及人、人体器官、动植物、山川、河流及自然现象（风、雨、雷、电）等，有智力测验性质，比喻机巧、奇特而贴切，具有较高的文学价值。

《兴起情侣歌》。先唱述谈情说爱的习俗如何兴起。然后是一对情侣间的对唱：自己如何思念对方，希望对方摆脱自己配偶的束缚，来与情人相恋，再希望对方跟配偶离婚，与自己组成家庭。这一切实现后，由于女方父母索价太高，男方只得叹气，于是女

---

① 按字面直译应为《打糖（蜂）歌》，但从内容看，好像说不通，故根据意思译为《诅咒歌》。

方出主意：相邀出逃。

《逃婚歌》。唱述一对恋人因受买卖婚姻危害不能结合而逃往他乡。经文反映了逃婚途中各地的风俗民情。每到一处，当男方建议在那里安家时，均遭女方否决。男方于是嘲讽：到哪里都不满意，那你干脆还是去跟原夫吧，好也夫歹也夫，凑合过一辈子算啦！女方也反唇相讥：到哪里都不好，你还是找你原妻去吧，好歹也是妻，照样会送饭到田里给你吃。

《贬抑歌》。逃婚不成，两人互相贬对方的原配，夸奖自己的原配。在比喻手法和夸张语言的运用中使经词充满了机智幽默的情趣。

《分离歌》。互相贬抑之后是分离。布摩吟唱时一方扮演男角，一方扮演女角。"男"唱"分"，"女"唱"离"，重唱。之所以安排情侣分离、唱分离歌，具有巫术目的：通过这种扮演的分离影响现实，使活人与亡魂分离，以免亡魂滞留人世作祟于人。

(5)《写幡文经》

丧葬仪式中要将楠竹立于门口院中做幡竿。竿上挂纸幡。纸幡上写幡文。本卷经文在挂纸幡前的仪式上吟诵。内容主要是叙述买墨、纸、笔在纸上写幡文、画上图画，指引亡灵进入祖先居所的经过。

(6)《挂幡经》

本卷中幡文占一定篇幅，与前段经文在同一仪式上吟诵。和别的经文不同，本卷经文中插入一大段汉语。其中有"照州"、"黔州"、"矩州"、"柳州"、"旺西州"以及"广南西路翁州"等行政区域概念，对研究经文的形成和布依族历史，具有重要价值。

(7)《祭祀经》

本卷经文于死者家亲戚朋友备祭品到灵前祭供时念诵。主要内容是请亡灵前来受祭，点出祭品的种类，希望亡灵受祭后保护生者。若祭的是"冷鬼"，则加上一段追叙祭冷鬼的起源及祭祀的好处等内容的经文。

(8)《长寿经》

此卷经文不单独吟诵，而是在死者孝子、女婿和外家来祭祀时诵完《祭祀经》后接着吟诵的。主要是祈祷亡灵保佑活着的亲人像楠竹、苦竹那样生命力旺盛，像石头那样坚韧。

(9)《下场经》

此卷经文是"转戛"仪式前在灵前和到转戛场上吟诵的，共由24节组成。每节内容有一定联系，但各不相同。有少部分用叙事手法，反映了布依族历史上的生产生活情况，以及自然崇拜观念。

(10)《孝子祭经》

本卷经文于孝子祭奠死者的仪式上吟诵，有一定故事情节。按内容可分三部分：开始是讲别人父母死去不超度、不埋葬，而死者的儿子却为其超度、埋葬，因而受到保佑，有粮食吃，有钱花。然后按顺序呼喊祖宗居住地及祖先迁徙路线的地名，指引亡灵回到祖宗居住之地。第二部分叙述死者家派人去请先生来给亡灵卜算、祭奠的过程。第三部分叙述死者生前，儿子还小时对儿子的关怀、爱护，儿子此时买来牛，煮上酒祭献给死者，是为了报恩。经文中反映出了布依族葬俗发展情况及伦理观念。

(11)《女婿祭经》

此卷经文在女婿祭奠死者的仪式上吟诵。叙述远嫁的女儿连夜做噩梦：半夜打雷，把树连根拔掉，烧死院中猪狗。于是和丈夫慌张出逃，连夜挖了三块地、三坝田，赶制了三架水车，凿了三个消水洞。天刚亮，见一两银子和五两芝麻掉在丈夫面前，深感此兆不祥。情急中上船，却划不动，竹篙都断成了几节。此时碰到一算命先生，请其卜算。先生叫女婿打鱼去看望岳父（母）。于是女婿下河打鱼，背着鱼回家，途中出现很多预兆：树子断节、乌鸦叼衣服挂在竹竿上、麻雀哭天抢地……刚到家，见两小伙儿，问此来何故。两小伙委婉地告知此行的使命是报丧。报丧者走后，小两口煮酒，备办祭品，来到丈人家，马不停蹄，张罗着去找楠竹来做幡竿。

(12)《嘱咐经》

此卷经文在出殡前吟诵，内容是指引亡灵通往冥界的路途，告知每个地方各有何特点，并嘱咐其到每个地方应如何办，到了祖灵居住之地后，如何与别人一样过日子。

《嘱咐经》是摩教《殡亡经》中比较重要比较核心的一卷。各地经文数量多寡不尽相同，但都有本卷经文，名称也很一致。只是经过长期的各自承传，发生了变异，内容详略不同。望谟的《嘱咐经》内容比较丰富，亡灵经过的地方有十二洞"门"、十二重街、十二狱门等等，并有死者对生者的嘱咐。从中可看出该地摩教在一个方面较多地吸收了佛、道文化因素，并强化了本民族传统文化中的伦理思想。

(13)《赎头经》，或译作《招魂经》、《罕王经》

此卷经文在超度非正常死亡者的"赎头"（也称"罕亡"）仪式上吟诵。经文的首尾均唱述亡魂在游魂世界中如何黑暗孤寂，因而举行接魂仪式将其带出。经文中间部分为一首大型叙事长诗，即著名的《安王与祖王》（或译《罕温与索温》等）。各地流传的作品情节大同小异。主要内容是：盘果王与鱼（龙）女相恋结婚，生下安王。安王长大后，一次，打得鱼回家，欲烹食，其母告诉他说鱼是舅爷，不能吃。安王不听劝阻，其母一气之下回龙宫。盘果王续娶一寡妇为妻，生下祖王。安王和祖王本相处很好，但祖王之母欲让祖王独占家业和王位，唆使祖王害死安王。安王被迫离家出走。盘果王因此病倒。安王闻讯后回来探望。祖王以取药为名，欲将安王害死于深井之中。在龙王帮助下安王得以脱险。安王对祖王发出多种诅咒，表示要以各种灾害迫使祖王屈服。祖王均不服输。最后安王上天，做起了痧子、天花、旱灾等。天上出现了十二个太阳，晒得石头熔化，人死了不少。祖王这才请鹰作使者，去向安王请降认输，愿交回王位权力。最后，以安王管上方、祖王管下方、下方对上方每年交租进贡的协议，解决了同父异母两位王子的纷争。

(14)《赎谷魂经》

本卷经文于"赎谷魂、钱魂"仪式上吟诵。该仪式一般于出殡当日，或于出殡后三日内举行，其他时间多在正月十五或七月十五。经文的主体内容是已融为一体的射日神话和洪水神话。据说，古时天上出现十二个（或曰十个）太阳，晒得大地干裂、岩石熔化，植物枯萎。"王"（国王或氏族部落首领）许愿：谁能射下太阳，赏给他好田。比香（一曰金）自告奋勇。他翻山越岭，找来"金折"树（一种质地坚韧的树）作弓，茅草秆作箭，飞上天射落了十日（或曰八日），射伤一日，"王"高喊住手："留下一个晒谷，留下一个照姑娘搓麻。"比香（金）下地找到受伤的太阳，并要求"王"履行诺言。"王"食言。比香（金）气恼，一气之下抓龙虾当犁，抓巨蛇作纤绳，捉母猪龙（一曰狗）去犁田，激怒了天神，降下大雨，酿成洪水泛滥，谷种全被冲走。洪水过后人们发现斑鸠嗉囊里有谷种及各种粮食种子，取出栽种，大地又重新有了谷物，恢复了生机。

[周国茂：《摩教与摩文化》，第 79—87 页，贵州人民出版社 1995 年版]

第四章　祖先崇拜

第一节　血缘祖先崇拜

1. 年节祭祖仪式活动

（布依族）崇拜祖先。认为人虽死，但阴魂不灭。后人是否有福气都与祖先有关，是祖先给予的。因此，家家户户都安有香火神龛，立有祖先的灵牌来进行供奉。逢年过节，佳肴羹汤不断，香烟灯火不灭。新娘出嫁及拜堂时，都要参拜祖先。老人去世，葬后又将死者灵魂接回家供奉，以后要做周年祭；经济富裕者，还要砍牛"打戛"，举行"古庄"仪式，超度老人灵魂"升天"。在威宁地区除夕供祖，由长子先供七碗肉、七碗饭、七杯酒、七杯茶。第二个儿子再供五碗肉、五碗饭、五杯酒、五杯茶。第三个儿子再供祭品各三碗（最小的儿女祭供相同），祭品在十分钟左右敬供完毕，全家才开始吃饭。凡此种种无不体现其对祖先的崇拜。

［罗剑：《毕节地区布依族》，第 135 页，贵州民族出版社
2004 年版］

（贵阳市花溪区竹林村一带，）传说人死了以后有三魂，一魂在家为家神，一魂在墓为墓神，另有一魂在天上。一年来家中外人常来常往，为了使家神有处享祭，腊月三十这天须请先生来安家神。安家神之前，需贴好用红纸写好的新牌位。堂屋桌上摆酒肉和桃弓柳箭，然后先生念词，将柳箭搭压在桃弓上，对准东南西北方，各射出一支箭，表示把野鬼野神射出门外，使家神得安，家人得乐。

除夕之夜，首先备好香烛纸火、净茶净饭、碗筷酒肴等，到傍晚时打着灯笼火把到井边的土地庙前摆设餐饮，迎接所有先祖之神灵回家过年。回到朝门外边时，家里人须将水饭、香烛送至朝门，烧香倒饭倒菜让野鬼野神吃，并嘱咐它们到此为止，吃完后不能进门，请到公庙祠堂去过年。

将祖神接进家时，须鸣放鞭炮，表示热烈欢迎。灯笼挂在神龛下，燃香点烛，大摆酒肴及净茶素饭于神龛前的桌上。由家长面向神龛，作揖磕头，奠酒敲磬，关上大门，

点上长明灯，点粉红长香。

除夕之夜，全家老小围在火塘取暖，摆故事，说笑话，通宵不眠。每家门口做一个木架灯笼，点长明灯，通宵灯火辉煌。深夜零点，燃烛点香，鸣放鞭炮，打开大门说"四句"，迎接春节的到来。

"装包哑"，意为"放（送）老祖公"。除夕之夜将墓神接回家来过年，墓神休息两天，正月初二之夜就需送走。相传很早以前竹林寨发生一事，寨中凑银两雇人来帮墓神挑酒、肉和糍粑送到坟地，并举行隆重的仪式，点血祭认桃子。这3人的名字叫班珍、夏弟、扛果。至今沿用此俗。"送老祖公"前，剪好许多纸马，准备好钱纸、糍粑、腊肉等，打开大门，将两对空挑箩、三根扁担放在长凳上。喊某某给祖先挑担。"放老祖公"时，如果父母已故，则叫父母名字，先送父母；如父母健在，则先送祖父祖母，如此由近及远逐个放送。对最远古的先祖不知道名字的，就用"密若那苏躲，密若左苏在"（意为：对你们先祖，有的不认识，有的叫不出名字，也一齐送走）。每送一个，即用几块糍粑在烧钱纸的火焰上晃一下，然后放进箩筐里。"送老祖公"时须念祭词。

祭词用布依语念，大意是：今天好日子，今天赶花溪，又是赶惠水，今日请你祖神回。客人要回家，主人要上出做活路。回去卷袖子种田，卷裤脚种稻。稻谷堆齐云朵高，银子堆齐脑壳高。三十匹黄马，八十匹青马，一群羊子送给你。银子装升送给你，金子装升送给你。回去有空闲，你们就拿去分。急需时你们就拿出来用，拿去雇请"不诚、不然"（他族人或家族人）；拿去雇请"不燕、不以"（请别的民族及布依族）。我们给你少，你说我们给你多了。我们抬一挑糍粑放到你肩上，你要高抬贵手让我们回去。我们送的黏米粑，与仓板一样大；我们送的糯米粑，像仓门那样宽……

［班光瑶、孙定朝、赵煜：《贵阳市花溪区新民乡竹林村调查》，载贵州省志民族志编委会编《民族志资料汇编》第六集（布依族），第145—147页，1988年（内部）印］

（威宁红岩乡一带）布依族人民对祭祖很讲究。每家堂屋中，后墙壁上横钉一块木板，有五尺或六尺长，上面放着香炉一个或三个，神龛上面正中间用大红纸一张，正中直书"天地君亲师位"六个大字，矮于"天"字的两边，左写"日"字，右写"月"字。"日"字下面直书古今圣贤先师，"月"字下直书某氏历史宗亲。左边对联为"高曾远祖福禄兴"，右写"三代宗亲神灵至"。

每逢过年过节，主人必须备好祭品，认真祭供。神龛下面放一张供桌，上面摆好三碗肉、三碗饭、三杯酒、三杯茶。供祭之前先点神龛上的明灯，后烧香，拱手作揖三下，再烧钱纸，然后叩头三下。祭品须摆放15分钟左右才能收。

腊月三十下午供祖，与其他时候不同。由长子先供七碗肉、七碗饭、七杯酒、七杯茶；第二个儿子供五碗肉、五碗饭、五杯酒、五杯茶；第三个儿子及其余子女再供祭品各三碗（杯）。祭品摆放在神龛前，地上撒青松叶，全家男女老少，分别叩头九次。祭品在 15 分钟左右敬供完毕，全家才开始吃年饭。

［杨光勋：《威宁红岩乡布依族习俗》，载贵州省志民族志编委会编《民族志资料汇编》第六集（布依族），第 111 页，1988 年（内部）印］

2. 除夕的大火（守夜）和正月十五亮灯

除夕的晚饭吃得较早。饭后要添柴烧大火，这夜火不能熄。天黑之后，用香纸、酒等到门外接祖宗和各位家神来家过年。接祖宗和家神的时候，要烧些钱纸、洒些水酒给那些给祖宗当差和无家可归的游鬼们，因为这些游鬼和野鬼不能进家。

［吴顺轩：《紫云县布依族社会调查》，载贵州省志民族志编委会编《民族志资料汇编》第一集（布依族），第 45 页，1986 年（内部）印］

大年正月十五称"小年"，各家煨猪脚祭祖，夜点"长明灯"。十五以后开始备耕。正月最后一天，称为"了年"，过"了年"这一天，粑粑已经吃完的人家要重打一槽来吃，全家打一次牙祭。过了这一天，要是谁还在外面游荡，不回家搞生产，就会被耻笑为浪荡懒人。

［吴顺轩：《紫云县布依族社会调查》，载贵州省志民族志编委会编《民族志资料汇编》第一集（布依族），第 46 页，1986 年（内部）印］

除夕之夜，全家老小围在火塘取暖，摆故事，说笑话，通宵不眠。每家门口做一个木架灯笼，点长明灯，通宵灯火辉煌。深夜零点，燃烛点香，鸣放鞭炮，打开大门说"四句"，迎接春节的到来。

［班光瑶、孙定朝、赵焜：《贵阳市花溪区新民乡竹林村调查》，载贵州省志民族志编委会编《民族志资料汇编》第六集（布依族），第 146 页，1988 年（内部）印］

竹林布依族素称"初一小十五大"，常称"三十夜的火，十五晚的灯"。晚上，布依人要用红、黄、蓝、绿、紫等各种色纸表糊许多彩灯，装点室内室外。灯上画有花、鸟、鱼、虫，或书写诗词、谜语等，很富有地方情趣。从正月初一至十五，皆算年节。在这期间，一般都要身着新装，走亲访友，尽情欢乐。十五这天，全家团聚，共欢同饮。从正月十六开始，就宣布进入紧张的春耕备耕中。

［班光瑶、孙定朝、赵焜：《贵阳市花溪区新民乡竹林村调查》，载贵州省志民族志编委会编《民族志资料汇编》第六集（布依族），第 148 页，1988 年（内部）印］

（除夕）饭后，妇女们包粽粑，青年人于除夕晚要耍狮灯给各家各户贺大年，狮子在堂屋中要进行各种灯技表演。老年人集于有铜鼓之家，讲故事、议丰年、击铜鼓助兴，各家各户通宵达旦明灯守岁。

［王开吉：《兴仁县布依族调查》，载贵州省志民族志编委会编《民族志资料汇编》第六集（布依族），第 13 页，1988 年（内部）印］

除夕之夜，一家老小满堂坐，边看电视边吃糖果、瓜米坐守老祖宗，希望祖宗来年守好自家田坎不倒塌，减轻来年的劳动负担。

［李登学、李梅、张永吉：《镇山民族文化保护村调查报告》，载贵州省民族研究所、贵州省民族研究学会编《贵州民族调查》卷十二，第 466 页，1995 年（内部）印］

是夜，全家老少围坐于火塘边，不准火小或间断，更不准熄灭，神龛上的蜡烛和香火也不能间断，否则便认为不吉利，来年会有灾难。青少年们多集中于某家，敲锣打鼓取乐，直达天明。有的家长是夜让小孩读书认字，据说除夕夜读书认字，以后便会聪明过人，学有所成。

［覃东平：《独山县麻尾区布依族来源及节日婚姻丧葬习俗调查》，载贵州省民族研究所、贵州省民族研究学会编《贵州民族调查》之九，第 60 页，1992 年（内部）印］

（大年）三十晚，全家吃过晚饭后，围火塘"守岁"。

［唐合亮：《惠水县羡塘乡布依族社会调查》，载贵州省志民族志编委会编《民族志资料汇编》第六集（布依族），第 86 页，1988 年（内部）印］

正月十五夜，家家户户到祖坟前上灯祭供，表示春节圆满结束。

［辛丽平：《惠水县布依族生活习俗文化变迁调查》，载贵州省民族研究所、贵州省民族研究学会编《贵州民族调查》卷二十，第 274 页，2002 年（内部）印］

3. "三月三"、清明扫墓挂青

望谟县姑娘挂青：

"三月三"（农历三月初三），是布依族的节日之一，大多数布依人在这天上坟挂青，在望谟也不例外。但所不同的是，那里是姑娘回外家上坟挂青，因而当地的人们称"三月三"为姑娘节。各家嫁出的姑娘在这天（路程较远的可于头一天先到娘家）要带上鸡、五色糯米饭、彩青、香、纸、烛、鞭炮等（经济再紧，一只鸡是少不了的）祭品，儿子则只提供锅、瓢、碗、筷及酒杯等器具，一同到祖坟上祭祀祖先。兄弟姊妹也借机进行一年一度的聚会，共同缅怀和报答祖先之恩德。

人们爱说，"有儿坟上飘白纸，无儿坟上出青草。"可是在望谟恰恰是"有女坟上彩青飘，无女坟上青草生"。由此可见，由于望谟是姑娘给祖宗上坟，所以那里以姑娘为贵，女儿成了父母的心肝宝贝，无女儿的夫妻还常发愁，担心将来无人上坟挂青。故那里妇女的社会地位，自然比其他地方要高些。这个习俗的形成，与这个地方妇女的社会地位及其贡献有关。

［卢衍：《黔西南布依族礼俗调查》，载贵州省志民族志编委会编《民族志资料汇编》第六集（布依族），第24页，1988年（内部）印］

每年农历三月初三日是布依族的民族传统节日，家家户户都要在这一天上山去"挂亲"（也称"挂青"，或叫上坟、扫墓等）。若坟地不在一处，或共同的祖坟不好统一时间，以后几天继续"挂亲"。也有的人家在清明节前后才去"挂亲"。

"挂亲"的时候，除了病人和走不动的老人外，都要上山在坟前吃饭，以寄托对祖宗的思念之情。吃的东西，除了饭是在家煮熟才背上山以外，其他食物都是带着炊具挑着水到山上现煮。肉食煮熟后首先敬供祖宗，然后才轮到现辈吃。这餐饭是比较丰盛的。

丰盛的野餐主要体现在肉食上，参加"挂亲"祭供的人，每个子女都要供一只鸡，主持"挂亲"的亲属户，还要预备猪肉等，要保证每个祖坟上都要有肉上供。至于孙辈的人，可以带鸡，也可以带猪肉上供。后辈人成大家族的，往往还要共同带一头猪上坟去杀。鸡血、猪血都要滴在坟上以示挂红。也有的户主为了增加气氛，还喜欢带狗上坟去杀吃，但狗肉是不兴供祭祖坟的。……上坟的鸡以公鸡为贵。

除了肉食，还要带上足够的时令蔬菜，有些人家还专门磨豆腐上山。

上坟的人数，除了近亲以外，还要邀约亲戚和朋友，以及亲戚的亲戚，朋友的朋友等一起上山，所以上一次坟一般要摆上好几桌、十几桌甚至几十桌。哪家约得的人越多就越高兴。吃饭用的筷子一般不从家里带，而是到山上找芭茅秆等现做，吃完后收起来放在坟前。

供坟时，除了供鸡和猪肉、摆纸钱、烧香、敬酒外，还要敬供三色糯米饭。亲属中，家家都要带三色糯米饭。……三色糯米饭是"三月三"节具有象征性和代表性的东西。

上坟"挂亲"，对布依族人民来说是一个隆重的日子，因而上坟的人都要穿上节日服装。这些天，寨子上都是清清静静的，而漫山遍野却是一堆堆欢笑的人群。上坟的时候，往往是男人们带着炊具和肉食先行，到坡上后，一些人割掉祖坟周围的杂草，铲除草根，把坟整理得干干净净。女人们在家一边做饭，一边剪"挂亲纸"。"挂亲纸"是很讲究花样的，上剪铜钱样，下端剪花样。"挂亲纸"的颜色，一般是儿子、孙子挂白纸；女儿、孙女挂的是白纸外套绿、黄、红三色，套色纸剪的是"渔网"样。女人们做好这些准备工作后，就带着娃娃，提着三色糯米饭等跟后上坟。回家的时候，又是女人们带娃娃先回，男人们一般要在山上划拳喝酒，直到欲醉方休。

吃完饭后，撮上几撮箕新泥土添培在坟上，再用五尺来长的竹竿或木杆插在坟上，挂上"挂亲纸"，放一串鞭炮，人们就喜气洋洋地回家了。

[岑美强：《布依族的"挂亲"俗》，载贵州省民族研究所编《民族研究参考资料》第二十二集《民族风情》，第91—92页，1985年（内部）印]

清明节，是布依族必须要过的节日之一，和其他兄弟民族一样，其主要内容是扫墓。这天，每个布依族人家都要到自己氏族的坟山去修理坟墓，铲草填土，挂坟飘（有的称为挂青或挂"望山钱"），以此祭祀和缅怀祖宗。

布依族各氏族、家族的坟山坟地都很有特点。这主要是每个姓氏在很早以前，都是通过风水先生选择好了的坟山坟地，这个坟山坟地为同宗的姓氏所共有。他们的历代祖先去世后一般都要统一安葬在指定的坟山坟地里。因此，一个氏族的坟山，多者有上百甚至数百座墓，少的也有几十座。由于是氏族墓群，于是布依人在扫墓时，每户都要准备很多的"望山钱"，从公认的第一个祖先坟墓起，按顺序分别挂上"望山钱"，直到自己已故的亲爷爷、奶奶或者自己的父母，每座先人的坟墓都要挂到。如果有坟而不"挂亲"，就会被认为此户已无后人，往往被骂"断子绝孙"。第一个祖先坟墓挂的"望山钱"越多，就越说明其子孙后代人丁兴旺。有些姓氏的墓群极为宏大，只好分成几个坟场。有些姓氏，在解放前还有公共田地、公共山林等，这些公共财产由所有氏族成员各家轮流耕种、看护，所得专供全族在清明节扫墓之用，或为老祖宗包坟立碑，或共同祭祖会餐等。没有共同财产的氏族则通常通过集资和募捐的方式筹集费用。有些氏族成员太多，只好约定相隔三年或五年的清明节集资共同祭祖扫墓。这天，所有氏族成员集中一起，共同修坟理墓、铲草填土，祭毕会餐。以前往往还利用这个机会选举族长、外交长及文书等氏族组织。这一组织，除了义务调解族中事务外，还要负责帮助族中成员和外族打官司。

[贵州省贞丰县民族事务委员会及王兴赋、王荣盛、韦国英编撰：《北盘江畔布依人》，第110—111页，1985年（内部）印]

清明时节，春暖花开，正值春耕下种百忙之际。布依族与当地汉族一样，也有扫墓、整理坟墓、立碑的习俗。早在清朝光绪十八年（1892年）四月初一日，竹林寨布依族班士兴、班士谨、班士休3房人，就共同订了一个"春祭之约"。其约曰："三房人等商议，每年以一房当头……于清明前十天，变卖花谷，约同办理。以备豕一，大烛三对，小烛五对，宝香一百，锞子一千，钱纸半斤，白纸五张，爆竹，黄豆，小菜，于清明后第二、三日（到）清故曾祖考班公讳登泌、曾祖妣班母龙太君、陈太君、王太君之墓前稽首拜祭。”

竹林布依族过清明与汉族不同的是须戴杨柳。传说，清明不戴杨柳，死去要变黄狗。所以，清明这天，竹林寨各家各户都要摘些杨柳枝回家，从杨柳枝根部剔下一节小皮，不扯断，将柳树皮绕缠柳枝，捏紧往梢尖一拉，使柳条枝头自然形成一朵柳花，然后挂在大门顶上或插于神龛上。妇女们还将柳树皮戴在头上或腰间。

［班光瑶、孙定朝、赵焜：《贵阳市花溪区新民乡竹林村调查》，载贵州省志民族志编委会编《民族志资料汇编》第六集（布依族），第149页，1988年（内部）印］

（安顺一带，）二月中，约阴历立春后四五天俗名春社，县内苗夷（指布依族，下同）亦与汉俗相同，在社前三日内，各家有新坟不满三年者，派家中男子一两人携一提篮，中放豆腐一盘，油炸粑一块，猪肉一盘，酒一杯，饭一碗，烛一对，香九支，以及钱纸等往祭。少数富家有在坟前宴客者，谓之拦社。

三月初三，苗夷皆于是日索取荞菜打成糍粑食之，谓之荞儿粑。清明扫墓，又名“挂纸”，各家以新柳插门，清明正日，先上公坟（老祖宗之坟），后自上各家私坟。上公坟时各家共购一大猪，及香烛、爆竹、酒肴等物，全寨宗族各往祭祀，祭后即在坟前共食。上公坟毕，各家自备祭物往祭私坟，亦有少数富家，在坟前预备筵席数十桌，借上坟以宴客者。在此节之数日，若遇风和晴暖佳日，各处山野间，大率皆有男女游迹。

［（民国）陈国钧：《贵州苗夷社会研究》苗夷研究丛刊之二，文通书局1942年出版发行。转引自贵州省民族研究所编《民族研究参考资料》第十九集，第80页，1983年（内部）印］

第二节　　部落首领崇拜

1. 贞丰一带的“敬苏”

在贞丰一带的布依族村寨，一般都设有主神庙，当地称为“diangzsuc”（亭苏），也有的称为“dingxsail”（亭赛）。“亭”是指一种小型别致的建筑物。“苏”即是指“主人或主神”，“赛”的意思是“官员”。译作汉称时常翻译为“官厅”。对主神的祭祀活动不是单家独户或以宗族为单位进行，而是以村寨或几个村寨集体进行。因此可以断定他不是血缘祖先神而是社会首领神。贞丰一带“亭苏”的庙门两侧贴有对联："公生三月三日，民祝万代千秋"，认为三月三日是主神的生日，所以一般在农历三月三祭主神。

［周国茂：《摩教与摩文化》，第 62 页，贵州人民出版社 1995 年版］

农历三月初三（或三月的第一个虎日）清早，以寨子为单位，全寨每户中年纪最大的老人以及人们普遍认为是道德高尚、热心于公共事业的青年人，都集中到本寨的"祖"（主）祠堂（布依语称"dingzduc"或"dingzdail"，也即"官厅"）上，打扫清洁卫生，在祠堂大门贴上"公生三月三日，民祝万载千秋"的对联及"四季平安"的横额。接着分头杀猪（有的寨子杀牛，甚至要白牛）、杀鸡、打糯米粑、蒸糯米饭等，糯米饭分别染成红、黄、紫、黑，加上米饭固有的白色，名为五色糯米饭。同时备好祭祀用的香、烛、纸钱、鞭炮等物。派人在寨子周围各路口插上标志。标志物用约两米长的竹竿做成，顶端劈成四片，用一根篾条挽成圆圈，挂上纸马，浇上鸡血、粘上鸡毛、纸钱和三根芭茅草，等等，表示不许外人入寨。这些人插好标志物后，便巡回放哨，若有外人擅自进入寨内，将被视为对本寨的侵犯，至少是一种极不友好的行为，将受到全寨人的严厉追究。被追究者，确属不了解民族风俗习惯而误入的，并能表示歉意，祝全寨老幼平安，也就加以原谅，但要严肃指出不许再犯，教训之后送其出寨。若属明知故犯者，或无视民族风俗习惯的人，那是不会放过的，或罚以重款，备办祭品，重新祭祀，向"主"请罪；或要求擅入者在一年之内对全寨所发生的失火、非正常死人、野兽进寨伤人畜等事件负完全责任。

同时，各家各户要把自己家的室内外以及寨内环境打扫干净。这天不准在寨子内洗晒衣、裤等物，不准高声喧哗。特别是在当天举行"祭主"仪式之前，各家各户都不能生火煮中午饭，要等在祠堂的人举行祭主仪式结束，并把在祠堂按户平均分配得的肉带回家之后，各户才能开始煮饭祭自家祖宗和吃饭。

在祠堂祭主时，先由德高望重的老人，把煮好的猪头、刀头肉（四方形的一块整肉）、整只鸡、糯米粑、花糯米饭等祭品，摆在供桌上，再摆上碗筷、酒杯，斟上酒，就像设宴席一样。然后，燃香点烛，鸣放鞭炮，由年高的寨老排行列队向"主"跪拜磕头……稍等片刻，表示"主"已吃完，再烧上钱纸若干，表示送"钱"给"主"在阴间使用。烧化钱纸后即可收席。

接着，选派懂得炊事技术的人备办参加祭主之人的聚餐饭菜，同时把绝大多数的猪肉按户平均分配，没有男人参加的或因男人外出缺席的户也要照样分给，由其邻居代领。办好这些事后，即由寨老们组织座谈，主要内容是：

（1）总结全寨自去年"三月三"以来，一年来的生产生活情况。

（2）公布和清理全寨公有财产收支情况，对公物进行一次清理，如铜鼓在谁家，保管的人要当众答应，承认"是放在我家保管"，让大家知道，防止丢失。

（3）总结一年来户与户、人与人之间的关系如何，团结搞得好不好，尊老爱幼做得如何，等等。对好的进行表扬，对差的进行劝说教育；对某些不维护本寨公共利益，不维护民族利益，不尊重本民族习惯，或者放牛不负责任损害别人庄稼，或乱砍滥伐公有森林，不爱护公物等等行为，则提出批评警告，严重者进行处罚。重申各种寨规和公约。

（4）讨论本寨重大事情，号召本寨男女老少要团结一致，互敬互爱，一家有事全寨相帮，防止外族侵犯。一旦受到外来侵犯，要一致共同对外，若有谁贪生怕死，或不帮助他人时，则将受到全寨人的谴责，受到孤立，往后其家有事时，将无人前来相助，该户将得不到全寨人团结互助的集体的温暖，将不受到集体的任何保护。

座谈结束后即就餐。就餐时也有规矩，首先要选八位老人（这八位老人，只要求年纪大，德高望重，并不分贫富）在祠堂内就座一席，其余众人则只能在祠堂大门前的院坝里早年就设好的若干石桌上，也按八人一桌就座。坐好后还不能马上开始吃，还有一定的规矩。这时，要等坐在祠堂内座上席的两位寨老端起酒杯说话，其大意是：我"主"披荆斩棘，功高德厚，使历代众生享受平安。愿"主"在天之灵，永保全族全寨老幼安康繁荣；一切为维护我族我寨公共利益而献身的先辈英雄，全寨众生永世不忘。望"主"在天之灵，常保全寨平安，来年"三月三"再备厚礼祝祭。话毕，即把举在手中的酒倒半杯于地，举半杯与同桌诸老共饮。接着面对众人宣布：今日祭"主"，众生共饮，牢记"主"的恩德。说完，第一个动筷吃菜，其余桌上的人便可开始畅饮……饭后，谁也不能随便先走，要把饭后丢下的骨头等物统统集中起来，丢在事先挖好的"井"中，由几个力气大的人抬一块石板，憋着气盖好"井"口，并快速用土把它盖好，然后把祠堂打扫干净，收好用具，寨老认为可以了，吩咐各人回家后都要向自己家人传达当天集体座谈的内容。说完之后，让老人先走，大家才分别散去。

"祭主"结束后，各户即祭自家祖宗。三天之内全寨人均休息度节……三天之后撤去路口的所有标志，任行人往来通过。

〔周国茂、陆邦国：《布依族"三月三"节日活动简介》，载
贵州省民族研究所编《民族研究参考资料》第二十二集《民
族风情》，第82—83页，1985年（内部）印〕

2. 兴仁等地祭"官厅"

在黔西南州的兴仁县一带居住的布依族村寨，几乎每个寨子都立有"官厅"，布依语称为"dingzsuc"、"dingzais"或"dingzbangh"，意思是头领议事厅，"官厅"是当地他族人的汉语称谓。

"官厅"立于寨中或村旁，一般要立于前景开阔、清雅幽静之处。"官厅"是当地至高无上的"主神"。从许多调查的资料和习俗来看，"官厅"应为古代战争年代布依族部族首领用于战争状态时的地方军事瞭望亭和议事亭。布依族的祖先为了保卫疆土，建营筑垒于山上，立亭以利于各营头领相互往来和议事，一方面用来作监视敌情的哨所，另一方面作为头领的议事行亭。它与其他民族的寺庙在意义上有着本质上的区别，与当地的"土地神"也不一样。地方是属于自己的，保护民族繁衍生存的是"主神"而不是"土地神"，"土地神"没有起决定性的作用。所以在当地，"土地庙"是可有可无的，而"官厅"却必不可少。只要是有十来户人家的一个村寨，首先第一个大事就是立"官厅"。

从历代布依族祭祀"官厅"的形式来看，兴仁和兴仁周围诸县，布依族举行祭祀"官厅"的形式和内容大同小异。农历正月初一，布依族村寨的男性老少们，清早起来的第一件事就是给"官厅"拜年。当天清早，头人（值年人，即当年轮值主持之人）先到"官厅"做好一切准备，然后鸣放地炮（铁炮）或爆竹通告寨中男性老幼，各家各户带上熟食、果类、香、纸等聚集于"官厅"。到齐后，寨中公推几位德高望重的老人上厅分左右对席，摆好祭品，焚香化纸，带领众人向"官厅"三躬九叩首恭拜神主。礼毕，厅中寨老开始议事，制定乡规民约。议事内容是多方面的，如：过去的一年中，当地群众的生产生活及健康大事做得如何，作一番总结；议来年的生产生活及要做的大事等。意见统一后，列出条款，当即向群众宣布。然后，寨老对全寨青壮年、少年作一次全面而严肃的关于传统社会道德和文明礼貌方面的说教，对乡规民约作一次全面的总结，并重申乡规民约的严肃性。到场人员都必须恭首听训。兴仁县大山区波秧村寨的周姓，至今还保留着大年初一祭"官厅"必须演武的纪念仪式，寨中的男性不论大小，前往"官厅"拜年时都必须带上刀、矛、枪、鞭等传统古老武器，在早就建好的演武专用场地上举行演武仪式。演武时，公推一人为头人做指挥，操兵器进行演武，在演武场中绕九圈，然后成两行列阵，忽而相持，忽而相背，做阵法练兵训练。演武结束后，鸣三砸炮（古代遗物）毕，持兵器叩拜"主神"而后散。其他村寨的男性青壮年也以不同的形式在进行传统的武术操练。

过了正月初一以后，各地还有一些内容和形式基本相同，但时间并不统一的祭祀仪式。垄脚区周围的布依族多数在二月初二晚，也有的选择在二月初的蛇场天或虎场天，有的在六月六或七月十五。时间虽不统一，但祭祀内容和形式基本上是一致的。

祭祀前夕，值年人要逐家逐户收取"祭三"（因仪式活动一连三天，故名"祭三"）钱以备办酒、肉、香、纸等各种祭品，还要负责搞好"官厅"周围的环境卫生。当晚祭祀时，男性老幼要搞好个人卫生，穿上干净服装，聚集于"官厅"敬祭"主神"。当晚的祭祀礼仪是非常严肃的，在"官厅"聚集的老幼均不准大声喧哗，在家妇女老幼一律不准串门议论，所有的娱乐活动在当晚都必须停止。在"官厅"前，由众人公推四位德高望重的老人端坐于"官厅"的供桌左右。如是杂姓村寨子还要推出另外四位老人分坐于"官厅"外的两侧，每侧两人，面向"官厅"。"官厅"内杀一只大雄公鸡祭供，厅外杀一只稍小一点的公鸡同时祭供，此谓举行"神宴"，布摩要诵《祭神经》，内容为设神宴请"主神"。布摩在经词里还令土地神去请附近的山神、树神及各祖先神等诸神一同来共享神宴，然后祈求诸神齐保地方太平，佑各村寨风调雨顺、五谷丰登、人畜平安。

在祭"主神"时，还要用龙茅竹三根，拦于"官厅"左、右、后三方。布摩念经毕，所杀雄鸡做成熟食后，端放于供桌上，再祭供一次，参祭人全部立于老人后面，一齐叩拜主神，然后静悄悄地一同用餐。布摩和众寨老要仔细观察鸡卦的吉凶如何，若是大吉，众人落心；若卜中有凶兆，就要择日举行"扫寨"驱邪仪式。餐后，除每户分到一小块"刀头肉"回家祭供自家祖神外，所剩食品一律倾倒于"官厅"侧的"仓"中（在厅外墙脚挖一穴，以一块石板做底，四块石板做壁，一块石板做盖做成）。第二天，各寨派人于寨旁各个路口、重要通道站岗放哨，并插纸花马作为标志，严禁生人入寨，一连三天，此为"祭三"。三天内，无论任何人，均一律拒之于外，至今此俗未变。

在"官厅"用餐，所用的餐具、厨具如碗、筷、杯、盘等，一律置于"官厅"中，来年再用。所用筷子一般都为小木梗，多不用竹筷，据说竹代表祖先。在祭供时，用筷一般为12双，第一轮祭供"主神"时先用一半，另一半为第二轮供诸神。

除了一年一度的严肃祭供仪式外，平时寨子中的人们若有婚、丧、嫁、娶、添人口等事，也要先到"官厅"禀报"主神"，捎香、纸及熟食等到"官厅"祭供后，方可举行自家的各种仪式。意在禀报并感谢"主神"，祈求"主神"保佑寨中生灵平安。

"官厅"所祭主神实为神格化了的布依族古代军事首领或地方首领，有的还有非常具体的姓名。如岑姓所祭"主神"为岑彭、马武，等等。

［王开吉：《兴仁县布依族调查》，载贵州省志民族志编委会
编《民族志资料汇编》第六集（布依族），第2—3页，1988
年（内部）印］

3. 兴仁、册亨等地的岑彭、马武等主神崇拜

（兴仁一带）的"官厅"，据从当地各姓氏中的调查来看，其所祭"主神"实为村寨古代时期的军事头领或地方头领。"厅"即由古代战争中头领议事亭或瞭望亭演化而来，"主神"即是头领的神格化。譬如兴仁县鹧鸪园的岑姓，把汉光武帝的朝廷将领岑彭视为岑氏祖先的军事头领，将他作为"官厅"的"主神"来祭祀，因此，岑姓传说他们的"官厅"祭的是岑彭和马武；兴仁县王氏传说他们的"官厅"祭的是王氏的祖先头领（有的说是王鸾）；巴铃区卡戛寨传说他们祭的是为他们赢得地盘的寨中头领。其他姓氏均传说祭的是他们自己祖先领头的头领。还有一些姓氏村寨的"官厅"有不太相同的一些情况，如屯脚区长青乡的石板河梁姓的祭"主神"处不立亭。据传说，他们是本地人，自古以来就生活在这里，祖先的议事处设有亭，所以祭"主神"处也就不再立亭了，但梁姓祭供"主神"的仪式同其他姓氏是相同的。

兴仁县李关乡的蜡烛寨汉族村寨也兴祭"官厅"。据他们说，他们过去这个寨子是同布依族杂居成寨的，所以所祭的"主神"是布依族的"主神"。现今祭祀的仪式与周围布依族完全一样，也有"祭三"习俗。后来，有一户王姓布依族迁居蜡烛寨，所以每

年祭"官厅"也就由此户牵头主持举行。

［王开吉：《兴仁县布依族调查》，载贵州省志民族志编委会
编《民族志资料汇编》第六集（布依族），第 3 页，1988 年
（内部）印］

在兴仁、册亨一带，岑姓所祭"官厅"之主神有具体的姓名，即岑氏祖先军事头领岑彭及马武。在兴仁岑氏宗谱中还有关于岑彭事迹的较具体的记载："岑时公，生三十二世岑彭，字君然。浙江绍兴府余尧县。佐后汉□□□□，平定昆阳，河北中兴。封彭公为征南将军、武阳侯。除王莽，恢复汉室，惟陇右隗嚣，西蜀、公孙述抗拒。彭祖与大司马吴汉往征，既平陇右，即进西蜀，公孙述恐，以杖击地曰：是何神也！时彭公营寨所扎之处，名曰彭亡。彭公……欲改其名。至日暮，蜀将环安，假投来降，彭公纳之。至夜二更，刺客持剑潜入帐下，听其熟睡，将剑拔出，望胁下一刺，彭公痛觉，歔叫一声而薨。其子自亭公，发枢葬于南阳。先武念其丰功伟绩，令亭公嗣武阳侯职。恩励流守四川武阳各属。亭祖奉命镇守……自子国公受封得姓，传至岑彭公，凡一千一百四十一年。在南阳，在浙江，代有箐表械朴之选，文武全才之士。而画凌烟，垂青史，惟彭公一人而已，故先辈以之为始祖也。"

这段记载叙述了岑彭的事迹及其被尊为岑氏"始祖"神的原因。校诸正史，除籍贯不相吻合外，其余主要事迹大致接近。它说明布依族的"主神"崇拜与氏族制度是有一定关系的。但由多姓氏构成的一寨或数寨共祭一位"主神"的情况看，又说明"主神"具有跨血缘性的特点。由此推之，"主神"崇拜起源于父系氏族社会后期，形成于农村公社时期或军事民主制时期。

［周国茂：《摩教与摩文化》，第 63 页，贵州人民出版社 1995
年版］

4. 兴仁一带的王鸾崇拜

在黔西南的兴仁的大兴寨，这里的王姓宗族所祭的"官厅"主神是王鸾。据当地的王姓人说，王鸾是该姓祖先的首领。

［周国茂：《摩教与摩文化》，第 62—63 页，贵州人民出版社
1995 年版］

5. 贵定、龙里等地的罗大将军崇拜

关于罗大将军，民间有很多故事传说，虽有不少异文，对"罗将军"有多种说法，但有一点是一致的：传说"罗将军"具有杀敌灭寇之勇，曾一度受到朝廷重用，享有很高的威望。……这位"罗将军"为了维护布依族人民的利益，反抗朝廷，后被统治当局杀害。

在有关"罗将军"的故事传说中,《罗将军的故事》较有代表性。这则故事传说中的罗将军勇武过人,受明皇封为"将军",平息了贵州的"乱子"。当他到京城向皇帝报功时,受到统治阶级的民族歧视。皇帝行赏时,他只要皇帝给他做大批石人石马、纸人纸马和一把万明伞。在起程返家时,他让皇家军队中的年轻军官抬石人石马,自己的兵士抬纸人纸马,他本人坐在轿子上打着万明伞,日夜兼程赶回布依山区。遥远的行程,沉重的石人石马将大批皇家军队官兵们折磨致死。皇帝后来恍然大悟,立即派兵围剿罗将军。《在罗将军轶闻》中,叙述了他智斗并挫败官兵的故事。有一次,官兵气势汹汹赶到布依山寨来攻打罗将军。罗将军布置兵士漫山遍野插上香,然后再派人去对官兵说:"罗将军马上要点兵打仗,一炷香就是一个兵,好顺着香排队。"漫山遍野的燃香,烟雾缭绕,官兵见此情景,以为罗将军兵多势大,吓得扭头往回跑了。

传说中的罗大将军,是一位不畏强暴,不为高官厚禄而折腰的民族英雄。他因具有超人的智勇而得到朝廷的重用,但当他看到封建朝廷歧视自己的民族时,却以布依族人民的利益为重,以保持民族的尊严为重,毅然走上反抗朝廷的道路,并运用心计,施展智斗,给统治者以沉重的打击。罗将军虽然被朝廷杀害,可他宁肯头落地,也要站着死,不为强暴势力而弯腰屈膝,表现出布依族人民威武不屈的民族气节,体现了布依族人民要求民族尊严、民族平等的强烈愿望。

〔罗汛河、田兵等主编:《布依族文学史》,第 58 页,广西民族出版社 1983 年版〕

6. 其他

德俊,在布依族第二土语区的一些地方,被认为是洪水泛滥后再造人烟的两兄妹,而在第三土语区的一些地方,则被认为是射日英雄。镇宁一带的《赎头经》载:古时十日并出,晒裂山石,王以赏给好田好土为条件招射日者,德俊(也有译作"德金"者)制作弓箭射落太阳后(留下两个,即现在的太阳和月亮),王食言,德俊怒,抓龙虾作犁肩,用母猪龙当牛犁田,招致天神发怒,发洪水淹没了人类。在这些传说中,德俊还仅仅是神话中的人物,算不上严格的宗教意义上的崇拜对象。但在镇宁一带的《古谢经·韦氏擒雕经》中,德俊(德金)已经变成韦氏的英雄始祖神,在韦氏迁徙途中帮助众人打死了吞食人类的巨雕,因而受到韦氏的崇拜。

〔周国茂:《摩教与摩文化》,第 64 页,贵州人民出版社 1995 年版〕

第三节　　文化英雄和行业神崇拜

1. 对报陆夺（陀）、摩陆高（呷）的信仰崇拜

报陆夺（有译为报陆陀、鲍尔陀等），布依语称为"bauslegdoz"，他是布依族传说中的造物主，同时也是摩教的创始人。摩陆高（有译为摩陆呷等），布依语称"bausleggaabt"，也被认为是摩教的祖师之一，常常同报陆夺并提。布摩在举行"殡亡"、"赎头"、扫寨、送鬼等大型仪式活动前都要举行"安师"仪式，就是专门请报陆夺和摩陆呷前来坐镇保护布摩和主人家的。其安师的祷词曰："请你报陆夺、摩陆呷，并陆高、陆元、陆丁、陆林、陆逢、陆贵（这几位均是报陆夺的助手）。林中树木是他造，宇宙万物是他造，山川河流是他造。请他来坐上席当尊者，请他来保护布摩，请他来抬举（保佑、保护）主人家，保老人长寿……"

在摩教的信仰中，报陆夺还是一位智者，经文中，每每在叙述到人们遇到难题时，都要请教他，而一经报陆夺指点，人们照办后，都能一一得到解决。所以有的地方布依语的发音为"bausroxdoh"，意思是"遍知一切的男人"。

人们对报陆夺身份的看法比较一致，但对摩陆高，则有不同的说法。有的人认为他与报陆夺实为一人，是报陆夺的别名；有的人认为他是布摩的第二代祖师，传说中报陆夺的徒弟和助手；根据各方面的情况分析，笔者（《摩教与摩文化》作者周国茂）认为报陆夺和摩陆高应分别为父系氏族和母系氏族时代神话中的创世神。摩陆高应为女性神。他们的原型可能分别是布依族母系氏族社会和父系氏族社会的杰出首领。摩教、布摩的"摩"与摩陆高有关。摩陆高应为摩教的创始者之一。

罗甸一带的布摩中有这样一个传说：报陆夺创立摩教时经书很多，他自己精于卜算，料事如神。后来七仙女下凡与凡人结婚生子后又回到天上，其子欲知母亲为何人，求于报陆夺。报陆夺告诉他，七月七日在某处水边等候，有七个女子在那里洗澡，其中某位就是他的母亲。这天，他来到水边，照报陆夺的指点认识了自己的母亲，并跟她上了天。七仙女认为报陆夺泄露了天机，欲惩罚他，嘱其子带一壶酒去"答谢"报陆夺。以聪明善卜著称的报陆夺恰巧糊涂一时，一下子打开了酒壶。谁知壶内装的不是酒竟然是火。火苗一下子蹿出，烧掉了他的不少经书，所以他的后代弟子经书少了很多。而且因为被烧掉了不少经书，后代弟子都不及他会卜算了。

［参见周国茂《摩教与摩文化》第 8—22、56—57 页，贵州人民出版社 1995 年版］

摩教是布依族特有的一种介乎于原始宗教和神学宗教之间的准人为宗教。摩教有较

为专门的宗教职业者——布摩，并且已形成了最高神祇——"报陆陀"，布摩均尊奉始祖神"报陆陀"为开祖师。在举行各种宗教仪式活动中，首要的仪式是恭请"报陆陀"莅临，以示整个祭祀活动的权威性。在摩教的意识中，"报陆陀"具有非凡的超自然力和智慧，能够洞察古往今来，解决任何问题。

［贵州省地方志编纂委员会编《贵州省志·民族志》，第 226
页，贵州民族出版社 2002 年版］

2. 石、木二匠崇拜鲁班及播台

（平塘上莫乡一带，）建房时，木料加工有专门的开工仪式，称为"架马"。

"架马"仪式，布依语称为"奥马"（aulmak），意为"要墨线"。仪式在新屋基上举行，用八仙桌一张，上置"插香米"一升，酒三杯，饭三碗，以及墨斗、角尺、斧头、木锯、推刨等。由木匠杀公鸡一只敬鲁班，也请"播台"同时享受，请他们保佑工程顺利。"播台"是传说中的布依族木匠师傅。经此仪式，木匠方可弹墨开工，以待吉日立房。

［伍文义：《上莫乡布依族住房建筑调查》，载贵州省志编委
会编：《民族志资料汇编》第一集（布依族），第 82 页，
1982 年（内部）印］

鲁班，贵州各民族的工匠之神。相传为春秋时鲁国人，父名贤，母吴氏，鲁定公三年五月初七生，受业于鲍老董。年四十，隐居历山，得异人秘诀，白日升天，只留斧锯。在贵州，几乎各民族的工匠，特别是木匠，都要祭祀他，祈求他保佑自己功成名就，当地人又把他称为"仙师"。

［周国茂主编：《中国民俗大系·贵州民俗》，第 304 页，甘
肃人民出版社 2004 年版］

布依族人家的神龛上一般都有包括"鲁班先师"在内的神位，逢年过节祭供祖先时一起祭供。相关行业的从业者，则对该行业的创始人举行专门的祭供仪式，其中木匠对鲁班的崇拜最为普遍。木匠认为鲁班是木工的发明者，他在冥冥中对后世的徒子徒孙产生着影响，木工在开工前要择日举行"架（木）马"仪式，表示正式开工，祈求鲁班先师保佑木匠及其主人家平安吉祥。建造房屋即将立房的当日清晨，要举行仪式祈求鲁班保佑立房安全，不出意外。工程结束后，也要举行仪式报答鲁班先师的保佑之恩。

［周国茂：《自然与生命的意义世界——贵州少数民族原始崇
拜与民俗》，第 120 页，贵州教育出版社 2004 年版］

布依族有很多有关能工巧匠的传说故事，其中有不少关于鲁班的传说。《人造房子的来历》传说，叙述在古老的时候，人们栖息在树上，居住在岩洞，常常挨雨淋，遭水冲。盘古王便派鲁班来给人们造房子。鲁班先是仔细观察丛林的枝叶如何交错密织，蜘蛛如何织成丝网，以及遮风蔽日的岩洞形状，然后再画出图样，以草木为材料，盖成了人间的第一批房屋。富于智慧的鲁班，进而想到了龙宫的建筑，便去龙宫绘制了模样，使人间的住房建筑样式有了很大的改进。鲁班还把龙宫里的鱼龙、金龙的形状，雕刻在房屋的柱子上，又修盖了有鱼鳞梁、龟脚柱和龙缠腰台柱的房子。大家认为这样的房子好看，以后造房子时就要雕一根龙柱子，还要做一个乌龟驮着柱子，而在屋梁的两头雕刻两条鱼形。这则传说赞扬了鲁班的无穷智慧和创造精神。

［罗汛河、田兵等主编：《布依族文学史》，第62页，广西民族出版社1983年版］

　　（兴仁一带）布依族祭供祖宗的摆桌形式为：八仙桌两张并排于神龛前，配备杯、筷，上席为四个、右侧为两个。家有石匠、木匠、医生、摩师者，需在右侧另添两个……各种熟食、酒饭摆好后，烧化钱纸……

［王开吉：《兴仁县布依族调查》，载贵州省志民族志编委会编《民族志资料汇编》第六集（布依族），第13页，1988年（内部）印］

第五章　生育信仰与生殖信仰

第一节　三界划分与花婆送子信仰

1. 三界划分

在布依族的古老观念中，认为宇宙分为三界：人住的地方为"上界"，鬼神住的地方为"下界"，未投胎的童男童女住的地方则为"花界"。

下界也有称为冥界的，布依语称为"bak"（拜）界或"sianl"（仙）界，相当于佛教和道教所描绘的"佛界"和"仙界"。从摩教描绘的图景来看，这个境界更接近于汉族观念中的"仙境"。在"上界"与"下界"之间有一河相隔，中间只有一桥可通，布依语称此桥为"jeeuzluangz"，译为汉语即为"铜桥"。这座"铜桥"的桥面会因亡者生前的德行而变宽变窄。有美德者桥面越走越宽，顺利到达彼岸；德行差或没有德行者越往前走桥面越窄，以至于窄如刀口，使亡灵不能通过，只能在此岸游荡。

在一些布依族地区的摩经中，亡灵须过五道铜桥、六南宫、南海、十二条街、十二狱门、八仙宫，以及仙女、观音、星主、灵官、玄坛、三宝、三官、三星、三王、圣母等"bak"（佛）、"sianl"（仙）住所，最后才到达理想境界。人死后，通过"殡亡"仪式，亡灵即可升入幽冥世界中的极乐世界"拜界"和"仙界"。

"拜界"和"仙界"是祖先们居住的地方。这里也有"王"。亡灵到达这里后都会变成"bausguaanglyahnaangz"，即贵族男女，过着神仙生活。他们与"拜"、"仙"们生活在一起，荣耀无比，其乐融融。这里的林木四季常青，鲜花常开不败，莺歌燕舞，流水潺潺，风景异常优美。但他们也和在人间时一样，恋爱结婚，耕田种地，纺纱织布，沤靛印染，走亲访友。很显然，这与佛教和道教的冥界观念有很大差别。

所谓"十二狱门"，即是对佛教"十殿"的吸收改造，按顺序分别为：奏广王子、楚江王、宋帝王、五官王、阎罗王、变成王、泰山王、都市王、百日分归平称王（或"平等大王"）和三年转轮王。与佛教比较，除个别名称和"十殿"不太一致外，顺序与名称大体一致。但是，摩教观念中，"十二狱门"只是亡灵通往理想境界的一道关口，而且没有对这些"王"及各殿特点的描绘。

"铜桥"并不是每一个亡灵都能通过的，生前要有好的德行才能通过。布依族倡导的美德有勤劳、俭朴、敬老爱幼、互相帮助等等，孝行作为一种义务和好的德行在摩经《殡亡经》中被反复强调。而懒惰、偷盗、抢劫、赌博等等则是恶行，特别是偷、抢、赌尤为严重，亡灵过不了"铜桥"的多是这几种人。

摩教的冥界观念中还有一种专为非正常死亡者的灵魂而设计的"游魂界"，其类似于佛教的地狱。摩教认为，凶死者（即非正常死亡者）的魂被认为堕入了"游魂界"，在这里游荡，受苦受难，必须举行"入交"（布依语称"ruhjauc"，意为"赎头"）或"招魂"仪式，才能将其灵魂赎（招）到"生魂世界"，超度到"拜"、"仙"界。途中要过刀山、渡火海、跨血河，才能获得自由，再由布摩超度到"拜"、"仙"界。佛教的地狱是其"六趣轮回"中的一个轮回，有明显的首先劝诫目的，而布依族的"游魂界"观念只是与死亡形态有关。这反映了布依族对不同死亡方式的评价，认为老死、好死是一种理想的死亡方式，因疾病、战争、摔倒、溺水、难产或其他意外事故而死亡则是一种不吉的死亡方式。这种评价实际上正是布依族人民追求安居乐业愿望的反映。

住在花界的孩子称为"花"，掌管这些"花"的母神为生育神母。花界和上界之间相隔一条河，求子者必须"架桥"，祈求神母过桥送"花"，布依族人民认为只有这样妇女才能怀孕生子。

[参见周国茂《摩教与摩文化》第 23、45—47、102—103 页，贵州人民出版社 1995 年版；周国茂：《自然与生命的意义世界——贵州少数民族原始崇拜与民俗》，第 46—48 页，贵州教育出版社 2004 年版]

2. 母神崇拜

据传，"关"、"煞"很多，有 36 "关"，72 "煞"。这些"关"、"煞"，缠身于儿童，使其不得安宁，必须请二十四圣母解之。正月、二月、三月是花林圣母，四月、五月、六月是花王圣母，七月、八月、九月是南塘圣母，十月、冬月、腊月是六合圣母。

[班光瑶、孙定朝、赵焜：《贵阳市花溪区新民乡竹林村调查》，载贵州省志民族志编委会编《民族志资料汇编》第六集（布依族），第 174 页，1988 年（内部）印]

母神布依语称为"meehfaangz"，主管妇女生育小孩和保佑幼儿。布依族各地对母神的认识不尽一致。在贞丰一带，认为母神是保佑幼儿的，孩子出生后，就必须请布摩在产妇床头边上设坛祭祀母神，以后每逢节日或当孩子生病时，也必须请布摩来举行祈求母神保佑孩子的仪式，希望孩子早日康复。在镇宁一带，认为母神有十二个，是一群神，称十二母神。常提到的十二母神主要有床中母神、山坳母神、河岸母神、田野母神等。人们认为，孩子的顺利降生，是十二母神送其魂而至，并从此在小孩左右进行监护，直到长到十二岁以后方才离开。每逢年节，人们在祭供祖神之后，都必须在小孩子的卧室门口祭供十二母神。一旦小孩有小灾小病，家长都认为是得罪了十二母神所致，必须请布摩或雅牙（巫婆）来举行仪式祭供十二母神，认为只有这样小孩的病才会痊愈。为了不得罪母神，小孩不能早出晚归，尽量让小孩少出远门更不能随意打骂孩子。如有违背就会得罪母神，小孩就会生病。这时只有请布摩或雅牙（巫婆）来祭神禳解了，布依族人认为这样小孩的病才会痊愈。有的地方认为母神有四个，即"雅娃林"、"雅娃翁"、"雅愣当"、"雅罗哥"。但凡小孩降生后，就要为之安设母神灵位供奉。四位母神轮流管护着小孩，每位管护三个月，一直管护到小孩长到十二岁。还有一说是母神为二十四圣母，她们也是轮流着管护小孩。

布依族布摩认为，小孩降生后，可能会闯着三十六关七十二煞中的任何一个"关"、"煞"，必须请布摩举行仪式禳解。在禳解仪式上，布摩要请二十四圣母。虽名为二十四圣母，但是现在的布摩实际上只能举出四位，即管正月、二月、三月的"花林圣母"，管四月、五月、六月的"花王圣母"，管七月、八月、九月的"南塘圣母"，管十月、冬月、腊月的"六合圣母"。但在称呼上都合称二十四圣母。这实际上是"雅娃林"、"雅娃翁"、"雅愣当"、"雅罗哥"的变异。

与母神功能相同或相近的神还有荔波一带的"桃祭"三十六神，这些神中，既包含了像"花林"这样的母神，还囊括了诸如"雷王"之类的神祇。

［周国茂：《摩教与摩文化》，第 50、57—58 页，贵州人民出版社 1995 年版］

在都匀富溪等地一带，大凡生了小孩的人家，都要在火塘附近的墙壁之上，立一圣母牌位祭供。孩子三朝时，便要请阴阳先生来举行立圣母牌位的仪式。即用一张红纸写如下形式的牌位：

```
┌─────────────────────────────────┐
│  春   夏         秋   冬         │
│  花   花         南   六         │
│  林   王         堂   国         │
│            圣                    │
│            母                    │
│            娘                    │
│            娘                    │
│            之                    │
│            位                    │
└─────────────────────────────────┘
```

关于这个仪式有一个传说：圣母娘娘是孩子看不见的娘妈，一年四季在空中保护孩子的生长，每逢节日都要烧香供饭，每过一年都要剪一小纸人贴在圣母牌位上，直到孩子满十六岁为止。

［黄义仁、黄生科：《都匀富溪村民族调查》，载贵州省志民族志编委会编《民族志资料汇编》第六集（布依族），第 40 页，1988 年（内部）印］

祭神母，是在小孩生病后在巫卜中被认为是小孩的神母有不如意的事，请女巫来举行的一种禳解仪式。

在布依族民间，认为小孩在十二岁之前，一直有十二位神母呵护。这十二位小孩的守护神有：床中神母、屋中神母（原意为"灰仓"神母，布依语把屋中所有地下称为灰尘的仓）、沟边神母、井边神母、田坝神母（原意为野外中央的神母）、林边神母、院中神母、潭岸神母、城堡上的神母、高坎神母、河坝神母、渡槽上的神母等。凡是小孩玩过的地方，与大人外出经过的地方，均有分管的神母跟随呵护。

祭神的摆设极为简单，一张小桌或长凳横在小孩卧室门中，一碗肉一碗豆腐，一碗饭一碗酒，两双筷。在凳脚下点香化纸。

女巫所唱的祭神母歌，每个神一小段：

"神母啊，你面前的儿（在布依族中，长者对男女小辈均称为儿）来找你，你面前的儿叫你来……床上神母你守床中，夜夜守到鸡打鸣；半夜屎尿你要管，三更啼哭你来诓；让儿睡到通天亮，让儿安睡甜蜜蜜……屋中神母你站在屋中，看儿玩耍好欢乐，看儿游玩好实在；小儿摔倒你来扶，小儿哭闹你去亲，小儿顽皮由你教；让儿玩个心欢喜，让儿耍个喜盈盈……沟边神母你管沟边，清水浊水归你管；小儿沟边来玩耍，你扶他行走稳脚步；蛙虫蚂蚱吓了他，你将他魂把住不失落；沟沟太宽跳不过，你手拉手不会落水……——唱诵各位神母各司其职，呵护儿童。"

最后唱的是现在拿最好的酒、最肥的肉、马驮来的钱来祭神母，希望神母各司其职，保佑小儿无病无灾。最后化纸，仪式结束。

[韦兴儒：《女巫》，第 117 页，贵州人民出版社 2001 年版]

3. 生殖器崇拜

布依族部分地区的青年男女婚后，都要举行一次以生殖崇拜为内容的求子仪式。仪式由巫师设神坛进行，神坛周围挂着十多幅神像，居中一幅为生殖图，上画众妇女围着一位裸体的产妇，产妇身下一个婴儿正入盘洗浴，又一婴儿头出阴门。年轻夫妇外跪于神坛前，祈求怀孕生子，巫师在旁念性交隐语以令大家欢笑，其目的是希望以此仪式让年轻夫妇获得生育能力。

布依族姑娘出嫁，娘家除了送一只产蛋多的母鸡外，还偷偷放两个红鸡蛋在新棉被里，给男方家送去，表示送"种"。

[周国茂主编：《中国民俗大系·贵州民俗》，第 259 页，甘肃人民出版社 2004 年版]

第二节　求子仪式

1. 架花桥

架花桥是布依族一种求神送子的宗教仪式。根据布依族的古老观念，宇宙分为三界：人住的地方为上界，鬼住的地方为下界，未投胎的童男童女住的地方则为花界。住在花界的孩子称为"花（wal）"，掌管这些"花"的母神为生育神母。花界与上界之间相隔一条河，求子者须架"花桥"过河，祈求神母过河送子。据说借助这种仪式，妇女才可怀孕。架桥仪式在黔南一带十分盛行、隆重，一般要进行七天七夜，这期间，往往酣歌达旦。"背鸡"和"送花"是架桥仪式的高潮。"背鸡"活动是：布摩在离大门约50米处，捉一只大红公鸡，念咒，主人弓着身，背上撒上一把米，布摩把公鸡放在主人背上，让其背进家中。众人前呼后拥，唢呐声声，爆竹连鸣。背上的公鸡不惊不慌，时而俯首啄米，时而抬头观望，让主人背进房间。待布摩念完"解咒"鸡才离开人背。"背鸡"仪式意为"公鸡引子进屋"。"送花"活动是：堂中设一席，桌上插上一筒外婆送来的花，花瓣沾在白布上，表示得子，将其装进筒中，大伙齐唱《送花歌》，把花筒送进房间挂于壁上。此后，不论家中孩子多少，逢年过节时，都需以糯米饭祭供，并焚香化纸，直至该夫妇超过育龄。

[周国茂：《摩教与摩文化》，第 102—103 页，贵州人民出版社 1995 年版]

布依族人家，举凡婚后数年不育者，就要找"迷拉婆"、"老魔公"来择吉日举行"搭花桥"的仪式活动，人们认为，搭了"花桥"，王母娘娘就会给他们青年夫妇送来子女。贞丰一带的花桥，是用一对竹子作为桥柱和桥梁，将红、绿纸剪成许多人形（红的表示男孩，绿的表示女孩）挂在花桥上，"迷拉婆"在房外唱唱跳跳，然后把一根白线从花桥牵到村外。如有一昆虫爬过线上，则认为王母娘娘送来的是女孩；如果是水生动物爬上，则认为是龙王贵子，全家更是欢喜，把它提起来，放在花桥上，"迷拉婆"尽唱些吉利歌，然后将花桥安置在媳妇的房门上或床头上方，直到该妇女无生育能力为止。

[黄义仁、韦廉舟编撰：《布依族民俗志》，第 130 页，贵州人民出版社 1985 年版]

贵州荔波县驾欧一带布依族流行一种"作桥"法事，主要有两个意图：一是接引花王，二是"度厄"。每个人在结婚之后都必须作一次桥，大的法事要做九至十一天，小的也要做三至五天。其中就有求子或祈求人丁康乐等目的。布摩在作桥仪式上念诵的经文中,《仲丁歌》、《十二行家歌》等,叙述了生子还愿的故事。其中《仲丁歌》叙述仲丁其人,娶妻多年而无子,他向花山圣母许愿,结果生了七男三女,并发了大财。可是,他遂愿后却忘了还愿,惹怒了圣母。有一天,他的孩子全部突然失踪了,他到外寻找,最后遇到神灵的启示,明白了还愿的事。神灵领他去圣母处谢罪,他以牛、狗、鸡等多只为牺牲,以白布为桥迎接圣母,结果找回了他的孩子。从此以后,布依人生男育女,均须照例还愿,亦即"作桥"。

[周国茂:《自然与生命的意义世界——贵州少数民族原始崇
拜与民俗》,第133页,贵州教育出版社2004年版]

青年夫妇婚后无子,为求子,须到村外路上选择一适当地点搭桥,称"天母桥"。搭桥或用石板或用树木。桥架于小沟上,无沟,也要挖出一条小沟来。搭桥由鬼师主持,求子者夫妇及几个帮手参加。要点香烧纸,杀两只鸡献祭,鬼师念咒,无非是求"天母娘娘"保佑早生贵子等等。

还有一种与求子有关的搭桥活动是在家中举行,也称为"天母桥",由识字的老摩公主持。这种桥为长方形,用木板或竹子搭在夫妻卧室门上方,有底有顶,与门差不多宽,两端贴上红纸写的对子,上面有几张字条,几张钱纸,几炷香,几个红鸡蛋,用线拴成一串吊在上边。每当杀鸡买肉或收获新物产时,都要先在此桥上敬过"天母娘娘"才能食用。

[赵崇南:《望谟县乐康乡布依族生活习俗调查》,载贵州省
民族研究所、贵州省民族研究学会编《贵州民族调查》之
四,第269页,1986年(内部)印]

"搭桥"也称为"搭花桥"。每当婚后多年不育,多请迷纳(汉称"巫婆")选定吉日举行"搭花桥"活动,祈求王母娘娘给主人家送来儿女。"搭花桥"分为两种,一种是在夫妇卧室门上搭竹篾桥,一种是在路边的小沟上搭木桥或石桥。

[唐合亮:《都匀市布依族社会状况调查》,载贵州省民族研
究所、贵州省民族研究学会编《贵州民族调查》之九,第
299页,1992年(内部)印]

搭桥,即搭"百子桥",主要是夫妇婚后多年不孕,请先生给其举行的一种求子仪式。搭桥这天夫妇双方要煮好几个鸡蛋分给来看热闹的小孩吃。先生口中念念有词,让夫妇在小沟小溪边用石板搭一小桥,称为修桥补路,让他们以修阴功、积道德来感谢上苍,这样送子观音才会给其送子。

[李登学、李梅、张永吉:《镇山民族文化保护村调查报告》,
载贵州省民族研究所、贵州民族研究学会编《贵州民族调
查》卷十二,第469—470页,1995年(内部)印]

搭花桥接花魂。布依族过去有信奉"娘娘神"的，民间有"送子观音"、"搭花桥"的习俗，结婚多年而未生孩子的育龄夫妇，要请布摩先生择日搭一花桥，神母娘娘就会送来子女。花桥用竹子扎成桥模，竹子要由外婆家送来，桥脚放一块约半米宽窄的木板，中间写"送子娘娘神位"，为"送子娘娘"举行"开光"、"安位"仪式后，挂在卧室壁上长期供奉。此后如果有了孩子，更要隆重庆贺。

［罗剑：《毕节地区布依族》，第 136 页，贵州民族出版社 2004 年版］

2. 抢蛋与滚蛋

贵州各民族婚俗和诞生礼中，鸡蛋扮演着重要角色。它寄予了人们对生殖的良好祝愿。蛋之所以与生殖发生关系，首先可能反映了先民的古老观念……蛋与生殖发生联系，可能还因为卵生动物的生殖力比非卵生动物强，虽然猪、狗、牛、羊等动物也可以同时产下若干幼崽，但比起卵生动物一窝能孵化的幼崽和一生产卵的数量来，实在是小巫见大巫。因此，在生育率和存活率都低下的情况下，先民们自然期望人类的生殖也像卵生动物那样数量众多。人生礼仪中用蛋，就包含了这样的生殖信仰和崇拜。

黔南都匀一带布依族在婚礼上有抢红蛋、蛋滚床等习俗。所谓抢红蛋，就是在女方家送的嫁妆柜子里，除了放被子、衣服等陪嫁物外，还藏着四个红蛋，到开柜时辰（需经测算），男方即请参亲来开柜，参亲为中年妇女，必须是上有公婆、下有子女者。开柜前先讲祝词，诸如"子孙满堂、荣华富贵"等等。开柜后，看热闹的孩子们争相抢柜里的红蛋，你推我搡，非常热闹。老人们解释说，红蛋表示娃娃崽。抢过红蛋后，还要请参亲拿女方家给的红蛋滚床，边滚边唱。内容从砍杉树制床，唱到婆家送的陪嫁品，从以蛋孵出小鸡，唱到鸡崽长大、下蛋，再唱到以蛋滚床。其中有这样的唱词：

> 这架喜床打得合，
> 要拿鸡蛋滚床脚；
> 一滚钱来二滚米，
> 滚得子孙来相合。

［周国茂：《自然与生命的意义世界——贵州少数民族原始崇拜与民俗》，第 130—132 页，贵州教育出版社 2004 年版］

3. "偷"偶像

黔南一些地方的布依族中流行阳戏，其中就有用于还愿仪式上演出的。在一些布依族人家里，供奉着"送子娘娘"和"童子"的小偶像。如果某家久婚不育，就请亲戚朋友们帮忙，到供有"送子娘娘"和"童子"的人家里去"偷""送子娘娘"和"童子"的偶像。被"偷"的人家明明知道这些人是来"偷"偶像的，也任其"偷走"，不闻不问，心里还高兴。不孕的人家"偷"来偶像后，用红绸包好，藏在不易丢失的地方，并默默向神灵祷告，请神灵赐子。如果这家人后来果然有了孩子，就认为是神灵赐予的，于是在怀孕期间，请阳戏班来唱戏庆贺。

[周国茂：《自然与生命的意义世界——贵州少数民族原始崇
拜与民俗》，第123页，贵州教育出版社2004年版]

4. "偷"瓜

（安顺一带）八月十五日，当地汉人有供月习俗，苗夷（布依族）则无此俗，唯有好事男子，于事前窃取他人园中长形之南瓜，于此夕将瓜装成婴儿形，穿以衣鞋，包入背衫内，一人背瓜一人随后学孩语或啼声，并携种种食品，至无子之邻居，或亲戚家中。至门前须先鸣爆竹，然后叩门而入。亦有无子之家，已预知此事，在堂屋中设筵席招待。送瓜入门后，送入内室，将瓜放置床上，并学哭声，另一人吐唾床中，且曰："娃娃撒屎啦！"主人闻声亦入，招待送瓜者就食，此举俗名"送老瓜"。无子者信为得子之兆，若日后被送者果然生子，又须盛筵以款当日送瓜者。

[（民国）陈国钧：《贵州苗夷社会研究》苗夷研究丛刊之二，
文通书局1942年出版发行。转引自贵州省民族研究所编
《民族研究参考资料》第十九集，第81页，1983年（内部）
印]

中秋节（"别略吉不汗"），过的人家不多。有些年轻人在月明之夜，到地里"偷"瓜果，主人家不能咒骂。还有些调皮的人拿些瓜送给久婚不育的夫妇，祝愿他们早生贵子，具有娱乐性质。

[唐合亮：《三都自治县周覃镇布依族生活习俗调查》，载贵
州省民族研究所、贵州省民族研究学会编《贵州民族调查》
之五，第317页，1986年（内部）印]

5. 采天花

在册亨、望谟一带，没有子女的夫妇在正月间要请人来"囊今"或请巫师来"采天花"，布依语称"姑今要化"或"姑牙要化"。被请来的巫师（俗称"迷拉婆"）用头帕蒙住双眼，用蜡熏其面、鼻，然后摆头晃脑地唱歌，从地上唱到天上，唱到在王母娘娘的花园中采花来送给想生子女的夫妇。如果碰巧该夫妇怀孕生子，主人家要在来年杀猪向王母娘娘还愿，仪式非常隆重。

[黄义仁、韦廉舟编撰：《布依族民俗志》，第130—131页，
贵州人民出版社1985年版]

6. 插鸡心

在都匀富溪等地一带的布依族对生育特别注意。媳妇不生育时，要举行多次的迷信活动。如果结婚一两年后仍不生育就要举行求子仪式。举行这种仪式时，要请巫师摆上一桌供品，即鸡、鸭、肉、酒及果品之类。祭品有讲究，如（农历）一、二、三、四月份用水性动物鸭，五、八月份用鸡和南瓜，十一、十二月份还要放上石头，等等。桌上放六个碗、三个茶杯、三杯酒，扎一小纸人，放上一角二分钱。用一针穿一线插在活鸡的鸡心上，贯穿以后把线系在小纸人的手中。意思是生育孩子之后，靠鸡来维护生命，因为鸡是保命的东西。传说鸡的饲养历史是很古老的，有人类就有鸡的存在了，认为这样做很吉利。

[黄义仁、黄生科：《都匀富溪村民族调查》，载贵州省志民族志编委会编《民族志资料汇编》第六集（布依族），第40页，1988年（内部）印]

7. 要回伞和花糯米饭

在惠水一带的布依族有要回伞和花糯米饭求子的习俗。就是结婚多年不生子，或小孩不幸夭折，媳妇就要到娘家要回伞和花糯米饭。娘家要备好一把新伞和糯米饭等着，买伞时不能打开看，请布摩择好吉日，媳妇要由布摩和族中子女齐全的长辈陪同，带着礼物去娘家要回伞和花糯米饭。到娘家后，举行要回伞仪式，在娘家火塘边，摆上一张桌子，桌上放上新伞、香、烛、酒瓶和插香米一升等，杀鸡祭供神母娘娘。布摩摇铃念咒语，内容大意是："亚姑托"把娃娃藏起来了，不准他随着这家的女子到丈夫家去，现在杀鸡来祭供你，请你把娃娃放出来，跟随这个女子到夫家去，出世成人。仪式结束，娘家将蒸好的花糯米饭装在竹笼里，装成若干挑。在糯米饭里放上两个碗、两双筷子专给夫妻两人用，点燃几炷香插在糯米饭笼上，娘家要请族中子女双全的老妇人相送。临行前，要由多子女的人帮抬担子上肩，帮打开新伞，牵着纱线上路。在路上，要伞的女子不准回头看，不准跟别人说话。在路途中碰见行人，将糯米饭和酒给路人食用，会意者会用吉利的语言祝福该女子。遇到过河或听到小孩的哭声时，要立即停下来，举行"接魂"仪式。布摩摇铃念接魂词，大意是："这位妈妈的心好、善良、爱孩子，孩子们不要犹豫了，快跟着这位妈妈回家吧。"接魂时，女主人要将新衣服接住布摩递过来的孩子（举行接魂仪式时找到的小昆虫）。到了夫家，将挑来的糯米饭放在堂屋桌上，给来看热闹的人吃。娘家特意送来的那挑则拿到媳妇的房间里。从娘家牵来的纱线，要一直牵到房间里，有花桥的就绕在花桥上，没有花桥的就绕在帐子上。要伞回来后，三天三夜不准将米水拿出门，否则就会被认为不灵验了。

[惠水县布依学会编：《惠水布依族》，第122页，贵州民族出版社2001年版]

8. 接花魂

接花魂，是女巫或布摩举行的较为大型的仪式之一。一是新娘怀孕后，经巫卜认为该上天庭领取胎儿灵魂，以保全正常生产时择日举行；二是婚后无子女，或有了子女但突然停育不孕，经女巫巫卜认为该上天领取儿女灵魂才能继续生育时择日举行。

第一种情况下举行的仪式，主要由布摩主持；第二种情况下举行的仪式，主要由女巫主持。

这个仪式原来的语意为"上天接花朵"。布依族民间认为，天上的花魂下凡附在母腹胎儿中，孩子生出来后才是具有生命灵性的人。故此，天上花园里的花朵，全是未诞生的孩子的灵魂，他们统一由"乜王更门"（布依语，汉语意为天上神母）培育、监管与安排。

接花魂的仪式需要择定日子。日子择定后，主家备公鸡两只，母鸡、鹅（或鸭）各一只，部分猪肉及豆腐等；如是前一种情况，还需羊一只，兼退"扰鬼"，以保头胎生产顺利。仪式前提前通知母舅家准备一对红花一把红纸伞，花用红纸扎成加绿纸剪成树叶贴在花朵下，挂在两根梢上带叶的竹枝上，插在母舅家神龛的香炉上。

仪式当日（路途远者前一日）一早，婆媳均穿盛装裙服，媳妇拿两壶酒，婆婆抱一只公鸡，赶往母舅家取花。到母舅家后，先杀带来的公鸡祭祖，匆匆吃饭后，媳妇跪祖神三叩头，母舅家主妇取下竹枝和花朵，放于媳妇兜着的围腰内，并念颂词。接着送给媳妇一把红雨伞。婆媳出外家大门后，媳妇一只手兜着放有花的围腰，一只手打红伞与婆婆同路返程。一路上不能与人打招呼，当然，懂的人一看便知道是接花的，也不会去打招呼。

到自己家后，家人与女巫（或布摩）已准备就绪。女巫（或布摩）接过花插于神龛上，红伞用竹竿连接绑在祭桌脚上并打开。开始唱《接花歌》。仪式结束后，雨伞张在媳妇卧室的蚊帐上，花插于卧床上方的楼枕缝中，剪一张红色群童携手图的剪纸悬贴于卧室门上。这个仪式，至亲和家族要前来庆贺，媳妇娘家寨子的妇女甚至倾巢出动，这样主家就只有杀猪才招待得下客人。

这个仪式的经文，主要内容如下：

序歌唱的是今天好做巫，今日好接花，骑上飞龙马到天上去招花魂。

上到第一层天全是雾，没有见到花园。

上到第二层天全是棉花，我们要的是红花紫花。

上到第三层天只有小孩在牧鹅鸭，也没有见到我们要的花。

上到第四层天只有仙女织彩虹，神仙造水井，也不见花园。

上到第五层天是天王城堡，不能进去。

上到第六层天是天上的街市，也没有花。

上到第七层天只见仙女七姐妹在织布做蜡染，没有找到花园。

上到第八层天只见蓄水的大塘，不见花。

上到第九层天只见雷公和雷母，不见花。

上到第十层天只见瘟疫与乌鸦，这里不会有花。

上到第十一层天只有月婆差点被除数天狗吃，也没有花园。

上到第十二层天只有太阳，这里又热又烫不能栽花。

没找到花园，怎么办呢？最后一段唱道：

返回天庭第七道/回到天宫第七层/去问七仙女/去访七姐妹/七仙女存有好心意/七姐妹是个好心肠/指点我们来到万花山/指引我们走进百花园/园中百花好鲜艳/园里花色多耀眼/一朵朵比碗口还大/一蓬蓬比竹篷还宽/花婆带我去观赏/花婆领我来挑选/千万朵花任我挑/千万朵花任我选/选来选去眼睛花了/挑去挑来心头乱了/就挑这一朵红的水灵灵/就摘这一朵紫的亮晶晶/水灵灵的女儿手才巧/亮晶晶的儿子才勤劳/往后好酒好肉谢花婆/日后好衣好裙谢神母……

接着唱的是骑着飞龙马回到人间。仪式结束。

〔韦兴儒：《女巫》，第143—146页，贵州人民出版社2001年版〕

9.“做桃”接魂

送花是“做桃”（布依族傩戏活动）和“架桥”的中心内容。“做桃”和“架桥”的宗旨是主家求子，外家给女婿送花。“花”在布依族人眼里是妇女受孕的因子，外家不送花即使结了婚也不会怀孕，就是怀孕了小孩也保不住。因此，布依族“做桃”或“架桥”求子保子的核心部分就在外家给女婿送花一节。送花有送花歌。系统介绍送花和送花歌有助于加深对布依族傩戏的理解。

在布依族的人生观中，把人生视为“未来世、在世和辞世”，把天下分为“上界、下界和花界”。上界是活人的世界，下界是死人的天堂，花界是神仙把握人间的世界。布依族把花界神仙向人间投胎的男性叫“都花”，女性叫“米花”。统管神仙世界的母神叫“米娃林”。上界与花界隔天隔海，相距极其遥远，人类为了繁衍自己，必须架一道桥，把上界和花界连接起来，相互沟通，谁不架桥谁就会绝后，于是人间兴起“做桃”和“架桥”的习俗。

送花仪式安排在“做桃”的第五天，“架桥”的第三天晚上，仪式在祭坛前举行，中央放一张八仙桌，桌上摆3杯酒、3碗糯米饭、3挂粽子、1碗米、1个花筒、3个红鸡蛋、1个接花盘，桌下放1个鸡笼，笼内有3只公鸡。花筒里插的花是用竹签的一端裹着用糯糊粘贴的多种颜色的纸剪成条状的纸花絮。坛师走近桌前放声高唱：

“这时有仙气/这时好送/外婆今天来/送花给主人。”

歌声刚落，外家派来的青年人抬着一个全身插满红色纸花的大萝卜走向桌前。萝卜是生殖崇拜的象征物，暗示外家花的来源，强调男性的重要性。今移植到女婿家，让女婿家传宗接代，兴旺发达，儿孙满堂。坛师接到外家送来的花，把这些花从大萝卜上一根根拔出来插进装鸡蛋的花篮里。这时，外家来的客人唱：

"今早我们来/天门还未开/……/起脚到寨门/寨神前跪拜/我们出门去/你在家保寨/我们到田坝/银花满坡开/我们到半路/后生迎上来/我们到河边/人马一排排/一排接一排/送往主家来/我们到寨脚/坛师出来问/外家来齐否/送花给坛神。"

接着坛师举杯唱道：这时好时光/外家进了门/快沏茶斟酒/敬给外家饮。

主人家的招待者纷纷端茶端酒敬外家来的客人，边敬边唱：

"敬第一杯茶/管它浓或淡/外婆来到家/敬给外婆饮/敬第二杯茶/跪在外婆前/舅舅坐上席/敬茶谢舅恩/敬第三杯茶/外加人人饮/拜仲定拜祖/后继定有人/敬茶又敬酒/一层又一层/托外家的福/不忘外家恩。"

这时，坛师既作外家与主人家的中间人，又作上界与花界的中介，先自言自语放声高唱道：

"东方现何花/南方现何色/西方现何色/北方现何花/东方木兰花/南方红金色/西方金钱色/北方水菊花/南方现红金/用灯来引路/水上葫芦花/日夜水上浮/送第一枝花/这枝送东方/甲乙木行者/拿来东方送/送第二枝花/这枝送南方/儿在花界下/拿来南方送/送第三枝花/花界全来送/再抬上半蓬/送给主人家/送第四枝花/这枝送北方/富贵配成双/花神全来送/送第五枝花/爬到坛上看/这枝真可爱/送来主人看/送第六枝花/花儿涌上桥/花邀花嬉笑/上桥把母找/送第七枝花/花儿挤满坛/送嫩花鲜花/来家拜母坛/送第八枝花/花赶月赶秋/花与花儿笑/赶秋找父母/送第九枝花/财富送她来/来求公求婆/来桥上跪拜/送第十枝花/卷衣袖来挤/别家她不去/偏来你家挤。"

坛师唱到这里，弟子把一根长约1尺5寸左右的小木棍，棍的一端尖上挂着一块也约1尺5寸的土白布递给坛师。这块挂在小木棍上的土白布是刚从织布机上剪下来的，要求绝对清洁，俗称"挽花布"。坛师一边念咒语，一边挥动木棍使挂在木棍上的土白布在花筒上来回摩擦着往上提，力图用布把插在花筒里的花拔出来。一次又一次重复，不时一枝枝花被布从花筒里拔出来放进接花盘里。端花盘的人是乡间百里挑一的所谓"命根八字"最好的人，是主人特意请来的最尊贵的贵客。这在送花仪式中名曰"钩花"。钩花时，坛师除不停地口念咒语外，还吟咏"挽花歌"，每吟两句，在场人都要齐声和"嗨哟，嗨哟"。挽花歌的歌词：

"欲拜七许且七君/挽花父母说原因/（众和：'嗨哟，嗨哟！'下同，略）/今日挽花给七许/今朝挽花给主人/外公外婆送花来/主家拜谢外家恩/送男孩或送女孩/男孩女孩桥上行/来一男孩和女孩/你来这家做新人/来二男孩和女孩/你来桥上领人情/这家有钱又有粮/父母娶媳合你心/这家有牛又有马/父母搓绳给你牵/来继鱼塘在樟下/寨脚大田你来承/来继田地石山下/传宗接代世世延。"

一般来说，在坛师吟咏《挽花歌》的过程中会挽出很多的花，但是也有一枝也挽不上来的。在此情况下，气氛十分紧张，因为在布依族人的意识里挽花布老挽不上花，就意味着花界的母神"米娃林"和"米花然"不乐意把花送给这家人，或花界童男童女不乐意到这家来投胎。凡此，坛师加倍认真再用"米魂"、"粽魂"和"蛋魂"去引花。同样，一边吟咏"米魂歌"、"粽魂歌"和"蛋魂歌"，一边全力用挽花布认真地在花筒里反复不断地来回挽花。每挽上来一枝，主家及观众就雀跃沸腾。挽上来的越多，众情就越激昂，主家就越兴奋、欢愉。下面是《米魂歌》歌词：

"又拜七许且七君/米魂父母说原因/米魂汉话不忘'涯'/米魂讲'涯'你们听/婆王元年发洪水/淹完天下淹完林/水干石现起烟火/不知粮种在哪村/吃草吃叶肠胃胀/吃菜吃笋肚空疼/吃芋吃苔肚又闷/人人出门寻梁种/先派鸽子飞去找/又派麻雀飞去寻/鸽子去找找不得/麻雀得来不成种/东方老鼠跑来说/我见粮种在一村/我去一定得种来/种成五谷怎报恩/当时人们就答应/种成五谷就割边/只但你去得种来/溜锅溜盖给你舔/游去溜溜去溜溜/过江过海到对岸/游到对岸仰头望/得见婆王粮仓圆/早在婆王墙脚躲/晚在婆王仓边眠/婆王还醒它不动/婆王睡熟它才啃/火为眼，铁为牙/割壁成洞钻进仓/进到仓里先吃饱/四脚夹穗溜出洞/过江过海回乡村/落在岩坡成红霞/落在平地成水稻/糯谷种子撒水田/又兴荞子两季种/撒下川粮在田坎/撒下玉米在山地/各样种子都种齐/老鼠拖粮爬满地/人们聪明手又巧/造仓造箩装粮食/小孩见米穿进来/爬到箩沿拿手抓/从前古人叫做米/今人现在称做花/古代粮种往下传/圣母初定米引花/用米引花花满堂/用米引儿儿满家。"

当坛师把第一枝花引上来时，观众喜笑颜开齐声合唱：

"只但你成花/拿你做主家/堂中花丛丛/送给主人插/把你放田坝/酿成酒成茶/只但你喜欢/拿你来插花/三月拿去撒/六月就开花/只但你成花/拿到主家插/丰茂真好看/送来给主家/花林送你来/圣母送你来/送给主人爱。"

紧接，坛师又吟咏《粽魂歌》（略），用粽子引花，当坛师把花每引上一枝，观众就齐赞：

"粽子成三角/尖尖朝天插/全天下百姓/拿你来引花/粽子成三角/尖尖朝天伸/用糯米包成/拿稻草来捆/金叶或银叶/拿米包成粽/普天下百姓/求你来送花。"

坛师吟完《粽魂歌》又吟咏《蛋魂歌》（也略）。在吟"蛋魂歌"过程中，每引上一枝花，观众就兴高采烈地共贺：

"只但你下蛋/万代引童花/两翅毛茸茸/引花给主家。"

吟到这里，送花仪式的引花告一段落。这时，坛师从花筒里引出来的花，原放在接花盘中，现从接花盘中拿出来插在"桥棒"的花筒里，并叫主家两夫妇跪在坛前静听坛师与观众一唱一和：

"正月立春花初绽/二月惊蛰花初开/（众和：嗨哟，嗨哟哟！下同，略）/……/三月清明花盛开/纷纷飞飞花飘香/……/四月初四立夏花/树开花，花结果/……/六月初六小暑花/树开花，枝现色/……/七月十四立秋花/树开花，枝挂朵/……/八月十五中秋

花/树开花，朵朵挂/……/九月初九重阳花/树开花，枝挂果/……/十月初十立冬花/树
开花，枝串果/……/十一月送花给七许/十二月送花给主人。"

唱完，坛师的弟子们把"桥棒"从坛前拆下由两人举起，其余人扶着，从坛前向主
人（架桥的夫妻）卧房移动，由坛师起头，大伙边移边唱：

"送牛种马种/来圈中同踊/马多牛也多/同挤在圈中/送鸡魂鸭魂/送金又送银/送头
黑母猪，/做魂又做本/送房魂仓魂/找宽地来等/送塘魂田魂/找大牛来耕/送葫魂瓜魂/
爬满坡满村/外家送酒药/拿来酿酒饮。"

边唱边把"桥棒"移到夫妻卧室门前，将其固定在门栏上。从此，逢年过节或办喜
事都得做菜敬奉。每次敬奉必斟酒、供饭、上香、烧纸，以保子女及全家老幼平安、
幸福。

［柏果成、黎汝标：《贵州荔波县布依族傩戏调查》，载《中
国傩戏调查报告》，第 78 页，贵州人民出版社 1992 年版］

10. 建亭

修建凉亭也是求子的一种方式。此类凉亭多修建在山道上，里面安放木板凳，供行
人休息、避暑、避雨。修建凉亭也要请识字的老摩公主持、写对子。凉亭请木匠建造，
通常要杀猪、杀鸡等进行祭祀。亲属也要资助些米、酒、肉等。此类凉亭规模不大，仅
可坐三四人。此外，还有立指路碑求子的习俗。

［赵崇南：《望谟县乐康乡布依族生活习俗调查》，载贵州省
民族研究所、贵州省民族研究学会编《贵州民族调查》之
四，第 269—270 页，1986 年（内部）印］

11. 祭墓

婚后不育的青年夫妇除搭桥建亭求子等外，还通过祭墓（向死人献祭）求
子。乐康村中心小学附近有一墓，死者叫刘炳松，是解放军一五一团二支队卫生
员。1951 年 7 月初，因游泳不慎被淹死，为一青年农民掩埋。据说不久后，该
农民梦见一支步枪和一支手枪，婚后就生了两个儿子。于是人们便认为此坟可保
佑生子。凡婚后不育或不生儿子的，便到坟上献祭，求其保佑生子。日子一久，
献祭的越来越多，并认为十分灵验。现在每月均有三五起祭坟求子的，其中不少
是外区乡的人。祭坟时，要用一些香、钱纸、鸡和小猪（鸡猪都是活的，在现场
杀）及酒等作祭品。先点香烧纸，杀鸡后将血淋在墓碑和坟头上，拿一些鸡毛用
血沾在石碑上，最后杀猪祭于坟头。献祭后，便垒石架锅，在坟边聚餐，请村中
老人参加。第一次祭墓，在坟上插一根挂白纸条的木棍，若果然生育或得子，便
要来谢，谢时献祭仪式相同。如生男孩，便在坟头上插红纸条，生女孩则插白纸
条。人们认为祭过该坟，定会生子，如祭后不生，则是多因其"前世作孽"

过多。

［赵崇南：《望谟县乐康乡布依族生活习俗调查》，载贵州省
民族研究所、贵州省民族研究学会编《贵州民族调查》之
四，第 270 页，1986 年（内部）印］

12．"解井"和"还花山圣母"

这是当地普遍而又隆重的原始宗教活动。一对夫妻婚后多年不育或子女尚未成人，往往请求巫师禳解或求神保佑子女顺利成长。巫师在择吉日作法时，如果看夫妻俩尚未生育，就说这是夫妻俩命犯"九井埋儿"或"七井埋儿"。根据主家财力多寡，采取分两个阶段禳解或同时禳解两种方式。能力小的，先"解井"，向"花山圣母"许愿求情要子，来年再还愿。能力大的，就一次结束，头两天"解井"，后 3 天还"花山圣母"；若是已有儿女的，则祈求"花山圣母"保佑儿女健康成长。

"解井"：请巫师 3 个，在堂屋中设立"三宝台"（香案）、挂神像。按巫师推算，命犯"七井"的，要请 7 位有儿有女"福分好"的妇女来坐解，叫"解七井"；而命犯"九井"的，则要请 9 位妇女来坐解，叫"解九井"。每位妇女各带一口小铁锅依次坐在香案前。巫师先让主人家准备好几只鸡、两只鸭、一条狗、两只鹅、两个煮熟的鸡蛋（以上东西由女方外家送来）及两头 30 斤以上的猪。巫师把鸡、鸭、鹅、猪等畜禽排列在"三宝台"和小铁锅前，又把糯米饭、粑粑、牛皮、腌肉、刀头肉等物，分列于"三宝台"上和小铁锅内。安排就绪，巫师诵读咒语，然后，把供奉的畜禽拿走全部宰杀，剁成块，置放在大锅内煮熟，捞肉上来，放米入锅煮成稀饭。在每口小铁锅内放一只鸡腿或鸭腿，添上稀饭和一些猪肉，把鸡、鸭肉盛放在"三宝台"上，巫师们又齐声念诵咒语。诵完，就叫在座的妇女各在原地吃稀饭，用酒肉。吃毕，就一一送她们出门。接着烧香化纸，巫师们把"三宝台"上的供奉物品，全部归为己有。"解井"活动至此结束。

"还花山圣母"：即还愿仪式，又称"做桥"。这个活动比"解井"花费的钱财要多，前后共用 36 只鸡、2 只鸭、5—7 头小猪。这种还愿活动分"大桥"和"小桥"两种，若是嫡母所生的子女，则做"大桥"，另加一头小水牛；若是庶母所生的，则做"小桥"，需要一头肥猪。巫师们同样设香案、挂神像，但不需妇女来作陪。还愿时需女方外家来宰杀第一个畜禽。宰杀畜禽时，如果主人家已有了孩子，则要抱之行拜跪之礼。

"还花山圣母"整个过程需要三天两夜的时间。

在宰杀畜禽的当天，内亲外戚都要来赠送礼物。主人家和同寨家族要盛情接待来宾，热闹隆重如同新婚一样。在女方外家人来的时候，主人家和亲朋们备好清水去泼他们，外家人也同样备水反泼、浇淋。多是男女对泼。大家认为泼得越湿越好，这样还愿活动才能更顺利。

"解井"和"还花山圣母"活动在1958年以前，是每个家庭必不可少的迷信活动，每次耗费的钱财都相当多，许多人家因此而贫困。1958年以后，实现集体化，无法筹集那么多的财物，活动渐趋消失。最近几年，群众收入有了增加，这种活动又有复兴的趋向。

［唐合亮：《三都自治县周覃镇布依族生活习俗调查》，载贵州省民族研究所、贵州省民族研究学会编《贵州民族调查》之五，第318—319页，1986年（内部）印］

13. 其他

求子有求神赐子、修阴功求子等形式。求神赐子是一种地方性的民间信仰行为，有些人认为，某神树、某岩石、某桥梁等神物有赐子之灵，请"摩师"祷告代求。修阴功求子有修路、建桥等做法。待怀孕以后，要举行还愿仪式。

［王开吉：《兴仁县布依族调查》，载贵州省志民族志编委会编《民族志资料汇编》第六集（布依族），第17页，1988年（内部）印］

第六章　巫术

第一节　生产巫术

1. 狩猎巫术

在平塘县上莫乡，这里的布依族猎人，以猎获的对象不同，狩猎方法的不同，分为"上硐煤山"猎人、"中硐煤山"猎人和"下硐煤山"猎人三种。

······

平塘县上莫乡"中硐煤山"的猎人专打野猪、野牛等野兽。这个群体的猎人不用弓弩，而是用火枪、猎狗。猎人起码两人以上乃至七八人一起行动。大家推选一个技术最好的人作为首领，布依语称为"报矫"（bausjaoc），打猎时大家必须服从他的指挥。

"中硐煤山"的猎人要进山打猎时，天未亮就要起床吃饭，喂好猎狗，备好干粮。吃饭前，在家中火塘边点上三炷香，烧化钱纸二至五张，由猎人首领念诵经词："火笼土地、朝门土地、当门土地、前五里土地、后五里土地，中硐煤山追山大王，追山童子。我们今天上山，请你们保护，不让我们受伤；如果你们见到野物，就拉住等着，不要让它咬我们。"首领念完经词，猎人便一起吃饭。饭后整理装束，必须在全寨人都没有起床之前，出寨上山。

这里的祭神念词事实上也是一种巫术形式，人们希望通过这种巫术形式得到神灵的保护和帮助，从而使得猎人更容易猎获野物。

[伍文义：《上莫乡布依族古代狩猎调查报告》，载贵州省志民族志编委会编《民族志资料汇编》第一集（布依族），第49页，1985年（内部）印]

2. 求雨巫术

"抬黑狗求雨"是久旱祈雨的一种活动，主要在麻尾一带，多以村寨为单位进行。把一只黑狗放进篾笼内，由两个披着蓑衣戴着斗笠的人抬着，后面跟着一群挑水、拿瓢、提口袋的孩童，前呼后拥，边走边向空中泼水，同时大声呼喊："天上下雨了！下大雨了！"游村串寨，走遍各家各户，热闹欢腾，一直到天黑。最后，大家把各户捐赠的米煮成稀饭，祷请天上海龙王一起聚餐，望之开恩，降下甘霖，以济众生。过了几天，如果还不下雨，再做第二次、第三次，直至降雨为止。

［唐合亮：《独山县布依族文化特点调查》，载贵州省民族研究所、贵州省民族研究学会编《贵州民族调查》之八，第157页，1990年（内部）印］

　　如久旱不雨，一些布依族聚居区就要由众人集资购买猪、雄鸡、酒、香、烛、纸钱等祭品，抬到井边由摩公主持祭祀龙王的仪式，祈求降雨。有的地方不用祭品，而是将七个猪笼每隔五尺左右一个用绳索串起来，每个猪笼用木棒绑好，遍插柳枝，这样就成了一条"水龙"。由后生们举着"水龙"，敲锣打鼓逐寨逐户去耍龙求雨。每到一家，主人及围观者用水泼龙，水泼得越多越好，认为这样龙王才会降雨。

［安龙县民族事务委员会编：《安龙县民族志》，第37—38页，1989年（内部）印］

3. 驱虫巫术

　　除了旱涝灾害，虫灾对农作物的侵害也是十分严重的。使用巫术，往往也是各民族对付虫灾的办法。布依族是一个农业民族，有着悠久的稻作农耕历史。布依族中流行着这样一种农业生产巫术：每当"六月六"节，布依族家家都要在田边杀鸡祭田神，并在田中插三角形纸旗驱虫，实际上就是一种驱虫巫术。在镇宁等地一带地区，驱虫巫术甚为隆重。农历六月，择吉日在田坝中摆设祭坛。祭坛上供祭猪头、公鸡、米酒等，布摩念诵《虫神经》，之后，手执摩剑，带领本寨上百名男子，沿着田坝中所有田埂，驱逐蝗虫，边走边喊："拜哈拜由。"（布依语，意为"到别的地方去"）《虫神经》的大致内容为：农家一年辛苦不容易，庄稼是命根子。虫神降临本土，愿以盛宴款待，望虫神享用百姓盛宴后，率众虫离开，"拜哈拜由"。

　　黔南的独山县下司、上司、麻尾及平塘县四寨、荔波县甲良、播尧等地，"六月六"这天，从早晨到中午时分，负责筹办驱虫仪式的几位寨老在寨口祭祀场地撑起一把大伞，伞下摆一张八仙桌，桌上放一个大木升和两个小木升，各家凑来的米都分别抓一把放进这三个升子里。升子里插上凤凰山"青竹仙翁"等神灵牌位。仪式开始，主持仪式的寨老（一般为布摩）祈祷、诵咒。诵毕，大喊一声："杀！"众人也跟着大喊："杀！"并发出"呜呼"的吼声。接着，一帮青壮年和屠夫将祭供的猪、牛拉到桌前宰杀。将猪、牛血倒进一个木盆里搅和，再将猪、牛的尾巴砍下，用九张纸钱裹住尾根，蘸上血，逐一涂在各户的"秧标"（用白绵纸打制而成）上。各户将"秧标"拿去插在自家田里，仪式即告结束。据说蝗虫看到像"青冈竹叶剑"的"秧标"，就不敢来吃庄稼了。

　　从布依族驱虫巫术可以看到，讨好、乞求也是巫术惯用的手法，目的都是控制和支配施术对象。其实，宗教的讨好也罢，乞求也罢，不也是为了某种利己的目的吗？可见，讨好、乞求或支配、控制，都仅仅是手段而已。

[周国茂：《自然与生命的意义世界——贵州少数民族原始崇
拜与民俗》，第 168—169 页，贵州教育出版社 2004 年版]

　　"斗石仗"，这是一种少见的风俗。在农历四月初八这天，周覃附近地区的周、覃两姓布依族青年齐集到拉霞（板光村去周封村的平桥）小溪边。以溪为界，双方手舞三角彩旗，互相对峙，彼此高声叫骂对方姓氏（不指名）。同时还隔溪向对方抛击石块，无论死伤，概不负责。至傍晚时，作最后决战。胜者一直追到对方寨脚，趾高气扬；败者逃回寨内，垂头丧气。整个活动至此结束。第二天，双方又互相往来，和好如初。据说，以前这里连年闹虫灾，庄稼长势不好。于是大家都到田中抛石扑打飞虫，无意中互有误伤，但不知具体是谁所击，于是就互骂对方姓氏。久而久之，遂形成了"四月八"这天到溪边斗石仗的习俗，并且说如果当年不斗石仗，庄稼就长得不好。此习俗中华人民共和国成立后已被废除。

[唐合亮：《三都县周覃镇布依族生活习俗》，载贵州省民族
研究学会、贵州省民族研究所编《贵州民族调查》之四，第
321 页，1986 年（内部）印]

　　赶虫，又称祭虫神，是布依族崇拜虫神的一种仪式，一般在农历六月择吉日举行。是时，人们在大田坝中摆桌设坛，供以猪头、公鸡、米酒等供品祭供虫神，先由布摩念颂《虫神经》，其大意为：百姓常年辛苦，庄稼为贵，虫神降临本土，愿以盛宴款待，望虫神享用以后，带领众虫去往别的地方，来日丰收后再祭之。接着，布摩手持"摩剑"，带领本寨一众男子，沿田坝中所有田埂边走边挥拳高喊：众虫"拜哈拜尤"（意即去往别的地方）。有的地方是带上活鸡到田边祭祀田神或水口神，祭毕，杀鸡，用鸡毛沾上鸡血贴在事先准备好的三角纸旗上，分别插在每块田中，据信这样可以驱逐蝗虫（俗称"天马"）。有的地方还把纸旗做成大鸟形状插于田中。

　　……另外还有一种较大型的赶虫仪式叫"扫田坝"，举行的时间是每年农历的六月初六。是时，每家用白纸做成若干小白旗（自家耕种的田土有多少丘就做多少面），用两尺长的竹片穿上，插在自家耕种的每一块田土埂上。然后，每家各出一个当家男子，到寨子中央的神庙去宰猪杀鸡祭寨神、土地神和五谷神。祭祀时，布摩穿上道袍，由四个中年男子分别打大铛锣，敲小铜锣，打铙，高举一张大黄幡，跟在其左右，先在庙里用杀好的猪、雄鸡、刀头肉及酒等祭品祭祀寨神、土地神和五谷神以后，焚香化纸，鸣放爆竹。接着，这四个人就敲锣打铙举幡跟着布摩满田坝游走。布摩边走边手摇铜铃，口中念道："举黄幡，打铛锣，神仙派我赶旱魔。涝鬼蝗妖快快走，咒语一到你难活。"据说这样就能驱除旱魔涝鬼和蝗虫妖怪，以保农业丰收。

[周国茂主编：《中国民俗大系·贵州民俗》，第 296—299
页，甘肃人民出版社 2004 年版]

六月六是布依族一个比较隆重的节日，节日的宗教气氛很浓，从一定意义上也可称为宗教节日。主要内容是祭田神（或曰"水口神"）、驱逐虫魔。很多地区由单家独户进行。首先用小竹枝和白纸做成三角旗，然后带上鸡，到田坎的水口边杀鸡、焚香化纸，将三角旗插在田中，祈求田神、水口神赐予水稻丰收，驱走虫害。

六盘水和黔南一些地方，还举行较繁复的驱虫仪式。这里对独山县下司、上司、麻尾及平塘县四寨、荔波甲良、播尧等地布依族的"打保符"仪式略作介绍，以见一斑。

六月六这天，从早晨到中午时分，负责筹办仪式的几位寨老在寨口祭祀场地撑起大红伞，伞下摆一张八仙桌。桌上放一把大木升和两个小木升，各家凑来的米都分别抓一把放进三个升子里。升子里插上"凤凰山青竹仙翁"等神灵牌位。仪式开始，人们站立桌旁，焚香点烛。主持仪式的寨老（一般为布摩）祈祷、诵咒，诵毕大喊一声"杀！"众人也跟着大喊"杀！"并发出"呜呼"吼声。接着，一帮青壮年和屠夫将祭供的猪、牛拉到桌前宰杀，并将牛、猪之血倒进一个木盆中搅和，再将猪、牛尾巴砍下，用九张钱纸裹住尾根，蘸上血逐一涂在各户的"秧标"（用白纸打制而成）上。各户将"秧标"拿去插进自家的田里，仪式即告结束。据说蝗虫看见像"青杠竹叶剑"的"秧标"，就不敢来吃庄稼了。很显然，祭田和"打保符"具有较浓的自然崇拜色彩。

［周国茂：《摩教与摩文化》，第100页，贵州人民出版社
1995年版］

大部分的布依族地区都要过"三月三"，贵阳乌当一带的"三月三"又称"桑蚕会"或"地蚕会"。人们要祭祀土地神，目的是祈求土地神免去灾祸，驱逐蝗虫，预祝风调雨顺，五谷丰登，同时制定"榔规"（乡规民约）。界时家家户户还要炒上"包谷花"让孩子们拿到田地里去吃，名曰"贡蚕子"，希望借此免除害虫危害。

［雷广正、杨昌文：《贵阳乌当区羊场乡黄连村布依族社会调
查》，载贵州省志民族志编委会编《民族志资料汇编》第六
集（布依族），第50—51页，1988年（内部）印］

三月三这天，贵阳市乌当区举行"地蚕会"，届时各家带上炒好的包谷，三五成群地沿田边土坎边走边唱，意为祈求天神保佑，不让地蚕咬吃春播的种子，然后集体赛歌。

［贵州省地方志编纂委员会编：《贵州省志·民族志》上册，
第222页，贵州民族出版社2002年版］

三月三，贵阳乌当新铺一带称"地蚕会"。相传：这天上山对歌的青年男女，谁的歌声动听，天仙女就赠给他一副金嗓子，有了"金嗓子"，害虫就避开了。实际上是让男女聚集唱歌玩乐。

［黄义仁、韦廉舟编撰：《布依族民俗志》，第110页，贵州
人民出版社1985年版］

　　三月三又叫"蚕桑会"，人们敬祭土地神。土地神位于村寨的旁边，其牌位上写有"当方木境管寨土地里成都总管三位神"，届时由寨老们预先商定的人员负责收费主办，每户去一人参加，用一只公鸡敬祭土地神，将参加人的姓名列入连同钱纸一块烧化。目的是乞求免去灾祸，驱逐蝗虫，预祝风调雨顺，同时制订"榔规"（即"乡规民约"）。村中每户人家炒包谷花，给孩子们拿到地里去吃，叫"贡蚕子"，即可免害虫吃庄稼。

［雷广正：《贵阳市乌当区新堡公社布依族社会调查》，载贵州省志民族志编委会编《民族志资料汇编》第一集（布依族），第76页，1985年（内部）印］

　　盛行于云南、贵州毗邻地区的水城、威宁等地一带。每年正月初一初三及正月十五日，人们聚集在威宁红岩大山，将事先用彩丝编成的"蚂螂"互相对打、追撵，相信如此可以驱赶虫灾。相传，古时有一年稻谷正在抽穗，蚂螂虫布满了田间地头，吞食庄稼。人们用石头打，不但打不走蚂螂，反而踏坏了庄稼，后来人们用稻草扎成球对打，吓跑了蚂螂虫。

［贵州省地方志编纂委员会编：《贵州省志·民族志》上册，第220页，贵州民族出版社2002年版］

4. 敬果树巫术

　　生产巫术还表现在促使农作物丰产上。布依族有这样一个习俗：每当年节或果树开花时，把肉片和肉汤拿到果树下，用刀将果树割开一个小口子，然后把肉片放进去，把肉汤倒进去，一边喂一边说："喂了肉片，果子大个；喂了肉汤，果子多多"之类的话，据说这样会使果实饱满，硕果累累。

［周国茂：《自然与生命的意义世界——贵州少数民族原始崇拜与民俗》，第169页，贵州教育出版社2004年版］

　　（独山县麻尾一带，春节期间，）初三，各户用红纸条贴猪圈牛栏，意为希望猪、牛健壮，繁殖得多；贴在果树上，认为果树就会多结果实且不怕风灾……

［覃东平：《独山县麻尾区布依族来源及节日婚姻丧葬习俗调查》，载贵州省民族研究所、贵州省民族研究学会编《贵州民族调查》之九，第60页，1992年（　　）印］

第二节　生活巫术

1. 有关黑巫术的传说故事

生活巫术即社会生活中施行的巫术。这类巫术，涵盖面广，数量最多。日常生活以及人生礼仪、岁时节日、除病去邪、驱鬼逐魔、求子保胎、延年益寿等仪式活动，都伴随着或者要举行巫术仪式。生活巫术中，驱邪禳灾、祈福求财求平安的巫术占有相当大的比重。

……

黑巫术的主要目的是报复、出气和泄愤。在现实生活中这类黑巫术已经很少看到了，但在民间仍然流传着有关这些巫术的传说故事。

在贞丰一带，流传着这样一个故事：古时候在一个村子里有一个大力士叫"报达老"，力气大饭量也大，一顿饭要吃上一大甑子饭。所以人们都看中他的力气，建房造屋时喜欢请他帮忙，但又嫌他吃得太多，家里穷一点的人家都不敢请他。一天，有一家立新房，因没有请他帮忙，就发生了这么一件事：上梁时梁明明是量好尺寸的，但将梁吊上柱顶后即怎么也安不下去，不是长了就是短了。当吊上去发现长了的时候，放下来重新量尺寸锯短，吊上去后即发现短了一大截，只得另换一棵。再三比好尺寸，但吊上去又是长了一大截，放下又重新量尺寸锯短，但吊上去仍然又短了一截。如此反复四五次，直急得木匠师傅脸红筋涨，汗流浃背，怎么也找不出原因。后来一位老人突然想起一件事，就问主人家："今天怎么没有请'报达老'？"主人支支吾吾。老人似乎明白了什么，对大家说："赶快去找'报达老'，把他请来。"于是众人四处找，终于在对面一座山上找到了他。他正在仰坐在山垭口上，面对寨子，面前放满了长长短短的木棍。原来，他是在对立新房的人家施行巫术。当对长木棍施行巫术时，梁就变长；而对短木棍施行巫术时，梁则变短。后来，主人把他请到家中，给他赔不是，请他坐上席喝酒，这样，梁才最终安放上了屋顶。

在黔西南一带的布依族中还流传着这样一个故事：一次，一个远行人因走远路口渴，途中怎么也找不到水喝。来到一处，有一户人家，两姐妹正在门口推磨，行人便停下求水喝。谁知这两姐妹为人差，推说家里没水喝。行人只得悻悻而走，走着走着，终于看到路边有一口井，便停下喝水歇息。想起刚才的遭遇，这人便在水井出水口下边用泥围了一道水堤，开了一个小出水口，找来一些浮萍，放在水面，并念咒语施行巫术。结果，推磨的两姐妹不一会儿就想小便，总停不下来。傍晚大人回家，见状，问其故，两姐妹怎么也说不出所以然来。大人又问得罪了什么人没有，两姐妹才回忆起没有给一位过路人喝水。大人一听，顿时知道是怎么回事了，赶快派人骑马去追行人，向行人赔礼道歉，两姐妹才恢复了常态。这故事一方面透露出过去布依族民间曾流行这种巫术，另一方面也是一种伦理道德教育，让孩子懂得良好的为人处世之道。

［周国茂：《自然与生命的意义世界——贵州少数民族原始崇拜与民俗》，第 170、172 页，贵州教育出版社 2004 年版］

2. 恶作剧巫术

生活巫术中，有一些巫术不是为了泄愤或报复，往往是恶作剧。比如有这样一个懂巫术的男人过路看见一个美丽可人的少女或少妇，正在梳头或者纺纱，心仪之，他可能就会搞一个恶作剧，对梳头或纺纱的少女或少妇施行巫术，使她的头发越梳越乱，或使她的纱线老是断老是乱，他则在一旁或在某个地方观看或想象少女或少妇头发乱了越梳越乱怎么也梳不顺，纱线断了乱了怎么也弄不好的焦急样子，而获得一种变态的心理满足。还有一种巫术，就是趁人们酿酒或制作豆腐时，施行巫术使酒出不来，使豆浆凝不成豆腐块等，诸如这类巫术在很多民族中都存在。其实，这类巫术一般都比较简单。黔西南贞丰一带流传有一种将别人头发弄乱的巫术，大致是这样的：假如看见少女或少妇在梳头而欲作弄一番，即将一团麻线或纱线弄乱，一边弄一边默念咒语，之后把弄乱的麻线或纱线朝少女或少妇抛去，即可达到目的。咒语其实也比较简单：

> Buxlaez roil jauc sil?
>
> Buxlaez roil jauc sal?
>
> Roil jauc sil xih nyal,
>
> Roil jaux sal xih nyongz,
>
> Nyongz sicrix,
>
> Nyongz ndixsiz.
>
> Ndabt siz gul nix buh!

这是布依文字，翻译成汉语，大意是：

"谁在梳头/谁在整理头发/梳头头发要乱/头发越整理越不顺/乱在此时/不顺在此时/遂我的意/马上实现！"

［周国茂：《自然与生命的意义世界——贵州少数民族原始崇拜与民俗》，第 172—173 页，贵州教育出版社 2004 年版］

3. "当敬"与"故今"巫术

在黔西南一带，每年农历七月初到七月十五，当夜幕降临，明月升起后，布依族青年男女都喜欢聚集到一起，进行一种叫做"当敬"（布依语为"daangcjings"）的娱乐活动也称"当押敬"（daangcyazjings）或"敬来"（jingslaic）等。这里介绍的是贞丰县一带的"当敬"活动。

"当敬"活动情趣盎然，富于戏剧性。角色人数不定，均由一人充当；也没有脚本，全凭表演者信口编出。

活动进行之前，青年们推选出一位口才好，会唱歌的人担任表演者。然后，找一张一丈来长的花格子帕子，在帕子中间的一条边上缝七针，再点三炷香，找布摩或懂咒语的人念《请神咒》（用布依语念诵）。语云：

"请两个仙姑/请两位仙婆/请你们下地去玩/请你们下凡去耍/请你们从那红色的天脚出发/从那太阳的老窝起身/早点来/来这时/了时姑里布！（布依族语音，咒语末尾常用套语。）"

念毕，让表演者坐在一个大簸箕内，把帕子罩在表演者头上，帕子的两端给表演者的双手分别拿着，再选出一位力气较大的人扶住表演者，用双手将表演者的双耳捂住。

表演者坐着，拿着帕子两端的双手慢慢地有节奏地前后摆动，意味着正在行走，上仙界去请神仙。不到半个时辰，表演者由细到粗慢慢喘着长气，哼着，全身颤抖着，抽泣着——这意味着表演者已踏入了仙界。

随着抽泣声，表演者用一种低沉、抑郁的音调唱道：

"看上去见雷公/望下去见龙王/这是什么去处啊/这是什么地方/……"

唱到此，表演者突然全身颤动一下，像被什么东西吓住一样，观（听）众无不为之震恐，此时，表演者拿着帕子两端前后摆动的双手也停止了摆动——这意味着表演者扮演的角色已经到了仙界，遇上了要请的神仙了。于是他（虔）诚地拜请神仙，唱道：

"有请啊坡桑（地名）的两仙姑/有请啊坡者（地名）的两位仙婆/请你们下地去玩/请你们下凡去耍/趁这七月间/趁早这过节的时候/七月间才有空娱乐/过节的时候才得闲玩耍/……"

这样，三番五次地拜请，神仙就附在请仙者的身上，告别众仙离开仙界下到地界。于是，请仙者迈开步子——表演者用手摆动帕子的两端以表示。慢慢动表示走得慢，急速摆动表示走得快，朝自己的家乡进发。沿途所见所闻，表演者都要使观（听）众知道。表演者不是直接叙述，而是通过口头表演配以简单动作描绘出来。这时表演者扮演的角色不仅仅是请仙者，而是若干不同的角色了，途中每遇到一桩事情，无论这桩事情的参与者有多少，表演者都分别扮演这些角色，以他们的口气、腔调说话，把事情活灵活现地再现出来。……

表演者所见所闻这个阶段，虽然表演者扮演各种不同的角色，但他（她）所扮演的主要角色即请仙者的角色没有变，主要起叙述、交代事件情节的作用。此外，每到一个地方，还要负起通报地名的任务，使观（听）众知道仙人到了什么地方。途中，若遇到庙宇，有山神、土地神等把关，则喝令他们让路。若是观音、山神、土地神等较大的神灵，先拜请其让路，然后烧点钱纸就过去了；若是遇一些判官小鬼、牛头马面以及落崖、落水、跌坎而死的凶死鬼等挡道，则勒令他们让道，如果不听，则打，直到能通过关隘为止。打斗时表演者用力地挣扎，以表示和鬼的搏斗。

来到目的地（即进行"当敬"活动的地方），表演者不再扮演请仙者的角色，而是只扮演"仙人"角色。原来扶表演者的人也不再扶了，转而充当仙人的侍者。刚到目的地，"仙人"就问（侍者）要帕子来抹汗，唱道：

　　　　"上方太阳热/下方太阳恶/晒得背上辣乎乎/请递抹汗帕给我。"

侍者立即递一张帕子给"仙人"。"仙人"抹过汗后又唱道：

　　　　"拿茶来漱口，拿酒来解渴。"

侍者又端上事先准备好的茶、酒给"仙人"，"仙人"喝过又唱：

　　　　"翻过一百二十座大坡/穿过一百二十片森林/肚子已瘪像笋壳/肠子小得像一根筋筋/快蒸饭来我填肚皮/吃了饭才打得起精神。"

侍者立即给"仙人"端来"饭"——这不是人们所吃的饭，而是三炷点燃的香。"仙人"把燃着的香头伸进早先已含起口水的嘴里，香"啾啾"直响，表示"仙人"正在吃"饭"。

抹过汗，喝过茶、酒，吃过饭，侍者就为"仙人"找"伙伴"来对唱，听众中任何人都可以充当"伙伴"的角色进行对唱……

开始唱时一般都有几首比较固定的歌，而后就可即兴而唱……

对唱结束后，烧纸马"回神"，意思是用马送"仙人"回仙界。然后，表演者揭开帕子，活动结束。

> ［周国茂：《贞丰布依族'当敬'习俗》，载贵州省志民族志
> 编委会编《民族志资料汇编》第一集（布依族），第67—71
> 页，1988年（内部）印］

"故今"，汉称"七姊妹"，是布依族地区过大年时的一种娱乐活动方式，也是一种巫术活动。在春节的晚上或在十五以前，青年们推举一人（男女均可，大都要会唱歌的）席地而坐，用头帕蒙好头，（念咒）并以蜜蜡熏之，使其昏醉，唱出各种各样的歌来。这时称他（她）为"卜今"（男）或"埋今"（女）。以男女歌功颂德手各一对，称为"同"（即老庚）引导凶（她）一起唱。"卜今"或"埋今"就唱着上天门的歌：他们（指"卜今"或"埋今"自己）翻山越岭，翻江过海，到达天边的大铜水车。这个水车是将地下的水带上天上去的，他们就坐在车筒上上了天，进入天门，进到十二层前。有哑子虎豹及各种鬼怪守门，经过若干惊险，用机智的手段到达第十二层。这层栽种有各种花卉，就是凡间人种。把它采摘下来，送给人间的妇女，就会生出聪明伶俐的孩子。

> ［黄义仁、韦廉舟编撰：《布依族民俗志》，第117页，贵州
> 人民出版社1985年版］

4. "扫寨"和"扫家"巫术

在布依族地区，扫火星也称"扫寨"。黔西南贞丰一带布依族每年要举行三次，时间分别是农历三月初、七月十五前以及腊月三十前。祭品过去用狗，现在用猪头。仪式

举行之前，先用竹扎成龙船。仪式开始，布摩头戴法帽（用纸做成，上给凤凰、牛头马面；帽顶的边沿为锯齿形），在神树脚下举行"改邦"（祈福驱邪）仪式。仪式毕，由两个青年抬着龙船，一个端着装刀头肉的碗，其他人敲锣、鼓、钹等，逐一到各家去"清扫"。每户预先在大门口摆上一张长凳，凳上放一碗饭、一碗水、一炷香和一块木炭。布摩一行人来到每家门口，亦将刀头肉摆放在凳上。布摩诵经咒，一边掷卦板，卦板需掷出阴卦方为吉利。所谓阴卦即两块卦面均朝下；阳卦则是两块卦面均朝上，或一朝上一朝下。若掷出阴卦则罢，若三次都掷不出阴卦，说明此地不吉利，有火星或邪鬼，布摩必须到屋内"打粉火"。布摩一手执火把，一手抓晒干碾碎的柏树叶往火把上撒，使火焰一下子猛蹿起来，据说这样才可以使邪鬼惧怕，从而吓走邪鬼。为了防止由此引起的火灾，布摩还需先诵"架海水咒"，引来海水保护房屋。"打火粉"时，布摩还用包谷或懒豆撒遍屋中每个角落。包谷和懒豆具有武器的作用。打完"火粉"，布摩重掷卦板，再掷不出阴卦，还得继续"打火粉"、撒包谷和懒豆，一直到出现阴卦为止。结束后，布摩将那碗水和木炭倒扣在地上，把香插在龙船上，一行人敲锣打鼓又到别家继续做。全寨每户都"扫"后，一行人回到神树脚下，将狗肉（或猪头）倒回锅里"回熟"，再祭祀，烧掉龙船，将反扭的茅草横牵于一两丈高的地方，表示将被扫出寨门的邪鬼隔在寨子外，使其不能进寨作祟。

［周国茂：《自然与生命的意义世界——贵州少数民族原始崇
拜与民俗》，第 175 页，贵州教育出版社 2004 年版］

　　扫寨，布依语称"撒板"。布依族村寨二三月间或逢年过节、重大喜事前都要举行扫寨。认为要保证村寨清清净净、平平安安、无灾无害、五谷丰登、六畜兴旺，必须在年初或事前将各种灾星、鬼魅扫除去。要扫寨，先通知各家各户作准备，届时，在门外挂一块小木板，上面放一碗米饭或炒豆、炒包谷供奉。布摩带领一帮人拿着纸扎龙船、纸轿等挨家进行，进屋口念符言咒语，用大刀指划着，口喷净水，占卜。卜卦如果两卦都匍地为阴卦，表示邪恶驱除，一匍一仰为顺卦，表示全家顺利，六畜兴旺，两卦都仰为阳卦，表示不利，要继续抛出好卦为止，然后在大门贴上符签。杀鸡完毕，扫寨会餐。

　　扫火星。布依族只要晚上看见天际出现流星，就认为是天火出现了，为保村寨平安，就要请布摩"扫火星"。若有某户发生火患，就更认为是火星降临了。"扫火星"，仪式与扫寨类似，一般要用一只鸡及香、蜡、纸、烛等。从寨内祭扫到寨外，直到寨外的田边路口、河边山脚，布摩口念咒语，然后，把鸡祭杀，把香、蜡、纸、烛烧掉，表示已把"火星"扫走。

［罗剑：《毕节地区布依族》，第 137 页，贵州民族出版社
2004 年版］

　　火阳会，又叫"扫寨"或"打佳谁"。一般的是正月间举行，用鸡、鸭来驱逐鬼魔。

用一只船，一把大刀，由巫师举行驱鬼仪式。先画一张"温、火"二部的神像，分给住户，然后巫师带领驱鬼队，挨家挨户去驱赶。这时又将一张"画佛"交给住户，并取走"温、火"画像，挂在纸船上，这样驱赶出寨为止。这是一年一度全村性的"扫寨"活动，所谓正月扫寨管一年。若村寨中发生全寨性的人、畜疾病或其他不祥之兆时，再行祭扫。其费用由全村居民负担。若正在祭扫时外人入寨，则当天的费用及日后的安危由该人负责。

［雷广正：《贵阳市乌当区新堡公社布依族社会调查》，载贵州省志民族志编委会编《民族志资料汇编》第一集，第 76 页，1986 年（内部）印］

扫寨是为了防止火灾。认为火灾是"火星鬼"引起的，所以扫寨也就是通过一定的驱鬼仪式将"火星鬼"赶走。扫寨活动多在农历的正二月间举行。何时扫寨，须杀鸡看卦（看鸡的大腿骨）。扫寨的主持者为本村寨的老摩公或外乡请来的道士。

扫寨前，在进村寨的路口或寨门横拉一道草绳，上挂两把"炮仗树"削成的木刀及几片"桑龙"树叶，意为封寨。封寨后，外人不得进入，否则将赔偿扫寨的一切费用，重新扫寨。当地群众深知此俗，见草绳而强入村者，绝无仅有。

参加扫寨的人为每家的家主，均为男性。鬼师肩扛大刀一把，用一根细绳从鸡的鼻孔穿过，牵着走在前面。进入各家，绕着火塘朝左边转三圈，边转边念咒语。老摩公出门后，小孩们抓起火塘里的柴灰撒出大门，随即将门关上，并拉一道草绳，上吊小木刀和几片树叶。家家如法炮制，直到全部做完，才到山坡上或河边去聚餐，吃肉喝酒。边喝边吃，边讲寨上应注意的事项，研究一些生产、生活问题。完后即散。酒肉费用由各户平摊。

［赵崇南：《望谟县乐康乡布依族生活习俗调查》，载贵州省民族研究所、贵州省民族研究学会编《贵州民族调查》之四，第 269 页，1986 年（内部）印］

扫寨（"碎把"）：如果有人看见了扫帚星（流星）或发生全寨性瘟疫，那就要扫寨。活动办得很郑重。全寨每家出两块钱，一碗米，再合伙拿鸡、鸭各一只给巫师。大家先是到某家集中，看巫师行法。巫师拿一新铧口烧红，用牛角吹稍冷，嘴衔铧口，右手扶住，同时嘴里念念有词，先绕案桌 3 圈，然后放下铧口。把柏树叶烤干，舂成粉末，一个巫师拿粉末，一个拿火把，叫大家引导，挨家挨户去祭扫。每进一个房间就撒粉末在火把上，火光一闪，发出"噗"的声响。扫完后，往河边走去，用两个竹卦（长二寸）掷于地下，验证是否已扫净。如果竹卦全伏或全不伏，巫师就说寨已扫净；否则，又重扫再掷，直至达到目的为止。

［唐合亮：《三都自治县周覃镇布依族生活习俗调查》，载贵州省民族研究所、贵州省民族研究学会编《贵州民族调查》之四，第 320 页，1986 年（内部）印］

（惠水一带）布村寨二三月间有扫寨的习俗。人们认为，想要保护村寨清静平安、无灾无难、六畜兴旺、五谷丰登，必须在年初把鬼魅扫除出去。做法各地不一，一般先扎个纸轿或纸船，在寨子的总路口处，立两根龙竹，用一根稻草绳横跨路口，两头拴于竹竿上，草绳上系着若干把木刀，请道士或布摩来驱邪扫寨。道士穿上道服，戴八卦帽冠，手持大刀，走在前面，后面跟着锣鼓手，抬着轿子或龙船、活狗活鸡，敲锣打鼓到各家驱邪。这时各家各置一碗米、一块肉，供在大门边。布摩或道士带领众人进屋后念诵咒语，用大刀指划几下，喷上几口净水，把河沙往屋里的旮旯角落撒几下，在大门上贴上符签。然后进行卦卜，两卦都扑地为阴卦，表示邪恶已被驱除。一卦仰一卦扑为顺卦，表示顺利，六畜兴旺。两卦都仰为阳卦，表示邪恶未被驱除，对主家不利，要继续抛卦，直到得出好卦为止。全寨清扫完毕后，各户各出一人，一齐到河边或井边杀狗杀鸡。祭祀完毕后，大家聚餐，剩余食物不能带回家中。

〔惠水县布依学会编：《惠水布依族》，第120页，贵州民族出版社2001年版〕

家中有病人，或有什么不顺利等异常情况，就认为是不吉祥之兆，要请布摩来扫家。届时杀鸡祭扫，布摩念诵咒语，手拿竹片，东敲西击，将炒焦的柏枝树叶粉末撒在火把上，"轰"的一下立即喷出一股火焰。如此在屋里每个角落都撒一下，在场的人齐呼"出"，表示已赶出邪鬼。最后在门楣上贴上驱鬼符章，以阻止邪恶进家。

〔惠水县布依学会编：《惠水布依族》，第120页，贵州民族出版社2001年版〕

5. "送鬼"治病巫术

（都匀富溪一带）这个地区认为鬼魅作祟的大约有二十多种（都有相应巫术解之），现择要记录如下：

拉搭鬼（布依语称"duezril"）。此鬼作祟使人肚子痛。赶法：把筷子摆好，还放着瓦片、扁担、钱纸、香、烛，然后供上猪头、猪蹄、猪尾巴之类，又把骨头烧出气味，由鬼师执着芭茅秆念咒语来把鬼赶走。

倒头沙鬼。此鬼作祟使人头昏目眩。赶法：祭一猪肉刀头，杀一只鸡，巫师念完咒语烧化钱纸赶鬼。

土地鬼。此鬼作祟使人脚痛或嘴歪。赶法：用豆腐或用炒豆代替，放在门边供祭。不请巫师也可。

亡丁鬼（布依语称"dinl yih"）。此鬼作祟使人呕吐。赶法：用普通饭菜祭供，不请巫师也可。

火笼神。上鬼作祟使人眼睛痛。赶法：用普通饭菜供祭，或敬酒敬茶也可。

火烧鬼（布依语称"daail vaiz bael"）。此鬼作祟使人发高烧。赶法：敬一刀头猪肉，供钱纸、香之类，请巫师来赶。

倒头鬼（布依语称"daailbyas"）。此鬼作祟使人遭虎、豹咬伤、被刀枪所伤或难产等，属于较凶恶的鬼。赶法：杀鸡，祭肉，扎草人，请巫师赶走。

虹祟。此鬼作祟使人生病。赶法：用五色纸扎成虹状放在桌上，然后摆上酒席来供祭，请巫师来念咒赶出。

火星鬼（布依语称"faangz fiz"）。此鬼作祟使人头痛、五官痛。赶法：杀鸡、鸭在河边请巫师供祭赶出。

讨饭鬼。此鬼作祟使小孩不乖。赶法：扎些纸花，用米去撒叫魂。

姜公大爷。此鬼作祟牲畜发病。赶法：敬酒敬茶即可。等等。

[黄义仁、黄生科：《都匀富溪村民族调查》，载贵州省志民族志编委会编《民族志资料汇编》，第 38—39 页，1988 年（内部）印]

由于生产力低下，先民们不能科学认识和解释生病的真正原因，于是就从超自然的角度去寻找原因。如认为是仇人施巫术，或因不慎冒犯了神灵遭到报复，或邪魔鬼怪作祟等。一旦经巫术测算出属于哪一种原因致病，即举行相应的巫术仪式予以禳除。所以在民间有名目繁多的"送鬼"（驱鬼）仪式，这些逐邪祛病的巫术占有很大的比重。布依族人认为，"独利鬼"作祟使人肚子痛，"倒头沙鬼"作祟会使人头晕目眩，"土地鬼"作祟会使人脚痛或嘴歪，"共季鬼"作祟会使人头晕、眼花、脚软、手脚抖，"向渣"鬼作祟会使人拉肚子和得痢疾、发烧，等等。每当人们出现这些症状，就要请布摩或"娅押"举行巫术驱逐。

[周国茂：《自然与生命的意义世界——贵州少数民族原始崇拜与民俗》，第 176 页，贵州教育出版社 2004 年版]

除神灵外，布依族信仰的自然鬼灵精怪也较多。它们均有自己的活动范围，作祟于人畜时会使人或畜生病。简述如下：

独几（duezjix）——常以动物形态出现，有人说其形身长如羊，有粗短尾，掌似鸭，嘴似鸭；也有人说其形如巨鹅，在暗处会发光；也有人说其身如蟒，长如巨藤。怪异古树、石磴、幽深山谷、溪谷均可能被认为有"独几"。凡被认为有"独几"之处，忌大小便、吐痰、开玩笑等。其作祟会使人生病。

独养（duezqyamx）——又叫"独奢"、"独拉"等。被认为是妇女与其他男人发生婚前、婚外性行为关系后变成的一种鬼。这种鬼附在该妇女身上，常离开其肉身到处作祟于人、畜，使受害者晕厥、神志不清、胡言乱语、口吐白沫等，严重者常发生休克甚至死亡。独养作祟时一般要请布摩以巫术驱逐之。

独香——专在悬崖峭壁和水边作祟的鬼魅，与汉族的"替死鬼"相似。如果受其作祟，将发生溺水或坠崖等灾祸。

　　独利——此鬼作祟使人肚痛。

　　倒头沙鬼——此鬼作祟使人头昏目眩。

　　土地鬼——此鬼作祟使人脚痛或嘴歪。

　　丁于——此鬼作祟使人呕吐。

　　火烧鬼——此鬼作祟使人发高烧。

　　倒头鬼——此鬼作祟会使人遭虎、蛇咬伤，受刀枪伤或难产。

　　火星魂——此鬼作祟会使人头痛、五官痛。

　　讨饭鬼——此鬼作祟会使小孩生病。

　　代扇——此鬼作祟会使人头痛、口干。

　　共季——此鬼作祟使老人头昏、眼花、脚软、手脚抖。

　　香滚——此鬼作祟使人长大疮大包，脚被斧砍。

　　向喳——此鬼作祟使人拉肚子及得痢疾、发烧。

　　向虾——此鬼作祟使人乍冷乍热、脚杆痛。

　　羊任——此鬼作祟动不动就发脾气，看什么都不顺眼。

　　该乃——此鬼作祟使人感到疲乏，手脚发软，不思饮食。

　　麻让麻弄——此鬼作祟使老人关节痛，动弹不得。

　　定纳谈丁明——此鬼作祟老人眼睛花、脖子软。

　　关木朗逃——此鬼作祟使老人久病且一天比一天严重。

　　邦额——此鬼作祟使人得水臌病，脚肿、脸肿、眼黄、肚子胀。

　　泻迷比道——此鬼作祟使妇女生死胎。

　　向塘——此鬼作祟使妇女怀第二胎即死第一个小孩；怀第三胎，即死第二个小孩。

　　化便化仙——此鬼作祟使妇女所生孩子在当天或几天后死去。

　　独巴任——据说此鬼常在路上相骂，作祟于人，会使人生病。

　　芭山鬼——此鬼作祟使一家人轮着生病。

　　诸如此类鬼魅还能举出好些。不管是哪种鬼魅作祟，均需请布摩或娅押举行巫术仪式祭献牺牲禳解，同时施以药物治疗，据信，这样才能解除危难和病情。

［周国茂：《摩教与摩文化》，第70—72页，贵州人民出版社
1995年版］

　　退仙治病巫术：布依族人认为，如果一个人病重久治不愈，有可能是被仙人缠身。如果经卜算是被仙人缠身，就要请布摩举行"退仙"仪式。按病人的生辰八字，可分别卜算出五头仙、七头仙、九头仙、十二头仙四种（即被多少仙人缠住之意）。按仙人的"头"数买上相应数目的猪、羊、狗、鸡、鸭、鹅等，然后于布摩选定的日子，在病人家的堂屋中摆上两张八仙桌的祭品，布摩手执摩剑，吟诵《退仙经》"退仙"（即送走仙人）。天黑时，将纸剪成的仙人送到寨外路口烧掉，仪式即告结束。

［周国茂：《自然与生命的意义世界——贵州少数民族原始崇拜与民俗》，第 177 页，贵州教育出版社 2004 年版］

治眼疾巫术：在镇宁一带，从前常有巫师给人看眼病。病人到了巫师那里，巫师把病眼的上眼皮往上提，一边看一边口中念念有词，最后说：眼珠上的那个×××（生活中的接触物，如树木、楼梯、桌椅等等），很清楚……你犯了这个东西，需要解犯。于是拿来一枝麻秆，念上几句咒语，交给病人说："拿起这个，找到你曾碰过的这个×××，一边打一边用布依语念'解犯解犯，解了就散'，念一次拍三下，念完三次眼就好了。"

据巫师说，要学会这个看眼病的巫术，一是看眼时要心净，要默念咒语请"买辛"（布依语，汉语"仙姑"之意）来附体；二是要忘了自己，把自己当成下凡救苦的"买辛"（仙人）。达不到这个境界是不能为人治病的。

［韦兴儒：《女巫》，第 4—5 页，贵州人民出版社 2001 年版］

治蜡眼巫术：镇宁一带，如某人长期眼痛后，造成黑眼球上产生一个小白点，如一小滴白蜡，长期不散，这种病当地称为"蜡眼"。从前，得了这种眼疾的人会找巫师帮助解除。

施行这种巫术只能在晴天进行。当病人来到巫师家时，巫师及助手便找来一个大木盆，舀一瓢清水倒在盆里，端放在院中，然后再找来竹筛和一枚沾满桐油的铜钱和一把干茅草。准备就绪后即可施行巫术。巫师端着筛子，病人用手撑开病眼，盯着筛里的铜钱，木盆放在筛子的下面。巫师点燃茅草，伸到木盆与筛子中间熏着筛底。巫师一边筛着筛子，让铜钱在筛子里来回滚动，一边念着咒语。念完一遍咒语便把铜钱抛进盆里清水中，反复三次。每次巫师都要看着沾满桐油的铜钱在水中溅起的油花对病人说："你看，掉下去一点了，掉下去一点了。"陪伴的人便俯身看盆说："真的掉下去了。"

据说，这一施术仪式，只要碰上晴天，一个病人每日施术一次，七至十五天"蜡眼"即可消失。

这一巫术中的咒语如下：

布依语（汉语记音）：

"香哒卧撂哒乖/当玩拜底拜/当玩堕底堕/堕拜染扛拜书。"

汉语直译：

"筛眼蜡去眼箩筐/太阳去就去/太阳落就落/落去水倒去盆。"

汉语意译：

"筛'蜡眼'扫'麦粒'/太阳落山跟着去/太阳下山跟着走/落在盆中掉水里。"

［韦兴儒：《女巫》，第 7—8 页，贵州人民出版社 2001 年版］

治身上肿痒巫术：巫师燃烧一束干茅草，用棕叶帚在火上熏烤后，扫在病人身上，边熏边扫边用布依语念咒语："扫癞扫癞，扫了不在……"反复三次。

[韦兴儒：《女巫》，第 8 页，贵州人民出版社 2001 年版]

治反胃呕吐巫术：巫师找来一根稻草，念上咒语，然后系在病人脖子上。

[韦兴儒：《女巫》，第 8 页，贵州人民出版社 2001 年版]

治火眼巫术：若有人生火眼，则请寨子中一老人，手拿茅草，立于患者背后，让患者面向西方，凝视晚霞。这位老人则在身后叨念："火眼鬼，滚回西方去！"等咒语，边说边把茅草烧燃，让患者双眼盯着火光，用茅草来回缭绕熏烟。如此数次，患者即可逐渐痊愈。其实"熏烟"就是退火疗法。（这是典型的"巫医两用"。）

[黄义仁、韦廉舟编撰：《布依族民俗志》，第 134 页，贵州
人民出版社 1985 年版]

"筛盘水饭咒"：（花溪一带）有专门为成年人治病的咒语。成人凡是患了伤风感冒，发冷发热，腰酸腿痛，头痛肚痛，恶心呕吐，头晕眼花，饮食不佳等，都用"筛盘水饭咒"解之，布依族叫"肚让"。举行这种仪式，一般在晚上八九点钟进行，用汉语，在家中堂屋进行。这种咒语也需请专门的咒语大师来念。

念"筛盘水饭咒"时须准备一个米筛，内装半碗米饭，用开水浸泡，名曰"水饭"。再放上一片猪肉（约一两重），两杯酒，几张钱纸，半碗清水，并点上香。病人坐在中堂屋的一张板凳上，背朝神龛。主人在病人的枕头下，抽出一根铺草交给大师，挽成一个铁锤状的疙瘩，放在病人的头上。大师左手端盘子，右手端半碗清水，站在病人后面，喝一口水，全力鼓劲，喷洒在病人的头上，同时，用右脚掌狠踏地下。脚踏声、喷水声齐响，喷出的冰冷的水突然向病人袭来，使病人吓了一大跳，有的汗水都吓出来了。竹林寨布依族人，过去诊断这样的病一定是有饿鬼、恶鬼缠身，必须要用凶猛而威武的恐吓动作，才能把鬼赶出门去。接着大师大声而流利地一口气念完"筛盘水饭咒"：

"此水，此水！不是非凡水，乃是天上雷公水，地下阴命水，喷天天开，喷地地裂，喷人人长生，喷鬼鬼消灭。东方大煞将军，南方大煞将军，西方大煞将军，北方大煞将军，中央大煞将军；东方武道伤亡，南方武道伤亡，西方武道伤亡，北方武道伤亡，中央武道伤亡；吊颈死伤亡，落河死伤亡，坐牢死伤亡，炮打死伤亡。今年今月，某日某时，某某人在岔路口，十字路头，撞着你马头，碰着你马尾。请上筛盘，欢欢喜喜，喜喜欢欢。斋饭净茶净酒解，千斤刀头解，香烛纸火解。头上有锁，与你解锁，颈上有枷，与你解枷，脚下有链，与你解链。你是千家万人鬼，我是万户解煞人。千家万家不靠这一家，千户万户不靠这一户。有山归山，有水归水，有坛归坛，无坛归庙，无庙送你归三岔路。出！"

　　大师念完咒语，向病人喷一口水，将病人头上的稻草疙瘩取下放入筛子中，一人打火把引路，大师端着筛子走出门外，跨出大门槛时，主人站在堂屋将早已准备好的一碗清水泼出门外，紧接着关上大门。引路人和大师一直把筛盘送到寨脚朝门外边，然后把草疙瘩、香、纸、饭、酒、肉等全部烧掉，仪式结束。装饭的碗翻扑在筛子里端回来，放在门口，次日方能收捡回家。

[班光瑶、孙定朝、赵焜：《贵阳市花溪区新民布依族乡竹林村调查》，载贵州省志民族志编委会编《民族志资料汇编》第六集（布依族），第179—180页，1988年（内部）印]

　　"哄摆子"巫术：在红水河一带，气候炎热，易患摆子（疟疾）和瘦干（多为小孩虫疾）。以前由于布依族地处边远，交通不便，缺医少药，人们一旦犯病，都认为是鬼魅作祟，就以巫术的形式来驱鬼治病。"哄摆子"的做法是：大人领着小孩，拎一口破锅，念道："摆子哥，摆子哥，吃炒豆，吃炒豆。"念着念着，冷不防"呔！"的一声大喊，抱着小孩就跑，跑得满头大汗，认为这样就可治好。"锥瘦干"的做法是：若小孩三天两头生病，面黄肌瘦，食不养身，就请布摩或巫师推算。如果算出是犯"堕血凡"，就认为是有鬼作祟。主人家则请布摩或巫师帮助驱除，届时念上几句咒语，然后用针锥患儿的指头关节或指纹纹路，使其冒出黄水就算好了，鬼也算除了。

[黄义仁、韦廉舟编撰：《布依族民俗志》，第132页，贵州人民出版社1985年版]

　　踩铧口赶鬼巫术：布依族的赶鬼是与医疗结合在一起的，即巫师来到病人家，先将一对铧口烧红，赤脚将烧红的铧口当鞋穿了一下，即到病人面前挥拳蹦跳赶鬼，只几分钟，便满头大汗，然后将带来的草药煎好送给病人喝。

[周国茂主编：《中国民俗大系·贵州民俗》，第310页，甘肃人民出版社2004年版]

　　秤砣赶鬼巫术：布依族有的巫师是用秤砣来赶鬼。即巫师在病人床头的上方横一秤杆，杆下悬一秤砣，巫师坐于其下向病人咒鬼，直至秤砣自然摆动，然后入药或咒一碗清水给病人喝。

[周国茂主编：《中国民俗大系·贵州民俗》，第310页，甘肃人民出版社2004年版]

6. 赎谷魂钱魂巫术

　　添寿粮，是因为一些中老年人久病不愈，在巫卜中被认为其寿粮已吃尽，需要到天庭为其赎取寿粮，以延长其寿命时，请女巫来举行的一种禳解仪式。

这个仪式的摆设与"驱邪"仪式差不多，只是桌子换成了八仙桌，人们认为要祭的是天王，天王当然在祖宗之上；那升米换成了谷斗，装上稻谷，不用剪纸人，只剪纸神和纸幡。女巫所唱的"祭天赎粮歌"，其内容与布摩用于"赎粮魂钱魂"仪式时唱诵的《柔番袄番钱》大同小异。

歌中先唱祭天王，是要向天王赎取衣主的寿粮：说明衣主从天庭带来的粮食已经吃尽了，为了让其延长寿命，再享人间欢乐，请天王赐予更多的神粮。接下来是以下内容：

第一段描述天王的权威和富有。天王至高无上，日日巡视天地，坐在王位上发号施令。他年年收取大量的租粮和税粮，金仓银仓，槐树做的谷仓全装满了粮食，院坝里也晒满了粮食。请给衣主一点，不算什么了不起的事，因为天王高高在上，体察民情，理解民心。

第二段描述这些粮食是怎么来的。很古老的那一年，突然洪水滔天，洪渣如锄板似草鞋那么大。洪水淹没了大地，只有一个高高的山顶，剩下簸箕大一块地方未被淹没。所剩无几的人和少量的飞禽在那个山顶上避难，人们多日没有吃上东西，十分饥饿，抓来飞禽准备杀吃，在飞禽的食包、舌根发现稻谷、小米、豆子，便把它留下来做种子。

第三段唱的是为什么要向天王赎寿粮。天王虽然高高在上，收的租粮税粮堆满仓，十年百年吃不完，但因为这是洪水中幸存者保留下来的粮种，恩赐一点寿粮给衣主也是乐意的。

最后唱到寿粮赎来了，衣主可以吃到白发苍苍，吃到120岁绰绰有余。

〔韦兴儒：《女巫》，第115—116页，贵州人民出版社2001年版〕

（赎谷魂钱魂）仪式有些地区于请龙仪式后举行，有的则于丧葬仪式后或农历七月择日举行，赎谷魂钱魂仪式基于这样的观念：有一种鬼魅暗中偷食粮食之魂，偷用钱财之魂，使人们的粮食不经吃，钱财不经花，所以需要举行祭仪将粮魂钱魂赎回。在具体做法上，各地不尽相同。镇宁一带的做法是：先把请龙时的摆设搬来，放于神龛下的小桌上，增加各种五谷杂粮的小包，布摩拿着主人的一件上衣，吟诵"赎买经"。仪式中，由布摩代表主人唤请"陀嫡"（往返于神界和布摩或巫婆之间传达信息的使者）带着金银到天市去选购五谷牲畜，并请求天神赐予最好的粮魂牛马，来年丰收后向天神交租税。

〔周国茂：《摩教与摩文化》，第102页，贵州人民出版社1995年版〕

7. 立"指路碑"或"挡箭碑"巫术

小孩生病，请人测算若犯有"将军关"或"夜哭关"，需举行相关巫术仪式解除。

据说"将军关"是因为将军过路，骑在马背上射箭，无意中射中了小孩。这时就要请布摩举行仪式进行禳解，立一块挡箭碑来挡住"阴箭"以免伤人。碑上部横额刻"挡箭碑"或"指路碑"字样，下面内容为："上走×××（地名，下同），下走×××，左走×××，右走×××。"等，实为给路人指明方向，所以又称"指路碑"。犯"夜哭关"者，小孩夜哭不止，这也要请布摩来禳解，在三岔路口外立一指路碑，上刻给路人指明方向的内容外，还刻有"天黄黄，地黄黄，家中有个夜哭郎，过路君子念一遍，孩儿睡到大天光。"等语。

［黄义仁、韦廉舟编撰：《布依族民俗志》，第132页，贵州
人民出版社1985年版］

立挡箭牌、指路碑。如果孩子生病，爱哭，也要请布摩来解，择八字看其犯有什么。一般是犯"将军关"和"夜哭关"。犯"将军关"的是说因为将军作战，其箭误伤小孩，要立一挡箭牌解之。犯"夜哭关"的夜哭不停，就要在三岔路口立一块指路碑来解。

［罗剑：《毕节地区布依族》，第136页，贵州民族出版社
2004年版］

8. 戴锁巫术

若认为小孩生辰八字上犯上"百日关"、"千日关"等，就需要给小孩戴锁，用锁来锁住小孩的魂魄，保他日日平安，祈盼小孩健康成长。锁为银锁，重有62克、125克、188克不等，锁上铸有"长命富贵"四字。锁分"百家锁"和"外家锁"两种，需戴什么锁由小孩的生辰八字测定。"百家锁"即是要化一百家的钱来买，"外家锁"则由外家购买送来。戴锁也要选择吉日，由布摩举行仪式，亲戚前来祝贺，由外家或布摩将锁挂在小孩的脖子上，并讲些吉利的话。

［惠水县布依学会编：《惠水布依族》，第123—124页，贵州
民族出版社2001年版］

9. "过关"巫术

婴儿出生后，七岁以下的男女孩童，凡在农历正月、七月，逢巳、亥两日得病；二月、八月，是寅、申日得病；三月、九月，是卯、酉日得病；四月、十月，是辰、戌日得病；五月、十一月，是子、午日得病；六月、十二月，是丑、未日得病，都属犯"关、煞"。如儿童夜哭，上吐下泻，感冒发烧，天花麻疹，饮食不佳，身体虚弱等病，都必须有"过关咒"解之。

据传言，关很多，有三十六关。煞也不少，有七十二煞。这些"关煞"，缠身于儿童，使其不得安宁，必须请二十四圣母解之。正月、二月、三月是花林圣母，四月、五月、六月是花王圣母，七月、八月、九月是南塘圣母，十月、冬月、腊月是六合圣母。

孩儿过关，事前数日，须做很多准备。

其母提着一只小口袋，走村串寨，逐户去凑米、凑钱，名曰"百家米"。得来的米，将一部分煮给孩子吃，拿一部分到市场上出售，买回五色丝线，绞成一股细小的五色绳，作项圈带在小孩的脖子上。其意是吃百家米，戴百家线，傍百家福，孩儿就可福寿康宁，长命百岁。

准备一只鸡、腊肉、五种颜色的纸、香烛纸火、五谷（稻谷、包谷、高粱、小米、麦子）、盐茶、竹子、鸡蛋等物。

过关时，请来布摩，在堂屋中放一张大桌，桌上摆一升米，米上放一碗米，在一碗米上放一个子鸡蛋。桌子四方摆杯、筷，设有斋饭净茶。米上还须放一块刀头（一块腊肉）及"送生娘娘"的牌位。用直径约三厘米、长一米八的生竹子，中部削去半边，扳弯成拱桥状，名曰"过关桥"。两端拴在桌子前面的两只脚上，拱桥高过桌面约半米。随后，用五色纸剪成几个狮子和几匹马，拴挂在桥上，由孩子的母亲用一个干净的洗脸盆，亲自舀半盆水置于桌下，盆中放一把杀猪刀。

摆毕祭坛，布摩开始举行仪式念诵咒文。念过关咒一般都在上午八九点钟开始。念咒前要燃香点烛，焚化钱纸，敬奉诸神。仪式进行到中途，由两人将桌子高举，两人抱一只母鸡，由前至后，跨过净水盆，由桌下穿过，母亲抱着小孩跟着穿过，循环连穿三次，然后放下桌子，念一遍咒，由布摩将五色丝线绳做成的项圈戴在小孩的脖子上。最后，从桌子上把竹桥解下，移到小孩的卧室，绑在门框上，让其日夜进出穿过。

小儿过关咒很长，分为十大部分。有的部分用汉语念唱，有的部分要用布依语念唱，有的还只能默念，需念几个小时。

"过关咒"译文如下：

"敬花林圣母经"（用汉语念诵）：

伏以，神通浩浩，圣德昭昭，神不乱请，香不乱烧。上通三界，下透十方。弟子有请，速降来临。谨焚真香，虔诚奉请。奉请何神？奉请何圣？奉请当方土地，奉请财神童子，诸神郎君。百卦落地，速降来临。香烟缭绕，科马钱财齐备。非请何神，非请何圣。只请四季花林圣母，送生娘娘。灵烛宝香，听之声，闻之音。正月、二月、三月花林圣母，四月、五月、六月花王圣母，七月、八月、九月圣母，十月、冬月、腊月六合圣母。请上香坛，请来保安。

科马钱财，三牲刀头齐备，请得神来神安位，神娘安在香坛内。一保孩儿无灾难，二保弟子要周全。弟子诚心诚意来祭献，欢心喜意来敬神。人有诚心，神有感应。不因何事相请，不因何事相迎。只因童孩（女）某某，去年请吉，前月平安，自从今年今月某日某时得病缠身，头痛脑发热，日夜啼哭，不得安宁，肚痛痢疾，日久未愈，饮食少思。求师问卦，触犯圣母。送生娘娘，请上香坛，请来保安。虔备雄鸡一只，献在堂前，祭在坛上，不敢怠慢半分毫。来时降福，去时留恩。求个顺卦，永保童孩平安。只因童孩，时运不利，触犯圣母。不给年犯、月犯、日犯、时犯。年犯月解，月犯日解，日犯时解。

鸡是酉年酉月酉日酉时生。人们吃饭鸡吃糠，人们得病鸡来挡，鸡米替命，鸡来替身，替到孩儿得清吉，替到女儿得平安。今有孩童魂不归身，魄不附体，敬请圣母送魂归。自从今日解过后，一年四季保平安。今有雄鸡一只，请来领纳，请来领受，领生在前，回熟在后。

"回熟词"（用汉语念）：

伏以，神圣天尊，证明功德。奉请诸神，奉请圣母，奉请当方土地。再烧真香，一心奉请。此鸡杀在盆中央，师人拿来献神灵。栗木树枝拿烧火，锣锅滚热汽浮浮，身上骨头钢刀砍，连皮带肉，请神来分散，请神来破壶。斋饭净酒，凡仪奉敬四季花林圣母，送生娘娘，先吃旺子，后吃鸡汤，酒醉饭饱，圣母莫恼，肠肝肚肺不少。两只鸡脚，神灵说好。好在今日，吉在今日。今有孩童某某，魂不归身，魄不附体。

孩童三魂七魄失落在东方，东方本是木星君，东方土地送魂来。

孩童三魂七魄失落在南方，南方本是火星君，南方土地送魂来。

孩童三魂七魄失落在西方，西方本是金星君，西方土地送魂来。

孩童三魂七魄失落在北方，北方本是水星君，北方土地送魂来。

孩童三魂七魄失落在中央，中央本是土星君，中央土地送魂画。

送魂来归身，送魄来附体。三魂七魄入元神，自从今日归身后，无灾无难长成人；自从今日魂归后，年年四季保安宁，岁岁四时永平安。保佑已毕，神圣驾返去归宫。科马钱财，任凭火化。来时降福，去时留恩。不敢久留圣驾，驾返归回天宫。阳卦落地，速降来临。阴卦落地，急速送行。来时春花迎请，去时科马归宫。

"解关煞经文"（用布依语念）：（有的文句念不通，也不知其意，但原文标明是用布依语念诵的，故保持原文。）

前未兴囊与萤，未兴脚与手，未得升米来摆，鸡蛋未兴成座与双。纸未烧在哪里成花，纸未打成冥，竹未做过关桥。

一尺新布、青布盖高上，你要保这小弟安生。一尺新布、青布盖上面，你要保这么弟安生。这回弟即长如竹，这回命则直像线，命则长似河。

让我讲以前皇帝来给你们听，让我说从前皇帝来给你们闻。从前有十二个囊萤，古有十二个娘娘。他栽瓜会变成葫芦，人栽葫芦会变成藤，藤又绕在那土坎。他儿归在家，那藤绕在那河坎边。他儿在屋耍，他栽瓜瓜会开花，他栽葫芦会成个。

囊栽瓜不会成，萤栽葫芦不会长藤，不得藤绕缠上坎，没有儿归在家，没有藤绕缠河坎，没有儿护在家。

囊栽瓜不开花，萤栽葫芦不成藤。结成个就烂，开了花就蔫谢。栽瓜自然变成猪食桶，一成熟就烂。栽葫芦会变狗桶，黄月到就烂。要堂中伯叔儿来抚，抚成人就逃。

没有菜自栽，没有桥自架。抚汉儿、苗儿不像。正月到暖月哪时，暖月到二月哪时。瓜藤长成藤去游，芦儿长成藤去找。柯儿菜拴成两芯罗呵，葫芦结两个咯弟。要拿香的给真母，拿好的给母亲。哪天他心要得宽，三月雨水打秧地。四月放水来打田，他去河摸鱼。囊萤下河去要鱼，他下田捉虾。囊萤去下田要虾，得大鱼去给真母，得次鱼去给抚母。

囊萤去塘边挑水，越想越气在河边啼哭。囊萤哭泣在井边，囊萤在塘口泪滴。龙王骑马正来遇，神龙骑马来相撞。小弟们哭哪样水音？你哭什么小幺弟？莫非你头上的缨失落了？莫非你头上的耳环失落了？应是鬼们才失落，难道是婿他落难了？难道又是先祖考妣在哭你？

说你瓢要流过桶，说只桶你瓢过河。怕你祖妣是别家的，怕你祖妣藏早饭。怕你祖考妣是别米粮，怕你考妣藏晚饭。祖妣考他这样说："在沟边他哭不止，在河边他哭下泪，囊萤挣扎来双挣扎去，头缨不落罗么，吊耳环不落罗奶。说与你们不会落，头与婿他们不知。"说公婆不是别的，说公婆不藏早饭。家族来劝说才坐，是公婆不是别的，公婆不藏晚饭米。自己气了才在坝里哭，自己气了在河边掉泪。想到我命运不好，生气哭得眼泪干。囊与萤他们这样说，囊与萤他们这样讲。

别人栽瓜得到瓜，别人栽葫芦会牵成藤。长的藤牵在土坎上，他儿玩在家。他长的藤牵在河坎边，他的小儿在屋里玩。囊栽瓜不会成葫芦，萤栽葫芦不会长成藤。无藤就去游河坎边，无儿躲藏在家。无藤则去游河坎边，没有儿多在屋里耍。囊栽瓜不开花，萤栽葫芦不结果。开了花会蔫，栽葫芦会长猪食桶，一到收获月就烂。栽葫芦会变成狗桶，一到成熟月就烂。要松树来当柏树，要族中小孩来抚。拿松树来当杉树，要汉族、苗族小孩来抚。说松树不像柏树，说松树不像杉树，要族中小孩来抚不像，要汉族、苗族小孩来抚不像。他要吃饭就喊父，吃饱了就逃回家。去跟上家的伯母去讲我，去跟上家的伯父去讲我。说抚养他的母亲狡猾，又说扶抚养他的父亲不好。说这样那样不好，说撒尿像洗湿衣，抓就像去抓糖。囊萤的裙角也沤烂，囊想气得想跳河，萤想气得要跳水。囊萤哭得死去又活来。龙王公公才来说，龙王婆婆才来劝。你的泪水会哭干，小弟你的泪水别乱揩，帕巾揩泪水不得。

让我再问你一声，让我再问你一句。你的八字到底犯什么？你的出生年月到底犯何忌？拿八字来给我看，拿八字来给我掐。囊在旁边则答应，萤在侧边就讲了。说八字来我尽有，说出生来我尽有。说八字来还在屋，说出生来还在家。囊正把水挑在肩，萤正拿扁担用劲。舀了水则挑回家，挑水倒在缸里头。拿钥匙去开柜子，拿钥匙去开宝箱。囊萤翻得八字来，拿去交给海龙王掐，拿去交给猪龙王看。看了八字这样说：这命应有儿有女，这命应有子有孙。这命落犯三重关，这命落犯五大关。

正月囊犯关于上片土，正月萤犯关于上片地。二月囊起关于那片田，二月萤起关在上片田。囊起关也找孩童，萤起关也找孩童。三四月起关在上亮处，三四月萤起关在高亮处。囊起关在半大门，萤起关在半大门。囊起关是冲孩儿，萤起关也撞孩儿。五六月囊起关在半屋中，五六月萤起关在半屋中。囊起关他拦孩儿，萤起关他阻小儿。七八月囊起关在半壁中，七八月萤起关在半壁头。囊起关也添孩儿，萤起关也添小儿。九十月囊起关半壁头，萤起关也在半壁头。囊起关也想童孩，萤起关也爱小儿。十一、腊月囊起关在半门头，萤也起关在半门头。

"祭关桥经词"（用新布一匹祭桥，用布依语默念经词）：

以前过关从哪兴？古时过关在哪里？

从前过关从"坡与安"兴起，从前过关在皇城起。伏义姐妹兴人伦，急躁的祖奶兴过关。十二个囊萤兴坝关，十二只母虎兴井关。奶老人兴过桥关，兴成三道关来过，兴成五大关来过。要肉关来哄小弟，兴二父王来上世，兴二母王是上世。兴来坐我们的关，兴来坐桥头我过。去要酒来让你们喝，去要肉来你们吃。二边两壶酒，两头两盘肉。这席肉盘好又香，一壶香酒递来斟。带来敬二父守树，带来敬二母守桥。一尺新布黑布盖上面，你保这小弟命安身。一尺新布黑布盖高处，你要保这小弟得平安。

（在堂屋中祭桥词，汉语）：

伏以，长江清水清茫茫，金桥柱，银桥梁，银桥永镇定长江。有桥无人架，逢山去开路，遇水去搭桥。佛祖手巾作桥步，长麻丝线镇儿郎。桥头造成麒麟并狮子，桥尾造有八大金刚，金刚将来退灾难，狮子将来退灾殃。两边造起大佛殿，中间造起土地堂。人从桥上过，水往桥下流。过桥金鸡力展翅，耀武扬威过了江。红鸡子，青鸡郎。主人亲赐三杯酒，渡出孩儿寿命长。

"抱孩儿过桥词"（汉语，用母鸡引魂）：

此鸡此鸡，不是非凡鸡，头戴红冠子，身穿五色衣。白日人间吃白米，夜里不离五更啼。别人拿你无用处，弟子拿你作个引魂鸡。关煞底下插把刀，看见金刀你莫怕，看见金盆你莫飞。此鸡先过，孩儿随鸡过。此鸡先走，孩儿随鸡走。申子辰，此鸡引魂引；巳酉丑，此鸡引魂走；寅午戌，此鸡引魂出；亥卯未，此鸡引魂回。

（接着用布依语念）：

母鸡钻桥过，你儿也随后钻；母鸡先钻，孩儿随后钻。

（孩儿过关后，又用汉语念）：

伏以，王母娘娘开金锁，引渡孩儿跳出鬼门关。什么人过关？长命富贵人过关。过了鬼门关、直难关、天煞关、地煞关、年煞关、月煞关、日煞关、时煞关。三十六道关、七十二劫煞过去了，孩儿寿命百年长。

"系项链词"（用五色线系孩儿脖子时念的吉语，用布依语念）：

左脚跨着这盆水上去，右脚跨这刀刃回转。左脚跨这铜刀回转。从前未兴有这色线，古时未兴有此色布。从前线从哪儿兴？古时丝线从哪里起？线从皇帝那时起，皇帝兴有线，皇后她来纺成纱。哪样都是皇帝造，绸也是皇帝来兴，线才传到今来用，线才拿到乡场卖，刚到场坝摆出来，四条街也摆有线。一升白米三十二，一升黏米买四十根。是红线咯是绿线，是黄线吗是丝线？三根丝线的那是汉族用。是红线他染成绿，是黄线他染成红。三根线是汉族用，三色线来绞成纱，五色线来绞成索，做成索来作孩儿项圈戴。去跟上家父凑米，去跟下家母凑粮。是富户就给真线，是亲戚就给丝线，好做索来作孩儿项圈。

（接着用汉语念）：

伏以，此线此线，不是非凡线，乃是王母娘娘所赐一根线，要拴孩儿寿命长。拴脚长命，拴颈富贵。拴孩儿百年长寿千秋福禄，无灾无难，寿如彭祖八百秋。戴在颈，寿百年，在百世，饮食好，身体健康。

"叫魂经"（用布依语念）：

从前十二个少女娃，古时有十二个土地庙。土地神骑马过田坎，土地神骑马走田坎过，土地神骑马游田坝，土地神骑马在盆地上找。他去喊你们的魂回转，他去找你们的魂回来。去几坝也找几坝，去几寨几方都找。魂去洞是真，魂去近去远。魂去坡又去野外，魂去山去坳。魂去到哪里？魂去哪里呵旋涡，到哪里哟土地神。土地神跟我接魂回来交，土地神跟我救魂来给。土地神跟我找魂转，土地神跟我找魂回。现在快回老房住，住在像衙门一样的房屋。快快转回来，快快转回到我们家，快快回咯弟，你这时来了就喜，这时转回来就好。

"叫回五方魂经"（用布依语念）：

遇着四方大门也有猪，一方要给喊魂来，一方要帮找魂转。土地神骑马去找，土地神骑马去寻。寻得魂来快点转，找得魂来快点回。快快回咯弟，快快来咯魂。

遇四方大坝，大地在天脚，雾在河边起，雾在衙里咒。要知城门宽，要知城门小。去请大城门帮带魂来，去请小城门帮带魂转。几处田几找，几处土几寻。几处水的地方也找到，几处有塘的也去寻。找这弟魂转回我衙里，找这小弟魂回才房。这时请即回衙里，这时请即回老房。快快来咯弟，快快来咯魂。

遇四方四大。西方冷相仙，三方帮去叫魂来，三方帮去找魂回。怕魂落水里，怕魂落沟里。好用竿去钓，用好梯去接。你找得变就快点来，你寻到就快回转。找这弟魂转老房，找这弟魂回衙里。快快来咯弟，快快来咯魂。

遇四方北翁。北翁气魂野。四方帮去找魂来，四方帮去找魂转。魂在土里则锄去挖，魂在岩里则钎去撬。喊这弟魂到屋来，喊这弟魂来附身。魂快回家有伙伴，魂快回家有衣穿。快快高兴地回来，欢欢喜喜回到屋里来。今天你来我不知，今天你回我不见。你来推这鸡偏倒，你来掀这鸡蛋倒。偏朝左不管，偏朝右不算。偏朝内才算，偏朝屋才接。一头横不算，全身倒不算。偏来我就接，快快来咯弟，快快来咯魂。

遇中央"莪翁"。中央皇几姓，五方亦帮叫魂来，五方亦帮找魂归。魂去过了三个午，魂去交了三个午日，也要转今天。魂去交了三个戌，魂去过了七个戌日，也今天转回。身魂去了三个酉，魂去了九个酉日，也请今天转回来。魂去到坡顶干井，魂去到枯井深凹，也要今天转回来。魂去到丑方，也要今天回。魂去到未方，也要今天回。魂去鬼婆坝，魂去戌婆坝，也要今天回。你父亲将米来迎，你父亲将蛋来喊。你父到坎子边来接，你母到院坝来迎接你。不要在外受害，不要在外挨冷。魂快来哟，家里有伙伴，魂快来哟，家里有衣穿。快快来咯弟，快快来咯魂。

十样野外树，仍不像好柴。十个寨邻父，好不过亲父。去野外也记样子，去园子也记模样，心爱也要带回来哄弟。

十样野外树，不如柴禾好。十个外家母，好不过母亲。她赶场也买花来，走到哪里也买花，心里爱也拿给玩。你要今日想吃肉，你父亲也有几挂。你要今日想吃鱼，你母亲也有几井。要吃哪样也有多。说起你的父亲，他的脾气好，你的母亲她心善良。他们不会拿句歹话来说儿，他们不会用假话来说弟。早不骂儿儿不哭，晚不骂儿儿欢笑。是饭碗也任你砸，是筷子也随你丢。家父想儿想得好，家母想儿想得真。快快来咯弟，快快来咯魂。

小弟你魂在哪方？么弟你魂在哪边？不要在那坡耍，不要在那边玩。一步步慢慢走回家来，脚跟脚慢慢走回来。今天你回我未见，今天你到我看不见。你来推这蛋偏歪，你来压鸡蛋偏倒。我就知你回，我就见你转，我就知道你转来屋，我知道你回来穿新衣。快快来咯弟，快快来咯么弟。

"浇关桥咒"（用布依语，将竹桥拿到房间）：

从前是金竹，古时是金竹。从前竹从哪里来？古时竹从何兴起？从前竹从雾中来，古时竹从天兴起。靠雾和雨水同浇洗，竹才散满坝，竹才长满坡，竹才遍地长。官们著书写印，也要你啰竹。百姓要魂，亦要你啰竹。

从前纸从哪里来？古时纸从哪里兴？从前纸从雾中来，古时纸与雨和雾同兴。纸才散满坝，钱财到处都散有。官们掌印亦要你啰纸，百姓要请魂，亦要你咯纸。今天你过米升则当家，今天你过升则为台。我将蛋来喊你来，我用纸来迎你到。两手抓住纸就来，两手抓住桥纸来。拿背扇来接，米与蛋来迎。用背扇来接这魂，用新布来迎这魂。魂来在椅子上玩耍，魂在床上玩得笑嘻嘻。老魂来这里，新魂也来参与玩。寿百保，生百年。全年吃得香，健康一辈子。命啊！你要寿比云高。弟啊！你要寿命与天齐。

（最后用汉语念两句）：天长地久，富贵长久。

［斑光瑶、孙定朝、赵焜：《贵阳市花溪区新民布依族乡竹林村调查》，载贵州省志民族志编委会编《民族志资料汇编》第六集（布依族），第173—179页，1988年（内部）印］

10. "殡亡"仪式与送亡灵巫术

布依族丧葬仪式具有戏剧的特点。它表演的是生者与死者的告别，生者与死者的互相嘱咐，生者送亡灵登仙等一系列过程。

弗雷泽通过对一些后进民族仪式的研究指出："如果说仪式形式上是戏剧的，那么，它在本质上则是巫术的。"

这一观点也可用来解释布依族丧葬仪式。整个仪式活动的戏剧性表演绝不单纯是娱愉神灵或鬼魂的艺术活动，而是一种将亡灵遣送到冥界的巫术手段。了解这一点能使我们更深刻地认识《殡亡经》文学与仪式的相互关系及其深层心理动因。

巫术，照泰勒的说法，其本质是将理想和真实事物之间作了一种错误的连接。弗雷泽表述了与此相似的见解，他认为巫术是"人们将自己理想的次序认为即是自然界的次序，于是幻想着经由他们思想的作用能够对外在事物做有效的控制"。

　　根据施行巫术的不同方式，弗雷泽将其分为"模仿巫术"和"接触巫术"两种。所谓模仿巫术就是在"同能致同"这样一种观念指导下，通过模仿行为来达到影响和控制对象物的目的。如澳大利亚人通过喷水的方式来求雨，爪哇人通过夫妇到田间性交而影响谷物扬花结实等即属之。所谓"接触巫术"即是在"一次有关系永远有关系"的观念支配下，认为通过对某人或某物的一部分，或他们所接触过的衣物，甚至足印等施行巫术，就能达到影响某人或某物的目的。例如新西兰毛利人认为，若将某人的头发、指甲、唾液等埋入土内，则此人必死。

　　关于巫术与宗教的关系，学术界众说纷纭，其中有一种较流行的观点认为，原始人在信仰万物有灵之前，就已产生了巫术。因此巫术的产生在宗教之前。当时巫术企图影响和控制的对象是自然和人，而没有超自然的鬼神。这种观点是否正确还可继续讨论。但即使我们接受这种观点，那么巫术作为一种企图达到目的的手段，宗教产生后仍可用来施用于超自然的鬼神。这是毫无疑问的，而且也为宗教事实所证实了的。

　　巫术包括行为和语言两部分，以往研究巫术的学者对语言部分都程度不同地予以了重视。马林诺夫斯基特别注意到了语言部分咒语在巫术中的重要地位。他发现，在一些原始民族中，"所谓知道巫术，便是知道咒；我们分析一切巫术行为的时候，也永 见得到仪式是集中在咒语底念诵的。咒语永远是巫术行为的核心"。

　　巫术中咒语占有重要地位，这是不成问题的，但是，巫术仪式中吟诵的仅仅只是咒语吗？我们学者的著述中无法看到他们所谓"咒语"的原文，当然不便断言。但从布依族丧葬仪式和"殡亡经"文学的情况看，这一点是值得怀疑的。而根据一些民族学资料，的确有把宗教仪式上吟诵的长篇史诗当做"咒语"的情况。因此，对马林诺夫斯基的所谓"咒语"应作较宽泛的理解，把严格意义上的咒语以外的作品考虑进去。

　　从布依族丧葬仪式的特点看，它无疑属于一种模仿巫术。通过模仿一个告别、送行的过程，以影响鬼魂，使其服从生者的意志。正如前面分析过的，仪式的外在动作只是象征性地表示，而更丰富的动作情节则大都在经文中展开，因此，这类经文实际上是仪式动作的另一种表现形式。也就是说，它们实际上是一种模仿巫术。如果说诗的模仿在亚里士多德那里仅是出于人的模仿天性以及模仿所带来的快感的话，那么在这里，它的模仿完全出于一种实用的目的。

　　以《登仙》为例，它表现的是令亡灵起来洗漱、穿戴、准备上路，一直到把亡灵送到仙界这样一个过程。这实际上是用语言为手段"模仿"一个假想的事实，相信这样做之后亡灵真的就能进入仙界。作品之所以有这样的效力，在人们看来，这一方面是因为经文中所模仿的动作，其神奇力量不低于实际动作；另一方面，语言（特别是作为有韵律的语言）本身就具有神奇力量。贞丰一带布摩在丧葬仪式中做到"亨闷"（没有恰当的汉语词汇去对译，根据意义姑且译作"入冥"）这一项目时，四个布摩肩扛马刀站立棺旁，默诵经文内容。这段经文只能默诵，否则被认为会危及生者。如果不了解经文内容，见布摩弄得这么神秘，一定以为是咒语。其实不然。整段经文可分为两部分。第一部分先请亡灵前来接受祭供。接着讲死者在整个地方的人病时自己不病，而一旦得病就离开了人世，离别了自己的亲人，自己的家："死别饮水泉/死别洗脸盆/死别纺花机/死别好土地……"叙述其死后子女如何为其超度，再讲超度后对死者及其子孙各有什么好处，等等。第二部分先讲人类如何从居住树上进而逐步学会建造居室，继而讲到死者，说他活着时年轻时怎样，老来又怎样，最后又如何死去。之后其子又如何派使者去请"布押"（巫婆或巫师）来招魂。经文用好几个复沓段落叙述了布押在使者请求下来到孝子家，焚香诵咒，作法招魂的情况。接下来又叙述了如何找木匠制棺材，棺材如何好，如何向女婿报丧，女婿来到后又如何找楠竹做幡竿，然后击响铜鼓，用一只鸡带路，引亡灵登仙境……从字面看，它无非是讲一些故事，叙述那么几桩事，没有什么神秘之处。值得注意的是，经文叙述的并不是某一位具体的亡人的事实。但是，神秘的力量就在于用语言对这样一些"事实"的模仿本身。在"同能致同"这一模仿巫术观念支配下，经文作品中的"事实"无疑会对现实中的人和事产生影响。因此，如用于死者，就能达到人们送亡灵登仙的目的，而用于活人则能使其死亡。

基于此，我们也就能更深切地理解情歌对唱为什么要将"情人"安排为最后分离。因为只有在语言中造成这样的"事实"，它产生的效果才能符合人们的期待：亡灵愉快而顺利地进入仙界，送行的生者回到阳间。

在一些仪式项目中，"模仿"采取语言和行为并行的方式，即不但在经文中"模仿"一个假想的"事实"过程，而且用比较富于动作性和表演性的行为来进行模仿。各地在丧葬仪式中有这样一个项目：用竹笋壳剪一乌鸦，用桃枝制成弓箭，诵完相应的经文后向"乌鸦"连射三箭。据说凡是死于有乌鸦的日子，乌鸦就会来啄食死者，因此如果死者死于这样的日子，就必须举行这一仪式进行驱赶。这种行为模仿虽然只是象征性的，但动作性、表演性较突出，所以容易懂得其意图。"转戛"（即砍牛）仪式也属于此类例子。有的仪式上的行为因为高度象征化，就只有通过经文才能明白其内涵了。

丧葬仪式作为一种模仿巫术，其形成的深层心理动因是对鬼魂的恐惧。从人类整个历史来看，这种恐惧是随着鬼魂观念的产生而产生的，已经具有相当久远的历史。这种恐惧直到今天，在很多比较后进的民族中或各民族知识水平比较低下的群体中仍紧紧萦绕着人们。而在鬼魂中，以新鬼魂最为可怕，我们从民族学资料中不难看到这方面的例子。

在原始社会，当原始人面对着他们所恐惧的对象物时，总会作出种种反应。这种特点是构成巫术手段的生理基础。马林诺夫斯基说："在真正的危险中，恐惧的情绪也一样地使人诉诸种种替代的、盲目的、却是必要的举动，低声的呓语，含混求助的呼声，都是不能自制的恐惧的表现。"对于鬼魂，人们作出的反应除了祷告外，最好的办法莫过于驱赶了。鬼魂是一种看不见的东西，因此只能用语言或象征性的动作表示驱赶，以此影响鬼魂。随着冥界观念的产生，人们对鬼魂的处置方式就趋于复杂化了。无论各民族对冥界的构想如何不同，它一般都离阳界比较远，路途比较曲折复杂，而且也是肉眼所不能看见的。这就决定了对亡灵的整个遣送过程不可能实际地模仿出来，而只能用语言的方式来表现。由于亡灵这一对象的特殊性，还决定仪式表现生者与死者的告别，对亡灵的祭奠等也用语言对"事实"进行"模仿"的方式来进行、于是，便形成了告别、导引亡灵使其进入冥界为核心的一系列丧葬经文。以行为和语言模仿的"事实"是企图用以影响亡灵，而且这样的"事实"确定无疑能对亡灵产生影响的，为了使其效力更佳，这就需要一种"理论"的支持。于是，我们就不得不承认马林诺夫斯基的话是对的："巫术中的神话便是巫术真实性的证据，表明其有久远的来历，并证明其为可靠"。而传说一般是解释某种仪式或规律或祭物来历的，其功能与神话大致相同。

以上的推论用于对《殡亡经》形成的解释。那么，巫术都是由行为和语言两个要素构成。而所谓"语言"是指咒语、祈词而言。《殡亡经》将巫术的行为语言化后还存在咒语吗？回答是肯定的。经文每段开头一般都呼"报（亚）完△"["baus（yah）ngonz maz"，即死于△地支日的公（婆）]或"报光（亚囊）完△"（意同上）。"报光"（buasgwaangl）、"亚囊"（yahnaangz）分别是对出身高贵的男性和女性的敬称。提示亡灵听着。每个仪式完结后都要令亡灵服从，并说出这样对死者对生者各有什么好处，如说死者"去仙界不回，去千年不转"，而生者则"有钱花"、"有饭吃"、"不会有病痛"等等，这实际上就是咒语。乞求亡灵保佑的祈祷词也可随处见到。

这样，我们从模仿巫术的角度，对《殡亡经》文学和丧葬仪式的形成，以及两者的关系等问题，就获得了更为深切的认识。而且，在探讨过程中还能得到这样的理论启示：如果我们沿着亚里士多德的思路，摒弃他关于模仿的天性说和快感说，从模仿巫术的发生和实用的角度考虑问题，那么关于一些诗歌形成的模仿发生论是否会更符合艺术发生的一般规律？

[周国茂：《摩教与摩文化》，第 131—137 页，贵州人民出版社 1995 年版]

11. "破地狱"巫术

破地狱，布依语称"甫略"，主要是解脱那些非正常死亡的亡灵，如被刀杀死、枪打死、跌死、摔死等等。但要将其火化后才进行，有的要死若干年以后才破。传说这些凶死的亡灵被魔王把他们打到十二层地牢，受到终身监禁，这些亡灵就回不来享受香火，会经常回来纠缠后人，必须通过"破地狱"把他们的阴魂从地狱中赎回来。具体做法是：首先请布摩择好日子，通知有关亲戚送祭品，参加祭宴，备好祭品，主要有 12 种动物，即牛、马、猪、羊、狗、鸡、鸭、鹅、鸽、鸟、鱼等。这 12 种动物中主人家承担牛和猪两样，其余均由亲戚送来，否则就解不破。破地狱的场地要设在土地庙以外的寨子脚，场内设东、西、南、北、中五方祭坛，中央是关押亡灵的大牢，其他四方各四个小牢。中央祭坛安放一个装满大米的斗。用彩纸扎好五彩缤纷的旗幡、龙伞及数十面小三角旗，插满祭祀场地周围。布摩手拿牛角，一人拿着火把走在前面，在场的人随着布摩绕场五圈，边走边吹牛角，边拿柏树叶干粉末撒在火把上。火焰飞扬，参加绕场者，大喊大叫："放人！放人！"这时布摩拿一根粑棒把主人全家人的衣服绑在顶端，将粑棒一头立在中央的米斗之中，如果粑棒立稳，说明这次已破地狱成功，否则就没有破除，得另择吉日重破一次。最后，在众人的大喊大叫中，把亡灵抢了回来，在土地庙前敬供土地神，祈求土地神允许把亡灵接回家，到家后安好灵位，就算破地狱结束。

〔惠水县布依学会编：《惠水布依族》，第123—124页，贵州
民族出版社2001年版〕

12. 驱邪巫术

女巫驱邪术：驱邪，是在巫卜中被认为家庭被邪鬼侵扰而请女巫来举行的一种禳解仪式。……

在主人堂屋中摆上一张小桌（神龛下是祖宗吃包的地方，不能摆，八仙桌是祭祖用的，不能动），桌上放一升米，插上两个用草纸剪成的象征鬼邪的纸人、一对用草纸剪成的纸幡、三炷香，压上相应的钱币；一个装上一块半生半熟猪肉（俗称"刀头"）的大碗，一个装上一块豆腐的大碗，小半碗酒和小半碗饭，两双筷子；桌子脚下拴一只鸡（公母由巫师视情况来定），唱完请鬼受祭歌后把鸡杀掉打整干净，煮半熟上桌后接唱祭鬼歌。唱祭鬼歌时女巫拿一件主人的衣服。祭毕，用一筛子装上纸人纸幡、纸钱与香、饭酒各小半碗，送至村口唱送鬼歌，烧掉祭物，返回，仪式结束，在门窗楣插上避鬼草人。

"请鬼歌"、"祭鬼歌"与"送鬼歌"的内容相同，请时加上请误入主家的各路邪鬼上桌受祭的词句；祭时换上请各路邪鬼享用祭宴以保主家平安的词句；结束时口念酒足饭饱送鬼出门，不再返回主家的词句。

以唱"祭鬼歌"为例，歌词的主要内容是：挨刀枪的游荡子，挨刀枪的夭折鬼。夭折鬼你听我说，挨刀挨枪在头脚，挨刀挨枪在小肚。遭头次你还有气，二次三次你归阴；上坝下坝你走过，走上走下错了门；今日好做巫，今天好避邪，衣主设宴来祭鬼，衣主盛宴祭你们。吃了一次没二次，要吃二次就丢人……砍柴跌岩游荡子，砍柴跌岩夭折鬼，夭折鬼你听我说，跌头次你还有气，二次三次你归阴；上坝下坝你走过……后面几句与上一节相同。接着，按前面词句的排比规律，唱到落河死的、被牛打架踩死的、当叫化子饿死的、开山被石头压死的、被山火烧死的、被虎豹吃掉的、在野外上吊死的……

〔参见韦兴儒《女巫》第114—115页，贵州人民出版社2001
年版〕

"假葬"巫术：布依族人认为，如碰到蛇交尾，将要产生的蛇崽就是碰见蛇交尾的这个人的灵魂化成，即意味着这个人将有血光之灾。因此，如碰到这种情况，就必须把蛇打死，否则，就必须请布摩给这个人举行"安葬"仪式。之后，再由布摩为这个人取另外一个名字，表明原来碰见蛇交尾的那个人已死，还活着的是另外一个人，这样才能

消除灾难，永保平安。

［周国茂：《自然与生命的意义世界——贵州少数民族原始崇拜与民俗》，第 205—206 页，贵州教育出版社 2004 年版］

脱裤避邪巫术：碰见蛇蜕皮，表明将有邪气，要赶在蛇蜕完皮之前脱掉自己的裤子。如无此常识没有脱下衣裤或来不及脱下衣裤，就要请布摩择日杀鸡祓除。

［周国茂：《自然与生命的意义世界——贵州少数民族原始崇拜与民俗》，第 206 页，贵州教育出版社 2004 年版］

解狗嘴伤巫术：解狗嘴伤，是女巫在巫卜中预测出衣主在未来一段时间里，将被人诬陷时，主人请布摩来举行的一种禳解仪式。这个禳解仪式，有些女巫也亲自主持。仪式在火塘边进行，只用一碗米插上挂有纸幡和纸狗（两只）的高粱秆放于小桌上，再放一碗大块肉（刀头肉）、一碗豆腐、饭和酒及一把杀猪刀。

仪式中女巫和布摩所唱诵的经文内容基本相同。说古代的时候，野狗满山窜，吃腐尸臭肉充饥，到冬天时饥饿难熬，一群群死去。人把狗崽抱回家来养，小时喂米汤，大了与人一样吃饭菜。喂肥了帮人看门守家。而今你不再受饥寒，不再遭日晒雨淋，你为什么扑上来要咬衣主？现在神巫（女巫做时称神巫，布摩做时称神仙）给衣主大刀，大刀晶晶亮，大刀刃锋利；给衣主画符，符会燃起火，符会刺眼睛。你要不知趣胆敢上前，大刀杀死你，神符刺瞎你，剐下你的皮，连肉都不要。还是喂你吃个好吃个饱，远远地走开，别拦衣主道，别拦衣主路，各走各的路……

唱完之后，用筛子将摆设祭品抬到大门外三丈远处又唱一次经文。最后把剪的纸狗、纸幡烧掉。回到家，女巫或布摩拿一块黄布（巴掌大）画符与原先备好的一皮茅草叶放在桌上，左手拿一碗清水，右手拿菜刀，念一遍咒语喷一次水，反复三次。将符与茅草叶一起包好缝于衣主衣襟左边，常穿身上。

［韦兴儒：《女巫》，第 142—143 页，贵州人民出版社 2001 年版］

"金银火"及石砂驱邪巫术：在布依族中，若家中经常有人生病，或者做事不顺遂，或者牲畜不利达等，又常有乌鸦在房上叫，蛇在房梁上出现，狗爬房子等，都认为是不吉之兆，要请布摩或巫师来"扫家"，又称"撒金银火"或"送热"（"热"即鬼）。其做法是：布摩以鸡、米等祭品摆设祭坛，念诵咒语，手拿竹片，东敲西敲，然后抓一把炒焦的柏树叶粉末撒在亮蒿火把上，"轰"的一下立即喷出一股火焰，如此一边抓洒，一边发出"轰！轰"之声，以表示唬鬼除妖。事毕，主家杀鸡煮肉招待布摩。另有一种做法是把一两斤菜油倒入小铁锅内烧热，待冒腾出火烟之后，用一棒穿过铁锅耳耳，把锅抬起，然后随着布摩走，也把柏树叶粉末撒进锅里，即出烈火。再一种做法是布摩手执芭茅秆，用簸箕装满沙子，由布摩口念咒语，并用芭茅秆东指西指，南点北点，跟随的人按布摩指的方向撒出河沙，称为"石砂驱邪"。

［黄义仁、韦廉舟编撰：《布依族民俗志》，第 133—134 页，
贵州人民出版社 1985 年版］

"扫圈"巫术：凡养牲畜不利达者，就要"扫圈"，做法是：打一升糯米粑，请寨中的四个青年陪同布摩一同进入圈中，四人各蹲在四角，各人拿一碗糍粑，互不说话。布摩站在圈的中央，口念咒语，然后吃糍粑，四人也跟着吃。吃毕，齐奔圈门，"叭！叭！叭"地咂着嘴唇，好像牲畜在圈内吃食一般。事毕，主家请酒吃席。有的是逼大公鸡在圈内扫来扫去，嘴里还发出"咄！咄"的声音。扫毕杀鸡，把血淋在圈门口，立即回家吃鸡喝酒。

［黄义仁、韦廉舟编撰：《布依族民俗志》，第 134 页，贵州
人民出版社 1985 年版］

凡养牲畜不顺利，常有牛、猪等牲畜或死亡等，就认为是圈里有什么邪气，不干净，此时就要举行"扫圈"仪式。一般是用一只公鸡、刀头、粑粑、豆腐等祭供，布摩念诵咒语，用鸡进圈东扫西扫，最后杀鸡，将鸡血淋在圈门口，在圈门口上贴上驱鬼的符章。

［惠水县布依学会编：《惠水布依族》，第 120—121 页，贵州
民族出版社 2001 年版］

除瘟（"当杜"）巫术：如果鸡、猪或人得了疫病，就要请巫师驱邪。巫师往往说是已逝的人肚子饿了，还魂来找吃。那就要杀一条狗（最好是黑狗）来供奉死者，同时在门上贴上各种纸符卦，做十余把木刀，用绳串起来，刀上抹上狗血，悬挂在门上。据说这样可以驱退鬼魂。

［唐合亮：《三都县周覃镇布依族生活习俗调查》，载贵州省
民族研究所、贵州省民族研究学会编《贵州民族调查》之
四，第 320 页，1986 年（内部）印］

13. "叫魂"巫术

叫魂就是把散落出去的魂魄呼唤回体内。如果某家小孩在什么地方重重地摔了一跤，或掉进沟里、井里，大人担心其魂魄散落出来，孩子的母亲或奶奶就拿挑水扁担，到小孩出事地点，用扁担的一头击地，同时呼喊："××（出事孩子的名字），快来呀！跟妈妈（奶奶）回家啰！涨魂喽！涨魂喽！"

［周国茂：《自然与生命的意义世界——贵州少数民族原始崇
拜与民俗》，第 188—189 页，贵州教育出版社 2004 年版］

叫魂，布依语称"来碗"。布依族人认为，凡是小孩身体虚弱面黄肌瘦，时而惊悸，或小孩衣服被有仇气的人抽了一根线，使小孩不好，就要招魂。叫魂有多种做法。一种做法是父母准备鹅或鸭一只，香一炷，米一碗，鸡蛋一个，纸钱数张，到河边来为小孩叫魂。用小木棒扎成一架小楼梯与鹅（或鸭）一起放入河中，烧香化纸，父母手心托一个鸡蛋，连声喊患者的名字，待鸡蛋自己翻滚，就表示患者的魂来了；如有一个小虫爬上小木梯，也认为小孩的魂来了，这时将鹅（或鸭）拉上岸，然后大人抱着鹅（或鸭）、蛋、米碗，一齐直奔家中。晚间，杀鸡宰鹅（或鸭）宴饮一餐，煮熟鸡蛋给小孩吃。另一种做法是，早上蒸饭时，未上饭前，将热甑子抬到大门口，一只脚蹬在大门槛上，手拿饭瓢（饭勺）敲击空甑子，边敲边喊："某某（失魂小孩的名字）的三魂七魄来啊！在哪点嘛快快来啊！来家同妈妈哥哥妹妹们啊，快来啊！"再一种做法是：母亲拿着患儿的衣服一件，端一碗米、一个鸡蛋，又拿一枝绿树枝，在小孩跌倒的地方或河边，念着小孩的名字，又将树枝在地上拍三下，即直奔回家，就算是接魂回来了。还有的要请布摩用酒肉在河边招魂。

［黄义仁、韦廉舟编撰：《布依族民俗志》，第134—135页，贵州人民出版社 1985 年版］

（镇宁一带，）如小孩生病，多认为小孩失魂。家长从饭甑里舀起一瓢刚蒸熟的热饭，攀上楼梯的最高一级，向着认为失魂的方向用布依语呼唤："来啦儿啊，在远来近，在近来家；别在荒野游荡，别在寒地受饥。午饭熟了，新衣买了，快快回家……"

［韦兴儒：《女巫》，第8页，贵州人民出版社 2001 年版］

由巫师主持的招魂巫术：

招魂，是有人生病时（主要对孩子而言，但偶尔也有针对成人的），在巫卜中被认为衣主灵魂已经失落，请女巫来召唤寻回灵魂的仪式。布依语叫"然番"，"番"是灵魂之意；布依语中，灵魂与种子共用"番"这个词，其含意也是共通的，只能在实际应用中加以区分。这是女巫所能主持的仪式中最为大型的一种。摆设为屋中安一八仙桌，桌上摆上大碗装的肉、酒、饭，均为双数；米升上除了点香压钱，还插有均为双数的草纸剪成的纸人、纸马、纸幡及纸折的小船。桌脚先拴有公鸡和鹅（或鸭）各一只。女巫先唱序歌，说明此日此时好行巫，行巫的目的是上天入海找寻衣主灵魂等等。唱毕，先杀鸡，整熟置于大碗中上祭桌，开始唱升天歌，十二层天，一层层上去，每到一层，描述完其情景后呼寻衣主灵魂。登天歌毕，杀鹅（或鸭），以头、翅、脚、尾代表整鹅置于大碗中上祭桌（这个过程也为女巫中途休息时间）。接着唱入海歌，十二层海，一层层往里去，每到一层，描述其情景后，呼寻衣主灵魂。最后唱到衣主灵魂已回，将象征灵魂的纸人拿去插于衣主卧室的床上方，把纸马、纸幡拿到门外烧掉，仪式结束。

此仪式所唱的《招魂歌》是一部气势恢宏的巨型古歌，分为序歌、十二层天和十二层海三个部分。序歌、十二层天的巫词如下。

序歌：

今天是个好日子/此时是个好时辰/好日子我坐正位/好时辰我来行巫。/衣主失魂飞天上了/衣主魂魄漂大海了/天上雾茫茫不知方向/大海白茫茫不见路径。/神巫寻路朝天走/仙巫找路往海行/去把衣主灵魂找回返/去唤衣主魂魄返回程。/骑上飞龙马来快快飞/骑上马飞龙来快快行/去游十二道大海/去走十二层天庭。

十二层天：

飞龙马你快快飞奔/马飞龙你好好驰骋/飞临天庭第一道/飞上天宫第一层/这里茫茫全是雾。/这里灰灰雾茫茫/大雾好比秋时芦苇荡/大雾如像晒谷大麻毯/芦苇荡里阴森森/大麻毯上荒芜芜/看不见故乡田园/瞧不见村寨房屋/不见有人做活路/不见水牛黄牛来走路/时闻乌鸦叫几声/时看老鹰飞过雾/时见"叫花"（乞丐）行路好可怜/时闻野鬼迷路几声哭。

衣主魂啊你在哪里/魂衣主啊你落何处/这里芦苇不能编席子/这里麻毯不可晒稻谷/这里没有家乡好/这里没有故土亲/衣主魂啊你听见没有/（旁人答）听见了/快快起步返凡尘/快快赶路把家回。

飞龙马你快快飞奔/马飞龙你快快驰骋/飞临天庭第二道/飞上天宫第二层/第二层的风光真正好/第二层的景色美极了/一坝坝的棉田白如雪/一块块的棉地白如玉/棉田萦萦如云朵/棉田软软似朵云/飞来飞去几多白蝴蝶/飞去飞来几多白蜻蜓/好多仙女在摘棉/好多女仙在管理/阵阵欢笑传云天/阵阵欢歌响云间/棉桃拿去做白云/棉籽拿去种新田/白云朵朵飘头顶/白云片片在身边。

衣主魂你在哪里/衣主魂你落何处/这里棉桃不能织花布/这里棉籽拿去种不活/仙女不能长久来作伴/仙女不会与人下凡间/衣主魂啊你听见了没有/（旁人答）听见了/快快起步返凡尘/快快赶路把家回。

飞龙马你快快飞奔/马飞龙你快快驰骋/飞临天庭第三道/飞上天宫第三层/第三层上好热闹/第三层里真热闹/山也青来林也净/河也秀来水也清/天鹅飞来又飞去/天鹅树上挤成群/几群鸭子水上游/几群鸭子河中戏/放鸭放鹅小孩把歌唱/小孩真是好歌才/先问我们哪里去/又问我们哪里来/天鹅围着身边飞/群鸭围着身边转。

衣主魂你在哪里/衣主魂你落何处/这里天鹅不能拿去养/拿去了也会飞回天庭/这里鸭子不能拿去喂/下面的河水没有这样清/衣主魂啊你听见没有/（旁人答）听见了/快快起步返凡尘/快快赶路把家回。

飞龙马你快快飞奔/马飞龙你快快驰骋/飞临天庭第四道/飞上天宫第四层/第四层上更比下层好/第四层的风景更美丽/仙女成群正在织彩虹/天神成堆正在挖水井/彩虹横空生光辉/红的绿的多耀眼/水井清水汩汩冒/水泡爆了溅水花/仙姑天神在造雨/造得雨水洒人间/洒满大河与山涧/洒给人间打秧田。

衣主魂你在哪里/衣主魂你落何处/仙女正忙没空来瞧你/天神正忙没空来陪你/彩虹好看拿不走/井水虽甜早洒向人间/只要勤劳禾苗壮/只要勤快粮满仓/衣主魂啊你听见没有/（旁人答）听见了/快快起步返凡尘/快快赶路把家回。

飞龙马你快快飞奔/马飞龙你快快驰骋/飞临天庭第五道/飞上天宫第五层/这一层大门好庄严/这一层城门好威风/左边门板刻飞凤/右边门扇雕苍龙/两边天兵持刀枪/两边天将瞪大眼/城墙石块像水牛/城门石块似肥猪/墙上刻的飞龙马/墙上雕的马飞龙/墙头大旗红彤彤/铓锣声声从里面传出/铜鼓声声从城中响起/天兵不准人靠拢/天兵不让人挨近/这是天帝的王府/这是天王的皇宫/衣主魂不会在这里/衣主魂不会待这方。

飞龙马你快快飞奔/马飞龙你快快驰骋/飞临天庭第六道/飞上天宫第六层/这里是天上的好田园/这是天上产粮好地方/"达罕"（银河）两岸尽沃土/"达尼"（银河另称）两岸尽好田/割稻女仙在欢笑/犁田男神在欢歌/银镰割稻刷刷响/金铧犁田哗哗声/天宫街市更繁荣/天庭市场更兴隆/仙姑卖布摆满街/仙女卖粮堆满市/各样好米上百种/各种好稻有百样/金黄谷粒足有拇指大/银白米粒足有手指粗/好米出在"达尼"上/好粮出在"达罕"边。

衣主魂你在哪里/衣主魂你落何处/"达尼"的水不能喝/"达罕"的粮不能吃/天上已分我一份/天上已定我一堆/人喝的水在凡尘/人吃的粮在凡间/衣主魂啊你听见没有/（旁人答）听见了/快快起步返凡尘/快快赶路把家回。

飞龙马你快快飞奔/马龙飞你快快驰骋/飞临天庭第七道/飞上天宫第七层/第七层里住的七姐妹/第七层里住着七仙女/个个脸蛋像红桃/人人眉毛像笔画/手指长长像竹笋/手指软和如柳条/织绫罗来又织锦/穿梭好比箭飞舞/几个做蜡染来点蜡画/点蜡好比电母眨眼睛/绫罗晒满十二条大街/蜡染晒满十二条大巷/美得可让人心花/多得能使人迷路。

衣主魂你在哪里/衣主魂你落何处/天上绫罗我们不能穿/天上蜡染我们带不走/七姐妹笑容永远看不够/七姐妹歌声永远听不完/衣主魂啊你听见没有/（旁人答）听见了/快快起步返凡尘/快快赶路把家回。

马飞龙你快快飞奔/飞龙马你快快驰骋/飞临天庭第八道/飞上天宫第八层/这一层全是大水塘/这一层遍布大水仓/八十八个大塘装满水/八十八个水仓不会枯/八十八个水口给四方/八十八条水沟分天下/这里没有鸟雀静悄悄/这里没有人迹荒寥寥/衣主魂不在这里。

马飞龙你快快飞奔/飞龙马你快快驰骋/飞临天庭第九道/飞上天宫第九层/这里是雷公的家/这里是雷母的家/雷公拿的大板斧/雷母举的大火镰/雷公看着八十八个大塘/雷母守着八十八个水仓/人间立春要打田/人间清明要插秧/人间要雨水浇地/人间需雨水灌田/雷公挥斧响声就轰鸣/雷母挥镰火光就闪亮/雨水分给四面得耕耘/雨水分给八方得丰收。

衣主魂你在哪里/衣主魂你落何处/雷公虽然与姑爹同名/雷母虽然与姑妈同号（布依语姑爹姑妈与雷公雷母共用一个词）/那不是亲的姑爹/那不是亲的姑妈/衣主魂啊你听见没有/（旁人答）听见了/快快起步返凡尘/快快赶路把家回。

飞龙马你快快飞奔/马飞龙你快快驰骋/飞临天庭第十道/飞上天宫第十层/这里长满枫香树/这里全是马桑木/无桠刺蔸排成行/无叶刺蓬长成林/瘟疫成团四面飘/乌鸦树顶喳喳吼/乌鸦枝头呱呱叫/它给人类报病灾/它对人间报疫情/这个地盘多恐怖/这块地方

好阴沉。

衣主魂你在哪里/衣主魂你落何处/瘟神地方不能在/瘟疫地盘不能待/衣主魂啊听见没有/（旁人答）听见了/快快起身返凡尘/快快赶路返家回。

飞龙马你快快飞奔/马飞龙你快快驰骋/飞临天庭十一道/飞上天宫十一层/这是月亮婆自己的地方/这是月亮婆个人的地盘/银的石阶银的房/银的墙壁银的瓦/银的山坡银的路/门前有棵老梨树/正好天狗蹿上去/张口要把月亮吃/大家敲铜锣来撵天狗/大家击铜鼓来赶天狗/天狗吓得没命跑/天狗吓得影无踪/月亮来照小伙走路/月婆来照姑娘纺织。

衣主魂你在哪里/衣主魂你落何处/这里梨子不能吃/这里天狗已经跑远处/天亮月婆要休息/天亮月婆要睡觉/衣主魂啊你听见没有/（旁人答）听见了/快快起步返凡尘/快快赶路把家回。

飞龙马你快快飞奔/马飞龙你快快驰骋/飞临天庭十二道/飞上天宫十二层/十二层是太阳的地方/十二层是阳光的地盘/这里热得真要命/这里烫得太难熬/没有树木没有水/没有田地没庄稼/遍地火苗哧哧冒/满地火焰呼呼飘/难怪天下到处都照亮/难怪人间四周都照明。

衣主魂你在哪里/衣主魂你落何处/这里树木都难长/此处野兽也难活/这里不是人住的地方/这里不是人待的地盘/衣主魂啊你听见没有/（旁人答）听见了/快快起身返凡尘/快快赶路把家回/（众答）回来了/真的回来了。

走完了天庭十二道/走遍了天宫十二层/歇口气我喂马料/歇口气给马喝水/吸支烟我们再来/抽袋烟我们再走/去走龙宫十二道/去走大海十二层。

"十二层海"的大概内容如下：

第一层海是虾子生活的地方，它们以草根充饥，以泥土为食，雄雌皆长胡须，虽担心大鱼来捕食，但却生活得自由自在。

第二层海是石蚌生活的地方，它们以苔丝充饥，以稀泥为食，行走做事慢吞吞，但不怕任何水灾，生活无忧无虑。

第三层海是鱼儿生活的地方，它们欢快逗乐，追逐戏耍，日夜睁眼不眠，生活逍遥得令人羡慕，令万类自叹不如。

第四层海是海螺生活的地方，它的房子十分美丽，各种色彩的墙壁，可以随时随地搬家，不怕水冲，不怕偷抢。多么安稳的日子。

第五层海是龙王的公主们生活的地方，她们在栽种着美丽的海石花，她们拥有一望无际的花园。她们的歌声十分动人，笑声是那样的甜美。

第六层海是龙王的宫殿，金碧辉煌，无比雄伟。但是龙王十分凶恶，他一发火就要掀起大浪。这时他正在宣布：谁敢把海水弄脏就要谁的命。

第七层海是犀牛生活的地方，犀牛虽然长得凶猛，但没用，不会拉犁拖耙，一天到晚只磨自己的角。因为它的角像把刀，没有谁敢侵犯它。

第八层海是最美丽的地方，有绿色的山林也有道道山坳，海鹅和海鸭在这里自由自在地游玩，一阵阵唱着歌，赞美它们的家园。

第九层海有许多龙在造龙潭、造水井，他们没日没夜地劳动，要把最甜的井水奉献人间，要把最清亮的龙潭水送给人间，让人间做出最好的豆腐和酿出最美的酒。

第十层海是龙女们绣花的地方，她们绣的花就像春天的花一样多，一样的五颜六色，引来许多蝴蝶和蜜蜂在身旁飞舞。

第十一层海是繁荣的街市，十一条大街十一条小巷全挤满了赶场的龙。场上穿的吃的应有尽有，龙们匆匆忙忙，来来往往。

第十二层海是海底，海深万丈，海宽万里，十二根金柱高高立起，撑着让大地不动摇，让大海不垮倒……

每唱完一层海，均要呼唤衣主魂快快返回。

［韦兴儒：《女巫》，第118—134 页，贵州人民出版社 2001 年版］

凡是发生小孩生病或体虚、外出跌跤、落水等情况，就要"叫魂"。一般是用一只鸡、鸡蛋、香烛、钱纸等，到小孩出事的地方去进行"叫魂"。如果是落河的，要用小木棒扎成一架小楼梯，同鸭子一起放进河中。巫婆手托鸡蛋，连声叫喊小孩的名字并说："骂问，骂问！"（这是布依语，汉意即"魂来"）。一直叫到鸡蛋在手中往内滚动，这就表示小孩的魂魄回来了。如果这时有一只小昆虫刚好爬上楼梯，也认为是魂魄来了。此时，把鸭子拉上岸，连同蛋等一起端回家中，把"叫魂"的鸡蛋煮给小孩吃。另外一种做法是用甑子"叫魂"。将空甑子罩在开水锅上，甑子冒汽后，把甑子抱到大门口，一只脚蹬在门槛上，用一把饭瓢把蒸汽往屋里赶，并连声说："骂问，骂问！"这样，就算把小孩的魂魄"叫"回来了。

［惠水县布依学会编：《惠水布依族》，第123 页，贵州民族出版社 2001 年版］

小孩子落水或被什么动物惊吓，认为落魂了，要"叫魂"；若叫得一只蜘蛛或一只蚂蚁，爬来叫魂的米、蛋碗上，认为就叫得其魂魄回来了。

［吴顺轩：《紫云县布依族社会调查》，载贵州省志民族志编委会编《民族志资料汇编》第一集（布依族），第47 页，1986 年（内部）印］

叫魂。布依族认为小孩生病、体弱或在外跌倒、落水，魂都会掉落，因此要叫魂，把魂叫回来，布依语叫"yeeuhwanl（骂问）"。一般是到小孩出事的地方去叫，带鸡蛋、香烛、钱纸、米、鸡等。手心放一些米，米上托一个鸡蛋，连声叫着孩子的名字："骂搂问，骂搂问……"布依语"骂"是来的意思，"骂搂问"就是"魂回来啰"。直到鸡蛋在手上滚落，就表示魂回来了，之后，把鸡蛋煮给孩子吃。近来，随着科学文化知识的不断提高，此类习俗已逐步淡化。

［罗剑：《毕节地区布依族》，第 136 页，贵州民族出版社 2004 年版］

　　除集体性的祭祀活动以外，布依族人民解放前还流行着各种属于原始宗教残余的活动。如给病孩行叫魂（又称招魂）仪式。某一小孩常病或从高处跌落下来，或失足落水受惊吓后，被认为其魂儿离了身，需得招回来，于是，其父母就用鹅或鸭一只，香一炷，米一碗，纸钱数张，到河边为孩子"叫魂"。其具体做法是：用小木棒扎成一个小梯放入河中，并烧香化纸……同时，老人拿个鸡蛋在手心中，连声呼唤患者的名字，直叫到这老人手心中鸡蛋自行翻滚为止，这就表示患者的魂魄回来了；或有一小虫蛭之类从小梯上爬上来，也表示魂魄回来了。这时，他们慢慢把鹅或鸭从河中拉上岸，又表示鹅鸭把小孩的魂魄驮回来了。于是，参加河边叫魂的人，抱鹅（鸭），拿鸡蛋，端米饭，执香炷，一面叫着患儿的名字，直奔家中，表示把魂找回来了。叫魂的米和鸡蛋给患儿专煮来食，认为患儿就会健壮起来。

［参见覃光广等编《中国少数民族宗教概览》（布依族部分），中央民族学院出版社 1988 年版］

14. 招亡魂巫术

　　招亡魂，是女巫在巫卜中查询祖上时，认为衣主家中有人生病或家事不畅，是因为主家有人曾经暴死在外，没有把其亡魂招引回家安顿，或是曾招引过但不灵验，其魂飘游于饥寒交迫之中受罪而导致家人鬼事，因此，主人需请布摩来举行招亡魂仪式，以解灾难。

　　据布摩介绍，招亡魂分为三种情况。一是村中将暴死在外的多人集中一次招魂，在野外看不见村子的山坳里举行，规模较大。其中要念介绍每人生平与功德的长篇祭文，加诵经，大约要花一整天时间。这种大型的仪式布依语叫"罕亡"。第二种是家有暴死在外的人，头三年的三十夜年饭后，在家门口举行招魂仪式。第三种是女巫在巫卜中认为暴死者亡魂游荡于荒野，导致家道不畅，随时择日招魂。后两种均在家中门口举行，布依语叫"柔考"（意为赎魂），只诵经，两个多钟头就行了……

　　第一种情况，是在村外偏僻的山坳中搭神台举行。神台上安四张八仙桌，十多个布摩在诵经。在平地用带芦花的芦苇插成迷宫似的路径，占地约有一个篮球场那么大。"迷宫"中设有"刀山"、"火海"、"血河"。布摩带着亡魂家族中的男女老幼边唱边缓缓行进到"迷宫"中心，说把亡魂都全叫齐集中了，又带大家边唱边沿原路返回。路过"刀山"时，布摩端着亡魂的牌位，赤脚从嵌在竹棒上的一排大刀的锋刃上走过；过"火海"是在地上砌灶烧一口油锅，上搭木板，每过一人便向锅中扔一把荞麦糠，使火焰上蹿；过"血河"是在地上挖一坑，放上红色（朱砂）水，上搭木板，大家从上走过。结束时各家抱起亡魂牌位，布摩一边将许多小鸡扔到人群中一边大唱经文，众人争抢着小鸡。

……

第二种情况和第三种情况相似，仪式并不复杂。将小桌跨在门槛上，摆一碗肉，一碗豆腐，一碗酒一碗饭，一碗米插香，在神案桌下拴一条小狗崽，由布摩念经招魂，仪式中要不停地烧钱纸。布摩每念完一段经文，旁人敲三下锣应和，布摩接着唱："魂啊，来了前世魂，来了九世魂。"旁人应和："来了×××，别在雪地荒山受饥寒。"

"招魂经"的内容极为丰富，如果摒弃其间过渡性的巫词，便是一部神话性的史诗。主要内容如下：

第一段讲的是雷公的儿子当了第一代人王，他活得十分自在，管得天下太平。他天天到河边打鱼，一日与龙王的女儿相遇，对歌恋爱，互探身份，最后结为夫妻，共创家业。

第二段讲的是婚后龙女怀了孕，夫妻如何互相关心，并从此一月至十月怀胎，每月的饮食和身体反应，描绘了母亲十月怀胎的艰辛和临盆生产的痛苦。

第三段讲的是王子出生后，父母如何疼爱抚育，王子如何聪明勇敢，如何学得超凡的骑马射箭的技术。

第四段讲的是王子懂事后，母亲告诫他家里有鸡有鸭随你吃，蜂蛹也让你吃个够，千万不能随便去捞鱼网虾，因为那是你的外婆外公和舅舅。但王子不听，捞鱼来煮吃，三声炸雷响，母亲回江河，王子成孤儿。

第五段讲人王请媒人去向一位寡妇求婚，当中详尽描述了布依族的求婚习俗。

第六段讲人王与寡妇结婚生了二王子，二王子如何聪明，如何苦学骑射，练就了一身好本领，并与大王子相依相随，互相关爱。

第七段讲大王子开始参与国家大事，审判官司，主持庆典，地位渐高。二王子不明白，去问其母："为什么人们各种事都是找老大？都是王的儿，为何没人来找我？"母亲觉得不妙，为了让自己的亲生儿子掌管天下，决定实施阴谋。

第八段讲后母施了七次毒计，没能弄死大王子，第八次安排两个王子上山打猎，教二王子暗箭射伤大王子。大王子知道原因后离家出走，过着艰难的生活（到此说明亡魂如大王子此时的游荡生活一样艰难）。

第九段讲国王生病，呼唤大王子返家（念到此布摩亦唤亡魂回家）。大王子闻知返回家。国王说他的病只能吃龙须凤蛋才好，但要挖上百丈深井才能找到。两个王子挖井过程中，后母又设计将大王子埋葬于深井中。二王子夺了王位，坐了江山当了第二代人王。

第十段讲大王子被埋深井中，被龙族外家救起，飞上天去，制造各种灾害、瘟疫来破坏兄弟独霸的人间。二代人王无法，多次派神鹰上天说情，请求大哥回家，共掌大印，共管国土。一次次均遭大哥拒绝，大地灾难不断。最后通过神鹰传话谈妥，大哥管天上，二弟管地下，二弟每年向大哥上贡，不然天下不宁。

［韦兴儒：《女巫》，第142—143页，贵州人民出版社2001年版］

15. 安龙神

如女巫卜出衣主家道不昌、家运不佳是因为宅基龙躁动不安造成的，就要由主人请布摩去举行"安龙神"仪式。

安龙神，就是安慰和稳定"龙"的意思。安龙神的祭品中，猪头、大块肉、酒、纸钱是不能少的。半斗或满升稻谷放在簸箕上，置于头柱下。剪上纸人纸马纸幡插于斗上，插上香，点一对烛，纸钱一厚匝，边诵《请龙经》边烧纸钱，还得有一个碗装上一个生鸡蛋放在谷斗上。安龙诵经时布摩拿着主人的一件衣服，以示布摩代表主人来安龙请龙。所诵的经分为四段。

第一段，说明今日是吉日，好请龙安龙，所以我们就来请龙和安龙。请的龙有以下几种：大母龙、金公龙、银母龙、瀑下龙、母猪龙、山坳龙、田野龙等。请来它们，把它们安顿在簾墙下和头柱下。说明牵了三百匹好马、五百驮大钱，以及挂满墙、堆满屋的金银都拿来请了。因为听说龙会送来很多子孙很多财富，所以请龙安龙。

第二段，回顾请龙安龙的历史原因。说的是在古代的时候，人们连开辟一片森林来建寨筑城的能力都没有；那时到处都是野水牛，把森林踏平了一大片。氏族首领见这地方好建寨筑城，好修大房子，便破土动工。一年修了三百栋草房五百栋石房。可是在挖土造房时，挖着母龙的头也不知道，挖着公龙的肉也不知道，龙就逃到江河大海去了。结果，首领做事不顺利，种庄稼也长不好，养牛种不发，窖金银不长。首领很是生气，怎么也想不通，他顺着河去找，遇到了龙，拿套杆去套，拿套绳去牵。龙就对首领说："我们不会伤害你，你在前面走，我们紧跟着来。"分配多子的龙管发展，闪光的龙管吉祥。龙说："你叫保锅底我们就保锅底（保证不饥饿的意思），你叫保牲口家禽我们就保牲口家禽。"首领把龙请进寨进家安顿好后，庄稼长好了，牛马多起来了，金银滚滚来了……

第三段，讲的是现在请龙安龙的原因。说主人选了向阳的这块地方建大房，破土挖屋基时也许挖着母龙的头不知道，挖着公龙的肉不知道。所以今天来请龙安龙，用大斗大升量米来请，用三百匹好马、五百驮金银、大猪头、好窖酒来请龙。恭请金公龙、银母龙、母猪龙、山坳龙等进家安顿。母龙送钱来，龙郎送饭菜，龙崽送男孩子。安顿母龙睡在衣主身边，公龙睡畜圈，龙崽睡窗下，龙郎睡房中。把龙请来安顿好了，鸡鸭满院、猪羊满圈、庄稼茂盛、牛种发达，天天有饭吃，金银用不完，代代成为富贵人家。

第四段，在唱完第三段后，把象征金银的鸡蛋（蛋黄表示金子，蛋白表示银子，蛋壳表示仓库）埋在头柱下唱：拿玉埋书卷，拿金来埋金，拿银来埋银。金子埋仓底，银子埋柜底，不准谁来解，不准谁来开，富贵得双全。

至此，女巫找出的要安龙的问题，由布摩来完成了。

［韦兴儒：《女巫》，第136—138页，贵州人民出版社2001年版］

安龙谢土。此种活动也多在农历正、二月间于家内进行。认为它可保佑家人平安，六畜兴旺。安龙谢土，要请道士主持。本乡无道士，要到外乡请来。安龙谢土时，家人不必回避。在神龛前，安一桌子，桌上用树枝搭一门楼。门楼两边贴有红纸写的对联。上联为"安龙自此人丁旺"，下联为"谢土从今富贵全"，横批为"五龙归位"。门楼上方挂着长约三尺、宽约一寸的白布条，上面写着密密麻麻的小字。在方桌上从里到外依次摆着5只小酒杯、5双筷子、1只煮熟的整鸡（鸡头朝神龛）、燃香1筒、土白布1卷、5元人民币（5张）、钱纸若干张、红糖若干块。

主持安龙谢土的道士，穿平常服装，通常为5人，分别敲鼓、打锣、击钹、念词、摆设。他们不停地敲击响器，到房屋的各个角落，先洒点水，然后用锄挖一小坑。念词者，拿着"安龙"经书念一阵，即烧掉一张写有字的黄纸，并将纸灰埋在小坑内，上放一只小碗，内盛两块二寸见方的猪肉（刀头肉），两只酒杯，两炷香，一张写了字的黄纸。当一个角落搞完之后，又到另一个角落，如前重演一番。全部活动需时一天。

整个仪式结束后，便将方桌门楼撤去，将"对联"、"旗帜"等烧掉，取下供品，再做几个菜，家人和道士先生围桌吃饭。

［赵崇南：《望谟县乐康乡布依族生活习俗调查》，载贵州省民族研究所、贵州省民族研究学会编《贵州民族调查》之四，第270页，1986年（内部）印］

16. 安灶神

安灶神，是在女巫的巫卜中，认为主人家里打的灶，或因日子不好，或因位置不对，或因妇女曾到灶台上去过，灶神不安而招致家道不昌、家运不畅等，由主人去请布摩来为之举行安灶神的仪式。

灶神看起来地位不怎样，但当初曾是天王的一个特派巡官，他当然不高兴让女巫来祭他。女巫查出了灶神的不悦，最后他也只买布摩的账，所以灶神只能由布摩来祭。这个管灶的神，稀饭干饭、油盐肉菜，餐餐都是他先吃，祭时他不在乎这些东西，只是烧酒难得酿一回，茶水也不在他那里泡。所以安祭时只需一张凳子、一碗酒、一杯茶就行。当然还要点香焚纸。安灶神的经文分两个部分，每个部分都是一个传说。

第一个传说，是关于火种与熟食的缘起。

在那古老的年代，人们猎得野物吃生的，射得飞鸟吃生的，大米小米豆类吃生的，因为没有火，那时还不认识火。有一年，天旱七月不下雨，天旱九月没雨淋。人们去找地神公和山神公，地神山神两公上了天宫见雷公雷母正在呼呼睡大觉，就把他俩的耳朵拧起三尺长，雷公雷母答应马上下雨给地上湿润庄稼与江河，地神山神回来了。可雷公雷母的耳朵又肿又痛，他俩便想报复那两位大神，教训他们。雷公挥起大板斧，雷母打起火镰，山崖被劈垮了一半，大树被点燃了一坡。人们好惊奇，跑到山崖下去看，跑到树林边去瞧。火苗在熊熊烧着，呼呼响着。这玩意儿是什么东西？越走近越热，越靠拢越烫，要是能把它留下，夜晚好暖身，冬天好驱寒。人们拾取未烧完的炭火，未燃尽的树根，把火种留下了，又在神火烧过的林子捡到烧死的鸟雀，燃过的蜂窝。鸟雀的肉香喷喷，蜂窝的蛹喷喷香。从此人们把火带回家。那时人还沾仙气还有神味，喊柴禾就到，叫柴禾就来。人们在家烧起火，搁上三块石头架锅，开始了熟食生活。

祭安灶神之前，不论是老灶还是新砌的灶，都不能生火，老灶还要把原来的三个锅磴敲掉。念完了第一部分经文，才安上三个锅磴，把火生燃后，继续念第二部分经文。

第二部分经文也即第二个传说，是关于灶神的来历。

人们有火种，安上锅磴架上锅，把捉来的秧鸡，猎来的山羊獐子，还有大米小米豆类，都煮成熟的吃。过去女人只高二尺半，男人只长三尺五，现在女人高到四尺五，男人长到五尺六，就是因为有了火，有了熟食。人们烧火用的柴，一喊就"哗哗"往家来，一叫就"刷刷"向家滚，来的钱全是干柴禾，烧得很旺盛。一日，天王派一员天神来大地巡察，他见柴禾成捆成堆向人的家里赶，时时挡住他的路。他生气了，大吼往后让人去砍了才来，去割了再到。从此，柴禾不再听人喊不再听人叫。人们去砍的柴禾难烧燃，去割来的草难生火，一天时光全花在烧火煮饭上，庄稼长不好，牛羊不发达，金钱不好找。天王知道后，叫那巡察的天神下凡间，说你做出来的事你自己去管好。天神下来了，人们把他安在锅磴上，叫他灶神公，请他保佑火旺盛，保佑长年饭菜丰足，保佑主人吉祥顺畅，富贵长久……

[韦兴儒：《女巫》，第138—140页，贵州人民出版社2001年版]

17. 安柱神

安柱神，是在女巫的巫卜中查出衣主家曾在近期发生过孵蛋母鸡自己嗑食其蛋，或家犬刨过柱根，或别人家牲口闯过堂屋等，给主家带来不吉利时，由主家请布摩来为其举行的安神仪式。

摩书上认为，安柱神的地方是在家神神龛右排柱子的头柱（即中柱，也就是中间最高的那根柱子）。

在扁担山布依族地区，村寨的房子外壳全是白色石块砌的墙，白色石板盖的顶。其实，传统的布依族建筑全是木架结构。房子按地形和经济条件，长分为三大间或五大间，宽分为五个头（每排五根柱子）、七个头、十一个头、十三个头不等。中间一根最高的柱子称为头柱。一般情况下，中间一大间的正中横梁，是由房主的岳丈家送来的，安柱神的那根头柱，即是由母舅家送来。因为头柱太神圣，母舅家在砍树、"架马"修柱、送柱的过程中，都要举行祭神仪式。

安柱神祭宴的摆设与安龙神一样，也是东西不放桌上，而是用一个簸箕放在头柱下的地上，把东西摆上去即可。布摩也要拿主人的一件衣服诵经。

安柱神所诵的经，除了一些祭词外，主要内容是一个民间故事。这个故事叙述的是拿来做头柱的这棵树的来历，也就是柱神的来历。

在古老的时候，在一座高高的大山上，有一棵很高很高的树，它长得十分粗大笔直，一百个人手牵手也抱不过来，一百里外也看不见它的树梢。它的树梢直长到天王的院门外，树桠伸进天王的宫殿前；它的叶子茂密得像一团云。人类常常爬到树上去，躲在天王宫殿旁的树桠中去偷听天神议事。那时天王不让地上有人类的王，样样都得让他管。后来地上出了人的王，人王管天下，不听天王的话。天王叫雷公来捉人王，命令雷公子年子月子日子时下凡间。这件事被躲在殿外树桠上的人王偷听到了，他回来把桐油浇在房顶上，雷公下来降到人王的房顶，滑倒掉在院中，被人王捆来装在鸡笼里。雷公说他往后不敢再来扰人王，从此不再来人间，这样发誓后才得以放回。雷公上天后，知道是这棵大树作的怪，一气之下把大树劈短，从此断了凡人上天的路。这棵大树千年沾神气，万年傍神仙。而今主人把你请来当头柱，请来做柱神，指导你安在屋中央。你要保衣主一家吉祥，佑衣主一户平安。

［韦兴儒：《女巫》，第140—142页，贵州人民出版社2001年版］

第三节　婚恋巫术

1. 致爱巫术

这是一种使对方倾心于自己的巫术。布依族的致爱巫术有三种方法：一是制爱药。某青年爱上对方后，即请巫师或巫婆用该青年身上的指甲、头发等熬煎成药（也有自制的），偷偷给对方吃，相传这样可使对方迷恋于他（她）。在布依族中，当某青年因恋爱而神魂颠倒时，做父母的便以为是其情人施爱药所致，于是暗中打听其情人是谁，请来巫师或巫婆，用竹笋壳剪成人状，一边点名念咒一边用针刺假人胸口，以使对方因疼痛而收回巫道。二是行爱术。少女与小伙子恋爱时，暗中取下小伙子身上一根线头或某物，回来念咒请爱神把小伙子灵魂抓住，让他爱得神魂颠倒，如痴如狂，经常半夜出寨唱情歌倾吐情思。小伙子父母发现此状，立即请巫师或巫婆将纸人放在狗屎堆上，插上一根针，用树叶包着置于小伙子枕下。据说这样可以臭死刺死对方爱心，促使其收回巫道。三是放蛊。少女上山采来百虫，用药煎熬后浓缩，蛙、蛇缩成菜子盘大小，投放于小伙子食物中，小伙子食之腹痛，直到与其结婚后才用解药解之，吐出原虫而康复。不过，后两种巫术只见于传说中，生活中是很少有这种巫术的。

［周国茂主编：《中国民俗大系·贵州民俗》，第 314 页，甘肃人民出版社 2004 年版］

2. 婚姻中的巫术

婚姻被看做是每个人的终身大事，婚姻的缔结情况如何，不仅关系到当事人双方的幸福和睦与否，而且还关系到今后家族的兴衰。而婚姻缔结是否合适，并不是像现代社会那样，主要看当事人双方有没有情感基础，而是要看双方"八字"是否相合。认为如果"八字"不合，一方命过大，"克"了另一方，不仅不会幸福，甚至会带来灾难性后果，使对方丧命。布依族婚礼仪式中的接亲者都要求双数，特别是主要接亲者更是不仅要人数成双，而且还要求其父母双双健在，儿女双全。认为这样才会对主人家产生良好的影响，使结婚当事人婚后也父母长寿，儿女双全，幸福美满。这是因为人们相信婚礼中的人和事能对当事人今后的生活产生影响，也是一种巫术观念的反映。布依族的婚礼仪式过程中，当新娘来到新郎家门口时，要在大门槛点燃火把或油灯，让新娘从火上跨过，据说可以驱邪。

［周国茂：《自然与生命的意义世界——贵州少数民族原始崇拜与民俗》，第 180 页，贵州教育出版社 2004 年版］

第四节　神判巫术

1. 捞油锅

原告以钱米聘请布摩，用桐油十斤放入架好的锅内，然后燃柴禾把桐油烧开。布摩一边烧纸钱丢入锅内，一边口中念念有词（内容已失传），同时把钢洋一块丢入油锅内。然后布摩首先挽好袖子，赤膊伸入油锅中捞出锅底的钢洋，被告随即一一照样赤膊伸入油锅中捞取钢洋。最后以手是否被烫伤起泡来决定罪犯；若手被烫起泡则被判为罪犯，若全部被告都没有被烫起泡，则判原告为诬赖罪，按（榔规）"诬赖罚七十"原则进行惩罚，还要以酒肉宴请被告的乡朋亲友，并放火炮，当众向被告赔礼道歉，名曰"洗贼名"。此法仅系传说，今人没有亲眼目睹过，究竟何时产生也无可考。

［赵大富：《（平塘县）上莫乡布依族社会习惯法调查报告》，载贵州省志民族志编委会编《民族志资料汇编》第一集（布依族），第 53 页，1988 年（内部）印］

2. 包粽粑

由原告出钱米请布摩主持。当事人双方，各人包好粽粑，各人做上记号，共同放入一口锅内煮沸。待大家同意后取出检查，粽粑没有煮熟者即为罪犯。若被告的粽粑全部煮熟，则认为诬告，判原告为诬赖罪，惩罚与下油锅相同。此法也仅是传闻，今人未曾目睹过。

[赵大富：《（平塘县）上莫乡布依族社会习惯法调查报告》，载贵州省志民族志编委会编《民族志资料汇编》第一集（布依族），第53页，1988年（内部）印]

3. 告阴状

自认为被诬赖陷害有罪而不服者，以钱米聘请布摩告阴状。用雄鸡一只，以木棒削制象征诬陷者的木人一个；暗中取诬陷者家中的大米数粒和其身上穿的衣服布条一条，缠在木人身上，然后摆一香案，放上米粒、木人、雄鸡等。布摩念经一天，以棍打鸡，最后杀鸡并把鸡头、米粒及木人等盛入一木制盒内，送出半里路外的大路上，以鸡嘴指向诬陷者家，掩埋木盒。整个过程只能秘密进行，不能让人发觉。待十二天后到一个月内报应，能使诬陷者及其家庭惨遭祸殃。

据说数十年前，本乡（上莫乡）新场寨的地主罗绍文仗势欺人，诬陷上卡寨的蒙某某偷他家的黄瓜两个，以此为理由强占蒙某某的稻田两丘（至今仍以"黄瓜田"谓之）。蒙某某被诬陷不服，请布摩告了罗绍文的阴状。事后报应，罗绍文本人在西关被歹徒杀害，其独生儿子也不满十五岁便病死，从此绝嗣。此事相传至今，可见告阴状的巫术在群众观念中的深度。

[赵大富：《（平塘县）上莫乡布依族社会习惯法调查报告》，载贵州省志民族志编委会编《民族志资料汇编》第一集（布依族），第53—54页，1985年（内部）印]

4. 呼风唤雨

"呼风唤雨"是布依族社会中过去曾流行的神判巫术。当发生民事纠纷或原、被告双方争执不下需要请神灵裁判时，巫师择定日子和地点（一般在高山上）后，搭建神台，全寨每户人家在神台边搭灶蒸糯米饭一甑，备大粪一桶。当事人双方代表站在神台的两边，巫师高执"摩剑"（布依族布摩用的法器），在烈日下念咒呼喊，之后，叫寨人将糯米饭围着神台倒成一圈，并泼上大粪。据说随着巫师的呼喊，大晴天会顿时风雷滚滚，非正义的一方就会被神打翻在地。

[周国茂：《自然与生命的意义世界——贵州少数民族原始崇拜与民俗》，第183页，贵州教育出版社2004年版]

第七章　预兆与占卜

第一节　预兆

1. 物象兆

预兆也就是预先出现的兆头。布依族对预兆的信仰主要有物象兆和梦兆两大类。

……

物象兆即通过事物征象表现出来的预兆。瑞雪飘飘，乌鸦叫，这些都是物象兆。事物征象又可分为自然或正常表现以及异常两类。因此物象兆可分为正常物象兆和异常物象兆两种。

正常物象兆，是事物自然的或正常的表现，即事物按其习性和自然属性表现出来的征象。乌鸦会叫，乌鸦的叫是其习性和自然属性的表现，但在先民看来，乌鸦具有神性，或者说乌鸦是一种有灵性的鸟。它的叫声代表　种神启，一旦乌鸦叫，那就有问题，预示将要死人，或将要发生灾难。又如，烧柴火时，一般都会发出火啸声，但布依族把它作为将有客人来访的预兆，等等。

……

有时生理反应和生理现象也被赋予了特殊的含义，比如在很多民族中（包括布依族），打喷嚏、耳朵发烫被认为是有人在提起自己的征兆；眼皮跳，在很多民族中（包括布依族）也被认为是即将发生失财或不好事情的征兆，并"总结"出"左跳灾，右跳财"的"规律"，即左眼皮跳，是发生不好事情的预兆，而右眼皮跳，则是失财的预兆。一旦出现这种征兆，行动就必须格外小心，时时处处注意，以避免出事和丢失钱物。

……

异常的物象兆，是指事物违反其自然天性和规律而出现的异常或反常现象。例如，公鸡打鸣一般在下半夜，这个时段的鸡鸣属正常现象，而如果还不到这个时段，即上半夜公鸡就打鸣了，就属于反常现象，布依族将其视为凶兆。

异常物象兆还表现为，在重大庆典、喜庆活动过程中以及出行、做某种事情之前发生异常情况。结婚大喜日子，本是经测算的良辰吉日，不料这天却电闪雷鸣，这也被视为凶兆。

这类现象还可列举很多：

出行前，吃饭时突然掉筷子或碗掉地打碎；

立新房时，某个部位（如柱子、穿枋等等）突然断裂；

出丧时，抬灵柩的木杠或绳子突然折断，或在挖墓穴时，锄把突然折断，等等……

正常物象兆有吉兆也有凶兆，但异常物象兆多为凶兆，一旦出现这类预兆，就必须请巫师或其他宗教职业者举行禳祓仪式。

……

布依族认为狗爬墙或上房，是火灾的先兆，须请布摩举行仪式祓除。男人出行办事特别是办重要事或做生意，途中看见女人小便，认为要遭霉运，要改行程。遇男女通奸，是倒霉之兆，要请布摩驱邪，并要求当事人送公鸡"挂红"。碰到蛇交尾，认为将要产生的蛇崽就是碰见蛇交尾的这个人的灵魂化成，即意味着这人将有血光之灾。因此，如碰到这种情况，就必须把蛇打死，否则，就必须请布摩给这个人举行"安葬"仪式，之后，再由布摩为这个人另取一个名字，表明原来碰见的那个人已死，还活着的是另外一个人，这样才能消除灾难，永保平安。碰见蛇蜕皮，表明将有邪气，要赶在蛇蜕完皮之前脱掉衣裤。如无此常识没有脱下衣裤，就要请布摩择吉日杀鸡祓除。在一些地方，蛇进家意味着邪魔鬼怪已侵入家中，因此，无论是否打死了该蛇，都必须请布摩择吉日到家里举行"扫家"仪式，扫除邪魔鬼怪，才能保家道平安、幸福。

　　　　　　　　　［周国茂：《自然与生命的意义世界——贵州少数民族原始崇
　　　　　　　　　拜与民俗》，第 203—208 页，贵州教育出版社 2004 年版］

2. 梦兆

在先民那里，做梦有着非同寻常的意义。首先，人会做梦说明人的身体中有一种肉眼看不见的实体——灵魂，它在人睡着时离开肉体外出活动。其次，死去的亲人或熟人会出现在梦境，说明灵魂不灭。此外，先民还相信，即将发生的事情还会通过梦境预示，这就是梦兆信仰。

梦兆信仰表现为对梦境意义的解释，这在各民族中都是不尽相同的，但各民族都相信，祖先或神会通过梦境表达他们对人们的要求和愿望，或者通过梦境将即将发生的事情委婉地预示人们。

对梦境的解释，各民族有一些共同之处，比如人们都相信，睡梦中的事实预示着相反的结果。比如，人们计划着将做某件事，梦境中，这件事做失败了，那正好预示着即将做的这件事情一定成功；相反，如果梦境中这件事成功了，那恰好预示着事情将做砸，因此，要么暂时放弃做这件事的打算，要么举行禳祓仪式后再去做。又比如，某天晚上，突然某个自己比较亲的亲人突然出现在梦境，人们不仅不感到高兴，反而会惶恐不安，因为这可能是亲人即将离开人世的征兆，而梦见活着的亲人死去，反而说明他（她）不会在近期去世。

......

对梦境的解释还受传统文化的影响。汉族中，如果某女人怀孕，其丈夫或亲人梦见蛇，会被解释为该女人将生男孩。贵州少数民族（包括布依族在内）由于受汉文化影响，也流行这一观念。又如，一些民族认为，梦见棺材将发财，这也是受汉文化影响的结果，因为棺材的"材"与"财"同音，因同音而产生联想，这是很自然的。布依族有悠久的稻作农耕历史，又实行土葬，因此梦见犁地耕田或插秧，认为将有亲人去世。

［周国茂：《自然与生命的意义世界——贵州少数民族原始崇拜与民俗》，第 208—209 页，贵州教育出版社 2004 年版］

第二节　占卜

1. 卦卜

卦卜是广泛流行的一种占卜术。俗话说的"嘴讲话，手打卦"，就是从卦卜来的，原义指占卜者嘴里念祷告词或经咒，手则掷卦板，后引申为一边讲话一边做事情，特别用来提醒正在做事的人不要光顾说话，要一边说一边做。卦板一般用竹（或木）做成，先做成尖角形后剖为两半，长约 8—10 厘米。一般用来判断举行某种仪式的目的是否达到，或在做某事之前用来预卜吉凶。卦象比较简单，有三种，一种叫阴卦，即两块卦板都是卦面朝上；一种叫阳卦，即两块卦板都是卦面朝下；还有一种叫顺卦，即卦面一块朝上，一块朝下。……布依族认为，掷出阴卦和顺卦都是好卦，如果掷不出好卦，就要继续一边念经咒，一边掷卦，一直掷出好卦为止。掷出好卦，说明该请来的（鬼神）来到了，该送走的（鬼神）已送走了。或者说明占卜的目的已经达到，要问要做的事情是吉利的。

2. 鸡骨卜

布依族鸡骨卜的方法，是在举行仪式后，将鸡煮熟，吃掉鸡腿肉，将两只鸡腿骨对齐，左手卡住以便固定，看鸡腿骨上的小孔的位置，以判吉凶。各地布依族对卦相的解释不尽一致。贞丰一带布依族，主要在丧葬仪式和一些驱鬼遂魔仪式上看，判断该请来的神是否到了，该送走的鬼是否走了。如果没有出现希望得到的卦相（吉卦），那么仪式要重做，一直做到出现希望得到的卦相为止。卦相共十五组，分别为"饶家饶得卧"、"满家逛送妈然"、"岜怪介绒尾绒"、"岜怪介绒饶绒"、"丁怪介山尾冬乃"、"丁怪介山饶冬乃"、"介当得尾当饶得"、"介当得饶当尾得"、"介收"（1）、"介收"（2）、"反收尾冬乃"、"反收饶冬乃"、"介他杀"、"介相"、"介相尾相"。

一些地区的布依族是用小竹签插进鸡腿骨的小孔中看卦相，如果小孔相对，不分岔，表示吉利；如果不相对，就要分不同情况处理，主要看左右看鸡腿骨孔穴分布的不同情况。布依族看鸡卦，是将鸡腿骨并列，上下左右不能倒置，用左手卡住鸡腿骨两端，如果左边鸡腿骨上的小孔比右边的高或多，表示吉利，说明主人将战胜病魔和邪祟，反之，则表明邪祟的力量强，就要举行仪式祓除。

……

3. 蛋卜

布依族的蛋卜主要是一种看病巫术，占卜者可以是"雅押"（女巫）也可以是"报押"（男巫）。占卜者先让病家舀来一碗米，用红布或一张帕子盖住，布或帕子上边立一枚鸡蛋，再包以病者穿过的衣服。"雅押"或"报押"用两炷香、三张纸钱，在病者头上边绕边念"什么鬼？吃什么？显在蛋米上"。绕毕，将蛋煮熟，剥开来看，如果发现蛋白有黑点或与其他蛋有异常之处，便认为是什么什么鬼作祟，于是占卜者告诉病人家属，需用什么做祭品举行禳解仪式。

[周国茂：《自然与生命的意义世界——贵州少数民族原始崇拜与民俗》，第 209—216 页，贵州教育出版社 2004 年版]

4. 剪刀卜

剪刀卜是布依族布摩用一根线把一把剪刀吊起来，手拿线头，叨念巫词，剪刀左右或前后摆动，从其快慢或方向变化来判断找出作祟的鬼神。布摩定名的鬼神很多，凶恶的程度也不同，还分为若干等级和职司。册亨一带，神有碾山、大兵、王海等等一百多个，而且各有各的职司权限。望谟县一带敬的神有土地神、山神、灶神、家神、社神、树神等等，每逢节日，全寨祭供，求其保佑。谁若得罪鬼神，就要受到病灾，人畜不安，必须请布摩用剪卦问卜然后有针对性地进行禳解。布摩经过剪卦，有时也说是上述诸神降罪，但大部分卜示的是散鬼，名目特多，性格各异，驱解的方法也非常复杂。一般使人家轮流得病的叫"岜山鬼"。使人重病的叫"呆谭鬼"（是产妇难产死后变成的），还有"独热"（瘟鬼）、"独相"（落河鬼）、"独防雄"（虹鬼）等等。如卜出是这些鬼作祟导致的病患，就要杀猪、羊、牛来解除。

[黄义仁、韦廉舟编撰：《布依族民俗志》，第 136—137 页，贵州人民出版社 1985 年版]

5. 花灯卜

通常又叫"放花灯"，是黔南一带布依族流行的一种占卜习俗，是布依族少女用来预测自己未来幸福与否的一种占卜方法。每年农历七月十五日，少女们各自备上一碗菜油和一根灯芯，用糯米糍粑贴在碗底使棉花做的灯芯立于碗中，倒入菜油。当是日夜幕降临，少女们便拿着花灯来到清溪激流处，点燃灯芯，将花灯放入河流中任其随水漂流。有的用几张笋壳，缝成船形，将灯碗置于船中放入水里。人们相信，谁的花灯顺利地顺流而下，谁就会在年内得到幸福和快乐；如果谁的花灯遇到旋涡，不但不向前流去，反而沉没在旋涡中，谁的命运就会不顺利。

[贵州省布依学会、黔南布依族苗族自治州民族事务局编，黄义仁：《布依族史》，第 304 页，贵州民族出版社 1999年版]

6. 巫卜（过阴）

扁担山布依族地区的女巫，布依族语称"雅牙"，并不像历代典籍、各类辞书、文学作品、电影电视中人们常见的女巫，装神弄鬼，张牙舞爪，胡说八道那样令人憎恶。她们都是很平常的劳动者。惟一与众不同的是，她们在成巫之初似乎都要大病一场，病中经常喃喃自语，唱些令人莫名其妙的歌，说些莫名其妙的话。经过布摩指点，确定为仙巫附体后，给她们设个神坛，从此，她们随时为别人测卜家境、命运，为别人禳解凶邪与疾病。她们在行巫前，先举行仪式，进入迷幻状态，"超脱"于自我后，才能"代表"神灵去行使使命。

……

女巫主要为人查明病灾原因，为人指明禳解办法或直接主持禳解仪式，在行巫活动中需进入迷幻状态。

认定能否设坛成巫，主要是根据她们成巫前的各种征兆，由她本人或家人拿其八字来看，根据布摩摩书的推算，如其命中带巫，那就可以设坛。设坛前，选定与她的家人八字不相克又可以组织设坛仪式的日子即可。设坛仪式并不十分复杂，主人只需要准备一只大公鸡，一吊猪肉，适量酒和一升（或一碗）大米。把竹制的神坛固定在据摩书推定的方位墙壁上，剪一对纸人纸马插于米上，置于神坛中，纸马用针钉住脚。象征着给仙巫安排有许多坐骑和听从指挥的神差。先念一遍请神经，让他们各归其位"安坐"，然后杀鸡，用三撮鸡毛沾鸡血贴于神坛上檐。休息片刻，待鸡和猪肉都煮个半熟后，与酒、饭一起搁在神坛下的小桌上摆成祭宴，再念请神经，请诸神各归其位受祭，日后仙巫招之即来。

……

请神经的内容，根据仙（神）的类别分为十二组。第一组仙（或神），唱的是为民族生存英勇献身了的英雄；第二组唱的是那些至此开发拓荒，为创建家园作过巨大贡献的先人；第三组唱的是发明耕田犁地、种稻收割的人们；第四组唱的是开山取石，砌寨墙以防野兽和敌人入寨的人们；第五组唱的是发明种麻种棉、纺纱织布的人们；第六组唱的是发明蜡染织锦，丰富服饰的人们；第七组至十一组唱的是造渠引水、修路造桥、远离故土贩盐贩桐油、造字造书、编创古歌而辛劳死去的人们；第十二组唱的是所有上面未曾点到的一切为了民族发展而辛劳死去的人们。由此可见，女巫的背后，是一群为了社会发展而献身的古代民族精英之魂。这是一种深层民族历史文化的表现形式。

女巫的神坛，就是一个神的天地。把她们安排各就其位以后，到别人来找女巫行巫时，她们就各司其职。当然，这些神只担任指挥，具体行事的还有众多的神差。

……

按传统规矩，停业的女巫的神坛不准随意撤掉，而且仍要时时供以酒食，不然神差们会给女巫制造麻烦。只要不让取下钉"马脚"的针以免进入迷幻状态即可。有些保存到女巫辞世，有些保存到据说是神差们自然转移到其他女巫那里为止。

……

招神差，是女巫们立了神坛以后，行巫的第一个程序。布依语叫"当囊信"，"当"字是邀约或招来之意，"囊信"是神或仙家的差人的意思，译为"神差"较为通俗合适。

如果一个人要找女巫预测或卜算什么，得从家里带上主人的一件常穿在身上的上衣，这件上衣据说本民族服装算起来最为灵验。常穿白褶裙的妇女，配的是宽松的镶织锦条的夹衣；穿便装的妇女，上衣是普通的父母装；男人们的民族服装，上衣只有土布长衫或布扣子对襟衣。此外还要带上满满的一碗米、三炷香和一叠纸钱。这些东西或兜在围腰里，或装在褡裢内。离开家后尽量奔直路、抄近路前往女巫家，先跟女巫或者女巫家人打招呼，说明诚心来"阅牙"（看巫），主人会指点你神坛在哪里。到了神坛前，把带来的米倒进主人家的碗，置于神坛，把香点燃，插在米碗上，化纸，说些因家有事，来找神灵明辨指引一类的好话。当然，米碗中还应该压进一定数量的现金，据自己能力，一元至十元不等。接着，便把钉在纸马脚上的针取下来，放在神坛内的米升口上——平时不行巫时，纸马被女巫钉住脚。据说如不这样，女巫有可能随时都会进入迷幻状态。

……

接受来人的问卜后，女巫就会有进入状态的感觉，找个凳子坐下，将头巾盖住自己的脸。坐的地方视来人和观看者的人数而定，人多就在堂屋里，人少就在火塘边或厨房。

不一会儿，女巫双膝开始不住地抖动（一直到问卜结束为止），伸开双手，掌朝上，念数手指关节（直至结束）。先是口中喃喃自语一阵，接着用布依族古歌调唱起唤神歌：

众神仙啊众先生/众先生啊众仙人/有人找到我"代言"/凡人来找我"替身"/互相邀约快快走/互相招呼下凡尘……

唤神歌重复两三次，女巫自言自答，说人都来齐了。接着就开始招神差。

女巫们的神差队伍，少则十五个，多则二十多个，全是当地布依族中已经死去的名人，其有著名的布摩、著名的地方武装集团首领、为反抗包办婚姻而投河的姑娘、为自由恋爱而被杀的小伙、死于篮球上的球员、为复仇的女杰等等。

扁担山一带的女巫所招的神差及唱词如下（用布依族古歌调唱诵）：

那切寨的伍锡章啊／我们地盘上的布摩头／带上经书快快来啊／拿起笔墨快行走。

孔马寨的韦全心啊／我们家乡的韦团长／别人打枪了快快来啊／疾步如飞山梁上。

孔马寨的韦小贵啊／好枪法的玩命头／邀约伙伴快快行啊／搁下刀枪齐步走。

凹子寨的秋妹啊／你为爱情美名扬／喊上姐妹快快来啊／丢下织锦走巫场。

纳孃寨的成童哥啊／玩山场子上的伙子头／丢情妹不谈你快来啊／放下笛子快赶路。

凹子寨的成德小伙子／打篮球名扬四方／丢下篮球快行走／为了巫事离球场。

纳丁寨的桂英孃／报父仇你名传遍／家仇父恨先放下／快快赶到神坛前。

……

（扁担山一带）女巫们要请的神差，上述这些必在其中，而且排列顺序几乎相同，往后根据情况需要又后补一些神差，但其身份各有不同，作为已故的地方人物，没有必请的这部分影响大。

神差们作为地方上各个领域的历史名人，也许因为众女巫们一代代不断强调；也许因为他们有些是地方上的骄傲，有些是追寻自由爱情的叛逆者，有些是生存斗争的勇士，他们的故事在那块地方，一代接一代地传扬，家喻户晓。

……

女巫招神差结束后，就开始进入预测吉凶、卜问家运、财运、婚恋、病灾等等的阶段。这时女巫仍用头巾盖脸，双膝抖动。此时，便把求卜者的一件衣服递给她。求卜者的衣服，可由问卜本人亲临现场亲手交给女巫；虽然自己已在现场，但为了检验女巫的辨认力，也可让旁人把衣服交给女巫；也有的因有病不能亲往或者家人为揭开某家庭成员的某种秘密，便由家人带去交给女巫的。

这件衣服，是女巫卜算的惟一物件，因此在整个巫术过程中，求卜者被女巫所代言的神仙称之为"首布"（布依语，即衣服的主人之义）。衣服最好是衣主常穿在身上的，来之前才脱下的更好。布依族人认为，人的衣饰、小孩的背扇等物，已经融进了主人的灵魂，记录了主人的命运及一切。因此，在恋爱巫术中，为了使对方迷恋自己，偷取对方的衣服、头饰上的一截线头即可请巫师施术。因此，已经穿过多次的衣裙、常背小孩的背扇等服饰，不能随意拿给别人。

把衣服交给女巫后，她便一边喃喃叨念着谁也听不懂的言语，一边撑开手指，拃量起衣服的领子、袖口、袖长、摆宽、襟长等等；似乎这件衣服是一本难读的书，不彻底地研读它就不能随便发言。接着，作为神灵代言人的女巫便开始做诱导性的提问，慢慢地，把衣主的性别、年龄及其他问题，从求卜者的话语中推理、分析和猜测，一步一步地把你"诱出来"。拿不准的时候，女巫是不轻易放弃诱导询问的。拿准了，她便把事情尽力发挥，自我高明地说得神乎其神。如卜出不利之事宜，女巫会告诉你怎样进行禳解。

……

女巫每次行巫，都只在初时招回神差，便可连续为多人卜算。

……

女巫在招神差、巫卜之后，作为第三阶段的活动，就是禳解与招魂。

巫卜所包含的内容牵涉神事、鬼事、人事的方方面面。大略可归纳为以下几类——

一、祖上的情况与家道：各位祖先是否安宁（主要从坟地看），家居及床、灶、门、头柱的安置是否违反了神的意愿，家居是否遭到邪鬼侵扰等。

二、人生命运：是否罹患狗嘴伤、水灾、火灾、行路灾等各种灾难，婚恋、儿女、寿命的命定情况，家庭成员间命运的相生与相克情况。

三、病灾及伤痛：鬼神缠绕、神母生气、灵魂失落等。

在巫卜所涉及的这些内容中，需要举行名目繁多的禳解活动。如迁坟或为旧坟扶龙，安神、驱邪、禳解各种灾难，为缺少儿女者接花魂，为病难者添寿粮、解克星、退神仙、架命脉桥、招魂等等。

在这些名目繁多的禳解中，绝大多数仪式的主持任务都将落到布摩的身上。也就是说女巫可以找出诸多的问题，而大多数问题得由布摩来解决。在这些禳解活动中，女巫能做到的也只有驱邪、添寿粮、祭神母、招魂等少量仪式。而且，在众女巫中也只有为数不多的女巫能主持这些不多的仪式。

……

为"衣主"（问卜者）巫卜和后来主持禳解的多不是同一个女巫，请女巫禳解时由主人把巫卜情况说明，女巫告诉该准备什么东西，确定禳解时间，举行相关的仪式。

［韦兴儒：《女巫》，贵州人民出版社 2001 年版，第 16、42、48—51、75—77、111、151 页］

过阴：如果某人妄说自己已被鬼神附身，就认为能知阴间事，可为人断吉凶。一些人常传言：信者可得子得财，免灾获福；不信者难免出灾事。中华人民共和国成立前妇女信者尤多，中华人民共和国成立后已渐减少。

［唐合亮：《都匀市布依族社会状况调查》，载贵州省民族研究所、贵州省民族学会编《贵州民族调查》之九，第 299 页，1992 年（内部）印］

7. 筷卜

直到 20 世纪 60—70 年代，贞丰一带布依族中有两种习俗还十分流行：一种是立筷子占卜，一种是叫魂。所谓"立筷子"就是在家里某人感觉头痛或者肚子痛时，根据患者当天出门到了哪些地方，那地方有哪些人的坟，来占卜判断是哪个鬼缠住了患者。这种占卜不用请人，家里人谁都能做。先用一个碗舀少许水，再用三支筷子沾湿后，并成一束，一边念当天可能遇到的鬼魂的名字，一边扶筷子使其在碗中立住。念到谁的名字时筷子正好立住了，就断定是这个鬼缠住了患者。

［周国茂：《自然与生命的意义世界——贵州少数民族原始崇拜与民俗》，第188页，贵州教育出版社2004年版］

　　布依族人民除对祭祀祖先很讲究以外，认为万事万物都有神。他们对祭龙山、火神、灶神、树神及驱除邪恶等都有很多不同的仪式活动。例如某人突然头昏脑涨、上吐下泻、身体不适等，就认为被野魔野鬼缠住了，主人立即装一碗水，用三支筷子，先在碗里打湿，然后在病人周身拍打几下，并说："你是哪个野魔野鬼，姓张、姓李？……你快放病人好，我给你琼浆水饭吃。吃好后，你快回去照顾你全家老小。"主人用筷子拣几颗饭、一点菜放在碗内清水中。如果这3支筷子能够直立在碗的中间，认为一定有鬼神；筷子立不住，认为没有鬼。等筷子一倒，就把这碗水向门外泼出去（叫泼水饭），小碗翻转放在门槛外面，筷子放在碗上，等天快黑时，才把碗拿回家。这样一做，凑巧有些好转，就迷信有鬼神。寨里如有人生病，经常都要泼水饭。

［杨光勋：《威宁红岩乡布依族习俗》，载贵州省志民族志编委会编《民族志资料汇编》第六集（布依族），第112页，1988年（内部）印］

8. 米卜

　　巫师，布依语称为"张摩"（男巫）、"张牙"（女巫）。他们找鬼时用一碗米，插上3炷香，先询问患病情况及主人的命根八字，然后念咒请张仙师、李仙师及鬼谷仙师等来帮助，将米碗转动而察看其模样米判定是什么鬼魂来作祟。

［黄义仁、黄生科：《都匀富溪村民族调查》，载贵州省志民族志编委会编《民族志资料汇编》第六集（布依族），第39页，1988年（内部）印］

9. 摸米看蛋

　　如果家中有人生病，则请巫师"摸米看蛋"进行占卜。病人家属舀来一碗米，拿一个鸡蛋放在上面，再用红布或病人的衣服包住碗，外插三炷香，放钱纸一叠，在病人头上绕三转，然后巫师根据米上和蛋上的纹路判断是什么鬼怪作祟，告诉主家怎么禳解。

［唐合亮：《都匀市布依族社会状况调查》，载贵州省民族研究所、贵州省民族研究学会编《贵州民族调查》之九，第299页，1992年（内部）印］

第八章　禁忌

第一节　生产禁忌

布依族中有这样一个禁忌：家中有孕妇，其丈夫不得参加狩猎、捕鱼，更不能参加征战，否则母腹中的胎儿易受惊吓而流产，特别是丈夫在战场上杀了人，那么死者阴灵就会报复腹中胎儿。这个禁忌就是出于安全考虑而产生的。其基础是对人死后灵魂不灭并会施行报复这样的信仰，保护的对象是腹中胎儿。

[周国茂：《自然与生命的意义世界——贵州少数民族原始崇拜与民俗》，第231页，贵州教育出版社2004年版]

布依族有一个习俗：忌从扁担上跨过，尤其是忌讳女人跨过。据说从扁担上跨过会使其在挑东西时断掉。

[周国茂：《自然与生命的意义世界——贵州少数民族原始崇拜与民俗》，第234页，贵州教育出版社2004年版]

土地是人类衣食之源，先民认为，农作物能否获得丰收，取决于土地神是否保佑，而要得到土地神的保佑，除了在相关的节日里祭祀外，还不能惊动和冒犯了土地神，于是就有了很多关于"动土"的禁忌，它规定在特定的时间里不能"动土"。较流行的是生产中的"忌戊"，即戊日不能动土耕种。

[周国茂：《自然与生命的意义世界——贵州少数民族原始崇拜与民俗》，第232页，贵州教育出版社2004年版]

贞丰一带，初一忌动土，阳雀初叫不出工，每月初四、十四、二十四忌挖土修灶，贞丰西部一带，"红煞日"、"戊日"、"甲子日"忌出行、不生产；罗甸一带，响第一次春雷忌耕种七天，响第二次春雷逐渐减少禁忌天数，直到水稻生长到一寸左右时为止；长顺一带，"四月八"忌动土耕种。

[黄义仁、韦廉舟编撰：《布依族民俗志》，第137—138页，贵州人民出版社1985年版]

布依族也有很多生产禁忌，如正月初一至初三不能动土，十五不能动刀，四月八不能让牛耕田，每年第一次响春雷后几天之内不能种地，等等。

各民族（包括布依族在内）在开挖屋基、挖掘墓穴等方面，也有"动土"、"动工"等方面的禁忌。房屋被称为"阳宅"，是人们的栖息之所；墓穴则被称为"阴宅"，先民们都认为那是死者鬼魂栖息之所。在先民们看来，阳宅、阴宅所处地点和方位决定家道是否兴旺，人畜是否平安，因此，特别重视对屋基和墓穴地点的选择（要选在所谓龙脉、风水好的地方），忌在凶险之地、与家人八字相克的地点建房、埋葬死者。除此之外，就是要选择吉日举行动工仪式。无论是挖基脚，木匠下料，还是石匠开石场取石料，都必须在选择的吉日里开工，忌讳在不吉利的日子动工。据说，如果犯禁，不仅对主家不利，对工匠也不利。挖基脚、开石场的时间禁忌都属于"动土"禁忌，实际上是惧怕犯禁冲撞了土地神、地脉龙神遭到报复。

〔周国茂：《自然与生命的意义世界——贵州少数民族原始崇拜与民俗》，第 233 页，贵州教育出版社 2004 年版〕

第二节　生活禁忌

生活禁忌就是在日常社会生活中的禁忌，这类禁忌更加普遍。生活禁忌可从居家、出行、饮食、交往等方面加以概括。

居家的禁忌，即居家期间不能做什么事情。家是人们遮风避雨的栖息之所，安宁、祥和、兴旺的家境、家道，是从古至今人们不懈的追求。为了避免出现与人们的愿望相反的情况，于是就产生了这类禁忌。

居家禁忌首先是因担心家的安全而产生的。比如，好些民族（亦包括布依族在内）忌讳在家里吹口哨，因为据说吹口哨会引来大风。在房屋以草木为建筑材料，并且建得很低简陋的情况下，大风不仅能刮倒房屋，还会引起火灾。由此可见，这种禁忌中隐含着一种遥远而惨痛的教训和回忆。家境、家道的安宁、祥和、兴旺与否，取决于神灵的保佑。因此，除了对神灵祭供、向神灵祷告之外，还必须约束自己的言行，不能冒犯和惹恼神灵，否则神灵惩罚将导致家中不得安宁，甚至破败。……这方面，布依族忌讳随便移动和用脚踩火塘上的三脚架，忌在神龛上挂物，忌在神龛前吐痰、擤鼻涕，忌小孩在神龛前大小便，忌爬到神龛上特别是忌妇女爬到神龛上，忌讳敲打灶，等等。……

在先民们看来，家运的兴衰固然与人的勤劳、善于谋划、家庭成员的团结和睦等因素有关，但还有别的一些原因，而且这些原因也许更加重要。布依族忌讳赶场天有人坐门槛，认为这样会挡了财路；忌讳赶场天妇女坐在大门口梳头，也是出于相同的原因。赶场天是商品交换的日期，人们将自己的农产品或手工产品拿到市场上卖掉，以买回自己需要的物品。物品能否卖出去，能否卖出好价钱，除了物品本身的情况而外，先民认为财运很重要。门是进出的通道，自然也是财运的通道，就像有人坐在门口会挡住别人进出一样，这同样会挡住财运进家，或者至少是不太顺畅。

居家禁忌还表现在避免邪气、晦气等方面。布依族忌外来夫妇（包括女儿女婿）在家里同宿，认为野花进房，家败人亡；楼下有人特别是有男性长辈时，忌妇女上楼。

生活禁忌还表现在出行方面。这类禁忌主要是保障出行人的安全。首先要避开不吉利的日期出行。布依族有"七不出门八不归家"之说，即正月初七不能出行；如果出门在外，正月初八不能回家。据说初七是"人日"，初八是"谷日"，大概是这两天出门或回家都会得罪神灵，不安全。正月期间忌"酉日"出行，尤其是不让小孩或不让妇女背婴幼儿出行，因"酉"在布依语中发音为"汝"，意思是"摔倒"，人们认为这样的日子出门不吉利不安全。……正月十二和七月十四、七月十五日被认为是鬼日，据说这期间野鬼到处游荡，若有人在这期间出行，易遭到鬼的纠缠致病，故此三日多为出行忌日。万一有人非在此三日出行不可，亦须请布摩用茅草扎一草人，随身携带方可免灾。

除了要考虑日子的因素外，出行前如果出现一些不好的征兆，也要取消出行。布依族男人忌出门办事时在途中遇妇女小便，据说这样的话办事就不顺。所以每当办事不顺时，人们会很无奈地说：今天没碰到女人厕尿啊，怎么会这样呢？此外，布依族还忌在出门前亲人哭泣道别，认为这样不吉利。

饮食方面的禁忌也很多。……首先表现在避免引起某种病症，如布依族忌吃母猪肉，尤其是孕妇，认为吃母猪肉会发"母猪风"（即癫痫）。生病的人忌吃公鸡肉、鱼肉、牛肉等"发物"，认为不忌口病好不了，或者好了也会复发。人们认为某些饮食还会引起某种生理后果，如布依族忌小孩吃鸡肝、鸡肫，认为吃了长不聪明，脑子笨，忌让孩子吃动物血，认为吃了脸皮薄，与人说话会脸红。

……

一些饮食禁忌是惧怕神灵生气而产生的，如忌讳在祭祀神灵的仪式未结束时就吃东西，更忌吃正在供奉神灵的食品。

此外，一些食物据说会影响儿童未来的命运，也在禁食之列，如布依族忌少儿吃猪蹄叉，认为吃了以后找对象时曲折多。这可能他们由猪蹄叉的分岔联想到谈婚论嫁会出岔子。布依族在吃饭时，如果碗里、锅里或甑子里的吃完了，忌说"完了"，而要说"满了"，据说如果说"完了"，会应验，以后缺粮。

生活禁忌还表现在人际交往方面。如忌讳在与人交谈时直呼对方长辈的姓名，忌讳穿只能在丧葬仪式上才能穿的服饰到别人家里走访、串门；忌讳取笑有生理缺陷者，忌讳直呼有生理缺陷者"跛子"、"瞎子"、"聋子"等等，认为会遭到报应。……布依族很忌讳婚外的性关系，在人们的观念中，婚外性行为生孩子后会有一种叫"独养"的鬼伴随而来，有这种鬼的人家备受歧视，只要有哪家出现人畜发病等情况，就认为是"独养"作祟，于是任意辱骂有"独养"的人家，用粪便等污物泼该户人家的屋子等，人们耻于与其为伍。缔结姻亲之前，一定要多方打听对方家庭过去和现在有无"不干净"的历史，这对人们具有强大的无形的压力，从而规范人们的行为。……

［周国茂：《自然与生命的意义世界——贵州少数民族原始崇拜与民俗》，第 235—240 页，贵州教育出版社 2004 年版］

第三节　岁时节日禁忌

一年作为一个大的时间段，其间是由若干小的时间段组合而成的。岁时节日就像是每个时间段的标志或连接点，一年又一年，周而复始。到了某个连接点的时候，大自然就会发生相应的变化。不要说岁时节日里是人们与神灵、与祖先交流对话的日子，要求人们的言行要慎之又慎，单是岁时节日这种有节奏的反复交替，以及以此为界限大自然总会开始发生变化，就令先民们感到不可思议，他们只能想：如果不是无所不能的神，谁会把时序安排得这么有规律？对冥冥中鬼神和神秘力量的敬畏，就产生了岁时禁忌。

在岁时节日中，春节期间的禁忌最多，民间有"正月忌头，腊月忌尾"之说，最怕在腊月或正月被人诅咒，据说这两个月咒人很灵验。所以在这两个月，孩子出门，大人总忘不了叮嘱：出门不要惹是生非，以免被人诅咒。……布依族有正月初一开柜子、扫地，忌在屋内做针线活，忌说死伤之类不吉利的话等习俗。……

布依族在过三月三当天要在各路口插上标志封路，外人和本寨出外回家的人都不能进寨。全寨成年男性要聚集到寨神庙杀猪杀鸡祭祀寨神，重申或制定乡规民约，之后聚餐。吃剩下的骨头要集中埋在固定地点，不能随地乱扔。回家途中不得跟路人打招呼、说话，在路边摘一冬青树枝，回家后径直往厨房走，将冬青树枝在灶孔里烧出啪啪声，之后才能跟家人说话。这天全寨人不能推磨、春碓，也不能吹奏乐器。七月半期间，认为整个七月是充满仙气、鬼气的月份，忌到悬崖峭壁等危险处劳作，忌小孩到深水处游泳。四月八是牛王的生日，这天忌役牛。

［周国茂：《自然与生命的意义世界——贵州少数民族原始崇拜与民俗》，第 240—242 页，贵州教育出版社 2004 年版］

第四节　婚姻禁忌

婚姻禁忌也就是婚姻缔结过程中必须遵守的禁忌，大致包括通婚范围禁忌、仪式日期禁忌和仪式、婚礼禁忌等。

通婚范围禁忌，是对通婚范围的限制，它规定通婚只能在什么范围进行。布依族的通婚范围原则上禁止同宗通婚，即禁止与来源于共同血缘祖先的人家通婚。根据这一原则，同姓中如果不是来源于共同血缘祖先，可以通婚，而虽然不同姓，但来源于共同血缘祖先者，不能通婚。这类禁忌，人们往往注意其社会学的意义，而忽略了它具有宗教信仰的含义。其实，人们严格遵守这类禁忌除了遵循社会伦理外，还含有惧怕祖先神的因素。通婚禁忌还包括忌与命相克的人结婚，这是受汉文化的影响形成的禁忌，根据男女两人的生辰八字用阴阳五行生克的原理推算，此与汉俗同。除此之外，布依族还忌与有"独养"的人家通婚。……

在缔结婚姻的各个环节都有相应的仪式，一般包括提亲、订婚、结亲三个环节和仪式，每个环节举行仪式的日期都要请相关的宗教职业者推算……人们认为，婚姻是人生大事，不仅关系到当事人本身，而且还关系到家庭和睦、家业兴旺和家族的延续。一年三百六十五天，并非每天都能举行这些仪式，必须根据当事人的生辰八字推算，选择最适合的日子，忌在不吉利的日子举行仪式，否则将带来不幸。……布依族特别忌讳在"红沙日"结婚。

禁忌最多的是在各个仪式上，包括仪式参与者的人数、家庭背景、个人情况、穿着以及行为规范等，都有规定，不得违犯。贞丰一带布依族，在经过提亲，女方已明确允婚的情况下，要择吉日举行"拜事"（直译"去媒"，意译"讨八字"），是日，男方主人家请两位见多识广、能说会道的中老年人，带上四位青年小伙子，挑上礼物，前往女方家，杀鸡祭祀祖先后，宾客入席，双方经过一番委婉的表述，男方说明了来意，女方表示应允，于是边喝边聊，吃完后，女方请来主持仪式的长老在神龛前将女孩的生辰八字封好装在竹篮中，男方派去的少年背上八字上路后，埋着头往回赶，途中不能往回看，据说如果往回看，以后女方贪恋娘家，不愿尽早到老人家坐家。

就总体情况而言，婚礼仪式的参与者，一般要求为双数，民间有"好事成双"、"双双有喜"等说法。不仅参与者（如接亲者和送亲者）必须为双数，老年参与者也必须是儿女双全。在婚礼仪式上讲究参与者为双数，反映了人们求吉避凶的文化心理，表达了人们对将来夫妻白头到老、家庭儿女双全、儿孙满堂的美好愿望。……

结婚仪式当天忌讳有雷，如果不幸遇上，就要请布摩举行仪式祈福驱邪。接亲路上忌讳走他人当日结婚接亲时已经走过的路，更不能与当日结婚的新娘相遇。等等。

[周国茂：《自然与生命的意义世界——贵州少数民族原始崇拜与民俗》，第 242—244 页，贵州教育出版社 2004 年版]

第五节　丧葬禁忌

丧葬禁忌即丧葬仪式过程中的禁忌，不管这类禁忌的具体表现如何，其实质都是对鬼魂的恐惧和对死亡的恐惧或对某种社会伦理的遵循。丧葬礼俗实际上在弥留之际就已经开始了。忌老人断气时家人不在身边。因为老人在告别人世前想见到亲人面，有的还有重要事情要给家人交代，如果这个时候家人不在身边，亡灵带着遗憾离去，会在阴间提起此事或抱怨，使阳世的亲人不得安宁。……

老人断气后要给老人洗身、理发、剃须、梳头、换衣服等，忌讳不做完这些事就装殓。因为在先民的观念中，人死后要回到祖先居住之地或到极乐世界与祖先团聚，如果衣冠不整，不修边幅，亡灵会抱怨，祖宗也会责备。为了让祖先认出亡灵，布依族要给老人穿上老辈人穿的服装，不能穿现时流行的服装，比如古时布依族妇女穿的是裙装，死者是妇女就要为其换上裙装。有的地方要在老人落气时给其嘴里含碎银，作为路上的盘缠或在阴间的开销。如果不给死者嘴里含碎银，亡灵不能顺利到达目的地，或在阴间受穷，也会骚扰阳世亲人，使阳世亲人不得安宁。……

丧葬仪式活动期间较普遍的还有饮食的禁忌，布依族很多地方有忌食荤腥的习俗。多数地方都有砍牛的习俗，相传古时人死后似人非人、似兽非兽的"独热"及邻人要来分食之，后改用牛肉代替。因为牛肉是死者肉的替代物，因此死者家族的人们不能吃仪式上砍杀的牛肉，否则将发生灾祸。

在丧葬仪式活动过后的一段时间内仍得遵循一些禁忌，既是一种信仰，也有的具有很浓郁的社会伦理色彩。布依族家中如有老人死后三年内，堂屋内和大门外的门窗都忌贴红对联。丧葬禁忌中还突出表现为对非正常死亡者的禁忌。如刀枪杀死、溺水死、摔死、难产死、暴病死等等，都属于非正常死亡，民间称为凶死，认为这种死者的鬼魂很凶，对人危害大，所以忌将其尸体抬进家，以免危害家人。

［周国茂：《自然与生命的意义世界——贵州少数民族原始崇
拜与民俗》，第 245—247 页，贵州教育出版社 2004 年版］

第六节　其他禁忌

主要是指在祈福禳灾、驱邪、送鬼等仪式过程中的一些禁忌，其主要目的的为了保证仪式活动的效果。

布依族遇有在家里退仙、赶鬼、驱邪等巫术仪式的，外人不得入内。祭祀山神、河神、水神时，在通往祭祀场地的各个路口上均须插上"巴赫"（禁忌符号，通常为三尺麻秆一根，上系八根稻草打成的草结），以示外人不得打此经过，以免祭祀受到打扰。扫寨是布依族的重大巫术活动，举行时，除了不准外人入寨外，本寨人也只能出不能进，要进，须在扫寨仪式结束后。凡作恶多端的恶鬼被布摩作法封闭入洞之后，此洞常人不得入内，否则，将被恶鬼缠身，灾病降临其体。

［周国茂：《自然与生命的意义世界——贵州少数民族原始崇
拜与民俗》，第 235—240 页，贵州教育出版社 2004 年版］

第七节 有关禁忌的资料摘录

1. 各地较普遍的禁忌

布依族的禁忌，其名目不少，各地又有各自的禁忌。如"过大年"时，初一忌晒衣服、扫地，忌吵闹、忌借钱、忌米下锅（望谟县一带）；初一忌动土，阳雀初叫不出工（贞丰一带）；响第一次春雷敲鼎罐盖，叫粮食魂（望谟一带）；响第一次春雷后忌耕种七天，响第二次春雷后逐渐减少禁忌天数，直到水稻生长到一寸高时为止（罗甸一带）；"四月八"忌动土耕种（长顺一带）；初四、十四、二十四忌挖土修灶（贞丰一带）；"红煞日"、"戊日"、"甲子日"忌出行不生产（贞丰本部一带）；龙脉地、土地庙附近不准随意小便（望谟、贞丰一带）；三月祭山时，要杀白牛吃，吃饭后要大呼三声才能退席回家（望谟地区）；山神树、大罗汉树，忌人触动，并忌妇女到其附近（荔波、水城、赫章等县一带）；册亨有座酉阳山，不准外人（特别是当兵的人）进入山里（册亨一带）；神台上忌放桐油（威宁、贞丰一带）；平时不准将相片放在神龛上并不准将水泼地（册亨、望谟一带）；"三月三"、"九月九"扫寨时，在路上设各种形式的标记，如树枝、草绳上挂木刀和纸钱等，不准外人进寨（册亨、望谟、长顺、罗甸一带）；扫寨的三天之内，不准拿水、火及其他东西出寨（长顺一带）；每年六月逢牛日或龙日，请巫师念咒，村内各家用各色纸或白纸剪成小三角旗，插在自家的田埂上，全寨杀一条牛敬神，祈求神灵保佑无虫灾及不出白穗（龙里、贵定、紫云、都匀一带）；"三月三"除老人在村内祭社神外，其余的人全部上山"躲山"（清镇一带）；敬山神时不准说话，只用手势，在村内不准作声，否则认为山神会放狼来害人畜（贞丰一带）；妇女坐月不准到别家（册亨一带）；秋季忌踩门槛，男人不准进入产房，未婚姑娘死了不能由正门抬出，死人（死于外者）不能抬进寨子和进家，否则认为"冷尸进房，家败人亡"（贞丰、望谟、罗甸、独山、册亨、紫云、长顺等县一带）；妇女不能与公公一桌吃饭，不能从公公面前走过，男人在楼下，女人不能上楼（望谟、紫云一带）；外来夫妇不准在家同宿，包括女婿在内，认为是"野花进房，家运遭殃"（贞丰、望谟、紫云一带）；火塘中的三脚架不准踩踏（册亨、安龙、罗甸、紫云一带）；妇女晒的裤子男人不准从下穿过（望谟紫云一带）等等。

〔黄义仁、韦廉舟编撰：《布依族民俗志》，第 137—138 页，贵州人民出版社 1985 年版〕

丧后禁忌：丧后，孝满脱服，守制三年，禁礼忌食，布依族这些礼俗从古发展而来。丧家在安葬死者七七四十九天之后，要举行脱孝仪式。脱孝那天，所有家族要集中于孝家，统一将孝衣孝帕洗干净，在孝家由摩师主持祭供死者，举行脱孝仪式，到晚上共吃一餐饭，互道保重，各自依依而回。

在守制的三年中，还兴各种各样的禁忌。明清的方志书上有记载，都说布依族丧后忌食"鱼虾"，至今都有此禁，传说布依族的祖先是由鱼变成的，如果吃鱼，就等于吃了祖先的肉。布依族还禁吃菌子，传说菌子是由死者的尸体变成的，如果吃了菌子，也等于吃了死者的尸体，必须禁吃。丧后孝子禁吃鸡头，做客时不准坐在上席等等。

在三年的守制中，所有家族特别是孝家，春节时禁止贴红色对联，必须按年以白色、绿色、黄色然后红色的顺序贴对联。第一年春节的对联要写"守制不知红日落，思亲惟望白云飞"。第二年写"守制常读陈情表，思亲惟念蓼莪诗"。第三年写"守制三年易满，思亲百代难忘"。以此哀悼故人，否则就会被寨子邻人指责，视为不孝。

禁忌还有很多，但是近年来由于人们的文化修养得到了提高，有了一定的认识和觉悟，逐渐扬弃了一些阻碍社会发展的禁忌。例如，丧后三年中，家族都不准嫁姑娘、办喜事等这类禁忌，已被废除。

［王兴赋、王荣胜、韦国英：《北盘江畔布依人》，第 104—
105 页，1985 年（内部）印］

布依族旧时正月十二和七月十四、十五日被认为是鬼日，这期间野鬼到处游荡，若有人在这期间出行，易遭鬼缠致病，故此三日多为出行忌日。万一有人非要在此三日出行不可，必须请布摩用茅草扎一草人，随身携带，方可免灾。

家有孕妇，其丈夫不得参加狩猎、捕鱼，更不得参加征战，否则母腹中的胎儿易受惊吓而流产，特别是丈夫在战场上杀了人，那么死者阴灵就会报复腹中胎儿。

遇有在家里举行退仙、赶鬼、驱邪等巫术仪式，外人不得入内。祭祀山神、河神、水神等神时，在通往祭场的各路口上均须插上"巴赫"，以示外人不得从此经过，以免祭祀受到打扰。

扫寨是布依族的重大巫术活动。举行时，除了不准外人入寨外，本寨人也只能进不能出，要进，须在扫寨仪式结束后。凡作恶多端的恶鬼被布摩作法封闭入洞后，此洞常人不能入内，否则，将被恶鬼缠身，灾病降临其体。

祭祀时，忌以小米和牛肉祭供祖神。

家中有人出远门或赶集做生意，大门槛忌人蹲坐或站立。客人进家，不得背对神龛坐下，否则，被视为对主家祖神的不敬，主人会不高兴。

忌在怪异石磴、特大树木、巨藤、水井、庙宇等附近大小便、吐痰、说下流话。

亲人离别时，忌哭泣道别，否则，离去之人不安全。

忌用"抛弃"之类的语言吓唬孩子，否则，小孩的十二母神会生气而把小孩的灵魂带走。

［周国茂主编：《中国民俗大系·贵州民俗》，第 316—317
页，甘肃人民出版社 2004 年版］

2. 惠水一带的禁忌

布依族中的禁忌较多，但各地习俗有所不同。如大年初一，忌敲响（避吹大风）、忌扫地（避来年跳蚤多）、忌钱米外借失财、忌炒饭吃（避米线干花）、忌女人先串门等。正月间未谢土前，忌动土（避得罪地脉龙神），忌搓索子（避苞谷不出天花），忌在家做针线活（避庄稼长不好），忌粮食落地糟蹋粮食（避雷公劈），忌在土地神、石神、树神附近撒尿拉屎（避得罪神灵会把你的嘴巴扭歪，会叫你生病）等。任何时候都不准坐门槛，会阻财进家。忌用脚蹬三脚架，以免抑制家运。坐月婆忌走土地庙前过，会得罪神灵。坐月不准串门，男人不准进产房。小字辈不准从老人的面前过，认为无教养。小辈同老人坐一桌，小辈不能坐上方（以神龛为上方）。小辈与老人同路，要敬老人走前面。晚上洗脚时，有老人在场，要敬老人先洗。家有客人来小孩不准陪。忌外来男女在家同房（哪怕是自己的女儿女婿也不准），一经发现，必须要请布摩来扫家、扫寨，否则寨老不放过。女人晒的裤子不准男人从底下过，认为会倒霉。人在外边死后，不准抬尸体到家里停放。办红喜事时忌戴白帕子，只有丧葬时才能戴白帕。忌公鸡早啼，怕出现火灾。农户家中猪牛产崽时，忌外人进屋，怕把邪恶带来。家有病人，请布摩解鬼时，都要在大门口插一草标，示明禁止外人进屋，否则就不灵。忌狗爬灶、蛇进屋、猪睡猪槽，认为是不祥之兆。

［惠水县布依学会编：《惠水布依族》，第124页，贵州民族
出版社2001年版］

由于许多人受传统习惯的影响和相信鬼神的存在，在日常生活中，就有不少禁忌和习惯，主要有：正月初一至十五，禁在村寨四周和房屋门口闲坐，否则春天就会有大风，摧毁房屋、庄稼；正月初一至十五禁将衣服晾在房屋前后，只能晾晒在离村寨有一定距离的地方；正月头几天不能放牲畜出圈，以免遭瘟或不旺，初三初四以后才可以放出，但还必须选择"肥日"才行。正月初一忌动土，以免伤地脉龙神；正月间忌用脚踩火塘上的三脚架，以免外出上山砍柴割草时被蛇缠脚；正月上旬内不能将新鲜蔬菜、生柴草等搬入家中，若要搬，须待天黑后用东西罩住才行；老人在楼上时，忌儿媳上楼，否则不恭；外来夫妇不得在主人家中同宿；公公忌入儿媳卧室；忌将"冷尸"移入家中设灵堂祭吊；坐月妇女不能穿过堂屋，只能从大门旁的侧门出入，也不能在井边洗东西和进出邻居房屋（同姓家族往往不忌）；老人去世，陈姓布依族禁吃动物肉、油，只能吃植物油，等等。

［唐合亮：《惠水县羡塘乡布依族社会调查》，载贵州省志民
族志编委会编《民族志资料汇编》第六集（布依族），第
86—87页，1988年（内部）印］

3. 黔西南一带的禁忌

"见草标莫入"：草标是茅草挽结做的标记，即用一茅草，在巅部大约全长的三分之一处挽个结，挂在门上或小竿插在路口。当你看见这种标记时，就得止步回转或问问侧边人。这种草标有短限长限，短限限时，长限限日。短限者，是主人正在做某件不需要外人参观的事，如牛马在圈里生崽，或"打老磨"解鬼等，办完事才把草标丢掉；限日者，指办的事较重大，有的是集体办的（如祭寨神等），时间要长些，也是忌外人参观，时限一日，多则两三日，如扫寨、三月三祭神、六月六祭神等（有的寨忌，也有不忌的）。这种规矩，过去要是违犯了，轻者下跪赔礼道歉，重者要赔偿所祭用的财物，重新开祭。

草标还另起标号的作用，如大荒山中，如有人看中了哪一片将要开垦的地，就打草标插四角，其他人看到，就知道有人踩过，另找别处。若见草标还要去占，则会伤了邻里和气，或受人指责为愚蠢不讲理。

"神龛上不挂物"：布依族家中的神龛，是祭供祖宗最庄重的位置，神龛下或神龛侧旁，不能挂任何物件，特别是客人，你不要看到哪里有钉子或撑供板摆香炉的牛脚等，就将随身带的提包、衣物、用件等挂上，那会得罪了家神，等于得罪了主人。损伤了主人和损害了民族尊严后，会使主人对客人产生心里的隔膜，表现得不高兴，甚而是怨恶情绪，那要谈的就不易谈拢，要办的事就难办了。

"安耳锅要顺梁"：布依族人家炒菜的铁耳锅，不是固定的，而是用时才放在三脚架上，不用时就挂在壁上或钩子上。这里要提醒一下，放锅时要注意，锅的耳子一定要顺梁，否则就违犯了民俗。如果哪家有人死了，做斋时理个程序，道士念念有词的，才把耳锅逆梁放，直到棺材抬出去为止，表示亡人归天了。平时谁逆梁而放，主人家就要责怪不饶的，甚至要罚你为其解除。

"不架对头柴"：布依族人家，都有火塘，并安上三脚架。三脚无围无门，四方可架柴。但布依人自己，都是顺梁固定从一个方向架柴，外地远方人不大知道这个习俗，往往不按定向乱架柴，甚至架了对头柴，这样就引起主人的不高兴。因架对头柴，意味着敌对，是不吉利的预兆，即本是主人家之柴（财），被对方碰着夺去之意。因此，在布依族人家烧火，得记住架柴的方位，切莫架对头柴，以免带来麻烦，使主客都不愉快。

"坐门槛堵财路"：布依族是最忌讳坐门槛的，把坐门槛当成堵财路，特别是赶场天更是如此。小孩不懂事，偶尔一坐，都会被大人责骂，外人坐了人家门槛，更受责怪。还认为稻子出穗时坐门槛会影响谷穗饱米。

"只许瓢瓜舀水缸"：布依族人家的水缸，只能用专用的瓢瓜舀缸里的水，不许用杯、碗或其他器皿直接伸入缸里舀。

"老人面前莫跷脚"：布依族是非常尊老爱幼的，特别是晚辈，切莫在老年人的面前跷脚。在老年人面前跷脚的人，要受到歧视和谴责，认为这种人没有教养，是不董事的野毛孩。

"见长辈下马"：布依族人骑马出门，不管是在本地还是他乡，只要见迎面来了长辈就要下马让路，等长辈过去稍远些才上马前行。即使是在异乡，虽然不知前面来者是否是长辈，只要是老年人，都得下马让路。

"晚辈莫坐首席"：在布依族地方，走亲访友，参加婚礼等，做客入席时，要注意自己的辈分年纪，不要一上桌就不分东南西北地乱坐。布依族人家正式待客，摆酒席的桌子，多是四方桌，靠神龛那方为上，称为首席或首位，是年岁大的长辈、族长、寨老等德高望重之人及重要贵客坐的，靠大门这面为下方，为年轻人及晚辈所坐，两侧双分左大右次。所以入席时要自己权衡一下，找适合自己的位置，坐错了要闹笑话。

"屋中不梳头，房前不晒裤"：布依族的妇女，即使是小女孩，都不准在屋中梳头，多在房角屋后或不常有人过往之处梳理，且梳理后的乱发要捡好藏在不易被人发现之处。否则是对祖宗及长辈的不敬。

布依族的房子多依山傍水，房前一般都用竹子搭个晒台，晒台上有竿，晒竿上可晒衣被、布匹、纱线等，但绝不能晒裤子特别是妇女的裤子。裤子也不能晒在房前或当道处。

"媳妇和老人公不同桌吃饭"：布依族有传统家规，媳妇不与老人公同桌吃饭，也不能陪男客人吃饭。否则被认为是不守规矩，不成体统，伤风败俗。

"乱更鸡即杀"：还不到报更时间就乱鸣啼的鸡叫乱更鸡，有此现象被认为很不吉利，故须立即捉来，把鸡颈置于大门槛上一刀砍断，然后将鸡头穿在小竿子上，插于三岔路口，表示降鬼除邪。忌吃乱更鸡之肉。

"不许挑空桶进屋"：布依族忌讳挑着空水桶进门，特别是别人借走水桶，更忌挑着空水桶来还，认为这是不吉利的。

> [卢衍：《黔西南布依族礼俗调查》，载贵州省志民族志编委会编《民族志资料汇编》第六集（布依族），第24—26页，1988年（内部）印]

兴仁一带的布依族，一些姓氏正月和七月有不烧某种柴的习俗，如不烧泡桐树，梁姓不烧夜蒿树等。

> [王开吉：《兴仁县布依族调查》，载贵州省志民族志编委会编《民族志资料汇编》第六集（布依族），第15页，1988年（内部）印]

4. 都匀一带的禁忌

（富溪一带，）禁忌方面也多，例如猪睡在猪槽就不吉利，必须把猪槽丢在河里，表示消灾；接亲拜堂时不准孕妇去看；大年初一不准扫地，不准做针线活，不准乱摔东西，要求安静平和；公公或丈夫在楼下，媳妇不准上楼，否则不吉利；第一次响春雷休息三天，不准动土；猪牛下崽及鸡鸭孵蛋时不准孕妇旁观，等等。

[黄义仁、黄生科：《都匀富溪村民族调查》，载贵州省志民族志编委会编《民族志资料汇编》第六集（布依族），第39页，1988年（内部）印]

　　禁忌主要分日常生活、生育、婚丧和节日等方面的禁忌。

　　日常生活禁忌：男人挑担忌女人从上跨越；女子晒裤忌男人从下穿过；牲畜产崽，用木棒束上芭茅插在门外示意，忌讳外人进屋；公公不能进入儿媳妇的卧室，哥哥不能进入弟媳卧室等等。

　　生育禁忌：忌讳孕妇接亲送亲；忌讳孕妇参加出殡；做生意忌孕妇掌秤；生育时，要用茅草拂扫帐内及房内，以驱邪避秽；忌男子进入产房；未满月产妇不能从堂屋神龛前走过，不能从长辈面前走过，不能打骂孩子，不能从别人家的门前走过；外来的妇女及自己的女儿不能在主家生育。等等。

　　婚俗禁忌：新娘第一次进夫家，公婆必须回避，待新娘进入新房落座后才能相见，否则谓之"碰热悬脸"，日后家人不和睦；在同一天内，若有几对青年结婚，走后的新娘忌讳走与前面新娘相同的路线，必须绕道另行；外来夫妇不能在主家同宿（女儿女婿亦然）。等等。

　　丧葬禁忌：忌铜铁入墓坑，有"埋铁子孙绝，埋铜子孙穷"之说；在外逝者，忌移入家中；未出嫁的姑娘亡故，忌从正门抬出；出殡时，忌棺材碰及大门槛。等等。

　　节日禁忌：大年初一忌扫地、挑水、倒水出门；忌上街买东西；忌动土；忌向外人借东西，亦忌借东西给别人；忌妇女到别人家中串门；忌做针线活。等等。

[唐合亮：《都匀市布依族社会状况调查》，载贵州省民族研究所、贵州省民族研究学会编《贵州民族调查》之九，第300页，1992年（内部）印]

5. 威宁红岩一带的禁忌

　　新年禁忌：从腊月三十晚（除夕）至新年初三早上，不准扫地（含意是会把金银财宝扫出去）；不准做针线活（否则眼睛会瞎）；不准推磨；忌开坛坛罐罐，腊月三十晚上，家中所有的坛坛罐罐，一律用钱纸封印，要吃的饭菜要备足三天之用（只有初一抢新水煮饭祭祖除外）；忌放牛马出圈。等等。

　　……**老人过世的禁忌**：老人过世后孝子立即戴上孝帕（一律用白布不用青纱）。在死者未埋葬之前，孝子禁吃油盐、禁披衣服、禁走隔壁邻居、禁坐板凳、不准扫地等。同时必须把头发理好，穿上干净衣服……葬后十三天内，禁吃油，到十三天满时，要请布摩念经才可开荤；孝期一百天内不准理发和洗衣，在此期间内，若衣服太脏，要提前洗者，孝子必须将衣服打湿水，搓三下，又在河中喝三口水，一边喝一边说："某某老人，我的脏水我喝了，不让水冲去。"然后才能继续洗。一百天后，家中一切恢复正常，但孝帕要继续戴满三年。三年内，孝子不骑马、不结婚、不嫁女，如果是屠户，三年内不准杀猪。

……**布依族妇女禁忌上楼**：布依族家中，只要公公、伯伯、叔叔还健在时（分家各立门户的除外），一般儿媳妇禁止上楼，否则认为不尊敬长老。这种习惯，年长月久，就形成了布依族的家规。

［杨光勋：《威宁红岩乡布依族习俗》，载贵州省志民族志编委会编《民族志资料汇编》第六集（布依族），第105、109—110页，1988年（内部）印］

6. 平塘一带的禁忌

"濮晋"陈家与"濮金"陈家各有自己的"掌摩"先生。两支陈姓可以开亲。在丧葬仪式中两家的禁忌不同，"濮晋"做斋时可吃猪肉，"濮金"做斋时忌吃猪肉，只食菜油。

……"入殓"的禁忌是，死者的"寿衣"、"兜单"等物，外族人不得触摸，已经出嫁成家的姑娘也不行，因为她既已嫁出即变成外人了；同样，死者的亲媳妇，包括所有嫁进来的本家族媳妇，都可替死者整理衣服，因为她们已是本家族人。这种禁忌非常严格，若遇有的人家不懂如何在丧事中装扮死者，请家族外的老人指导时，这位老人只能站立一旁指导，"只能动口，不能动手"。

……（安葬毕，）此后丧家一个月内不许再请"掌摩"做任何其他宗教活动。家中不许吹号，吹唢呐，也不能唱歌，意思是让祖先安静一下。一个月后，禁忌取消。

［伍文义：《平塘县上莫乡布依族社会历史及婚姻丧葬》，载贵州省民族研究所编《贵州民族调查》之二，第415、428、436页，1984年（内部）印］

平塘县上莫乡的"中硐煤山"猎人，他们上山打猎时必须选择吉日出门，有的日子是忌讳出门的。吉日的推算方法是：把一年十二个月中，每一天每一天都以"泰安、流连、戌喜、赤口、大吉、空亡"六个日期按顺序周期运转。以正月和七月为例，初一为"泰安日"，初二为"流连日"，初三为"戌喜日"，初四为"赤口日"，初五为"大吉日"，初六为"空亡日"，初七为"流连日"……以此类推。其他月份的推算方法也与此相同。但第个月的第一天（即初一）为何种日期都是有规定的，这些规定是：

正月和七月初一为"泰安日"；

二月和八月初一为"流连日"；

三月和九月初一为"戌喜日";

四月和十月初一为"赤口日";

五月和十一月初一为"大吉日";

六月和十二月初一为"空亡日"。

以五月和十一月为例,初一为"大吉日",初二为"空亡日",初三为"泰安日",初四为"流连日",初五为"戌喜日"……推算时要以当时的月份日期为准,不能乱。

猎人们认为"泰安、流连、戌喜、赤口、大吉、空亡"这六个日期,是上山打猎的日期依据,而每个日期对打猎收获的影响是各不相同的。这六个日期分别有不同的说法。

"泰安身不动。"这一天,上山遇见的野物是站着不动的,所以好打,此日出门为吉日。

"流连在眼前。"即这一天上山遇见的野物会藏身,就是野物站在眼前也看不见,即使开枪也打不着。此日出门不吉利,猎人们不选择此日出门。

"戌喜摆眼前。"即这一天上山,野物会自己找来,猎人不用在山上费力奔跑,打猎最省力,此日出门为吉日。

"赤口要受伤。"即这一天上山,就是打得野物,猎人或者猎狗都要受到伤害,所以为凶日,忌讳出门,如果出门要特别小心。

"大吉"要多得。这一天大吉大利,有"'大吉'大吉昌,半路好商量,路上行人来报喜,食物在坤方"的谚语。此日出门,不仅一定有收获,而且打得多,还会打得大个的野兽。

"空亡不上山。"这一天上山打猎必遇不测,非但打不到猎物,而且猎人和猎狗都可能会遭受损伤。此日为凶日,是猎人最忌讳的日子,猎人这一天是不会出门的。

猎人选择吉日出寨后,往往在山上连住几天。在整个狩猎期间,若遇着"流连"、"赤口",特别是"空亡"这几个日子,他们就在山上休息,就是看见野物也不会开枪。等到吉日再开始狩猎活动。

[伍文义:《上莫乡布依族古代狩猎调查报告》,载贵州省志民族志编委会编《民族志资料汇编》第一集(布依族),第49—50页,1985年(内部)印]

7. 紫云一带的禁忌

禁忌很多,比如正月初一早上,女性不能先去别人家,先去了谁家,谁家当年不利;白天大人不能躺在床上,躺了田坎要垮;不能向大门外倒水,倒了洪水要冲坏庄稼;不能用嘴吹火,吹了房屋要被大风刮坏;不能扫地,扫了跳蚤多;不能开柜,开了要被贼盗等。正月十五以前,不能在院子里晒衣服、被子等,晒了要刮大风。破日不能出门,否则轻则伤,重则亡。新媳妇进家时,"四眼人"(孕妇)不能在场,否则新人命运不好。老人的寿衣和新媳妇的嫁妆忌"四眼人"摸,摸了要出怪。请媒人说亲要双数,半数将来要守寡。秧苗包穗不能坐门槛,坐了轻则肚子痛,重则谷穗不出。不能用脚踏在灶上,踏了灶神要整人。狗用爪刨家里地面或进鸡笼、灶孔,预报邪恶扰家,要请布摩杀狗送鬼,否则该户要遭殃。女婿和姑娘回外家期间不能在外家同宿,否则外家要败。平时外出看见山崩地裂、树林倒塌等等,口不能言,如若出了言,恶魔就会上身。杀年猪之日不能与祖宗亡日同日,否则犯杀祖之罪,等等。

[吴顺轩:《紫云县布依族》,载贵州省志民族志编委会编《民族志资料汇编》第一集(布依族),第 47 页,1986 年(内部)印]

8. 镇宁一带的禁忌

布依族"赶表"是有严格"族规"的,禁忌"乱来"。布依人将那些乱搞两性关系的人称作"毒蛇",即带有邪恶的"私儿鬼",要受到整个族人的歧视。

……正月初一不扫地,不见绳子和刀具等,初一至初三不动土,十五不动刀,十五以前不泼水出大门。扫寨后三日内不准外人入寨。不准在村头寨尾的"风水"处埋坟。"退鬼"时不准外人进家。每逢正月和腊月,不准外人在家里哭。妇女不能摸木匠、石匠师傅的工具。妇女不能回娘家生孩子。男人不准进产房。产期妇女不能走别家。未出嫁的姑娘死后不准从正门抬出,等等。

[马启忠等:《镇宁布依族苗族自治县的布依族》,载贵州省志民族志编委会编《民族志资料汇编》第一集(布依族),第 6、13 页,1986 年(内部)印]

革老坟的布依族,由于信仰多神,对死者也是奉为神灵的,不仅祭祀隆重,而且有许多禁忌。例如,不能由死者的小辈抬尸装殓,只能由死者的老辈来执行。守灵要席地而坐,不能坐高于棺椁(棺椁搁置在两条长凳上),不能高声武气,不能食荤,不能让头灯、脚灯熄灭,以及用最好的衣物装殓死者,为死者"念经"、"开路",等等,都表现了对死者的尊重,视死者为神灵,祝祷他的灵魂升天,归随祖灵。

因坟地为众有,而在阴府的亡灵也不可随意独占,须讲一定代价。这又反映了布依族祖先严格的众规众矩,也可以说是原始公社制的一种残余,亦可能是汉文化影响所致。这还反映在埋坟的一些禁忌上,比如,不管贫贱富贵,均不可在寨头上或寨子的风水处埋坟,那是公有的宝地,神圣不可侵犯。扁担山一带,如有侵犯公众宝地埋坟者,则全寨群起而毁之,也反映了寨纪寨规的严肃性。

[王芳礼:《布依村寨革老坟调查》,载贵州省志民族志编委会编《民族志资料汇编》第六集(布依族),第 63、64 页,1988 年(内部)印]

9. 贵阳花溪一带的禁忌

办红喜事时，只准唱歌说笑。婚礼酒宴期间，不准穿白衣，戴白帽，包白帕及戴青纱的人进入院内或男家室内。不准哭泣、乱哭，不准公开谈论病、亡、丧事等。

……丧葬禁忌：家祭、外祭之日，禁忌唱歌、诙谐逗笑；抬棺移动时，禁止放置地上；棺材上不准钉铁钉；禁忌倒淋狗肉汤及桐油；出柩时，棺材不能刮门枋、门槛等。

……春节不能杀白毛猪祭祖，要杀只能拉到房屋外面的院坝或菜园里去杀，不能进堂屋。

……正月初一，只复蒸腊月三十多煮的冷饭，不能下米重煮；从初二到初四，看准哪天是吉日，才能下米煮饭；初一不准扫地，不准将水往外泼，不准拿针线缝补衣服；不挑水，不到外面洗菜；初一至十五，不准震动地下，如果要动，须拿到一里以外。

[参见班光瑶、孙定朝、赵焜《贵阳市花溪区新民布依族乡竹林村调查》，载贵州省志民族志编委会编《民族志资料汇编》第六集（布依族），第131、144、145、149页，1988年（内部）印]

禁忌包括生活禁忌和生产禁忌。生活禁忌是人们在日常生活所严格禁止和忌讳的事以及说的话。每年的大年三十是除旧迎新的喜庆日，这一天晚饭前后，不论吃饭做事都不能摔饭碗、汤匙等，不准说不吉利话。他们认为，在这一天摔破了任何一件东西，都预兆着来年有灾。不仅年三十夜如此，从正月初一到正月十五都十分忌讳说不吉利的话以及摔破东西。人们常说："大年三十脚洗好，一年到头运气好。"这天晚上睡觉以前，都要将脚洗得干干净净；如果洗脚时已超过了午夜十二时，则不能倒洗脚水，只能存放于一个大盆中，否则就会倒走一年的财气。镇山村民们总是勤劳俭朴，一年忙到头，但是在每年的正月初一、初二及十五这3天，他们不用挑水扫地，拿针摸刀，也不用吃剩余的饭菜，更不能下地干活，因为这一切在这3天中都是禁止做的。他们不希望自己的后代像他们一样一年到头为生活所忙碌。据说正月初七是人的生日，而正月初八是谷子的生日，初七这天，村民们一般都不外出，坐在自己家中玩耍聊天，初八则不准摸生米，一家人出去走亲戚游玩，因此也就有了"七不出门，八不归家"之说。每个星期的赶场天，你若是到别家做客，进屋后必须坐下，不能站着聊天说话，更不许一脚站在门槛外，一脚站在门槛内，否则主人就会生气，甚至将你赶出门外。不论在什么时候，你都不能坐在自家或别人家的门槛上，特别是秋季，因为这样做就会挡住谷子及财气进屋。立房请客时，主人摆好的菜碗，客人不能随意动，更不能端碗泡汤。而饭后的碗筷，则必须顺梁而置，不能横摆。在村民的眼里，刚生了孩子的产妇是不干净的，因此对于坐月子的产妇也就了许多禁忌。出入房屋时只能走侧门，不能经过堂屋，也不能进灶房，不能上楼，不能在河的上游洗东西，甚至锅、碗、瓢、盆均与家人分开使用。男人一个月内不能进入产房。孩子出生后 3 天内外人不能进入家中，主人要在门口贴一小红纸表示孩子已经出生，若门口左侧贴着三角形红纸，便是生男，若门口右侧贴着正方形红纸，则是生女。逢年过节吉日杀猪时，必须一刀将猪杀死，不能补刀，否则不吉利。小孩不准吃猪肚子，未婚女青年不能吃猪脚。假若某一村民预定今日出远门，忽然发现有一乌鸦排粪于家门口，这位村民就会立刻改期出门，以避免发生意外。家人本来高高兴兴地围坐吃晚饭，如果刚丢下饭碗，便有一只公鸡鸣叫于门外，他们就要砍下这只公鸡的头，用木棍从颈部插入，将鸡头鸡嘴朝天插在附近的山坡上。

　　生产禁忌则是村民们在生产过程中所忌讳做的事。每年的第一声春雷响后，3 天之内不准动土，否则这一年会大旱，庄稼颗粒无收。假若今年是鸡年，则在逢鸡这天不准播种，即便播了种子也不会发芽，庄稼照样没有收成。凡戴过孝以及摸过死者的人，当年内不能再碰种子，也就是说不能再播种，因为村民们认为，摸过死人就会沾上晦气，再下地播种就会得罪老天爷，出现天干地旱影响整寨人的收成。土地爷生日的那天，家家要敬食敬酒、上香祭拜土地爷，而敬拜以后的 3 天内也不准动土，否则会激怒土地爷，全村人都得上街讨饭。

［李登学、李梅、张永吉：《镇山民族文化保护村调查报告》，载贵州省民族研究所、贵州省民族研究学会编《贵州民族调查》卷十二，第 466 页，1995 年（内部）印］

10. 水城一带的禁忌

　　春节期间有各种禁忌，如不准磨刀，不准做针线，不准推磨，不准挖土，不准向外倒水等等。禁忌从初一坚持到正月第一个“鼠日”。“鼠日”“放忌”（即解禁），布依语称“重倍”。此日由寨老先象征性地挖一些地，全寨人才能开始做农活，所有禁忌亦全部取消。

［伍文义：《水城特区猴场、红岩民族乡布依族婚俗与节日礼仪调查报告》，载贵州省民族研究所、贵州省民族研究学会编《贵州民族调查》之五，第 359 页，1988 年（内部）印］

11. 独山一带的禁忌

　　独山布依族在日常生活、生产中有一些禁忌，主要有：

　　婚事中最忌讳“白”的东西尤其是遇到“白事”（丧事），在恋爱、订婚、要八字、婚礼全过程中皆如此。

　　新娘出门和抬新嫁妆上路要回避“四眼人”（孕妇）。

　　新娘出门忌走另一新娘或送葬者当天走过的路，故有的在子夜出门上路，意即要避开这些不吉利的事。

　　孕妇不能串门，走亲访友；别人家办喜事，不准去帮忙，更不准摸嫁妆等物品；不准拿秤、渔网等物。

忌讳"红人"（未满月的产妇）进家进寨。若出现此事，认为是很不吉利的事，将会给自己的家和村寨带来"邪恶"、灾祸，必须要产妇请"鬼师"或"道士"扫家驱邪才能幸免。

产妇未满月不准出门，不准吃黏饭，只能吃糯米饭或糯米做成的其他食品，不能从神龛前走过。

"上门女婿"的妻子生育时，必须在村寨外或屋外另建房屋居住，不能在娘家房屋内生育；娘家人去探望未满月的外孙时，不能进入女儿的卧室，只能由其他人抱出来外边看；不能摸，更不能抱，否则认为小孩会有不幸。

大牲畜生产后，主人家要在门外插上用红纸剪成的小三角旗，让外人知道已有"喜财"，提醒人们不要乱闯进家。如果有非接待不可的客人时，就请客人帮忙喂幼畜，认为这样做以后就可以消除"邪气"对牲口的影响了。

忌讳抬空水桶进家。如果借人家的水桶使用，归还时，要么帮挑一挑水，要么放下扁担，用手提着空桶进家，否则就会给主人带来不吉利。

响第一声春雷时，麻尾、羊凤等地忌动土3天或7天。

山神树、龙脉地、土地庙等地禁止有不洁、污秽行为，并忌女性在其附近长时间逗留；媳妇不能同公公同桌进餐，不能从公公面前走过，公公在楼下不准到楼上，等等。

［唐合亮：《独山县布依族文化特点调查》，载《贵州民族调查》之八，第157—158页，贵州省民族研究所、贵州省民族研究学会1990年（内部）印］

此地结婚还有一个禁忌：在一个月之内，同时有几个姑娘出嫁时，都不得走同一条线路，要各走各的路，宁可为此而绕道。如果走同一条路，便认为先走的新娘已把好运气收走了，后走的新娘到男方家后就财运不旺，生活不美好。但如果是两个新娘不幸在途中相遇，相互间换一张头巾便可。

……若是父亲过世，孝子要在葬后49天之后才能剃头；而若是母亲过世，孝子要在120天以后才能剃头。其间不管头发有多长，也不能去理发。因此为避免头发过长，老人过世时，孝子一般都要剃头。老人过世后，3年之内，孝子在喝酒时，酒杯一般搁在地上，不与别人划拳或换酒；如果别人一定要换酒，孝子的杯子一定要端得比别人的杯子低，不能一般高或更高，有"孝子三年不能抬头"之说。孝子入席吃饭，只能面对神龛，背对神龛则为不孝。老人过世时要以白纸写对联，之后在3年内要用绿纸写对联，烧完香厅后方能用红纸写对联。

［覃东平：《独山县麻尾区布依族来源及节日婚姻丧葬习俗调查》，载贵州省民族研究所、贵州省民族研究学会编《贵州民族调查》之九，第63、66页，1992年（内部）印］

12. 三都一带的禁忌

结婚忌雷：

新娘在去丈夫家的途中或进家时，倘若遇天空雷鸣电闪，就认为是男女双方不是一方早逝，就是子女夭折，家庭不和睦。中华人民共和国成立前多要马上毁婚约。现在即使不毁约，也要请巫师来禳解去邪。

［唐合亮：《三都县周覃镇布依族生活习俗调查》，载贵州省民族研究所、贵州省民族研究学会编《贵州民族调查》之四，第319—320页，1986年（内部）印］

13. 安龙一带的禁忌

礼貌道德方面的禁忌：布依族是一个言行举止文明的民族……旧社会，不少姓氏、家族还把文明礼貌列入族谱中，以规范人们的言行举止。如在生活中须按辈分称呼，同辈之间、小辈对长辈，忌直呼乳名；不相识者按年龄论老称呼，忌使用"喂"、"你"等呼唤他人；与人同行，须让长者走在前，儿童居中，青年殿后；后生、晚辈在老人、长辈及客人面前，不能盘腿跷脚、吐痰及随意嬉闹等等。

由信仰产生的禁忌：如在"官厅"、"神棚"、土地庙、神树等地方，不准放牧、吐痰、大小便、嬉戏打闹、攀折等；"三月三"、"六月六"祭山、扫田坝，不准外出，不从外面拿东西回家，不准生人进寨。一些地方禁吃秧鸡肉和白牛肉。在南盘江一带，禁止移动火塘的铁三脚架，禁止踩灶等等。

［安龙县民族事务委员会编：《安龙县民族志》，第39页，1989年（内部）印］

第九章　祭司与巫觋

第一节　布摩

　　布摩也称"报摩"、"掌摩"等等。布依族把人、族等称为"布",因而主持仪式诵经者就被称为"布摩"。"报"的意思是成年男性,强调的是从事该职业者的性别和年龄特征;"掌"则是"匠人"、"工匠"之意,强调的是这类人从事的职业与一般的活计不同,需要进行专门的训练才能掌握此活计的技能。

　　也许是因为布摩主持宗教仪式,与鬼神打交道,所以过去布摩被很多文章写为"老磨公"、"老魔"、"鬼师"、"巫师"等等,均含有一定的贬义,实际上是把布摩等同于装神弄鬼骗人钱财的神汉,这容易使人们联想起一些民族中的萨满或巫师。应该说,布摩与萨满、巫师的确有一些相同之处,比如他们都主持宗教仪式,布摩有时也行使巫术等等。但布摩与萨满、巫师也有很大的不同。主要的不同是他们取得从事宗教仪式资格的方式不同。在信仰萨满教的一些民族中,据说人"出生时未脱胞衣者,长久患病或神经错乱,许愿当萨满后病愈者,都认为是萨满的神灵选中,只要请一老萨满为师,即可进行领神仪式",如此即可成为萨满。[1] 珞巴族中的巫师"爸目","先要发疯,裸体到处乱跑,自己抓破自己的身体,并敢于铤而走险去投江跳岩"。这样人们就认为他是神灵附体了,于是就让他向老"爸目"学跳神,成为新的"爸目"。彝族中一个人要成为"苏理"(巫师),一般开始时要患精神病,胡言乱语,说自己见到了死去了的某某"苏理"。[2] 总之,这些巫师在成为巫师之前,都必须发生过疾病、神经错乱等情况。布依族中,布摩的情况完全不是这样。一个人想成为布摩,只要他向"交摩"(即布摩中的头领或师傅)提出请求,得到同意后,先跟师傅学习宗教经典,能记住全部经典或能流利地诵读后,让其参加宗教仪式,见习和实习,直到能熟练地主持宗教仪式后,"交摩"就通过一定的仪式正式宣告他可以独立主持宗教仪式,正式成为布摩,并取得带徒弟的资格。

---

①　参见秋浦《萨满教研究》,第 60 页。
②　同上。

从职能来看，布摩与巫师也有区别。巫师的主要职能是通过各种巫术仪式以图替人消灾、祛病、祈福、驱邪等等，在这些巫术仪式上，巫师往往动作行为怪异、夸张，使人产生强烈的恐惧感。布摩的职能主要是超度亡灵，也主持消灾、祈福、驱邪等仪式，但布摩是以诵读相应的经文为主，主持仪式时举止庄重，态度严肃，使仪式笼罩着神秘而庄严的气氛。布摩经常主持寨际间或全寨、全宗族的大型祭祀活动，因而，把布摩汉译为祭司似乎更准确些。

[周国茂：《摩教与摩文化》，第65页，贵州人民出版社1995年版]

布摩，亦称"摩师"，汉语或称"老摩"、"老魔"、"摩公"等。布依族古老宗教职业者与传承者，多为自然领袖。主要为村寨、宗族群体或家庭主持丧葬仪式或为人们祈福禳灾等。拜"鲍尔陀"（也译"报陆陀"）为祖师爷。有严格的师承关系。拜师后，即经常学习经文，并经常参加宗教活动，亲身实践。在谙熟经文、能独立主持宗教仪式后，举行适当的仪式即可"出师"，取得独立主持宗教仪式和带徒弟、自立门户的资格。布摩主持宗教仪式时主要是诵经，法器甚少，主要有"摩剑"、卦板及鼓、钹、锣、铜鼓等乐器。

布摩经典卷帙浩繁，以丧葬经文为最丰。布摩在社会中属知识最丰富者，为人们主持仪式一般不收取报酬或只收取微小报酬，参加体力劳动，没有特权，而又积极主动地关心公益事业，因而受到人们的普遍爱戴和信任。阶级社会出现后，一些布摩往往也是地方基层首领。在与汉族的文化交流中，布摩一般也是汉文化的最初学习、吸收、掌握和传播者。他们学习汉语汉文，仿照"六书"造字法创造出方快土俗字。用汉字记布依语音的方式和土俗字记下世代口耳相传的经文。很多布摩学习了汉族的阴阳五行学说，也从事看风水、择日等活动。有的布摩同时是道士，能主持道场仪式。布摩也行巫术。但布摩与其他民族的巫师或萨满不同，无须处于精神错乱及迷狂状态。施行巫术时，布摩主要靠诵经和一定的象征性动作，以语言（咒语）的力量而不是怪异的动作去达到控制和支配施术对象的目的。

[《中国各民族神话与宗教大词典》布依族词条，学苑出版社1990年版]

鬼师、巫婆和阴阳先生，是该乡（望谟县乐康乡）各种禳解、祭祀、丧葬仪式的主持者，是人与鬼神之间、人世与阴间的传达者。

鬼师，当地布依语称"果魔"，汉语称"老魔公"。年龄不限，自30—85岁的都有，全为男性。该乡的鬼师在近、现代就有两种：一种是无文化的，一种是有点文化（读过私塾）的。先者全凭心记，巫词须烂熟于胸。后者则记于本本上，到时照本宣科，且加入一些道士先生（外乡的）书本上的东西。群众需要时，两种鬼师均可请，但不能同时请在一起做法事。个别禳解或祭祀活动需写字的，只有那些有文化的鬼师才能胜任。

鬼师没有组织的派别，各行其是，互不干扰。也不收徒弟进行传授。愿学者，便去当助手，鬼师行法前，帮助摆设桌子、饭碗、酒杯等；行法中，站在旁边悉心听、看。有些助手三至五年便可单独行法，成为正式鬼师，获得社会承认。有些则十多年也记不住那些巫词、咒语，只能继续给鬼师当助手。

鬼师平时参加劳动，须请方去，不主动上门服务。没有固定的报酬，行法后除饱食一餐外，通常只能得到一块鸡腿和几尺土布。尽管如此，鬼师仍有求必应，绝不斤斤计较，讨价还价，绝不因待遇菲薄敷衍了事。

鬼师为人解鬼，布依语称为"果蚌"，汉语称为"解邦"或"打老魔"。"解邦"时，仍着平常之装，没有专用法衣、法帽，也无专用法器。只有在扫寨时临时找一把马刀扛在肩上。查鬼的方法，是用一根细麻线吊住一秤砣或一把剪刀，鬼师依次念鬼的名字，如念到某鬼，秤砣或剪刀摆动，便认定是此鬼作祟。此称为"吊鬼"。然后依法禳解。鬼师对于巫婆还是尊重的。如事先请过巫婆，说是某鬼作祟，复请鬼师时，便不再"吊鬼"了。即对巫婆所指定之鬼依法禳解之。解一次鬼约需时二至三个小时，整个过程由"吊鬼"、杀鸡煮肉、摆桌、念咒、撒米、打卦等组成。

从全乡看，边远村寨的人，比较相信老魔公这一套，而乡政府所在地，近年来许多人已不相信老魔公了，特别是年轻一代。这是因为，经济条件较好，文化较高，接触外界较多，有一个卫生所，生病可及时得到治疗。一老农告诉笔者："老魔公'解邦'说的尽是好话，如人生病，他说不要紧，哪天哪天就好了。这样的话谁都会说的。"

〔赵崇南：《望谟县乐康乡布依族生活习俗调查》，载《贵州民族调查》之四，第 272 页，贵州省民族研究学会、贵州省民族研究所 1986 年（内部）印〕

第二节　"雅押"、"报押"及阴阳先生

布依族中，与其他民族的萨满或巫师类似的宗教职业者是"押"。有人称之为"迷纳"。"押"一般由女性充任，实际上就是女巫。成为"押"不需要专门学习，只要出现迷狂或神经错乱等症状，就可能认为有"独押"（一种神灵）附身。这个人就在家里设坛祭供，正式成为"押"，开始为人们算命、占卜和主持驱邪、祈福和禳灾等仪式。"押"在主持仪式时也表现为行为怪异、夸张，且没有经文，有的只会念诵一些短小的咒语或祷词。可见"押"与布摩有着明显的区别。

在一些地方，人们也把懂得阴阳五行和堪舆的人（男性）称为"报押"。这可能是受汉文化影响使然。因为汉族中的巫师多懂得阴阳五行和堪舆，他们在从事巫活动方面与布依族传统文化中的"押"相似，于是懂得阴阳五行堪舆的人便有了"报押"的

称谓。

[周国茂:《摩经：一种特殊的文化典籍》，第 56 页，贵州人民出版社 2006 年版]

　　雅牙，布依族宗教人员，相近于女巫，是布依族民间的占卜及退鬼神者，全系女性。一般为成人后突然重病一场，病愈即有巫魂附体，言语怪诞，自称是已故某巫师或布摩代言人。故而，家人为其立一"巫柜"（小木箱，形似神坛），挂在壁上，剪纸人、纸马与供品置于巫柜中，纸马用针钉住脚。如有人需找其算命问卜，在巫柜下烧纸点香，把钉住马脚的针取下，不论雅牙此时在田地劳动还是在邻里闲游，马上就会跑回家来进入灵界，充当某神巫的传话人，给求卜者指点迷津，卜算凶吉，有的对来自远方的生人之阅历、家庭情况能道出一二。

[《中国各民族神话与宗教大词典》布依族词条，学苑出版社1990 年版]

　　巫婆，布依语称为"鸦牙"，汉语称为"迷拉婆"。多为中年妇女充任，平时在家劳动，非请不至。巫婆法力比鬼师小得多，仅能"望鬼"、驱逐小鬼和为小孩招魂。

　　巫婆行法时，头戴法帽（无法衣、法器）。法帽用布做成，顶端尖，后面拖着两根带子，下齐腰，前沿垂一块黑布，帽子和带子都绣有花纹及几何图案。巫婆行法时，面前摆着小桌，上放钱纸，一筒米，三炷香插在米上，两杯酒，煮熟的鸡和猪肉等。还有一元二角钱放在米上。她坐在高凳上，将帽檐布挡在面孔，然后念咒语，拍脚打手，抖动身子，东倒西歪，跺脚等，模仿鬼魔附身。如巫婆认为是大鬼作祟，她不能降服，很快便收场，给病家说此乃某鬼，须另请鬼师方可使之就范。如巫婆认为是一小鬼，便继续搞下去，一般约需三至五个小时，长者十几小时，有时通宵达旦。

　　如某家小孩出了意外，如落水、滚坡、掉坎等，认为魂已"掉了"，当晚必请巫婆招魂（布依语称"油唤"）。招魂时，巫婆手提一竹篮，内放米饭，上插几炷香，几张钱纸，小孩衣服一件。招魂的地点多在村头。朝着小孩出事的方向，呼喊一阵。如小孩惊吓成病，招魂后未见好转，便请老魔公解鬼。

　　打"迷拉"一次的报酬一般为一元或一元二角钱，一筒米，一块毛巾。笔者在查阅该乡历史档案中，发现一份反映交相村"迷拉婆"王某平均每打一次"迷拉"，可取报酬 3.62 元，比"老魔公"要多一些。

[赵崇南:《望谟县乐康乡布依族生活习俗调查》，载贵州省民族研究学会、贵州省民族研究所《贵州民族调查》之四，第 272—273 页，1986 年（内部）印]

　　阴阳先生。在该乡（望谟县乐康乡）做阴阳先生的是那种年纪较大、新中国成立前读过私塾的人。他们为人们测日子、推"八字"、看宅基地、看坟山等，是群众社会生活中不可或缺的人物。

［赵崇南：《望谟县乐康乡布依族生活习俗调查》，载贵州省
民族研究学会、贵州省民族研究所《贵州民族调查》（之
四），第 273 页，1986 年（内部）印］

第三节　布摩与"押"的联系与区别

在布依族传统的民俗社会中，"押"与布摩的社会地位有很大不同。布摩无论在布依族文化的创造、传承还是在社会生活中都扮演着重要角色，有着较高的社会地位。"交摩"（布摩师傅或头领）往往还成为寨老或村寨的自然领袖，主持较大的社会事务活动、排解纠纷等等。布摩一般也是布依族中汉文化较高者。他们借用汉字并根据汉字"六书"造字法创造新的方块文字符号，将经文记录下来，后来的布摩就必须具备懂得汉文这个条件。这无疑促进了汉文在布依族地区的推行，并进而促进了布依、汉文化的交流。布摩及其所创造的"土俗字"，在宗教活动中和社会生活中有着重要的地位和作用，对布依族宗教经典的传承以及对布依、汉文化交流同样具有重要作用，使布摩及其所记录的经文成为研究布依族文化不容忽视的一个重要因素。而"押"就难得到此"殊荣"。

摩与押虽然现在有很大区别，但最初他们却是一体的，是社会发展到一定时期才发生分化的。

这要作一些回顾。

根据资料推测，摩的来源与布摩的祖师爷"报陆夺"及其同类性质的神祇"摩陆呷"有关。

在贵州省册亨、望谟等地布依族中，布摩也称"呷"。"呷"指的是"摩陆呷"。在布依族传说中，这是一个与报陆夺同时代的人，有的地方认为他是报陆夺的徒弟，也有的认为他就是报陆夺。不管怎样理解，布摩在主持仪式诵经时每当提到报陆夺，总要同时提到摩陆呷，摩经中报陆夺和摩陆呷总是对举。比如，摩经中总是出现这种情况：当人们遇到难题不能解决，就去请教报陆夺和摩陆呷。这表明，报陆夺和摩陆呷是有关联的。摩陆呷是与报陆夺属同一类性质的人物或神祇。

但在摩经中或布依族宗教和民间神话传说中，都已经找不到摩陆呷更多的线索。

壮族与布依族有着密切的亲缘关系，壮族也信仰报陆夺和摩陆呷。在布依族和壮族观念中，报陆夺是具有神性和超常智慧的人物。壮族中的报陆夺被汉译为"布洛陀"、"布碌陀"、"陆达公公"、"包老铎"等等，被神化为男性始祖神，流传很广。他的功绩是安排天地万物，造太阳、月亮、星星，射太阳，教人们捕鱼狩猎、造火、种植、造动物及家畜，并设定万事万物间的秩序。

　　在壮族中，摩陆呷（通常汉译为"姆六甲"）则被神化为第一代女性始祖神。与布依族中已找不到有关摩陆呷的神话传说不同，壮族中仍保留着有关这一女神的神话：天地分开以后，大地一片荒芜。后来长了杂草，草上开花，花里长出一位赤身裸体披头散发的女人，这个女人就是姆六甲。她派蜾蠃去修天，派屎壳郎去修地，结果天小地大盖不严，她就用手把心一抓，天地才盖严实了，但大地却因此起了皱褶，高的地方成了山，低洼的地方成了海、河、湖泊。她见大地没有生气，便受风怀孕，撒尿和泥捏成人。但这些人分不出男女，她又上山采来杨桃和辣椒，撒在地上由这些孩子抢，结果抢到杨桃的是女孩，抢到辣椒的是男孩。也许因为这个缘故，姆六甲在壮族信仰中被当做生育神。但从故事主干看，她是一个地地道道的女性始祖神。

　　到目前为止，有关摩陆呷的神话传说在布依族地区尚未发现，而在壮族地区，据说也是"不完整"的、零散的。[①] 这种情况的出现是很正常的。姆六甲作为女性始祖神，无疑是母系氏族社会的产物。按照壮族民间的说法，姆六甲是第一代神，是女性；第二代神有管天界的雷王、管下界的龙以及管人间和中界的布洛陀；第三代神是布伯。他接布洛陀的班，管人间和中界。既然姆六甲是母系氏族社会的产物，那么随着父权制的确立和发展，男性始祖神必然产生，人们对女性始祖神也就必然逐渐淡忘，以至有关女性始祖神的神话传说消失。如果说壮族地区姆六甲神话的"不完整"表现的是一种"淡忘"，那么布依族中的摩陆呷只在摩经中保留了名字而在人们的记忆中已经找不到相关神话传说，表明此类神话传说在布依族中已经消失。按照蓝鸿恩先生的推断，姆六甲神话演变下来，就成了壮族习俗中信仰的生育女神"花婆"。类似花婆的神祇，布依族中称"乜房"（直译为"母神"）。如果蓝鸿恩先生的推断正确，那么"乜房"的前身应该是摩陆呷，也就是说，摩陆呷是女性神，只不过他的名字早已被人们遗忘，只存在于摩经中罢了。

　　由此看来，摩陆呷与报陆夺并非一个人，而是两个人。根据人类社会和宗教发展规律，笔者认为，摩陆呷应该是在报陆夺之前就出现的布依族宗教祭司，也就是说，摩陆呷是布依族中最早的布摩。

　　母系氏族社会是人类最早出现的社会组织形式，这已是一个历史常识。而宗教的产生几乎与母系氏族社会同步。宗教史研究表明，宗教产生于旧石器时代中期或晚期，而这一时期，正是人类社会发展的智人阶段。由于智人阶段生产力的发展和开始实行族外婚，引起了社会结构的改变，导致了以母系血缘关系为纽带的氏族组织（即母系氏族）萌芽的产生。考古资料也充分证明，"氏族和氏族制的遗迹与宗教的遗迹一样都是出现于旧石器时代的中期和晚期，而且宗教的遗迹往往就是氏族的遗迹。"[②]

　　母系氏族社会形成时期，由于人们的思维能力低下，不能把自己和周围的自然界区别开来，还不能完全了解男女交合的生殖作用，当人们需要把自己氏族与别的氏族加以

---

①　参见蓝鸿恩《广西民间文学散论》，第 24、25 页。

②　吕大吉：《宗教学通论》，中国社会科学出版社 1990 年版，第 349 页。

区别而追溯本氏族的起源时，就很自然地联想起与他们生活关系最为密切的周围的动植物、天体或无生物等，并从中认定一种作为本氏族的图腾祖先。随着生产力和人们认识能力的提高，初民们支配自然力的能力也相应得到逐步提高。一方面，"妇女在氏族经济生活中的重要地位，自然受到尊敬，而子女是母亲所生的这一生理现象也是有目共睹的。原始人并不是完全陷于宗教幻想，也在不断地积累实践知识，所以开始注意女性在繁衍氏族中的作用，从而幻想出氏族与图腾动植物感触或婚配而繁衍人类的神话"[①]。另一方面，母系氏族杰出的女首领先是被尊崇而后是被神化，成为女始祖。

母系氏族社会的女首领同时也是宗教祭司。所以当她被神化为女始祖后，同时也被神化为宗教的创始人。

问题是：布依族摩教传说中，摩教明明是男性始祖报陆夺，摩陆呷虽然不分性别、含含糊糊地并列在报陆夺后边，但并没有突出表明其摩教创始者的身份，这是何道理呢？

我认为这是父权制代替母权制的必然结果。母系氏族社会女性具有比男性更高的社会地位，而在社会生活中扮演重要角色的必然是女性。但父权制确立后，男子在社会生活中渐居支配地位，因而主要的重大的宗教活动必然转而由男子主持，男权社会也必然产生相应的男性始祖神。这个神（报陆夺）创造了宇宙万物的同时，也创设了摩教，这样，摩教的创始人就从摩陆呷逐步变成了报陆夺。

我们都知道汉族古代有所谓"女巫"、"男觋"之说。《说文》："巫，祝也，女能事无形，以舞降神者也。"可见，"巫"是对能沟通看不见的神鬼的女性的称谓。

按清代著名音韵学家钱大昕"古无轻唇音"的说法，"巫"的发音似应为"mu"。在现代汉语中，"巫"发音为 wu，属零声母。王力先生曾对零声母的来源进行过研究，认为其来源之一是微母（ɱ），"ɱ"的发音方法与 m 相同，但发音部位和 v 相同，于是在北方话里逐渐变为一个 v，这个 v 从 14 世纪中原音韵时代起一直保持到 17 世纪，然后才变成为半元音 w，最后成为元音 u（韵头或全韵）。[②] 由此可以推知，14 世纪以前，汉语中"巫"的发音仍为"ɱ"，与"姆"（摩）的发音 mu 或 mo 近似。一些地区壮族的土语中，"巫"的发音也为 mo。由女巫演唱的"巫论"、"巫朗"，汉字虽记为"巫"，但读音为 mo，可见壮族女性宗教职业者还有被称为"摩"（mo）的。

布依、壮语和汉语同为汉藏语系语言，有很多同源词。因而"姆六呷"、"摩陆呷"中的"姆"或"摩"很可能与汉语"巫"是同源词。所谓"姆六呷"、"摩陆呷"应该是壮族、布依族原始社会崇拜的宗教首领或创始人。

……就布依族宗教来看，固然其中有很多巫的成分，但总体上与巫或萨满教有着明显区别，虽然社会上还有女巫"押"，但主持主要宗教仪式的角色早已由女性变为男性，仅仅在称谓上保留了"摩"这一名称罢了。

---

① 吕大吉：《宗教学通论》，中国社会科学出版社 1990 年版，第 359 页。

② 王力：《汉语史稿》上册，中华书局 1980 年版，第 131 页。

因为主持宗教仪式的宗教职业者被称为布摩，因此布依族的民族宗教也就有了"摩教"的称谓。

［周国茂：《摩经：一种特殊的文化典籍》，贵州人民出版社 2006 年版］

……总地看来，（布依族）大部分地区都有民间祭司——老摩（也称布摩、报暮、白摩）、迷拉（布依语称布押、丫押），并且几乎全部掌握祭祀活动，传授摩经经典以及讲述神话故事、古歌等。人们有病找他们，红白喜事找他们，他们成了农村的有名人物。

［黄义仁：《布依族宗教信仰与文化》，第 16 页，中央民族大学出版社 2002 年版］

第十章　原始宗教与社会经济文化

第一节　手工业祭祀

1. 石、木二匠开工仪式

（要建房屋时，）当必需的材料备好以后，即可择吉日举行动工仪式。无论石匠或是木匠，开工之前都要举行动工仪式。布依族石匠举行的动工仪式称"动土"，而木匠举行的动工仪式称"架马"。举行仪式后不一定马上开工，仪式上的动工只是象征性的，相当于城市里建造大楼时举行的奠基仪式。但"动土"不仅仅只是铲几铲土，其关键是必须下一个基脚石；同样，木匠的"架马"仪式也不能只是把木马架好完事，还得把主要的材料下好，放在木马上刨一刨、凿凿眼子。

仪式上，石匠、木匠都要祭祀祖师爷，相传，石匠、木匠的祖师爷都是鲁班。祭祀的目的主要是祈求祖师爷保佑工匠和主人平安，施工过程中不出差错和工伤事故。

〔周国茂主编：《中国民俗大系·贵州民俗》，第 111—112 页，甘肃人民出版社 2004 年版〕

要建一幢新房，除了必备的经济条件而外，还必须遵循一定的规矩和礼节。这体现着布依族人民根据地理环境，结合传统的生产方式和生活方式所形成的生活习俗。例如，未动工前，必须请本族布摩查看，按全家人的生辰八字推算出"动土吉日（砌屋基）"、"架马吉日"、"立房吉日"、"入宅吉日"等等。以后严格遵循此日期，不得提前，也不得拖延。

动土吉日也即"砌屋基"，布依语称"阁垫栏（guehdeenhraanz）"。在"动土吉日"里，请地理先生下罗盘定方位，然后由石匠开土安基石，俗称"定中墨"，再按中墨砌好屋基。屋基质量分为毛墙、层赶层、细钻墙等几种，以细钻墙为最佳，砌好的石料不能钻进一只蚂蚁。主家选择哪种墙面，由家庭经济条件而定。

第二步是伐木备料。如在农闲，只要"伐木吉日"一到，届时通知寨上乡亲。布依族村寨都有互相帮助的传统，大家一起进山伐来所需材料。如遇农忙，则先由主家按吉日进山伐来一棵青枫木，待到农闲时接着砍伐即可。解放前主要使用杉木，只要剥掉树皮即可加工；现在改用青枫木，要先将木料泡水数月方可加工，据说这样可避免开裂和虫蛀。加工木料有专门的仪式，称为"架马"。

"架马"仪式，布依语称"奥马"（aulmak），意为"要墨线"。仪式在新屋基上举行，用八仙桌一张，上置"插香米"一升，酒三碗，饭两碗，还有墨斗、角尺、斧头、木锯、推刨等木工用具。由木匠用公鸡一只，杀来供祭鲁班，也请"播台"同时享受，请他们保佑工程顺利。"播台"是传说中的布依族木匠师傅。经此仪式，木匠方可弹墨开工。

［伍文义：《上莫乡布依族住房建筑调查》，载贵州省志民族志编委会编《民族志资料汇编》第一集（布依族），第81—82页，1988年（内部）印］

下石：屋基选择好后要举行下石仪式，形似国家工程中的奠基仪式。在择定的土地上放置八仙桌，摆上祭品祭神，并放置石匠师傅的工具。师傅口中念念有词。祭毕，主人要包一红封（16元至160元不等）送给师傅，红封内钱的数目必须有 1 和 6 两个数字，预示着主人家将来"有衣有禄"。

架马：架马的仪式和下石的仪式基本相同，只是所敬鲁班时的工具不同而已。整个仪式，由木工师傅主持，桌上要放置木工师傅的斧头和凿子，送给木工师傅的红封与前相同。架马仪式结束后，木工师傅就可以进行备料和排扇了，只待完工后选择吉日立房。

［李登学、李梅、张永吉：《镇山民族文化保护村调查报告》，载贵州省民族研究所、贵州省民族研究学会编《贵州民族调查》之十二，第449页，1995年（内部）印］

2. 建新房的"祭先"、上梁与开财门仪式

立新房首先要择好吉日，布依族中，庆典日子要请阴阳先生或布摩择定。在庆典日的前一两天，木匠师傅已把柱子和穿枋穿成排扇，以堂屋为中心，柱脚朝里柱尖朝外平放在地上。立房当日的清早，木匠师傅在堂屋中的神龛处设案祭祀鲁班先师和祖宗，布依语称为"祭先"，祈求鲁班先师保佑立房平安，保佑主人家和工匠日后顺利，家业发达。这时，帮忙立房的寨邻和众亲友们，用绳子、竹套等套住柱子顶端，各就各位，拉住绳子和竹竿，听候木匠师傅的命令。木匠师傅祭祀完毕，大喊一声"起！"顿时，鞭炮声、鼓乐声齐鸣。众亲友齐声附和着木匠师傅，有的拉紧绳子，有的从柱子下使劲往上抬，按从左到右的顺序把两边的排扇立起来，再穿上楼枕，把房架固定。新居周围，挤满了妇女、儿童、老年人和吹鼓手们，人们脸上洋溢着幸福的微笑，唢呐声欢快激越，在为立房的男人们加油鼓劲。

　　房架立好后，大约到了正午时分，主人忙安排众亲友吃中饭，以便进入下一个仪式程序——上梁。

　　吃完中午饭后，众亲友们重新聚集到新房处。这时，除本寨乡亲和已于头天晚上先期到达帮助立房的至亲好友外，还有很多闻讯刚刚从各地陆续赶来参加庆典的亲戚朋友。吹鼓手们吹奏得更加热烈了。在新房的中堂，木匠师傅正准备加工大梁。主人在中堂供桌上摆上供品，再次祭供祖先和鲁班先师。木匠师傅手拿斧头和凿子，主人则跪在神案前。木匠师傅祷告后，诵《开梁头歌》，主人则作相应的回答。

　　木匠问："一开梁头，主家儿孙辈辈中诸侯；千年发富，万年生辉。主人家要富还是要贵？"

　　主人答："富贵都要！"

　　木匠师傅于是用斧子凿开梁头，主人用衣兜将木渣接住。

　　木匠又唱："二开梁腰，主家儿孙代代佩金刀；三开梁尾，主家儿孙代代仕高位。主人家要武还是要文？"

　　主人答："文武都要！"又接住木匠师傅凿开梁腰、梁尾的木渣。

　　开梁仪式结束，木匠开始加工大梁。加工完毕，木匠在大梁中央包上一个红梁包。首先将一枚银元扎进大梁的中心线，然后将两支毛笔、两锭墨、一小包茶叶以及一本头大尾大（即农历正月和腊月都大）的历书放在一起，用一叠纸钱盖好，然后，用一块方形红布包成菱形，四角用银元扎好固定在大梁中心。菱形的四角吊上用五色彩线扎成的耍须。梁包中包进的物品含有对主人家儿孙代代丰衣足食、发财致富、飞黄腾达的良好祝愿。之后，又用一匹一丈二长的红布（贞丰等地用自织自染的蓝靛土布）缠绕大梁。一边缠一边唱《缠梁布歌》：

　　"福以！走到中堂看四方，梁头盖起绫罗绸缎一张张。不提绫罗绸缎犹自可，提起绫罗绸缎根由长：王母娘来王母娘，生下小姐在各乡。生下小姐手灵巧，又会织又会纺。纺车架在堂屋头，织机摆在屋中央。一天织得三丈五，两天织得八丈长。中间织有凤凰舞，两边织有桂花香。织了三天零三夜，织出绫罗绸缎一张张。拿到黄河去浸水，布比黄河水流长；拿到竹竿上去晒，盖过东海太平洋；拿到染缸去下染，染出绫罗绸缎一张张。今天绫罗绸缎拿到此，主人拿来盖大梁。盖了一层又一层，好比金瓦盖麒麟；盖了一段又一段，好比金瓦盖宫殿。盖了脚来又盖巅，主家富贵万万年。"

　　缠完大梁，木匠抱来一只大公鸡，站在大梁边上唱《凤凰鸡歌》：

　　"福以！此鸡，此鸡，此鸡不是非凡鸡，头戴红冠子，身穿五色六毛衣。别人拿它无用处，主家拿来站大梁。福以！走到中堂看四方，梁上站着一只金凤凰。不提凤凰犹自可，提起凤凰根由长：凤凰山上出凤凰，出有三只金凤凰。一只飞到天上去，指派日月放金光。一只飞到海中去，统管海洋和大江。一只心想凡间人，一翅飞来站大梁。一面点头一面叫，主家富贵与天长。"

　　木匠师傅在唱《凤凰鸡歌》时，年轻力壮的小伙子们已经爬到了两边中柱头上，抓住套好梁头的绳子。木匠唱完后，将公鸡放在大梁上站着，然后一声令下："起！"中柱顶端的小伙子们争先恐后往上拽绳子，几下子就把大梁拉上去了。之后，把装满粑粑的口袋吊上去放在两边梁头上。接着，石、木二匠分别从两边登上梁头，一边登一边对唱"四句"（即类似于《缠梁布歌》、《凤凰鸡歌》等的祝福歌，俗称"四句"）。爬到顶部后，骑在梁头上，继续对"四句"。这时主人跪在两边中柱下，牵着衣兜，等待石、木二匠抛下"富贵粑粑"。石、木二匠到梁头上唱的第一首便是《富贵粑粑》：

"福以！走到中堂看四城，'富贵粑粑'白如银。不提'富贵粑粑'犹自可，提起'富贵粑粑'有根由：神农黄帝治五谷，治起五谷养万民。凡民布依自聪明，精耕细作勤耕耘。正月十五去要水，二月十五把田耕。三月十五去下种，四月十五秧苗青。五月栽秧闹盈盈，六七月间栽封林。八月稻谷黄铮铮，五谷丰登喜人心。一线（穗）结有一百颗，一颗称来有半斤。太阳出来当空照，场上晒谷一层层。谷子拿到碓窝舂，谷壳脱尽现光身。呼呼哗哗风车过，颗颗出来白如银。盘江河水来淘净，杉木甑子大火蒸。粑粑槽中白生生，粑粑槽中香喷喷。蜂糖沾手分各个，蜂糖沾手各个分。捏成'富贵粑粑'十二个，十二个'富贵粑粑'亮晶晶。粑粑拿来做哪样？主家拿它来抛梁。"

抛梁粑有大的有小的，大的如碗品，小的如饼干，都画上了五颜六色的图案。唱完，石、木二匠师傅抓起大粑粑往跪在地上的主人的衣兜里扔，边扔边唱："粑粑一对，荣华富贵！粑粑一双，子孙满堂！"主人一边接一边说："谢你金言！"之后起立，将粑粑收好。石、木二匠一边继续对唱，一边向参加庆典的亲友人堆中抛撒粑粑。人们群情激昂，争抢着象征吉祥的抛梁粑。这时石、木二匠的对"四句"纯粹成了一种智力和口才的竞赛，一个的嗓音刚落，另一个就接上了。看谁的"四句"最多，看谁说得最精彩。听众们欣赏着，品评着，每到精彩处，则报以会心的微笑和喝彩。

"四句"的段子很多。其实好多都是同一个主题的不同唱法。除了前面介绍的几首而外，比较有代表性的还有吟咏大梁为主题的《大梁歌》：

"福以！远望蓝天亮光光，近看新房喜洋洋。主家房子修得好，胜过官家高楼房。房前清清一汪水，好比明镜一面亮晃晃。房后高高山一座，好比凤凰展翅飞远方。一不慌来二不忙，三步两步进喜堂。走进喜堂无别事，主公请我来上梁。脚踏云梯步步高，手掌仙树摘仙桃。脚踏云梯步步乘，手掌仙树摘仙星。不提上梁犹自可，提起上梁有根由：大梁原是檀香树，原是檀香树一根。它在太阳月亮宫中长，它在太阳月亮宫中生。左边叶子有太阳，右边叶子有太阴。三十六丫朝天长，三十六丫朝地生。盘古开天那一年，檀香树种降凡间。日月星辰看见长，地脉龙神看见生。正月盘芽二月生，二三月间出土生。三四月间是嫩树，五黄六月树成林。八九月间树尖冒，十冬腊月高齐天。华弥山上长成树，华弥山上长成林。人人去找檀香树，不知檀香是哪根。只有鲁班聪明巧，指定檀香树一根。大斧砍了三月整，小斧砍了半年余。三十六人抬上马，四十六人闹喧天。上梁已毕，万事大吉！"

举行了上梁仪式，新居就算是落成了，接下来是盖房、装修。这些都做完以后，往往还不能马上搬进去住。布依族中，装好大门后，还得举行"踩门"或"开财门"仪式。

开财门仪式上也要对"四句"。布依族中一般由木匠师傅和宗教职业者共同举行开财门仪式。大门关着，木匠师傅站在屋里的大门后，另一个站在大门外。

仪式开始，站在门外者大喊三声："开门！开门！开门！"

里边的一方问："你是哪里来的人？"

外答："我是天上来的财帛星！"里问："你来做哪样？"

外答："我来给主家开财门！"

这样一问一答，最后里边的人把门打开，并唱："我把财门两扇开，世代儿孙广招财。"

外边的接着唱："你把财门两扇开，财星好来贺主人。祝贺主人生贵子，祝贺主人出贤孙。十一二岁中秀才，十三四岁中举人，十五六岁得进士，十七八岁点翰林。天上财星来朝贺，春满乾坤福满门。"

跟上梁的对"四句"一样，这里的对"四句"也有斗智比口才的性质。段子也很多，较有代表性的还有一首《开财门歌》：

"福以！檀香树木一根根，檀香树木笔挺挺。长板解得千千万，短板解得万万千。长的拿来做门条，短的拿来做门心。两扇金门光生生，两扇金门生碧辉。左边刻有石狮子，右边刻有玉麒麟。早上开门金鸡叫，夜晚关门凤凰归。主家六畜日日旺，主家富贵万万春。"

[周国茂主编：《中国民俗大系·贵州民俗》，第 112—118 页，甘肃人民出版社 2004 年版]

清镇布依族建房过程：

布依族人家修造住房非常讲究，从开始动工到搬进新居，要经过择屋基、择吉日、建屋基、架马、立柱、上梁、钉大门、迁居等步骤，并且在每道工序开工之前，均要举行庄重的仪式，玄妙而有趣。

①择屋基。布依族信仰世代相传的风水术，在修建住宅前，先要请风水先生选择既"乘地之气"又"纳天之气"的地点作为宅基地。据说，选择这样的宅基，受兴旺之气的庇护，才会兴旺发达，世代昌盛。宅基地点确定后，风水先生还要根据住宅主人的生辰八字确定住宅的坐向，选择开山动土、架马、立柱等事项的吉日良辰，然后才一一按时动工。

②建屋基。动土安石前，主人把准备好的一只公鸡、一壶酒、一碗米、香、纸放在拟定建房的屋基处，摆上供品（一碗猪肉、一碗豆腐、一碗花生米或其他干菜、一碗米饭、一碗酒等）和石匠的工具，主人、石匠一道焚香烧纸，敬供山神土地神，将鸡冠上的血滴在酒碗里和石匠的工具上。若鸡冠子的血滴在酒碗里成团状，则表示吉利。随后，把鸡杀了，并将它提起绕屋基转一周。至寅时或卯时，在拟建新房堂屋的中间埋入一块石头。祭祀仪式结束后，从即日起，主人就可请人帮忙开石、挖地基了。……

③架马。按原先择定好的日期，主人先将一根拟作堂屋右侧面中柱的圆木抬到屋基

正中的木马上，再拿来一根预先准备好的竹子，剖成两块，一块与中柱一样长，叫长竿；一块五尺长，叫五尺竿。木匠按主人住房的高度（一般为1.68丈或1.88丈，最高为2.18丈）及楼高（堂屋楼高3.5—4米，两侧"小二间"楼高为2.2—2.5米），需要打眼子的地方，在长竿上打上记号。打完记号后，主人将准备好的一只公鸡、一壶酒、香、纸、刀头肉等，摆在拟建堂屋的正中处，同木匠一起焚香烧纸，敬供鲁班，并用鸡冠血滴入酒碗中，再滴在木匠的工具及柱头上，然后木匠用斧子砍除柱头。这一过程就叫"架马"。架马仪式过后，木匠即可以开始工作了。……要在立房吉日的前一天，把四列柱子排好架在架子上。

④立柱。立柱是建房中最重要的一个环节。立柱前，在堂屋中间设"鲁班桌"祭供鲁班——石匠用大桌放在正中，木匠用小桌摆在大桌的左边。石、木二匠的工具各摆在各自的桌子上。主人把准备好的猪头、猪脚、猪尾和装上粮食的斗、升子及主人的一套新衣服摆在大桌上，大桌后面绑上丈竿。小桌上，摆放主人准备好的一把伞、一床草席、一只公鸡、一块三斤以上的猪肉及一桌酒菜。然后将草席打开，围住小桌绑好，用木匠的五尺竿把伞绑在小桌后面正中，打开伞遮住桌上的祭品。主人和石匠、木匠焚香跪拜。此为"祭先"。祭拜后，木匠就用公鸡冠子上的血滴在酒碗内及木、石二匠的工具上，将鸡杀死，提起鸡从堂屋左边转到右边，然后用木匠的削铲将带血鸡毛钉在左排扇的二柱上，同时默念：

"吾是天上太白星，鲁班差我来检身；左手提个笼子鸡，右手提起虎现身；笼子鸡来虎现身，宰了你的头，隐了我的身；鸡血落地，邪魔妖怪化为灰尘。"

脚在地上画"免"字，接着，木匠提着嗓子说：

"弟子手拿一把锤，此锤不是非凡锤，鲁班赐我是金锤。锤一声，惊动天，天神土地得知闻；响二声，惊动地，地脉龙神得知闻；响三声，惊动人，亲朋好友得知闻，惊动亲戚全站齐。弟子金锤大声吼，亲朋好友请努力。一发天长地久，二发地久天长，三发荣华富贵，四发儿孙满堂，五发五子登科，六发六州状元郎，七发七个儿子中黄榜，八发金玉满堂，九发千年富贵，十发满堂文章。"

随后，一锤打在柱子上，大喊一声："起"，帮忙的人就把柱子竖起，先竖堂屋的两列，后立外两列。把榫头打归位后，准备上梁。

⑤上梁。上梁是建房中最热闹的场面。大梁一般由外婆家送来，以梓木为佳。上梁还要择吉时。木匠将大梁砍、推整理完成后，主人拿碎银、五谷盐茶、当年历书、两支毛笔、五色布、一尺二寸红布、四个毛钱，用红布包在梁中下部钉成菱形，表示吉祥如意。内亲内戚将送来的"红"挂在梁上。挂"红"要说"四句"。挂完"红"后，主人家将准备好的一把升子装着米端来放在梁的正中，把三炷香、一对红烛插在升子上，还要将"红封"放在升子里给木匠。在梁的中部和两端各摆上一个碗，倒入酒，主人家拿一只公鸡给木匠，用公鸡冠子上的血滴在酒碗里，焚香说祭梁"四句"：

"此木不是非凡木，生在天上梭椤树。又是何人见它生，又是何人见它长？四月春光见它生，露水娘娘见它长。张郎过路不敢砍，李郎过路不敢行。只有鲁班佛法大，手提银斧到山林。寅卯一年砍一斧，寅卯二年砍半边。砍了三年才砍倒，又将小锯切了巅，切了两头要中间。逢中给它一墨线，两头给它二墨钎。三十二人推上马，锛锄斧头闹喧天。斧头砍来锛锄锛，推刨口内起光身。自从今日上过后，秤称银子斗量金。"

说完后，木匠拿起斧头敲梁一下喊声"起！"大梁在众人的帮扶下缓缓升起。大梁的根部代表主人家，尖部代表外家。据说，哪头先落榫就是哪家好，所以，一般不能抢先落榫，要一起同步落榫，意思是哪家都好。大梁落榫后，主人将糯米粑切成片块分成两提篮（有的用高粱粑），并在篮内各放入两个碗口大的糯米粑，称"梁粑"，在梁的两头各放一提篮。石匠披着红站在西边，木匠披着红站在东边。共同拜礼后，两人交叉走，石匠走东，木匠走西，对说"四句"。

西边说：

"你在东来我在西，二人挽手爬银梯。脚踏楼梯步步高，手扒仙树摘仙桃。"

东边说：

"脚踏楼梯一步走，喜临门双福双寿。脚踏楼梯二步长，主家请我来抛梁。三步登高上楼来，主家梁上我安排。今日把它安排好，荣华富贵从此来。"

一个说完后，另一个接着对，如果对不上，就要受到观众的取笑。把"四句"说完后，石匠、木匠请主人站在中央，并说："主人房子四角四方，要请主人跪中央。"在主人的背后拴着围腰，一边一个人扶着牵起围腰角准备"接金银财宝，讨口封"。石匠、木匠把梁粑抛在主人家的围腰内，说："我今赐你一锭金，荣华富贵管万民。"撒几把给主人后，就撒向房屋四周，边撒边说："一撒东，子子孙孙坐朝中；二撒南，子子孙孙做高官；三撒西，子子孙孙穿朝衣；四撒北，主家发财了不得。"众人争抢，谁抢得越多表示越吉利。据说得梁粑者就会心想事成。

⑥钉大门、开财门。把梁粑撒完后，就钉大门。木匠说："手提斧头白如银，主家请我钉大门。手提钉子十二颗，钉起就是状元门。"

把大门钉好后随即开财门，一人在外，一人在内，一问一答。

门内问："耳听门外闹沉沉，不知门外是谁人？你把根源说我听，我来给你开财门。"

外喊："开门！开门！"

内问："你是哪里来的人？"

外答："我是天上来的财帛星。"

问："你来做哪样？"

答："来给主家开财门。"

问："你是从山路来还是从水路来？"

答："从山路来，也是从水路来。"

问："山路有几十几个弯，水路有几十几个滩？"

答："我从山路来，烟雾沉沉不见弯；从水路来，水浪滔滔不见滩。"

问："你从山路来有何人把路口，从水路来有何人渡船？"

答："我从山路来有山神土地把路口；从水路来有水浒三官来渡船。"

问："是何人与你带路，何人与你来踩门？"

答："八洞神仙来带路，魁星与我来踩门。人之初，性本善，开一扇，留一扇。孟子见梁惠王，两扇打开又何妨。"

随后，房子里面的人便把大门打开。

⑦迁新居。房子装修好后，要择期迁新居。日期一般选在农历的腊月，忌在二月、八月迁居。搬家前要请布摩安家神（神龛），用红纸书写神龛牌位贴上。一般写法为：中间写"天地国亲师位"，两边是神位。一幅"敬天地天恩地厚，祀祖宗祖德流芳"的对联贴左右两边，横额为"祖德流芳"。神龛下面是土地神位，正中写"镇宅长生土地瑞庆夫人之神位"，在"长"字右边写"安"字，左边写"妥"字，又在"安"、"妥"二字顺下写"招财童子"、"进宝郎君"。土地牌位两边的对联是"土产无价宝，地生有道财"，横额为"金玉满堂"。大门对联有"迁居正逢黄道日，进房正遇紫微星"，横额为"大吉大利"等。大小门和窗子对联一般都是"七言"或"五言"句，有新有古，各自选择。

搬家的时辰一般都以子、丑、寅、卯时为佳。主人家要做好一甑饭、一桌菜，准备一挑水，用草包起火。到时辰后，帮忙的若干人背起饭菜，挑起水，拿起火炮香烛、厨房用具及家具、粮食等，一道搬到新房（表示人不管在什么地方，都离不开金、木、水、火、土，到什么地方都要把它们带走）。

进新房以后，主人将准备好的祭品摆在堂屋中的八仙桌上，除了有8个菜外，要摆饭4碗、酒4杯、筷4双，分别搭配好，烧香9炷（神龛上面正中插3炷，两边分别各插1炷，门前、厨房、牛圈、神龛下面各1炷），焚烧钱纸敬供天、地、菩萨、祖宗（4杯酒、4碗饭、4双筷表示主要敬的是这四位）。敬供完后，主人面对神龛拱手作揖3次，磕头3次，随后分别奠杯中酒，动一下菜碗和饭碗，表示主人的心愿，望今后主人事业顺心如意，财源茂盛，人财齐发，大展宏图。祭祀完毕，鸣炮祝贺。众亲友随即前来祝贺。

［王光兴：《玄妙有趣的住房建筑》，载清镇市民族与宗教事务局、清镇市布依学会编《清镇布依人》，第42—47页，1999年（内部）印］

"立房"是建筑过程中最隆重的仪式，布依语称"诺阑"。由于立房吉时都选在天亮时分，所以主要亲戚都在头天晚上到来。特别是舅爷和姑爷要吹着唢呐，送来礼物，成群结队前来庆贺。主家置酒肉热情招待各方亲戚，木匠也需在头一天装好房屋构架，以待吉时立房。

亲戚中以舅爷最为特别，新房子的大梁木料是由他送来的。舅爷所送的梁木也有一定规矩，要选择生长茂盛，大小适中，树尖从未断过的杉树。表示女婿家起了新房后，也会像这棵杉树一样旺盛发达。伐木时，第一斧砍下的木片与树的尖心，与梁木一起送到女婿家。路上梁木要用红布包裹，表示红喜，并请人吹奏唢呐相送。

当晚，主家于新屋基上燃起几个火堆，让各方亲戚围坐旁边进行唢呐吹奏比赛。主家也请有一对唢呐相陪，但不参加比赛，以示尊重宾客。据说，比赛的规则是谁的歌多、调多，吹到天亮不准重复，谁重复吹奏就算输家。人们以此助兴，庆贺修建新房。次日凌晨的立房吉时，先由木匠手持公鸡一只举行"引煞"仪式。木匠念的咒语是："此鸡此鸡，不是非凡鸡，别人拿你无处用，我用来做'引煞鸡'。引你天煞地煞出，年煞月煞出，日煞时煞出。别无禁忌，大吉大利。"念毕，把公鸡杀死，将鸡血依次点在柱头之上，到最后一根柱头时，大喊一声："起！"帮忙的人挡柱的挡柱，拉绳的拉绳，撑竿的撑竿，把房架抽立起来。房架立好后，燃放鞭炮，通知寨上新房已经立好。

当天还要举行上梁仪式。梁木的修整有一定规矩，刮下的树皮在当年除夕之前不准用来烧火。梁木修整好后，要用随梁送来的木片和树尖各一块，毛笔一双，墨两锭，梳子、篦子各一件，银子一块，黄历一册，以及茶叶、五谷等物少许做成一叠，放于梁木中部，外用布料包上3层。第一层为蓝布，第二层为绿布，第三层为红布，俗称"红盖面"。

"上梁"吉时一到，有唢呐、长号等传统乐器伴奏，燃放鞭炮庆祝。先由舅爷和主家各一人站在梁的两端，当木匠喊一声"起"，两人首先抬梁，旁边的人才能动手，把梁木拉上中柱头部安稳。接着是"撒梁粑"和"对四句"。

"撒梁粑"、"对四句"是仪式中最隆重之时。首先在堂房安八仙桌一张，上置插香米一斗、猪头一只以及酒肉等供品，由主家长子跪在供桌前方，等待"对四句"者的祝福。粑粑有大小两种，大粑粑3个，专丢给长子；小粑粑两箩，专丢给众人。

"对四句"由主家和木匠各出一人为代表，分从屋架两边走上梁头，每一步对词一首。当走到梁头站立其上念完贺词后，先向主人丢大粑粑3个。主人得到大粑粑后用布包起来，表示接受贺词。（这3个大粑粑要待酒期结束后，由主人送给木匠作为谢礼。）接着，把小粑粑撒向四面八方，围观的人不分男女老幼都可参加哄抢。撒粑人也可利用不同方向进行挑逗，使人们越抢越热闹，届时欢声笑语一片。抢得越热闹，表示越吉利。主人家故意用小硬币包在小粑中，据说能抢到有钱的粑粑者，他在当年的农事和生意都会更好。

"对四句"有专门唱本，碉头大队布依族陈定陆家藏有一册，为手抄线装本，内容很似古代宫廷的一种"上梁文"，但不知何时传入民间。现将内容抄录于下。

《歌书梁本二十篇》：

"师人上梯，食兮发兮。脚踏云梯步步高，脱了蓝衫换紫袍。上到头川到二川，世代主人做高官。上到三川到四川，富贵荣华万万年。弟子站在梁头上，恭喜主人买田园。自从今朝来过后，儿子儿孙做高官。

"福语已毕，上上大吉。

"福语，半夜起来金鸡叫，正是吾师立柱时，左边起的金银柱，右边起的琼瑶桩。上出杖元，积起金银无处用，买田买地与后人。上头买齐云南省，下头买齐北京城。人王皇帝做买主，文武官员做中人。今日主人来主柱，众位乡亲齐用心。多承老幼来到此，用了气力费了心。

"开口三声唱梁头，世代子孙做公侯。此鸡此鸡，不是非凡鸡，头是高冠子，身穿五色绿毛衣。王母娘娘亲手记，昆仑山上换来的。日在昆仑山上叫，夜在凤凰脚下啼。开口朝天叫一声，子孙世代出公卿。凡人得你何处用，弟子将你做点梁鸡。一点梁头，世代儿孙出公侯。二点梁腰，世代儿孙富发豪。三点梁尾，世代儿孙中文魁。

"福语正梁，正梁在何处？长在何方？大梁生在昆仑上，三梁生在旷野山。何人见你生？何人见你长？天地日月见你生，露水茫茫见你长。张郎路过不能砍，李郎路过不能量。只有鲁班神通大，砍与主家做栋梁。大吉大梁，大吉大梁。

"福语，斧头宰下生富贵，主人抬起凤凰梁。三十多人抬不动，四十多人抬到堂。先锯头，后锯尾，去了两头要中间。斧头过来闹洋洋，锛锄过来闹尘尘。天天又将刨子来推至，墨绿坐在中央间。文武百官两边望，后代文官出状元。富贵荣华，连升三级。

"福语，主人挂你一件红，挂在梁腰像条龙。三人缠起两根线，摇摇摆摆似金龙。一张桌子四角方，张张治下鲁班装，上头摆起'炎河'酒，中何摆起一炉香。

"福语，日吉时良，天地开张。吾师到此，世代荣昌。龙凤一叫金鸡叫，正是皇王登殿时。书生听见金鸡叫，正是主家上梁时。一上全家生贵子，二上全家发儿孙。为可读，号六经，子子孙孙出状元。

"福语，太阳出来绿洋洋，周文武，称三王，照主家，立华堂。左右栋梁一齐起，好似官员在问门，主家造个书居美，木匠师傅听言音。曰南北，曰东西，鲁班师傅强十分。三光者，日月星，子子孙孙立朝庭。福语已毕，百事大吉。

"福语，大学之孔氏之遗书，这个房子修得有工夫。二轮子之巧，这个房子修得好。子路问路字经，篇篇阐发出得清。曰南北，曰东西，这个岭岭起旁峰。窦燕山，有义方，四根中柱顶中梁。八百载，最长寿，子孙代代富贵有。知某数，知某名，儿孙代代进朝廷。自从今天来过后，富贵荣华出公卿。福语已毕，百事大吉。

"请士说起，福语福语。请好谷雨下早秧，夫哥磨刀去种粮，春碓秋来磕成米，放在风簸吹掉糠。今日主人来立柱，一斗米粮放五升。三朝一齐化成酒，双手闭坛十里香。此酒将何用？主人将你点栋梁。一点梁头，儿子儿孙中文举。点梁已毕，上上大吉。万代富贵，连升三级。

"请士说起，福语福语。说酒洋洋，造酒将兮。别人造酒待朋友，主家造酒祭中梁。梁中三杯银花酒，谢过天地芝兰香。今朝香酒奠梁头，万代子孙做公侯。二杯香酒点梁腰，子子孙孙富发豪。称五代，皆有由，三杯银酒奠梁头，富贵荣华万万年。

"福语，好贤君子请来说，中不偏，庸不易，上梁粑粑以手提。作大学，有周易，三易强，儿孙代代立朝堂。黏米抬来七八斗，糯粑取来七八双。经字通，考世系，今朝中堂上栋梁。送你主家一双金粑粑，子孙中梁花。送你第二双，富贵满朝堂。送你第三双，牛马满山岗。送你第四双，子子孙孙是福郎。福语，木匠留一双，回去买田庄。孟子见梁惠王，代代子孙造华堂。木匠留二双，牛马满家乡。粑粑将来抛上天，天地神仙得吉沾。粑粑将来抛下地，地脉龙神保安康。粑粑撒五方，九男二女满中堂。东方撒把金，子孙中高官。西边撒把银，子孙进朝廷。自从今朝来过后，富贵荣华万万年。福语已毕，百事大吉。

"福语，太阳出来绿洋洋，照见主家立华堂，左边立起龙凤亭，右边立起五谷仓。龙凤亭，五谷仓，手提粑粑守大梁。今日上梁，晨风吉利，儿孙代代出朝中。福语福语，皇帝送对金银粑，庆贺王侯宰相家。文官武官震四方，后进侯伯爵子男。龙王府君送财归，喜见加官又晋爵。上边买齐云南省，下边买齐贵州城。自从今朝来过后，荣华富贵万万春。

"请士说起，福语。一不早来二不迟，正是主家上梁时，鹊在山中连连叫，马在槽中细细听。一不来，二不去，步步登高上楼梯。一上一步金鸡叫，二上二步凤凰飞，三上三步来早种，四上四步季发财。五上五子登科早，六上六步福禄高。七上七星配地斗，八上八千来教寿，九上九子来归位，十上十步状元红。

"时兮发兮过金桥，脱下蓝衫换紫袍，上到头川已富贵，上到二川已富豪，上到三川头上坐，五子登科坐朝中。福语，福语。粑粑一对，送给主家买田地，上头买通云南省，下头买通北京城。人王皇帝君主到，文武官员做忠臣。福语已毕，上上大吉。

"一张桌子四角方，桌子摆起酒一坛，下头横起一炉香。到香得香，能饱会香，起斟三献，遍满十方。福语已毕，上上大吉。

"太阳出来绿茵茵，手拿粑粑祭大梁。日吉时良，天地开张。清早起来路坎坎，鲁班打马出天门，金鸡叫进天门去，早落黄金夜落银。初一早起见四两，初二早起见半斤，初三初四过去捡，斗大黄金涌进门。金银将来何处用？主家将来立大房。福语福语，大吉大利。

"太阳出来绿洋洋，照见主家立金房。做不假来真又真，请个先生看地形，看朝山来得好处，看得前水洗汗巾。龙贺山头出富贵，白虎命前出行人。皇上走出金宝殿，主人才喜立华堂。立在龙头管天下，立在龙尾管万民。恭喜主家时运好，父子登科点中了。恭喜主家金银花，父子登科点中他。荣华富贵上场考，连升三级。

"福语福语，说酒洋洋造酒浆。别人造酒敬朋友，主家造酒祭中梁。金花香酒香梁头，世代儿孙做公侯。金花香酒香梁腰，世代子孙上三朝。金杯花酒敬梁尾，世代子孙中文举。福语福语，大吉大利。

"珍珠米，白如花，能哥巧儿做粑粑。粑粑拿来有何用，匠人制下抛梁粑。抛了东来又抛西，子子孙孙在朝庭，抛了西来又抛东，子子孙孙坐朝中。各位亲朋来捡起，恭喜主家得兴隆。主家双手来接起，一年更比一年红。福语福语。"

对词完毕，接着上"搭梁布"，俗称为"红"，此是亲戚所送的礼物之一。布料多用土布，以蓝靛染成，长约10丈，从梁中吊至地面。熟悉情况的人，只需看梁上的"红"有多少，就知道主家来客多少。经此礼节，才开始置酒待客。这就是"上梁仪式"。

往后盖房和装修，没有专门仪式。寨上乡亲都无偿帮忙。人们认为，这种事情家家都有，主家只招待一顿饭就行了。

为防雨淋，一般先盖房后装修。所用瓦片就地烧制，方便且便宜。但装修时全用木板。在今天森林已多遭破坏的情况下，木料比较难找了。

装好房屋后，主人也需按吉日入宅。仪式比较简单，只需在天刚亮时，先把日常生活用品如锅瓢碗盏等物搬进新居，并于火塘生火煮点东西，燃放鞭炮即可。寨上听到鞭炮声，便知道此家已搬入新居。

钉大门时，要举行"开财门"仪式。这在民间比较重视。届时请来各方亲戚，像立房一样置酒肉庆贺。仪式由木匠选择吉时先把做好的大门钉上，然后进行"开财门"仪式。有专门的"开财门"礼词，也一并抄录于下。

《开财门》礼词：

"请说开财门，踩门不是别一人。我是天上紫微星，开门过后财门春。秋季财门进五谷，冬季财门进金银。四季财门我踩开，户纳东西南北财。踩门不是别一个，我是天上文曲星。自从今日把门开，代代子孙状元才。富也来，贵也来，宝石照得万里来。踩门不是别一个，我是天上武曲星，文武官员一路行。我梦主家生贵子，又见主家翰墨林。前也兴，后也兴，其门发地八君臣。踩门不是别一个，我是天上福禄星。一请主家增福寿，二请主家六畜兴，三请兄，三及弟，四请四季广招财，五请五季官祝贺，六请九子坐龙庭。踩门不是别一个，我是天上玉帛星。主家当门有棵摇钱树，凤凰蹬在紫金藤。摇钱树，紫金藤，早落黄金夜落银。左脚踏门生贵子，右脚踏门出公卿。天无忌，地无忌，年无忌，月无忌，日无忌，时无忌。姜太公在此，百无禁忌。福语福语，大吉大利。"

"开财门"可和"入宅"同日举行，也可另外单独举行。

［伍文义：《上莫乡布依族住房建筑调查》，载贵州省志民族志编委会编《民族志资料汇编》第一集（布依族），第82—88页，1988年（内部）印］

竹林寨布依族起房造屋，不但在风格上讲究，而且还有一套讲究的习俗。架马、起房、上梁、钉门等都有一整套礼节习惯。当地有句俗话："要得发不离八"，意思是人财两旺。因此房屋檐柱的高度都不能离开"八"字。据调查，全寨共有二丈一八、一丈六八、一丈八、一丈八八4种高度。

建房须事先请先生择算吉日，方能架马动工。立房之日，三亲六戚、众位乡邻主动帮忙。正梁、燕梁、大门等一般不自备，都由比较亲近的内亲赠送。亲戚们送梁要吹着唢呐、鸣放鞭炮，并挂丈余红绸在梁上。正梁、燕梁须在立房的头一天或当天现砍，不能预先砍伐存放。梁是一幢房屋的最高领头，关系到这家人的安宁兴旺发达之大事，砍倒、削皮、修整到抬上中柱安放之前，均不能有人跨过。排列立柱时，须用红纸写上对联：

"立柱喜逢黄道日，上梁正遇紫微星。"

同时写"道好"、"道有"，还须将一床新草席卷起来立在新房中堂。传说战国时期，鲁班是最先建房造屋的有名木匠。这家请，那家请，鲁班太累了。有一次帮人立房，累了，睡得很熟，当他醒来睁眼一看，天快亮了，急忙披起衣服，拿起对联，就往木柱上贴，忙乱中把字都贴倒了。有人提醒说："先师，字都倒了！"鲁班说："倒好，倒有。"所以，后人立房时都备草席一床，贴上"道好"、"道有"，表示鲁班刚起床，引用他的吉语封赠主人家。

立房前的十天半月，木匠把所有准备工作都已搞好。头天下午，用穿枋穿扣柱头，按位置排列好，待吉日天快亮时，众乡亲一起帮助立房。届时木匠要举行"掩杀"仪式，将三脚木马放于新房侧面，用白米一升，在其上燃香点烛，摆好酒肉，杀公鸡，将鸡血滴在新房周围，然后用凿子将鸡及三张钱纸、生猪肉一片一并钉在木马上。同时念"掩杀咒"：

"此鸡、此鸡，不是非凡鸡。头顶红冠子，身穿五色衣。白日人间吃白米，晚来能报五更啼。别人拿你无用处，弟子拿来做个掩杀鸡。若有凶神恶煞，此鸡来挡，不与吾师主人相干，各宜远避。姜太公在此，诸邪回避，大吉大利！"

排列都立起后，用十来斤重的大木槌，捶击各部位，将柱头穿扣好，中间两列在先，左右两列在后。打槌时要念吉利词语，方能敲击。

"发槌词语"：

"天开地辟，日时良吉。皇帝子孙，起造高堂。先师架造，先合阴阳。凶星退位，恶煞暂藏。此间建造，永远吉昌。龙归石穴凤徙，吾巢茂荫子孙。诗曰：一声槌响透天门，万圣千贤左右分。天煞打归天上去，地煞打归地里藏。大厦千间生富贵，全家百行益儿孙。金槌敲处诸神护，恶煞凶神急速奔。"

上梁时，将两个三脚木马立在新屋中间，新梁放于木马上。用两支毛笔、两锭墨、几颗稻谷、盐巴、茶叶少许，用红布包在梁上，红布的四角分别用8个圆形方孔的铜钱钉在梁上。同时念"包梁吉语"：

"天今赐我一匹红，弟子拿来挂金龙。左挂三尺生贵子，右挂三尺出英雄。"

开始上梁时又须朗诵"赞梁吉语"：

"日时吉良，天地开张。今日赞梁，大发吉祥。不说赞梁由自可，说起赞梁有根生。此木生在悬岩上，一根生在云外层，二根生在苏州上，三根直透月里藏，四根西眉山上长，欢天喜地闹洋洋。鲁班骑马山前过，看见此木好做梁。大斧砍了三个月，小斧砍了半年长。三十六人抬上马，四十六人造成梁。杖杆五尺来比起，斧头砍得闹洋洋，锯子锯得喳喳响，推刨推得日月光。两头雕起龙牙像，中间雕起凤朝阳。龙牙象征生贵子，双凤朝阳状元郎。鲁班差我来赞梁，听我弟子说端详。此木生在何州地？西眉山上长成林。上有七枝朝北斗，下有九枝透天门。人人过此往前走，只有鲁班赶后行。相一相来看一看，得来此木好做梁。张良提斧来砍倒，鲁班提尺把墨弹。砍一砍来削四边，截去两头要中间。四十八人抬上马，斧头砍得闹喧天。两头锯起金龙口，封为黄龙管万年。"

"宴梁"又叫"祭梁"，即用绳子把梁拴紧，将要悬提上升之前，用酒肴供祭大梁。同时念诵吉利词语：

"事主赐我一把壶，正是金来又是银，上头打起笸箩盖，下头打起凤凰形。前日杜康造美酒，酒在壶中竹叶青。自从今日宴梁后，富贵荣华万年春。"

宴梁之后，用酒杯把美酒倾滴在梁上，称为"谢梁"。同时，念诵吉利"四句"：

"美酒谢梁头，子孙世代出诸侯。美酒谢梁腰，子孙世代挂紫袍。美酒谢梁脚，子孙世代入文学。美酒谢梁尾，子孙世代中武举。自从今日封赠后，富贵荣华万年春。"

"宴梁"、"谢梁"以后，接着行"鸡血点梁"仪式：将雄鸡冠子拍破，将鸡血点在梁上，同时封赠吉利词：

"此鸡、此鸡，不是非凡鸡，头戴红冠子，身穿五色衣。别人拿你无用处，我今拿你做点梁鸡。鸡血点梁头，子孙世代做公侯。鸡血点梁腰，子孙世代得官当。鸡血点梁尾，子孙官帽头上顶。自从今日封过后，富贵荣华万代春。"

"丝线缠梁"是上梁前的最后一道礼俗。此须将红、绿、紫线数根，把数枚铜钱串起来，系在梁上红布包的地方，同时念诵"四句"吉利语：

"一根红绳软如绵，将来黄龙背上缠。左缠三转生贵子，右缠三转状元郎。众位弟兄齐努力，扯起黄龙上青天。自从今日封过后，富贵荣华万万年。"

诵毕，亲戚朋友一齐用力，将梁提上中柱头安放。接着就是撒梁粑仪式，由木匠带着斧头，从排列柱慢慢往上爬，边爬边朗诵"四句"：

"上了头穿到二穿，主家世代出高官。上了三穿到瓜脚，子孙世代入台阁。一不早，二不迟，正是金梁就位时。斧头凿子响沉沉，恭喜主家福满门。脚踏楼梯步步高，脱下蓝衫换紫袍。自从今日封过后，福禄寿喜样样全。"

匠人一边诵词，一边将梁放入中柱头虎口处，敲击扣紧，再骑在梁上准备撒梁粑。木匠骑梁时要口颂吉语：

"天公差我来骑梁，听我子弟说端详。鲁班先师坐梁头，子孙世代出公侯。紫微吉星照梁腰，主家世代出高官。张良师傅坐梁尾，世代贤孙进武举。上帝差我来骑梁，二人对画福寿全。我画五男并二女，你画七子得团圆。"

颂词完毕，即开始撒梁粑。梁粑在立房的前一天，由主人家备好。糍粑切成一至二两重的小块，点上红、绿等颜色，装在箩筐里。同时做直径 20 厘米左右的大糍粑 3 块，放在梁上。有的亲戚也送来一些小块梁粑，到时一并抛撒。主人穿着长衫、系着腰带，跪在堂屋中间，面向大门口。他的左右两边，各站一人帮助牵着后衣襟兜起。木匠在梁上先撒两把糍粑，丢于主人衣兜里，再撒东、南、西、北各方。围观群众可抢梁粑。撒梁粑除木匠外，还可请族中小伙子帮忙。同时念诵吉语：

"三亲六戚站中堂，听我子弟说根源。不说梁粑犹自可，说起梁粑有根由。自从神农种五谷，轩辕黄帝制衣襟，有巢氏代制屋宇，伏羲姐妹制人伦。西眉山上田一丘，半边栽糯半边黏。黏米做饭养生命，糯米做粑抛金梁。众位兄弟闪开去，先送主人得一双。主人跪在华堂下，听我弟子说根源。仰望星天天赐福，低头望地地生财。财帛星君云中现，牵起衣兜接起来。左边送你一对金，买田置地兴儿孙。右边送你一对宝，吏部天官做阁老。又送一对玉麒麟，贵子贤孙入朝廷。再送一对金和玉，金玉满堂福满门。"

又云："吾是天上紫薇花，玉皇赐令我撒粑。主人跪在华堂下，侧耳细听说根芽。此糯原是非凡物，藏在西天王母家。嫦娥造了七昼夜，送来兴人撒梁粑。先送主人一对金，富贵荣华旺人丁。又送主家一对宝，仓廪府库装不倒。亲戚朋友散开去，五方财帛又来了。一撒东，子孙后代入朝中。二撒南，主家代代出状元。三撒西，主家代代穿朝衣。四撒北，富贵荣华主人得。五撒中央戊己土，子孙代代做知府。凶神恶煞撒出去，金银财宝撒进来。梁粑撒毕，万事大吉。"

竹林寨布依族在房屋建好后，还要择吉日钉门（指大门）。钉门这天须请一位富贵双全、人财两旺的老先生来踩门。

钉门时不用铁钉，一切都是木制。先将五色布条两束穿在门头栓孔处，用木栓钉紧。钉门和踩门时，把新钉大门关上，木匠在门内，先生在门外，内问外答，朗诵吉利词语，直到说完方能敞开大门，让先生进堂屋。这类吉利词语较丰富，今举一例如下：

内念："日时吉良，天地开张。今日钉门，大发其昌。不说财门犹自可，说起财门有根由。洪荒阁楼无门路，混沌初开立财门。玉帝赐令亲吩咐，吩咐张良鲁班生。既带檀香木一块，又带桫椤树一根。差他下凡无别事，千家万户安财门。初分天地立乾坤，鲁班赐我造财门。造了七天又七夜，造得桫椤两扇门。"

外念："日时良吉，天地开张。先造财门不敢开，要等三星到此来。东方一朵红云起，西方一朵白云升。五色祥云齐出现，天空降下紫微星。奉了玉帝亲赐令，来与主人踩财门。日月容光照屋宇，玉石阶梯现金银。四面栏杆玻璃镜，中央踩起凤凰身。左脚上了一道梯，主家世代穿朝衣。右脚上了二道梯，主家打马入朝廷。上了顶头回五梯，主人福寿与天齐。来到门前说文章，众人听我说端详。"

先生走至大门前拍门喊道："开门！开门！"接着念道："快快开门不留停，时逢天开黄道日，马驾祥云到此行。"

内问："三才者，天地人，门外来的是何人？"

外答："三光者，日月星，乃是天上紫微星。时逢吉日和吉时，玉帝差我来踩门。大匠公师门内听，你今听我说原因。一问鲁班父名讳，二问他母是何人？三问鲁班生何处，他是何年何月生？父母生他人几个，哪个艺巧胜过人？哪个玉帝置屋宇，又是哪个制人伦？赐下五谷哪一个？又是何人赐衣襟？从头一二说清楚，才算鲁班门下人。"

内："二位星君你且听，你今听我说原因。鲁班门下公输子，生在山东东平村。生年甲戌五月内，五月初七降时晨。他父名叫鲁公道，他母吴氏老夫人。所生弟兄人四个，幼的手艺胜过人。上古无居宿野处，有巢黄帝制宫廷。神农黄帝赐五谷，伏羲姐妹制人伦，轩辕黄帝把衣制，万古流传到如今。鲁班先师造妙法，特差小将来钉门。四季财门来钉起，又是何人来踩门？主人造起玉龙门，正遇吉时和良辰。忽然抬头往外看，外头来的是何人？你今来此有何干？立在门前喊开门。"

外："大匠公师门内听，你今听我说原因。我今不是别一个，乃是天上财帛星。我今到此无别事，来与主人踩财门。"

内："既是天上财帛星，住在天宫哪座城？何人又去知会你，来与主人踩财门？"

外："师傅听我说原因，从头一二说根生。说起家来家不远，说我无名却有名。家住河南天仙府，蓬莱海岛来藏身。奇珍异宝无计数，田连千百斗量金。那日鲁班知会我，贵府华堂造得精。闻听主人贤德厚，驾起云车到此行。"

内："你今既来踩财门，请你听我说原因。或在旱路来奔走？或在水路往来行？旱路几十几个湾？水路几十几个滩？旱路遇着哪一个？水路遇着啥贤人？蓬岛城内多少远？几里路程到南山？你今一一解我听，方知你是财帛星。"

外："师傅听我说原因，你听我来说分明。若问路程多少远，三千八百有余零。凡间要走三天外，仙家只要半时辰。旱路九十九道湾，水路九十九个滩。旱路武吉把彩剪，水路太公钓鱼竿。我今一一解你听，方知神仙到此行。天宫差我下凡尘，驾起祥云到此行。我今不是别一个，乃是天上福德星。"

内："鲁班先师造财门，巧夺天工吉墨绳。今朝主人洪福大，有劳龙步福德星。"

外："万里悠游到此行，闻听贵府造财门。我今不是别一个，正是天上文曲星。"

内："斧头凿子亮铮铮，造成端方两扇门。今朝黄道并吉日，又遇天上文曲星。"

外："天宫差我下凡尘，来与凡间踩财门。我今不是别一个，乃是天上寿德星。"

内："你是天上寿德星，听我弟子说原因。上古哪个分天地？哪个皇帝治乾坤？先说皇来后说帝，看是谁人造财门？谁人烹饪又煮酒？哪个传下到如今？你今一一说与我，作揖拱手降阶迎。"

外："二位星君接前音，你今听我说分明。自从盘古分天地，三皇五帝治乾坤。天皇就是天仙府，地皇就是李老君。人间人皇当君主，就是三皇治根生。自从神农制五谷，轩辕黄帝制衣襟。燧人钻木来取火，教人烹饪得长生。有巢构木造屋宇，伏羲姐妹创人伦。鲁班下凡把门造，万古流传到如今。我今一一解与你，该是星君到此门。"

内："福禄寿喜请来临，请与主人踩财门。春季财门春季旺，夏季财门夏季兴，秋季财门进五谷，冬季财门进金银。"

外："修造财门扇扇新，雕龙画凤做得精。我今来此无别事，来与主人送金银。"

内："修造财门新又新，雕龙画凤栩如生。承蒙星君多夸奖，鲁班传下到如今。"

外："两扇财门造得新，出入往来旺人丁。我今到此无别事，来与主人送贵人。"

内："新造财门又贴金，既进银来又进金。自从今日封过后，恭喜主人福满门。"

外："两扇财门造得坚，寿如彭祖八百年。我今到此无别事，来与主人送寿诞。"

内："新造财门两轴圆，寿如彭祖八百年。果老二万八千岁，一齐幼岁到此间。"

外："众位天仙已来临，闪开中门任我行。奇珍异宝无有数，田有千担万斗金。"

内："鲁班造门两扇新，白日落金夜落银。白日落来得八两，夜晚落来得半斤。前门金来后门银，金银遍地三尺深。鲁班差我开财门，开起财门旺人丁。左手开来金鸡叫，右手开来凤凰声。自从今日开过后，富贵荣华万万春。"

念到此时，站在门外问答的两位先生，用手推开新大门，边颂边走进屋内。同时念道：

"两扇财门大大开，金银财宝滚进来。一对金银涌进门，金银满库谷满仓。自从今日封过后，富贵荣华万万年。"

布依族的踩门"四句"问答，内容十分丰富，有些内容可能是受汉文化影响，有些内容是即兴创作。对答词长达数小时，使主人家越听越喜欢，众人越听越感兴趣。

［班光瑶、孙定朝、赵焜：《贵阳市花溪区新民布依族乡竹林
村调查》，载贵州省志民族志编委会编《民族志资料汇编》
第六集（布依族），第154—166页，1988年（内部）印］

镇山村民居建筑的程序进行中所举行的仪式较多，现将一些较为特殊的作一简要介绍。

择地：在布依族人民的心目中，起房建房乃百年之大计，半点也不能马虎，不管怎样也得按代代相传的习俗进行各种程序和举行各种仪式，因此，择地是建房的开始。

择地时必须请地理（俗称阴阳）先生来看地，进行中需用一个装满米的碗平放在选择的地上，地理先生按房主的八字用罗盘平放米碗上进行定位和定向，先生所定的方位是不准改变的，建房时必须按所定的方位行事。

下石：屋基选择好后要举行下石仪式，形似国家工程中的奠基仪式。在择定的土地上放置八仙桌，摆上祭品祭神，并放置石匠师傅的工具。师傅口中念念有词。祭毕，主人要包一红封（16元至160元不等）送给师傅，红封内钱的数目必须有1和6两个数字，预示着主人家将来"有衣有禄"。

架马：架马的仪式和下石的仪式基本相同，只是所敬鲁班时的工具不同而已。整个仪式，由木工师傅主持，桌上要放置木工师傅的斧头和凿子，送给木工师傅的红封与前相同。架马仪式结束后，木工师傅就可以进行备料和排扇了，只待完工后选择吉日立房。

立房：立房过程中仪式最多，且较为讲究，有立柱、钉梁、缠梁、包梁、发梁、抛梁粑、祭梁、压梁、钉门、踩门、开财门等等。在以上这些过程中有固定不变的20余首祝词和仪式歌，如立房时的《立房词》："日吉时良，天地开张。今日立房，百世吉昌。"《抛梁粑歌》更为动听："脚踏云梯步步高，王母娘娘摘仙桃；仙桃要等仙人讨，梁粑还要弟子（木匠）抛。主人接一双，牛马满山岗；主人接两双，鸡牲鹅鸭满池塘；主人接三双，年年置田庄；木匠留一双，年年起华堂。"这些祝词和歌谣一首比一首动听，整个立房场地犹如一次大型的赛诗会，实为壮观，令人叹为观止。

开梁口、上梁和钉梁：立房用的大梁一般都是舅爷家相送。立房的前一天，舅爷家便请众多未婚青年抬上挂有红绸的梁木，请乐师们吹吹打打送往主家。送梁队伍中，一青年挑舅爷家随梁相送的30斤糯米粑，俗称梁粑，一青年挑一桌新置的碗、筷、盘、酒壶、酒杯等。

上梁前先由木工师傅主持开梁口、点梁、钉梁，主人要准备一本两头大（正月大和腊月大）的历书，两锭墨，两支毛笔，五谷盐茶和一块一尺二寸八分长的红布，请木工师傅包梁，木工师傅将这几件东西用红布包成菱形置在梁的正中，再将主人家早已准备

好的 4 个银元或 4 个面额 5 分的硬币把这些实物钉在梁上。梁钉好后再从木工师傅的墨斗内取出与梁一样长的墨线缠于梁上。缠毕，便可按地理先生择定的吉时上梁。

梁上好后，木工师傅要上房去举行压梁和抛梁粑仪式，木工师傅用梁粑等物祭完后再将 3 个糯米粑分别压在梁的两头和中央，念祭梁词。

钉门、点门和开财门：钉门、点门和开财门同样由木工师傅主持。在新建房屋的堂屋设上香案后，开始敬鲁班仙师，然后才举行钉门仪式。钉门过程中最重要的是点门，将一只大公鸡的冠子扎出血，用鸡血来点在大门上规定的几个部位，边点边念钉门词和点门词。在此过程中，房主要用三尺六寸长的红布给木工师傅的工具（斧头）挂红。钉门、点门仪式结束后紧接着是踩门和开财门，这个仪式由木工师傅再加上另一个人进行，一个在房内，一个在屋外，关上大门，一问一答地念诵踩门词和开财门词。这两种祝词最长，其最后几句为："左手开门金鸡叫，右手开门凤凰鸣；两扇大门大大开，迎接诸君进门来。……四季财门我踩过，一股银水涌进来，恭喜！恭喜！元宝摞起。"念完祝词，踩门和开财门才算结束，兴建一栋住房的全部程序和仪式也才算结束。届时，众亲友前来庆贺主人，房主拜谢石工和木工师傅。此后，主人便可择定吉日乔迁新居了。

还有一点需要说明的是，点梁和点门用的两只公鸡不能卖，更不能杀，一直要喂到它自行老死；如果卖掉或杀掉，据说神灵会给主人带来不幸，人畜将要多灾多难。

[李登学、李梅、张永吉：《镇山民族文化保护村调查报告》，载贵州省民族研究所、贵州省民族研究学会编《贵州民族调查》卷十二，第 449—451 页，1995 年（内部）印]

在红岩乡一带，布依族人民修建的新房，一般为土墙房。墙壁做好后，主人家选择黄道吉日，届时亲友们各备六尺"红布"（各种颜色均可），一封火炮，到上梁那天赶来庆贺。上梁那天，要请一位年纪较大、儿孙满堂的老人钉大梁。大梁正中用一尺六寸红布，里面装五谷（苞谷、谷子、高粱、豆子、芥子）及三角六分钱、一支新毛笔、一锭墨、一本历书等。将红布折成对角，用铜钱钉在大梁正中。同时将亲友们带来庆贺的各色彩布挂在大梁上。吉时一到，老人开始朗诵贺词："好好的一棵梁，生在山中为树王。今天拿来盖房子，位置最高为大梁。两边排起两棵檩，你在中间为大梁。大梁中梁都是你，保护主家万事无忧顶中梁。神听师人口，木听匠人言。我奉太上老君，急急如令。"这时火炮齐鸣，大梁上五彩缤纷的各色彩布，随着大梁徐徐上升，安放妥当。然后置酒招待宾客。

[杨光勋：《威宁红岩乡布依族习俗》，见贵州省志民族志编委会编《民族志资料汇编》第六集（布依族），第 106 页，1988 年（内部）印]

第二节　表现于社会生活中的宗教信仰

1. 拜保爷

（威宁等地一带）布依族习俗中，若遇小孩经常哭闹或生病等，主人家要请布摩卜算，若需搭桥，则请指明方向，择日举行搭桥仪式。

搭桥仪式一般选择赶场天举行。举行仪式当天，父母带着娃娃，按布摩卜算指明的方向，扛着五根或七根小圆木，走到有小水沟且又当大路的地方，定为搭桥处。桥宽二尺左右，长度不限，以沟的宽窄决定。桥搭好后，铺上泥土或沙石，两端各立两根木桩，第根木桩上系着五色（不准用白布）。准备一斤酒、几包香烟和炒好的黄豆一碗。一切准备就绪后，在桥的旁边等候路过的第一人，并拜其为保爹（或保妈）。小孩的父母请保爹（妈）抽烟喝酒吃黄豆。这时保爹（或保妈）接过娃娃，两手抱到桥上，来回走三次，并按自己的姓给娃娃另取名，名字中要带一个"桥"字，如"杨桥贵"等。接着用一根红头绳系在娃娃的脖子上，并打上疙瘩。若娃娃一岁就结一个疙瘩，两岁就结两个疙瘩……保爹（妈）打发娃娃一点钱后就可辞别而行，主家三人继续等待和招待路人。以后就与被拜寄之人成了干亲家，每年正月十五之前要备礼品给保爹（妈）拜年，礼品一般是一瓶酒、一块肉及糖果之类。走时保爹（妈）打发一点钱或礼物。满三年时保爹（妈）要给娃缝一套新衣服。之后两家几代仍结为亲家，亲密来往。

［杨光勋：《威宁红岩乡布依族习俗》，见贵州省志民族志编委会编《民族志资料汇编》第六集（布依族），第113页，1988年（内部）印］

（黔西南兴仁一带，）布依族的小孩出生后，请布摩帮助推算，如小孩需要"拜父（即找保爷）"，则需要举行相应的仪式。

拜"父"有拜人、拜神、拜物之分。拜人有拜远方人、异姓人、相应职业人（如屠父、官方、教师、匠人等）之分；拜神主要有山神、树神、石神、土地神等；拜物主要有桥梁等。拜人则请受拜人以自己姓氏另赐一个名字，拜物则以物取名。意在希望受拜者保佑小孩四季平安、长命百岁。

［王开吉：《兴仁县布依族调查》，载贵州省志民族志编委会编《民族志资料汇编》第六集（布依族），第17页，1988年（内部）印］

（黔南惠水一带，）有的小孩出生以后或长到二三岁时，就要找人"看八字"，看小孩的"八字"有没有克父母的情况，或犯有什么"关煞"（如阎王关、和尚关、五鬼关、千日关等等），若有，则需要"拜保爷"，以解除灾难。如有克父母的情况，有的小孩改口不称父母为"爹、妈"，只能叫"伯叔、伯娘、叔娘"等。拜保爷有两种方式，一种是拜人，另一种是拜物。拜人，要请布摩或算命先生推算小孩的生辰八字，看需要找什么属相、什么姓氏、什么方位、什么职业等的人作为保爷，要找之人必须符合推算出来的条件。有的采取"碰保爷"的办法，把小孩的帽子挂在门上，谁先到谁就是小孩的保爷。不管哪种方法，当保爷的，都要给小孩另取一个名字，置一套衣裤、鞋袜给小孩穿，还要给小孩一双筷、一个碗，再给一点大米（多少不论）拿去煮吃。从此两家成为"干亲家"。拜物，有拜大树、大石头等，届时备酒、肉、纸、香、烛等，带小孩前去敬拜，举行拜认仪式。从此以后，每年过年过节，都要备酒、肉、香、纸、烛等前去祭供。同时，有的还要在房屋附近栽"保命树"、"保命竹"。这些保命树、保命竹要等到该人年老（去世）以后，才能砍伐。

［惠水县布依学会编：《惠水布依族》，第 119 页，贵州民族
出版社 2001 年版］

"保命桥。"有的小孩经常生病或不大乖，就要请布摩、道士或"迷腊"来推算，若认为小孩犯有"断桥关"等，就要请布摩或道士来解这个"关煞"。备两只公鸡、刀头肉、粑粑、豆腐及香蜡纸烛、四米蓝布等，在家举行仪式，通过布摩念咒语，烧香烧纸，杀鸡并用血把鸡毛粘在布桥上，随即到外面小路上有小沟的地方，用一块石板搭一个便桥，给行人好走，就算仪式结束。有的认为修桥补路即为修阴功，修身积德，则可保一家平安。

［惠水县布依学会编：《惠水布依族》，第 121 页，贵州民族
出版社 2001 年版］

不少布依族地区小孩在生病或身体虚弱，面黄肌瘦，饮食不佳的情况下，就要拜保爷。拜保爷有两种方式：一种是拜人，另一种是拜物。拜人就请布摩或"迷拉婆"（巫师）来推算八字，找生辰八字相符合的人寄拜。找到并得到对方的同意后，选择吉日去拜认他做保爷，此时要杀猪或杀鸡祭祖并宴请宾客，仪式相当隆重。保爷、保娘要送"长命富贵锁"（银质）挂在小孩的胸前，还要赠送衣帽鞋袜之类的东西。从此，两家亲密往来，孩子与保爷形如养父养子，俗称"干亲家"。如布摩或迷拉婆推算出小孩需拜物为保爷，则多向大石头或大树去祭拜，去时，要备上酒肉及香蜡纸烛，带着小孩到该大石头或大树脚下祭祀拜认。从此以后，每年都要杀鸡鸭来供祭。新中国成立前，人们常看到村外大怪石和大树上，沾满了血和鸡毛，还有许多小块的红绫布，就是一些小孩拜此石或此树为保爷的缘故。还有一种"撞保爷"的寄拜方式，如果某家小孩爱哭闹、多病，主家就备好一席酒菜，带着小孩在三岔路口等候，凡撞见第一个走来的人，不论男女老幼（男的称保爷，女的则称保娘或保妈），贫富贵贱，都得拜认。撞席者也不能推辞，应邀入席，举杯畅饮，说几句吉利的话，就认了这个小孩为"干儿子"，给他（她）另取一个名（有的随保爷姓），赠送一点礼物，如钱、帕子、首饰、碗等等，临别时夹一块肉喂小孩。此后两家相互往来，成为"干亲家"。再有一种情况是在神龛上放一碗水，烧三炷香，外人进家，走在前的，无论男女，就请他（她）倒掉神龛上的这碗水，说几句吉利的话，过几天主家准备一些礼物，背上孩子去拜认，保爷家杀鸡招待，并送给小孩一些礼物。

［黄义仁、韦廉舟编撰：《布依族民俗志》，第 131—132 页，

贵州人民出版社 1985 年版］

（望谟县乐康乡）有给小孩找"保爷"的习惯，是否需要则由阴阳先生推算，并推荐保爷。有的则由第一个进家来的人为保爷。也有把孩子"寄拜"给岩石、大树、水井等的，认为它们可以保佑小孩子平安。

［赵崇南：《望谟县乐康乡布依族生活习俗调查》，载贵州省

民族研究所、贵州省民族研究学会编《贵州民族调查》之

四，第 267 页，1986 年（内部）印］

闯保爷：若某家小孩身体不好，日夜啼闹，经求医送鬼都不见效，于是其父母就做些酒菜，放到桥头或岔路口上，等候行人来闯席。闯席者不管男女老幼，都可以当保爷（娘），主人邀其入席就餐。闯席者要送些礼物给"干儿"（或"干女儿"），并为之取名。希望通过这种活动来解除小孩的疾病。

［唐合亮：《三都县周覃镇布依族生活习俗》，载贵州省民族

研究所、贵州省民族研究学会编《贵州民族调查》之四，第

320 页，1986 年（内部）印］

布依族为小孩找"保爷"的习俗很盛行。小孩在幼年或童年时，或因夜间爱啼哭，或体弱多病，便认为是犯了什么"煞"，于是就要找阴阳先生测算，为小孩找"保爷"。找什么人来充当"保爷"，要听阴阳先生的指点。一般有这么几种选择对象：①某种姓氏的（如姓黄、姓罗、姓韦……）；②从事某种职业的（如教师、铁匠、泥瓦匠……）；③某种属相的（如属虎的、属鸡的，属牛的……）；④年岁多大；⑤其他（如出远门的，外地迁来的……）；等等。也可以不以上述方式找，而是指定某一天，带上小孩或让小孩大清早在路口等候，碰到的第一个人便认作"保爷"；或正月十五、七月十五为小孩"搭桥"或立"指路碑"、"挡箭碑"等，祭祀时第一个碰着的人便被认作"保爷"。

为小孩子找到"保爷"后，从这年起，每年春节就必须带着孩子到孩子"保爷"家拜年，一直拜 3 年。第一年礼品多些，一般送粑粑、猪肉、红糖等。"保爷"须以自己的姓为孩子重新取一个名字，还要将"干儿子"（或"干姑娘"）家送的肉折成价"偿

还"。第二年拜年就不须送肉了，只送粑粑。第三年则跟第一年送的礼品一样，"保爷"则须为"干儿子（姑娘）"做一套（或一件）衣服。从此以后一般不再拜年了。也有拜过 3 年后仍继续拜的，礼品一般是粑粑、红糖等，而"保爷"家是否送、送多少给"干儿子（姑娘）"，要视各家的具体情况而定。

[周国茂：《贞丰布依族的几个社交方式》，载贵州省志民族志编委会编《民族志资料汇编》第六集（布依族），第 74 页，1986 年（内部）印]

2. 风水信仰

（贵州）各民族均认为房屋风水好坏直接关系着家业、人丁的兴衰。对风水的讲究主要表现在对房屋落点和朝向的选择，而选择落点和朝向的依据是主人的生辰八字。这里讲的主人是指已自立门户的男主人。民间认为，如果房屋的落点和朝向与主人的命相克，就会给这个家庭带来消极甚至灾难性的后果。

[周国茂主编：《中国民俗大系·贵州民俗》，第 110 页，甘肃人民出版社 2004 年版]

布依族观念中，在自然界中一些山川的部位隐藏着肉眼看不见的龙，若村寨或房屋建在龙隐藏的部位，则村寨和该人家就会发达兴旺。但兴建时有可能把龙惊跑，因而有的人家特别是家道不兴的人家，都要于每年农历正月春节期间择吉日（一般为辰日）请布摩举行请龙仪式。布摩在仪式上唱诵《请龙经》，并将象征着金银与兴旺的鸡蛋埋于头柱下面。

[韦兴儒、周国茂、伍文义编：《布依族摩经文学》，第 109 页，贵州人民出版社 1997 年版]

3. 婚姻相生相克信仰

过去，布依族的婚姻多由父母包办。包办婚姻一般都考虑门当户对，还要看"八字"是否相合。盘江一带流传着这样的顺口溜："从来白马怕青牛，羊鼠两逢一旦休，玉兔逢龙少合味，金鸡遇犬泪双流，虎蛇一家不到老，猴猪相遇难白头。"

[贵州省地方志编纂委员会编：《贵州省志·民族志》上册，第 217 页，贵州民族出版社 2002 年版]

布依族择偶定亲以后，一般要过一至二年才能提出结婚办酒。如果提出过早，女方家多半会反感甚至会拒绝。时间成熟后，先由媒人到女方家商榷取得同意，男方家才能请来先生祭阅"书庚"，合对男女双方的生辰"八字"，按天干地支、金木水火土、阴阳五行等进行推算。若男女双方的"八字""相生"或"三合"，则可择日举行婚礼。

[班光瑶、孙定朝、赵焜：《贵阳市花溪区新民乡竹林村调查》，载贵州省志民族志编委会编《民族志资料汇编》第六集（布依族），第128页，1988年（内部）印]

　　父母要为儿子择偶，先暗中了解女家父母为人，女孩长相。如合意，即请人打听女孩出生年月，然后请八字先生测算其年庚八字，若男女双方属相不相克，便请媒人去说亲。

[吴顺轩：《紫云县布依族社会调查》，载贵州省志民族志编委会编《民族志资料汇编》第一集（布依族），第41页，1986年（内部）编]

　　"访八字"相当于汉族所称的"合婚"。准备说媒前，先根据男方生辰八字推算，看其应找何种八字的女方才行。尔后，男方家长侧面访问哪个寨子有年龄与自己男孩适合的姑娘，此称"访八字"。它根据的道理是五行相生相克的理论。例如，男方为"金命"应配"土"命的女子，所谓"土生金"，属相生命相；同样，男方如是"木命"，则应配"水"命的女子。人们认为，让双方命运相生而不相克，才能使夫妻和谐到老。

　　不仅如此，还要想法找来女方八字细致推算，看其是否"带有衣禄"、八字"硬"或"不硬"等。倘若男方"八字硬"，女方也要"八字硬"才行；如男方"八字软"而女方"八字硬"，也不去说媒。卜莫乡布依族很讲究这一套，相传有的男子一生中接连讨了几个老婆都相继死掉；也有的女子一生中接连嫁了几个男子，丈夫都相继死掉。人们认为那就是其中一方"八字太硬"的缘故。

[伍文义：《平塘县上莫乡布依族社会历史及婚姻丧葬》，载贵州省民族研究所编《贵州民族调查》之二，第419页，1984年（内部）印]

　　要开亲必须请媒人，在婚姻上有"无媒不成婚"的说法。男子到了婚娶年龄，父母便请媒人提亲。媒人提亲前要掌握男方的"属命"及"属相"，并了解经算命先生推算后男方要娶什么样"属命"、"属相"的对象，媒人按要求去寻找合适人选。"属命"按天干地支计算，如"甲子乙丑海中金"，就是说生在甲子和乙丑时候的人，其"属命"为"金命"；又如"丙寅丁卯炉中火"则为"火命"。如果男女双方有一方是"金命"，另一方是"火命"，按此地的风俗是不能结婚的，因为火要烧金，互不相容，家庭生活不合拍，夫妻中一人会被克致死。"属命"的搭配应该是："金生木，木生火，火生土，土生水，水生金。"（原文如此。与中国传统五行相生、相克有出入。——引者注）"属命"相生则吉，宜相配；相克则凶，不宜结合。"属相"即生的那一年为何生肖，也就是十二生肖，有的生肖不能相配，如龙虎生肖的人就不能相配。此外还要考虑年龄因素，一般要男比女大；也有如此情况，某男命中注定要娶一个年纪比他大的姑娘，便要按属命属相在年长的姑娘中寻求。这些都是建立夫妻关系的先决条件。

［覃东平：《独山县麻尾区布依族来源及节日婚姻丧葬习俗调查》，载贵州省民族研究所、贵州省民族研究学会编《贵州民族调查》之九，第61—62页，1992年（内部）印］

第三节　原始宗教与节日

1. 过节之月——"念香（ndianlxiangl）"

俗称"春节"、"过大年"，现已成为布依族的盛大节日。布依族过"春节"有自己的特点。除夕前，先是打扫环境卫生，到腊月二十三日，家家户户都要大扫除，房屋的里里外外，都要扫得干干净净，迎接春节的到来。晚上每家还要进行祭灶仪式，十分讲究，庄重严肃，主要是教育孩子们遵守灶规和家规，祈求灶神保佑，来年免遭火灾，平安无事。祭供灶神的仪式，虽然里面有封建迷信的色彩，但它是先秦以来，中华民族传统的一个节日，对于教育孩儿时常防火很多有意义。

除夕这段时间，家中有猪的就杀过年猪。家庭妇女忙着碾米、磨面，男子忙着上山打柴或在家中劈柴，整个布依族山乡热气腾腾，生机勃勃。总之，各家都为准备过春节而繁忙。因为从大年初一到十五，寨子里禁止舂碓、推磨，所以各家都要备好十多天的陈粮。

除夕夜，俗称三十晚夜，常言道："忙不过三十夜"，"三十的砧板，谁家不用"。的确是这样，家家都忙煮饭，杀鸡宰鸭，忙做各种各样的菜肴祭祖宗……三十晚夜，在祭祖宗时，要鸣鞭炮、地炮，燃放五颜六色的火花，张灯结彩，祝贺佳节。

三十晚夜，家家灯火通明，彻夜不熄。吃团圆饭后，大人们忙着煮粽子，打糯米粑，各家根据自己的姓氏习俗，包粽子和打粑粑的形式各不一样；小孩坐着守岁，或者早早睡觉，当雄鸡拍翅啼晓时，男女青少年们争先恐后地拿起煮熟了的鸡蛋、粽子等，背起水壶或挑起水桶去井边挑"聪明水"，以先取到"聪明水"为佳。去到井边时，先要丢些旧币或硬币于井中，烧香化纸，祈求上苍赐给聪明，然后就打"聪明水"。

有些地方的小孩子们还拿准备好的绳子去拴自己事先藏好的"猪"（有孔的石头），拉着"猪"边呼唤，边放鞭炮返家里。这时，村中的每条路，每条巷，都有鞭炮的响声，呼唤"猪"的童音，欢快的笑声……汇成了大年初一的交响曲，直到天明为止。大年初一凌晨去挑"聪明水"是布依族有别于其他民族的习俗，这有利于激发布依族青少年们去追求聪明智慧，去追求怎样做人的真理。

初一这天，在布依族村寨里，的确各家各俗，各种族系姓氏都有自己的祭供方式或禁忌。譬如岑姓，初一供的粽子不准放盐，特别是禁酒，不准提到"酒"字，十分严格，平时不准养长毛狗，不准喂养白色水牛，这一点有优美的传说故事。另外，有些潘姓、覃姓和岑姓几乎一样，都有此忌，另外收年时，都是在初二凌晨公鸡打鸣时。据考，他们原来同宗，故而禁忌相同，再说还有这几姓相互禁止通婚的传说为证。此外韦姓、何姓、陆姓、余姓祭祀祖宗都是大同小异，他们各姓都有相同的口传诗和家神对联。布依族的王姓、黄姓都有奇特的祭祀活动。特别是有些罗姓，在除夕夜祭祀时，男主人还要背蓑衣，戴斗笠扮演猎人，一人扮演老虎或狼，在堂屋里进行"打猎"；每年都要如此，这是不可丢掉的习俗。如果深究布依族各姓氏各族系在春节期间的禁忌和不同习俗，对研究布依族族源是很有益的。

多数布依族姓氏都在初三收年。收年之后，家家都要相互请客，客人都是邻居或是亲朋好友，每年都是如此，已成惯例。……

初三过后的每一天，都是布依族最欢乐的时节。在布依族聚居的大村寨要演布依族戏，大家都去看布依族戏，古时还聚族敲铜鼓作乐，聚众玩秋。舞龙队和舞狮队都到各布依族村寨巡回表演。特别是普安县一带的布依族，佳节期间，整个寨子民都聚集在寨老家，由寨老率领，大家都拿着武器，用草把扎成或用纸画成假想的敌人，到寨子边的宽阔处，举行军事演习一样的活动，这很有民族特色。总之，从新春佳节到正月三十过了年这天，各布依族村寨都充满着欢乐的气氛。

［王兴赋、王荣胜、韦国英编：《北盘江畔布依人》，第106—110页，1985年（内部）印］

过大年（春节），在望谟、册亨一带，从除夕开始，除以酒肉祭祖以外，主要用糯米打成粑粑分成五个或七个一叠，排四叠或六叠在一起，上面各置一小团糯米饭，粑粑下面放两个枕头粽，与香烛一起，放在神龛上供祭，堆得像座小塔。有的姓氏（如韦姓）多在除夕晚鸡叫头遍起来打粑粑、杀鸡。打粑粑时要戴一顶烂斗笠和披一件蓑衣，而这时杀的鸡称做"麻雀"。表示回忆祖先过去的艰难日子。一般三十夜家家妇女们炒米花、煮冻肉，一家人围坐在火塘边守夜。鸡叫头遍家家老老少少争先恐后去河边或井边挑聪明水，布依语叫"囔干"。初一子时，家家放爆竹过新年。过去等土司家先放才跟着放。天亮人们择好方向带着香蜡纸烛出行，表示一年旅行吉利。天未亮前，儿童们执着灯笼，到各家拜年（各家都给赏钱）。初一早上青年们即上山打糠包、打鸡毛毽、唱歌、打"土电话"等等，直到十五后才上山下地劳动。贞丰一带在除夕夜晚饭或初一早上祭祖之时，要念诵祖先迁徙路线，请历代祖先前来过年。所请祖先的来处，都在北盘江畔流域以内，颇有历史研究价值。镇宁一带则除夕各家坐夜，鸡鸣或天将晓，准备麻绳两根，各以雄鸡及猪头至土地庙祭祀，随即将麻绳在庙前捆若干石头牵回，拴于牛栏门上，以作来年六畜兴旺之吉兆。初三日准备酒席，大粑粑一个，早餐后送至很远的地方，到三岔路时，即置于路上，秘密转家，然后将粑粑碎断。平塘一带称"练一将布依，练腊将布戎，练将将布哈"，即十一月布依族过年，十二月木老人过年，正月汉族过年。这反映了布依族以十一月为岁首的历史痕迹。

〔黄义仁：《布依族史》第 292—293 页，贵州民族出版社
1999 年版〕

　　（安龙一带，）大年，即汉族的春节。除夕这天，每户人家的神龛、大门、堂屋、窗棂等处都要贴上对联，呈现出喜气盈庭的景象。除夕之夜，各家各户神龛上香烟缭绕，红烛高照，桌子上摆着猪头、菜肴、酒礼等祭祀祖先。放鞭炮，击铜鼓，合家老幼欢聚一堂，吃年晚饭。入夜，点长香守夜，打糯米粑，煮灰粽粑。交更第二天后，姑娘、小伙子们点上香，拿着纸钱到井边焚化后挑"金水"、"银水"（有的地方称为"聪明水"），先挑到的则认为一年将万事如意。除夕夜，还要将犁、锄、镰刀、碓、磨、纺车、织布机等打上"封皮"，半月内不能启封使用。正月初一，仍然要打糍粑。从初二三开始，人们便进行拜年活动，各村寨都非常热闹。白天，青年男女们开展"丢糠包"、打毽、转磨磨秋、打疙螺（陀螺）、拍皮球或线球、"浪哨"等活动。入夜则唱山歌，对歌，弹月琴，吹木叶，吹姊妹箫，拉二胡，奏八音，吹唢呐，演布依族戏等等。青年小伙子们舞狮耍龙，走村串寨，到布依人家拜年。如遇月明星稀，舞狮的小伙子还要搭台子"踩斗"，即用 5—7 张八仙桌叠摆为台，上层一张四脚朝天为斗，由沙头逗着狮子踩着斗的四脚旋舞，最后由小脸在斗上翻筋斗、竖蜻蜓，惊险而有趣。正月十五要用酒肉祭祀祖宗，但大多数人不在十五那天过，有的在十三，有的过十四。正月三十，家家都要举行祭祖仪式，称为过"了年"或"小年"。近年来，正月初五至初七还有许多布依族青年汇集到幺塘洞洒赶"仙姑田"进行对歌及"浪哨"活动，纪念清嘉庆初年布依族农民起义的女英雄王囊仙。

〔安龙县民族事务委员会编：《安龙县民族志》，第 40—41
页，1989 年（内部）印〕

　　在黔西南一带，春节又被称为"香老"（布依语为"xiangllaaux"，汉语的意思为"大年"），是布依族最隆重的节日之一。每年到了腊月二十四，家家户户都忙于做过年的准备工作，先是打扬尘，用有丫枝的竹竿把楼底、瓦底梁上室内等处扫得干干净净；给所有家具进行一次彻底的清洗，房前屋后和村中的大小道路的杂草垃圾铲除干净。在一些姓氏中，如屯脚区的王、梁、杨等姓氏宗族，从腊月二十四这一天起，就可以击铜鼓了，各户备齐一个月的柴火、大米、糯米等；要杀年猪，舂晚米粑，煮好米酒、甜酒；备好火药、鞭炮，为孩子筹办压岁钱等，一直忙到三十晚。除夕日儿童们相约上山割竹节草准备喂牛。妇女们忙于淘米蒸粑粑，男子忙杀鸡、腌腊肉、灌香肠、办血豆腐。早饭过后，全村打糯米粑声此起彼伏，届时先做四个直径约三十公分的大粑粑，祭供祖宗。各家儿童相约，各持三炷香和几张纸钱到村旁溪边"拉牛"，又叫取"六畜"，此用棕叶拴着几个鹅卵石，谓之马、牛、羊、鸡、犬、猪；没有男童人家可以请别人代取。接着就摆桌祭供祖宗。摆桌形式：八仙桌两张并排于家神前，配备杯、筷，上席为四个、右侧为两个；家中有石匠、木匠、医生、布摩的，需在右侧另添两个。若家中有人死后却又未超荐的，另加一张小桌子和一套杯盘。保管铜鼓之家，添设铜鼓神位，前面放一小凳安土地神位。大门外设有"外宾"席，"外宾"席专供古时绝嗣人家的鬼神。正堂神龛上大香炉点三炷香，前方各席备一小香炉各插香一炷。各种熟食、酒饭摆好后，烧化钱纸，青少年给祖先行跪拜礼，家中老人给孩子压岁钱。此后各家鸣枪、放炮，吃年饭。饭后，妇女们包粽粑，青年人于除夕晚要耍狮灯给各家各户贺大年，狮子在堂屋中要进行各种灯技表演，老年人集于有铜鼓之家，讲故事、议丰年、击铜鼓助兴，各家各户通宵达旦明灯守岁。交更鸡鸣第一声，孩子们要把先前取来的"六畜"移到家中鸡舍边，表示来年六畜兴旺。此时，全村打粑粑的响声又进入高潮，这一次要揉大粑粑六个供祖，并用小粑粑喂牛马。然后又按常规设席供祭祖宗。供祭的粑粑要垫上香蕉叶，妇女要用青、白布匹各一段放于桌上。烧香化纸后，放火炮、地炮。撤席时只收饭菜，其余酒杯、粑粑等不动。这时全家老小吃新年团圆饭。青年妇女要去挑"新年水"，常有用新年水同往年水作重量比较的习惯，然后说："今年的水要好一点"（以求吉利）。天明后，女人们休息或聊天，男子则要听从"官厅"执勤人的号令，炮响后，纷纷提着熟食到"官厅"拜年。在"官厅"行礼毕，寨中青年男女相互聚集进行练武、打线球、荡秋千、甩包、踢鸡毛毽等等体育活动。老年人用钱纸贴于房屋里外的家具、农具及果木树等。但有的不兴，长青乡石板河的梁姓说，他们自古以来都是本地人，一切都是祖先留下的，不用钱买。

正月初一，一般不吃粽子粑。粽粑不同姓氏所兴有别。布依族有正月初一、二、三送祖宗的习惯，各姓氏所兴有差异。巴铃、屯脚的梁、王、杨等姓初三早上送，陆、余、韦家有的是初一早上送，有的姓氏选择初二早晨送。未送走祖宗之前不走亲拜年。初三早上送祖宗的还要再打一次粑粑，用的糯米要比前两次多些，表示节节高升。

正月十五要祭祀祖宗一次。正月最后一天，布依语称"xianglndadt"，又称"了年"或"了月节"，也要打粑粑，再供祭一次祖宗，表示整个春节结束，玩期已满，神已归府。铜鼓也于当日封存不再敲击，以后只有遇办丧事时才能用。

［王开吉：《兴仁县布依族调查》，载贵州省民族志编委会编《民族志资料汇编》第六集（布依族），第13—14页，1988年（内部）印］

（黔南惠水一带，）过大年（春节）是很隆重的节日，杀猪、杀鸡、打粑粑、酿酒、磨豆腐等。腊月二十五、二十七单日杀猪，杀的猪，除了留部分新年几天吃外，包括全身内脏都炕成腌肉。腊月二十八、二十九打粑粑，除夕夜各户都要祭祀祖宗。天黑以后，打着火把，拿着香纸、纸青到寨口土地庙那里去迎接祖宗及各种魂魄来家过年。长安、打引地区拿着母鸡，用筛子装着猪腿、粑粑、一把糯米、甜酒、牛索等等到土地庙迎接祖宗。回家的路上，边走边喊："鸡、鸭、牛、马、猪、五谷及祖宗来家过年。"在院坝烧起一堆火，给那些无人供奉的亡魂在院坝的火堆边过年。接魂到家后，放鞭炮庆贺，在堂屋神龛下安放两张八仙桌，按顺序放置祭供的粑粑、酒、肉等祭品，烧香化纸祭供，念祭祀词："请祖宗吃饱吃足，保佑全家平安，六畜兴旺，五谷丰登……"三十夜，全家老少守岁通宵。守到半夜，蒸糯米饭，掐成团团摆在供桌上请祖宗吃夜宵。有三十夜要洗好脚，一年才有好口福的说法和习俗。三十夜，煨猪头做冻肉吃。初一早上天刚亮，妇女们拿着香、纸到河边、井边去买"仙水"，男人们在家做"斋肴"（素菜），用红萝卜、白萝卜、豆腐做成杂烩祭祖，认为祖宗吃肉多啦，做点素菜解口味。正月初一男女青少年开展娱乐活动，打陀螺、踢鸡毛毽、唱歌、打土电话等等。家主及主妇在家剪纸马贴在各种家具、农具、果木树等上面。用灰撒在房屋周围驱蚁除虫，砍来响树枝叶插在房屋四周，驱魔除邪。祭供祖宗，有的姓氏初一晚散席，有的姓氏初二晚散席。散席后，送祖宗回原住地。各家各户祭过晚饭后，用笭筐把供桌上的粑粑、肉等收拢做一挑，用一把火在扁担下一晃晃地说："（祖宗们，）吃了七天七夜，酒醉肉饱啦，吃不完的东西，收拢做一挑，叫守在院坝火堆边的亡魂、挑夫帮您们挑去，送您们到原来住地去……"这就算大年祭祀完毕。"正月十五"、"过了年"也和其他民族一样，都要祭祀祖宗。

［惠水县布依学会编：《惠水布依族》，第 112 页，贵州民族出版社 2001 年版］

在威宁县红岩乡一带的布依族中，相传凡去世三代以上的祖先都回原籍荆州、湖广生活。祖先们每年腊月三十夜到正月十五早上，回来与后生们共度佳节。因此，在腊月三十那天，家家户户都必须挂"沙戛马"，表示迎接祖宗归来，祭供后才能吃晚饭，此后一直挂到十五早上。

"沙戛马"用白纸剪成，上半身如人形，下半身的脚却像马蹄。到正月十五早上，用酒、肉、茶、饭祭供后，烧香化纸时连同"沙戛马"一起烧化，意味着吃完十五的早饭后，祖宗们要骑马而归，回到荆州、湖广去。

［杨光兴：《威宁新华乡布依族习俗》，载贵州省志民族志编委会编《民族志资料汇编》第六集（布依族），第 106 页，1988 年（内部）印］

（紫云一带，）为了过好春节，进入农历冬、腊月后，家家碾米、磨面（计划吃到来年正月跨入二月）、做甜酒、烤火酒等。进入腊月二十日左右，蒸糕粑、推豆腐、杀年猪、灌香肠、做血豆腐、炕腊肉。腊月二十七、二十八日，打扫屋内和房前房后环境卫生。把帐子、被子、衣服、家具等，都洗得干干净净。除夕的前一天或除夕那天早上，每家都要打 3—7 槽粑粑，贴春联，张灯结彩。除夕的晚饭吃得较早。饭后要添柴烧大火，这夜火不能熄。天黑之后，用香纸、酒等到门外接祖宗和各位家神来家过年。接祖宗和家神的时候，要烧些钱纸、撒些水酒给那些给祖宗当差和无家可归的游鬼们，因为这些游鬼和野鬼不能进家。

祖宗接进家以后，在堂屋一侧摆上八仙桌，安好凳椅，每位祖宗面前放一只酒杯，一对筷子，一碗饭，还要拿整块腊肉挂在一边。班、王等姓还有陪祖宗坐夜守到天明的习俗。雄鸡开叫，青少年不分男女，争着到水井挑第一挑聪明水。彻夜鞭炮不断，热闹非凡。

年初一这一天，不准扫地，不准到门外倒水，不准用嘴吹火，不准高声喧哗，不准砍柴等。这一天，要做"赛秀"供祖宗，"赛秀"用猪肉、猪五脏、香肠（意为使祖宗吃到猪的各个部分）、白豆腐、白萝卜混合煮好，用盘子盛着去供祖宗。每点完一炷香，热一次"赛秀"。下午5时左右送祖宗。送祖宗时，把供品（除肉和酒）收装在一挑箩内，化钱纸给祖宗，鸣炮送祖宗出门。初二以后为儿童玩年、青年玩春、老人走亲访友的好时节。

……

大年正月十五称"小年"，各家煨猪脚祭祖，夜点"长明灯"。十五以后开始备耕。正月最后一天，称为"了年"，过"了年"这一天，粑粑已经吃完的人家要重打一槽来吃，全家打一次牙祭。过了这一天，要是谁还在外面游荡，不回家搞生产，就会被耻笑为浪荡懒人。

［吴顺轩：《紫云县布依族社会调查》，载贵州省志民族志编
委会编《民族志资料汇编》第一集（布依族），第45页，
1986年（内部）印］

（贵阳花溪一带，）过春节布依语叫"瓜酱"。这一传统节日，布依人十分重视和讲究，过得相当隆重。早在节日来临半个月前，家家户户都做好了充分的物资准备，待节日期间无忧无虑欢度新春佳节。

……

杀年猪，不能像平时那么随便，须择吉日。杀猪时，先在堂屋神龛上燃香点烛，烧钱纸。杀猪凳横摆在堂屋里，猪要拉到堂屋，杀死后掀落在地，表示祭祖。然后再拖回杀猪凳上，用通条戳穿各部位，吹气让猪鼓胀起来，再抬到开水锅里烫洗刮净，然后开膛破肚。将猪肉腌制起来，留着过年时待客。杀猪这天主家要办酒席，一般是两桌客。这天磨豆腐，主要是要用猪血与豆腐制作血豆腐等佳品。

忌讳：白毛猪不能祭祖，要杀只能拉到房屋附近的院坝或菜园里去杀，不能进堂屋。

竹林寨的布依族，每年春节前夕，家家户户都有彻底打扫卫生的良好习惯，淘井、洗缸、扫扬尘、洗饮具、洗衣被垫单、糊窗户，清扫室内外杂物等等，要干干净净过个热闹年。倘若谁家不扫不洗，将会受到左邻右舍的谴责。

据说很久以前，人们是不兴贴对联的，只在大门边挂一块长形的"桃符"以示驱除邪恶。据说到了"五代"时期，有一位姓孟的先生，他的学生在"桃符"上题词："新年纳余庆，佳节号长春"。从此以后，人们才逐渐兴贴"对联"。竹林布依族，每逢春节都要在大门、窗户、朝门、牛圈等处张贴红对联，这可能是在与汉族文化交流中逐渐兴起来的。对联的内容十分广泛，皆为各自的思想感情和爱好的表现。

传说人死了以后有三魂，一魂在家为家神，一魂在墓为墓神，另有一魂在天上。一年来家中外人常来常往，为了使家神有处享祭，腊月三十这天须请先生来安家神。安家神之前，需贴好用红纸写好的新牌位。堂屋桌上摆酒肉和桃弓柳箭，然后先生念词，将柳箭搭压在桃弓上，对准东南西北方，各射出一支箭，表示把野鬼野神射出门外，使家神得安，家人得乐。

除夕之夜，首先备好香烛纸火、净茶净饭、碗筷酒肴等，到傍晚时打着灯笼火把到井边的土地庙前摆设餐饮，迎接所有先祖之神灵回家过年。回到朝门外边时，家里人须将水饭、香烛送至朝门，烧香倒饭倒菜让野鬼野神吃，并嘱咐它们到此为止，吃完后不能进门，请到公庙祠堂去过年。

将祖神接进家时，须鸣放鞭炮，表示热烈欢迎。灯笼挂在神龛下，燃香点烛，大摆酒肴及净茶素饭于神龛前的桌上。由家长面向神龛，作揖磕头，奠酒敲磬，关上大门，点上长明灯，点粉红长香。

除夕之夜，全家老小围在火塘取暖，摆故事，说笑话，通宵不眠。每家门口做一个木架灯笼，点长明灯，通宵灯火辉煌。深夜零点，燃烛点香，鸣放鞭炮，打开大门说"四句"，迎接春节的到来。

"装包哑"，意为"放（送）老祖公"。除夕之夜将墓神接回家来过年，墓神休息两天，正月初二之夜就需送走。相传很早以前竹林寨发生一事，寨中凑银两雇人来帮墓神挑酒、肉和糍粑送到坟地，并举行隆重的仪式，点血祭认桃子。这三人的名字叫班珍、夏弟、扛果。至今沿用此俗。"送老祖公"前，剪好许多纸马，准备好钱纸、糍粑、腊肉等，打开大门，将两对空挑箩、三根扁担放在长凳上，喊某某给祖先挑担。"放老祖公"时，如果父母已故，则叫父母名字，先送父母；如父母健在，则先送祖父祖母，如此由近及远逐个放送。对最远古的先祖不知道名字的，就用"密若那苏躲，密若左苏在"（意为：对你们先祖，有的不认识，有的叫不出名字，也一齐送走）。每送一个，即用几块糍粑在烧钱纸的火焰上晃一下，然后放进箩筐里。"送老祖公"时须念祭词。

祭词用布依语念，大意是：今天好日子，今天赶花溪，又是赶惠水，今日请你祖神回。客人要回家，主人要上出做活路。回去卷袖子种田，卷裤脚种稻。稻谷堆齐云朵高，银子堆齐脑壳高。三十匹黄马，八十匹青马，一群羊子送给你。银子装升送给你，金子装升送给你。回去有空闲，你们就拿去分。急需时你们就拿出来用，拿去雇请"不诚、不然"（他族人或家族人）；拿去雇请"不燕、不以"（请别的民族及布依族）。我们给你少，你说我们给你多了。我们抬一挑糍粑放到你肩上，你要高抬贵手让我们回去。我们送的黏米粑，与仓板一样大；我们送的糯米粑，像仓门那样宽……

春节串门拜年，自古以来就比较盛行。布依语称"拜酱尽然"，时间在正月初一、初二两天。不单是老年人们互相道喜，祝贺新年，男女小孩，也各备怀兜，一清早便三五成群，逐户拜年。有的还要走遍全寨各户。拜年进家时，先到堂屋面向神龛作揖敬拜，每家主人将包谷花、葵花子、爆竹、点心、水果等分送给每个小孩。初二为中青年妇女串门拜年。她们不像小孩子们走遍全寨，只限于本家族之中。串门时，只是进屋坐坐，谈天聊地或逗乐取笑。主人家热情接待，用特制的糯米"烧窖酒"互敬，并对唱祝酒歌。

腊月三十那天，家家户户要把水缸挑满，至少够用三五天。新年初三、初四，清早带着钱纸和香烛，挑着水桶，到竹林寨脚土地庙及龙王神树前燃香点烛，表示向龙王菩萨买水，再到井边挑水回家。

正月十五元宵节。竹林布依族素称"初一小十五大"，常称"三十夜的火，十五晚的灯"。晚上，布依人要用红、黄、蓝、绿、紫等各种色纸表糊许多彩灯，装点室内室外。灯上画有花、鸟、鱼、虫，或书写诗词、谜语等，很富有地方情趣。从正月初一至十五，皆算年节。在这期间，一般都要身着新装，走亲访友，尽情欢乐。十五这天，全家团聚，共欢同饮。从正月十六开始，就宣布进入紧张的春耕备耕中。

谢扫火星是布依族春节期间举行的一个重要活动之一。

［班光瑶、孙定朝、赵焜：《贵阳市花溪区新民乡竹林村调
查》，载贵州省志民族志编委会编《民族志资料汇编》第六
集（布依族）第145—148页，1988年（内部）印］

（水城一带，）"春节"，布依语称"更金老"，意为"大年节"。每当年关靠近，每户即开始杀年猪，腌制腊肉、香肠、血豆腐等；经济困难者，也要设法为孩子添置新衣，并买少量猪肉腌上用以供祖。除夕用糯米打"豪真倍告"粑粑，俗称"旧年粑"，先由家长趁热用3小坨供祖，家中所有粮囤每个亦放一坨，称为"守仓粑"。人们相信仓中只要有这块糯米粑粑存在，来年粮食就会获得丰收，粮仓就不会空着，因而"守仓粑"需放至年底方可取出。届时，还将所用农具如犁、耙、挞斗、锄头等都粘上一些粑粑，表示农具也一同过年。

除夕夜供祖，分为男性祖先和女性祖先两桌，用八仙桌摆设供品，每桌酒杯5个，饭碗3个，菜类以多为荣。男性祖先供桌靠里，位于神龛正前方；女性供桌靠外，位于神龛右前方。神龛上插香三炷，表示敬天地菩萨；神龛下一炷，敬本家土地；灶脚一炷以敬灶神；大门外边一炷，表示敬以往死于外面不能进家者。开始供祖可早可晚，供毕时刻则要统一。习惯由寨老鸣炮三响，各家才能收拾供品开始吃年饭。但中华人民共和国成立后，达把等寨供祖时每家都可燃放火炮或地炮为乐。

晚十时许，每户还要派代表带礼到寨门神房"报吉兜"处"叫魂"回家过年。神房"报吉兜"的"报"字，为男性尊称语，"吉兜"为古代神之意。神房建于寨门处几人合抱的神树之下（如红岩乡老寨村），以竹子编制半圆形的篱笆栽在地下，俗称"家腰"。神房内用一种称为"外颗嫩"的神木做成十字形竖于其中。在当地布依族意识中，"报吉兜"不仅是去世祖先的灵魂保护所，而且是全寨生灵甚至包括粮食、牲畜的保护神。因此，仪式需由相传为古代下层官吏的"布光"主持，礼品每户一担。担子一头为口袋装衣，表示"接人魂"，另一头用竹笼装上公鸡3只，又分别表示"接人魂"、"接谷物魂"和"接牲畜魂"等等。两端担头还挂有粗短的清明型纸蓬各一蓬，布依语称"沙冉报"，即"接祖纸"。礼品备齐后，由"布光"先请"报莫"先生举行"冉报"仪式，然后统一"叫魂"。

每年"冉报"所用酒肉、公鸡均由"布光"家拿出。届时摆酒3杯，刀头肉1碗，插香3炷。由"报莫"念诵经词，感谢寨神护寨之功。念毕杀鸡，表示生敬。接着由"布光"取下神房旧"家腰"，换上新"家腰"，再将鸡、肉回熟后又熟敬一次，即告结束。神房新"家腰"所用竹子也很讲究，必须由"布光"于大年三十清晨带人进山，选择那生长茂盛且从未断过竹尖的砍下，拿回寨中当时编好。礼节要求严格，不得提前砍竹，也不得编制延期。

"叫魂"仪式在"冉报"之后举行，布依语称"乃番"。届时百十挑礼担排列在"报吉兜"前，由"布光"供酒3杯，插香3炷。由"报莫"开念经词，念毕奠酒。此时，"布光"大声喊道："寨内各姓之魂，随礼信回家过年罗！"接着鸣炮3响，大家又将礼担挑回家中置于神龛之前，摆酒3杯，插香3炷，杀鸡供祖，表示灵魂已经顺利接回。供祖后又将少许猪毛和牛毛与其中一个纸蓬插于牛圈门口，表示来年六畜兴旺。留于家中的那个纸蓬称"人魂纸"，要待正月初三送祖后才插于神龛上方；若是初三忘插的人家，必须要等到正月三十那天才能插上。

中华人民共和国成立前，"叫魂"时，"布光"还要带上用蓝靛制成的"染缸水"一盆，每户分发一杯，每户又将其与自家染缸混合。人们相信，经此仪式后的蓝靛水具有神奇的印染效果，因而称为"蓝靛魂"，布依语叫"番让浪"。

"叫魂"之后，还有"牵独奠"仪式。"独奠"是当地布依语对于牛、马等牲畜的别称。届时每家把金竹砍成若干小节，每节代表一头耕牛，并由家长做上记号，哈气示意它是圈中的哪头耕牛，将绳子牵上，让家中孩童带到神房"报吉兜"前，再由原路牵回，放于牛圈之中。路上倘若哪节竹子滚到坎下，则预示此牛就有跌跤的可能，放牛时应对它特别关照。如果全部都能顺利返家，表示来年的牲畜发展就会顺利。此种习俗，至今亦然。除夕晚全家烤火守夜至鸡鸣。习惯上还将鸡叫定为日期界限，鸡叫即表示新年开始。首先举行供祖仪式，由家长将备好的酒菜抬来供祖。但菜类中必须有"鸡、米混合菜"一个，布依语称"介豪"，汉语称为"鸡参"。"介豪菜"先用鸡肉煮得半熟，取出以大蒜、生姜等作料一起砍成肉末，又放入鸡汤中与大米煮熟即成。此礼来源，相传古代有一位布依族孤儿，由于家庭贫苦，过年时别人都做有丰盛的酒肉祭祖，但他家买不起酒肉，只好用这种方法将家里仅有的一只母鸡杀来祭祖。当祖先们过年后在返回的路上，互相摆谈各自子孙如何做得好菜饭时，忽然闻到一股奇特的味道，闻后都觉得满口喷香，原来正是从孤儿的祖先口里传出的。大家纷纷称赞他的子孙一定非常孝顺，才做出如此好的饭菜敬他。此事后来经过女巫师之口传到人间，人们为了更好地敬祭祖先，便开始效法，每年春节多献上这样一道菜供祖。

初一打的粑粑，称"新年粑"。每个粮仓也要放上"守仓粑"一坨，其余全部做成大粑粑。但家人只能取前一天的"旧年粑"食用,"新年粑"在当天只作供祖,家人不能吃。遇有新媳妇第一次来过年,族中此日轮流请客,初二又由娘家派人吹唢呐、放铁炮于半路迎回,要赶回娘家参加初三"送祖"仪式。

初二供祖需炕粑粑敬上。初一、初二均吃年三十夜那天预备好的饭菜,表示做一年吃两年。到了初三才用甜酒粑和新做的饭供祖,并同时举行送祖仪式。届时供祖完毕后,于堂屋中做礼担一挑。担子一头挂上两个大粑粑、四个猪脚以及鸡蛋、食盐等物;另一头挂酒一坛。备好后将其挑到院坝中,鸣炮3响,仪式即告结束。其中达把寨杨氏家族送祖时还有喊奴隶(布依语称"独外")帮祖先挑担的做法。杨家祖先的奴隶叫"常保",但只有其名,人们已记不清他是哪朝哪代的人了。届时由家长喊道:"常保,你来为祖宗挑担。"这就是送祖仪式,布依语叫"送报达"。

春节初一凌晨"敬井神",每位妇女带肉一盘、小型清明纸一吊、香三炷及纸钱三张,到井边敬供井神,然后挑水回家,名曰"挑聪明水"。人们认为能抢到第一挑水者最为能干。

春节期间,老年人互相拜年,族中互相请酒。年轻人开始进行甩花包、打鸡毛毽、荡秋千、击铜鼓等娱乐活动。初三送祖之前,活动限于村寨内自己进行。送祖之后,青年人方可到其他寨子找人对歌。……铜鼓,布依语称"勒云"。平时藏于固定人家,正月初一还需举行"妥云"(祭铜鼓)仪式后才能敲击……正月三十"过小年",布依语称"更金那",意为"月没节"或"月尾节"。每家打糯米粑、煮猪脚、煮豆子菜供祖。豆子菜要够吃三天,表示农事顺利。

[伍文义:《水城特区猴场、红岩民族乡布依族婚俗与节日礼仪调查报告》,载贵州省民族研究所、贵州省民族研究学会编《贵州民族调查》之五,第355—359页,1988年(内部)印]

(独山一带,)春节当地布依语称为"姑将"。过年是一年中最大最隆重的节日。除夕前,各家各户便把室内室外打扫干净。除夕早上,各家杀年猪、宰鸡、打糯米粑、炸米花等做好准备。下午5点钟左右,各户便开始祭祖。他们把煮熟的猪蹄膀、整鸡、红米粑、糯饭、豆腐、红鸡蛋、三杯酒、三碗饭、两双筷子以及红糖等放在神龛下的供桌上,然后点上香,五支插在香炉上,三支插在桌子下,两支分别插在大门下左右两侧,供约十五分钟后便开始烧纸钱、点爆竹。若家中有小孩,长辈让小孩在神龛供桌前向祖宗牌位叩首,老人则祈求祖宗诸神保佑全家平安,新年顺利。祭供后全家人吃团圆饭。团圆饭宜早吃,寓意来年丰收早成。饭后便取浸泡好的糯米蒸熟,放在木槽或石槽内捣烂,捏成块,谓之"打粑粑"。这一天,各家各户在门、窗的两边及柱子上贴对联,在大门上贴门神,其内容多为辞旧迎新、预祝来年风调雨顺、五谷丰登、六畜兴旺等。

是夜,全家老少围坐于火塘边,不准火小或间断,更不准熄灭,神龛上的蜡烛和香火也不能间断,否则便认为不吉利,来年会有灾难。青少年们多集中于某家,敲锣打鼓取乐，直达天明。有的家长是夜让小孩读书认字，据说除夕夜读书认字，以后便会聪明过人，学有所成。懂得天文地理的老人，晚上在院坝内烧香、纸钱敬拜天地，察看东南西北四方，据说其代表一年的春夏秋冬四季，哪一方最亮则意味着新年的哪一季雨水最好；如果四方都明亮则来年四季均风调雨顺，反之则认为来年雨水不好，粮食可能歉收。当鸡鸣头遍时，各家各户便点响鞭炮，以示辞旧迎新，并打开大门，意为让财神爷进门。

大年初一，各家的姑娘或媳妇们，在雄鸡报晓时便争先恐后地起床挑水，人们认为谁先挑到新年之水，谁在新年就会最为遂顺，办事易成。姑娘媳妇们到井边或河边后，便点香、烧纸钱敬天地龙脉，并用手掬三口凉水喝，同时念道："喝三口就乖，尝三口就伶，吃三口来润喉咙。"祝愿自己在新的一年里聪明伶俐，能歌善舞。初一早上，女人不能第一个进别人家，否则主人家会不高兴，认为新年晦气。如果是男人第一个进家，则认为新年会吉利发财，主人家会很高兴，并拿出东西招待来客，或送一些小礼物如红蛋、糍粑等。初一这天一般在家过节，不外出做客，也不可出远门。在家宴中，把爱人或媳妇当客人来敬酒。初一这天不能看到绳子，说以免以后遇蛇，因此各家各户在年前都要把绳子藏好。初二不能进菜地或下土，否则认为庄稼会发生虫灾或野草长得快。初三，各户用红纸条贴猪圈牛栏，意为希望猪、牛健壮，繁殖得多；贴在果树上，认为果树就会多结果实且不怕风灾；各种农具上也贴上红纸，一为敬重，二为封存，过节期间不许触摸和使用。初一至十五不准在家里争吵或劈柴等，否则认为房子会被大风刮倒。初二以后，媳妇可以回娘家，也可以走村串寨访友，寨中各户也开始相互宴请。男女青年则敲锣打鼓、舞狮子、踢毽子、打线球等。一般玩到初五或初十以后便开始新一年的生产活动。史载的民俗还有："除夕寻获虾蟆一，作小棺贮之，锣鼓送往山间瘗土内，次年启视，藉卜雨旱，其语谓'枧雅规'，译之为'埋虾蟆'。"（见《独山县志·卷十三·风俗》）。现已无此俗。

［覃东平：《独山县麻尾区布依族来源及节日婚姻丧葬习俗调查》，载贵州省民族研究所、贵州省民族研究学会编《贵州民族调查》之九，第 60 页，1992 年（内部）印］

2. 二月二

黔西南兴仁一带，农历二月初二这天（有的在二月初的虎场天和蛇场天），布依族的许多姓氏宗族要祭"官厅"。

［王开吉：《兴仁县布依族调查》，载贵州省志民族志编委会编《民族志资料汇编》第六集（布依族），第 14 页，1988 年（内部）印］

"二月二"，云南省布依族要过三天，到建于寨中的"老人房"中进行祭祖，议事。

青年男女则到河边唱歌玩乐，非常热闹。

［黄义仁：《布依族史》，第 294 页，贵州民族出版社 1999
年版］

　　农历二月初二祭土地，盛行于黔桂边区的荔波县一带。届时，由布摩主持，祭祀土地神和灶神。同时寨上老幼带食品上山烧火、唱歌，意在祈求来年丰收。

［贵州省志编纂委员会编：《贵州省志·民族志》上册，第
221—222 页，贵州民族出版社 2002 年版］

　　盘县一带的布依族，在农历二月初二这一天祭"小白龙"，在村外杀猪分肉给各家祭供祖宗，以保当年无"白雨"（冰雹）。

［《六盘水市志·民族志》编纂组织机构编：《六盘水市志·
民族志》，第 137 页，贵州人民出版社 2003 年版］

　　二月二。过节这天，各户到野外摘来一种香藤，取其液添水浸泡糯米；再取一种称为"棉花菜"的植物捣烂，与泡好的糯米一道磨细，装入袋内吊干，捏成块，用油煎好。煎好的糯米饼味香，且三四天不会变质，不变硬。媳妇过完此节，要回婆家参加劳动。

　　老人们回忆说，原来过"二月二"时还赶祀场，男女青年则找一块平坦的地方，抛绣球取乐。史载为："每年二月前订期某日赴集，乃行知各寨，届期男女艳妆聚草坪，短歌互答，谓之赴集，师一月凡三次，以为如是则年捻。"（见《独山县志·卷十三·风俗》）。不知此说是否包括"二月二"，或是"二月二"从此而来，尚不得而知，不过这类活动现在已经很少。

［覃东平：《独山县麻尾区布依族来源及节日婚姻丧葬习俗调
查》，载贵州省民族研究所、贵州省民族研究学会编《贵州
民族调查》之九，第 60—61 页，1992 年（内部）印］

3. 三月三

　　"三月三"，稻耕开始，要祭山神和祖先以及稻米魂，做五色（红、黄、紫、黑及本色）花糯米饭供奉。清《南笼府志》上说："其俗每岁三月初三宰牛祭山，各聚分肉，男妇筛酒，食花糯米饭……三、四两日，各寨不通往来，误者罚之。"在贵阳乌当区，这天举行地蚕会，祈求天神保佑，不叫地蚕咬吃春播的种子，然后集体赛歌。黔西南州一带，男女青年聚集在查白歌场玩山对歌。

［周国茂主编：《中国民俗大系·贵州民俗》，第 191 页，甘
肃人民出版社 2004 年版］

罗甸、望谟一带的布依族要过"三月三"，把它当做清明节一样看待，杀猪宰羊，上坟挂青，吃三色糯米饭。有的地方这天要举行"扫寨合把"仪式，请布摩念咒、祭山神等，并利用此机会制定乡规民约。贵阳地区称这天为"仙歌节"，乌当则称为"地蚕会"。这天青年人们上山唱歌比赛，相传看到"金嗓子"，害虫就避开了。有的地区杀狗请客。云南省罗平一带，这天男女老少聚集河边观看孩子们划竹排比赛，该县牛街一带，还举行盛大的游山、对歌等活动。

［黄义仁：《布依族史》，第 294 页，贵州民族出版社 1999 年
版］

（黔南惠水一带，）农历三月初三，要吃白、黄、黑三色糯米饭。传说"三月三"这天是山王神的生日，大部分布依族村寨都要扫寨、"祭山神"。抬着鸡、狗串到各家各户去扫，从寨中扫到河边或井边，扫邪恶下水，在河边敲狗、杀鸡，由布摩念祭词（布依语叫"叙遍"），当即在河边野炊，不准带回家。有的地区传说："三月三"是祭小儿神母娘娘的节日，认为小儿的健康成长，全靠神母娘娘的关照。有的结婚多年不生孩子，搭个花桥，要倒伞等，都要祈求神母娘娘送个宝宝。为此，"三月三"就要做花糯米饭，煮红鸡蛋哄小孩，祭神母娘娘。有的要祭花桥，保佑小孩健康成长。

［贵州省惠水县布依学会编：《惠水布依族》，第 113 页，贵
州民族出版社 2001 年版］

三月三敬山神，保护人畜平安。用枫香叶、染饭花煮水浸泡糯米，打成黄、黑两色糯米粑和红糖糯米汤圆供祖。布依语称"更金三古"。中午"敬山神"是全寨性宗教活动，但只有男性才能参加，布依语称"访吉"。仪式于寨旁古树（神树）下举行。由各户出钱，买猪一头、公鸡数只及烧酒等物作供品。供桌长约 4 米，离地 3 尺，均用带叶树枝临时搭成，布依语称"纳堂"。供品分为 3 桌，上盖雨伞 3 把。中间伞位插得高些，伞下 9 个竹筒酒杯，插香 9 炷，放纸钱 3 张。"布摩"先生头戴斗笠，上插纸花，肩扛柴刀念诵经词。旁边数名帮手待"请来山神"后杀猪，每桌先供猪血一碗。然后烧掉猪毛，整猪又供一次，俗称"生敬"；再将猪肉煮熟与猪杂分别敬供，此称"熟敬"。"生敬"、"熟敬"的经词大体相同，意在祈求"山神"保佑，寨上群众上山砍柴、放牧、挖土种地等均能平安，来年山神才得酒喝，才得肉吃。念毕鸣炮 3 响，奠酒烧化纸钱，全寨饮酒至夜。若剩猪肉，各户可分得一份。

［伍文义：《水城特区猴场、红岩民族乡布依族婚俗与节日礼
仪调查报告》，载贵州省民族研究所、贵州省民族研究学会
编《贵州民族调查》之五，第 359 页，1988 年（内部）印］

4. 清明节

布依族民间多在此日进行扫墓、立碑等活动。各家族集资买猪到祖坟前杀猪供祭，合族饮酒，以此纪念祖先，增强家族团结。采嫩柳枝插于大门或神龛之上，妇女及小孩用柳皮或嫩柳枝戴在头上或腰间，以示吉祥。

[贵州省志编纂委员会编：《贵州省志·民族志》上册，第
222页，贵州民族出版社2002年版]

清明时节，春暖花开，正值春耕下种百忙之际。布依族与当地汉族一样，也有扫墓、整理坟墓、立碑的习俗。早在清朝光绪十八年（1892年）四月初一日，竹林寨布依族班士兴、班士谨、班士休等3房人，就共同订了一个"春祭之约"。其约曰："三房人等商议，每年以一房当头……于清明前十天，变卖花谷，约同办理。以备豕一，大烛三对，小烛五对，宝香一百，锞子一千，钱纸半斤，白纸五张，爆竹，黄豆，小菜，于清明后第二、三日（到）清故曾祖考班公讳登泌、曾祖妣班母龙太君、陈太君、王太君之墓前稽首拜祭。"

竹林布依族过清明与汉族不同的是须戴杨柳。传说，清明不戴杨柳，死去要变黄狗。所以，清明这天，竹林寨各家各户都要摘些杨柳枝回家，从杨柳枝根部剔下一节小皮，不扯断，将柳树皮绕缠柳枝，捏紧往梢尖一拉，使柳条枝头自然形成一朵柳花，然后挂在大门顶上或插于神龛上。妇女们还将柳树皮戴在头上或腰间。

[班光瑶、孙定朝、赵焜：《贵阳市花溪区新民乡竹林村调
查》，载贵州省志民族志编委会编《民族志资料汇编》第六
集（布依族），第149页，1988年（内部）印]

清明节的主要活动是扫墓。但葬期不满三年的坟，过年后便可扫墓，不能在清明节上坟。只有葬期满三年的坟，才在此节扫墓挂纸。这天，如上宗族之墓，则各户男人及孩子都要上山修整墓地，除草、培土、挂纸等。多则五六十人甚至上百人。挂好纸后，用柳条和黄花空心藤扎在一起，放在坟上。这两种植物容易成活，一示死者平安远去，二示子孙后代繁衍生息。同日还清扫屋内外，以雄黄、神砂浸酒喷洒房屋四周，以防毒蛇毒虫，并且认为其还能驱鬼避邪，有"鬼怕神砂"的俗语。

[覃东平：《独山县麻尾区布依族来源及节日婚姻丧葬习俗调
查》，载贵州省民族研究所、贵州省民族研究学会编《贵州
民族调查》之九，第61页，1992年（内部）印]

5. 四月八

农历四月初八是纪念耕牛的节日，在罗甸等地叫"牛王节"，安龙、兴义等地区叫

"开秧门"。这天家家吃牛王粑和糯米饭，并以之喂牛，再让耕牛休息一天，以示爱护。黔西南兴仁巴铃陈家沟一带，此日云集云盘山上，男女青年玩山对歌，有的还集体进行武术表演。

［周国茂主编：《中国民俗大系·贵州民俗》，第 191 页，甘
肃人民出版社 2004 年版］

四月八，是兴仁巴铃陈家沟和坉脚长春马路河布依人的一个传统节日。这些地方的布依人要云集在营盘山上，玩山唱歌。相传清康熙初年，居住在营盘周围的各族人民，不堪忍受封建统治阶级的横征暴敛，在山寨土司的率领下，布依人民揭竿而起，附近的农民纷纷响应。后来起义失败了，为纪念死难战友，每年四月初八，各族人民都要上山隆重集会，并由寨老主持杀牛设祭。是时，青年们还带上民族乐器上山，自由演奏或对唱山歌，并要狮灯，进行传统的武术表演等。当地的这个节日集会，多年来风雨无阻。

"四月八"，兴仁布依族还称为"栽秧节"。这一天要吃糯米饭，要开秧门。如秧苗未能成栽，最少也要栽几窝表示。

［王开吉：《兴仁布依族调查》，载贵州省志民族志编委会编
《民族志资料汇编》第六集（布依族），第 15 页，1988 年
（内部）印］

四月八，在革老坟称之为牧童节，这是放牛孩子的节日，也是全寨少年儿童的节日。届时，凡有牛的人家，都要为牧童预备一份糖果，于头几天送给他们。这一天，凡牧童都不看牛，由主家大人自放。牧童们和少年儿童伙计们，背着饭箩，拿着糖果，蹦蹦跳跳地到宽敞的山坡顶上去，吹笛，摔跤，比射石，斗草牛……尽情娱乐，尽情玩耍。然后到清清的小河里去洗澡，戏水。在野花似锦的草地上共进野餐。再采摘一些香草心、甜野果之类的东西回家来分给弟妹吃，尽享童趣之乐和天伦之乐，然后以向上求进的心绪，投入看牛、割草等尽力助劳的活动中去。这是山里布依人最迷人、最甜醉的少年儿童节日，令人终生难忘。

［王芳礼：《布依村寨革老坟调查》，载贵州省志民族志编委
会编《民族志资料汇编》第六集（布依族），第 62 页，1988
年（内部）印］

四月初八这天不能役牛。上山采嫩枫树叶，捣烂取液浸泡糯米蒸熟，饭呈黑色，以祭牛神；并用枫叶汁涂抹牛身，以驱虫防病。《独山县志·卷十三·风俗》记载："四月八日染黑饭供牛神，牛不耕田。"因为是牛节，故比较简单。

［覃东平：《独山县麻尾区布依族来源及节日婚姻丧葬习俗调
查》，载贵州省民族研究所、贵州省民族研究学会编《贵州
民族调查》之九，第 61 页，1992 年（内部）印］

"四月八"（"席略别"）：又称"牛王节"。农历四月初八那天，每家要用黑糯饭或五色糯米饭喂牛，让牛休息一天。如果当年哪家有老人去世，不做黑糯饭，同寨亲友要送糯饭给那家，以示慰问。那天，孩子们打扮得干干净净，抱着公鸡去串寨，进行斗鸡比赛。吃完中午饭后，家长们让孩子们提着新饭笸，笸内盛放黑糯饭和菜，到寨边的"黑饭坡"去游玩、聚餐。年轻人则到山上或寨外对歌、娱乐。

……在一些地方，到"四月八"这天，用木棍穿上几个鸡蛋壳，插在棉花地里，寓意为希望棉花能够长得像蛋壳那样又白又大。此俗附近县份布依族亦有。

［唐合亮：《三都县周覃镇布依族生活习俗》，载贵州省民族
研究所、贵州省民族研究学会编《贵州民族调查》之四，第
316、321 页，1986 年（内部）印］

6. 端午节

农历五月初五这天，布依族家家敬供祖先，扯菖蒲、陈艾挂于门上，饮雄黄酒，并用它遍洒房屋四周，以防蚊虫。黔南布依族苗族自治州的荔波县一带，这天要举行龙舟竞赛，或在河中举行捉鸭子比赛。黔桂毗邻边区的独山等县，还举行"龙王赶祭"活动，祭奠开井供人饮水和灌田的龙王。

［贵州省志编纂委员会编：《贵州省志·民族志》上册，第
222 页，贵州民族出版社 2002 年版］

竹林布依族过端阳节没有汉族隆重，目的是为了驱邪除害。届时各家买些雄黄制成雄黄酒，除了饮用少许外，其余洒在房屋周围以驱蚊蛇。有传统医药知识的人，清早就上山采药洗净晒干，仔细加工后以备平时之用。大门上挂"慈艾剑蒲"（本身是一种草药），其含义是：艾，喜好温恭忠良；蒲，专刺凶祸邪恶，似一把利剑。

［班光瑶、孙定朝、赵焜：《贵阳市花溪区新民乡竹林村调
查》，载贵州省志民族志编委会编《民族志资料汇编》第六
集（布依族），第 149 页，1988 年（内部）印］

7. 立夏节

盘县一带的布依族，在立夏这天，家家户户都要做"牛打滚"（汤圆）粑，每人煮一枚鸡蛋上供祖先。祭祖后将饭菜抬到梨树下去吃，祈望借此使自己夏天有力（梨）。

［《六盘水市志·民族志》编纂组织机构编：《六盘水市志·
民族志》，第 137 页，贵州人民出版社 2003 年版］

8. 五月寅申节

水城一带的布依族在农历五月中旬的寅日或申日祭祀山林和水口。传说在古代某年

的农历五月中旬申日，一位布依族将领身负重伤，在一棵大树掩护下继续指挥战斗，打
败了入侵者，最后他也因伤壮烈牺牲了，于是后人便把申日作为纪念他的日子。又传因
其生于寅日，有的又把此日作为纪念日，一般合称"寅申节"。以其生日或忌日作为纪
念日，因地区不同而有异，但均在五月中旬。祭奠于山林中举行，后便有祭山林以祈求
风调雨顺的含义。节日共分两天。第一天，未婚男女穿白色对襟短衫，带粽粑、烧酒等
祭品，到田坝杀鸡祭水口；吃雄黄酒，挖菖蒲根置水缸底部以避邪祛毒；午饭后，上山
杀猪祭山林；下午欢宴会客。第二天，青年男女穿新白衣服，吹唢呐、敲鼓、列队到山
场，竖起白布帐篷，举行"刷把"舞会。男女青年各排成两行，穿插旋转，用小树扎成
的刷把互相拍打，舞姿熟练优美。拍打有越打越亲和灭虫的含义。

［《六盘水市志·民族志》编纂组织机构编：《六盘水市志·
民族志》，第 138 页，贵州人民出版社 2003 年版］

9. 六月六

在布依族的节日中，其隆重程度仅次于春节，有过"小年"之称。多数地区于农历
六月初六过节，黔西南一带也有的于寅日过节。六月六的主要内容是祭田神，也有些地
方祭土地神和山神等。大清早，每户男性做好三角纸旗，然后，带上活鸡一只，到田边
祭祀田神和水口神。祭毕，杀鸡，把鸡血涂在纸旗上，将旗插进田中，据信可以驱逐蝗
虫（俗称"天马"）。有的地区将纸旗做成大鸟形状，分别插在每块田中。黔西南一带，
节日饮食最有特色的是五色花糯米饭。

除祭祀而外，很多地区要在这天召开议榔会议，宣布各种榔规榔约，且由榔首监督
执行，保护地方社会秩序及财产安全，许多地区还举行规模宏大的玩山活动。

［周国茂主编：《中国民俗大系·贵州民俗》，第 191 页，甘
肃人民出版社 2004 年版］

黔西南兴仁一带的布依族过六月六时要举行"扫坝"仪式，由布摩带领一行青壮年
男子，拉着一条或几条狗，走遍禾苗田坝，布摩念诵"驱疫经"，然后集体集中会餐。
初六、初七几天内不准任何人到田里干活，违规者，过去要罚款重祭，再罚修路一段。
其目的是希望通过祭祀达到粮食不受虫灾，获得丰收。

［王开吉：《兴仁县布依族调查》，载贵州省志民族志编委会
编《民族志资料汇编》第六集（布依族），第 13—14 页，
1988 年（内部）印］

六月六这个节日布依族大部分地区都过，但过的形式各地略有不同。这天，各地包
粽粑、杀猪、杀鸡祭神敬祖以外，青年男女成群结队地穿着盛装，唱歌玩乐，寻找对
象，非常热闹。有的地方称为"青年节"或"过小年"，就此可以知道其热闹程度。

这个节日正值农闲季节，人们借此机会娱乐、社交，同时也祭神、敬祖、祈福保丰收。另一个情况则是利用这个机会商量制定乡规民约，以保护庄稼不受损害，保全寨人畜平安，望谟一带称为"议各习"。关于"六月六"的来历，各地都流传着许多美丽动人的传说故事，职平塘一带的《天王的故事》，镇宁一带的《盘古王的故事》等等，都反映出布依族悠久的农耕文化历史。

水城一带，"六月六"要过三天，头一天包粽粑，外出的人都要赶回家过"六月六"，新婚妇女要接回娘家过六月节，一家吃团圆饭。初六要杀鸡、买肉、买糖等，各亲戚朋友互相宴请，但这天不准出村，只能在村内活动。这天吹唢呐、击铜鼓、吹奏各种乐器和唱歌玩乐。这天还把粽粑挂在牛角上，拿粽叶给牛吃。初七这天各村寨附近山上，由寨老们商定搭一座棚子，让青年们去里面唱歌，小孩们坐地一起吃鸡腿，唱唱玩玩直到天暮归家。入夜男女青年各执火把一束，成群结队地上山呐喊吵骂，山顶山腰，火把如龙，喊声震天，这样直闹到鸡叫方归，据说这样才吉利。镇宁六马一带则在这一天一家有几个人就杀几只鸡来祭祖吃席。

[黄义仁：《布依族史》，第293—294页，贵州民族出版社1999年版]

布依族都有过"六月六"的习惯。有的地方的布依族还把"春节"叫做"大年"，把"六月六"叫做"小年"，因而十分重视，也比较隆重。但是，由于地区不同，传说不一，因此各地的过法差异也比较大。现将其中主要而普遍的几种传统过法介绍于下。

首先，介绍独山、平塘一带的布依族是怎样过"六月六"的。这一带的布依族群众在过"六月六"时，主要的活动有三项：一是到"天王石"那里去祭祀，以求"消灾灭难"；二是家家户户把衣裳拿出来晒，以免虫咬；三是后生们到河边去唱歌，寻访情侣。他们为何要进行这三项活动呢？据说，这里边有个传说故事。

传说，在远古的洪荒年代，天上、人间、地狱都可以通婚。板告寨中有个凉水井，可通地下十二层龙宫。一天，勤劳的六六去井边洗菜，发现水里游来一只大白虾，六六把它捞起来，带回家，放在水缸养起来。晚上，六六做了一个梦，梦见天上的月神婆婆来到人间寻找她失踪多年的月亮公主。第二天，勤劳的六六上山去种地，想起昨晚梦中的情景，就赶紧把活做完，提前回到家里。他突然发现一个美貌的姑娘在家帮他做饭。六六走上前去问道："姑娘，你是……"姑娘说："昨晚你不是梦见我妈妈来找我吗？""啊，你就是月亮公主。"原来，这位美丽的姑娘就是天上月神婆婆的第六个女儿。前些日子，她变成一只大白虾，到龙宫去拜望她外公——龙王，回来路过人间，正遇着天旱，她看见六六勤劳勇敢，人手孤单，就深深地爱上了他。后来他们成了夫妻。婚后一年，月亮公主生了一个儿子，三天会说话，七天会走路，十天会放牛，邻居的老人们看见这个孩子聪明过人，就给他起了一个名字叫"天王"。后来国王知道民间有这样一个美丽的月亮公主，就派大臣带领一帮武士，乘六六不在家里时，去把月亮公主抢来做第九个老婆。临别时，她对天王说："儿呀，你和你爹不要难过，以后有困难，你们就到月亮上找我吧！"天王放声大哭，说："妈妈，我们不知道上天的路呀？"月亮公主说："只要你们为人正直，将来自然会有人给你们指路的。"六六砍柴回家，不见妻子，人们告诉他，他的妻子月亮公主已被国王抢走了。六六十分难过，他对儿子说："儿呀，你妈妈被国王抢去了，我要去找国王算账，就是上天也要把她找回来。"六六出门寻妻，途中遇着一位白发苍苍的老人，六六问："老公公，你看见我的妻子从这里过吗？"老人说："我不认识你的妻子，只见几个男人推着一个女人，走到河边处，那女人弯腰去捧水喝，顿时喷出一道彩虹，河水猛涨，那几个男子被卷进旋涡里，那个女人跨上彩虹飞走了。"六六说："啊！那就是我的月亮公主呀！"眼泪不断往下淌。老人对他说："如果她真是你的妻子，她留下了一根飘带在河边，你若能找到，你也可以上天去。"

再说，六六找妻再没有回来。那时，天王虽然年幼，但他却很会种庄稼，他种的庄稼长得比哪个都好。这时，国王的狗腿子、板告地方的土官"然苏"，见到天王的庄稼长得好，他父亲又不在，就想霸占他的田地和庄稼，多次想整天王。第一回，然苏用铁锅把天王压进井底，他没有被淹死；第二回，然苏把他丢进虎狼窝，虎狼不咬他；第三回，然苏叫一帮穷哥们把他绑在一棵大树上，天王说："穷哥们，你们捆我对穷人没有好处，不如把我放了好。如果你们今天能搭救我，将来我到天上去，就叫蝗虫来吃恶人的庄稼，咬恶人的衣裳。哪些是你们好心人的田地，你们就打上记号，我就不叫蝗虫吃；哪些是你们的衣裳，你们就拿出来晒在院坝上，我就不叫蛀虫咬。"穷哥们认为有理，就给他松了绳子。绳子刚松开，只见天王纵身一跳，飞出去七八丈远，马上变成了一位老者，进而化成一股青烟，升上天空去了。后来，在天王升天的地方，出现了一颗人像巨石，人们说这说是天王的化身，给它取名"天王石"。天王到天上去后，就把人间的不平告诉了他的母亲月亮公主，月亮公主气愤万分。因为月亮公主是管六月雨水的，所以她在每年的六月不是下暴雨就是干旱，并放蝗虫下地来，所以虫害也越来越多。怎样办呢？这时，人们想起了天王的话，就赶紧凑钱买鸡、买猪，拿到"天王石"那里去进行祭祀，以消灭灾难；家家都把衣裳拿出来晒，以免蛀虫咬；后生们希望也能像六六那样，找到一个美丽的"大白虾"姑娘一起到河边去唱歌。据说，这一带的布依族"六月六"节日就是为了纪念月亮公主和天王为民造福而兴起的。

其次，介绍一下贵定、安顺一带布依族过"六月六"的情况。这一带的布依族群众过"六月六"，主要是用鸡血、猪血染红各种小旗子以后，就拿到田里去插，以免"天马"（蝗虫）伤害庄稼。他们为什么要这样做呢？据说，这里边也有一个故事，其大意是这样的。

从前，有个大财主，名叫王幺公。他讨了两个老婆，大老婆人称王大娘，是个心黑手毒的女人，她生了个儿子，名叫玉连；二老婆是个面慈心善、助人为乐的人，她也有一个儿子，名叫暮连。玉连脑子笨，读书又不用功；暮连脑子灵，读书又很用功。王大娘怕二天暮连比玉连能干，家产落到暮连母子的手里去，就起心害暮连。头一回，她诬告暮连偷王幺公心爱的玉石烟杆，结果被王幺公发现偷烟杆的不是暮连，而是她唆使玉连干的，让她当面丢了丑。这下她更怀恨于暮连了。第二回，她做了两坨粑粑，一坨放有毒药，一坨不放毒药。她把没有放毒药的那坨给玉连吃，而把放有毒药的一坨给暮连吃，妄图毒死暮连。暮连没有吃，后来这坨粑粑被狗吃了，狗死了。第三回，王大娘悄悄在路上挖了一个坑，在坑里还安了毒箭，坑上又盖了一层薄薄的土，妄图害死暮连。谁知起心害人终害己，她的宝贝儿子玉连为了捉金鸡陷入深坑，被毒箭刺伤脚差点送了性命。暮连好不容易长到十八岁。王幺公死后，王大娘竟敢推翻其遗言，不要暮连母子俩一起住，叫他们到破破烂烂的"厢房"去住，也不分给家产，暮连母子只好靠上山打柴维生。第四回，战争爆发后，王大娘不让她的儿子玉连去当兵，而推暮连去当兵打仗，恨不得暮连被打死，她和玉连好独吞家产。暮连没有办法，只好离开母亲去当兵。当兵途中，暮连遇到一个和尚，他听了暮连的遭遇后，就招呼他在庙里吃住。那天晚上，暮连做了一个梦，梦里有个老人对他说，这庙后面的方石板下，藏有一把宝剑，前面的山洞有条大蟒，专门吃人，若他敢杀大蟒，为民除害，他就去把宝剑取来，把大蟒杀掉；若他不敢冒险，就另走一条路，也不要去取宝剑。梦醒后，他想，为民除害，死也心甘情愿。第二天，他到庙后面的方石板下去找，果然得到了一把宝剑，他高兴地朝着蟒住的地方走去，忽然觉得一股腥气向他吹来，接着，一条大蟒张开血盆大口向他迎面扑来。他拔剑猛砍过去，不偏不倚正好砍在大蟒的头上，顿时蟒头落地乱滚。滚着滚着，巨蟒变成一匹雄骏的白马，站在暮连的前面，仰头长嘶。暮连又惊又喜，走上前去，抓住马鬃，跳上马背，那马一声长嘶，载着暮连飞驰而去。后来暮连才知道，这是神仙在帮助他。于是，他骑着神马、佩着宝剑上了战场，累建战功。三年后，暮连当上大将军。他很想念母亲，战事平息后，他就告假回家看望母亲。这时，暮连的母亲已被王大娘整得很惨，哭瞎了双眼。他把母亲安顿好以后，就化装成叫化子的样子去看王大娘，王大娘真以为他是叫化子，不理不睬，把他推出大门。后来，王大娘知道暮连确实当了大官，而且骑着大马、敲着锣鼓、打着旗子向她走来了，她又羞又恨，就一头撞在石墙上死了。寨邻们见这个比马蜂还要毒的王大娘死后，都拍手称快，并抬来许多柴草，把她的尸体架上去烧。哪晓得这个专门害人的家伙死了以后还要害人，她的尸体烧成黑灰后，风一吹，就变成了黑麻麻的"天马"，扑进田地里吃庄稼。不几天，好端端的庄稼就被"天马"糟蹋得不像样子了。大家一时还拿它没有办法。后来暮连一想，王大娘最害怕见到自己当官，这些"天马"见了自己是不是也一样害怕呢？想到这里，他就叫随从们打着旗子到田地里去转。这个办法真灵，"天马"一见到红红绿绿的旗子，就像王大娘见到暮连一样，都飞跑了。从那以后，人们就用鸡血、猪血染成各种小旗子插田地里去吓"天马"，以免它伤害庄稼。因为王大娘是六月初六这天死了变成"天马"的，所以大家就在每年的这天用鸡血、猪血染红小旗到田地里去插。这个习俗一直延续到现在。

　　再次，紫云、贞丰一带的布依族群众，过"六月六"又别具一格。即：①"六月六"可以在农历六月初六过，也可以是十六或二十六过，农历六月中的三个"六"过哪天都行，以当地栽完秧即所谓的"关秧门"来定。②有的地方过六月初六，叫做"六月六"；有的地方过六月十六或二十六，叫"六月场"或"六月桥"，逢"场（桥）"这天，这里的布依族群众，就身穿民族盛装，携老扶幼前去赶"六月场"或"六月桥"。③一些地方的布依族群众，早上，各家各户都要拿一人带着香、纸和用白纸剪成的纸马数叠，"刀头"肉一块，公鸡一只，到田边去祭"田神"（有的地方兼祭"山神"或"天王神"），其余的人就在家准备"躲山"时吃的东西，如花糯米饭、鸡鸭鱼肉等。同时由寨上群众推选的、德高望重的几个老人，牵着祭山神的牛（水牯或黄牛）到河边去洗净。午饭后，"躲山"的群众就三三两两地离开家门，向人们习惯云集的地方——"六月场（桥）"去"躲山"；专为公众祭山神的几个老年人，这时就带着炊具、火种、香烛，牵着"敬神牛"进入"山神庙"祭神去。"躲山"的群众在几个老人杀牛"祭神"时，就在"六月场"上欢快地赶起场来……当日头偏西时，"躲山"的群众就地揭开自家带来的饭箩，取出各种食品高兴地吃起晌午来。吃完"晌午"还不能随意回家，要一直等到"祭山神"处响起了"分肉啰"的喊话声后，"躲山"的一部分群众，这时才分成四股，到"祭山神"处去抬"四肢"牛腿回村；其余的人才扶老携幼不断地各自回家。随后由各家派人到寨中领"祭山神"的牛肉来祭祖。他们为什么要这样过"六月六"或赶"六月场"呢？当地的布依族老人说，这是布依族的千年古规，这样做，意味着人畜兴旺，五谷丰登。究其原因，正如乾隆年间李吉昌纂《南龙志·地理志》所云："六月六日，栽秧已毕，其宰分食如三月然，呼为更六兀，汉语曰过六月六也。"其用意不外乎是：①禳灾祈福；②预祝五谷丰登；③栽秧完了，众人打个牙祭。

　　此外，安龙一带的布依族群众，过"六月六"又有与众不同的新内容。相传，在清同治九年（1858年）的六月初六，兴义的大土豪勾结龙广的大地主，对安龙的布依族人民进行屠杀和掠夺。这里的布依族群众不怕强暴，奋起反抗，经过英勇的斗争，他们终于在农历六月初六的那天击败了敌人。后来，这里的布依族群众为了纪念这次斗争的胜利，就将这一天——"六月六"定为一年中重大节日。每年到了这天，这一带的布依族群众，就身着盛装，热热闹闹地纪念一番。

［罗竹香：《布依族过'六月六'的习俗》，载贵州省民族研
究所编《民族研究参考资料》第二十二集《民族风情》，第
84—87页，1985年（内部）印］

　　（黔南惠水一带，）"六月六"正值农闲季节，人们借此机会玩乐、社交，同时祭神祭祖。用白纸剪成纸马、三角旗，染上猪血、鸡血，插于田中、地头，禳解灾殃，祈求当处五谷丰登。各家户主聚集到村社庙前，举行隆重的祭神活动，还利用这个机会，商量制订乡规民约，以保庄稼不受损害，全寨人畜平安。

　　关于"六月六"的来历，各地流传着许多美丽动人的传说故事，主要有《仙王和树王》。传说在远古的时候，有一个叫雨皇的女人，没有结婚出嫁，成天到处飘游浪荡，孤独一人。一天她在一个山垭口上乘凉风，后来竟然身怀有孕。十月怀胎后，孩子生下来，哪知道是具肉坨，不像人。雨皇一气之下，便把他扔在路旁，但后来过路的人在此隐约看见人形并听到哭声。此事传到雨皇的耳边，她又把他抱回来养着，并取名叫"挽团"。挽团长大后，取"素明"为妻，婚后生下一子，名叫"奔科"。奔科聪明伶俐，一天他到井边去挑水，看见一条很漂亮的鱼，他回家后一直想着这条鱼。刚好这天晚上，奔科正闷闷不乐地坐在火炉边，忽听到敲门声，开门一看，是位美丽的姑娘。姑娘对奔科说："白天你去挑水看见什么？"奔科说："我看见一条很漂亮的鱼，我很喜欢这条鱼。"姑娘笑着说："我就是你看见的那条鱼。"奔科很惊喜地招待了她。奔科与鱼姑娘一见钟情，不久，他俩便成了婚。婚后生下一子，取名"仙王"，"仙王"也很聪明，一天他到河里去玩，捉得一条鱼拿回家来，准备煮吃。他母亲阻止说："鱼是你舅父，不能吃。"但仙王不听他母亲的话，把鱼煮来吃了。他母亲一气之下，便回娘家海龙王那里去了。奔科无奈之下，娶了小妾，一年后生下一子，取名"树王"。两个孩子渐渐长大。有一天，后娘吩咐兄弟俩上山去砍柴。上山前，母亲拿饭包分别给两个孩子装上午餐。砍到中午时分，兄弟俩休息吃饭，打开饭包一看，其饭菜各不相同。仙王的是粗粮加酸菜，树王的是白米饭加鸡肉。两兄弟脑中各有想法，仙王心头虽然不快，但未表露出来，对树王说："回家不要给母亲讲，装着无事就行了。"回家后，树王反告哥哥说了怪话，仙王被后母打了一顿。奔科年老，又生病睡在床上，想喝点泉水，叫两个孩子到洞里去挑泉水。其母乘机作了策划，暗中指使树王利用挑泉水之机，将仙王整死。两兄弟走到洞口，相互推让，树王说："你是哥，你应该走在前；我是弟，应在后。"仙王推不下，只好走在前面。刚下到第四步梯子，树王在背后用大石头对准仙王砸去，将仙王砸到阴潭里去了。其父奔科不久也死了，树王一人独吞了全部家产。谁知仙王他是个仙体，并没有死，而是潜到母舅龙王那里，并把经过告诉了龙王。龙王给他出了个主意，将他送上了天庭。仙王到了天上，经常造出害虫、冰雹来损害树王的庄稼。但他放下来的虫子、冰雹，不单单损害树王一人的庄稼，老百姓也跟着遭殃。这种情况下，人家迁怒于树王，都去找树王的麻烦，要树王退回仙王的财产，并请仙王下凡来保护大家的庄稼，否则老百姓就要把树王打死。在老百姓的威逼下，树王朝天下跪，祈求仙王下凡。跪了三天三夜，最后老百姓也跪下来祈求，仙王终于答应了老百姓的要求，叫他们在自己的田地里插上标记，就可免去害虫和冰雹的危害。从此，每年"六月六"这天，都要杀猪、杀鸡、包粽子祭供仙王并在田地里做上标记，俗语叫做"保坝"，希望年年风调雨顺，五谷丰登，这样世代相传至今。

"六月六"也是布依族的传统歌节，惠水一带主要有"老鹰坡会"和"董朗桥歌场"。

[贵州省惠水县布依学会编：《惠水布依族》，第115—116
页，贵州民族出版社2001年版]

六月六是竹林寨布依族一个隆重的节日，仅次于春节。其时农忙季节刚过，人们完成了一年中农活最为关键的种植任务，可以休整欢乐一下。家家户户准备美味佳肴，同欢共饮，同时包粽粑供祖。

竹林寨有"六月六，龙晒骨，打湿龙袍晒四十天"的气候谚语。意为：六月六是大晴天就好，若是下雨打湿了龙袍，就会连续 40 天不下雨，造成旱灾。因此，这一天人们就要像龙一样，洗澡晒太阳。一些年近花甲的老人，平时不下水，这天也要"变龙"下到河里洗个澡，然后爬上岸来，烘晒骨肉。表示节日求晴，以后求雨，粮食丰收，身体健康。

[班光瑶、孙定朝、赵焜：《贵阳市花溪区新民乡竹林村调查》，载贵州省志民族志编委会编《民族志资料汇编》第六集（布依族），第 149 页，1988 年（内部）印]

六月六，是整个布依族的传统节日，有唱歌比赛的，又称"歌节"；有清洗家物，打扫环境卫生的，又称"清洁节"。更多更普遍的是杀鸡吃，每人一只；包粽粑吃，还有"吃乡例"，大家杀猪敬祭寨神，当着寨神和寨主，共订保护庄稼、寨树等的乡规民约，喝鸡血酒以盟誓。革老坟的六月六，除上述内容兼而有之外，还有一个内容，即到温家塘去玩山。为什么要到温家塘去玩山呢？传说，以前温家塘边的洞岗寨，有个漂亮的仡佬族（一说彝族）姑娘"美勒"，这姑娘与布依族小伙阿桑，从小青梅竹马，大后感情至深，要准备在六月初七这天成婚。这消息被温土司听到了，他心怀歹意，以助婚为名，跑来洞岗寨抢亲。美勒坚贞不屈，以死殉情，纵身跳入温家塘而死。阿桑闻讯赶来，悲愤交加，也以身殉情，跳进潭中，当即下了倾盆大雨。雨后天晴，只见两面铜鼓从潭水中浮上来，弯耳相扣，铿锵有声。人们说那是美勒和阿桑的灵变，他们在歌唱也在悲泣，歌唱他们忠贞的爱情，也诅咒黑暗的人生。高高悬挂的彩虹映照山河，彩色缤纷，人们说那是美勒和阿桑的化身，他们在起舞，他们在翱翔，飞向无邪的仙境。为了怀念这对忠贞的情侣，人们每年六月六的第二天，即成群结队地穿着多彩的民族服装赶到这里来，欢歌起舞，沿河"榔貌榔梢"，以示对忠贞爱情的歌颂和赞美，对邪恶势力的鄙夷和谴责，渐渐地就形成了六月六节到温家塘玩山的习俗。革老坟离温家塘仅四五华里，且又寨大人多，玩温家塘的兴致更为浓烈。

[王芳礼：《布依村寨革老坟调查》，载贵州省志民族志编委会编《民族志资料汇编》第六集（布依族），第 62 页，1988年（内部）印]

（水城一带，）六月六节连过两日，活动较多，有"祭水口"、"祭山神"、"定寨规"、"祭山地"、"玩花坡"等等。

初六日天亮"祭水口"，由家长或青年男子带竹篮装公鸡 1 只，粽粑 10 个，酒 1 壶，碗 3 个，来到秧田进出水口处，先用树枝搭一"纳堂"，点香祭供。杀鸡让血滴入田中，以白纸两张分叠成长尺许、宽两寸的纸条沾上鸡血，将它与粽粑叶、鸡毛裹起用两根芦苇插于"纳堂"两边。远远看去，芦苇秆上看似有两只红头大鸟，俯瞰着敬供的大田。布依语称"放当"，意为"敬田神，防虫灾"。认为坝中无数只"大鸟"，就是专吃害虫的神物。供毕，酒与粽粑可在田边食用，鸡则带回家中煮熟供祖。

中午"祭山神",礼仪与"三月三"同,祭毕由"布光"当众宣布寨规及保护庄稼条约。

如候场补些树寨子的条约,其内容是:

"第一,庄稼三分种,七分管。未成熟前不准放牛马糟蹋。违者坏秧一窝罚粮半斤;坏包谷一窝罚粮半斤。

第二,偷砍龙竹笋每棵罚款五元,赔偿龙竹一棵;偷砍树苗直径三寸以上者,每棵罚款五元,赔偿直径五寸以上树木一棵。

第三,偷粮食者,罚报口钱五元,赔粮五倍,庄稼罚其管理直至成熟。

第四,遇有瘟猪、瘟牛不准抬进寨子。

第五,稻田用水按原水口平分。若遇天旱可经商量调剂,不准私放别人田水,违者罚款十至二十元。"

条约在祭山时由"布光"召集寨老讨论制定,内容根据当年情况可增可减。接着宣布分肉,各家拿回供祖。经此仪式,全寨互相监督共同遵守,至今仍是一种有效的民间管理方法。

晚上各寨青年男子选择显眼之地,手持火把上山举行比赛,深夜方回,俗称"玩火把"。布依语称"弄良",意为"烧苍蝇、灭蚊虫"。"良"在布依语中是苍蝇、蚊子的统称。但近几年来,民间为了节约亮蒿,"玩火把"仪式已被取消。

七日凌晨,全寨于山上杀猪一头,每家用香樟树枝沾满猪血插于地中,意为"防虫灾"。中午"玩花坡",布依语称"拜波亭"。届时全家背酒肉上山,由每户出木棒一根在"花坡"搭一帐篷,布依语称"兰亭",供老年人吹唢呐、饮酒和摆古;童孩带鸡腿、粽粑来吃,并玩"捉迷藏"、"坐草车"(一种以树枝当滑板的草坡游戏)等。青年人则跑到别寨找朋友对歌,平日里兴追赶的习俗此日均被禁止,是难得的一个"和平对歌节"。"花坡"上数寨山歌互答,歌声此起彼伏,直到夜幕降临,人们才返回寨中。这就是"六月六"节的全部礼仪,其在水城还很普遍。只有猴场乡平寨、岩上等6个自然村寨至今不过"六月六"节,而是从农历五月插秧完毕算起,逢"龙日"过节,其礼仪与他处"六月六"全部相同。

[伍文义:《水城特区猴场、红岩民族乡布依族婚俗与节日礼仪调查报告》,载贵州省民族研究所、贵州省民族研究学会编《贵州民族调查》之五,第359—360页,1988年(内部)印]

10. 七月半

七月半,布依族要杀鸡、杀猪或杀牛祭祖,晚上烧纸钱或金银纸锭。红水河沿岸要连过三天。十四日做褚褴粑供祖;十五日晚到河边放冥船,任其随水漂流;十五、十六日年轻人和孩童聚集大榕树下,或荡秋千,或打陀螺,或去游泳。惠水断杉一带,集中于古桥堡对歌，跳粑棒舞和铜鼓舞，同时进行唢呐比赛。主家杀狗招待客人。晚上，各村道路沿途插香。长顺县猛秋一带则举行玩山活动，俗称"赶秋坡"，参加者达万人以上。

［周国茂主编：《中国民俗大系·贵州民俗》，第 191—192
页，甘肃人民出版社 2004 年版］

七月半实际过的是七月十四，但从初一那天起，每天早晚都要各上香一次。

七月十四的早晨，兴仁县布依族所有的村寨都有扎"龙门"的习俗。"龙门"的用材主要是"龙毛竹"。每道大小门及窗户都要各扎一道。"龙门"用四根"龙毛竹"互相交头捆扎。门上一根的中央要用芋头、竹叶、荷叶、羊辣刺、杨槐树枝等扎于其中，每道门槛脚下放一碗用糯米菜叶煮成的紫红色的水，碗中放一块新布，全家老幼用此水洗脸。当天祭供"神宗"的菜用黄豆、嫩瓜、棉竹笋子、羊荷、芋头、豆腐等全炒一碗，饭食是用糯米叶染成红白两色的糯米饭，杀鸡一只和鲜猪肉煮成熟食一起祭供。第二天早晨要换红色的水碗，每人又用此水洗脸一次。十五不供饭，晚上要插"路香"，从家门口一直插到附近的三岔路口。有的人家还要用青、白布剪成衣服式样在烧纸时一并火化。七月和正月布依族有不烧某种柴的禁忌，如王姓不烧泡桐树，梁姓不烧夜蒿树等，其他各姓都各有忌讳。

兴仁布依族中较突出的七月半活动是大新寨的"火箭节"。相传，大新寨王姓的祖先，古代奉命出征，在进攻营垒时，因敌垒坚固难破，他们的指挥官下令用棉织引火之物扎于箭头，沾上油，点燃后作"火箭"，一齐向敌人的营垒射去，最后取得了胜利。然后划地为界，在此定居下来，起名为"新寨"。相传战胜敌人的那天是农历七月十五，以后他们就把这一天作为纪念日，每逢七月十五都要放火箭纪念，这就是"火箭节"的来历。……每户人家一般都备有数百支"火箭"，十四晚上开始试箭，十五晚上正式使用。节日到来，男女青年来自四面八方，多达数万人，极其隆重。寨中每户都热情待客，认为客人来得越多运气就会越好，是吉祥的象征。十五日晚上，由寨老下令打火箭开始，此时火光划破夜空，穿梭不息，形如流星，极为壮观。地面上人们敲锣打鼓，响声不息，欢腾一片，直至子夜方休。

……抛掷火箭的活动停止后，几位寨老由布摩带领用狗一条扫寨驱邪，然后到官厅祭祀主神，各家各户亦祭供自家祖宗，一年一度的"火箭节"才告结束。

［王开吉：《兴仁县布依族调查》，载贵州省志民族志编委会
《民族志资料汇编》第六集（布依族），第 13—14 页，1988
年（内部）印］

布依族人兴过七月半，但不是过七月十五这天，节期是七月十四。因此布依族把这个节日称为"过七月十四"。

一般说来，节期来到的前三天，各家要准备好梨子、石榴、地瓜、竹笋等鲜果，洗净后，三五个成堆地放在盘子里，供奉祖宗。七月十四凌晨开始，各家都要杀鸡、煮五花糯米饭、做圆糖粑、褡裢粑或大粑粑等，把原供的鲜果和竹笋等一同收了，举行"送亲"的隆重祭供，全家聚餐，欢快地度过这一天。

七月十五还兴祭桥，祭桥时，预先要在家里炒好糯米饭、猪肉、鸡蛋等菜肴，盛于碗碟中，由家庭主妇提着，并带领小孩，到自己生小孩时所修的"桥"边去祭桥，或是去祭指路碑，祭神仙洞等，目的是求神灵保佑孩子身体健康、万事吉利。布依族有些姓氏和汉族一样，兴给祖宗烧包，据传说，这包是阴间用的钱。有的还上坟点灯。总之，过七月半，民族活动较多。例如兴仁县的布依族大兴寨，还举行有意义的"打火箭"活动。

七月半是布依族的盛大节日之一，有些地区还把吃新节和七月半一起合并，这样使节日活动更加丰富多彩。佳节过后，已是初秋，因此，布依族村寨每天的白日夜晚都是很热闹的。有男女青年"浪绍"（nanghsaul）的；有老人在寨亭或树荫下讲故事，谈笑风生；有小孩游戏等。尤其是节日夜晚，在月光明亮的寨子里，孩子们成群结队地进行玩"香火"和"彩灯"活动，他们把"香火"和"彩灯"高高举起，行进在村道上，犹如火炬游行，来看热闹的人都为孩子们欢呼，别有一番情趣。另外，布依族女青年们常在节日过后的每天晚上，最喜欢做"忆情人"游戏。她们选好一个能唱会道，才貌出众的女青年，用大圆簸箕放在大门口的晒台上或坝子上，叫这个女青年坐在簸箕中，并用帕子或一块布把她的眼睛蒙好，点上香，再叫一个有经验的中年妇女来呼唤"雅郎"（念咒施行巫术的一种活动），不久女青年昏昏欲唱。唱到高潮时，这个女青年可代替每个女青年的情郎说话或唱诉爱情的诗调。这种游戏往往是通宵达旦，旁听的男女青年人山人海。……

〔王兴赋、王荣胜、韦国英编：《北盘江畔布依人》，第117—119页，1985年（内部）印〕

农历七月十三至十五日为"七月半节"。七月，稻谷出穗，丰收即将来临，此时各种水果已成熟，人们为了怀念祖先，于十三这天，在堂屋神龛下摆放一张大方桌，摆上几碟品种不同的水果；在堂屋楼顶挂上能连续燃三天三夜的塔式盘香；装填"包袱"作为送给祖先的礼物。"包袱"约32开纸大小，白纸制成，上写祖先名字及奉献人名字，内装钱纸。七月十五日晚上，将全部封好的包袱拿到院坝，两袋相并，平摆架铺，点火焚化。竹林寨七月十五同时过"吃新节"，人们将刚吐穗的稻穗或稻叶摘来洗净，铺在甑子里连同米饭一起蒸，即是新米饭了。饭熟后，先在堂屋供祭祖先，而后全家才吃。

〔班光瑶、孙定朝、赵煜：《贵阳市花溪区新民乡竹林村调查》，载贵州省志民族志编委会编《民族志资料汇编》第六集（布依族），第149页，1988年（内部）印〕

七月半与汉族一样俗称"鬼节"。十四日晚间为祖先烧纸钱，以香遍插寨内通道；

十五日用石灰遍撒房子周围，意为"隔鬼路"。这可能是受汉族文化的影响。

［伍文义：《水城特区猴场、红岩民族乡布依族婚俗与节日礼仪调查报告》，载贵州省民族研究所、贵州省民族研究学会编《贵州民族调查》之五，第360页，1988年（内部）印］

　　七月十四，又称七月半，俗称"鬼节"。（人们）认为此节祖宗回家，百鬼出门。七月十三日便要敬祖宗，其做法是：买纸钱写上死者姓名，以鸭血淋之，意鸭可涉水过河，把音信送到地府，让祖宗知乡音，保家人平安，并接祖宗回家探望。十四日，鬼魂出动，各户烧香插在门口两侧、路边，并用冷水冲饭，把饭粒撒在门外或院坝上，让死者食用后归去。鬼魂一年只回村一次，人们认为如果不在室外撒食，它们就进家不走，给世人带来不利。据老人们说，如果不撒食，在野外朦胧月光下，或可看到无头鬼之类的游魂。

［覃东平：《独山县麻尾区布依族来源及节日婚姻丧葬习俗调查》，载贵州省民族研究所、贵州省民族研究学会编《贵州民族调查》之九，第61页，1992年（内部）印］

　　七月半（"吉普席"）：俗称"送鬼节"。在农历七月十三或十四日，各家备好酒、肉、豆腐、鸡、鸭等。到十五这天，在堂屋设好祭桌，摆上熟鸭和牛肉供祭先祖；另用金箔纸或银箔纸折成金锭或银锭状摆在桌上。还有的人家把鸭毛用纸包好放在河中漂流，焚烧香纸，意为让祖先过河。在屋外设小祭桌，上放一些鱼、肉、豆腐、稀饭之类，祭祀已去世的族中远房无后嗣的老人。在吃完晚饭后，每家在房前屋后插露水香，然后，摘两个橙子或南瓜，插满香枝，系在竹竿上，立在屋外。据说这是供奉天上和地下野鬼和恶鬼，防止他们进家作祟捣乱。如果这天稻谷已经成熟，还有尝新的风俗。在此段时期，亲朋互相往来，各处对歌，其热闹程度仅次于腊月年。

［唐合亮：《三都县周覃镇布依族生活习俗》，载贵州省民族研究所、贵州省民族研究学会编《贵州民族调查》之四，第316页，1986年（内部）印］

11. 七月辰日"龙山节"

　　盛行于毕节地区的金沙、织金、黔西一带。当地布依族农历七月属"龙"的日子（头龙、二龙均可），全寨出资买猪、羊各一头及鸡、酒、肉等，在村旁龙树（古树）下集体祭龙山。祭毕，全村会餐一顿，剩下的肉分给大家带回家祭祖。寨老当众宣布保护山林、古树及爱护庄稼等内容的乡规民约，用以维护社会治安。

［贵州省志编纂委员会编：《贵州省志·民族志》上册，第222—223页，贵州民族出版社2002年版］

12. 吃新节

农历七月的第一个辰日（龙场天），此时稻谷已出穗灌浆，丰收即将来临，布依族家家户户都用口袋到田坝中背新稻（虽名曰"背新稻"，实际上只是象征性地摘几吊灌满浆的稻穗即可）回家，用热水烫过后挂一部分在堂屋神龛上，又将部分新稻穗和糯米一同蒸熟，与酒、肉一起设席敬供祖宗，然后合家饮酒、吃糯米饭，其乐融融，曰："吃新米"。尽管土地已经分包到户，稻田已分属各家，但是过"吃新节"摘新稻穗时，田坝中哪块田的稻谷灌浆较早，任何人都可以去摘，主人都不会责怪，体现了布依族农耕社会的古朴民风。

[贵州省志编纂委员会编：《贵州省志·民族志》上册，第223页，贵州民族出版社2002年版]

六枝一带的布依族，以农历七月半为"吃新节"，布依语称"根金好磨"，水城一带则从六月起，逢辰日（龙场天）"尝新"。六枝布依族在七月十三晚上，各家将经布摩念咒喷水过的净王刺和芦草挂在门窗上，从田里扯来谷穗，与饭同蒸。抬下甑子后，将其插于神龛下让祖宗先尝，然后由家长舀饭先喂狗。传说古时的谷种是狗为人们带来的，因此要先喂狗以表示不忘狗的功劳。经此仪式后全家才能食用。水城布依族的"吃新节"，分头节、二节和三节。头节用竹叶将谷糠包成两包粽粑挂于稻蓬上，采回稻叶数片，拿回家与糯米蒸熟供祖。供毕将稻叶插于神龛下。接着家长舀饭喂狗，后全家才能食用。二节与头节同。三节时，稻谷已熟，须摘稻穗数枝放入粮囤。每节均要供以酒肉，过去还要供鱼虾。

[《六盘水市志·民族志》编纂组织机构编：《六盘水市志·民族志》，第138页，贵州人民出版社2003年版]

谷物尝新节，布依语称"更金豪模"。从六月算起，逢"龙日"即过尝新节。此节连过三次，分为"头节、二节、三节"。"头节"礼仪，先以竹叶拌谷糠包成"粽粑"两只挂于稻蓬之上，然后采稻叶数片用口袋背回家中与糯米蒸熟供祖，俗称"摘新谷"。采稻叶分东南西北四个方向，平均三年采摘一方。回家供祖完毕，又将稻叶挂于神龛之下，表示祖先已尝新米。接着由家长打饭先给狗吃一口，意为古时狗带谷种辛苦，让狗先吃。经此礼节，全家才能食用。

猴场达把村将稻叶采回家后，还用砧板、木槌、挑水扁担等物将其压于堂屋之中，然后用槌敲打，边打边说："捶鸟头、压鼠头。"以此方式预祝丰收。"二节"之礼亦然。"三节"时稻谷已熟，需摘稻穗数把放于粮囤之中，意为"谷进仓"。三次尝新节都要祭供酒肉，中华人民共和国成立前还要敬供鱼虾，这大概是水边稻作民族的特点吧。

[伍文义：《水城特区猴场、红岩民族乡布依族婚俗与节日礼仪调查报告》，载贵州省民族研究所、贵州省民族研究学会编《贵州民族调查》之五，第 360 页，1988 年（内部）印]

13. 八月十五

此时水稻已经收割，这天家家户户打糯米粑供祖先。晚上，青年人相邀去偷别人家的瓜、毛豆等来集体煮吃。这天晚上，谁家的瓜、豆被偷走了，主人不但没有怨言，反而暗自高兴。他们认为是自家的祖先或其他神灵驱使这些人来偷给他们尝新的，要是祖先尝到瓜、豆未成熟，就暗中保佑它们结实饱满，颗粒壮实以至丰收。故民间有"八月十五偷老瓜"的俗谚。

[贵州省志编纂委员会编：《贵州省志·民族志》上册，第223 页，贵州民族出版社 2002 年版]

（八月十五）兴"偷"老瓜煮糯米饭吃。缺孩子的中年妇女，别人可于当晚将老瓜"偷"来，用红布包好，送到她家去，一路放爆竹，主家请酒吃宵夜。被"偷"了瓜的主人不能打骂偷瓜人，这是古代传下的规矩。

[黄义仁、韦廉舟编：《布依族民族志》，第 116 页，贵州人民出版社 1985 年版]

八月十五称"游戏节"，青少年于此夜可到地里、屋边等地"偷"蔬菜南瓜之类，"偷"来东西后便"打平伙"。是夜，被"偷"的人家不能因被"偷"而破口漫骂；而家长也不会因为自家的小孩"偷"来东西而责怪。八月十五月亮明，能"偷"来瓜果等东西也不容易，人们对能"偷"来东西者都称赞为聪明机灵，认为其长大后必过人一等。当然，所"偷"范围仅限于瓜果蔬菜类而已，偷鸡摸狗等盗窃行为是不允许的。

[覃东平：《独山县麻尾区布依族来源及节日婚姻丧葬习俗调查》，载贵州省民族研究所、贵州省民族研究学会编《贵州民族调查》之九，第 61 页，1992 年（内部）印]

八月十五，过的人家不多。有些年轻人在月明之夜，到地里"偷"瓜果，主人家不能咒骂。还有些调皮的人拿些瓜送给久婚不育的夫妇，祝愿他们早生贵子，具有娱乐性质。

[唐合亮：《三都县周覃镇布依族生活习俗》，载贵州省民族研究所、贵州省民族研究学会编《贵州民族调查》之四，第316 页，1986 年（内部）印]

14. 九月九节

家家户户打糯米粑供祖先，亲戚中的姑妈带酒、鸡等回家看望老人。全家做上好饭菜，欢聚一堂。黔南地区还在这天举行"扫火星"活动，让粮食入仓不发生火灾。有的还用糯米粑"堵蛇洞"，意为还有部分成熟了的稻谷在田里未收，把蛇（雨水的象征）堵在洞里，不让雨水泛滥，确保颗粒归仓。

[贵州省志编纂委员会编：《贵州省志·民族志》上册，第223 页，贵州民族出版社 2002 年版]

15. 十月、冬月"小年"节

农历十月初一称"小年"或"牛王节"。在织金、黔西、威宁等县一带，届时布依族要打粑粑、杀鸡祭供祖先，亦供牛王菩萨，祈求保佑耕牛力大无穷，夺得丰收。同时要用米饭喂牛，让牛休息一天。有的地方还在牛角上绑粑粑，上山采九里光花插在粑粑上，牵牛去饮水，体现了布依族人民注重农耕、保护耕牛的美德。

[贵州省志编纂委员会编：《贵州省志·民族志》上册，第223 页，贵州民族出版社 2002 年版]

十月初一"牛王节"。兴仁布依族一进十月就要准备过节，有过十月初一的，也有选择十月其中一日的，其性质都一样，都是为了祭"牛王"。"牛王节"一般不祭供祖先。要打牛王粑，打好粑粑后，先拿一点喂牛，其余的包成米豆粑，即将米豆煮烂，放上姜和盐，搓成汤圆形，放在热粑粑中，封好，压成月亮形大小，就是米豆粑，也用作走亲访友礼物。

[王开吉：《兴仁布依族调查》，载贵州省志民族志编委会编《民族志资料汇编》第六集（布依族），第 15 页，1988 年（内部）印]

小年：冬月二十七日过小年，有的人家二十九日过。各户取糯米打糍粑，杀鸡宰鸭，较热闹、隆重。从此节开始，便可以敲锣打鼓了。

[覃东平：《独山县麻尾区布依族来源及节日婚姻丧葬习俗调查》，载贵州省民族研究所、贵州省民族研究学会编《贵州民族调查》之九，第 61 页，1992 年（内部）印]

（三都一带）冬月年（"尽寥"）：这是板料村所辖的板盘、交拱、降纳、高坡、更保等村寨在农历十一月初一单独过的年节。传说，明代时，覃扫之由广西的福基减（碱）

海迁来时，先住在板料地方。后来由于人口繁衍增多，就逐渐分支到板力、歪村（今三江村）、板光等地。为尊板料先到，所以让其先过年。届时附近各村寨亲友多到板料表示祝贺，共同过年。但由于村寨小，来人多，耗费大，难以应酬，在1958年，板料村民自愿改革，把过年时间后推一个月，和周覃其他村寨一起过腊月年。

　　　　　　　　　　　　［唐合亮：《三都县周覃镇布依族生活习俗》，载贵州省民族
　　　　　　　　　　　　研究所、贵州省民族研究学会编《贵州民族调查》之四，第
　　　　　　　　　　　　316页，1986年（内部）印］

16. 腊八节及腊月年

　　三都县三江一带的布依族，腊月初八这一天是当地一个重要的节日，称为"别鸦龟"，这天要举行葬青蛙仪式，并进行摔跤比赛，预祝来年丰收。

　　　　　　　　　　　　［黄义仁：《布依族史》，第295页，贵州民族出版社1999
　　　　　　　　　　　　年版］

　　腊月年（"更尽"）："更"者吃也，"尽"即节。据史籍记载：仲家"以十二月为岁首"，即在腊月初一过年。现当地布依族又称为过"小年"。该节日整个周覃地区布依族都过，并且也是一年中最为隆重的节庆之一。过年期间，各家各户杀猪宰鸡，酿制糯米酒，舂米粑，制豆腐，炸米花，炒米等，亲友们互相往来拜年、聚宴，赠送糯米粑和米酒。同时，这也是青少年"浪近"活动最盛的时期。

　　　　　　　　　　　　［唐合亮：《三都县周覃镇布依族生活习俗》，载贵州省民族
　　　　　　　　　　　　研究所、贵州省民族研究学会编《贵州民族调查》之四，第
　　　　　　　　　　　　316页，1986年（内部）印］

参考书目

《布依族简史》编写组编：《布依族简史》，贵州人民出版社 1984 年版

黄义仁著：《布依族史》，贵州民族出版社 1999 年版

周国茂著：《摩教与摩文化》，贵州人民出版社 1995 年版

周国茂著：《自然与生命的意义世界——贵州少数民族原始崇拜与民俗》，贵州教育出版社 2004 年版

周国茂主编：《中国民俗大系·贵州民俗》，甘肃人民出版社 2004 年版

贵州省地方志编纂委员会编：《贵州省志·民族志》，贵州民族出版社 2002 年版

韦兴儒著：《女巫》，贵州人民出版社 2001 年版

安龙县民族事务和会编：《安龙县民族志》，1989 年内部出版

惠水县布依学会编：《惠水布依族》，贵州民族出版社 2001 年版

罗剑著：《毕节地区布依族》，贵州民族出版社 2004 年版

清镇市民族与宗教事务局、清镇市布依学会编：《清镇布依人》，内部资料，1999 年 1 月编印

韦廉舟编著：《布依族苗族风土志稿》，黔南布依族苗族自治州民族事务委员会、文学艺术研究室 1981 年编印

黄义仁、韦廉舟编撰：《布依族民俗志》，贵州人民出版社 1985 年版

罗汛河、田兵等主编：《布依族文学史》，广西民族出版社 1983 年版

何积全、陈立浩主编：《布依族文学史》，贵州民族出版社 1992 年版

贵州省民族研究所编：民族研究参考资料第二十二集《民族风情》，内部资料，1985 年编印

陈国钧：《贵州苗夷社会研究》苗夷研究丛刊之二，文通书局 1942 年版

覃光广等编著：《中国少数民族宗教概览》（布依族部分），中央民族学院出版社 1988 年版

贵州省民族研究学会、贵州省民族研究所编印：《贵州民族调查》（之二至卷十二）

《中国傩戏调查报告》，贵州人民出版社 1992 年版

黄义仁：《布依族宗教信仰与文化》，中央民族大学出版社 2002 年版

《中国各民族神话与宗教大词典》编委会编：《中国各民族神话与宗教大词典》，学苑出版社 1990 年版

贵州省布依学会编：《布依学研究》（之一——之八），贵州民族出版社 1989—2006 年版

贵州省志民族志编委会编：《民族志资料汇编》第一集（布依族），内部资料，1986 年编印

贵州省志民族志编委会编：《民族志资料汇编》第六集（布依族），内部资料，1988 年编印

韦兴儒、周国茂、伍文义编：《布依族摩经文学》，贵州人民出版社 1997 年版

后　记

　　本研究项目是何耀华研究员主持的 2004 年国家社会科学基金重点项目《中国原始宗教资料调查研究》（04AZJ001）的一个子项目；是自"七五"、"八五"以来吕大吉、何耀华总主编的《中国各民族原始宗教资料集成》多卷本中的一卷。

　　汉文古籍文献对布依族宗教有零星记述，对认识了解和研究布依族古代宗教信仰有一定帮助。但由于记载过于简略，无法从中形成对布依族信仰崇拜的完整印象。民国年间，陈国均等学者用人类学方法对布依族宗教信仰进行了初步的调查研究，为布依族宗教研究奠定了一定基础。

　　中华人民共和国成立后，有关政府部门组织广大专家和民族学者对包括布依族在内的各民族社会历史进行了大规模调查研究，这些调查中包含了宗教调查，积累了丰富的原始宗教资料。在调查基础上，一些学者进行了初步描述研究。党的十一届三中全会后，民族学迎来了新的春天，民族学者突破"左"的禁区，又进行了更加深入的调查研究，成果累累。

　　尽管布依族宗教信仰研究取得了一定成果，但仍有许多问题需要进一步深入探讨。因此资料建设就显得十分重要。既要继续进行田野调查，也要把过去的资料进行整理汇总。"中国原始宗教调查研究"项目无疑为这一需要提供了机遇。我们从浩如烟海的文献中检索、梳理、分类汇总，于是形成了目前这个集子。

　　本分卷是由颜勇、周国茂、梁永枢共同完成的。提纲由颜勇、周国茂共同拟订。颜勇主要负责组织协调工作，周国茂、梁永枢对资料进行搜集、梳理和分类汇总，最后由颜勇统稿。周国茂还撰写了概述。

　　项目主持人何耀华研究员多次来贵州检查指导，并召开审稿会议，传达"集成"总主编吕大吉研究员的意见，严格把关；贵州五个民族分卷的组织管理协调人陈国安研究员对本分卷的调研给了具体的帮助；中国社会科学出版社第五编室主任黄燕生，责任编辑李是前来贵州省民族研究所出席审稿会议，对本分卷的修改完善给予指导。在本项目付梓之前，让我们对上述同志以及项目申报管理单位云南民族大学、云南省民族研究所、中国西南民族研究学会表示衷心的感谢！

颜勇　周国茂　梁永枢

2006 年 8 月 27 日

侗 族 卷

主编 吴 嵘

侗族卷目录

第七章　原始宗教与社会经济文化生活

绪　论

吴　嵘

一

侗族自称为 Gaeml，有的地方读做 Jaeml 或 Jeml，自称一致，含义相同。在湖南、贵州、广西三省区交界的通道、黎平、三江的三县交界一带，侗族内部还有 Jaem laox、Jaeml jaox 和 Jaeml danx 之互称。与侗族相邻居住的水、壮、仫佬、毛南、布依、仡佬、土家等民族，对侗族的称呼均与侗族自称相同。相邻居住的苗族和瑶族，分别称侗族为 tal^{31} ku^{435}，皆名从侗族自称。由于侗族及其先民历来居住溪峒，唐代及以后史籍还以"峒（峝、洞）蛮"或"峒民"泛称。宋代始有专称，北宋时用汉字双音切记为"佶伶"（Kei^{13} lam^{35}），南宋时变为"仡伶"（Ke^{13} lam^{35}）。明代及以后，在历史上佶伶（仡伶）居住的溪峒，由"峒（洞）蛮"的泛称和对佶伶（仡伶）的双音切记改为"峒人"（峒或做峝、洞）或"侗人"的专称。其理由是"侗人居溪峒中，又谓之峒人"。明洪武八年（公元 1375），江阴侯吴良征"五溪蛮"由怀远（今广西三江侗族自治县）入时，该县附郭"侗、僮遐迩以居"。此后，"侗（峒、峝、洞）人"之名屡见明代史籍。弘治《贵州图经新志·黎平府·风俗》卷七、嘉靖《贵州通志·黎平府·风俗》卷三、郭子章《黔记》等，都详细记载了黎平府属"洞蛮"即"峒（侗）人"的社会组织、生活习俗等情况。同书还分别记述了镇远、思州、石阡、思南、铜仁等府"峒（侗）人"之生活状况。明嘉靖田汝成在《炎徼纪闻》卷四中说："峒人，一曰洞蛮，散处牂柯，舞溪之界，在沅者尤多。"到清代，"洞（峒、侗）人"主要聚居湘黔桂毗邻地区，与今侗族分布情况相吻合。由于清乾隆时苗族农民起义声势浩大，与苗族相邻居住的"峒（洞、侗）人"，又被称为"洞（侗）苗"、"侗家苗"等。康熙《贵州通志·蛮僚·洞人》卷三十及同书《户口》卷十记载，黎平、思南、石阡、铜仁、镇远等府仍称为"洞（峒）人"或"洞蛮"居住地。爱必达在《黔南识略》则将"峒（洞）人"归为"苗"称"峒（洞）苗"。中华人民共和国成立后，正式定族名为"侗族"。

侗族的族属渊源，与中国古代"百越"中的"西呕"（又称"西瓯"或"瓯骆"）及后来演变的"乌浒"、"僚"有密切关系。秦始皇时，曾以五十余万大军分为五路进攻今岭南一带，其中"塞镡城之岭"的第一军正面与"西呕"部族接触。秦取岭南后，设置了桂林、象郡、南海三郡，其中象郡有镡城县。西汉元凤五年（公元前 76 年）秋，"罢象郡，分属郁林，牂牁"二郡，镡城县改隶武陵郡，地处"武陵西，南接郁林"。魏晋至南北朝，这一带的居民被称为"乌浒"或"僚浒"、"僚"。南北朝盛弘之《荆州记》载："舞溪僚、浒之类，其县人但羁縻而已。溪山阻绝，非人迹所履。又无阳（县名，辖及今贵州省天柱、三穗、玉屏、万山等地。——引者）乌浒万家，皆咬蛇鼠之肉，能鼻饮。"到唐代，史籍对故无阳县一带的居民称为"峒蛮"。《唐书》记载："唐元和六年（公元 811 年），黔州大水，环城廓，观察使窦郡发'峒蛮'治城，督促太急，于是辰、叙二州蛮张伯靖等反。"

到北宋时，在故无阳县西南出现了佶伶（仡伶）为单一族称及其表现于政治、军事和经济方面的活动载入史册。北宋熙宁五年（公元 1072 年），懿、洽州（辖及今万山、玉屏、天柱一带）发生了"蛮酋"合"佶伶"抗拒官军之事。其中，有"佶伶万众乘舟屯托口（今湖南黔阳县属，位于渠水、清水江交汇处。——引者），神宗皇帝和王安石为之震动"。到南宋，史籍将"佶伶"改称"仡伶"，仍以抗拒官军著称。陆游《老学庵笔记》卷 4 记载："辰、沅、靖州蛮，有仡伶、有仡僚、有仡榄、有仡偻、有山徭，俗亦土著。""诸蛮惟仡伶颇强，习战斗，他时或能为边患"。当时，在"仡伶"中，以靖州（辖及今黎平、锦屏和天柱南部一带）杨姓和沅州（辖及今万山、玉屏、三穗和天柱北部一带）吴姓的势力较强。乾道七年（公元 1171 年），知辰州章才邵说：沅陵浦口的膏腴水田，给"靖州仡伶杨姓者佃作而课其租"，结果"杨氏专其地将二十年"。由于"其地当沅、靖二州水陆之冲"，宋朝官吏对其实力之扩展，日夜畅厉。淳熙十一年（公元 1184 年），"沅州生界仡伶副峒官吴自由子三人，货丹砂麻阳，巡检唐人杰诬为盗，执之送狱，自由率峒官杨友禄等为乱"。同时，沅州西南的"古州"（辖及今玉屏、万山等地）和"思州"南部（辖及今镇远、岑巩、三穗、江口、铜仁、石阡等地），仍为"沅州生界仡伶"居住地。靖州东面的邵州西部即原徽州地，也为仡伶杨氏居住地。靖州南面之浔江、融江和王江流域，也为仡伶杨氏活动范围。佶伶（仡伶）居住的溪峒，在侗语中至今还保留着"九溪十八峒"、"九溪十峒"以及诚州、五开等古地名。

侗族分布地区，周代以前属荆州南境，春秋战国时属楚巫黔中郡。秦昭襄王三十年（公元前 277 年），秦夺楚江南地，置黔中郡。秦始皇三十三年（公元前 214 年），置象郡镡城县。汉高祖五年（公元前 202 年），改黔中郡为武陵郡，辖镡城县、无阳县、辰阳县。唐代，置有思州宁夷郡、邵州邵阳郡、叙州潭阳郡、奖州龙溪郡、象州象郡、融州融水郡、羁縻晃州、羁縻充州等。北宋，置有诚州、徽州、晃州、思州、融州等。元代，属思州军民安抚司（后改宣慰司）、靖州、古州八万军民总管府（后废），置上黎平长官司，又置福禄永从、洪州泊里、潭溪、铜鼓、湖耳、亮寨、欧阳、新化、赤溪湳洞、中林验洞、龙里、八舟、曹滴、古州八万洞、诚州富盈等处 15 个长官司（其中"蛮夷军民长官司"11 个，"军民长官司"和"长官司"4 个）。明代，除保留土司外，先后置靖州府、辰州府、思州府、新化府、黎平府、石阡府、桂林府、柳州府等。清代继以明制，设府、县、厅，基本废除土司。民国年间，以行政区辖县管理，一直延续到中华人民共和国建立后。

现今侗族分布在黔湘桂鄂四省（区）毗邻地方。主要聚居在贵州省黔东南苗族侗族自治州的黎平、天柱、锦屏、从江、榕江、剑河、三穗、镇远、岑巩和铜仁地区的玉屏侗族自治县、万山特区，湖南省芷江、新晃、通道3个侗族自治县、靖州苗族侗族自治县和会同县，广西壮族自治区三江侗族自治县、龙胜各族自治县；散居在贵州省黔东南州的雷山县、铜仁地区的铜仁市、石阡县、江口县和松桃苗族自治县及黔南布依族苗族自治州的荔波县、都匀市、福泉县等地，湖南省绥宁、洞口和城步苗族自治县等地，广西壮族自治区融安、罗城和融水苗族自治县等地，湖北省鄂西土家族苗族自治州的宣恩、恩施、利川和咸丰等县交界处以及全国其他省（市、自治区）。

历代史籍对侗族及其先民人口分布情况的记载，只有魏晋至南北朝（公元265—589年）时期，居住有"无阳乌浒万家"；北宋熙宁五年（公元1072年），还有"佶伶万众乘舟屯托口"。1982年，全国第三次人口普查统计，侗族总人口有1425100人；其中，贵州省有849124人，占全国侗族总人口的59.58％。1990年全国第四次人口普查，侗族总人口为2508624人。其中，贵州省有侗族人口1400344人，占全国侗族总人口的55.7％。2000年人口普查资料显示，侗族总人口为296.03万人，其中，贵州省的侗族有162.86万人，占全国侗族人口的55.01％。

二

侗族原始宗教是侗族文化构成的重要内容，其影响是根深蒂固的。侗族原始宗教从其内容和形式上来看，主要包含图腾崇拜、自然崇拜、鬼魂崇拜、祖先崇拜、萨崇拜、禁忌与占卜等方面的内容：

1. 图腾崇拜，在侗族的生活当中，至今仍然残存图腾崇拜意识和迹象，人们普遍认为鸡蛋鸭卵，是人的生命起源，能繁衍子孙，也是人的保护者和至亲者。男女久婚不育，请巫师架桥索子时，必须用鸡蛋为根本灵导物。有的男女成婚之时，女家陪嫁被褥之中，要藏"红蛋"和红白间色糯米饭。有的在迎亲之时，要以鸡蛋和其他供品一并祭敬祖宗。随后将这个鸡蛋让新娘吃掉，希望新娘能早日怀孕。当幼儿面黄肌瘦、食欲不振，家里的人会以为其"失魂"，也会将一把米和一只鸡蛋盛入"饭笊"，携带香纸到郊外焚化，呼孩儿"魂"归。而后将"饭笊"放在幼儿的枕头旁边，伴睡三夜之后再把米和鸡蛋煮熟，让孩儿食之，以为"魂"至，病可渐愈。侗族还认为鸡蛋可避邪，携婴幼儿外出之时，用一个鸡蛋挂在胸前，鬼怪不敢"袭击"，可保一路平安。甚至鸡蛋壳也具有保护功能，将之穿成一串高挂在门坊，示为瑞气临门，妖魔不敢入侵。将鸡蛋壳穿在树枝上，插在棉花地里，可保棉苗茁壮和获得丰收。有的村寨认为某一家族属于"蛇种"，侗语叫做"笨腊随"，意为蛇的"根骨"，通过母亲遗传，延续于女方，即自己的姊妹。人们普遍认为蛇是自己的祖宗，上坟扫墓之时见有蛇在坟边活动，便认为是祖先显现，不可惊吓，听其自便。若见蛇进屋里时，须当场焚纸烧香，祝之回归，安居故地。

在侗族地区，有的人家深信自己的祖先与水牛同一血缘，属于侗语"笨腊国、腊秀想、南荡门"，即"水牛的根骨，如象骨之高贵，脂肪之清香"，是具有高贵血统的家族。有的人家将水牛之角，架在门楼坊上显为荣贵，表示属于水牛种。如家有孕妇，族中人梦见有水牛进屋，则预示将生贵子。对水牛定期举行敬祭，分别在农历的四月初八或六月初六，作为祭牛日子，称为"牛生日"，或"祭牛节"、"洗牛身"。届时在牛圈门前，摆设供品，焚香化纸，祝之清吉平安。普遍认为杀牛有罪，畏牛报复。每当杀牛，屠者总要寻找借口，或采取特殊举动，推卸责任，回避罪行，并说"这不是自己有意杀害，而是他人所指使"，后果与己无关；或说："你（牛）在世间劳累，让你投生还阳，同享人间乐道，共获富贵荣华"；或说是为了牛的来世幸福，不是平白无故，愿牛谅解。有的故意先用刀背杀牛，见者以为失误，加以指出并纠正。屠者即翻过刀背，用刀口杀牛，说"这是他人叫杀的"；或临杀牛之前，先焚香烧纸，说些托词，而后行动。若杀"斗牛"更为慎重，须请巫师，举行"鸡卜"，才能确定可杀与否。每逢杀牛，围观者无不自觉地把两手交叉合抱于胸前，表示虽然置身于旁，但并未介入，无罪可负；或双手挽在后臀，似同捆绑，表示束手无策，虽说于心不忍，也无可奈何，无法拯救，愿牛宽恕。同时以为水牛的头、角、口、眼、耳、鼻、蹄、腿、肚等处的特征，及其毛旋部位，毛色等等均同一村或一户的祸福相关。具有与众不同的征象的牛，会被认为是"保家牛"、"保寨牛"，备受尊重爱护，往往任其老死。

2. 自然崇拜。侗族认为"万物有灵"，天地间的事、物，都附有"灵"，与人们的生存祸福相关。无论是山川河流、古树巨石、桥梁、水井等，都是崇拜对象。因此，有的山岭不能挖掘，古树不能乱砍，巨石不能开凿、爆破，违者，则认为损伤"地脉龙神"，败坏"风水"，会给村寨带来"灾难"。有的地方每至岁首，须敬祭"水神"，新年后首次下河或到井里汲水之时，要携带神香纸钱插于河坎、井边，或点火焚化，而后汲水回家。在榕江县车江一带，逢年春初，全寨的妇女各备酒菜来井边"祭敬"，围井"哆耶"，歌颂水井给人们带来幸福，祝井水终年长流。出猎时，必须先敬"山神"，才能获得野物，否则失利，甚至发生意外。同时还认为火有"火神"，每至年末腊月，合寨集资买猪进行消除"火殃"活动。

3. 鬼神崇拜。侗族相信人死后的灵魂仍然存在，它会时而显现于墓地，时而显现在家里，这是因为，人死之后会重回故土，与死去的祖宗们同住一起，共同生活，过着吹笙"哆耶"的幸福生活。在侗族的某些地方存在着"三魂"之说，即人死了以后其灵魂分成三部分，一部分仍居家里，一部分在墓地，一部分投生还阳重新做人。认为家里的人虽已死亡，但仍然同活人维持原有关系。其亡灵的好坏，直接与后代人祸福、贫富、兴衰相关。属正常死亡的成年人，子女须为之浴尸并穿着新装，亲们恸哭告别，昼夜守灵，子女们朝夕祭敬，作揖跪拜，披麻戴孝。并举行告终、入棺、出枢、惜别、开路、入土、迎归、安置等等祭典。择日时入殓、发丧、埋葬。对非正常死亡的人，视为不洁、不净的鬼，须采取特殊措施将之隔离，不许停丧于屋中。入棺以后，置于荒野，棺不着地，实行"浅葬"，经三年五载，再择吉日办丧。将亡者遗骨火化，称之"洗澡"，意为除掉污邪，成为"正常"死者。捡骨入新柩，按身躯部位，依次排列在棺内的衣、被里。这一葬俗，必须遵守不可，否则不仅死者的"不洁"传流后世，而且本身也因此而永远不能归宗同祖，成为"野鬼"，飘荡流浪于阳间，到处给人作祟。

4. 祖先崇拜。侗族普遍崇拜祖先，认为自己的长辈死了以后，生活在阴间，仍然能保一家昌盛与富贵荣华。因而除了对其遗体倍加重视外，还要以种种方式，对遗体加以保护。如选择墓地、吉日吉时出丧入葬等等，其后每年清明节还要上坟扫墓。同时要在家里安设祖先位置，长年供奉。甚至平生初出远门，登门求婚，经营生意，出卖牲畜，下河放排，入山伐木，远送贵物，诉讼赴审，出征抗敌，女子出嫁，迎亲送亲，无不在宴请亲朋之时，特别是喜庆佳节和款待宾客，在桌上多摆一双筷子，一只酒杯，留一空席，让祖先就座，家中长者举杯，往地下倒几滴酒，用筷子点点桌上的菜，意为请祖辈先吃，大家才开始用餐。

5. 萨崇拜。萨崇拜是侗族最具特点的原始宗教崇拜，现今在南侗地区还广泛存在祭萨、敬萨的宗教活动，在北侗地区祭祀萨的活动虽不多见，但萨崇拜的遗迹仍然清晰可见。关于萨的崇拜。源于对土地崇拜，流传于民间的《祭祖歌》中所说的：

未置门楼，先置地祇。未置寨门，先置"柄地"。

前者指地神所置之处，后者指侗族供奉的女英雄之名之处。两者同指一地，合为一物。是地神和人神结合在一起的敬拜场所，谓之曰："滕"（daengc 坛）。若立有屋者，则称之为"然萨"（ŋanc sax 祖母房），或曰："堂间萨"（danc jeenh sax 祖母堂殿），汉语谓之"圣母祠"，是为神圣不可侵犯之处。称此神为"萨柄"（sax biingl）或"萨麻"（sax mags），"萨堂"（sax daengc），是一村一寨至高无上和保境安民的神，主宰一切，佑人畜兴旺，保村寨平安。也就是说，今之侗族，每迁新地，建立新寨，须先置"地祇"，以"萨岁"或"萨柄"为"地祇"之神，这反映了古时"崇拜群体自己居住的土地，居住在那里，就直接向那里的土地献祭"的自然宗教的土地崇拜；因此对萨的崇拜是在崇拜上述土地神的基础上发生发展起来的。

"萨岁"意译过来相当于圣祖母。相传萨岁原名杏妮，她生前带领侗族人民发展生产，丰衣足食，后来又组织乡亲与侵犯侗区破坏侗族人民幸福安宁的"李家王朝"英勇作战，终因寡不敌众在今黎平县境内跳崖牺牲。侗族群众感念这这位民族英雄，把她当成民族保护神"萨岁"来崇拜。在九洞，人们认为萨岁是无处不在、无所不能而又地位最高、权威最大的神灵，是本民族的"圣祖母"。因此，萨岁崇拜是侗族原始时代母权制度的产物，经过长期的历史演变，如今已衍成一种含有祖先崇拜、土地崇拜、英雄崇拜成分在内的"复合崇拜"。

6. 占卜与禁忌。在生活和生产劳动中，侗族社会仍然有许多禁忌。如孕妇忌当媒人、迎亲人、送亲人，忌参加婚礼、探望病人及其他有关集体活动。产妇忌在娘家或他人家里分娩。婴儿出世后，用糯米草结草标垂于大门，以告外人。结婚忌"寅"年嫁娶，忌正、三、五月定亲、结婚，新娘出嫁忌回头，忌与外人见面和说话，忌丧葬，忌雷鸣，忌蛇横路等。丧葬忌铜、铁器触棺，亡人入棺时忌叫他人名字，丧家同一家族晚辈在此时忌荤吃素，出丧忌雨淋棺，途中忌棺触地。平时进餐忌敲碗筷，忌食喜鹊、乌鸦肉。建新屋忌逢村内死人，忌用雷击杉树作为建材，住宅前忌植棕树。撑船、放木排忌将筷子架放碗上。春雷后每隔 12 天为忌雷日，二月、九月的丑日和未日忌下种，四月、二月申日忌犁田，播种、插秧期间忌吹芦笙，渔猎时忌带肉食品作午餐等等，违反者将对己对家人对群体不利。

侗族有自具特色的占卜。如"米卜"，用一小木盆，内盛浅水，求卜者抓一小撮米，取其中一粒，用纸灰揉成灰色，作为标记，同时撒入盆内。卜者焚香烧纸，念念有词，观"灰米"的沉浮位置，判断吉凶。"螺卜"，选两个未婚男子，叫他们两个人，一人朝东，一人朝西，背道而驰；一用右手，一用左手，各自在田里捡一螺，放进浅水盆中。以一个为主，一个为客，分置左右，相距对峙，其间用一芦苇，或一把禾刀为界。主持者念诵卜歌，让两螺自相靠拢，迎头相碰，彼推此抵，以越界为胜，判断事件吉凶。"螺卜"在诸如出征对敌，参与有关比赛，能否取胜，凯旋等等时也会使用。"卵卜"作法有五：一是史书记载，每选墓穴，用一鸡蛋放置于某处，滚至定点，以为吉祥，将棺埋在这里。二是以墨把鸡蛋对半画一圆圈，用一根糯米草随墨圈束紧，手持草的一端，把鸡蛋悬吊在水中煮熟，而后将其切成两半，取粗的一头，用管吹掉蛋黄，将蛋白当空透视。呈现太阳芒状，以为吉昌；显出墨纹，称为"足脚"，即是凶兆。三是将蛋煮熟，切成两半，观蛋白厚薄，判断吉凶。四是用茶油涂生鸡蛋壳，对着油灯照看，或将之放入盛水盆里，观其沉浮程度，断定吉凶。五是以鸡蛋埋入某地，半月后取出查看，以卜阴地。"鸡卜"，在村里任意捉一只小鸡，将之捏死，除毛炖烂，或刮净腿上生肉，用竹签或猪鬃插入两腿细隙，或斜或直或偏或正，对照传统侗族巫书中的图形说明，以定凶吉。或将一只雄鸡宰杀，除毛煮熟，观双眼睁闭，以全睁或全闭为吉，一睁一闭为不利。此外，还有草卜、牛卜等。

从侗族原始宗教的内容和形式来看，存在着以下几方面特点，即：泛神论及其原始思维的遗存而保留有原始性；信仰庞杂而在结构上形成了它的多元性；与日常社会生活紧密联系而体现了世俗性。

原始性是侗族原始宗教的重要特点，其主要表现为具有原始宗教的泛神论思想及原始思维的遗存。原始宗教是人类宗教文化的最早雏形，它的主要特点是对具体的自然物或自然力的崇拜和产生万物有灵观念，并且直接服务于人和作用于人与自然之间；原始宗教信仰和民族社会结合于一体，无独立的机构设置、礼仪活动和宗教戒规、全体社会成员参与，未与世俗分离。侗族原始宗教的原始性十分浓厚，首先从侗族崇拜的对象来看，具有鲜明的自然崇拜和泛神论思想。侗族崇拜的诸神既有创世之神"张古"、"盘古"、"颠光"、"柱谊"、"赐广"、"乐尉"等神，也有始祖之神"松桑"、"松恩"、"姜良"、"姜美"等神；同时认为万物皆有灵，如古树、大石、水井、河流等等都有自己的神，人们必须对这些神进行供祭与膜拜，才能得到诸神的护佑。其次，侗族原始宗教原始性还体现在人文性崇拜的方面。侗族的人文性崇拜主要是四个方面：一是人造物崇拜。这主要是对人类建造的桥、石凳、石井、石碑等等的神秘化和供祭。认为这些物体有神灵或祖宗英灵保护，不容破坏，并年年必须有香火供祭。二是对部族英雄和祖先的崇拜。侗族最典型的英雄和祖先崇拜是"萨岁"崇拜。在侗族分布地区特别是南部侗族地区很多地方都建有"萨屋"和垒有祭坛。三是图腾崇拜。侗族的图腾有蛇图腾，有水牛图腾，有鱼图腾等等。图腾崇拜是侗族原始宗教的内容之一，许多仍保留至今，并与人们的日常生活密切相关。四是占卜和巫术，侗族人们对占卜和巫术十分崇信，通常碰到难以解决的纠纷案时，总是采取占卜和神断的方式来解决。人们认为天地间有神明，神明可对纠纷之事进行裁判。总之，无论是从侗族的自然性崇拜，还是人文性崇拜，它所反映的侗族原始宗教特征显示了浓厚的原始性。

多元性是侗族原始宗教的另外一个特点，主要体现为其宗教信仰既有自然崇拜因素，又吸收了道教因素、佛教因素。在丧礼葬仪、建房、祭礼、驱襄鬼等活动中，侗族原始宗教吸收了道教的许多因素。至今在侗乡熟悉道教各种的宗教职业者，人们称之为"老师"和"道士"。这种人专门为人们禳灾祈福，而赎魂、收吓、背药、祭地马、抽箭等活动都与道教的关系很密切。道教与原始宗教相结合，在侗族地区形成了包括卜卦、占星、巫术、祈祷、咒术、神符、驱鬼等祭祀仪式。同时侗族原始宗教的多元性还体现在受佛教的影响和对佛教思想的吸收。以三穗县圣德山为例，每年阴历七月十五日，附近村寨的人们前来朝山拜佛，顶礼跪拜，常常有万人之多。侗族地区在佛教的影响下，凡成年人死后都要请"先生"来"开路"，为死者超度亡魂，宣扬佛教的"生死轮回"、"因果报应"等教义。侗族丧礼仪式中有许多汉传佛教因素，形成佛教与道教混杂而用的现象。由此可见，侗族的原始宗教具有多元性，虽然其内容上是本族本土的，但通过与其他宗教的长期交流、融合，侗族的原始宗教已经包含了许多道教和佛教的因素。

侗族原始宗教另一个重要特征就是它的世俗性。侗族的宗教信仰和宗教生活与世俗社会几乎没有分开，属于同构一体，在生产活动中，宗教活动和宗教仪式几乎成为生产过程中的一个必需环节。在一些侗族地区，每年的生产活动必须经过开工仪式后方可进行。在农事生产中还要举行开秧门、祭田神、祭秧神、祭鱼梁、祭猎神、祭牛神、吃新等祭祀活动。宗教活动还贯穿于整个社会活动中，无论是婚丧嫁娶、丧葬奠礼、架房立屋等活动，都必须举行一定的宗教仪式，以此达到避凶趋吉。原始宗教的世俗性还表现在全民参与，即侗族人普遍持泛神论的观念和参与有关活动，而最能体现这一特点的文化事象则是祭萨活动，在南侗地区的各个村寨，几乎每年都要开展隆重的祭萨活动，祭萨活动必须每家每户都参与，祭萨活动的费用都是全村寨共同集资，一些村寨还留有"公田"，"公田"有专门人员耕种，以"公田"的收入作为祭萨活动的开销。这些情况反映了侗族原始宗教的全民性参与特点，并由此体现了其宗教的世俗化。

三

　　从侗族原始宗教信仰的产生及其发展可以看出，侗族的原始宗教信仰是其民族历史发展的曲折反映。侗族先民在与大自然交往的过程中为了生存产生了崇拜自然物的原始宗教。由于人们认识自然、改造自然的能力十分有限，他们认为与自己生存息息相关的自然物都是些神灵，这些神灵是主宰和支配人们的神秘力量，因此怀着异乎寻常的感情给予顶礼膜拜，渴望它能够永远提供人们所需要的一切，乞求它不要给人们降临灾难，而且人们还完全相信它是能够理解和满足这些希望和意愿的。所以，侗族先民通过各种祭祀活动，以求获得人类繁衍、作物丰收、六畜兴旺、生活安定。

　　在多神崇拜中，侗族先民一面崇拜自然界诸神，一面在畏惧雷电恶魔时，想方设法"捉雷公"，希望战胜它，这反映了原始人类从屈从神灵和自然力到要求征服自然力、支配自然力的发展过程。同时，原始宗教信仰是侗族先民对自然界和周围具体物体的直接崇拜，尽管是一种非理性的直觉体验，却具有直观性、现实性。当人们出于对现实利益的追求和为了求得保护，宗教内容也就开始加入人为因素，当客观自然物和信仰者自身要求愿望发生了变化，他们的宗教信仰也会随之改变。因此，在侗族历史发展过程中，就出现了崇拜对象的多样化、复杂化，形成了自然崇拜、图腾崇拜、多神崇拜、祖先崇拜等形态同时并存、自然宗教和人为宗教同时信仰的特征。这一点可以从"萨崇拜"的内容变化得到印证。侗族萨岁信仰大至经历了三个阶段。第一阶段是纯粹的土地崇拜，侗族是一个农耕民族，土地对侗族生存至关重要，侗族先民对土地的崇拜是首要的，因而他们每到一个地方定居时，必先建立土地之神——萨的神祇和祭坛，《祭祖歌》所说的"未置门楼，先置地祇。未置寨门，先置'柄地'"，似说明萨岁的崇拜起源于土地崇拜。第二阶段，土地崇拜色彩和祖先崇拜色彩加重，萨岁被具体指为古时候一名叫杏妮的侗族女英雄，被人格化并被尊奉为侗族保护神，衍成一种含有祖先崇拜、土地崇拜、英雄崇拜成分在内的"复合崇拜"。第三阶段，一些地区为了增强萨岁的正统性和神威，产生了为萨岁求封建王朝敕封的说法，神与现实生活愈加接近。

　　在侗族地区，随着人为因素的加入宗教，宗教活动不仅仅是单纯通过媚神、娱神达到祈福的简单目的，崇拜者们常常借助神的威力来维护某种社会秩序和实现某种社会功能。宗教产生之初应是为了适应自然及社会，是为一些不合理的或难以理解的现实生活寻找借口，以达到自慰，但是随着宗教发展，它包含的消极成分已不似产生之初那样明显了。宗教越来越成为一种约束——对人们日常行为的规范。这种约束现象在侗族地区非常普遍，如侗族原始宗教中的禁忌，就起到了规范人们行为的作用，无论是生产禁忌或生活禁忌，都是指引人们应该怎样做、不能怎样做，这种行为规范并不是以一些强制性的条款来对人们提出要求，而是借用鬼神威力警示人类，如果违反就会受到鬼神的惩罚。

在特定的历史条件下，原始宗教在战争和盟、维护社会治安中发挥至关重要作用，如侗族地区"联款"。"款"是侗族社会较为古老的一种社会组织和政治、军事联盟。文献对"款"的记载始见于宋代。宋人李诵在《受降台记》中说，淳熙三年（公元 1176年）靖州中洞"环地百里合为一款，抗敌官军"。洪迈在《容斋随笔·渠阳蛮俗》中说："借牛彩于邻洞者，谓之拽门款。"朱辅在《溪蛮丛笑》中说："彼此相结，歃血叫誓，绥急相救，名曰门款。""联款"在古时侗族地区非常普遍，在《我们从前做大款》中的"款词"说："从前我们做大款，头在古州，尾在柳州，古州是盖，柳州是底。"昭示着古时侗族的"联款"现象之普及。侗族的"款"组织通常由无数"小款"结成一"大款"。在"联款"时，相同宗教信仰是"联款"的前提条件，如"九洞款"中的下半款即"下九百"中的各村寨，都是将朝利村的萨坛奉为总坛，各村寨每新建萨坛，必须要到总坛来取土。在各村寨"议款"、"起款"时，都必须要经由一些宗教仪式，如砍牛为誓、歃血为誓、立岩等等。

新中国建立后，由于侗族地区科学文化教育的普及，人们对原始宗教的信仰逐渐淡化，特别是年轻人在接受现代教育后，对原始宗教不再像老年人一样热衷。尽管如此，当久旱不雨时，人们仍然会开展祈雨、敬龙神等祭祀活动。笔者在从江县往洞乡朝利村调查时了解到这样一件事：2000 年，朝利村有两位年轻人在广州打工，两人同睡一个工棚，一天发工资，甲得到 1100 元工资，甲回到工棚就倒在床上睡觉。乙见甲睡着了，就到街上去走走。当甲睡醒来时，却发现包中的 1100 元不见，他断定是乙所盗，乙却说被其诬陷。两人在广州理论不清，于是甲邀乙回家乡去，到萨坛前发毒咒，乙满口答应，二人用了 280 元车费回到家乡，家人都劝他俩不要随意到萨坛前发毒咒，让他们找村干部调解算了，他们找到村干部调解，村干部也无法判断曲直。后他俩人提出以传统"神判"的方法来裁决，村干部只有请寨老来为他俩主持。寨老出面后，叫他二人牵一头牛拴在鼓楼下，再进行砍鸡头的"神判法"，谁输了谁就把牛给对方。他俩把牛拴在鼓楼下，按寨老要求一人站在一头，寨老手持公鸡，口中念一些请神来明断的念词，通过一番请神、敬神、娱神活动后，将鸡头砍下，把鸡放在中线，鸡跳来蹦去，最后鸡死在甲的这一方，根据规则，判罚甲诬陷了乙。如此，甲不仅要当众向乙道歉，鼓楼下的牛也归乙所有，并支付了乙至广州往返的车费。由于神判如此，甲也只好认罚。这是个典型事例，可以证明原始宗教在现今侗族社会生活中依然发挥着强劲的作用。

我们在认识和研究侗族原始宗教时，既要重视其产生的历史背景和历史条件，了解其产生的根源，认清原始宗教与时代精神相背离的消极因素；又要客观地看到原始宗教在传统道德建设、民族文化传承、村寨管理、生态环境维护等方面发挥的积极作用。因此在社会主义初级阶段，宗教作为一个历史现象还将长期存在。同时，我们要正视原始宗教信仰中的积极因素，积极引导原始宗教信仰与社会主义社会相适应，使其在民族地区的文化发展和和谐社会的构建发挥作用。

第一章　图腾崇拜遗迹

第一节　龙、蛇图腾崇拜遗迹

1. 侗族的蛇图腾崇拜遗迹

在南部侗族地区，还有说某户是蛇种遗裔的情况。这种人家侗语叫做"笨腊随"，即蛇的"根骨"或"骨种"。笨腊随的遗传，只传女不传男。社会上对这种人家的女子多存戒心，说其身附邪恶幽灵，见鸡鸭孵卵，其卵将坏，抱不出鸡仔鸭崽，看到母猪临产，这猪将难产死亡。有的还说其人能制"蛇药"，毒死一人，阴得禾谷一仓。往往见而远之，不敢信口招呼，随便迎之入室，有的甚至关门闭户，拒之于门外以防其伤害家禽家畜。在婚姻上，知其底细者，多不与其女谈情说爱，更不敢同之结婚，怕"染"其种，败坏家誉。若有所违，多受到社会舆论非议，说此人无能，低人一等，"丢族人的丑"，甚至被族人谴责，这显然与历史上的图腾制的族外婚制相关，或者说是人们以种种迷信方式或借口，排之于族外的一种表现。

普遍认蛇为己祖，清明时节扫墓，见蛇在坟边，以为祖先显现，不可惊吓，听其自便。有的立即加化香纸，叩首作揖，扑地跪拜。发现坟有洞穴，以为蛇洞，视为祖宗不安之兆。须添土堵塞，把墓修好。蛇居屋里，说是祖先化身，当场焚纸烧香，祝之自归，安居故地。侗语称吃粑粑叫做"记谁"与吃蛇曰"记隋"音近，有的村寨逢年过节，宾客临门，打粑粑相待，须先敬祖宗，才能说这一词汇，否则被误认为吃自己的先祖，先祖将化身为蛇，窜入屋里、柜内，或横于门坎脚下。要禳除这种报应，必须与之祈祷，承认不是。

有的地方，奉蛇为神，村寨建有庙宇，安置牌位称为"蛇神爷爷"，易名"地神"，进行供奉。若在庙内或附近有蛇，不可击石挥棒乱打，须烧香纸以敬。逢年过节，家家户户备香纸酒肉，前往庙里敬祭。风调雨顺，五谷丰登，村泰民安之年，认为这是"蛇神"保佑恩赐，次年岁首，定要举行大祭，演戏庆祝。婴儿出世，家里的人，须持香纸到庙中"报喜"祈之庇佑，使之易养成长。男女死亡，亦需与之"报丧"，禀告生卒年月日时，使其知晓。身缠疾病，请巫师到家觅鬼寻妖，若巫者在施巫术当中，突然昏倒在地，翻如蛇，以为蛇神光降，亲临拯救，随即焚香化纸，当场许愿，祈求保佑，让病人早日康复。久旱不雨，田土龟裂，禾苗干枯，召集寨人，带香纸供品，到附近岩洞，乞求蛇神，兴云降雨，解除旱灾。遇到虫灾，则用茅草藤条，编成巨蛇，举之漫游田间，模仿蛇的行动，左弯右曲，昂头摆尾，时而匍匐前进，时而盘旋溅水，似在消灭虫害，保苗免灾，民间称之为"舞草蛇"，或曰"舞草龙"。若在村寨附近，见到巨蛇，听到蛇叫，须焚烧香纸，求之长住，永保乡里，同时以为长寿的蛇，可以成精生灵，能呼风唤雨兴风作浪，排山倒水，化为蛟龙，随洪归海。故在群众当中，流传蛇可以变为龙之说。

对蛇怀有畏惧。有的地区，每逢重阳，用糯米打成粑粑，捏成蛇头形状，叫做"蛇粑"。须先将之于室外敬供蛇神后方可食用。这一习俗，民间谓之"堵蛇洞"。祝之平安过冬，使之不出来危害人畜。在野外见蛇交配，不直呼其名，提及其事，改称"蛇相绞"，与见人野合等同，皆以为不吉，须于归途中先进庙宇，或者厕所，表示已排恶，洗净周身，方可进家。且于其后备办香纸酒肉，请巫师于郊野，举行驱邪逐恶活动。遇蛇蜕皮，认为背时倒霉，必须迅速脱下衣服，与之相比，以先取胜，表示压倒对方；或解下头巾，头帽，吐泡口水，迅速回避，以此化凶为吉。若得蛇为食，须于野外，烧香焚纸，请蛇神饶恕，否则将患奇症，难以治疗；或家中牲畜，因之而死亡。若因必需，诸如捕蛇取胆为药等携之回家，须先在门外烧纸烧香，与蛇神赎买，方可服用。若食蛇肉，事后定要漱口洗手，除净腥气，避免蛇来报复，导致牙落腹痛。

以为蛇可报吉凶。家有孕妇，族中的人，特别是当事人，梦见有蛇进屋，说是蛇神托梦，必生贵子。新娘进亲，途中遇蛇拦路，以为咎征，将遭不幸。发现蛇在"登萨"家的饭甑里，或于村内乱窜，以为寨中人得罪了萨岁神，因而化身为蛇，出来警告。合村群众，须备办酒肉，举行敬祭，向神赔礼道歉。

春节期间，有的地方祭祀萨岁，组织青年男女仿蛇蜕皮，以示庆祝。即将男女分成两路纵队，绕成螺圈，先从外向里，再由里向外，交叉穿梭，迂回盘旋，庄严慎重，不可混乱，否则其神不喜，参与者将头昏眼花，侗语称此为"隋喘"或曰"龙喘"即"蛇蜕皮"，或"盘蜕皮"。

［张民：《侗族的自然崇拜和图腾崇拜》，《苗侗文坛》1995年第3期，第84—86页］

2. 会同县侗族蛇图腾崇拜遗迹

1987年3月，我到湖南省会同县侗族地区考察，会同县侗族普遍崇拜"地神"。地神就是蛇神。又称"蛇神爷爷"或"祖宗太公"。过去在全县境内，几乎村村寨寨都建有蛇神庙宇，仅团河乡向阳村就有7处。其规模有大有小，大者宽约六平方丈，高约丈余，覆盖青瓦，有的还于横枋陡壁上绘有图画或者蛇形象；小者则置一两三尺高的小木屋，常见到的多是宽约一丈见方，高约七八尺，以砖或木建成的小祠小庙。庙内的正壁上，大都用红纸书写"水坑千年敬修得道地神之位"。也有的书写"药王"和"阴师"

的，分别贴在左右两边。若在庙中及其附近发现有蛇，则认为是"蛇神"显圣，不得惊动，更不能挥棒乱打，多焚香化纸，任其自行。相传在坪村镇的枫木村，倒了一棵枫木树，其根部藏有许多小蛇，众皆视之若神，听之自便，敬而远之。凡逢年过节，家家户户，都要携带香纸酒肉，前往庙里敬祭。遇到风调雨顺，五谷丰登，村寨平安之年，乃于次年岁首，全村集资，举行祭祀。届时庙中明灯点烛，燃香烧纸，贡献酒肴，鸣炮以敬，扎台演戏庆祝。有的还于演出即将结束之前，掷卦躬问，若卜得蛇神"高兴"、"喜悦"之卦，乃继唱几则。观者数以千计，同欢三五天才散。若有外来之人，到本村表演，或从事其他活动，也要先敬蛇神，否则将会发生意外。

家有病人，请巫师寻妖除怪。若此人于施展妖术邪法之时，突然昏倒在地，翻滚如蛇，盘旋堂中，便视之为"蛇神"下降，赶快烧香烧纸，当面许愿，保佑病人早日康复。家中人死，无论男女，只要年及成人，生者须手持香纸，到庙里焚化，禀告死者的生卒年月日时，即谓与之"报丧"。在品溪一带，除了遵循这一习俗之外，每当婴儿出世，也要如此，望其庇护，易养成人，如果发现老蛇进家，便说是祖宗现身，须当场焚香烧纸，视之回归。每逢腊月二十至三十日期间，以为一年平安大事，所获之福，全赖"地神"赐与，乃请道士"安神谢土"，表示答谢。贫者以簸箕撮一撮米，置之堂中，念念有词，约一时许，谓之"小谢"；富者则于堂内四角和中央，各放一升米，敬祭一天，谓之"大谢"。家有孕妇，族中之人，特别是本人及其丈夫梦见有蛇进屋，就以为尊神托梦，必生贵子，合家老小，无不暗中喜悦，由衷高兴。清明扫墓，发现有蛇在坟边活动，也认为是祖先的化身，在场族人，立即叩首作揖，扑地跪拜，加香加纸焚烧，祈之默佑，永保子孙繁昌。

〔张民：《会同侗族蛇图腾崇拜调查》，1987 年 3 月，未刊稿〕

3. 三穗县侗族龙蛇图腾崇拜遗迹

侗族以龙蛟为图腾。如今一些土地庙的石板上刻画有龙蛟图案。选择宅基、坟山都看其"龙脉向道"，正月玩龙灯，摆酒请龙讨吉利，求一龙宝安在神龛上，认为这样就生贵子。若看见头生红冠，鸣声如鸡的老蛇，必须烧香化纸，酌净茶祈求永保桑梓。每当宾客临门、挂亲、扫墓或节日期间做粑粑，必须祭祖先后才能吃，特别是过年的糍粑，要等到三十晚上祭祀之后才能说"吃粑"（"记隋"）。因"吃粑"与侗语"吃蛇"（"记隋"）同音。如果不忌，将会遭到祖先的报应，他可能变成蛇窜进屋来，卷在柜子里，横在门坎脚，认为这是祖宗"显灵"，不得惊动。只有虔诚祈祷，任其自然。家有孕妇，本人及其丈夫梦蛇进屋，认为是尊神或祖宗托梦，必生贵子，家中老人尤为心欢。

〔三穗县民族事务委员会编：《三穗县民族志》，贵州人民出版社 1990 年版，第 80 页〕

第二节　鱼、鸟等动物崇拜遗迹

1. 侗族卵图腾崇拜遗迹

相传远古有四个"萨并"，孵卵，生下松桑、松恩。她（他）俩相配，生姜良、姜美这两兄妹，结成夫妻，生侗族先民。选种由女性孵卵而生族祖之说，显然是以卵为图腾崇拜对象。故卵，特别是鸭卵，在今侗族的宗教领域里，占有极其重要地位和作用。

男女久婚不育，请巫师架桥求子，必以蛋为根本灵物。届时用染成红皮鸭蛋一个，公鸡头一只，针一颗，红绿色丝线若干根，装入罐里，以红绿色布封好罐口。另备红蛋、猪肉、公鸡、糯饭、米酒等品，摆在桥头，举行求子仪式，将罐埋在桥端，给当事者各一红蛋，由男方从现场牵一引线往家方向走，一直牵完为止。到家以后，用红布把两者的红蛋包好，放在床头，伴之同眠，或曰孵三夜，而后食之。以为孵卵食卵可怀胎有孕，传宗接代。有的男女成婚，女家于陪嫁的被窝里，藏八个红蛋和红白间色糯饭一团，寓意匹配以后，早日生育。有的于迎亲之时，以蛋和其他供品，一并祭祖，随后将蛋给新娘食掉。以为如是，怀孕在望。将蛋和人的繁殖连在一起，结成不可分离的血缘关系。

幼童面黄肌瘦，食欲不振，以为"失魂"，家中人将一把米、一只鸭蛋或鸡蛋，盛入饭篼，携带香纸，到郊外焚化，呼孩儿"魂"归。将饭篼放在枕旁，伴睡三夜，再把米和蛋煮熟，让该童食之以为"魂"至病可渐愈。

认为蛋可护幼避邪。背婴儿到外婆家行满月扎；或携儿童出远门须用一鸡蛋或鸭蛋，装入网兜，挂在胸前，或放进衣袋，可防鬼怪袭击，一路平安。孵化过的蛋壳，也和蛋一样也有"灵"性。在日常生活当中，有的人家，常用一线将蛋壳连成一串，高挂大门枋上，表示所孵的鸡蛋鸭卵，完满无损，个个成活，象征瑞气临门，鬼魔不敢入侵；或穿于树枝，插在棉地，可保棉桃累累，花白如雪。或与一颗辣椒穿在一起，悬挂染缸旁边避免妖邪干扰，染布如意。凡此种种，无不与人的生产生活相关。

除此以外，还认为卵可判断人生祸福吉凶，这在民间当中，依然残存卵卜习俗。

[张民：《侗族的自然崇拜和图腾崇拜》，《苗侗文坛》1995 年第 3 期，第 83—84 页]

2. 侗族水牛图腾崇拜遗迹

（1）认牛为祖　尊之同人

榕江县车寨"漫宣"杨姓，承认本氏祖宗，属水牛遗裔，自称"笨腊国，腊秀想，南荡门"（侗语，以下俱同）。即"水牛种，象骨骼，肉香油"。系正宗血统，高门旺户，名声远扬的家族，且引此为自豪，还说人们无不喜与之攀亲结戚。定达、宰坎等地，也有类似说法。从江县顶洞，有的人家，在楼门枋上悬挂牛角，表示其祖，属于"牛种"，引以之为荣。新晃侗族，虽没有直截了当地认定自己的祖先与牛同宗，但对孩儿诞辰，不叫"生日"，称曰"他果糖泥"，意为"过滚水牛塘"。将人的生日，说成过水牛滚之处。这处易其名改其称的特殊称呼，但可能是以为人牛相配而后生自己的一种隐语。有许多地方，还认为人可变牛，牛可变人。说某人背上有旋毛，是水牛投生为人的标志，叫做"专国"（水牛旋毛）。村里供养的"圣牯"，是家人死后变的。上述说法，当是人牛同源这一意识的反映。

也许正是这样，故在日常生活中，崇牛同己祖，尊牛与人同。

龙胜县平等，每逢立春，过"牛年"时，尊牛同祖辈。教儿孙称老牛为"牛公"、"牛奶"。而且一代又一代地相传下来。从江县龙图、贯洞、占里等地，认为牛与人同，只是不会说话罢了。直到50年代，仍然惜牛力胜过人力，宁愿自己用锄头挖田挖地，或拖"人拉犁"翻犁田土，也不肯用牛荷犁而耕。只能耙田。养牛目的不是为了农耕，而是为了繁殖牛犊，积蓄牛粪，作为肥料。违者常常遭到公众指责。说这人心狠，残酷无情。榕江县车寨，家里的牛不幸死亡，特别是老牛病故，视同人丧，通知亲友，前来帮忙料理，往往不提牛死，说是请来"勒国"（哭牛）。这在过去，有的还在临食牛肉之前，主人先哭一声，表示悲痛，才开始用餐。从江县顶洞等地，对所谓的"保家牛"死，如丧妣考，请来巫师，扮同牛样，头戴纸扎牛角帽，手摇"师刀"，念念有词，为牛超度亡灵。不食其肉，埋之入土，留下犄角，束在正屋中柱，作为纪念。另杀一头牛，办酒设宴，招待宾客，与人丧俗，无甚区别。流传于黎平、榕江、从江等县民间的《祭祖歌》和《叙事歌》的起头语，也多将水牛和祖先并提，一道回忆，加以缅怀。说："宁老对斗到，国老对斗报"，意为"老人死了留下我，老水牛死了留下角"。而后追述往事，道古说今。除此之外，也许是人们认为人牛同源，故日常祭祀，无论其规模大小，迷信程度多深，都不以水牛肉作为牺牲品敬祭先人和鬼神。

以上现象，无不反映人们在远古时代，以致现在，视牛与人同，尊牛同己祖，生时受到尊重爱护，死后得到祭敬缅怀。

（2）以诸方式　与牛认同

一食牛胎。在都柳江中上游沿岸侗寨，习食牛胎。母牛产仔，堕下衣胞，用水洗净，合同大米，煮成稀饭，招邻近的大人小孩，一起来共享。之所以如此，一说是可以使母牛多产乳汁，哺育牛仔，茁壮成长；一说是能增强母牛的繁殖能力，多生牛犊，与人同步昌盛。无论是哪种说法，都以为牛胎具有潜在的神秘力量，食之入体，可以沟通人牛的生殖关系，导致兴衰相映，生息相关。这种信念和行为，显然是力图从生理上，或叫生育上与牛认同的一种手段，以为两者同源，因而在繁衍上自然互为因果的这一图腾意识的具体表现。

二吃牛瘊。在黎平、从江等县，有的侗寨，每逢"牛节"这天，除备办应有的供品以外，还特地上山采摘"杨桐"叶，将之捣烂，滤出液汁，浸泡糯米，染成乌饭，代替牛粪，与牛敬祭，供全家共享，借此以报牛恩。这同样来自上述思想基础，以为牛胎和牛粪，同是牛的体内物，当有同等功效，以之为媒介，反射人们对牛的情感，从意识上，或叫道德（报恩）观念上，加强与牛认同的另一种方式。只不过是随着时代的进展，改用"乌饭"代替罢了。继而由此推断南部侗族地区，习食牛"瘪"之风，倒牛以后，取出肠胃中未化成粪的草，滤其汁为羹，合牛肉或生或炒而食之。谓之"南瘪"（瘪肉），史称其汁曰"圣齑"，又叫"不乃羹"。可知这一食俗，不仅渊源长，而且绝非偶然。这很可能是与前面说的习食牛粪、与牛认同相关。是这一习惯的演变，或叫变相。即"瘪"与"粪"同，音相对应，一称为"瘪"，一称为"给"；其质无异，一藏体内，一排体外，都是草的"副产品"，质同其义当同。故人们食"瘪"，与前者食"粪"，当同出一义。一沿袭于"牛节"之内，一流传于日常生活之中。这种反常食俗，超乎寻常现象，显然是由于人们以牛为图腾所引起。为了回避禁食牛肉，不得不采取这种特殊方式，食排泄物以代之，借此以认同，年长月久，约定成俗，延至今日。

　　三定期祭牛。这在各地侗寨，均分别以农历四月初八，或六月六日，作为祭牛日子。侗语叫"国现泥"（水牛生日），或叫"岁国"（水牛节），"畜信国"（洗水牛身）。名虽各异，但敬祭形式、内容、目的基本相同。届时关牛在圈里，喂以精料，甚至稀饭。有的还牵牛到河边溪旁，为牛洗澡。备熟猪肉或鸡鸭肉，摆在牛栏门前，烧香化纸，举行敬祭，祝牛健康长寿，兴旺发达，感谢牛终身为人造福。龙胜县平等，则以立春为牛的过年日，叫做"牛年"。到了这天，不许用牛、骂牛、打牛；教孩儿尊老牛为"牛公"、"牛奶"；在牛圈柱上贴"牛群兴旺"，"牛勤粮足"等红纸字条，向牛祝颂；修理圈内，除粪垫草；用温水为牛除污去秽，梳身上的毛，喂稀饭、稻草、水酒；在栏前摆设供品，燃香烧纸，向牛祭敬。这种一年一度，认之为亲属，奉之同己祖，祝之长寿，感谢其功，与之敬祭等意识行为，显然是为了不间断地与牛直接认同，长期保持固有的渊源关系所采取的一种措施。

　　（3）杀牛有罪　畏牛报复

　　每当杀牛，无不寻找借口，采取特殊举动，推卸责任，回避罪行。

　　榕江县车江一带，无论在哪种情况下杀牛，屠者总要寒暄几句。说："这不是我有意杀害，而是他人所指使。"或说："请我来杀的人错，我不错。"言外之意，是受人之托，忠人之事，后果与己无关。或说："当今你（牛）在世劳累，终年辛苦，让你投生还阳，共享人间乐道，同获宝贵荣华。"用美言笼络，掩盖其过。黎平县四十八寨，屠者先有意用刀背杀牛，见者以为有误，信口纠正，随声翻过刀背，用刀口杀之。说："这是他人叫杀的。"转移罪责，嫁过于旁者。从江县宰成，临杀牛前，焚香化纸，说些托词，而后行动。龙江寨杀牛，选几名彪形大汉，拖住牛尾，表示拯救，无济于事，不能责怪人对此不予理睬。

　　在现场者，大都自觉遵循古习，以种种行动，排除罪责。有的把两手合抱胸前，表示虽然亲眼看见，但未介入，无罪可负。天柱县石硐、水硐等地，除叫儿童离开现场，远走回避以外。在场的人，各自挽双手于后臀，如同捆绑，表示束手无策，愿牛宽恕原谅。龙胜县平等，三江县独洞等寨，旁观者闭眼袖手，若无其事，免牛责怪见死不救。榕江县寨头，有一著名屠夫，在死之前，连续几天几夜，翻滚在床，呼声同牛，如牛被杀惨状，难以寿终正寝。众议纷纭，说此人杀牛过多，是牛报复的结果。家里的人，为此将所有屠具，摆在床前，似同杀牛现场，才断气升天。这虽属迷信之说，却反映了人们对昔时认为杀牛有罪，畏牛报复的心理至今不变，仍然深深地沉在心底。也许正是这样，故在这一地区，习以为常地对牛肉，大都不直呼其名，称为"南国"（水牛肉），多易其称，叫做"南瘪"（瘪肉），或曰："南犊"（犊——牛的泛称——肉），或叫"南纯"（黄牛肉）。即便串村买卖，也多以"南瘪"叫喊。这种改其称，回避原名现象，也是对牛畏惧的一种表现。与食用牛肉，等于食用自己的祖先这一图腾意识相关。

（4）以其行动　告示吉凶

认为水牛在平常间的某些行动，是向人传告吉凶。

都柳江中上游侗乡，家里的牛，或舔或咬圈门拦板，主人将有灾难，须编一竹篓，套在牛的嘴上，表示其兆无效，预告不灵。牛在圈内，无故不安，慌张乱蹦，如同受惊，视为凶征，家中或者寨内，将遭不幸，人畜不宁。或用身体来回地搓擦屋柱房壁，将有火灾生起。平时某牛闯入其户正屋，以为不吉，甚至要死人。须由牛主备办酒肉，请一巫师，同往对方家里，消灾除祸，侗语谓之"退"，意为"驱逐"。有的认为牛经常滚卧的地方，或放牛出圈，任其自行，走到哪里休息，便认定这里是吉地，迁徙于此，安家落户，立屋定居。从江县顶洞等寨，家有孕妇，族中人梦见有牛进屋，以为吉征，将生贵子。

也许人们认为牛具有上述神秘的潜在力，能保护和警告自己。遂以之卜测吉凶。倒牛之后，因其头的倒向为吉向。或在春耕之前，合寨集资买1头水牯，选择良辰，把牛的头和脚分别捆好，招12名彪形壮汉，爬上大树，用绳索将牛吊到半空。巫师念诵《祭牛词》，向牛祈祷，割断吊索，牛从空中落地。若是急死，示为丰年，众皆欢喜，共食牛肉，唱歌饮酒，通宵达旦；反之，则以为不祥，灾年降临，扫兴而散，来年吉凶，靠牛判断。

除此以外，有的地方，还以牛报喜。立新屋时，请巫师或善唱《牛歌》者，牵一头身披红挂彩水牯。在临"目梁"前，进入屋内，歌颂牛的来历，及其给人带来的幸福，保佑人丁兴旺，五谷丰登。而后将牛身上的红彩，一分为二，一与歌者，一留主人，分享牛福，作为纪念。

（5）体表特征　与人相关

普遍深信牛的体表特征，诸如头、眼、耳、嘴、鼻、腿、肚、颈等处旋毛，以及角的纹路，蹄的形状，都与一村一族，以至一户的贫贱富贵，祸福凶吉，生息繁衍，相关相连。

从江县九洞一带，认为牛角内侧有三凹线纹，是有钱有粮的象征；角外侧有三凹线纹，为金鸡尾，寨出名士，家出能人；角尖为白，将有人亡；耳内有卷毛，人丁兴旺；

耳朵开裂，属于凶象，事事不昌；胡须粗长，人畜两旺；鼻梁毛只有一旋靠右，家里寨内的人，多生男子，两旋对称，系锁仓门，缺粮贫困，两旋不对称，是锁屋门，人死家败；脑门生太阳旋，将引起火灾，家衰人亡；头毛全往上倒，毛长1寸，将会死人；倒上3寸，示为吉征，平安吉祥；头生红毛，火灾征兆；四腿各有1旋，或四肢脚趾内弯，成弧形状，是保寨保家牛；右腿旋靠前，或左腿旋靠前，分别为家里寨内多生男或生女；肚皮有铜锣旋，保护一村一户，清吉昌盛。在榕江县车江一带，也有类似鉴别，在此绘一图示，以见其征。

注：①太阳旋。②三眼旋，正常，与人无关。③④接泪旋，常忧愁，将死人。⑤嘴边旋，吃里爬外。⑥顶天旋，又叫梳子旋，正常。⑦⑧钥匙旋，人贫困，牛易亡。⑨饭篓旋，财富食足。⑩凶煞旋，对族人不利。⑪⑫背枷旋，牛负重吃亏。⑬⑭铜锣旋，无论在左在右，或两旋并出，牛胆大好斗。⑮四肢四旋，保家保粮，俗称"保家牛"。⑯束棺旋，害人害己害畜。⑰绳索旋，牛易被盗。⑱仓旋，又叫板凳旋，保财保粮。⑲胸杀旋，杀己杀人。⑳扫尾旋，扫家荡。牛趾往里，成一弧形，能保家财。角线直立，不涨财喜。角有雄毛纹，猛狠好斗。

（6）留角为铭　示为荣耀

南部侗族地区，有许多村寨，习挂牛角，以此为征为铭，示为荣耀。

锦屏县平秋，有的门户，在楼梯当头壁上，钉一双牛角。说这是定期与此牛举行敬祭以后，杀之献给祖宗，留角为铭为荣。榕江县"三宝"一带，当前虽没有这种习俗。但似乎仍可见到其变相遗风，沿袭民间。即有的老屋，大门楣上，有一双宽约5寸正方木质"乾坤",钉入门楣的那一部分,长约6寸,宽约3寸,厚约寸许,成一长方形木块,削成牛角形状,呈现在门内楣枋中央,犹同一对牛角,平放其间,俗称"报国",汉曰"水牛角"。这种现象,可能与以往习用水牛角为其征相关。只不过是随着时代进展,和事实上牛角难以保存,遂改变旧习,以经久不损,与房屋共存的"木牛角"代替真牛角罢了。而且有的地方,老人过世,为之杀牛,带到阴间饲养,也要留下其角,按辈分依次捆在正屋中柱,不忘故人。对村里共养的"圣牯",无论因何故死亡,也是这样,保存犄角,束在村中鼓楼柱上,示为铭记,显一村光荣。故迄今,在群众当中,依然流传"卖牛不卖角"、"牛死角还在"之说。这种遗言嘱语,显然是告诫子孙后代,牛虽过世,但作为一村一族,以至1户的标志物,或叫铭记物,即牛角还在,与人共存,卖了牛角,意味着出卖祖宗,违反图腾禁制,为众所不容,从这方面,也可印证水牛是侗族图腾对象。

　　(7) 倒牛盟誓　食之刻心

　　也许人们认为水牛潜在着神圣的关联魅力,故在侗族地区,每隔数年,或重大事件,杀牛盟誓,共享其肉,借以增强凝聚,维系崇高友谊,牢记约规,捍卫共同利益。

　　这一习俗,早在宋代就有记载。高宗时人洪迈,在《容斋随笔·渠阳蛮俗》说:"靖州(靖州、绥宁、通道、会同)之地,田丁之居","各有门款,门款者,犹言伍藉也。借牛(彩)于邻洞者,谓拽门款"。这不仅表明当时当地,"歃血为盟"或曰杀牛饮血,联络邻村,结众合款;而且也反映了人们以牛为图腾这一意识,仍浓厚存在。故更"宰牛"为"牛彩"。犹如在战场,负伤流血,不直呼其事,忌讳其称,易曰"挂彩",或叫"挂花","挂红",以凶称吉,谓血为红为彩,用美言以代,化凶为吉,回避杀牛禁制,掩盖罪责。又据史书记载,清代初年,今黎平县南江、水口、古邦、高青等地,集众联款,杀只水牛,砍下四腿,分给下属四个小款,再由各小款分到各户,借以传达款约,同遵款规。故称这一地区,谓之"岁邓独"。为了不触犯禁制,且更水牛之称为泛称,谓之曰"独",不称为"国"。相传昔时侗寨,每隔三年集1次小款,五年集1次大款。亦复如此,杀牛复誓,重温或增补款规,继续保持联盟关系。流传于民间的《破姓开亲》歌里,也说:"杀独每国巴,腊国嫩"即"宰只白水母牛,黑小水牛",联络周围村寨,革除远近为婚旧习,立就地破姓开亲规矩。

　　(8) 牛升为龙　护佑民众

　　认为水牛可以上升为龙,同有神性,附有灵感,保护生产,佑民平安,崇之同神,祈之荫庇。

　　从江县龙图附近,有座山岗,形同牛状,以为其地,与牛相关,冠以龙名,称为"龙犊"(liongc duc),意为"水牛龙",且以此为寨名,汉循其音,写成"龙图"。并离此地不远的"乙丁",建一小祠,进门正壁,画有1头水牛,当神物供奉。逢年过节,村民携带香纸供品,前往祭敬,惜此祠已毁。这种意识行为,不仅反映了人们对水牛的固有崇拜,而且对与之相似的自然地形,同样地受到崇敬。孔寨有一瀑布,叫做"龙王滩",相传其下深潭,藏有一头"水牛龙",侗称"龙国"旱象严重,周围村民,集资买猪宰杀，备香纸酒饭，于寨老率领下，结队同往，与之敬祭，求之降雨，保苗丰收。附近村寨百姓，闻叫敌情，亦复如此，祈之同征，暗中相助，战胜敌人。顶洞寨边，有一深塘，说底下有一头水牛，同称"龙国"，逢年正月十五，寨人持香纸供物，前去祭敬。凡此等等，无不将水牛看成神圣，且认为成龙以后，既能为民访灾除难，保护生产，又能庇佑一方，安居乐业，不受敌犯。这些现象，显然以牛为图腾相关。

（9）奉养圣牯　代表众牛

也许是随着人们对水牛的眷养和繁殖的了解，及生产、生活需要，驯之犁耕，将之充实肉类副食等。这就不可避免地对整个水牛类的图腾原则，受到冲击，发生变化，以至瓦解。不得不选择其中之最，代表整体。由对全体崇拜，演成或叫缩小为对个别突出的牛崇拜。故今南部侗乡，才有一寨共有，一村共养，象征全村全族发达兴旺的"圣牯"，沿袭迄今，仍然与人休戚相关，荣辱与共，生息繁衍的至亲者和至敬者，且采取种种方式、手段，倍加保护，侍候崇拜。

由于此牛具有上述特殊身份，因而对之要求十分严格，选择特别慎重。须经村民集会商议，推选经验丰富，享有众望者，四处寻觅，除了认真地观其肢体以及五官有无缺陷以外；而且还要察其体格、性情是否健壮勇猛，能耐善斗；更重要的是慎审其体表特征。诸如旋毛部位得当与否，有无伤害于村于民等，甚至用"草卜"测定，方能认可。也就是说，此牛非同一般，不但要具有能斗取胜的实用性，而且还要具有利于人生息繁衍，村泰民安的宗教性。故誉称之为"国让"，意为身强体壮，独秀超群，名声盖世的牛。可译曰"圣牯"，或叫"牛王"。由于其代表一村，与他村"圣牯"相斗，又叫"国刀"，汉称"斗牛"，或叫"打牛"。据其性格、长相、角斗特点，赋予盛名，加以封号。诸如"大雷公"、"扫地王"、"镇天王"、"狗头王"等等。用四言八句，概述来历籍贯，生平事迹，集一身荣耀，书榜于"高脚牌"，显其威风，示一村光荣。

尊此牛同己祖，奉之无微不至。从江县龙图等地，因亲属称谓，呼之为"公国"（水牛公）。有专人饲养，不务农耕，常年关在圈里，很少出外。朝夕由人工喂料，按户轮流供应青草，无论是秋是冬，鲜草不断。甚至有时喂腌鱼和糯米饭。无时不注意气候温寒，严冬于圈门前燃起烈火以增暖，炎夏牵到溪边洗澡梳毛，饲之膘肥体壮，皮毛发光，角套铁壳，称为"报两"，为人所崇敬，盛气非凡。故在群众当中，普遍认为奉之如"祖父"，侍之同"老爷"。

遵循古习，定期"角斗"，以迎丰收。直到迄今，仍流传"善年末，我年国"之说。即每隔三年举行踩歌堂盛会，五年兴"斗牛"比赛，迎风调雨顺，五谷丰登，村泰民安，人享升平。轮到这年，于春耕之前，秋收以后，遵传统日子，开展"斗牛"，次数不限。主办村寨，发出通知，广插牌告。到时给牛披红挂彩，求村中"萨岁"（女神），一同前往，暗中相助。鸣放三声铁炮，同声欢呼，拥牛出村，鸣金击鼓，高举彩旗，于前开道，合村老小，前引后拥。汇集"斗牛坪"。坪内人山人海，开展"斗牛"比赛。胜者锣鼓齐鸣，欢呼若狂，客人燃炮庆贺，主人引以为荣，迎宾入村，设宴款待。败者垂头丧气，众议纷纭。偃旗息鼓，含羞而归。不仅以此为乐，求来丰收，增进友谊，而且把牛的格斗胜负，与人的荣辱连在一起，这显然以为牛能给人带来幸福和荣誉的反映。

对此牛的死亡处理，与众牛不同。依古规只能任其老死，不可任意宰杀。即使欲为，也要在事前请巫师焚香化纸，举行"鸡卜"仪式，确定可杀与否。而且还要择日执行。其肉除了按户出资金额，照比例分配以外，同时还要由各户将所得的肉，分赠亲戚。如若不敷，由自己杀鸡鸭或买猪肉弥补。即令只剩骨头，留给本人，也要遵循这一古规。否则将引起对方不满。且说这是共享"唐僧"的肉，同获延年益寿。这一方面反映了人们受汉族文化的影响，某些文人学士，借"唐僧"之名，附会于这一习惯，回避图腾禁制；另一方面，也反映了这种先他人而后自己的分肉方式，很可能是为了不断地维系固有的图腾关系所导致。或者说是为了使图腾繁衍的一种方法。除此以外，对此牛无论是其正常或非正常死亡，都和人去世一样，同等相待，鸣放铁炮三响，表示致哀送丧。

若上述分析解释论断不错，那么不难看出这种"圣牯"的特殊性，不仅是一村一族兴旺发达的象征物，而且众牛特点，无不尽有；不仅富有浓厚的宗教性。即与人的繁衍、祸福相连；而且具有广泛的社会性。即通过比赛，增进友谊，加强凝聚力，促进团结。可谓图腾的基本特征，集于一身。

〔张民：《水牛是侗族图腾》，贵州省侗学研究会编《侗学研究》（之三），贵州民族出版社 1998 年版，第 281—292 页〕

3. 侗族的蜘蛛图腾崇拜遗迹

侗族先民图腾崇拜，主要是动物图腾崇拜，如崇拜鱼、蜘蛛等动物。在侗族地区，小孩面前的胸口上总都系有一只红、白、黄三种颜色的小蜘蛛图案。祭祖歌说道：祖神"萨天巴"生下地、生下天、生下众神。当天地混沌、冰雪覆盖、乌云苍苍的时候，祖神命令姜夫修天，姜夫就造玉柱将天篷撑起，天地分离了。狂风刮得天篷飘，玉柱摇，祖神"萨天巴"便张口吐出玉蛛丝，抛起玉飞梭，织起拦天网，把天篷高高托起在天上。天地分离后，祖神命令马王修地，她放出玉线当天梯，马王张口咬住玉线头就下去修地，天梯说要多长就有多长。这首古歌所描绘的就是蜘蛛创造天地和众神的作用。侗族先民的婴孩出世后，在第一次参加的祭祖仪式过程中，祭师唱诵《嘎茫莽道时嘉》祭祖歌时，就取出用枫树叶之类绣成的一只只红、白、黄等颜色的小蜘蛛，装入布袋系在每个小孩的胸口上，说是祖神"萨天巴"赐给了他们灵魂，保佑他们聪明伶俐健康成长。侗族人家为患病者喊魂时，也必须找到一只尚未结网的红、白、黄颜色的小蜘蛛，装入布袋系在病者的胸前，说是祖神为他找回了灵魂，病很快治好，保佑他早日康复。如果侗族人家偶尔见到蜘蛛含丝下垂，便认为大吉大利将降临。他们对于不结网的"金斑大蜘蛛"，尤为尊重和保护，说它是祖神"萨天巴"的化身，它的丝已用于网稳天篷了，所以不再结网，人们的手指不得对它乱指。因此，侗族先民以蜘蛛作为图腾崇拜。

这种现象现在还可以在贵州黔东南和广西的三江等地区看到。

［田光辉：《试述侗族的原始宗教兼议民族传统文化的特点及价值》，《贵州民族研究》1997 年第 2 期，第 80—85 页］

4. 卉衣（羽衣）——侗族的鸟图腾遗迹

卉衣亦即羽衣，古越人崇拜鸟图腾的习俗。嘉庆《广西通志》卷二七九《诸蛮》云：侗人"椎髻，插雉尾，卉衣"。光绪《黎平府志》卷二上《地理志·城池》引洪饴孙《蒙寨行》："高楼翠压千重树，雉尾珥环拜回互。"同书卷二下《风俗》引胡奉衡《黎平竹枝词》："头插鸡翎齐跃舞，岁时相庆祝升平。"侗族南部地区正月间各村寨盛行集体做客，有二三十人，多至百余人不等，称为"也行年"。其中芦笙队十余人，装扮成女神模样，头插银簪和白鸡尾羽，身穿侗锦缝制的舞衣，下系海螺、贝壳和纸钱，身上缀满鸡毛。

［洪寒松：《侗族族称、族源初探》，《贵州民族研究》1985 年第 3 期，第 103 页］

5. 侗族的鸟图腾崇拜遗迹

侗族的原始图腾崇拜其特定的图腾标志中就有仙鹤、金鸡、龙凤等，这些图腾标志如今还大量散见于侗族的鼓楼、风雨桥等公共建筑上，对如今的侗民依然具有一定的影响力。侗族把"金鸡起步，雁鹤飞天"比喻为本民族的祖公、祖婆。在大型的社交活动中，跳芦笙舞的笙手们都把家禽及鸟类的羽毛插在头上，扎在笙服的边沿作为装饰，他们把鸟看成是吉祥的化身，侗家还把爱鸟护鸟的行为规范写入自家的法律"侗款"之中，对用火枪打鸟、故意损坏鸟窝者会施以严惩。

［吴景军：《爱鸟护鸟的侗族》，《中国民族博览》1999 年第 1 期，第 22 页］

6. 侗族的鸡图腾崇拜遗迹

传说，古时候的侗族部落图腾就是一只大鸟，侗家人一直把鸟看成是吉祥、幸福的化身。在侗家人眼里，鸡就是鸟，鸡就是吉祥的化身，凡是逢年过节或举行重大的活动，都要用鸡作为祭品。就是闹纠纷，双方争执不休，都要用鸡到庙上断案处理了结。可以说，侗家人从生到死都与鸡有着密切的关系。

在侗族地区，逢年过节，要杀鸡祭祖；竖房造屋，要杀鸡祭拜；老人去世，要杀鸡奠祭；成婚拜堂，若男方不在场，要用公鸡代替；小孩生病，要用杀鸡拜树、拜井或拜石为"保爷"，保佑平安。无论什么场合或举行什么仪式，都要杀鸡。如立新房，上梁那天，木匠师傅都要念咒语："公鸡、公鸡，你莫怪，你是人间的一碗菜；今日持刀将你杀，变只凤凰再飞来！”然后用鸡血淋在新房的木柱、木枋上，一则弃邪避灾，二则期盼凤凰飞到自己的新房。

［杨玉林著：《侗乡风情》，贵州民族出版社 2005 年版，第259 页］

7. 侗族鱼图腾崇拜遗迹

侗族很多民俗事象也表明侗族祖先曾信仰鱼图腾，比如：侗族信仰崇拜的始祖母“萨岁”，“萨”的发音与“鱼”的发音相同，又比如，鼓楼是侗族神圣而有着特殊社会功能的民俗建筑，而根据侗族古歌，鼓楼的建筑形式，竟是由模仿“鱼窝”而来。《侗族祖先哪里来》这样唱道：

> 鲤鱼要找塘中间做窝，
> 人们会找好地方落脚；
> 我们祖先开拓了“路用寨”，
> 建起鼓楼就像大鱼窝。

“鱼团结在鱼窝里，侗家团结在鼓楼里”，把鼓楼说成是对鱼窝的模仿，实际上含有把鱼认作同类的意思。而这正是图腾崇拜的本质特点。

［周国茂：《自然与生命的意义世界——贵州少数民族原始崇拜与民俗》，贵州教育出版社 2004 年版］

8. 融水侗族鱼图腾崇拜遗迹

在当地侗族丧葬仪式中，鱼扮演着一个非常重要角色。从装殓到路祭、唱开路歌乃至出殡，所有的丧仪中，鱼是必备祭品之一。因此，在侗族中，如果家里有年老者，必须备足腌酸鱼。待其逝世时作祭祀和招待宾客用；家中老人去世，未出殡入土堆坟之前，同一“卜腊”的所有成员，忌吃肉类和蔬菜，只能用酸鱼送饭。鱼在侗族丧葬中的特殊地位，折射出侗族的历史进程和图腾崇拜。

侗族先民最初仅将鱼当作一种最基本的生活资料，后来便渐渐注入生殖崇拜和图腾崇拜的文化内涵。后来，鱼成了侗族的主要图腾之一。因此，走进侗乡，鱼的标志随处可见。鱼的寓意是旺盛的生命繁殖力。

［卢敏飞：《追求群体的永生——融水苗族自治县滚贝侗族丧葬文化透视》，《广西民族研究》2002 年第 2 期，第 95—96页］

第二章　自然崇拜

第一节　侗族的自然观

1. 概述

侗族人民在长期的历史发展过程中，对天地（宇宙）的起源和构造提出了自己独特的看法。侗族先民认为天地起源于"混沌朦胧的大雾"。"远古时代混混沌沌，直到朦胧初开才分天地。""起初天地混沌，世间还没有人。""万年以前，天地不分。大雾笼罩，世上无人。"这就是说，天地之初是混沌朦胧的一片大雾，这片混沌朦胧的大雾不仅在人类出现之前就存在，而且在天地形成之前就已经存在了。这种混沌朦胧的大雾是构成天地万物的原始物质。

侗族先民认为，又经过千年万代，这种混沌朦胧的大雾发生了分化，轻的东西，如云风雷雨等被分到天上，较重的东西，如土石人兽等被分到地下。在分化的过程当中，先有天，后有地，然后有万物。"远古时代混混沌沌，直到朦胧初开才分天地。风云雷雨归天，土石人兽归地。""开天辟地，造出万物。生有天王，生有地王，生有人王。""云开雾散，把天地分。天在上面，地在底层。天有日月星辰，地有万物生灵。"

……

侗族先民认为，自从那些混沌朦胧的原初物质——大雾分化以后，天就由比较轻的东西组成。这种物质就由天王十二兄弟把它们排列，分层次，根据这种东西的轻重比例造出了乌云、雾罩、太阳、月亮、雷公，这些被创造出来的天体分别由十二天王统管，听从十二天王的指挥。"天王十二弟兄，造出乌云遮天，造出雾罩遮地，造出太阳巡天府，造出月亮照九州，还造了一个雷公，住在半空中，白天替我们驱妖，夜晚帮我们搜怪。天干旱时为我们造雨，地潮湿又为我们天晴，天王十二兄弟，最大就是雷公。"很明显，侗族先民认为天上是有神的。日月星辰，风云雨雪，打雷闪电等本来都是实际存在的自然现象，可是由于人们无法解释这些现象，就把它们归结为神灵的创造和统管，把天看作像人一样有意识的东西。

侗族先民认为，在十二天王当中，雷公最大，这是因为打雷闪电时，不仅地动山摇，而且还毁坏山林，房屋，威胁人的生命安全。另外，人们在生产经验中已看到这样一种自然现象：干旱的时间长了以后，往往就打雷下雨；雨水多了以后就出现太阳。久旱必雨，久雨必晴，这本来是很自然的现象，但是，人们不了解这种现象产生的原因，而只看到这些现象都与雷雨有关系。所以就认为，干旱时是雷公为我们造雷雨，雨多时是雷公为我们天晴，雷公具有无限的威力，神通广大，它不仅管天宫，而且还管地上的一切生灵，这样雷就自然而然地在人们的观念当中被神化，变成了最大最可怕的天神了。在侗族地区，天干旱的时候，人们就请鬼师来设坛求雨，规定在"忌雷"之日，不得下地干活，以免触犯雷公。

雷代表着天王，是最可怕的天神，它具有无穷的威力，但是它终究要被人类所征服，听从人的安排，人要成为自然界的主人。处在远古时代的侗族先民早就有了这种光辉的思想。认为人的力量和智慧比雷更大，人类在它面前不是无能为力的，人类可以用主观努力去改变它、制伏它，使它为人类服务。在《侗族祖先哪里来》这首古老的叙事诗中，就集中地表现了侗族先民的这种人定胜天的理想。这首诗里叙述了这样一段故事：人类的祖先丈良丈美把神通广大的雷婆关在铁屋子里面，不给她水喝，结果雷婆始终不能施展出她的威力，后来雷婆找到了一个逃跑的好机会，就逃到了天上，为了报被关之仇，雷婆对丈良丈美进行了报复，她连下九个月的大雨，使得："遍地洪水连天，世上已无烟火，洪水滔天波浪滚，人间一场大灾祸。"丈良丈美坐在葫芦瓜里到天宫找雷婆讲理，结果"雷婆硬是不肯退洪水，丈良只得挽弓把箭发。一箭射中雷婆眼，雷婆痛得叫哇哇……雷婆敌不过，不敢再斗法，答应立即退洪水，只求莫用铁屋再关她"。最后雷婆终于被人类所征服，答应把洪水退尽。丈良丈美返回人间，繁衍后代。故事曲折生动，充分肯定了人类的力量和智慧。

侗族先民认为地也有十二个王，他们把"大雾"分离出来的那些原初物质造出了现在地球的模样："地王十二弟兄，置下山坡千千，置下绿岭万万，置下五大名山，这才有五柱撑天，天高地远。又置下江河湖海，急流险滩，让龙王住在深潭，让鱼虾住在浅滩，使万物各有处所，使天地从此分明。"这就是说，山山水水都由十二地王制造，也就由他们管辖。自从造出了山山水水以后，各类动物就分别有了自己的住所。

侗族先民认为，由于山山水水都由地王十二兄弟总管，所以山有山神，水有河神、井神，万物都有神灵，其中土地神为最大。这样在侗族先民的观念中，自然界就成了一个神灵的世界，相信自然界的万物都具有神灵，日月、山川、巨石、大树古树等等，无一不依附着神灵，在人们的现实生活当中，人的一切活动无一不与神灵打交道，无一不与神灵交织在一起。所以，在侗族的社会里有许多鬼师，这些鬼师自称他们知道神鬼的踪迹，专门从事请神送鬼活动，这就是侗族社会里的原始宗教。

侗族先民认为，天和地之所以能够分形，并隔得这么远，这是因为十二地王置出了五大名山，这五大山如五根撑天巨柱支撑着天，这样才天地分明，而且"天上分四方，地下分八角"，很显然侗族先民认为，天也是神支撑着的，侗族先民对地球的这种解释与古埃及十分相似，古埃及人认为，天是由山支撑着的，星星被吊在天上。古埃及人还认为，地球是神的身体，装着月亮的船和装着太阳的船在天上横穿而过。

在侗族社会里，这种原始宗教的产生，不仅与侗族先民对自然的认识有关，更重要的是与当时的社会生产力水平低下有关。这种低下的生产力不仅表现在人所能够支配的物质力量的不足，而且还更多地表现在人本身的力量，如人的精神力量，人的知识的不足。这样在生产过程中，往往不得不屈服于自然力量的支配，把山洪暴发，冰雹袭击，水涝旱灾，雷电击伤人畜和雷电引起的森林火灾等神秘化，认为这都是神灵作怪的结果。马克思、恩格斯说过："……自然界起初是作为一种完全异己的，有无限威力的和不可制伏的力量与人们对应的，人们同它的关系完全像动物同它的关系一样，人们就像牲畜一样服从它的权力，因而，这是对自然界的一种纯粹动物式的意识（自然宗教）。"

〔龙耀宏：《侗族先民关于自然和人类起源的朴素观念》，《贵
州民族研究》1983 年第 4 期，第 113—115 页〕

2. 古歌中的人造天地说

侗族在许多祭词、古歌中有多种人造天地的说法，而常提到的有姜良、姜美、罗亦、晚洒、马古、盘古、丈古等人造天造地。侗族人民心目中的天地万物都是由人造成的，而这个造天造地的人，或是一个顶天立地的王，或是一个神力无边的大帝。如在《起源歌》中是这样说的：

"姜良姜美，开亲成夫妻；/生下盘古开天，/生下马王开地；/天上分四方，地下分八角；/上天造明月，地下开江河；/先造山林，再造人群；/先造田地，再造男女，/草木共山生，万般从地起。/马公开山岳，马婆开江河。/天上分三百六十六色，/人间分三百六十个姓，/田中分三百六十种禾。/云居高坡，/人住村寨，/禾在田间。"

这里叙述的是姜良、姜美这对夫妻生下了盘古、马王，由他俩来开天辟地创造万物。人格化的神能创造万物，是一切初民的宇宙观，侗族同样如此。盘古开天辟地，侗族民间还有另一说法，如在《盘古开天辟地歌》中说：

"报你恩，/报你开天辟地的古情，/代王元年生盘古，/他有二万七千年，/龙汉元年地虎乱，/混沌年间不分明。/又是盘古开天地，/开天辟地乾坤生，/生得乾坤生万物，/生得万物人最灵。"

侗族关于盘古开天辟地的传说，和我国汉族及南方各少数民族关于开天辟地的传说大同小异。它反映了我国各民族文化相互交流的历史是源远流长的。此外，侗族在一些地方又有其独特的说法，如在《人种起源》的古歌中说：

"罗亦造地，/马王大帝造天；/肖比造神鬼，/姜良、姜美创造人。/错甲、坦便兴伦理，/讲起姻亲，/从此兴起男人娶女人。"

这种认为天、地、人和神、鬼都是由具体的人创造出来的，它具有独特的侗族文化特色。传说，很久很久以前，罗亦和马王两人分工，一人造地，一人造天，约定在某天把天地合拢，罗亦很勤奋，按约打成了一块宽大平展的地面，而马王则贪玩，经常去和姑娘们"行歌坐夜"，约定的时间到了他只打成了一块窄小的天盖，罗亦和马王把天盖

与地面合拢起来，结果天盖盖不了地。为了把天和地合拢，他俩使劲把天盖和地面合拢在一起，结果天地合拢成了一体，但地面却形成许多的皱褶，这些凹凸不平的地方就成了今天的山岭、坝子、河沟。这个故事说明了侗族人心目中的天地万物都是由人创造出来的。这些人如丈古、盘古、罗亦、马王等，名称虽不一，但他们都是超越于人世间的神。不过这些人格化的神，却又和侗族社会紧密联系在一起。

[向零：《侗族哲学思想述略》，《侗学研究》（三），贵州民族
出版社 1998 年版，第 8—11 页]

3. 榕江县八开公社侗族万物有灵的观念

这里有句谚语："老人管村，老树管寨"。认为古树、巨石、水井等，无不附有灵魂，因而都成为人们的崇拜对象。要免除村寨灾难，保佑小孩健康成长，人丁兴旺，五谷丰登，都要用三牲（一个刀头肉也可）、香纸去敬奉有灵之物，并贴上五色彩纸；甚至在家具、果树和房屋四周墙角上都贴以彩纸或"符字"。在人们的观念里，对待有灵的万物，敬重它，会大吉大利，得罪了，将遭横祸。所以，一旦发现牲畜、家禽发生疫情，便要烧香化纸，敬奉圈栏，膜拜巨石；大人病了，求鬼师除病；小孩病痛发烧，要去修桥补路，参拜古树。除了给孩子认人作"保爷"，还拜大树、巨石、水井为"保爷"，祈求孩子如古树一样长命，巨石一般健壮，水井似的长命富贵。故于每年二月初二，备上香纸、刀头肉、红蛋去敬奉古树，或修桥补路，保佑孩子免灾去病、健康成长（祭后，红蛋挂在孩子身上多时）。

[吴永清：《榕江县八开公社庙友大队侗族社会历史调查》，
贵州省民族研究所、贵州省民族研究学会编《贵州民族调
查》（之二），1984 年 10 月，内部出版，第 58 页]

第二节　天体崇拜

1. 岑巩县侗族敬祀太阳神与月亮神

境内侗族敬太阳神有两个不同的祭日和祭法：今大有乡鲁溪村杨姓侗家在农历年三十早晨，趁太阳未出，在院坝上用 12 根灯草点灯，桌上摆 12 个茶杯，斟满清茶，并摆上糖果，烧 15 炷香插于五方，然后燃烛烧纸放炮敬祀太阳神。

思旸镇万家坪杨姓侗寨每年农历六月十九日清晨，趁太阳未出，扛起大小桌子各一张登上高坡，桌子重叠，大桌上面放置小桌，摆刀头酒醴，同样要用一个圆盘盛青油，盘内团转放 12 根灯草点灯，摆 12 个茶杯盛茶，烧 10 炷香插于五方，然后燃烛、烧纸、放鞭炮，遥向东方念诵经文敬祭太阳神。

思旸、大有、水尾等乡镇的侗族有祭月亮之俗。农历八月十五中秋之夜，当月亮升起时，祭月的人家在院坝中朝月出的方向摆设香案，供上应时瓜果，如花生、柚子、柿子、葛苕、南瓜、毛豆角以及清茶、月饼、糖果等物品。待明月升空、彩云铺天的时候，便燃香烧纸，对月祀拜。祭毕，全家人便边吃瓜果、月饼，边赏月。

［岑巩县民族事务委员会编：《岑巩县民族志》，贵州人民出
版社 1991 年版，第 211 页］

2. 榕江县车江侗族对太阳的崇拜

这一带侗族，对于"日"没有产生特殊的崇拜意识和敬祭活动，即便是对"日食"，也没有像古代汉族那样"伐鼓用牲"以拯救"日食"的做法。但却流传着类似古书记载的羲和生十日和羿射日的传说。相传远古时候，洪水滔天，姜良姜美兄妹俩，乘着葫芦，随水漂浮，不知如何使洪水下降，焦急不已。忽有一位不知其名的人，请来十二个太阳，也有的说是十个太阳，高高挂在天上，朝夕照射，洪水为之而枯干。他俩回到地面，火辣辣的太阳一如既往，毫无减烈。姜良从葫芦里露头张望，被晒得满面通红，见大地现出一片土干石裂，难以生存。于是号召天下之能治日者，不料"螺嬴"得知，挺身而出，自告奋勇，愿意去完成这一任务。遂身束弓箭，飞入云霄，直上青天，接连射下 9 个（或曰 11 个）太阳，只留下一个挂在天上，从此气温降低，大地回生，人们赖之得以生存。因"螺嬴"射日之时，束箭于身腰，致使其腰细小，不能生育。姜良无酬以报，遂告其自选虫蛹，藏入巢中，朝夕吟啼，自成其子。故至迄今，在侗族民间，仍然流传着"螺嬴"为他人育子抚儿之说。反映了侗族先民，对于"日"的自然属性，即火热的日射，产生了或善或恶的原始宗教观。至于"螺嬴"射日，只不过是后人的一种附会之言而已矣。

大概是由于太阳光芒四射，能排除黑暗，大放光明，故在侗族当中，有的人眼睛疼痛，合目不睁，难见天日则以为触犯了太阳所致，便于晨于夕，分别面向东西，对着太阳，作揖拜跪，求之以愈，祈之以明。这种愿望，显然是力图将人与太阳的属性连在一起，以为己之安危，与太阳有着密切关系，这也可以说是侗族先民对"日"崇拜和神化的原始宗教意识的萌芽。

［张民：《关于侗族原始宗教的调查》，贵州省民族研究所、
贵州省民族研究学会编《贵州民族调查》（之八），1990 年 2
月，内部出版，第 1—2 页］

3. 榕江县车江侗族对天的祭拜

天，在此地侗族中，不以天为天，而是将之与地连在一起，结成一词，似指整个宇宙而言。认为宇宙具有神灵，能主宰一切，无论是水灾、旱灾、火灾、风灾、虫灾、雹灾、瘟疫，甚至兵祸，皆归于宇宙之意，是宇宙所为。认为世上只有"宇宙"最大最公平最公道，最明事理，最能洞察善恶，人们遇到不平，遭受冤害，便披头散发，项着炊薪煮饭的铁"三脚架"，束以长香，身背倒蓑衣，满贴纸钱，焚香祷拜，对宇宙呼应，以感宇宙之神，予恶者惩处。这种以宇宙为主，以宇宙为正的朴素幻想和做法，应该说是人们对宇宙赋与神性的原始宗教意识的具体表现。

［张民：《关于侗族原始宗教的调查》，贵州省民族研究所、贵州省民族研究学会编《贵州民族调查》（之八），1990 年 2 月，内部出版，第 1 页］

4. 榕江县车江侗族对月的崇敬

此地侗族，对于月球死海显现黑斑的认识，与汉族所谓的"月中有蟾蜍"，"月中有玉兔"，以及"嫦娥奔月"等等传说，有所不同。说这种自然现象，是远古时候，有位聪明多智的男子，名叫"王述"，或称为"述"，其时与虎同处，共在山上安置"捕机"，套得一只野猪。因分配不公，两相争斗，虎怒发威，追逐"王述"，力图一拼。因"王述"身大无比，无处躲藏，一跃而逃入月中，留下老虎，无可奈何，只好望月生叹。故民间始有所谓"老虎望月"之说，从此以后，"王述"便安然自得，长居月中，打草鞋度日。可知侗汉两族对月中死海的说法，各不相一之所在。即一是以男性"王述"为月中主人；一是以动物或女性的"嫦娥"为月中主人。因而似可推断，早在原始的狩猎时代，或更早时期，侗族先民，即以月作为保护自己人的对象，对月已产生幻想。

在群众当中，还流传着月中阴影，是棵大树，其下站有一人，也有的说是"王述"，正在举斧砍伐。这种判断，很可能是受汉族文化的影响，是晋代以后，俗间传说"月中有神仙和桂树"。及唐代所谓"吴刚因学道触犯戒规，被罚在月中砍伐桂树"的一种易名说法。即将"吴刚"或"神仙"，演成为侗族心目中的"王述"罢了。但究其内核，则仍然以月为人们所处之地，视属保护人类之物。

对于"月食"，当地侗汉两族的认识不同。一说是"更记讪"意为"蜈蚣食月"；一说是"天狗食月"。这很可能是由于侗汉先民，于远古时代，所处的地理环境不一所致。但两者拯救"月食"的方式，可以说是基本相同。每当月球出现这种现象，合村群众，便击鼓鸣金，捶板壁、敲簸箕、打门板、拊碗杯、鸣火枪、扣铜盆，集尽音响之器，用尽最大的声音，以驱"蜈蚣"，使月脱险。这种以声响拯月之举，显然是古书记载的"伐鼓救月"习俗的移植和发展。侗族先民之所以说这是"蜈蚣食月"，很可能是由于"月食"的损缺，和平时见到的"蜈蚣"之口，或"蜈蚣之牙"相似之故，似属古之侗族，原居于"蜈蚣"丛生之地，深受其害的一种错误判断。同时由于月光给人们在黑夜当中赋予光明，提供方便，尤其是在未发明照明工具以前，对救月之心，也就自然而然地应生了。

［张民：《关于侗族原始宗教的调查》，贵州省民族研究所、贵州省民族研究学会编《贵州民族调查》（之八），1990 年 2 月，内部出版，第 2 页］

5. 黎平县九龙村侗族对天地的崇拜

在侗族的宗教观念里，不以"天"作为单独的神进行崇拜，而是将它与地连在一起，结成统揽一切，主宰人间祸福的神，它既可降福于人，也可施祸于人，是一个善恶之神。如每遇水、旱、风、火、虫、冰雹等自然灾害，或瘟疫、饥荒，以及兵荒马乱、战火纷飞等，无不归之为"天地"所为。但也相信它能主持公道、扬善惩恶等。

在九龙，日常生活中，如东西被盗，或庄稼被人畜破坏，而又不知何人所为或何家的畜禽进入时，往往说"天地看得见"，喊天地惩罚他。平时吵架中，如遭别人用"天地惩罚你"语句咒骂，认为是最恶毒和难以接受的咒骂了。1980 年前，该村如人遇不平，蒙受冤屈，或恶人不认罪，他们往往披头散发，头顶火塘中的三脚架，上束点燃之香，身披蓑衣，赤足跣脚，到萨屋边或风雨桥头焚香化纸，向天地发誓，鸣冤叫屈，或祈求天地明断，惩处恶人。这种做法习称为"喊天地"，简称为"喊天"。

［潘永荣：《黎平县永从乡九龙村侗族原始宗教调查》，2004
年 8 月，未刊稿］

6. 黎平县九龙村侗族对触犯"太阳神"的禳解

在侗乡有个别村寨尚残存着迎祭太阳或八月十五祭月亮习俗。九龙村和绝大部分侗寨村寨一样，无此习俗。但普遍将日出和日落时太阳穴疼痛难忍之症习称为"痛日"，视为得罪了"太阳神"才如此，用向日葵煮水清洗和请巫师禳解才能康复。日挂山头时，如埋石打桩，也容易触犯"太阳神"，如此而伤筋动骨的，人们习称为 douh wemx（汉语无此相应或相近的词汇），除将埋石或木桩取出外，亦得请巫师来禳解。

［潘永荣：《黎平县永从乡九龙村侗族原始宗教调查》，2004
年 8 月，未刊稿］

第三节　地体崇拜

1. 侗族对土地的崇拜

土地生养万物，是孕育人类的"祖母"，与人们的生活休戚相关，因而最能寄托侗族先民的依赖感。在侗族地区，很多村寨都建有土地庙或土地祠；对于土地，侗族有很多讲究，如起房造屋、锄地耕作等，均要择吉日动土；开春动土的第一天，先要祭土地神，"戍日"是土王日，这天不能动土，这些都表现了侗族人民对土地的崇拜。

［侯乔坤：《侗族原始宗教的特点和功能探微》，《贵州民族研究》1992 年第 1 期，第 75 页］

2. 锦屏县九寨侗族对土地的崇拜

九寨人主要从事农林生产。太阳、月亮、雨水对生产和生活起着非常重要的作用，自然是他们崇拜的对象。土地是农业生产的基础，土地神得到九寨人的特别奉祀，每逢戌日和"土王用事日"都不准动土。每当造屋、开荒、修路等，需要动土时，都必须祭土，然后方能动工、认为土地神能使人畜兴旺，谷物丰收，地方安宁和震慑猛兽毒蛇等。因此，几乎每个寨子和每个宗族，都在寨边大路口建有土地神庙，供人们四季敬供和祈祷。

［傅安辉、余达忠：《九寨民俗——一个侗族社区的文化变迁》，贵州民族出版社 1997 年版，第 28—29 页］

3. 榕江县车江侗族对土地的崇拜

车江侗族对于土地崇拜，主要是表现在群体聚居住址及其附近周围地区。以为地有地神，能保村寨、佑人畜平安。凡被认定为这类地址者，皆封之为"风水地"，属于一村一寨的禁区，不许挖掘，或乱淋人畜粪便，更不能埋葬死人骨骸。若有所触，则以为将会引起人畜不安。导致鸡不适时而乱鸣，狗无明白故而狂叫，猪牛于圈中晕头转向而蹦跳，须请巫师，为之招谢。届时杀猪宰羊，先行"生祭"，以血淋土，而后"熟祭"，以敬其神。前者，显然是古之"灌祭"遗风；后者，无疑地是其后由生食进入熟食的产物。

同时还表现在每建新寨，须遵古规，选择一址，先置"地祇"，侗语谓之"堆头"，或曰"地柄"。也就是流传于民间的《祭祖歌》所说的：

> 未置门楼，
> 先置地祇。
> 未置寨门，
> 先置"柄地"。

前者指地神之处；后者指侗族供奉的女英雄之名之处。两者同指一地，合为一物。是地神和人神结合在一起的敬拜场所，谓之曰："滕"（坛）。若立有屋者，则称之为"然萨"（祖母房），或曰："堂间萨"（祖母堂殿），汉谓之"圣母祠"，是为神圣不可侵犯之处。称此神为"萨柄"或"萨麻"，"萨堂"，是属一村一寨，至高无上和保境安民的神，能主宰一切，佑人畜兴旺，保村寨平安。其神祇一设在露天；一设在室内。前者垒土成丘，上植一株黄杨，旁置一把雨伞，有如祭坛之状，后者于室中积一白石堆，中插一半开半合纸伞，伞上披以红绿等色纸剪，有如锦伞之美。周围立有几木桩，按子、丑、寅、卯……定位，作为守将之地，侗语谓之"首衣堆"，汉语谓之"十二地"。据说有的地方，还设有"二十四地"，以至"三十六地"。且于室内或室外，植一株黄杨，或一丛芭蕉，以为标示。两者皆于地中挖一深穴，钉一木桩，此木侗语叫做"美贵"，汉译曰"桂木"。同时杂藏他物于其中，其数量和品名，多因安"坛"的巫师不一，各有差别。而后以一铁锅覆盖其上，或一锅为底，一锅为盖，将上述诸物盖好。每逢正月，为敬祭活动期间。届时择一吉日，家家户户皆有一男一女，各持香纸，酒菜，前往祭祀，再自由结合，围席而餐。餐毕，为妇者手牵手，绕成圆圈，于神坛前，边走边唱，赞颂其神之灵威，祝之长寿，永保村民、六畜，与此同时，鸣锣吹笙以助兴，尤其是大祭，更为热闹。除此之外，在平常间，凡有集体相赛，或外出对敌，须先集于此，举行敬祭，祈之庇佑，定保平安，战之得胜，凯旋而归，而后行动，谓之"记血萨"（饮祖母茶）。看来这种神地的设置和祭祀形式，与古书记载的最早崇拜土地神和其后发展为社神的设置及祭祀活动，以至变化状况，颇相一致。《礼记·特性·孔颖达注》曰："以天之高，故燔柴于坛；以地之深，故瘗埋于坎。"《礼记·祭法》曰："燔柴于泰坛，祭天也；瘗埋于泰折，祭地也。"先秦古籍对祭地神的场所亦曰："地主阴"，"所以祭地时要在北部挖方坑，用瘗埋祭法祭地"；或曰："地贵阳"，"所以要在泽地筑一个圆坛作祭坛"。祭时，"要在有的土坛上立树木"。立何树为当，《论语·八佾》曰："社，夏后以松，殷人以柏，周人以栗。"孔颖达解释说："凡建邦立社，各以其土所宜之木。"《白虎通义·社稷》引《尚书·逸编》说："大社，唯松；东社，唯柏；南社，唯梓；西社，唯栗；北社，唯槐。"《淮南子·精神训》云："今夫穷鄙之社也，叩盆拊瓴，相和而歌，自以为乐矣。"反映了古代敬祭土地神时，呈现出一片欢乐景况。《左传·闵公·二年》曰："师师者，受命于庙，受（祭社之肉）于社。"《左传·定公·四年》曰："君以军行，被社，衈鼓，祝奉以从，于是乎出境。"《周礼·大祝》曰："大师，宜于社……及军归，献于社。"也就是说，出征或凯旋也要到社坛面前，举行祭礼。这种"以地之深"，行"瘗埋祭"、"挖方坑"、"筑圆坛"、"上立树"，祭时"扣盆拊瓴"，"相和而歌"，和"军行"须"祝奉"而后"出境"，"军归"亦须"献于社"等等敬拜形式、方法、标示，以及活动场面和信仰程度，无不与侗族掘深穴，埋以物，垒圆丘，讨木桩，植黄杨的"地祇"，或曰"柄地"，或称曰"坛"的特点相类似。与敬祭之时，鸣锣，吹笙，携手"多耶"，自以为乐，和"相赛"、"对敌"，须于坛前，同"记血萨"，而后行动相同。至于室内之"坛"，于地面上加置锦伞、堆白石、安部将，陈放衣物，以及侗族之所以将之作为敬祭"萨岁"或曰"萨柄"之地，和以之为一村一寨的至高无上之神，这很可能是由于社会的发展，封建制度日兴，等级出现，要求敬祭地神范围缩小，从而由原始的对土地自然神的崇拜，随之逐步地演化为对社神的崇拜。也就是说，今之侗族，每迁新地，建立新寨，须先置"地祇"，以"萨岁"或"萨柄"为"地祇"之神，既反映了古时"崇拜群体自己居住的土地，居住在哪里，就直接向哪里的土地献祭"的自然宗教的土地崇拜；同时也反映了这是在崇拜上述土地神的基础上发生发展起来的，是以本民族的历史人物，与地神相结合的结果。

［张民：《关于侗族原始宗教调查》，贵州省民族研究所、贵州省民族研究学编：《贵州民族调查》（之八），1990 年 2 月，内部出版，第 3—4 页］

4. 黎平县九龙村侗族土地崇拜

侗族是一个农林兼营的民族，故对土地的崇拜是比较突出的。流传于侗族民间的一些古歌和祭祖歌往往唱道："未建村寨，先建社坛；未立房屋，先垒社土。"可见，土地神坛在侗族先民们的排序中占有重要位置。如今在南部侗族地区，村村寨寨都设有萨神坛，仅九龙村就有 2 座。只不过现在的人们只知道萨神坛（祖母坛）供奉的是萨神（萨岁），无人了解这是土地神与萨神合二为一的一个神坛，或由土地神演化为人化神的一个神坛。我们仅从现行于民间的名称来看，除称其为萨坛（祖母坛）、萨坪（亦为祖母坛）等外，更多的还是统称为社坛，即可看出在称呼上就存有"萨神"与"土地神"交叉并用的情况。如再从此祭坛的地下埋物及形制来分析，更能反映出"萨神坛"是土地神与萨神合二为一的一个祭坛。现萨神掩盖了土地神，是社会发展的必然性，是土地神演化为人化神的结果。如今的萨坛（祖母坛），其源应当是土地神坛，萨坛只是其流。九龙村除称祭祀萨岁的地方为"萨屋"、"萨坛"等外，也习惯统称为社坛。这些迹象表明，过去人们不仅崇拜土地，还设坛祭祀土地神。如今在九龙村每年开工动土前，仍有一些固守传统的人提着香纸到田间或地头焚烧，敬祭土地，这更是人们崇拜土地的一种直接表现。

［潘永荣：《黎平县永从乡九龙村侗族原始宗教调查》，2004 年 8 月，未刊稿］

5. 榕江县车江侗族对山的崇拜及神化

车江侗族认为在起伏连绵、崇山峻岭之中，有的地方，是山脉之地，藏"龙"护地之所，可保村寨。侗语称之为"龙岑堆麦"，汉译曰"龙神地脉"，不许触犯，违者将给人们带来祸患，须杀牲祭敬，招龙谢土，以求保护。对于一些奇峰怪陵，乃因其形，与之以名，附之以灵。相传车寨附近的东南角山中，有两山形同黄牛"峰堆"，对峙而立，以为成"气"，附有"精灵"，而且两相经常角斗。其中一属于汉，一属于侗。因前者斗不过后者，为前者以铜钉钉孔，故后者因之而土崩地陷，至今历历在目。说口寨对门，有两山丘，一同青蛙，一同蛇首，一前一后，有如卧蛇捕蛙之凶象，众皆视之为祸害之地，是寨内不睦，经常内讧的根源，故在群众当中有所谓"蛇捕青蛙，只会内爬"之说。以至迄今，有的人仍然主张将"老蛇"炸毁，铲掉祸根。这虽然属于人们的牵强附会，具有浓厚的封建迷信色彩，若究其源，依然属于人们因其形而与之神灵所引起，是在山有山神的原始宗教意识的基础上发展起来的。

〔张民：《关于侗族原始宗教调查》，贵州省民族研究所、贵州省民族研究学编：《贵州民族调查》（之八），1990 年 2 月，内部出版，第 4—5 页〕

6. 黎平县九龙村侗族神山崇拜与敬畏

依山傍水是侗族选择村址的一个传统标准。而将村寨的后山视为"养寨山"和"龙山地脉"、神山，把它划为禁山，这是侗寨普遍存在的一个现象。九龙村也将村后山视为神山，不仅山上的一草一木不能轻易乱割乱砍，封它为"风水林"，而且山上的一土一石也不能乱挖乱采，更不能将坟葬入其中。若有所违，则重罚并进行敬祭。如村中人畜普遍生病，或灾难频繁、寨无宁日等，人们往往疑为神山遭到破坏，并请阴师查看，确认为某处遭到乱砍乱挖或有人将坟葬于其上，以致神山中的龙脉受损，便召集村民举行敬祭活动并请阴师"修补"。

1979 年该村焚于大火，为避免火灾，人们分散而居（原居住地太拥挤），有部分村民搬到河对岸居住，这部分住户很自然地又将现在他们居住的后山视为"后龙山"或神山。而这山原来属某一生产队所有，前两年在搞退耕还林过程中，原生产队成员打算将该山作为退耕还林面积申报，争取退耕还林款项及补助，实行退耕还林。没想到遭到了来自现居住在山前的住户们的反对和争夺，一方以原生产大队分配为依据，一方以居住后山传统上自然成为"后龙山"为由，双方各持其理，村干部和寨老处理不下，只好交由乡干部来处理，落实该山应由原生产大队成员所有。在此我们不去关心和评论它的处理结果及谁是谁非，只关心这一事象中人们的宗教观念。由此看出，人们习惯将居住环境中的后山视为"养寨山"或后龙山的宗教观念难以改变，因为在侗民们看来，后龙山与所居住的环境（或村寨）关系十分密切，村寨的平安、兴盛与后龙山的"供养"有关，因而人们普遍信仰它，奉它为神山并禁止一切破坏神山的行为发生。

在九龙村，人们还对一座形如来虎的山尤为敬畏。该山位于村头坝头，形如猛虎向村中走来，人们担心它将村中的人畜"吃掉"，在它"嘴"前坝头建有一亭式的风雨桥予以挡住，还将各家族公共墓地安排在"虎口"处，预示它吃死人吃饱了，不会再来伤害村中的人畜。说来也巧，在"虎口"前，桥的左侧还有一小石山，形如一头匍匐的猪，加上有这头"猪"挡住，"老虎"吃了"猪"更不会到村中来伤害人畜了。为此村民们感到很庆幸，同时也十分敬仰这头"猪"。村中凡适合寄拜"猪"或"石"为保爷的孩子，都于正月初一或十五来寄拜这头"猪"为保爷。每年正月初七，作为父母的都要提刀头肉和酒饭到这座猪形小石山前敬供，名曰："惦寄父"。

〔潘永荣：《黎平县永从乡九龙村侗族原始宗教调查》，2004年 8 月，未刊稿〕

7. 溆浦县侗族信仰石头神

我们先祖然公夫妇，很早很早以前，住在这大山冲里，周围都没有人家，非常孤独。但是，一到晚上睡觉就做梦，耳听有人喊叫，还相互一起谈话，非常亲切。梦醒转来，到处寻找，又没有看见一个人。这样反复过了一段时间。于是，在山上东找找西找找，只找到几个大石头，然公夫妇感到有些奇怪。便对石头许愿说，如能使我们生下男孩女孩，我们就经常敬供你。

过了不久，然公夫妇真的生下儿女，一代传一代，人丁兴旺，五谷丰登。子子孙孙就这样发展上十户，上百户，上千户。为了酬谢石头神，侯姓子孙，捐钱捐物，在石头神处，修起一栋房屋，立石头神宝座，庙里的大石头高约1.2米，宽约70公分，厚约40公分。在大石头下面，又摆放一个椭圆形的约60公分高、30公分宽、40公分厚的小石头，作为石头神的化身，人们经常祭祀石头神，过年过节向石头神敬供猪肉，供煮熟了的整鸡；初一、十五，烧香纸，敬清茶，每天早晚烧香祭祀。还置有石头神田产七亩多，有专人管理田产房屋，负责每天烧香纸供清茶。石头神田产在土地改革时分掉了，如今靠香客捐助。三年两大祭，杀猪、摆酒、点烛、烧香、烧纸，祭祀石头神。每年农历一月初八日，侯姓老公公老婆婆，集钱聚会石头神庙，集体会餐，向石头神敬香、敬纸、敬肉，祭祀石头神。男女老幼，身患疾病，无儿无女，求石头神保佑，生男育女，消灾除病。他们在石头神身上挂满红布，石头神坛上，香火不断；石头神庙门前，插满酬谢石头神的用红布围着的木杆，俗话称围杆。文化大革命期间，村主要领导带头将石头神像用铁锤打烂，抬至一华里外的岚水江村，甩入少鳌溪中。而巧合地引起头痛，鼻子流血，心里感到害怕，便用木头雕刻石头神像祭祀。实际上，有四个妇女，偷偷地把石头神像从步鳌溪中抬起，把打烂的石头片粘贴好，藏在一个秘密的地方悄悄祀祭，直到文化大革命结束时，才把石头神像从秘密的地方抬回石头神庙里。现在，有专人管理，香火旺盛，祭祀石头神的男女群众，也络绎不绝。

〔吴万源：《湖南溆浦侗族原始宗教调查》，1997 年，未刊稿〕

第四节　自然现象崇拜

1. 侗族对雷、虹的崇拜

侗族还崇拜雷、虹。泛称雷为"岜"，俗称"萨岜"意为"雷妇"，认为雷性虽暴，但能伸张正义，替天行罚，为民除害，看成是维护社会秩序，共守道德规范的善神，同时产生恐惧心理，加以忌讳。见天空的"虹"，称为"龙记南"，即"龙吃水"，不得惊动。

[贵州省地方志编纂委员会编：《贵州省志·民族志》，贵州民族出版社 2002 年版，第 354 页]

2. 岑巩县侗族在立夏节敬祭风神、雨神

大有乡鲁溪村侗寨人家于立夏节要备办刀头酒醴、粑粑豆腐，剪毛人，请巫师到河边敬祭风神、雨神，祈求风调雨顺，五谷丰收，不发生恶风暴雨，损坏庄稼。祭毕，即将供物开锅煮吃。

[岑巩县民族事务委员会编：《岑巩县民族志》，贵州人民出版社 1991 年版，第 211 页]

3. 通道县坪坦乡高步村侗族对雷的崇拜与敬畏

我们这个村的寨子里，建有一座雷神庙，庙里供有雷神菩萨。人们常说，天上以雷公为大，地下以舅父为大。人们不能随便糟蹋米饭，如随便糟蹋米饭，就会遭到雷劈。如小孩哭闹，大人就会说，不要哭闹了，如你再哭闹，雷公会从天上下来打你的。人们特别害怕雷公，又敬仰雷公。人们有什么病痛，到雷神庙祭祀雷神，求其帮助除病消灾；人们无儿无女，求其帮助送儿送女；村寨有什么灾害，求其帮助消除灾害；天不下雨，产生旱情，求其帮助下雨，消除旱情，保护农作物生长。过年过节，人们都要到雷神庙里祭祀雷神；有灾难临头，也要到雷神庙里祭祀雷神。

每年农历正月，响第一声春雷的时候，侗族地区村村寨寨都要鸣铳（即打火枪），或放鞭炮，与雷声相呼应，叫做“接春雷”，相传这样做了，才能保五谷丰登，六畜平安，瘟疫不发，住地清泰。

[吴万源：《通道侗族自治县原始宗教调查》，1997 年 11 月，未刊稿]

4. 黎平县九龙村侗族对雷的崇拜

汉族将雷习称为“雷公”，而九龙侗族和其他地区侗族一样，习将雷称为“雷婆”，把它列入侗族的女神系统中。他们认为雷是替天行道之善神，如与天地作对，或作奸犯科的，将遭雷劈击。因之，人们看见孩子糟蹋粮食时，为教育孩子爱惜粮食，总以“糟踏粮食要遭雷击”要挟的话为恐吓。由此，人们对雷存在着一种恐惧心理，如建房或结婚等，若遇到雷鸣闪电，视为不吉，而忌讳之。

[潘永荣：《黎平县永从乡九龙村侗族原始宗教调查》，2004 年 8 月，未刊稿]

5. 榕江县侗族接春雷活动

居住在贵州省榕江县七十二寨的侗族,至今仍然保留着一种奇特的传统活动——鸣枪接春雷。

每年春天,当听到第一声春雷响后,全寨就沸腾起来了。全家男女老少不管再忙,都要丢下手头的活路,兴高采烈地参加接春雷活动。这时,男的就从屋里拿出猎枪,争先恐后,往天上鸣放,打个不停,只见家家廊檐外,冒出一道道闪亮火光。据说,打出第一枪的男人,这一年他的那支猎枪打得的猎物就最多,种田种地样样都比别人收获多。没有猎枪的男人,则要在此时念上几句"祝老天爷保佑,今年种粮得粮,种物得物,风调雨顺,牲畜满圈,生意兴隆"之类的吉利话。妇女听到第一声春雷第一个跑出来的,这一年种菜种瓜、饲养家禽,样样顺手。小孩当听到第一声春雷,哪个最先跑出来,装腔作势地捉鱼、摸虾,则意味着这一年他捉的鱼虾最多。同样,不管大人生病、小孩生疮,只要在这时喊上几句吉利的话,就会好起来。据老人说,一年第一声春雷很响亮的话,这年以后的雷声就不响了;一年的第一声春雷不响亮,这年以后的雷打得就很响、很恶。

侗家人认为雷是一种很神秘的东西,把它称为"雷公",至今仍有"天上雷大,地下舅大"的说法。小孩不听话、撒谎或浪费粮食时,大人就会说"响雷来哩"。

侗族鸣枪接春雷,归纳起来,不外乎有以下两个含义:其一是意味着这一年的春天已到,男女老少都要来祝贺;其二是望老天爷开恩,使这一年风调雨顺,五谷丰登,六畜兴旺,样样如意。

[杨玉林著:《侗乡风情》,贵州民族出版社 2005 年版,第262—263 页]

第五节　水、火崇拜

1. 锦屏县九寨侗族对水敬祭

水是人畜和一切生物所不能缺的,每当大年初一,人们起来所做的第一件事,便是到井边去敬井水神,烧香烧纸膜拜,还抛撒金属钱币到井水里,然后挑水回家煮油菜或甜酒祭祖。打第一次春雷后下雨便是下春雨,人们纷纷用小盆接下春雨,拿到堂屋敬供,祈求祖先保佑雨水充足,不受干旱。

[傅安辉、余达忠:《九寨民俗——一个侗族社区的文化变迁》,贵州民族出版社 1997 年版,第28—29 页]

2. 黎平县九龙村对水和水神的崇拜

侗族是一个传统的稻作民族，在侗语中，表示"粮食"时，粮和水这两个词往往难以分离，如汉语说"这个村粮食十分富足"，用侗语来说则变成"这个村粮水十分富足"。因水稻离不开水，有水才能有粮，故侗民们往往将粮和水放在一起构成词，特指粮食或财富等。侗族不仅对水资源的利用与管理有一系列的传统措施与方法，还普遍认为水有水神。在九龙，人们认为水可以给人们带来财喜，也可以将人们的财喜冲走，故以往人们在村脚河流上建有一座风雨桥，名为"锁桥"，将村中的财喜"锁"住，以免被水神带走。此外，全村的房屋都顺河而建，认为横河而建将受到水神的惩罚，不仅冲走"财喜"，还将人的魂魄带走。因此，村中有些房屋面对山涧冲来，传统上往往挂上竹筛、剪刀、辣椒、照镜或蜂窝、渔网等避邪物挡之，今多做"避邪牌"挡住。

［潘永荣：《黎平县永从乡九龙村侗族原始宗教调查》，2004
年8月，未刊稿］

3. 岑巩县侗族对水神的崇敬

旧时对水神也很崇敬，每年首次到河里或水井里汲水要烧香纸祭水神。出门走路，途中在泉井边吃水时，要摘两批茅草绾个草标，丢在水中，求水神保佑，说是"吃了，不痛肚子"。

［岑巩县民族事务委员会编：《岑巩县民族志》，贵州人民出
版社1991年版，第211页］

4. 榕江县腊酉公社侗族祭井礼仪

过去，腊酉塘上寨经常失火，人们认为寨子背后坡是一座火苗山形，有火神在作怪。人们便求救于水神，以水灭火。他们在山头上用青石板修了一口大水井，每年冬季就去祭井，并从河里挑水倒入井里。逢年过节，人们都有祭水井的习惯。新年到井里去挑水，就要在井边插上一把香纸。有的小孩还拜寄给水井，取名也要带上一个"井"字，如欧井妹，吴井妹等等。

［黄才贵：《榕江县腊酉公社侗族社会历史调查》，贵州省民
族研究所、贵州省民族研究学会编：《贵州民族调查》（之
二），1984年10月，内部出版，第80页］

5. 黎平县九龙村侗族对井神的敬祭

侗寨的水井，传统上都以石板镶嵌而成，多为四方井。通往水井的道路一般为石板

道或花街道。有的地方还在水井旁建有小祠，供奉井神。榕江车江一带侗族，则于春节期间选一吉日，各家主妇携带香纸和酒肉饭菜云集井边，举行祭井活动。祭毕，围井聚餐。餐后，手拉着手绕井"多耶"，歌颂水井滋养之恩，并祈求它四季清凉，源源不断。而九龙与大部分侗族地区一样，于除夕之夜鸡叫头遍时，各家各户手持香纸到井边焚烧敬祭井神，或将钱纸贴在井边石上，尔后才挑水回家，名为"挑新水"或"买新水"。井水脏了，或水草生多了，村中往往有人会主动去清洗，认为洗井能修阴积德，村民们对此也十分赞扬。如谁有意将井水搅浑弄脏，将遭到村民们一致谴责外，他们相信还将受到井神惩罚，轻则耳聋眼瞎，重则病故或断子绝孙。他们认为井神还可保儿童健康成长，因此，有的家长往往将其多病的孩子拜寄井水为保爷，使之易养成人。

［潘永荣：《黎平县永从乡九龙村侗族原始宗教调查》，2004
年8月，未刊稿］

6. 黎平县九龙村侗族对火的崇拜

侗族认为家中火塘居有火神，故非净之柴不可入火塘中烧火，不许有玷污火塘的行为发生以免得罪火神。在九龙，人们迁居新屋时，首先要做的第一件事，也是最重要的一件事，即到新房中火塘生火。到新房火塘生火，往往选择吉日天刚露白时而去，以免途中遇到他人，尤其是孕妇及其家人。新房火塘中之火生了，就意味着已搬入新居。当地人普遍认为火塘中之火，"火旺家昌"或"塘火不熄，子孙不断"，尤其是春节时更是如此。春节期间，鼓楼塘中之火也不能熄灭，以往请有专人负责添柴，如今人们夜深回家时，多将大柴、长柴放入火中才离开鼓楼，让其通宵燃烧。村民们还认为，火能驱鬼，尤其是明火。如今虽有电筒，但人们迎亲（当地多为天亮前迎亲）时仍提着马灯以防魔驱鬼。凶死之人，也要火化后才能入葬，以为这样死者才能投胎变人，或日后本家无此类人再现。

因火常与人为祸，又多将火视为凶神，称为"火殃神"，如出现火灾征兆，或为提高人们防火意识，往往选择一日或岁终举行"退火殃"仪式。届时，各家各户将火塘中之火灭绝，禁止任何人点灯明烛，各家各户派人用竹枝、棍棒拍打房壁，将"火殃"驱出村外，待巫师和寨老在寨外祭祀结束，回到鼓楼下用"石镰"取火法将火点燃后，各家再用引火绳将火引回家中，方可生火点灯。1949年前，该村几乎年年举行。1949年后，三五年才举办一次。近几年无人建议或组织举办了。

［潘永荣：《黎平县永从乡九龙村侗族原始宗教调查》，2004
年8月，未刊稿］

7. 榕江县车江侗族的驱火活动

有火神，认为其神凶恶，常与人为害，视之为怪物，侗语谓之"向具"火怪。平时无特殊敬祭和供奉，只是在村内发生火灾，或于岁终之时，为了防之与祸，才举行驱"火"活动。届时从各家各户的炉灶里，取一撮火灰，盛入临时制成的小船。合村集资买一头小猪，请一巫师，同到河边，将猪宰杀，以祭此怪。然后把船投入江中，任之漂流，同时把所有的饭菜吃尽，或者倒光，不许残存一汤一食，以表示洗之已净，驱之已走，不留"怪"根。与此同时，寨内所有灯、火熄灭，不许有丝毫光亮，并派人把守寨口，不让外人闯入，否则以为无效，由违者出资，再次举办。

［张民：《关于侗族原始宗教调查》，贵州省民族研究所、贵州省民族研究学编：《贵州民族调查》（之八），1990 年 2 月，内部出版，第 4—5 页］

8. 榕江、黎平、从江"嘎相瓦"仪式

"嘎相瓦"汉语意思就是"洗寨"。居住在贵州省榕江、黎平、从江三县一带的侗族，自古以来，每年秋冬两季都有"嘎相瓦"的习俗。

"嘎相瓦"活动只进行一天，一般选择在属水的辰日举行。传说这天是吉日，水之能灭火也。这天清晨，吃罢早饭后，各家各户都把自家的房屋打扫干净，把家里所有的火扑灭，并在寨头路口要道拉绳索挂草标设卡，不准外人入寨。

"嘎相瓦"举行时，寨上要准备一把五倍子树（盐肤木）做的五寸木刀，插在竹竿上，并在竹丫上捆着三棵糯禾，同时各家各户在火塘边放上一碗茶水和一碗米。"嘎相瓦"活动，首先从曾发生过火灾的人家开始，若没有的就从寨中开始，道师要到每家的火塘边念咒语，请龙脉地神、祖太公保佑寨上人畜安全，扫除火殃。念后，把主人敬献的茶水倒入火塘，用五倍子木刀插进火塘灰里，赶走瘟神。跟在道师后头的人要把火塘边的米，倒入箩中，作晚餐之用。道师每到一家，都要打"阴卦"并把灶房门闭上，才转到下一家。转完全寨后，道师又要回到第一家，再念念过的那段咒语。之后，杀猪、杀鸡祭神祭祖，各家各户就可以用火了。

"嘎相瓦"活动，一般村寨要在一起聚餐，有的村寨是男女老少人人参加，有的村寨是每家派一个代表参加。做饭的地点必须远离村寨房屋，吃剩的饭菜不准带回家，待第二天再去吃。

侗族为什么要举行"嘎相瓦"活动呢？有句俗话说"火不烧空房"。因为，侗寨房屋集中，而且全是杉木构建，用火不慎，人畜和一年的收成就要遭殃，所以才举行"嘎相瓦"活动，以督促全寨注意防火。

［杨玉林著：《侗乡风情》，贵州民族出版社 2005 年版，第 261—262 页］

第六节　动、植物崇拜

1. 榕江县车江侗族对动物神化及崇拜

此地侗族，对动物的神化和崇拜，主要有牛、羊、蛇、鳝、蛙、蜘蛛等物，以及由人塑造的"龙"。

牛　有牛神，仅指水牛而言，与黄牛无关。逢六月六日，或四月八日，分别为祭牛神的节日。侗语曰"国现倪"，汉语曰"牛诞辰"；或曰"昔信国"，意为"洗牛身"。届时，家家户户让牛休息，关在圈内，以鸡或鸭或肉和米饭为祭品，置于牛栏门前，焚香烧纸，举行敬祭。有的地方，还用"杨桐叶"汁，浸入糯米，蒸成"黑糯饭"喂牛，人亦食之，谓之"吃牛粪"，表示对牛终年为人劳动的答谢，是属农业民族崇耕拜牛之产物。而且还认为水牛可以成"龙"。说从江县贡寨有一瀑布，叫做"龙王滩"，潭中藏有一"龙"，侗语叫做"龙国"，汉语叫"水牛龙"。也有的呼之为"犀牛"。经常与外地"水牛龙"相斗。

羊　也可成"龙"，侗语称为"龙列"，汉语称为"羊龙"。说口寨附近河边，有一深潭，藏有一只羊龙，经常出没水中。

蛇　在侗语当中，只有老蛇之名，无大蟒之称。认为长寿的蛇，可以成"精"，头生红冠，鸣若鸡啼，化为蛟龙。每当突有烟云雷鸣，疾风迅电，倾盆大雨，洪水暴发，土崩石垮，山塌泥陷，则以为其地，有蛇变成"蛟龙"，离开故居，入江下海。

鳝　亦可成"龙"，侗语叫"龙我"，汉译"鳝龙"。对其原由，已无人知晓。

蛙　在民间有所谓"手不摸蛙，不怕雷打"之说，认为"蛙"与"雷"有着不可分割的联系。这种雷与蛙，蛙与人的关系何在，惜已失传。

蜘蛛　以为这是人的灵魂化生。"失魂"时，备以"三牲"，诸如鱼、肉，鸡和钱纸等品，带到村边，或者河畔，举行觅魂寻魄活动。即由一巫师摇铃念咒，另一巫师蒙面拍腿踏足，从他人随手折来的树枝，找到一只蜘蛛，则以为其魂已至，将之和几粒白米，与一只鸡蛋或鸭蛋，盛入"饭篓"，置于床头，伴宿三夜，而后将蛋、米煮熟，与失魂者食之，表示其魂已随身附体，从此清吉平安，健康无恙。

龙　此地侗族，大概是由于受汉族文化的影响，因此在生活当中，也以汉族的"龙"作为崇拜对象。每当久旱不雨，田土干裂。便同汉族一样，用青枝绿柳，扎成所谓的"水龙"巡乡串寨，让人们用水浇淋，激"龙"普降大雨，排除旱灾。逢年正月，则由各寨轮流舞"龙"游村，每到之处，皆鸣炮迎接。先入庙宇，后挨家挨户拜年。借以获得"龙"的瑞气，赋与人以吉祥。甚至有的抱子由"龙"腹穿过，或扯"龙"须，束之于手，可保佑平安，健康成长。除此以外，在此地侗族的意识里，则以平时生活中常见到的动物，加以升化。诸如前面所谓的蛇龙、水牛龙、羊龙、鳝龙等等。认为这些动物一旦化身为"龙"，便离开陆地，成为水中之族，或居于江边深潭和山塘深渊，或掀起疾风骤雨，随洪水归海，与汉族的"龙"，同有执掌雨水之功。久晴干旱，合村集资，买猪宰杀，由众寨老身着盛服，前往所谓藏有诸"龙"之处，举行敬祭，求之以雨。或集茶油饼，捣之成粉，撒入潭中，激之发怒，迫之降雨。可谓与汉族以"龙"求雨，各不相同。同时还认为凡属"龙"类，皆能化身为人，深入民间从善，且以之为最美。故在群众中有所谓"龙男"、"龙女"，长相最丽，心地最良之说。凡此种种，无不反映了侗族先民，在远古时代，不但认为水族之类，可以成龙，而且还认为陆地动物，也可成龙，不仅认为蛇、鳝等野生动物可以成龙，而且还认为身边驯养的牛、羊也可以成龙；不仅说明了侗族对于"龙"的认识，与汉族对于"龙"的认识，有所不同，即一是以生活中的常见之物为对象，是属客观存在之物，一是以虚构之物为对象，是属主观想象之物；同时也说明了"龙"本属于水中之属，故陆地动物，只要化为"龙"后，即演成水类，居于水潭之中。不仅将之加以人格化，而且视之为善者和赐与人之吉祥之神。所有这些，无不意味着这一原始的宗教意识，首先产生于与水上生活息息相关的水居之民。

［张民：《关于侗族原始宗教的调查》，贵州省民族研究所、贵州省民族研究学会编：《贵州民族调查》（之八），1990年2月，内部出版，第7—8页］

2. 侗族"招龙"仪式

侗族是崇拜和信仰多神的民族，认为万物有灵、阴阳一理，凡家业兴衰、贵贱祸福、生命寿老等都由神灵主宰。

侗家人为什么要招龙呢？这是因为他们崇拜龙，认为龙像菩萨一样，能给人们带来吉祥、幸福。他们常把子孙后代说成是龙子龙孙，把美丽漂亮的少女说成是像龙女一样美丽漂亮。

侗族居住的村寨，"龙山"上的树木被砍伐或遭到破坏，或村寨出现鸡狗不叫，或发生瘟疫等，就要举行招龙活动，把龙接到寨里、家里、祖坟上，保佑老少平安、富贵吉祥、人畜兴旺、百事百顺。

侗族招龙大致有招寨龙、招坟龙、招家龙等。不管是招哪一种龙，均要选择在属龙、属狗的吉日进行。

招寨龙也叫"斗龙寨"。招龙前，寨上要制作两根石龙凳或木龙凳，备一头黑公猪、一只红公鸡以及香、纸、米、酒、茶等祭品。举行招寨龙这天，寨人早起，到井边挑来清水将龙凳清洗干净。巫师摆上剪好的纸龙以及公猪头、公鸡、糯米饭、酒、茶等祭品，烧香化纸，手摇铜铃，口念吉利语"东方甲乙寅卯木德龙神，北方壬癸亥子水德龙神，中央戊己辰戌丑未土德龙神；左青龙，右白虎神君；前朱雀，后玄武，神君山川社稷"等，请东西南北中各方龙神来保佑寨人平安，人畜兴旺，种粮得粮，大吉大利，越吃越有，富贵长久。

然后巫师引龙进家，家家必到。招龙仪式完毕，每家领一张"龙纸"。然后，全寨凑钱、凑米、凑菜，男女老少一起聚餐。

招坟龙一般选择在清明节期间举行，并邀请亲属好友参加，招坟龙谢土是侗族信仰龙神的形式之一。招坟龙一般要准备一头公猪、一只公鸡以及茶水、刀头肉、香纸、豆腐等。另外，坟主女儿要出一段白布，从坟后拉到坟前。请来巫师，举行仪式时，巫师口念吉利语，喊阴界、阳界、天上、地下各路菩萨都来保佑主人。

招家龙与招寨龙不同，规模小，备办的祭品也少，一般主人家准备一只白公鸡以及香、纸、茶、酒、米、钱，即可请巫师到家操办。招家龙活动，不请客人，利用晚上时间，由巫师在主人家里举行。巫师招家龙一般念的咒有"伏愿五龙就位，八将还方，自此招谢之后，祈人眷以平安，保合家而康泰，田蚕进益，畜养繁多，五谷丰登，官匪远避，火盗双消，公私二利，凡在光中全叨庇佑，须至意者，右谨具意一心上奉"等。

［杨玉林著：《侗乡风情》，贵州民族出版社 2005 年版，第
260—261 页］

3. 侗族对"风水神树"的祭拜

侗寨神树，也叫"风水树"。一般长在村寨主要出口路旁，多为树龄较长的原生常绿乔木，亦有由人工护树长成的。逢年过节人们都要到树下烧香化纸进贡，祈求神树护寨安民。风水树在任何时候都不许砍伐，任其自然枯死。神树枯死后，若要砍伐，必须举行送神仪式，请求神树的灵魂继续保佑寨子和村民。亦不准在"风水树"附近葬坟、挖坑。侗族地区一般每寨都有一株风水树，也有的寨子有多株风水树，并有"古树保村，老人管寨"之说。人们还尊称其为"养村树"、"保寨树"、"大树神"等。

［欧潮泉、姜大谦编著：《侗族文化辞典》，（香港）华夏文化
艺术出版社 2002 年版，第 512 页］

4. 榕江县车江侗族对巨树的崇拜

不论是什么树，只要树大龄长，都可以成为神木，能保一方，庇护一寨，故在群众当中，有所谓"古树管村，老人掌寨"的说法。对村头寨尾的巨树古木，有如地脉龙神同等看待，称之为"风水树"，不许砍伐，违者惩处，而且必须举行敬祭招谢。同时还认为古树可以成"精"生灵，化为活人，进行种种活动。相传古时，车寨有一古枫。变成美男，时常到"中芒"一带，与姑娘"行歌坐夜"，久而久之，彼此产生爱慕，女方乃与之手帕，作为信物。不料被挂在这棵古枫树梢，方知其男，是由这棵古枫变成。在口寨等地，也有类似说法。

［张民：《关于侗族原始宗教的调查》，贵州省民族研究所、贵州省民族研究学会编：《贵州民族调查》（之八），1990年2月，内部出版，第5页］

5. 黎平县九龙村侗族对古木和树神的崇拜

侗族普遍认为村边古树能保村寨平安，因此有"古树保村，老人管寨"之流传。还认为古树有"树精"。传说九龙原有一棵古树，夜间常变成一青年男子到村中或榕江车江一带侗族村寨与姑娘们"行歌坐夜"。村边古树亦能保儿童健康成长，根据孩子的生辰八字测算，适合拜寄古树的则拜寄古树为保爷。该村"三百鼓楼"对岸有一棵百年楠木，村中拜寄这棵楠木为保爷的儿童不少，据说每年正月初七，家长们都提着香纸和供品（刀头肉、酒饭）到此供奉。届时，树下烟雾缭绕，贴满钱纸。人们祈求它保佑孩子健康成长，希望孩子像它一样长命百岁，四季常青。

［潘永荣：《黎平县永从乡九龙村侗族原始宗教调查》，2004年8月，未刊稿］

第三章　鬼神崇拜与驱禳鬼仪式

第一节　概述

1. 侗族灵魂不死的观念

人们除相信万物有灵魂外，还存有"灵魂不死"观念。认为人虽然死了，但他的灵魂依然活着，既可同家人维持着原有的关系，又能与先辈们在一起。因此，家有亡人，必须要举行祭祖仪式，禀报列祖列宗，今家中有某人过世，于某年某月某日某时抬出家门，葬于某地，已送他来与列祖们同村，同列宗们共寨，希望列祖列宗照顾他，不要让他单独来游村，个人来家串。同时为亡人指路，让他到"天鹅村"与列祖列宗居住。并祈求他不要将人间之事给列祖列宗们胡编乱造，平时不能单独到村中来游荡，个人到家中来探望。只能待到"青石开花"，或"六月下雪"时个人方可来家中看，否则待到家中需要或什么时候叫列祖列宗齐来时，方可跟列祖列宗一道来。

〔潘永荣：《黎平县永从乡九龙村侗族原始宗教调查》，2004年8月，未刊稿〕

2. 侗族古歌中关于阴间世界的描述

关于鬼魂世界，人们的观念又是什么样呢？侗族认为，人的精神（灵魂）是不死的，他不过是从一个世界到另一个世界去生活罢了。这个世界在什么地方，是什么情景呢？侗族广大地区都有"高正俄安"（意为雁鹅之村）的传说。在那里，是一种极乐世界，人们无忧无虑，常年歌舞升平，好似西方人头脑中的"天堂"，也像汉族神话中的蓬莱仙境。侗族认为的极乐世界不是"天堂"、"仙境"，而是在阴间世界里的雁鹅村。如《阴边有个雁鹅村》歌词说：

静静听着让我劝几声，/老人传说有个雁鹅村，/那里无边辽阔物产广，/四季温暖像那二月春。/俄安的人身长五六寸，/个个长得漂亮又精灵。细布衣裳浆得亮闪闪，/手上颈上戴金银。/那里没有鼓楼有歌坪，/一年四季有歌声。/男吹笛筒女跳五步"耶"（舞），/女人也会吹那六管竹芦笙。/我们阳间分年份，/俄安那里分五层。/他们那里不用种田也得白米饭。/不用织布衣也成。/哪人去看哪人恋，/都会留恋雁鹅村。/人生在世都要靠命绳，/命绳牵住人灵魂，/先断命绳先到雁鹅村，/后断命绳往后慢慢行。/男人死去丢那犁耙断了藤，/女人死去丢那笼箱布层层。/富人死去丢那银钱埋土下，/穷人死了变个五寸小人到那雁鹅村。

从这首歌词中可以看出侗族关于阴间世界的观念，这种观念很可能是侗族固有的原生观念，它不同于西方天堂、地狱之说，也有别于我国汉族阴曹地府的观念。侗族关于阴间世界的观念有以下几点特点：其一，阴间世界——雁鹅村，是人的灵魂归宿的地方。人们认为人的生命是由每个人的"命绳"所决定，而"命绳"是由阴间带来的，"命绳"断了，人的生命就结束了，人也就死了。先死的人就先去雁鹅村，后死的人也源源不断地跟着前人到那里去。其二，雁鹅村是个和平、宁静的地方，在那里人们善良、友好相处，没有政治机构与法规。在那里是"没有鼓楼有歌坪，一年四季有歌声"的地方。鼓楼，在侗族村寨是执行法规的处所，鼓楼议事会是侗寨的最高司法机构，它是严肃执法的象征，而在雁鹅村那里没有鼓楼，这表明了那里没有强制人们遵守的法规，而只有歌舞欢乐的生活。其三，阴间世界是个四季如春，美丽如画的地方。人们生活优裕，无忧无愁，穿的是"细布衣裳浆得亮闪闪，手上颈上戴金银……男吹笛筒女跳五步'耶'（舞），女人也会吹那六管竹芦笙"，阴间世界并非阴森可怖，而是一个"哪人去看哪人恋"的地方。其四，雁鹅村是一个人人平等的地方。在阳间世界里，有贫富不均，苦乐不均的现象，但人死了都要到雁鹅村去，在那里人人平等个个欢乐。那里不仅是侗族人死后灵魂归宿之地，同时在人的思想上，也可解除对死亡的恐怖心理，在精神上有所慰藉。

[向零：《侗族哲学思想述略》，贵州省侗学研究会编：《侗学研究》（三），贵州民族出版社 1998 年版，第 25—27 页]

3. 侗族古歌中的阴阳两界与生死轮回

侗族对人的生死的认识，除雁鹅村的情景外，还有另一种阴阳两界生死轮回的观念。这种阴阳两界的观念，认为活着的人生活在阳界里，死去的人他的灵魂生活在阴界里。这种观念与我国汉族的阴阳两界认识十分近似。在阴间世界里由以阎王为首的大小判官和大小鬼差统治着，它们除管理死人的灵魂外，还掌管着阳世间人们的生死簿，阎王在生死簿上勾画了谁的名字，谁的灵魂便到阴间去，此人也就死了。如果阎王在阴间叫谁还阳，谁就投胎到阳世间成为活着的人。故人们认为人的生、死、寿、夭均由阎王掌握，所以人的出生是人的灵魂由阴还阳，人的死亡是人的灵魂由阳转阴，这种阴阳轮回，往返重复，循环不绝的关系，成为人们对待生死的观念。如在《葬礼款》的款词中关于阎王催命的事有如下的叙述：

我的某某亡人，不是走亲留住。/古话讲：/阎王注定三更死，不再留人到五更。/若是打醮求得雨，高坡都是田。/钱财买得命，皇帝坐千年。/沙洲栽得菜，河滩都是园。杀只金牛留不转，阎王勾簿硬要行。/某人守门不愿去，手把门闩不愿行，/阎王勾了簿，魂魄离了身。

如果某人不是老死，人们便认为该人触犯了阴世间的什么法规，或是阎王手下的大小鬼差有意害人，或是阎王办事不公所致。如在《阎王为何要反常》的歌词中说的：

从前阎王派兵巡下江，/如今阎王的兵倒转上。下江的兵只带老年人，上河的兵年轻年幼都不让。/从前阎王派兵巡下河，/如今阎王派兵走上坡。/下河的兵他只带走老年人，/上坡的兵年轻年幼不放过。

这种认识，认为老年人死亡是合乎常理的，阎王勾画他的名字是无可非议的，对于年轻人的死亡，则认为不公平，不合理的，是人生的悲惨事件。为什么会发生这种事呢？人们认为阎王原来是个朴实无华、办事公道的长者，他身上穿着棕片制成的襄衣，秉公办事，后来阎王变了，他奢华起来了，身上穿的不再是棕片襄衣而是锦衣了，办事也不再那样公正了。如在《年轻人死去多寒冷》歌词里是这样描述的：

地下阎王管事不公平。/听说从前阎王身上穿棕衣，/不知哪辈改为布缠身。/从前阎王年年沿江下，/不知哪岁阎王由下往上行。/阎王不该把布穿在身，/阎王不该从下往上行。/要穿棕衣也只勾画老人的名字，/要往下行他不夺走我夫半世人。/老人死去他能把天升，/黑漆棺木抹得亮铮铮。/孝子他把三亲六戚请，/杀猪祭祖招待众亲人。/相块好地龙脉正，/指望祖公九泉之下佑儿孙。/年轻人死去多寒冷，/白木棺材起灰尘。/葬在青山树脚下，/当做肥土养草根。

这种认为死了以后他的灵魂进入阴曹地府的观念，与侗族原生的阴间世界——雁鹅村的观念很大的区别，它的产生和形成或许是民族文化交流的结果。

［向零：《侗族哲学思想述略》，贵州省侗学研究会编：《侗学研究》（三），贵州民族出版社1998年版，第27—30页］

4. 祭奠仪式上念诵的送魂经——《阴师言语》

《阴师言语》，是对死者灵魂的"指路经"，其表现形式，是叙述阴间世界的情景，指导死者灵魂长途跋涉、翻山越岭，闯关过隘，经历种种艰险与欢乐，并指示死者记住，身在阴间而不要忘记回阳间之路，等等。全经有53段，即死者灵魂要过53道关。从惜别家人到墓地，而后一关又一关地往前跋涉，最后到了金花银花世界，即阴阳世界交汇处。……

（1）离别家园到达落地

这部分内容包括离家、离寨、离土地神、到墓地等。它说出死者惜别家园的情景，在土地神的指引下，像"龙王离宫殿、燕子离高楼"那样，依依不舍地离开了家园，走向那陌生的另一个世界。经词说道：

往前你不敢出门，/往后又不敢出寨，/往前不敢起脚走三步，/回头再看三间堂屋，/六间住房。/房屋有四角，/屋檐倒四方。/处处得当，/处处稳妥。/梁头柱脚，/叫你细看。/儿女相依为命，/要看得清，/过了三间堂屋。

去那寨头，跨寨尾。/叫你细看，/细找不漏，/破了来龙离马。/龙神离往河，/龙王离宫殿，/燕子离高楼。/地脉离村，/亲人离寨，/经过了寨头。

去那村头上地（神），要他指引道路，/过了村头土地（神）。

去那大班小本（坟地），/八层坟墓，/九座新坟。/去看一座鬼屋，/班神众鬼，/神鬼房屋。/他的墓头偏歪，/墓脚偏扭，/墓头不祭三礼，/墓脚不敬三牲。/沃土不垒，/茅草不茂。/经过了大班小本（坟地）。

（2）到先人灵魂的住地

这些先人灵魂所在的地方，仿佛人间世界。那里有州、县官员，有各种神祇，有善男善女，有恶官也有好人。有"三十金鸡堂头，四十金鸡堂尾"的芦笙堂，也有"八百荒凉寨，九府荒凉乡"。先人灵魂居住地恰似人间世界的翻版。如像经词说的：

去那垂柳之堂，/王江梳妆。/去见大官，/指东正东，/指西正西。/东山老君，/南山小妹。/三十金鸡堂头，/四十金鸡堂尾。/真心诚意，/小心谨慎，见了五显之神。/经过了垂柳之堂。

去那高岭阳界（地方）。/看到官满村，/人满寨。木王主政，/老人领头送银。/金善娘，方善女，/遇着三位好郎君，/经过了高岭阳界。

去那岑洋州马洋县，/到岑洋看州，/到马洋看寨。/去看大官杨千二，/李千户、李度弹、杨作士。/八万军州，/九万军马。/经过了岑洋州。

去那沽宜抛竹（地方）。/红木守路口，/红羊守村寨。/去看刁人上官，/刁人上官，/上官建立，/李王土地（神）。/经过了沽宜抛竹（地方）。

去那岑洋董宫（地方）。/土地难耕，/八百荒凉寨，/九府荒凉乡。去看军马，/男儿找不到水，女儿没有水喝。三村遭殃，四村遭灾。/人吃人户吃户。/经过了岑洋董宫（地方）。

（3）到鬼场地狱

人们认为在阴间世界里，有人的灵魂住所，也有鬼的住所。经词里把鬼的住所称为鬼场或地狱，如有"山头鬼场，溪头鬼场"。在这些鬼场里，死者灵魂无处安身。那里有"七层七级地府，七层七级阴曹"。人的灵魂到这里不吃不睡，是"叫也不会转，喊也不会回"的地方。经词描述鬼域地府有如下说法：

去那拦门鬼场，/拦路鬼场，/山头鬼场，/溪头鬼场。/无处栖身，无处落脚。/经过了拦门鬼场。

经过良耕鬼场，/石敏鬼场。/白天寻问。/夜晚寻问。无处栖身，/无处落脚。经过了良耕鬼场。

去那混沌山岭老岩郎，/混沌山岭老岩郎。/一时变成鹰，二时变成鹤，/三时变大虎，/又是变公狗。/过了混沌山岭老岩郎。

去那四块棺门坎，/黄泉四人，/天上四人，/地上八人，/过了四块棺门坎。

去那七层七级地府，/七层七级阴曹。/鱼喜晨跃，/水官称赞。/正道要正走，/正路要正行。身疲因无粮，/马倦因无米。/如今进了阴间，/丢弃阳世。/进入黑暗，丢弃光明。/不恋祖父之金，/不恋父亲之银。/不恋家内之金，不恋父亲之银。今年粮米丰盛。/房屋端正好居住。/各行活路都顺当。/脚步安稳走得正。/未曾到床眠，/未曾伴床睡。/谷米留着待百客，未曾抬头望天星。/经过了七层七级地府。

去那六婆阴间，/手把银钱，/口含银钱，/口含五两金花银钱，/众人要走这条路。/丢饭不会吃，/丢屋不会住。/有活儿不会做，/有脚不会走。/丢了妻子儿女，/养儿只有半岁。/经过了六婆阴间。

去那山岭地狱，/土地龙神。/众人走这条路，叫他不会转，/喊他不会回。/生不言语，/死不说话。/正道要正走，/正路要正行。身疲因无粮。/马倦因无米/经过了山岭地狱。

如今上鬼山，/下危山。/上九章山，/下猛阳河。/上九十九股山，/下九十九道河。/经过了鬼山岭。

（4）到祖神安居的地方

侗族虔诚敬奉的女神——萨麻天子和众多的祖神如萨肥、萨白、萨香、萨冷、萨由等等，是世人尊崇的善神。侗族传说中的人类祖先——姜良、姜美，世人也奉为保护神。因之，当人死了以后，其灵魂要到祖神那里，那是很自然的，在指路经中提到祖神的地方占很大的比重，叫死者灵魂"去那登开梅麻，看望萨麻天子"。传说"登开梅麻"是萨神抵抗敌人的最后根据地，并牺牲在那里。因之，人们把这个地方视为圣地。对姜良、姜美的崇拜，传说是开天辟地之初，人类最早的祖先松恩、松桑生下了12个兄弟，除姜良、姜美是人类外，其余的有虎、熊、蛇、龙、雷、猫、狐、猪、鸭、鸡等，后来姜良、姜美设计战胜了其余十兄弟，有的逃跑了，如雷、龙、虎、熊、蛇、狐，有的成为人类的好朋友，听从人的使唤，如猪、猫、鸭、鸡等。侗族崇拜姜良、姜美，奉他们为神，死后灵魂到他们那里去，是死者的宿愿。在经词中提到祖神的地方有以下的说法：

去那登开梅麻，/看望萨麻天子。/萨岁起兵，/女儿同行。萨岁增兵，/女儿做将领。头戴银冠，/身穿银衣。面目如花似玉，/天上仙女比不上，/地上花娘比不如。/经过了登开梅麻。/去看那神董大神，/额董大王。/去看正怕祖公，/正领祖婆。/正值中旬，星亮月明。/经过了神董大神。

去看姜良公，/姜美婆。/姜良管男祖，姜美管女祖。/老蛇盘路，/老虎拦山。/根又深，枝又茂。/翻岭过冲。/经过了姜良公。

去那管身祖公，/管身祖婆。/寨脚大祖婆，/寨头小祖婆。/每个男人面目不相识，/每个女人名字不相认。/经过了管身祖公。

去那弄郎公，/弄郎婆。/弄婆抚儿女。/经过了弄郎公。

去那龙公郎君，/龙母娘娘。/龙公郎君游大河，/龙母娘娘游小溪。/从前父亲在河边磨锄，以后母亲在溪边打菜。/经过了龙公郎君。

去那文才师匠，/得了糯米饭。/立得三间堂屋，/六间大厦。/要他造屋给人住，/

齐心盖。/经过了文才师匠。

去那冷婆、子婆九郎，/冷婆、子婆九娘，/此婆心肠不好，不要看此婆。/去看肥婆、白婆，此婆心肠好，白日送子，/黑夜送女。/众人得到此婆保佑：/塘坎有人过，田坎有人护，笛子有人吹，/火炉有人守，/楼屋有人住，/道路有人行。/众人得到此婆保佑：/变风成雨，/变女成男。/过了冷婆、子婆九郎。

（5）到神仙安居处

人们认为神仙是无忧无虑，无拘无束，自由自在地生活在辽阔天空之上。仙人们"倒头在天空行走，倒头在地上游玩"，"三十匹白马云里游，四十匹白马天空飞"。死者的灵魂，跟着土地神的指引，上天一游，可算是了却人生的一种宿愿。经词对仙境是这样描述的：

去那女儿之山，/女儿之岭。在香樟树脚，/杨柳树尖。/十二兄弟倒头行。/十二姊妹倒头走。/倒头在天空行走，倒头在地上游玩。/经过了女儿山。

如今上了雷公金门，/雷婆县门。第一层门，/第二层楼，/第三层门，/去看张天师。/第四层楼，/第五层门，/第六层楼，/去看李天法。/第七层门，第八层楼，/第九层门，/第十层楼，/第十一层门，/第十二层楼，/去看木王公婆主政。三十匹白马云里游，/四十匹白马天空飞，/去看天上雷婆。/摇鼓九声，乱了天上地下。/上了二十三层楼，/去看天上仙女。/仙女身穿不一样，/梳妆不相同。/六月炎炎，仙女梳妆。六月朗朗，仙女踩堂。/王江现身，/经过了天上雷婆。

（6）到欢乐之地

人们认为在另一个世界里，除有阴森可怖的地狱外，还有太平欢乐的胜境，传说中的雁鹅村，是死者灵魂的极乐世界。在那里，人们悠然自得地吹笙鸣笛，养鸟捕雀，养鸭放鹅。那里有"三十儿女堂，六十芦笙堂"，"后生盛装打扮，姑娘跨马行走"，"男子穿着像宾客，女子艳服似彩云"。死者灵魂在这里乐而忘返。人们认为死亡仅仅是换了一个世界，去过另一种生活罢了。经词在这方面叙述是很生动的：

去那三十儿女堂，/六十芦笙堂，/后生盛装打扮，/姑娘跨马行走。/经过了三十儿女堂。

去那岭上烟坪，/平地刺果坪。男子吸叶烟，女子吃刺果。/经过了山岭烟坪。

如今进了金船，/一丈上江，/二丈上滩，/三丈上江，/四丈上滩，/五丈上江，/六丈上滩，/七丈上江，/八丈上滩，/九丈上江，/出了金船。

去那鸢川村头，/鸢川寨尾，/此村有十八个后生，此寨有十八个姑娘。吹笙领路，/吹笛跟随，/经过了鸢川村头。

去那弄河螺滩，/去看三位公公用媒鸟劝雀，六位公公用猫头鹰劝鸟。/猫头鹰呷呷叫，/媒鸟吱吱鸣。/经过了弄河螺滩。

去那蓝色草坪，/第一层坪，/去看四男四女，/第五层坪，/去看八男八女。/男跟女随，/男子穿着像宾客，/女子艳服似彩云。/经过了蓝色草坪。

去那雁鹅村头，/雁鹅村尾。/此地养鸭满田坝，/放鹅满江河，/养狗满巷跑。/经过了雁鹅村头。

（7）到阴阳分界处

人们认为在阴间里，不管是住在阴森可怖的地狱，还是住在欢乐可恋的地方，但终究是一种虚无缥缈的、暂时栖身之处。人间世界才是实实在在的、丰富多彩的现实生活。任凭阴间欢乐胜地如何美好，而一个活生生的人还是不愿前往。即使死了的人，对于他的灵魂，人们还是希望他尽早能够投胎转世。在指路经中，有不少交待死者灵魂在漫游阴间世界时，要注意的事项。如侗族传说死者灵魂在去黄泉的路上，口渴了，如果喝了清水，投胎转世后会记清阴间的事，要引起他思念过去，不愿在阳间久留。如果喝了浑水，则一切均会忘怀，此人会做一个正常的阳世人。因此，死者灵魂要切记"清水在末尾，浑水在源头，找末尾，头尾要找到，清水要丢开"。还吩咐死者"去那三十根金凳，七十根银凳，走过了金凳，人就会回转，走过了银凳，就能保住命"。这样交待和指点，是希望死者灵魂能顺利地走过重重关卡，尽快回到人间。经词在这方面描述较为详尽，并把它作为指路经的结尾，反映了世人，特别是死者亲属的愿望。经词这样说：

去那高山峻岭，／塘水冰凉，／塘水碧绿。／要找浑浊水，／不要清绿水。／清水在末尾，／浑水在源头。／找末尾，／头尾要找到，清水要丢开。／经过了高峻岭。

去那有冰水之山。／东潭冰水，／西潭冰水，／东潭冰水青龙昂头，西潭冰水百鸟来啼，／经过了冰水之山。

去那孖温孖洋（地方），／河水又黑又亮。父呼叫儿女，母吹笛相随。／母女呜咽，父子号叫。／经过了孖温孖洋。

去那三十根金凳，／七十根银凳。／过了金凳人会回转。／过了银凳保住人命。／若是滚下地来，／完命进棺材。经过了三十根金凳。

去那金桥鬼，／银桥鬼。／此人无十八门亲，／若过不了这座桥，／去讨得二十八把重叠伞，／讨得二十八把萨神之伞，／张开如盘，／如桶盖身，／遮头盖耳，／遮腕盖手。／过了金桥鬼。

去那金花树脚，／银花树梢。／金花灿灿，／银花铮铮。／如今走到岔路口，／岔路鬼，／一丈一千里。／到阴间，／出阳间。／到了黑暗那边，／出来光明这边。／走到大坪子即回转，／大坪子有金桌木凳，／进来有香炉。

《阴师言语》从形式上看，是一部为死者灵魂引路的"指路经"。就其内容而言则是一部反映侗族社会文化的经典。它是以成文形式保存下来的文化遗产，为研究侗族社会思想史提供了有益的史料。

［向零：《侗族古籍〈阴师言语〉的发现及其主要内容》，《贵州民族研究》1994 年第 3 期，第 63—70 页］

5. 侗族崇拜的女性之神

侗族崇拜的诸神，以女性之神居多，诸如与幼儿相关的有：隐居床头，主管生育，佑婴儿成长的叫做"萨高降"（床头之妇）；把守大门，防鬼邪闯进，护佑孩儿平安的叫做"萨林隋"（门背之妇）；天花流行，保儿童安宁脱险的叫做"萨多"（天花之妇）；偷魂盗魄，威胁幼儿生命的，叫做"萨两"（偷盗之妇）。与社会相关的有：促进男女恋爱，以其成婚的叫做"萨彭"（促恋之妇）；防范边域，镇关守坳的叫做"萨对"（坳间之妇）；管理村寨，巡乡保境的，叫做"萨样"（巡乡之妇）；坐守溪流桥梁、疏通交往的，叫做"萨高乔"（桥头之妇）；专管井水四季常清的，叫做"萨闷"（井妇）；保护农业生产的，叫做"萨样岁"（农妇）；持掌酒曲，供人酿酒的，叫做"萨滨"（酒曲妇）。若有所触，或求之庇护，必须敬祭。

[贵州省地方志编纂委员会编：《贵州省志·民族志》，贵州民族出版社 2002 年版，第 356 页]

6. 榕江县侗族对山鬼的畏敬

榕江一带侗族有关于山鬼的传说，当地侗人称之为"姐侬"，意为"鬼兄弟"，或曰"鬼姊妹"。因侗族对兄弟姐妹同称，故对其鬼是男是女，或男女同伙，今无人可断，皆笼统地以兄弟相称。若以此之释，则侗族有与之同一"血缘"的鬼神。据说此鬼喜居于山冲荫深潮湿之处，长有阔叶木林和芭蕉丛生之地，是一群活动于其境的团伙。且各有地盘，互不相统、自居其址，不相侵犯。其身矮小，高如幼童，似同绞纱篓，脚板与人的脚板相反。其性顽皮，喜欢戏弄。或将人迷入歧途，步入溪流，引入丛刺，藏于荒野，不让人见，受惑者亦因之神昏智伤，呆若木鸡，但内心明白，说不出话。还说此鬼常随带弓箭，出没于山冲田野溪边，将溪田之鱼，集于一井，或于一幽，或于一田之角。时而将鱼移至于此，或至于彼。平时捕捉青蛙蝌蚪，蜻蜓螃蟹，田螺田蚌，黄鳝泥鳅，细鱼蚯蚓，蝗虫蚱蜢，小蛇小蜥等类为食，可谓凡属活虫豸能蠕者，皆猎而食之。有时将获得的猎物，诸如鱼、蛙、蝗、蟹等等，穿入"郎鸡草"或"狗尾草"的丫杈之间，或穿入根生于地、尖有枝丫的小灌木上茎中。其穿诸物之法之妙，令人惑而不解。又说此鬼十分公道，义气非凡。狩得猎物，一律平均分配，凡被认为是在场者，不论是其同伙，或所谓有人有狗在其旁边，皆得一份，同占一股。且暗地置于人的身旁，或束于狗尾。若对此鬼有所冒犯，必遭报复，此人或被扭其颈，射其目，击其足等等。须以白石为银，和小鱼、螺蚌以及一只公鸡为送品，于村头寨尾，或溪边河畔，焚香化纸，表示道歉，望其宽恕，乞之认领，给与犯者，恢复正常。故今人上山之时，往往相互告诫；不可随意抛石扔土，即使为之，也要事先吆喝一声，表示令其走开，而后行动。每谈及此鬼，说者无不皆以为然，有如身临目睹。

[张民：《关于侗族原始宗教调查》，贵州省民族研究所、贵州省民族研究学编：《贵州民族调查》（之八），1990 年 2 月，内部出版，第 4—5 页]

7. 锦屏县侗族对诸鬼的畏敬

人们认为自己遭受的各种灾病是鬼在作祟。在遭受灾病时，便须备具祭物对鬼进行供祭，祈求其勿再加事于人。鬼有"死鬼"、"生鬼"、"猪鬼"、"猫鬼"、"灶鬼"、"饿鬼"等。死鬼即死者的精神；"生鬼"也称"活鬼"，指鬼魂附在活人身上。在彦洞、瑶白、九勺等地至今仍颇为盛传。认为凡为生鬼看、问、摸过的事和物均无好结果。于是尽可能地避免和这些人家接触。然而，"生鬼"系历史上人为所成。史载：清咸同时台拱苗族农民起义军东攻黎平，假道彦洞，黎平府地方团练在彦洞坳设卡驻防。苗军从小广攻卡，数攻不下，后遂在小广、大广、彦洞等寨寻得几户人家充内应破了守卡，占据九寨。其间对诸村寨有烧杀抢劫之举。人们气愤，苗军离去后，人们遂移恨于几户内应，咒之为"生鬼"，后代代相沿，是成今状。"猪鬼"一经缠人，身上即遍生红斑，痛痒热难忍。经验证，实际为一种易于传染的皮肤病，现多能治疗。为"猫鬼"缠者，夜睡发吱吱声，如同猫喘，实际为慢性支气管炎，现已少见。

[贵州省锦屏县志编纂委员会编：《锦屏县志》，贵州人民出版社 1995 年版，第 146 页]

8. 侗族崇敬的诸神鬼

萨，侗族宗教信仰中的祖神，又称"萨岁"。"萨"系侗语祖母。"岁"地支中第一个数"子"之意。"萨岁"即老祖母或最大的祖母。黎平、榕江、从江一带相传，萨岁原名俾奔，她带领侗家人抗敌，被打败后，无路可走，带两女索佩、索美跳崖（弄堂凯）而亡。俾奔死后，化作神女，仍率侗家人继续抗敌。后来，俾奔成为侗家人的保护神。在侗族地区的黎平、榕江、从江、三江、通道等地，均建有"堂萨"，供奉该神。在三江、龙胜，传说萨岁与俾奔无关。

雷神，侗族普遍崇拜雷神，又称为"雷婆"。侗家人认为雷神代表着天的意志，可管五谷和罪孽罚判。在农事上，如果长期不雨，人们就得设坛求雨，杀猪、牛敬祭雷神。侗族民间有许多关于雷神的禁忌。"忌雷"这一天不得下地做活。凡被雷劈的大树，均不能伐用；房屋遭到雷击是最不吉利的事，这时，旁人可一拥而入将财产席卷而去；被雷击死的人，则认为是罪大恶极而被"天诛"，"天诛"之人亲友不去吊念。因此，侗族人非常敬畏雷神。

火神，侗族崇拜之神。侗家人认为，火灾为火神作祟所致，故每逢春、冬两季（用火取暖普遍，易发生火灾之时），对火神行以敬祭。

寨神，侗族宗教观念中的守护神。侗族村寨均建有一或两座寨门，寨门是人们出入村寨的必经之路，也是村寨守护神驻守的地方。寨神对内防病防灾，保佑村寨平安；对外防贼防盗，驱鬼镇邪。凡村寨人畜生病、瘟疫流行，都要向寨神献祭；儿童体弱多病要请寨神当保爷。村寨发生火灾，认为是对寨神不恭的结果，要全力抢救寨门。侗族南部地区"吃相思"时，客人进寨首先要向主人的寨神献祭，主人也要在寨门里设香案迎客。凡侗族建筑村寨，首先要把圣母祠和寨门建好之后，方能建筑别的房屋。

五圣神，侗族崇拜的众神灵。均为男性，所塑偶像，有三位着有衣冠，两位全身赤裸。相传，五圣神专司青年男女婚配，故各寨未婚男女多对之供奉。每年农历三月三日全寨献祭一次。届时，由寨里男人（多为青年）组织献祭，女人少有参加。凡参加者，头插鸡尾，面涂黑色，在神像前跳"哆耶"舞，通称"踩堂舞"。据传，该神可魅妇女，故男青年无不奉之。

五猖神，侗族宗教崇拜之神。对其供奉多流行于侗族南部方言区，没有固定的神坛，祭时临时设立坛位。言其能驱逐鬼怪和疾病。在跳"端公"、"还傩愿"时供奉之。

山神，侗族宗教崇拜的神。侗族世居林区，生活的主要来源是由莽莽的群山、茂密的森林中获得。因此，非常热爱山林，尊敬山神。破土垦荒、砍伐树木、狩猎等，都要焚香化纸，祈求山神恩准。据传说，山上的飞禽走兽等野物，都为山神所豢养，要猎取，就得先与山神说和，得到恩准，才能进山打猎。若触犯山神，就打不到猎物，有时还可能被野兽所伤。据传，山神会变成老头或老太婆出来找猪、羊，若相遇须立即退避。

地脉龙神，侗族宗教中的神灵。地脉龙神，指的是龙脉和龙气。龙脉是山形的走向及河水的流向；龙气是山脉河流走向的气势。侗家往昔起房造屋的时候，要选择屋基；埋葬老人，要选择坟地。屋基和坟地的选择，非常讲究。坟地选定后，要请阴阳先生来点穴，点穴不准，就不能达到阴安阳乐、兴旺发达。无论是阴宅或阳宅（屋基），都要根据山脉龙气来定，阴阳先生在选宅基时要敬奉地脉龙神。

土地神，侗族宗教中的群神。有长生土地、门闾土地、寨头土地、当方土地、桥头土地、坳头土地、山神土地等。长生土地保护家宅安全；门闾土地守卫门闾不受侵扰；寨头（寨脚）土地保护本村寨清吉；当方土地保护这一方的平安；桥头土地保护过往行人平安；坳头土地保护上下行人平安。据民间传说，鬼邪最怕土地神，在阴森恐怖和不安全的地方，都请法师安设土地庙，供奉土地神。

瘟神，侗族宗教信仰中的恶神。常常致病降灾，以春瘟、夏瘟、秋瘟和冬瘟为害于人，尤以夏瘟、秋瘟为最。每逢瘟疫流行，须请法师驱瘟送神、扫寨禳解。扫寨送神，多在寨中庙内进行。

三容神，侗语南部方言区的一些地方，信奉"三容神"。其敬奉每逢子年和午年的农历八月十五举行。敬祭三容神，采取"沉牛祭神"方式。祭祀前，要从外地买一头公牛来，祭祀时由祭司念诵祭词，请神到位，认领祭品。然后将牛赶入深潭，将牛淹死。淹死后将其捞出，就将牛的外生殖器割下，供奉在三容神前，祭司又念诵祭词，请三容神领受供品，保佑村寨兴隆，人丁兴旺，五谷丰登。祭祀毕，就开刀割肉，这一祭祀活动，称为"沉牛祭神、砍肉祭天"。仪式结束，牛也剥剔完毕，寨老就将牛肉分给各家各户，吃此祭品，可保安康。若有重大事情需要商议，也往往在该时进行。

郎家神，侗族宗教中的神。郎家神是寨中妇女共同祭祀之神，在侗语南部方言区，各村寨有郎家神庙。每年农历三月初，寨中妇女带上锅瓢碗盏以及煮油茶所需要的物品，到郎家神庙前就地生火煮油茶，祭祀郎家神，祈祷村寨平安，阖家清吉，人丁兴旺。敬祭后就欢欢喜喜地吃油茶，尽情欢笑，叙述家常。

杏妮，侗族古老宗教信仰中的保护神。古歌中的英雄人物，为保护侗家人与仇敌殊死相搏，最后英勇牺牲，化为女神。有些地区的传说中与"萨岁"相混同。

草鞋菩萨，侗族崇敬的神人。在锦屏县境内，有草鞋菩萨的神庙，敬祭无固定时间，人们有求于他才去敬祭，祭品为一挂草鞋和香烛纸钱。据传说，草鞋菩萨是个烧炭人，为人正直，多为大家办好事，死后仍然保佑一方，人们为此修庙敬祭。

灵魂，侗族宗教观念。据迷信人之说，人有"灵魂"，还认为"灵魂"是一种不灭的东西，在阴、阳两界游弋，人之死为"灵魂"离开身躯去往阴间；人的出生乃"灵魂"由阴间返回阳世。因此，有阴、阳两界之说。阳间是人活动的场所；阴间是"鬼魂"居住之地。人死了要请道士来"开路"，把死者的"灵魂"送到阴间祖先处，与祖先做伴。祖先的阴魂若要与阳人相见则多在睡梦之中。若人生病，则认为是失魂落魄，要请法师来赎魂或取魂。

鬼魂，侗族宗教观念。据迷信之说，经常作祟之"灵魂"，即为"鬼魂"。据说，"鬼魂"若要出现，必借某种动物作为依附，如野兔、野猫、狐狸、山羊、飞鸟等。若是夭亡之人，死后不久常有鬼魂显应，称之为"闹鬼"。孤魂野鬼，常在阴森恐怖之处吓人。这些地方，人们则请法师安土地神镇之。

邪家，侗族宗教观念。旧时，侗族地区对山精水怪统称为"邪家"。据说，这些精灵有多年的大蛇、老鳖、青蛙等，它们多隐藏于深涧、山谷、溪洞、险潭等阴湿之处。据传说，人行走于旁边，恰逢时乖运塞，不慎滑脚闪失受惊，俗称"落魂"，又称"落邪家"。人们认为，落邪家就是人的灵魂被邪家摄去。导致精神恍惚，身体不适，生出很多病来；最常见的是精神病、癫狂、神经衰弱、虚脱等。在阴森之处，见到大蛇、老鳖、怪影等，都视为是邪家现身，所见之人恭恭敬敬地虔诚祈祷，不敢得罪亵渎。

[龙玉成、龙跃宏：《侗族宗教信仰对象》，《中国各民族宗教与神话大词典》编审委员会：《中国各民族宗教与神话大词典》，学苑出版社 1990 年版，第 101—102 页]

9. 岑巩县侗族出猎时敬梅山神

侗族人民进山狩猎，要敬梅山神。相传梅山神是梅山的七个弟兄，系修炼成仙的七头野兽。侗家出猎时必先敬梅山神，才能猎得野物，否则往往会发生意料不到的事故，或被蛇咬或遭兽伤等。

[岑巩县民族事务委员会编：《岑巩县民族志》，贵州人民出版社 1991 年版，第 212 页]

10. 榕江县八开公社庙友大队土地神与山神

在人们的观念、意识中，鬼与神没有十分明显的区别。认为"神"是不着边际的东西，"鬼"则是确实存在的。

"神"，除安置的"土地神"和"山神"外，这里从未出现过别的什么"神"。"土地神"多建于寨旁要道边，一个村寨二三个。它是侗族始祖母"萨"的"将""相"，是"萨"的"得力助手"，帮助"萨"守村看寨。这些"土地神"，有的有名有姓，如庙友寨的三个，寨中的叫张大汉，寨东的姓杨，南边的姓陈。传说孟东寨河对岸有棵鼠杉，年久成精，每当它冒烟时，孟东就遭火灾。后来在那里建立一个"土地庙"，才把它镇住了，现在古杉枯死，"土地庙"仍在。

"山神"是管山林、野兽的，如今野兽少了，敬它也不时兴了。

［吴永清：《榕江县八开公社庙友大队侗族社会历史调查》，贵州省民族研究所、贵州省民族研究学会编：《贵州民族调查》（之二），第58页］

11. 锦屏县九寨侗族做社祭龙神

做社祭龙神流行于贵州省锦屏县九寨侗乡。此地，每年正月均要花大量财物来做社敬龙神。所需之财物均先从全寨各家集资，其中，捐献财物最多的第一户被指定为社主，第二、第三户为副社主，并由此三户主持祭龙神活动。其活动持续七天。此间，以茶油和蜡为燃料的几百盏香火均不得熄灭，且每天都要上三次米元子、荤菜等贡品。做社祭龙神的后三天，全寨人必须吃斋。最后1天，社主派人立幡杆于进出本寨的各个路口以警示外人不得进入。然后，社主便带领全寨人向龙神下跪祈祷，恳求龙神保乡护民，给本寨带来利益。最后，由社主带领舞龙队到各家各户祝贺各家平安吉祥，万事顺意。

［欧潮泉、姜大谦编著：《侗族文化辞典》，（香港）华夏文化艺术出版社2002年版，第521页］

12. 北侗地区敬桥神

敬桥神流行于北侗地区。在北部侗乡，由于山高谷深、溪流众多且湍急，交通极不方便。因而人们见山修路、遇水架桥。桥多为简易木桥且架得低矮，常被洪水冲走。但人们并不知道桥是被洪水冲走的，认为有"桥神"在主宰着桥的存在与否而对桥产生敬畏心理。为了使"桥神"不发怒而取走桥，人们便在每座桥的一端选1处显眼的地方设置1座"桥神"居住的屋子，使其安居息怒。

［欧潮泉、姜大谦编著：《侗族文化辞典》，（香港）华夏文化艺术出版社2002年版，第521页］

第二节　鬼神祭祀与驱禳鬼仪式

1. 侗族以敬神、送鬼方式治病等活动

①泼粥饭。一般小病小痛，人们往往用米少许煮成稀粥，舀在木瓢内。并在火塘内夹个火子，放在粥里，出门向野外泼去，施舍各种神，口中念念有词，祈保平安，所施泼的各方"伤神"是：东方"木打伤"；南方"火烧伤"；西方"金刑伤"；北方"落水伤"；中央"土压伤"等。泼后，回到火塘边，将空瓢在火上绕三圈，即算完毕。

②遣凶，小孩受凉感冒，以及发烧和昏迷等病，侗家说是遇"凶"，"凶"分"高凶"和"低凶"等，高凶说是遇着"岩鹰老鹞"；低凶说是遇着"狐狸野猫"，小孩痉挛，说是遇着"马"，这些都要请土医取"高方"和遣送。

③滚蛋。有时因受凉感冒，一般不请人医治，却用"滚蛋"的办法来治疗。"滚蛋"是用一个鸡蛋放在罐里煮熟，取出破开，掏去蛋黄，用一枚银戒指放入蛋里，合拢后用手巾包着，在小孩脐上及身上头上来回滚动，边滚边说："臭——惊狗跟狗去啊！臭——惊风跟风去啊！臭——惊雷跟雷去啊……"滚了一会儿，打开看看，如果银饰上现有红色，他们说是惊火，如果现有绿色，则说是惊风。紫色则说是惊雷惊电，这虽是迷信，但我觉得是"滚蛋"是取其热气，祛其寒气，其中亦有部分医学道理。

④敬神送鬼。人生了病，首先考虑的不是服药而是敬神送鬼，侗家生病所敬的神一般是："乃婆堆"（七面纺车）、"把乡"（当门神）、"本茹老"，即侗家所敬奉的扬法祖，以及上路"九道伤"，中路"七道伤"，下路"五道伤"和有名的"黑帝大王"等，如果是小病则摆"冷坛"。呕吐则敬送"长生土地"。如果是大病，敬奉这些神仍不见效时，那么就要冲傩了。

⑤冲傩，又叫还傩愿，人们患重病时，大都请巫师来"冲傩"，冲傩时须在堂中设立法坛，悬挂佛像，坛上供奉两个木雕头像，称为傩公傩母，这傩公傩母，相传即为侗族的祖先张良、张妹兄妹（亦为夫妻二人），又称为"药王二进神。"坛下供"小山神"二个，堂中央放蓑衣一件，巫师头包红帕，身穿法衣，手拿师刀牌印，向傩作揖，在蓑衣上唱唱跳跳，又吹牛角，又唱傩歌，敲锣打鼓以驱逐疫鬼，拯救病良，中午还差跳神人到野外各山洞去取魂，侗家叫"撵桃架"。冲傩法事，一般要搞一天一晚的时间才告结束。

⑥赎魂，侗家人在赶场或到别的地方。因喝了井水或河水而得病，他们以为是触犯了水神或河神，把魂魄丢失了，因此需要请巫师将病者的魂魄赎回来。赎魂形式有多种，主要的除了冲傩赎魂外，还有"板凳赎魂"等，这都是给病者赎魂，使其丢失的魂魄回归本体，平安无恙的迷信做法。

板凳赎魂是：大门上架板凳一根，上铺一段白布，作为桥，桥上摆着祭礼，门口外插上连株带叶的小竹子一根，作为"花树"，巫师在板凳前焚香奠酒，并念招瑰咒：

"上元唐将军，中元郭将军，下元丁将军，护吾弟子身边左右，代为沾灾某某（生年月日时）头上第一位真魂，身中第二位明魂，脚下第三位香魂，或落在溪涧潭洞，沿河两岸，村头村尾，坳头坳尾。祖师千里收来为百里，百里收来为十里，十里收来为一步，步步收来，步步收到，收到沾灾头上第一真魂，身中第二阴魂，脚下第三香魂，要把真魂来相送，莫把假魂来相还。"这样反复咒念，把魂魄招到"花树"上来，再由二人在"花树"上找魂（小虫、蜘蛛或一片竹叶均可），共找三次，丢筶证实，即算赎回魂魄来了。魂取回来后要把它交进火塘内，并放些米及茶叶，证物一起烧掉，交魂时巫师又念交魂咒语：

"沾灾某某，头上第一真魂，身上第二阴魂，脚下第三香魂，交送火炉仙人。上桥王母来送饭。中桥王母送衣裳，下桥王母送茶汤，沾灾某某，永不受饥，永不受患，三魂附体，七魄归身，早日平安。"交了魂，念了咒语，赎魂法事，即算结束。

⑦收吓。平时小孩受吓患病，即请巫师收吓，收吓不备其他祭礼，只在火炉边，烧一会纸（三行冥纸），插三炷香，巫师手执一炷香，对着病者的脸，书符念咒：

"一不收天，二不收地，收到东方青吓，南方赤吓，西方白吓，北方黑吓，中央黄吓。收到天吓、地吓、人吓、鬼吓。一律收来，收到深山而去。"

⑧祭地马。小孩遇凶——地马，要请道师祭地马，用茶盘盛大米充作马料，并备香纸祭仪来祭送。这时巫师口中念咒：

"敬请东方青马邪一郎，南方赤马邪二郎，西方白马邪三郎，北方黑马邪四郎，中央黄马邪五郎，天上饿马公，地上饿马母，马公马母，马子、马孙，马家眷属，养马土地，看马郎君，一魂在于下古桃元各霉灵境潭洞，二魂在于天上中央、地下五方；三魂在于病良身边左右，请赴草台之上，受今祭奉。"

⑨抽箭。病人身上痛得很厉害时，侗家往往以为是受了仇家暗算，差鬼、放阴箭。如不抽箭，必致死亡。因此凡是认为是受暗箭所伤的，必须请巫师抽箭，把箭扯出，才保平安，抽箭的咒语是：

"奉请五方扯箭仙师，扯箭仙人，扯了东方青云箭，南方赤云箭，西方白云箭，北方黑云箭，中央黄云箭。阴箭祖师扯，阳箭本师扯，进行扯在空间之处。吾奉太上老君，急急如律令。"

⑩起水。木匠建造及其他兴工开辟地基等，事先要起水，动工时才不致冲犯神煞。因此"起水"在侗家是极盛行的，起水时，木匠或其他负责起水的人，手执斧头，在房前屋后，边念边敲打，将神煞遣开，才能进行动工，起水的咒语是：

"左起奶公，右起奶公，起了年煞月煞日煞时煞，太岁三煞，一百二十四位禁忌神煞，起开一十五里，五五二十五里，人不利普庵利，当坊门闾土地，起在空闲之地，等到工夫圆满，各归原位。"

⑪安煞。移动孕妇床铺或其他东西等，都要事先起煞安煞。以免孕妇遭受震动而发

生意外，起煞安煞的咒语是：

"左起奶公，右起奶公，起了年煞月煞日煞时煞，兑曰三煞，一百二十四位禁忌神煞，起开一十五里，五五二十五里，起在空闲之地，男胎寄在左奶公，女胎寄在右奶公，猪羊牛马寄在青草大坪，直到工夫圆满，各归原位，安了东方木煞，南方火煞，西方金煞，北方水煞，中央土煞，安宫坐位，永镇乾坤。"

⑫挑眼翳。眼中生翳，一般不求医治，只请巫医来挑。挑翳时，用水一碗，将一枚铜钱丢入碗中，患者眼睛直盯碗内的钱币上。巫医口中念咒：

"关请上元将军挑天翳，中元将军挑人翳，下元将军挑鬼翳，挑了天翳地翳，猪羊牛马翳，波翳、丝翳。挑在五色云雨水碗里内，压下万丈深井。"念后，用针把水碗中钱币上的水泡挑去，据说翳便痊愈了。

⑬统香盘。家里死了人，或是家境不顺畅，他们说是鬼邪在作祟，必须请道师来"扫屋"、"统香盘"。将藏在家里鬼邪一个个统上香盘，遣送出家门，截断阴路，以求平安。香盘是用茶盆装成，盘内摆列着酒醴、香烛、斋粑等祭仪，由一人端着，另一人手持扫帚，逐间扫除。道师在后，身穿法衣，手持火把，高声诵咒，一间间把鬼邪统上香盘，最后送出大门而去，统香盘的咒语是：

"普庵祖师大神通，雷火满天红，波罗生诘谛，扫尽鬼无踪。放天火，烧天香，放地火，烧地香。不统何神，不统何鬼，统出东路冤家咒诅神君，南路冤家咒诅神君，西路冤家咒诅神君，北路冤家咒诅神君。统出东方木打伤，南方火烧伤，西方金刑伤，北方落水伤，中央土压伤，连亲带眷，男女伤亡，一律统上香盘。"选样一间间念着，丢下竹，判定鬼邪是否已上香盘！直至统出大门，道师作法，截断阴路。才算完毕。

⑭开财门。侗家每当家里不顺遂，或者要山门做生意时，首先要请人来开财门，祈求生财。

⑮做道场。侗家宗教迷信活动规模最大耗费最多的一种。莫过于"做道场"了。做道场是侗家对死去的亲属报恩的一种表示。做道场期间，全堂老少，均要斋戒沐浴，虔诚顶礼，道场一般为期5—7天，在这期间，夫妻不能同宿，到过月婆子家里的人，不许入经堂。道场开始，即在正堂里挂着全堂佛像，设立法坛，摆上斋粑豆腐，糖果，茶食，秉烛焚香，念经礼综。并由六七位道士敲锣打鼓做着法事。而且买了很多的火纸，封成"扛"等冥封，吹吹打打做了几天法事，然后把这些冥封烧掉，叫做"化财"法事圆满，就算是报答父母的恩德了。

⑯祭天狗。祭天狗是侗家求嗣和保命的一种迷信活动。妇人无子，一般要"祭天狗"来求嗣，有了儿子，如不健旺，要"祭天狗"来保命，祭天狗的时间，大都选择在每月中旬十五和十六两日，如果这天晚上恰逢月食，（他们说是天狗吃月）那末主人更加高兴，以为百灵百验。

⑰乞儿凳。在侗乡花阶小路旁，或者山坳上，到处都可看到用两根木桩牢牢钉在地上，一块光溜溜的木板搁在上边的脚木凳，这就是"乞儿凳"，它是那些无儿无女的人修的"阴功"积的"阴德"。他们希望用自己善良虔诚的举动去感动上苍。好赐给他们

一个子息，不至于断了传宗接代的香火。这也是侗家示嗣的一种举动。

⑱安桅斗。侗乡坳头土地祠前，常常有两根木柱，柱中腰各钉有一个四方形的木斗，斗上写着"长命高贵""易养成人"等字样，这便是侗家人民由于儿子多灾多病，为了祈保儿子脱灾长命而立的保命"桅斗"，立了桅斗，儿子是否因此得到"长命"姑且勿论，但在他们精神上多少也得到一些安慰。

⑲架阴桥。侗家迷信求嗣的方式是多种多样的，"架阴桥"也是主要的一种，无儿无女的人家，常常请道士祀奉白衣娘娘（即送子观音娘娘）用三根约一尺长的小木，连在一起做成桥梁，埋在堂屋大门内左边地下，以迎接子息，这叫做"架阴桥"。架了阴桥，意即使儿女从阴桥上过来，便会有儿承宗接代。

⑳禳关煞。侗家小儿生来孱弱，多灾多病。他们以为是遇着关煞，必须请巫师进行禳祷，祈保婴儿脱去关煞，恢复健康，侗家叫做"禳关"。禳关时，设坛门口，架上板凳一条，上铺桥布，并用饭甑一个，顺直摆在凳上，门前插上一根连枝带叶的竹子，竹枝上系着无数五彩的布条，叫做"花树"，另用一根长约五六尺的竹竿，一头破开，织成锥形像鱼筌一样的竹笼，内装斋粑祭礼，插于"花树"之旁。还用公鸡一只，灌以酒，使其醉而不动，巫师作法念咒，将公鸡和小儿的衣服等在甑内穿过三次，最后把鸡孵在鱼筌形的竹笼里。直至法事完毕，才把公鸡交给主人好好喂养起来。同时把"花树"插在村外的三岔路口上，禳关才算完毕，据说这样做了，小孩就会健康起来。

㉑奏钱洞。侗族人民患病很沉重，神疗无效，有生命危险时，最后的办法，就只有请道士来奏钱洞了。奏钱洞就是使用"买命钱"。通过道士的关系，向阴间行贿，阴曹的统治者，受了贿赂，放宽死限，延长病者生命。奏钱洞的做法是：用竹子织成锥形竹笼，像钟一样吊在门口，上面挂着许多纸钱，以及无数的符咒，装成一座钱山模样。这便是"钱洞"，按家庭的经济情况，一个二个不等，越多越好。据说一洞可以延寿十年。钱洞装好后，由道士敲锣打鼓做法事，结果将"钱洞"用火焚化，才算完毕。

［秋鸿：《侗族宗教迷信习俗》，贵州省民族研究所编：《民族风情》（《民族研究参考资料》第二十二集），1985 年 2 月，内部出版，第 131—135 页］

2. 对土地菩萨的敬祭

土地菩萨，代表神权统治的基层机构的土地庙、土地屋，到处都是，建筑较精致的是木结构及石板结构，石雕和木雕或者用彩笔描绘的土地公公和土地婆婆的神像，亲亲热热地坐在一起，使人感到亲切。简单的土地屋则是用三块砖头或三块石头架设而成，十分简陋。在街上叫街坊土地；在路边叫路边土地；在坳上叫坳头土地；桥上叫桥梁土地；园圃里叫菜园土地；山里守粮食叫山神土地；牛栏边叫牛栏土地；猪栏边叫猪栏土地。无人敬奉的是冷坛土地。古历二月初二日，是土地菩萨的生日，有些村寨邀集"土地会"，由许多人凑钱，推一人为会首，主持祭祀经费，有的还留有祭祀田，每年到了二月二日，为首的人，买办香纸、烛火、酒肉、豆腐等，约同会人在土地庙前祀奉，祀后把祭品摆在地上，大家围坐会餐，互相酬酢，尽情畅饮，直到夕阳西下，尽醉而归。

［秋鸿：《侗族宗教迷信习俗》，贵州省民族研究所编：《民族风情》（《民族研究参考资料》第二十二集），1985 年 2 月，内部出版，第 131 页］

3. 三穗县圣德山附近侗族信奉圣婆

在三穗县圣德山周围的坦洞、绞强、岑坝、等溪、木良等村寨，以及相毗邻的剑河县南明乡（滴洞司）的敏寨、缥寨、岑戈寨、司头一带侗族地区，大约有两三万人直接或间接信奉圣婆。这种信奉圣婆的活动，一直流传到新中国成立后的土地改革时期。

敬奉圣婆，又叫敬奉杨令婆，或叫拿冷神。侗话叫"萨扭"，或叫"垒婆扭"。

关于敬奉圣婆的来历，无正史记载，但散见于当地侗族部分家谱之中。如岑坝《陆氏家谱》载：原来这一带（指圣德山周围）地区大雾弥漫，昼夜不分，四季莫辨，庄稼无收成，百姓困苦不堪。圣婆见侗家如此处境，深为同情，便化装八字先生（一说在太白星君指引下），走村串寨，卜卦算命，曰："若要云雾开，要等天应来。"根据八字先生的话，当地人派选代表前往天波府，接来杨天应、杨天保兄弟二人，设坛祭祀，祈祷上苍，果然云开见日，四季分明。家谱还载："留下古根，凡敬奉冷神者，耕种阳春，年年茂盛，岁岁丰收，百姓安康，六畜兴旺，照前留后，子子孙孙永远纪念。"人们说：杨天应、杨天保是圣婆的儿子。

上述各村寨敬奉圣婆的时间顺序大致是：

农历正月十八至二十五日，绞强敬奉圣婆；

农历正月二十五日，圣婆路过竹林寨，家家门口放一个火烟包，烧香化纸，让圣婆过路吃烟休息；

农历正月二十六至二月初二，坦洞敬奉圣婆；

农历二月初二，圣婆去滴洞司，路过良地寨，家家门口放一个火烟包，烧香化纸，让圣婆过路抽烟小憩；

二月间，滴洞司各村寨敬奉圣婆；

农历六月六，等溪、木良、敏寨等地敬奉圣婆；

农历七月十五，三穗、剑河、天柱、新晃等县各族群众赶圣德山。男女青年进行盛大的赛歌活动，老人朝山拜佛，求菩萨和圣婆保佑人们四季平安，五谷丰登。清康熙六十一年《思州府志》载："圣德山，府南九十里，地名岑坝，土人祈祷予上。"

为什么敬奉圣婆又叫拿冷神呢？

我们知道敬奉圣婆多是在农历二月份。在这段时间里，东南风开始登上大陆，天气暖和，春暖花开。但北方冷空气并未完全消退，特别是有时寒潮南下，使温暖的天气突然变得寒冷，并有带来冰雹的可能。古代人们缺乏科学知识，误认为这是圣婆发怒，吹来寒气，就叫她冷神。为了使圣婆不发怒，大家设坛祈祷，求圣婆不要把天气变恶劣，不要施放冰雹，就叫拿冷神。

各村寨敬奉圣婆的规模和形式不一样，有的比较繁琐，有的比较简单。现以坦洞、绞强为例说明其步骤与内容：

（1）圣婆田

敬奉圣婆有圣婆田（又叫冷神田）。绞强有田面积十箩（约收稻谷五百多斤），坦洞有十四箩。圣婆田由该寨各家轮流耕种，哪家耕种其田，就由那家主持敬奉圣婆。种其田者全部收入作为祭祀圣婆的活动经费。

（2）给圣婆安神位

主持家事先准备好酒水、肉、粑粑、豆腐、香烛等物。这些祭品由香炉师专管。接圣婆那天，在堂屋中间摆着两张桌子。桌子上摆上香案、两升米、十二个酒杯、十二张金马纸和十二吊纸钱，还有斋粑、豆腐、刀头肉等物。下午三点以后，每户来一人，约三四人。寨老烧香，将香插于香案上，酌苦酒（未烤的酒水）三遍，举杯念道：

　　　　一层一献一杯酒，
　　　　二层二献二杯双。
　　　　迎接圣婆来我寨，
　　　　求得五谷丰登，
　　　　保佑百姓安康。
　　　　阴人当对在前，
　　　　阳人当对在后。
　　　　……

寨老念毕，凡是参加祭祀的人，齐声用侗话高呼：

　　　　"灌乱"（意即大家拢来，或进屋来）。
　　　　"老保冷"
　　　　"赖碑浓"
　　　　"务并"

长老念一遍喝一杯酒，夹一筷菜；众人呼一遍喝一杯酒，夹一筷菜。他们一连喊五遍（有的喊十二遍），喝五杯酒，一直喝到深夜酒酣，才散席回家。

（3）禁忌

一般敬奉圣婆为七天。在这七天中，为了表示对圣婆的诚虔，从古留下了一些禁忌：

①七天之内关着大门，若要进出，必须走后门；

②不许高声喧哗、猜拳打码，不准哭，即使是死了人也不得哭泣，以免惊动圣婆；

③不准响东西，如用火钳之类的铁器用具，要用棉花将火钳把包扎好，以免用时发生响声；

④每天烧三次香纸，烧三次侗家油茶、办三次饭"浪"（祭之意思）圣婆；

⑤各家起火的火种，必须到设坛家去取；

⑥送圣婆那天，寨上的人要等设坛家生火冒烟以后，各家才能生火出门。

以上为敬信圣婆期间的主要几条禁忌。对于这些禁忌，人们违反不得。若要违反，将要受到天家和圣婆的惩罚。

（4）欢送圣婆出寨

欢送圣婆出寨那天，主持家一早就起床生火，一是好让人们见到炊烟以后，大家好起床生火；二是主持者家拿一个火烟包放于河坝，点燃着，表示这天欢送圣婆出寨。接着，人们来了，把斋粑、豆腐、豆渣、百把斤猪肉（敏寨是干包六十斤）等祭品分好，抬至河沙坝上。

事先在河沙坝选一块宽敞平坦的地方，铺上长长的稻草，附近用石头垒起三脚架，三脚上放着铁锅，生火燎肉煮饭。上午，长老在堂屋内祭祀完毕，把香座和两升米放入茶盘中，一人端茶盘。一人打伞遮盖，送至河坝草垫上摆着，用猪肉杂二十四样（象征二十四个季节）、斋粑、豆腐、刀头肉祭祀，摆在茶盘前。又由长老主持，烧香化纸，祈祷圣婆保佑，四季平安，家发人康，五谷丰登，六畜兴旺……祈祷毕，人们按事先摆好肉菜，围地而坐，畅饮开怀。每人带去一壶酒，边吃边喝，高兴异常。若是有过路人（包括陌生人），就抓来用麻袋笼头，强迫他吃一碗豆渣，向圣婆神位（茶盘）作三个辑，然后恢复自由，参加大家喝酒。

剑河南明地势低平，为一小盆地。开春以后，天气乍冷乍热，容易形成冰雹降落，打坏庄稼。每当看到天空乌云滚滚，冰雹快要降落时，人们一面向天空放炮，一面烧香化纸，祈祷圣婆保佑，不要把冰雹降落在侗寨。敏寨是二月寅日迎圣婆进寨，又逢寅日欢送出寨；六月间是寅日迎圣婆进寨，未日送圣婆出寨，其他的祭祀形式大致与坦洞、绞强雷同。

圣婆既是当地侗族的五谷之神，讨她的好口风，可以风调雨顺，五谷丰登；她又是威力无比之神，她的喜怒可以使人们降福生祸，可以移山改河。因为在南明河边找不着她的小崽，一气之下，用拐杖触河，将河中触去一个大洞，使滔滔的河水顿时潜入地下，三里多长的一段河变成了一条干溪。一天，圣婆从南明行至瓦寨岑楼山上，烈日当空，口干似火，寻地无水，就用拐杖触地，遂成深井，清泉溢出，大旱不涸。泉中常生雾气环绕山顶，知必有雨。至今乃曰"圣婆井"。若在敬奉圣婆期间，哪个违犯禁忌，乱哄乱叫，就要受到圣婆的惩罚，可以使你人模样变丑，成了个歪脖子，歪嘴巴。圣婆流泪，其泪水滴在竹笋上，可以使竹子变质，其竹笋苦涩难闻，人不能吃。相传，圣婆年老病逝于瓦寨，葬在岑楼山下斗街背后，山丘内，至今仍称其山丘为圣婆坟，坟旁竖有清乾隆年间镇远知府朱桂祯撰写的两大块《冷神碑记》。

［吴展明：《三穗地区信奉圣婆风俗情况调查》，贵州省民族研究学会、贵州省民族研究所编：《贵州省民族研究学会第三届年会会刊》，1986年1月，内部出版，第263—266页］

4. 圣婆遗迹——瓦寨冷神碑记

瓦寨汛有冷神者，甚灵异。明末张鬼钱溃兵跋扈，□人多遭屠戮，唯里人得其所遗裙御之，获免毁。里舍灾出，裙秉作麾，靡不胜处。国朝乾隆初，经略广泗张公领大军平九股苗，屯于其里，苗人夜犯寨，众军皆鼾睡，神以梦告知，且助战。有俘获苗逆供曰：有白公鸡突从空际掉战。经略异其功，倡里捐土田渔泽，岁修祭焉。呜呼！神之功，赫赫然，照人耳目矣！而顾以冷得名，何也？率里人询之故，金曰：每祀神于冬腊之阈，其冷倍常，故名之。余曰：不然，岂有严冬互寒而不冷者耶？爰叩所遗，则曰：村东南隅，遗旷地土，不耕不番，莽址昕然，即先年建庙栖神处也。落成之夜，大风雨作，栋折榱崩，而见联于楹，四刻楠舟，楹非乐土，茅檐草舍，神是祇庐，是里人不敢复建。每祭日，在东南隅各立草舍，设裳衣、具祭物，虔奉祀神祇，祭毕而撤，体神恩也。大村南大坝湾，层峦护叠，脱□□平嫌阳处，有坟岿然，不崩不坯，村间牛马不敢近，里人号圣婆坟焉，即神所葬处也。由坟而南行数里，至岑娄山。巅岩插空，峰回路转，上涌寒泉，清冽无比，里人患时疫、瘿瘤、猪瘟，吸水愈者，即神当年以拄掘之，以饮其水者，因名之圣婆井。其上有竹，绿缛盈眸，斑斑然有湘竹泪，且当春笋初生，有涎不奠食，盖其竹即神插地所生，其涎即挥涕所致。呜呼！神去今远矣，而其不可磨灭之概，犹寄诸一泉一竹之间，岂非气节之年，塞乎天地，而为天地鬼神所呵护者耶！余异之，因复究其姓氏，则以姓杨出吴氏，携幼子二，由伏耳高山来，盖节妇也。此以知有竹修然，明其心也；以冷得名，冰霜志也。他如庙宇不栖无求安，世系不传弗欲显，生前死后皆澹然，以冷为心，故其操愈坚，而其德愈大。发之而泉有冷，自应捍旱御患，修竹生茂，千古一时，卓卓不朽。大哉！冷乎。以视世之趋炎附势，而漫无所树立者，其相去为何如乎？嗟嗟四时之气分，冷而生万物之心。以冷而固，古往今来，忠臣孝子，志士仁人，以及侠义节妇之所为，及有不自冷澹麻龙而出，而能成此不敝之精神者也。爰缀数语，泐之墓旁，兼祀其神者，有所感发，群易然于冷之为用，无为为其所成者，甚示欣言，云尔。

清乾隆十四年　镇远知府　朱桂桢　撰立

［三穗县志编纂委员会编：《三穗县志》，民族出版社 1994 年
版，第 658 页］

5. 通道县侗族祭三容神二则

①侗族祭祀三容神之一

我们通道侗族自治县双江乡黄柏村（包括大寨、长寨、牙寨三个侗寨），兴水淹水牛祭三容神。

三容就是一容二容三容弟兄，一容是老大，二容是老二，三容是老三。老人传说，他们都是阴阳先生，择地择日能手，他们是从父亲手里学来的。父亲也是阴阳先生，择地择日能手，是很有本事，懂得法术的祭师，帮助群众择地择日、消灾祛病做好事，所以群众世世代代祭祀三容神和他们的父亲。

我们黄柏村边有一条小河，小河由东向西流去，流入双江河畔。在小河的北岸有一座大山，在离河岸一百多米高的山壁岩上，有一个岩洞，洞前有似人像石柱，说是三容神的化身。洞内有一钉耙大钉，不能动、不能摸，如乱动乱摸，会得罪三容神，会降祸临头。洞内有一副竹卦，是用竹子篼头做的，八寸长，三寸宽，用桐油油过的，很结实，数十年都不会腐朽。岩洞下面的岸边，有一株很大的古树，古树下面的小河中有一个两米深的水潭，是淹牛的地方。小河的南岸有一块坪地，是设坛祭祀三容神的地方，坪地旁边有一丘三亩面积的稻田，是周围各个村寨前来赛芦笙祭祀三容神的场所。离岩洞500米远的地方，有一座水口庵。

祭祀三容神，按照天干地支六十花甲计算，每逢子午之年大祭，即逢甲子、丙子、戊子、庚子、壬子、甲午、丙午、戊午、庚午、壬午之年为大祭，也就是说每隔五年大祭一次。大祭之年，要做好一系列准备工作。

一是农历七月十四日，长寨、大寨、牙寨10个房族的老人，聚集水口庵中，从三容神岩洞取下竹卦，打卦选定大祭头首、二首，选上头首、二首的人决不推诿，并感到无上光荣，是求之不得的事情，认为是三容神的恩赐，一切会遂心如意。

二是头首、二首选定后，马上开始主持准备大祭三容神事宜。头首向黄柏三寨10个房族指定小头首负责收钱买牛买猪，准备大祭各项事宜。

三是三寨青年壮年每人做好一支芦笙，人多的寨子，要做好50多支。

四是三寨共推选20个20岁左右的未婚男青年，作为淹牛的勇士。被选上的青年勇士，感到无上光荣，也是向心上人显示身手的极好机会，并在大祭前夕，在坐夜唱歌时，已悄悄告诉自己的心上人，说自己已被选上淹牛勇士。还要准备好献给祭牛的三尺或六尺长的红色绶带。还要走访历届淹牛勇士，吸取淹牛的经验和教训，以使本届淹牛大祭成功。

五是三寨女青年每人织好一块侗锦献给祭牛，实际上归淹牛勇士们所得，有的织上暗号，在大祭前夕坐夜唱歌时悄悄告诉参加淹牛的心上人，作为定情的信物。

六是头首、二首准备买好祭祀三容神的大水牛一只和招待参加大祭的外寨客人食用的肥猪约10头，买牛买猪约需光洋300元至500元。

七是头首、二首要准备好捆牛淹牛用的四根麻绳，各长一丈五尺，还要准备好一根结实的穿牛鼻用的棕绳。

八是三寨男青年壮年，从农历八月初开始组织芦笙队赴周围的塘冲、罗武、杆梓、吉利、桥头、双江、上中田、下中田、马龙、玉头等侗族村寨，一方面比赛芦笙，一方面邀请各村寨男女老幼前来参加农历八月十五日在淹牛潭举行的大祭三容神的盛会。一般当天下午5时出发，到被邀请的寨子吃一餐晚饭，饭后比赛芦笙，然后男女青年对歌，谈情说爱。谈到深夜甚至凌晨，次日返回本寨，对周围各个村寨一次去一个寨子，每个寨子都必须邀请到，不得遗漏，还要妥善安排，必须在八月十三日以前邀请完毕。被邀请的村寨的男女老幼，准备好一队芦笙，于十四日或十五日前往黄柏参加大祭盛会。

九是头首、二首要请好祭师和两台戏班子，在大祭期间演出。

十是头首、二首召集小头首开会研究接待客人事宜。外寨的亲戚朋友，由黄柏三寨亲戚各自接待；外寨来的团体客人，看来人多少，合理分配，由黄柏三寨各户接待；外寨各房族来的头人，请的祭师，由头首、二首和10多个小头首以及黄柏三寨每个房族推举一个青年负责接待，安排食宿，在淹牛潭河岸上集体开餐，从十四日开始至十九日为止，约100人左右。

大祭活动，是农历八月十四日至十九日，共计六天，一般来说，十四日客人就进寨了。近处有在十五日早晨来的。大祭仪式或定于十五日。吃完早饭后，首先举行牵牛游寨仪式。头首、二首陪同祭师赴关祭牛的牛栏，用水画法喷到祭牛的头上和身上，意为用法镇住祭牛服祭。头首、二首用准备好的新棕绳穿牛鼻牵出至长寨杨家鹅窝坪交给淹牛队事先选定牵绳游寨的青年，开始游寨。先从长寨杨家鹅窝坪游起是有历史原因的。老人传说，黄柏侗寨是杨姓最先开辟的。杨姓原来住在小河的下游。有一年杨家喂的一只母鹅沿小河觅食而上，上到现在的黄柏处，生蛋孵子，孵出一群小鹅。杨家见母鹅不归，沿河上找，找到黄柏坪，看见母鹅孵出小鹅，认为这个地方是好地方，是块宝地，便将此坪定名为鹅窝坪，并在这里立家创业。把山上的大树小树砍倒晒干烧掉，开辟成土地，种棉花、种包谷、种红薯、种生姜……把一块一块的坪地开辟成田园，种上稻谷……黄柏三寨是这样发展起来的。因此，大祭之年，必须从此开始牵祭牛游寨。从长寨至大寨至牙寨至水口庵至淹牛潭。祭师、头首、二首、十个小头首，在前引路，20个淹牛青年勇士牵牛跟随，小孩和群众随后观看热闹。祭牛每到一寨，各寨各个鼓楼都放铁枪和吹芦笙迎接。各寨男青年向祭牛献红布绶带，各寨女青年向祭牛献侗锦，有的挂在牛角上，有的挂在牛身上，绶带和侗锦几手把祭牛覆盖起来。游完寨子游至水口庵，将绶带和侗锦存放在水口庵里。再把祭牛牵到淹潭的河岸上。河岸坎上，已准备好一根两尺围径三丈多长的杉木条，将祭牛头尾同杉木条一个方向牵至中心位置，淹牛勇士们分别把准备好的杉木条抬起至祭牛腹部，用两根麻绳分别套紧两个牛角。顺势将祭牛从河岸坎上推下淹牛潭，淹牛勇士们随着跳入水中，大显身手，二人拉住牛鼻绳，四人扯住牛角绳，十四个踩住杉木条，将祭牛淹入六尺深的水中，一会儿又将祭牛抬出水面，一会儿又将祭牛淹入水中，如此反复多次。沿河两岸，站满来自四面八方观看淹水的群众，三亩大丘站满芦笙队，一般有十多队芦笙，约1000多支芦笙，人山人海。勇士们在河里淹牛逗乐，观众们在岸上高呼助兴，淹牛活动反复进行约一个半小时才把祭牛最后淹死，即把淹死的祭牛拖上岸。祭师头戴法帽，身穿红色法衣，只穿一边衣袖，早已站在岸上，头首手持快刀传递给祭师，祭师手持快刀，先割下祭牛的牛头摆在祭坛的下面，举行生祭。祭坛上方坛位祭的是三容的父亲，下方坛位祭的是三容，下坛右边祭的是三容的大哥一容，左边祭的三容的二哥二容，正中祭的是三容。为什么牛头摆在坛下，牛的睾丸摆在坛上，这是有一段来历的。三容和三容的父亲都是法术高强的人，看地脉龙辰的能手。三容认为父亲钻地看龙脉走向定位的方法太慢，自己在地上观看龙脉定位的方法快，父亲不服，便以比赛定胜负，并请一容二容两兄弟出面作证。父亲说如儿子三容赢了，愿将原来享受牛头供品的权利让给儿子三容享受，将原来儿子三容吃的祭牛睾丸供品改为自己吃。一天父子上山察地脉龙辰宝地位置，儿子站在山上观察地脉龙辰走向，飞快地定下宝地位置，自己很快跑到宝地上站好，并请大哥二哥站在两边作证。等候多时才看到父亲钻地走地脉龙辰之道从宝地位置的地底下钻出来，问儿子到了好久，儿子回答已到多时，有大哥二哥亲眼看见为证。父亲在事实面前服了气。从此以后，儿子享受牛头供品，父亲享受祭牛睾丸供品。生祭三容神时，祭师口念祭词，头首、二首、小头首作揖跪拜，群众鸣放铁炮，芦笙队吹起芦笙，声震山河，祭祀达到高潮。祭毕，淹牛的勇士们跑往水口庵，无心上人的勇士，就寻找自己喜欢的侗锦留作纪念。芦笙队比赛芦笙，按芦笙的声音大小、声音清晰程度来决定胜负。分管伙食的人员将祭牛的皮剥下，将肉分成两个部分，一部留着招待客人，在河岸上用餐；一部分切成小块煮熟分给黄柏三寨各家各户的小孩，在河岸上当场吃掉。小孩排成长长的队伍，一个个地上前领吃。然后，外寨来的各个村寨各个房族老人、祭师、头首、二首、小头首、招待人员留在河边岸上坪里用餐。除牛肉外，还有猪肉、米酒等。每日三餐，一直吃到十九日为止。其余客人，分到黄柏三寨各家各户就餐，由主人负责招待，一般一户10来个客人，有的富裕户多达数十人。晚上外寨来的客人，分别吹起芦笙的集合曲、进堂曲、团结曲、吃黄豆曲等赴黄柏三寨各个鼓楼拜访，各寨各个鼓楼主人家的女青年，把早已请兄弟打好的糯米粑粑切成薄片，把自己准备的黄豆炒熟、油茶花米炸好，煮成油茶，每碗放几粒黄豆、几片糯米粑粑招待客人。客人每个鼓楼都要到达，主人对每个客人都要招待周全。然后，老人在鼓楼里谈古论今，交流生产生活经验，互通信息。青年男女分头选定人家对歌，谈情说爱。十六日以后，亲戚朋友陆续返回家园。祭师、老年客人、青年客人、芦笙队、戏班子，一直活动到十九日才完全散伙，祭祀三容神活动宣告结束。

②侗族祭祀三容神之二

听老人传说，黄柏长寨、大寨、牙寨，兴祭祀三容神，每逢子午之年大祭。听说很久很久以前，是用人祭祀的，多用男童祭供，把小孩投入河边的深潭里活活淹死祭祀三容神。我们玉头，从前有一个阴阳先生，有一天，因事外出路过黄柏村，听见一户人家全家在号啕大哭，哭得特别伤心。先生进屋向主人问道，你们怎么哭得这么伤心？主人答道：不好啦，我们这里祭三容神，不祭三容神，全村不得安宁，灾祸要临头。祭三容神要用孩童丢进河潭淹死祭祀。今年是大祭之年，根据打卦断定，轮到我的小孩作祭品，我家只有一个独子，把他淹死祭祀了，我们怎么办啊，急得没有一点办法，只有伤心痛哭。先生说：不要着急。等我打一卦，与三容神商量商量，能否用水牛淹死祭祀代替用小孩淹死祭祀，如三容神同意就取顺卦，如果三容神不同意就取阴卦或阳卦。说完从身上取出一副神卦，口念咒语，一卦下地，不是阴卦，也不是阳卦，而是一阴一阳的顺卦。先生说：好了，孩子有救了，三容神同意用水牛淹死祭祀。主人转哭为笑，并答应找一头大水牛淹死祭祀三容神。从此停用孩童祭祀三容神，改用水牛祭祀三容神。

［吴万源：《关于通道侗族祭祀三容神的调查报告》，1997年，
未刊稿］

6. 黎平县九龙村侗族祭山神仪式

在九龙，人们还认为山有山神，主管森林树木和飞鸟走兽。上山采伐前，首先要在林地中焚纸烧香禀报山神，祈求山神保佑后方可动斧，以为如此才能顺利，不致出现工伤。如集体出猎，入山前也要由领队者在入口处焚纸烧香敬献山神，祈求它允许人们进山捕猎，并邀请它一同前往，保佑人们在这次捕猎活动中安全顺利，或暗助人们将猎物捕获，让人们满载而归。随即打一草表掷于地上，或放进衣袋，而后才能入山捕猎。捕猎活动结束，还要举行敬献山神仪式，即将捕获的猎物放于地上，向山神汇报战果，与山神分享猎物，并对山神的相助表示感谢，而后才能回家，否则将动怒山神，遭到山神的报复。个人入山捕猎，祭祀山神也可，不祭也行，没有严格要求，但个人置的鸟堂必须向山神请示后才能修建，而后还要请山神帮助看管，别人才不敢轻易到自己的鸟堂来捕鸟诱鸟，如果犯之将遭到山神惩罚。

［潘永荣：《黎平县永从乡九龙村侗族原始宗教调查》，2004
年8月，未刊稿］

7. 锦屏县九寨侗族对鬼神的祭拜

祭鬼神是侗乡盛行的一种信仰。人们在生产劳动与社会交往中得到利益，被认为是祖先和鬼神的恩赐。希望消灾消难，得到利益，也求鬼神保佑。所以，人们以虔诚的态度祭鬼祖。一年中，一月、二月、三月、四月和七月有专门敬鬼神的活动。

一月做社敬龙神。做社要花相当多的财物，因此，先由全寨各家集资。捐献最多的头三户被指定为社主和副社。第一户为社主，第二、三户为副社。由他们组阁主持祭龙神的活动。开社期间，七天不能断香火，一天三次上供品。香火要点几百盏，燃料是茶油和蜡。供品是米元子、荤素之类菜肴。到了最后三天，全寨斋戒，不得私下吃荤，只能拿茶油炒豆腐蔬菜之类进食。社主派人立幡杆于各道路口，示意外人：本寨正在做社，别进入。社主带领大家向龙神下跪祈祷，求它保乡护民，给寨上带来利益。最后由社主带要龙队到各家，祝贺他们平安吉利。

二月初二祭崇拜物神。如石神，桥神、河神、水神、油坊神等等。小孩出生后，要拜一种物神，托它保佑，健康成长，消灾消难。因此，到了二月初二就去拜祭这些物神。

三月三敬土地神。即将动土种庄稼，求土地神保佑庄稼苗壮成长，无灾无害，秋后获得丰收。

四月祭秧神。在开秧门那天，要拿香纸酒肉先祭秧神，然后才能下田扯秧去栽。

七月十五敬鬼神。在给祖先送纸钱的同时，也送纸钱给各种鬼神用。还特别给死不好的人鬼进供饭菜，求他们安分守己，不要降灾降害给活人。祝愿他们在阴间服满刑期，早日投胎人世。

此外，生产劳动中还随时随地祭祀各种鬼神。

如动新土，要祭祀土地神。打猎，要祭祀山神。做生意，要祭祀财神。拉木头，要祭祀山神、溪神、河神。一般拉木头是先从山上放入山沟。再沿溪铺设水道拉往河边，最后编木排放入河里运走。所以，要拜山神、溪神、河神，求他们保佑，别在山上出事故，溪上伤人，河里翻排。

生病，受伤，得了天灾人祸，认为是鬼神在作祟，对人使坏。于是，祭各种鬼怪，乞求下次别再捣鬼。

人为什么生病？过去侗家人对这个问题的答复很明确：一是阳间的人被阴间的鬼神问候、夸奖、想念、忌妒，就会生病；二是阳间的人不慎把灵魂掉在阴间去，于是生病。要视其情况，去祭各种鬼神。

相传孩子的灵魂常不附身，生病就是掉魂的表现。于是，早晚要到屋外招魂。其招魂念词是：来呀，崽的魂。你在树脚花下，屋边仓脚，山上水边，田里地头，东西南北，快快归来啊。父母在家，哥姐在屋，弟妹在旁，都在等你盼你，想你念你，请你快快归来，归来同住，回来同吃。来呀，崽的魂。若是小孩惊风，往往祭老鹰神。

大人生病，将筛子盛酒肉饭菜香纸，拿到屋边路上招待鬼魂。求他不要过问阳世人，归还病者的阳魂。把所有带去的东西全部烧化或扔在那里，只拿空碗筷和筛子回家。进门时，不管几道门，一进就关。到了火塘，屋里的人齐声说："祭了病就好！"过后不久，病好了就算完事。

如果未见好转，病情反而加重，被认为阳魂掉在阴间很深，就得请鬼师来招魂。鬼师去阴间。要走刀路、上火山，下火海，方能到达。于是，用几十把利刀铺在路上，刀刃全朝上。鬼师赤脚踩刀刃而过，算是走完了刀路；用大铁锅盛满茶油，用火在下加热。在铁锅上搭木架，鬼师站在上面，旁人往油锅里点火，火上加油，火焰熊熊上升，高达几丈，把鬼师包围着燃烧在里面，算上完了火山。重把油锅烧沸，鬼师伸手在滚开的油锅里摸，算下了火海。于是，鬼师到了阴间。唱招魂歌劝病者的灵魂归回阳世。其歌大意是：阴间再好，没有阳间可爱；与鬼神为伴，不如同人毗邻。乡亲父老派我来接你，父母姊妹请我来唤你，山山水水托我来叫你，花花鸟鸟求我来邀你。请你告辞鬼寨鬼友，别离阴间地府，跟我往阳间去，到家族中去，回到父母姊妹身边去。去做一世的凡人，去享明媚的光阴，去干种种的事情，去受种种的欢乐。来呀，来呀，我在前面走，你在后面跟，快快回家，亲友已列队在外等待。走啊，走啊，快快跟我回去。

上坡回来痛脖子，祭吊死鬼。痛肚子，祭中毒鬼。痛关节，祭断脚断手鬼。痛眼睛，祭瞎眼鬼。浑身酸痛，祭滚坡鬼，落崖鬼。刀伤跌伤，祭使刀鬼、弄斧鬼。被树压着而受伤，祭死于树倒压死的鬼。在外触电不死而伤重，回来祭雷公。

总之，九寨侗乡多事鬼神。每患一种病，几乎都能找到相应的鬼神来祭祀。

［傅安辉：《锦屏县九寨侗乡习俗》，贵州省志民族志编委会
编：《民族志资料汇编》（第三集），1987 年 11 月，内部出
版，第 231—232 页］

8. 锦屏县石引寨侗族对鬼神的避讳

敬供鬼神，以求福佑，消灾消难，这是一方面。石引人还有另一方面，就是想种种法子来哄骗鬼神，使他们不知道人们的实际行动，从而起不到破坏作用。

相传山里鬼神多，在山里做活，要想不出事故，保佑自己平安无事，就要向列位祖宗神灵祈祷，请他们跟在周围卫护。同时，还得设法哄骗鬼神。如在山上吃饭，不能真的说"吃饭"，要说成是"啃槽"。直说吃饭，鬼神听了，就可能跟来抢吃，于是，人吃不饱饭，无力气干活。改说"啃槽"，鬼神听到了，觉得没啥搞头，就走开了。在山上砍树，也不能直说。否则，鬼神要来使坏，树要么靠着其他树，倒不下来；要么倒下来压着人。所以，要改说："给树洗脚，让它躺下歇息。"在山上打猎，因猎物是山神饲养的，所以要说："放礼炮请它们去家里做客"。抬野兽时，要说："用轿子抬它们回家做客"。这样，据说山神就不来找麻烦了。当收活路回家时，不能直说"回家"，要改说"到别的山小便"。鬼神听了，就不会跟着来。否则，会有祸殃。

在田里捉鱼，要防田神使坏，把鱼藏住，因此，叫做"找鱼玩"。收谷子，叫做"草长高了，割去喂猪"。不这样，鬼神作祟，会掉落很多谷子在田里。

蹚水过河，不管会不会游泳，也不管水有多深多急，都说是"下水洗脚做玩"。鬼神听到了并不在意。若是他们知道人要过河，使坏的鬼神也许会把人推到河里去，让人死在水里。

带小孩出门，走在路上，碰见了，不能直呼其名，要改称"叫化子"，"小孽障"。结婚多年的夫妇，新添贵子，也多以"叫化"（乞丐）命名。意思都是以"叫化"的身份来掩盖贵子的实质，免受神鬼的问津而招致不幸。

敲牛时，手持斧头的人要说出一个假人名来，并交待说：是这个人叫他干的，不干不行。在旁围观的人，都得把双手反背于身后，表示手都被那个人捆住了，毫无办法救它，这都是为了哄骗牛，怕它被敲死后变做鬼神来报复人。说出那个假人名，寨上没有，其他寨也不知道有，牛变做鬼神，它要报复，也找不到人。

去接新嫁娘，个个脸上都要用锅灰画黑脸，鬼见了，觉得这伙人奇丑无比，就不来捣乱。否则，接亲队将不顺利。

［傅安辉：《石引侗家的习俗琐记》，贵州省志民族志编委会
编：《民族志资料汇编》（第三集），1987 年 11 月，内部出
版，第 234 页］

9. 黎平县侗族撵鬼活动

撵鬼是以驱鬼除魔为目的，多在正月和十二月"扫寨"（即"送瘟神"或"驱火殃"），为防寨火的发生，撵火鬼多以寨为单位，撵红鬼多以一家一户。不论寨撵或户撵，均请阴阳师傅焚香化纸念咒语。如撵寨鬼则由全寨青年戴假面具或打花脸扮成武士，手持棍棒、木刀，象征性地对"鬼"乱攻乱杀，将"鬼"由寨头驱赶到寨尾，再由阴阳师傅烧香化纸念咒语撒米驱除，然后回程。单家独户撵鬼，阴阳师傅上门为主家进行，其作法与一寨撵鬼相同。这种驱鬼活动，全体成员都在寨外或屋外用餐，忌寨或忌屋三天，不许生人进入，现在基本取消。……

［黎平县民族事务局编：《黎平县民族志》，贵州人民出版社1989 年版，第 139 页］

10. 天柱县侗族为病人抢魂

凡病人久治不愈，认为是某鬼夺走了病人的灵魂，就要请专职的看邪家鬼的巫师来抢魂。从事该活动的巫师很少。有的是几个乡才有一个。施事时，巫师要在病人的堂屋方桌上设祭。桌上供"甫傩奈傩"的偶像，即驱逐瘟疫的父神和驱逐瘟疫的母神。父神是黑脸凸眼，穿蓝布服；母神是白脸，穿红布衣服。桌下供两个为父神和母神服务的"小三"牌位，并各用一升米分别放上画有脸谱的鸡蛋，正面还用一有符箓的红布遮盖着。关于父神和母神的来历，传说在远古时候，天旱了三年零六个月。神通广大的顺风耳、千里眼和长脚手三兄弟，从天上捉来雷公关在铁笼里，并吩咐不给它水喝，逼它降雨。一天，姜妹挑水经过铁笼，被雷公骗喝了水。雷公送她两颗瓜瓢种，说是寅时种，卯时生，洪水满天就要她哥妹俩坐进瓜瓢里逃生，说罢，雷公顶破铁笼，飞上了天。雷公禀报玉皇大帝。于是将洪水降至人间。姜妹见洪水到来，就和哥哥姜良坐着瓜瓢四处漂流。人间淹没以后，玉皇大帝就用十二个太阳来晒干洪水。姜良想知天地情况，揭开瓜瓢盖伸出头来看，结果脸被晒黑了，连眼珠也晒鼓出来了。后来，牛捏虫用弓箭射落了十一个太阳，只留下一个作照明。一场灾难过去，人间仅有姜良姜妹兄妹俩。为了繁衍人世，姜良向姜妹提出婚事，姜妹想以种种理由推辞。在乌龟道人的帮助下，兄妹俩成亲了；哥哥改叫张良，妹妹改叫李妹。一年后，他俩生下一个无脚无手的肉包筋娃娃。一气之下，他俩将其砍成 99 块丢弃在山野上。第二天四处山野有了人声和炊烟。不久，张良和李妹成仙登天了，玉皇大帝就叫他俩坐上管理人间的神位。因此，凡人们有疾病灾难，就要请巫师来祭祀。祭祀时，巫师要念咒语，将甫傩的偶像置于一茶杯底上，并用一面红旗抚扫其身，看偶像站立还是倒向何方。以此判断病人的病情严重与否，灵魂失落的程度及失落的方位。同时，另一巫师用红布蒙面，手舞师刀，作法通神。他边唱边跳，浑身颤抖，以示神灵附身或其灵魂走到神灵世界，并表演"踩铧口"、

"吃生谷"、"嚼碎碗片"等节目。在巫师作法的同时，施锣、鼓、钹、螺者则有节奏地敲打吹合着；两个持鸟枪的人，还不停地对天鸣放。当第二个巫师的颤跳动作有站立起跑之势时，就意味着请动了父神和母神，并得到了"千军万马"，那整个抢魂队伍就出动了。打旗帜的巫师跑在队伍的前面，接着是手舞师刀的巫师，紧跟着是持锣、鼓、钹和执鸟抢者。队伍出发，锣鼓齐鸣。一路奔跑，到达目的地——一个大水塘或几株大古树下；有如大敌当前一般，两个巫师拼死格斗，随从者密锣紧鼓，枪声不断。持师刀的巫师一旦捉到了蜘蛛、青蛙之类的小动物，就算抢到了人的魂魄。于是，该队伍偃旗息鼓，悠悠将所获之物，用红布包扎好，并请父神和母神验证，再放于病人床前或枕下，以示魂魄归体。病人的魂魄抢到后，巫师还要举行送甫傩奈傩的仪式。仪式时，巫师口念咒语，将两个偶像领出寨外；烧香化纸后，就用一个格筛将偶像盖倒在地，宣告整个抢魂活动结束。

若一次抢魂后，病人还未恢复健康，就得另请巫师再抢第二次。在人们的心目中，只要施主用尽了心，就是对病人的精神安慰。

[黄才贵：《关于天柱县宗教迷信的调查》，贵州省民族研究所、贵州省民族研究学会编：《贵州民族调查》（之三），1985 年 10 月，内部出版，第 366—367 页]

11. 榕江县八开公社庙友大队敬鬼与驱鬼

人死后变成鬼，所以"鬼"是存在的。不过其概念是笼统的，它又分"善"与"恶"两大类。前世的好人，好死（即正常死亡者）的人成善鬼，反之成恶鬼。善鬼中包括祖先。

祖先，似鬼又似神，很难严格区分（鬼师则坚持说：祖先不是鬼而是神）。祖先活在鬼的世界，与鬼打交道的多，但他又与人、与其子孙打交道，祖先之灵时刻在保佑着家人。"人们走路，祖宗跟后"，无论亲人在家还是外出，祖先之灵都在他身边，护佑着他。故在人们遇到险情时喊："祖先保佑我！"进餐时也要默请祖先到场，或用筷子滴撒一点酒、饭、菜。祖先也有麻烦人们的，如春去冬来，它要换洗衣衫。甚至想念你时，就让你头痛、生病，并托梦或由鬼师告知你。满足其要求后，即"百病俱除"。我在房东家里碰到两例，他家未满周岁的外甥（父亲浙江人）低烧多天，请人掐算，说是外公（东家亡人）想念他，要换夏装，于是请鬼师做了两次"添衣"的祭祀活动（鬼师解释说第一次没有好，因阴人没收到）。祭品有鸡、三尾鱼（第二次用三个蛋代）、一块刀头肉、一碗饭、三杯酒、三炷香，以及亡人生前的衣帽、烟杆等。鬼师念念有词，卜卦问鬼。

恶鬼由于它生前不得好死，死后无主，所以要找别人去替身。因此人们对它怀着极大恐惧心理，相信鬼师能够对付它。有的老人说，以前有的鬼师能捉得恶鬼"喊爹叫娘"，慨叹现在没有那样"能干"的鬼师了。但又说，现在的鬼也不像以前那样凶恶。

总之，人们对善鬼多敬、少畏，对恶鬼则畏惧、诅咒。

［吴永清：《榕江县八开公社庙友大队侗族社会历史调查》，贵州省民族研究所、贵州省民族研究学会编：《贵州民族调查》（之二），1984 年 10 月，内部出版，第 58—59 页］

12. 榕江县腊酉公社侗族驱鬼避邪方法

神灵在人们的观念中也有善恶之分，认为祟人有看不见的鬼怪精灵，并能作祟给家畜和庄稼。对于这种鬼怪精灵的作祟，要请鬼师过阴才知道。据调查，过阴要用一筒米。上面放一个红纸包，内有一两块钱。鬼师用头巾蒙面，脱去鞋子，坐在火塘边的凳子上，然后抓几颗米放在嘴里嚼。片刻，双手拍腿而跳，名为"上马"。接着。鬼师就用各种不同的民族语言四处探鬼。找到鬼后，鬼师就问它为什么要害某某人或某家的牲畜，需用什么东西祭才保证平安。鬼师就将同鬼的一席话道出，主人家就说：只要好，要哪样都行。主人就按鬼师所需要之物供祭，一般大者用猪、羊，小者用鸡、鸭或一个刀头、几个鸡蛋。腊酉三寨多请摆奶、摆柳、高同的鬼师过阴。都江三寨要到料里的八孖，八吉的摆英和八开的寨比请侗族鬼师过阴。

在长期的生活中，人们还探索了一些回避鬼邪的办法。对于死伤在外而变鬼的，可用橙树枝叶或桃树枝叶插在房前屋后，或用白石灰将房屋四周撒上一圈，就可以阻止野鬼进家。有的还以茅草或稻草作为避邪或压邪之物，这多用于小孩出远门。所用草有五根、七根或十一根。用时，一边将草拿在手掌上比划。一边要念咒："一根草，一根生，一根草盖我身；盖我手，盖我脚，龙脉必上身。天脉黑，地脉黑，日脉黑，时脉黑，人见人怕，鬼见鬼跑，吾奉太上老君切切如令。""扯把草，白汪汪，左手拎来，右手量。别人拿来无用处，弟子拿做草鬼王。插在河中鱼不走，插在路头鬼不行。插在人身分百鬼，百鬼不敢近郎身，吾奉太上老君切切如令。"

特别是好事刚办的时候，尤其要回避邪恶和鬼怪。新房立好架子，就要请掌墨师傅念诵："请你阴师傅，阳师傅，鲁班先生师傅；不请不来，请你就来，快来快到，吾奉太上老君切切如令。""神先不到，井水倒，神先不临，井水淋；井水发地，就地就灵，吾奉太上老君切切如令。余臣抬头开眼望天，师傅在身边，在前、在后、在左、在右；吾奉太上老君切切如令，千千下我信，千千下我影；下高邓闷，下对邓地（此句为汉字记侗语音，意为'我的影全部都消失，不能露在光天之下'）；吾奉太上老君切切如令。"师傅撑着一把半开半闭的红纸伞，由新屋的堂屋走出，绕新屋一周，边走边念："出门伞是将军，打伞着我脚，打伞着我身；伞头伞尾盖我身，吓得野鬼乱纷纷，吾奉太上老君切切如令。"师傅左手抱一只五色毛公鸡，右手扶楼梯上屋梁，边走过屋梁边念："此鸡，此鸡，不是非凡鸡。头戴红冠帽，身穿五色衣。王母娘娘抱小鸡，鲁班师傅请师鸡。天煞，地煞。有富有贵。""此鸡，此鸡，不是非凡鸡。我手拿红公鸡，头戴红冠帽，身穿五色衣。王母娘娘抱小鸡，主人无用处，鲁班师傅发兴鸡。天煞、地煞，有富有贵，富贵双生，大吉大利"。"此鸡，此鸡，不是非凡鸡，身穿五色绫罗衣，日来山中吃米食，夜来家中五更鸡。当今新建此鸡啼，正是金榜挂有名，今日良辰谷旦。""此鸡鸣叫，一要千年富贵，二要万代发旺，三要长命寿岁，四要金玉满堂，五要千仓百库，六要子孙风光，七要添财生子，八要吉利安康。今年，今年，吉月吉日吉时；△△△家弟子建造新屋，天无忌，地无忌，年无忌，月无忌，日无忌，时无忌，阴阳无忌，百无禁忌，大吉大利，大发大旺，姜太公在此。"上梁时，主人家要用一尾酸草鱼敬祭姜太公，事后送给木匠师傅。

[黄才贵：《榕江县腊酉公社侗族社会历史调查》，贵州省民族研究所、贵州省民族研究学会编：《贵州民族调查》（之二），1984 年 10 月，内部出版，第 80—81 页]

13. 新晃县侗族驱赶瘟神仪式

湖南省新晃县扶罗、李树等地侗寨在舞过秧灯之后，人们紧接着用纸和竹扎制 1 条小船，船内设置香烛楮财、斋粑、豆腐等祭品，由二人抬着走前面，其后紧跟着 1 位道士，道士手持司刀、牌印，头包红帕，口吹牛角号，挨家挨户地驱赶瘟神。他们每到一家，主人即将 1 "挑"小柴放入船内以祈求幸福吉祥、五谷丰登。直到每家都游遍了，才在河边把这条小船和草龙一起烧掉。

[欧潮泉、姜大谦编著：《侗族文化辞典》，（香港）华夏文化艺术出版社 2002 年版，第 515—516 页]

14. 通道县侗族"忽萨"仪式

"忽萨"即祭，有"萨寨"、"萨屋"、"萨坟"三种。

"萨寨"，即为寨祭。寨祭，多在村寨发生火警，或水灾预兆或晚间公鸡过早啼叫，狗走上瓦屋等火灾发生预兆或发生瘟疫的情况下举行的。如遇上述一般情况，因村寨的风水龙脉被偷，或因龙脉神坛受到破坏等，因此要重新安风水，安祭龙神。萨寨时，寨上头公父老们都到鼓楼商量祭祀事宜，请阴阳先生道师来做法事念经祭拜。这种仪式一般举行三天，斋戒三天，并行"忌寨"三天，即禁寨，在三个寨门挂上柚树枝叶禁标，表示不准外人进寨。

在祭寨期间，道人师傅头三牲、香纸驱去瘟神邪鬼，祭祀请来龙神团聚。在第三天的傍晚，把火秧船或瘟疫船推下河滩去，即驱瘟神。那天傍晚，全寨十岁至十五岁左右的小男，个个画上花脸黑面，抹上锅灰，手持棍棒长刀，挨家挨户进去，围满火塘跑赶一圈，追驱瘟神邪鬼，寨内的各个角落都得追赶，使那些瘟神邪鬼见到红脸黑面大将追来就怕，逃命出门了。因此，各家各户必须在火塘边摆设香案条桌一张，烧香、敬茶化纸，并要备办小封包（一元左右），还要摆上炒花生、黄豆、糖品之类的食品，给小红脸黑脸的小伙们。进门驱瘟神时，围绕火塘一圈后，并将长刀、棒棍东捣西敲，只听到屋里驱瘟驱鬼声，以及小伙子们赶瘟神出门时大喊"哎呀"声后，将香案上所摆的品糖果封包一抢而空，并且又连续赶到另一家驱鬼捞供品去了。如不这样安排，小伙子们是不愿参加驱鬼队伍的。全寨各个角落，每家每户都得进去，像扫地一样，把瘟神、邪鬼全部彻底、干净地追逐到河边的瘟神船上，使之永世不得翻身。寨里的青壮、老人守候着，小伙子们赶出门来的瘟神、邪鬼送进"火殃船"或瘟疫船后，用少许油盐茶剩饭茶等装进"瘟疫船"，抬着"瘟疫船"到下寨的河边，推下河滩去，个个摩拳擦掌，捡起岩石都向瘟船猛打过去，打烂"瘟船"使它沉入水底，永世不能出头。这意味着驱瘟神。"萨寨"除了"安神合龙"之外，还写有标语符纸，如"安神萨寨，驱瘟去邪，团寨平安，人人康泰，户户洁清，国泰民安，风调雨顺"等。

萨屋，即祭屋，有些人家因碰到灾难多，人畜不旺，往往要请来阴阳先生做"萨屋"，重新安神合龙，念经驱邪，也行斋戒，斋祭一至三天，也行禁门，不许外人进屋，用柚树枝叶吊在大门上作门标，外人看见就不进来了，也得备办刀头三牲（猪肉、酸草鱼、公鸡、香纸俱全）。还要写"萨屋"标语如"安神社土，送瘟驱邪，家道吉昌，人人平安"等贴到堂屋上，并给全家每人戴上护身符，以示提高个人火焰驱逐瘟邪。

萨坟，即祭坟，有些家庭因灾难多，人畜不旺，办事不如意，就请阴阳先生占卜，说其祖坟风水受到破坏等，因此，就得"萨坟"。萨坟时，也要带上"三牲供品"到祖坟上去祭拜，也请阴阳先生念经驱邪，致使阴魂安稳，阳人安康。

[中国民间文艺家协会稻作文化专业委员会编，龙建云编著：
《古侗阳烂村俗》，2006年8月，内部出版，第46—47页]

第四章　祖先崇拜

第一节　侗族祖先崇拜

1. 概述

侗族普遍崇拜祖先。认为自己的长辈死了以后，居处冥中，仍然能保一家昌盛，富贵荣华。因而除了对其尸体倍加重视外，还要以种种迷信方式，力图保护。如选择墓地，吉日吉时出丧入葬，以至其后年年于清明节上坟扫墓。同时还在家里安设祖先位置，长年供奉。处边远山区"干阑"楼房的，以"火塘"作为祭祀祖先之地。靠近城镇，受汉文化影响较深的地方，大都在堂屋正壁，张贴家先神榜，立有神龛，摆设香案。每逢过年过节，婚丧喜庆，都要在"火塘"旁边，"神龛"面前，陈设供品，举行祭祀活动。甚至初出远门，登门求婚，经营生意，出卖牲畜，下河放排，入山伐木，远送贵物，诉讼赴审，出征抗敌，女子出嫁，迎亲送亲，无不先向祖先敬祭，求之同心，暗中相助，如愿以偿。归后复又敬祭致谢。平时的进餐，也要念请祖先作席共饮，特别是喜庆佳节和款待宾客，还要在桌上多摆一双筷子，一只酒杯，留一空席，让祖先就座，家中长者举杯，往地下倒几滴酒，用筷子点点桌上的菜，请祖辈先领，大家才开始用餐。

[贵州省地方志编纂委员会编：《贵州省志·民族志》，贵州民族出版社 2002 年版，第 356 页]

2. 剑河县沟洞六月节的祭祖仪式

沟洞位于剑河县东北部，距离县城约一百三十华里，坐落在清水江北岸，是一个较大的侗族自然村寨。每年农历的六月小暑以后第一个卯日，就是沟洞的祭祖节。在沟洞，人们习惯上将它简称为六月节。在一年的众多节日中，六月节与春节一样隆重、热闹。

（1）节日前

六月节，作为一个隆重、神圣、庄重的侗家节日，节前就有一系列事情要做。节前十二天，也就是过节那天的前一个卯日，全宗族的妇女们（每户一个人，没有妇女的人家可由男子代替），手里提着竹筒，肩挑水桶，桶内装有粽粑叶、干蕨菜、糯米、高粱等，大家约定先到寨中路上集中，然后按照长房、二房、三房、四房的顺序到指定的小溪边去，大家把各自带去的东西洗干净，又按原来的顺序回家，这就是所谓的"进河"。"进河"回家后，就将洗干净的蕨菜、糯米、高粱等物再掺上盐巴用力地揉搓搅拌均匀，腌起来。腌具一般是用一个小桶、竹筒或其他器皿称"缸"。小桶内放进菜后，用两张叭奥梭（亦称为糯米叶或云南叶）盖上，然后再加盖一个小木盖（木盖比桶口小），随后压上一块与木盖差不多大小的圆形小石块。这个腌菜的小桶必须放在较高或较隐蔽的"安全地带"，以防不懂事的小孩偷吃。如果有人偷吃，人们就把一切不幸和灾祸都归咎于偷尝祭品之人，他将受到家法的"处置"。

到节日前几天，各户开始用糯米酿制甜酒。酿造方式非常讲究，淘米、洗甑子、蒸糯米的水，都必须用刚从井里担来的未被人饮用过的"新水"。否则，酿制出来的甜酒酿就不能作为祭品用。糯米蒸熟后放凉，加上适量的甜酒曲，将拌有甜酒曲的糯米装入甑子里，还要在上面盖上两张云南叶，这样就能得到供祭祖用的佳品了。在酿制甜酒时，装糯米的甑子是不许人乱动的，更不许偷尝里面的糯米，甜酒出酿后，就用一干净的东西装好、放好。干完了以上这些，这样六月节的前奏曲也算是告一段落。

（2）节日

过节这天，也要用"新水"将糯米淘洗、浸泡、蒸熟，在蒸糯米的同时，还将事先准备好的干鱼用油盐炒好，炒时要格外小心，要求鳞鳍一定完整无损，只要损坏了鳞鳍的某一部位，那尾鱼就不能用了。每户用鱼多少尾，这是有严格规定的：即长房四十八尾或三十六尾，以后依照班辈长幼递减四尾，但是最小的晚房也不得少于二十尾。与此同时，还用嫩包谷和当年种植出来的各种豆、瓜、蔬菜等煮成一鼎罐烂菜，烂菜是不准放盐巴的，祭祖后再放盐食用。

节日主要是祭祀祖先，其祭祖仪式是非常特别的：顺着火塘摆放一张长条桌俗称懒板凳，长桌上按一定的间隔距离摆上云南叶，每两张合为一组。长房家用二十四张或十八张，其余依次递减两张，但最小的晚房也不少于二十张。然后，分别在每组的云南叶上放上一堆糯米饭，每堆糯米饭上放三节禾包，同时在糯米饭堆旁放上四尾炒好的鱼，鱼的大小排放顺序是有规矩的：从桌头到桌尾先大后小地摆放。在长桌上还放两大碗烂菜和两大碗甜酒酿。甜酒酿碗里放有三小节禾包和临时放进的一粒燃着的小木炭。原来腌好的蕨菜、糯米、高粱、盐巴等混合酸菜（俗称"高粱"）这时也搬上桌子，不用烹调，每堆糯米旁各放上一小堆。用蚌壳盖装着烂菜和"高粱"，在每组云南叶上各放一个。最后在每组祭品旁边放着一双用实心竹制成的筷子（过节的当天或前一天才从山上砍来的，不用家中现有的筷子），作为公用的。以上各种祭品除了糯米，烂菜不够吃可以再添加外，其他菜肴够吃与否均不再增加了。在靠长桌边上又摆放一张四方桌，桌上放着一个簸箕，簸箕内放上全部蒸熟的糯米饭，饭上盖着四张云南叶。意思是吃剩有余。

　　摆放祭品一般都是由年龄较大的一两人摆放，要求非常严肃庄重，不准抽烟，不准说话，不准吃其他食物，手指偶尔沾上一小点祭品，哪怕是一粒饭，必须放还祭物上，不能用舌头去舔吃。摆完祭品后，在长桌边的缝隙里插上三炷点燃的竹香，在长桌下放三叠钱纸。摆完祭品后，如果还不到规定的时间，就得把摆放祭品的房间的门关好，以防小孩进去乱摸乱动，连喝水都不准进去喝了。

　　过节那天早上，估计大家都做熟了之后，长房就派子女到各户去喊大家来吃饭，要求是全家都来，至少每户要来一个人，顺序是先从长房家开始，依次是二房、三房、四房，这是规矩，不能错。后来有一些调整，第一先是长房，以后就按一定的路线一户一户地食用下去。大家每到一户未吃之前，要由一个年龄最大的长者先烧化长桌下早备好的三沓钱纸祝祷。祝祷的内容大都是和睦相处和团结互助之类的话语。还祈祷祖宗保佑平安、五谷丰登和消灾去难等等。然后长者先尝各种祭品的一小点，其余的人才跟随他后面吃过去。一般每样祭品只尝一小点。若已吃饱，就不勉强再吃，但仍要求到祭桌边走一圈或者尝一小点，以表示赴祭。若因有病患，或者其他特殊情况未能赴祭者，家人便携带一小坨糯米饭回去给他吃。这一天，全宗族内各户的大门小门都是敞开的，你如果来晚了，仍可以进去尝祭品。如果哪家的大门是关的，则被认为是不欢迎他人或者认为你家小气，这样大家也都不去你家吃。每吃完一家，下一家主人要热情地喊大家到自己家去，以表示和睦、团结的关系。有时爷崽之间因事发生吵架时，一旦气到极点就常会说："除了六月节以外，其他事情我不和你在一起了"，可见六月节非比一般。如果六月节都不在一起过，也就是说两家之间关系已经发展到了连爷崽都不认了的地步。

　　全宗族祭祀完毕，各家各户才杀鸡宰鸭，称肉打酒，准备晚饭，烹制美味佳肴招待房族爷崽和亲戚朋友。到吃晚饭时，你家的客我家喊，我家的客你家拉，不分你家我家的客人了，往往会刚在这家喝上两杯酒，吃上两箸菜，就又被另一家拉走了。不去是不礼貌的，会被认为你瞧不起别人，而去了又还得吃上五六餐，有时甚至十几餐，但你也得耐烦。即使你饱了，吃不下去了，也得到桌子边去坐一下尝一小点作表示，所以到过沟洞做客的人有的说："到沟洞作客肚子时刻都是填得满满的。"节日这天，从中午一直到晚上，全寨都沉醉于喝酒、划拳、唱歌的欢乐气氛中。歌的内容有祭祖歌、迁徙歌、自谦歌、赞扬歌、姊妹歌和其他酒歌。

［王东：《浅谈剑河沟洞六月节》，《侗学研究》（三），贵州民
族出版社 1998 年版，第 266—269 页］

3. 锦屏县九寨侗族对祖魂的崇拜

　　九寨人崇拜祖魂，不像南侗地区黎平、从江、三江等地的侗家人那样，敬奉女始祖萨岁、萨玛或女英雄杏妮，也没有人类第一位女始祖无所不晓、无所不能、可以主宰一切的观念。在九寨山区的村村寨寨，都找不到有关女始祖的传说和祭祀女始祖的神堂。

九寨人崇拜祖魂，主要是敬供始祖丈良丈妹①兄妹，以及本宗本家的列位男女祖宗。在崇拜祖先时，男女祖魂一律平等，一视同仁。

祖魂的灵位过去设在火塘右边屋角，灵位很简单，摆一个木墩或板凳，上面钉上一节竹筒插香烛，摆上一盏油灯，就是祖魂神灵之位了。魁胆、平翁等寨的祖魂灵位是中间为空心的一个木墩，木墩空心之处放有一张小小的四方板凳，专供祖魂享用。祖魂设于火塘角，是从祖魂可以与活人一起烤火取暖、与活人一起在火塘用餐的意识来考虑。九寨的祖魂灵位虽简单粗糙，但却很神圣，一般都不让外人靠近。有的村寨如魁胆、平翁、孟寨、凸寨等，过年过节祭祖时，连女子都不让参与，客人也不得在场。至于多年一次的吃牯脏祭祖，本寨人都排斥外寨人，要清洗净化全寨和封闭寨门后才进行。祭祖活动结束后，各家各户的客人才能前来祝贺。到20世纪40年代，一些村寨的人家户开始把祖魂灵位从火塘角搬到堂屋上方，修造神龛来敬供。神龛上写有一张神榜，正中大书"天地君亲师位"，这既是侗族文化的演进，又是汉族文化影响的结果。

祭祖，是九寨的一项频繁进行的活动。从一天来看，早饭和晚饭之前要给祖宗神位上香火，每当吃饭，先摆好饭菜供祖魂。各人用碗装饭，夹菜放在饭上，插筷子放在碗正中，请列位祖宗先享用，口念："各位祖宗先吃，好好保佑我。"然后方端碗拿筷进餐。从一个月来看，总有一个或两个节日，或遇到一两件红白喜事。届时，都要郑重祭祖，要供献节日食品或喜事肉食。必要时，还要祭供公鸡、猪头等。从一年来看，三月清明节，则要在清明前三天，二月清明节，则要在后三天，去扫墓挂青，由后代亲自到祖宗坟上祭扫。三年或五年，整个宗族的人要集中一起挂公青，祭祀共同的祖先。登尼、登布的张姓宗族，每年进行一次"晒族谱"活动。即一年轮流由一房族作东续宗谱，并加写所有新出生人丁姓名谱系，以及祭祀祖先。"晒族谱"的规模很人，凡是同一宗族的张姓，每家均须去一男子，参加祭祖活动。七月半，九寨叫做过鬼节，要给祖先烧化很多钱纸包。九寨人认为阴间与阳世一样，需要用钱用米。七月半烧钱纸就是让阴间的祖先得享用，不会陷于贫困。过年时，最隆重的是祭祖，所有过年的食品，都要拿到神位上去敬祭祖先后才可享用。所有的家人，都在家长带领下，向祖先灵位顶礼膜拜。过年祭祖要大放鞭炮，这既是对一年来得到祖魂护佑的隆重报答，又是表达对祖宗虔诚的最好方式，企盼祖宗来年更好地福佑后代，使万事顺遂，一家康吉。过年晚上在神龛上点燃的灯火，要一直点到正月十五日元宵节，而且从初一到十五，每天香火不断。过年的祭祖，用心之诚，时间之长，仪式之多，都是平时难以比拟的。几年或十几年一次的吃牯脏，那是以寨为单位的对祖先最隆重的祭典，几乎要每户杀一头牛来报答祖恩祖德，并祈求继续福佑。

［傅安辉、余达忠：《九寨民俗——一个侗族社区的变迁》，贵州人民出版社1997年版，第30页］

---

① 编注："丈良丈妹"即传说中的侗族始祖姜良姜美。

4. 岑巩县侗族崇奉飞山公

境内凡有侗族聚居的地方都建有飞山庙，供奉杨再思。庙宇有大小，府、州、县建的是大庙，村寨建的是木石结构的小庙，庙联刻"广惠常施惠，飞山永镇山"。杨再思，唐昭宗光化二年（公元899年）由淮南丞迁辰州长史，结营靖州飞山，众奉为诚州刺史，自称"飞山公"。杨氏分其地为十峒，以其子分领，自号"十峒首领"。再思行土著之风，有功于民，土人思其德，为立庙曰"飞山宫"而祀之。宋追封杨再思为威远侯、广惠侯，加号英惠。岑巩侗族传说农历二月二日是飞山公生日，十月二十日是飞山公逝世之日，每逢这两个节日，家家凑钱购办香纸烛炮、刀头酒醴、粑粑豆腐举办庙会，到飞山庙顶礼膜拜，岑巩侗家叫做"敬庙公"。祭毕，即烧火架锅，烹调供物，全寨会餐，尽醉可归。

[岑巩县民族事务委员会编：《岑巩县民族志》，贵州人民出版社1993年版，第210页]

5. 侗族地区祭祀杨太公

侗族地区到处建有杨公庙，又称飞山庙。侗族地区为什么要建杨公庙和飞山庙呢？这是有来历的。

古代的叙州，就是今天的溆浦、麻阳、辰溪、黔阳、会同、靖州、通道、绥宁、城步、天柱、锦屏、芷江、新晃、玉屏这些地方，出了四个大英雄豪杰，一个叫杨太公，就是杨再思，居住在叙州北方洞寨；一个叫潘大虎，就是潘金盛；居住在叙州东南八洞；一个叫杨神雷，就是杨承磊，居住在叙州西南五洞；一个叫姜士奇，就是姜师益，居住在叙州西方三洞。四人结拜为兄弟，同生死共患难。四兄弟在一起，以谁为首呢？四兄弟约定比武，谁比赢了，就以谁为大哥。最后，杨再思比赢了，就拜杨再思为大哥。后来，四兄弟各奔四方，创家立业。由于他们勤奋劳动，很快就家发人兴，成为一方的族长和头领。潘金盛居住飞山洞，因遇自然灾害，群众生活很苦。潘金盛听说武岗州官员欺压老百姓，搜刮民财，据有金洞银库，还有碧玉簪。他便带领几千洞丁攻打武岗州，想夺取金洞银库和碧玉簪，分给全洞百姓，解决洞民的生活困难问题。第一次攻打没有成功。过了一年，他又邀请杨承磊一起去攻打，又没有成功。于是，激怒了朝廷。马王爷派吕师周，带兵偷袭飞山寨，血洗飞山洞。潘金盛和杨承磊在抗击官兵中壮烈牺牲。

杨再思闻讯，带兵前来营救，赶跑了吕师周，使飞山洞的洞民免遭更大的灾难和痛苦。从此，杨太公长期保护飞山洞民，使他们重新振作精神，发展生产，安居乐业，过着美满幸福的生活。杨再思和他的兄弟们，为古代叙州州民做了许多好事，受到州民的赞扬。后来，洞民又把杨再思的英雄事迹，编成故事传颂，给后代子孙以教育和鼓舞。

历代王朝还封杨再思为"威远侯"、"英惠侯"。

　　杨再思死后，葬于会同县连山乡镇火神坡。杨再思的传说在侗族社会中的影响十分深远，他不仅以故事的形式广泛传颂，而且古代诚州、微州、叙州的居民还为他设堂立庙。遍布于湘西南和黔东一带的飞山庙或杨公庙，就是用来敬奉这位传奇的历史人物的，这就是杨公庙和敬奉飞山公的由来。

［吴万源：《关于侗族祭祀杨太公的调查》，1997 年 11 月，未刊稿］

6. 岑巩县侗族敬奉祖先

　　境内侗家的堂屋里都设有神龛，神榜上对祖先及诸神牌位进行供奉。正中间写的是"天地君亲师位"，到了现代，有的将"君"字改为"国"字。左右两边写的是"××堂上历代宗祖姻亲左昭右穆"、"儒释道三教净莘有感神明"、"观音大士"、"神农皇帝"、"五谷尊神"、"三元三品三官大帝"、"东厨司命灶王府君"、"思州显化求财有感四官大神"等等。神龛下正中写的是"镇宅中宫长生土地、瑞庆夫人"，左边写"招财童子"，右写"进宝郎君"等神位。逢年过节、婚丧嫁娶、立房造屋、出门经商以及生病有灾，都要燃香烧纸，虔诚敬祀，祈求祖先和神灵保佑。

［岑巩县民族事务委员会编：《岑巩县民族志》，贵州人民出版社 1991 年版，第 210 页］

7. 三穗县侗族对祖先的敬祭仪式

　　侗族认为祖先之灵可以保佑家族发达，六畜兴旺。因此，各户在堂中都设有神龛。神龛设于堂屋正壁上，正中书写"×氏祖宗之位"或供奉"天地君亲师位"以及神农黄帝、五谷尊神、三官大帝、四官大神等神位。神龛下供奉长生土地、瑞庆夫人、左为"招财童子"，右为"进宝郎君"，主全家经济兴旺之事，早晚烧香供奉。

　　以大的自然村寨为主，一般按姓氏建有祠堂，为家族聚会和全族祭祀的场所。祠堂有祠堂田，全家族义务耕种，将其收入作祭祀祖先和维修祠堂费用。族长主持祭祖仪式，追叙宗祖的功德，但这种活动带有封建宗法制度性质，今已消失。

　　过去人们认为人死后灵魂没有死，他在阴间享用人们的供奉和祭献，因此每天早晚必须在神龛上烧香化纸，餐前必须先夹菜饭放于地下，祭祀祖先后，众人才能食用。清明节要去扫墓，给祖坟除草增土，以祭品敬奉，求得祖先保佑。

［三穗县民族事务委员会编：《三穗县民族志》，贵州人民出版社 1990 年版，第 83—84 页］

8. 湖南侗族祖宗节

其节日各地因姓氏不同而异。新晃侗族以农历六月六日为纪念始祖吴世万、姚君赞、杨天应开基创业节。靖州侗族部分杨姓以农历六月十九日和十月二十六日为纪念始祖杨再思节日。通道侗族以农历十月初一和十一月上旬为祖宗节。

［湖南省地方志编纂委员会编：《湖南省志·民族志》，湖南人民出版社 1997 年版，第 470 页］

9. 尝新节中的祭祀祖先仪式

每年新禾抽穗季节的农历五月小暑的第一逢卯日，小广、化敖都要按照古老习惯过尝新节。又叫吃卯节。

节日天，天将蒙晓的卯时时分，家家户户举行祭祀尝新。长形桌凳上摆着蒸熟的糯米饭捏成十二团放于十二张云南叶上，每团糯米饭上放一个煮熟了的鲤鱼头，再将从田里摘取刚抽穗的新禾折成十二节，各个鱼头上放一节，并摆上两碗甜酒糟，一个刀头肉，一碗新炒的莴苣菜，和一钵清汤，将抽掉禾穗的禾秆打成节挂牢在火炕上，月长年久不敢动，让其自由毁掉。

主人进行祭祀仪式念祭词：

> 有请老祖公，相请老祖婆。
> 我不是当时人，规矩弄不清，
> 是奶不知姓，是公不知名，
> 喊不到堂，祭祈表心。
> 喊一个来十个，请十个来百人，
> 我不挑选人名请，不丢哪人不请，
> 凡是我太公太奶，同来上桌，
> 千人共杯。万人共餐，
> 桌上共酒，桌下共凳。
> 多的你们领受，少的你们领情。
> 你们坐东为主，一天要来保佑三回，
> 每天要来保护三次，一月要来过问九巡，
> 少的莫送遭灾难，大人莫送遭灾星，
> 走东利西，行南利北，
> 坐地纳福，坐地纳财，
> 牛羊满厩，猪畜满栏，
> 鸡鸭成群，果瓜满园。

阳春兴旺，五谷丰年，

莫送虫吃根，莫送虫吃叶，

虫鸟吃谷请帮撵。虫鸟作祸请帮灭，

到了八月秋，收谷进仓，

颗颗壮实，仓仓谷满。

到了年三十，诚心奠祭祖先。

祭毕，合家老小分吃桌上祭物及禾穗，祈求人寿年丰，吉利安康。这宗仪式，叫做尝新。

[李万增：《尝新节》，贵州省志民族志编委会：《民族志资料汇编》（第三集），1987 年 11 月，内部出版，第 196 页]

10. 黎平县侗族甲戌节祭祖仪式

每年交秋后第一个甲戌日为甲戌节。相传这是吴姓侗族始祖吴杜囊逃离故乡的日子，所以非常隆重。

节日前一天，吴姓人家就将亲戚朋友邀来杀牛、宰猪，备办鸡、鸭、鱼，蒸饭打粑，作好准备。节日饭后，青少年男女身着节日盛装，在最先落寨房族老人的带领下，吹着芦笙，到"萨岁"坛前，吹奏"落寨三部曲"芦笙曲，然后献茶，请萨岁一同前往芦笙场同乐。接着，族中长者举开纸伞，背着白米袋，领着众人出发，来到祖先们最初落寨的坪子中，其他后来的房族，按落寨的先后依次到萨岁坛前献茶后，随之走向那最早开辟的歌场。这天，在坪子上举行芦笙赛。

节日的晚饭前。家家户户要备好"骂抗"（用酸汤煮好的鲜鱼）、米酒和香纸到河边焚化，并将一片芭蕉叶放下河去，表示祭供始祖吴杜囊，让他的英灵乘船返回故乡。

晚饭后，青年男女集聚在鼓楼，分男右女左各坐一根长凳，在老歌师的指导下赛大歌。上半夜唱的是《吴氏迁徙歌》和其他叙事歌，待听歌的老年人退场后，青年们唱起了情歌。芦笙队则自由组合，相互竞技。这天还举行模仿祖先迁徙逃难仪式，由一个人从寨子外面慌慌张张地跑进来，对大伙说："强盗追来了！大家赶快去抵抗！"话音一落，人们纷纷拿起武器冲出去，顿时，村外杀声震天，片刻个个笑容满面地回来，说："强盗被打跑了！"于是，将煮熟的鲤鱼摆出，烧香化纸，献上美酒，敬供祖宗。

相传，吴杜囊和吴杜长兄弟俩从外逃难到半路，肚子已经饿得不行，在河里捞得一些鱼来刚煮熟，强盗就追上来了，他俩只好饿着肚子前去迎战，打退了强盗，回到原处，煮好的鱼已冻结。二人肚子太饿，顾不了许多，抓起来吃，觉得味道极好。以后就经常煮冻鱼吃。这天，正是立秋后的第一个甲戌日，吴姓就以此日定为祖宗节和冻鱼节。

[黎平县民族事务局编：《黎平县民族志》，贵州人民出版社1989 年版，第 63—64 页]

11. 黎平县九龙村侗族对祖先的崇拜

人们除相信万物有灵魂外，还存有"灵魂不死"观念。认为人虽然死了，但他的灵魂依然活着，既可同家人维持着原有的关系，又能与先辈们在一起。因此，家有亡人，必须要举行祭祖仪式，禀报列祖列宗，今家中有某人过世，于某年某月某日某时抬出家门，葬于某地，已送他来与列祖们同村，同列宗们共寨，希望列祖列宗照顾他，不要让他单独来游村，个人来家串。同时为亡人指路，让他到"天鹅村"与列祖列宗居住。并祈求他不要将人间之事给列祖列宗们胡编乱造，平时不能单独到村中来游荡，个人到家中来探望。只能待到"青石开花"，或"六月下雪"时个人方可来家中看，否则待到家中需要或什么时候叫列祖列宗齐来时，方可跟列祖列宗一道来。在九龙，人们逢年过节，或家有红白喜事等重大活动，都要在火塘边摆放祭品，焚香化纸，呼唤列祖列宗齐来享用。平时，人们只要饭桌上增添一点佳肴，即使不焚香化纸，也习于饭前口头呼唤"祖先都来吃"或"祖先先吃"等后，方可用餐。因为人们普遍认为祖先尤其是本家祖先不仅能保一家昌盛，如子孙满堂、六畜兴旺、五谷丰登、发财致富等，而且还保佑子孙健康成长、旗开得胜、出入平安等。尽管本家祖先有时因缺少些什么，或感到阴宅有些不适，或想念家中某人时，弄得家中有人生病。但人们仍相信通过阴师查明，祭师祭祀，满足祖先的要求后，祖先仍会保佑病者康复。因此，对祖先的崇拜十分虔诚。

在九龙，如同居于村中，或一起行于途中，或集体活动中，有人遭到不测和意外，而某人却安然无恙时，人们总会说某家的祖先好。如某家子孙发达，或人才辈出，人们总认为某家祖坟葬得好。普遍相信祖先亡灵处境的好坏，直接与后代的祸福、贫富、兴衰等相关。故对丧事的安排和坟山的选择十分重视，尽量让亡灵感到快乐。并每年清明还要举族或者举家进行扫墓，祭拜祖先。

在九龙，目前供奉祖先的形式有两种：大部分家庭仍秉承传统，将祖先神位安放在火塘中，虽无特殊标志，但逢年过节，或婚丧喜庆等，皆在火塘边摆供品，举行祭敬活动。受汉化影响，至民国中晚期，该村有些大户人家始在堂屋正壁上设立神龛，张贴家先神榜，供奉祖先。截至1949年前，该村大概有10%的家庭设有神龛。1979年该村失火后，政府逐渐动员村民从楼上搬到楼下居住，尤其是1985年以来，全面推广节柴灶，大部分家庭改火塘为灶台，村中将祖先神位安放到堂屋神龛中供奉之家庭才逐渐增多，目前大概有40%的家庭立有神龛。神龛上除贴有近祖神榜或放有近祖牌位外，部分神龛上还摆有观音菩萨陶俑及香炉、油灯、蜡台等。

[潘永荣：《黎平县永从乡九龙村侗族原始宗教调查》，2004年8月，未刊稿]

12. 剑河县、锦屏县侗族吃牯脏祭祖

"牯"即公牛，"脏"指牛的内脏。因此，"牯脏节"又叫"吃牯脏"，有的写作"吃

鼓藏"。历史上侗族通过吃牯脏祭祖，认为不吃牯脏的寨子或家族要败落，要遭灾祸。通常 12 年过 1 次牯脏节，如报京数十年前吃过 1 次牯脏就是这个年限。以前，剑河县小广、锦屏县彦洞也吃牯脏，是每 5 年举行 1 次。用来"吃牯脏"的牛以家族为单位购买和喂养。是年初派人身背银子到苗族地区选购。牛圈多设在族长家楼下最暗处，族长是牯头，负责组织工作，派族内每人轮流割青草并坐在圈前填喂 1 天，傍晚拉去洗澡。或大家出资请人专事此项工作。到秋天快过节时，还要喂稀饭和米酒，牛角加包铁皮，使牛的眼色和毛皮发红，冲动好斗，需用竹棍伴缠绳索牵引。过节的前 2—3 个月，经常相约斗牛，开战一会即拉脚歇战，不让决出胜负。牯脏节通常选择在秋收后的吉日，节期 3 天或 4 天，天天烧香化纸以酒、饭、鱼肉祭祖，并安排轮流与所有的斗牛斗完。最后是"烂打"，不再拉脚歇战，败牛逃走田野吃草，拉去杀，胜牛留在坪中继续与其他牛斗，逐步淘汰，最后只剩 1 头胜牛。胜牛通常在第二天黎明时分宰杀。

"烂打"这天，男女盛装空寨观看，还有吹芦笙、敲铜锣的，人山人海。牯牛宰杀后分给各户人家，头、脚和内脏炖熟后举行家族会宴，吃长桌饭。牛角悬挂于族长家敞廊上，表示已吃过牯脏，阴阳平安，同时又是族长的标志，以牯脏节的牛头率领全族。牯脏节三四天不等，外寨来观者甚多，主寨人分别把外寨来观客人拉到家中酒肉招待。买来牯脏牛的近 1 年中，以斗牛为中心，天天打草、喂养、洗澡、围观和议论，还要准备新衣、食品、酿酒过牯脏节，天天为了斗牛和牯脏节忙碌，耗费极大。

[欧潮泉、姜大谦编著：《侗族文化辞典》，（香港）华夏文化
艺术出版社 2002 年版，第 480 页]

13. 锦屏县九寨侗族吃牯脏祭祖

吃牯脏是九寨社区最隆重最盛大的祭祖活动。在民国以前，九寨的各个大寨都要吃牯脏，每 10 年举行一次。相传吃牯脏祭祖，就能消灾消难，人口发展，五谷丰登，六畜兴旺。吃牯脏每家每户都要杀牛，伴以其他耗费，花销数额很大，不是短时期之内能筹备的。因此，作为盛大的祭典，每 10 年只能举行一次。以 60 岁为一生，一个人一生只能参加五六次。

九寨称吃牯脏为"借江"，意为邀请众亲戚来杀牛祭祖。

吃牯脏分为准备阶段和进行阶段。

准备阶段要议牛、选牛和养牛。

临近吃牯脏的头几年，由寨上各宗族各选出一名牯脏头，组成全寨的吃牯脏管理班子，再由管理班子推举出一人任牯脏总领。牯脏总领负责贯彻实施管理班子议出的各项决定，日常由他管理有关事务，发号施令。

选牛，就是要去买符合要求的水牯牛来充当吃牯脏的"开塘牛"和"扫塘牛"。"开塘牛"由最早落寨（开寨者）姓氏宗族的牯脏头喂养，"扫塘牛"由牯脏总领喂养。这两头水牯牛一定要选好，标准是角长且弯度好，腿粗蹄大，毛纯黑色，字正（毛的旋心

端正）圆满，体形威武雄壮。只要找到这样的水牯牛，不管远近，必然去买。买时不讲价，牛主要多少钱，就支付多少钱，钱由全寨各家各户分担。与此同时，各家各户也尽可能找和选择符合条件的水牯牛购买，一般买小牛崽，喂养三四年便成了大牛。

牯脏牛买来后，必须精心喂养。"开塘牛"和"扫塘牛"是全寨集体祭祖戒寨的牯脏牛，安排有专人喂养，除了让其经常吃到嫩草外，还时常喂以甜酒、蜂蜜拌生鸡蛋等食品。所在的圈子必须设于风景佳处，夏天要通风凉爽，冬天要避风暖和，圈内要不时添垫干草料，不得潮湿有粪。夏秋两季炎热之时，每天要牵去洗澡，不让蚊虫咬身伤皮。"开塘牛"和"扫塘牛"还不准任何人拿去犁田耕地。各家各户所养的牯脏牛尽管可以拿去劳动，但喂养也要尽可能周到，给吃好料，使之膘肥圆满。

除了喂养好牯脏牛外，家家户户还尽量多喂猪，多养鸡鸭，喂好田鱼，多种庄稼，多打粮食；种植各种瓜果蔬菜；准备柴火；添制新衣；修整房屋。各家各户，你追我赶，都在为吃牯脏的准备工作忙碌。

吃牯脏的期限一到，便由准备阶段进到进行阶段。农历九、十月间是不冷不热、不干不湿的季节。这时庄稼已归仓，厩内猪肥牛壮，笼里鸡鸭个大，田中鲤鱼肥美。于是，由管理班子来确定吃牯脏的具体时间。届时，各寨的亲友都被邀请到主人家里来吃牯脏。

吃牯脏的第一天清早，家家杀鸡杀鸭捉鱼杀猪待客。吃过中午席，家家户户的人和客人集中于斗牛塘，参加吃牯脏的开始仪式。斗牛塘口扎起了彩门，斗牛塘中央设一高台，台上放置三张桌子，桌上摆着猪头、吊粑、腌鱼、鸡蛋等供品，用九个碗装大米插上香火，另在桌上点红烛九炷。吃牯脏的管理班子个个身着盛装（八大团长衫、马褂、四方高帽、高底布鞋）站在高台上。先由牯脏总领前走一步，位于供品桌前念《牯脏词》，叙说吃牯脏的来历，并且宣布吃牯脏规约。接着，由开寨姓氏宗族的牯脏头牵着"开塘牛"绕塘三圈，用红泥巴涂于牛的脑门，放礼炮三响，牵出场。接着"开塘牛"绕塘三圈的是人口发展最快最多的姓氏宗族牯脏头的牛，后面跟着的是全寨各家各户的牯脏牛，都要绕塘三圈，并涂红泥巴于脑门而牵出场。涂红泥巴由牯脏总领做，表示由他把这头牛交给该户的祖宗了。涂完也就是"踩塘"完毕，当天活动结束，各家招呼亲友去吃晚席。晚上宾主饮酒唱歌作乐。

第二天早上，各家煮油茶待客。中午吃午席后，都去斗牛塘观看斗牛。所有的牯脏牛都要安排成对相斗，直到天黑。宾主又回去吃晚席。

第三天天将亮，由牯脏总领和管理班长牵"开塘牛"到斗牛塘，宰杀以祭祖祭寨，念长篇祭词，并放礼炮三响通知寨人。此牛之肉用作招待寨上邀请的客人和支付各种费用，剩余则卖作下次买牛基金。各家各户听到炮声后，纷纷牵牛出圈，交给亲友们，便关门闭户躲起来。传说祖先来牵牛时如碰见后代，以为后代舍不得，便不忍牵走，所以要躲。亲友们把牛拉到屋边，牢牢捆在杀牛架上，用早准备好的斧头宰杀。执斧的人，一定要上有父母在、下有儿女、身边带着妻子的中年男人。他趁牛不备，朝脑颈相接处连砍三斧，牛即倒地而死，这被认为是大吉大利。若这头水牯牛死时，头朝主人家方向，又被认作来年要人财两发、富贵有缘，于是宾客便要去报告主人家。主人家来看后，大放鞭炮庆祝。一时间，家家杀牛，鞭炮声在整个寨子里响成一片，上空弥漫的炮烟似紫云，空气里充满了芳香味。

天亮了，割下牛头放在神龛下，再剖腹取内脏，把牛肚、牛肠和牛胃洗净，理好肝、肺、肾，割下牛肉切成坨坨，再切好内脏，一齐放入大铁锅里煮。煮熟后，放入香料。当天中午和下午，两餐都吃牯脏。主人以酒肉相劝，宾客以歌唱助兴谢酬。天快黑时，把牛腿肉分送给舅家、姑妈家和女婿家等。每家10—20斤，再分给别的亲友牛肉，每家几斤不等。宾客得了肉，告辞而去。

第四、五、六天，封寨门戒祭寨子三天，不准寨人出去，也不准外人进来。各家在各家静住三天。吃牯脏的管理班子集中总领家，吃斋祭祖祭寨，请巫师念经保寨安民。

第七天开戒，寨人吃了中午饭，集中于斗牛塘。牯脏总领带着管理班子的人。牵着"扫塘牛"入塘作扫塘仪式。总领牵"扫塘牛"绕场三圈，放礼炮三响，然后把牛交给宰杀手，由他们牵去宰杀后，平分给每家每户去祭神龛，再由各家享用。在斗牛塘中，则由青年男女们吹笙跳舞。大人们也集中在外圈，手拉手打圆场，共同欢庆牯脏节圆满结束。总领向众乡亲交待有关开支情况，众人听后向总领等人致谢。

［傅安辉、余达忠：《九寨民俗——一个侗族社区的变迁》，
贵州人民出版社1997年版，第215—218页］

14. 通道县陆姓侗族祭祖习俗

"祭祖"是洋溪河流域陆姓的盛大节日之一，原称"杀苦压"，汉语直译为"杀红猪"，其含义为"杀朱洪武来祭祖"，现在把这一节日活动叫做"抬太公"。据传早在洪武初年，明王朝大肆进行"调北填南"、"拨军下屯"之际，与世居于斯的"本地人"发生了一场争夺山林、土地等生存空间的残酷斗争。"本地人"为了争取自己的生存空间和种族延续，在"黄、王、陆、莫、蒋、吴、龙"七姓头人的率领下，奋起抵抗明王朝的征剿，经过几番血战，终因力量悬殊，"本地人"的反抗斗争失败了，"七姓"首领及众多百姓遭杀害。幸存者把"七姓"首领的尸骨葬埋于今绥宁的安乐铺，称为"七太公墓"。"本地人"中陆姓家族为了纪念祖先的英雄业绩，每逢子、卯、午、酉年都要举行盛大的祭祖活动。……

陆姓祭祖活动的前期准备情况：

①轮流敬祭"太公"：平常时节，陆姓"太公"（实为木雕的太公头颅及河南七三祖太公灵牌）安放在上届活动时选定家族成员住屋的神龛上，只在逢年过节时上香敬茶。一到祭年（子、卯、午、酉年）的农历九月二十日起，直到农历十月一日（据传说这是陆姓首领被害之日）盛典结束，家族都得到"太公"灵前轮流敬祭，祭品主要有斋粑、猪肉、米酒、香茶、柚子、糖果等。上香焚纸，不得间断。

②给"太公"上衣：族人轮流献祭后，族长便带领家族中有经验的人为"太公"编

扎躯体、四肢，以稻草制成"太公"的躯体后，就给"太公"穿上红色战袍，扎好绑腿或穿上袜子，戴上帽子，并请"太公"安坐于太师椅上，以待吉日抬到祭坛。

③编扎祭坛：新中国成立前，祭坛是扎在"祖公田"里的，现在由于旧的"祖公田"已分到农户，而新辟的"祖公田"又离村寨过远，往来不便，便另择离村落不远的一块沙洲作为活动场地，祭坛就扎在沙洲的中央。祭坛其实是一具可以很容易安拆的小木屋架，高约 3 米，长宽各约 2.5 米，由支柱 18 枋构成。屋内后部的正中是安放"太公"的地方，坛前置一香案，摆上各种祭品及太公灵牌、族谱。祭坛柱上有三副对联，其中一副是："逝者瞑目身边尚多儿孙在，祖先安息堂前自有后人来"。在祭坛的左侧约 5 米处设一香房，亦为随时可以拆卸的木屋架，约高 2 米，长 4 米，宽 2 米，内分三格，均设有香案，有香炉及各类祭品。祭坛右侧与"香屋"相对处，设一木桩，供插旗帜用，旗帜以各色彩布拼缝而成，彩旗上绣着"陆"字，以示陆家人众于此。在祭坛约 15 米处设有一歌坛，供对歌、赛歌之用。

一切准备工作就绪后，到祭祖盛典的头天，在族长的主持下，由主祭人进行卜卦择选"杀猪人"和祭后请"太公"归家事宜。卦选杀猪人是在家族中未婚青年男子中进行。一人一卦，以阳卦为准，被选中的就由他去杀猪献祭。"太公"归家则以阴卦为准，一户一卦，谁家先卜得阴卦，说明"太公"就选中了他家，"太公"就要在他家安坐三年。

"祭祖"这天，村寨沸腾了，在外工作的人员能回家都回来了，外嫁的姑娘们也回到娘家，邻近村寨前来敬贺的，看热闹的乡民们都来了。每一批客人来到，都要放铁铳炮、鞭炮，敲锣打鼓地迎接，打水给客人洗脸后，姑娘们送上香喷喷的"黄豆油茶"、"糯米油花"、香烟、糖果等。

临近午时，祭祖盛典开始，顿时三声铁炮冲天而起，锣紧鼓震撼山寨，浩浩荡荡的队伍抬着"太公"出寨，前有两位壮汉打着雨伞，手捧"太公"灵牌和香炉，沿途所遇男女老少，都要向"太公"膜拜，把"太公"抬到祭坛后，给"太公"安座，主祭人烧香化纸，口念祭语。被选中"杀猪"的青年跪拜于"太公"面前，恭候杀猪献祭。

在抬出"太公"的同时，几位小伙子亦在把用以祭祀"太公"的猪推出猪栏，拖到祭坪沙洲上，一到祭场，便把猪的两耳戳穿，拴以棕绳，用带钩的木杆钩住棕绳，把猪拖到"太公"面前，此时，全族男女老少蜂拥而上，围在祭坛周围，众人发出"呜——呜——"的欢叫声，杀猪的小伙子高举砍刀，奋猛地朝猪颈砍去，以猪头摆于太公灵前献祭。主祭人口念祭语，讲述本家族的历史源流，以及"太公"反抗斗争的英勇事迹，参加敬祭的人们肃穆之极。

祭典之后，对歌是主要的娱乐形式，祭场上汇成歌的海洋，此起彼伏，一浪胜过一浪，对歌的主要内容有互相赞美，赞美村寨的山清水秀，人杰地灵，歌颂祖先的功德，缅怀"太公"的业绩等。对歌直到次日天晓。日已偏西，夜幕降临时，人们把"太公"抬回村寨，安放在以卦选定的人家里，拆除躯体、四肢，仅以其头颅奉祭于神龛上，祭祀活动结束后，举行晚宴。一般情况下，用来祭祀的猪只能就地临时掘土为灶，架锅煮食，凡是参加祭祀活动或行往路人都可入场喋食……

［罗康隆、杨玉琪、杨学文：《通道陆姓祭祖习俗记实》，《怀化师专学报》第13卷第2期，1994年4月，第16—17页］

第二节　慰藉祖先的丧礼葬仪

1. 三穗县侗族丧葬习俗

侗族的丧葬分土葬、火葬两种形式。正常死亡实行土葬，非正常死亡实行火葬。

（1）正常人死亡的丧葬

①临终。老人临终前，不能睡于房中床铺上。相传，如果人死于床上，就要背着床板到阴间去备受折磨。即将咽气之时，立即扶到堂屋正中，坐于椅子上，脚踏一斗谷子。儿孙拜跪其前，为之送终，聆听遗嘱，并由一长者劝慰其莫离人世；或安慰其莫挂念家中儿女，放心上路。瞑目之后，烧"落气钱"于土罐之中，让死者在阴间有钱使用。随即给送终的人发一小条白布，拴于衣扣上，谓之"接魂"。此时，以三脚撑架反置于院中，架好铁锅，以稻草烧水为亡者浴身，并剃去头发以纸包好备用。接着穿上青衣，放于"梦床"（门板）上，用一张白纸盖脸，十二根蓝线拴腰，一根捆脚，以纸钱塞入亡者两手之中。并在"梦床"之下点一盏油灯，谓之"地狱灯"，还用一张大白纸将神龛上的祖宗牌位遮住，表示"阴阳断隔"。

②入殓与典度。道士进屋，把大门两边的脱扇拆下，把棺材抬起，放在堂屋正中的两根凳上。用烧纸折成岔角形垫在棺底，用七张瓦片（也有用干净的旧衣）作枕头，把剃下的头发放于枕头下，垫上1至1.7米长的白布，择时辰将亡尸抬入棺内，口中放入碎银或戒指，切忌铜铁贴棺。须用点燃的香在每件寿衣角上烧一个小洞（男左女右），表示在阴间才能享用。按亡者的年龄每岁一根，于腰间捆上麻线，然后盖上三至五层布，将"地狱灯"移于棺下，把棺盖斜角盖上，家中人日夜在棺材周围"守灵"，寨友房族及至友亲戚亦前来陪丧。停柩期间，摆上一张大桌子，其摆设多与汉族相同，要给死者做法事，超度亡魂。

③开客。安葬的头天晚上，孝家要举行盛大的祭奠仪式，当地叫"开客"。开客这天，在灵位前设置灵屋、灵亭、灵台、金山银山、金童玉女等。祭桌上摆着孝家和亲戚朋友送来的各种祭品，有豚方、豚席、舒雁、家鹅、德禽、金丝、银片、鱼尾，还有肉、柔毛、果品等。祭奠分客祭和家祭两种。客祭是为亲戚朋友举行的，这天，丧者女婿送来的礼品最多，一般是抬猪抬羊，送祭幛、黄罗伞、金山银山、灵屋等祭品，还送"白喜钱"（少的几十元，多的一二百元），上祭时，在孝子的陪同下，由祭师宣读祭文，行三跪九叩礼，孝家散孝衣和孝帕。家祭的仪式很隆重，凡属晚辈儿孙都要披麻戴孝，

行三省三献和三跪九叩礼，鸣炮奏哀乐、敲锣打鼓、吹唢呐，有的还要"踩灯"，道士先生在前，孝子随后，为亡灵祈祷，早登仙界，表示孝子对死者永远怀念、悲伤。

④出殡与下葬。次日发丧前，道士先生打开棺盖，用水给亡人洗脸，再次安慰亡者不要挂念家中老少和亲戚朋友，之后将棺盖盖好。发丧时，用一小碗装上茶叶、米和水，放于棺材上边，道士念念有词，用"宝剑"将碗砍得粉碎，力士手捏纸钱将棺材抬出大门，放在院坝中的两根凳子上。有的人家还将一床红被子盖在棺材上，并拴一只公鸡立其中，称之"红丧"。孝子、女婿和至亲等，每人手拿一根香，身背一个草把，跪在棺椁前两三丈远。众人拿来绵竹绳索，将两根大杠和四根子杠与棺材捆好，由八人抬着棺椁往坟山方向去，若遇上坡下坎，用白色土布牵棺而行。一孝子手持引魂幡在前，其余随之几步一拜，直送灵柩登山。最前面由一人撒纸钱引路，叫"撒买路钱"。将到坟地，孝子在前跪拜，感谢众人协力，接着烧长钱于坟穴内，将棺材悬吊于井上，于井内边土壁中挖一小洞，将装着酒饭的土罐置于其内，谓之"千年酒、万年饭"，以供亡者食用。此时，道士手持"引魂幡"，在坟头"招魂"。待入井时辰一到，即将棺椁放入井中。这时，道士向外撒米，孝子以衣襟接住，众人当即把井穴坑平垒高。

⑤圆坟与洗孝衣：上坟后，道士接着做几道法事，然后把死者生前用过的衣、鞋等物连同所封赠的纸钱包、金山、银山等等一概抬去河坝堆砌好。其地点称为"包堂"。孝子端着灵牌，由一人打伞遮着，去到河坝绕"包堂"走三圈，面朝西边，待道士做圆满谢恩法事后回家。第三天夜里，孝子到坟地反手抓一把土带回家，途中不得回头，放在堂屋中的神位上，表示已接老人回家。之后，择个吉日把坟砌好，全家人上山祭拜，谓之"圆坟"。当晚，由孝子喊魂，表示亡者的魂魄同历代祖宗登上神龛，享受子孙祀奉。过了"三七"（即二十一天），孝家脱掉孝服洗好，俗称"洗孝衣"。至此，丧事结束。

（2）非正常人死亡的丧葬

凡属非正常死亡（即摔死、跌死、刀枪下亡或吊死、溺死及惨死等）的人，必须先经过道士施法火化。火化多为两种：一是将死者尸体放入棺材中火化；二是将亡尸放于柴栅上直接火化。烧成灰烬之后，用白布垫地，孝子拣骨灰于白布内，按人体的部位从头到脚依次排列，恢复原形，然后包裹好，放在木板制的小棺材内直接抬到山上去葬，不举行任何仪式，并不得葬入祖坟山。葬后，死者的亲戚朋友才来看望孝家。

如果死者是外乡的人，灵柩不能停入堂中，其魂魄也不能上神龛，而只立个牌位于槽门外的板壁上供奉；儿童以及未成家的青年人死了就只能葬在荒野山上，只割几块木板或用杉木皮裹着亡尸埋葬。

［三穗县民族事务委员会编：《三穗县民族志》，贵州人民出
版社 1990 年版，第 55—58 页］

2. 天柱县、剑河县侗族丧葬仪式

天柱、剑河一带侗家丧事很奇特。侗家是一个富于人情味的民族，凡人逝归终，都要举办丧事，经济宽裕的人家，要热热闹闹为死者守灵致哀，表达追悼，家境条件不好的人家也少不了这宗礼数，只不过从便就简罢了。

（1）落气钱

"养儿防老，积谷防饥"，是侗家民族的一句普通俗语。侗家人认为女儿终究是要出门的，不能膝前尽孝，只有儿子才能承宗继业，宽慰父母晚年，百年归世，有儿子烧化"落气钱"。虽然这是出于苦经历史压迫的精神寄托，但侗家人却以儿子接气烧化"落气钱"为逝而无憾成为俗规。过了五旬的人，谓之风烛残年，老人健康衰退，常有病痛，就从患病之日起，儿女守在床前，煎汤熬药，以尽孝道，长者久病不愈，预兆阳寿不可久留，儿子即备后事，筹办衣物、猪羊、棺材、钱米及"落气纸钱"，千万不能让逝者死于床头或屋外地方无人接气，必须抬着逝者安坐堂中椅上，受儿子接气，鸣炮焚香烧化"落气钱"。人们传说"落气钱"是给逝者阴间备用，不受贫寒。

（2）守灵

离开人世的人，绝气之时，还要用麻线拴银子少许放入逝者口中，待换衣入棺之时取出。传说银子是给逝者过奈何桥买迷魂汤的。逝者换衣，也有讲究，衣裤不留扣子，用线一根将逝者身躯围住，衣裤必以单数为宜。

逝者从落气到入棺、扶灵登山之期，孝子必须昼夜守灵。寨邻亲友则于晚间伴孝陪灵。守灵的人，须要百般留心，千万不能让猫狗钻入灵堂。人们传说：猫狗进入灵堂过往逝者遗躯前，逝者便立身爬起，揭棺奔走，化成僵死鬼在人间作祟，不幸之兆累及家门。从古到今，侗家守灵，是件苦差事，孝子及至亲往往累得疲惫不堪。一家有孝事百家陪灵。为了伴灵和解劝孝子悲哀忧情，伴灵的人对唱丧歌，亦称孝歌。丧歌内容为惜别感叹，和劝道世人多诚孝意，休待父母归世，方才醒悟无益，纵然哭干血泪仍难报答养育恩。

（3）扶灵登山

心地善美的侗家人，对后人的造化除寄托于家庭教养和社会教养，亦寄托于祖灵护荫，故对逝者的安葬也是十分讲究的。要请礼修先生推年庚、察山象，山象的形势必须向阳开阔，山峰气势不凡，井堂干爽且见五色泥。出灵发丧，用雄鸡一只拴于灵棺上。传说：雄鸡为逝者引路报讯。礼修先生念诵信词，捶碗发丧，抬灵的人众随着发丧的捶碗声，一呼而起抬起灵棺朝向坟井而奔。侗家人以抬灵为荣，表示有见义勇为之精神。人们在摆闲之中，常谈起平生抬了多少次灵棺的事为炫耀。的确，侗家人抬灵不讲价钱，不畏路程艰险，人人精神振奋，神态如神。抬灵既要顽强勇敢，亦要谨慎小心，千万不能让灵棺接触地面，抬灵的人，跟随前行端灵焚拜的孝子和送灵的人众，在鞭炮、唢呐热闹气氛中登山。放棺落井，孝子跪谢护灵人众，用竹篾一条垫于棺底，等至"落圹"辰刻抽出竹篾，浅土掩棺，以待三日后堆土垒坟。

（4）女婿"半边子"

扶灵之日，孝家杀猪宰羊宴百客，陪灵伴孝的亲友送彩礼，以及哀悼之意。侗家丧事席宴，谓之"白喜"，白喜菜素，不办套数，所有肉菜一锅煮，酒席中不兴发拳唱酒歌，表示为逝者尽孝致哀。

侗族后生订婚之后，便成为女家"半边子"，要为长者尽孝，长者过世，"半边子"不但尽孝守灵，并要披麻戴孝，并抬猪抬羊贺厚礼，跪于灵前"喊祭"（行祭）。尚未成亲的女婿过门吊孝，孝家特为热情，不予怠慢，但服侍帮忙的年轻姑娘，却可以百般捉弄"半边子"，趁人吃饭之时，悄悄将残菜肉骨放入碗底舀饭盖上，和趁"半边子"不留心便刷花猫脸，取乐逗笑，还美其名曰给"半边子"打记号，新女婿只能大大方方，百般忍耐，倘若小气，不但遭人非议，未婚妻也将感到丢脸不光彩。故而，侗家办丧事，未过门之前，"半边子"就先学懂了礼数，才不臊皮。

三天复坟，孝子及至亲、女婿，搬石担土砌坟。讲究孝道的侗家，复坟之日，为逝者焚香点烛、摆酒献刀头行祭，和为逝者竖碑立墓，铭刻生平。

侗家有"回煞"的习俗。复坟的当晚，女婿"半边子"及至亲尚留孝家伴夜"回煞"。人们传说：三日复坟的晚上，逝者回屋辞身影，人们还将听到逝者回屋的响动声音。其实哪有此事，只不过是孝子对于逝者的思念之情所产的疑象罢了。

复坟之后，"半边子"及亲族散去，丧事结束。

［李万增：《丧事》，贵州省志民族志编委会编：《民族志资料汇编》（第三集），1987 年 11 月，内部出版，第 210—211 页］

3. 锦屏县九寨侗族葬礼

凡是人死，均棺葬土埋。人死分正常死亡和异常死亡，丧事区别对待。

正常死亡的葬礼习俗：凡是病死在自家和别家屋里均算正常死亡。年迈的病危，视其无恢复之可能，子女就集中起来，围在他（她）的身边。有的子女在外地，则派人或送信去通知。闻讯后，昼夜兼程赶来送终办丧事。老人快落气，子女都围在床边，有的拉手，有的抓脚，表示不让其到阴间去。

正寝了，子女们给尸体洗澡，理发。老人去世，男者剃光头，女的梳绾髻。若死者牙齿全未脱落，那么，要用钳子拔掉一颗。洗过尸体的手、脚、身上后，其水每个子女要蘸一点舔尝，表示孝意。给其穿上寿衣，移至堂屋正中，设床位安放，盖上白布单。在床头摆香案，设灵位。完毕，子女都穿上白色孝衣，放炮向寨人示意：我家老人已去世。

闻声，寨人迅速拢来致哀，帮忙。晚上留下守灵。

与此同时，派人飞奔各地报丧。亲友闻讯，火速前往吊丧。每有亲友来到，均发给孝帕，为白色。又派人去接吹鼓手，请道士。

道士一般是本寨的，不收报酬。他来了，做三件事：一是确定出葬日子；二是扎灵府，给亡者超度亡灵，引他跨入阴间世界，进入列祖神位；三是构写祭文（故者传记）。传记追念故者的一生，叙述他一生的功德和历尽的艰辛。

　　到了出葬日，清晨派人去挖墓井。一般葬在家族列祖墓地。家里，道士主持将尸体入棺。棺内还放故者生前喜爱之物和少量银子。棺木放在屋边坪子上。人们就去捆抬架。棺木两侧捆两根抬杠。杠两头捆上横木，并系上白布作牵引，双杠平行，长达数丈。棺木上面放上一只瓷碗，里盛茶叶水。把灵府放在棺木前面，再往前设祭坛。祭坛两侧摆着各家女婿抬来的祭猪。

　　到了出葬时，子女孙辈跪在祭坛前，亲友寨人围在四周。于是，道士站在祭坛前，用哀切的腔调诵唱故者传记。子女、亲友和寨人缅怀故者一生，深表哀情，泪如雨下。接着唱祭歌，请故者受礼。道士喊故者女婿跪着向棺木、灵府叩头鞠躬。最后，道士用道剑击碎棺木上的瓷碗。顿时，全寨青壮年上前去，抢抬棺木上路。

　　送葬的行列是，拿引路幡的在最前头，其次是抬灵府的，再其次是拉牵引布的，这些都由故者子女和别的亲属承担。往后是众人抬棺木，再往后是吹鼓手、道士，最后是亲友、寨人跟着。

　　抬棺木的走法是：有进有退。抬棺木后部的人往前推进，抬前部的人用脚抵住不让上前，反朝后退。整个进程几乎成了进三步退两步的局势。特别是上坡，专选最陡的地方走。前部的五六个人用力一顶，往往退后五六步。于是，众人在后部要同心协力挺进，方能有进展。这时吼声震天，热闹无比。丧事的悲哀气氛被冲淡得无影无踪，变成了用力竞争的欢乐场面。

　　抬到墓井，拆抬架将棺木放入井里。埋上土，填平地面，就回去。

　　在屋外，主人备有一大盆茶水，凡是送葬的人都往盆里洗手。

　　隔数日，道士和子女们重去圆坟。墓门修在棺木尾部的上边一头。墓身高出地面三尺，形状像一只乌龟，这与祖先的图腾崇拜有直接关系。修毕，举行扫新墓的仪式。

　　过了七天，女婿家请吃丧酒。故者儿子们率家族男子们前往就餐，丧事宣告结束。

　　有子女的中年死亡，是一种不幸。治丧尽管程序和年迈的人一样，但一切从简，不举行隆重葬礼，但葬入祖上墓地。

　　青年死亡，丧事更简。只立灵位，不扎灵府。已婚的人，用双杠抬出入葬；未婚的人，只能用单杠抬出入葬。墓地均是另选，不能葬入祖上墓园，墓身不立碑。

　　少年儿童死亡，不请道士，不用棺木。只拿木盒子殓入，拿去荒坡上埋。家长往往在小孩脖子或大腿部位用香火点烧做标记，过了一段时间，谁家生小孩，若是相应部位带有红点，就被认为死去的孩子已经投生。

　　异常死亡的葬俗。不管这人有多大，只要不是病死在屋里，均算是异常死亡。在家难产而死，坐月而死，也算异常死亡。九十多岁的老人病死在山上，也是异常死亡。树压死、滚坡死、水淹死、刀斧砍伤而死、吊死、毒蛇猛兽咬死、中毒死，等等，是名副其实的异常死亡。

　　遇异常死亡，要请道士去坡上用火烧尸，拾骨灰入棺，才能安葬。不能和正常死亡的人共墓地，得另选。异常死亡的青少年，烧成骨灰后捡入木盒子。因为人们认为他们鬼气大，所以，多葬在人迹少至、邪气浓重的幽处。

［傅安辉：《锦屏县九寨侗乡习俗》，贵州省志民族志编委会
编：《民族志资料汇编》（第三集），1987 年 11 月，内部出
版，第 229—230 页］

4. 黎平县肇洞侗族的丧葬仪式

在肇洞地方，凡年满十三岁的人均视为成人，若正常死亡者都按传统习惯举行丧礼和葬礼。

（一）丧礼

（1）报丧

肇洞侗族的家族组织，分为"胜"（即姓）、"督"、"翁"（即公）、"高然岱侬"（即屋里兄弟）和"然"（即家庭）五个层次。凡办丧事，一般由"翁"或"高然岱侬"内的各户共同协助。在本"翁"或"高然岱侬"内，若有久病不愈者，都要前往看望。若故亡，丧家立即鸣放三响铁炮报丧，本"翁"或"高然岱侬"内各户家长迅速到场，主动商议承办丧葬的全部事宜。如果本"翁"或"高然岱侬"内有鬼师，那就不外请人。不然，要办的第一件事，就得请鬼师到场，由他测定丧葬中一切礼仪的具体时刻和做法，便于通知外寨外地的亲友。

（2）洗尸换衣

这项丧仪均在亡人的床上进行。洗尸用水是在家里的火塘上烧热，男者剃去鬓发，女者梳洗整容。浴水按鬼师指定地点和方位向内翻倒，不得任意处理。给亡人换衣，一般是三套或五套，内白外青，全为侗布所缝新衣。穿衣是单数，盖垫的寿被和布单总合起来也是单数。连穿衣在内，亡人身上最多只有九层。穿戴后，富裕之家还要在亡人口内放些碎银，名为"口银"，历史上曾叫"白口银"。然后，待鬼师测定停尸的具体办法。

（3）停尸

停尸的丧仪很复杂，多种多样，完全按照鬼师测定的去行事。肇洞地方，鬼师测定丧葬礼仪时间的依据，既有汉族的《象吉通书》（即［清康熙］潭阳人魏明远纂《增补象吉备要通书大全》，上海、广东、汉口广益书局出版。流传于肇洞的既有原版本，也有手抄本）和《永吉通书》（即［清乾隆］临川人李泰来集《崇正辟谬永吉通书》，上海、广东、汉口广益书局出版。流传于肇洞的也有原版本和手抄本），还有本民族的《丧葬侗书》。前两种书和侗书基本相同，但相互间也有矛盾的地方，因而产生了鬼师间的不同支系。但是，在测年月日时的程序上，则是一致的。按最简单的做法举例，测葬年是将亡人"本命生年取一十"和"破军取一十"推算，若甲子年生者，戊辰年死就不能安葬，只有停棺待葬，另择其他吉葬年。测葬月是将亡人所死之月份，以"三元数退日"推算，如"三元"之上元月为正、四、七月，按上月所异葬日有十、二十、三十为

退日，凡落此不合葬。如果葬年、葬月均为吉，就按"金堂玉堂"推葬日，规定七天一轮转，不合葬者最多停五天，少则一至三天不等。葬时，一般以亡时按阴阳"六合"推算，若有犯就提前或推后。人们认为，丧葬中若违背所忌年月日时者，将有损于丧家人畜钱财。凡年月不合葬者，均作停棺待葬处理。凡日不合葬者，时间长到三五天的，就入棺停枢；一两天的也有停尸床上或火塘上；有的在日内不作停尸，洗浴换衣后入棺下葬。在测定时间方面，若鬼师一开始就碰上"六绝"法，那当天就不再测了，要改到第二天重测那也要影响到停尸的时间。

①停尸床上

凡亡人生死之日不宜移动尸体的，那就洗浴、换衣、整容后停放床上，待直接入棺。尸体一旦离床，立即将床板取走或翻面放于床上。

②停尸火塘

凡亡人生死之日能移动尸体的，就按鬼师测定的方位，停放于火塘上。有的是用两条长两米、宽约50厘米、高50厘米的大长凳架放火塘上；有的是用两条小长凳横在火塘两边，再铺板于上；然后再铺放一或三床白布单，并用三丈白侗布做枕头，将尸体摆放上面包好，并盖上寿被。

③停棺堂屋或屋边

若亡人二至五天才葬，就将棺材放在堂屋或屋边的两条小长凳上，再将尸体裹抬入棺。若停放屋边的，棺枢四周得用木皮围栏，防止小动物钻入棺下。停放期间，早晚上香烧纸。灵位移到亡人房间门外，设案供奉。桌案上一般放一钵糯米饭，三条腌鱼，点一盏灯。入棺时，要鸣放三响铁炮告众。1986年5月25日，纪堂寨陆士清（84岁）去世，鬼师测定于5月30日下葬，得停棺五天。于是，孝了将其枢停放在一楼的堂屋里。同年10月6日，肇兴礼寨陆万金（71岁）故亡，于7日晚入停放于屋边空地上，8日早上才埋葬。还有停棺于寨门外的，如纪堂寨陆光耀之妻杨氏的灵枢就是这样。杨氏于3月21日病亡，定于23日下葬，而在22日下午入棺于寨门外。因为，陆光耀之父死于1984年10月19日，本宜1986年农历十月埋葬。由于其家经济较困难，只好将其父停棺待葬之灵枢提前与其妻之灵枢一起埋葬。于是，将其妻之灵枢停于寨门外，便于移其父之灵枢一道举行葬礼。

④停枢鼓楼

到鼓楼举行葬礼前，要将尸体抬到鼓楼入棺或抬灵枢到鼓楼停放。鼓楼是全寨人的公共活动场地。习惯规定，凡年满六十岁属正常死亡的老人，或不足六十岁，而受家族人拥戴的，都可停枢于鼓楼，并举行隆重葬礼。上述陆士清和陆万金的灵枢均停放本寨鼓楼并举行葬礼。

⑤停棺待葬

若亡人不宜于当年或当月埋葬，就要将灵枢停于寨边的坡地上。这种停枢丧仪，先是将棺材抬到预先停放地点，并按鬼师测定的方位摆好，再抬尸入棺。举行入棺仪式，一般是在半夜鸡叫三遍后进行。到时，若亡人是男，就由女婿；亡人是女，就由舅家人，在丧家大门外连喊三声："到时喽！"孝子便应声大哭。随即，由亡人女儿或侄女二人引路。一人肩扛一把系有汗巾的雨伞在前，一边走一边"甫惟"或"徐惟"（即"父亲呀"或"母亲呀"）地喊；另一人腰系一侗锦布口袋，内装一些大米和纸钱，边走边撒米和丢纸钱。孝子和"高然岱侬"的人，就将亡人尸体裹抬跟后，到地点时收殓入棺。合上棺木盖子后，要用竹篾将棺木首尾捆扎牢实，并于盖缝处横加木楔固定。最后，用木皮夹盖好灵柩四周，不致损坏和防止小动物钻入。

新中国成立前，不论贫富，停棺待葬普遍存在。肇兴乡纪堂大寨，曾有停棺到二十八年才埋葬的。若是停棺年久，棺木损坏，埋葬前还得重新敛尸骨入棺。近三年，该寨停棺待葬的有七个。第一个，是于 1983 年 9 月 9 日逝，到第二年 2 月 26 日下葬，第二个，于 1984 年 1 月 16 日逝，到 1984 年 12 月 1 日下葬；第三个，于 1984 年 8 月 17 日逝，到 1986 年 2 月 17 日下葬；第四个，于 1984 年农历十月十九日逝，到 1986 年 4 月 2 日下葬；第五个，于 1984 年 12 月 24 日逝，到 1986 年 2 月 17 日下葬；第六个，于 1985 年 2 月 15 日逝，到 1986 年 2 月 17 日下葬；第七个，1985 年 2 月 15 日逝，到 1986 年 2 月 17 日下葬。现在，该寨还有一灵柩停放在上寨头恩塘坡上，有待来年再葬。其中的第四个，就是上面所述的陆光耀之父。在历史上，肇洞地方凡停棺待葬的，若遇上吉年月日，也有同一天下葬。这与李宗昉在《黔记》卷三中，关于对"楼居黑苗……人死殓而停之，为期合葬，共卜吉，以百棺同葬，公建祖祠"的记载，大致相符。

（4）吊丧

不管即日下葬，还是停棺待葬，都要通知舅家、女婿和其他亲友参加吊丧。去通知者，手执一穗禾谷插于被通知者的大门上，或交给被通知人手里。吊丧者返回，也还要回丧家带一穗禾谷同样插于门上。来吊丧的亲友，视丧葬情况按习惯规定送礼。对停棺待葬者，只有舅家或女婿送 1—3 丈白侗布裹尸，其他亲友则不送礼。若即日下葬和停棺后再葬者，本"高然岱侬"各户要送一筒米（10 斤），全家人都去吃一餐饭，每人一串肉。本"翁"各户，送 4—6 斤米不等，但不吃饭。若死者是男性，舅家送一幅孝幛和一些糯禾；若死者是女性，那就不送糯禾而送一筱糯米饭和三条腌鱼；丧家答礼是一张孝帕，3 斤猪肉。凡女婿要送 120 斤糯米饭、6 斤腌鱼、6 斤酒和一幅孝幛，并由其中拿出一筱糯米饭和三条腌鱼作为亡人午饭祭棺，其余的挑到埋葬地点分给送葬的人吃；丧家答礼，同舅家一样。其他亲友送禾谷、孝幛和现金；丧家答礼，对只送钱的，就还一张孝帕，送孝幛或禾谷的，就加一斤半猪肉。凡亡人属女性者，若停尸火塘未入棺或入棺举行葬礼时，妇女来吊丧的每人送亡人 2—4 尺白侗布，作为"见面礼"。凡送二尺布的，丧家答礼一条腌鱼，四尺的答礼加一倍。

孝子在向亲友报丧的同时，全部戴孝帕、穿孝衫，以示悲哀，还要请一支乐队参加吊唁活动。乐队到家，昼夜吹奏不止。乐队有长号一对，唢呐一对，锣、鼓、单金各一个，镲一副，三金一架，侗笛一支。丧葬中，孝子、"高然岱侬"和女婿均戒斋，只能吃腌鱼，不能吃肉；吃饭时，不得在火塘这间屋里；送葬那天，还不能喝水。

（5）哭丧

哭丧是停尸期间表示惜别的丧仪，是人们对亲人死亡心感悲伤的自然表露，而在丧仪上的含义是以哭声的方式通知近邻及村寨内的亲人，并向将离去的鬼魂表示惜别，凡孝子都要哭丧，不过女子哭的时间长，仪态更加哀恸，哭诉的内容是赞颂死者生前的才能、功德，以及家族、家庭失去依靠的苦衷，以表示惜别。凡寨内某家有丧事，全寨人都不唱歌、大声说笑。就连平常罗汉和姑娘们玩耍的"月堂"，也停止了歌声和琴声，以示哀悼。直到下葬后，寨里才恢复正常的娱乐活动。

（6）供祭

供祭也属停尸期间表示惜别的丧仪，由于停尸的情况不一，供祭也有不同。停尸床上，一般只在火塘边烧香化纸以示供祭。停尸火塘或入棺后至举行葬礼前，要将亡人生前所用雨伞（有的是纸伞，也有的是黑布伞）、汗巾和侗锦布包，另外男性还有拐杖和烟杆（有的还捆一件亡人生前穿的旧棉衣），女性还有两条裙子，均捆扎好放于亡人身旁或灵柩旁。脚下点盏长明灯，并写灵牌设案烧香供祭。供的物品，一般有一钵糯米饭，三条腌鱼。若停棺堂屋或屋边，只是早晚上香化纸，而设案供灵位于亡人生前的房门外，供品同上。停棺待葬，仅供灵位于家里，只是早晚上香。只有举行葬礼时，才作大祭。新中国成立前，富裕之家的葬礼，要由孝孙端灵位，坐着滑竿到坟上，然后再将灵位带回家供祭。现在，送葬后仍供灵位于家里，直到满月后才烧化。这些奠祭表明，人们迷信在殡尸期间死者的鬼魂没有离开家，或是常来常往。

（二）葬礼

丧葬礼中，葬礼是最隆重的。伴随鬼魂迷信的产生，经济文化的发展，肇洞地方的丧葬礼吸收了汉族的许多东西，使得其隆重的程度越来越高。

丧礼和葬礼是鬼魂崇拜的主要形式，鬼魂观念又是灵魂观念中发展而来。远古社会，生产力低下，促使人们产生依赖鬼魂的观念，鬼魂崇拜也就出现了。人们根据鬼魂与尸体的关系的种种想法，以及关于鬼魂阴间生活的幻想，来处理尸体，于是就产生了各种葬法和丧葬仪式。肇洞地方的葬礼，可分为塞门、祭奠、祷告、送葬和久葬等礼仪。

（1）塞门送鬼

不管采取哪种停枢的办法，只要举行葬礼，就得先进行塞门送鬼仪式。从这时起，孝子连水都不能喝，否则会带来灾难。人们认为，亡人停枢，来往人多，野鬼也随之而来。为了防野鬼捣乱和平安地送走亡灵，就要在火塘外塞门送鬼。塞门有两种作法，一是用上述看田鱼扯禾苑塞门的简易办法；一是用"美标"、"寿补"、"四方凳"、"美骂高伞"、"得塌"、"翁兔"、"照然"七种草药，各捆成两把放于门的左右两侧。同时，在门外设祭请鬼师送鬼。祭品有一碗米，其内放两个鸡蛋，插一炷香，还有三条腌鱼，三片猪肉，三碗酒和一只活鸡。除鸡外，其他祭品均放在一小桌面摊开的稻草上。鬼师的法物，有一把平时用来剪鱼肉的剪刀和一碗放有"协萨"的水。鬼师送鬼时，先要请神保护，其中有天神、地神、鬼师的师傅和丧家的祖先。然后，鬼师念诵：我们这里有老人过世，就要到"王朝村上"去了，凡野鬼都不要来打主意。说到此，鬼师口喷水，手舞剪刀，以示驱赶野鬼。接着，杀鸡淹血，与野鬼隔绝。塞门送鬼后，鬼师还要在火塘屋里举行"遮天盖地"仪式，保护孝子及牲畜、钱财。鬼师所使用的物品，有孝子全家人穿的衣服上的一根纱，象征所有孝子；一块打火石，象征火种；一片牛皮，象征牲畜；盖棺用的侗锦被面上的一根纱，象征钱财；碓杆木一片，象征家什；禾谷一穗，象征五谷，坛盖一个，作为保护用物；其上还放有一个渔网盖罩，以示外人不可动用，并缠水葡萄藤三圈，象征龙蛇盘三转，以示任何鬼魂都移动不得；还有破锅钢一片，以示雷打不动；而且还将水桶破片一块和"四方凳"、"美标"两种草药放在坛盖上，意为任何鬼魂若来移动，碰到药，水就淋它，那就要转投猫胎，永远不会害人。每放一物，鬼师都要念咒和喷水。最后念的一句是：天赫赫，地赫赫，大地中央，黑脸将军。

在肇洞地方，凡属非正常死亡者，都要火化丢洞。人们认为，只有这样处理其尸体，才不至于变成恶鬼，但统统属于野鬼一类。塞门送鬼和"遮天盖地"，主要就是对付这些野鬼和新逝亡人不该再带走的东西。

（2）祭典

出枢埋葬前的祭典，等于送别仪式。不仅丧家要摆上供物敬祭，而且女婿要献猪、羊等物大祭，作为输送亡人阴间生活的食品。由于各自的物资条件不同，祭典规模和隆重程度有很大差别，但在迷信观念上都是一致的。

①就地祭奠

新中国成立前，贫苦农民葬礼的隆重程度是有限的，大多数连葬礼都无法举行。穷人家办丧事，就连不花钱放的铁炮，也要受到富贵人家的嘲笑。新中国成立后，彻底改变了贫苦农民的地位，丧葬礼仪中被歧视的现象已经不存在了。现在，有些经济较困难的家庭，还是采取节葬的办法。就地祭奠，一般是家庭及亲友经济较困难，无能力举行隆重的葬礼。于是，选择一块离家较近也较宽敞方便捆绑抬杠的地方，引灵枢设案祭典。如果请得起乐队的，在舅家、女婿和其他亲友来烧香告别时，作简单的喊礼祭奠。如果连乐队也请不起，就不需喊礼了。只要舅家、女婿烧香在前，其他亲友也跟着烧香跪拜；孝子一起再烧香跪拜后就出枢了。

②鼓楼祭典

不管采取哪种停枢办法，只要年满六十岁或受家族爱戴而不满六十岁的，只要家庭经济条件好，都要在鼓楼里举行隆重葬礼。有时，是几棺灵枢同一天在同一座鼓楼里举行。如上述停棺待葬的，第三、第五和第六个，就是同一天举行鼓楼葬礼。第三个和第五个在上寨鼓楼，第六个在下寨鼓楼。若是几棺同一天在一座鼓楼里举行葬礼，一般是年龄最大的居鼓楼正中，其他依次排列左右或安置于鼓楼坪上。

鼓楼祭典既隆重又复杂，其程序有点主祭礼、宾客祭礼和唐祭礼之分。

a.点主祭礼

此礼仪要请大宾，即有名望的人，一般是款首、头人或最著名的师公（对大鬼师或安设"堂萨"鬼师的称呼）；由孝子用针刺出左手中指的鲜血，再用新毛笔蘸血，交给大宾点神主牌位，以示孝子对亡人的敬重。

b. 宾客祭礼

此礼仪按舅家、女婿、其他亲戚、白客（即朋友）的顺序作叩拜祭礼。习惯规定："父丧归女婿，母丧归娘家"。就是说，岳父过世了，女婿来送午饭。除上述的糯米饭、腌鱼和酒外，还要有猪、羊、牛三牲和果品，并请一支乐队吹奏着去上祭。一般来说，羊是活的，猪杀后加工成各种不同名目的祭品。姑母过世后，要由外甥送午饭。所送午饭，就是上述的糯米饭和腌鱼。其他亲戚朋友，就送禾谷、孝幛、现金，再烧香祭拜。

c. "唐祭礼"

此礼仪是由孝子及至亲（一般是孝子的叔伯兄弟），也包括上门女婿在内的共同祭礼。若不作点主祭礼，也有进行两次唐祭礼的。

鼓楼祭典时，孝子要用数匹侗白布设帏护枢作孝堂；要写祭文；要请一支乐队；要请礼生六人即通站（又名喊礼）、讲书、歌诗、引礼、上香、读祭文者各一人。通站负责司祭，讲书负责讲授"鲁论之宁戚章"、"子生三年章"和"孟子之养生章"，歌诗负责歌诵"蓼莪之首章"、"蓼莪之次章"和"蓼莪第四章"；引礼者负责护理孝子；上香者负责上香、献祭品；读祭文者，负责写祭文和宣读祭文，祭文一般又分为侗语祭文和汉语祭文两种。对以上所请之人，孝子都要给每人送一块孝帕。但孝帕的长度有所不同，乐队每人给四尺，礼生每人给六尺捆腰。过去，礼生夏天要戴草帽，冬天要戴礼帽。通站还得用滑竿抬上坟地，在砌好坟后又主持举行一次唐祭礼。

新中国成立前，有钱人家和有威望的人家，鼓楼祭典极为隆重。新中国成立后，点主祭礼已消失，而宾客祭礼和唐祭礼也逐渐简化了。1937 年秋，纪堂寨陆开松当肇兴乡乡长时，其母死后在鼓楼祭典整整用了一天时间，到第二天才埋葬。灵枢上置有"灵屋"，灵枢前的两侧各有一块"马牌"、一盏灯笼。孝子、女婿及舅家与孝子同辈人，均身穿长孝衫，用稻草绳系腰，脚穿草鞋。1940 年冬，肇兴信寨寨老陆华端病故，在鼓楼里停枢三天，开众客（侗语称为"占勾弁尼"），举行隆重祭典。全寨人和亲友全家出动，大吃大喝三天。

1986 年 5 月 30 日，笔者参加了肇兴乡纪堂下寨陆士清的鼓楼葬礼。据说，是该寨近三十年来最隆重的一次。陆士清只有四个女儿，大女儿、二女儿和三女儿均出嫁成家，只有四女儿招了邻寨登江的陆隆祥上门为婿。他家火塘门上的丧联写道："岳父虽享八旬上寿一历劳碌维持全家事业，赘儿纵然吾儿团圆千般负罪未尽半子恩情。"陆士清的舅家已无人健在，所以他的葬礼便成了一个特殊的例子。两名司祭者，一名喊礼，一名上香，均为他的外侄。

凌晨五时左右，三响铁炮后，伴随着孝子的一片哭声和哀乐声，陆士清的灵枢由八人用短杠从家里的堂屋抬到鼓楼，停放在大厅正中火塘前面的两条长凳子。鼓楼的四根中柱上各钉一根大竹钉，将两根长竹竿搭于钉上横架在灵枢上方，用三匹白侗布顺着灵枢方向拉成帏幛。在灵枢前摆放一小方桌，桌子正中放灵位，左右各放一个用纸糊的金山和银山；灵位前供一钵糯米饭并插上一双筷子，一盘腌鱼（有三条）、三杯酒。桌子前方两柱脚各捆一支用竹竿绑着的大红烛。六时许，陆士清的三个女婿（即出嫁三个女儿的丈夫），挑着祭品，放着鞭炮，并请一支乐队吹奏着乐曲，到鼓楼上祭。丧主鸣放三响铁炮，以示迎接。在鼓楼大厅正门的左侧，女婿设案献上祭品。有"得勤"一只，是用一块带皮的熟猪肉做成兔子形状，并用棉花装饰；"凤凰"一只，用一根连带喉管的熟猪肺做成；"凤肝"一块，用熟猪肝做成；"金山"一座，用一节熟猪小肠盘放在猪心上做成；"东肴"一件，用熟猪小肠盘放在猪腰子上做成；"海雀"三只，即三条腌鱼；果品五盘，即葵花子、水果糖、枇杷、花生、李子各一盘；"刚鬣"一头，即一个熟猪头；"柔毛"一只，即一只活羊。还有用一只熟鸡做成一个人形，并戴一顶纸斗笠，手拿一根钓竿，名为"姜公"。

七时许，女婿们燃香化纸。司祭宣布，女婿祭礼开始。陆士清的三个女婿及侄女婿一并站立灵柩前致礼，上门女婿陆隆祥以儿子的身份和士清的侄儿们跪于灵柩两侧答礼。司祭高喊："孝堂，肃静！恭谨女婿祭礼。司事者，各司其事！陪祭者，各就其位。司乐者，各听其到。击鼓！（击鼓三下）鸣金！（击金、锣各三下）奏大乐！（吹唢呐）大乐止！奏细乐（吹奏侗笛）！细乐连（侗笛连奏）。行上香礼（上香者烧香），上香，亚上香，三焚香。献酌（上香者斟酒），亚献酌，三献酌。献海雀、献刚鬣、献得勤、献凤肝、献柔毛、献果品、献饭。全献礼毕。就位！跪！伏，兴；伏，兴；伏，兴。平身，礼毕，退位。孝子出帷答礼（女婿扶孝子起立）。动哀（女婿伏灵柩大哭三声）！放炮（女婿放鞭炮，主家并同时鸣放三响铁炮）！

接着，客亲朋友先后祭礼。司祭者重复前祭词，但不再念献祭品等语。

最后，孝子与女婿一同祭礼。司祭者高喊："孝堂，肃静！恭谨引孝子与女婿祭礼。孝子以下皆跪，一鞠躬，二鞠躬，三鞠躬。"同样司乐、上香、献祭品。但祭品除女婿祭礼中提到的外，还增加了"献凤凰、献金山、献东肴、献姜公"。全献礼毕，孝子、女婿等跪伏于地，由司祭者读祭文。祭文有侗语和汉语两种，内容各不相同。每当读到悲哀之处，孝子、女婿等都要痛哭三声。祭文读毕，再三次叩拜，然后平身，伏灵柩痛哭。同样，鸣放鞭炮和铁炮。

……

（3）祷告

祷告的内容主要是嘱咐死者赴冥间的路上和在冥间生活时应注意的事项，歌颂死者生前的功德，祝愿死者过幸福的生活，以祈求他在冥冥之中不忘保佑家人等。这些内容分别在不同地点，不同场合，由亲属、鬼师、司祭来祷告。

①亲属祷告

a. 入棺祷告

不管野外停棺待葬，室内停柩几天，还是到举行葬礼地点入棺，凡死者停放床上或火塘上，到时入棺都要由舅家或女婿手执一木皮火把在屋外连喊三声："到时哟！"孝子应声痛哭，并与"高然岱侬"人一道抬尸收殓入棺。

b. "警棺"祷告

停棺家里、屋边三天以上或停棺待葬的，都要由亡人舅家人或女婿在鬼师的陪同下于灵柩前作祷告。在为亡人举行葬礼的当天凌晨，即鸡叫三遍后或天亮前，舅家人或女婿就拿一筱糯米饭，三条腌鱼，一壶酒和一些香纸，到灵柩前惊棺。祷告人手拍棺木三下说："某某（对死人的称呼），今天您吃饭喝水得吗？如果吃不得，今天是好天，你就和同伴上路吧！"说完，摆上祭品，烧香化纸。然后，再将祭品带回丧主家。此时，在家的孝子和"高然岱侬"的人将门关好。祷告者来到家门口（或火塘一间屋的门口），把门开关三次，到第三次时说："今天甫（父）或俵（母）吃饭喝水不得了。今天是好天，要和同伴上路了哟！"孝子闻声痛哭，由"高然岱侬"的人将灵柩抬到举行葬礼地点。

c. 出枢祷告

凡葬礼结束，鬼师念完"送午饭词"后，"高然岱侬"一老人手持木皮火把，连喊三声："到时哟！""高然岱侬"的青壮年男子，当即抬棺踢倒原放灵柩的凳子。执火把老人并用一只母鸡的头扎抬棺的木杠三下，把鸡打死，灵柩便迅速抬往埋葬地点。但是，对于这种打鸡的处理则各有不同。在陆光耀之父和其妻同时埋葬时，执火把老人是用一个鸡笼装一大一小两只鸡，只是象征性地将鸡笼撞击棺木抬杠。事后，这两只鸡归该老人所有。陆万金下葬前的打鸡也没有死，持火把老人还将此鸡带到埋葬地点。返回时，此鸡由这老人带到了自己家里。陆士清下葬前，执火把老人则已将鸡撞击棺木抬杠致死。此鸡后拿回丧主家，作为孝子开荤用。

②鬼师祷告

a. 葬礼后的祷告

凡葬礼结束，要在灵柩上摆三碗酒，由鬼师念诵"送午饭词"。若本"高然岱侬"有懂得的人，也可代替。"送午饭词"全文如下：

"千古亡人，没有去六国，走游还没有步满乡村。正当做工吃饭，正堂造房来坐，正当整床来睡，莫想翻床睡；就像一个没有力气的人一样，还不想离开亲戚，像鱼不愿离开塘，像龙王离不开殿，像燕子离不开楼，天上不返，不随风雨；地下不发，不遂人民；山林不发，不遂林木；江水不发，不遂鱼群。"

"唯有黄帝拿书不平，天星拿命不定，天下三灾，地上国难，未犯东方，犯我下家，犯到千老亡人。一日作病，难以坐家；二日作病，头不离枕；到屋就离床了；三日作病，就要进棺。人老过世，无论好葬歹葬，都留他不得。他已归阴神，未和阳人，以土为家，以石为寨，去了一层相别，房屋不在，留给了兄弟，又去二层相别；撑架一样都没有了，与女婿和儿子都不相见了，已到四层相别；不要再转到本房族家屋里去，叫六层相别；我到这步，我就以土为家，是七层相别。"

"千秋地冷，地冷千秋。命不好叫天，小命叫地。他的命到天上去了，像鱼离开了江了，纸破阴层相别了（俗有阴阳隔张纸的说法），错走上奈何桥了。亲戚朋友，老人，大人，都来哭我，男泪滴滴，女泪纷纷，像蜜蜂围着花蓬一样团团转。人死了就以钱纸为银，打开箱子把好衣服给他，鞋袜二对，花被盖三床，连衣共为九盖。盖起亡人之骨，遮得他的血脉，尸体不露在外头。人生口吃三十六样，人死口含白玉一块。"

"人死没有棺木，要到'古州告杆难木'去买，买得木材，是中间最好的。树木的根子好，东方砍，砍不得；西方砍，砍不得；南方才砍得了。砍树倒下来了，没有压倒别的东西。量最好的树干来做棺，用尖（楔子）来破成四大块，用好绳子捆起来。请姜蒙、杨蒙两个力气大的抬出'岜杉弄代'，过了大塘、大洞；到丙妹、贯洞；到龙图、洒洞、洛团三寨，查五中团，岜坪小岭，才到纪堂。当时，还没有人敢停棺木，还没有人敢停棺堂。从远处请师傅来，村脚也有木匠。村脚木匠通达行头（木匠工具），哪样不好，以他的行头为好；哪样不平，以他的行头为平，最后做好一盒大棺材。"

"千老亡人，像古树一样崩下去了，崩进好年，好年润润，月转三润；年好洋洋，月转屯旁；年转荣荣，月转戊曲。你过去拍手未懂，拍手未到；'洛蒙'（指富贵双全）未开，盘龙未转。只好把棺木搁在屋檐底下，抬它到平地安放。拍手已过，择日也有了，'洛蒙'已开，盘龙已转，好日子来近了，坏日子除开了。又请十二个人抬，他们是吃腌鱼才来抬；抬要杠子，肩膀顶着杠子抬。他们抬到上坡坟墓，下坎坟堂。寻戊利宫，奇龙利白，寻得盘龙利富贵。墓底有禾仓，墓头有衣箱，墓脚有金银出，墓头有宝贝。金银随我来，牛马随圈转。十二个秀才，呜呼哀哉，又到家中来会一会。请四个人，把墓修整好；四人又呜呼哀哉，又到家中来。要请三十儿郎随同，拱手作揖，卜卦着地；说东方去不得，西方去不得，反转去南方；南方出明堂（指黄道吉日），明堂出富贵。出富登墓安葬，墓头面向'安州'，墓脚对着银山，得到六马仙，鸭鹅仙。十仙登步，十仙登桥。正月洋洋，王朝村上，二月洋洋，墓土心交，庄稼转好。"

"千老亡人。已登大孝。山冲的糯禾谷普遍好，田坝的禾谷已金黄，我们的家道逐渐好起来了。坡边的禾谷像马尾一样大，田坝的禾谷像牛尾一样粗；坡边和田坝里的禾秆像树木一样大，禾谷像藤子和叶子一样到处铺满。百船都讨得钱，千船都讨得饭，像风吹来一样，重重富贵，富贵古州。到我高楼，富贵河口，到了屋里头。打开箱子装富贵，连睡觉的床底下也装满了。把富贵埋进火坑边，今后我们才有吃有穿。金银平等，富贵平均。分家个个一样好，庄稼长得好，富贵得双全。甲子转起来当初，十三代富贵，十九代富贵，归我一路。"

"今天，女婿（或舅家）拿来了晌午饭，用箩筐装的，九挑九担，送给千老亡人。挑去坟墓大地，坎脚墓后；千年安泰，万代安好；随你爱吃就吃，不爱吃就留；爱动就动，不爱动就放好。挑去送祖公，挑去送祖婆，又送父母，又送儿孙，又送我们房族兄弟。山林莫敢侵犯，地脉莫敢警擅。死人安凡，生人富贵。以前成我老人，在我手管；今日老别，再别亡人。今得富贵古州，古州转在我高头；富贵河口，转到我家流。"

念毕，陪同者将灵柩上的酒碗递给鬼师喝，然后其他人喝（孝子除外），随即出柩。这首"送午饭词"，追溯老人由体弱衰老，得病而亡，与家人亲友离别。亡人已登大孝，保佑后人富贵。最后讲女婿或舅家送午饭，千年安泰，万代安好。从这里反映了三个问题：第一，崇拜的死神是黄帝和天星；第二，给死者指明"南方"的"安州"是祖先的发源地，而且"王朝"是历代祖先阴灵聚会之所；第三，从女婿给丈人、舅家人给姑姑送午饭，反映了古代婚姻和丧葬的习俗。

b. 埋葬后的祷告

埋葬亡人后，孝子和"高然岱侬"的人回到家里，大家围着火塘，摆上祭品，由鬼师祷告。这种祷告，侗语称为"斗煞"。斗煞要用鱼塘塞缺口防鱼游走的竹帘铺在火塘内侧，上面放一个猪头，左右各放两只猪脚，后放猪尾。猪头的最后面，还放有切好的十二片猪肉。猪头前面放一碗酒和一碗水，水碗里还有一根织布机"告"上的纱线。另外，还有一钵煮熟后切好的鸡肉片，是用原打棺鸡加工而成。鬼师烧香化纸后，就念诵斗煞词。其大意是：千老亡人要到阴间去了，和子孙们离开了，和阳间人世也离开了。该送的，孝子都送了；该拿的，你也拿走了。孝子为了给你送行，他们不吃也不喝。现在你上路了，孝子们也该吃东西了。你在阴间要保佑子孙发家人旺，富贵双全。念罢，鬼师就拿酒往火塘里倒一些，自己喝一口，再递给孝子们喝。接着，鬼师又端起水碗重复一遍。然后，鬼师拿起鸡肉和猪肉各一片放入火塘，孝子们也跟着分吃起来。

这种斗煞仪式，有的也很简单。如陆万金葬后的斗煞，只供一个猪头，一碗肉汤，十二串猪肉。十二串肉分为前后三排，前两排各三串，后一排六串。念斗煞词后，由一人将最后排的三串肉剪成小片分给孝子们吃，同时一人喝一口肉汤，以示开荤。

③司祭祷告

司祭祷告指的是举行葬礼时读祭文。用汉语读的祭文，是以孝子的身份倾诉对亡人的追悼，格式与汉族葬礼祭文相似。用侗语读的祭文，是以司祭人的口吻向亡人告别，内容与鬼师念诵的"送午饭词"有相同之处。上述陆士清葬礼中的两种祭文就是这样。汉语念的祭文一开始就说："唐祭文维公元·九八六年岁次丙寅月见癸丑日时甲戌之宜祭日。"随后罗列全部孝子名单，有"不孝子婿陆隆祥，不孝女陆葵英、陆柳英、陆三妹、陆狗妹……"另外还列孝侄媳、孝曾孙等人之名。"今以柔毛、清馔、茶果、酒礼、香烛、玉如之鱼，呈祭于新逝恩考陆公士清之灵枢前，呜呼（孝子痛哭三声）！"继后，追溯亡人的身世经历，对女儿们的养育之恩。特别强调说：幼女陆狗妹为服侍老人，"于一九六九年喜愿接到登江陆隆祥为婿，为此家道产业，自理门庭。养儿育女，岂不美哉。不料到今日我岳父，于本月初一病不起，服药未灵，于四月十七日辰时进往幽冥仙世，万想难逢，呜呼（孝子又痛失三声）！"最后叙述孝子失去亲人的痛苦，停留堂上五日，不敢再留，择四月二十二日入葬，坐"更山坤向灯盏水秀山名"以慰先老亡灵。

侗语祭文说：今天您老人家不吃不喝了，八十四岁的人，有房不住了，有饭不吃了，是阎王决定的，生死难移。不要怪罪子孙。那您就到祖先那里去，到祖先住的地方安息。您在世之日，子孙未尽犬马之劳，难报父母养育之恩。你虽然没有儿子，女婿也是儿子，照样尊重您。现在送您三鲜您也吃不下，只有择金堂玉堂安埋，也照样送您猪、羊、牛、马带到阴间，您要护佑子孙家道平安。

（4）送葬

葬礼结束，就用两根长木杠捆扎灵枢，上面盖一块侗锦被面。由十二人抬往墓地安埋。送葬队伍的次序，先由亡人孙孙一辈人扛招魂幡在前；接着几人用竹竿撑扛孝幛（按舅家、女婿和其他亲友送的次序排列）；继后是乐队，边走边吹打；孝子随后，按抬灵柩前进的情况不断跪拜；跟着是引棺的两人，均为亡人女儿或侄女，一人扛一把用汗巾、侗锦布包捆扎着纸伞（若亡人是男性，还有烟杆和拐杖；是女性，还有两条百褶裙）边走边呼唤亡灵，另一人腰系装米和钱纸的侗锦布口袋边走边丢撒。抬灵柩的人，不管高坎、陡坡，照样前进。随灵柩后参加送葬的本"督"或本寨的老人、妇女和小孩，一直要到达墓地等待灵柩下圹后才返回。若像陆光耀之父母同时送葬安埋的，招魂幡各一，引棺人各二，其父的灵柩在前，其母的灵柩在后。凡抬灵柩经过的路上，亡人邻居或鼓楼周围的人家，均插有白蜡树枝，以示避邪。

在鬼师测定亡人埋葬的时间后，要提前半天或一天请四人打井即挖墓穴。打井前，要由鬼师按亡人的生卒时间测定井的坐向，并用罗盘标出方位。若开新坟山地，要请鬼师启水念开山动土经，再架罗盘定位。流传在肇洞一带的开山动土经是这样说的："伏羲，日吉时良，天地开张，吾今动土大吉昌。前有陆杨威武，后有青龙与白虎，坎有不从佛天午，吾奉九天玄女，道吾元君，急急如令。天无忌，地无忌，年无忌，月无忌，日无忌，时无忌，百无禁忌。吾事天上，百地君下，百鬼精（连续念三遍）！一破破天殃，鬼来净消亡；二破破地长，鬼来净避藏；三破破人殃，鬼门开生路，过化生福享，急急如令。"若是老坟山地，经地理先生择定后，孝子在坟地烧香化纸，口念：祖公、祖婆，某某就安住这里了。说罢，举锄开挖第一锄。孝子请人打井，要送一簸糯米饭（约10斤）和三条腌鱼作晌午。井穴打好后，正中要放两卡禾谷，再用两只撮箕合拢盖上，两旁还堆一些土，以示给亡人修好的粮仓。当灵柩抬到井穴处，凡家庭经济条件好的，还要举行用鸡跳井，用纸钱烧化扫井的仪式；灵柩下圹后，还要举行踏棺、呼龙的仪式；而且用鸡跳井、扫井、踏棺、呼龙各有念词和咒语。人们认为，用鸡跳井，用纸钱烧化扫井，"倘一百二十凶神恶煞，尽在雄鸡身上当"，一切邪气尽随纸钱的烧化而被驱逐。踏棺时，孝子要送鬼师一双新布鞋，有的人家还送一套新衣服。鬼师以此形式封证丧主子孙发旺，富贵双全。认为呼龙，才能使"太阳高照真龙穴，安葬亡者大吉昌"。"良时吉日葬之亲，报答爷娘养育恩"。凡家庭经济条件差的或一下子请不到懂这方面礼仪的鬼师，安葬亡人便从简，不举行以上仪式。就其扫井来说，也很简单。陆光耀葬其父母时，是由"高然岱侬"一老人用木皮火把在井穴上来回晃动三下。陆隆祥葬其岳父时，则由鬼师用箭杆枫茶泡一碗水洒在井穴四周和底部。

扫井后，灵柩当即连同抬杠一起架放井穴上。原挖井者谁下井撮出留下的土，那两卡禾就归他所有。主孝子下井用锄头在井的两头各挖一些土垫棺，便于松解捆抬杠用的棕绳和解开捆棺的篾条。孝子在井下还要烧钱纸，说些对亲人安慰的话。孝子上井后，便将灵柩放入，并对好方位。执火把的老人站于井上，用火把横扫灵柩三下，同时念道："生魂出，死魂入"。孝子刨入第一锄土埋棺（亡人是女性的，多由娘家来人刨第一锄土），其他人才动手填土。堆好坟后，还要烧香化纸，放炮祭新坟，并将引棺随带之由孝子拿着在香火上绕三圈，以示亡人领用。凡男性老人的新坟前，都将生前所用拐杖插上。在下圹的同时，女婿送来的东西，全部分给送葬的人吃。一人一坨糯米饭、一片腌鱼，成年男子还用碗传递着喝酒。有的丧主还拿几斤熟猪肉片分给大家吃。

祭新坟后，孝子转回寨要放鞭炮，并先进家门。"斗煞"开斋后，孝子、"高然岱侬"及客亲才一同吃饭。饭后亲友都走了，要由舅家的一位老人来扫地。右手拿扫帚，左手提撮箕，从屋里向外扫三下，再到屋外扫三下，边扫边念："扫帚到，全走光!"以示驱逐一切邪气。

（5）久丧礼

葬礼完毕，还有服丧期的礼数和祭祀。这种礼仪，在肇洞地方是维持一个月时间。

安埋亡人后的第三天，孝子要到舅家去吃"转脚板"，以示对舅家的敬重。若舅家无人了，也要烧香化纸，由孝子念诵一番。

亡人安葬后的三天内，"高然岱侬"的妇女来到丧主家，帮他清洗死者换下的衣物和原用被子。到复三的那天，孝子、女婿、舅家人一道去上坟，并用亡人遗物在香火上转三圈，然后带回家。

自送葬后，亡人灵位放在家里供奉，直到满月才拿到坟上火化。满月这天，孝子和"高然岱侬"的人一起去砌坟上坟，然后回家聚餐。在满月之前，丧主家里的人不得参加社会的一切文娱活动。满月后，才取消戴孝和恢复正常的社会活动。1986年3月30日，笔者到纪堂上寨陆开贤家，他的小儿子（20岁）病死正好满月。他愿将其子灵位供于楼上房门外，早晚烧香化纸并献茶。满月那天，"高然岱侬"的人到他家，上坟烧灵位后，杀了一条狗聚餐，满月之前，其老伴经常哭子，满月后就不再哭了。

[黄才贵：《黎平县肇洞侗族的丧葬和"多堂"礼仪》，贵州省志民族志编委会编：《民族志资料汇编》（第三集），1987年11月内部出版，第289—301页]

5. 从江县朝利侗族丧葬习俗与改革

朝利村的葬俗，礼仪繁杂，耗费巨大，对每个家庭来说是一个沉重的负担。这里有句俗话说：办了场丧事，三年不抬头。有的甚至负债破产。过去有识之士曾提倡改革，并收到一些效果。现将这里的葬俗及改革的一些情况，作一简要的叙述。

（1）报丧

在老人落气后，即宣告丧事开始。第一立即请来巫师进行"封炉"。所谓封炉，就是由巫师将丧主家所有炉灶封盖，从当日起，不在屋内生火，而在室外临时打灶煮饭，不做任何菜肴，只吃腌鱼，死者子孙一概忌荤（可吃鱼）实行斋戒。封灶后，由巫师测算死者入棺、出柩、安埋的时辰。

第二派人通报远近亲朋好友。而通报死者女儿是第一要事，因为女儿要负担去世父母的入殓衣被及丧家（兄弟家）大人小孩的孝帕，姑娘不到场，这场丧事就难于办成。所谓报丧最主要的是向死者女儿、女婿通报。

（2）入棺

老人落气，即设尸床于楼房正屋，暂作简单灵堂。死者穿着寿衣，里外三套（内衣，棉衣或夹衣，单衣），富有之家可多备若干套置于棺内，妇女则要穿裙。寿衣为生前所穿式样。

到入棺时辰，在楼下正屋（平时居住楼上）设正式灵堂，放好棺材，然后由近亲六名男子，即舅家和姑家的表兄弟们，用青布被单兜抬死者遗体，从楼上抬到楼下灵堂，放入棺内。入棺前，棺内垫上纸钱若干、白土布二匹和做枕头用的白布一匹。遗体入棺后，用青布被单将死者全身盖住，最后盖棺。

入棺时，丧家孝男孝女及孙辈们都要回避，躲到村外，待入棺事毕才能回来。这种回避侗语叫做“浪勾”，用意在于避免死者把子孙的灵魂带走。人们认为死者形体虽死，但灵魂尚在，他和生前一样喜爱自己的子孙，当他走到另一个世界去了，是要把子孙灵魂带走的。

（3）守灵

入棺完毕，开始正式守灵了，这时全村的成年男女不请自来，有的来帮助蒸饭（这时全部吃糯米饭），有的来招呼客人，有的来向死者告别。守灵的时间长短不等，以选定安葬时日为限，这要看死者的出生年月日和死亡年月日测算而定。按照流行于九洞地区的《占推八宫掌》的推算法，在一个月内之的禄存、文曲、廉贞、武曲、破军、左辅、右弼、贪狼、巨门这九个日子中，唯贪狼、巨门是大吉大利日子，武曲、左辅、右弼次之，最为忌讳者是廉贞、破军两日。因此，有的死者从入棺到安葬间隔的时间短则1—2日，长则也有5—7日的。

守灵期间，白天由妇女守，晚上由男人守。白天守灵的在丧家吃饭，晚上守灵的要吃夜宵，吃的都是糯米饭和腌鱼。老人过世，吃腌鱼、糯米饭是这里的古老习惯。有的家庭，在子女结婚后即开始为父母准备丧事腌鱼，这种腌鱼叫“老人鱼”。有的人家为了使腌鱼长期不变质和不败味，在制作时先将鲤鱼炕干，然后配上作料，再放入腌桶，其味三至五十年不变。如有某家老人高寿去世，用贮存五六十年的腌鱼来招待宾客，定会受到极高的赞誉，丧家孝子也感到对得起老人而引以为荣。腌鱼在办丧事中，占据重要的位置，处处离不开它，有的丧家办一场丧事用去腌鱼竟达两三千斤之多。丧事用鱼的来源，主要是自家长年累月的积蓄，其次是家族兄弟有义务赠送，这是一种互助行为，以后赠物者家有丧事，受赠者是一定要回赠的。

（4）公祭

出柩当天，由表兄弟们把棺柩抬到寨前坪子上，设堂公祭。这时，首先由女婿、孙女婿吊祭，烧香化纸，鸣放铁炮和鞭炮，然后由远亲近邻、生前友好烧香化纸进行吊祭，甚至过路的陌生人遇到了也可参加吊唁。祭毕，凡参加吊唁者都到丧家用餐，这叫做“吃老人饭”，饭后每人可向丧主要一个“老人碗”，祈求自家人也像死去老人那样高寿。这天是丧家接待宾客的高潮。“吃老人饭”后，丧主向每位吊唁者赠送腌鱼一包（每包八条，每条重二三两至一斤不等）、糯禾一卡（重一斤）、熟猪肉一串（重半斤）；

送给女婿猪肉一斤或半斤猪头（上颌给女婿下颌给巫师），糯禾四把（重40斤），腌鱼二包。

（5）出枢

出枢前一天，要实行"塞屋"。其办法是，由两位鬼师到村外割来青草，扎成草把将丧家炉灶三面围住，留着一方，同时，将同样的草把拦住大门，其用意是把房子盖住使死者灵魂看不见家门，不能到家里作祟。到了出枢时刻，死者子孙要回避；躲到村外看不见灵枢的地方或跑过三道河湾的地方，等到抬棺走后，听不见鞭炮声了才回家。

出枢时刻，要举行送魂仪式，由巫师主持。送魂经内容如下：

"送你出家，推你出门，送你去翁、牙、各、最，落到塘中、岭皮，下曹、高坪，岑成、得老，口、贡、平相，成严、脚平，相王、南闹，中朝、潭溪。去那各哈、西田，去那丁江腊口本堂，去那丁江腊口本殿。旧地好住，旧地安眠。早喊你要应，晚喊你要到。从今以后，早喊你要应，晚喊你要来。保佑我父子男女，佑我早稻上山，水稻下田，旱稻茂盛，水稻丰收，圈中满猪羊，栏内满牛马，银多元宝，酒满瓮缸，吃用不完。佑我五谷丰登，人丁发旺，发人济济，发财景景，发人像河沙（繁多），发财像树叶（繁盛），为父为子共享福，男子标致像杉树，女子秀丽像竹笋，人财两发，富贵双全。从今以后，送你去歌堂、耶堂；那地方坝尾小、坝头大、坝尾亮，黄悠悠；坝头亮，黄绿青；男儿芦笙这山吹，女儿芦笙那山响，第一是歌堂，第二是耶堂，第三是芦笙堂。"

（6）安葬

朝利村除有公共的墓地外，各个家族集团也各有自己的墓地。老人落气后，即请巫师到家族墓地去选择墓地，定点定方位。挖墓穴，一般在出枢当天，由远房亲戚（叫黑头亲戚即不戴孝者）承担。挖墓穴人数由七、九、十一人组成，要单数不要双数。意思是让死者单独一人离去。墓穴当天挖成，按测定时辰下棺入土。挖墓者当天午饭在墓地吃，晚饭回丧家吃，饭后主人给每个挖穴者赠送腌鱼一包。第二天垒坡，仍由打穴者负责，要在一天内把坟垒好，当天仍在墓地吃午饭，回丧家用晚餐，饭后主人又送每人腌鱼一包和糯禾11斤。

停丧。如死者因出生年月测算出在近期内不合适安葬者，则实行停丧，待到合适时间即行下棺入土。如有横死者，比如妇女难产死，刀杀枪死，跌崖死等亦需停丧，到安埋时则要焚尸拣骨，另换新棺入葬。

（7）禁忌

朝利村丧葬禁忌主要的有以下两种：

逢凶和避凶。侗语叫"劳勾"和"浪勾"。这是一种严格的禁忌。如果死者落气时逢凶日，便形成这一禁忌。逢凶是有一定日子的，即春忌：申酉戌，夏忌：巳午未，秋忌：寅卯辰，冬忌：亥子丑。比如在春季的一、二、三月里，逢申、酉、戌日落气者，即是逢了凶日。避凶，是在入棺、出枢、安埋时，死者子孙必须认真回避，如不回避，死者会把子孙灵魂带走。如老人落气时不逢凶，即不"劳勾"。在入棺、出枢时稍加回避即可。

忌荤。在老人落气后到安埋前，在这段时间里，死者子孙要素食。不食各种肉类如牛羊猪鸡鸭等，但可食鱼。这个禁忌的用意有两种说法：一是传说古时候老人死了，他的尸体要拿来招待亲友。后来出一个孝子，他的老人死了，不忍心让人吃掉，便杀猪宰牛以代替人肉，亲友们吃了很满意，从此大家都效法他。所以现在老人过世，子孙如进肉食便视如食亲人肉体，于心不忍。二是父母亲死了，子孙素食、戴孝，以示悲哀，是对老人的孝敬。

（8）开斋和开灶

所谓开斋，是指死者的亲属开始荤食。在死者断气到安埋前这段时间里，死者亲属，如他（她）的兄弟姐妹子女儿媳和孙子孙女等均要吃素。在出柩时刻，巫师念送魂经，打死送魂鸡，以血淋棺，随即便抬棺上山了。这时孝子孝孙随即返家，由巫师"开灶"，把围住大门和炉灶的草把除掉，恢复正常生活，巫师把送魂鸡煮熟，切成小块，孝子坐定，面向富贵方向，所有死者亲属每人吃一块鸡肉，这叫做开斋，侗语叫"破号"或"破瓦"。开斋后，便开始款待宾客，此时，主人可以陪客饮酒吃肉了。饭后，丧主要赠给全村每户猪肉（或牛肉）一串（半斤），以示感谢亲友的帮助和宣告丧事结束。

（9）赠礼

朝利村的葬俗，一般不请客，不送礼。如果说有送礼的话，这里有一种女婿为岳父母送"老人酒"的礼节。凡姑娘出嫁，生了小孩以后，只要岳父母还健在，便特意酿造一缸"老人酒"，作为将来老人过世时所敬供的上品。"老人酒"以糯米一斗（30斤）酿成，装入坛内密封起来，此后每年要加进烧酒二斤（入窖时间久了要干蚀一些），时间越长，酒越醇香，老人过世，以"老人酒"奉献，极受称赞，是女儿、女婿对老人尽孝的至诚表现。

赠礼，在朝利村，主要是指丧事主人赠送给亲友的礼品，如赠给吊丧者、帮忙者的腌鱼、猪肉、糯谷等物品。丧主应赠亲友的礼品归纳起来有以下几种：

①在"公祭"时，赠给吊丧者每人一包腌鱼（约重二斤），糯禾一卡（一斤）。猪肉一串（半斤）：

②赠给做棺材木匠二人，每人腌鱼三包（约6斤）、糯禾30斤；

③赠给缝制殓尸被单妇女二人，每人腌鱼三包（约6斤）、糯禾3斤；

④赠给殓尸入棺者六人，每人腌鱼一包（约2斤）；

⑤赠给挖墓穴者九人，每人腌鱼一包（约2斤）；

⑥赠给垒坟者九人，每人腌鱼一包（约2斤）、糯禾11斤；

⑦赠给送魂巫师一人，腌鱼两包（约4斤）、糯禾30斤；

⑧赠给封灶巫师二人，每人腌鱼一包（约2斤）糯禾3斤；

⑨赠给女婿猪肉1斤、腌鱼两包（约4斤），糯禾40斤；

⑩赠送全村每户猪肉半斤。

办下一场丧事，所赠送礼品，据粗略统计，需要腌鱼 500—600 斤；生熟猪牛肉 300 斤，糯禾 400—500 斤。赠礼耗费是相当可观的，再加丧期招待宾客、亲友守灵用餐等项开支，这实在是一种沉重的负担。改革这种繁杂赠礼、大宴宾客和接待亲友的习惯是人们共同的愿望。

（10）改革的尝试

朝利村丧葬习俗，最使丧家头痛的是繁杂的赠礼和敞开饭甑大宴亲友。比如，一、守灵者就餐，大人小孩均可到丧家吃饭；二、举行"公祭"，远近亲友凡来吊唁者，丧主要款待并赠送礼品；三、安葬后，宴请宾客并送全村每户猪牛肉。对这三项礼节的改革，近数年来曾作过两次较大的尝试，收到良好的效果。

第一次是在民国二十九年（1930）由寨老吴光明提倡，废除了"公祭"，禁止给死者烧香化纸。这年有"拉丑"支的吴大昌亡故，由寨老吴光明倡导，经群众议定：从吴大昌丧事做起，以后不论哪家老人过世，一律不兴"公祭"，不接受亲友烧香化纸，不宴请，不赠礼品，从那以后，这项改革长期生效，减少了丧家的负担。

第二次是在 1957 年农业合作化以后，有两项改革：①废除了全村男女成员为死者守灵并在丧家用餐的规矩；②在安埋老人后不再给全村每户送猪牛肉了。这里，很重视死者的入棺、出柩、安埋的时辰，停尸守灵的时间一般在三至五天。以现在全村 167 户计，每天要有 200 人在丧家吃饭，一日两餐，连吃三至五天，每天要糯米 300 斤，腌鱼 50 斤，按目前价格折合人民币 380 元，以守灵五天计就要 1900 元；废除赠送每户半斤猪肉以 160 户计要猪肉 80 斤合人民币 240 元。以上两项合计可节省两千余元。

此外，对其余的规矩也作了一些小改，如帮挖墓穴、垒坟的亲友只招待吃饭，不赠送礼品了。宴请亲友只请一次。即在安埋老人那天，杀只肥猪招待来帮忙的亲友及吊丧的宾客。第二天请本支系家族人（平均每支系约 20 户）吃一餐饭，叫做"吃骨头"，以表示这回丧事圆满结束。

[向零：《从江县朝利村侗族婚丧习俗的今昔》，贵州省民族
研究所、贵州省民族研究学会编：《贵州民族调查》（之六），
1988 年 11 月，内部出版，第 258—261 页]

6. 榕江县八开公社庙友大队侗族丧葬习俗

这次调查，时逢潘银姣（女，55 岁）去世，我几乎观察了丧事全过程。综观察与调查，概录其俗：

（1）送终

老人去世，强调孝男孝女送终。认为是老有福，少有孝。老人落气前要在堂屋上"梦床"，扶坐椅上，脚踩小凳，孝子等守候身旁，落气时放鞭炮送终。

（2）洗尸

人们认为，人死好比去作客，也要穿戴打扮。给死者洗身、梳头、理发，分别男女由孝子、孝女或请别的男女老人来做。洗时，先要闭气抹三下，说这样才不会把亡人的气抹掉，亡人有气力出走，洗尸水在家里取用。洗后，孝子用手指蘸一点水尝，表示孝敬，洗尸水要倒在无人经过的地方，以免踩了烂脚。理的发用红布包好放在门框里，以作纪念。梳洗后，穿寿衣寿鞋，包寿帕。寿衣寿裤要用香火烧个小洞，以让死者享用。死者按男左女右拿一张手帕，另一手拿一饭团，备"路上食用"。

（3）打牙

亡人五十岁以上，牙齿完整者，要打掉上牙（有的上下不论），以表示死者年高寿满。打牙不需任何仪式，在"梦床"上由孝子或老人打即可。其牙可丢，也可留作纪念。

（4）含口银

死者嘴里要放一丁点碎银，好在"去阴间的路上买水喝"。说去"阴间"，先过"望山楼"，在那里受审判：生前无罪的返阳，经"奈何桥"，未婚男女进"花园"世界，"行歌坐夜"，永不投生，已婚者则在桥头等候伴侣，同去投胎做人；生前有罪者，判去投胎当牲畜。

（5）停尸和入殓

洗戴毕，将尸体放"梦床"上，头朝里，置于堂屋中央，棺内铺一层白纸，上垫一白布单，尸体上盖白布单和青布单，头枕青布三角枕头。等舅父到场验证后盖棺封严。忌铜铁，无殉葬品。

神龛上下用方形白纸斜角封贴，表示在办白喜。棺底点一盏不灭的地灯，棺旁立一纸伞，是亡人"走客"用的；两捆"望山钱"（红绿纸及金纸糊成方条或方块）挂在棺上，是到"望山楼""告状"用的。棺脚挂一白布屏幛，上吊一对宝塔形"金银山"。屏外设香案，上置灵位，一升插香的米，盛有米饭和黄豆的两只碗，两旁一对"金童玉女"。

（6）葬具

用杉木棺。棺长二百公分，高六十公分，宽五十五公分；前高大，后矮小，盖微拱，黑漆。老人生前一般都备有棺木。入棺密封后，用四根粗大禾芯草绳把三米长的两根粗杠捆在棺材两边。再用两根十余米长的篾缆和两匹白布系在棺上，作拉拽。

（7）墓地

各寨姓氏一般都有公共墓地，乱葬情况极少。墓地的确定在于所谓"风水龙脉"，墓穴深浅有讲究，有"平葬窝，陡葬索"（索印陡斜）之说，"龙脉轻"深葬，反之浅葬，定位后即破土打井。破土前，地理先生要念道："亡人亡人，亡生气候，亡某（念真名）谨慎安乐。青龙各（自）去青龙山，白虎各去白虎山，本龙占高山。"这是请"龙脉"让葬，等复山后再复位。墓穴长二百三十余公分，宽九十公分左右。

（8）进礼

办丧事，认为是本房族、本寨的事，除了出力，还送礼物，通常是香纸，三五或七八斤米。三五元钱。客亲则送祭幛、钱米若干。女婿送重礼：祭幛一至二张，米二三十斤，鲜肉数十、百余斤，宽裕点的还送羊，每个女婿负担一个"夜宵"吃用。条件不好的也可从简。主人则以孝帕、每份礼回一定东西作答礼。

（9）择吉日吉时

办丧事要择吉日吉时。经地理先生推算，潘银姣生辰与亡时相克，既"犯八败"又"犯天堂"。所谓"犯八败"，即：一克子，二克媳（儿媳），三克女，四克家庭成员，五克叔伯兄弟，六克内亲，七克外戚，八克宾客，都不能拢场；"犯天堂"即犯"天条"。"葬（死）犯天堂，家败人亡"。为了除"犯"消灾，丧事过程中，地理先生和鬼师要采取许多"驱邪避灾"措施。例如化符水、制符物、插桃枝、撒石灰、多病者不到场；推算出入殓、吊唁、出殡、下圹、复山等时的最佳时辰，等等。

（10）上香

上香即敬香，在选定时辰进行。设香案，所有祭品都摆在供桌上。敬香顺序：一孝子，行九拜九叩礼；二内侄内亲，三外亲，都行三拜三叩礼，孝子答叩礼；四宾客，行三拜三叩礼，孝子答叩礼；五即最后，孝女敬香，行九拜九叩礼，孝媳答叩礼，表示孝女是要出嫁的"外亲"。礼毕，撤去供案。

（11）出枢

时辰一到，即用草绳把棺材背出堂屋，在屋边捆好丧杠。棺上铺一白布单，一张芭蕉叶，说因亡人犯煞，盖上这些"丝绸锦缎"，亡人数不清经纬线，就没有时间回来麻烦人了。一碗符水放在棺木上镇亡魂；一只跳井鸡拴在棺盖上。起枢前，地理先生念咒语，提一只鸡连击三下棺材头，用斧击碎符水碗，用桃枝和芒草朝棺材猛抽一下，以示镇恶驱邪。

起枢时，孝女在前面跪拜（途中无），一孝男端灵位，孝子多的参与扶枢抬棺。行进顺序：最前是一叔伯兄弟挑金童玉女及金山银山。配金童玉女，一说是引路、陪伴亡灵的；一说是去阴间服侍亡灵的男女佣人。其后是两名持三炷香的侄、孙女。接下去是一与亡人同辈老人提香篮，沿途丢"买路钱"；手捧灵位的孝子；棺材后面是地理先生，他沿途不断抛撒五谷（以米代表），舍给闲散鬼灵，免其拉扯棺材，增加重量。

（12）下圹

下圹前要扫井。井穴中央和四角各置一酒杯，内盛五色丝线，为亡人编织用；酒曲，表示发家发人；杂物若干。扫井时，地理先生手拿跳井鸡，口念"仔鸡仔鸡，不是非凡鸡；别人拿来无用处，我弟子拿作跳井鸡"之类，杀鸡验血丢入井内又念：今天安葬、鸡头朝上朝下都大吉大利的话。并看鸡的断气地点，以定"龙脉灵气"之中心，如适中，安葬便合"龙脉"，大吉利。又用四根篾片垫入井内，两头露出地面，表示停葬（因亡者犯煞），复位时抽去，算正式安葬。

下圹后，用罗盘或目测定向，然后踩棺。过去踩棺要用一匹白布、一双新鞋，用后归地理先生，现在从简。用芭蕉叶盖棺后，请舅父踩棺、盖土（只需挖三锄），说是尊重舅父。接着地理先生念：请白鹤仙人扫井，孝男孝女、猪牛羊马、各位客亲"生魂出"，五谷钱财出，"亡者死魂入"等咒语；并高声道："阳人不出，我弟子提出！亡人不入，我弟子压入！"同时用桃枝和冬芒草由坟头向外连拂三下。最后火化灵位、金童玉女、金山银山等，葬毕。

（13）开荤

老人过世，全房族忌荤。但忌法不同，潘、杨、吴家等可吃鱼，王家等鱼也不能吃。忌荤来由，传说远古时，人们把死去的父母拿来办丧事吃。后来出了一个聪明贤惠的姑娘，为报答父母恩情，用猪羊来代替。以后又出一个更聪明更孝道的儿子，认为猪羊还是代表父母，替身的也不应当吃。于是忌荤吃素，成为习俗，直到亡人上山才开荤。

开荤，侗话"多地怕虐"，下葬开荤之意。出枢时即有一老妇打扫堂屋，用石磨压住垃圾，上放一瓶糯米饭。孝子和家族亲属下山时，由一老人揭去神龛上的封条，摆上大盘肉（切碎的熟肉）、三杯酒、一碗饭、一碗符水，敬祖后，在各家送米来的饭盒里放几块肉，一团饭，其余分给在场的孝子孝女和内亲吃，表示开了荤。

（14）送鬼饭

葬后于当晚给死者送饭，连送三晚。第一晚由地理先生送至半道，第二次近些，由孝子送，最后一次就在家门口，祭品有糯米饭、刀头肉、酒、鱼和纸、香。

（15）复山

葬后次日，由地理先生、孝子、女婿和部分未上山的客亲上山复坟即复山。祭品有：猪头一个，猪脚三只，一块刀头肉，一碗饭，三杯酒，一篮香纸。将坟堆略加整形加高后，摆供品，把点燃的香分三根一炷绕坟插满。坟上撒满钱纸。而后孝子、女婿、客亲依次奠祭、叩拜。

（16）招"龙"复位

通常是复山时招龙复位（犯煞者另择日期）。由地理先生主祭，抽去箓条，正式下葬，砌好坟堆，念咒招请"龙脉"归位。至此，丧葬仪礼完毕。

（17）其他葬俗

行土葬，但非正常死亡者，如烧死、淹死、野兽咬死以及死于刀、枪之下者等等，实行火葬。认为这样能"阴安阳乐"，死者可成好鬼，可转人间，生者不会再发生类似灾祸。火葬方法：将棺材肥头打通，置于柴堆上明火烧化，取骨灰安葬。

三十岁以下十岁以上的死者，不用棺材，用板盒埋葬，礼节从简。不足十岁者，由家人或请人用木皮捆包，当即拿去远离村寨、无人经过的地方掩埋。

［吴永清：《榕江县八开公社庙友大队侗族社会历史调查》，贵州省民族研究所、贵州省民族研究学会编：《贵州民族调查》（之二），1984 年 11 月，内部出版，第 55—58 页］

7. 榕江县腊酉公社侗族丧葬习俗

腊酉地方侗族的丧葬过程大致有：报丧、洗尸、睡梦床、入棺、打井、出枢、送葬、下圹、送饭、复三等。

　　老人过世落气时，孝子首先放鞭炮，以此向房族、家族和亲友报丧。本房族和至亲听到鞭炮声响，就要汇集丧家，孝子便托付一年长者负责张罗老人后事。本家族的人听到鞭炮声响，一般都要停止食肉。在具体作法上，各家族有所不同。都江寨吴姓家族，凡本家族老人过世，不管是吃饭与否，统统去掉肉食和青菜；只能吃鱼、黄豆及豆制品；直到死者下葬开荤后，才能恢复正常饮食。腊西新寨的王姓家族，老人过世后，只有亡人的长子不吃肉，其他成员则按往常行事。

　　孝子亲自给过世的老人洗身、剃头、换衣。男性老人过世，剃头只去掉项发、鬓发和胡子，并留下一小点用侗布包好待时放入棺内。女性老人过世，只是象征性地梳洗。寿衣一般是两套事先做好的侗布衣，内白外青；脚穿临时赶做的侗布云勾鞋，白底青面，内套侗布白袜。男性老人的寿衣为无纽扣对襟衣，女性老人为无纽扣右衽大襟衣，临时用侗布条作带捆合。凡衣服的右下摆和裤子右下边，要剪破或用香烧一小孔。过去，女性老人过世是穿裙，也要用香烧一孔。穿裤要用侗布条作带拴好，布条黑、白均可。头帕为青布，有的包，有的不包。枕头，有的是用黑色侗布做一口袋装入碎布，有的则装入纸钱。以上洗尸和换衣均在死者床上进行。

　　穿着停当，就要将死者抬到堂屋或火塘边，睡在梦床上。梦床铺白侗布单，盖青侗布夹被。床的脚下点一盏茶油灯，并不断烧香化纸。同时，请鬼师来择定往后活动的日时。鬼师依据死者的年庚八字及落气的年月日时，择定入棺、出柩、下葬的时刻。按照鬼师择定的时刻，有的得立即入棺下葬，有的要两三天才能入棺；有的入棺后还要停放五几天才能安埋。

　　入棺时，由孝子或亲友将白布单一起裹尸放入棺内，然后再用孝子的旧衣服将空隙填满，最后加盖密封。入棺过程中，富有的人家在过去还放有含口银；有的在死者的手心上放一小坨纸钱。入棺后，死者的媳妇或女儿就用自织的一匹白布做掩棺屏幕。孝子请人购买纸做的童男童女及金山、银山，设案供棺。桌案正中置亡者灵牌，前面放一碗糯米饭、一碗菜、一双筷。菜有鱼、黄豆或豆制品。凡家族及客亲送礼来，都要先祭棺后入座。都江寨的祭棺，若亡人为女性，要等舅方的人最先祭，其他人才能谁到谁祭。此时，丧家要用白侗布做孝帕，凡孝子要按人身高披戴；白帕的一端用麻拴在头上，另一端顺脊背拖到脚后，用稻草绳系在腰上。凡本房族及至亲，丧家都要赠送一块孝帕。都江寨的丧家孝子，要穿临时制作的孝服并拖长孝帕。凡来祭棺，孝子都要跪接。

　　死者入棺后，要请地理先生看龙脉打井。破土时，鬼师要念咒："亡人，亡人，亡生去后，×××谨慎安乐。青龙各去青龙山，白虎各去白虎山，本龙上高山。"破土的第一锄，是在井的正中。取出的第一块土要保存好，待掩埋时再还原，意为龙脉归位。打井的长宽是固定的尺寸，而深浅则由地理先生择定。他依据龙脉的方位和亡人子孙的情况来取数据。若是龙脉正处落窝处。亡人又只有独子，一般要深葬，井要打4尺8寸深。这样，才能发子发旺。若亡人子女多，不可亏待哪一个，只有浅葬，一般是2尺8寸。若龙脉正处抬起处，一般都得浅葬。

　　出柩前，若家中某人的年庚八字与死者出柩时刻相克，鬼师就要示意全家人回避，有的甚至跑到亲友家去躲藏。背枢出门时，丧家特别注重棺木不得触及门栏和大门两侧，否则就给后人带来不利。因此，孝子要选择可靠而稳重的人背枢。一般要4人，棺木大的要6人或8人，并由他们用糯禾草芯加工背枢和挡杠用的草绳。出枢中，孝子先将亡人灵牌端出，亲友再将童男童女和金、银山等纸祭品移出，最后撤去白布屏幕，再将白布用作拉纤的包布，4、6或8人，将粗草绳穿过棺底，每人扭住一节搭在肩头上；一声喊起，他们就将棺木抬出大门，放在事先准备好的两根长凳上。

在挡好抬杠的棺木上。一般要盖一床红被面。棺木正中，要放一只站立的红公鸡。棺木头上，鬼师要放上一只水碗，燃化纸钱，念完发丧词后，就用斧头或柴刀打烂水碗以示送葬。人们立即将棺木抬起，走出几步时，鬼师用一只雌鸡在棺木上打三下，将鸡砸死并向送葬的方向甩出去。送葬时，走在最前头的是丢纸钱的老人，接着是手捧灵牌的孝子，其后的孝子就按大小或辈分依次排列。有钱的人家还雇请八仙随后，紧跟着的是抬祭幛的，最后是抬棺木的。若亡者是八十岁以上的老人，还要由一年长者抱一只大公鸡排在丢纸钱人之后，以作验井用。凡孝子的左手，均拿着燃烧的两根香，燃化完后再接上。在送葬的路上，若遇抬棺者换人或行动缓慢，孝子就要跪拜。若抬棺上坡出现险情或经过坟山地，孝子不仅要跪拜，还要由旁人向棺木撒米。

出殡后，年老的戚友就将死者生前穿用的衣物火化，以示死者带走。凡送葬经过的人家户，人们都要插上橙子树枝，以示与死者的阴灵隔绝。若亡人系八十岁以上的高龄者，全寨人人送葬，而无任何禁忌。

灵枢抬到埋葬地点，暂时停放在两条长凳上。地理先生或鬼师要在事先打好的圹井，举行下圹仪式。其程序有四：一是正井。用朱砂和红、黄、绿、紫、青等五色丝线搭配好，放入五个小酒杯内，然后埋入圹井中的四角和正中。二是验井。由地理先生或鬼师一边将雄鸡抱在手里，一边口咒："此鸡，此鸡！不是非凡鸡！别人拿来无用处，弟子拿作跳井鸡。"

念罢，将鸡丢入圹井中，任鸡在里面弹跳。若鸡定立于井的正中为上吉，在井的两端为不利；若鸡飞出跳走为凶，这对地理先生或鬼师就是一个凶兆，对丧家则无影响。在对行事人无利的情况下，一般只好就势埋葬，过些时间再动员丧家迁坟。验井的目的，主要是看地理先生或鬼师择地的本事。凡八旬以上的老人过世，验井鸡由孝子带回家饲养作种鸡，直到自然死亡为止。人们认为，这种鸡报晓的时辰最准。三是暖井。验井后，将纸钱铺满井底燃烧，名为暖井。暖井后，还得进行一次跳井。这次跳井，一般亡人则仍用站棺鸡。由地理先生或鬼师一边杀鸡，一边念咒；"天煞天，地煞地；年煞年，月煞月；日煞日，时煞时；今日安葬大吉大利，此地安埋大发大旺。"念毕，将鸡血滴在圹井四周，再将鸡丢入井正中，以鸡头朝上、下为吉，行事者继续念到："鸡头朝上，子孙发旺；鸡头朝下，子孙大发。"待鸡在井中断气死定，又念："佛矣！佛矣！此家之良，天地开章。请你白鹤仙人来扫井，我安葬亡人大吉昌。"此时，孝子面对行事者应声：大吉！四是下圹。第二次跳井后，由丧家亲友和抬棺者用草绳将棺木吊下圹井。由行事者正位后，再将草绳抽出。有的要请鬼师或地理先生踏棺后，才能掩埋；有的是由孝子用锄头打击棺木，亲友才能动手埋土。过世老人为女性的，掩埋要由舅方的人先动手埋土。在埋土前，地理先生或鬼师要用桃叶和茅草捆成一把击棺，并念道："孝男孝女！生命生魂出；亡者！死魂入。各位客亲！生命生魂出；亡者！死魂入。猪羊牛马！生命生魂出；亡者！死魂入。五谷钱才出，亡者死魂入。阳者不出，我弟子踢出；亡人不入，我弟子压入。"

掩埋后，全部送葬人员撤回丧家。人人都要用橙子叶和米泡过的水洗手，以示将偶然带回死者的阴灵洗掉。洗手后，孝子和本房族的人还要蘸食打棺雌鸡毛烧化的水。这种水，是用三匹鸡翅膀毛烧焦化水而成。早在送殡时，帮厨的人就将鬼师打棺的雌鸡煺毛，按丧家本房族人的多少煮一锅酸汤鸡稀饭，等待送葬归来后分吃，即开荤，待本房族的人开荤后，孝子才设宴款待亲友。在腊西寨，开荤鸡是用作白切，与一些猪肉拌和，然后由丧家的本房族人和孝子分食。

老人过世安葬后，要连续送三个晚上的饭，一般由女婿或侄女婿去完成。第一晚是送到下葬的小半路上，第二晚送到大半路；第三晚直送到坟前。送饭时，一般是遇到有响动就止。并打一声招呼"来啦"，于是就地祭祀。祭品有刀头、鱼、鸡三牲，香三炷，钱纸一把。腊西三寨各家族，老人过世无送饭的作法。

老人过世埋葬后第三天早上。孝子和至亲要带上煮过的一个猪头、一只公鸡、一包糯米饭、一罐酒和香纸到坟上祭扫。凡亲友送来的礼物，如羊、猪、米、酒和钱等，都要开成清单，由孝子或至亲好友一一念明并火化，以示送交亡人。在祭祀前，要将坟垒砌好。

埋葬后和复祭的宴饮后，若亡人是八旬以上的老人，得到丧家主人的同意，青年男女可以弹琵琶、拉牛腿琴，对唱情歌。若死者在八旬以下，则无这一活动，所有人不得在孝子面前欢乐，以示悲痛。

凡死于家外者，不管老年还是青年，不管有子女与否，均不得抬进家门。人们得到死于家外者的信息，都要在家门前插上橙树枝叶，以示隔鬼。除至亲外，一般人都不去看望。凡非正常死亡的出血者，就要火化或草草埋葬。

［黄才贵：《榕江县腊西公社侗族社会历史调查》，贵州省民族研究所、贵州省民族研究学会编：《贵州民族调查》（之二），1984年11月，内部出版，第76—79页］

8. 融水县滚贝侗族丧葬仪式

滚贝侗族的丧葬仪式及过程，大体有报丧、装殓、哭丧、送魂、路祭、出殡、安葬、回家、拦社等。

侗族老人病重时，儿女多守候身边，一旦断气，便放声大哭，用锅底灰抹黑前额，并请房族兄弟去亲戚和舅父家中报丧，还要通知师公（道公）来做道场。由于老人是在卧房中去世，遗体的装殓，在厅堂中和楼下进行。死者未从卧室中抬出前，由师公用白纸条交叉贴在祖先神龛上，以免冲撞祖先神灵。抬出的遗体躺在楼板上的草席或被单上，头向神龛脚朝大门。沐尸用的水，由孝子去河边或井（泉）里取回来，烧热后再用。由孝子或孝女沐擦遗体，按男左女右的惯例，先擦洗胸部，后擦额头。死者的寿衣，忌白色，多为黑或深蓝色。套数为奇数，一般为3件，最多5件，鞋为布质，忌胶或塑料鞋。

遗体洗换完毕，便可殓入备好的杉木棺材里。届时要将棺木抬至楼下舂碓旁放好，头对西方，意为让死者驾鹤西去。棺材内事先放几件衣服，头部位置放些米，寓意是让死者有穿有吃。遗体入棺时，必须将其手中临终前所握钱币用纸钱换下，让其在回祖先故地路上有足够的盘缠，忌铁铜及一切金属器物一起入殓。死者镶有的金牙要去掉，以免日后为害家人族人。遗体安放好后，上遮一层女儿备送的白布，而后盖棺。孝子孝女穿上无袖白布衫，用白布条束腰，赤脚，以示服孝，在厅堂守灵和等候亲友们的到来。灵柩前，为死者立灵位，设香炉，供祭品。祭品中，除有酒、饭、菜和果品外，鱼是万万不能少的。棺尾点一盏茶油灯，以照亮死者回归之路，因该灯到出殡时才灭，俗称长明灯。守在两旁的房族女眷，唱起了悲切的悲丧歌，歌声凄楚委婉，令人潸然泪下。随着宾客络绎不绝地到来，丧歌彼此起伏，通宵达旦。

入夜，师公在厅堂四周挂上十殿阎罗的画像，在祖先神龛上供奉酸菜、糯米饭，燃香。做法事的师公头戴雨帽，吟诵经文告慰死者：你已经过世了，要回到列祖列宗那里去，路程十分遥远，要翻山涉水，历尽千辛万苦，才能和祖宗见面。祖先故地有田有地，有牛有马，你和他们一起会幸福的，要共同保佑我们的子孙后代。

路祭，也称饷祭，半夜在路边或屋边空地举行。程序分主祭、客祭。棺柩抬到祭场后，设二供桌，依次摆放猪（羊）、鸡、鸭三牲及酸鱼、酒水、糯米饭和香烛纸钱。棺柩头摆遗像和灵位、纸幡。主祭时由手持孝杖的孝长子带孝子女们行跪叩大礼，司仪念悼词。对死者歌功颂德及表示悲痛；客祭者多为女婿，他们虔诚地在灵牌前供上猪（鸡）后，下跪叩头，对岳父（母）的不幸逝去表示哀悼，表示要善待死者的女儿，姻娅之情并不因死者的离去而淡薄。

凌晨四点出殡，人们取糯禾粑、白布、酸菜、酸鱼、白米、鸡，依次在棺盖上从头向尾摆放，最后在棺尾祭一只活鸡。师公腰缠红布带，手持法铃、戒刀，边口中念念有词，边摆动法铃，一会拈起白米撒向棺柩，一会又举杯洒酒。开路经念完后，扯起几根茅草，踩八卦步，将草插在棺材四周。要上路时，师公拿起活鸡，口念咒语，用鸡碰棺材后，往出殡方向一扔，将棺盖上的糯谷禾放到肩上，绕棺一周，甩到地上，举戒刀，吸一口水往棺柩上使劲喷去，踩着禾把提醒死者：你如今已魂归地府，不再是阳间人了。然后将碗往地上一摔，此时，鞭炮、地炮声齐鸣，抬棺者一拥而上，把棺材抬起出殡。

出殡队伍由手持火把的女婿作前导，大女婿抱着青竹幡随后开路，以尽半子之责。孝子们举着各色各样的挽幛、布幡跟着。长孝子手捧死者灵位走在棺柩的前面，棺柩后是孝子孝女、师公和送葬的亲友，妇女走在最后面，她们手捧死者生前用过的物品，哭泣着在上山途中的第一条河边（溪边）停下，用火将遗物烧掉，把灰烬和大件物品（如椅、凳或衣被）扔进水里去，让死者在另一个世界中使用。

在当地，凡师公或有身份地位的人去世，要用稻草扎成一个和真人大小的草人，出殡时，请人用轿将它抬往河边烧掉。途中，村民扮成牛头马脸在路中"阻拦"，索要买路钱。这时，主家要往两边撒面值不低于贰角的钱币。

墓穴经师公在山上选好后，由房族兄弟挖好，棺柩抬到山上后，师公念咒驱除附近的孤魂野鬼，即可放下。盖土时，由孝子撒放第一把泥，众人才动手填土，做成圆形坟堆。

在这里，夫死或妻故，如果师公认为他们之间还有牵连的话，必须在安葬死者后的第五天或第七天，由师公带一只公鸡到山里念断绝经，告慰亡灵，生者已与你无关，生前的恩恩怨怨已随阴阳殊途而烟消云散，从此人鬼各异，各奔东西。不这样做的话，死者鬼魂会作祟生者和子女。

民间认为，家中有人新故，安葬后要行"拦社"仪式，死者才能葬得其所和安息。仪式的举行在次年农历二月初二，丧家备办好酒菜香烛，请来亲友到新坟前拜祭死者。摆好祭品后燃香烧纸，鸣放鞭炮，向坟中人作揖躬拜，孝子孝女心中默道：父（母），我们来看你了，你来享用香火祭礼吧。祭毕，将红、白、青色纸条挂在枝头上端，插到墓顶上，以示哀悼之情。按惯例，死者的每一个亲兄弟，都要为他（她）挂一枝这样的竹标来尽手足之情。

凡坠崖、枪击、溺水、雷劈死等均属意外死亡，俗称凶死，其魂会变为厉鬼，作祟于人。因此，凡凶死者，尸体不准抬回家，将棺材放在河边装殓，请师公做简单超度法事后，马上抬出安葬，其魂魄不入列祖列宗之中。妇女难产死，尸体不能从门口抬到楼底入殓，要撬开楼板扔下入棺，和未成亲的青年人死亡一样，出殡时，只能用一根木杠抬送；小孩夭折，用几块薄板装殓，抬到野地荒郊挖坑埋葬，为防其鬼魄蹿出，坟墓上要用带刺的树覆盖。

［卢敏飞：《追求群体的永生——融水苗族自治县滚贝侗族丧葬文化透视》，《广西民族研究》2002年第2期，第95—96页］

第五章　萨　崇　拜

第一节　概述

萨岁崇拜是侗族特有的宗教现象，它以其独特的宗教内容、个性特征迥别于周邻兄弟民族的宗教形态，千百年来，萨岁崇拜在侗族社会中扮演过重要的角色，对侗民族的生存发展、生产活动、社会交往诸领域产生过广泛深刻的影响。直到今天，这种宗教文化在南部侗族地区还较常见，仍然具有较强的生命力。

1. 侗族古文献与经典关于萨的叙述

一说她是一位有亲族有世系的人物。

《东书少鬼》说她为"塘工"所生，且生有"睹涧"和"错钱"，"错花"。

《占推遮地多藤》说当初仰王，住在密林深山，年及 25 岁，身怀有孕，生有"错子"，"错仙"，而后出"萨麻天子"。《请神圣安礼堂言语》也有类似说法。

《招谢圣母》说先生"错把"，"错把"生"错误"，"错误"生"错子"，"错子"生"萨麻天子"。

流传于民间的《耶》和《歌》所述情节，与上述《巫词》，有同有异，甚至更加具体。

龙图《嘎萨》说她的父亲叫"睹囊"，母亲叫"仰香"，丈夫叫"石倒"。

增冲《嘎萨》说她是"仰汪"所生；又说为"木兰"所养。

肇兴《嘎萨》说其父姓吴，名杜囊。这显然与龙图称之为"睹囊"相同，属同音异字之名。

归利《嘎萨》说她为"宁王"所生，且生"所妹"、"索八"。

章鲁《嘎萨》说她的母亲叫"奔"，还生有"木嘎就"。

除此之外，在三江的《耶·萨岁》里，则说她为"老公"所育，"骑马过得南海岸"等等。

以上表明了这位女神，既有亲生父母、兄弟、姊妹，甚至丈夫，而且还出生于世居王室，或地区首领之家，以及与当代王朝有着密切关系，所以才有为某"王"、某"公"所生所养之说。

二说她本居于"宜州"、"潭阳"、"木秀"等地，随侗族先民循江而上，首先落居于今之侗族南部地区。

《东书少鬼》说：

"当初萨麻天子，/由宜州出，/从宜州兴县，/贵州来。"

《占推遮地多藤》：

"当初仰王，/坐在丛林深山，/冲里布满'郎鸡草'/悬崖青草郁郁。/出个萨麻天子，/坐在宜州本堂，/阳州本殿，/潭阳下界。"

龙图《嘎萨岁》：

"'萨'岁先居三耸岩，/后来我'萨'居卡州。/下有深潭上有峭壁。/点郎换去其扇，/'萨'才直往州闯。"

归利《嘎萨岁》：

"当初'萨岁'，/住在'得羊'寨，/由'得羊'下界牵她来。/来到河头'三石耸'。/扶祖母入境暖三甲。"

西山《嘎萨岁》：

"当初'萨岁'骑马，/巡逻'丹阳'寨，/'丹阳'下界，/下'卡州'。"

口寨《嘎萨岁》：

"当初'萨岁'，/住在'木秀'郡，/'木秀'郡县，/'巨秀'来。"

宰荡《嘎萨岁》：

"当初'萨岁'，/居'泥著'郡，/'泥著'郡县，/'堆著'来。"/"当初'萨岁'，/在'潭阳'寨内，/'潭阳'下界，/'牙著'寨。"

肇兴《耶萨岁》：

"当初'萨岁'，/居娄村，/其父祖籍，/从那'木秀'来。"

章鲁《嘎萨岁》：

"当初'萨岁'，/在那'木秀'郡。"/"牵祖母上河，/遁络络。/来到'女阳'，/祖母休身息养，/来到'约河'，/祖母登陆上岸（一说扎营），/在'顿海美麻'（地名），/安置祖母堂殿，/四方环垣，/让祖母守。"/"我祖母根由，/在'容县'河里面，/扶她上来，/持掌'古州'一带。/'三宝古州'，/只有她是始祖，/如今祖母成君，/坐在大殿堂。"

月寨《嘎萨岁》：

"当初'萨岁'，/住在'木秀'郡内，/'木秀'郡县，/出至此地来，/牵祖母上河，/绎络络，/来到'孖约'，/祖母登上岸。"

从以上歌、词中所述情节，亦可窥见这位女神，由原居地点，循都柳江而上，继而伸入黎平县龙额的"约河"，首先落居"顿海美麻"。以至迄今，有的地方，在安置或修复此神"神坛"之时，乃往其地，取土而归，置于坛中，表示请之降临，永保村寨。

三说她在少年时代，便管理地方，执掌乡事。

《东书少鬼》：

"塘公生子生'萨岁'，/生有'错钱'和'错花'/年及十四'萨'管村，/此村林林让'萨'盖。"

增冲《嘎萨岁》：

"当初'仰王'生'萨岁'，/年及十四管村寨，/此寨森森给'萨'盖。/牲畜鸡鸭由'萨'管，/早放黄牛水牛晚自归。"

归利《嘎萨岁》：

"当初'宁王'生'萨岁'，/年及十四要'萨'管村子，/此村荫荫让'萨'护，/六畜牲畜让'萨'管，/山川田塘好禾谷。"

其他如从江县高传的《占推遮地多藤》，龙图、宰荡等地的《嘎萨岁》，也有类似叙述。可知这位女神，少时贤能多智，善掌乡里，是一位年少就能治理地方事务者。

四说她受封于王朝，享有恩赐厚赏。

《东书少鬼》说她：

"头年引祖母抵州，/次年敦祖母落村。/三年左手接得铜扇。/四年右手接得法扇，/五年头戴银冠，/六年手持银剑，/七年面目丰满团圆，/八年左手接得九串珠链，/九年右手接得纱络绢家，/十年掌管金属，/十一年获铜锣八宝，/十二年得朝廷'鱼符'一个，/十三年王偿印绶。/十四年持弓操箭，/十五年处事顺利，/掌兵兴旺，/放心从事，/放心兴起。""年及二十五岁，/死去无恨，/绝恨无本。（原文，意不明）/年及三十五岁，/左手接得铜扇，/右手接得法扇。/年登六十五岁，/头戴银冠，/手持银剑，/面目丰满团圆。/年登七十五岁，/得三样法宝。"/"年登九十四岁，/花足残年，/九十五岁，/鸣锣起身。/上有'六甲'（意：苍天紫微）下有'武岳'。（意：山河）"/"年登九十九岁，/鸣锣起身，/上有'六甲'。/下有'六岳'。/置有九重家产。/麻纱络绢，/布机织具。/银钱铜锣八宝，/朝廷'鱼符'三个，/王偿印绶。"

概述了这位女神，在受封执政期间，深得王室的信任，和历年荣获皇家赐赏的财物。诸如银属财宝，银饰银冠，银铣珠链，络纱缎绢，以及象征着封建势力权威的"铜扇"、"法扇"、"铜锣"、"八宝"、"印绶"、"鱼符"、"弓弩"、"刀剑"等等，及其成长经过，以至年登高寿，依然容貌非凡，丰满健壮，一身打扮，显现一派官样，享有厚赐的高贵人物。

五说她是一位巡逻于属地，抚政于州府的军政领袖。

归利《嘎萨岁》：

"今日吉祥，/引'萨'出巡，/我祖母行路，/带有五万兵，/我祖母出征，/率有五万将，/保护村头寨尾，/人丁旺。"

《条引堂》：

"集车集刀，/集马集鞍，/集兵集将。/前有'辛'公，/举旗在前，/'萨麻天子'，/操旗于后。/路途远遥，/东莫相离，/西莫相距，/卜卦寻路，/'门出'（意不明）先走。"

《东书少鬼》：

"上界之年，/前代戊子。李家王君，/勾引祸患。萨麻天子，/'进入白竹、大团、洛香等地'，/'中界之年，/前代己丑，李家王君，/引祸回归。'萨麻天子'，/占据辛寨。"/"上界之年，/前代丁巳戊午之年，/杨秀文治州不兴，治兵不旺，/勾患回转。/'萨麻天子'/仲入五府天州地回。"/"中界之年，/前代甲戌。周高王（或楚高王），/勾引祸患。萨麻天子，/进入扒、边两府。"/"治州得兴，/理兵得旺。/下界之年，/前代丙子，顺府六郎，/八月初八，/治理州事不盈，/掌兵不旺，/引祸回转。萨麻天子，/据有口团寨边。/治州得盈，/理兵兴旺。"/"混沌之年，/李家王朝，/治州不盈，/理兵不旺，/刀弩全损。萨麻天子，/进入龙牙、水井。/上界之年，/前路攻破九十九州十县。/未曾调头退却，/未曾抵挡遇后，/擂鼓城上。"/"历平之年，/前代甲戌，/石金、粟罗，/八十落团，/处事不盈，/理兵不旺，/引祸回转，/萨麻天子，/进入八寨，大团、洛香中地。"/"治州有兴，/治兵得旺。"/"上界之年，/前代戊子，/李家王朝，/处事不兴。作事不旺，/勾引祸患。萨麻天子，/踏平三千天府，/九千赖村，/旋回攻铜，/五伐天府，/九千白园。/出头朋、洞口，/五千同阁杨。/杨秀文，/养有呆徒，/日夜围劫，/勾祸引患。萨麻天子，/要萨开屋同住，/开炉共居，/治州兴盛，/治兵兴旺。"/"中界之年，/前代己丑，/李家王朝，/治州不兴，/理州不旺，/引来祸患。萨麻天子，/要萨开屋共住，/开炉同围。治州得盛，/治兵得旺。"/"下界之年，/前代戊申，/使用、财满，/治州不兴，/理兵不盛，/勾来祸患。/前代之日，/后代之时，/前代庚子，/潭海王朝二年，/前代癸丑，/八月初八，/治州不兴，/理兵不旺，/引祸回转。萨麻天子，/进入抱气、地稼。"/"使州得兴，/使兵得旺。/前代甲寅，/三十三县，/整县的人骚动，/治州不兴，/理兵不盛，/引祸倒转。萨麻天子，/治州得盛，/理事得旺，/布满九溪十洞/杀贼降服，/治贼于死。/面钱、金银（似属人名）？/引祸勾患。萨麻天子，/进入宫中地中，/三军悉宁，/千里太平，/万里平正。"

在《占推请圣鬼多藤》中，也有类似上述说法，除了许多情节基本相同以外，还说：

"上界之年，/前代甲子，/刘帝汉王夺地，/刘团破寨，/先破整个九州十县。/未曾回头退却，/未曾收兵缩后，/未曾击铜鼓城上。/幸有萨麻天子，/七十七层围击。/'皆年告老，/皆草告秋'。"（原文，意不明）/"后来之时，/前代戊申，/潭海小王，/作事不兴，/处事不正，/枪头不锐，/箭头不锋，/勾引坏人，/又布满九溪，/入得中宫中地。"/"潭海小王，/箭头锋利，/枪头尖锐。"

以上情节，无不反映了这位女神，本来就是一个能行军用师，善治地方，掌有车马、兵将、旌旗，巡抚于属地的军政首领。境内动乱，桑梓不兴，无不一马当先，前往坐镇，亲自料理，使民兴兵旺，安居乐业。故为众所崇敬，将其固有的权力、地位，丰功伟绩，化为神灵，作为地域性的尊神对象，进行供奉，以至为历代官府，借其神的威

望，以安其地，以抚其民。同时在诸《词》中，提及"李家王朝，作事不兴，兵事不
旺"；"刘帝汉王夺地，破整个九州十县"，以及"潭海小王"等人等情。这就一方面反
映了李氏政权，日趋衰败，势在动摇；另一方面则反映了所谓刘帝正在兴兵夺地，力图
谋取政权。这种状况，似与同治十年《苍梧县志》记载的"刘龑，隐弟，乾化二年
（912），袭父爵，封南海王、与马殷争容桂，袭取容管，兼有苍梧。贞明三年（917），
称皇帝，国号越，改元乾亨，又改国号汉"等情有关。也就是说，《词》中描述，很可
能是这一时期，即唐末五代，新旧更替，社会混乱的史影。也是当时当地州府，假借这
位女神的神灵神威，以巩固其政权，安定社会秩序的反映。同时也说明了是时是神，在
社会的政治活动当中，已居于重要地位和作用。故将其以往的身世，以及历代功绩，累
成"巫词"，作为"口碑"，树其威望，安堂立殿，进行供奉，以至沿袭于今。

六说她是一位保境安民，佑人畜兴旺，五谷丰登，村寨吉祥之神。

增冲《嘎萨岁》：

"丹洋村寨，/是'萨'殿堂，/如今请'萨'临降，/管村庄。/大男小女让'萨'
管，/六畜谷禾满山冲，/稻满仓。"/"择有吉日，/安此'坛'，/咱安此'坛'。/超他
乡。/咱'萨岁'来到。/我村住，/咱'萨岁'住此，/万年长。"

归利《嘎萨岁》：

"今天引'萨'走，/咱'萨'行路，/迅如卯年春。/'萨麻'出军，/管此地，/出
军刚到，/闹沉沉。/人民耕作，/禾谷登，/人丁满寨，/田满村。/老辈唱歌，/即如
此。/金银满柜，/牛满栏。"

西山《嘎萨岁》：

"丛山森林，/'木树'管，/诸条江河，/龙王镇。/此村荫荫，/无谁管，/要你
'萨麻天子'，/管乡村。"

脉寨《嘎萨岁》：

"铜锣擂擂，/给与'萨'。/四方纱桃，/绕线环。/咱'萨'由村尾巡上，/切勿让
那田干水，/从那寨头巡回，/莫许贼进寨。/贼不进寨。/虎也不进村，/咱'萨'
这里。"

口寨《嘎萨岁》：

"有个'介化弄'。（鸡卜卦名，意为吉祥）/今日吉祥，/要你'萨'撑伞，/圆伞新
伞，/遮众人。/圆伞新伞，/护四方，/圆伞盖了十二地祇，/黑天黑地闪电光，/让我村
庄放光芒。/家家有千担，/户户登百万。/永远兴旺，/咱才誉满地方。"

高盈《嘎萨岁》：

"混沌之年，/开天地，/'木王，太帝'，/管天地。/老虎管山，/龙管海，/'萨麻
天子'管地方。/首先管人，/次管寨，/三管牲畜牛马鸡鸭，/和猪羊。"

由此可知，这位女神的职能、灵威，及其在侗族社会生活和意识形态中的影响和地
位，即既能庇佑人丁兴旺，村泰民安，又能保护农田丰收，六畜发展；既能防卫盗贼劫
寨，虎兽为害人畜，又能使家家发财致富，户户银钱满柜，禾谷满仓，故为众所祝颂，

奉之为至高无上之神。

［张民：《关于侗族"萨"神的综合报告》，贵州省民族研究
所、贵州省民族研究学会编：《贵州民族调查》（之九），
1991 年 12 月，内部出版，第 12—25 页］

2. 萨玛的社会职能

我们今天说的萨玛的社会职能。是指对她神化了以后的职能。侗族人民对萨玛的供奉，其目的是：在战时，保佑自己战胜敌人；在平时，保佑村寨清吉平安，人丁兴旺，五谷丰登。在举行祭萨活动及在祭萨歌词中，对萨玛的社会作用，有所反映。《萨堂歌》有这样的一首唱词：

"指那孔甲、拉弄自、去萨的殿堂；四江八河，绕王朝；大田大塘，请萨来管；萨在滩头闪金光，到动刀枪那一天，请您萨上前；到吹笙踩田的那天，要把伞给您萨遮阳；听那叮吟鸟儿嘴巧，会讲话，请您萨转来。现我萨来，到我村；萨到这里，管地方。一管男儿家富贵，二管女儿吃四方，三管小孩强健像竹溜，四管老人长寿像张古老万年长。"

在举行祭祀萨柄仪式的问答词中，也反映了萨玛和人们的关系及其社会职能：

主祭人自问道：您萨从哪里来啊！

主祭人自答道：我不从哪里来，我从那塘海大树地方来，我从塘海古木地方来，我从老滩奔奔来，我从鲤滩飘飘来。不听见别处，单听到你们高传，造房给我坐，造楼给我住。你们哪家没男孩，我把男孩带来，哪家没女孩，我把女孩带来。三男不吃父业，九女不吃乡里。谷米六畜，我自会带来，五谷洋钱，我自会带来，孖毛牯牛，我自会带来，江河元宝，我自会带来，金银百两，我自会带来，放这些在芦笙房里。现在，我们发人济济，发家洋洋，发家超过他方。

从这些歌词和问答词中，反映了人们希望所要达到的目的。因此，当人们举行比较重大的社会活动时，定要请萨玛暗中保佑。如外出"吃相思"，放牯牛角斗，集体械斗或战争等均得举行祭萨仪式，希望萨玛紧紧保卫着自己。萨玛是人们的精神力量的源泉。这些想法在今天看来固然是非科学的。然而在历史上它必定是一股团结民族内部的力量，是振奋民族精神的支柱。九洞地方祭萨活动一直延续到了今天，正说明了萨玛在侗族人民心目中的地位。

［向零：《从江县九洞侗族社会组织与习惯法》，贵州省民族
研究所、贵州省民族研究学会编：《贵州民族调查》（之三），
1985 年 10 月，内部出版，第 229 页］

3. 九洞萨玛的管理

萨玛，各个村寨均设有祭坛，专人管理。有萨玛田产，由管理人耕种，收入作为管

理人的报酬及祭祀活动的经费。农历每月初一和十五日管理人要给萨玛烧香敬茶。到祭祀活动时，由管理人筹备各种用品如香、纸、烛、铁炮、火药等物。管理人员的人选，各地虽有一些不同条件，但共同的要求：必须由该寨的老户担任，有的寨是世袭，有的寨是由各老户中选出合适的人来担任，有的是终身职，有的可以中途变换人选。现将高传寨管理萨玛的情况简述如下：

现任管理员是王家恩，53岁，他是高传上格"头仙"人，按规定，管萨人员必须是上格人。上格包括：头仙、头拱、头省三个支系。王家恩是1983年开始管理的，他的前任是王朝连，七十岁，因有眼病不能带领大家举行祭祀活动，故辞职，群众同意他的请求。选出管理人员的办法：先挑选几个家中干净（指家无孕妇）的老人，作为候选人，然后由鬼师卜卦，看谁先得顺卦，谁就中选。

管理萨柄及祭祀活动的开支，在新中国成立前由公共田产收益支付。萨柄公产由民众捐献。清道光三十年十一日立的《万古不朽》碑记载，有九户人家给萨柄献田献山林，碑文记有：

"傅补子，出良田地名八朗二坵，桥田一坵，地基塘井亦一共约禾五十把，当粮山扒上井随山二块；傅补户。出田地名加先田一坵，贯遗一坵，八朗一坵，一共四十五把，当粮山井雷一块；傅补利，出粮田地名相东田一坵，归叩田一坵，共约禾五十把，当粮山坡扒上弄墓得南三块；傅补喜，出田粮相东田一坵，归叩田二坵，一共约禾五十把，当粮山坡井雷一块；傅补影，出粮田迗成，贯遗金冷扒林一共约禾八十把，山城冲叩扒勿山二块；傅补宁，出粮田迗鲁田一坵约禾三十把，当粮相坡冲叩一块；傅补平，出田地名井尧岑因二块共三坵约禾六十把，当粮山坡归朗二块；傅补因，出粮田岑因一坵约禾四十把，当粮山坡得一块；傅补觅，地名王单田一坵，贯朝田一坵，共合六十三把，当粮盘省山一块。……"

以上捐田共418把，按每把禾重20斤计，高传寨萨柄田每年约收禾谷8360斤。到新中国成立前夕，只有田产四石五斗了，年产禾谷1200斤。这些收入作为管理萨柄及祭祀费用。现在的开支来源，是在承包责任田时，按过去的田产数抽出四石五斗田（可收禾谷1200斤）交管理员自种自收，平时的敬供开支及举行祭祀活动的费用，则由管理人负责。每年腊月底或正月初，管理人要宴请寨老们一餐，以便商议即将来临的一年一度的祭萨事宜。

［向零：《从江县九洞侗族社会组织与习惯法》，贵州省民族研究所、贵州省民族研究学会编：《贵州民族调查》（之三），1985年10月，内部出版，第230页］

4. 侗族"萨岁"神坛

南部侗族，过去每建新寨，顺遵古规，先置"地祇"，侗语谓之"堆头"，或曰"堆柄"，即《祭祖歌》和《巫词》说的"未置门楼，先置地祇。未置寨门，先置'柄地'"。

前者系地神之所，后者系侗族供奉的女神之名之处。现在两者同是一址，同属一神，一并供奉，称为"然萨"（祖母屋），或"膝萨"（祖母坛）、"堂间萨"（祖母殿）；汉曰"圣母祠"、"社稷坛"、"威宁祠"。称其神为"萨柄"，或"萨麻"、"萨岁"、"萨堂"。尊其地为神圣不可侵犯之境，奉此神为至高无上，保境安民之神。其址：一设在露天，一设在室内。前者垒土成丘，形同祭坛，上植一株黄杨，旁置一伞；后者于室中积一白石堆，中插一半开半合，上披红绿色剪纸锦伞，围十二木桩，作守将之位，叫做"十二地"，也有的设"二十四地"、"三十六地"。于室前植一株黄杨，或一丛芭蕉，以示其征。两者皆于其地下挖一深坑，钉一木桩，名曰"美贵"，藏以象征，以锅覆盖，用土填平。敬祭之日，各家自带香纸，酒菜，前往供奉，而后围席聚餐。餐毕，为妇者手牵着手"多耶"，或鸣金吹笙为乐。平常不许随意闯入其地。集体活动，外出对敌，须先集于此，祈之庇护，而后行动。看来这种神地的最初设置和敬祭形式，似与远古崇拜地神及其后发展为"社"神有关。侗族每建新村，须先安此神，才立寨而居。这种习俗，显然是"自然宗教的土地崇拜，主要崇拜群体自己居住区的土地，居住在那里，就直接向那里的土地献祭"的残存迹象；同时古书也记载有类似做法。《礼记·特性·孔颖达注》曰："以地之深，故瘗埋于坎。""瘗埋于泰折，祭地也。"先秦古籍亦说"地主阴"，所以祭地时要在北郊挖方坑，用瘗埋祭法祭地；"地贵阳"，"所以要在泽地筑一个园坛作祭坛"，"在有的土坛上立树木"。立何树为当？《论语·八佾》说："社，夏后山松，殷人以柏，周人以栗。"孔颖达解释："凡建拜立社，各以其土所宜之木。"至于祭祀活动，《淮南子·精神训》云："今夫穷鄙之社也，叩盆拊瓴，相和而歌，自以为乐矣。"《左传·定公四年》曰："君以行军、祓社、衅鼓，祝奉以从，于是乎出境。"《周礼·大祝》说："大师，宜丁社"，"及军归，献丁社"。这种"以地之深"，"挖方坑"，"瘗埋祭"、"筑园坛"、"上立树"、叩盆和歌以自乐，出师凯旋须祭社的做法，无不与侗族掘深穴，藏以物，垒土丘，植黄杨的"地祇"或"柄地"和鸣锣、吹笙、"多耶"以助兴，集会、出征须敬其神相类。所以说，侗族供奉的"萨岁"及其"神坛"很可能是随着社会的发展，封建制度的影响，由原始的对自然崇拜，演化为对封建人物的崇拜；也就是说，这是在原始的土地崇拜的基础上发展起来的，是以本民族的历史人物融糅于其中的结果。可待探讨。

[共苗：《侗族"萨岁神坛"》，《贵州民族研究》1991 年第 2
期，第 70、76 页]

5. 萨玛的传说

萨玛的传说各地大同小异，因无文字记载而靠人们世代口口相传，不免有自相矛盾或添枝加叶的地方。各地传说中相同之点是：萨玛因和卡李（有的说是李家王朝）战争，英勇不屈，最后壮烈牺牲，不同之点有：一是萨柄、萨堂是母女两人，因作战到最后无力再战时跳崖而死，母亲躺着死去，女儿站着死亡，因之给母亲盖房屋居住叫萨柄，给女儿围以石墙叫萨堂。二是萨柄、萨堂是姊妹两人，因在和敌人战争时被奸细骗走神扇而失败，后人为纪念她们，给姐盖房子住叫萨柄，给妹围石墙叫萨堂。但在许多唱词或歌词中，一般是提到萨或萨岁，或萨玛、萨玛千岁、萨玛天子。

萨玛，到底是什么样的人？在一组长篇叙事词中对萨玛的身世这样说道：

"一岁引萨到州，二岁请萨到寨，三岁左手接得铜扇，四岁右手接得法扇，五岁头戴银冠，六岁手拿银剑，七岁面宽团圆，八岁左手接得九座铜仓之珠，九岁右手接得披肩绣锦，十岁有四贯金银，十一岁铜锣八宝，十二岁操练干戈，十三岁王上饮酒，十五岁处事得平，起兵有旺，决心败贼，决心兴起……"

在叙述到萨玛功劳的时候说道："天上萨玛天子，坐在宜州本堂；萨玛天子，坐在杨州大殿；年有二十五岁，稻禾死完，绝粮无本；年有三十五岁，左手接得铜扇，右手接得法扇；年登六十五岁，头戴银冠，手拿银剑，面宽团圆；年登七十五岁，三样三法；恩等元年，李家王朝，治州不平，治兵不旺，全破刀弩。萨玛天子，入有龙牙水晶，要萨盖屋同住，开炉同坐。……"

"时在甲寅，三十三县，贪县仙女反乱，处事不平，作事不旺，收事回转。萨玛天子，处事得平，作事得旺，散全九溪十洞，杀贼消散，治贼死亡，面前金银，收事回转。萨玛天子，进有铜钟大地，三军息宁，千里太平，万里大正。……"

在最后叙述到萨玛劳苦功高，积劳成疾后与世长辞时，这样叙道："上界元年，前路破得九十九州、十县……罗猴元年，年登九十九岁，铜锣法生，上有六哟，下有六哟。……"

从上面材料看出，萨玛很可能是历史上的真实人物。她所活动的地域达数十州、县，并直接提到"九溪十洞"，这是现今侗族聚居区。长期来，侗族人民对她崇拜、敬仰，并把她神化是有历史事实为根据的。我们可以有把握地说：萨玛是一个在历史上显赫一时的英雄人物，但她的姓名、出身、籍贯及具体历史事实还不甚明了，需要深入调查研究。

［向零：《从江县九洞侗族社会组织与习惯法》，《贵州民族调查》（之三），贵州省民族研究所、贵州省民族研究学，内部出版，第228—229页］

6. 南部侗族地区的萨坛、萨屋设置

在南部侗族地区，流传着这样一句谚语"侗族以萨岁为尊，汉族以寺庙为大"。萨岁在侗族人民心目中的地位非常高，被奉为至高无上的女神。她无所不能，一可克敌制胜；二可保境安民。因此，在南部侗族地区的村村寨寨中都建有祭祀她的神坛。一般一村一座；大的村寨也有三五座不等，即一个家族或两三个家族共建一座；也有的地区几个村寨共建有一个"总萨"，然后分别再建一个属于本寨的"分萨"。从外部结构来看，有的地方在寨中用卵石或片石砌成一圆形土堆，上栽黄杨树一株，或蓄茅草一蓬，或插

上一把半开的纸伞，作为供奉萨岁的神坛，侗语往往将这种露天形式的神坛称为"萨坛"；有的地方则建有房屋，房中平地上插有一把半开的纸伞，或在房内立有身着侗装的萨塑像，作为供奉萨岁的神祠，侗语将这种室内形式的神祠称为"萨屋"。因受汉文化影响，一些村寨用汉字给其书名为"圣母祠"或"祖母祠"、"社稷坛"等等。

〔潘永荣：《黎平县永从乡九龙村侗族原始宗教调查》，未刊稿〕

7. 高增侗族萨神信仰及神坛设置

（1）总萨坛——"部兵"

高增寨坐落在田坝上端，包括小寨和大寨，大寨又分为上寨和下寨。传说高增原先为苗族所居。侗族原住在对面半坡上的老寨。后来，苗家人受了由远方来的一个地理先生的蒙骗，挖掉了后龙山坳上的龙脉，因此苗寨发生瘟疫、"白天死去十二男，夜晚死去十二女"。苗家老人说，这个地方住不成，就往别处搬了。经过了很久的时间，侗家人就从半坡上的老寨搬到坝子上来居住。因高增位于田坝上端，是村寨之头的意思，侗语称之头村，这个村寨就名为"高增"，以后，高增河也因村名而得名。高增寨分为两个部分，以高增河为界。居住河右岸的人户为小寨，居住在左岸的为大寨，大寨又因地势高低分为上寨及下寨。高增寨过去称为"二百高增"即是有二百户人家的村寨。

在大寨背后有一小山包，在山包上设有神坛，名为"部兵"，即侗族女神"萨兵"神坛住所，它是管全寨的总神坛。凡高增全寨举行重大活动时如出征、斗牛、吃相思等都要由大小两寨十二老户"祖公"率领众家族成员举行祭祀。不如此，村寨的重大活动就不能举行。据说，该神坛威力很大，其原因是在苗家人在搬走以前，也曾在这里设过神坛，故至今还留有"部兵苗"的称呼，意为苗家神坛。

（2）三寨萨坛

全高增寨共有个四个"萨坛"，总神坛称为"部兵"，是主管全寨的守护神，另外，在小寨、上寨、下寨各又设有自己的萨神神坛，当地称为"地头"。

"萨坛"又称"地头"。各神坛在安神立坛时立有十二个桂木桩，故又称之为"十二堆"神坛，据说十二个桂木桩代表着十二家老户。民国年间，小寨"萨坛"的十二老户代表是：吴蕴贞、吴蕴金、吴蕴珠、吴永成、吴家贤、吴甫目、吴生宝、吴善荣、吴礼贤、吴千贵、吴千富、吴之茂。

负责管理"萨坛"的人，当地称之为"抬萨"，小寨、上寨、下寨各有一人。"抬萨"即掌管"萨坛"的意思，由当地老户中有威望的人来担任，他的职务是逢农历每月初一、十五日要到"萨坛"敬茶，烧香化纸。如举行祭祀活动，除敬茶、烧香化纸外，还要用三条鱼、三杯酒和糯米饭来敬供。

上寨"抬萨"者除负责管理本寨的"萨坛"（地头）外，还要负责管理全高增寨总

"萨坛"——"部兵"的平时供祭。

"抬萨"是社会荣誉职务。实行父死子继制度，代代相传。如"抬萨"者无嗣，可由本家族中产生，此后仍实行父子继承制。

（3）祭"萨"

甲，斗牛祭萨。斗牛，是以水牯牛格斗取乐，它是侗寨集体娱乐的一种重要活动形式，高增三寨，各自都饲养有一头水牯，它是由专人饲养不事犁耕的牛王，它有各种各样的封号，如"雷公王"、"扫地王"等。每年秋收后，以牛堂为中心，邀约周围各寨举行斗牛，届时，斗牛堂上人山人海，有多达数万之众，实为侗寨文娱活动的盛况。各寨在牛王出征前都要举行祭祀萨神。高增三寨在牛王出发前要到总"萨坛"——"部兵"去祭祀。届时，由"部兵"的管理者"抬萨"主持，由各寨"地头"的"抬萨"者及罗汉头（青年首领）各备一篮祭品，即所谓"一牛二篮"。一篮祭品有三条鱼（熟鲜鱼或腌鱼均可）、三杯茶、一碗糯米饭和香纸等物。举行祭祀，由上寨"抬萨"主持，由师匠念祭词，称为"斗茶国刀"。祭词说道：

> "来哟！到火塘边，到堂屋里；
> 我杨、吴二姓祭神，
> 备了供品，已告众人；
> 今天，备牛相抵，放牛相斗；
> 备有酒菜：坛酒、大鲢鱼、大草鱼；
> 请上地头衙门兵主；
> 享你七十二位太公，三十六位祖公。"

祭毕，由罗汉头率领众青壮年队伍，牵着威武的牛王，一路锣鼓喧天，呼号震野，随着萨神的化身——"抬萨"者手持的纸伞，向牛堂进发。

乙，吃相思祭萨。"吃相思"，是村寨互相走访集体做客。即当年春耕农忙前，甲寨全体男女老少数十人乃至数百人；应乙寨之请，到乙寨去做客，在乙寨唱歌、看斗牛、看侗戏等娱乐数日后方返回。来年或适当时机，乙寨的男女老少应甲寨之请，由数十人乃至数百人组成的"客人"队伍，到甲寨回访，吃喝玩乐数日后返回。此后再相约，又行互访。这一活动，牵动了全寨家家户户，耗费庞大，是侗族社会的一项重大的社交活动。故在去"吃相思"时，必须先祭萨神，以保一路平安。高增寨如要到外地去"吃相思"，必须到总"萨坛"——"部兵"举行祭祀，供品只需一份，称"一篮祭品"。由"部兵"管理者主祭，由师匠念祭词，称"斗茶为也"，念词说：

> "来哟！到火塘边，到堂屋里；
> 祭神是我杨，吴二姓；
> 供品已摆好，已告众人；
> 今天，出去到外寨做客；
> 带领众人走田坝，牵着马儿走街巷；
> 男女村寨走，众人大路行；

主人鱼肉备齐。
请上地头衙门兵主；
享你七十二位太公，
三十六位祖公，叔伯祖公；
来到火炉堂，来吃酒肉；
跟着去，在路上保卫，
在夜晚维护；
保众人周全，护众亲周到。"

［向零：《高增与"二千九"的社会组织》，贵州省民族研究
所、贵州省民族研究学会编：《贵州民族调查》（之九），
1991年12月，内部出版，第3—4页］

8. 榕江县八开公社庙友三寨侗族对萨的崇拜

三寨侗族的宗教信仰中，最为突出的是信奉"萨"[①]。这里的"萨"叫"萨麻"，又叫"萨柄"。"萨"是始祖母的意思，"麻"或"柄"是其名。"萨"在侗族人民心目中，具有至高无上的威望。

新建村寨，必先安"萨堂"即"萨坛"。庙友每个寨都有一个"萨堂"，用石块砌墙，垒成土堆，上栽一常青树"千年矮"，插一把微张的雨伞。坛内埋有什么，说法不一，也没有见过。只是说那些东西是仿照"萨"生前用过的物件放进去的。

一定要用一把半张开的伞，有个说法："萨麻"住在"孟塘米海"的深海里，她来到侗乡一定伴随一场大风雨，所以要打伞，因风大，又只能半张开。现在鬼师"过阴"去请她。埋头闭眼，作入水状；"哆耶"踩堂，引"萨"入堂时，打的半张伞，都来源于此，人们（尤其妇女儿童）出门时，要携带一把雨伞，也表示"萨"在身边保护着。

"萨"有驱鬼逐邪，保安宁的本领，老人说，只有"萨"能施法挡道，驱逐魍魉，保护人们安全，平时她保护着村寨的平安。这里流传着不少有关"萨"暗领人马保护村寨，使盗贼自遁的故事。还说"萨"能驱赶和管治猛兽，甚至说有人见过老虎在"萨堂"前跪过的脚印，神乎其神。

"萨"在人们的生活中占有重要地位。受到虔诚崇敬。每当初一、十五、过年、过节都要敬上三杯茶、三炷香，化几张纸。每年二月初二和八月初三还要杀猪大祭，以往还要"哆耶"，颂扬她的功德，祈求她的保佑。有人说，二月二是"萨"的生日，八月二是她游寨的日子。大祭时，任何人不得进寨，包括本寨外出的人。

"萨堂"的管理和祭"萨"的主持，每寨都由一位男性老人承担。其任期、去留由

---

① 编注：原文此处为"撒"，与"萨"为侗音汉译的差异，现统一改为"萨"。

"萨"的意志决定。

［吴永清：《榕江县八开公社庙友大队侗族社会历史调查》，
贵州省民族研究所、贵州省民族研究学会编：《贵州民族调
查》（之二），1991 年 12 月，内部出版，第 59 页］

第二节　祭萨活动

1. 从江九洞的祭萨活动

　　祭祀萨玛，在九洞地方是一种常见的活动。各村寨凡有较重大的事件，必须举行祭萨，此外，有的村寨还有定期的大型祭祀活动。高传寨今年的祭祀活动，是定期连祭三年的最后一年，笔者有幸参加这次活动，受益不浅。现将高传寨今年三月举行的祭萨活动，作一简要的介绍：

　　这里有"三年疟，五年国"的习俗。就是说，高传寨实行连续"三年踩歌堂，五年斗牯牛"。踩歌堂的情况通过祭萨活动来进行。高传寨今年祭萨活动是一次大型活动，连续祭祀三天，于三月十八、十九、二十日举行。这次祭祀的形式，过程和内容是这样的：

　　甲，请萨：是把萨请出来和人们一起活动。三月十八日早饭后，全寨男女老少（孕妇除外）集合于萨柄坪，各队芦笙到齐分成两行，排列于萨柄大门前，放声高奏。请萨开始，放铁炮三响，这时身着长袍礼服的二十多位父老，排列在萨的牌位前，管萨人向萨焚香敬茶（茶是用巴茅草煮水而成），然后父老依次饮茶，名为"吃赐茶"。敬茶完毕，管萨人带领众父老缓步出门，向芦笙队逐人"赐茶"（暂停吹笙），芦笙队吃"赐茶"后，主祭人（一般由有威望的寨老担任）高声叫喊：哟，众人齐声呼：噢、噢、噢！如是连续三次。主祭人又高喊：归！众人又高声齐呼：哈噢，哈噢，哈噢！同样又是连续三次。这名为："三哟三归"。意思是把萨请出来了。

　　乙，祭田又名踩禾桩：请萨出来到预定的田块（是固定的每次都踩这些田）去祭田，预祝来年丰收。在喊完"三哟三归"后，管萨人右肩扛着伞（萨的化身）走在队伍前列，紧跟在后的是主祭人，然后是父老，再后是芦笙队，最后是盛装姑娘队和众男女队伍。长列队伍从萨柄坪向田坝进发，管萨人缓步如蚁行，主祭人踏着前者脚印，亦步亦趋，手持铜锣，有节奏地每隔数十步敲打一声，这叫做"拿脚印"，意思是按着萨的脚步走。因为在祭田时，群众忌讳快走，快意味粮食少，完得快，不够吃。慢意味粮食多，完得慢，吃不完。数百人的单列队伍，蜿蜒曲折在田坝中游行，浑厚的铜锣声配合清脆悠扬的芦笙曲，整个场面显得格外热烈庄重。到达祭祀田后，游行队伍绕场三周，由主祭人行祭祀礼，将铜锣扑地，焚香化纸，然后脚蹬铜锣三下，取出铜锣，祭田完毕。这时游行队伍，按原路线以同样方式回原处。回到萨柄坪后，青年男女尽情地踩歌

堂（侗语叫哆耶），直到天黑尽了，人们才慢慢离去。

丙，转寨，又叫祭寨：在连续两天的请萨、祭田后，第三天举行转寨活动。前两天活动都要请萨、祭田，这天活动也一样要请萨、祭田，所不同的这天是活动的高潮，在游行队伍中增加了一些有趣的化装游行者，他们装成乞丐、补锅匠、打猎者、逃荒者，进行各式各样的滑稽表演，动作稀奇古怪，时时引起人们捧腹大笑。

这天，早饭后，先举行请萨仪式，然后由管萨人、主祭人如同第一二天一样，带领游行队伍围绕本寨游行一周，祈求村寨清吉平安——所以这天才名为转寨。然后如前举行祭田。这天游行队伍在祭田返回时，要先到萨堂祭祀，祭时，由一特定歌师唱祭萨堂歌三首，每唱完一首，主祭人喊：哟！一声，众人喊：噢、噢、噢！一次。唱三首，喊三次。其中一首是这样唱的：

"塘海大树，自是萨的殿堂：听那叮吟鸟儿嘴巧会说，请萨过东方；如今萨来，护村寨；桂木树桩，地中埋；桂木树桩，地中放；见到我萨，穿着似龙似凤，她为神女，手持黄扇，来管我地方。"

祭毕萨堂，队伍来到萨柄处，围绕萨柄转三周，由歌师唱祭萨岁歌，和祭萨堂一样，唱完一首，主祭人喊：哟！一声，众人喊：噢、噢、噢！一次。共唱三首，喊三次。其中一首这样唱道：

"当初萨岁，住螺滩；王朝得道，引她来；萨到河头，遇到三尖坡；请萨进寨，敲三锣；众人献茶，满山张伞；萨到滩头，管山河；今天铜锣咚咚，告慰萨，铜锣盖地，请您萨就来。"

历时三天的祭萨活动，这时全部完毕。晚上青年男女尽情地唱耶歌，父老们聚集在萨柄处饮酒庆贺，家家户户祈求平安，全寨沉浸节日气氛中。

［向零：《从江县九洞侗族社会组织与习惯法》，贵州省民族
研究所、贵州省民族研究学会编：《贵州民族调查》（之三），
1991 年 12 月，内部出版，第 231—232 页］

2. 通道县侗族祭萨活动

通道侗族信仰多神的原始宗教，崇拜祖先，以祖先为神；还把一切自然物如大树、巨石、山坳、岔路、田头，一些建筑物如桥梁、石墩、水井等，都当作崇拜偶像。然而，侗族至高无上的神称为"萨"，即最先的祖母之意。侗语对"萨"的异称有"萨莽（太祖母）"、"萨岁（祖母）"。汉译有"圣母"、"先母"、"达摩天子"或"李王婆婆"等意思。过去，侗族凡事都要祭祀"萨"。如立寨，必将"萨"请来。遇上天灾人祸，要祈求"萨"保佑。凡举行盛大集体活动，如议订"款约"、与敌人交战、出寨集体做客、吹芦笙等，都要先祭祀"萨"。每逢初一、十五亦有祭"萨"活动。祭"萨"，要设"萨坛"，"萨坛"一般设在寨中或寨头，用石头砌成圆台形，直径一丈多长，高三四尺，台顶栽一棵黄杨树（又叫"千年矮"），形似雨伞。祭祀仪式非常简单，只在坛前燃香，焚

纸，敬供油茶。祭后必须"哆耶萨"，也就是唱《祭祖母耶》，歌颂"萨"的至高无上。

［《通道侗族自治县概况》编写组：《通道侗族自治县概况》，
湖南人民出版社 1986 年版，第 102 页］

3. 黎平县龙额区六甲祭祖母仪式

"祖母"，侗语称为"萨"。在侗族人民心目中，"祖母"是至高无上的女神。其实，她原来是传说中一位为了侗家利益战斗献身的女英雄，名字叫杏妮。

祭祀"祖母"是每个侗族村寨新春伊始的头一件大事。杏妮的家乡和她就义的地方——黎平县龙额区六甲一带最为隆重。时间是每年正月初一至初七，也有的村寨从正月初七到十五。

每当祭祀"祖母"时，寨上年纪最大、辈分最高的老人，身着青色长袍，外加紫色背心，头戴小青帽或包青色头巾，按照严格的礼仪进入"祖母坛"进行祭祀活动，男女在"祖母坛"外肃立，待寨老赐予祖母茶后来到鼓楼坪上，男的手搭肩，女的手牵手，各自围成圆圈，载歌载舞地踩歌堂，用歌声赞颂"祖母"，表示怀念。这种祭祀活动，有的侗寨要举行三天。仪式更隆重一些的，要算黎平县潘老寨一带。

全寨男女老少都聚集在鼓楼坪里，青壮年男子都扮成当年杏妮的款兵，身佩弓弩利剑，腰束青色布带。脚穿禾草鞋，手持刀枪或长矛。信炮一响，"款兵"立即由鼓楼齐集到"祖母"坛边，每人向"祖母"敬茶一杯，随后便是寨老念祭"萨"词。念罢，领唱一首怀念"祖母"的歌，然后发出号令，铁炮三声，"款兵"们向寨外冲去。到了寨外，他们朝天放排枪枪炮。"款兵"们在野外战斗了许久。回来后每人用枪杆或梭镖杆子戳上一个稻草扎成的人头，表示割取了官兵首级，得胜归来。

"战争"结束了。带来的是太平盛世、歌舞升平的景象。男女青年们吹起芦笙唱起歌，走过寨中，回到鼓楼坪上踩歌堂。

祭"祖母"活动不仅表现了侗族人民对英雄人物的怀念、对未来生活的美好追求，而且把当年"祖母"率领侗乡"款兵"对敌作战，砍下敌人首级，胜利而归的场面再现出来。

［吴定国：《祭"祖母"》，贵州省文化厅群文处、贵州省群众
文化学会编：《贵州少数民族节日大观》，贵州民族出版社
1991 年版，第 229—230 页］

4. 黎平县九龙村侗族的祭萨仪式

有关这位女神的称呼，各地也有一些差异，有的称为萨坛；有的则称为萨柄；有的则称为萨玛；有的则称为萨玛天子；或简称萨岁、萨等等。尽管各地称呼不一，但所供奉的萨都是一个名为杏妮的女神，这一点各地是完全统一的。九龙村侗族称这位女神为萨玛天子，或萨岁、萨等。

关于萨岁的传说，九龙村与其他侗族村寨的传说大体相同，相传萨岁名叫杏妮，父亲名叫吴杜囊。为争回被李家王朝夺去的田塘，其父率领侗族父老兄弟与李家官兵奋战，不幸牺牲。杏妮继承父志，与丈夫石道再次联合各侗寨组成"大款"，继续与李家官兵抗争，由于力量悬殊，加上丈夫石道被奸细所害，杏妮只好率众退守"弄塘概"大山，不料被官兵包围，战斗中终因寡不敌众，她跳下山崖，壮烈牺牲。侗族为缅怀这位民族女英雄，各村设坛或立祠加以供奉，并视之为至高无上的女神。

九龙寨建有两个萨祠，其一称为"三百萨"，为三龙地区九龙、中寨、罗寨和由这三寨迁出去住的周边小自然寨及登界村共有，因三龙地区历史上习称为"三百三龙"而称"三百萨"，该萨祠位于三百鼓楼旁。其二称为"平塘萨"，位于寨中中鼓楼和上鼓楼之间一口名为"平塘"的鱼塘后，故名"平塘萨"。该萨为九龙村所有，因而又称为"九龙萨"。

"三百萨"祠占地约40平方米，为木瓦房，分上下两层，上层尚未装修，下层后室为萨岁关马的马厩，中室为萨岁居住的地方，也是人们供奉和祭祀她的场所，前室为半封闭式的大厅，大路从厅中穿过。前厅板壁上绘有身着节日盛装的侗族男女青年吹笙跳舞等民族风情画和一些风景画，以及汉族历史人物画像等。厅前单壁上写有重建萨祠的序言和捐款人员名单。祠后，山脚下有一水井，据说为萨岁洗头、喂马专用，他人不能乱动，更不能取水饮用。萨祠大门书有对联一副，上联为："选良辰英雄入宅千秋永固树乡风"，下联为："择吉日圣母乔迁百福频臻归侗里"，横批为："民生圣母"。厅前大柱上左书："圣德合宏保佑三村康泰"，右书："母恩浩荡能持四境平安"。侧门上联为"圣阁重修全依众力"，下联为"母楼复建尽靠群资"。募捐壁上左书："众人合力献工建就母楼"，右书："二寨同心捐募修成圣阁"。壁中前书序言，序言为："我三百萨岁，自明代成化年间，祖先为诚民族安定起见，不惜募化建成萨岁屋宇，纪念我民族女英雄——杏妮，以示敬仰。不料1979年因寨上发生回禄沿烧萨岁屋宇罄尽，迄今失修多年，为了恢复民族信仰，始于1993年正月初三吉日，群众自愿捐资献工献料动工，正月十日告成。现将捐献人士开列于后，永垂不朽。"从捐献名单及注明的情况看，有九龙、中寨、罗寨以及双江乡上、下登界村群众共同捐献，捐献数额从0.4元至74元不等。1～3元者占70%左右。募化人员为：吴德光、吴庆珍、吴显坤、吴定标。梓匠为吴明昌、吴振押。书笔为吴玉龙。青年画家为吴永承、吴丕超。

据说此次复修，模仿了20世纪50年代前原样式修建。原萨屋在"文革"时期被撤，屋瓦挑到黎平县城建学校。萨屋被撤后，村中老人担心地下埋物遭到破坏，在20世纪60～70年代由于无人敢提议再建萨屋，只好在萨屋基上堆放一些瓦，用以掩盖和保护地下埋物。20世纪70年代末，刚为其修建一座临时的小屋，不料1979年因寨上失火延烧这一临时的小屋，至1993年才又重修，形成如今的模样。

三百萨的管理，由九龙村"腊降"家族中的下腊降这支房族负责。如三龙地区各寨均出现不安，各寨便集中到这里举行大祭，祈求萨神庇佑，保地方平安。平时只由九龙村中的下腊降负责上香敬茶。以往每月初一、十五都要给萨上香敬茶，现仅在春节期间正月初一和十五给萨上香敬茶了。管理者一般于年前农历十二月二十七就开始进入萨屋，将萨屋打扫干净，至除夕夜，鸡叫头遍时，管理者要抢在他人之前，到寨中水井（即中鼓楼下方之水井）挑水煮萨茶，除此井之水可用来煮萨茶外，忌用其他井水煮萨茶。1997 年，寨中失火前，此井的水尚可饮用；失火后，由于各户都安有自来水，加上此井自身水质下降，便无人饮用和清洗而成为废井。现只好取其他井水或自来水煮萨茶。萨茶煮好后，管理者便换上新衣新布鞋，带上香纸、茶水前往敬萨。入萨屋前，还须将身上、脚上的灰尘拍打干净，或象征性地拍打三下，方可进入萨屋。祭祀时必须要念《入三百萨屋念词》：

"大月祭，小月祭，请您萨玛天子送只好鸡，赠只肥鸡，送只八宝鸡来保地方。今天您萨玛天子保我三龙民众，年老者长寿，年轻者健壮，年幼者安康，户户子孙发达，家家富贵双全，人人年年有余，这都是您萨护佑的结果。现先敬您萨，您萨吃后我们再吃。"祭毕，敞开萨屋大门，至正月十五上香献茶后才关闭萨屋大门。据说以往各村都在这段时间进行鸡卜活动，为让萨到各村巡视，或护送好鸡给各村，故敞大门至十五。

"九龙萨"祠占地约有 30 平方米，木瓦房，共 2 间。左间为萨居住的地方，右间为祭祀和鸡卜时巫师、寨老、族长们聚会用餐的场所。门前有一块 10 平方米左右的草坪，坪外有砖墙围护，平时院门敞开，只有萨居住的房间之门紧锁。据说"文革"前，该萨屋建筑工艺非常讲究，枋上、门上等均雕有一些风土人情画和一些飞禽走兽，形象栩栩如生。不幸"文革"时被撤，其材料用于村级电站机房建设。此前，1957—1959 年初，该萨屋曾被改为村养老院，很多孤寡老人住进去后，总感到有些恐惧，心中压力难以摆脱，而自动撤离。继而又将其改为夜校场所，直至被撤为止。

1993 年，复建"三百萨"祠竣工当日，九龙村即动工复建"九龙萨"祠。据说该萨祠也是模仿原萨祠式样而建，但建筑用料和工艺远不及以往。复建时，仅用 8 天的时间即建成。从立于聚会厅前的功德碑看，当时人们捐工献料有多有少，折合人民币 1—30 元不等。捐工献料折合人民币 1—2 元的约有 40%；3 元的约有 20%；4—5 元的约有 20%；5—9 元的约有 10%，10—30 元的约有 10%。该萨屋大门书有对联一副，上联为："圣母贤明流芳百世，"下联为："人民常念铭刻千秋"，横批为"普佑四境"。大柱上左书："母贤普佑护万健民康"，右书："圣德英明保全村清吉"，横枋上书"万民乐业"。

本寨萨由"腊降"家族中"上腊降"房支负责管理。据说 1949 年前，该萨置有萨田 240 "等"，按当地折算法 4 "等"为 1 担，6 担为 1 亩，那么萨田整整有 10 亩。萨田在村范围内分布如下："'亚油'（地名，下同）有三十等，'地南'有九十等，'八千'有一百二十等。"这些田也由上腊降负责耕种和管理，上腊降如无能力耕种或不愿耕种，可租给他人耕种，但腊降仍负责收租，其分成比例和自种一样，多按五比五分成，所得粮食专用于年祭或大祭及平时的开支。以往每年年祭，也就是鸡卜结束时，人们为感谢萨为村中送来好鸡好兆，全村要举行聚餐。1949 年后，萨田收归公有，年祭、鸡卜及聚餐产生的费用，全由各户分担。不过聚餐的规模变小了，只有巫师、寨老、族长、村干部参加。

据调查，本地春节祭萨活动与鸡卜活动密切相关，都是围绕鸡卜而进行，但本村自20世纪60年代以来，即停止了鸡卜活动，而祭萨活动据说从未间断过，每年春节间都要入萨屋、登"和献坪"、喝萨茶、引萨游村、唱耶萨歌等。20世纪六七十年代，群众多不敢参与，当时的村干部却带头做，特别是有位名为吴显寿的老村支部书记，他虽为"宰门"家族，眼看"腊降"不敢主持活动，他往往说："你们不敢主持我来主持"，本该"腊降"扛旗，他却扛旗，群众见村干部都不怕批斗，反而带头做，也就放弃了心中的顾虑，积极参与该项活动。

当地春节期间祭萨，多选择在大年初一午饭后14时左右进行，届时，鸡卜师和寨老进入萨屋祭萨并进行鸡卜，而管理萨的"腊降"家族，则选3位年长者去登"和献坪"。"和献坪"距离本村萨屋大约有300米，一说"和献"为萨岁女婿，是一名立有赫赫战功的武将，人们为纪念他亦垒土筑坛供奉；二说"和献"为本村"腊降"家族中的一员大将，曾多次在保卫家乡的战斗立下功劳，人们为纪念他而垒土筑坛供奉。垒土供奉"和献"这一现象，在其他地区侗族村寨从未听说过，就连相距不到2公里的中寨、罗寨都无此现象，现有的侗族调查及研究资料更没发现有人对这一现象的描述。此次调查，笔者就"和献"究竟为何神？与本地中老年人，尤其是管理者进行了探讨。首先在萨岁的传说中，没听说过萨岁有女婿的丝毫遗迹，这点大家都承认。对于第二种说法尚有可能，但从该村登"和献坪"的仪式和念词来看，通篇提到的全是萨，没提到"和献"半句，而该村确称这一祭坛为"和献"坛，这与祭祀时所念的念词出入相当大。这一矛盾令常主持祭祀该坛的吴志成老人都难以解释，原来他只管念，没注意到这一问题，通过这次讨论，他感到十分惊讶。

登"和献坪"活动与祭萨、鸡卜活动通常同时进行。"和献坪"高2米左右，从前方登入时，须架木梯才能进入坪上，坪上有一块青石，人们将这块青石视为进入该坛的"门槛"。跨过青石"门槛"前，走在最前面的第一位使者，先抬右脚在青石板上由里向外绕三圈，再抬左脚绕三圈。绕时，每绕一圈念一段咒语。所念的咒语为："天罡，太乙，行星，小吉。传送，从归，何归，堂明，申候，大吉。"如此反复念三次后，念毕，拿着扫帚象征性的在右面扫三下，再在左面扫三下，而后向上扫三下，才斜步向前走。排在第二位的使者，拿着扫帚跟着进入坪中，这位使者真正用扫帚打扫坪上的杂物。第三位使者扛着锄头也跟着进入坪中除草。三人将坪上的杂草杂物打扫干净后，在坪上焚香化纸，齐捧着茶碗念：

"今天萨岁准备茶水在这里，这茶甜，人满村，谷满仓。今天我们开茶观村容，开出的路三庹宽，铲除的草三庹远。进入新年弓自力，进入新岁刀自锋，捕贼贼难逃，杀盗盗难活。今天要我们来带领群众，有我们牵头还怕什么？"念完，三人将茶一饮而尽，再下到石阶路头与众人们喝萨茶。

萨茶为萨管理者——上腊降所煮。奉茶给众人喝者，也必须从腊降家族中寻找一位多子多福，且家中"清吉"（无孕妇）之人来担当。奉茶者先将茶奉给入坪的三位长者喝。三位入坪者喝前，各人把手压在各自立着的红油伞头上，口中又齐念道：

"什么伞？巫师伞。什么伞能保人命？能保千万民众？能保到村脚？能保到寨头？能保到男孩？能保到女孩？能保到萨玛天子？能保到巫师群本？能保到家禽六畜？能保到禾苗五谷？保到村脚村脚暖，保到寨头暖洋洋！"念毕，每喝一口茶，都将茶喷到伞上，连喝三口，然后顺手将伞上的茶水揩一下，扛在肩上，在前引路。人们随后喝茶的顺序依次为：60岁以上，穿着寿服的男性长者队伍→旗手（扛着一面上书"江西吉安府"的旗子）→芦笙、锣鼓队→女扮男装，或男扮女装的未婚青年男女队伍→猎枪队（多为中年男子）→一般男女老少。喝萨茶时，每人要喝三碗，只能用嘴去接碗中的茶，不能用手去捧着喝。人们边喝，队伍依次跟着行走。游行队伍在喝茶时，猎枪队站在台阶上向天空放一排枪和铁炮，当游到"三百萨"屋前和"九龙萨"屋前又分别放一排枪和铁炮，而后转回到喝茶地点，即耶舞坪边的石阶上再放一排枪和铁炮。喝萨茶时，家有孕妇之人家，不能加入游行队伍中与游行队员一起喝，只能让游行队伍喝完后，才可以去喝，但不能参加游行活动。

当地将春节的这一游行活动称为"观容"。村民们解释这一活动的目的是引着萨或跟着萨查看村容面貌。以往游行的路线，一定要按照传统的路线：喝萨茶台阶→三百萨屋→九龙萨屋→耶舞坪，几乎围全寨转了一圈。而今随着人口的增加，村寨的扩大，尤其是1979年失火后，有的人家搬到河东去住，建议每年的游村观容应打破传统路线，要游到他们河东片区去。由此，这几年的游行路线大为改变。现游行路线为：喝萨茶台阶→三百萨屋→风雨桥→河东片区（沿河而上）→村头木桥→上古楼→九龙萨屋→中鼓楼前→耶舞坪。

游村观容活动结束后，游行队伍转回至耶舞坪，像盘头发一样渐渐盘入舞坪中。村民们称这种收队法为"拗螺尾"。盘入舞坪跳舞过程中，前三首耶萨歌必由"腊降"家族的人领唱。别家族的人不能也不敢领唱前三首耶萨歌。待"腊降"人领着大家唱跳三曲后，这下任何人都能领唱。

春节期间人们在舞坪中唱耶萨歌和跳耶舞，目的在于悦萨乐萨，使萨为村民们护送一只好鸡来，这可从活动中所唱的耶萨歌中充分感受到。因为在村民们看来，萨是侗族共同供奉的一个女神，且这位女神居所不定，到处巡游于侗乡，哪村哪寨的人虔诚，或村中的神坛、祠宇清吉，她就在该村住的时间长一点，多护佑该村一些。故九龙村在此活动中所唱的耶萨歌是按一定的顺序来演唱，首先要唱请萨入村或入坛就住的耶歌；接着赞美本村神坛萨屋，歌颂萨的威力及为民除害和保境安民之伟绩；尔后向萨汇报此次人们献茶的目的，希望萨能护送一个好鸡来等等。以往巫师及寨老在萨屋中举行鸡卜活动，人们则在舞坪中耶萨跳舞。如没找到好鸡，舞须继续跳下去，直到找到好鸡，卜到好兆为止。据说1949年前，有一年该村连续7天都没找到好鸡，人们则在舞坪中整整跳了7天的舞。找到好鸡，得到好兆后，人们通常还须唱一些感谢萨为之护送好鸡的耶萨歌。如今九龙村虽没举行鸡卜活动了，但人们为了娱乐，有时也跳三五天耶舞才言休。

　　1949 年以前，每当三龙三寨（九龙、中寨、罗寨）年初一举行祭萨、观容、跳耶舞活动时，高牙寨的人都要挑酒挑肉来给这三个寨祭萨，并到山上拾松叶来铺垫这三寨的舞坪，以免三寨女孩跳舞时弄脏绣花鞋。1912 年以前，高牙人每年要向三寨进贡 7 壶甜酒和 9 斤腌鸟肉。1913—1949 年，渐将鸟肉改为猪肉。这三寨将高牙寨进贡的贡品分为 7 股，九龙寨占 3 股，中寨和罗寨各占 2 股，原因在于"总萨"设在九龙寨。每当高牙寨将这些贡品送到三寨时，高牙人往往进入各家各户中讨年粑，每户通常给他们 3 块年粑和 3 坨肉。1949 年后，高牙寨停止向三寨进贡。高牙寨为何要向三寨进贡祭萨的祭品？相传高牙人原居"平榜德老"，因在原住地触犯了乡规侗理，背井离乡，逃到三龙一带，三龙人收留了他们，但这当中还附带着不少条件，如限制他们人口发展，只允许他们发展到 30 户，通过双方盟誓并以诅咒的形式将这一总量控制下来。据说现在高牙的户数仍不足 30 户（不含后来本村、外村迁到高牙居住的住户）。三龙一带民居楼梯都为十三级台阶，高牙房屋楼梯只能做成十一级台阶。三龙一带民居大门都为两扇，高牙房屋大门只能做成一扇。除此之外，那就是每年三寨祭萨时，高牙人要提供以上祭品并负责打扫舞坪或用树叶铺垫舞坪。为了让高牙人捕获到猎物贡品，三龙三村特划出一山林供他们捕猎。为不让子孙后代产生误会，或单方面违约，不尽义务等，三龙人将这一依附关系和贡品数量编成歌，现将仅留存的一小段记录如下："三斤小鸟肉，六斤大鸟肉。'美散'山和老屋基山给其捕鸟安套。"

　　在九龙，人们除每年春节祭萨喝萨茶外，如村寨集体外出"月也"或出征、斗牛、赛歌、演侗戏等都要举行祭萨、喝萨茶仪式。认为喝了萨茶，才能得到萨的保护与暗助，事事旗开得胜，人人平安而归。故现在该村若有人参军入伍，人们都要为他举行喝萨茶仪式。据村民们反映，该村自民国到现在，凡出去当兵的人没有一人死于战场和部队中，都能平安归来，人们普遍相信这是喝了萨茶的结果。调查期间，巧遇该村中年妇女歌队赴贵阳参加"中国侗族大歌申报世界文化遗产论证会"演出。出行前，村里为她们举行了喝萨茶仪式，每人都喝了萨茶后才出发。平安归来时，为感谢萨的保佑，她们在舞坪中边歌边舞后，方各自回家。

　　侗族南部地区，人们普遍将萨坛或萨屋的管理者称为登萨。大部分地区由落村最早的一个家族成员担任，其他家族无权担任；有的地区则通过阴师查找，确定村民中的一人来担任。无论采用哪一种方法选择管理对象，一旦确定即为世袭。九龙村管理"三百萨"的吴志章，在他父亲逝世前，为其父亲管理，他有两兄弟，因哥哥不爱好从事这方面的管理，其父在临终前将这管理工作移交给他，教给他《入萨三百念词》和一些祭萨方式等。"九龙萨"由同家族的"上腊降"这支房族中的吴志成管理，亦为世袭。可九龙村对管理者的选择，传说中与其他村寨有别，相传"腊降"家族不是落村最早的一个家族。但为何选择"腊降"家族中的人来管理萨呢？在于历史上"腊降"这个家族曾出现过一员大将，且这个家族一直承担着保卫村寨的责任，故选"腊降"的人来管理萨。除平时给萨烧香敬茶外，其他如扛萨伞、入"和献坪"、扛旗、领歌、领舞、煮茶、端茶等都必须由"腊降"家族中的人承担。同一地区的罗寨则不同，相传管理萨的人，必须由落寨最早的一个家族成员担任，但煮萨茶的人则由另一个晚来的家族成员负责，将萨的管理者与煮茶者分开，这一点又与其他侗族村寨有别。如此看来，在三龙地区被选为萨的管理者，一是以他们落寨的时间顺序为条件；二是以对村寨贡献的大小为标准。这是尊重时间秩序和能力的表现。

萨茶多由萨的管理者栽种，忌用加工后的茶叶泡水。需要时，管理者临时到培植的茶树上摘取新鲜的茶叶来煮。该茶叶品种不同于目前我们常见到的品种，其叶比较宽厚，据说越是老叶子，煮出的茶味更浓，侗族普遍称这种茶叶为"萨茶"。

有关萨坛地下的埋物，从民间流传和珍藏在巫师手中的《东书少鬼》、《占推遮地多滕》、《请神圣安社堂言语》、《招谢圣母咒语》等安设萨神坛汉字记侗音手抄本来看，坛中地下埋物常见的有铁锅、三脚架、火钳、碗筷、剪刀等生活用具及银饰外，还有阴沉木、过河的葡萄藤、蚁窝、衙门土、白石等。个别地区如榕江七十二寨，萨坛下还埋有一口瓦缸，缸内盛满水，放有 3 尾红鲤鱼。在六洞地区还埋有身着侗族盛装的萨的雕像等等。此次调查，看到九龙及罗寨萨屋内均空空荡荡，无任何标志。问他们地下是否埋有东西？人人都说埋有东西。但再追问埋些什么东西时，却无一人能将地下埋物全都说出来。普遍只听说埋有铁锅一口和阴沉木一截。原因在于该村从未看到人们挖掘或安埋过，而大多数侗族地区的萨坛，在"文革"时几乎都被挖掘，改革开放后，各村复修萨坛时，不得不请巫师将地下的埋物重新安埋，故其他地区侗族多知道地下埋物有哪些。九龙村在"文革"时，虽然萨屋同样难免被撤，但地下埋物没遭破坏，当他们复修萨屋时，也没有动到地下的埋物，再则埋物的时代久远，见过埋物的人早已离开人世，在后人言传中挂一漏万，故不太清楚完整的埋物了。不过他们深信地下埋有很多物品。

[潘永荣：《黎平县永从乡九龙村侗族原始宗教调查》，2004年 8 月，未刊稿]

5. 广西龙胜平等乡祭萨仪式

平等乡是侗族聚居区。平等乡的平等两个字，就是侗族音译，即草木坪之意。由于历代反动统治阶级推行民族压迫政策，特别是民国时期强迫改革民族风俗习惯，平等侗族不穿侗装穿汉装了。但是还普遍讲侗话，侗话是全乡的交际语言。民族特点极为明显。平等全乡共有萨堂 19 座，鼓楼 77 座，风雨桥 51 座。平等乡平等村原有 11 个鼓楼，现在还保存 8 个，最高的鼓楼有 15 层；有 10 座风雨桥，2 座萨堂。在平等村前面的田坝中间有一座古老的萨堂，用烧砖砌起一个圆包，旁边有一株古树，白鹤成群，百鸟欢歌。平等侗族祭祀萨岁活动一直延至今日。

龙胜各族自治县侗族陈维刚、杨金邦两同志介绍龙胜祭祀萨岁的情况：龙胜侗族一般都崇敬"萨坛"又称"萨玛萨堂"。汉译即"祖母坛"亦即原始祖母。凡是比较大的寨子都在寨中立坛祭供。坛为圆形，以石块或砖头砌成，宽直径丈余，高六尺多，安木门，常关门。坛的正中地下埋藏一仰一俯的口对口的两只铁锅，内放银质的小型三脚架,一架纺纱机等物。坛上插把纸伞或植一株黄杨树或桂花树,有时还插若干锋利的竹签。有的地方,坛前修木房庙称"达摩娘娘宫"或"达摩庙"。平等寨还在附近的"基坝"用砖砌成的"侗奶外家庙"。神坛禁止人畜践踏、拉便。非祭祀日,任何人不许擅自进入。

祭祀萨坛,有定期的,有不定期的;定期的一是每月农历初二、十二、二十二祭祀;二是正月、十月的初八祭祀。是日,中老年妇女各携带茶油、茶叶、黄豆、米花、到萨坛或萨庙打油茶祭祀。不定期的,多在出现月食日食、发生瘟疫、村寨起火、野兽进寨伤害人畜等事情,经请巫师占卜问卦,指出有人对"侗奶"失敬,她回"外家庙"或从别地去了。无神保佑,才灾难临头。为了消除灾难,以寨为单位,择吉日,杀大猪,由师公祭请萨玛回坛。有"外家庙"的地方,由一寨长老组织老年男子数人,中老年妇女数十人,头包青布,插鸡尾毛,身穿吊苡米珠、鸡毛服装的芦笙堂十多人的队伍去迎接。其规矩仪式,老年男女前导,最前者带把伞,中老年妇女居中,芦笙队随后。去时,不张伞,不吹芦笙,到萨庙后即用油茶祭请萨玛回坛。祭毕,仍按照上述次序回寨,长老张伞,意为萨神遮挡风雨,芦笙队奏乐。回寨后杀猪,由师公祭萨安坛,各户主聚餐。没有"外家庙"的,由中老年妇女用油茶到寨外大树脚或山坳祭请萨玛回坛。

逢年过节,正月初一、十五,各户分别到萨坛或萨庙烧香斟茶祭敬,正月"勿耶"(村寨之间众人互访作客)客人离主寨前夕以全猪或猪头祭之;长老闻官兵骚扰、股匪窜境凶讯,以酒肉或油茶向她许愿祈求护佑地方安宁,事后众人集资杀猪还愿报答。新中国成立后,敬祭"侗奶"这一习俗五十年代仍保持着,六十年代至八十年代停止。近几年来,平等寨又兴祭祀。

1988年9月30日(农历八月二十)平等乡平等村老年妇女们举行祭萨活动。我们一行,正在这里考察,机遇难得,经征得祭萨妇女们的同意,我们非常高兴地参加了这次隆重的祭萨活动。这个萨堂在平等村寨西的中间,是露天型的,靠萨堂旁边有一栋民房空屋,房屋主人已搬走,虔诚祭祀萨岁的妇女们征得房主人的同意,作为祭萨活动的场所。这栋木房,共三柱两大间,分楼上楼下两层,下层设有堂屋、寝室、火塘,还设有一间灶房。平等村老年妇女在这所房子祭萨活动已有多年,一年四季十二个月,每月聚会祭萨活动一次,每次参加祭萨活动的妇女,都自愿主动带一些煮油茶需要的糯米、花生、黄豆、香葱、茶油、茶叶、柴火及祭萨用的米酒、香纸和一套侗装。锅碗杯筷是早已集资买好存放在屋里,以便每次活动取用。平常锁门闭户,不准闲人入内。参加活动的人,多系侗族老年妇女,青年女性和小孩没有参加活动。参加活动的人数多则40人以上,少则10多人。参加这次活动的共有11个侗族妇女老人,年纪最大的71岁,年纪最小的55岁。这次祭萨活动和以往祭萨活动一样,参加祭萨活动的侗族妇女老人各带糯米、米花、黄豆、香葱、茶油、茶叶、柴火、香纸、米酒、侗装等物,开门进屋,分工合作,有的到井边挑水,有的在火塘屋里烧火煮油茶,有的在灶房里烧火蒸糯米,油茶、糯米煮好后,就进入祭萨活动。我们尊重民族风俗习惯,买了一些猪肉,给侗族妇女们作祭萨的礼品。她们非常高兴。妇女们异口同声地说,这次祭萨活动与以往不一样，增加了新的内容，不仅有油茶祭萨，还有猪肉刀头祭萨，还有贵客来临，萨在阴间也会感到特别高兴的！在煮油茶的同时，把猪肉切成一坨一坨的刀头肉，用鼎锅煮熟。祭祀萨坛就设在火塘上方，坛上没有偶像，只有两个香炉和一盏千年灯。祭萨时，首先倒进茶油点燃千年灯，燃香分别插入两个香炉。传说这里不仅敬祭萨岁一个人，而是敬祭 12 个萨。坛下摆 12 个酒杯，12 双筷子，意思是每个萨神一个酒杯、一双筷子。先用猪肉刀头敬祭，用 12 个碗每碗装一坨猪肉刀头摆好，向 12 个杯子洒点米酒，烧纸敬祭；然后用油茶敬祭，也是用 12 个碗装好油茶、糯米摆好，烧纸敬祭。祭祀完毕，将刀头肉切细加料煮好，作为下糯米油茶的菜。参加的所有人员一起用餐吃油茶、吃糯米、吃菜，一直到吃饱为止。餐毕，推举杨燕姣（56 岁）、石细妹（55 岁）高声合唱祭祀萨岁的古歌，不唱歌的听歌或谈古论今，兴致盎然，其乐融融。高唱祭祀萨岁古歌者换上侗装，头戴侗帕，身穿侗衣侗裙，表示改了装的侗族妇女对萨神的真诚敬意（据说以往参加者均换侗装）。歌毕，相互谈论生产生活情形，交流经验，谈论家事，相互安慰。我们问她们，每年每月坚持举行祭祀萨岁活动是什么原因？她们说，一方面，萨神是我们的古老神，坚持祭祀萨神，她会保佑我们清吉平安，身体康泰；另一方面，我们老人妇女在一起，谈话投机，自由自在，不受任何限制。如在家里，有丈夫、有儿、有媳、又有孙，讲话要有礼节，上下左右，要有分寸，规规矩矩，不能随便一点。到了萨屋，就像到了另外一个世界，谈话自由，不受限制，欢欢乐乐。

龙胜各族自治县平等乡侗族老人妇女虔诚萨神，尊敬萨神，集体祭萨活动，反映了侗族原始社会母系氏族的遗存；同时反映了平等村侗族妇女对原始社会妇女集体活动的依念。

　　　　　　　　　　　　　　　　［吴万源：《龙胜各族自治县平等乡祭萨仪式调查》，1988 年
9 月，未刊稿］

6. 黎平县肇洞"多堂"礼仪

在"文革"以前，肇洞地方的大多数村寨都安设有"堂萨"。有的为其还专门立有房屋，因此又称"然萨"。"萨"，侗语为"祖母"之意，又是对老年妇女的尊称。"堂"在这里是指"萨"安坐的地方，"然"是指"萨"住房屋或家。"堂萨"，又称"社稷坛"。"然萨"，又称"圣母祠"。"多堂"，指的是安设"堂萨"，又称安社稷坛、安神堂、建宫等。人们认为，"萨"是保境安民、至高无上的神。纪堂上、下寨和登江寨联合安设在纪堂下寨的"堂萨"，1917 年时立有一块《千秋不朽》碑，说到："古者，立国必须立庙。庙既立，国家赖以安。立寨必欲设坛。坛既设，则乡村得以吉。我先祖自肇洞（古时对今肇兴的称呼）移上纪堂居住，追念圣母娘娘功威，烈烈得布，洋洋以能保民清吉，六畜平安。请工筑墙建宫，中立神座，供奉香烟。"

肇洞地方的堂萨可分为两种形制。一是外建房里（有木屋，也有砖墙瓦屋），内安宫设坛；有的坛用鹅卵石垒砌成半圆形，上插一把半开半闭的纸伞，伞中挂有一把扇

子；有的则于坛上盖一块青石板，上置三只小茶杯。二是露天之下，安宫设坛；有的坛用石土垒成，上插一把半开半闭的纸伞，内也挂有扇子；有的于坛上放一石墩，侧边再植一株黄杨树，石墩上再置三个茶杯。这里说的"多堂"，指的是请师公（群众和有关安坛经书对"多堂"鬼师的称呼，）安宫设坛；至于室内或露天，那完全由该寨人按传统习惯来决定。"多堂"，一般分为准备工作和安宫砌坛两大程序。

（一）准备工作

1. "扑锣"

"多堂"多在春社前的春分前后一两天进行，有的也在秋社至次年春社之间择日进行。主寨决定"多堂"时间后，就要派人去接专职"多堂"的师公。师公出门时，要在家里安设的"萨"的神位前祭祀。他先烧香化纸和敬茶。再一面轻击"包锣"（即中间凸出敲击点的铜锣）3下，一面念咒语；然后蹲在地上作"扑锣"法，可求"萨"护佑"多堂"顺利。这种"扑锣"法，是把锣覆盖在地上，两手合掌，由锣面正中平推而出；手到锣的前面边沿，再分掌顺左右锣边绕半圈收手；双手从头顶向颈后摸脸而下，连续反复三次。在施法中，不得吐气，否则不利。所念咒语，名为"合圣母娘娘佛"中的第三段。"天合地合，人合鬼合，大神小鬼听我说，听我的口，我的娘娘合。萨！萨！你一家，我一家；你一姓，我一姓；是你是我一家人，你们跟我同人在，你们跟我同人睡（侗语，'坐'的意思）。萨！萨！"用锣覆地及所作手势，很像《象吉通书》中"先天八卦"的变易做法。合掌由锣正中推出的手势，好似由该八卦图中"坤"向"乾"即"地"向"天"的方位。到锣的前面分掌即"乾"位，再左右顺锣边转半圈即左手经"兑"（泽），"离"（火）、"震"（雷），右手经"巽"（风）、"坎"（水）、"艮"（山），最后于"坤"的位置抬手到头顶、后颈，从脸而下。这种"扑锣"法与所念咒语"天合地合，人合鬼合"，是否就照应了（还不清楚）。对于老师公来说，"扑锣"之法不仅"多堂"前要作，平时每月的初一、十五给"萨"敬茶也要作。现在，有的师公已不用"扑锣"法了。

……

2. "多堂"人选

参加安堂的人，除主祭师公和伴同的两三名师公副手外，一般还要选四名或八名挖宫安坛的青壮年男子；一至二名修宫的青壮年人（男女均可，两名的一般是一男一女）。这些人，均由主寨寨老和师公按条件挑选。其条件有四：①家里三代人齐全；②家里历来无非正常死亡者；③家里无孕妇；④本人年庚与四方土地神的属性或十二地支属性相合。每年农历正月初举行全寨性的祭萨活动或安设"堂萨"时的请萨活动，选择去接萨的八男八女（有的寨是七男七女），只需具备前三个条件就可以了。唯独参加"多堂"的人，还必须具备第四个条件。若师公认为要五人参加，那就按木、火、金、水、土五方土地神的属性来选择人的年庚。认为"甲乙属木，丙丁属火，庚辛属金，壬癸属水，戊己属土"；凡甲子、甲戌、甲申、甲午、甲辰、甲寅和乙丑、乙亥、乙酉、乙未、乙巳、乙卯之年生者，均属木而入选，"木"就是东方土地神的属性。其他人，就以此类推进行同样择选。其中列为属"土"的人选，就负责进入宫中，到时按师公指定行事。其他四名，到时按师公测定方位行事。若需九人或十人者，其属性就按十二生肖来吻合十二地支的办法来择选。其中有五人必须又要符合木、火、金、水、土五方土地神的属性。如果需两人入宫办事者，均得选择同庚属土的人。参加"多堂"者不管是五人还是十人，均站不满师公到时测定的十二地支方位。师公就按"占推千男万女地向动土叠腾（砌坛）忌凶"择候选人来补充，其目的是尽量防止给参加人员带来灾难和不幸。若是再找不到合适的人选，就只好空出该位，到砌坛后再来弥补所要做的事项。

师公及副手的年庚属性，一般对人保密，以防止他人对自己的刁难而带来不利。到"多堂"时用罗盘测定卯、午、酉、子即四方土地神所在方位后，师公一般在"子"位上设祭。也就是口诀中说的："前有朱雀，后有玄武"，"左有青龙，右有白虎"。如果师公本人属性为"水"，那就更好，不然全凭借神力护佑。师公副手多按年庚及属性对位行事，同时也求神力保护。

"多堂"结束时的"猎贼头"仪式和游寨仪式，至少挑选八名青壮年扮演成大将和士兵，其条件是上述四条中的前三条。扮大将者，身披红毡；士兵者，身披蓑衣；他们均戴斗笠，腰佩大刀，肩扛鸟枪。其中，还有一名旗手。到时，他们均按传统习惯办事。

3."背萨"

在着手"多堂"的当天或前一天，寨老组织登萨、师公、八男八女及全寨群众，吹芦笙、放铁炮，敲锣打鼓，到"弄堂概"去"背萨"。

弄堂概地处肇洞境内东南面纪蒙山南余脉尾端的一座石山，又称"萨岁山"。堂概河原由北向南围绕萨岁山转流，构成了一段像马蹄形的河道。传说，明代邓子龙镇压当地的侗族农民起义时，为斩此地龙脉，派人将纪蒙山南的余脉挖断，使堂概河改变水路，便形成了萨岁山。现在，仍留有原河道痕迹，山的南麓还有一口深不可测的大水塘，名叫"萨岁塘"。萨岁山上，原长有一片大古树，其中有松、柏、杨梅、枫树等。在山顶一块较平坦的地上长有一株巨大的华南松，树前铺有一块长方形大石板，石板上放着三只小茶杯。作为祭萨的香案。凡肇洞及周围的侗族村寨安设"堂萨"，都要到这里来祭萨、背萨，将萨接到寨上的"堂萨"安坐。

去背萨的队伍，先要由敲打锣鼓镲的三人在前开道；接着是吹芦笙的三人；随后是肩扛用背带捆扎有纸伞、青草（三支，其中两支打成草标）、纸扇，手拿葫芦茶壶的登萨；手拿纸伞和纸扇、身穿盛装的八男八女；身穿长袍马裤的寨老，师公；最后是群众。队伍出发，要放三响铁炮，到达弄堂概也要放铁炮。由歌师领唱祭请萨岁的歌，人们就在萨岁塘坎上哆耶踩歌堂。登萨和师公就爬上萨岁山，到华南松前的石板上，倒茶、烧香化纸，敬祀萨岁。师公念诵请圣母词，在松树旁取土一捧，由登萨解下背带背在背上，回到队伍。再放三响铁炮，按原来的次序返回。此时，师公则要跟着堂萨走，以作保护。当队伍回到寨上，同样放铁炮，以示接萨顺利归来。若路程近的，就直接将萨背到"堂萨"。按师公指点，由专人抬放宫中。若路程远者，就将萨背到登萨家，暂放于神位上。到时，再抬到宫中安放。

对于接萨的礼仪，现在已大大简化。有的寨只去登萨和八男八女，若在路途中遇上了一位老年妇女，登萨说："萨来了。"该妇女也答应"来了"，那就算接到萨了。

4. 神物

"多堂"所用神灵象征物很多，有的由主寨决定"多堂"时间后逐渐备办，有的则由师公备办。

①萨的偶像

选用一块从脚到膝盖长、小腿粗的阴沉木，雕刻成一位妇女的偶像，并安装上银质的心和胆；将红、黄、绿三色各一尺五寸长的绸缎分别做成三套衣裙，穿在偶像身上；再给偶像佩戴银质帽子、耳环和项链，把红、黄、绿丝线各三只并同衣裙一道捆扎好；以此象征萨的尸骸，到时瘗埋宫中。

②各神灵象征物

A. "四帝"

"四帝"，即东南西北四方土地神，其象征物有两种不同的做法。一种做法是将铁锻打成拇指粗、一拳长的四根铁钉，钉身上大下小如圆锥状。人们认为，其底部形状直接关系到主寨男女青年的切身利益。底尖，只对男青年有利，就会出好罗汉。底平，只对女青年有利，就会出好姑娘。为了平均对待，有的将两根打成尖形，两根打成平底。另一种做法是将四块木枋作为象征物，其长有脚掌到膝盖的高度，宽为一拳的长度，厚以拇指为宽度。到时，都得由师公安插在坛边择定的十二地支中卯、午、酉、子四个方位上，以壮威仪。用铁钉形作象征物的，到砌坛时起到支撑石板的作用。用木枋作象征物的，则露出一截于坛外，明显可见。

B. "十二地"

"十二地"，是指十二地支各方位象征物。其象征物也有两种做法。多数师公是用十二根均有三个节、同高、并同样粗细的水竹做成，口端均削成马蹄形，并破开一缝，夹上代表"公甫"的纸串。一部分师公则把"九层菜草"分别用红、绿、黄三色绸布各包四包，作为象征物。到时，都得由师公按子、丑、寅、卯、辰、巳、午、未、申、酉、戌、亥的十二地支方位插放。

C. "国五郎"

"国五郎"，实指东西南北中五方土地神，但这里是指与五方土地有关的"二十四愆"，因此有的师公不提"国五郎"、只提"二十四愆"。二十四愆的象征物分为两组，做法各有不同。一组是用阴沉木或梓檀木分别削成十二根长有一拳、粗有拇指大，像二胡绞子一样的八棱锥形柱状。另一组是用同样木质分别削成十二根长由脚到膝盖的高度、粗有两个拇指大。与上述相似的八棱锥形柱状。有的师公在制作上并没有分成两组。到时，师公将二十四愆象征物按十二地支的方位，分两组间错插放于坛边。

D. "九坤神"

"九坤神"，在安坛经书中也称为"诸位先将"，也称"诸大小将"。它们是用竹子或白纱纸按"计安坛诸神取算法诀"（有的称"登记安圣母诸大小将取算法"）的要求，分别做成各自的象征物。

a. "公甫"

"公甫"即祖宗之意。其象征物是用白纱纸裁成以一拳为长度的方纸条连成十二串。到时，由师公将其夹放在"十二地"象征物上，以此象征祖宗之位满地坐。

b. "婆麻天子"

"婆麻天子"，在安坛经书上又称"厦麻天子"、"达摩娘娘"、"圣母娘娘"。当师公念诵经文时，将"婆麻天子"读成"萨麻厅岁"。其象征物是三根"竹算"，用带节的三根水竹筒，长一拳，粗同拇指，口削成马蹄形状；内装象征萨所用衣物和器物，共由十一种药物组成。"骂松言"，象征萨的梳子；金银花，象征萨的衣服；"拥"（岩菌），象征萨的胸兜；鸡冠花，象征萨的围腰；"靠懒"（黑狼蕨草），象征萨的脚套；"骂良伞"（蒲公英），象征萨的伞；还有生姜、火草、协萨（箭杆枫茶），共称"九层菜草"。另外，还有一个酒药曲和三钱朱砂。师公将这些东西用剪刀铰碎，放在簸箕里拌和一起，装入三支竹筒内，再用按规定裁好的纸片封口，以示"婆麻天子"之神祇。有的师公还用红、黄、绿三色绸布分别将三支竹算包上，以示更加敬重。到时，师公还用同样大小的一个空竹筒与三根竹算相配一起，倒插于"午"位处。插时，只能将其握在手心往下插，五指均不得触地，否则对己不利。

c. "奶温"

"奶温"，安堂经书上又称"厦错"。其象征物是一根如同"婆麻天子"象征物的竹算，但不放任何东西。到时，由师公将其同"婆麻天子"的三根竹算一道插放于午位上，但要靠卯方一侧。

d. "梁位太公"

"梁位太公"，又称"两位太公"，有的还以"李境太位"相并称。其用白纱纸作两根"纸算"为象征物。纸算的长度和形状，与上述"十二地"相同。到时，由师公插放在"丑地"，以示立庙。

e. "五燕林官"

"五燕林官"，一称"五彦林官"。用白纱纸作五根纸算为象征物，其大小与上同，但长有三拳，割成马蹄形。到时，由师公插放在"子地"，插法与"婆麻天子"的竹算同。

f. "蒙稿蒙老"

用白纱纸作成三根纸算，长度与形状和"五燕林官"同。到时，由师公分别间插在十二地支的卯、未、亥三位上。也有的师公将三根一起插在"卯"位上。

g. "杨哥门"、"杨哥将"

有的又称"杨哥将"、"吴哥将"。用白纱纸做成七根纸算为象征物，长有五拳，两端平整。到时，由师公分成三根或四根两组，纵插在午位的后侧。其排列法，与古代

"河图洛书"的格式有相似之处，插法与上述不同，是将纸算放于掌上，用大拇指和四指收拢夹着，然后四指落地将纸算插入土中。插后，还要将左面的四根分别拔出，拿去敲打右面三根，并将三根向外横打倒地，而四根仍然立插原处。这意味与敌人交战，打败了对方。

h. "蒙陈将公"

又称"蒙陈将公，蒙赵将官"。用白纱纸做一根"纸算"为象征物，形状和插法均与"五燕林官"同。到时，由师公插放于"丑地"，与"梁位太公"同位。

i. "军马婆井太由"

用白纱纸做成的十二串为三圈相连的花环作象征物。到时，由师公挂于十二地支象征物上。

E. "麒麟白虎"

"麒麟白虎"用白纱纸做成四根纸算作象征物，做法与"婆麻天子"相同。其中三根象征"麒麟"，又称"三元"；一根则象征"白虎"。到时，由师公按"占推加麒麟白虎吉"的法诀，推算出吉利方位插放。这种推算，是按六十甲子排列。如"甲子日白虎在申，麒麟在午"。意为甲子日"多堂"、"白虎"应插放申位，"麒麟"则插放午位。插放"麒麟"时，第一根要高举过头，再往下插于中间，称为"上元平头"；第二根要高举过眼睛位置，下插于左，称为"中元平眼"；第三根要高举过嘴巴位置，下插手右，称"下元平口"。

③祭祀器物。

A. 铁质类

宝剑一把，由当地铁匠打制而成，形同大砍刀。到时，师公并加三支青草（有两支打成草标）与剑同握于右手，作为法器。用后，归师公所有。

大号铁锅两口，一口用手盖宫，一口用于盛放尸骸等。

火钳三把，两把大的（有的师公只需一把），形同铁匠打铁用的钳子；一把小的，形同家庭火塘用的钳子。大火钳用于夹尸骸等放入宫中，小火钳只作祭物。

鼎罐、撑架各一个，与小火钳配套，作为萨生前使用过的炊具而献祭。

B. 石质类

取方形大石板一块，到时盖于坛上。有的寨子还将石板凿成庑殿形状，以示殿堂之顶。

"多堂"的当天，到江河边取三个鹅卵石，最好是经翠鸟或白鹤刚站立过的。到时，由师公安放。

C. 动物类

取蚂蚁窝一个，最好是九层巢穴。到时，由师公搓捏碎，撒于盖宫的铁锅周围，以示像蚂蚁一样，大发大旺。

D. 植物类

野葡萄藤一根，到时由师公缠绕在砌好的土石坛上，象征龙蛇形象，以示萨的神灵威力。取大拇指粗、长三拳的水竹一截，到时鬼师用于松土埋石。

另外，还有动物、植物和无生物组合成的"鱼苗浮萍水"一瓢。最好取于古树倒毁后，自然在根部形成积水，长出鱼苗和浮萍。到时，由师公洒于坛的四周，象征风调雨顺，万事如意。现因原始林减少，难以寻找，多取田里的鱼苗浮萍水代替。

E. 纺织品类

白侗布三匹，各一丈二尺长。一匹用于敲宫，一匹用于架天桥接萨，另一匹用于架天梯送神（也有的同用这一匹布铺在坛前摆放祭物）。有的师公则用白侗布二匹，一匹敲宫，一匹架天桥（后又架天梯）；另用一匹青布铺地摆祭物。这三匹布，要求每匹各长四丈四尺。

师公衣服一套。由主寨用侗布缝制棉衣一件，裤子一条，鞋袜各一双（有的寨，鞋袜是到商店购买）。到时，由师公穿上，主持"多堂"，用后归师公所存。

红、黄、绿三色丝线各三支，除上述使用外，到时还用来拉线定十二地支方位。

F. 纸品类

红脊黑面纸伞两把，一把用于插在坛上，象征萨的神灵所在，另一把用作师公的遮身、遮地等用，以示避邪。

白纱纸十张，除用作上述纸算等外，有的师公还剪成十二匹纸马，到时放于十二地支的方位上。还用红、黄、绿三色表纸做串珠等物。

白纸扇一把，到时挂在插于坛上的纸伞下，作为萨生前使用过的法物。过去，不用纸扇，而用蒲扇。

G. 供品

在安坛经书中，涉及的供品有很多，而且各神供品也不尽相同。但是，实际摆设的供品一般只有：全猪一头，鸡一只，鸭二只（一生、一熟），糯米饭十二钵，熟猪肉十二串，刀头肉十二块，肉汤十二碗，米酒一坛，青菜一盘，白米十二碗，糯禾十二把，茶杯十二个，香纸若干。

以上所有物品齐备，要分类放在特定的容器内，到时便于抬放和使用。一般来讲，萨的偶像要站立放在装有米的一口大铁锅内，两把大火钳放在另一口大铁锅内，象征九坤神的竹算和纸算等，要依次插放在一只装有米的大箩筐内；"四帝"、"十二地"、"国五郎"和"麒麟白虎"的象征物，依次插放在装有米的一只大箩筐内；宝剑和师公衣物放在一只秧篮内；鼎罐、撑架、小火钳一同放在一只秧篮内；三匹布、纸马、纸串珠等放在一只秧篮内，两把伞和扇及水葡萄藤等放在一只秧篮内，其他祭品和用具也都分别放在秧篮或箩筐内。这些东西，全部要存放于登萨家，到时两人一抬，抬到"多堂"地点听用。

（二）安宫砌坛

一切准备工作就绪，那就在"多堂"前将嫁出去的姑娘以及出远门的人，一皆通知回家。"多堂"的三日内，拉绳结草标塞寨门及通往寨内的道路。有的村寨这三天不冒炊烟，全部寒食。"多堂"时刻到，师公就按传统规定行事。

1. 扑锣

"多堂"的当天，师公先在登萨家安设的萨的神位前，照上述扑锣法重复一遍。念诵"合圣母娘娘佛"，以求"多堂"顺利成功。

2. 洒水

不管是安坛新堂或重修旧堂，师公到安堂地点，要烧香化纸，敬茶，念诵"安神堂尽水符"中"请师"一段："天地水府三元三品三官大帝，中央星主北极紫微大帝；前传后教历代祖师，祖师本师，祖本二师，某某师公，有请有到。"然后，师公用左手拿一碗刚由井里取来的清水，用右手拿一枝箭杆枫茶叶，分别在香火上转三圈，并念道："伏羲，伏羲，天地自然，秽气分散，洞中玄虚，光朗（一为'魍魉'）太元，八方威神，使我自然，灵保护命，普告九天，乾娜大娜，洞江太元，斩妖缚邪，杀鬼万千，中山神咒，元始玉文，持诵一遍，却鬼延年，按行五岳，八海知闻，魔王东首，侍卫我轩，凶秽消散，道气长存，吾奉先天，急急如律令。"

念罢起身，从左至右绕堂走正方形，一边走一边用茶枝洒水。每走正方形的一边，先要依次用茶枝画唵、佛、唵、佣四字，同时念道："一洒天门开，二洒地五里，三洒神灵降驾，四洒邪魔皈应，五洒五方龙神，六洒尽人民寿，七洒凶秽消散，八洒八方安静，九洒豪光显殿，十洒殿堂里内，琉璃瓦盏，不素不净，今将神水洒净。神水不到，神不降临，神水落地，万神皈应。速灵清净，清净之水，清水落地，祸去福来。"

洒水后，师公再次焚香化纸，祈祷诸神，念道："烧起焚香，佛祖未净，今将神水洒净。一上香，二上香，三上庙同真香；香不在他州，香不在他县，香在高宫圣殿。今有某寨众等，某姓门宗祖，一起揭，二动土，家家老少，若在居前。此请大墓大神通，万水江山在掌中，行请伏发（作揖），当请诸庙，郎殿（一为'廊殿'）之神。乡内之时，到三台，伏起（作揖）。香花迎请，本境长生兴隆土地，瑞庆夫人，招财童子，进宝郎君。观请普唵（佛教徒对佛祖的尊称）到来，若在天宫，腾云驾雾；若在路中，班转马头，若在江中，班转船头。人行千里，圣降一时，转身千万里，十万九千坛上，吉花判（伴）请下至，腾车下隆。收起六甲胎神君（有的师公还多念一句：收起圣公月殿神君，收起猪羊牛马胎神君），收起草坪之内；收起鸡鹅鸭胎神君，收起地塘之内；收起东路邪师，南路邪师，西路邪师，北路邪师，收起五方五路邪师；收起男人四眼，女人四眼，收在左奶公，右奶婆。一起东方甲乙木，二起南方丙丁火，三起西方庚辛金，四起北方壬癸水，五起中央戊己土。天无忌，地无忌，年无忌，月无忌，日无忌，时无忌，师公无忌。普唵到此，百无禁忌，朦胧大吉大利。"

3. 画符遮身

洒水后，师公取出事先准备好的"遮身师佛"在香火上转动三圈，再给所有参加"多堂"的人佩戴上。这种佛，是由师公用朱砂画的一道雷公符，被雷击过的杉树枝条二小截和隔鬼的"美标"草药七段所组成；用一块红布将其包成三角缝合，系上一根蓝线。师公给每人一边佩戴，一边念诵："化我身，化我影，化我本身上天云，人来见我天上走，鬼神见我海中存（沉）。上隔天，下隔岭，吾奉太上老君。"然后，在每人背上轻击三掌，以示生效。

4. 起工

起工时，师公先念收魂佛咒："祖师收，本师收，收起众姓人等，三魂七魄，七魄三魂，收在不老长生大殿。祖师收，本师收，收起弟子，用工人等，三魂七魄，七魄三魂，收在长生不老大殿。祖师收，本师收、收起弟子，大男小女，三魂七魄，七魄三魂；祖师收，本师收，收起猪羊牛马六畜，五谷钱财大吉大利，吾奉太上老君。"一边做收魂手势，一边还念："天依地依，日依时依，依人民，依丑牛。是男是女同体身，男人依七尺，女人依八迫（捭），婆麻天子依斗殿（多殿，即'多堂'），人命千军依上闷（上天），吾奉太上老君。"再向五方做收魂手势，又念："东方收起，西方收起，南方收起，北方收起，大地中央收起，收起圣母，人民之命魂魄，吾奉太上老君。"

收魂毕，师公烧三把纸钱，接着念"占推开坛起工用佛诀"："分天去做块，分地去两边，分路两边走，分水两边流，吾奉太上老君。"师公向参加"多堂"者示意准备，再念："九天玄女仙鸟（在），白鹤仙人，九天江里，退土盘清，弟子躯身下宅，'享目来灵，心山莫来往山去'，土地龙神走五方。人不见心，鬼不见军，弟子脚顿雷鸣，吾奉太上老君。"

念毕，师公和所有参加"多堂"者一齐顿脚，举起锄头挖土。若是安新堂。就按师公原洒水时走的四方，挖成一个边长一米左右的方形土坑。有的寨也挖成圆形土坑。若是在旧堂的基础上重新修整，那就撤出旧坛。

5. 取尸

若重新修堂，当撤旧坛挖见原先铁锅并清除周围泥土时，就要停工。师公再拿水碗，一面向宫中四周洒水画符，一面念诵："此水不是非凡神水，清水一碗，上见天，下见地，打石不要止，打破要崩。一退二退（意为再次动土），惊动龙神土地、圣母娘娘。等到弟子功夫圆满，各安旧位，吾奉太上老君。"念毕，随即揭锅。

接着，师公烧三把纸钱，一面入宫收取圣母尸骸，一面念诵"入坛殓圣母旧尸符咒"（内容与上述"合圣母娘娘佛"相同）。即刻，师公将尸骸带到登萨家修整。一般来讲，偶像及衣裙已朽，只取银质器物重新擦净；若能用，就装配在新的偶像上；若不能用，再加工成新的。所取旧尸骸，存放于登萨家设的萨坛前。

6. 安宫砌坛

不管安新堂还是修复旧堂，都要安宫砌坛。具体时间由师公测定，一般是在半夜鸡叫三遍后动手。到时，寨老和登萨组织所有参加"多堂"的人，将存放在登萨家的物品，按顺序一一抬到安堂地点，根据师公指定方位摆好。一切停当，师公便穿好主寨缝制的衣服，准备行事。

师公先以"人生金"取岩石，即将事先由江河边取来的三个鹅卵石拿在手中；再以"金生火"即由师公副手用火石、火镰、火草生火化纸烧香；接着师公拿起事先备好的象征"木"的一根三拳长的竹子，于自己左脚位置上掘一坑，并在此坑前呈三角形状再挖两坑，分别放入三个石头，谓之"以木取土"；又以"水生人"取水，即化一碗水扫坛。师公拿着水碗，一边念诵："分天去两块，分地去两边，分路两边走，分水两边流，吾奉太上老君"；一边用茶枝在水碗上写"佛法僧普庵勒敕令"八字。继续再念："此水祖师敕一便，祖师敕二便，祖师敕三便，祖师不敕不灵，敕了就灵。此水不是非凡神水，朝在昆仑山，朝流三千，夜流八百。凡人去取，三年不到，五年不回。吾师代领金钟（即拿着金杯），朝请朝回夜请夜到。天宫打来，云露之水，不为清净；江中打来，长流之水，不为清净；井中打来，涌泉之水，不为清净；路途打来，人行之水，不为清净；田中打来，禾苗之水，不为清净；塘中打来，养鱼之水，不为清净。弟子去玉皇殿前打来，五龙清净的水。速灵清净，长清常净。"师公一边用茶枝洒水扫坛，一边念诵："东方有秽，净水洒净；南方有秽，净水洒净；西方有秽，净水洒净；北方有秽，净水洒净；中央有秽，净水洒净；扫天天净，扫地地净；洒人人净，洒鬼鬼净；吾奉太上老君，急急如律令。东方不清不净，五龙清净的水；南方不清不净，五龙清净的水；西方不清不净，五龙清净的水；北方不清不净，五龙清净的水；中央不清不净，五龙清净的水。扫净坛香，扫堂尽秽（干净之意），扫堂光明，金贵鱼灵扫净（意为所有的地方都扫干净）!"

"东方不清不净，五龙净水，扫堂光明，清净! 南方不清不净，五龙净水，扫堂光明，清净! 西方不清不净，五龙净水，扫堂光明，清净! 北方不清不净，五龙净水，扫堂光明，清净!"

"奉请东方青帝青龙君，万丈自雨清净水；奉请南方赤帝赤龙君，万丈自雨清净水；奉请西方白帝白龙君，万丈自雨清净水；奉请中央黄帝黄龙君，万丈自雨清净水。扫尽坛香，扫堂尽玉，扫堂光明，清净!"

"今朝早来，金鸡未啼，牛犬莫飞（未叫之意），才郎（指赶路的人）未动，虎狼未行，我师先行；化神来早，我师来早，脚踏白头（即师公站立在北斗——子位），前有朱雀，后有玄武；闲水净水，闲时不来，也了度水（意为没有这种水）；度到度（意为这水到了这里），扫堂光明，扫净坛香，扫堂尽玉，扫堂光明，金贵鱼灵扫净!"

"此水不是非凡水，水在九儿山（可能指九嶷山即苍梧山）化水；水在其江下流，流去东方艮乾位，流去北方品田秧；水雨一条莫时用，太上八万品田中，当当说了报言了，若下良户保代郎。扫净坛香，扫堂尽玉，扫堂光明，金贵鱼灵扫净!"

"不存（曾）担水先扫地，先扫地内等军行。……在吾神仙，当有面前婆麻天子。扫净坛香，扫堂尽玉，扫堂光明，金贵鱼灵扫净!"

"团吾一升，冷水未动，弟子寻得扫净坛香，扫堂尽玉，扫堂光明，金贵鱼灵扫净!"

"此茶不是非凡茶，茶在九儿山化茶，千般开花都落地，茶花的叶叶过冬。人来要吃茶，神来要吃茶，千年要同，万年要相同。人来要同坐，神来要同堂。请神来到千年坐，保护寨乃万年强（意为：保护这个寨万年长）。扫净坛香，扫堂尽玉，扫堂光明，金贵鱼灵扫净!"

师公念毕。由属土的一男一女进宫，清除旧物和取出余土。同时，师公用罗盘测定子、卯、午、酉方位，插放"四帝"。登萨将从弄堂概背来的象征萨的泥土，在午位上解下，由修宫的一男一女抬入宫正中安放。完成后，修宫人出来俱不得回头望宫。鬼师使用一匹白布一边敲宫，一边念诵："打得一甲，占拜牙芒，敢拜牙绝嘛，厦，厦。打得二甲，牛马满坡，归牛满岭嘛，厦，厦。打得三甲，放一万，贤一千嘛，厦，厦！"意为：打得一槌，吃去两边，占去两头嘛，萨，萨。打得二槌，牛马满坡，六畜兴旺嘛，萨，萨。打得三槌，发展到一千一万嘛，萨，萨！接着，师公指定在卯酉两位上的人，各用一把铁钳将萨的偶像经午位抬着立放宫中，正好是由弄堂概背来的泥土上，再由四人抬锅将偶像盖上，名为"收魂盖宫"。有的师公则在安放偶像后，立即停工休息个把时辰再来扶位盖宫。盖宫后，师公将蚂蚁窝搓撒在锅的周围，便由"多堂"者填土埋锅。此时，子、卯、午、酉位上的四人将石板抬放在锅顶上（有的寨到此就算落宫了，不再垒石砌坛）。

安宫后，师公再用罗盘于"四帝"方位的基础上，测定十二地支方位。凡参加"多堂"者，按本人属性位置错开站立，用十二根丝线（红、黄、绿各四根）间错，按十二地交方位分别向宫中拉线。这种属性的错开位置拉线，以防同方位同属性的人被拉入宫，对自己带来不利。拉线后，主寨即请看香鬼师跳神，以此探视拉线的情况。人们认为，若某方位没有拉线就是亮的，凡拉线的方位就是黑的。对没有拉线的方位，就要求师公采取补救措施，否则对主寨人不利。十二地支方位确定后，师公副手各用一把伞遮宫，一把伞遮师公（不管师公移动到那里，都得撑伞跟随）。师公一边念诵"占推引鬼各神法诀"〔有的称"占推安圣母请各诸位先（仙）将法诀"〕中各段，一边按"计安坛诸神取算法诀"（有的称"登记安圣母诸大小将取算法"）和"安神堂之法"的规定，安放各神象征物。

师公先将象征"麻婆天子"的三根竹算和象征"奶温"的一根竹算，并排插放在午位上；接着将"十二地"插在十二地支各方位上，又将象征"公甫"的十二串纸夹放在"十二地支上"；将象征"梁位太公"的两根纸算插放丑位上；将象征"五燕林官"的五根纸算插于子地上；将象征"蒙稿蒙老"三根纸算分别插于卯、未、亥三个方位上；将"杨哥门"等象征物——七根纸算插于午位方向；将象征"蒙陈将公"的一根纸算插放丑位；将象征"军马井婆太由"的十二串纸花环挂在"十二地"上，还将象征"麒麟白虎"的四根纸算按临时测定方位插放；最后，师公将象征"国五郎"的"二十四爰"分别间错插放在"十二地"方位之后。各神位安放妥当，师公用原敲宫的白布分别敲"五郎"位，再回到子位，用脚蹬地三下。他一边举起宝剑和三支青草，一边念诵：今天我某某寨，引婆到来，从天上得到一本"雷公法"，从地上得到一本"王龙法"。随即，参加"多堂"者用一匹白布，从午位上的"杨哥门"象征物处，一直向外铺展，名为"架天桥"，准备迎接圣母入宫。

"桥"架好后，师公念诵"请圣母入中宫"经。师公副手撑伞绕堂遮地、遮各种象征物、遮中宫、遮铜锣（有的师公是用布来遮）。同时，师公还念诵"遮地咒"。念毕，师公放下宝剑，手执铜锣，按"占推六甲师公起鬼寻动鼓火烟地大吉"规定，站好方位，一边敲锣，一边念诵"大那厦打锣多五甲"咒语。然后，师公在堂萨内先唱《引婆入宫》歌，再领唱《引厦错》歌，众人在外哆耶。哆耶结束，若砌坛的，那就由参加"多堂"者垒土石砌坛。接着，师公一边将水葡萄藤由下而上缠绕在土石坛上（若不砌坛的，就将水葡萄藤缠在方石上），并将舀来的一瓢鱼苗浮萍水绕坛洒一圈，并唱"占推安圣母坐堂歌"。继后，师公再将一些米和十二穗糯禾分撒在坛的周围，名为"分马料"。师公又拿起铜锣，按测定的方位。一边击锣，一边念诵"打锣经"。击锣后，师公到"梁位太公"位上烧香化纸念经跪拜。

师公行事毕，歌师领唱三首耶萨歌，众人围着堂萨哆耶踩堂。师公将一些祭品分送给扮演大将和士兵们吃，再列队整装冲杀出寨，名为"送军扰贼"。师公副手用敲宫的一匹白布，由坟坛上往师公测定的方向铺展（一般是戌亥方向，正处于八卦的"乾"位即"天"上）。师公双手将铜锣抱起盖在胸前，慢慢念诵咒语。即刻，一排枪声过后，大将扮演者手提一带血的稻草布包（实为事前准备物），放于坛前午位，象征猎得贼首胜利而归，并向萨献祭。同时，众人撤出原来的所有祭品，并带回登萨家，只有师公和其副手留下。师公手执一把纸伞，一边从稻草布包上跨过，一边念诵"占推塞星鬼路古语"。念后，师公站在坛前一边插伞挂扇（若是砌坛的，伞插在坛顶上。若不砌坛，将伞捆在一木棒上插于午位），一边念诵"多伞经"。最后，师公做出登梯上天姿势，从白布上走过。到此，"多堂"仪式全部结束。

7. "斗煞保界"

"多堂"后的第二天上午，寨老、登萨和师公带领八男八女和群众，吹芦笙、敲锣鼓，放铁炮，用十二串肉、一块刀头肉，三个茶杯和一壶茶水，到堂萨供祭（有的寨还祭一套妇女穿的衣裙和银饰）。首先，听师公念诵"斗煞保界"词。然后，登萨将祭萨的茶水递给众人尝一口，名为"喝赐茶"。全寨人围绕堂萨，由歌师领唱踩歌堂。傍晚，全寨老人和师公一起在堂萨前聚餐，摆古，以示与萨同乐。

"多堂"后，若寨上发生火灾，出现瘟病等不清吉之事，还得请师公复祭。复祭时，师公先念"斗煞保界"中"九日前治"一节，再念"洗面婆麻天子"经。"多堂"后的第一年正月初一，仍要请师公复祭。此时，还维修坟坛，或立屋、植树等。师公除重念"斗煞保界"词外，还要念"占推斗煞厦温大年初一"经。

8. 祭萨游寨

"多堂"后的第三天，要举行全寨性的祭萨游寨活动。当天早饭后，全寨男女老少身着盛装集合堂萨前。由登萨向圣母敬茶，然后将茶杯递给众人依次喝一口茶，再举行游寨活动。三人吹芦笙、二人吹长号走在队伍前面；接着是右手撑着挂有纸扇和扎有三根青草的半开半闭的纸伞、左手提一葫芦茶水的登萨；随后是手执用白毛巾捆着纸伞、拿纸扇的八男八女；身穿长袍马褂的寨老、锣鼓手、扮演大将和士兵者；最后是群众队伍。大将扮演者，身披红毡，腰拷大刀，手扛红旗在前。士兵的装扮各色各样，有的穿盔甲，有的戴斗笠、背蓑衣，均腰拷大刀，肩扛鸟枪，个个威武雄壮。队伍离开堂萨时，要鸣放三响铁炮。每到一条寨巷，士兵扮演者都要轮换对天鸣枪。游到鼓楼时，由歌师领唱三首耶萨歌，众人哆耶踩堂。队伍快游到寨脚，让大将士兵扮演者冲杀出寨，一起鸣枪，同时放铁炮，以示驱逐一切邪恶。到此，全部活动结束。晚上，全寨男女青年在鼓楼里和鼓楼坪上尽情唱歌玩乐。据老人们回忆，1943年春，纪堂寨修整重安过一次堂萨，由本寨师公陆聘山主持，陆灿忠和陆开生当副手。第三天，众人游寨到纪亚处而告终。

安设堂萨后，每月初一、十五，登萨要给萨敬茶，烧香纸；每年春节期间，寨众都要举行祭萨活动。凡出寨集体做客（侗语称"为赫"）或参加歌赛、芦笙赛、演侗戏等，也都要集体祭圣母，喝赐茶，并摘下堂萨的黄杨树枝叶插于头上或芦笙上，以求得萨的护佑。若寨上出现不吉利之事，还要有祭萨扫寨等活动。

［黄才贵：《黎平县肇洞侗族的丧葬和"多堂"礼仪》，贵州
省志民族志编委会：《民族志资料汇编》（第三集），1987年
11月内部出版，第301—313页］

7. 榕江县腊酉公社侗族祭萨礼仪

腊酉地方侗族的意识形态中，虽为多神崇拜，万物有灵，其中则以祖先崇拜为主。

在对祖先崇拜中，将女祖先即萨玛[①]奉为最高神，萨是祖母之意；玛，是长辈之意。对于萨玛的真实姓名，说法不一。有说姓李，姓杨或姓刘；有说名叫银花、亚尼或三姐。解放前，都江三寨和腊酉三寨都安设有堂萨即祖母堂，作为奉祭萨玛的地方。这里的祖母堂均为露天，一般是用石头或石块堆砌成一个方形或圆形的大土堆；土堆的正中栽一株黄杨树；土堆的里面埋有两口上下扣合的大铁锅；锅内放的东西虽不一，但一般都要有妇女的一套服装和银饰。一般是先安设堂萨后建村寨，安设时要举行隆重的仪式，由鬼师念诵请萨。请萨的鬼师，有侗族的，也有苗族的。由于各村寨各家族迁徙的地方不同，因而请萨的方向和地点也不一。各寨的堂萨属各寨老户安设。有的是全寨几个家族共有，共同祭祀，如都江平寨。有的是一个家族所有，别的姓氏不得参加祭祀，如都江龙头寨。有的是同一姓氏，但不是一个老根兜者也不得参加祭祀，否则会流鼻血或吐血，如都江陡寨。因此，祭萨的方式也有不同，有的集体祭祀，有的是各家各户单独行事。集体祭祀的时间是在每年农历的正月初二，各家各户祭祀是在每年农历大年三十晚、二月初二、八月初二及每月的初一和十五。对于这些祭祀时间的解释，人们认为年三十晚是请萨过年，正月初二祭祀是同萨一起娱乐迎新；二月初二是萨的生日；八月初二是萨来走寨。祖母堂有专人管理，称为"登萨"。这里侗族村寨的登萨，有的是正月初二祭祀时卜择，有的是在安设堂萨的家族内世袭。登萨的职责主要是安排祭祀活动和平常堂萨的清洁卫生。腊酉地方侗族村寨的登萨，均为男性成年人；而不像侗族中心区及其相邻的八开公社金虽侗寨的登萨，均为老年妇女。这里侗族村寨的妇女，一概不

---

① 编注：原文为"澈莽"，现改为"萨玛"，系侗族汉译的差异。

得进入堂萨，更不能参加祭祀活动，否则就要流鼻血或吐血。有的甚至说，这里的登萨是男的，不是女的；所以妇女不参加祭祀，也就不能选为登萨了。这种变化，可能是父权制强化或是受汉族祭祀祖先影响的结果。

腊酉老寨的堂萨与都江三寨和腊酉新寨的不同，它是由王姓家族安设的。这座堂萨有一个圆锥形的土堆，上面植一株黄杨树；前面是用三块石头砌成的小土地庙，庙前放有一块自然形成的而外貌似罗汉菩萨的石头。据调查，很早以前老寨失过一次火，请鬼师过阴时，萨玛要增加一个助手才能保佑山寨，人们就立了这个土地庙。每当祭祀时，人们对萨玛和土地庙一同供奉。

在奉祭萨玛的同时，各村寨还敬祭"萨对"，即守山坳的祖母，又称为山坳土地；"萨高乔"即桥头祖母，又称桥头土地等等。腊酉老寨门前的石拱桥头，曾用砖砌有一座桥头土地，除本寨祭祀外，过往行人敬祭的也很多。

随着历史的发展，腊酉地方侗族村寨由奉祭共同的祖先而推演到奉祭各自的祖先。直到现在，绝大多数的人家户在神龛内供有天地牌位和宗亲灵位。有少数人家则在火塘边设祭，烧香膜拜，供物祭祀。

［黄才贵：《榕江县腊酉公社侗族社会历史调查》，贵州省民族研究所、贵州省民族研究学会编：《贵州民族调查》（之二），1984年10月内部出版，第79—80页］

第六章 神话、禁忌、占卜、巫术

第一节 神话

1. 龟婆孵蛋

上古时候，世上还没有人类，到处是深山老林，遍地是水草，河水漫流，蛮荒一片。

据传说，那时候有四个龟婆，在河边孵了四个蛋，三个是寡蛋，只有一个是好蛋，三个寡蛋丢去了。这个好蛋孵出了一个女孩叫松桑；四个龟婆不死心，又在山脚的水边孵了四个蛋，又有三个是寡蛋，只有一个是好蛋，三个寡蛋丢去了，这个好蛋孵出了一个男孩叫松恩。松桑和松恩靠吸雾露长大，配成夫妻，结果生下了龙、虎、雷、蛇和姜良、姜妹等十二个兄妹。

十二兄妹长大了，龙、虎、雷、蛇刁钻古怪，蛮横好胜，和姜良、姜妹合不来，几兄妹斗勇争强，各施自己的本领，比定输赢。虎啸、龙吟、雷吼，搅得大地不安，姜良、姜妹搬来许多柴草，放火燃烧。起初，火光闪烁，烤得暖和和的。龙、虎、雷、蛇喜欢得跳跃狂舞，到后来，火越烧越大，浓烟滚滚，火焰冲天，烧得龙钻进了深潭，虎逃进了深山，雷婆怒气冲冲飞上了天，蛇走不快就钻进了山洞。其余的牛、马、鸡、鸭就和姜良姜妹合伙。

雷婆怀恨在心，发洪水来淹死姜良姜妹，姜良姜妹坐在葫芦里随水漂流，才没有被淹死。洪水退后，姜良姜妹兄妹结亲，生下了一个肉团怪胎，那才有了人类。

［燕宝、张晓编：《贵州神话传说》，贵州人民出版社1997年版，第58页，采录者：龙玉成，采录于从江高增乡］

2. 开天辟地

相传天地原来是一大团滚烫的脓脓水水的东西，后来才慢慢地变凉、变干、变硬，但还是一大团。不知又过了好久，在这团又大又干又硬的东西上才慢慢地有了人。有了人，这东西上就热闹起来了。人们在这上头生活着，不久就觉得太空荡了，一冷就冷得不得了，一热就热得不得了。大家多么盼望上面有个盖的东西啊！当时有两个巨人，一个叫做张古，一个叫做盘古，两个都七高八大，说话像打雷，力能顶天。他两个听了人们的议论，就到处查看。东查西看的结果，发现了一条大裂缝，他两个就决定把它撕开，留一块来做底，拿一块来盖在上面。说撕就撕，他两个哗啦的一家伙，就把这团又大又干又硬的东西撕成了两半。撕成两大块后怎么放呢？张古就用头顶住一大块，盘古就去拣撕掉落下来的四大片来将四角撑住。于是，垫的盖的都有了，人们就把垫在下面的一大块叫做地，把盖在上面的一大块叫做天。

又不知过了好久，人们又发现地太窄了，天太宽了。以前嫌没有盖的空荡荡的不好，这时又觉得这么宽的天盖住这么窄的地，气闷得很，也不好。于是张古和盘古又来挤天。他两个一个在一边，用力挤呀挤，团团转转地挤。这一挤呀，天倒是被挤得和地一样大了，可是，挤出许许多多的大大小小的包包脑脑来了。人们都说："吓人得很呀，那些包包脑脑掉下来不要打死人吗！"张古和盘古听了又来安慰大家："不要担心，我两个来掉换一下就是了！"于是，他两个就把天拿来做地，又把地拿去做天，将天地来了个对换。

天地这么对换之后，那些大大小小的包包脑脑就在地上来了，不用说这就是山和坡了。这些山呀坡呀，又给人们的活动带来了一些不方便的地方，于是张古和盘古又想办法来平这些山坡。一天，他两个通知人们说："今天晚上大家好好睡觉，千万不要睁开眼睛。要等我两个来叫，大家再开眼睛啊！"大家都"哦"地答应他两个。

晚上，大家都睡静了，张古和盘古就各拿一个大槌子，分头去平整山坡。到半夜过了，睡着的人们有的醒了，只听得大地上咚咚咚咚地响，响声时远时近，时轻时重，一直不停。睡醒的人越来多了，有的就按捺不住了，公然不顾张古和盘古的嘱咐，把眼睛开了。由于人们一睁开眼睛，一吵闹，鸡一叫，他两个平山的活动就不能再进行了。这是什么缘故呢？据说，张古与盘古当时正是满一万八千岁的时候，他两个已晓得自己鸡一叫就要成仙，就决定在鸡叫前把地上的山坡平整完，好安安心心地成仙上天去，哪晓得有人不听他两个的交代，提前睁开眼睛说话，逗得雄鸡提前啼叫，便使得他两个还没把山坡平整完就各成仙上天去了。所以，现在地上有许多广阔的平原，也还有许多大大小小的山坡。

［《侗族文学史》编写组编：《侗族文学资料》（第三集），
1984 年 8 月内部出版，第 6—7 页，杨引兰、周天明等人口
述，周昌武整理］

3. 姜良姜美

老人传说，很早很早以前，世界上是没有人的，只有 4 个龟婆，它们在水边各生了一个蛋，各孵各的蛋，孵化的结果，3 个蛋坏了，只有一个是好的，孵化出一个男孩，名叫松恩；它们又在山脚下各生一个蛋，各孵各的蛋，孵化的结果，3 个蛋坏了，只有一个是好的，孵化出一个女孩，名叫松桑。松恩和松桑长大后配为夫妻，生下 12 个儿女，分别是狗儿、猫儿、雷儿、虎儿、龙儿、蛇儿、熊儿、猪儿、鹅儿、鸭儿、姜良和姜美，除姜良和姜美是人以外，其余都是野兽。姜良和姜美心地最善良。雷儿脾气最暴躁，动不动就欺侮人。姜良和姜美不愿意与禽兽在一起，便邀约弟兄们上山比武赛计，雷儿大吼，虎儿呼啸，龙儿摇头，蛇儿摆尾，个个都表演了一手，最后轮到姜良和姜美，他们两个放火烧山，满山遍岭，大火冲天，浓烟滚滚，禽兽怕火，虎儿、熊儿逃进深山老林，蛇儿逃进穴洞，龙儿跳下河海，雷儿逃到天庭，只留下狗儿、鸭儿和姜良姜美生活在一起。雷哥被迫上天庭后，很不服气，想方设法要对姜良姜美进行报复。姜良姜美很聪明，对雷哥的不良心计早有提防，把青苔铺满屋顶，防备雷哥的突然袭击。果然，一天雷哥从天上下来，想把姜良姜美的房屋打烂。雷哥的脚一踏上屋顶，脚踩青苔，两脚一滑，跌下屋来，被姜良捉住，姜良把雷哥关在谷仓里。姜良外出做事，剩下姜美在家看守。雷哥向姜美妹妹讨水喝说："妹妹，再坏我们也是兄妹，我快渴死了，快给我一点水喝"。姜美妹妹年轻，不知是计，看雷哥被关在谷仓里饿得可怜，便用木瓢舀水给雷哥喝，雷哥喝了水，浑身长劲，打破谷仓逃走。临上天时，给姜美妹妹一粒瓜种，告诉妹妹，马上要下大雨涨大水，淹没世界，你把这粒瓜种马上种下，寅时种，卯时生，会结出一个大瓜，涨大水时，你就把大瓜挖一个眼，躲进大瓜里，就不会被淹死了。姜美照着雷哥讲的做了，即时把瓜种种下，立刻发芽、立刻牵藤、立刻开花、立刻结果，结出一个很大很大的瓜来。正在这时，天下倾盆大雨，连下七天七夜，洪水漫山漫地。姜良姜美把大瓜挖了一个眼，两人钻进瓜里，随波逐流。地上一片汪洋大海，一切动物都被淹死了，只剩下黄蜂、地蜂，随大瓜一同流到天门。姜良姜美请黄蜂、地蜂去刺击雷哥，要雷哥停止下雨，放出日头，晒干洪水。黄蜂、地蜂去了，刺得雷公苦叫，放出 7 个太阳晒洪水，晒了七天七夜，才把洪水晒干。姜良姜美回到地上，又请黄蜂射掉五个太阳，留下两个，一个白天发光，一个黑夜发光，白天发光的就是太阳，晚上发光的就是月亮。

　　姜良姜美回到地上后，到处走，到处看，没有看见一个人。姜良找遍天下，找不到一个女人，姜美找遍天下，找不到一个男人。为了繁衍子孙，姜良哥哥提出要和姜美妹妹结婚，姜美不肯，就提出两个条件：一是兄妹各站在一个山头烧火，如火烟自然合在一起，就同意结婚；二是兄妹各站在一个山头，各拿一块石头，滚下山坡去，如两块石头自然合在一起，就同意结婚。于是两人照着做了，两股火烟自然合在一起，两块石头自然滚在一起，姜美妹妹无话可说，但是仍然不同意结婚，又提出围绕山坡相互追随三圈，姜美在前面跑，姜良在后面追，如姜良追到姜美，就结婚。于是两人围绕山坡追跑，跑了两个圆圈，姜良没有追到姜美，姜良很着急。这时姜良遇着一只山龟，山龟对姜良说，不要着急，你换一个方法追，你向后跑，肯定追得姜美。姜良照着山龟的话去做，往后跑，一下子就碰到姜美。姜美问，谁告诉你这样跑的。姜良说，是山龟告诉我的。兄妹找到山龟，姜美斥问山龟，你为什么要告诉姜良这个方法，山龟说，我不告诉姜良这个方法，你两个怎能结婚，你们两个不结婚，怎么繁衍子孙后代！姜美无话可说，一气之下一脚踩倒山龟，山龟龟壳被踩烂了，烂成一块一块的，现在乌龟背上还有印条，就是那时被姜美踩着留下的印记。

姜良姜美结婚后，不久，生下一个孩儿，一没有头，二没有眼睛，三没有鼻子，四没有嘴巴，五没有耳朵，六没有手，七没有脚，是团肉坨坨。姜良把肉坨坨剁碎，撒到山野上，第二天早晨起来一看，遍山遍野到处是火烟、人声。传说，骨头变成苗族，住在山上；心肠变汉族，聪明伶俐；皮肉变成侗族，心地善良……天下的人们就是这样来的。

[《姜良姜美的传说》，讲述人：杨正文，整理：吴万源，
1989 年 6 月，未刊稿]

4. 救太阳

天地形成以后，太阳高高地挂在天上，千种万物得到阳光的普照，得到雨露的滋润，成长得枝叶密茂，郁郁葱葱。这时，地上猛兽成群，洪水遍地，妖魔鬼怪，出没无常。相传，有一个恶魔，名叫商朱，它怕见太阳，每当阳光照到大地的时候，他就睁不开眼睛，寸步难行，只得深深地藏在地底下，不敢出头露面。它恨透了太阳，总想把太阳打下来。于是，它就搜肠刮肚地打坏主意，他想呀想，终于想出了一个办法。它打了一根大铁棍，有九百九十九度长，九十九抱粗。一天突然乌云滚滚，雾露茫茫，太阳光被遮得黑沉沉的，商朱就趁这个时候，从地底下悄悄地爬了出来，使尽全力用大铁棍"乒"的一下，把太阳从大铁钩上打掉下来。从此，天地一片漆黑，人们过着暗无天日的生活。

商朱打落太阳后，喜欢得哈哈怪笑，它走到哪里，笑声就到哪里，哪里就会出现一片哭声，哪里的人们就遭殃。它喝人血吃人肉，肆无忌惮地为所欲为。人们被它害苦了。

这时有两兄妹，哥哥叫"广"，妹妹叫"闷"，他们决心想方设法要把太阳找到，重新把太阳挂到天上去。"广"就带着大伙，摸着黑去砍那些又直又高的杉树，用三十三天的时间，造了一架九百九十度长的天梯，要用它架到天上去，好把太阳重新挂到天上。"闷"就带领一帮妇女，摸着黑上山去扯葛麻藤，捶烂后理出麻丝用了三十三天的时间，搓成了一根有九十九度长的麻绳。

"广"拿着绳的一头，顺着天梯，上天去找挂太阳的金钩；"闷"拿着绳子的另一头，在地上找太阳。他们约定，找到了金钩和太阳，就摇铃铛。"广"在天上，从东找到西，又从南找到北，最后在天的正中间找到了金钩。"闷"拉着绳子的另一头，在地上找太阳。她翻山越岭，涉水过河，后来在"信天翁"的帮助下，终于在肯亚山找了太阳。"闷"用长绳拴住了太阳，心里高兴，就哈哈地大笑起来。躲藏在黑暗里的商朱听到"闷"的笑声，就顺着笑声的方向找来，看见"闷"正高高兴兴地擦洗太阳。商朱猛扑上去，把"闷"吃掉了。

"广"在天上听到了铃声，用长绳把太阳拉上天去，挂在中天的金钩上。红彤彤的太阳普照大地，恶魔商朱睁不开眼睛，无法逃回地下，大家一拥而上，把恶魔商朱打死。

从此，太阳普照大地，人们又过着安静的日子。

［燕宝、张晓编：《贵州神话传说》，贵州人民出版社 1997 年版，第 16、17 页，讲述者：张普安、潘老替等，采录者：龙玉成，采录于从江黎平等地］

5. 天地的形成

我们侗家的古老话是这样讲的，天，是颠光、柱谊造的。地，是赐广、乐尉造的。

颠光、柱谊造天在先，赐广、乐尉造地在后。颠光、柱谊造天的时候，不知道赐广、乐尉要来造地，就不知道天要造多大多宽，结果把天造窄了。

赐广、乐尉造地的时候，也不晓得天有多宽，更不晓得地要天来盖，结果把地造宽了。赐广、乐尉把地造了过后，才晓得地要天来盖。天窄地宽，天就盖不住大地。盖不住的地方，就没有白天和黑夜，那些地方永远都是白天。那些地方，也没有春、夏、秋、冬，永远都冰冷的。颠光、柱谊没办法，赐广、乐尉也没有主张，只好天窄了就窄了吧！地宽了就让它宽了吧！这时，出了一个大力士，名叫报亥，他把大地来揉挤，把平平的大地，揉挤成皱皱巴巴的，于是，就有了高山和深谷，有了平川大坝，有了大江大河，有了五湖四海，有了顶天的高山，把天顶住。天和地才算稳定，才成为今天这个样子。

［燕宝、张晓编：《贵州神话传说》，贵州人民出版社 1997 年版，第 6 页，讲述者：梁普安，采录者：龙玉成，采录于从江黎平等地］

6. 狗取谷种

在很远很远的古代，滔天洪水过后，世上只剩姜良姜妹两兄妹了。由于两兄妹结婚，将要绝灭的人才又得到发展。过了一年又一年。世上人烟渐渐增加，人们想种谷子，却找不到谷种了。

一天，从东方飞来一只鸟，落在寨子边的一株大树上歇翅。有人看见了，就想去打它。那鸟却"多藕多藕（侗话，种谷种谷的意思）"地叫起来。有位老者听了就来问那鸟："好鸟呵！你说种谷种谷，谷种哪里有呢！"那鸟就掉头向东，伸长颈子"多藕多藕"地叫，直到见那老者点头会意之后，它才飞走。（据说，这鸟就是后来催春的布谷鸟。）

这件事很快就被人们议论开，你一言我一语，大家都认定东方有谷种。可是，谷种到底在哪里，谁也不知道。于是，大家就决定要狗去找谷种，因为狗走得快，又会游水，又经得饿。

狗答应了，第二天就出发。它走呀、走呀，翻山涉水，走了七七四十九天，又走了八八六十四天，又走了九九八十一天，走到了一个大海边。海水滔滔，怎么办呢？哪里有谷种呀！它问一个打鱼的人。打鱼人说："要取谷种么，在大海的那边。我们想要都要不来？你能去要得来吗？"狗问："怎么要不来呢？"打鱼的人叹了一口气，说道："莫说那边的人守得很严，就是拿得到手，海水茫茫，也难拿过来呀！我们试了多次，都得不到，还死了好几个人呢！"狗盘算了一番，毅然下海泅渡。经过几个日日夜夜，它终于游到了对岸，它上崖一看，到处都晒得有黄金金的谷子，怎么拿得走呢！它趁看守的人一不注意，就跑进谷子里去打滚，连滚几滚，浑身都粑上了谷子。它站起来扯脚就跑。果然，后面有人马上追它。它跑到海边，追的人也拼命地追上来了。它急中生智，把尾巴一翘，就下海拼死命地往前游，追的人在岸上望见狗已游到离岸很远的海中，无可奈何，只好回去。狗又经过了几个日日夜夜，才回到这边岸上。可是，身上的谷子除尾巴上的以外，全被海水冲洗掉了。

它上岸后，一路上，凡是见到它的都求它分谷种。好心的狗呢，尽管只剩尾巴上的谷种了，但它还是一人送给一颗。等它又经过七七四十九天，八八六十四天，九九八十一天走到主人的家时，只剩尾尖上的那点谷子了，主人万分感谢它。

传说，我们这地方的谷子，就是那条好狗这样辛辛苦苦地找来的，所以现在的谷穗都像狗尾巴一样。

从那以后，每年过尝新节时，人们总是要把还未出苞的鲜嫩的谷穗和饭拌在一起让狗先吃，逢年过节，也要送狗好好地吃餐肉汤拌饭，有人甚至拿肉给狗吃，以此表示感谢狗的恩情。

［《侗族文学史》编写组编：《侗族文学资料》（第三集），1984 年 8 月内部出版，第 8—9 页，口述：杨引兰、周天明等人，整理：周昌武］

7. 四乜挑歌传侗乡

据说，侗族最早的祖先松恩、松桑的妈妈死了以后，埋在河坎上。后来，就在河岸上长出了一棵树，绿油油的树叶上，长出了许多密密麻麻的侗歌字纹。这些侗歌字纹，谁也看不见，认不得，只有几只名叫丢归的神雀能够识别。它们每天从远处飞落在树上，看着叶片上的字纹，唱出了各种不同音调的侗歌。侗家男女常常围在树下，学唱这些侗歌。

离这树不远，住着一个老婆婆，大家都叫她撒问。她是管五谷的神婆。每逢农历二月二十，侗家杀鸡、杀鸭，烧香敬她，祈求她保佑五谷丰收。这个神婆最喜欢安静，那些丢归雀整天在树上唱呀、跳呀，她非常生气。她找来一根晒衣竿，悄悄爬上树去，狠狠打了丢归雀一阵。丢归雀被打得死的死，伤的伤，全都落在河里。可是她还不解恨，又把树枝折断，丢下河去。

那些被打下河的丢归雀，落在水里的都死了。只有一只受伤的，落到了漂在河中的树枝上，顺水漂了下去；当晚漂到了八万寨附近的一个漩水湾里，再不往前漂了。这只受伤的丢归雀苏醒过来后，又大声唱起歌来。它的清脆的歌声，惊动了大家。人们顺着这歌声朝漩水湾找去。河里的鳜鱼、鲤鱼、鲫鱼、团鱼、虾子、螃蟹，也赶到漩水湾来听丢归雀唱歌。它们一面听，一面叫好。正当听得起劲的时候，河里又来了一条大恶鱼，名叫若洛。它头如笆斗，眼似铜铃，身体大得像条船。它朝着唱歌的地方冲来，一边叫着："闪开，闪开，让我来听听！"鱼群见恶鱼来到，纷纷朝两边退让。这条大恶鱼游到丢归雀面前，吞了吞口水，咂了咂嘴巴，从水中往上一跃，一口把正在唱歌的丢归雀吞进肚里。歌声听不见了。大恶鱼摆尾巴游走了。

这时，人们打着灯笼火把找到漩水湾来了，看见河中的鱼虾都纷纷奔逃，却听不见丢归雀的歌声。问这个，这个摇摇头；问那个，那个摆摆脑，谁也不敢讲。只有苗婆鱼走到最后，它偷偷地讲明了真情。

人们一听恶鱼把丢归雀吃掉了，感到非常气愤。他们凑了四十斤黄麻搓成钓线，用三十把旧锄头打成钓鱼钩，拿两岁的牛仔当钓饵，选派了一百多个年轻力壮的小伙子去河边安钓。麻绳的一头挂在大树上，另一头安上钓钩，套上牛仔钓饵，丢进河里。若洛在河中见了这条牛仔，便冲了上来一口把它吞进肚里。若洛上钩以后，在河里翻来覆去折腾了一阵，就被小伙子们拖到沙滩上了。他们把恶鱼活活打死，把它的肉平分给大家了。

村上有个名叫四乜的后生，看见鱼肚里的气鳔好看，想拿它回去装水。他掏出刀子刚刚准备割切，忽然听到鱼肚里发出一阵阵唱歌的声音。他破开鱼肚，只见一只丢归雀从里面跳出来。

丢归雀说："多亏你救了我，可是我没有什么好报答你。如果你喜欢唱歌，你就把河湾里所有的树枝都捞上来。我把上面记载的侗歌全教给你。"四乜听了，立即把树枝捞起来，捆成两大捆，把丢归雀揣在怀里，一起带回家去。

到了家里，丢归雀要四乜把村上识汉字的先生请来，它教一句，先生用汉字记一句侗音。就这样，不知记了多少个日日夜夜，也数不清楚记录了多少首侗歌。四乜便按照"嘎锦""嘎祥""嘎办密""嘎靠"分成四大类，订成歌书两百本，分装成两大箱，用楠木扁担挑着，到处去传歌。四乜到哪里，哪里就响起了歌声。

四乜挑着歌书，来到了六洞地界，一条大河横在他面前。他就涉水过河，谁知刚刚走到河中心，扁担突然断了，两只歌书箱子落入河里，箱盖被打开了，歌书漂落在河里。四乜大声叫人快来抢救。这时正好划来了一只船，船上人热心帮助打捞歌书。四乜将抢救到的歌书放在沙滩上晒干后，又去各地继续传歌。被水冲走的歌书，有一些漂到下游，大部分落在六洞沿河的沙滩上，被两岸的侗家居民捡到了，后来，在那一带这些歌就广泛流传开来。所以直到如今，侗歌歌本是用汉字记侗音的，六洞这一带地区能歌善唱的歌手特别多。

[燕宝、张晓编：《贵州神话传说》，贵州人民出版社1997年版，第76—78页，搜集：吴生贤，整理：吴生贤、涛声、杨国仁，流传地区：贵州从江、黎平地区六洞、从江九洞一带]

8. 给雄鸡献鸡冠花来历

报晓的雄鸡历来被侗家人看作是神奇之物，每当春节来临，侗家姑娘们便结伴到山上采摘鸡冠花当作新年礼物。敬献给雄鸡，为什么要把鸡冠花献给雄鸡呢？

相传远古时候，天地间妖魔鬼怪很多，它们时而呼风唤雨，发水淹地，时而喷火烧山烧寨，弄得人们不得安宁。雄鸡的好朋友东海龙王一心想为民除害，但那时候的龙头上没有角，龙王便向雄鸡借角去和那些妖魔鬼怪搏斗，最后打败了它们。龙王看到有了角很威武，便不肯把角还给雄鸡，而径直回东海去了。雄鸡见老龙王不肯还角，气得满脸通红，对着东方啼叫："角角角—角角角！"时刻向东海龙王讨角。本来，雄鸡是在天将明的时候才叫的，月亮听了雄鸡的叫声，才知道按时落山，太阳听了雄鸡的叫声，才知道按时出山。现在，雄鸡为了向东海龙王讨回角，没日没夜地乱叫。使得太阳和月亮不能按时升落，弄得天下四时不顺、五谷难生。太白金星知道这事后，便采来一束鸡冠花送给雄鸡作了头冠。雄鸡有了美丽的头冠之后，比原来的角还要漂亮，才不向东海龙王讨回角了。从此，日月按时升落了，四时又有序了，五谷又得丰收，人们宜享安乐……"

因此，每到新春佳节，侗乡姑娘们为了不使雄鸡在新一年中又去向东海龙王讨角，便到山上采摘鸡冠花，敬献给雄鸡。

[姚源东：《新晃侗族的节日习俗》，《怀化师专学报》第13卷第3期，1994年8月，第32页]

第二节　禁忌

1. 侗族的各种忌讳

（1）立春后一至五个戊日，忌挑水、挖土、扫地等。

（2）新婚的洞房中，做甜酒，寻草药等，均避忌"四眼人"（孕妇）。遇着"四眼人"他们认为是不吉利的。

（3）春分日忌入园圃，如果这天进园圃，说是雀鸟要啄种子的；春社日，妇女忌做针线。

（4）春节（正月初一日）忌哭、骂和说死、伤等不吉利的话。

（5）月婆子忌入厨下，忌入堂屋，忌在露天下行走，如果不忌，说是触犯灶神、祖先和天地，会遭到众人的指责的。

（6）家有孕妇，忌在附近挖土和丢放重东西，如果不忌，会冲动胎位，孕妇会受到危险的。

（7）孵小鸡时，忌在火架鼎罐冲开水，如不忌，母鸡会孵不出结果的。

（8）吃饭时，忌把鼎罐长打开，俗话说："家有万贯，不要敞开鼎罐吃饭。"

（9）妻子怀孕期间，忌给别人抬丧。

（10）孕妇忌吃羊肉，月婆子忌吃葱蒜、青菜。

（11）儿子被灼伤，未愈时，母亲忌吃辣椒，否则儿子会变残疾。

（12）深山砍柴，忌高声大叫，否则砍柴要砍伤手脚的。

（13）山上忌捡死兽肉，如遇死兽肉要捡时，必须捡一个石头，口中念道："天也看，地也看，山上野肉送我来下饭，若有妖怪来缠我，要等这个石头烂。"念后，将石头放在彼处，方能拿走。

［秋鸿：《侗族宗教迷信习俗》，贵州省民族研究所编：《民族风情》［《民族研究参考资料》（第二十二集）］，1985 年 2 月内部出版，第 135 页］

2. 黎平县侗族婚育中的禁忌

婚姻方面，忌用"四眼婆"（孕妇）当媒婆或引亲婆，认为不吉利。

新婚日忌打烂碗盏和煮成夹生饭，认为这是凶兆。两户同时结亲得先托人协商行走路线，防止对撞。忌与月中丧妻的男人结婚，认为他克妻。这种男人往往难以续弦。

多数地方忌在正月与六月成婚，认为正月独月、六月热月，故不接亲；但肇兴、纪堂、六甲等八十多个村寨不同，偏在六月送订婚礼和结婚，一是争硬气，二是显示不贫穷。产妇未满月，不得踏入别家地基或门户，认为"红人"不吉利，违者要请阴阳师傅撵"红鬼"；也有的地方不兴撵红鬼，只要求产妇在满月时，带上些饭菜到误入的那家人吃餐饭即可无事。

新生婴儿落地后，主人便在门上悬挂标记，男孩用禾米草挽一字标加一颗辣椒于其中。女孩用禾米草挽个十字标，表示忌外人"踩生"，因不注意，或不知有此规矩而踏门者，一是喝主人家一口水，二是向主人送礼，表示是自家人。

［黎平县民族事务局编：《黎平县民族志》，贵州人民出版社1989 年版，第 142—143 页］

3. 黎平县侗族的生活、生产、社交禁忌

丧葬方面，未婚男女死亡，不得用黑漆棺材，亦不得葬入祖坟山中间，说是老祖宗

不喜欢。

大年初一不许花钱，不准扫地（若要扫只能从门口往内扫），不能向外倒水。以示保财、进财。初一这天亦不访友、不串门，否则被视为轻佻和嘴馋；这天也不准骂人，不准吵架，不准动刀斧干活，新年开头图个良好开端，全年就会吉祥如意。

家中有人生病，如麻疹、疟疾、流感、肝炎、天花等，主人即在门上悬挂柚子叶为标记，不许他人进入，其意在于防邪魔进入，也不使他人受到传染。

生产方面，立春后第五个戊日不动刀、斧，不挖地、不犁田，表示对主管生产的土地神（社公）的尊敬；从事水上运输的放排工船民，认为水域有水妖，因此在每次出航前均要设坛敬供，祈求水神协助除妖，以保水上往返安全。

四月初八不准用牛犁田、耙田，相传这天是牛王的生日。

社交方面，侗族有"七不出门八不归"的出行禁忌，认为每月中的初七、初八、十七、十八、二十七、二十八这六天不利于出行和回归；外出时有老鸦从头上边飞边叫，认为是不祥之兆，即改日出行。

［黎平县民族事务委员会编：《黎平县民族志》，贵州人民出版社 1989 年版，第 143—144 页］

4. 黎平县九龙村侗族禁忌

（一）宗教禁忌

九龙侗族认为萨是至高无上的神，萨神坛是神圣之地，任何人不能侵占或乱挖，否则会给村寨带来不安。平时也不能随便进入萨屋，更不能在萨屋内或周围随地大小便和吐痰，住在萨神坛周围的住户，不能将洗脸、洗脚等污水泼向萨神坛，否则视为对萨神的不尊，重则祸及违者全家，轻则病缠违者个人。对土地庙的禁忌也是如此，不过土地神的惩罚要比萨轻一点罢了。

火塘不仅是火神居住的地方，也是传统上祖先居住的地方，因此，禁止从火塘上跨过或用脚踏火塘上的三脚架，否则认为对火神及祖先的不敬，将遭到火神，尤其是列祖列宗的严惩。

侗族有句俗语为："古树保村，老人管寨。"1949 年前，九龙村对于"风水林"中的一草一木和村边古树，任何人都不敢乱动，即便枯死，也无人敢拾到家中当柴烧，如冒犯此禁忌，轻则生病，重则眼瞎。传说村中有一位老人由于拾"风水林"中枯木到家中烧火而变成双目失明的。"风水林"中枯死的树木及村边枯死的古树，传统上只能拿到鼓楼下"烧鼓楼火"，供大家取暖，而且多由老人先动手取拿，或象征性动手后，年轻人方能扛到鼓楼下供大家"烧鼓楼火"。如此可避免伤害到年轻人，要有什么不测，尤其是"树精"作怪，全由老人承担。新中国成立后，特别是 1958 年大炼钢铁时期，九龙村后龙山的"风水林"被倒山砍伐，用来烧木炭炼钢铁。由此，该禁忌逐渐被弱化，人们不仅敢拾"风水林"中的枯木当柴烧，而且还敢盗伐"风水林"中的树木。

1979 年全村失火，群众再次进入"风水林"中抢伐树木，用以搭建临时住房。1999 年，由寨老牵头修筑村中水泥大道，在无经费的情况下，人们又只好打"风水林"主意，间伐"风水林"中树木出售，据说获得了 3 万多元，加上政府无偿援助 80 吨水泥，以及群众投工投劳终将村中水泥大道半幅修好。如今该寨"风水林"与中寨遮天蔽日之"风水林"相比，相差就在于中寨传统的禁忌，尤其是对"风水林"的禁忌，尚约束着人们的行为，而九龙村的约束力已有些弱化。

过去九龙村对村寨周围的山地、池塘、大石等，也严禁乱挖、乱填、乱采，也不能在村寨周围，尤其是龙脉处随意埋坟，以免伤了村寨龙脉，人畜难以平安。为保村中风水，还在村头坝中建一座桥，桥上又建有一座凉亭，以凉亭为"盖"，在村脚建一座风雨桥为"底"，以达到"上不冒泡，下不漏气"风水观之要求。新中国成立后，在农业学大寨时期，不仅将村中的一些池塘改为稻田，连河道都被拉直，加上后来人口的发展，村中很多鱼塘被填为屋基，无鱼塘可填的则劈山开石建屋基，原有的宗教禁忌约束力似乎荡然无存。至 1979 年，一把火将全村烧去 150 多户，人们请阴师查看，说有人将尸骨埋于村中龙脉处才导致火灾，于是全村踩山查寻，终于在一处名为"登归"的禁山处找到一座坟。如按传统规定，要对坟主进行处罚，即罚猪、罚米、罚酒各 100 斤用以招龙、扫寨。后查清为本村人所葬，考虑当时刚刚受灾，村民们原谅了他，只勒令他赶快迁移就是。由此，人们对随意在村寨周围，尤其是在传统禁山——后龙山和养寨的龙脉山埋坟进行严格限制。1997 年该村再次发生火灾，好在这次有灭火器材相救，只有村中十余户受损。人们再次请阴师查看，说后龙山被挖。为此，禁止在后龙山开荒种地，已耕土地，将其退耕还林。原村寨四周各山嘴安放有 5 个装水的石臼，用以克火。平时由"管脚"（村中雇请的传事）负责挑水灌入，绝不能让其干枯。传说这些山都为火型山，以石臼装水镇之，村寨才不易发生火灾。不幸在"文革"时期，这些石臼均被人们抬至家中做舂米的碓窝，近一二十年来，连续发生火灾，人们不由怀疑缺少装水石臼造成。因此，第二次失火不久，人们便提议恢复装水石臼，于 1998 年请石匠重新凿 5 个石臼，安放于原有石臼的 5 个山嘴处，以此镇山克火。同时禁止在各山嘴，尤其是安放石臼的周围开荒种地或随便乱挖。

对于天上出现的彩虹，九龙侗族和其他侗族地区一样，认为龙在吃水将影子抛在空中而形成。因此，当空中出现彩虹时，忌挑水、喝水，如挑水、喝水认为与龙争水喝，易患"腹肿病"（又称大腹病）。与其他侗族地区不同的是，该村将腹肿病视为"怀龙子"，一旦怀上"龙子"，多不治身亡，故十分忌讳出现彩虹时挑水、喝水，沿袭至今。

传说鬼最怕猫血、狗血。如用猫血、狗血淋坟宅、屋基，龙脉将变软而无力，祖宗也难以回到家中。故切忌用猫血、狗血浇坟，民间有些报复手段即用猫血或狗血浇别人的祖坟。在九龙，人们杀猫、杀狗时同样忌将猫血、狗血洒在屋基上，还说猫血的渗透力和威力更强，所以杀猫时，一般不割颈放血，而是将猫放入盛有开水的瓮中烫死。

一般侗族地区，将入宅之蛇视为祖宗的现身，将之规劝出宅为吉。而九龙侗族则将入宅之蛇视为"妖怪"，不吉利，除非当场把它打死才能祛除妖邪，而多数人对此还存有疑惧，往往再请鬼师来"退怪"才放心。九龙侗族和其他地区侗族一样，忌打吃青蛙之蛇，如犯忌易患大脖子病。如遇蛇蜕皮，则要脱衣与蛇争高低，看谁脱得快，如比蛇快视为吉，如比蛇慢则说要生病。忌遇两蛇相交，据说遇蛇相交，不死也生病，因此也多请鬼师"退怪"。以往人们十分忌讳在家中煮食蛇肉，多在村外露天中煮食，并且将口漱干净后方能进家，否则认为将"怪孽"带入家中。据调查反映，如今人们对蛇多无忌讳，尤其是近几年，人们不仅普遍将蛇带入家中煮食，而且上山捉蛇卖的人相当多，如遇到两蛇相交更是求之不得。

村中举行重大宗教活动，如安萨、祭萨或鸡卜、扫寨（退火殃、瘟疫）等等，以往都要禁寨，在村寨各入口处结绳打草标，忌外人闯入，如有冒犯，罚猪、酒、粮食各300斤洗寨，现多不忌，但对于刚失火的村寨之人仍十分忌讳，禁止他们在3天之内进入本村，如冒犯，除要求他们在本村住满了3天外，还要罚酒、罚米、罚肉各300斤以洗寨和"退怪"。

九龙村和其他侗族村寨一样，对于失火烧寨者，轻则罚他猪一头以洗寨；重则驱出寨外或开除寨籍。该村1979年失火者被开除寨籍，现居住于中潮；1997年失火者被驱出寨外，禁止他住在村中，现独居于寨头。在当地还有一种独特的禁忌，即规定失火者，失火时不能到处乱跑，须马上跑入河中（或水中）待着，如此火才不蔓延，也容易扑灭。据说，1979年那场大火，就是因为失火者不守禁忌，到处乱跑，他跑到哪里火跟到哪里，全寨才被烧光。

（二）生产禁忌

1. 农业禁忌

九龙侗族大年初一忌烤年粑，如冒犯，沟渠、田埂易崩；当日还忌吃绿色蔬菜及葱蒜等，认为吃这些，当年田地易生杂草。落秧种（育秧）时，忌小孩吹草筒之类的筒笛和孕妇，遇此秧苗不易长出，或参差不齐。落秧种和开秧门（开始插秧）都要选择辛日，以减少鼠害和虫灾。开秧门这天，头3株秧苗要憋着气而插，忌呼吸，这样腰和背在这一农季中方不会酸痛，否则无法参加劳动。插秧时忌吹口哨，否则稻谷将被风吹倒，或稻粒不饱满，粮食歉收。立秋时，忌上山干活，认为这天入田、入菜园容易招来鼠患。以往秧苗在田中，忌烧砖瓦和死人尸体，村民们认为如此秧苗容易变黄。当水稻尚在田中，多数侗族地区忌吹芦笙，如吹芦笙稻粒不饱满，而九龙村一带侗族无忌。九龙村一带侗族建仓和将粮食收入仓时，都选"闭日"以防鼠，但现在遵循者不多了。

2. 林业禁忌

九龙侗族伐木时都要择日才能入山。砍树时，选一年长富有经验的人开工动斧，前三斧忌呼吸，然后吐一口口水再下力砍，人们才动斧。以往动工前还需焚纸烧香敬山神，方可动斧，1949年后基本不再遵循。砍伐时忌树苑朝上树梢朝下。如一些大树身上所缠藤茎较多，先将藤茎砍断再砍树，切忌未砍藤茎先砍树。伐木时说休息就休息，如不休息容易发生工伤。拉箱放木时，未收工不准"关牛"（将钉牛绳索挽起），不许摇动钉牛绳索发出响声，如不遵循也容易出现工伤。如将某一片山林全部砍伐，无论如何也要在中部留一棵"守山树"，忌倒山砍完，否则遭到山神的惩罚，轻则伤残，重则病故。调查对象曾经为我们举一个例子，1983年有一外地木商到该村购买一片青山，雇请本村民工为之砍伐，将砍完时，众人都说要留一棵守山树，老板不依，叫民工全部砍完，一棵都不能留，可剩下最后一棵，谁人都不敢去砍，民工中有位叫吴福银的中年人自以为是，要将最后一棵树砍伐，结果大树倒下时，按理树梢应离他很远，但不知怎的树梢倒过来将他大腿拍断，脑部也被击打受伤，当场昏倒过去，不省人事，人们将其抬回家中，通过抢救与治疗才脱离生命危险，之后，有好几年都无法下田干活，如今行走仍不方便，成为一个腿残之人。九龙人对此禁忌深信无疑。

在九龙，人们忌采伐树干上长有大疙瘩的大树，认为采伐这样的树日后自己身上也容易长疙瘩。对于雷击之树人们也忌伐忌用，认为这株树肯定有妖孽雷才击之，加之雷击过后就更不吉了。以往还忌砍杨梅树、泡桐树、漆树、"夜盲树"等作柴烧。村民们认为砍山上果树如杨梅树等为柴烧容易绝后；砍泡桐树为柴烧耳易聋；砍"夜盲树"为柴烧容易患夜盲症；砍漆树易过敏等。也不能砍伐用来制香火的树木和藤条当柴烧，如此担心闻到火烟后入阴。坟山的大树也忌砍伐，如砍伐压坏别人的祖坟，需出酒肉给别人谢罪、修理。

稻田养鱼为侗族传统养鱼方式，以往都用木棒和树枝在田中搭建鱼窝，有的还在鱼窝上糊些田泥，有"人"字形鱼窝和"门"形鱼窝两种，供鱼生息或过冬。搭建鱼窝用木，据说原来也有些禁忌，但这次调查人们都不知具体忌用哪些树木了，只知道常用的有杉木和枫木等。搭建过鱼窝的木料也忌拾来当柴烧，犯忌除自家鱼儿不长易死外，违者也容易患病。"农业学大寨"时期，为增加种植面积和产量，在南部侗乡掀起了"撤鱼窝运动"，将每丘田中的鱼窝撤掉、填平。由此鱼窝不见，年轻人对此忌讳知之不多。

3. 狩猎捕鸟禁忌

在九龙，以往除集体围猎外，每家每户都还养有各种囮子（当地汉语俗称为媒鸡），置有私人的鸟堂。相传好的囮子或鸟堂，历史上曾有人以牛相易而不换。随着生态的不断恶化，鸟的种类与数量逐年减少，养囮子和置鸟堂的人随之减少，至20世纪80年代，该村以录音磁带（录制各种鸟的叫声）当囮子，并置有鸟堂的尚有部分人，现只有个别爱好者尚藏有磁带、置有鸟堂。不管集体围猎，还是个人修理鸟堂，都要选择"守死日"去，如此才能将野兽和鸟类捕获。出行时忌遇孕妇、如厕之人和梳头的妇女，认为遇上这些人多空手而归，一般干脆不去。出行与归来亦忌有人询问，包括家中成员都不许查问，多偷偷而去，悄悄而回，免得野兽及鸟类知道捕猎者的意图逃走而扑空和日后难以再捕获猎物。入山捕猎前，要向山神兽公请示，诉求山神兽公允许入山，并陪同前往，一同进行捕猎活动，方安全和容易获得猎物；捕猎活动结束，还要敬献山神兽公，否则将有不测，或日后难以捕获猎物。该村有一捕猎爱好者，名为吴仕景（64岁），有一年他去罩"田鸡"（蛙的一种，体大，腿肥，入汤非常鲜），入山溪前他请山神兽公一同前往，抓得很多"田鸡"，可出山溪时忘了敬献山神兽公，至家中因有祖先护佑，山神兽公不敢入户，也进不了家中惩罚他。深夜他到户外如厕，不料山神兽公将他击昏在厕所中，久久不能苏醒。他回至家中，立马提些"田鸡"到门外敬献山神兽公。据他说如此才免于难，不然他可能还将遭到山神兽公惩罚。在九龙，各人有各人的鸟堂，忌到别人的鸟堂中偷捕，或到别人鸟堂周围大小便，如此将遭到山神兽公严惩而生病，因为每人的鸟堂都请有山神兽公帮着看管。

九龙侗族和所有的侗族一样，都忌捕燕子和食燕子肉。春天，谁家飞来了衔泥做窝的燕子，认为哪家心宽人善和吉兆来临，多万事如意。有的担心燕窝掉下来，往往用小木板或竹钉给予支撑。侗族为何不伤、不食候鸟燕子呢？传说燕子帮侗族从南海带回了杉树种，为报答燕子之恩，故不伤害它和忌食它的肉，还允许它到家中来安窝。在九龙人们还忌用猎枪射击喜鹊，相传古时枪匠在铸造猎枪时，不知用黄泥帮助凝固，猎枪枪管经常爆裂，后喜鹊指点枪匠要以黄泥来凝固枪管才不会爆裂，枪匠依着办果真如此，故后来人们忌用猎枪射击喜鹊，如冒犯，枪管容易爆裂。

4. 纺织禁忌

在九龙，妇女手中的针线活，尤其是纺纱、织布，该在当年完成的尽量在当年将之做完，忌放在机上"揽年"。春节将至，即使纺纱、织布没能做完，也要将它从纺织机上取下，春节后再择日放上机，不然每年都要有余活留下来。在梳纱过程中，忌小孩从纱下钻过，认为这样织时纱易乱。制染水时，忌遇到孕妇，为防孕妇多嘴，往往在染桶边悬挂些渔网、蛋壳、辣椒、辣柳叶等，或印上白石灰手印等，当然这也是为了提防"染婆"（专门捣乱人间染水的一个女巫）前来捣乱而设的禁物。亦忌直接用单手指去点击染桶中的染水，认为如此会将染水的"眼睛"戳瞎，使染水变坏。

（三）丧葬禁忌

在侗族传说中，传说人生命的长短是由"所引"所定，只给人们活到 60 岁，即 60 岁为一世。人到 60 岁已是"所引"规定的年限，死也死得了。因此，人活到 50 岁即可为其缝制寿衣、备办棺木。未满 50 岁者切忌备办，九龙侗族也相当忌讳这些。九龙侗族在为年满 50 岁以上者备办棺木过程中还有很多禁忌，如砍伐和修理棺木要选凶日，忌选吉日，多选"受气日"和"轮空日"等不好的日子，以此棺主才不易患病。是日，女婿不仅组织人力去帮忙，还得出狗、出酒等招待大家，并且规定唢呐也由女婿请。一般当天砍伐，当天锯成方板，棺木底板必须由女婿方抬，其他方板可由本家族内晚辈人员抬。十年前，多将棺材放在粮仓下或鼓楼下，忌停放在家中。近十年来，由于山上能做棺材的杉木减少，当地一口棺材售价在 1000—2000 元不等，担心放在鼓楼下或粮仓下被盗，而改停放在屋边或楼下。

以往九龙村山上的树木多，木材不觉得珍贵，一棵大树除能做一口棺材外，余下部分让其腐烂在山中，忌将余下的部分拿来装房、打家具、烧火、出售等（其他侗族地区可将它来建粮仓、制打谷桶以防鼠）。1979 年，由于全寨失火，将山上的杉木几乎砍光，人们为找木料建房、装房，顾不着忌讳而将做棺材余下的尾部拿来割成木板装房。近两三年来，人们对一棵树木只能做一口棺材之禁忌更无法遵循了，有的人可将一棵大树做成两三口棺材；有的人则将两三棵树拼成一口棺材。尽管老人们对此感到不如意，可面对可用之材难寻的今天，老人们只好顺其自然。九龙侗族修棺材多在鼓楼下进行，以往劈出的木楜多留在鼓楼下烧火，无人拾回家中烧火，现有人将木楜拾回家中烧火，不过只允许老人捡，不允许孩子们拾，据说如让孩子们去拾，孩子会生病。棺材修好了，找地方停放后，一般不能去搬动它，尤其是不能随便打开棺盖，只能在棺主生病时，鬼师查看后需"暖棺"时，才打开棺盖进行"暖棺"。"暖棺"所需鸡或鸭、鹅、猪头和米酒均由女婿承担，唢呐也由女婿负责，此次请何队来吹唢呐，该棺主死后必须请该队来演奏，否则得罪该唢呐队，因为这次他们来演奏完全是尽"义务"，无须报酬。

在九龙，家中有人过世，未入棺前，整个家族忌在家中用餐，须出屋檐以外用餐，当地侗族称此为"忌嘴"或"养鸭"，如犯忌，日后变嘴馋遭人闲论。入棺后，家族可入家吃饭，但本家兄弟及子女不能入家吃饭，待安葬后才能入家吃饭。多数侗族地区，家中遇有人员过世，未安葬前，家人及家族都忌吃肉，但可吃鱼、虾等水产品，而九龙侗族只有孝子们忌荤，孝子们既忌吃肉，又忌吃鱼虾，只吃植物油（茶油和菜油）炒黄豆或豆腐。为报父母养育之恩，在父母去世时，九龙的孝子们还打赤脚，忌洗脸，哪怕遇到雪天，他们同样忌穿鞋，以此报答父母养育之恩。

在九龙，人死后不仅要择日、择时入棺，还要择日、择时入葬。如死者遇到"金日木日"而死，孝子和本家族内人员可将其尸抬入棺，如遇"伤众（族）日"，则请外家族的人抬入棺，本家族人员和孝子还要避开或逃离。多手持刀、枪逃到河的对岸，认为这样亡魂才不能追赶，因为亡魂和鬼都过不了河。入棺毕，亲戚朋友将棺抬出家门后，孝子、家族成员才能归来。在孝子或本家族成员不能亲临入棺现场情况下，一般请娘家人作为入棺监督员，忌棺内有竹、木片，尤其是铁、铜制品等，如棺内有这些，日后主家易伤筋动骨。新中国成立以前，人们都习将死者的生辰八字与逝世的这一年月日推算，适合入葬的即入葬，不适合入葬的多停棺待葬，大部分侗族地区都有此习俗，但一般都等同辈人全死后，才能一起入葬。而九龙村一带则不受此限制，只根据死者生辰八字与死期推算的结果安排入葬或停棺待葬，少则停三五年，多则几十年不等。新中国成立之初，针对侗族停棺待葬这一普遍现象，政府有关部门曾采取动员和强制的手段推行土葬，由此该习俗在其他侗族地区基本消失，可在九龙村一带人们则以变通的手法来传承这一习俗，如死者须停棺待葬，人们多在墓穴中棺之四角分别放入一根木棒，象征尚未入土，到时将木棒抽出，表示已将棺放入土，人们习称为"假葬"，以此取代原有的停棺待葬。近两三年来，三龙一带又出现了真的停棺待葬者。目前该村有一例，死者名叫吴志龙，于2002年去世，现停放于坝头后山中，停期为3年；中罗村也有一妇女死于前年，据说要停棺9年才能安葬。这二人为何要实行真正的停棺待葬呢？据说二者都死于"伤族日"，担心"假葬"仍殃及到本家族成员，故停于土上，待合时才能入土安葬。

九龙村和所有的侗寨一样，对于本村人在外病死、凶死，或外村人所抬的死者都不允许进寨。本村人在外死的，灵堂只能设在寨外；外村人所抬的死者，需从村中经过的，只能绕道而行，或从河床通过。违者将罚肉、罚酒用以"洗寨"。据吴志成医生介绍，由于侗族有此禁忌，人们担心死后无权入宅进寨，故很多病重之人，不愿到医院去抢救治疗，而在家拖着等死；也有的家属将病人送到医院治疗，但如果病情进一步恶化，人们则担心病人死在医院中而不能进寨，往往不听医生劝阻，强将病人抬回家，因此失去抢救治疗机会而死去的人不少。

对于凶死，尤其是孕妇死亡或难产而死，以及患疑难病、传染病、痴呆症等而死的人，都须火化后才能入土安葬，否则以后本家还出现类似的人。对于凶死者，还禁止入大坟山（全村或家族公共墓地）埋葬，只能葬在大坟山周围或另选其他地方安葬，人们对正常死亡的坟墓习称"正坟"，对凶死或非正常死亡的坟墓习称为"败坟"，败坟不能与正坟杂葬。六年前，该村有一妇女因车祸而丧生，其夫由于是国家工作人员，对于一些传统禁忌不加理睬，既不将其妻的尸体火化后再葬，也不顾村民们反对，将其妻埋入大坟山中，人们敢怒而不敢言。

九龙村侗族认为正常死亡者，死后多变成善鬼，一般不伤害于人；可非正常死亡者，尤其是孕产妇和未婚而死的女子，变成凶鬼后，往往捉弄于人。因此该村针对非正常死亡者，一般都用桐油灌其嘴，如此使她们变软；而正常死亡者，一般只在其口中放些碎银，防她们到阴间去说阳人的坏话而已，忌放桐油。对未婚而死的女子，还忌从家中大门抬出。以往人居楼上，多将其从房前吊下，而今人居楼下，多撤房侧木板将其抬出，以此让她找不到入宅之门。

丧葬方面还有很多禁忌，例如死者入葬前，忌扫地和向外泼水，认为如此会将家中"财宝"倒出；抬死者上山时忌踩别人屋基；孝子不能戴着孝帕进别人的家；死者未满月，家中男的不准理发，女的不许洗头，如犯易生白发；月内家中不能向外花钱，需要用的物品，只能跟别人借，满月后而付款；月内整个家族妇女忌动针线，织有布的将布剪掉，制有染料的将染桶封存，确需动针线的，只能到外家族家中去做，如犯忌，家中将遭到鼠患，且老鼠专门啃吃或破坏纺织品等等。一般侗族地区，如家中有人员过世，比较忌讳天上打雷，如遇天上打雷，一说死者会坐立起来，二说死者生前可能得罪了天公，因此，往往在死者的身上（未入棺前）放一把无柄的锄头，以防死者听到雷声坐立起来。而九龙则不忌，还把安葬好后遇到的雷声，说是死者之死惊动了天公，天公都为之感到惋惜。

（四）婚育禁忌

九龙村和其他侗族村寨一样，同姓可以开亲，但同一个家族绝不能通婚；不同家族间，辈分不同的，一般也不通婚；非传统婚姻圈内，很少开亲；与外民族结亲的更少。对于男女之间的生辰八字，传统上不太讲究，只要男女间有情感或相互愿意即可。结亲时，男方除从本家族中选出"全福"之人（九龙一带全请妇女去迎接）去迎接新娘外，且去的人数必须为单数，如三、五、七、九等，忌双数；女方家来的伴娘（九龙一带无伴娘）与新娘合起来也必须是单数，忌双数，这样双方人数加起来才正好是双数。途中，忌遇孕妇，孕妇看到别人迎亲也主动回避。忌过别人新建的"求子桥"，遇此多从桥下过，或绕道而行，主要担心新娘投胎去做别人的孩子，或日后也得搭桥才获子，以及所生子女数比不上桥主多等。新娘进门时，忌与男方家人会面，此时，男方家人多出门回避，其他地区多解释为"忌碰热脸"，免得日后不睦，而九龙村一带则担心新娘踩到自己的"魂魄"，通常认为命薄之人，一旦被新娘踩着魂魄，多生病或离开人世。

由于以前当地十分盛行不落夫家习俗，故结婚时，新郎与新娘忌同房。20 世纪 80 年代后，尤其是近几年来，这一禁忌渐被革除。

在九龙，女儿出嫁回到娘家，娘家往往还要请鬼师来祛除女儿身上的妖孽与不洁。女儿定居夫家后，回到娘家时，忌入娘家粮仓，因为嫁出去的女儿已成为外人，入娘家粮仓，认为娘家粮食会歉收。此外，女儿回娘家时还忌拿娘家的扫帚扫地，忌洗碗和倒水等，如扫地、洗碗、倒水，认为将娘家的"财喜"往外泼，现除倒水控制不严外，其他几项仍十分忌讳。

侗族最大的禁忌，莫大于允许外面的男女在家中同房，九龙村一带也如此。就连嫁出去的女儿和丈夫来娘家探望，也不能在娘家同房。认为外人在家中同房，主家容易衰败，当地有句谚语云："野公入房，家败人亡"，可见，后果之严重。如有此事发生，违者须用猪头为主家"退怪"。据调查，该寨 1999 年曾处理过一桩有关这方面的事件。这次调查，我们住在原乡信用社的一栋房子中，这栋房屋为砖混平顶结构建筑，共 3 间 2 层，撤区并乡后，信用社搬到永从，余下的这栋房子，现租给一位个体户老板为库房、厨房及接待客人用，年租金不到千元，我问老板为何不将这栋房子买下？老板说：这房子一则横着河流而建，违犯了他们房屋横河而建的忌讳，全村的房屋都顺河而建；二则，这房子前后、左右都有道路，"井"字形的道路如同抬棺材杠一般抬着这口"棺材"（指房子）；三则，这栋房子以往楼下为信用社营业房，楼上为职工住房，不知有多少男女在这里同房住过，加之后来又出租给他人开办过旅社，更不知道有多少男女在这里同房住过。像这种房子卖给谁谁都不会买。据老板说，尤其是上述的第三个原因，他个人是不能接受的。由此，进一步看出当地人对异性外人在家中同房尤为忌讳。

在侗族的各种禁忌中，对孕妇的禁忌可以说是最普遍和最广泛的了，如婚姻、丧葬、祭祀、鸡卜、扫寨、出行、渔猎、建房、制酒、织染等等，无不忌讳碰到孕妇，更不用说允许孕妇参加了，就连孕妇家中的人员亦限制参与。九龙村与其他侗族村寨一样，将孕妇称为"四眼人"，将有孕妇的人家称为 nyenc yanc sox dengv，意为黑暗、无光线或难以清楚的人家。因为在侗族传统观念中，人们普遍认为婴幼儿，尤其是胎儿尚属于"阴间"之人，他们可自由地来回于阴阳两界间，在他们身上还附有很多邪祟，故禁止孕妇及家人参与以上活动，以免"胎儿"从中作祟。家有孕妇人家，本身也有一些禁忌，如禁止移动家中的家具，尤其是孕妇之床，不许维修房屋或建房、立大门等。如犯忌，孕妇容易流产。丈夫禁止破猪蹄、牛蹄等，以免生出的孩子不是多手指就是跛足等等。

在九龙，如家有产妇，三天内忌他人入家串门，认为有生人入家，会将母乳踩断，犯者必须用酒肉和米饭去给主家祭祖才能解除。而其他侗族地区，往往叫犯者从家中拿点大米来煮粥给产妇喝即可。九龙村一带与其他侗族地区不同的尚有，其他地区只忌他人入家，而九龙还忌自家人也不能进入别家，违者同样罚酒、肉、米去给别人祭祖。为此，家有产妇，往往在大门上悬挂一草标，如生男孩则在草标上添挂一个红辣椒，如生女孩则在草标中添挂一片树叶，这一方面告诉别人家有产妇禁止闯入，二方面告诉人家生男生女。

产妇坐月期间，即民间俗称"月子婆"，忌吃鱼虾、鹅鸭（含蛋）、牛肉、瓜果、蔬菜及水果和食盐等，只吃鸡肉和鸡蛋，他们认为吃上盐食和鱼虾，容易咳嗽；吃鸭和鹅及蛋类，易伤筋动骨；吃瓜果蔬菜及水果易发寒。因此，产妇坐月期间，专有一套炊具和碗筷，不与家人共用。今有极个别稍改吃食盐外，其他禁忌仍相当遵循。如产妇在坐月子期间不遵循，日后一旦生病多遭到别人议论，说她坐月期间嘴馋没守忌造成，无人予以同情。

产妇坐月期间，禁止到别家串门，在家中也不准挑水、提米、摘菜等。出门时，要戴斗笠，防"偷乳婆"偷乳。出门时，亦不能踩别人的屋基，只能在公共道路中行走，以免玷污别人的屋基，违者也得出酒肉去给别人"退怪"祭祖。更不能将孩子抱出门，防"魂婆"（传说专偷婴幼儿魂魄之巫婆）偷出孩子的魂魄。据负责该村妇幼保健及预防工作的吴志成医生反映，由于产妇们受传统饮食禁忌的约束，村中产妇多处于营养不良状态，尤其是产后三天禁止外人入户和坐月期间不许抱孩子出门，这给他们注射预防针带来了诸多不便。按现在要求，第一针必须在产后24小时内注射，这非常难以办到，只有极个别配合。

按传统，嫁出去的女孩，禁止到娘家生育。如有特殊情况，则在村外搭棚供其生育。如招婿上门则另行对待，女儿可在娘家生育。

此外，在九龙对于产妇衣裤，尤其是坐月时段内的婴儿尿片，禁止拿到井边、河中清洗，只能拿到鱼塘中或田中清洗。

绝大部分侗族地区，对于婚前性行为非常忌讳。在三龙一带传说过去有位年轻漂亮的女子，由于婚前与人发生性关系，后被家人处死葬于路边，由古至今人们由此经过，都要到她坟上踩一两脚，然后吐口口水以示厌恶。据说如今坟梁已被踏平。如遇上或看到别人性交也是非常忌讳的，多数地区认为这是倒霉之事，自认倒霉。而在九龙一带除自认为是倒霉外，还要罚对方一套新服装，认为如此才能解除霉气。对于性交方面的一些禁忌，民间亦流传着相关的一些谚语，如：如果产期不忌，仍同房的话，那么就容易伤害女方的身体；如果来月经时不忌，仍行房的话，那么就容易伤害男方的身体。这点在九龙及侗族地区普遍忌讳。

侗族不仅家有产妇，前三天禁止外人入家，就连家中畜禽产仔，也普遍禁止外人入宅，违者同样罚米煮粥或罚肉祭祀。因而过去人们进入别家之前，尽管别家门上无草标，也得要客套的问"忌家否？"或"允许进家不？"等，待主家说"不忌"或"可进"，方可进入别人家，否则主人认为来者无礼貌。1958年前，对于畜禽产仔，九龙村同样禁止外人闯入家中，1958年后，基本上无此禁忌了。

（五）语言及其他禁忌

据调查，1962 年前，九龙村一带虎多为患，时常入村偷猪伤人，人们特别害怕老虎，传统上言及老虎多不敢直呼为老虎，而称老虎为"爷爷"或"山公"，认为这样才不致遭到老虎的报复与伤害。

人们在田间地头如发现老鼠严重破坏庄稼，忌说是老鼠破坏，只能说田地"脏"得很，否则将遭到老鼠的报复，进一步破坏庄稼。购买鼠药时更不能直言道名，如说购买鼠药去毒鼠，被老鼠听到后，认为老鼠不仅不吃施放的毒药，反而还要加倍报复。故往往将鼠药称为"四脚糖"、"脏糖"、"猫"等。调查期间，笔者在村中某一门市处遇到一位妇女称要购买"四脚糖"，感到奇怪，后问老板，才知她购买的是鼠药，因忌讳直呼，当地才有以上几种鼠药的别称。

人们外出"吃相思"，演侗戏或走村串寨，忌赞美别人的村寨（集体歌颂或赞美除外），尤其是鼓楼、花桥等，如赞叹别人的村寨、鼓楼或花桥漂亮，认为魂魄就依附在别人的村寨而舍不得离开，导致生病而死，或投胎到该村寨做孩子。途中经过别人搭建的求子桥，更不能夸说它好，认为这样很容易投胎去做别人的孩子。看到别人的孩子（指婴幼孩）长得可爱，忌赞扬，而贬说这孩子好"臭屎"。村民们认为如直接夸奖，孩子反而容易生病，或难以护理。

在生产中也有一些言语禁忌，如插秧时忌说腰酸背痛，否则在该季农活的劳动中不是腰酸就是背痛。伐木时，忌说树倒伤人，说了往往发生意外；如被刀伤或草木割伤出血，忌说"出血了"，否则血流难止。养蚕时，忌呼蚕为虫，而称其为"蚕姑娘"，否则它会生气而死绝。

粮仓、米桶或饭盆、鼎罐及现代的电饭锅中的米饭食用完了，一般忌说"完了"，而是说某某中的米饭"满了"，认为如此，日后粮食才能增收。吃鱼、鸟遇到苦胆，忌说"苦"，否则日后难以捕获。

买牛时，以往忌问别人"你这牛卖不卖？"，而问"你这女孩嫁不嫁？"，否则别人不高兴。主家将牛卖了，也忌说"将牛卖了"，而说"将女孩嫁出去了"，否则日后难以将牛养活。杀牛时，以往忌说"杀牛"，而说"送其去做别家的孩子。"如今屠夫动手前除烧香化纸外，仍对牛说这样的话。围观者则双手往后背，表示已被别人反绑，无法伸手相救，求得牛的谅解，以免牛怪罪于他们。这与侗族人牛互变的观念相关，人有罪死后变为牛，牛赎了罪变成人。此外，还与对牛的崇拜相关。

［潘永荣：《黎平县永从乡九龙村侗族原始宗教调查》，2004
年 8 月，未刊稿］

5. 锦屏县石引寨侗族对阳雀叫声的忌讳

每年三月，阳雀都要来催春。每年第一次听到阳雀的叫声，石引人都有种种忌讳。如果是仰身平躺时听到，或在外干活听到，那就不用忌讳，若是侧着身躺下时听到，那就被视为当年运气不好，若是俯身卧着听到，那就被认为是要倒霉了，若是解大小便时恰好听到，那就认为三年之内要有灾祸，等等，这些时候听到，就算犯讳。因此，石引人特别害怕这些时候听到阳雀叫声。

遇着犯讳，怎么办呢？侧身听到，要起来吐三次口水，念三遍"祖宗保佑，别出祸事"便可冲晦气。俯身听到，则要请道士来祈祷，吃一席保命酒和保财酒。入席的是道士和另外几位身体强壮，三年来一直财运好的人。由他们每人分一点酒，合盛在一只碗里，交给听到阳雀叫声的人喝，便是冲洗霉运。大小便时听到，吃保命饭喝保财酒也无济于事，要另找替身，才能躲过死灾。找替身是，扎一个稻草人，脱下自己穿旧了的一套服装给它穿上，再舀勺大粪泼在稻草人身上，算是一切不幸都归于稻草人去承担了。三年之内，自己得处处小心，谨慎行事。

阳雀催春，使人重萌一年的希望，应当是好事，怎么听其声反而忌讳呢？据老人说，阳雀不是玉皇大帝派来的天使，而是地府阎王派来的长官。阎王本来叫他催春到收割，可是他只叫了三、四、五月，就躲到树丛中睡懒觉去了。等到八月乌葩熟了，他就去啄吃，把嘴角染得乌红乌红，然后去见阎王。阎王问他："为何提前回来了？"阳雀没精打采地说："我的嘴都叫出血来了。"阎王一看，果然乌红，就心疼他说："那么，明年再去吧！"到了第二年，出来叫过三月，阳雀就回去了。阎王又问是怎么回事？阳雀说："烦死啦，我催春，有的人根本不愿听。或侧身蒙耳睡，或俯身卧着不理我，或拉屎撒尿给我看。我辛辛苦苦催促他们种庄稼，他们反而这样对待我。我不干了，饿死他们，统统滚回地狱来，也不关我事。"阎王听了，说不少好话安慰他，叫他继续去催春，并且说："你发现哪个捣蛋，就告诉我，我要从重惩治他们。"从那以后，阳雀年年来催春，一不如意，就回去告状，欺上压下，有不少人被他冤枉遭了殃。所以，人们非常忌讳上面三种情况下听到阳雀的叫声，从而又引出种种对付的法子。

〔傅安辉：《石引侗家的习俗琐记》，贵州省志民族志编委会编：《民族志资料汇编》（第三集），1987年11月，内部出版，第235—236页〕

6. 锦屏县九寨侗族禁忌

锦屏九寨侗乡有很多忌讳。

一禁忌与坏族源结婚。九寨侗乡由若干家族组成。不同的家族有不同的姓氏，每个家族都有大家公认的族源。族源分为好坏两种。绝大部分的姓氏都是好族源，少数姓氏被认为是坏族源。坏在何处？相传他们的祖先是由"兽鬼"、"猫鬼"和"猝死鬼"（剧毒鬼）变成的。他们身上鬼气十足，往往会令人生病，或把人的事物弄坏。因此，好族源的人拒绝与坏族源的人结婚。这种忌讳，显然有着复杂的历史原因和封建迷信的色彩。

二禁忌同姓结婚。九寨侗乡除了魁胆和黄门两乡外，其他多一律禁忌同姓结婚。魁胆和黄门不禁忌。有其明显的缘由。即两乡的开寨者是王姓，后来的人要在那里居住，得从王姓。所以，先来的和后来的王姓可以通婚，其实他们属于不同的姓氏。

三忌事快成功受恭维。事情有了把握办成功，这时，忌讳别人来恭维。认为一恭维，即将手握胜券的事情反而会弄糟。

四忌办丧事发笑和穿新衣。大家在守灵或办丧事，其间禁忌发笑或露笑脸。别家死了人，不能穿华丽服装前往。否则，被认为是幸灾乐祸，要受到众人的指责。

五忌戊日出动。正月至三月间，每遇戊日，禁忌出工，男女都在家休息。出外，不得进入田地。

六忌挑大粪滚倒。挑大粪下地，不慎滚倒，泼得一身，被认为要倒霉而忌讳。若发生此况，要请鬼师来扶正魂体，克服霉运。显然是迷信作怪。

七忌碰到死禽兽。路上行走，坡上做活，看到动物死亡，认为是一种不幸的兆头。因此，忌讳碰见，更不捡回家吃。

八忌看到蛇交配和蜕皮。两蛇相缠绕，或一蛇在蜕皮，看见了，认为是灾难的兆征，那三年要晦气，因此忌看。

九忌屋里出现野生动物。发现楼脚有黄鼠狼、野狗、野猫、狐狸等等动物，看见家中有蛇、青蛙、鸟类等等动物，视之为怪物，将有灾难降临。因此，忌讳出现这些东西。看到了，要提公鸡把怪物送到野外。在那里杀鸡煮稀饭招待它们，求它们不要兴灾使祸。

十忌踩生。别家新添贵子，不慎撞入，成为踩生人。若是男踩女，小女孩吉利，踩生者要倒霉三年。若是女踩男，小男孩不吉利，踩生者受到主人不热情接待。因此观念，人们忌讳踩生。

十一忌庄稼生长异常。一丘田的稻秧正在长，却有某根穗出现；一地的包谷正在苗壮，却有某一棵开了花，等等，被视为异样。认为不吉利，因此，忌讳这种现象出现。

十二忌房屋自行发响，所住房子经常发出响声，被认为有鬼捣乱。拆除另起。

十三忌生怪胎。小孩出世，一般的豁嘴、少指头和多指头等异常不认为有什么。若是严重畸形，被视为怪胎。出现怪胎，不捡收养，还认为是十分倒霉的事，或自己做了歹事的报应。因此，很忌讳出现。出现了，要请鬼师来向祖先和鬼神赎罪，祈祷下次生个健康的小孩。

［傅安辉：《锦屏县九寨侗乡习俗》，贵州省志民族志编委会编：《民族志资料汇编》（第三集），1987 年 11 月，内部出版，第 228—229 页］

7. 岑巩县侗族传统禁忌

过去侗族人在生产劳动、立房造屋、言行起居、婚嫁生育、饲养牲畜、狩措灭鼠等方面都有禁忌，在漫长的社会历史进程中不断发展演变，如今正逐步消失。旧时禁忌有：

（1）立春后每逢四大土皇"戊"日，不动土和下种，不能舂碓，不能出门远行。

（2）正月初一忌哭闹、吵架、斗殴和说不吉利的话，否则这一年诸事不顺遂。

（3）四月八是牛王菩萨生日，忌驱牛耕作。

（4）杨姓侗家忌住五柱七瓜的房屋，说它是"虎坐形屋"。正屋后面不能配拖檐。姑娘出嫁发轿忌寅时，寅为虎，说杨（羊）女不入虎口，处处要避虎。

（5）立房造室、出门经商、结婚忌犯"红沙日"，说什么"立房犯红沙，三年火烧它；出门犯红沙，本利不归家；结婚犯红沙，夫死嫁别家"。

（6）立房上梁，忌日晒梁；发丧忌雨淋棺。

（7）家中有孕妇，忌在附近挖土打桩和搬动重物，如果不忌，认为孕妇有堕胎的危险。

（8）孕妇忌看接亲和殓葬死人、忌吃葱蒜。生孩子不满四十天的产妇，忌出大门，忌走别家。若要出门，须戴笠打伞，忌见天。

（9）婴儿出世，忌性格暴躁者进门"踩生"。

（10）宁肯借屋给人停丧，不肯借屋给人成双（结婚）。

（11）妇女平时忌坐堂屋门槛，正月初一忌走别家。

（12）小孩不能屙尿淋火。

（13）吃饭忌敲碗，说敲碗变穷。

（14）小孩忌吃猪脚叉，吃了长大难寻媳妇。

（15）"风水树"不能砍伐，以保村寨不败。

（16）住宅门前忌栽棕树，说棕树常挨千刀万剐不吉利；并忌栽椿芽树、花椒树等，说易引起妇女花癫。

（17）小孩大小便，忌用灰去掩，如果不忌肛门要痛。

（18）抬丧途中棺材不能落地，说"红丧落地，三年不利。"路上歇息，须用孝帕垫棺。

（19）人临终怕打雷，如遇打雷，认为是死者有罪孽，须得打伞遮亡身，呼亡者莫怕。

（20）凡属不正常死亡和死在外地的人，忌抬进堂屋治丧。

（21）难产致死者以及不满十二岁孩童死去，忌和正常死亡的老人埋在一个地方。

（22）给死者穿衣忌着双数。

（23）嫁姑娘出门忌回头望娘家。

（24）忌踩火塘中的铁三脚架。

（25）猪、牛产崽，及时守候，不让其自吃胎盘，以防牲口变瘦。牛胎盘忌丢于地，须挂于桐子树上，相传如此牛崽方有奶吃。

（26）狩猎、捕鼠之前，忌在火边谈及，以防火神报信。

（27）忌用钢铁殉葬，认为铜铁能斩断龙肺，钉死龙脉，给后代不利。

［岑巩县民族事务委员会编：《岑巩县民族志》，贵州人民出版社1993年版，第214—216页］

8. 榕江县腊酉公社侗族忌寨门与忌家门

伴随宗教观念的产生而出现各种各样的禁忌，最突出地表现在忌寨门和忌家门。凡是村寨"退火秧"等重大祭祀，都要将通往村寨的各条路口用绳子牵拦，并在绳上打着草标，意为严禁一切生人进寨。接着，鬼师头戴一口小铁锅和一个身背巴篓的一道，挨家挨户收一筒米、一把灰、一根糯禾草。米是给鬼师用，灰集中起来待举行仪式后倒入江中；糯禾草作为分肉的标记。他俩凡到一户，这一户就马上灭火，向寨脚的河坝坪集中。最后，举行仪式。此时，将所杀的猪、鸡、鸭等三牲置于河边，祭祀水神，并将各家收到的灰倒入江中，意为灭火。祭祀完毕，就将猪肉按收来禾草数量平分，一户一块。各家领到肉后，自行就地开火煮食。当天吃不完的菜饭，不许带回家，要到第二天才能取。次日一早，各家要到鬼师处取火种，回家重新生火。在这一天多的时间里，若有人不按规矩而闯入村寨，那就要重新退火秧，所有开支全由犯规人承担。忌家门有忌进门和忌出门两种情况。凡生小孩的人家，就用鸡毛和茅草作一草标，用一木棒插在家门口，意为严禁生人入内。待小孩三早后，才取消标记。凡牲畜下崽，也是同样。在这些规定的标记没有取消之前，若有外人闯入家门，就会给主人带来不吉利；若引起损失，来人就要承担责任。凡出嫁的姑娘及亡人出枢，都不得触及门栏和大门两侧，否则就会带来不吉利。

［黄才贵：《榕江县腊酉公社侗族社会历史调查》，贵州省民族研究所、贵州省民族研究学会编：《贵州民族调查》（之二），1984 年 10 月，内部出版，第 84 页］

9. 从江县九洞侗族斗牛禁忌

斗牛，是侗族村寨的盛大娱乐活动。放牛入堂极为认真，视同征战，每逢牯牛出战，必祭"圣祖母"——侗寨最大女神（侗语称萨玛、萨岁、萨柄或简称萨）。祈求"圣祖母"一道出征，保佑牯牛凯旋而归。牯牛出战有如下禁忌：

（1）举行祭圣祖母时，孕妇不能参与，也不能到场观看；

（2）孕妇不能摸牛，也不能触摸有关牯牛的物件；

（3）放牛出征前，家家水缸要挑满；

（4）斗牛当天，禁止春米；

（5）斗牛当天，妇女不能纺纱，不做针线活；

（6）牵牛时，如牛鼻绳断了，不能放牛参加角斗；

（7）牛出圈前，如插在圈边的旗子被风吹倒，只能牵牛赴牛堂观战。

［向零：《从江县九洞侗族社会组织与习惯法》，贵州省民族研究所、贵州省民族研究学会编：《贵州民族调查》（之三），1985 年 10 月，内部出版，第 216 页］

第三节　占卜

1. 侗族占卜术中的米卜、螺卜与卵卜

侗族有自具特色的占卜。如"米卜"，用一小木盆，内盛浅水，让求卜者抓一小撮米，取其中一粒，用纸灰揉成灰色，作为标记，同时撒入盆内。卜者焚香烧纸，念念有词，观"灰米"的沉浮位置，判断吉凶。

"螺卜"，选两个未婚男子，一人朝东，一人朝西，背道而驰；一用右手，一用左手，各自在田里拣一螺，放进浅水盆中。以一个为主，一个为客，分置左右，相距对峙，其间用一芦苇，或一把禾刀为界。主持者念诵卜歌，让两螺自相靠拢，迎头相碰，彼推此抵，以越界为胜，判断事件吉凶。诸如出征对敌，参与有关比赛，能否取胜，凯旋而归等等。

"卵卜"作法有五：一是史书记载，每选墓穴，用一蛋掷于某处，滚至定点，以为吉祥，将棺埋在这里；二是以墨把蛋对半画一圆圈，用一根糯米草随墨圈束紧，手持草的一端，把蛋悬吊在水中煮熟，而后将这蛋切成两半，取粗的一头，用管吹掉蛋黄，将蛋白空透视。呈现太阳芒状，以为吉昌；显出墨纹，称为"足脚"，即是凶兆；三是将蛋煮熟，切成两半，观蛋白厚薄，判断吉凶；四是用茶油涂生鸡蛋壳，对着油灯照看，或将之放入盛水盆里，观其沉浮程度，断定吉凶；五是以蛋埋入某地，半月后取出查看，以卜阴地。

[贵州省地方志编纂委员会编：《贵州省志·民族志》，贵州民族出版社2002年版，第358页]

2. 黎平县九龙村侗族迷信的征兆与梦兆

当我们这次调查接近尾声时，即2003年8月13日和14日连续两晚，于23～24时左右都听到有一个人模仿唢呐的吹奏声沿村上下而吹奏，弄得全村之犬狂吠不断。问后获知，这是一名弱智但尚有劳动能力名叫老挪的汉子所模仿。据说，只要他模仿唢呐吹奏，不久村中必有人过世。果真没隔几天，于8月18日村中有位老人病逝。这一征兆为何如此灵验？笔者都感到迷惑！

访谈中，该村还有很多传统的征兆，如人们认为公鸡不按时啼鸣，预兆着将要发生火灾，得提高警惕。同时将该鸡杀死，砍下头部，用棍棒将其嘴顶开，将之插于路口或风雨桥头，以示向众人和众畜禽展示"乱叫"的下场，或表示"你乱叫就在桥头（或路口）张口对天叫吧！"并请阴师来查看，究竟犯了什么地方？便于谢神、退怪等，以免

应验。

当地少见到鹤鸟，当地侗语称鹤鸟为 Nganh Gkot，亦视为"妖鸟"。一旦有该鸟出现，即认为有不祥的兆头，不是天降大祸，就是社会动荡不安。据说，"文化大革命"前，曾有一群鹤飞过村头，且山上有些树木被齐腰折断，村中老人纷纷议论可能要有灾祸降临，不久"文化大革命"到来。

人们在鸟堂中用罩子捕鸟时，如招来众多野鸡、乌鸦等，即认为是不祥的征兆，必有老虎到来，遇此大多赶紧收拾东西回家。伐木时，如煮夹生饭，这也是一个不祥的兆头，绝不能出工，否则会出现伤亡事故。

如天空中出现日环食，预示着近年雨水过量；如出现日全食或日偏食，将预示着近年要出现严重旱灾。对此当地还流传着这样一句谚语："日戴斗笠（指日环食）天下水为患，日打着伞（指日全食或日偏食）天下旱为灾。"

当地称月食为"蜈蚣吃月"，当天空出现月食时，村民们认为是不祥之兆，天下将要大乱。还认为日为男（阳），月为女（阴），月食是阳阴结合而成，天空出现此现象，天下人们要有霉运，为不让它们结合，往往在月食出现的时候，合村群众便用粑榸舂着粑糟，或用木棒拍打着板壁，或击鼓鸣锣等，集尽最大努力，发出最大响声，让它们感到害羞而分离。

在炎热的天气中，如狗下河洗澡，预示着天将下雨。火塘中烧的柴火，如尾部齐齐对应，火中并发出呼呼声，认为将有贵客来临。无意中咬到嘴唇或舌头和自己吐口水淋到自己的身上及穿反衣、反裤等，预示着将要有肉吃。耳、脸发热，预示着有人在谈论自己等等。

九龙侗族往往将梦中的一些事和物（梦象）作为一种梦兆，而对梦兆的解释多采用"逆推"的办法。如梦见唱戏，预示着村中必有死人；梦见村中有死人，预示着要有戏班子来演戏。梦见洪水，预示着要有火警或火灾；梦见火灾，预示着要有山洪暴发。梦见吃糯米饭或吃得太饱，预示着要有纠纷发生或受气。妇女梦见自己身怀有孕亦预示着要受气。梦见流星落入宅中，预示着必生贵子等等。

〔潘永荣：《黎平县永从乡九龙村侗族原始宗教调查》，2004年8月，未刊稿〕

3. 侗族鸡卜

鸡卜是侗族占卜术中历史最久、影响最大的占卜形式，起源很早，最早见于记载的是岭南古越人。《史记·孝武本纪》云："是时（元封二年）即灭南越，越人勇之乃言；越人俗信鬼，而其祠皆见鬼，数有较，昔东瓯王敬鬼寿至百六十岁，后世慢怠，故衰耗。乃令越巫立越祝祠，安台天坛，亦祠天神上帝百鬼，而以鸡卜，上信之，越祠鸡卜始用焉"。古越是今天侗族的族源，当今许多由古越族分支出来的民族如壮、水族等都还保留有鸡卜的习俗，可见鸡卜是在越尚未分化时就已普遍存在的。侗族的鸡卜方式各地大体相同，从历史上比较，也没有多大区别。宋人范成大在《桂海虞衡志》里说："鸡卜，南人之法，以雄鸡雏执其两足，焚香祷所占，扑鸡杀之，拔两股骨，洗净，线束之，以竹筵长寸余遍插之，斜直偏正，各随窍之自然，以定吉凶"。新中国成立前，在贵州从江高增、西山一带，人们祭祀"萨岁"时，先要在"萨堂"进行鸡卜，侗语称"登介"。这项活动在每年正月初七举行。人们祭祀"萨岁"时，先要让寨老入席坐定，然后由执事者念词，并焚香烧纸，设神食于前，置双刀于两旁，再于寨中任捉只小鸡，拔掉腿上皮肉，耐视其骨，以辨认骨象的吉凶。这和范成大所说大体一致。

［侯乔坤：《侗族原始宗教的特点和功能探微》，《贵州民族研究》1992 年第 1 期，第 79 页］

4. 侗族"鸡血卜"与"鸡眼卜"

鸡血卜占卜方式多用于卜测造成新房、竖屋、立大门、进新屋等是否吉利。大部分侗族地区，凡造新房、竖屋、立大门、进新屋，皆由掌墨师傅怀抱 1 只一色大红公鸡，砍掉鸡头作回旋运动，视鸡血喷射状况判断吉凶：若鸡血飞溅，满地一片鲜血，是为大吉大利，可发墨、立柱、立大门、入住新屋；若鸡血不飞溅，而是呈间断滴状流出，是为不吉不凶，可发墨、立柱、立大门、入住新屋，但需另请法师改煞；若不出血，是为大凶，应另择吉日再卜。

鸡眼卜亦称"看鸡眼"。常用于卜测婚姻、恋爱利弊。卜时法师当着男女青年双方及媒人的面，杀 1 只公鸡，去毛整理好后整只放入锅或鼎罐中煮。然后捞出，看鸡眼睛的开闭情况判断利弊：若鸡双眼大睁，则此桩婚姻天成，大吉大利；若鸡的双眼紧闭，则不宜婚配，应终止恋爱关系；若鸡的双眼一睁一闭，此桩婚事可成，但应改煞。

［欧潮泉、姜大谦编著：《侗族文化辞典》，（香港）华夏文化艺术出版社 2002 年版，第 530 页］

5. 侗族砍牛绳占卜年成

在每年春耕之前，全寨共同出资购买一头大水牛，择吉日良辰，集合男女老少，把牛的头和脚用粗绳捆绑结实，选 12 名大力士爬到寨边的大树上，用绳子把牛拉离地面两三丈高后悬空吊起。吊好后，法师口念祭牛词为牛祈祷，旁观众人双手反背于后观看，不许出声。法师祭毕，大喊砍断吊牛绳索，使牛从半空中跌落地面。如果牛被跌死，表明该年定为丰年，众人欢呼雀跃，并按户数及人头平分牛肉，当晚欢歌畅饮，通宵达旦；若牛不被跌伤或只伤不死，则为大不吉利，须另择吉日请法师消灾降福。

［欧潮泉、姜大谦编著：《侗族文化辞典》，香港：华夏文化艺术出版社 2002 年 11 月出版，第 528 页］

6. 黎平县侗族在占卜术中的"看米"与"卜卦"

看米是预测凶吉的一种方法。巫师烧香化纸后，口中即念念有词。念毕将十五粒米，分五次撒入木盆水中，根据米落入盆中的分布形状，测定吉凶和解难的方式。

卜卦主要用来预测人们在疾病、求财、求婚等方面的疑难。用竹木或牛、羊角一剖两半，制成"卜卦"之物。阴阳师傅念咒请神，将"卦"摔在地上。卦有阴卦、阳卦、顺卦三种，根据卦形来判断凶吉，顺卦为吉、阳卦一般，阴卦为凶。

［黎平县民族事务委员会编：《黎平县民族志》，贵州人民出版社出版 1989 年 12 月出版，第 139 页］

7. 黎平县肇洞侗族在"多堂"仪式中的鸡骨卜

师公到主寨后，做的第一件事就是进行鸡骨卜，侗语叫"多介"。其具体时间，由师公按"占推动酒时多腾忌打鸡"、"占推斩吞鸡时凶"、"占推忌时打鸡不用"、"占推光星等时打鸡忌"和"占推星光星等打鸡不用"等诀法测定。"多介"的当天清早，由寨老在鼓楼火塘内点火烧一个喜鹊窝，各家各户再到这里来引火种。然后，寨老和其他老人一道，在鼓楼或"堂萨"前观看师公作鸡骨卜。不管是安设新堂，还是修整旧堂，师公都要烧香化纸，请师护佑。由童子（七岁至十二岁）或鼓楼传士到寨上任意捉一只未开叫或未交尾的小鸡，交给师公安排。师公双手抱鸡，念"理介"经咒，再生拔鸡的两条腿放入锅内煮熟，然后去肉看骨，用竹针（将竹子削成大号钢针的形状）寻眼插之；视竹针排列组合的形状，对照鸡骨卜专用书辨认吉凶。师公卜测是否吉兆，要得到主寨老人们的认可，最后将吉兆鸡骨交给"堂萨"的管理人保存。如果安设新堂，就在这时卜卦择选管理人，侗语称其为"登萨"。师公在进行鸡骨卜时，为了得到吉卜，需用很多小鸡。有的一次就用十余只，甚至将全寨的小鸡都用完了还达不到要求，就得到外寨购买。凡用后的鸡，交给鼓楼传士加工，寨上老人自带饭和酒与师公一道会餐。若吉卜之鸡是某家的，这家人就会感到荣幸，就要请老人们和师公到他家聚餐。饭后，寨老召集各户家长于鼓楼，由师公宣布卜测的结果和今后要注意的事项。有的寨子则在作鸡骨卜的同时，将一头三四十斤重的黑毛猪用水闷死，到师公宣讲结束时分送全寨各户，以示牢记卜辞结果和扑灭火殃。

流传在肇洞地方的鸡骨卜经书，目前见到的有三种。一是《母氏真鸡法》（又名《萨岁真鸡法》）；二是《占推三百鸡卦鸡名》；三是《鸡骨卦图》（又称《鸡骨卦图全象》）。这三种经书的分类都有共同之处，全为汉字记录，分为"卦名"、"卦图"和"卦辞"三个部分。"卦名"都是汉字记侗族语音，而且多属古侗语，讲的是用针之法。现代师公对此只能念诵，照着行事，但不完全理解其意。"卦图"是用竹针寻鸡腿骨孔穴插后显示出的左右腿骨图像，师公借以对照辨别吉凶。"卦辞"是对"卦图"的解释，全为汉字记汉语，以此判断吉凶。以上三种经书所列卦图多少不等，第一种有 206 卦，第二种有 300 卦，第三种有 698 卦。这三种经书的卦名、图、辞基本不相同，而各书序言也不相同。第一种无序言的痕迹。第二种的序言叫"卅六成鸡名"。全为汉字汉语，每作一次鸡骨卜都念诵一遍。第三种的序言虽也为汉字汉语，但则叙述的是鸡骨卜的由来和传授办法。这三种经书对于鸡骨卜的目的均相同，都是为了卜测人丁昌盛、六畜兴旺、五谷丰登，无大灾和火灾。三种经书各出于不同的师公之手，相传都有三代人以上，均为手抄本。与该经书相配合使用的还有两本书，一本名为《安坛》，有的称《多腾》，有的又称《圣母扫净一本》；另一本是《侗书》，有的师公也用上述的《象吉通书》或《永吉通书》。在辨别鸡骨上，持第三种经书的师公还专有《鸡骨辨》一书，用以辨认鸡骨孔穴的颜色；一般有红、黄、绿、黑四色，加上用针后孔穴所排出的各色液状物的多少，来进一步判断吉凶的时间和来势情况。由于师公各自所用书不同。而分成了几个不同的派系。

持第二种经书的师公，在进行鸡骨卜时，先要念诵"卅六成鸡名"，当念到第五成鸡名才开始下针。这成鸡名的内容是：

"凡下针于盘，叩齿默念三遍：

咒曰：天有三奇，地有六仪，精灵奇怪，故器葬尸，黄沙石土，瓦砾坟基，方广百步，随针是之。

喝罗经咒：

吾奉罗经，白鹤先师，土地龙神听我言：罗经提起凶神退，碛石提起吉星灵，凶神看见低头拜，恶神闻知走不停。若是大葬千年盛，小修小作百年兴。"

当鸡腿骨上对眼插针完毕。师公就按针显示的形状对照"二百鸡卦"的"卦图"，再理解"卦名"的用针法，然后根据"卦辞"讲解其意。如最简单的第一卦的"卦图"，左腿骨只有一根针；"卦名"为"借班相（侗语，意为左腿鸡骨平进针）"。其"卦辞"为："斗阵行劣（列）吉，贼人死；犯士（事），病人凶；万传不用，凶。"这是一卜参加斗阵吉，而办其他事则凶的卦兆。第二百七十卦的"卦图"是最复杂的，左腿骨有交叉针脚的两根针，右腿骨由斜上平行并排插着的五针和斜上角度不同的单针。"卦名"为"借鱼川穿徒（侗语，意为左腿骨进针如同鱼刺排列）"。"卦辞"为"斗阵行劣凶，安葬家屋凶，新年年月吉"。这是一卜有凶有吉之兆，对于"多堂"则不利。

持第三种经书的师公，下针前则念诵"一层理介"经咒，大意是说鸡从交尾生蛋孵鸡崽，雄的能报晓，雌的又生蛋，神、人都喜欢。今天，用鸡看吉利，让神、人都满意。第三种经书既没有单针"卦图"，而且"卦图"总数是第二种的两倍多；针数最多的"卦图"达到三十二针，是第二种最多者的四倍。"卦图"不同，"卦名"和"卦辞"也不同。例如上述第二种"卦名"中的"借鱼川穿徒"，第三种则细分为"借鱼穿"，"借鱼川"和"借鱼川都塘"三个类型，并各有"卦辞"。其中，前两卜是凶卦，"卦辞"分别为"斗阵行劣凶，葬者造宅病人阎王（关）；求男女犯铁塔（煞）关；安神引鬼主吉；捕贼不见凶；老年老事大凶"。"斗降行劣凶，葬者造宅病人必死；求男女犯断桥关；安神引鬼主凶；捕贼不见，老年老事主见凶"。后一卜为吉卦，"卦辞"为："斗阵行劣吉，葬者造宅病人福公；求男女吉；安神引鬼五代富贵；捕贼得四头；老年老事大吉。"两相比较，第三种经书的"卦辞"内容也较第二种丰富。

由于师公分成了不同的派系，不仅鸡骨卜方面有区别，而且安堂的某些程序和神灵的象征物也有所不同。

〔黄才贵：《黎平县肇洞侗族的丧葬和"多堂"礼仪》，贵州省志民族志编委会编：《民族志资料汇编》（第三集），1987年11月，内部出版，第302—303页〕

8. 天柱侗族占卜术

在天柱乡村中，占卜术大致有看香、算命、卜卦、看相、求签、看风水、看日子等数种。

看香，又称"问信"。在家里有人生病成家遭横祸等，就要带上二斤米，一元钱和一些香纸到巫师家，请其登坛问信，或者将巫师接到家中施事，看病人得了什么病，是什么鬼在作祟，采取什么办法和途径消灾除病。

这种巫师，一般称为师傅，凡较大的村寨都有一个，其中在一个乡或几个村里有一个最著名的。例如渡马乡杨柳寨的杨某某，女，48岁，侗族；高酿乡上花村的龙某某，男，40岁，侗族；帮寨乡地坝村的吴某某，女，36岁，侗族；天柱乡新寨的龙某某，女，42岁，侗族；都是当地著名的巫师。巫师在家里设有专门的神坛，平时烧香化纸供奉，每月初一、十五小祭，逢年过节大祭。巫师有的是自我生成，有的则是师傅传教。如新寨龙某某的师傅，就是天柱城区有名的"沅巫子"，新中国成立前由湖南芷江来到天柱岩寨一带做长工，后来变成了巫师。

凡来人看香问信时，先将提包或口袋搁在神坛的供桌上，然后由巫师依次施事。巫师燃香化纸上坐，口中念念有词，几个呵欠，意为师傅上身。接着，双手将脸一抹，闭目摇身，嘘气点头，拍腿而跳，名为上马。巫师一边诉说，一边与来访者核实，然后接亡人来"对话"。若问阳事，就要通报姓名、年庚八字，随后慢慢盘问来访者。

算命，是用人出生的年、月、日、时，按天干、地支依次排列成八字，再用本干支所属五行生克来推断人一生的命运。在调查中发现，凡算命先生在从事活动时，都要参阅清代康熙末年魏明远篡辑的《增补象吉备要通书大全》（内附三元甲子未来历）中的第二集"十一曜临山恩难生克理论"，第三集"奇门遁甲一千零八十局内注吉凶遁格"，第九集"出入行藏，上官赴学、纳娶及百凡等项各分条类注解注明"；另外还有《家用选择秘书玉匣记》等书。他们往往拿着本本，以一种伪科学的方式去欺骗人。

卜卦，是所有宗教迷信活动都要使用，一般是用竹兜制作而成。竹卦有阴、阳、顺三种解释，每一种还以卦所指方向加以说明。在天柱乡村中流传的《玉匣记》一书，对卜卦作了分门别类的分析和解释，力使迷信者信服。

看相，是观察人的容貌，以测定其贵贱安危，判定其吉凶荣枯。在调查中发现，从事看相者往往大讲"柳视相法"，宣称通过看相、看手、看心、看骨、看头发等，可以测定人的一生。在天柱乡村中普遍流行的是抽牌看相。这种牌一般有38张，上面画有各种人物及动物形象，分为"荣华富贵"、"财喜两进"、"凶煞恶煞"、"命该穷苦"、"救苦救难"等五大类。施事者以此作为生财之道，骗取人们的钱财。

求签，庵庙或巫师备有编号的小竹片，以供信众向神佛询问吉凶，并有签书加以解释。在调查中发现，有一个从白市来到县城从事该项迷信活动的人，随身携带的算命、卜卦、看相、求签的行头和书籍。其中编号求签竹片放在一个纸筒内，信众求签时就任意抽出三支竹片，再由他翻书加以解释。竹片一般有100支，除第100支是绝签外，其他每支签都有祸福相间的解释。

看风水，也叫看地理。信众认为住宅基地或坟地周围的山势和水流，能招致主家的祸福。也就是俗话说的看阳地和阴地，只要看好风水。就可以"山发人丁，水发财"。

从事该项迷信活动的地理先生，在天柱乡村中有很多，几乎每个村有一人，多数是师傅传教。他们常用的有罗盘等器具，有赵廷栋著的《地理五诀》八卷本和前述的《象吉通书》等迷信书籍。年长的地理先生，对于《象吉通书》中的第四集"前贤诸家贵课斗首、吉格附愚、择造葬验课"；第五集"六十年二十四山修方造葬年家紧要吉凶神煞定局"；第六集"修方造葬六十年二十四山月家紧要吉凶神煞定局"；第七集"二十四山修方造葬年月日时吉凶神煞定局"；第八集"修方造葬二十四山罗经秘旨、天地人盘分金、开门放水吉凶定局"等，背诵自如，使信众对他们的话百依百顺。

[黄才贵：《关于天柱县宗教迷信的调查》，贵州省民族研究
所、贵州省民族研究学会编：《贵州民族调查》（之三），
1985年10月，内部出版，第371—372页]

9. 榕江县车江侗族对"不吉利"征兆的处置

在侗族生活中，至今仍然残存着浓厚的原始前兆迷信，而且范围亦广，凡是为己所不能理解的自然现象和人的生理现象。都被神秘化为征兆。认为家畜家禽、飞鸟昆虫、走兽气候以至人体等等的异常现象，都与人的遭遇有关，是赋与人们吉凶的启示或警告。现仅就以生物为兆象的前兆迷信，采之数则，以供今后研究参考。

鸡　以为公鸡立于门坎，将有远客来临，若其头朝里，其尾朝外，则更为灵验，不仅有客必至，而且及时到来。视之为迎宾接客之物，报以喜讯之兆。若其于深更半夜，未到报晓时刻，提前鸣啼，则以为"地脉龙神"促之报忧，将有祸患。为了避免这一凶兆将带来的不幸，乃将之斩首，用竹竿将嘴叉开，束于竿头，插在路口，意为此鸡胡言乱语，为非作歹，错报凶息杀之示众，宣布其鸣告无效，借以压制起发该凶兆之鬼神。若母鸡报晨，则认为家境将败，似与《书·牧警》说的"古人有言，曰：'牝鸡无晨，牝鸡之晨，惟家之索。'"即与周人的这一迷信有关。

牛　黄牛夜叫，以为寨内将要失火，导致火灾，人皆警惕，但对此牛不加任何指责或处理。凡属黄牛，不论大小，入水沐浴，则以为其主将有灾祸。据说，在过去乃将其宰杀，当今，则将其卖掉，以消除祸根。若圈内的牛，突然惊慌失措，站卧不安，乱窜乱跳，则以为有鬼神干扰，灾患即将到来。

猫头鹰　深夜鸣啼，寨内将有老人死亡。

喜鹊　不以其鸣为喜，反以为忧，恰与汉族对这一现象的判断相悖，视之与乌鸦同流。若在途中遇之从面前飞过，或楼或飞过房周屋顶，往返叫个不停，则以为大难临头，或祸害将至，往往对之吐以口涎，表示对其鸣之无效，叫之不灵。遇到乌鸦，亦复如此。

杜鹃　春天来临，首次闻听杜鹃叫声，若此时此人身卧床中，则此年此人多生疾病，若此时此人于途中步行，则此年此人多在外漂流；若此时此人坐于室内，则此年此人多坐守家里；若此时此人处在厕所，则此年此人将亡。

野鸡　外出旅游，或走访经商，若于途中遇到野鸡飞过面前，则视为不吉利之兆，可能遭到不幸。

鹌鹑　在旅途中，遇之由面前飞过，以为吉祥，称心如意，喜出望外。

鸟　空中飞鸟，无论种类、大小，若被其粪便从空掉在人的身上，则预示其人将有大难临头，不死也要脱一层皮。

蜜蜂　家中饲养的蜜蜂，突然移居，远飞他方，则以为预示其家不旺，衰败不康。

蜘蛛　见之吐丝下垂，以为吉祥之兆。

蛇　出门远游，尤其是新娘省亲，若在途中，遇蛇拦路，视为不祥。若在野外，见蛇交配，亦认为不利，将生病疼，既不敢打，也不敢撵，任之自便。但回家途中，须先入厕所、庙宇，示为除邪，再入家门，且请巫师，以鸡、肉、鱼等三牲为供品，为之消灾除怪。看到蛇在蜕皮，以为不祥，须先脱衣裤，与之相比，以先取胜，压制对方，方可避免灾星。反之，将遭不幸。

流星　俗称"扫把星"。盛夏夜间。见之闪光，划空而过，须吐口水，意为唾弃，置之不理。

雷　以为雷亦可与人预示吉凶。受雷击之屋，将家破或人亡；遭雷劈之杉。则其木不祥，不可将之制成棺材，结婚之日，雷声贯耳，将遭不幸，是难同到老，须再次选择吉日，重新迎新入室，复举简单婚礼，人死以后，认为尚未寿终正寝，须等雷鸣，方使其人，得知己已亡矣；若死者尚未出柩，停于堂中，听见雷声，须打伞遮盖，使亡者不致受惊。另外，认为人的手、眼、耳等，产生异常现象，也能给予人的启示。凡属右边的手心发痒、眼皮跳动、耳朵发烫，皆视为凶兆；反之，以为吉祥。

［张民：《关于侗族原始宗教的调查》，贵州省民族研究所、贵州省民族研究学会编：《贵州民族调查》（之八），1990 年 2 月，内部出版，第 8—9 页］

10. 榕江县腊酉公社侗族的占卜与卡掌

为了回避邪恶，还有预测吉利之法。一般分占卜和卡掌两种。

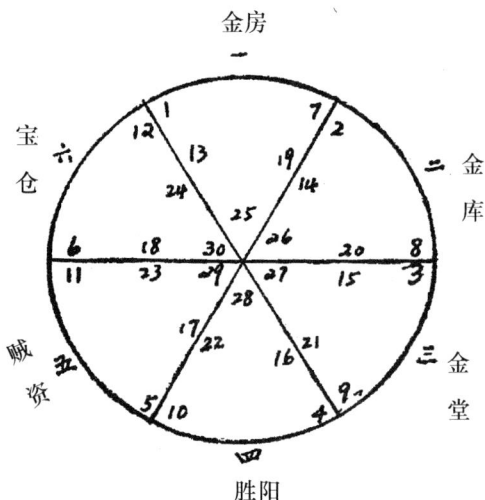

金房
一

宝仓 六

金库 二

贼资 五

金堂 三

胜阳
四

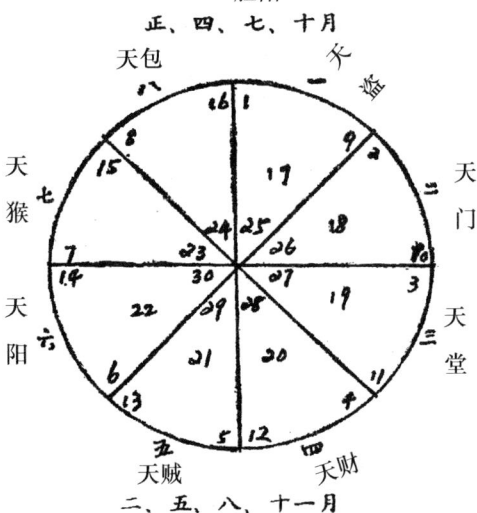

正、四、七、十月

天包

天盗

天猴 七

天门 一

天阳 六

天堂 二

天财 四

天贼 五

二、五、八、十一月

都江三寨常用占卜，卜系用小竹筒一截。约九厘米长，斜削去一端，分破为两瓣而成。占卜时，有阴、阳、顺三种卜解。破开面向上为阳，向下为阴，一下一上为顺。因卜示的内容和对象不同，各有取舍。例如婴孩取名的占卜就是这样。妇女生小孩三天，就要吃三朝酒。酒罢，亲友齐坐，由鬼师或会占卜者，一同给小孩取名。外婆或舅母先开头提名，再到祖父母、父母和其他亲友。若其中一人提名与连续占三卜顺卦为定。

要测吉凶祸福，就请鬼师或精通历法的老人推算时辰，名为卡掌。流传在都江寨的卡掌之法，是古代汉族用"二十四宿"及"四象"等择吉凶之法。它是将农历的一年十二月分成正、四、七、十月，二、五、八、十一月和三、六、九、十二月三轮；每轮又按一月三十天排列，其组合成22个吉凶日区。其详细内容如下：

一金房：出行者，神通必在宝中，求财称心，贵人得遇，大吉。二金库：出行者，车马不通，求财不得，反失；路遇贼盗，大有凶祸。三金堂：出行者，贵人相遇，财利通达，词论有理。四胜阳：出行者，去非通达，好人相逢，得意；词论有理。五贼资：出行者，求财不成，从有所失，脱讼。六宝仓：出行者，利见大人，求财遂心，百事如意，衣锦还乡，凡事大吉。

一天盗：出行者，求财不成，反有所失。二天门：出行者，凡事遂心，所求和令，处处通达，此日用之大吉。三天堂：出行者，所同得过，贵人接行。买卖亨通，诸事如意，大吉。四天财：出行者，最宜求财，行之通利，好事相逢，百事和利，大吉。五天贼：出行者，见官无理，此日大凶。六天阳：出行者，求财得财，求婚得婚，百事和合，此日用之大吉。七天猴：出行者，事吉子凶，多主有口舌，事非血光文天，此日用之大凶。八天包：出行者，见官得喜，财富丰盈，凡事顺和，此日大吉。

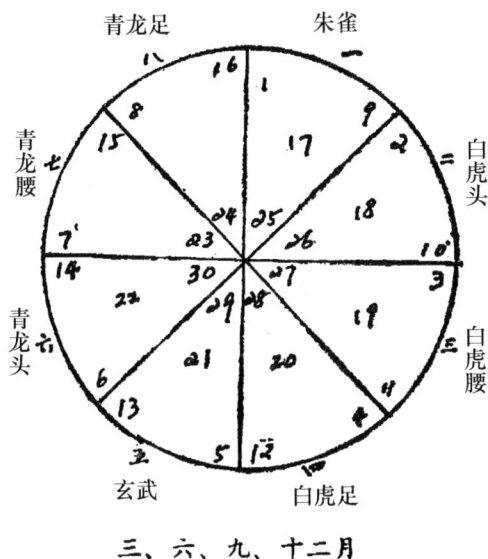

三、六、九、十二月

一朱雀：出行者，求财不得，主反失财，见官无理，此日大凶。二白虎头：出行者，主宜远行，求财心吉，处处通达，此日大吉。三白虎腰：出行者，求财如意，东西任行，南北利经，为人相逢，大吉。四白虎足：出行者，不宜远行，办事无成，求财不利，此日大凶。五玄武：出行者，主遭口舌，凡事不利，此日凶。六青龙头：出行者，求财可得，办事可成，逢人和好，大吉。七青龙腰：出行者，求财遂心，凡事如意，东西南北任行，大吉。八青龙足：出行者，求财不得，凡官无理。凡事不吉，大凶。

卡掌除择日之外，还有一套择时辰之法，是按干支加以推算。例如潘某亡于农历三月二十一日中午十一时许。按推算，亡日为玄武凶日，亡时为癸未。因此得出，亡人死不逢时，既犯天堂，亏八拜，又没有任何准备，按理应即日出柩即日下圹。由于丧家不备，只好宽限。改在次日上午八时即庚辰出柩并下圹，七日后方能落土，否则亡者会给后人带来不利。

〔黄才贵：《榕江县腊西公社侗族社会历史调查》，贵州省民族研究所、贵州省民族研究学会编：《贵州民族调查》（之二），1984 年 10 月，内部出版，第 81—83 页〕

11. 通道县侗族以牛卜定迁徙向

五代时，马希范遣裨将吕师周袭击飞山峒，毁侗族头人潘全盛、杨承磊的据点。侗族的一支不能"安身住坐"，使沿着渠水逆江往上迁徙。经通道犁头嘴，又分两支：一支沿播阳河到地阳坪，又分别沿小河——牙屯堡河而上，沿大河——播阳河主流沿河居住；另一支沿双江河而上至江口、太阳坪。杨、吴、李、石等诸姓人民聚居一处，过着原始的群体生活。"肉做一锅煮，酒做一瓢舀"，就是当时群居生活的反映。当时，社会生产力极为低下。"田在高处，水在低处，男不会装水车，女不会架水笕"，只能随水源而耕作。人口繁衍，粮食不足，诸姓人民便倒牛合款，以牛卜定去向："牛头向东则往东去，牛头向西则往西行；牛头朝上河则沿河往上走，牛头朝下河则随河流返下。"

五代后梁乾化元年（公元 911 年）倒牛合款，卜问去向，诸姓人民分别沿双江河往上迁徙，进入今天通道的各个村寨，开山造田，始得定居。

〔《通道侗族自治县概况》编写组：《通道侗族自治县概况》，湖南人民出版社 1986 年 3 月出版，第 18 页〕

12. 榕江县车江侗族占卜中的"米卜"与"掷爻"

由前兆迷信而产生的占卜，据目前初步了解，主要有米卜、掷爻等等，卜测病人安危，或询求鬼神是否允诺，接受供献。

米卜　用一小木盆，盛以浅水，从求卜者米中，抓一小撮，合一粒以纸灰揉成灰色米丸，焚香化纸。念念有词，而后撒入盆内，观察灰色米丸的沉浮、定位，判断吉凶。

掷爻　以角质或竹根削成角状。长约三寸，划成两块，制成"角筊"或"竹筊"，侗语谓之曰"筊"。行卜时，或以"角筊"，或以"竹筊"，投掷于地。两块扑地，谓之"阴卦"，一扑一翻，谓之"顺卦"，两块同仰，谓之"阳卦"。而后根据求卜者询语，决定凶吉，或成功与否。

此外，在历史上还盛行鸡卜、筮卜、草卜、藤卜等等，今已消失。

［张民：《关于侗族原始宗教的调查》，贵州省民族研究所、贵州省民族研究学会编：《贵州民族调查》（之八），1990 年 2 月，内部出版，第 9 页］

13. 通道县侗族占卜术中的"打时"

如果有谁家里有人走不归，寻不着或小孩找不到、或丢东西、牲畜不归家（如耕牛），往往请人打时，即预卜此人此物能否寻到，靠打时的人根据出走、遗失时间、打时师傅用"五行"定位，记压手掌指的各痕记号上，推算告诉你，某人不用去寻他（她）很快会回来的，或要到某个地方去找。寻物也如此，或说此物不用寻了（已丢失），或说有信告，可以寻找，但要花时间要过细找，或说到某方（东、南、西、北）去找。民间说很灵验，内行知道，其实"打时"就是精明的人，根据事情的大小和对发生地的人与事熟悉的程度的一种推算。巧合了，说是灵，话不对白也自有圆话的说法。

［中国民间文艺家协会稻作文化专业委员会编，龙建云编著：《古侗阳烂村俗》，2006 年 8 月，内部出版，第 54 页］

第四节　巫师与巫术

1. 侗族巫师

侗族普遍称"走马过阴"的巫师为阴师；称主持祭祀活动和娱神乐鬼的巫师为祭师；统称占卜巫师为卜师，占卜师又分为草卜师、米卜师、掷卜师、螺卜师、钱卜师、秤砣卜师、卵卜师、鸡卜师等。

在侗乡，有些地区将阴师、祭师、占卜师统称为鬼师；一些地区只分阴师和占卜师，将祭师归入阴师或占卜师中。九龙村将巫师分为阴师和祭师，习将占卜师归入祭师中。因为当地巫师往往既会占卜，又会祭祀，常常身兼二职，只有阴师身兼二职的不多。该村常见的占卜有米卜、掷卜、草卜、鸡卜4种。

侗族社会中的巫师没有脱离生产，人们需要时邀请则去，无人邀请则在家中从事农业生产。因为巫师多熟悉本民族的历史和文化，加之又为他人驱鬼退怪等，因此在侗族社会中享有较高地位，多受人敬重和爱戴。当地流传着这样一句谚语："心宽才能做儿媳，心善才能为巫师"，可见人们对巫师的要求，及巫师应有的职业道德与修养。通常民间给巫师的报酬很少，以往少的只给一角二分，现多给一元二角，象征"月月红"，名曰"利市钱"，及一筒米或一升米，再包些鸡腿或几坨肉给巫师带回去给家孙而已，所杀祭禽祭畜，全留主家宴请本家亲戚。但需要什么畜禽为祭品，或多少畜禽为祭品，全由巫师来定，这就要求巫师要有善心和同情心了，即该用鸡祭祀时，不能叫别人杀猪或杀羊祭祀等。民间传说也有极个别巫师，他个人想吃什么肉，就安排别人以什么畜禽来作祭品的，不过这类巫师一旦暴露，便很少有人请他了。

在侗族地区从事巫术活动这一职业的人多为男性，女巫很少。据调查，在三龙地区也是如此。巫师中除阴师外，其他如祭师和卜师民间多为祖传居多，但没有限制不能外传，只要村中有人爱好，多与祭师、卜师接触，祭师、卜师通过观察认为此人为人正派，有一定的个人修养，即会无偿传授给他。但成师后，须杀鸡、杀鸭请师傅吃饭，并包一角二分钱或一元二角钱给师傅，表示"利市"钱。对阴师，民间传说只有遗传的可能，无祖传说法，认为人能成为阴师是命中注定，不是人人都能学会。在侗乡，以往各村都定期或不定期举办入阴测试活动，请一阴师来带路，愿参加者都可参加测试，侗语称这一活动为 ebs lagl（使最硬的东西变形）或 songk sangh nagp（放阴师）等。据调查，九龙村于20世纪50年代还进行过最后一次放阴师活动，人们先到村头河边举行敬鬼祭神仪式，然后来到鼓楼下进行"入阴"，参加者每人都以布或被面蒙头，吸着鼓楼中烧的香火烟，如有人被香烟熏到一定程度，自然拍起马步起身飞跑，越池过水、飞崖走壁在所不惧，如此等等。人们便认为此人可以"入阴"成为阴师，日后即可请他入阴查看了。对于被烟熏昏倒，或受不了而退场以及没有任何反应的人，人们认为不是"入阴"的材料，无"入阴"造化。

在"文化大革命"以前，该村有大小巫师近20名。"文化大革命"时，有不少巫师被批斗，或进入各级各类学习班。之后，很多巫师便不敢从事职业活动了。二三十年前，该村尚有两三个阴师，目前该村没有阴师了，从事祭师和卜师的尚有两人。现村里或村民如需请阴师，则多到周边自然寨去请，如平脉、地海等自然寨现还有一两个阴师。

由于受汉文化的影响，在该村，有些识字的人，自己购买一些汉族宗教方面的书籍来学习而渐成师的也不乏其人。比如有些帮别人看风水的，当地称为"看地师"；给别人做挡邪牌的，当地称为"做牌师"；帮别人择日的，当地称为"翻书师"等。除"做牌师"拜师学习外，"看地师"和"翻书师"多自学成才。

[潘永荣：《黎平县永从乡九龙村侗族原始宗教调查》，2004年8月，未刊稿]

侗族巫师，每个村寨都有，有男巫，也有女巫，年龄小的20多岁，大的五六十岁。

侗族巫师都是家族一代传授一代，不是人人都能学会的。此外，巫师这门饭也不好吃，不论是白天夜晚。只要有人来请，像赤脚医生一样，都得去。

侗族一般有几种情况要请巫师。如灾害、病疫、死人等。侗族请巫师看病，巫师未进家前，主人家要准备香纸，并事先从病人衣服上抽出一丝纱线，让病人哈一口气，然后交给巫师。同时，还要准备一筒插有5元或10元钱的大米，用于酬谢巫师。

侗族举行的"过阴"活动，一般要请一个巫师和一个师傅。巫师负责"过阴"，师傅充当阳间的"我郎"与"过阴"巫师交流，传话。巫师和师傅进家后，巫师坐在矮凳上，用毛巾包好头和脸，熏几分钟香后，由"我郎"放巫师"过阴"。只见巫师两手放在膝盖上，腿脚开始颤抖，人如骑着马，轻松而飘逸，边打着卦，边赶着马，打着口哨。一会儿，"我郎"问道："到了没有，师傅？"巫师答道："到了，到了！"

巫师"过阴"要"我郎"放，一是要化水，二是要喷地裂，三是要喷人伤，四是要喷鬼灭。"我郎"一边将水喷到"过阴"巫师身上，一边念咒语："神水过乡，一遍、二遍、三遍，不念不灵，念了就灵。井中舀来五龙排位之水，河中舀来五鬼之水，一喷天开，吾奉太上老君急急如律令。"

侗家人认为，人死后灵魂变成鬼，鬼又分为善鬼和恶鬼。好人，死了变成善鬼；恶人，死后变成恶鬼。变成鬼的祖先生活在鬼的世界，但他又与人间的子孙有来往，时刻在保佑着子孙。"人们走路，祖宗跟后。"无论子孙在家还是外出，祖先都跟在身边，保佑着。当人们遇到险情时，就会喊"公甫保佑瑶（祖先保佑我）"；吃饭时，也要请祖先先吃，即用筷子蘸一点酒，用手撒一点饭菜敬奉祖先。祖先也有麻烦子孙的时候，如果他需要什么东西或需要办什么事，就会想念你，让你头痛、生病，并托梦或由巫师转告。只要你满足了他的要求，就会"百病俱除"。只有在阴间的祖先得到安宁，阳间的子孙才能得到安宁、繁衍。恶鬼由于他生前不得好死，死后无主，所以要找别人替身。因此人们对他怀着极大的恐惧心理，并且相信巫师能够对付他，所以人们就请巫师来"用鬼"。

侗族巫师在阴间与鬼神打交道，说的那些语言，也只有"我郎"才听得懂，才能翻译出来。

侗族的巫术活动，还有一种叫"扛神童"的。当村寨发生火灾或疾病流行，而药物无法治疗，造成人员死亡不断时，村寨就会举行"扛神童"活动。首先，巫师烧香敬奉祖师，让"马脚"（由第三者充当）坐在凳子上，用布把头和脸包好，然后"我郎"将两把锋利的杀猪刀交给"马脚"。一切准备完毕，巫师就开始念咒语，化水，接着念诀。巫师念完诀，喊一声"走"，"马脚"就会提刀向前冲。当他发现了引起村寨灾祸原因的地点时，就会将两把杀猪刀插在那个地方。如是人为因素，村寨就会尽快改正；如属自然的因素，则得由巫师主持"招谢"。"扛神童"的"马脚"在查明原因后，即由巫师收回。

在举行巫术活动的过程中，旁人不能插嘴，否则就不灵，并受到众人的辱骂。

[杨玉林著：《侗乡风情》，贵州民族出版社 2005 年版，第269—270 页]

2. 灵科

在南侗极个别村寨，偶尔出现极个别少妇，自称体内藏有灵物。传说此物有声无形，常居腋下，发出模糊不清的声音，一旦此"灵物"附体，少妇便无师自通阴阳之事，能测生死祸福及历代祖宗情况。人们也纷纷求她解答想要知道的事情。她也有求必应、有问必答。问者得到满意的解答后常以一升白米作为酬谢。此灵物不留遗裔。

[欧潮泉、姜大谦：《侗族文化辞典》，（香港）华夏文化艺术出版社 2002 年版，第 520 页]

3. 榕江县八开乡巫师"桑"

鬼师侗话叫"桑"（即"师"）。鬼师在现实生活里，既是宗教迷信活动的执行者，又是实际上的医务工作者。在他们的活动中，既弄神又用药；他们一般知道过去，了解社会，实际上他们是民族古老文化和思想的传递者。

这里有一个鬼师和一个地理先生。因历史经验，要求不披露他们的姓名。他们是非专职性的农民，平时务农，有求于他们时才去活动。在活动中，除在当事者家里吃喝一顿，或收取几角钱小费以外，并不索求别的东西。两人都懂些医药，包括兽医，所以人们确实离不开他们。

[吴永清：《榕江县八开公社庙友大队侗族社会历史调查》，贵州省民族研究所、贵州省民族研究学会编：《贵州民族调查》（之二），1984 年 11 月，内部出版，第 59 页]

4. 侗族巫术

在侗族地区，巫术主要是用来检查和预测人间生活的。"巫术"的进行由巫师主持，他要配置特定的法器，并念一些咒语和经文。巫术开始前，首先要烧香燃纸，然后选好某一方向去接"师傅"，若精神恍惚、说话打战并全身发抖，此即得了"师傅"，巫师便进入了阴界，能与"师傅"交流，在"师傅"的帮助下，巫师可以得到特殊的能力，能解决阳间人的困惑，能探究祸害疾病的根源，并能找回迷路的灵魂，祛除引起疾病的邪魔，如遇到全寨多人大病或遭其他殃祸，还需请巫师捉鬼或"禳灾"。

[侯乔坤：《侗族原始宗教的特点和功能探微》，《贵州民族研究》1992 年第 1 期，第 78 页]

5. 侗族"先更"仪式

"先更",为侗语,汉语的意思是"喊魂"。"先更"有两种,一种是"更宁索"(喊活人魂),另一种是"更宁对"(喊死人魂)。

侗族人为什么要举行"先更"呢?这是因为有些人,特别是小孩,受到惊吓而面黄肌瘦、四肢无力,认为系灵魂逃离躯体而在阴阳之间游荡。一旦出现这些征兆,家里人就要为"陨更"(落魂者)举行"先更"。

举行"更宁索"之前,要准备糯米和一个生鸡蛋、两个银扣子以及三根麻线,装在饭篓里。"先更"一般由中老年妇女在天快黑尽时进行。因为,这时正是人们归家,雀鸟归窝,灵魂才能回身。

"先更"要喊三天,第一天晚上,到寨边喊;第二天晚上,到自家楼脚喊;第三天晚上,在自家屋内喊。"先更"时,要一边烧一把米草和一炷香纸,一边喊:"×××呀!这里不是人在的地方,喊到你后,请你跟我回家去,到家吃饭吃蛋,不要在桥头桥尾,不要在人家屋檐屋角,不要到处游荡。若你东边落魂,你就从东边打转,若你西边落魂,你就从西边上来。到家吃住才暖和,你在外头怕得很,喊到你名字快回来呀!"然后,在路边草丛找一只小蜘蛛,代替灵魂,放进饭篓带回家。来到家门口,问屋里人:"×××到屋没有?"屋里人答道:"×××已到屋里了。"并把蜘蛛放在房间床边。

同时,将糯米和鸡蛋煮熟,拿给"陨更"吃,连续三天。有的"陨更"记不清在什么地方惊吓落魂,就请"相居"(巫师)"过阴",到阴间把魂招入阳间,不用再去"先更"。

在埋葬死者的第二天举行"更宁对"。死者家人邀约三五名中老年妇女,拿着糯米、刀头肉、鸡蛋上新坟去喊:"×××呀!请跟我们到屋里去,到家管屋管仓,管吃管穿,管儿管女,管好油盐柴米,保佑家人不病不痛,请跟我们一起回家去……"然后,在坟上找来一只小蜘蛛放在饭篓带回家放生。据说,人死后有三个灵魂,即一个管坟,一个管家,还有一个游荡。游荡的灵魂要去投生。同时,有的举行"更宁对"时,还请巫师"过阴",了解死者初到阴间的情况。侗族的"先更",最常见的是喊小孩的魂。

[杨玉林著:《侗乡风情》,贵州民族出版社 2005 年版,第 263—264 页]

6. 锦屏县九寨侗族青年向情人施放的巫术

九寨人一般不轻易把自己的名字和出生年、月、日、时告诉别人,以免被人用来施行巫术损害本人。特别是女子的生辰八字年庚,不会随意告诉人。一生中向别人公布女子年庚只有一次,就是结婚前夕过彩礼时,才告诉或书写给夫家。当某个女子被负心的情郎抛弃以后,这女子觉得太痛苦,损失太大,为了报复,就请巫师来,表白自己的意愿,给巫师一份丰厚的报酬,巫师就为她施行巫术,取那个情郎身上的一小样东西,如头发、衣服上的布线头或别的什么,装入小土罐里,念咒语进行诅咒后,埋在茅坑里。认为这样做后,那个负心郎就会失去精神气质,变成一副没精打采的病态,所钟情于他的女子们也纷纷离开他,使他无人瞧得起而成为光棍。

如果爱上了某人,而对方又不喜欢自己,也可以运用巫术求偶,向巫师索取爱药,施放给意中人,意中人染药后,哪怕原来一点也不爱他(她),也会突然发病一样地喜爱上他(她)。

[傅安辉、余达忠:《九寨民俗——一个侗族社区的变迁》,
贵州人民出版社 1997 年版,第 36 页]

7. 锦屏县九寨侗族对仇敌冤家施放的巫术

对于仇敌冤家,九寨人认为,不管他们在百里之内或百里之外,都可以请巫师施行巫术,进行暗地报复。巫师按照主人的意图,把仇敌冤家的名字写在树皮上,以树皮为核心塑其偶像,上书其年庚,用茶油火化,火化时念咒语,让对方得暴病。或者把仇敌冤家的姓名、物件和出生年月日封死在砂罐里,埋在田埂的出水处,念上咒语,就可使其精神萎靡不振,生病而亡。最厉害的是"放黠",相传巫师通过念咒语,指布带成蛇,点丝线结成黄蜂,从天上飞走,飞到几十里外仇敌冤家那里,毁其财物,致其重伤。传说古时的巫师还可以把利剑通过念咒语等法术放飞出去,找到仇敌冤家,一剑将其刺死。还可以通过法术,平地旋起一股风,刮到冤家仇敌那里,将其房屋刮倒,将人压死……

[傅安辉、余达忠:《九寨民俗——一个侗族社区的变迁》,
贵州人民出版社 1997 年版,第 36 页]

8. 锦屏县九寨侗族驱鬼巫术

九寨的驱鬼术主要有咒语、符片、法术等。咒语驱鬼是一种古老的驱鬼巫术。九寨人认为,语言有万能的力量,比鬼神更高一筹,更有制服力。若在山上或路上突然病痛,就认为是厉鬼在作祟,只要用尖刻恶毒的语言咒鬼,病痛就会减轻。驱鬼的咒语有些是公开的,人人都可使用,不必请巫师,但大多数咒语则是秘密的,只有巫师才知道。当巫师年近古稀时,咒语就由他口授给接班人。人们深信驱鬼咒语力量神奇而无所不达,可在千里之外达到目的。巫师念诵咒语时,气氛神秘、紧张,旁观者只能看到施术者嘴唇的嚅动和听到断断续续的声音,因而感到神秘而紧张。巫师驱逐瘫痨鬼,所念咒语是:"天圆地方,律令九章,吾今驱鬼,除去百殃。一驱去天殃,大道康庄,专赶瘫痨鬼,永远难猖狂。二驱去地殃,门户吉祥,瘫痨难上身,恶疾全消亡。三驱去鬼殃,百怪皆远藏,除掉瘫痨鬼,主人得安康。吾奉令敕在此!"人死后,认为有百鬼作祟，就要念咒语，让百鬼避去，其咒语是："一箭射天殃，二箭射鬼殃。射断凶恶鬼，莫欺新故亡。一斩去天殃，妖鬼尽损伤，星辰来护卫，日月阳三光；二斩去地殃，新故坐中堂，伏尸皆化散，魍魉总灭光；三斩去鬼殃，鬼怪尽躲藏，亡魂超仙界，宅内永吉祥。"若是一家中连续死亡，叫"重丧"，九寨人认为是厉鬼作祟，要在安埋死人后，由巫师或道士念咒语："厉鬼作祟，家人几亡。吾今使法，皆退诸殃。厉鬼潜藏，家宅平安，人口永康，不再故亡。"除巫师道士用咒语驱鬼外，一般人也常用咒语驱鬼避鬼。例如在常"闹鬼"的房间睡觉，或在陌生房间睡觉，无故被"鬼"压身掐喉，翻不了身，说不出话，第二晚仍然要睡那里时，就在睡前念咒语："脱衣挂在墙，侧身睡在床。祖魂快来守，鬼难近身旁。祖魂在保佑，鬼怪走忙忙。"进入大山里去，担心鬼神作祟，造成伤害事故，可以念咒语："封蛇头闭虎口，大山里头随我走。封百鬼闭诸神，大山里头任我行。太上老君保佑，进出平安无事！"念完，就地捡一块石头，带到岔路口，用一片树叶做成小盒子，又念一遍咒语，将小盒子封闭，用那块石头压住，等到出大山回家时，要将石块搬开，否则，蛇虎鬼神被封而无法活动寻食。

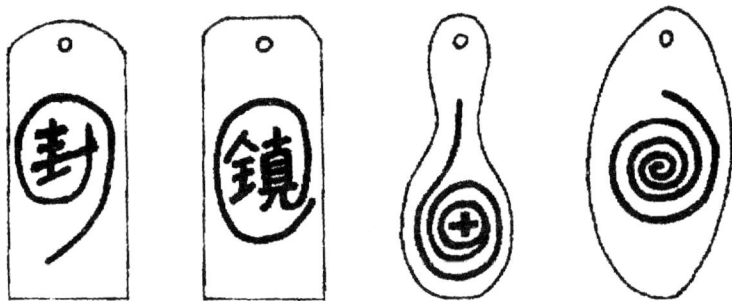

符片驱鬼，是咒语驱鬼的一大发展。从形式上看，已从口语巫术发展到书面语巫术，进入利用中介物驱邪的阶段。从信仰文化史看，它在巫术文化基础上，已经涵化了外来信仰文化——佛教和道教的一些东西，九寨人已开始具有初步的宗教观念了。但九寨并未形成真正意义上的宗教，九寨人还停留在他们的巫术时代，无论是人或神，最终总是从属于那些控制着一切的非人力量。巫术符片驱鬼方法的采用，显然是汉文化传入九寨以后产生的。符片是用汉字加符号制成的木片符篆，它和咒语一样有"威力"，而且更有优越性：时间的衔持性和空间的自定性。将之佩戴在身上或挂在门、窗等处，能给人以威力常在的感觉。在九寨地区，符片运用非常广泛，诸如驱鬼符、镇邪符、祛病符、封山符、保命符、建宅神符、丧事符、除噩梦符等等，生活的方方面面，应有尽有。可以说每一件事，每一个疑难，巫师们都能做出相应的符片，给人排忧解难。人间的艰难困苦和不称心如意的事无时不有，无所不在，因此，符片几乎成了九寨人消灾消难、维康护喜的主要工具之一。九寨巫师或道士制作的符片，有用桃树或木姜树制成的，也有用红、黄、紫、蓝色纸写成的。符片上的文字和符号，有的较简单，有的较复

杂。如镇鬼符片，符片的神秘在于：它是经过巫师念过咒语，请有神灵降下威力在上面后，才拿给有关人佩戴或挂在门、窗上的。符片上的圆圈表示"镇"、"封"、"锁"之意，是中心字意的进一步加强、集中。如驱鬼符片，其中的"天"、"帝"、"祖"代表天神、玉帝和祖魂，巫师请他们来帮助驱鬼。"鬼"字从左到右画一圈，表示在天神、玉帝和祖魂的驱赶下，鬼被驱赶到三神威力之外的地方去了，再也难靠近持有符片者。符片这种巫术驱鬼避邪护身等功用的书面语言，不过是表达愿望的一些字词和符号。

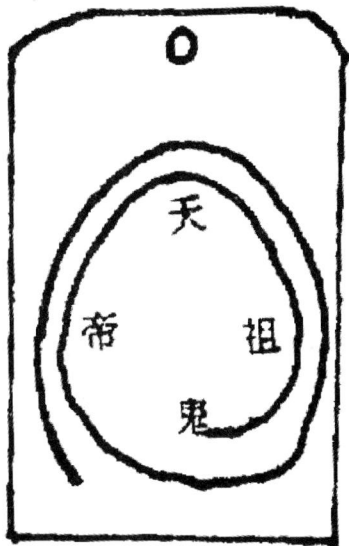

　　法术驱鬼是利用中介物驱邪的一种巫术形式，是巫术与法术结合的产物。法术为什么被人们认为可以驱鬼呢？原来，它先由巫师做出一些惊险无比、使人看了不寒而栗的法事动作，让鬼神害怕而离去，达到驱鬼目的。当某户人家有了天灾人祸又再次发生天灾人祸时，当一个病人在招魂敬祭鬼神、咒语驱鬼和符片驱鬼都不见效的时候，就要请巫师来施行法术，强行把厉鬼赶出去。例如某户人家连连死人，巫师就要到那户人家的每个房间驱鬼。巫师用长剑佩戴在身上，用火钳夹住一块烧得通红的铁片，口念咒语，再口含桐油，每到一个房间，就将口含的桐油喷洒在铁片上，燃起熊熊大火团，等于用神火把赖在房间里的厉鬼烧赶出来。巫师出该房间门时，便随手关上门，在门上钉上或贴上符片。这样，直到每个房间和每一层楼都走遍，再走出大门口，并在大门上钉或贴符片，就算是把厉鬼驱逐出了家门，再用石灰或白色粉末在房屋四周的屋檐水内画三道线，作为三道防线，使鬼神不敢靠近和跨入线内。又如人生了重病，被认为是鬼神掌握住了他（她）的魂，不肯放出来。巫师就要表演法事动作，让鬼神害怕，放病人的魂出来。九寨各村巫师经常表演的法事动作有：走刀路，上刀梯，过火山，下火海等。把十二把刀固定在平整的路上，锋利的刀刃全朝上，巫师口念咒语，赤脚踩着刀刃而过，即是走刀路。竖两根木杆，把十二把刀架在中间，刀刃全朝上，巫师边念咒语，边赤脚踩上去，又踩下来，即是上刀梯。用大铁锅盛半锅茶油，于铁锅下烧火加热，在铁锅上搭木架，巫师站在木架上。旁边的人往铁锅里点火，火焰熊熊上升，高达数丈，把巫师包围在燃烧的木架上，他下来时，衣服完好无损，这就是过火山，重新把油锅烧沸，巫师口念咒语，伸手到油锅里把锅底的银元、剪刀、秤砣之类捞起来，即是下火海。表演这些法事动作时，围观的人很多。人们以为，鬼神见了巫师有这么大的本事，当然会害怕无比，纷纷逃散，便达到驱鬼、除灾、治病等目的。还有一种法事，也在九寨巫师中经常进行，就是把犁刀烧红，由巫师手拉病人去踩，先是巫师踩，发出皮肤烧焦的吱吱声和气味，然后由他扶病人去踩，先是左脚，后是右脚，也同样发出吱吱声和皮肉烧焦的气味，但是巫师和病人并未被烧伤。这道法事的用意，是让缠住病人的鬼怪害怕而逃

走，使病人消灾祛病。

［傅安辉、余达忠：《九寨民俗——一个侗族社区的变迁》，
贵州人民出版社 1997 年版，第 32—35 页］

9. 三穗县侗族请七姑娘和唱桃源洞仪式

请七姑又称"车七姑娘"。这一活动一般是在正月初三至十五举行。先让一位（也有两人的）姑娘扮作七姑娘，取掉身上首饰，用羊角帕把头部蒙住，坐在堂中一根板凳上，面朝桌子。桌子上点一炷香，四个杯子代表四季常青，酌净茶，烧纸钱，堂中两边坐着许多人。开始只由二人领唱《请七娘歌》，唱了二三遍后，在场的便搭声齐唱起来，一直唱到"七姑娘"双手拍膝，两脚颤颤跳为止。"七姑娘"放直上身甩手"走路"就拿一根蘸着青油的棉纱点燃着，在她跟前来回舞划，表示为"七姑娘"开灯照路，谓之"开光"。接着，在场的人唱起《七孃歌》，以歌的形式询问"七姑娘"，当婆婆的询问有几个孙崽，当家长的则问有无灾祸，青年男女则问婚姻大事等，"七姑娘"则以歌声一一给予"回答"。如果大家认为和"七姑娘"对歌差不多了，要问的事也问完了，需要休息时，就在"七姑娘"背上拍几拍，将蒙头帕揭开，由两人扶着走路，不久，"七姑娘"就"醒"转过来了。这种活动多是通宵达旦进行，带有迷信色彩。

每年七月十一至十五侗族地区有"唱桃源洞"的习俗。先由一人（男女均可）扮成巫师状，头包帕子坐在板凳上，焚香化纸酌净茶三巡之后，坐在堂边的歌手反复唱起《桃源洞歌》来："桃源洞、洞桃源，桃源花开茂洋洋，邀哥同去看桃源……"跟随唱的人越来越多，声音越来越大，把装扮人唱得心慌意乱，使他双脚慢慢跳动起来，迷信的心理，目的是让装扮者能进到"桃源洞内"去，寻找死去的亲人，问问他们在阴间的情况，房屋好不好，有无吃喝？是否保佑阳间的人等等。这时，装扮者作骑马式双脚乱跳，双手乱拍，说他已进入桃源某层门，"见到"问者某位祖先等等。人们问完了，乐尽了，唱够了，又唱着歌把装扮者唱回来。如："你转来，攀朵莲花还阳来，阳间也有钱米用，莫去阴间烂贱你人才"，大家反复齐唱，直到装扮者醒来为止。

［三穗县民族事务委员会编：《三穗县民族志》，贵州人民出
版社 1990 年版，第 85—86 页］

10. 锦屏县石引侗族神游桃园

每年农历七月中旬，石引寨上的人们和别的侗寨人们一样，吃完晚饭，都要聚集到几家或十几家的堂屋里。举行"唱桃园"或"上桃园"、"看桃园"的活动。这一活动属于娱乐性质的，但带有浓厚的迷信色彩和谈情说爱的成分。

"唱桃园"的活动历史悠久，至今不衰。桃园不是真正的桃树园地，而是存在于阴间的一大游乐场。石引的老人说，一年四季，阴间向阳间开放大门仅有七天时间，即农

历七月十一日到十七日。这七天，阳世的人可以到阴间去玩，其余时间只有道士才能去阴间。又说，七月这七天，列位祖宗都从阴间回到阳间来接受后代给的供品礼钱，当他们晚间回去时，阳间的人就可以跟着去阴间游桃园。

当人们聚集到某家堂屋里之后，先设香案，用竹筒或饭碗盛满米，在米上插着点燃的香烛，摆酒杯盛酒，再摆上糯米团或肉块，烧上纸钱，便由道士向祖先祈祷，求他们带领大家上桃园。于是，男女青年们就坐在长凳上，少则七八个，多则十来人，他们虔诚地把两手掌搁在膝盖上，头弯着埋在手上，双眼闭着，静静等着祖先来带去游桃园。周围的人们也屏住呼吸，期待着他们起步上阴间。这时，在香火味的熏陶下，道士口含凉水，从长凳之后喷洒在要上桃园的人的背上或头上。他们突然受到凉气袭击，全身打战，寒入骨髓，脚后跟自然地跐起，脚尖点地，有节奏地跳动起来，搁在膝盖上的手也轻轻拍打着膝头，头部也慢慢抬起，恢复到正常位置，这就标志着已经离开阳间正在前往阴间。坐着等去的人多，真正能去的人只是一少部分。不能去的人便站起，到四周去观看。能去阴间的人，开始是一团漆黑，什么也看不见。因此，他们讲起话来，喊着要点灯照路。在旁边的围观者就用灯草蘸茶油来点亮，在他们面前来回走动，于是见到亮光，往前走去。有的人还是见不到亮，听说这是列位祖宗有意不要他去，只好要求道士收他返回阳间来。一会儿，道士念念有词，返回者埋下头，手停拍打，脚停跳动，就醒过来了。

继续往前走的人，在去往桃园的路上，碰到许多鬼和兽，而领头的祖宗又往往被遮了眼看不到，于是，跟在后面的阳间人就被鬼或兽拦路截住。如，有的被无头鬼抱着，有的被吊死鬼那长长的舌头乱舔脸庞，有的被脓包鬼搂着，身上到处沾着污秽的脓汁，有的被撩棒蛇缠着脖子，有的被老虎抓得遍体鳞伤，有的被恶狼挖出肚肠，等等，他们哭喊着"救命"，一时之内，求救声、挣扎声、哭叫声、害怕的尖叫声一齐发作，惊天动地，血泪交加。在旁观看的人们就代他们齐声向祖宗求救。祖宗知道了，回头来赶走鬼和兽，于是，顺利通行，到了桃园的第一道门。

相传桃园是个极乐世界，园大人多，景色宜人。凡间没有的东西那里全有，凡间有的好东西那里也不缺，而且凡间的只能算是下等货。桃园的景美，货美，人也美。桃园总共有十二道门。阳间去玩的人，进到第六、七道门往往就被守门人推出来，或被祖宗劝回来。不这样，进去的阳间人就不肯回来了。因为，桃园总共划分为十二般胜景，每一胜景有一个门进去，越在后面的胜景越好，人人见了都会迷恋不舍。

上桃园的人到了第一道门，祖宗们先进去，他们后面跟上，忽然被守门人问住，当说明了来意后，方被准入门。到得第一般胜景，高兴无比，他们对围观的人们转述说：园内到处是桃树，正值阴间桃花盛开的季节，是一片桃花世界。桃花树下，有许多漂亮的青年男女在赏花游玩。看到他们是到阴间去的远客，忙着前来欢迎，男的拉着男的手，女的挽着女的肩，无比亲热。他们有的讲汉语，有的讲苗语，有的讲侗语。平时从不会讲汉语和苗语的男女青年们，这时在桃园里说话，竟会用汉语和苗语谈话，使围观的人都感到十二分的惊奇。

接着又听到他们与桃园里的人唱歌：

　　　　从来没到这地方，这里桃花分外香。

　　　　朵朵桃花逗人爱，人来人往闹洋洋。

　　　　花树脚下站满人，远远见我喜盈盈。

　　　　有人上前来接我，不知姓甚又何名？

这时，在旁观看的人们，就得扮演桃园里的人唱歌回答。是男的唱来，由旁观的姑娘们答，是女的唱来，就由旁观的后生们答，老人和小孩也可以合唱来助。于是，形成了对歌的局面，上桃园由此进入娱乐的高潮。所谓"唱桃园"就是由这里得名的。例如，女的唱：

　　　　"桃花开得正适合，站在树脚等哥哥。

　　　　看见哥哥走来了，桃花开得特别多。"

后生们就唱歌回答：

　　　　"桃花有意哥哥乐，越看桃花越快活。

　　　　求妹同哥把约定，二回一同来收果。"

这样对唱下去，由第一道门唱到进了第三四道门，再到第五六道门。这时就劝上桃园的人回阳间。如果他们决意要进七道门，人们无奈，只好勉强陪他们对唱。唱完第七般胜景，往前就是第八般胜景。这时，一定得阻止他们再往前去。若不听劝告，就由道士通报列位宗祖，把他们训斥回来，或请守门人截住他们，驱赶他们回来。都无效时，就由道士亲自施展法术，去到阴间桃园第八般胜景门前把他们强拉硬拖回归阳间。当他们停止手拍脚跳时，往往把头慢慢埋在并拢的两只大腿上。苏醒过来时，常常是不能支持疲倦的身体而栽倒在地，得由伙伴们扶回家去睡觉。这晚的上桃园活动到此就算结束。

第二天晚上又进行，于七月十一日到十七日，哪一晚都有人举行这一活动。过了这七天，要去也去不成了，只有等到第二年七月才能再进行。因此，上桃园的时间性很强。

为什么有上桃园的娱乐活动呢？有一则故事说：桃园本是侗家的故乡，上桃园就是回故乡。相传侗族的祖先有两兄弟，哥叫"补老岗东"，弟弟叫"补老岗西"。他们原住在旱涝易发的地方，终年辛勤劳动，还是吃不饱，穿不暖，不得不去打猎营生。

有一天，兄弟们在山上追一只白兔，追着追着，便进了一个洞子。洞很长，中间漆黑一团，他俩不顾一切摸向前去，忽然发现前头有亮光，迅速赶去，豁然开朗。到了洞的尽头，白兔不见了，却看到了一个新天地：没有人烟，只有青山绿水和宽阔的坝子。坝子上举目是桃花盛开，花香鸟语，灌鼻注耳。兄弟俩羡慕这块好地位，就说，"快回去，把娘崽们搬来这里安居！"于是，回去带了家小来定居创业。亲戚也跟来落寨。把这地方起名为"桃园"。

他们开荒种地，年年五谷丰登，日子过得自由自在，无忧无虑。简直忘记了人间还有缴纳皇粮、苛捐杂税的事情。

可是好景不长，没过几十代，外地有个王子，带一伙人来打猎，发现洞口。钻洞也来到这个地方。他们看到这一美好世界，就起了歹心，回去禀告父王，派家丁家将来霸占了这块宝地，把侗家人赶出来。于是，大家被迫居住在如今的地方。

刚被赶到新地方时，样样不及桃园好。人人都怀念着故乡，有的人做梦都还在故乡桃园居住。这时，白兔就托梦来告诉人们：他不是一般的白兔，而是白兔仙。那霸占桃园的王子一家，已被他发瘟疫去让其统统死绝。他又想侗家人善绵绵的，心肠太软，受人欺压反抗无力，不能管好桃园宝地，总要被人占领。于是，白兔仙说："我已经跟阴间地府说好，把桃园从阳间划拨给阴间管辖。以后你们要看桃园，就来阴间看吧！你们的祖先'补老岗东'和'补老岗西'等人都在那里。每年七月十一日到十七日，当他们回到阳间接受你们敬供赠礼时，你们就跟他们来玩，我叫阴间开七天的门。"白兔仙又托梦教人们上桃园和回阳间的法子。人们根据梦意做起来，果然上桃园成功。于是，世代相传，直到如今，成了风俗。

〔傅安辉，《石引侗家的习俗琐记》，贵州省志民族志编委会编：《民族志资料汇编》（第三集），1987 年 11 月，内部出版，第 239—242 页〕

11. 黎平县九龙村侗族招魂与砍桥仪式

九龙侗族和其他地区侗族一样，认为万物均有灵魂，人的灵魂是独立于肉体而存在，认为久病不愈的人，其灵魂可能被鬼怪劫走，或他人用巫术诱去，或投胎于人而自离，或受恐吓而失落等等，凡遇此多请阴师来确认，再请祭师来祭祀，或二者共同配合举行"招魂"仪式。"落魂"的孩子，主要表现为面黄肌瘦、体弱无力、常受惊骇、爱做噩梦等。如受人恐吓而落魂，须到恐吓者家讨饭吃。如摔倒而落魂，除在摔倒处捡一石子投入孩子的床底或放入孩子衣袋外，每月正月初一和十五，还须到落魂处去喊魂，呼喊孩子的名字叫孩子回家。若这些方法没见成效，则请巫师来"招魂"，当巫师从孩子落魂处找得一小蜘蛛放入孩子身上后，方认为孩子灵魂真正回至家中。

因为相信人的灵魂独立于肉体而存在，并且可将别人的灵魂诱走。故无子之人往往架桥求子，将过往行人之魂引诱而来，使之投胎变为其子。在一些侗族地区，如榕江宰荡等，若架明桥（亦称为阳桥）仍没得子，认为人们过明桥时都有心理防备，难以引诱，便采取架暗桥（俗又称为阴桥）的方法来偷取别人的灵魂，即请巫师在路中或田埂上埋一木板，并施巫术，人们走在"桥"上不知是桥毫无提防，如此才能诱到他人灵魂，达到求子目的。据调查，架明桥在九龙十分盛行，但架暗桥来求子的，人们只听说过，无人做过。如某人的灵魂被阴师确认为被他人架桥诱去，这就须请巫师举行"砍桥"和"招魂"仪式，巫师在一盛水碗上放一双筷子，烧香化纸念完咒语后，立砍筷子。砍时，如碗中之水不溢出视为"砍断了桥"，反之则重新再砍。这一方法，九龙村与其他侗族村寨相同。

[潘永荣：《黎平县永从乡九龙村侗族原始宗教调查》，2004
年8月，未刊稿]

12. 黎平县中潮区过阴与扛神童仪式

"过阴"顾名思义即是阳间人进入阴间，侗族把"过阴"称叫"放七姑娘"。过阴者，人们称之为"马脚"。过阴去的人是阳间人与阴间神鬼之间的使者，他将他看来的一切和人们所要知道的事告诉阳间人。过阴作为侗族巫文化的一个重要组成部分，它在南侗地区流行面广。侗族群众普遍认为过阴确有其事。在南部侗区，过阴除有固定时节如正月半和七月半外，巫师们为了某种巫术活动，随时都可以进行"过阴"活动。过阴一般要由巫师放去，放人过阴要念咒语。我们调查了过阴对象吴志光（中潮区口团中学教师，侗族，男性，25岁，中潮区永从乡人）向我们讲述了他1985年7月份在永从的一次过阴经过：他去时是由当地巫师放去的。去之前，人坐在板凳上，用手帕把眼睛蒙上。开始他只打算去试一试过阴的真假（因在此之前，他本人对过阴持怀疑态度），如真的去了，就去看看他早死的公公①（他公公是在其几岁时就去世的）。熏香约十分钟后，他觉得人迷迷糊糊的，好似进入梦乡。脚开始均匀弹动，人如骑着马，轻松而飘逸，但前方一片漆黑。过了一会儿，眼睛就如睁着的一样，能够看清里面景物，所见景物与平时所见相同。里面有女人、男人，就是不认识，故而感到孤独，马儿一直往前奔，同样也翻坡过岭，经过一个个地方，最后来到一个城镇，见到了一个老人，马也停蹄。他认出了，这老人就是他要找的公公。据当时在场的人后来对他说，在此之前人们问他找到他公公没有，他都说没见到。待见到时，他马停蹄，人很长一段时间不说话，这时别人问他找到公公没有，他才说找到了，可就是不与他说话。于是旁人问他公公的住宅情况，他都一一回答。说到他公公的相貌、穿着，与他公公同时代的人和他姐姐都说极对。他自己回来后也能清楚回忆一些。回来后，他除了感觉累外，人好像做了一场梦。

过阴要师傅放，自己去的有的是假。在我们所调查的对象中有一个叫傅启贤的同志，他原是中潮区区长，他也是不相信鬼神的，他曾经作了四次试验，一次都不成功。但他说，巫师放他去，在喷那口水时，确有一股强有力的冷风从头到脚都冰麻一段时间。口团村水冲巫师唐大元（中潮区境内有名的巫师，家住潘老乡口团村水冲寨，此人精于巫术，尤长于扛神童，崇尚祖师潘普同），他对我们说，故人去过阴要真正放去，首先要念咒语，其次是化水，然后将水喷到过阴人身上。在我们再三要求和看在傅启贤是他结拜兄弟的面上，于是他把过阴的咒语讲给我们。咒语是：神水过乡，一遍、二遍、三遍，不念不灵，念了就灵，井中舀来五龙排位之水，河

---

①　编注：当地侗族称祖父为"公公"。

中舀来五鬼之水；一喷天开，二喷地裂，三喷人伤，四喷鬼绝灭，吾奉太上老君急急如律令。念完诀将水喷在过阴者身上。在我们的调查过程中遇到了一件有趣而奇怪的事，即"七月半鬼节"姑娘们去看花时，那些平时不说汉语的侗族姑娘，一旦被放过去后，汉话却讲得非常好。有的甚至能用汉话唱歌，这在当地群众眼里是古怪而又稀奇之事。

根据上述调查资料和调查中看到的一些迹象，我们认为"过阴"是有这么回事，但不是人们一般理解的阳间的人到阴间去。而是人在水喷的动力或受香的烟熏蒸的情况下，使大脑处于昏迷状态，在昏迷状态中而出现的梦幻或梦游。这一点我们的调查对象吴志光的讲述就是很好的证明。其次，过阴要诚心或有目的，这使人在头脑中，即在"过阴"之前就产生了希望达到某种目的的信念，使头脑中有这一目的的信息储存，一旦"过阴"去了就产生了让人们无法理解的后果。其实这与我们平常做梦有相同之处。一般情况下，我们做梦是白天我们想什么东西最多，晚上即会做与此有关的梦。即人们常说的"日有所思，夜有所梦"。至于那些平时从不说汉话，可"过阴"去了，汉话却讲得非常好这一现象，这只能说明，姑娘们的脑海中有汉语信息的储存，因她从小到大可能与汉族群众打过交道或者听他们说过话，这种信息在特殊情况和激烈感情下就会诱发出来。对于那些平常不太爱说话、唱歌，而去了却歌声如潮似水这种情况，也即是在特殊情况下激烈感情的爆发。法国民族学功能派创史人马凌诺夫斯基对此有过精辟的论述。他说：巫术是激烈感情表现的应用。

对于"过阴"中奇遇问题，我认为有可能是死去的人对自己的亲人或生活过的周围环境有一种遗留意象，这种意象在特殊情况和特殊环境中可以得到表现和反映给与他有着直接和间接联系的人们。另外，为什么"过阴"有的去得了，有的去不了呢？民间说的放不去的人阳气高，放得去的人阳气低是有一定道理的。因为他们说的阳气高，讲的就是身体好，在我们的调查对象傅启贤与吴志光比较看，傅身材魁梧，现在近60岁的人，仍红光满面，而小吴看上去就给人精神萎靡不振的感觉，所以他能去。这可能是因为身体好的人对来自外界的某些刺激（如巫师喷水、熏香）抵抗能力较强，因而使得巫师想通过用水喷，借助凉水将功力或催眠药引导进入人体使人昏迷的目的在这些人身上无法实现。

扛神童这是中潮区大多数侗族村寨都爱进行的一种群众性的巫术活动。扛神童在形式上与"过阴"有些类似，也要巫师放，同样要"马脚"即从事者。但是扛神童的"马脚"，大多是由要"扛神童"的寨子选出的男子，而且年龄必须在30岁以内。村寨扛神童的主要原因：一是村寨时常发生火灾或特大火灾；二是疾病流行，一般药物无法治疗而造成人不断死亡，这样村寨群众则集体要求"扛神童"。

在中潮区哪个侗寨要"扛抻童"，就由寨中派人去请巫师。扛神童的整个过程是：巫师先烧香敬祖师，被放出的人坐在凳子上，用布把头包上，然后师傅将两把锋利的杀猪刀交给"马脚"，用巫师的话说"刀越锋利越好"，一切准备就绪，巫师就开始念咒语，咒语念完，巫师化水，接着扭诀（诀的种类共三种：五方诀、土地诀、麒麟诀）。

扛神童一般用五方诀与土地诀。五方诀主要是扛神童时起五方开亮的作用，使马脚在奔跑时能看得见。土地诀是扛神童时要安稳各处神祖的。

巫师把诀扭完，喊一声走，马脚则会提刀向前冲出去，尽管他的双眼有布蒙着，但他行动自如，而且跑得很快，转弯拐角从不碰着。更为神奇者是平常人一般跳不过的篱笆，他却能较为轻松地跃过，人们平时不敢跳的高坎，他一跳即下，而且不受任何伤害。当他发现了引起村寨灾祸原因的地点时，他就会将两把杀猪刀插进那个地方，如是人为因素就应尽快停止这一活动，如属大自然的变化，则得由巫师主持招谢。扛神童的"马脚"在查出出事原因后，即由巫师收回。人们都很相信扛神童得出的结论。扛神童必须注意的一点就是在进行中不能讲不吉利的话。

下面我将采访到的潘老乡水冲寨1979年扛神童和腊贯寨1988年扛抻童情况分别作一叙述：水冲寨1979年遭受火灾而扛神童一事是由傅启贤同志讲述的，他是这次扛神童活动的现场目击者，1979年，水冲寨发生了一场大火，全寨几乎被烧光，群众为了查出这场大火的起因就去请巫师唐大元扛神童。并由村寨老出面在寨上选出了陆显忠与陆极明两个中年人充当"马脚"。这次扛神童是从水冲寨鼓楼放的，当唐巫师念咒、化水、扭诀后，喊一声走，二人则极快地朝水冲水库方向跑去。两人转弯拐角，翻过五六尺高的土墙，直奔水冲寨水库方向的小山岭，途中当他俩跳下一处约两丈高的坎子时（此处，傅启贤同志带我去看过，属实），水冲村的老支书龙景发在他俩跳下去前说了声："这样高，一定要糟。"果然，陆极明扭伤了脚，但他还是与陆显忠一道跳到小山岭上傅培儒家新起房子的屋柱脚，两人同时将刀插入柱脚，巫师唐大元到来，问他们原因，他们说是这房子起在一盏灯上，最后房子搬迁。

1988年9月份，腊贯寨扛神童，是因为该寨全寨的青少年都得了一种流行性疑难病，打针吃药都不见效，于是他们就请水冲寨的唐大元巫师去扛神童。马脚由腊贯寨自己选出。这一次扛神童是在腊贯寨鼓楼进行的，唐巫师一放，"马脚"就直接跳向腊贯寨后龙山，爬上平常一般人爬不上去的陡坡，然后将两把杀猪刀插进崩了一块土的地方，说是这里犯了后龙。最后由唐巫师选定吉日进行"招谢"，从此，这种病症即慢慢消除。为了证实这件事的事实情况。本人又亲自到腊贯寨了解调查，情况基本属实。

扛神童形式与神判大体相同，且与过阴有相似之处，但扛神童有自己特点：①组织形式上是以村寨为单位的一种集体宗教活动。②扛神童虽然也是由巫师放去，但马脚是光着脚板，一旦被放出去，转弯拐角，上高岩下堤坎如履平川。③马脚找到了引起灾祸原因的地方人们凭肉眼来看也有一定道理。对此本人认为：一是自然的一些变化是不是对人们的生活有什么预兆和联系？这种情况可能是有的。如我国古代的一些天象学者就能从星星的出现和陨落来预测一些国家大人物的生死。二是扛神童是人们在社会生产力极端低下，人们面对来自自然的某种压迫和灾难无能为力的情况下，产生出来的一种原始宗教活动，这种宗教活动有它客观的原因，它不是人们凭空想象出来的，也不是人们的自我欺骗，而是人们的一种精神寄托。扛神童的主要目的是解疑，它是人们在强大的自然力压迫下感到迷惘不安的一种行为表现。

［石青昌：《浅析侗族巫文化》，《侗学研究》（之三），贵州民
族出版社 1998 年版，第 328—333 页］

13. 黎平县侗族为病人"砍桥"与"砍尺"

砍桥与砍尺是某人病未愈或处于垂危时，请阴阳师傅看米或卜卦，认为病人魂魄已重投他胎。为了使病人魂魄重新回来，阴阳师傅念咒语烧香化纸，并在盛着水的碗口架上一双筷子。通过砍断这双筷子，来卜吉凶，俗称"砍桥"。砍时，碗内的水不溢出视之为顺，反之为不顺。若家中小儿生病，请阴阳师傅念咒语，并用约三厘米长的"观音树"去皮缠上五色丝线给病人背，也称为"砍尺"。

［黎平县民族事务局编：《黎平县民族志》，贵州人民出版社
1989 年版，第 140 页］

14. 黎平县侗族巫师用巫术治疗精神疾病

巫术治疗精神病是通过施行巫术而达到治病的目的。巫术治疗精神病首先是根据发病时间长短定出治疗期限。发病时期在 4 个月以内的，疗程为一个星期，6 至 18 个月则需要 11 天时间，如更长那么治疗时间则也相应延长而且不一定见效。用巫术治疗精神病，主要是采取画符、化水、念咒三道手续。巫师先在病人家中设坛请祖师，接着开始画符。治疗精神病这道符就是《西游记》中五行山下定孙悟空那道，即是"鞍马迷奉服"。画的符一张贴在大门上，另一张烧在水中。巫师一边烧一边念咒，然后叫病人按一天喝三次的服法喝下这经巫师点化了的水。病人在经过一个疗程的治疗病情有所好转后，还要连服两个疗程那经巫师点化了的水，以巩固疗效。病好后忌食海带、狗肉、团鱼、斑鸠、魔芋、少喝酒。唐大元巫师对用巫术治疗精神病也颇具功力。唐大元巫师从开始行医到现在已医好十多人，家中共存放有 14 位病人经唐巫师治疗康复后送的匾，其中挂了四面在堂屋，有一面崭新的是中潮区电影队长吴顺昌在 1988 年 11 月份送的，1988 年 4 月，吴顺昌突然犯了精神病，住院治疗无效，于是就请唐巫师用巫术医，整个疗程七天时间，病就被治好。为了证实这一材料的真实性，我找到吴顺昌本人及侗寨的群众作深入了解，情况果真如此。我问吴顺昌的家属，水里有什么东西吗？他们说就是那道符烧后留在水中的灰烬，其余什么也没有。

对巫术治疗精神病，本人除重点采访外，同时也向当地的一些群众作调查，他们都认为确有此事，巫术能够治疗精神病，关于这一问题，我有两点看法：一是精神病属精神错乱而引起的，故精神病发病一般都分时候，病不发时，他与正常人一样，只是病发时则不可收拾。所以这种由于神经错乱而引起的病症，通过心理疗法会得到好的结果，这是国内外医学界都已公认的。笔者认为，并不是精神病可用画符、化水可治好。而是通过这样的形式，使病人在清醒时，心理上产生一种喝了巫师化的神水就一定能使精神病好转这种良好的心理愿望，故而达到精神心理的自我调整，使病治愈。二是巫师在画符、化水时，有可能渗入什么药汁，或他用的画符之纸是经药水浸泡，然后晒干的，以此通过药物达到治疗精神病的目的。巫师们只不过是用画符、化水、烧香、烧纸请师傅这一迷信形式，来掩盖实为药物治疗的真相。

［石青昌：《浅析侗族巫文化》，《侗学研究》（之三），贵州民族出版社 1998 年版，第 333—334 页］

15. 黎平县侗族为受惊吓的小孩招魂

招魂多在小孩跌倒受惊后进行。有两种方式：一是阴阳师傅到小孩受惊处烧香化纸，口念咒语。并在附近取一蜘蛛或草药等物，用红纸包好，放在小孩睡的枕头上，也有用红布缝好挂在小孩的脖子上；二是不请阴阳师傅，由父母煮个鸡蛋到小孩受惊处化纸，返回时边走边喊受惊小孩名"快跟爹（娘）回家吃蛋啊！"

［黎平县民族事务委员会编：《黎平县民族志》，贵州人民出版社出版 1989 年版，第 139 页］

16. 岑巩县侗族为小孩收吓

过去侗家小孩受惊吓而常啼哭，要请巫师"收吓"。巫师在火塘边燃香烧纸，对着病孩的脸画符念咒。龙田镇侗家要把铁三脚上的烟末在孩子的额头正中画个"十"字，并在手腕上面画一道黑圈。念着"三脚公，三脚婆，给你讨点吓药药。百药百草，看了就好。狗吓倒跟狗走，人吓倒跟人去。滚倒打倒，着了就好"之类的咒语。有些地方在婴孩外出时于帽子前沿别一横针，加颗红辣椒垂吊其上，结成一"十"字形。认为如此可防孩儿受惊着吓。

［岑巩县民族事务委员会编：《岑巩县民族志》，贵州人民出版社 1991 年版，第 213 页］

17. 岑巩县侗族"抽箭"

病人身上疼痛，就认为中了别人的"暗箭"，即请有巫术的人为他抽箭。抽箭时要念咒语，吃"筷子水"，将筷子砍成若干截，再化一碗"神仙水"，然后将筷子放在水中，叫病人服下。认为这样就可以把箭抽出，使病人消灾止痛。

［岑巩县民族事务委员会编：《岑巩县民族志》，贵州人民出版社 1991 年版，第 214 页］

18. 通道县侗族招魂仪式

旧时人们生了病，尤其是吃了草药后，仍不见效时，往往去请阴阳先生看魂，阳烂村民们称之为"贺欧"（即看米）。其法是用一筒米一尾酸鱼、一个鸡蛋、三炷香、几张钱纸、一个脸盆盛些水，在一筒米内选 21 粒完整的米，放在手板中，阴阳先生默念些佛语，用口哈几次在手板中的米粒，丢进水盆里，每次放七颗米，念一次就放一次，一般念三次或五次，要看的名堂多，就放问十几次。同时阴阳先生还把牛角尖在一寸左右地方切开，做成两边一样大小的挂码（△△图样）挂卜三下，根据米在水盆里分布情况，把挂码丢在桌上看是否阴挂、阳挂或包挂，说病者犯什么神或鬼，要出三筒三抓米，三角三分或三元六角钱去祭祀什么鬼或神，方可解其灾难。有的要三牲（肉、鸡、鱼）去解神鬼。有的说病人掉了魂，那就要招魂回阳间，阴阳先生唱罢咒语后，到墙脚将一只小蜘蛛装入纸筒里，说是病人的魂放到病人的床头上，魂就回到了身边，即招魂。

[中国民间文艺家协会稻作文化专业委员会编，龙建云编著：
《古侗阳烂村俗》，2006 年 8 月，内部出版，第 49—50 页]

19. 通道、三江等县侗族做"港筒"仪式

"港筒"是一种巫术习俗，阳烂村寨的港师就是巫师。如老港师龙云从、龙圆贵、龙圆亮、杨先六等，旧时也在道师的指导下进行"忽港"。以前人们危病时多去请港师看病看魂，村寨鸡乱叫，狗上屋瓦就各户去派米给港师"忽港筒查寨，是否寨里的风水龙脉受到破坏，是否有什么瘟疫邪鬼来作祟，是否要小心防火，必要时就得萨寨"，清扫瘟疫邪鬼出门出寨在请"港师"做"港筒"必须备办三筒三抓米、三元六角钱、一尾酸鱼、一只鸡、刀头一个，这是团寨做的"港筒"，一般的三筒米、鸡蛋一个、酸鱼一尾、三杯酒、三杯清茶、一碗黄豆、一碗清水、蜡烛一对、香纸具全，办齐后港师开始"忽港"，左手拿起一碗清水，漱口三下，右手握掌哈住嘴三次，压在自己的胸前，（心口处）烧三张纸钱于桌下，再烧三张到门外，表示散钱给家神或其他阴魂。然后开始念咒，手拿清水碗，念一句就喷一句水，即念"祖师本师，师本二师，一关祖师在寅，二关本师在卯，三关之度师在辰，前传后教，千数千应，万数万灵，阴师傅，龙云从、龙圆贵、龙园亮、杨先六，阳师傅杨校生，口传度师龙建云请来香案桌前，千教千应，万教万灵，吾奉太上老君急急如令！"（烧纸化钱）。念港筒咒语，"马连身动马连卒，马三十二庙总是请齐来，红脸将军黑脸将军都请到，千兵万马都拢身，南海观音老母西天下莲台，吾奉太上老君急急如令。"（连念三次）并再念："唱师嫂也要请送到桃园看花灯，唱师嫂也要请，到桃园去看花灯"。念完三次后安凳，如青年小伙子集体玩，去看花园（阴姑娘）就要念唱师嫂咒语，看魂看鬼就要念。念完后安凳，两只手指画起安凳的图

形，念"地置长凳，地置短凳，地置长脚大凳，不起不动，不走不移，吾奉太上老君急急如令！"祭祀阴间师傅和安完凳后，就做起"港筒"来，两腿坐稳，唱口做咒语，头伏在两腿中间，两只手板理起前额，闭起眼睛似睡非睡，经四五分钟后，港师就慢慢的打起冷战来，头慢慢地摇摆起来，当两手不停地拍起两大腿，立起胸腔，这时"港筒"师傅开始做起法事来了，他两眼紧闭，要睡不睡。头也不停的往两边摆摇，两手拍起大腿意为拍马，有时拍得较凶，拍到高潮时，摆在案桌上的禾谷、香火或酒杯就拿来往嘴里吞，但未感觉不适，他吞禾谷是喂马料，不久后即到阴间去了。开始时，在阴间见到门楼土地婆婆要钱，到了出寨大门又见到说大门土地公公要钱，并说阴师傅要烧钱，这时，在案桌停坐着的阳间人，就得为他烧纸倒酒。这时候，他即可以跟阴间人即鬼魂神讲话了，也可以跟在场的阳人说话，病人触犯什么鬼神，该鬼神要求怎么祭祀或要病人怎么办，港师就从阴间传话到阳间的病人家属，如需备头三牲供品去祭什么神灵，或说要到哪个方向修桥铺路，或要到何处去继拜爹娘为父母等等。如果是"港筒"查寨，也是那样，神怎么说，"港师"就一一的传答给父老们如需"萨寨"就得召集大家商量，如有暗地拿人骨头去埋偷风水，改天召集全寨老幼以及港师邀起"仔港们"（会做走阴港筒的人）五、六人，意带兵马一同前去偷葬的地方寻找挖坑，有港师指在哪里，人们就向哪里挖，有时，也挖起如老鼠、蜘蛛、蛇、青蛙、泥鳅之类，就算挖到偷风水的人了，把这些动物的身躯埋到厕所底下，叫它永世不得翻身，遗臭万年。因此偷葬之人他自会灭亡，团寨本身就会平安无事，兴盛吉祥。"港筒"实为巫术，如今很少有人迷信。

旧时，在搞"港筒"查寨的同时，寨里的青年男女往往要搞些迷信的娱乐性活动，即请港筒师傅。放些男女青年到阴间去游玩，即玩阴间妹姑娘，俗称游看"花园"，好唱阴间情歌，在场的一些男女青年好奇地坐到凳子上参加做起"港筒"来，"港师"在案桌边用一碗符水喷雾到各人的头上，颈部上有的过三四分钟就慢慢的弹起，拍着两边大腿；摇摆着脑壳，闭着眼睛叫喊"港筒"师傅"开光"，港师傅化水念咒："我请不到阴间师傅，请到我，请不灵阴师傅、请灵希师傅开光，提起灯笼宝照，明光大亮，带我弟子到（阴）花园去看花灯。"这时做"港"的人一时明白光亮，找到一长白胡子老翁带他去游玩了，他就越拍就越起劲，很快就到阴间去了。有时"港仔"不在桌案前，在家里或在山上或别的地方，当港师在桌案上烧香化符念起咒语放马过去时，别的"港仔"闻到香烟味，他会从远处自动跑到现场的"港桌上来"，同已在"港筒"桌边到阴间去的"港仔"，快马加鞭随后追去，去到阴间逛游花园时，见到已早故的姑娘或见到已故的恋人、妻子，或见到已故的父母，这时，他们喜笑谈情说爱，唱十八情歌，唱得难舍难分，在见到故人、父母、妻子、恋人时，就哭哭啼啼，也伤心得难舍难分，原来不会唱歌的，到了阴间也会唱起情歌来，原来不会说汉话的，也能说起一口流利的汉话来，见到阴妹，感情就越来越兴浓，见到已故父母就越说越伤心。有时到了高潮，大腿拍得越起劲，两脚跳得越得力，"港师"和在场的人们，担心他们"回不来"，一再催着喊"回阳"！有时听到指挥即"回阳"，有的迟迟不肯回，此时，"港师"就得使出绝招来，用符水画个"张开血盆大嘴的猛虎，或画披鳞舞爪的长龙，或用拇指画符，使得阴间姑娘都成为麻脸，长得粗大的脖子难看相才回阳，这时他长长放了一口气，嗨……。满头大汗"，说得神乎其神。这一切其实是"港筒"利用人们对亲人亡者的思念而诱导的感情交流。

有很多"港仔"坐到桌案上，将那碗凉符水喝个精光，港师将半碗符水喷到"港仔"的颈部上，也只觉得一身冷汗，只是发毛竖起，怎么也回不去。

1985 年 2 月，广西三江侗族自治县林溪乡高秀村双目失明残疾人杨术合，为了赚钱 40 来岁才学"港筒"。本地"港筒"的收费一般是每次收 1.06 元钱，放阴每次收三元六角。

［中国民间文艺家协会稻作文化专业委员会编，龙建云编著：
《古侗阳烂村俗》，2006 年 8 月，内部出版，第 49—50 页］

20. 通道县侗族收"远"做符水

旧时人们吃鱼不小心，被鱼刺卡喉或灰尘掉入眼睛抹不去，或椎、腰关节发痛，头部转动不灵活等均说是"兜远"（即犯地煞），这样，就拿一筒米、几角钱去找懂得收"远"的人做碗"符水"。如果是卡喉，他一边吐雾喷水，一边念"符水"之外，右手指还做用剪刀剪东西的样子，用这碗"符水"给卡喉者喝，有的把水喝下，卡喉就通了，其他病痛做符水时，只要你将开始痛的时间告诉他，后来他就叫你回忆一下，在什么地方动过什么东西，回忆起了，病就好了。有的牲畜一下子不吃食，说也是碰什么"远"，也去请先生做"符水"。这种习俗谈不上有什么科学依据，可能是"符水"的成分对鱼刺起某些化学作用，在一些实际问题上能够解决问题，所以现在仍有少数人信此风俗。

［中国民间文艺家协会稻作文化专业委员会编，龙建云编著：
《古侗阳烂村俗》，2006 年 8 月，内部出版，第 53 页］

21. 招魂、喷药、送鬼、食保、祭师和转药根

（1）招魂。"招魂"是贵州东部侗族一种典型的"巫医"之一。侗族人们认为，人外出若受到惊吓以后，易造成人的神魂错乱，以致精神忧郁、萎靡不振甚至精神分裂等等病症。这些"病"的发生是由于受到某种鬼神的恐吓、伤害后"落魂"的结果。"落魂"是指人的"灵魂"有一部分游离身体的一种现象。侗族人们认为，人有魂魄之分，魂附于人的精气，魄附于人的肉体，魂可以随精气游走而脱离肉体，受恐吓的病人往往是魂外游而不附体，要恢复正常必须使其魂返归肉体。平常人们受到惊吓时易"落魂"，即发生魂游走在外以致身体虚弱而生病。因此，若要给"落魂"病人治疗必须做招魂的巫术，方能治好。"落魂"有大小上的程度之分，即分为落大魂和落小魂。对它们的处理方式也有区别。落小魂的用"喊魂"即可，而落大魂的则要请巫师做"收魂"仪式。"喊魂"通常由病人的家属或亲朋就可以完成，其基本过程是选定吉利的时间到病人受

惊吓的地方去"喊"就行了。喊时有一定的咒语，咒语又因地而异，有的是约定俗成的，有的是喊者自编的。天柱高酿和锦屏小江一带流行的一种喊法，其内容是（汉译大意）："你在东方南方西北方，来家来屋，同亲人团聚，一起吃饭吃菜。不要去山上和野外。在山上，晚上被疏远，早晨受雨露。来家来屋，同亲人团聚。"喊完返回，即事毕。而"落大魂"则要请巫师作"收魂"仪式。"收魂"时，病人家里准备一只大公鸡、许多鸡蛋，以及一些猪肉与纸钱之类。公鸡和猪肉作祭祀之用，鸡蛋作为收魂时引诱"落魂"回归之用。仪式一般在晚上进行。开始时先是由巫师杀鸡、烧香、焚纸钱祭神和祖先，请它们来保佑。然后念咒语，手足舞蹈，进行引诱"落魂"返归于病人身体的特定巫术仪式。在巫师指定已把"落魂"诱到了村寨的附近某一地方时，则派人去捉拿带回。一般捉到的是青蛙，或蜘蛛或蝴蝶之类的小动物，这些小动物被用红布包好，然后埋在病人家里的火堂之中（侗族农村每家每户都有火坑，称为火塘）。这样就算"落魂"已归，"收魂"完毕。

（2）喷药。"喷药"是侗族的另一种巫医法术，用作处理突然性休克、昏迷等病状。侗族人们认为，人突然性休克昏倒是由于"天空鬼神"的捉弄所致，为其邪气蒙蔽而昏迷不醒。而唤醒昏迷之人，可以用种叫"独龙角"的草以一定的法术喷淋在病人的身上。侗族人们认为，"独龙角"是可以避邪的药草。当有人发生无缘无故的昏迷时，则去拿一些独龙角叶放嘴里嚼烂后置于碗中，盛上水，同时烧香焚纸祭鬼神，然后带"药水"到病人面前，由一人含药水，脚踏地上三次，把药水喷到病人身上。喷的过程中是要重踏一步喷一口，共喷三口。喷完后则念咒语，天柱高酿一带流行的咒语中有一种是（汉译大意）："一二三四五，金木水火土，醒目醒鼻，转心转肠，'脱倦'跟着太阳去，远远离开……"这里"脱倦"指病人昏迷的身上附的邪气。而当念完咒语后则用手蘸药水在病人前额轻轻地画一个"十"字，表示吉祥，病人会安然回醒，即事毕。这种法术侗乡多数人都会使，而且比较灵效，因此人们对这很有神秘感。这可能是草药本身有一定的特别功能，这还无人弄清，但侗族人们认为它是有避邪的作用。

（3）送鬼。关于"鬼"的观念在侗乡是普遍存在的。侗族人们认为人死以后，其灵魂不死，脱离了肉体就变成了"鬼"。"鬼"一般被分为善鬼和恶鬼两种：一种是老人仙逝之后的"鬼"，这种"鬼"由于有子孙和族人的供奉祭祀，其能安居阴间和保护子孙家室，是为善鬼；另一种是由于意外原因而死的，如因事故死在野外的人变成的"鬼"，这种人被认为是死得不好，一般不允许其灵魂进家入神祀，通常要请巫师进行"围屋"或"塞路"（二者均是巫师用于把死人的灵魂赶隔在家门之外的巫术）。原因是侗族人们认为这种人死因不好不能归入祖宗神位。这样，这些人死后由于"无家"可归而变成了到处游荡、无人祭贡的"鬼"，它们在阴间的生存只有到处"寻食"，为求得别人祭贡，它们就常加害于人，这些"野鬼"则被认为是恶鬼。恶鬼为了寻食常到处捉弄人而使其致病。故侗族又有因"鬼"而起病的说法。若有人生病被认为是因"鬼"而起，那么就必须得"送鬼"。"送鬼"就是给"鬼"祭贡，并认为只有"送鬼"后病才会好，否则用什么药都不能治愈。"送鬼"即是祭鬼，其基本程序是：先找巫师卜算，卜出是什么地方的和什么样的"鬼"，然后确定送的方向、时间、祭品等。这些往往根据"野鬼"原死的情况来确定，若"野鬼"原死在西方，那么务必要到西方去送；而死时若是溺水死的，那么还必须用与水相关的祭品作为祭贡，等等。总之，巫师卜算后给确定好地点、时间和祭品后，病人家属即可按其要求"送鬼"，"送鬼"一般在夜晚进行，首先在家里把祭品准备好，然后将"鬼"从家中引出，走到特定的路口把祭品摆好、烧香焚纸，并口念咒语，交代"野鬼"吃完回去。

天柱高酿"送鬼"时的咒语通常是这样的（汉译大意）："不知你是东南西北方的客，不知你是亲是疏，我这里有你要的几个几样（具体数量由巫师定），这里有台有桌，你跟我到路口拿去，让病能治好，让病人痊愈，吃完就走，给你吃这一次，不给吃下一次……"念完后就把祭品全倒在地上，然后返回家门，把大门关上，即"送鬼"毕。

（4）食保。"食保"是侗族巫医中比较流行的一种。侗族人们认为若有人平常多灾多难，或身体衰弱、常常生病等，那么这个人是有什么鬼神、邪气附身，使之起居均不吉利造成。而驱除附身的鬼神和邪气保住平安，可以请巫师来做"食保"。"食保"就是以巫术形式请一些所谓的神祇或名人的神魂附在病人的身上，使其得到保护并转为健康和幸运的巫医行为。食保分为两种做法：一是"阴保"，即请"阴间"的各种善神来保护；二是"阳保"，即请仍在世的有名望的人来保护。做"食保"的具体内容是由巫师选定好的吉日在被保人的村寨附近做"食保"仪式，主人家（被保人）准备好十二斤肉，叫十二个青年男子作为保人的替身。另巫师用纸封十二个纸钱包，每个包上写上保人的名字，其中若是"阴保"即写好关帝、观音、菩萨等"阴间"善神的名称；若是"阳保"则写上仍在世的有名望的人的名字（名字可以偷借，如政府领导人的名字等）。准备好这些后由巫师举行"食保"活动，他手足挥舞，摇着铜铃，口念咒语，为病人招来神魂充当保人。在这仪式中，当巫师念到纸包上人的名字并问他："愿保不愿保？"在旁的"替身保人们"则回答："愿保"。咒语念完，则把纸包烧掉，"化到"阴间去让各种鬼神知道。然后大家把祭贡的十二斤肉全部吃完，这表示同餐为证和一心一意保护病人。餐用完即事毕。

（5）祭师和转药根。"祭师"和"转药根"是侗乡生活中医术和药物使用中的一种传统，侗族人们认为每种药都有一定的师承，在用药时，只有祭师以后得到师祖神灵的认可，药才有效，才能治好病人。所以，乡村的土医们一般用药时，都要先烧香焚纸祭师，祭师中有一些相应的咒语，天柱水洞一带的咒语如有（汉译大意）："老人所传，左讲左信，右讲右灵；老人保佑，晚上喊晚上来，昼里喊昼里到；用到良方，药到病除"。医师都必须做完这一特定的仪式后方能用药。另外，侗族人们认为用药还要保护药物的灵性，故一般在病人治好病后还要把用过的药物渣留好并带回医师那里，由药师处理，只有这样才能保持药方的灵性，否则就会失去或减弱灵性使下次治疗效果差，这种医俗称为"转药根"。当然，"转药根"时，病人还要带一些酬谢的钱礼，酬礼的大小依病大小而定，一般大病拿十三元三角，中等病拿三元三角，小病拿一元三角。若家里很穷拿不起钱礼，则随便送些什么东西作表示也可，实在没有时不送也行。其实，侗族医师治病许多人都是义务为主的。

［刘宗碧：《贵州东部侗族巫医及其文化内涵》，《民族论坛》
1997 年第 3 期，第 91—93 页］

22. 在巫术中利用植物驱妖逐魔

桃，认为家中藏有所谓的"野鬼"，乃请巫师，手持桃枝，或兼有苇叶，念念有词，在堂中到处横扫，或以桃枝为"箭"，向东西南北屋角四射，所在恶邪，皆因之而逃走。

苇，大概是由于其叶如箭，故在侗族民间，有以之代"箭"之说。即作为武器而代用，所以将之打成挽结，悬于门顶，或猪牛圈门旁，可防妖怪。或杂以辣椒、火麻籽、香纸等物，束在"五倍子"木或竹叉上，插入秧田，可排除恶言诽语，以利秧苗成长。

美茂卯，此系侗语名称，据说其叶稍有臭味。家有亡人，或出门远游，请巫师将之或折或切，长约寸许，粗如食指，以线束紧，加念咒词，称之为"尺"，给予亡者家人或出行者，系于身上，可以防身护体，不为鬼害。

蜡树，邻居之屋，用蜡枝插于己屋周围，以御恶邪。橙叶，也有此作用。

香椿树，据说是树中之王，以之作为屋梁，或大门坎，邪恶不敢侵犯。

正怕，系侗语名称，属荆棘之类，束于门上，亦可防邪。

五倍子木，以之削成刀样，悬在大门上面，可防鬼怪。

菖蒲，将之合几粒茶、米，装入一小三角布袋，系在人颈，可招来魂魄。

省，此属侗名，其叶如蒿，带有刺毛，能刺人肤，用之铺于席下，可以镇惊，使儿童灵魂不致外游。

果树，亦能应灵，到时不结果实，或者开花不结果，或者果实未及成熟而掉落。则于岁终三十傍晚，或正月初，选择一日，将香纸和年粑，置于树下，举行"审问"仪式。以一人持刀，佯装砍伐，连砍数刀，问之是否结果；另着一人，立于树旁，随声附和，连连表示，一定结果累累。

［张民：《关于侗族原始宗教的调查》，贵州省民族研究所、
贵州省民族研究学会编：《贵州民族调查》（之八），1990 年
2 月，内部出版，第 6 页］

23. 侗族宗教法器

伞，在一些宗教仪式和民俗中常用。镇远报京侗家人结婚时，去接亲的人员中，要有两个青少年，每个要扛两把乌油伞，这两把伞要用绳子捆着，去时右手拿，右肩扛，不能换肩，不能换手，不能回头看，一直走到女家。回来时，左手拿，左肩扛，不能换手，不能换肩，不能回头看，一直走回男家。在有的地方，姑娘出嫁时，自己带着一把伞，到男家进门时，要用伞半张开，把头和脸遮住然后进屋。侗家人用伞，除了避雨和遮阴，还含有辟邪的作用。

　　牛角号，侗族的法师去为人打邪家时，离不开牛角号，一路上随身携带，在山坳上和桥头，都要"呜、呜、呜……"地吹，"调遣"阴兵阴将；在打邪家时，吹得更勤，主要是用号角来激励阴兵阴将与邪家搏斗。法事做完返回时，也要一路上吹牛角号，收兵回程。牛角号是法师的主要法器。

　　师刀，侗族法师在作法驱邪时，口中念咒，手摇师刀。师刀柄上有一圆形铁环，环上有无数小铁圈，作法摇动时，哗啦哗啦作响，以期配合符咒来震慑鬼魔，特别是打邪家的时候，师刀是惟一的武器，镇邪降妖离不开师刀。所以师刀是法师的法宝。

　　响器（锣、鼓、镲），侗族法师作法驱邪家时，用响器来制造气氛，特别是在激烈时，锣、鼓一刻也不能停息。据说，锣、鼓声可以震慑邪魔。故响器是法师的主要法器。

　　铜铃，侗族宗教器物。侗族道师，在作法施术时，随时都在摇动铜铃，发出"叮叮叮……"的响声。据传说，铜是辟邪之物，摇动铜铃，发出响声，有驱邪辟邪的作用。

　　令牌，侗族宗教法器。侗族道师在敬祭鬼神时，一手拿令牌，一手拿铜铃。念唱时，摇动铜铃。念咒画符时，用令牌指画符，以示镇妖除怪，驱鬼逐魔。令牌和铜铃是道师作法的必需之物。

　　　　　　　　　　　　　　　　［龙玉成：《侗族宗教法器》，《中国各民族宗教与神话大词
　　　　　　　　　　　　　　　　典》编审委员会编：《中国各民族宗教与神话大词典》，学苑
　　　　　　　　　　　　　　　　出版社 1990 年版，第 102—103 页］

第七章　原始宗教与社会经济文化生活

第一节　农事崇拜

1. 三江、龙胜、通道侗族的送"春牛"习俗

"春牛"是侗族民间的一种农事民俗活动。这个节日是以"春"和"牛"为主要内容表现出来的,"春"表示节气,有一年四季在于"春"之意;"牛"表示农事,"春"和"牛"联在一起,就表示"春耕春播"。因此,侗族过"春牛节"也在"立春"的这一天前后。

每年"立春"一到,各家各户就忙于修理牛舍,把耕牛从山上找回来关好,还要到冰雪不到的山涧深谷去割来青草,作为立春这一天牛进栏的青饲料。有的人家还以糯米、豆饼等饲料来喂牛,拿鱼肉酒饭到牛栏边去祭祀等。村村寨寨还组织人破竹篾,扎成牛状,作为"春牛舞"的道具。然后组织成"春牛队"给家家户户"送春牛",以示吉祥丰收。

送春牛的活动开始时,寨内锣鼓喧天,人声欢快,人们集中到鼓楼前的石坪上,石坪上伏着一头灰白色的"大水牛",牛头用竹篾扎成,牛身则是一块大白布,贴上茸茸的麻线以充牛毛,又用麻丝做成一条粗大的尾巴,由两个人(有的四个人)钻进白布下边像舞狮子一般,但绝不似舞狮那样奔放粗犷,而是步伐稳健、大方、诙谐,颇有平易近人的亲切感觉,春牛围着石坪绕圈,紧跟着牛的是一对农夫、农妇,他们扛着犁耙、挑粪桶、送茶送饭,最后还跟着一群捉鱼捞虾的姑娘、少年,背着鱼篓,跟着水牛载歌载舞,情趣盎然。一番过后,又出来一位身穿长衫卖春历的老人,他装上八字胡,拖着老学究的腔调向全村的人祝福:

　　　　"春牛来得早,
　　　　今年阳春好。
　　　　要想地生宝,
　　　　耕牛保护好。"

接着春牛队代表全寨,把春牛舞到每家每户,象征把春牛送到他们家里,所到之处也都向主人说几句彩头话。如"春牛来得早,来年阳春好","春牛登门,风调雨顺"。

"春牛游村，五谷丰登"等，主人则向春牛鸣放鞭炮、献红糖、粑粑、封包、敬酒等，有的还打油茶款待。

春牛进到各家各户后，舞春牛的队伍又回到寨中的鼓楼坪，跳农事舞蹈，围观的人群则用对白或盘歌的形式，向春牛队提出这样那样的农事知识问题，春牛队则一一作答。在舞会活动中，有唱《十二月农事歌》，有唱《十二月活动歌》，有唱《长工十二月劳动歌》，有唱《二十四节气农事歌》，这些歌谣寄理于歌，以歌启人，颇有特色。

> ［欧俊娇：《侗族"春牛"习俗考》，贵州省侗学研究会编：《侗学研究》（之三），贵州民族出版社 1998 年版，第 295—296 页］

2. 剑河县小广侗族采桑节

关于采桑节的由来，老人家说：从前小广地方荒凉无人家，是一片大山老林。南面坡高银弹卡地方住着一户人家，有个勤劳忠厚的后生仔名叫工爵聊，挺会唱歌，嗓音圆润，歌理动人，他唱的歌就像林子里的"凉立"[①]叫一样好听，他家喂有十二头花牛，肥壮又乖灵，家境虽然清苦，也舍不得出卖。他天天一早，赶花牛上格塘坡吃草。相隔不远的西面坡，有个姑娘名叫傻格女，不光人貌秀美，纺花织布也挺在行，她喂有十二只灰蚕蛾，产卵育幼蚕结丝织布。开春以后，傻格女经常采到南面坡采桑叶，每天被南面坡传来的幽情歌音吸引着，一天，两天……终于砸开内心的禁区，亮着歌嗓跟南面坡搭起歌桥来。工爵聊听着西面山的答歌，嗓音像琵琶琴音一样动听，沸起爱慕的激潮，寻着歌音寻找答歌人。两人相遇，一见钟情。

这年，傻格女的十二只灰蚕蛾卵育了很多幼蚕仔，她每天忙着上山采桑叶。幼蚕到了亮丝季节，食量大，一个人顾不过来，只好到远寨相邀姊妹帮忙采桑叶。工爵聊知道了，四月初八这天，走到三边两寨邀集后生仔上北面坡帮助傻格女采桑喂蚕。姑娘、后生们集中在西面坡采桑叶，一面采桑一面唱歌解闷。他们青春似火，轻歌细语产生了爱慕之情。

傻格女和女伴们要答谢后生哥的帮忙之情，大家想办法思主意怎样答谢后生？心灵的傻格女想起过冬田里的"薅冲"细鱼[②]肥嫩肉香，是侗家的特产，邀起女伴们拿撮箕、提鱼篓，拉着后生哥下田撮细鱼。工爵聊和后生们受到热情的接待。约定每年的"四月八"，都到西面坡来帮忙采桑作客。通过聚会，情定配婚，生育儿女，后来，在小广地方建立了寨子。

工爵聊和傻格女也配成了夫妻。过世之后，小广侗家为了纪念，在每年的农历"四

---

① 编注："凉立"，侗语，即蝉。

② "薅冲"细鱼：泡冬田里的一种小鱼，也叫千年鱼。

月八"这天，男女青年集会上山采桑对歌，撮"薅冲"细鱼待客。

［李万增：《采桑节》，贵州省志民族志编委会，《民族志资料
汇编》（第三集），1987 年 11 月内部出版，第 194—195 页］

3. 祭祀活动中充当祭品的侗族纺织品

在侗族社会生活中，祭祀活动很多也很普遍，如祭"萨"、祭土地、祭桥，祭井、祭树、祭灶、祭"岩妈"（即新生儿犯石忌，父母找一块大石头祭祀，以保佑他或她成人——此俗流行于剑河县侗族地区）等等。凡祭祀，必有侗家自纺自织的织绣品，或一缕侗布，或一方"侗锦"，或一张"侗绣"，或在祭祀过程中，参加祭祀者身着侗家盛装。如从江县龙图的祭"萨"活动。祭"萨"那天，三声铁炮响过，祭"萨"活动即始。此时，凡参加祭祀的"款队"必各有两人饰为款首，头缠红头巾，身穿绿衣，下穿白裤，表示当年款众所穿服饰（条件好的款队所有队员一律如此穿戴），队员们身背绣花"胜袋"。再如祭土地。祭土地时，祭主除了要给土地"公公"和"婆婆"立"屋"，在"屋"（亭形架，盖上杉木皮或瓦）内安上香炉钵外，还必须在"屋"前门正中枋上和"屋"顶上挂一缕红或花布和一方"侗锦"或"侗绣"（此俗亦流行于剑河县侗族地区）。因此，侗族的纺织品在个人或全寨祭祀时，又充当敬神敬祖的祭祀品发挥其职能。

［姜大谦：《论侗族纺织文化》，《贵州民族研究》1991 年第 2
期，第 68 页］

4. 锦屏县九寨侗族打春醮活动

打春醮是一项花费较大的关于农业生产的祭祀活动，要向全寨人集资。捐资最高的三户被指定为醮头，第一户为头领，第二、三户为副头领。由他们请法师组阁主持敬祭鬼神的活动。春醮需写符念咒语，抄奏表，封钱包（阴币），用青油点灯，办斋食，置祭幡等，时间为七天以上，有时甚至达十余天。春醮开始，法堂不得断香火灯烛，香火要点遍每个神位，多达几百位，灯烛也相应点几百盏。一天念经祷告三次，以表达全寨人虔诚敬祭神灵乞求平安得福的心愿，每次祷告，上一次供品，法堂人员一天吃三次斋饭。最后三天，全寨斋戒，任何人不得沾荤，所有路口设关卡用鱼藤草扎成彩门，派人守门封寨，不准任何外人入内。在寨子四方立四根幡杆挂幡旗，以敬四方神灵。法师带领法堂众人到距寨子最近的龙脉处请龙神，求它们召集各路神灵来享用供品。请龙神时，全体下跪，由法师表奏本寨奏章，要求龙神和各种神灵保寨护民，使全寨平安吉利，无灾无难，无是无非，风调雨顺，庄稼收成好，大丰收。表奏完毕，鸣放鞭炮，全体起立，向龙脉处三鞠躬，把事先扎编好的龙舞动起来，接回法堂。接着以供品祭龙，再舞着龙，戴上护身符（桃木）、驱瘟符（纸片）、吉利符（纸片），敲锣打鼓，到各家各户送吉利平安。最后一天，开斋戒吃荤，叫吃"福酒"。先送龙神回龙脉处，交代并告辞龙神等众神灵，然后杀猪宰牛共庆法事结束，互相致意，共吃福酒。春醮结束，农事生产就开始了。

[傅安辉、余达忠：《九寨民俗——一个侗族社区的变迁》，贵州人民出版社 1997 年版，第 52 页]

5. 通道县侗族求雨活动

旧时每逢干旱年头，人们认为总是老天爷所为，因此，在干旱季节里，不是积极地去找水抗旱，而是去求神菩萨，团寨老人往往集中到大桥上或神庙坪坪，用三牲供品、香纸，跪拜于神的面前，求签、卜卦、祈求神灵保佑，到天上去禀告老天王爷，可怜生灵快快降雨。有时还舞龙过寨，或游到附近的田畈中，有时则烧水献茶、烧香祭天求雨。在无法显灵的情况下，全寨男女老幼，烧起茶油枝并打碎，放进河里大闹鱼虾，以激怒老龙王爷，为抢救鱼虾生命又怕殃及本身，有时也会碰巧突然猛下一场大雨，救下鱼虾与禾苗庄稼，所以人们碰到天旱就去河里闹鱼。

[中国民间文艺家协会稻作文化专业委员会编，龙建云编著：《古侗阳烂村俗》，2006 年 8 月内部出版，第 49 页]

6. 岑巩县侗族抬狗求雨

旧时每遇旱灾，思旸、天马、大有等地的侗家有抬狗求雨的习俗，即给狗穿衣坐轿，装扮成花姑娘，叫两人抬着游村寨和田坝间，还敲击鼎罐盖，念"风雨咒"，向天祈雨。

[岑巩县民族事务委员会编：《岑巩县民族志》，贵州人民出版社 1991 年版，第 212 页]

7. 岑巩县、新晃县侗族舞草龙和做"辞送"

①岑巩县侗族舞草龙和做"辞送"

岑巩县每当稻田禾穗扬花时节，侗寨人家为了驱除虫害，要举行舞草龙活动。草龙又叫草把龙，白天玩的叫"秧灯"，晚上玩的叫"黄龙"，也叫"香灯"。草龙是用稻草扎的龙头、龙身（五截或七截）和龙尾，上插香火。用草绳连成一条"龙"，每截用竹竿撑起，叫一伙天真活泼的小孩子敲锣打鼓，舞着草龙穿行于田间小道上，情景十分有趣。做"辞送"，即是送瘟神，思旸镇平坝村侗家说：举行这种活动是敬五显菩萨杨戬，可以驱走瘟神，消灭虫蝗，保佑五谷丰收。做"辞送"时，要备办香火纸烛、斋粑豆腐，用纸竹扎一只小船，并扎一个毛人站在船上，请巫师做法事。巫师头包红布，口吹牛角，手拿师刀牌印，与抬纸船的人一起到各家堂屋里游走一转。家家要捆一小挑柴，抓一把"五花米"（大米和茶叶拌成）丢到船里。巫师到各家大门坎脚用师刀牌印画"字讳"，打阴、阳、顺三卦。每家都游过了，就将纸人纸船抬到河边连同草龙一起火化。这正是"纸船明烛照天烧"的情景。

[岑巩县民族事务委员会编：《岑巩县民族志》，贵州人民出
版社 1991 年版，第 212、213 页]

②新晃县侗族舞草龙和做"辞送"

新晃县侗族地区，每当稻田禾穗扬花时，侗族人民，以侗族居住的村落为单位，在白天，选几个小孩，于阡陌田间小道，敲锣打鼓，舞耍草龙，又叫舞秧灯。以驱除虫害，为时数天。草龙是用稻草扎成，一个龙头，并捆五节或七节稻草把，为龙身龙尾，上插香火，以草绳连成一条草龙，每节草把，用一根竹竿撑起、每人一节，左右摆动。另一小孩独扎一个圆形草把，作为龙宝，上亦插香火，在前面引路，其他小孩举草龙随之奔走，穿垅过户，蜿蜒游行，十分有趣。草龙过后，随后还另外用纸竹扎成秧鸡一只，笆篓一个，意为秧鸡啄除害虫。笆篓盛虫。舞了秧灯，还要搞"辞送"一般用纸竹扎一小船，内置香烛楮财、斋粑、豆腐。由二人抬着，后面跟着一道士，手持师刀、牌印，头包红帕，口吹牛角，挨家挨户驱送瘟神。每到一家，主人准备一担小柴，放于船内，祈求吉祥，得到"五谷丰收"直到每家都游遍了，最后才在江边和草龙一起烧掉！

[秋鸿：《新晃侗族生活习俗琐谈》，贵州省民族研究所编：
《民族风情》（《民族研究参考资料》（第二十二集）），1982 年
2 月内部出版，第 127—128 页]

8. 从江县九洞侗族"活路头"与农业祭祀活动

每当新年开始，各个村寨要有一个带动人们做活路的人，这个人叫做活路头。现今的活路头，并不是所有的活路都由他带头干，而仅仅有几项农活由他进行象征性的"带头"，例如带头下谷种，带头插秧。活路头一般是世袭的，如因绝嗣则由鬼师占卜，看谁的命好由谁担任，或者由于庄稼连年歉收，需要换人时另找新的活路头。活路头没有特权，他的职责只是届时行事，第一个破土干活，只有活路头动土后别人才能开始下地劳动。所以，有的村寨把活路头叫做"管活路人"。

信地村活路头——杨姓是很久以前由外地请来担任的。据说，以前信地这个地方庄稼连年不好，经寨老们商议，请鬼师卜卦，选中了一位过路的外地苗族小男孩，这小男孩姓欧，他乐意到信地来"管活路"，但要答应他三个条件：第一，我来荣福寨住和大家是兄弟，站起一样高，坐下一样矮；第二，在信地各寨由我选择一位姑娘结亲；第三，在信地田坝挑选一处水田自种自吃。信地各寨老答应了这男孩的条件，把他接到荣福寨来改姓杨，成为侗族成员，现在杨姓有六户人，是信地村世袭的活路头。

杨姓"管活路人"，除每年带头撒谷种和插秧外，每逢信地举行祭田坝（又叫踩田坝），由杨姓主祭。祭田坝，三年举行一次，在插秧前择吉日举行。当天荣福寨成年男子全体列队到田坝中，由杨姓老人领队，吹奏芦笙、敲锣击鼓从荣福寨出发经宰兰、宰友、宰成自下而上沿信地河缓缓而行，祈求五谷丰登。祭田后各家各户要及时插秧。在农历五月初五日以前一定要插完秧，如哪家劳力不足难于在限期内插完的，全村各寨都有义务去帮助，务必使全村在五月初五以前插完秧。据九洞地方约定，信地村的大节日为五月初五，届时高传、吾架、增盈、增冲各寨都要来作客，这个节日连过三天，家家都备有酒肉糯米糍粑以迎宾客。

[向零：《从江县九洞侗族社会组织与习惯法》，贵州省民族研究所、贵州省民族研究学会编：《贵州民族调查》（之三），1985 年版，第 221—222 页]

9. 通道、芷江等县祭秧神

祭秧神流行于湖南省通道县、芷江县、靖州县及贵州省锦屏县九寨侗乡。每年开秧门那天，各家各户要拿香纸、酒和"刀头"先祭秧神，然后才下田扯秧移栽。

[欧潮泉、姜大谦编著：《侗族文化辞典》，（香港）华夏文化艺术出版社 2002 年版，第 521 页]

10. 芷江县侗族祭鱼梁

祭鱼梁流行于湖南省芷江县侗乡。该地每年都要举行一次大规模的祭鱼梁活动，祭时，需摆上整尾河鱼或鲤鱼，烧香化纸以求丰收。

[欧潮泉、姜大谦编著：《侗族文化辞典》，（香港）华夏文化艺术出版社 2002 年版，第 520 页]

11. 湖北宣恩县侗族祭果树

湖北省宣恩县的侗家人在农历除夕这天，吃完年饭后还要给果树"喂饭"，即一人执刀在前，一人端饭在后，前者在每棵果树上砍一刀，后者则将所端米饭喂进所砍刀口里。边砍边喂，边问："肯结（果）不肯结（果）?"边答："肯结"。"结得多不多?""结得多，用船拖。"等语。这是祈求"饭（果）树兆丰年"的祭果树行为。

[欧潮泉、姜大谦编著：《侗族文化辞典》，（香港）华夏文化艺术出版社 2002 年版，第 523 页]

第二节　原始宗教与节日

1. 黎平县龙额区龙额、地坪一带的杀龙节活动

每年农历七月初四，是黎平县龙额区龙额、地坪一带侗族的杀龙节。

杀龙节就是闹江"杀龙"，求天王爷和海龙王降雨，以滋润干枯的禾苗。杀龙节是怎样兴起的呢？有这样一个传说：

很久以前，东海有一条小龙，性情十分粗暴，到处兴风作浪祸害凡间百姓，百姓对他恨之入骨。东海龙王为了取信于民，将小龙发配到小小的南江河来。南江河不大，它无法再给百姓造成水灾。可它恶性不改，又给本来风调雨顺的南江两岸带来了干旱——连年良田干裂，禾苗枯黄。当地人民非常气愤，他们于是团结起来，于七月初四这一天除掉了恶龙。

杀龙节这一天，全寨男女老少有的拿着铁叉，有的挑着油枯，有的拿着渔网、捞篼。连过路的来往行人都加入"杀龙"行列。

杀龙由寨老主持，他视全寨人都基本到齐后，一声令下，几十担油枯往水里一倒，清澈的河水顿时变成黄色。接着人们跳入河里，抢捉河鱼，追逐戏水，整个河面上充满了欢乐。据说这就是很久以前杀死恶龙的场面。

恶龙除掉后，澡也洗好了，参加杀龙的人们满载而归——都捉到了不少河鱼，那是恶龙的残兵败将。晚上，人们与前来参加杀龙节的客人们一道，共进晚餐，欢度节日，歌声笑语，响彻侗寨。

[吴定国：《杀龙节》，贵州省文化厅群文处、贵州省群众文
化学会编：《贵州少数民族节日大观》，贵州民族出版社 1991
年版，第 245—246 页]

2. 玉屏侗族过春社活动

春社，侗家方言叫"过社"，在玉屏县内很普遍。社，古时指大地神，后来人们"封土立社"，表示有了大地的意思。在每年的春秋两季，要祭祀社神，故分春社和秋社。玉屏侗汉人民只兴过春社，不过秋社。

春社，在立春后的第五个逢"戊"日过。我国自鲁隐公三年（公元前 722 年）二月己巳日起，至清代宣统三年（公元 1911 年）共二千六百多年都是用干支记日。如 1989年农历正月初一为"丁酉"，头年立春"乙未"。则头一个戊日是正月初二日戊戌，第二个戊日，是正月十二日戊申，第三个戊日是正月二十二日戊午，第四个戊日是二月初二日戊辰，第五个戊日是二月十二日戊寅（即是春社）。五个戊日，各有忌讳：如头戊忌

天，是忌讳对天有不恭的地方，如天上打雷、下冰雹，不能责怪、乱骂，要烧香化纸表示顺天；二戊忌地，是忌讳不能撒播种粮，否则会腐烂不生，也不能随便开挖房前屋后，惊动地脉龙神，否则，孕畜、孕妇会造成流产；三戊忌阳春，即不能动土薅刨庄稼，否则将会减少收成；四戊忌本身，即在戊日这天，不吃荤，要吃素，同时还要将锅瓢碗筷等炊具洗净，禁荤一天；五戊是逢社。逢社这天（戊日），不能动土，即便是春耕时期，这天也要休息，在家煮社饭，敬社神，挂社坟或参加赶坳玩山、唱歌、赛马、斗画眉等活动。

[蒋仁晏：《春社》，贵州省文化厅群文处、贵州省群众文化学会编：《贵州少数民族节日大观》，贵州民族出版社 1991年版，第 233—234 页]

3. 剑河县化敖、小广侗族端阳节祭拜活动

化敖、小广等地侗家，虽然居住山区无江河赛龙船，但每年端阳期间，吃粽节过得隆重，并与其他地方截然不同。俗规古礼同样是为了纪念屈原，另含一层意思却是，借屈原阴灵正气以驱邪气。泡米包粑之时，须禁忌说话与唱歌。用草索捆粽粑，不能直说包粽粑，却要说是打火把。需要红毛雄鸡和十二斤新鲜田鱼祭祀祖宗，并不可照直叫鱼，鱼称水虫。从包粽粑到祭祀祖先结束，才取消说话、唱歌的禁忌。如果违反这些禁忌，则意味对屈原的缅怀不诚心，家门则将不幸，各类虫蛇、邪气进屋作祟。

节日期间，除了杀鸡、鸭，捉鱼、称肉打酒隆重过节，还要行亲走戚，家有娃娃上学的，要用竹篮装一刀肉礼、一串粽粑、一葫芦酒向先生拜节，表示对有学问的人的尊敬之情。全寨住户王、潘、文、杨四姓，由文、杨二姓请王、潘二姓作客，王、潘二姓不设宴请客。其奇特风规不解原因，除了以上活动，还要吹芦笙、斗牛、演戏。

[李万增：《端阳节》，贵州省志民族志编委会：《民族志资料汇编》（第三集），1987 年 11 月内部出版，第 201 页]

4. 榕江县侗族过"吃新节"

榕江县往里乡、乐里乡的"吃新节"有过两次的习惯。第一次是栽秧后，即每年阴历六月初四或初五的其中一天（因当地是根据十二个甲子来推算，选择"卯酉"作为吉日而定。如"卯"日在前就过"卯"日，"酉"在前就过"酉"日，因此，有提前一天过的，也有拖延一天过的）。第二次是第一次过后一个月，正是谷穗黄（成熟）一半，即古历七月初四或初五。

"吃新节"的来由是：一是打田栽秧期间，人们都要紧张繁忙地劳动，十分辛苦；二是栽完秧后需要休息娱乐一天；三是预祝这年粮食能得到好收成。

"吃新节"的早上，各家各户把煮好的猪肉、鲤鱼、鸡、鸭，糯米饭及五个斟满糯米酒的小酒杯和五根禾苞，摆在火炉边，全家人围坐好，由家长边烧香边烧纸钱，口中

"叽里咕噜，叽里咕噜"地念诵《侗族吃新节吉利词》，希望这一年五谷丰登，六畜兴旺，百事如意。第二次，除了在火炉边摆有五根谷穗黄外，其他的作法都同第一次一样。念完吉利词后，每人先喝一口酒，吃一点肉、鱼、糯米饭和禾苞（第二次吃谷穗）。当地群众把这种做法叫作"把敲"。"把敲"之后，全家的人才正式吃早饭。……

［吴国春：《侗族"吃新节"》，贵州省文化厅群文处、贵州省
群众文化学会编：《贵州少数民族节日大观》，贵州民族出版
社1991年版，第243—244页］

5. 从江县高增等地的"吃新节"

从江县的高增、银谭、苏德、小黄等地侗族群众，均过农历七月十四日的一年一度"吃新节"。

节日的前一天，按照古老的传统习俗，便将旧的生活用具，如锅、瓢、碗、筷等都丢进河里，十四日这一天全部使用新的生话用具。后来人们看到这种做法太可惜，经寨老商议决议改为七月十三日这一天将家里所用的生活用具全部拿到河里洗刷干净，但是筷子要全部换新的。

十四日的清晨，各家各户的大人小孩都围坐在事先摆好的桌子周围。桌子上放有盛着一个煮熟的三角粽粑和一盘煮熟的鸭蛋。粽粑上面放上几线剥好的嫩谷穗。然后由家长剥去粽叶，每人分一点粽粑，一个鸭蛋和一小线嫩谷穗，全家人都面朝着点燃的油灯吃完。这表示从现在开始即可以吃新米饭了，意味着全家人团结一心，也预示庄稼和人心一样，使田里的稻禾长得一般齐……

［梁晋文、从文：《从江高增等地的"吃新节"》，贵州省文化
厅群文处、贵州省群众文化学会编：《贵州少数民族节日大
观》，贵州民族出版社1991年版，第244—245页］

6. 三穗县侗族赶圣德山歌场

古历七月十五，是三穗侗家赶圣德山歌场的盛大节日。这天，来自侗族和其他各族男女青年成千上万。他们从镇远、三穗、天柱、锦屏、剑河和湖南的新晃等地云集这里，进行赛歌活动。

圣德山，原名峨山，矗立于群山之上，因有鹤立鸡群的雄姿而得其名。其山距三穗县城东约四十公里。坐落在坦洞、等溪两乡交界处的盘脚、盘烈、盘石亚、桂色、桂功、桂引、桂平、高强（今绞强）、高烈、高卜、高伦及天柱杨寨乡的桂脚之间。平亚的琴马和弹琴坡就在其下。湖南新晃与之相依。

圣德山海拔1176米。据岑坎陆氏家谱记载："圣德山系洪武三年（1370年）所开；天柱金凤山道乾和尚来此山，修建寺庙，叫乾元寺，供奉驱散云雾的圣人，还定每年七月十五日为朝山日。因圣人有德于万民，便将峨山更名为圣德山。"八外王文熙先生曾

作对联于清福泉（圣德山饮水地）："圣水何须耿恭拜，德山原系道乾开。"从此，每逢七月十五日，前来朝山赛歌的侗族和其他民族男女青年，利用朝山机会结识朋友，通过赛歌，寻找自己的意中人。这天，朝山的、赶歌的、做买卖的、看热闹的，人山人海，歌声如潮，通宵达旦。

［杨长云：《圣德山歌场》，贵州省文化厅群文处、贵州省群
众文化学会编：《贵州少数民族节日大观》，贵州民族出版社
1991 年版，第 246—247 页］

7. 锦屏县侗族林王节

启蒙者楼、者抹、便晃、流洞、魁洞、果垢、西洋店等寨过。相传系为纪念明代初期率领婆洞地区侗族人民起义反明而牺牲的英雄林宽而过。时间各寨不尽相同，或农历六月头辰日、或头巳日。头天，寨寨杀猪捶牛，家家开田捉鱼。届日晨，家家包尺把长的粽粑，备菜肴。早饭前，者抹寨得持粽粑、鱼、肉、酒、纸、香等到传说为林宽倒插的枫树下祭祀林王，祭后取下一小块树皮带回用红布包裹让小孩背戴，以求祛灾。其他寨则到寨边古树下祭祀。饭后，老人孩子集中古树下侃林王故事，青年人则比武赛马。

［贵州省锦屏县县志编纂委员会编：《锦屏县志》，贵州人民出
版社 1995 年版，第 142 页］

8. 锦屏县侗族过侗年

侗年，亦称"小年"，侗语称"年更"。唯彦洞、瑶伯、救民 3 寨过。时间先后及长短，村寨、族姓之间各有不同。罗家过农历十月二十七，过三天；周、王姓过十一月初一或十二月初一，过 1 天。年前，家家制甜酒、打糍粑、杀猪、打扫房屋后卫生。届日下午办菜肴祭祖先，吃年饭。女婿得备丰盛礼物去拜望岳父母。次日上午煮油茶、甜酒，亲友互相走访互贺。中午组织斗牛、斗鸟，女孩则踢毽。侗年来历说法不一。一说先时有一年年成特好，谷丰畜旺，人们劳累了一年，见此喜状，便自发地杀猪、打粑、烧酒来庆贺。另一说有一年传说有兵匪过境，时距过年尚月余，人们为不使一年劳动果实落入敌手遂提前过年。

［贵州省锦屏县县志编纂委员会编：《锦屏县志》，贵州人民出
版社出版 1995 年版，第 143 页］

9. 岑巩侗族打"惊蛰"

每年惊蛰节，天马、凯本、天星一带侗族，家家户户用艾叶和柳条扎成鞭子，蘸面灰水和雄黄酒在屋前屋后、阴沟、阳沟、墙角、路边到处洒，口念咒语："金（惊）蛰

节，银蚩节，蛇虫蚂蚁城外歇。"认为这样可以驱瘟除疫。

［岑巩县民族事务委员会编：《岑巩县民族志》，贵州人民出
版社 1993 年版，第 213 页］

10. 榕江县八开公社侗族节日与宗教活动仪式

（1）二月二敬桥节

侗语叫"二月帮桥"，在这一带很具特色。是日，以香、纸、红蛋等供品敬古树，修桥（又叫敬桥）、补路，意为孩子找依靠、找"保爷"，以求消灾难，保健康，并取名为"桥生"等等。

（2）三月清明节

这里的侗族叫"挂清"，与汉族同。清明日及前后几天内，备糯米饭，香纸，酒肉上坟扫墓，并插幡标。祖坟集中、族人多的，要在坟上杀牲野餐一顿，或至少要在坟前吃点酒肉和米饭，说是陪死去的老人进餐。

（3）五月端午节

侗话叫"五月五"。这天，吃棕粑，听说以往还划龙船。

（4）七月半"鬼节"

侗话叫"七月半"。有过十三、十四、十五的，不固定。是日，备三牲（鸡、鱼、猪肉）及香纸祭祖、烧包。钱纸封包上书收件人称谓、姓名，署寄奠人称谓和姓名，火化，说是"给老人寄钱用"。

（5）八月中秋节

侗话"八月十五"。这天要祭祖，吃月饼。酒菜也要丰盛些，全家吃团圆饭。晚上赏月，用月饼祭祖、祭月神。以前还时兴男女"行歌坐夜"时去"偷"南瓜煮吃。名曰"偷"，实际上即使主人碰见了也有意避开，认为被"偷"是好事。不过随着这里"坐夜"习俗的衰落，这类活动也极少做了。

（6）九月重阳节

侗族有句话："九月九，蛇入土"，要打粑粑"堵蛇洞"。所以也叫"糍粑节"。

（7）春节

侗族也叫"过年"。节前，杀牛猪，打年粑，备年货，换春联，张灯结彩。十二月三十晚，设供桌，焚香化纸，吃年饭。玩至深夜，有的彻夜不眠，守岁迎新。

［吴永清：《榕江县八开公社庙友大队侗族社会历史调查》，
贵州省民族研究所、贵州省民族研究学会编：《贵州民族调
查》（之二），1991 年 12 月内部出版，第 50 页］

11. 侗族祭桥节

祭桥节是侗族人民一年一度的传统节日。在侗族人民长期生产生活的过程中，桥起

到了非常重要的作用。侗族不仅"修桥补路，子孙无数"，把架桥修路当成一件善事来办，而且有祭祀桥梁的传统。

农历二月初二，春暖花开，正是祭桥的好日子。这天，侗族家家户户都要蒸糯米，煮红蛋，杀鸡杀鸭，有的甚至杀猪，上桥奠祭。

同时，邀约亲戚朋友到家作客，喝酒吃肉，猜拳行令，极为热闹。

传说，早年侗族祖公祖奶因在农历二月初二架桥而发子发孙。后来，侗族人民为了纪念这个日子，就把这天定为祭桥节，子孙传承，沿传至今。

侗族地区依山傍水，风光秀丽。在侗乡，逢山定有路，遇水必有桥。这些路和桥都是那些热心于公益事业的侗家人修建和架设的。在这些许许多多大大小小桥梁中，有村寨群众集资修建的，也有个人出资修建的；有木桥，也有石桥。木桥，全是用上等杉木建成，架桥的树必须是单数，三五根、七九根不等。架桥的杉木很有讲究，一般选用分叉的树为好，意为发子发孙。砍倒的树苑不准落地，桥未架好前不许跨越砍来架桥的树木。桥建成后，还要在桥的一头修建土地庙，指望得到土地保佑。同时，要推选一名德高望重的寨老主持剪彩活动。主持人一般要念"架设此桥，今后望全寨家家发子发孙，发贵发富"之类的话语。然后，现场杀猪杀鸡。并把血淋在桥的两头，焚烧香纸敬献。

〔杨玉林著：《侗乡风情》，贵州民族出版社 2005 年版，第19—20 页〕

第三节　人生祭礼

1. 三穗县侗族生辰礼仪

夫妻第一个婴儿出生后，将烫鸡用的水和毛一起泼到三岔路口，给过往的行人和亲戚报喜讯，表示这家人已生了个小孩。当婴儿坠地时，外人登门者称为"踩生"，主人家要办一席丰盛的酒席招待，并把给产妇做的第一个熟鸡的脑壳，鸡腿敬给踩生人。相传吃了这餐踩生席，双方吉利。当天，要请左邻右舍的人来吃甜酒，主人家高兴地将许多鸡蛋煮熟，又舂粉粑，都染成红色，称"红粑红蛋"。如果生的是男孩，就派人把这些红粑红蛋和一只大公鸡送至外婆家，外婆将这些东西分给房族、左邻右舍及至亲家，表示外甥已经出世，大家同去庆贺，做外婆的立即携带早已准备好的甜酒、雌鸡、鸡蛋和祝米等物，到女婿家祝贺。

婴儿出世的第三天，主人家要办两三席酒，招待房族、邻居等亲友客人。房族和亲友带着祝米、鸡蛋或钱礼来祝贺，俗称"吃三朝晨"。这天，主家确定给婴孩"打三朝"的日期，告知房族和亲友。

侗族"打三朝"不一定是婴孩出生的第三天。主要是指外婆家、亲戚及房族邻里来庆贺新生婴儿的这一天。以女客为主，男的只是挑东西。这天，外婆家的家族亲眷挑着鸡、鸡蛋、甜酒、米以及背带、童衣、银饰帽、项圈、鞋袜、钱米等物到来，主家须选几名歌手，在大门路口摆上香案、酒肉，为外婆家接风洗尘，并与之对拦路歌后方进屋。次日夜里还举办"吃夜筵"活动，席上双方的歌手互相对歌，祝贺婴儿长命富贵，易养成人，一直唱到夜深鸡叫。到了第三天，主家为外婆办一桌丰盛的"上马席"，双方再从早上唱到下午，外婆告辞，主家以歌相送。婴儿将要满月，要请外公来剃头，把婴儿的头发、胎毛与眉毛刮掉，相传如果不剃眉毛，长大后爱拿别人的东西，而且看见别人酿酒、织布时，会使别人的酒和布变为次品。若不剃胎毛，长大后就会讨人嫌。剃头后，还要把婴儿放在格筛里，在火铺上来回过火三次，说是如此才能长成聪明伶俐的孩子。

在给婴儿剃头的同时，还要用一块小布条将婴儿的五个指头裹起来，称为"捆手"，认为捆了手，将来才不拿别人的东西。

婴儿长到六个月或恰逢年过节时，要办一桌酒席，请寨中的长者来主持"开荤"。长者先夹一片肉，蘸滴酒，用煮好的猪食抹婴儿口，然后祝贺道："恭贺贵子，长命富贵，易养成人，有福有寿，四方纳财，八方衣禄"。念完将肉送进婴儿口中，从此，小孩方可吃荤。

周岁之时，外婆家送来帽子、花衣、鞋袜等礼物，主家办起酒席招待来贺的亲友。当孩儿开始学讲话时，父母和外婆就在火铺上摆一个茶盘，盘内放上书本、算盘、剪刀、尺子、熟鸡蛋等物件，任婴儿抓。如果孩儿先摸书本，表示将来爱读书，如果摸到算盘或尺子，表示将来爱劳动会做生意，如果首先摸着鸡蛋，就认为孩子好吃懒做，将来没有出息。

侗族人一般在四十岁以上才能举行生日庆贺。六十岁为大寿，来祝寿的亲戚朋友多送寿匾、生日糕点、衣服等礼物，主人设宴席款待，祝寿只需要做连根带菜的食品，谓之"长命菜"，席间高唱"祝寿歌"。

[三穗县民族事务委员会编：《三穗县民族志》，贵州人民出版社 1990 年版，第 53—54 页]

2. 黎平县天府侗族的生育习俗

这里的侗族没有专门的接生婆。只由平时里懂得一些简单医药，手脚灵巧而又乐于助人的老太婆帮助接生，切忌男人接生。接生婆所用器具十分简单——一把剪刀或洗净的蚌壳，主要是割脐带。胎盘下地之后，接生婆即用事先捣烂的黄泥将其包住，放在主家的房子中柱脚旁，堆成一个小土包。第一胎生的胎盘堆在房子的中柱脚边，以后每生一胎照往后堆。封胎盘的意思是包裹婴儿的"房子"在家，他的灵魂不会游移，今后孩子就会身体健康，少生疾病。

孩子出生之后忌"踩生"。主家为了防止有人踩生，在门上打草标或悬挂橙子叶，禁止生人入户。只要门上吊有草标，人们就能知道这家已有生喜，并知道生的是男孩或女孩。吊"一"字形放一枚辣椒者为男孩标志，吊"十"字形草标放蛋壳者为生女孩标志，其标志是以男女两性生殖器官为象征所给人们的一种示意。放橙子叶主要是祝福新生儿吉祥，易养成人。三天之间，若有外人不慎入户，属不相识的人，主人叫他喝口水即可离去；若系较亲的人，主人则留对方吃餐饭方让他离去。另外，在三天之内，新生孩子的父亲也不能乱进他人房屋，甚至连别人家的房檐下都不走过。

生小孩的第二天，小孩家要委一老人到外公外婆家去报喜，去者只需带一只大公鸡，因为公鸡吃米头朝地，鸡叫的头朝天，司晨司暮，掌管一天的十二个时辰都能做到准确无误，带着它去报信，表示慎重、准确、无戏言。

生孩子的第三天，都要打"三朝"，打三朝分为大办和简办两种：大办要杀猪，宴请满门宾客热闹一番。大办一般都在生第一胎或多胎连续生女孩，突然生了男孩时才进行，简办只请至亲。在打三朝时，在座老人还要念许多祝词，把媳妇、父母、婴儿、公婆各盛赞一番，气氛十分热烈。三朝酒宴之前，还要举行一个仪式，主人在堂屋摆上一条长凳，一头朝大门，一头朝里屋。凳上铺着新的蛋浆侗布。新生婴儿的父亲站在长凳靠里的一头，鬼师和其他人分站两边。待鬼师烧香化纸念完祝词之后，即把婴儿从房里抱出来，让两旁的人一个接一个象征性地把婴儿从布上走过，边走边说些称赞他如何如何健壮之类的话，然后交给他父亲。走布意即使婴儿的成长像布和蛋那样光滑顺利，道路平坦。这一仪式作毕，开始吃饭。在这次宴会上，由外公和本家班辈大的老人给新生婴儿取名。

取名由鬼师主持。他念词后即先由外公开始赐名，每封一个名字鬼师即打一卦。如是顺卦，即表示小婴儿和祖宗都同意选个名字；如不是顺卦，再依次往下推，直到得到顺卦为止。得名之后，众人一片欢腾，除敬酒外，赐名者还得受主家三杯谢酒。然后就是用银子"压名"，压名由外公开始，后面的人看他压的分量大小，决定自己压多少。压名意为新生儿名重如山，永葆昌盛。如有人在外公未下压银之前下银，或者下的银子比外公的多，则被视为狂妄和不礼貌。三朝酒之后，亲戚们都要前往探望。由妇女们在天黑之前，送一只鸡，一段布和一些糯米、鸡蛋去给产妇补养，曰：看新人。人们为什么都在天黑之前去送呢？因为傍晚是人们收工回来的时候，也是各家各户做晚饭的时候。同时，每送去的人主人都要留吃晚饭，那时送去，主人便于根据客人多少安排晚饭。

侗家姑娘出嫁时，父母一般不给什么嫁妆。待女儿当家生下婴儿后，才被认为是合了郎家水土，真正成了他家的坐家人。这时，岳父便到本房所有的人家去约钱约米，每户出几元、几十元或几十、几百斤糯米（禾）。然后集中起来，由岳父委托一个办事牢靠的人将这笔重礼送到女婿家去，叫做"苟久领"（即兄长弟弟的粮米）。除送钱粮外，岳父还要给外孙制一顶镶有银制品的帽子和一至三套新衣服。饭后，女婿家蒸好糯米饭，并割两斤猪肉，送给每个送钱送米来的亲戚，以示感谢。

钱米送去后，可以用来添置田地和山林，使儿子今后有田可耕，有木造房。有的在婴儿周岁时，由于身体欠佳，尚需添粮添命，以"解关"，因此再进行一次集粮集钱。这种集钱集粮，实际上是一种对女儿的补偿和资助。也是亲友之间一种循环性的互相赞助。乙给甲资助了多少数目，待乙家有同类事时，甲又把同等数目的钱粮回赠给乙。

〔吴定国：《贵州黎平"天府"侗族生育习俗》，贵州省民委文教处编：《侗族历史文化习俗》，贵州人民出版社 1989 年版，第 98 页〕

3. 黎平县侗族"打三朝"仪式

生育的喜庆，是在婴儿出世的三天后，俗称"打三朝"。打三朝分"简办"和"大办"两种，简办只请外婆吃餐便饭即可；大办要杀猪，宴请满门宾客。大办一般在第一胎（不论生男生女），或第一个男孩时办。顺寨等地打三朝时，还要念相当长的祝词，赞美媳妇、父母、婴儿、公公、奶奶。地青、平甫、黑洞等寨的侗族在婴儿出生后，亲戚们家家送去一只母鸡和糯米，到第九天或十一天时，主家才给婴儿办三朝酒。那天，由外婆把煮好的一个鸡蛋拿到婴儿的头上和背上滚过。祝愿外孙像鸡蛋一样洁白光滑，无疮无毒。随父母前去参加的小孩，每人必须得到一个熟鸡腿。

岩洞地区在姑娘出嫁时，不送任何嫁妆，待外孙出世满周岁时，以婴儿身体欠佳，需要给他"解关"、"添粮"，当外公的便到本房族各家去凑集"会钱会禾"。于是，每户各出几元、几十元和数十公斤糯禾，然后委托一个办事牢靠的人带着房族中的小伙子们，将这笔钱粮送到女婿家去，俗称"做会造福"。

会钱会米是循环性相互支持，给各家婴儿置家产。过去用来买田地、山林。如今多用置家庭用具。

这天，女婿将丈人在他女儿刚怀孕时就买给婿家的大肥猪杀掉，用来招待宾客。

饭前，在屋里摆上一根长凳，上面铺着新蛋浆亮布、请阴阳师傅烧香化纸，念完祝词之后，即把孩儿从布上牵着走过去，让其父亲站在长凳尽头，一个接一个地牵孩儿从上面走过，一边走一边不住地赞赏，然后交给他的父亲。宴席中，由外公或阴阳师傅给孩儿取名。宴罢，主家给每户送会钱会米的亲戚一坨糯米饭和约 600 克的猪肉，以示感谢。

铜关等村寨给婴儿打"三朝"，是在丈母娘得到她女儿生育的喜讯第五天之后，便先去看望婴儿，当地称"笋子"壮不壮？若"笋子"强壮，然后在当月择日办"三朝"酒。

当天，女婿家杀猪宴请岳父和自家宾客，岳父家人进门时不送鸡、米等礼物，只有他们以外的人才送鸡或米为礼。阴阳师傅在酒席上念完祝祷词，大家便一同进餐，酒至半酣，女婿委托一位本房长老歌手，向岳父家族人们唱赞富歌敬酒。唱完歌，岳父母等人将数量十分可观的银钱献出，女婿逐户入册。以后在同样场合下将各户送的礼归还。酒毕，在炮声中将岳父与舅舅们送至村外，并将一大块带尾巴的猪肉交给岳父等人抬回家。

［黎平县民族事务局编：《黎平县民族志》，贵州人民出版社1989年版，第65—66页］

4. 黎平县侗族在求子中的架桥仪式

架桥是求子的习俗，分为"架阳桥"或"架阴桥"两种。架"阳桥"主求得子，或用小杉树条或茶罐（内放许多迷信品），偷架于暗处，使人误踏上去，达到获得儿子的目的。架桥所得儿子，呼为"桥生"、"桥来"。故许多母亲在二月初二要煮红蛋给自己的儿子吃，使他留念自己的父母，不至于另去投胎。架"阴桥"也叫帮桥，是将现有木桥或石桥拼宽，在新加的桥身上钉些红、蓝、白布条和剪纸，意取"修阴积德"。保佑自己儿子身体健康。同时将儿子名字易为"桥保"、"桥富"等。

［黎平县民族事务局编：《黎平县民族志》，贵州人民出版社1989年版，第140页］

5. 黎平侗族打号记

打号记是侗族妇女背小娃到另一个寨子去，即用手指在他两眉之间打上一点锅烟，或在村外折枝金鸡尾草插在幼儿的帽子上，表示打了号记。有的在帽子上横插银针，并将一颗红辣椒与针吊成"十"字，表示"利、辣"，别的妖怪就不敢惊动幼儿。

［黎平县民族事务局编：《黎平县民族志》，贵州人民出版社1989年12月出版，第140页］

6. 岑巩县侗族乞儿凳与立桅斗

在农村的山坳上，常常可以看到两根打进土中的小木桩，上面安着一块约一米长的木板做成的长凳。这就是无儿无女的人家为求子息而特制的"乞儿凳"，其意是"修阴功"、"积阳德"，祈求上天赐给他们儿女来传宗接代，不至于断了家里的香火。桅斗，则立在土地庙旁，左右各一个，即在栽插地上的两根木柱上部各钉一个四方形斗合，木斗板上写着"长命富贵"、"易养成人"，祈求菩萨保佑儿女消灾、脱病、成人。此外，有的人家还以"架桥"、立指路牌等来"修功积德"、"保佑"儿女无灾。

［岑巩县民族事务委员会编：《岑巩县民族志》，贵州人民出版社1991年版，第213页］

7. 岑巩县侗族讨百家衣和百家饭

思旸、水尾等乡镇侗寨人家因娃娃不乖（生病）或"八字大"，生怕难以长大成人，父母就带着他挨家挨户去讨"百家衣"和"百家饭"。讨"百家衣"就是挨家讨块布，连缀衣给娃娃穿；讨"百家饭"，其实是讨米，任凭主人家给多少是多少，煮给娃娃吃。挨家讨布讨米时，必须站在堂屋外面，靠在壁头上，像叫化子（乞丐）一样拿着口袋，伸着手，向主人家乞讨。名为讨"百家衣饭"，实际上只讨几家，多选择万姓、石姓、白姓人家，因"石"与"十"同音，"白"与"百"同音，讨一户姓石的人家就算得了十家，讨一户白姓的人家，就算是满了"百家"，到姓万的人家去讨算讨得了"万家"的东西。此外，还可以给孩子取"贱狗"之类的诨名，有的地方则要孩子喊自己的母亲为"满娘"（小姑），不让喊"妈妈"，认为小孩"八字大"，以为如此可使灾邪不上身等等。

［岑巩县民族事务委员会编：《岑巩县民族志》，贵州人民出版社 1991 年版，第 214 页］

8. 剑河县南明侗族"求龙宝"活动

　　春节期间，生活在剑河南明等地的侗族人民，春节玩龙耍灯有求龙宝的风习。没生男孩的人家希望添个儿子，继承祖业，往往求龙送子，所以，凡是承办玩龙耍灯的寨子，却必须多扎几个龙宝，准备为求龙宝的人家送龙宝。求龙宝的人家须在年前向灯头说明求龙宝的虔诚，求得灯头的同意。

　　侗家玩龙耍灯，一般选在新年初三这天，举行朝龙仪式。这天，全寨灯众，敲锣打鼓放鞭炮，舞着新扎的龙灯到本寨公认的龙脉地方去举行朝龙仪式，燃烛献茶，唱诵吉令。过了三朝年，初四的晚上便正式出灯，灯头事先通知求龙宝的人家，约定送宝日期，求龙宝的人家按照约期好作接龙的准备。龙灯按约上到求龙宝的寨子去玩龙耍灯，家家户户香花蜡烛接龙灯。龙灯挨家挨户讲祝贺吉令，最后来到求龙宝的人家送龙宝。求龙宝的人家，灯火辉煌，鞭炮连天，举行隆重的接龙宝仪式。送龙宝的讲完祝贺来年添龙子的令词，息鼓停锣，接龙的寨上争留玩龙耍灯的人上家作客，热情款待。求龙宝的人家更为盛情，至少准备了一二桌客的酒菜，龙客中必有几位灯头。求龙宝的人家表示诚心诚意，才能感动龙神施恩。龙客一进火炉边，首先一碗烫甜酒暖肚肠，接着入席饮酒，划拳唱歌，酒席上客、主歌音不息，都是祝贺"来年添贵子"和"感谢金玉良言"的内容。席至尽兴下桌，灯头安排明灯鸣鼓，辞行回寨。

　　求龙灵不灵，就看来期了。倘若求子人家在年内添生儿男，就声张宣扬："求龙显应生龙子了。"送龙宝的和求龙宝的都感到光彩乐意。要像人们生男添女报"丫婆"[①]一样，拿母鸡、拿红鸡蛋和糖酒礼物，上送龙宝的灯头家报"龙丫婆"。灯头便要告诉灯众，筹备衣、帽、鞋、袜、包被、背袋、垫片等礼物，准备在来年春节，上求龙宝的人家去当"龙丫婆"贺三朝。

---

　　① 编注：当地侗族称外婆为"丫婆"。

第二年春节，送龙宝的灯头。事先通知了求龙宝的人家，预告"龙丫婆"上他家贺三朝的日期。求龙宝的人家早在腊月间就准备好了一二十桌的酒水肉菜为迎接"龙丫婆"贺三朝。

来年，龙灯按约来到求龙宝人家的寨上，依旧是挨家挨户耍龙讲吉令结束，龙灯便跟随毕恭毕敬接"龙丫婆"的人，上求龙宝的人家当"龙丫婆"贺三朝。献过礼物，看过"龙子"，上桌饮酒。今宵席面，胜过平常，确实体面极了，主家灯火耀眼，气氛洋溢，转酒、调酒，喊拳，唱歌：

> 黄龙头上三点青，龙王送子耀门庭。
> 一贺主家人旺象，二贺龙子人聪明。
> 三贺龙子易成人，四贺龙子精书文。
> 五贺龙子登虎榜，六贺龙子中功名。
> 七贺龙子多富贵，八贺龙子添寿星。
> 九贺龙子多福气，十贺龙子美前程。
> 一人有福众人享，侗家人众记龙恩！

主人接音答歌，代替"龙子"表答感谢之情。一贺一谢，输赢难分。鸡叫三更，才停止歌唱，敲锣鸣鼓，放鞭炮，全寨人众欢送"龙丫婆"转回屋。

[李万增：《"龙丫婆"》，贵州省志民族志编委会：《民族志资料汇编》（第三集），1987 年 11 月内部出版，第 199 页]

9. 锦屏县石引村侗族架桥、敬桥活动

在石引人心目中，桥是一种实体建造物；也是一种抽象象征物：吉祥，更是积善的标志。相传从前有一对夫妇，久婚无子，他们心里很着急。一天，他们在溪边干活，看见有个老者，白胡子白头发，一拐一拐地走来，要蹚水过溪去。正值春天涨水，老者过了三次都过不去，坐在溪边叹气。夫妇俩见了，就砍下三根长长的杉树架成桥，让老者过溪。老者从桥上走过，到了对岸，也不谢一声，转眼间便不见踪影。过了一年，这对夫妇生了一男孩，白白胖胖的，夫妇俩高兴得合不上嘴，就去溪边敬老者走过的桥，这天正好是二月初二。他们久婚无子、搭桥生崽和敬桥感恩这件事很快传开了，人们仿效着，在二月初二这天去架桥，有了孩子又选这一天去敬桥。世代相传，便成了风气，一直保持到如今。现在不同的是，有的并不架真正的挢，而是架象征性的桥。如，请道士来选位置，在平地上架，或干脆架在堂屋到里屋的门边。所用的材料则是三根削成四方的小杉木，长约一尺二寸，合排在一起，钉在地上或堂屋靠里屋的门边（人经常踩到）。架桥时，道士念念有词，代表主人祈祷所求的那些，请鬼神保佑恩赐。所用的礼品是肉块、米团、酒菜、香纸等。若以后有了崽，去敬桥报恩，就不用请道士了。孩子大了，则由孩子自己提供品年年都选二月初二去敬桥。

无须求子的人，也积极架桥敬桥。不同的是，他们架的是真正能行走的桥，他们敬

的也是真正的桥。相传架桥敬桥能积下阴德,消灾消难。所以,人们都乐意参与修桥架桥。现在石引村寨周围七里之内,过沟过溪,处处有桥。大型石拱桥两座,建于清代。石板桥三十余处,木桥不计其数,这些都是世代积德的结果。

在生活中,还有种种引申借义的桥。如男女青年谈情说爱,由一伙在一起玩发展到一对在一处玩,要举行两两结伴的所谓"架桥"仪式。

替人家撮合生意,使两家都受益,也是为人搭桥。

当青年人的谈情说爱介绍人,也是一种架桥。丧偶者再婚,要人引线,这也是架桥。

总之,这种种引申借义的架桥,石引人是乐意去做的。在他们的生活中,这种意义的架桥,也是频繁发生的事情。

［傅安辉:《石引侗家的习俗琐记》,贵州省志民族志编委会:《民族志资料汇编》(第三集),1987 年 11 月内部出版,第235 页］

10. 从江县九洞侗族男子的成年礼——取楼名

九洞侗族,个人在一生中有三个名字,即小名、鼓楼名、亲子从名。

小名,是儿童时代供人称呼之名,亲子从名,是人生某一阶段的称呼,如结婚生子以后被称"甫某某"或"乃某某",意即某某之父或某某之母,在此以后一般不再有小名。到了有孙子阶段则被称为"公某某"或"萨某某",即某某之祖父或某某之祖母,一个人在有了子孙以后,一般人只称其亲子从名,但长辈仍可直呼小名。

鼓楼名,这是男性成年人终身称呼之名,是人生最为稳定的名字,它近似汉族的大名或字或号的称呼,取楼名是九洞男性成员的一件庄重而有意义的命名仪式。现将往洞寨的取楼名程序叙述如下:

甲,请求命名:取楼名是男性专有权利,一个男孩到了青年阶段即可请求取楼名,但年龄要逢单数,如十三岁、十五岁、十七岁。取楼名时间要在农历大年初一这一天。请求提名者提一藤篮腌肉、一只煮熟公鸡、一壶酒、一挂鞭炮到楼内请求大伙(众青壮年)和巫师给自己起名。因之取楼名往往是一种集体性的娱乐活动。

乙,念取名经:当请求取名的人到齐后,寨上其余青壮年聚集鼓楼内,围炉而坐。请求取名者并排坐在一条长凳上(鼓楼内四柱之间设有四条宽大的长条凳),围观者有的坐凳,有的站立,静静地听巫师念诵取名经。取名经的内容引古证今,说明岁月在更换,人名也需更换,换去不好的旧岁月,还来吉利的新岁月,换去旧名,迎来新名。如取名经的开头这样说:

连告别旧岁,换来新年;/连辞去凶年,迎来吉年;/连凶年远去,吉年来临;/连凶年有终,新年复始;/年有复转,月有复回;/年转有发,月回有旺;/新年到了,酒备好了;/新春融融,美酒入瓮;/今日进楼,敬请老人。/为我取名。

取楼名是有一定规则的，它是避父连祖。如取名经这样说道：

新年取名，月初吉利；/公叫啥，我叫啥；/连公名，我家发。/公名银，我连银；/靠公名，有金银。/祖母名，都相连；/祖父名，紧不离。

巫师念诵完取名经后，便请到会众人为请求者取名。这时众人针对取名者的相貌、体形、性格、嗜好等特征，给他取个名副其实的楼名，当某人提议大家附和时，即请巫师卜卦，如获顺卦，此名即成立，如不是顺卦则再次提名，直到某人楼名成立为止。如此依次把各位请求取名者皆得楼名为止。"靠曾连祖"的取名原则。其意思是把自己的楼名和祖宗的楼名连贯起来。间隔父辈紧连祖辈，如吴传田老人，他今年75步。他的高祖叫吴传抵，曾祖叫吴超龙，祖父叫吴传香，父亲叫吴超千，自己名叫吴传田。这五代人的楼名，都在传、超两个字号反复轮回应用。这就是往洞取楼名"靠曾连祖"原则的具体运用。

丙，命名宴：往洞过去有三百往洞之称，在有三百户人家的村寨里，每年都有几名适龄男性（13、15、17岁）要求取名。由于都要在大年初一这天举行，故命名仪式实际是一次很有乐趣的群众聚会，因为每个请求取名者都提着一篮腌肉、一坛酒到鼓楼来供到会者享用，酒肉数量是足够的。取名成功后举行的聚餐，实际上是一次充满欢乐气氛的命名宴。这时新受名者不停地向到会亲友敬酒敬肉，亲友们有趣地呼喊受名者的新名。因为楼名是按照各人的性格、爱好、特征命定的，很多人的楼名包含有令人发笑的含义，有的诙谐含意称呼起来既逗趣又贴切。使受名者乐于接受。因之对某人的楼名取得很恰当，称呼起来往往引起人们哄堂大笑。往洞的男子汉们在大年初一这样隆重的节日里。他们不祭天不求神而是聚集在村寨的心脏里——鼓楼过着一个有意义的命名集会。新名象征着辞旧迎新，它像日月运转一样，辞去旧岁迎来新年，人生永远是兴旺的。

[向零：《重访九洞——下半款侗族社会调查》，贵州省民族研究所、贵州省民族研究学会编：《贵州民族调查》（之十），1992年11月内部出版，第202—203页]

11. 榕江县八开公社侗族婚俗中"求八字"与"看鸡眼"

这里的习俗，从恋爱到结婚还要经过"求八字"、"看鸡眼"。

经媒人说合，若女方同意，便要"绳孟"即送篮子，求年庚八字。篮内有两斤杂糖，两瓶酒、两个红包（每包一元）、两锭墨、一对毛笔。

"八字合"了，还要经过看鸡眼，才最后确定婚姻关系。订婚要送五十到一百元作订婚礼。去女家看鸡眼时，择吉日，备酒四十或五十斤，半边猪（60余斤），一斗一升米的糯米粑（合36斤），五斤米的黑糯米饭，两只鸡，一只鸭，一百二十元（近年来要240元）作礼物。随去的有一位长辈和同辈人五六个，在女方吃一餐或住一夜。看鸡眼是订婚的最后过程，故双方十分认真。煮鸡时，双方老人围坐锅边，唯恐对方从中作梗。

［吴永清：《榕江县八开公社庙友大队侗族社会历史调查》，贵州省民族研究所、贵州省民族研究学会编：《贵州民族调查》（之二），1991 年 12 月内部出版，第 51 页］

12. 从江县往洞乡侗族育儿习俗

婴儿出生之后，先用水与之洗澡，而后把脐带拉至膝盖处，用竹刀刈掉多余部分，并将这一部分以纸包好，藏入衣笼或箱子里。以为这样，婴儿的脐带才会早日痊愈，不致发炎出水。至于"胎盘"，有的则置于房屋楼下中柱，并以两块瓦覆盖好。

与此同时，须向婆家报喜，否则被婆家责备，视为不认"原根"。是时婆家送来白米数碗，煮成稀饭，让其女先喝，才能吃家里食物。这叫做"苟孝隆"意为抚胃之米，否则产妇绞肠痛肚，不得安宁。

而后举行抱婴儿仪式。生男者，找一男孩来抱，生女者，找一女孩来抱。但抱婴儿者，须父母双全，系外家族的人。抱毕，主人与之三个蛋，一团糯饭，一盒腌鱼，以示酬谢。是时，才允许外人进家。

至第三日，有的办"三朝酒"，宴请婆家、亲友，有的要延至半月之后才办。是日，婆家送来棉被，布疋，背带等物，远近亲友送米二三升，五六升不等，主人除设饭菜招待之外，另回赠猪肉一串，表示答谢。但也有的非常简单，当婆家送来糯米，鸡等礼物之时，主人请同房家族，与之同餐共饮，并以腌鱼回赠，即告结束。

婴儿满月，须背往婆家，这叫做"旦讪"，意为一月之终断。其礼仪殊异，各有亦同。

在乌架：选一祖母背婴儿，由其母挑一篮糯饭，一盒腌鱼，同往婆家，于婆家同食一餐，并给婴儿剃发，而后将剃下之发掷入火塘灰中。这样，婴儿才不致"吃惊"。婆家则送鸡一只，五六十斤禾谷，由其兄弟陪送回家。

在增盈：离家前，须先用锅烟在婴儿额上画一点，谓之"给"，意为"粪便"可以避邪。由祖母或伯母背婴儿，其母随带糯饭一篓，腌鱼一盒。到婆家时，婆家须留出空屋，让背婴儿者入室，并由外祖父或母舅为婴儿剃头，剃下之发，与其母携带回家，藏于衣柜底，或床下草垫，婴儿才得安眠入睡，否则容易夜哭，闹得母子不得安宁。回来时，婆家送一篓糯饭，一盒腌鱼，并用锅烟于婴儿头额上画一点。

在宰友：先请一巫师，杀二鸡一鸭，于家里举行所谓的"改"，意为给婴儿添寿，即以一根竹子，悬挂三束禾于其上，由婴儿的父亲持此竹竿，随带鸡肠、糯饭等物，插在村旁野外，而后要一少女背着婴儿，与其母同往婆家，并带去饭、鸭、鱼等。在婆家祭祖，同餐共席，归时，婆家赠以糯饭，腌鱼、禾谷三五挑，由其兄弟陪送到家。

在高传：有的情节与上述相似之外，婴儿同样要在外婆家由外婆为之剃发。

至于为婴儿起名的时间和对象，各村寨不一，有的在"三朝"时，即请一年岁最高者，不论是祖父或外祖父均可。但也有的于满月之后，再请外公来为之起名。

另外，在宰友等地，过去还盛行溺婴之俗。须留多少子女，往往因家产之多寡而定，认为儿女多了，不但难以养活、喂饱，而且容易出强盗，引起社会不安，因而一般生了一两对男女之后，多余的一概扼死。其方法：一是以胎盘扑鼻，憋死婴儿；一是用两根木棍，把婴儿卡死。据说：此俗在新中国成立后才停止。

对于这种产妇须先吃婆家之粥，而后才能用自家的饭，以及婴儿须请外族的男孩或女孩来抱，才能让他人入室，以及婴儿须于额前作标志和由婆家剃发或外公起名之俗，似属母系氏族的产物，即女子虽然外嫁，移居于其他氏族，并成为这一氏族成员，但其血缘来自母方，因而在生育时，须由母方料理，所生子女本属于母方氏族的反映。

> ［张民：《从江县信地乡的婚姻调查报告》，贵州省民族研究所、贵州省民族研究学会编：《贵州民族调查》（之三），1985 年 10 月内部出版，第 256—257 页］

13. 广西三江县侗族"封魂"

广西三江县程阳—林溪河流域的侗族，在过去，凡母亲带幼儿（婴儿）回娘家，或者带幼儿到别寨串亲访友或参加红白喜事，或者带幼儿参与郊野盛大社交活动等，需请巫师占卜画符，找一只小蜘蛛装入三角形"魂囊"内给幼儿挂颈上，并在其天目穴画上茶油拌锅墨灰的黑色圆点，以示"封魂"，使魂安居体内。

> ［杨保愿：《侗族蜘蛛崇拜文化》，《文化研究》1997 年第 2 期，第 46 页］

第四节　神判

1. 侗族的神判

侗人认为，神灵最公正，它们能辨别正义与邪恶、好与坏、罪与德的界限。如当行窃者矢口否认自己作案，执款的款首们无法判决，或两人有案争执，甲一口咬定是乙，而乙又矢口否认而使执款人无法断案时，就采用"神判"判决。侗族款区的神判方式有"捞油锅"、"砍鸡"、"煮粽子"、"衔接枪尖肉"等等。"神判"通常由巫师主持，称主持人为"中人"。通过神判的案子，当事人和众人绝无异议，只能信神，不能自信。即使被冤枉，也不反感，因神灵力大无比，且超越世人。

> ［欧潮泉、姜大谦编著：《侗族文化辞典》，（香港）华夏文化艺术出版社 2002 年版，第 213 页］

2. 衔接枪尖肉盟誓

　　款内发生偷盗或"勾生吃熟"等危害广大款众利益的重大案件而又无法查明犯人时，说明款内隐藏有坏人，不除则必衍害根本，要重新起款起誓，以加强团结，同时寻找坏人。在此情况下便集合款众，举行"衔接枪尖肉"盟誓。届时，受害者（原告）在款坪上备好1桶或数桶酒，杀牛，将牛肉切成手掌般大的肉块，煮熟，装在木桶里。然后款首向款众宣讲"侗家要相聚成团，相连成寨"，如有人勾引坏人进寨或偷盗干坏事，我们要千人去抓，万人去拿，让他不得好死，要他死在枪尖之下，……云云，声音沉重，语气坚定，气氛紧张严肃。款首说毕，到场的人们相继上台，在众目监视之下手端一碗酒向众人起誓："如果我勾引坏人，引敌进寨，做了坏事（具体案情），就死在枪尖底下。"誓毕，将碗里的酒一饮而尽。然后款首用上刺刀的枪或长矛戳桶内的1块肉，递到誓者口中，誓者用嘴衔接而后离开。款众一个接一个轮流发誓，如是作案犯事的人，便会在公众面前和枪尖之下，神色剧变，被吓瘫倒，暴露其案犯身份。

［欧潮泉、姜大谦编著：《侗族文化辞典》，（香港）华夏文化
艺术出版社 2002 年版，第 212—213 页］

3. 吃生鸡血酒

　　吃生鸡血酒是在事案无法判断之时，双方请一中人（一般为巫师）为证，砍一公鸡之头滴血入酒中，双方对天发誓，若谁作恶，如鸡断头等等，视今后谁有灾祸者即是神对亏理者的报应。

［王胜先：《侗族的宗教信仰》，贵州省民委文教处：《侗族历
史文化习俗》，贵州人民出版社 1989 年版，第 295 页］

4. 煮米

　　"煮米"又称"煮粽子"。当事人各用一片粽粑叶，包一撮等量的大米，放入锅中同煮，同时取出，以夹生为输。反之了事，彼此无关。

［贵州省地方志编纂委员会编：《贵州省志·民族志》，贵州
民族出版社 2002 年版，第 358 页］

5. 锦屏县石引侗族割鸡头了结纠纷

　　无法解决的纠纷，要通过割鸡头来了结。如甲在山上砍下一些柴，打算放干后再去扛。别人见后，却把它先扛走了。甲发现柴已不在，多方打听，怀疑是乙扛走的，就去跟乙追要。乙说不得扛，要是有人看见他扛走了柴，就请人来作证。这时，如没人作证，而甲执意认定是乙，乙又坚决不承认。在这样的情况下，就只好通过割鸡头来了结甲乙的纠纷。

由甲乙双方出钱买一只公鸡，选已会鸣叫的，再去请来中间人，一般由寨上有威望的老者充当。甲乙两人和中间人来到村上集会的地方，人们自然围来观看。这时由甲拿鸡头，由乙拿鸡脚，中间人拿快刀，进行割鸡头的仪式。中间人说："你们二位共井吃水，共寨生活，前无冤无仇，今为此事纠纷，以割鸡头了事，做得绝啊！刀落之处，生灵升天。血流出来，污点腥臭。我做中间人，此时此刻，再三再四劝你二位，大庭广众之中求你二位，让这只公鸡回到它的安乐窝，重新报晓。你们二位各回自家，心平气和，友好相处。否则，刀落之后，切莫后悔。"甲乙听了中间人的最后一席话，若有一方撤回原意，就不割鸡头了。若是双方决意要割，那么，中间人就履行职责。他说："双方各自诅咒。"于是，甲说："谁做缺德事，谁的下场就像这只鸡！"乙说："谁诬赖好人，谁就和这只鸡一样不得好死！"诅咒完毕，中间人执刀而起，快速割下鸡头，这样，就算了结了纠纷。

不管发生什么纠纷，只要无人作证，又没人能够调解，当事人又不肯罢休，都用割鸡头来了结。

过后，若是有一方出了天灾人祸，便被认为是割鸡头的灵验（报应），是其做了亏心事得的下场。如果过了若干年，双方生活都很顺利，没什么不幸，那么，从前的事也就渐渐被遗忘掉。

〔傅安辉：《石引侗家的习俗琐记》，贵州省志民族志编委会：《民族志资料汇编》（第三集），1987 年 11 月内部出版，第 233 页〕

6. 往洞捞油锅与割鸡头判案

捞油锅是神判的一种方法，侗语叫"林汤"。其进行方法是：于裁判场地架起一口大铁锅，内装大半锅水，把水烧开后，放入松香油一斤，菜油四两，白米一升，用棕片包裹的斧头二把，由乡老主持，原告和被告要穿着白衣、白裤、头戴白头帕，怀抱公鸡进入裁判场。由乡老下令，原告、被告二人同时用手从锅里捞取斧头一把，然后由乡老们及到会大众观看，谁的手臂起泡——被烫伤，谁就认输。

这样的事例，在 50 年前往洞曾发生过一次。当时增冲寨的石老库丢了一头黄牛，他认为是往洞寨的吴甫退偷了。而吴甫退认为被诬赖，两寨便告到乡老那里，由于一方咬定对方偷牛，另一方则矢口否认。经商定，由"捞油锅"来"判明真相"当天，由九洞乡老们主持，在往洞河沙坝集会，除两家当事人出席外，还有增冲、往洞两寨的村民也参加了。这天两家当事人身着白衣裤，头戴白头帕，怀抱白公鸡步入现场，气氛紧张、严肃，在当事人各自对天盟誓后，乡老当即宣布捞油锅开始。这时，往洞人吴甫退的公鸡雄赳赳地鸣叫起来，而增冲人石老库的公鸡不但不叫，而且低下头来，增冲人心慌了，不敢捞油锅。主动撤诉，表示认输，认罚赔偿往洞人的名誉，案件得以解决。

砍鸡头也是神明裁判的一种方式。之所以要砍鸡头，是由于纠纷双方在寨老们调解无效的情况下，而采取的一种断案方式。具体办法为：由寨老选定一场地，或在鼓楼坪，或在寨边的一处空旷地方，砍鸡场地两端各钉一根木桩，用一根草绳系于桩上。以草绳画为中线，寨老们站在中线正中，原告在右方，被告在左方，手持雄鸡，在向村民说明砍鸡原由后，当众一刀砍下鸡头将鸡置于线的正中，这时垂死雄鸡在场地上挣扎蹦跳，最后死鸡停留在哪方，哪方便是输理者。

这种裁判方法，往洞在 67 年前（1925）曾发生过一次，当时杨甫香说吴乃汤偷他的一箩米，吴乃汤说是被诬赖了，找到寨老评理，谁也说不服谁，最后同意举行砍鸡头来断案，结果鸡死在杨甫香一边，他只好认输，按规定除负责请寨老吃一餐酒肉外，还被罚 66 毫银，这案件才算了结。

［向零：《重访九洞——下半款侗族社会调查》，贵州省民族
研究所、贵州省民族研究学会编：《贵州民族调查》（之十），
1992 年 11 月内部出版，第 204 页］

第五节　建房中的祭礼

1. 剑河、三穗、锦屏、天柱等县侗族"踩财门"习俗

剑河、三穗、锦屏、天柱一带侗寨都有"踩财门"的风习，尤以剑河四区南明一带地区踩财门的风习情趣特为浓郁。勤劳淳朴的侗家，寄以祀祭风习，以求谷米丰收、财源如意，安稳过日。

"踩财门"也叫"开财门"。平时的求祀财畜兴旺，时运亨通的开财门。新建房子立大门的仪式，谓之"踩财门"。虽有"踩财门"、"开财门"的一字区分，但其仪式无异。凡是礼兴这宗风习，主家必是事先选定吉日吉时，礼请木工技艺高明的木工师傅代行鲁班仙师，和相请地方上儿女齐全、家下富有而德高望重的乡老代行财北星师于夜间进行。举行风俗仪式，除了备办斋粑、豆腐、刀头、香纸、还备大雄鸡一只及酒肉。是夜夕亥辰刻，主家屋内灯火辉煌，排设香案，木匠师等候于屋堂内，大门关闭，迎候"踩财门"的人。"踩财门"的人必须尊重主人之信赖，按期到来踩财门，不可失信误约。木匠师与踩财门者隔门以吉令一问一答地进行。踩财门者身背包袱一个，手持雨伞、秤、茶盘，行至主家门前即止步，念诵吉令：

天地开张，日时吉良，鲁班仙人造华堂。

上面造起天官府，下面造起宰相堂。

两边造起龙和宝，中间双凤来朝阳。

不是三星夸奖你，鲁班手艺本高强。

候在尾堂内的木匠师以斧头捶大门三下，接声答念吉令：

　　天上北星定北斗，地下龙星定龙神。

　　主家选取吉年吉月吉日吉时定，要等天上福禄老寿星。

　　要等三星来到此，方能动步踩财门。

　　若是三星不来临，不怕讲到明早晨。

踩财门者念诵吉令：

　　吾奉玉旨下天庭，望见主家闹沉沉。

　　不晓主家为何事，不晓主家立财门。

木工师答念吉令：

　　请问三星姓和名，不知你是哪州哪县人？

　　不知你父名和姓？不知你母姓和名？

　　所生兄弟人几个？大哥不知叫何名？

　　你的排行名第几？你是哪年哪月哪日哪时生？

　　从头一二开报我，我与三星开财门。

踩财门者接念吉令：

　　有功禄的先师问庚生，静耳从头仔细听。

　　我在大罗天上坐，云霄宝殿安吾身。

　　混沌初开先生我，先有我来治乾坤。

　　开天辟地就生我，我是吉年吉月吉日生。

　　天王公就是我的父，地王母就是我娘亲。

　　所生兄弟人五个，大哥有名福德星。

　　我的排行名第五，自古留名到如今。

木匠师答念吉令：

　　昨夜你到哪里黑？昨夜你到哪歇？

　　又是哪人催动你？你急急忙忙赶路行。

踩财门者接念吉令：

　　昨夜我在天宫黑，昨夜我在天宫歇。

　　又是玉皇催动我，急急忙忙赶路行。

木匠师答念吉令：

　　前三后四我不明，哪个与你开天门？

　　谁个与你驾祥云？为与谁个进金银？

踩财门者接念吉令：

　　玉旨倒下全皆门，天门土地忙开门。

　　众星都把祥云驾，为与主家进金银。

木匠师答念吉令：

　　三星是从旱路行？三星或从水路行？

或是乘云与驾雾？你今对我说分明。

踩财门者按念吉令：

三星今日来得忙，东西南北走一场。

旱路不过一时候，水路不过一时辰。

腾云驾雾来得快，来与主家踩财门。

木匠师答念吉令：

旱路经过几十几个弯？水路经过几十几个滩？

路上祥云有几朵？几朵祥云献中间？

踩财门者接念吉令：

旱路九十九个弯，水路九十九个滩。

路上祥云有五朵，五朵祥云献中间。

木匠师念吉令：

一个弯内几根桃？几根直来几根弯？

又有几根结桃果？几根甜来几根酸？

江边几个打鱼汉？一齐相会在哪滩？

前面几个拿丝网？后面几个拿钓竿？

踩财门者接念吉令：

一个弯内八根桃，四根直来四根弯。

四根桃树结桃子，两根甜来两根酸。

江边两个打鱼汉，一齐相会凤凰山。

前面一个拿丝网，后面一个拿钓竿。

木匠师念吉令：

不知哪位上前走？不知哪位走中间？

从头一二开报我，三星对我说直言。

踩财者接念吉令：

前有紫薇来高照，中有文曲武曲星。

今日三星来到此，财北星师随后跟。

木匠师念吉令：

头上戴的什么帽？哪样袍衫穿在身？

哪样带子腰间捆？哪样靴子脚上穿？

踩财门者接念吉令：

头上戴的乌纱帽，紫罗袍衫穿在身。

黄金玉带腰间捆，皂踏靴子脚下穿。

木匠师念吉令：

前头带的哪几样？后头带的哪几行？

左右带的哪几样？三星对我说端详。

踩财门者接念吉令：

　　前面带的五男和二女，后面带的金玉满堂。

　　左带财源滚滚，右带成谷满仓。

　　今日三星来恭贺，恭贺主家福安康。

踩财门师，用手推门进屋念吉令：

　　左手开门金鸡叫，右手开门凤凰声。

　　左脚踩门进财宝，右脚进屋带儿孙。

主家鸣炮，木匠师杀雄鸡以血淹门。踩财门（或开财门）的仪式于此结束。主家排席设宴宵夜，开怀畅饮，猜拳唱歌。木匠师和踩财门者多以吉利的语言祝贺主家，主家则以"承谢金言"……答谢，喜气洋洋。酒至尽兴方离席休息。

［李万增：《"踩财门"》，贵州省志民族志编委会：《民族志资料汇编》（第三集），1987 年 11 月内部出版，第 214—216页］

2. 三穗县侗族建房中的上梁与开财门仪式

　　房架立起后，要举行上梁仪式进行庆贺。主家准备好一根大梁、一根紫梁，找四个能说会唱的人抬着，再备两张红布，以四锭墨、四支毛笔、碎银和大洋等包扎在红布内，用钉子将红布四角钉死在大梁上，大洋打进梁中。木匠师傅以锉子、凿子开梁榫，称为"开梁头"，主人身穿长衫以后衣襟接梁头，师傅唱"开梁歌"道："开梁头，主人代代出公侯；开梁腰，脱下蓝衫换紫袍；开梁尾，富贵荣华今朝起……"之类的吉语。

　　上梁时辰到，四人将梁柱抬上置于中柱上，再用绳子吊上内装糍粑、菜肴等供品的箩筐，师傅手拿用红布包好的五尺棍走到楼梯边，念颂《上梁歌》：

　　要福赐你福满门，/五谷年年得丰登，/六畜兴旺样样好，/金银宝贝垫墙根。/要贵赐你出贵人，/又有武来又有文，/文的提笔守天下，/武的走马定乾坤。/……

　　木匠师傅边上边唱，到达中梁，换上新制的布鞋踩梁。接着从梁上丢下几对宝梁粑、碎银等物，主家扯开被面接住。师傅丢宝梁粑时唱道：

　　一对糍粑抛向东，/代代儿孙坐朝中，/玉龙顶上金梁架。/凤凰朝阳引文龙。/一对糍粑抛向西，/荣华富贵般般齐；/雕龙画栋世间少，/燕居高楼凤来栖。/……

　　在屋梁上的人往下抛糍粑，让看热闹的人们去抢。

　　上梁礼仪结束，接着举行大门仪式。立房后，先做两扇大门安好，主人办一桌酒席置于堂中，请人扮作"财帛星"，身披"褡裢子"（口袋），内装一把秤，手拿一把伞，在大门口喊道："开门、开门"，木匠于门内问道："你是什么人？"答曰："我是天上财帛星"。经过一番问答后，"财帛星"唱起《开财门》：

　　摇摇摆摆上金街，/财帛仙人下凡来，/一步金街，一面朝山来，/二步金街，二面朝水来，/三步金街，挑金挑银来，/来到你家主东财门开。

大门开后，"财帛星"边跨门边唱吉利的歌，将褡裢子等物递给主人，又唱恭贺主家的吉祥歌，便入席同饮，互唱贺新屋歌。

[三穗县民族事务委员会编：《三穗县民族志》，贵州人民出版社1990年版，第53—54页]

3. 九寨侗族建房仪式

在居住民俗中，九寨最大的特点是渴望吉利和发家发富的意识很浓。在整个木楼的修建过程中，在住进去以后的岁月里，都时刻和处处在讲究这个东西。如果一栋木楼住了以后，不吉利发旺，人们就会把它改装改向，甚至拆掉另起新的。下面我们以建造木楼的过程为例，来看九寨人讨吉利和渴望发旺的浓重意识的表现。

定尺寸　木楼式样、大小、高矮都有一定的尺寸。屋高常是一丈七八、一丈八八、二丈八八……屋的纵深多为二丈八八、三丈一八、三丈七八……而楼梯、窗格、火炉的修造尺寸则要取六。总之，九寨木楼的一些尺寸离不开八和六。九寨的俗语说："屋高逢八，万载通达"、"进深逢八，家发人发"、"楼梯逢六，挑谷上楼"、"火炉逢六，明火照千秋"、"窗格逢六，隔断鬼路"等等。

伐木　九寨盛产杉木，杉木干直、耐用、结实、轻巧，是最好的建房材料。造屋，先由掌墨师傅去探山寻找一棵象征性的木料，这棵木料一般用作中柱。它必须是又大又直，两根主干连在一起的"双胞树"或"鸳鸯树"，并且旁边还得长有一株小一点的"陪树"。独棵树是不行的，哪怕它再直再大也不能用。找到了鸳鸯树后，大家就来到树下，将周围柴草割尽，由掌墨师傅在树脚烧一点钱纸，高声念道："此树不是凡间树，正好用来作玉柱"，念完，双手持斧猛力砍树。大家助和喊道："金斧砍一下，喜气临主家！"、"金斧砍两下，主家要大发！"、"金斧砍三下，兴旺又发达！"接着大家轮流把这棵大树砍倒，然后分散开去，各自寻找合意的木料砍伐起来，直到把一栋木楼要的材料砍够数。

驾向[①]　屋地基择在哪里？木楼面朝什么方向？这些都是至关紧要的。因为房屋一落成，要有几代人甚至十几代人在这里安居乐业，生活下去。想移动，那就麻烦了，更何况有"火搬三次熄，家搬三次穷"的古训呢?!因此，九寨人把选择屋地基和驾向当作建房中的大事。长期以来，九寨人在这方面积累了不少经验，以致形成了不少脍炙人口的谚语："不管后龙来不来，只要眼前打得开。"因此多住在山边、坝子边、九寨人对进出道路的选择，有"右进右出"之说，从右侧进屋，右侧出来，右边的山坡应比较矮小低下，以方便进出。"不怕青龙高万丈，只怕白虎抬头望。"侗家人把左侧的山叫青龙，右边的山叫白虎，"青龙"一定要超过"白虎"才发旺。九寨人过去喜欢结寨而居，因为"单家独坐，招灾惹祸。"木楼附近要有水源，因为"有了水源才会有财源"。还讲

────────────────

①　编注：驾向，指选择房屋的朝向。

究"明风水，暗屋地"的规矩，在进寨的路口及附近的山坳上或井水边都栽上风水树，并在房前屋后培植翠竹和果树，让整栋木楼掩映在绿荫里。屋地基选好后，就可以"驾向"。所谓驾向，就是确定木楼正面所开大门的方向，也即屋向。驾向之前先要"起水"，目的是用水清洗尽屋地基上的凶神恶煞。这显然是迷信做法，却给了主家精神上的安慰。起水仪式由地理先生表演。在屋地基上摆一张四方桌，桌上放一块刀头肉、五个酒杯、一升米，米上插三炷香，还搁一个小红纸包，里面包有一块二角钱，取月月红之意，这是送给地理先生的礼。摆毕，地理先生一边烧纸钱，一边高声念道："一炷金香，一炷银香，一炷宝香，香烟渺渺，通达四方。优矣！普安祖师传我大神通，年月日时在掌中，三山龙脉归我管，二十四向由我定。弟子起了年甲太岁，月甲太岁，日甲太岁，时甲太岁，天煞、地煞、日煞、时煞。猪马牛羊起在万里草坪，鸡犬鹅鸭起在五谷仓城，凶神恶煞赶向天地之外，功夫圆满，各归方位。太上老君急急如令！"念完后，取下中间那支香，端起中间那杯酒，用香棍蘸酒在空中画一个"龙"字，然后把酒奠在地上。起水仪式便告结束。接着，把桌子搬开，在屋地基中央做堂屋的地方搁一条四方板凳，地理先生在凳上摆一个包有米的小红布包，再把罗盘平放在上面，罗盘上刻有卯酉、甲辰等二十四个方位。地理先生问主家要打哪个方位，得到回答后，他就转动罗盘取向。俗话说："阴打尖坡阳打坳"，又说："前有案桌山，家富人也宽。"堂屋的正面一定要对着远处的山坳（平顶的山坳叫"案桌山"，所对的案桌山越多越好），却不能正对着山脉或溪涧，而要偏离一边，谓之"消山险避水害"，也不能正对着两山交会处的"剪刀架"，因为迷信"打了剪刀架，人死屋要垮"。正面对着远山坳，讲究山坳的形状。可以分为"状元山"、"笔架山"、"富贵山"、"案桌山"等，最好的要算状元山。地理先生在罗盘针上摆一根麻线对准状元山后，就在罗盘前后各打一个木桩，并让这两个木桩与罗盘针上的麻线在同一条直线上，直指状元山的山坳处。这条线就叫"中脉"。木匠师傅在竖房定磉时，要根据这条中脉来确定房屋的具体位置。地理先生定好中脉后，就翻皇历来确定破土开工和立屋的日子。俗话说："成收方可用，闭破不相宜"，除了"闭日"和"破日"，其他日子都是可行的。地理先生一般征求主家的意见，根据主家的意图来选定吉日。吉日选定后，地理先生要大声讲吉利词来赠给主家："吉日良辰，主家造宫，华堂修建，万载兴隆！"主家喜笑颜开，连连答谢金口玉言。

发墨　吉日确定后，平整屋地基的人开始动工。直到挖出整平全部所需场地。木料从山上搬来后，就选一平地，构筑临时工棚。请掌墨师来发墨，便可造屋了。掌墨师要征求主人家的意见：木楼修多高？进深多长？开间多宽？要修几进间？是造吊脚楼，还是修开口屋？问清楚后，掌墨师手拿"五尺"（一根用楠木制的五尺长的尺子），对新屋地基的宽和长作一番测量，然后再根据地形地势进行构思。不多久，一栋木楼的式样就在掌墨师的脑海中形成了。他便将构图设想讲给主家听，要是主家同意，就照这样办；若不同意，则另行设计，直到主家满意为止。

掌墨师负责修一栋不大不小的木楼，居住面积三层楼合计不下七百平方米，要用几百根大小杉木，要锯千多个榫头，要凿千多个卯眼。各种榫头的大小，卯眼的宽窄，都有一定的尺寸，一定的位置，按说，非得给一张详细的房屋构图才行。但是，掌墨师只需半根竹竿就够了。当主家对掌墨师的设计感到满意后，就将事先已准备好的一根楠竹破成两半，取一半来用。这一半竹竿的长度和木楼的高度一样长。用时先刮去一层皮，使竹子表面光洁又能沾上墨，便于书写。掌墨师一手握竹笔，一手持"五尺"，并将九十度弯尺挂在颈根上，就在这半边竹竿上时而用五尺，时而用弯尺，东量量，西画画，绘制起木楼构造尺寸来。绘制时，按鲁班经来计算，在尺寸上还要体现出"八个八"和"六个六"来，取"八方来财"、"六位高升"之意。在这半边竹竿上，每根柱子的高矮，每个卯眼的位置，每个榫头的大小以及地脚、穿枋、楼枕的长短等等，都一一地标记出来。这时，只见竹竿上密密麻麻地刻着画着许多符号，但除了掌墨师和木匠们，其他人是看不懂的。竹竿上用的原来是木匠们专用的符号。竹竿等于是掌墨师设计木楼的结构图和测量工具。掌墨师只要手持丈竿在柱和枋上一比，从什么地方截锯，在什么地方开卯眼，卯眼开多大等等，都一清二楚，只需用竹笔蘸墨按竹竿上的标号在柱和枋上做出记号，弹上墨线就可以加工部件了。因此，竹竿很重要，收工时，主家或掌墨师要把它收藏好，不让小孩乱动，以免涂抹上面的墨记。新屋竖起后，竹竿便附依于一根中柱上，永远保存下去。那些经验丰富的掌墨师，只要一个早晨就可以将竹竿尺寸标记完毕。做好了造屋用的竹竿，接着就请众木匠来架木马动木工了。动工时，又由掌墨师在一对木马前烧一沓钱纸，就与主家把木马抬出来，放在工棚里，叫做"请木马"。先把用作左边中柱的木料抬上木马，掌墨师用竹竿一比，截下中柱的长度，用刨子把木料刨光，就开始"发墨"了。掌墨师在中柱上扯起墨斗线，一手握墨斗，让主家的一只手捏着墨斗线的另一端，两人的另一只手同时提起墨斗线，由掌墨师讲吉利词："墨线弹一弹，福寿两双全。"于是，两人绷紧墨线后马上放开手，只听得"嘣"的一声，在中柱上弹出一根乌亮的墨线。接着，又在中柱的另外三面弹墨线，掌墨师向主家念吉语进行祝福："墨斗香，墨线长，玉柱发墨，如意吉祥。墨线弹一弹，线条放豪光；墨线弹四方，家增富贵地增粮。恭贺主家，大吉大昌。造出木楼，万年稳当。红日高照，华堂辉煌！"接着，就把这根中柱开好卯眼，放到可靠的地方，不许人在上面坐，更不许从上面跨，以免亵渎它。发完墨之后，主家设宴招待掌墨师和请来的木匠，要办六个菜，表示全家衣禄饭碗全托付掌墨师傅了，希望他认真造屋，造出荣华富贵。吃了主家办的宴席，掌墨师和木匠们便要连续忙上十天半月。掌墨师专门在柱、枋上画墨线，其他的木匠则根据墨线，在材料上锯的锯，砍的砍，刨的刨，凿榫眼的凿榫眼，不得闲空。

　　排扇　造屋的所有材料部件准备好后，在规定竖屋的头一天白天或夜间举行排扇发槌仪式。由掌墨师在祭坛前念诵："鲁班传下金槌在凡间，凡人拿你无用处，留与弟子来发槌。"掌墨师拿起用红布带系住的木槌，用力敲打中柱三下，继续念诵："手拿金槌重千斤，不敲地府和天门，只敲新楼中柱身，充耳闻听是福音。万般只听金槌响，一声巨响万年发。一槌敲响发人丁，二槌敲响发富贵，三槌敲响百代昌，大吉大利万年长！"念毕，众人便开始排扇——用穿枋把屋柱子串连起来。如果是五柱五挂屋，就将五根屋柱和五根挂柱用穿枋串成一列，叫做一扇；若是四扇三进屋，就串四列。把所有的屋扇都排列好了，就只等第二天来竖立穿横枋了。

偷梁木　木楼正中中柱上的那根梁木，叫"坐梁木"，又叫"正梁"或"宝梁"。在竖屋之前，所有的材料部件都已准备好，唯独这一根"宝梁"不能事先准备，必须从别人的山上临时"偷"来才好。于是，便有偷梁木的奇异风俗。为什么要偷梁木？有这样一个传说：鲁班的弟子张良学艺三年后，自认为手艺超过了师傅，就提出要和鲁班师傅比试高低，在三天内各自竖一栋木楼，看谁的先竖好。第二天下午，张良累得腰酸背痛才把木料清好，准备排扇。他起去看看师傅的进度，顺便歇口气。谁知跑到鲁班工地上一看，便傻了眼：工地上一个人也没有啊！原来鲁班不只排了扇，还备了磉，只等第二天天一亮就竖屋了。张良年轻气盛，生怕丢面子，趁屋地基里没有人，就把梁木从中锯断了。鲁班办事素来谨慎，刚睡到半夜，想起明天就要竖屋，便去检查一下，看有没有失误的地方。一查，发现梁木被锯断了，知道是张良干的。但木料已经用完，怎么办？只得背斧上山偷砍了一根回来，又把它做好。天一亮，鲁班的木楼就竖立起来了。这时张良还在手忙脚乱地排扇呢！张良为了学到本事，要继续拜鲁班为师，并说："师傅，你还没教徒弟接梁术呢？"鲁班笑道："我哪里有什么接梁术，那根梁木是偷来的。"因为鲁班开了金口，从此梁木就都要偷了。当然，这毕竟是故事而已，实际上"偷梁木"是为了讨个吉利，借他山之木作为这一栋木楼的主宰（栋梁），取"进财赐福"之意。偷梁木是在竖屋那天凌晨一点左右进行的。刚过半夜，四个年轻人就出发了，其中一人背着鲁班斧，一人提个小口袋，凭着山里人的勇敢和熟练，很快就进了山。树是在白天就物色好了的，路也是事先探好。他们接近"目标"后，由一人持斧念吉利语："手持鲁班斧，弟子迎木君。请上华堂当主宰，保佑主家百福生。进富又进贵，发子又发孙！"旁边的人齐应和："是哩，完全是哩！主人请木君，荣华富贵发子孙！"接着就砍树。砍倒后，剔去枝桠，并把树尖掐一点放进口袋，表示从头到尾都带走了。还要在树干中间系一根红布带，就由两个人抬走，另外两个人则把一个小红包放在树墩上，里面包有一元二角钱，或者加倍增多。当白天有人来此发现红包时，会脱口说出："发财啦！"以讨别人的封赠。两个人放好钱包，还要围着树墩放一封鞭炮，以谢山主。当主人家半夜里听到山上传来鞭炮声，知道是偷梁木的，也就不会去计较。按规矩，抬梁木不能换肩，即使抬不动了，需要另外两人来替换，也只能用同一边肩膀递接。路上不准停歇，不准吐口水，要一口气抬到目的地。梁木抬到家时，主家要放鞭炮迎接，把它放到工棚的木马上，由掌墨师开始做梁。他口念吉利词："宝梁宝梁，干大修长。用尺一量，不短不长，恰恰合做保家梁。安在中柱上，铁稳铁当！"念毕，随即叫人削平刨光梁木，锯好榫头，再由掌墨师来"开梁口"，就是在梁木的正中间用凿子凿一个三寸宽的四方眼，把木块掏出来，将米粒、碎银、朱砂、茶叶放进梁口里，用挑出的木块封住，再在四方口上面放上木匠师傅（掌墨师）的那支竹笔、两块墨、一支毛笔、一本老皇历、一个铜钱和一绺彩线，并用一块一尺二寸宽的红布包好。红布的四角，分别用一枚小铜钱将它钉进梁木里，这叫"包梁"。这时，掌墨师又念吉利语祝贺："红绫包金梁，金梁放豪光，安在中柱上，瑞气满华堂！"红布包的外面，放上一对竹筷子，是从生意兴隆的店里讨来的，用以祈发旺，拿红线把它捆紧在梁木上。

立柱　在立柱前，要进行"撵煞"，就是将凶神恶煞赶走。因为在没有起重机械的情况下，立柱危险性大，经常出现倒扇和伤亡事故，撵煞实际上是用迷信形式来提醒大家注意安全，获得精神上的安全感。撵煞在天未亮之前进行。掌墨师左手提着一只大红公鸡，右手执鲁班斧，站在中堂地基的一张小方桌旁开始撵煞。桌上摆刀头肉一盘，插香三炷，烧化纸钱后，掌墨师大声念道："此鸡此鸡，不是非凡鸡，须弥山上报晓鸡，头上戴着红冠子，身上披着花蟒衣，凡人拿你无用处，弟子用作撵煞鸡。此鸡生来合年不合月，合月不合日，合日不合时。不是弟子割你命，特意送你须弥山上又投生。弟子化你作为凤凰天上飞，去是一条光明路，回是黑暗加阴森，永难见到弟子身。"说罢，举起锋利的鲁班斧在雄鸡脖子上一划，立刻提着还在挣扎的雄鸡，把鸡血洒在地上，口里又念："五方五路凶神恶煞，赶快回避！此血落地，凶煞远离！"接着又在地脚枋上抹鸡血，念道："此血落枋，凶煞远藏。"再涂些血在屋柱上，并用斧头在屋柱上敲几下，念道；"此血落柱，凶煞远去！"又回到四方桌前，把鸡血印在桌子上，口念；"一印东家人财两发，二印东家富贵双全，三印东家诸多吉庆，四印东家四季荣昌，五印东家五子登科，六印东家百无禁忌。吾奉太上老君急急如令！"念完，马上把公鸡抛出中堂。撵完煞，掌墨师还要抽样地对榫头和卯眼作最后一次检查。因为只要大小尺寸误差毫厘，都会给立柱合扇带来很大困难，所以，宁可多加仔细地作事前检查，做好一切准备。

九寨人大都选择在寅时立柱，俗话说："寅时鸡叫卯时光，造屋立柱最吉祥。"这时天还未明，只能用火光照亮，人们都在忙碌着，一派热气腾腾的景象。吉时到了，大家各就各位，拉绳的，抬角的，拿串访榫头的，扛木梯的，掌槌的等等，各负其责，一律听从指挥。先立中堂左边那一扇屋柱。只听掌墨师一声号令："立起来哟！"那百多人便立即呐喊："哦嗬！"这时，主家点响鞭炮，那巍巍的一排巨扇便慢慢升起来了。当这排屋扇快要立正时，掌墨师赶紧叫人用木梯和扬叉支撑住。接着，又去把中堂右边木架上的那一扇屋柱立起来。这两列屋柱立起来后，还要用串枋将它们连接起来，也就是说，要把几十根串枋两头的榫头同时插入左右两边的柱眼里。这是竖屋中最具难度的工序。这时候，两扇中堂的每一根屋柱上都要爬上去三个人，中柱要四个人，分别站在每一层楼的穿枋上。当下面的人把串枋提上去时，上面的人则用绳索拉住，把拉上去的每根串枋都放在柱眼边的穿枋上。串枋全部到位后，掌墨师手持鲁班斧站在中堂地基上指挥，屋柱上的每个人都要俯下身子，一手抱屋柱子，一手托起几十斤重的串枋榫头，全神贯注地等待号令，连空气都紧张得几乎凝固起来。只听到掌墨师一声喊："开扇！"下面的人就拉索子，搬木梯，拿动扬叉，迅速立好的两扇中堂屋柱向外倾斜，几乎悬空。这时，柱子上的每个人为了将串枋托住，身子不得不向前倾斜，仅仅用一只手使劲抱住柱子，以免掉下，另一只手则猛力托起串枋，将其对准柱眼。当每个人负责的榫头都对准了柱眼时，掌墨师再喊一声："合扇！"大家也紧跟着发一声喊："嗬——"那两列中堂屋柱又缓缓地往回合拢来。合扇后，两列中堂屋柱由串枋连成了一个整体，但还要用木槌敲打屋柱，让榫头紧紧地完全进入柱眼，这叫"饱榫"。之后，再加上挂柱，就稳如泰山了。立好中堂以后，主家就端出热腾腾的油茶来请大家过早。大家吃饱喝足之后，又继续立柱，由中堂向两侧各立一扇，为三进屋；各立两扇，为五进屋。经过苦战，一栋高大的木楼主体结构就耸立起来了。在整个立柱的工序里，最忌讳出现工伤事故。以不出现为吉利，若出现人员伤亡的事故，就得请巫师来消灾消难，化险为夷，化祸为福。

上梁　　上梁是把宝梁升上屋顶安放在中堂的中柱顶上。因为宝梁被认为是这栋木楼的主宰，所以安放它是要举行隆重仪式的。先是"祭梁"，在堂屋位置的地基上摆一张供桌，上面供一个猪头，旁边放八个碗、两碟糖果、五个酒杯和一升米，并列插三炷香，每炷三根，共九根。猪头前面还放一双新布鞋，是给掌墨师踩梁穿用的。接着就摆好木马，把梁木抬到供桌前的木马上，就可以祭梁了。这时寨上看热闹的人们和主家的亲友都聚拢来，里三层外三层，几乎站满了整个屋地基，旁边的坝上坎下等处也有人，都要观看掌墨师上梁颂吉利。

掌墨师在供桌前高声念道："一张桌子四四方，猪头酒礼摆中央。四方摆起八个碗，一樽美酒斟桌上。主人拿来有何用？拿上桌来祭宝梁。宝梁宝梁，生在何方？生在昆仑山上，长在巨树老山。生得整整齐齐，生得成对成双。何人得见你生，何人得见你长？日月得见你生，山水得见你长。张公遇着不敢看，李公得见不敢量。鲁班打马云空过，看中你来做主梁。告诉弟子，弟子去访。告诉主家，主家去探。七十二人上山砍，整整砍了半年长。大锯宰头，百事无忧。小锯宰尾，龙王转水。斧子一路，金玉满堂。墨线一路，笔直成行。刨子一路，龙凤呈祥。四周一看，面面豪光。手拿五尺量量头，子孙代代出公侯；手拿五尺量量腰，子孙代代穿龙袍；手拿五尺量量尾，贺喜主家得富贵。五尺比，五尺量，也不短，也不长，恰恰合适保家梁，保下主家万年长。"掌墨师每念诵一句，众人就应声和答："是呀！"场面气势相当热烈。

上梁的时辰是早定好的，一般定在午时。这个时候，各种礼品都拿来挂在新屋串枋上，有彩布、缎子被面、匾额、糍粑、糖果等等。吉时一到，掌墨师便高喊一声："请文曲星、武曲星登上楼顶！"应声之下，只见两个小伙子如猴子那样敏捷地爬上了楼顶，各把一根红布绳索垂放下来，下面的人很快将红布绳索的一头系在宝梁的两端。系好后，掌墨师朗诵道："日吉时良，天地开张，恭迎宝梁，升上中堂顶上，两头金绳系得牢，接起宝梁上云天，左起山川生富贵。右起子孙出状元。升梁！"屋架顶上的文、武曲星扮演者便迅速拉绳索，把宝梁拉上楼顶，搁在穿枋上，等待掌墨师上去安放。当宝梁被拉上去时，梁上系着三吊鞭炮，一齐燃放上升，紫烟弥漫空中。这时，前来贺喜的亲友们也纷纷燃放鞭炮，一派欣欣向荣的热闹景象。

燃放鞭炮结束，掌墨师穿上新布鞋上屋去安宝梁，一路朗诵着吉利词，边朗诵，边爬上屋架。穿布鞋时朗诵："张三姐，李四娘，做双布鞋送下凡，凡人穿你无用处，弟子穿你上屋梁。脚踩云梯步步高，上有仙人送仙桃。接得仙桃伴仙果，脱下蓝衫换紫抱。"上木楼架子时唱道：

一步云梯二步行，猪羊牛马满四门。

日里千千出栏圈，夜里万万进门庭。

二步云梯三步行，诸多吉庆来降临。

日有千宾来献宝，夜有万盏照明灯。

三步云梯四步行，四方八路财归身。

东遇财来西遇宝，金银财物满家庭。

四步云梯五步行，高楼超出九霄云。

鸾凤朝阳绕玉柱，庭前狮子伴麒麟。

五步云梯六步行，儿孙代代都聪明。

上辈刚刚登金榜，下辈读书又题名。

六步云梯七步行，田多地广好收成。

往西买到云南省，往北买到北京城。

七步云梯八步行，家有田地千万顷。

集聚金银成巨富，教子有方占头名。

八步云梯九步行，庭前大道通北京。

早上出门发富贵，夜晚归来发人丁。

上二楼，儿孙代代能出头。

闺房出的是美女，书房出的是公侯。

上三楼，文登阁老武登侯。

文的盖过包丞相，武的胜于杨六郎。

脚踩挂，木楼造成要大发。

前仓满来后仓存，六月开仓救万民。

　　唱到这里，掌墨师也就爬到了屋架顶上。他稳稳当当地将主梁两端的榫子嵌进中柱顶端的衔口里，这就叫"安了宝梁"。接着，掌墨师一手持鲁班斧，一手拿五尺，站在架空梁的垫枋上，位置为中堂顶上的中央，用鲁班斧轻轻敲打宝梁，唱道：

宝梁中间一本书，老的添寿幼添福。

宝梁中间一双筷，人财两发千万载。

宝梁中间一件墨，儿孙骑马上金街。

宝梁中间一尺布，儿孙代代多豪富。

站在中堂正中央，祝贺主家得吉祥。

一贺人财两发，二贺富贵双全。

三贺诸多吉庆，四贺四季荣昌。

五贺五子登科，六贺禄位高升。

七贺七子团圆，八贺八仙献宝。

九贺金鱼化龙，十贺荣登榜首。

　　唱完宝梁，掌墨师还要"踩梁"。他攀上去站在宝梁上，文武曲星一人在一头扶住牢靠宝梁，掌墨师开始从宝梁的左端走向右端。当他在离地两丈多高的屋架顶上从独木宝梁走过时，如同杂技演员踩钢丝，下面围观的人们屏住呼吸，仰头观看，只见掌墨师如履平地，站在高高的屋梁上，一步步向前走，边走边唱：

> 一步踩宝梁，闪闪发豪光。
>
> 压邪又扶正，主家世代昌。
>
> 二步踩宝梁，宝梁稳当当。
>
> 招财又进宝，儿孙个个强。

围观的人们被掌墨师的精彩表演所鼓舞，也在大声附和："好哩！""是啊！"主家的人听了，心里像灌了蜜糖一样。踩完梁，还要举行"坐梁"仪式。文武曲星分别在宝梁的两头，面前各有一个茶盘平放在宝梁上，茶盘里放六碗菜，一定要有猪肝，另有一壶酒。安排停当，两头的人各自斟酒入杯。在宝梁上对饮起来，并高声唱道：

> 文曲星：一杯酒，敬梁头，
>
> 武曲里：紫微高照耀千秋。
>
> 文曲星：二杯酒，敬梁腰，
>
> 武曲星：家业兴旺步步高。
>
> 文曲星：三杯酒，敬梁尾，
>
> 武曲星：享尽荣华和富贵。

唱完，他们又在宝梁上象征性地划起拳来。掌墨师先在一头与另一头的文曲星划拳。又走到另一头与对面的武曲星划拳，最后是文、武曲星相对划拳。他们都是喊一些吉利词，如"四季大发"、"禄位高升"、"二喜好"、"全堂吉美"、"山多财多"等等。人们看着他们幽默滑稽的表演，一个个笑得前仰后合，增加了喜庆欢乐的气氛。

抛宝梁粑　安完宝梁后，跟着就是"抛宝梁粑"。宝梁粑是用糯米和黏米对半做成的，呈圆形，只有酒杯大，有的沾上红米，有的染上红颜色。为了保证前来观看上梁的人都能抢到一两个，所以，至少也要做两三斗米的宝梁粑。用时，拿箩筐装起，用绳索吊到屋梁上去。同时，还装有银圆、银手圈之类贵重东西上去。抛宝梁粑之前，先从箩筐里取出十二个有碗口大的"盖梁粑"，放在宝梁上，又从箩筐里取出八个银圆，一对手圈和一封钱礼，摆放在宝梁上。主家的人在下面屋地基中堂位置摆开一床红花被面，准备接住上面抛下来的东西。于是，掌墨师在上面宝梁边大声发问："主家要富还是要贵？"主家的人一齐回答："富也要，贵也要！"于是，掌墨师从宝梁上取下银圆和手圈及钱包扎，一一向下抛撒在红花被面里，同时大声唱道："要富赐你福满门，年年五谷得丰登；要贵赐你出贵人，又有武来又有文！"主家的人个个喜笑颜开，齐声说道："多谢金口玉言封赠！"紧接着，上面又抛下十二个盖梁粑，下面一一兜住。拿回去放在神龛上。梁上的人接着从箩筐里取出宝梁粑，向四面八方纵情抛撒，边撒边念：

> 宝梁粑粑抛向东，子孙代代出英雄。
>
> 宝梁粑粑抛向西，不愁吃来不愁衣。
>
> 宝梁粑粑抛向南，吉泰平安合家欢。

　　　宝梁粑粑抛向北，瑞金霞光绕住宅。

　　抛完四方，就朝下面围观的人群里乱抛乱撒，并大声祝福众人：

　　　宝梁粑粑白又白，吃了病痛全都没。

　　　我把粑粑抛屋堂，哪个接得哪个尝。

　　　老者接得添福寿，中年接得财运昌。

　　　媳妇接得生贵子，妹崽接得配才郎。

　　　后生接得通百艺，伢崽接得样样强。

　　　人们欢天喜地争抢，拥过去，挤过来，非常热闹。

　　吃竖屋酒　竖屋上梁的这天，凡是前来祝贺的亲友和帮忙的寨人都要吃两餐酒席。在上梁之前吃的酒席叫中午席，办得一般，有酒有肉即行。上梁之后吃的酒席叫正席，又叫吃"竖屋酒"。除了来贺的亲友和帮忙的人入席外。来凑热闹的闲人也得请之入席。竖屋酒的招待场面很壮观，一般要开几十桌，是在主家原来住的旧屋或新屋附近的邻居家里操办。九寨人爱唱歌，竖新屋是大喜事，更要快快活活地唱一场"竖屋酒歌"。俗话说："七十二行有人请，歌师不请自登门。"那些嗜歌如命的歌师，常常闻风而至。在酒席上，掌墨师、木匠和歌师被尊为上宾，坐上位，主家的宗族人坐主位相陪。酒席一开始，大家吃了见面酒，歌师们就在不同的酒桌上唱起夸木匠的歌来：

　　　主家贤良福气生，请得鲁班下凡尘。

　　　房子修得高又大，描花绣凤又雕龙。

　　　盖过周围几多寨，艺精手巧扬美名。

　　接着又举杯向主家祝贺：

　　　主家造华堂，体面又辉煌。

　　　挑檐担日月，祥云绕屋梁。

　　　今朝修大厦，福寿万年长。

　　主家的人也不示弱，举杯以歌酬谢：

　　　鲁班师傅盖木楼，一盖盖到天上头。

　　　天上活路有你份，神仙也要把你求。

　　　楼上有灯楼下亮，东园开花西园香。

　　　今日得陪歌师坐，星星陪月也沾光。

　　　高朋贵友喜临门，心头升起五彩云。

　　　多谢众人来帮助，还不得情记得情。

　　大家边喝酒，边唱歌，表达着美好的祝愿，直至深夜才散去。

［傅安辉、余达忠：《九寨民俗——一个侗族社区的变迁》，
贵州人民出版社 1997 年版，第 176—189 页］

4. 新晃侗族建房中的开财门和丢宝梁粑仪式

　　开财门：新房落成时，木工只做大门两扇，要请人"开财门"，着一人扮作"财帛星"，身背口袋，手拿雨伞，在大门外讲吉语，恭贺主东发财。木匠在里面开门后，财帛星才进屋，坐在堂屋中间，吃一碗油茶或甜酒，讲些吉语，表示从此后，财源茂盛，四季发财。

丢宝梁粑：新居建成后，要上宝梁，丢宝梁粑粑。其仪式是：由二人扮作文、武曲星，用红布挽梁。攀梯引梁。甲唱：

"脚踏云梯步步高，金梁焕彩入云霄。

乙唱："你上东来我上西，荣发富贵不相离……"

他俩边唱边上，直把宝梁安置在中柱上，在梁上坐稳、奠酒三杯，赐主东"利市"。"丢富贵粑粑"问主人："要富要贵？"主人答，"富也要，贵也要。"同时主东扯开被面在下边接。

甲唱：要富赐你福满门，五谷年年得丰登。

六畜兴旺样样好，金银宝具垫墙根。

乙唱：要贵赐你出贵人，又有武来又有文。

文的提笔安天下，武的走马定乾坤。

赐过富贵粑粑后，又向四面丢粑粑给小孩们去抢，他们边丢边唱：

一对糍粑抛向东，代代儿孙坐朝中……

一对糍粑抛向西，荣华富贵般般齐……

接着讲封赠吉语，一直把梁安好，由屋后边讲边下，直到中堂，上梁仪式才算结束。

［秋鸿：《新晃侗族生活习俗琐谈》，贵州省民族研究所编：《民族风情》（《民族研究参考资料》（第二十二集）），1982 年 2 月内部出版，第 129 页］

5. 通道县坪坦乡阳烂村侗族进新屋祭礼

新的吊脚木楼建成，盖上瓦，以杉松板块在卧室、厨房、客房厅、走廊等密装后，选定吉日进入新宅。起屋竖柱入新宅都设有一些程序要诀，即家有家主，宅有宅神，宅神主管家主的富贵、贫贱及荣辱功名，家喜聚四方之财，忌引各方之灾。人世间，有的富贵荣华，财源广进，有的穷困褴褛，无法出人头地，这在侗寨人看来，除了个人智慧与勤奋之外，还与家宅吉凶有密切关系。常言说，死人的墓地要论风水，墓地好，子孙繁荣昌盛，同样，活人的宅地，也要讲风水，活人的住宅吉，可得富贵名利，宅运亨通，又积善德，贫可转富，贱能显贵。宅运凶险而胡作非为，富可致贫，贵亦招灾这是侗寨人精神上祈福平安的一种寄托。

在迁进新居时，笔者曾多方耳闻吉人安宅之法，此法并不烦琐，而能遂意如愿，平平安安，这也成了阳烂村寨迁入新居的习俗，其法如下：

一、择吉日、时入宅。

二、在搬家之时新宅要移出的物，最好由他人经手，新宅搬入的物是亲自动手，在开始搬进新宅时，全家不可空手进入宅内。

三、家主手捧家神或祖先牌位在先，后面紧接他人每人必须手持金钱财物在后，如此依次入宅。

四、搬家入宅的时间须在早上八九时之前。

五、入宅时先安家神，后安家具。

六、乔迁之后，无论时间长短，为求平安富贵起先必须举一次家神祭拜。

拜祭时之灵念咒语："一宅神主，求尔降福，保佑平安，消灾去难，家合事昌，声誉联芳，喜庆吉祥，财锦辉耀，鸿运高照，寿康荣昌，诸事如意，万事大吉，财产兴旺，富贵绵长，子孙吉昌，去障增慧，功名赫赫。"

以上次序连念九遍办完后，办进新屋酒，有的木楼装好几成时，也搬进去住，也得备酸草鱼、肉、杀鸡、鸭，请三朋四友亲戚庆贺一番，亲戚送的礼品，有两把糯谷禾把、酸鱼一尾、红包一个（十、几十、百元不等）并有一块镜匾送贺。

[中国民间文艺家协会稻作文化专业委员会编，龙建云编著：
《古侗阳烂村俗》，2006 年 8 月内部出版，第 24—25 页]

6. 侗族安门祭仪

侗族大门，侗语叫"剁老"，一般由门框、门板、门扇、门坎、门闩、门楣等部分组成。大门制作很有考究，设计都有一定的尺寸，一般门高 1.8—2 米，门扇宽 75 厘米。大门的门框上方，均有两个呈正方体的闩头凸出，分别雕有图像，代表"乾坤"之意。门扇由两块厚门板装在门框内侧而成，门扇以门框的两侧为轴，任意开关。门坎，用厚枋板制成，两端有的雕有龙凤等图案。门闩在门的内侧，左右门背均有门闩，高齐腰部以上。

侗族大门具有上宽下窄的特点，即上代表天、下代表地之意。侗族大门一般都要请木匠师傅专门制作。立大门，要举行特殊的仪式，选择吉日而立。一般要邀请亲戚朋友杀猪"吃泡汤"，由木匠师傅在大门边杀公鸡，把鸡血淋在大门上，以示避邪。然后，木匠师傅拿着斧子站在门里，关紧大门，等着一位德高望重、儿女齐全的老人第一个登门。老人来到紧闭的大门前，高唱贺门歌："我头戴乌龙帽，身穿紫龙袍，脚踏龙凤鞋；我左手拿黄金，右手带白银，带富贵带前程，来请乐君开大门。"门内的木匠师傅一边开门，一边应唱道："我左手开门金鸡叫，我右手开门凤凰鸣；我左脚进门招财宝，我右脚进门来金银。"一唱一和，对答非常有趣。之后，酒席上亲戚朋友吃肉、喝酒、划拳，乐趣无穷。

大门安装好后，有的挂上五条颜色不同的布条（白色除外）代表金、木、水、火、土和东、西、南、北、中以及太阳、太阴、财帛、紫微、门光星，意味着五福临门，八方来财，吉星高照。

……

门是人们日常生活中不可缺少的东西。侗族的门很多，不论是村寨、房屋、花桥均设有大门，还有猪、牛圈、菜园也设有门。有趣的是侗族人爱讲门话，如"大门大大开，圆宝滚进来，滚进不滚出，滚进我家大堂屋"等吉利话语。

［杨玉林著：《侗乡风情》，贵州民族出版社 2005 年版，第19—20 页］

7. 侗族梓匠在建鼓楼时的祭礼

由于鼓楼梓匠来源于民居楼房梓匠，他们都信奉鲁班大师和道教思想。老一辈的鼓楼梓匠，都通晓起房竖鼓楼的"择日法"，造宅建楼的"洒水咒"、"化神水收魂咒"、"用鸡咒"和"上梁念词"等。在"择日法"中，有"鲁班煞忌竖造日"；"用鸡咒"中，有"鲁班听见此鸡啼，正是鲁班操作时"等语，都反映了对鲁班的崇拜。"洒水咒"中说："天地水府，三元三品，三官大帝，中央星主，北极紫微大帝，前传后教，历代祖师，祖师本师，祖本二师，有请有到……。"这不仅反映对鲁班始祖和本师的崇拜，还反映了各师与道教信仰的关系。"洒水咒"要念四遍，每念一遍各用指法书写一些字。在念"用鸡咒"时，先要按指法在鸡头上画一个字，最后要念一句"太上老君急急如令"。这纯属道教的内容。梓匠精心制作的梁枋，不但写有献梁人和梓匠的姓名，有的还延用民居楼房的做法，正中镶嵌两个银毫，蒙上一块侗布，外用七色线捆一束五谷、香纸和梓匠的两支竹签；有的在梁正中绘上圆形二分之一分割法的道教太极图。师傅上梁时，其中要念到："乾坎艮震竖中央，巽离坤兑配阴阳"的道家八卦用语。这种太极图、八卦图都象征着事物正在变化，表明了梓匠已吸收了道教这一朴素的辩证唯物主义观点。

在许多场合，人们对梓匠有一种敬畏感。梓匠下的每一根墨线，人们认为关系到全寨人的祸福。特别是师傅在中柱上弹出第一根墨线前，要给他三条腌鱼、一包糯米饭、一筒米、一个红包（有一至三元钱），祭请神灵护佑。弹墨线时，他要提起墨线左右晃动一下，然后对中弹下。人们认为，这根墨线关系到全寨男女青年的大事。对梓匠在举行上梁仪式时说的每句话，人们也认为关系到全寨人的祸福。上梁时，要用一只大红公鸡、几斤酒、几条腌鱼和一丈二尺侗布请师祭神，聆听师傅对主寨人的祝词。若祝词用语不当，将会给全寨带来灾难。对梓匠的一些行动，人们也同样迷信。房屋、鼓楼立好了，要用正方形的红纸对角写上"倒好"二字，倒贴在中柱上，只有这样鼓楼才牢固。特别是鼓楼立架，要在深夜鸡叫三遍时动工。动工前要由梓匠和鬼师取水驱邪，侗语叫"收行假底"即收身盖地，才能确保立架师徒、罗汉和全寨人的安全，使光明永照人间，鼓楼与日月同辉。

［黄才贵：《黎平县肇兴乡侗族鼓楼调查》，贵州省民族研究所、贵州省民族研究学会编：《贵州民族调查》（之四），1990 年 2 月内部出版，第 234—235 页］

第六节　基层社会组织与和盟祭礼

1. 通道县侗族"款"组织

社会基层组织仍以合款形式，将附近几十或十几个村寨联为一个小款，并联合十二个小款组成大款。款内订立款约，立石为据。凭石头为据的款约处理内部事务。"款"，这种原始的军事联盟，对外抗御敌人，对内维持社会治安、保护生产。现在通道境内仍然明显地保留着"款"组织的痕迹。播阳、独坡、团头、芙蓉、双江、下乡、坪坦、陇城、都垒等八个半款区，在生活习俗、社会交往、衣着穿戴等各方面，都显示出各自不同的特色。

　　　　　　　　　　　　　　［《通道侗族自治县概况》编写组编：《通道侗族自治县概
　　　　　　　　　　　　　　况》，湖南人民出版社1986年版，第18页］

2. 六洞议款和盟起因与作用

六洞，是由六个村寨群组成的一个"款"——联盟性质的地方组织。它辖六个小款；①贯洞小款，古称八百贯洞；②云洞小款，古称四百云洞、七百龙图；③洒洞小款，古称五百洒洞；④塘洞小款，包括仁洞、皮林；⑤肇洞小款，包括纪堂、洛香；⑥顿洞小款，包括官团。

这六个小款合称"六洞"，而各"洞"又是各自独立的行政单位，它是由以一个大寨为主包括若干个小寨组织而成，所以又叫做小款。

在调查的过程中，当地的老人给我讲一个故事，他们说，侗家起款的事，一代传了一代，凡地方上出现了重大事件。各地头人就邀约起款议事。传说九十九公议款曾在这里举行过。那次原定是百公议款（即一百个村寨头人议事会），当各地的头人到齐了，主持会议的头人，反复清点人数，总是九十九人，而不是一百人，在他迷惑不解之际，会上有一人大声叫道：还有你自己呢？这时他才恍然大悟，说百公到齐了。经过百公们的讨论，定出了款约，大家表示齐心合力，办好地方公事。有人说，今天光是我们阳间的人心齐了还不够，阴间的人如果心不齐怎么办？这时有个头人站起来说，我自愿到阴间去通报。于是把他杀了。同时杀了一只公鸡，以陪同那个头人到阴间去通报那次议款的情况。从这次以后，凡侗族举行重大议款只有九十九公了。而在每次议款时，一定要杀一只公鸡，由这只公鸡代表阳间头人到阴间去通风报信了。这段故事，今天听起来多么幼稚可笑。但它却反映了侗族社会对起款议事是多么的重视和严肃。议款，在一些地方一直延续到民国期间。这正说明了侗族社会的洞款组织和款约的社会职能是有其深刻历史根源的。

议款的目的，是要解决地方社会矛盾维护社会正常秩序。所以它要解决的问题有两个方面：一是维护村寨内部正常的生产、生活秩序；二是保卫村寨不受外界的侵扰。这两个方面的问题，决定了洞款组织的职能。这种职能在各地的款词（或款约）中都有表现。如六洞款词中谈到维护村寨内部秩序时这样写道：

我们要捏成一团，合成一捆；/人人同心，个个同德；/不许谁人上山乱砍，下河乱捞；/今天我们大家吃了枪尖肉，/挂了牛肉串，喝了鸡血酒；/从今以后，有饭大家吃，/有话大家同听，/地方百姓，同安宁；/出门吉利，生意兴隆，地方太平。

当描述到确保各个村寨安宁时，在《从前我们做大款》款词中这样地写道：

过去无皇帝，大鹞吃小鹞，/大寨欺小寨；/梅林破石碑，坪力破寨明；/贯洞破八中，龙图破寨牙；/同乐畎苗山，王岭破寨蒿；/五百肇兴破六甲。/打得家破人亡四处散，丢去木楼坐河滩。/……

在清末贵州各族农民起义浪潮中，六洞地方的侗族农民在梁维干等人的领导下，投入了反对清王朝的斗争。为打击反动腐朽的清王朝作出应有的贡献。这次农民起义斗争的许多可歌可泣的史实还深深地留在侗族人民的记忆之中，歌颂英雄人物的歌谣、故事广为流传。在侗族固有的款词中有不少的记载。款词的特殊功能主要对款众起到约束的规约性质，所以也较为容易记忆和流传。据当地老人的回忆、拼凑口头流传的"六洞款词"片断，有如下方面的内容：

甲，议款起因。它叙述六洞为什么要议款抗官，其主要原因是清政府加紧对六洞人民的压榨，地方官吏横征暴敛，激起了民愤。人们决心以死求生，奋力和清王朝作斗争。款词这样写道。

今天众人到了登坪孟（款坪），/全六洞来议款；/村村到了，寨寨到齐，/上六洞来了四千，/中六洞来了四千，/下六洞来了四千，/一共到了万多人。/今天来到登坪孟，/杀水牛议款，杀黄牛立约；/今天不来干别的，是来和官府作对；/衙门县官，欺压地方，/在上大官多责怪，故意加派粮钱；/在下小吏白天用计来吃喝，夜晚用计来抄、掠；/从前耕田地，粮钱本不轻；/过去一千二百担，如今加到一千二百三十多。

乙，团结保寨。这种款词，它主要表现在敌人来犯前，严肃告诫各村寨作好准备。而团结一致，则是战胜敌人保卫自己的基本保证。故民众的团结问题，极受地方头人的重视。所以在不少的地方对于内部的败类如"勾生吃熟"的内奸，是人人痛心疾首的，对其是严惩不贷的。款词中是这样写的：

今天我们捏成一团，扭成一把；/连合像鸭脚板，/不像鸡脚叉；/联合能战胜敌人、分散被人欺压；/到打仗的日子，个个出征；/列队抗敌，四处呼应；/喊到哪村，哪村来；/贼到哪寨，哪寨杀。

丙，互相支援。议款本身就是村寨联合的一种形式，各村寨间的互相支援，是款内各寨应尽的不可推卸的神圣义务。所以在款词中屡有记载。比如：

我们议款，人心要齐；/十根（藤）扭成一股；/九根（柴）捆成一把；/十人上路别人怕，一人上山遭人欺；/一方下雨，各方送斗笠；/贼到哪方，各方送刀枪；/我们大家白天造斧，晚上造箭；/女人纺织，男人操练；/要是官兵到来，不让他进寨；/人人上前，拿枪去杀。

［向零：《六洞侗族社会组织调查——一个古代军事联盟组织
的遗迹》，贵州省民族研究所、贵州省民族研究学会编：《贵
州民族调查》（之八），1990 年 2 月内部出版，第 22—24 页］

3. 龙图三寨"棍掠"活动

"棍掠"，意为打仗——掠夺。它是一种模拟古代战争活动。在每年正月初一举行。在这天，三寨男性青壮年全副武装，荷枪（猎枪）挎包（火药包），在"兵守"的带领下，组成临战队伍。上午九时，三寨武装队伍同时从自己的村子出发，行进到田坝中间的指定地点后，鸣枪放炮，向前方猛冲，边鸣枪边高呼：杀！杀！冲到田坝边沿，各领队拔起一蔸稻椿（秋收后留下的），说是割取敌人的头颅，挂在枪尖上，然而各队依顺序欢跃返回。这个活动一年一度，已形成了一种经久不变的节日内容。现简要地分述如下：

（一）为什么要举行"棍掠"？

"棍掠"长期以来，已形成了龙图三寨的重要节日内容。每年农历正月初一都要举行。怎样形成这种节日活动内容呢？据当地老人们说，古时候民族隔阂很深，经常发生战争，只有打败敌人，地方才得安宁。到了后来，就是没有打仗的年份，也要照例举行"棍掠"，地方才能兴旺。如果哪年不举行，不是庄稼收成不好，就是要出兵祸或被拉夫。这个活动的起因是，传说有一年，在腊月二十九日那天晚上敌人来了，龙图三寨全体出动在三十日那天打了一天，结果战胜了，并把敌人大将的头颅割了下来。从此以后敌人再也不敢来掳掠地方了。

为了纪念年节来之不易，因之每逢大年初一这天都要举行"棍掠"活动。

（二）"棍掠"活动的程序

"棍掠"，实际是一种模拟古代战争活动。它的活动过程与过去侗族地区"合款"抗敌相类似，它的活动程序如下：

（1）"守掠"，意为守卫村寨，防止敌人掳掠。在农历腊月三十日晚上，六洞地方的干团、洒洞、贯洞三寨的青壮年们都要全副武装，在各自寨边来往巡逻，一直到大年初一上午。当他们听到龙图寨举行"棍掠"三声铁炮响了，才各自收兵回家。

（2）祭萨出兵。在出兵前要举行祭祀萨岁神坛，清晨，龙图三寨武装队伍沐浴净手，穿着整洁，扛枪挎包，由领队带领列队到各自萨岁神坛祭祀。祭祀仪式由"登萨"（即管理萨坛供奉事务者）主持，烧香敬茶，祈求萨神保佑战胜敌人和村寨平安。祭毕，给武装队每人敬一杯茶，叫做吃萨神赐给神茶。喝茶后，各人摘下萨坛内的黄杨树叶二三片，插在头巾上或上衣口袋里，以求清吉平安。人们把黄杨树叶视若萨神附身，有恃

无恐，喝了神茶，戴上萨神树叶，整队回到鼓楼上，整装待命。

（3）行进冲杀。祭萨后休息片刻，到上午九时整。腊权、腊闷、腊水三寨武装队伍由三个方向，向龙图田坝（约数千亩稻田坝）进发，跟在武装队后面的是各村的男女老少和外地来观看热闹的人，长蛇队伍在田坝中沿着田坎蜿蜒前进。田坝四周人山人海，作壁上观。芦笙声、鞭炮声随着武装队伍行进，到了田坝中间（每次活动的固定地点），由腊权寨武装队走在前头，腊闷队走在中间，腊水队走在后面。这时，三声铁炮顿时轰鸣，队伍即刻急速前进，向前冲锋状，边跑边放枪。在方圆十里地方均可听到震天动地的枪炮声，胜似紧张的战斗，三支队伍顺着龙图河下游方向冲去，冲了一段距离后，每支队伍即拔一株象征敌人将领首级的稻椿（连泥一起拔出来），挂在领队人的枪尖上，然后依旧整队退回各寨。把敌将"头颅"挂在萨岁神坛门外。"战斗"暂告结束。这时，全寨男女老少及各地来访宾客汇集鼓楼坪，举行热烈的庆祝活动，鸣枪、放炮、吹芦笙，直到下午二时左右，人们尽兴方散。

（4）腊权——腊水争夺领导权。在"棍掠"活动中，有如上述的行进与冲杀的场面。就是三支武装队伍到达田坝中固定地点后，在整队向前冲杀时，由哪一寨的武装队领头向前的问题。腊权和腊水长期争执不休。据说，由哪寨武装队带头冲锋上前，它就是在三寨中居首位的表现，是领导的象征。因之，多年来争执不下，谁都说自己寨是领头者。有人说，三寨中，腊权是大妈养的，腊闷是二妈养的，腊水是小妈养的。过去老大老二瞧不起老三，每次打仗都要老三上前。可是后来老三发了，人畜兴旺，有人说这是带头"棍掠"的结果。带头"棍掠"是吉利的事。本来打仗是老大——腊权带头的，现在要带领"棍掠"。老三——腊水不同意这种说法，他们坚持认为从古以来都是他们带队，现在不能改变。最后，经县、区、乡各级领导多方协商，双方只好妥协，达成协议，由腊权——腊水一年一轮换，轮流带领三寨武装队"棍掠"，腊闷只好仍走在中间，没有异议。这种长期的争持，它反映了古代军队联盟中争夺领导权的问题。它不仅仅是在今天节日活动中凑凑热闹的小插曲，而是一个很有意义的古代真实生活的投影。

［向零：《六洞侗族社会组织调查——一个古代军事联盟组织的遗迹》，贵州省民族研究所、贵州省民族研究学会编：《贵州民族调查》（之八），1990 年 2 月内部出版，第 25—26 页］

4. 从江县九洞侗族立石为盟和誓言为盟

各寨间在互不统辖又互相纷争的年代，为了保存自己，村寨间互相联合结成兄弟关系，这是很自然的。村寨间联盟是九洞地方侗族社会组织的一种形式。这种联盟有两寨的也有多寨的联盟。其目的是，团结友好，共同对敌。联盟手段一般是"立石为盟"和"誓言为盟"如朝利寨和托苗寨结为兄弟关系，在朝利寨头立了一岩石，侗语叫做"定娘"，岩高三尺，是大王金虽（朝利寨头人名字）时代立的。当时两寨发誓：如果以后不认兄弟，要以口咬岩石把它拔出来。又如朝利、往洞、托苗、信地四村寨结为兄弟，他们是平楼牛堂的发起者，曾发誓：永远同心结成兄弟，如有翻悔，要各自做到以下几件事：一是往洞和朝利如果翻悔，要到龙王滩捉来一条活龙；二是托苗要是翻悔，要到弄蒙山捉来一只活老虎；三是信地要是翻悔，要用口拔出打入蚕木柱内的一尺二寸长的铁钉。这三件事，看来是无法办到的，但它却清楚地表明了各寨联合的决心。

［向零：《从江县九洞侗族社会组织与习惯法》，贵州省民族研究所、贵州省民族研究学会编：《贵州民族调查》（之三），1985 年 10 月内部出版，第 223 页］

5. 从江县九洞侗族栽岩（立岩盟誓）与礼歌

"栽岩"，又叫立岩。这是较为古老的立岩盟誓，一寨或数寨立一岩，此岩无文字，但它具有巨大的威力。在立岩时，要举行庄严的立岩会议，杀牛祭祀共表同心，以岩为证共同遵守。如朝利寨立有"定扒堂眼"岩长四尺（包括入土部分），厚两寸多，宽七寸多，据说到现在有二百多年了。此岩规约的约束力，除在朝利寨有效外，贡寨也受它的约束。信地宰友田坝上立的"万丁栽岩"，其约束力也包括了宰成、宰兰、荣福等寨。栽岩只是一种形式，它使人们"触目惊心"，而具体内容则在寨老、头人的理词中。"理词"，是以成套词句保存规约的一种形式。理词实际是一种阐明道理的韵文。

它罗列了各种禁条和处理原则，教人们应该遵守哪些习俗和禁条，教人们应该尊重事实而不能诬陷好人，教人们怎样对待已经发生的纠纷等等。例如在如何处理偷盗行为和案件中，有一段理词说：

"偷鸡一两一（指罚银子），偷鸭一两二，瓜茄菜豆二两四，偷牛盗马十二两、开塘偷鱼十二两，挖墙拱仓二十二（两）。"

对处理偷盗案件要有依据，理词说"天上遇有人逞强，地上遇有人为盗。偷鲤在瓢里，偷鳝在篓里，开田鱼扯栅栏，偷塘鱼撒网。

捉住他肩扛，抓得他担挑。

偷柴抓住在柴堆边，偷水抓住在渠边，偷人妻子抓住在床边。"

如何对待纠纷的态度，也有一些指导人们思想的理词。一些寨老经常告诫人们说：

"办事的心，像洪水涨半坡；息事的心，要像清水落平河。"意思是说，当你和某人有纠葛时，去向寨老诉说，不能把平常的河水说成像洪水一样涨到半坡上去了。要息事宁人，像洪水大的事，把它解决得像平静的河水一样，大家心平气和。人家亏了你十分的理，也要让他五分，这样大家才和睦相处。

礼歌：在礼仪歌中，有一部分明显地具有规约的性质。这些歌词多在庄严的祭祖仪式或举行婚礼时唱的。它虽不像"栽岩"那样威严，具有法律性质，但仍是人们共同遵守的行为规范。在一首《根骨歌》中记述了人们废除旧的婚姻限制，扩大通婚范围和巩固个体婚姻制度的情况，歌词这样唱道：

"今天砍白牛，砍牛死，肉散给众人，骨分给各村，打个草表立誓教人们；今后，猪仔要同窝，人要共被；前面做人面，背后不去管；屋边相约，柱脚相邀，相约说，相邀灵，打个草表立誓给人们。屋边相约，柱脚相邀，相约说，相邀讲，打个草表立誓教地方：今后，折棵白苞树，插江边，找哪个，哪个愿。今后折棵白苞树，插河岸、找哪个，哪个爱。"

　　这段歌词中说的："砍白牛，砍牛死，肉散给众人，骨分给各村"，意思说：今天我们砍牛祭祖了，人人都吃了牛肉，村村都挂上了牛骨，大家都要按照这次商议的规约办事了。接着说的："打个草表立誓教人们"，这句话的意思是，我们发誓了，像打草表一样立个记号，谁人也不能更改。按侗族的习俗，在山野中无主之物，只要有人打个草表插在上面，即表示他占有该物了，别人就不能再去占有了。这里说的"打个草表立誓"就是立下的誓言像打草表号记一样，谁人也无权更改，大家都要执行。因之歌词接着提到的："今后，猪仔要同窝，人要共被"，这是说：人们结亲后要同床共被，要像猪仔一样，大家亲亲热热地同睡在一个草窝里，不要见异思迁。歌词中说到的，"今后，折棵白苞树，插江边，找哪个，哪个愿"，这句话的意思说。我们在江边插了一棵白苞树，这就是凭证，从今以后青年男女们，可以自由找对象了，不受过去陈规陋习的约束了，你们可以尽情地去爱你所要爱的人了，歌词里的约法，人们口口相传。它指导人们的行动，具有习惯法的约束力。

［向零：《从江县九洞侗族社会组织与习惯法》，贵州省民族研究所、贵州省民族研究学会编：《贵州民族调查》（之三），1985 年 10 月内部出版，第 232—233 页］

主要参考书目

1. 贵州省民族研究所、贵州省民族研究学会编：《贵州民族调查》（1—10 辑），内部出版。

2. 湖南省地方志编纂委员会编：《湖南省志·民族志》，湖南人民出版社 1997 年版。

3. 湖北省地方志编纂委员会编：《湖北省志·民族志》，湖北人民出版社 1997 年版。

4. 贵州省地方志编纂委员会编：《贵州省志·民族志》，贵州民族出版社 2002 年版。

5. 三穗县民族事务委员会编：《三穗县民族志》，贵州人民出版社 1990 年版。

6. 岑巩县民族事务委员会编：《岑巩县民族志》，贵州人民出版社 1991 年版。

7. 贵州省岑巩县志编纂委员会编：《岑巩县志》，贵州人民出版社 1993 年版。

8. 贵州省志民族志编委会：《民族志资料汇编》（第三集），1987 年内部出版。

9. 黎平县民族事务局编：《黎平县民族志》，贵州人民出版社 1989 年版。

10. 《通道侗族自治县概况》编写组：《通道侗族自治县概况》，湖南人民出版社 1986 年版。

11. 《新晃侗族自治县概况》编写组：《新晃侗族自治县概况》，湖南人民出版社 1985 年版。

12. 贵州省锦屏县志编纂委员会编：《锦屏县志》，贵州人民出版社 1995 年版。

13. 三穗县志编纂委员会编：《三穗县志》，贵州民族出版社 1994 年版。

14. 贵州省岑巩县志编纂委员会编：《岑巩县志》，贵州人民出版社 1993 年版。

15. 《侗族简史》编写组：《侗族简史》，贵州民族出版社 1985 年版。

16. 贵州省侗学研究会编：《侗学研究》（1—5），贵州民族出版社。

17. 冼光位编：《侗族通览》，广西人民出版社 1995 年版。

18. 欧潮泉、姜大谦编著：《侗族文化辞典》，华夏文化艺术出版社 2002 年版。

19. 《中国各民族宗教与神话大词典》编审委员会编：《中国各民族宗教与神话大词典》，学苑出版社 1990 年版。

20. 傅安辉、余达忠：《九寨民俗——一个侗族社区的文化变迁》，贵州民族出版社 1997 年版。

21. 周国茂：《自然与生命的意义世界——贵州少数民族原始崇拜与民俗》，贵州教育出版社 2004 年版。

22. 《侗族文学史》编写组编：《侗族文学资料》，1984 年内部出版。

23. 贵州省民委文教处编：《侗族历史文化习俗》，贵州人民出版社 1989 年版。

24. 贵州省民族研究所编：《民族风情》，1985 年内部出版。

25. 贵州省民族研究学会、贵州省民族研究所编：《贵州省民族研究学会第三届年会会刊》，1986 年内部出版。

26. 贵州省文化厅群文处、贵州省群众文化学会编：《贵州少数民族节日大观》，贵州民族出版社 1991 年版。

27. 燕宝、张晓编：《贵州神话传说》，贵州人民出版社 1997 年版。

28. 中国民间文艺家协会稻作文化专业委员会编，龙建云编著：《古侗阳烂村俗》，2006 年 8 月内部出版。

29. 杨玉林著：《侗乡风情》，贵州民族出版社 2005 年版。

后　记

　　本研究项目是何耀华研究员主持的 2004 年国家社会科学基金重点项目《中国原始宗教资料调查研究》（04AZJ001）的一个子项目；是自"七五"、"八五"以来吕大吉、何耀华总主编的《中国各民族原始宗教资料集成》多卷本中的一卷。参与了本子课题研究的还有贵州省民族研究所语言室副主任潘永荣同志。

　　由于历史上侗族没有自己的文字，因此记录侗族原始宗教事项的典籍较少，且关于侗族原始宗教的调查与研究的成果，多见于 20 世纪八九十年代，为了甄别和印证这些资料的真实性、准确性，并填补过去调查研究中的一些空白内容，课题组成员潘永荣同志于 2004 年 8 月，到黎平县进行了为期近一月的田野调查，2005 年 8 月，笔者与潘永荣同志又到从江县进行了半月的实地调查。

　　湖南省民族研究所吴万源先生为本课题提供了部分资料，贵州省民族研究所原副所长张民、黄才贵二位先生，为本课题的研究提出了许多有益的建议。黄才贵先生与贵州省民族研究所的杨光泉同志还为本课题提供了大量图片；项目主持人何耀华研究员多次来贵州检查指导，并召开审稿会议，传达"集成"总主编吕大吉研究员的意见，严格把关；贵州五个民族分卷的组织管理协调人陈国安研究员对本分卷的调研给了具体的帮助；中国社会科学出版社第五编室主任黄燕生，责任编辑李是前来贵州省民族研究所出席审稿会议，对本分卷的修改完善给予指导，在本项目付梓之前，让我们对上述同志以及对项目申报管理单位云南民族大学、云南省民族研究所、中国西南民族研究学会表示衷心的感谢！

吴　嵘

2006 年 10 月

仫佬族卷

主编　李平凡

仡佬族卷目录

第三章　鬼神崇拜 ……………………………………………………… (637)

第五章 生产祭祀与人生祭仪 ……………………………………… (735)

第一节 农事祭祀 ………………………………………………………… (735)

绪　　论

李平凡

一　仡佬族社会历史简况

仡佬族是云贵高原上一个古老的民族。根据 2000 年第五次全国人口普查统计，仡佬族总人口为 579357 人，其中 559041 人居住在贵州省境内，占总人口的 96.49％。主要分布在贵州省的北部、西北部和西南部，即遵义市的道真仡佬族苗族自治县、务川仡佬族苗族自治县、正安县、凤冈县、仁怀市、遵义县，铜仁地区的石阡县、思南县、江口县、松桃苗族自治县，黔东南苗族侗族自治州的岑巩县，黔南布依族苗族自治州的瓮安县，毕节地区的金沙县、大方县、黔西县、纳雍县、织金县，六盘水市的水城县、六枝特区，黔西南布依族苗族自治州的晴隆县、贞丰县，安顺市的关岭布依族苗族自治县、镇宁布依族苗族自治县、西秀区、紫云布依族苗族自治县、平坝县、普定县，贵阳市下属清镇市。贵州省外主要分布在云南省麻栗坡、砚山、广南、富宁、马关，广西壮族自治区的隆林各族自治县、西林县和四川省的古蔺、叙永等县（市）内。国外仅越南境内的同文、黄树胐等县有 1000 多人。从地理位置上看，仡佬族以贵州为中心，呈东北向西南方的带状分布，与汉、苗、布依、彝、土家等民族杂居共处，具有大分散、小聚居的点状分布特点。

仡佬族居住地区位于云贵高原东部，地势起伏较大，高低极为悬殊。最高海拔1800 米左右，最低海拔在 300 米左右，峰峦林立，溪流交错。属亚热带湿润季风气候区，具有气候温和湿润，冬无严寒，夏无酷暑，干湿季不甚明显的特点。仡佬族主要从事农业生产活动，主食以玉米（山区）、稻米（平坝）为主，其次是麦子、荞子、红稗、小米、高粱等，喜吃酸辣食物和糯米粑粑等。由于长期和汉族以及其他民族杂居共处，在衣、食、住及婚姻、丧葬、节日等风俗习惯方面，很多已和共处的其他民族大同小异，特点不甚突出。妇女原来穿着短上衣、长筒裙、勾尖鞋，在距今八九十年前就少见了。仡佬族住房大多是靠山建筑的，房屋的结构和建筑材料，大体上与邻近的汉族相同。住房一般分作三间，中间为堂屋，不住人，其余为一间卧室，一间厨房；也有分作两间的，一间作卧室，一间作厨房。

仡佬语属汉藏语系，学界对其所属语族、语支未定。由于仡佬族居住分散，彼此联系较少，方言差别较大。大体说，仡佬族语可分为稿、阿欧、哈给、多罗四个方言区。贵州六枝特区居都、平坝县大狗场、普定县新寨、关岭县麻凹，云南省麻栗坡月亮湾和广西壮族自治区隆林各族自治县三冲的仡佬语言较完整，男女老幼都会说。但从总体来看，目前，仡佬族中只有极少数人还会说仡佬语。仡佬族没有本民族文字，普遍使用汉文。汉语是仡佬族进行交际的主要工具，不少人还会讲苗语、彝语或布依语等，有的甚至一人兼通三四种语言。

在长期的社会生产劳动中，仡佬族民间流传着许多诗歌、故事和谚语。民歌有山歌、儿歌、酒歌、孝歌 4 类，曲调不同，各有特色。诗歌多为小调，三言、五言、七言不拘，但大都是七言体裁，也有用仡佬语歌唱的长短句形式。音韵铿锵，自成一格。仡佬族的民间故事，有歌颂劳动人民的聪明、善良和勤劳勇敢的，也有揭露反动统治阶级残暴和贪婪的。仡佬族音乐舞蹈朴素优美。乐器有二胡、横箫、唢呐、锣、鼓等。遵义、仁怀一带流行跳踩堂舞和芦笙舞，打花龙、打篾鸡蛋也是仡佬族人民喜爱的娱乐活动。

仡佬族由远古时代南方的濮人发展而来。濮人是中国古代人口众多、支系纷繁、分布辽阔的庞大族群，又称"卜"或"百濮"。据史书记载，早在殷商时期，濮人就已活动在中国今天的西南、中南广大地域。商代时濮人就曾以丹砂向王朝献贡。周武王伐纣，濮人与庸、蜀、羌、髳等部族参加了牧野誓盟。①

春秋时期，濮人在西南地区建立早期奴隶制国家。《史记》载"濮在楚西南"。楚国强盛，与濮人多次发生争战。到战国时，濮人势力衰落，南部为南越国所占，濮人又相继在北部建立了一些地方邦国。战国时代，夜郎国势力扩展迅速，其所辖疆域约包括今贵州大部、云南东北部、广西西北部及四川南部等地。《史记·西南夷列传》："西南夷君长以什数，夜郎最大。"公元前 221 年，秦统一全国后，把上述濮人地区纳入了象郡、蜀郡、巴郡管辖。

西汉时期，汉武帝大力经营西南地区，直到成帝河平二年（公元前 27 年），夜郎亡，才结束了邦国林立的割据局面。

东汉时期，濮人在史书上被称为濮、僚或濮僚并称。如晋常璩在《华阳国志·南中志》中记为"夷濮"，《后汉书·西南夷传》则记为"夷僚"，《水经·若水注》既有"夷濮"，又有"夷僚"的记载。在《华阳国志》中还有"谈稿县有濮僚"、"兴古郡……多鸠僚濮"的记载。魏晋以后，濮称消失，以僚专称。据《魏书》载，"僚者，盖南蛮别种，自汉中达于邛筰、川洞之间，所在皆有。"晋张华《博物志》载，"荆州极西南界至蜀诸民曰僚子。"晋郭又恭《广志》载："僚在牂牁、兴古、郁林、交趾、苍梧。"由此可见，僚人是由濮人长期发展而成的。

东汉后，濮人的称谓由濮渐向僚称过渡，在南北朝时，越、濮统称为"僚"，之后，僚逐渐成为濮人的称谓。在晋代的《华阳国志·南中志》、《后汉书·西南夷传》、《水

---

① 参见王良明《仡佬族文化百科全书·概述》，贵州民族出版社 2002 年版。

经·若水注》等汉文献中均出现"夷濮"、"夷僚"或"濮僚"的记载。

隋、唐时期，僚人经过长期的发展，逐渐形成为"仡僚"（最早见于隋黄闵《武陵记》）。在唐李吉甫《元和郡县志》中也有记载。据北宋陈彭年等修撰的《广韵》解："僚"作为部落称谓当读作"佬"，说明仡佬即僚人。宋代，欧阳修、宋祁在《新唐书》中称之为"葛僚"，陆游在《老学庵笔记》中称之为"仡僚"，黄庭坚在《山谷全集》中称之为"僖僚"，朱辅在《溪蛮丛笑》中称之为仡佬。元代，脱脱在《宋史》中称为"佶僚"。这些称谓虽然繁多，但都是"仡佬"的同音异写或谐音。到明代的有关著作中，更明确地记载了仡佬和僚人之间的承袭关系。田汝成在《炎徼纪闻》中说："仡佬，一曰僚"；在《行边纪闻》中又说："仡佬，一曰仡僚"；《嘉靖图经》中也说"仡佬，古称'僚'"。清代，有关仡佬族的记载，在《贵州通志》、《黔南识略》、《黔南职方纪略》等书和贵州各地方志中更是"无处无之"。仡佬族的族称有自称、互称和他称之分，自称因各地的不同，有"埃审"、"布尔"、"哈仡"或"褒佬"、"当佬"、"布告"、"濮"等。

中华人民共和国成立后，随着党和人民政府的民族政策的落实，大批仡佬族得以正本清源，恢复了自己的民族成分，经各地仡佬族代表协商，报经国务院同意，统一称为"仡佬族"。

1950 年以来，国家在民族地区实行民族区域自治政策，使广大仡佬族人民在政治上真正当家作主。1956 年 10 月 12 日，在贵州省仁怀县成立安良仡佬族民族乡，同年12 月 13 日在遵义建立平正仡佬族民族乡。1986 年经国务院批准，相继在仡佬族聚居的黔北地区建立了务川仡佬族苗族自治县、道真仡佬族苗族自治县。在六枝特区、遵义县、正安县、平坝县、普定县、大方县、黔西县等县境内建立了仡佬族或与其他民族共署名的 18 个民族乡，使仡佬族地区经济、社会、文化都得到很大发展。

二　仡佬族原始宗教概况

仡佬族原始宗教大致可分为图腾崇拜、自然崇拜、祖先崇拜、鬼神崇拜四类及在社会生产生活中有一定影响的禁忌、占卜等。明清之际，有些原始宗教的形式和内容，在外来的道、佛文化的影响下，形成了自己独特的巫"傩"文化。

（一）图腾崇拜

图腾系印第安语（totem）的音译，意思为"它的亲族"，是原始社会早期的一种宗教信仰，大概与氏族公社同时产生。原始人相信每个氏族都与某种动物、植物有着亲缘或其他特殊关系，此物即成为该氏族的图腾。图腾崇拜是仡佬族原始宗教信仰的重要内容之一，以竹图腾为代表，此外还有葫芦崇拜（树疙兜）、牛王崇拜等。

　　仡佬族竹图腾崇拜，史载不绝。《华阳国志·南中志》载："有竹王者兴于豚水，有一女子浣于水滨，有三节大竹流入女子足间，推之不肯去，闻有儿声，取持归破之，得一男儿，长养有才武，遂雄夷濮，氏以竹为姓，捐所破竹于野，成竹林，今竹王祠竹是也，王与从人尝止大石上，命作羹，从者曰'无水'。王以剑击石，水出，今竹王水是也。"据《黔游记》、《寰宇记》、《御览》、《蜀中名胜记》、《苍梧县志》、《搜神记》等书记载，今川、黔、桂、鄂等省（区）境内，凡历史上有僚人活动的地区，大多建有竹王祠（庙）。在其他民族中虽然也有竹崇拜的传说，但从历史线索上看，它是仡佬族原始的图腾崇拜无疑。现实中仡佬族有许多与上述记载相近的传说，如《竹王（笃筒）》、《赛竹三郎》、《金竹》、《夜郎》等。贵州省贞丰县仡佬族人家，祖宗神龛上敬供的是竹筒，仡佬语称竹筒为"母曶"。贵州省清镇市的仡佬族，无论在何处建房，都要在房前屋后栽上几株钓鱼竹，即使土地再窄，他们也要把栽竹的地方留足。就是在不能保证温饱的年代，他们都不会将栽竹的地方辟来种庄稼。他们所栽种的竹子，除将死的以外，不会轻易砍伐一棵。在贵州石阡仡佬族村寨，几乎家家房前屋后都有种竹子的习惯。日常生产生活中常用竹物器具，这就是对竹王崇拜。尧上村的仡佬族人相信自己是竹王的后裔，对竹子有特殊感情。故在节庆、祭祀诸类活动中，大量采用竹制品，以表示对竹王的敬重。金秋时节和元宵之夜，人们以竹子精心扎制毛龙出游，检阅丰年之情景。玩毛龙也体现了对"竹王"的崇拜祭祀。因为毛龙纯用竹篾扎制而成，不用"龙衣布"串连龙身，而是用大竹（斑竹）数片绑扎而为龙脊，加以荆竹制作龙身，从而充分体现"竹"的功能。仡佬族竹图腾崇拜缘何而起？史籍中没有记载，民间文学中也没有这方面更多的叙述，这正是值得我们研究的地方，或许也是更多的原始宗教资料的价值所在。

　　中国学者认为葫芦的原产地就在中国。这种植物在中国各地均有栽培，果实因品种不同而形状多样。有作药用食用的，有作盛器、水瓢或玩具的。考古发现，距今七千余年的浙江余姚河姆渡遗址出土有葫芦种子，说明南方民族种植葫芦是比较早的。葫芦神话与洪水神话是联结在一起的，在南方的绝大多数民族中，都有洪水神话（或称葫芦神话）的传说。葫芦崇拜也是仡佬族图腾崇拜的重要内容，主要反映在洪水滔天时的人类再生之中，因为有了葫芦，阿仰兄妹才得以生存，从而繁衍人类。因此，在遵义县平正乡仡佬族的堂屋正壁前，用五倍子树杈支撑木板一块作神台，台上放葫芦一个为祖神所在。平时葫芦是放在神台上作敬供用的，到腊月三十那天，各家须将神台上的葫芦移挂于大门后面。除夕那天中午，神台下的方桌上摆肉、粑等祭物，取四条板凳依次从大门外横列至方桌前（大门外为一条，门内放三条），恭恭敬敬地从神台上捧下葫芦移挂于大门后，称为让地头，即让出神位迎祖宗灵魂回来享受年祭。织金县的仡佬族人极尊重葫芦，称之为仙葫芦。他们认为仙葫芦的地位比祖宗还高，祖宗被人骂后有时犹可忍，仙葫芦若受辱则极难忍耐，往往会引起打架斗殴。因为洪水滔天，除阿仰兄妹俩事前得神人启示，躲进一大葫芦内，于滚滚波涛中漂浮幸免于难外，人类已绝灭。后兄妹在神判下，通过飞线穿针、滚簸箕、滚石磨重合，认为是天意而结为夫妇。人类之所以能得救、繁衍，全在于葫芦的护佑，故称之为仙葫芦，不容被人谩侮。各民族中的葫芦崇拜现象，是同源异流，抑或自成体系，也是原始宗教研究中的一大课题。

仡佬族是较早从事原始农业的民族，距今两千多年前，夜郎境内的僚人即"魋结、耕田、有邑聚"（《史记·西南夷列传》），已过着定居的农耕生活，出现了村落和集镇。原始农耕生活，需要投入大量的人力和物力，尤其是对土地的深耕细作，是农业生产的前提条件，而土、肥、水、种是农业生产不可或缺的要素。当前提具备的时候，生产力的高低就成为粮食丰歉的关键。在贵州安顺仡佬族的传说中就说，由于人口的发展，刀耕火种的耕种方式已满足不了山里人的生活需要，因为用锄头和锹翻土，翻多了错过了季节，种植的粮食产量低，不能满足人们的需要；翻少了由于种植面积过少，粮食产量低，也不够吃。牛力的使用，在某种程度上解决了这一难题。仡佬人深知"千把锄头万把刀，抵不住老牛伸个腰"这个通俗道理，故敬称牛为"牛王"，每年给牛过生日。在牛生日这一天，人们不管有多大的事，都要安心过节。特别禁止用牛耕作，并打粑粑喂牛，以示"祝寿"，并表达主人感激牛一年来的辛苦耕耘。他们不仅工作时给牛喂精料，平时也是水草均匀，晚上还要加喂精料，体现了仡佬人的一句口头禅："吃饭要知牛辛苦。"喜牛而崇拜牛，在一些民族中并不鲜见。但细究之，有些是有本质的区别的，如苗族喜牛，多为祭祖。而仡佬族崇拜牛，是从农业生产角度考虑，是基于牛对人类的巨大贡献，是从感激之心出发的，反过来说，它也证明了仡佬族农业生产的久远。

遵义平正仡佬族中的缕金狗传说，与苗族的盘瓠传说有很密切的联系，由于仅见于此地，我们是否可以认为，这是民族文化交流、浸染的结果？在丧葬仪式中，仡佬族要以极其别致的寒鸡步（左右脚交替屈伸）跳踩堂舞。呼"啊——啃"，便是效法先辈为死去的"生父"（黄狗），踩蛆赶雀鸟。很多地区的仡佬族不兴卖狗，更不许食用狗肉。有些仡佬族传说是狗从天上将谷种带到人间来，人们才有了粮食吃。故年三十晚上，要用肉和饭先喂狗。一些地区的仡佬族把老人敬称为"老疙蔸"，将真正的树根讳称为"树桩桩"。有些地区的仡佬族在神龛上要供一个略似人形的树根，随着文化艺术的发展，有的还要对所供的树根作艺术加工，使之更具人形，作为祖先的偶像。相互吵架，绝不能骂"老疙蔸"、"仙葫芦"、"竹筒筒"。正月初一、二、三，如山鹰飞来叼小鸡，绝不加以驱赶，因为鹰是将人类从悬崖上背至平地的"有功之臣"。总之，仡佬族这些图腾崇拜，反映在民族的深层意识里，竹子、葫芦、树桩、树根（或称树疮蔸），都是神秘的灵物，鹰是神鸟，狗是神兽，它们是与祖先的生存、人类的繁衍有着密切的关系，是民族心理意识中尊崇的对象。

图腾崇拜是人类童年的宗教信仰，所有的民族都有自己的图腾崇拜，只是现今保存得多少而已。仡佬族的宗教信仰和神话，作为这个古老民族长期形成的文化传统的有机组成部分，广泛表现在认识的、精神的、艺术的、器物的、规范的诸多方面，并随着时代而不断变化和发展。

（二）自然崇拜

人们在征服自然、改造自然的过程中，不可避免地与自然界发生矛盾与冲突。在万物有灵的神灵观念心理支配下，在仡佬族的意识中，天上的风、雨、雷、电，山上的飞禽走兽，田地里种的禾苗庄稼，家里喂养的牛马六畜……一切皆有神在主宰，而且古树、巨石、深潭、大河等，年代越久远，或越奇特，或越高大，便越具有神灵，也具有无比神力，故成为祭祀膜拜的对象。

仡佬族长期以来一直居住在山区，开门见山，人们的衣食住等都靠大山供给。山里的飞禽走兽、林木花草，各种奇异的变幻随着时令而枯荣的现象，尤其在每年的三月至五月春夏之交时，野兽及蛇虫出入频繁，伤害人畜，又加之多雨季节，山洪、滑坡的现象经常发生，毁坏庄稼，以及人们的索取（如狩猎）是否得到满足等等，使仡佬族先民认为山上一定被神力无边的神灵在执掌山中的一切，仡佬族先民敬之为山神。由于山神是人们想象出来的，在此情况下，枝叶繁茂的古树，形状特异的巨石，陡峭的高山，或风大的垭口等等，即被视为山神的象征，人们为其焚香烧纸，并奉上酒肉糕点，顶礼膜拜，祈求山神保佑山禽野兽不侵害人畜和庄稼，人们如愿捕获猎物或采集宝物，保佑风调雨顺、林木葱郁，庄稼丰收，人畜兴旺，出入平安。明清以后，由于受佛、道教的影响，有些仡佬族地区山神的地位职司发生了变化，成为专门掌管飞禽走兽和人们部分财源的神灵，被人们纳入宗教的神谱，称之"山王神"，并在一些古树下、巨石旁、山垭口设起了"山王菩萨庙"。庙宇有大有小，多半是因地制宜，随便搭砌而成，庙内有的是木雕或石雕神像，有的则用一块木板或石板，写上山王神的名氏作为象征。有的地方把分管自然物的各种小神也列入"山王庙"中，如土地神、宝王神、风神、牛王神、石神等。山王神为大，居其中，左右排列各种小神。每年农历三月寅日，祭者要先推空磨三转以惊动山神，再携带酒、饭、肉及鸡到寨外怪石前宰鸡以血浇洒怪石为祭。每逢过年过节，人们都带猪头到山王庙请巫师传山王文书，虔诚奉请山王神降赴香坛，受礼受祭，保一方平安。

人类的生产活动主要包括两个方面，即物质再生产和人口再生产。物质再生产受自然界的制约，人口再生产同样也受到社会生活水平的制约。在古代医药不发达，未成年人死亡率很高。有一句仡佬族俗语，至今还在仡佬人中流传，"一年坐十二回月，没得个崽崽过年"。所以，仡佬人生了孩子，最大的希望就是要他的命根牢实。而自然界的巨石，屹立万世；一些生机盎然的树木，也存世数百年，又因仡佬族本来就认为石和树，尤其是大石和大树都有神灵。在此情况下，给孩子请个"石头保爷"、"树保爷"，就是这种希望的一种寄托。孩子生下来，就去找八字先生算命，先生推出犯"短命关"，父母就要为孩子喊个"石保爷"，只有石头才是千年万载不会死的，喊它为"保爷"，孩子的命根就会像石头一样坚牢，不会"短命"了，易长成人。选定某尊石头做"保爷"之后，要择吉日去祭拜，摆上香、纸、烛、刀头酒礼，点燃香烛之后，由先生念咒语，孩子向石头作揖磕头。如果孩子还年幼，不会磕头作揖，就由大人代言几句：石保爷啊，今后多多保佑呀！所以，仡佬族的山神崇拜、大树崇拜，是相互交叉的，有时候祭山神表现为祭树，有时候祭树实则是祭山神；有时候祭石、祭树不一定是祭山神，而是祭保爷。仡佬族对山神、大树的多样祭祀活动和方式，也说明了他们对大山的深厚感情。

　　崇拜山神是仡佬族当中普遍存在的一种现象。仡佬族地区多山，靠山吃山，一切生产生活活动都与大山有关联，因此生活中就免不了对大山的依赖和崇敬，这种依赖和崇敬表现在人们行为上就是对山神的祭祀。与其他民族不同，仡佬族的山神崇拜，有时候表现为对山体、山洞、岩石、石头的崇拜，有时候又表现为对山、坡生长的大树的崇拜。在各地的"三月三"节日中，即有的为祭山神，有的为祭树神。这种差别，在我们看来并不是矛盾的，山是自然的代表，大树可作为山的代表。相对于大山来说，独立的一棵大树更能体现人们的报恩心理，它才是具体的祭祀对象。有些地区的仡佬族既祭山又祭树，如六枝特区居都仡佬族年年都要祭祀老王山、九层山、金枪银杆山、折捞山及寨周六个小山等，在祭山神的同时还要祭树。黔北的遵义、仁怀及广西隆林各族自治县一带每年正月都有一个"拜树节"，源于仡佬族先民开荒培草时为避毒虫猛兽及灾害而居住树上，大树提供了保护，为不忘树的恩情而祭树。清镇市仡佬族每年"三月三"祭祀神树，由寨里族中头人选两人负责购买一头肥猪祭祀神树。每家留一人看家，其余的人都要到附近山上神树的周围捡柴、挖灶、抬案桌，用泡木权搭起神架，将猪拉到树脚按在桌上，用水将猪的四脚和嘴洗一下，用茅草扭成的反手搓的索子打个套，拿一头搭在神架上（意思是送给神灵），主持人用仡佬语祭祀神树说："求神灵保佑来年风调雨顺，不下白雨（冰雹），家家五谷丰登。"用神架上的横梁敲一下猪头，把猪杀死，烫好洗干净，煮熟送到神树前回熟祭祀。回熟后用绳索将猪下巴的骨头拴在神树上，然后每家上山去的人十个八个围在一起，分食煮熟的猪肉，将猪头砍成两半，分给来年买猪的头人。一年换一届，由两个头人负责买猪，用去的经费大家分摊。

　　土地是人们耕作的对象，地力、水源是人们生产活动成功与否的决定性因素，是人类能否再生产的先决条件。因而，人们对土地历来充满了感激之情。贵州省水城县和六枝特区一带的仡佬族，在每年的"吃新节"，妇女或儿童去"客家"田地摘五六穗新谷，拿回去挂在家中的中柱上。三天后，全寨出动，去田边土沿插起白纸标，杀猪羊祭天地和祖先。祈祷毕，由长者带领一些女孩载歌载舞，唱"田娘舞歌"："正月里来要打田，二月里来放水泡，三月里来要撒秧，四月里来要栽完，七月里来家中坐，八月里来要割草，九月里来粮进仓，十月里来要栽麦，冬月里来活做完，过年户户好热闹。"祭田娘实为祭田神，是人们为感谢土地无私付出进行的感恩活动。广西隆林各族自治县磨基仡佬族在初三那一天，还习惯拿着粽粑、酒和一把锄头到田边地头去祭祀。祭毕烧纸钱并叩头，随后用锄头在田地里锄3—5次。仡佬族人民习惯称之为"开三"。"开三"以后，就能驱去百虫，除去百灾，当年能获得丰收。同时，经过"开三"以后，人们就可以自由下地干活，否则就不能乱动锄头做活路。仡佬族每年农历六月初六有杀牛祭田的习俗，又称"祭田神"。这天，全寨人共同出资购牛，集体参加杀牛祭田，并用牛血分别蘸纸于各户田里祭田，祈求粮食丰收，农事活动顺利。祭田后，三日之内不干农活。土地崇拜，反映了仡佬族知恩必报的朴素心理。近代在外来文化的互动中，土地崇拜已表现为对土地庙、土地菩萨的尊崇，一些敬奉土地神的活动，也就改在土地庙等处进行。

（三）鬼神崇拜

人类自童年时代，就处在虔诚的信仰之中。人们认为，世界除了自然界外，是由人和鬼神组成的，彼此存在于一个宇宙之中。神，可以说都是人们按自己的想象和需要"创造"出来的，仡佬族崇拜的众多神灵，也充分反映在他们丰富多彩的神话之中。在仡佬族中流传的各类神话，由于地区和支系的不同，内容亦斑斓各异。但是人神异处，又有联系，人类为了取得与鬼神的密切联系，就必须有相互沟通的桥梁，于是出现一种媒介——巫师。"神"在仡佬族的意识里呈现为直接的自然力并表现为泛神、多神的信仰。由于处在历史发展的不同阶段，仡佬族人民的原始宗教信仰，还未发展成为具有统一的教规、教义、严密的宗教组织和拥有专门神职人员的宗教。尽管仡佬族地区明清以后也修建了许多寺庙和道观，仡家也有不少善男信女跟其他民族的人们一起前去朝山拜神，但仍不曾放弃他们自身原有的宗教祭仪。他们的冠、婚、丧、祭仍请本民族的鬼师来操办。部分杂散居地区，即使请了和尚、道士来操办，有许多祭仪，仍须按祖传礼规行事。可说是一种并行不悖的双轨、多轨信仰并存的状态。对仡佬族影响最深的外来宗教主要是道教，如"披袍仡佬"和"打铁仡佬"的祭拜和崇敬"李老君"、"玉皇"等，很多本土宗教祭祀活动都掺杂了道教的成分，比较明显的是丧葬活动，其中很多仪式就来源于道教。仡佬族民间流行的傩祭，其根源虽是原始巫教和巫术，但也融入了道教的色彩。佛教对仡佬族社会的影响也比较深，观世音被世人誉为"救苦救难，普济众生"的活菩萨，仡佬族群众也普遍信奉。丧葬活动以及日常祭祀中也有不少佛教的色彩。过去，仡佬族地区也曾有过不少佛教寺庙和尼庵，黔北一带仡佬族崇拜"南岳大帝"，有些仡佬族村寨还修有"南岳庙"，供奉南岳大帝，进行崇拜。

与其他民族相比，仡佬族的鬼神崇拜中，鬼神的数量和种类都较少，尤其是"鬼"。从各地的情况看，严格说来仡佬族中只有神灵崇拜而无鬼灵崇拜，如仡佬族认为家中的一切不幸皆是鬼怪作祟，因而有驱鬼的习俗。驱鬼时，巫师手握"师刀"，站在堂屋正中，先向神灵祈祷，然后念咒语、摇"师刀"，对鬼进行驱赶。接着进行"打粉火"仪式，将葵花秆点燃，用干荞面粉或柏枝树叶粉从燃着的火上撒过，在所有的房间里边念咒语边撒，粉火打完，鬼即被驱除，从此全家顺利，再不会有灾祸降临。然而这个鬼是模糊的，从何而来，有何特征？人们不明所以。许多所谓的孤魂野鬼，其实是一些非正常死亡的人或是一些无后人祭祀的先辈。它们原来是人，只因为死后得不到应有待遇而会给人们带来"灾难"。这就像仡佬族的"宝王"崇拜一样。"宝王"本是人变成的神，人们逢年过节或生产时需对其敬供，以保证生产的顺利或财源的茂盛，否则就会不利和有灾难。仡佬族鬼神崇拜的特殊现象，可能与他们是当地的"地盘业主"有关，由于这些人活着的时候是当地的主人，对当地的土地、气候、水源等比较了解，因而对于出现的各种自然现象，能够坦然处之，不轻易地归之于鬼神。也可能与各地的祖先崇拜有关，因强化了祖先崇拜，从而弱化了鬼神崇拜，这可以说是一种正常的现象。

（四）祖先崇拜

随着农耕文化自身的发展需要，在仡佬族地区对祖先的崇拜超过了对诸神崇拜而居首要的位置，在所有节庆、祭仪活动中，几乎都不可缺少对祖先的祭礼。而春节、清明节、吃新节和及冠、婚、丧事的祭仪，则可以说主要都是祭祀祖先。在仡佬族的心目中，神灵虽是众多的，但最能庇佑自己的仍然是自己的祖先。祖先才是真正的"地盘业主"。

仡佬族的祭祖活动，贯穿于所有的节日活动中。平坝县仡佬族除夕之夜供祖，堂屋神龛前的方桌上置以酒菜，点燃香烛，地上烧纸，由家中最年长者请三代祖宗来享用。请毕，全家对神龛磕头（将簑衣垫在地面上），再由老人拿酒杯往地上洒些酒，用筷夹点菜饭丢地上，求祖宗保佑全家平安，然后全家老幼才进食。食罢，围着火坑守夜，以陪老祖宗过年。到鸡叫时放鞭炮，用一个捏有四只耳的大糯米粑放柴上，大粑正中再放一小块凸形糯米粑，插香三炷于其上，开门迎接祖宗们进屋过年。如有父母新亡，还得到坟上接亡灵回家（三年后才不再上山接）。从除夕到正月初二，神龛上的油灯昼夜燃亮。初二上午，各户带上香纸到井边燃烧，表示买水，挑新鲜水回来给老祖宗煮饭吃。初二下午全寨共用一升六角糯米打成粑，又用同重量的黄豆发成豆芽，用筛子装着，全寨男子，带着镰刀、锄头、钉粑等农具列队，在锣鼓引导下，走到村寨附近的夜合山的水杉树前，摆出祭品，大家按长幼序分列跪拜。寨老（仡佬语称为"糯麻"）祝祷："旧年去，新年来。今天我们来送老祖公，明天我们就要砍刺、铲火土、撒秧秒了。过去你老人家来，贵州是黑羊大箐，是雷劈这个坡让我们有路来，扯闪电照我们走路来。"诵毕，众人将豆芽分吃，再回到寨内，各自带上酒饭，汇集轮值人家（一年由一户轮值）会餐。这顿饭不吃油荤，由轮值者用米汤煮一大锅豆芽、豆腐，蘸辣椒拌蒜吃。

仡佬族的祖先崇拜，在丧葬习俗中表现得更充分，且形式多样。仡佬族的丧葬，由于居住分散，丧葬习俗各地不尽相同，但有一点是一致的，就是出殡时不丢"买路钱"。这是与一些民族丧葬习俗不同之点。据明嘉靖《贵州通志》记载，青山司仡佬族"丧葬亦有棺，杀牛祭鬼，毕而横葬于上，后有人诱以倒埋"。苗民司仡佬族"丧葬击鼓唱歌，男女围尸跳跃，举哀而散，亦置之山峒间"。西堡司仡佬族"（人）死，葬不用棺，积薪焚之"。平伐司仡佬族"（人）死则置于山洞"。把平司仡佬族"丧用长木桶为棺，多葬于路旁"。可见在同一时期，仡佬族的葬式就有岩葬、土葬、火葬等多种。葬具有木棺、木桶、石棺数种。而棺的埋放形式，也存在着"横葬"与"倒埋"的区别。

仡佬族的岩葬有着极其显著的特点。明田汝成《炎徼纪闻》载："殡尸有棺而不葬，置之崖穴间，高者绝地千尺，或临大河，不施蔽盖，以木主若圭，罗树其侧，号曰'家亲殿'。"这属于岩葬中较典型的悬棺葬。嘉靖《思南府志》卷七对此亦有考释，"府南四十里许，有家亲殿者，古仡老（佬）奉先处也，在一大崖穴中，崖高百余丈，下临大河，行舟者往往遥见之。其现制如今之床然，上下依崖，不施蔽盖，雨日亦不及之。"此类悬棺葬，在仡佬族地区今遗存有正安县芙蓉江畔的格林，思南县乌江支流畔的大河坝一带。早在东晋常璩的《华阳国志》中就载有："濮人家，冢不闭户。"仡佬族的这种葬式，与濮系民族文化有着历史渊源关系。

清代，广西仡佬族的葬式仍保留着岩葬，"棺而不瘗，置崖穴间，高者绝地千尺，父母死，则子妇各折二齿投棺中以为诀，名打牙仡（佬）"。仡佬族的埋葬方法，贵州民间流传有"苗横倒仡佬"的说法，其特点是仡佬族的坟墓与山冈走向形成直角，死者的脚登山，头枕空。但是有些地方则是横葬。据道光《大定府志》记载："仡佬人死，必掘地，置木板横陈其尸。"另外，平远州的仡佬族"葬则侧置其尸，谓使其不知回归云"。从墓葬的形式看，土葬石板墓早已成为贵州仡佬族的主要形式。

贵州各地仡佬族人的墓地，有的不立墓碑，一般在坟后栽一棵泡木树，也有在坟旁栽数棵松、柏或黄杨树，当地人把这种树叫做"风水树"，以表示对祖先的纪念。众多的丧葬习俗和丧仪丧礼，显示的目的只有一个：尽己所能而娱祖，求得祖宗的荫佑，实现子孙繁衍，家道中兴。

（五）祭司与占卜

仡佬族日常的祭祀，由各户的男性家长主持，若逢重大的祭祀，则须由有师传的祭司（仡佬语称博帔、博罱或补福）来主持。由于他们有通鬼神的"本事"，又了解本民族的礼规礼仪和许多历史典故，因而受到人们的尊敬。他们虽有专门的师传，但并不出家受戒，更不脱离生产劳动，是一种不脱产的神职人员。他们为村寨或各户主持祭祀，不索重酬，带有尽义务的性质。有的村寨则划祭祀田归他们自种自收，作为公众给他们的特殊优待。祭祀田作为公产，只在上代祭司故去后转给下一代祭司耕种而不得自行变卖。

仡佬族由祭司主持的祭祀，都有相对固定的祭祀诵词。有的祭祀诵词长达四五千行，称为经文，有"十二段经"、"二十四段经"，等等，都是口耳相传。规模较大的经文，大都将许多神话传说、寓言编入其中，汇聚着仡佬人长期积累下来的智慧和经验，显示出先民们的伟大和创造，可称之为仡佬族人民早期生活的"百科全书"。

巫师的职能一般包括禳灾祈福，驱除邪恶鬼怪，叫魂，从事丧葬，祭祀活动。最常做的事，一是预测人的命运的好坏。在信仰者看来，人的命运和人们从事的各种活动，都是由鬼神或命运决定的。为了万事如意，事前总想预测一下前途好坏，以便采取行动与否，因此鬼师进行预知法术。《明实录》卷一百二十八："龟筮者，所以通神明之意，断国家之事也。"主要有征兆、预言、占卜活动。这是巫觋最经常、最大量的工作。二是主持祭祀活动。仡佬族民间信仰中的最大的安全感是有神灵保护，狩猎要请山神保佑，生孩子有"娘娘"保佑，比较大的祭祀是祭天、祭祖、祭盘古、祭灶神等。三是驱疫求吉巫术。对于善神要祭祀，对于不尽职的神以及各种凶神、恶鬼则实施巫术。如求雨、驱疫、扫灾星，鬼师往往是这些巫术的执事人。他们为人治病也行巫术，如为病人招魂、驱鬼、冲傩还愿，其中也掌握一定的巫医知识。四是主持人生礼仪。一个人从生到死，有不少礼仪，诞生礼、成年礼、婚礼、葬礼。有些仪式由家长主持，有些则由鬼师主持，特别是成年礼、婚礼和葬礼。五是主持神判，处理纠纷。民间出现有关财产、婚姻等纠纷时，除了一般有影响力的人从中调解和用法律裁决外，有些地区请鬼师神灵公断。方法是请神下凡，进行神判，以定是非曲直。同时，鬼师是民间习惯法的解释者和维护者，在天文历法、医疗、歌舞等活动中也有举足轻重的地位。

　　"傩"这一宗教文化活动，在遵义、仁怀、务川、道真、平坝、安顺等仡佬族地区也十分盛行。它伴随着仡佬族的日常生活，从妇女的保胎、安胎、催胎、保身，到消灾解难，人们都常常要请法师和戏班来冲傩打保符、跳地戏或扫寨。它明显地掺和着道教、佛教以及儒家思想的文化因子，但其深层的思想土壤，仍是仡家"信鬼而好祀"的泛神信仰、祖先崇拜、禳灾祈福，以及驱鬼除邪的历史传统与朴素意愿。仡佬族地区流行的"傩"，不但"交牲"、"领牲"等祭仪仍保持着仡佬族原有祭仪的风貌，而且在其禳祈过程中迎请降坛的神灵，除"三清尊神"、川主、土主、药王祖师而外，更有在贵州显化的"蛮王天子荣禄大夫——黑神"。其实，黑神庙在贵州各地都有。在仡佬族民间，则确指黑神为三国之时的孟获，并认为孟获就是他们本民族历史上的英雄人物。在他们所喜爱的"傩戏"、"地戏"、"阳戏"、"高台戏"中常常演唱"三国故事"，惟不演"七擒孟获"。仡佬族民间的多种传说除歌颂孟获之英武而外，也皆不说孟获被擒和受蜀汉封官。从深层心理结构来看，在民族认同的同时，严格地保持着他们民族的自尊。所以要在傩仪中给"黑神"设一席位，因为"黑神"孟获既是贵州的地方守护神，又是他们本民族历史上赫赫有名的英雄人物。而这一点，也是仡佬族的傩仪有别于其他民族中流行的傩仪之关键所在。

　　仡佬族在生活、生产中有一些禁忌，大多集中在年节的时候。大体上说可分之为日忌、食忌、言忌、行忌几类。

　　日忌即禁忌在某一天做某事。如仡佬族认为，正月初一或十五两日，忌打扫屋里庭院，俗以为开年吉日，打扫了会将喜色财气像垃圾尘埃一样扫走，导致全年不顺不乐。打（立）春日，忌别家的已婚妇女入门。相传"此日犯忌，扯铧毁犁"，既花钱多，又影响生产。忌戊，戊是天干第五位，逢戊日，忌下地干活。相传戊属太岁，此日耕作是在太岁头上动土，为者不得"高在"（要送命），且要引起百里无收的荒灾。原来，每十年有一次戊年，每十日有一次戊日。如果当某个戊年的太岁属戊，而戊本身是属土，所以这一年中的戊日就不能下地动土。后人们为了怕犯忌，不管当年的太岁属不属戊，宁可逢戊则忌，逐渐演变成戊日例假休息，即十日一休。婚丧事务日，忌扫屋里门外，说婚日打扫，是嫌弃喜气，喜即转忧，忧日打扫，会忧上添忧。

　　食忌即对一些食品的禁忌。如仡佬族认为，小孩忌食猪血，俗以为食了猪血后记忆力差，终生受害。未婚男孩忌食猪蹄，传说猪蹄专差（叉）老丈（岳父），若有犯忌，则婚事不顺，十有九吹。孕妇忌食母猪肉，怕以后生下孩子患"母猪疯"。喜宴忌食羊肉和魔芋豆腐，因称它们是"短命菜"、"伤泪菜"，怕讨不祥的口风。办丧事忌食海椒（辣椒），海椒红色，主喜，若犯忌，后代会耳聋。有的地方还忌食牛肉，既出于对牛的珍视，又怕死者阴魂变牛。产妇忌食海椒和烧酒，怕后人出红眼病。孝家七日内忌沾荤菜，以示其忠孝之意。

　　言忌即怕说出的话引起的效应，给自己或家人带来灾难。如正月初一、十五两日早晨忌言"死"、"穷""挨刀"、"拖丧"、"卖脑壳"、"混账"、"上山"、"抬出去"等词语，俗以为开张喜日，出这类"破口话"易应验。在养蜂人家吃了蜂糖忌言"多谢"、"分别"、"走了"等，传说犯忌后蜜蜂要离主而高飞远走。送亲客从男家返归时忌言"二回再来"，说此言意味着新婚夫妇难合终生。对未婚的少女忌言"你吃杯茶吧"。因为在一些地方，"吃茶"是女方待婚落入户的指代语，对方听了不高兴，以为你在戏弄她。

　　行忌即一些行动可能带来不利的后果。如从艺人忌坐在晒晾的裤子下，有言"裤无洁处"，"裤下一蹱，邪缠终生"，"裤落头上，银钱失光"。忌来做客的夫妇在主人家同房，以为秽气熏神，大不吉利。故有"宁可借人停丧，不可让人成双"之说。犯忌者不仅要向主人道歉赔礼，还要请道士做斋三日，祈神祛邪。卖的或送人的扫帚忌在自家屋里试使用，俗以为会把财宝扫走。买扫帚忌买六指式或八指式，有言道："六扫叫化八扫庙"，故只买七指式，人称之为"七姊妹"。大年三十夜吃年饭忌倒汤泡饭，说犯忌者以后出门要遭雨淋；当夜和次日忌用吹火筒吹火，犯之，则谷类不黄（成熟）或倒伏于地。出行路上忌捡口袋，俗以为遇口袋大不吉利，可能人财皆失。新婚洞房中的床铺忌近"四眼人"（孕妇），犯之影响新媳妇的生育。孝服之家忌贴红对子，俗传红主喜，又传红驱阴魂；亡人的阴魂见门上现红，不敢到佛堂受供。

　　以上所列之禁忌现象，看起来似乎无根无据，但它毕竟是民风民俗的重要组成部分，不能提倡，但也不能过多地干涉，有些在特定的场合还应遵守，以免引起不必要的麻烦。随着人们文化水平的提高，社会的发展，有些禁忌正在逐步消失。

　　每个民族在自己的不同发展时期，都有自己对自然、对人生的看法。这种看法不管对错与否，都不能以今天的眼光去评说。在初民阶段，在当时生产力极度低下的情况下，人们对大自然的崇拜，把直接关系到自己生存的自然物和自然力进行神化，实质上就是对大自然的依赖。这种依赖可分为两大类：一类是对于"顺己力量"的依赖，另一类是对于异己力量的依赖，这种依赖不是一成不变的，它是以满足人们的需要为前提。当阳光明媚、风调雨顺、物产丰富的时候，人们对大自然充溢着无限的感激之情，出于对等情结的回报，人们便通过祭祀、歌舞等活动对大自然感恩戴德。但当狂风肆虐、洪水泛滥等天灾人祸不断发生时，人们便认为是大自然在报复，出于无奈，也只能以祭祀或歌舞的形式祈求自然的谅解和宽恕。原始宗教可以说就是在这种是非心理的矛盾中产生并发展的。马克思和恩格斯在《德意志意识形态》一书中指出："自然界起初是作为一种完全异己的，有无限威力的和不可制服的力量与人们对立的，人们同自然界的关系完全像动物同它的关系一样，人们就像牲畜一样慑服于自然界，因而，这是对自然界的一种纯粹动物式的意识（自然宗教）。"恩格斯说："宗教是在最原始的时代从人们关于自己本身的自然和周围的外部自然的错误的、最原始的观念中产生的。"① 还是毛泽东说得好："菩萨是农民立起来的，到了一定时期农民会用他们自己的双手丢开这些菩萨，无须旁人过早地代庖丢菩萨。"②

---

① 恩格斯：《反杜林论》，《马克思恩格斯选集》第 3 卷，人民出版社 1977 年版。
② 《毛泽东选集》（第 1—4 卷），1991 年版，第 33 页。

第一章　图腾崇拜遗迹

第一节　竹崇拜遗迹

1. 汉文献记载中涉及竹图腾崇拜的记录

夜郎者，初，有女子浣于遯水。有三节大竹流入足间，闻其中有号声，剖竹视之，得一男儿，归而养之。及长，有才武，自立为夜郎侯，以竹为姓。武帝元鼎六年，平南夷为牂柯郡，夜郎侯迎降，天子赐其王印绶。后遂杀之。夷僚咸以竹王非血气所生，甚重之，求为立后。牂柯太守吴霸以闻天子，乃封其三子为侯。死，配食其父。今夜郎县有竹王三郎神是也。

〔范晔：《后汉书·南蛮西南夷传》〕

有竹王者兴于遯水。有一女子浣于水滨，有三节大竹流入女子足间，推之不肯去，闻有儿声，取持归破之，得一男儿，长养，有才武，逐雄夷濮。氏以竹为姓。捐所破竹于野，成竹林，今竹王祠竹林是也。王与从人尝止大石上，命作羹，从者曰"无水"。王以剑击石，水出，今竹王水是也。

〔常璩：《华阳国志·南中志》〕

郁水即夜郎豚水也。汉武帝时，有竹王兴豚水，有一女子，浣于水滨，有三节大竹，流入女子足间，推之不去。闻有声，持归破之，得一男儿。遂雄夷濮，氏竹为姓。所捐破竹，于野成林，今竹王祠竹林是也。王尝从人止大石上，命作羹。从者曰"无水"。王以剑击石出水，今竹王水是也。后唐蒙开牂柯，斩竹王首，夷獠咸怨，以竹王非血气所生，求为立祠。帝封三子为侯，及死，配父庙，今竹王三郎祠，其神也。

〔郦道元：《水经注·温水》〕

2. 仡佬族的竹王崇拜

关于竹王的传说，最早见于晋·常璩《华阳国志·南中志》："有竹王者，兴于遯水。有一女子浣于水滨，有三节大竹流入女子足间，推之不肯去。闻有儿声，取持归破之，得一男儿。长养，有才武，遂雄夷濮。氏以竹为姓。捐所破竹于野，成竹林，今竹王祠竹林是也。王与从人尝止大石上，命作羹。从者曰'无水'。王以剑击石，水出，今竹王水是也，破石存焉。"此后，刘宋·范晔著《后汉书·南蛮西南夷传》也曾引述这一故事；北魏·郦道元作《水经注》又再次引竹王传说为"豚（亦写作遯）水"条作注。在仡佬族民间，至今仍流传着许多关于竹王的传说，有的地区仍有将竹筒置于神龛上供奉的习惯。贵州省黔西县等处的仡佬族，每年初春要举行骑马射箭的"赛竹三郎"活动。清代《黔西州志·艺文志》载："几重岭树夹蛮庄，妇女逢春不肯藏；闻到村前花鼓闹，背儿看赛竹三郎。"诗后注曰："竹三郎，即竹王所生三子，死配食其父。蛮人祀之多。"据《黔游记》、《寰宇记》、《御览》、《蜀中名胜记》、《苍梧县志》、《搜神记》等书记载，川、黔、云、桂、鄂等省境内，凡历史上有僚人活动过的地区，大多曾立有竹王祠（庙），足见竹王在仡佬人宗教信仰中占有重要地位。

［罗懿群："竹王"，《仡佬族文化百科全书》，第 38—39 页，贵州仡佬族学会编，熊大宽主编，贵州民族出版社 2002 年版］

3. 仡佬族竹图腾崇拜

仡佬族早期宗教崇拜的对象之一。清·严如煜撰《苗防备览》，用汉字记仡佬语列表与汉语词汇相对照。其中"竹"，仡佬语呼之为"盖脑"，与现今遵义等地区仡佬人用汉语说"仡佬"一词时，其音位和声调基本一致。《华阳国志》和《后汉书》在引述竹王故事时，皆言竹王所统领的部众"氏以竹为姓"或曰"以竹为姓"。这显然不是现代汉语中一家一户的"姓"，而是整个民族共同的名称和徽号，或称之为"图腾"。仡佬人至今有供竹筒的习俗，对竹的灵性有众多故事和传说，亦足以作为历史上有"竹图腾"崇拜的佐证。

［罗懿群："竹图腾"，《仡佬族文化百科全书》，第 39 页，贵州仡佬族学会编，熊大宽主编，贵州民族出版社 2002 年版］

4. 贵州贞丰县仡佬族供竹筒

据说很古时候，一根竹子从百层渡上游冲到百层的河沙坝。划开后，里面有一人，即后之仡佬族祖先，故仡佬族人家神龛供祖定用竹筒。仡佬语称竹筒为"母酱"。

［翁家烈："贞丰县仡佬族社会历史"，《民族志资料汇编·第十集·仡佬族》，第 64 页，贵州省志民族志编委会，1989 年5 月］

5. 贵州清镇市仡佬族竹崇拜

仡佬族喜竹，这大概与仡佬族的祖先与竹子的传说有关。有点文化素养的人家，必定挂上几幅竹的字画。一般的农村居民，也在房前屋后栽上几株钓鱼竹，望去确有"竹林茅舍三两家"的风味。即使土地再窄，他们也要把栽竹的地方留足。就是在不能保证温饱的年代，他们都不会将栽竹的地方辟来种庄稼。他们所栽种的竹子，除将死的以外，不会轻易砍伐一棵。

［王明刚、王最敏、王学龙："仡佬族的崇拜、巫术及占卜"，

《清镇仡佬族》，第 148 页，贵州民族出版社 2004 年版］

6. 贵州石阡县仡佬族竹崇拜

在石阡仡佬族村寨，几乎家家房前屋后都有种竹子的习惯。日常生产生活中常用竹物器具，这就是对竹王崇拜。仡佬族人相信自己是竹王的后裔，对竹子有特殊感情。故在节庆、祭祀诸类活动中，大量采用竹制品，以表示对竹王的敬重。毛龙，是石阡县独有的一个较为大型的龙灯品种。据说石阡仡佬、苗、侗等族的先民，唐宋之前泛称为"五溪蛮"或"武陵蛮"，以远祖"盘瓠"为图腾。"盘瓠"的形象为"五色毛犬"，故在"龙"这个中华民族的共同图腾物上，又增加了"毛"的特征。又说龙出游则风调雨顺，故民间舞龙自古已然。金秋时节和元宵之夜，先民们以竹子精心扎制毛龙出游，检阅丰年之情景。另一方面，玩毛龙也体现了对"竹王"的崇拜祭祀。因为毛龙纯用竹篾扎制而成，不用"龙衣布"串连龙身，而是用大竹（斑竹）数片绑扎而为龙脊，加以荆竹制作龙身。从而充分体现"竹"的功能。

［徐国光整理，2006 年 8 月调查］

7. 贵州务川县仡佬族竹崇拜

仡佬族的族称，根据部分仡佬族用仡佬语自称"glao"的汉文记音而得名，"仡佬"的一个意思是"人"（即仡佬族人），另一个意思是"竹"。

清朝严如煜撰《苗防备览》中记载，仡佬语"呼竹曰'盖脑'"。按照今天务川仡佬族的汉语方言，"仡佬"与"盖脑"发音的音位和声调完全一样。可见"仡佬"与"盖脑"实际上只是同一仡佬语的不同汉字记音。

大约两千多年以前，仡佬族先民建立了有邑聚的"夜郎国"（按古汉语解字，邑聚城邦即称为"国"）。《后汉书·南蛮西夷列传》记夜郎者："初，有女子浣于遯水。有三节大竹流入足间，闻其中有号声，剖竹视之，得一男儿，归而养之。及长，有才武，自立为夜郎侯，以竹为姓。"

遯水即今贵州省西南部的北盘江，为古夜郎的中心地带。夜郎族人传说其王是从大竹中产生，因此"以竹为姓"，这里所谓的"姓"，并非现代汉语概念中一家一户的"姓"，而是整个氏族共同的名称，徽号，或曰"图腾"（"图腾"是北美印第安语 totam 的音译，意为"亲属"和"标记"。原始民族认为本氏族与某种动物有特殊的亲缘关系，即把这种动物视为本民族的标志和名称）。如《华阳国志·南中志》所记"氏以竹为姓"。而且，"以竹为姓"并非依汉语汉字姓"竹"，而是依仡佬语姓"仡佬"。此即仡佬族称之由来。

以竹为图腾的夜郎土著族，是今日洪渡河畔仡佬族的直接祖先。

［田简："仡佬族：一个以竹为姓的民族"，《务川文史资料第十辑·仡佬之源》，第 101—102 页，政协务川仡佬族苗族自治县委员会宣教文史委编印，2005 年］

8. 贵州普定县仡佬族祭山唱词——颂竹王

敖伟天神，列位祖先，地盘业主。这是初二祭的山，这是初三祭的山，初二来的初二去，初三来的初三回。你们好好来，也要好好去，你们从哪来，也要哪里去。田坝地坝随你走，大路小道由你行，箐林中也有路，竹林中也有径。竹林当中有树子，树林当中有竹子。大田角落有竹子，大地坎边竹子生。大路旁边有竹子，小沟边上竹子生。弯弯冲冲有竹子，山头坡尾竹子生。四面八方有竹子，满山遍野竹子生。每片竹子棵棵大，每窝竹子棵棵高，高竹会指路，大竹会说话。今天你们来饮酒，竹子就在那里等。它指你们把路过，站在路后看你行。大江大海不要过，你们一一记在心。没有哪样送你们，酒肉杂包给你们。半节竹子作扁担，半节竹子扶你行。扁担拿来挑酒肉，小小杂包用手提。手扶竹杖慢慢走，累了拄着竹杖歇。回到家中先坐下，再找地方放东西。放好东西养精神，不要慌忙做事情，养好精神做大事，要做的事定能成。竹子扁担轻轻放，竹子拐杖好好存。走出走进全靠它。它是告佬的竹王，它是我们的先人。出门做事它会讲，出门做事它会说，会讲会说是竹王，我们世代敬供它。竹王万世保佑我们，告佬家家享太平。

敖伟天神，列位祖先，地盘业主。有酒你们去作客，逢场你们去赶场。有活你们做，有官你们当。官家①的门不要进，官家的人不要交，官家的事不要问，官家的饭不要吃。各有各的大路，各人的事各人做，他做他的官，你做你的官，互不相干保平安。

［贵州省安顺地区民族事务委员会编：《仡佬族古歌》第 24—27 页，贵州民族出版社 1991 年版］

---

① 官家：指官府。引者注：疑指本地土官。

9. 贵州道真县仡佬族墓碑中有关竹崇拜的记录

黔北仡佬族图腾崇拜"竹"。在坟墓和祠堂建筑中不是雕刻在墓门、墓室上方的石梁上，就是浮雕在墓室吞口两边的石壁上。祠堂有的把《拜竹图》镌刻在祠堂大门正中上方。有的镌刻在祠堂正堂厅的天落檐上。如清同治十二年姑洗月（1873 年 3 月）吉旦，玉溪镇东郊村王永簏骆氏（仡佬族）墓，在墓室上的大石梁上，深浮雕四幅案图。其中一幅是《拜竹图》（笔者命名）。长是 55 厘米，高是 30 厘米，横式条幅画面。左下边是两墩巨石错落并列。第一墩大石后面，一位头戴圆帽青年，穿着花边袖口长衣，侧面朝东跪在地上，左手曲肘于胸前，握着未脱壳的嫩竹笋（意为我给竹王跪头，会像嫩竹那样茁壮成长——笔者注）。第二墩大石后面生长五根老竹（图正中下），两根向西倾斜，两根向东倾斜，一根朝北。五根亮节老竹，枝叶繁茂，错落有序，稀密有度，竹笼右（图正中）站着一壮年男子，侧面朝右（东），左脚在前，右脚在后。头戴圆帽，身着镶边袖口长衣，左手伸直约高于肩，握着孩子右肩膀。右手曲肘于胸前欲接抱孩子。右后站一妇女，椎于顶，身着花边绣口衣服，腰围长裙，背着披袍。右手肘抬（读胎）着椎于顶的男孩子的臀部，左手肘曲于胸前，伸手指握着孩子的左手膀贴于左胸部，欲将卷着腿的孩子递给男子（丈夫）给竹王跪拜。此幅《拜竹图》，是清代仡佬族人崇拜竹王墓文化的真实写照，形象逼真。又如隆兴镇永红村骆乐美余氏夫妻合葬墓（建于清同治十三年〈1874 年〉三月八日），一室二函。墓室左右两边嵌宽 54 厘米，高 112 厘米青石板作吞口。左壁上下雕"万"字格框边。正中阴刻"万年派长流"五个大字，左右各深浮雕一颗从三墩石缝中长出的竹子，茎粗节亮，枝叶茂盛，一派生机，与右壁镌刻的"百代思止"相对称。这充分表现仡佬族竹图崇拜的追思怀念之情：竹王高显之德再过百代，也要思慕敬仰之，再过万年，也要倾仰敬慕之。这就是墓文化的艺术价值和它的功能。

[梅应魁整理，2006 年 7 月调查]

10. 贵州六枝特区仡佬族敬竹筒

今六枝、水城仡佬族祭祖时用一节荆竹筒，内装米表示祖辈，一个亡人一颗米，一般装十八颗米代表九代人。还须跑三座山，每座山采两片金丝茅草装进筒里，有的筒里放五色花线，代表屋门衣服，以一对鸡脚代表六畜。竹筒塞好后，供奉于中柱上，三年一换，时间为大年三十晚上。供祭竹筒时，肃穆而神秘，表现仡佬族对祖先的虔诚。印证了汉文献所载有"竹王者兴于豚水……氏以竹为姓"。

[刘安康整理。讲述人：李发旺，76 岁，男，仡佬族，住六枝特区箐口乡居都村。流传地区：六盘水地区。2006 年 4 月调查]

第二节　葫芦崇拜遗迹

1. 贵州织金县仡佬族尊崇葫芦

仡佬族人极尊重葫芦，称之为仙葫芦。他们认为仙葫芦的地位比祖宗还高，祖宗被人骂后有时犹可忍，仙葫芦若受辱则极难忍耐，往往会引起打架斗殴。因为据传，很久很久以前，洪水滔天，除有兄妹俩事前得神人启示，躲进一大葫芦内，于滚滚波涛中漂浮幸免于难外，人类已绝灭。洪水消退后满目荒凉。为繁衍人烟，哥哥向妹妹提出结为夫妻的要求，妹妹认为兄妹开亲不合人伦，但又无第三者可以婚配，何去何从只得求助于神判：通过各站在一山头，先后飞线穿针、滚簸箕、滚石磨重合，以为是天意而结为夫妇。生下怪胎——肉坨一个，又在神的启示下，将其砍为小块抛向天空，落下大地，或被乌鸦吃掉，或挂于桃树李树上，或落于石头上、河流中。次日夫妻俩醒目一看，处处炊烟缭绕，走近一看都是村落人群。前往询问，或姓陶姓李，或姓石姓何，只是语言不同，有的说仡佬语，有的讲彝语，有的说苗语、说汉话，他们就是后来各民族的祖先。人类之所以能于得救、繁衍，全在于葫芦的护佑，故称之为仙葫芦，不容被人谩侮。

〔翁家烈："织金县仡佬族社会历史"，《民族志资料汇编·第十集·仡佬族》，第57页，贵州省志民族志编委会，1989年5月〕

2. 贵州遵义县平正乡仡佬族祭葫芦

堂屋正壁前，用五倍子树杈支撑木板一块作神台，台上放葫芦一个为祖神所在。俗语有谓："苗族吹唢呐，一把把抓，虎音叉叉，疙兜装菩萨，吊在门旮旯。"虎音叉叉是指五倍子树杈，疙兜指的是葫芦。吊在门旮旯是说平时葫芦是放在神台上，到腊月三十那天，各家须将神台上的葫芦移挂于大门后面。除夕那天中午，神台下的方桌上摆肉、粑等祭物，取4条板凳从大门外至方桌前依次横列（大门外为1条，门内放3条），恭恭敬敬地从神台上捧下葫芦移挂于大门后，称为让地头，即让出神位迎祖宗灵魂回来享受年祭。祭祖时点香、焚纸、跪拜，乞祖先佑护全家平安、兴旺。

〔翁家烈："遵义县仡佬族社会历史"，《民族志资料汇编·第十集·仡佬族》，第32页，贵州省志民族志编委会，1989年5月〕

3. 贵州务川县仡佬族敬岩鹰、葫芦

传说远古时候，洪水滔天，淹死老鹰，大地上一片汪洋，所有的生灵都被淹死。天神见势不妙，赶紧用神竿，在地上捅了许多消水坑，又划了许多道江河。洪水渐渐退下，不知从何处漂来一个大葫芦，顺着现在的洪渡河水从南往东北漂流。当葫芦漂到现在江边一带时，洪水被前面的彭家岭、麻岩青山脉阻挡：左有雪拦牛山，右有木悠峰山脉相隔；后又有山羊岩山脉断其退路。洪水在这里产生了很大的回水凼。一时间，洪水夹杂着泥石都沉积下来，形成了现在的大坪坝。水位在继续下降，一部分泥石又被洪水带走，形成了丘陵。今小塘的十个石笋也就是那个时候形成的，所以，至今都可看到整个石笋都是由泥层和鹅卵石混杂而成。大葫芦在回水凼中漂游，当漂到石笋处，被卡在石笋中不能动弹，洪水退了，葫芦被卡在半山腰，天神立即派神鹰下来，用雄劲的鹰爪把葫芦抓到平坦的地方放了下来，据说就是今官学坝一带。兄妹二人爬出葫芦后，晚上住在大树上，白天四处寻找人烟，但没有找着，只好在江边用竹子搭棚子，渔猎为生，相依为命。天神知道当地已经无人烟了，只好亲自下界，为兄妹俩主婚，让他们服从天意，滚磨成亲，繁衍子孙。又派天狗从天庭偷来谷种，让兄妹俩开荒辟草种庄稼。兄妹俩成了最早到这个地方的祖先。子孙们为了记住祖先是神鹰救的，又是葫芦保佑的性命，从此把岩鹰和葫芦作为崇拜的对象。

［务川仡佬族苗族自治县民族宗教事务局编：《务川仡佬族》，待出版］

第三节　牛崇拜遗迹

1. 仡佬族敬牛王

仡佬族的"牛王节"一般在农历十月初一，在贵州省道真县一带则又在农历四月初八。这一天不但不役牛，而且各家各户还要在杀鸡、备酒、做粑粑祭献牛王菩萨的同时，要做两个粑粑分别挂在家中所养牛的两只角上，并牵牛到水边，让牛去照自己的样子。然后，把牛角上的粑粑取下来放到青草上让牛吃。据说，这是给牛"做寿"。

［罗懿群："牛王节"，《仡佬族文化百科全书》，第203页，贵州仡佬族学会编，熊大宽主编，贵州民族出版社2002年版］

2. 贵州关岭县仡佬族敬牛仪式

十月初一在牛圈门前宰公鸡一只，放酒两碗，两碗内各放有一粑，拔鸡毛蘸血贴于圈门两边门枋上。将鸡切成块煮熟后再供一次，取粑少许粘在两只牛角上，喂牛吃一块粑，喝一点酒，请牛王保佑牛长得健壮，并牵其去水塘喝水，让牛从水中看见自己的影子。这天让牛休息，不让牛做任何劳动。

> ［翁家烈："关岭县仡佬族宗教信仰评述"，《贵州民族调查》（之六），第305页，贵州省民族研究所、贵州省民族研究学会编，1989年］

3. 贵州清镇市仡佬族祭祀牛王（1）

十月初一是仡佬族祭祀牛王的日子。清早起来打好糍粑后，将牛牵出来，用大盆或木桶把碾碎的米面和好铡细的草，让牛慢慢吃。然后摆上香案，摆上糍粑，烧香烧纸，祈求牛王菩萨保佑牛健壮，无病无灾。祷告完毕，便上山去采摘野菊花、野棉花等扎成花环。戴在牛头上，牵着牛在水沟边或池塘边去"照相"，再把糍粑和着嫩草喂给牛吃，以表达对耕牛一年到头辛苦劳作的感谢。无论谁家，这一天都不能让牛劳动，就是平时骑牛的放牛娃，这一天都不准骑牛。

> ［王明刚、王最敏、王学龙："仡佬族的崇拜、巫术及占卜"，《清镇仡佬族》，第149页，贵州民族出版社2004年版］

4. 贵州清镇市仡佬族祭祀牛王（2）

一年一度的十月初一，是仡佬族人传统的牛王节。相传这一天是"牛王菩萨"的生日。这天一清早，家家户户的女人都要杀鸡煮肉，男人们忙于打粑粑。粑粑打好后，把捏好的小圆粑粑穿在牛的两只角上，孩童们把牛拉到山坡上，顺手摘来各种鲜花，将它插在粑粑上。待牛吃饱青草后，将它拉到清澈见底的水塘边饮水，有的牛看见水中倒影后，会狂欢，发出"昂昂"叫声。

这一天，人们不管有多大的事，都要安心过节。特别禁止用牛耕作，等到牵牛回家后，将粑粑取下喂牛，以示"祝寿"，并表达主人感激它一年来的辛苦耕耘。仡佬人深知"千把锄头万把刀，抵不住老牛伸个腰"这个通俗道理。他们不仅工作时给牛喂精料，平时也是水草均匀，晚上还要加喂精料，体现了仡佬人的一句口头禅："吃饭要知牛辛苦。"当天仡佬寨，牛叫马欢，鸡鸣狗吠，热闹非凡。

> ［杨仕钧："牛王节"，《清镇仡佬族》，第115页，贵州民族出版社2004年版］

5. 贵州清镇市仡佬族祭牛王

每年的大年三十，仡佬族人民与其他兄弟民族一样，都要杀鸡宰鹅、煮肉熬汤欢度春节。但惟一不同的是，仡佬族家庭在年三十这天都要煮猪头，并将煮好的猪头用容器装好放在大门坎上，焚香烧纸以请牛王享用，这就是敬"牛王菩萨"。从这个祭祀习俗中，我们同样可以看出仡佬族人民对牛的敬重和崇拜。在卫城镇银桥、迎燕、麦巷等地，至今还流传着"千把锄头万把刀，抵不过老牛伸个腰"的谚语。

〔刘玉荣："过年习俗"，《清镇仡佬族》，第 112 页，贵州民族出版社 2004 年版〕

6. 贵州平坝县仡佬族四月初八敬牛

三月清明的早晨，家家户户事先赶牛到河边饮"清明水"，这天孩子们折取柳枝编成圈戴在头上玩耍。四月初八，各家的耕牛一律休息一天，不得役使之犁田耕地，并喂以青草精料。四月逢虎或猴日的清晨，赶牛到田或地里犁上两三圈后即收工，不得让妇女看见，此后随时都可犁田地而无禁忌。

〔翁家烈："平坝县仡佬族社会历史"，《民族志资料汇编·第十集·仡佬族》，第 41 页，贵州省志民族志编委会，1989 年 5 月〕

7. 贵州毕节县仡佬族敬牛王菩萨

十月初一，家家都要打糍粑敬牛王菩萨。用糍粑捏成两个圈套在牛角上，再将"野菊花"（野生草本植物）花套在上面，牵牛喝水后再取糍粑给牛吃。这一天要让牛休息。

〔贵州省毕节县地方志编纂委员会编：《毕节县志》，第 151 页，贵州人民出版社 1996 年版〕

8. 贵州普定县仡佬族（告）敬牛

十月初一，为祭祀牛的节日，当天不役牛，祭祀时用公鸡一只先在祖先供板前祭供，再用鸡扫牛圈一周，在圈门口杀死，扯鸡毛一撮蘸血贴在圈门上，把鸡弄净煮供祖先。

〔贵州省普定县地方志编纂委员会编：《普定县志》，第 181 页，贵州人民出版社 1999 年版〕

9. 贵州务川县仡佬族敬牛

夏历十月一日，是务川仡佬的传统节日——"敬牛节"。有的地方的仡佬族又叫"祭牛节"或"牛王节"。仡佬族对耕牛的崇敬由来已久，宋代朱辅著的《溪蛮丛笑》里，就有仡佬族把耕牛当作神的记载。"敬牛节"的起源较早，据说，早在仡佬先民把野牛养成家牛时就形成了。由于野牛体壮力大，很难猎获和驯养，因此在捕前和捕后都要祭祀牛王菩萨，求它保佑捕牛驯牛顺利。而捕捉野牛，又以秋末最为适宜。久而久之，人们便把夏历十月一日定为牛王菩萨的祭祀日，后逐渐演变为牛的生日。每到敬牛节这一天，务川仡家人便要杀鸡备酒，在牛厩门前点香、燃烛、烧钱纸。一是敬牛王菩萨，祈愿它保佑耕牛身躯健壮，无病无灾；二是为耕牛做寿，酬谢耕牛对仡家人所作的贡献。养牛人的家，到了这一天都要停止使役，让牛在家休息，并把牛厩收拾得干干净净，垫上厚厚的软草，用最好的牧草和饲料喂牛。同时，还要用上等糯米打两个糍粑，分别挂在牛的两只角上，再把牛牵到水边（如果附近没有水塘、水田或水井，也要打盆水放在家门口）让它从水中照见自己的影子，然后取下糍粑，给牛吃掉。有的地方，还要放一串鞭炮，给牛披红挂彩，表示祝贺。没有养牛的人家，也要备办酒、肉、香、烛、纸钱等，到自家的田边或土旁祭祀牛王菩萨，祈求它保佑自己早日买上耕牛或租借别人的耕牛使用时顺顺当当，乖乖听他使唤，耕起地来又快又好。

由于仡佬族多居住在山高石头多的山区，生活贫困，耕牛十分珍贵，不仅用于耕地，还用于运输、推磨等劳作。因此，仡家人对牛十分爱护。有些地方的仡家人甚至不吃牛肉，使役时也不加鞭打，只在嘴上吆喝。在务川镇南镇的桃符，至今留存有一块清朝时候的"禁止杀牛碑"。

［务川仡佬族苗族自治县民族宗教事务局编：《务川仡佬族》，
待出版］

10. 贵州务川县仡佬族祭牛王

现有部分仡佬族村民在每年农历的四月初九或冬至日，要祭牛王。人们认为，要是没有牛王的帮助，孩子看管不好牛，而且耕牛容易丢失。一年的土地耕种，牛出了大力，应该感谢牛王。祭祀时耕牛停耕一天，大都在自家牛栏边行事，有的在圈门上挂上红布，点上香、烛、纸帛，摆上福礼，并特意为耕牛备好青草和精饲料，并在牛角上挂两个糍粑，再打盆清水让牛照看它的影子，然后把糍粑喂给牛吃，意为给牛"做寿"，以示犒赏。

［务川仡佬族苗族自治县民族宗教事务局编：《务川仡佬族》，
待出版］

第四节　其他图腾崇拜遗迹

1. 贵州遵义县平正乡仡佬族神犬崇拜

平正仡佬族中有缕金狗的传说。大意为，在很久很久以前，皇帝娘娘得了重病，皇帝很着急，找来许多名医都医治无效，最后张贴皇榜，声称只要能将皇帝娘娘的病治愈者，许以公主，招为驸马。皇榜贴出后无人敢揭。最后却被一只黄狗抓下。守卫者奏报皇帝，皇帝命带该狗入宫。狗先对娘娘身体各部位嗅闻，接着对患处用舌舔。当晚，娘娘的病好了一半，不几天就全好了。皇帝很高兴，赏之一挑银，狗摇头表示不要，赏以一挑金，狗仍摇头。国王问道："你究竟要哪样？"狗对着娘娘不停地点头、叫着。皇帝才恍然大悟，狗只要兑现皇榜上的允诺。皇帝尽管十分不愿，但为了不失信于人，被迫让公主许配给那条狗——缕金狗。缕金狗带着公主到山洞成亲。白天表现为狗，夜里则变成一位白面书生。公主先后生下四个儿子，长子叫苗大哥，次子叫仡佬二哥，三子是水西（指彝族），老幺是汉族。

> ［翁家烈："遵义县仡佬族社会历史"，《民族志资料汇编·第十集·仡佬族》，第33页，贵州省志民族志编委会，1989年5月］

2. 贵州石阡县仡佬族"敬雀节"

石阡县坪山乡包溪河畔的尧上村，自古流传着一个仡佬族节日——即古历二月初一的"彩雀节"，又称"敬雀节"。

其敬雀之俗源远流长。因为仡佬族是贵州古老的土著民族，是曾经建立过古夜郎国的民族，是保存其先民上古时期的"濮"人、中古时期的"僚"人文化特征较多的一支民族。因而敬雀之俗起源于上古时期的"玄鸟"图腾崇拜，与仡佬族源、夜郎名义有着不可分割的关系；同时人们寄予了对于农业丰产丰收、社会和谐、生态环境保护等愿望。

大约距今三千六百多年前，相传河南商丘有一个名叫简狄的女子，因吞食燕蛋生了一个男孩名叫"契"，长大后成为殷商王朝的开国之君，号称"成汤"，都于商丘，史称"南燕"。所以"玄鸟"便成为商朝的图腾，俗称"燕图腾"。采风于周朝民间的《诗经·商颂》说："天命玄鸟，降而生商。"……所以《诗经·商颂》说："唯女（汝）荆楚，居国南乡，昔有成汤，自彼氐羌，莫敢不来享，莫敢不来王，曰商是常。"所谓"曰商是常"，主要是指以"玄鸟"为图腾崇拜。"玄鸟"本是燕子，但由于成为上古时期许多氏族的图腾而升华为"凤凰"，并泛指所有的鸟类。如张衡《思玄赋》注为

"鹤"；郭沫若根据屈原《天问》、《九章》考说是"凤凰"；《逸周书·王会解》说"氐羌以鸾鸟（为图腾）"，"鸾鸟"即大的凤凰。凤凰是什么鸟？《说文解字》说："凤，神鸟也。天老曰：凤之象也；麟前鹿后，蛇颈鱼尾，龙文龟背，燕颔鸡喙，五色备举……"实际上，"凤"与"龙"一样是一个虚拟的生物，是综合了很多动物特征的图腾形象。这种"五色备举"的神鸟，便是尧上"彩雀"的根据。所谓"彩雀"，即身披五彩毛衣的喜鹊。

尧上"敬雀节"的传统形式，与河坝场的"娘娘会"、凯峡河等地祭"猫猫菩萨"大致相同。届时，各户自备饭菜粑类食物，在寨老的带领下来到一个僻静的崖下土边，悄悄地进行祭祀活动。寨老烧香敬酒，默默祷告，人们都把捎带的食物拿出来吃，边吃边抛撒，还将米粑、肉片粘在树干上，挂在树枝上，好让鸟儿们来吃，也让山鸡、野兔、野猪、猴儿们都来分享，希望它们不要伤害田土中的禾苗，不要偷吃包谷、红苕、谷子，以保春种秋收，五谷丰登。末了，大家将碗筷、竹篮、背篼也都抛弃，转身就走不回头。

[蔡正国整理，2006 年 8 月调查]

第二章　自然崇拜

第一节　山、石崇拜

1. 以"仡佬"命名的石头

仡佬婆石，白鹅石，落虹冲排山岭，有石屹立，俨若人形，山顶如苗妇之绾髻。又一山高耸，中有白石似鹅形。

> ［《安平县志》卷5，转引自《民族志资料汇编·第十集·仡佬族》，第24页，贵州省志民族志编委会，1989年5月］

2. 仡佬族的石头菩萨

通常在村口有一类似汉人土地庙式的神龛，龛里有一对奇形怪状的类似人形的石块。

> ［《凉山彝族奴隶制研究·贵州仡佬的历史和现状》，转引自《民族志资料汇编·第十集·仡佬族》，第28页，贵州省志民族志编委会，1989年5月］

3. 仡佬族山神

仡佬族自然崇拜的神祇之一。仡佬族人长期以来一直生活在山区，开门见山，出门爬山，坐山、吃山、靠山……高原山区的山，或巍峨陡峭，或盘曲逶迤，千姿百态，神奇莫测。山里的飞禽走兽，林木花草，气象万千，且随着时令变化、风云变幻而荣枯，神异离奇。在"万物有灵"观念的影响下，先民们以为山上的一切，定然有一位神力无边超自然的神灵在主宰。这是一位无姓名、无定格、无定职的神祇，但凡山上的一切，都在其执掌范围之中。例如：不让山禽野兽侵害人畜和庄稼，更可以让人们如愿捕获；保佑风调雨顺，让林木葱郁，庄稼丰稔；进而对保佑人畜兴旺发达等等，山神都有无边的神威。因此，仡佬族人把枝叶繁茂的古树或形状特异的奇石视为山神的象征，而加以祭献。逢年过节，特别是"三月三"祭山，要作专门的合寨祭献，并将其称为"献山树"或"献山石"，对其倍加爱护，顶礼膜拜，寄托着无尽的祈求与希望。明清以来，部分仡佬族地区由于受佛道教的影响，致使山神的职司发生了变化，成为专门掌管飞禽走兽和人们部分财源的神灵，有的地方称"山王菩萨"，有的称"山神土地"，但都失去了原始宗教的神性和神格，而被纳入了人为宗教的神谱。有的地方在山顶或山垭设起了"山王菩萨"庙、"山神土地"庙。可是，其庙宇均较简陋，多半是因地制宜随便搭砌而成。有的供有木雕或泥塑神像，有的则搬来一块或两块略似人形的石头加以供奉（供两尊者，是土地公和土地婆），已出现人神化、偶像化的趋向。对"山王菩萨"和"山神土地"的祭献，其神秘性、庄严性和祭祀规模，也远不如对传统山神的祭献了。

> ［罗懿群："山神"，《仡佬族文化百科全书》，第40—41页，贵州仡佬族学会编，熊大宽主编，贵州民族出版社2002年版］

4. 仡佬族山王庙

贵州道真、务川、正安、凤冈等县仡佬族逢年过节杀猪，都用猪头或全猪到"山王庙"请巫师写《山王申》、《山王疏》、《山王表》，虔诚奉请思州都会府鱼塘峡口张百万熊氏太婆三子山王神，降赴香坛，饮当领受，受礼受祭，为当方掌管乾坤，降龙伏虎，驱逐魑魅魍魉，以保风调雨顺、五谷丰登、国泰民安。

> ［王良明："山王庙"，《仡佬族文化百科全书》，第39—40页，贵州仡佬族学会编，熊大宽主编，贵州民族出版社2002年版］

5. 仡佬族拜树节——祭山神

仡佬族在"神树"下祭山的一种祭祀活动。一般在每年的农历三月初三进行，又称"祭山"。祭品由全寨各户均摊，主祭人由同一家族长房长子世代承袭或不同杂姓的长辈轮流承担。祭山活动由主祭人主持，妇女不得参加。祭山的清晨，主祭人于寨中各处高声呼喊："妇女们不要出门，我们要上山祭山了！"男子闻声后，有的挑水，有的拉祭牲猪、牵牛、捉鸡、拿炊具、食具、粮食等物，上山集于山神坡的神树前。仡佬族人认为神树所在的山和山坡是神圣的，由数人垒石挖坑做饭，数人取树枝扎神台放神树脚，台前放大石板、尖刀、牛角杯、碗等物，用盐、花椒煮水当茶备用，宰杀牛、猪、羊、鸡等祭牲，以牲血绕神树三周，取茶、酒和祭牲一起呈祭。主祭者面对神树恭敬而虔诚地祈山神，保佑全寨清吉平安，五谷丰登，六畜兴旺。男子能犁牛打粑，女子能纺纱织布，多生子女。祭毕，就地会餐，若系轮流主祭，主祭人取鸡腿当众交下届主祭人，表示明年由他负责主祭。下午再祭一次，全体跪送山神。将会餐所余食物均分，各自带回家祭祖。各地"拜树节"仪式时间有长有短，但其活动内容是一致的。

[韩军："拜树节"，《仡佬族文化百科全书》，第 199 页，贵
州仡佬族学会编，熊大宽主编，贵州民族出版社 2002 年版]

6. 贵州务川县仡佬族大树、巨石崇拜

务川仡佬族信奉古树、巨石，以祀求得到幸福，延年益寿。不少人家的小孩拜大树、巨石为干爹、保爷，祈求保佑易长成人，丰衣足食。每逢过年过节，要备办酒食、香、纸、烛、鞭炮到古树下、巨石旁祭祀。还信仰鬼师，遇到大事要卜卦，测问吉凶等。

[务川自治县民族志编写组编：《务川仡佬族苗族自治县民族
志》，第 22 页，贵州民族出版社 1992 年版]

7. 贵州务川县仡佬族三月初三祭山神

其故事来历是：仡佬族在开荒拓业时，有九兄弟阿把、阿诺、阿谷、阿尼、阿业、阿仡、阿小、阿达、阿龙奉天神的命令用神鞭赶山填海，在路上被一老翁用假鞭换走了神鞭，结果九兄弟赶山累死在山上。天神查明原因后，于三月三日追封九兄弟为"山神"。一天傲伟（天神）传下令"人间事情要人管，地盘才能得平安"。傲伟表彰其功劳，追封他们为"山神"。傲伟追封时，恰时"三月三"。傲伟封了代代传，从古至今就祭山。祭了山神得保佑，寨寨老幼得平安。这里道出了仡佬族每年"祭山神"的来历。但这只是民间流传，并无史料可查。务川多数地方都有祭"山神"的习惯，也"祭戊"，"信梅山"，这天不动土，祈求山神保佑。

[申茂凡："简述务川仡佬族"，《务川文史资料第十辑·仡佬
之源》，第 60—61 页，政协务川仡佬族苗族自治县委员会宣
教文史委编印，2005 年]

8. 贵州务川县仡佬族山神崇拜

仡佬族人长期以来一直居住在山区，开门见山、衣食住等都靠大山供给。山里的飞禽走兽、林木花草、各种奇异的变幻随着时令而枯荣的现象，各种自然灾害的出现及野兽伤人害畜的情景，使仡佬先民认为山上一定有一位神力无边的神灵在执掌山中的一切。尤其在每年的三月至五月期间，野兽及蛇虫出入频繁，伤害人畜，又加之多雨季节，山洪、滑坡的现象经常发生，毁坏庄稼。山民们认为是神灵在作怪，便请来巫师，把枝叶繁茂的古树或形状特异的巨石，或风口大的垭口视为山神的象征，为其焚香烧纸，并奉上酒肉糕点，顶礼膜拜，祈求山神保佑，不让山禽野兽侵害人畜和庄稼，让人们如愿捕获猎物或采集宝物，保佑风调雨顺、林木葱郁，庄稼丰收，人畜兴旺，出入平

安。明清以后，由于受佛、道教的影响，致使山神的地位职司发生了变化，成为专门掌管飞禽走兽和人们部分财源的神灵，被人们纳入宗教的神谱，称之"山王神"。并在一些古树下、巨石旁、山垭口设起了"山王菩萨庙"，庙宇有大有小，多半是因地制宜，随便搭砌而成，庙内有的是木雕或石雕神像，有的则用一块木板或石板，写上山王神的名氏作为象征。有的地方把分管自然物的各种小神也列入"山王庙"中，如土地神、宝王神、风神、牛王神、石神等。山王神为大，居其中，左右排列各种小神。每年农历三月寅日，祭者要先推空磨三转以惊动山神，再携带酒、饭、肉及鸡到寨外怪石前宰鸡以血浇洒怪石为祭。每逢过年过节，人们都带猪头到山王庙请巫师传山王文书，虔诚奉请山王神降赴香坛，受礼受祭，保一方平安。据今板场地区 70 岁以上的老人回忆，在明清时期集散朱砂、水银的旧板场，有一座"西夷庙"，遗址至今还在，庙内供奉十几位菩萨，分上下两层，都是木雕尊身，整日香火不断，掌管自然之神都坐列其中。另还建有"城隍庙"、"观音庙"、"关帝庙"等。现在板场、金鸡山、三坑、官学、龙潭等地"山王庙"遗址上还有人烧香许愿，有的地方还在原址上重修"观音庙"、"山神庙"，并用木头雕像供奉庙内，每天都有人去烧香。仍有一些仡佬族村民，认为在山里得病痛或遇难，是山神没管好山中鬼怪，让其祸害于民，并到山王庙去烧香磕头，诉说痛苦遭遇，祈求山王管好小鬼，保佑解除痛苦，并请巫师到家中贴符驱鬼，化服神水消灾灭祸。在县境内，只要有村寨的地方，都有"山王庙"遗址存在。

[务川仡佬族苗族自治县民族宗教事务局编：《务川仡佬族》，待出版]

9. 贵州务川县仡佬族正月初三开山祭祖

一年中第一次开锄劳动前，要经过正月初三的"开山祭祖"才行，否则忌下地动锄耕作，如违反了农作物会受虫灾或收成不好。"开山祭祖"仪式，表示这一年的虫已被烧死，同时也意味着初三劳动是"开工大吉"，来日可以下地或到地里收菜，到山上砍柴割草。同时仡家人还有禁踩秋习俗，每年立秋之日，全族禁止农事活动，认为立秋之日是夏秋分交替之时，到地头做工会碰上邪气，粮食就会歉收，所以有"一年踩秋，十年不收"之说。

[务川仡佬族苗族自治县民族宗教事务局编：《务川仡佬族》，待出版]

10. 贵州务川县仡佬族敬迷山草神

务川仡佬族人居住地区，山高林茂，野兽成群。自古以来，狩猎人遍及仡佬人的村村寨寨，用野猪、山羊等肉招待宾客，羊皮麝香为集市的重要商品。仡佬人狩猎要敬迷山草神，简称"顶草"。

仡佬人认为，迷山草神能迷惑野兽上网上套，使"顶草"的猎人能多猎野兽。猎人"顶草"都要安坛，坛板一般用木板，约一尺见方，正中写"迷山草神之位"，下面从左至右排写历代师傅的名字。这种坛都设在山林中一些崖穴下。逢年过节，猎人要去烧香化纸，顶礼膜拜。如果猎获山羊、野猪，还要取出内脏拿去祭敬，叫做"回草"。猎人追山羊、野猪，要在其出没的要道安上网，然后唤猎狗去寻找追逐。猎狗要经过专门训练，会闻"臊"，跟着"臊"汪汪汪汪地猛追猛撵。猎人分工，有的跟狗追撵，"啊火啊火"地吼，既指挥和鼓舞猎狗，又是惊吓野物出窝出洞，逃跑奔命，钻网落套；有的则守网，藏在隐蔽的地方，不能出声，紧盯着网，一旦野兽入网，便持木棒、斧子，冲过去擒拿猎物。猎人的"啊火"声，狗撵的汪汪声，四山呼应，场面热烈、奔放。

有的猎人不是围追，而是安"套子"套山羊、野猪。出猎前和获取猎物之后都要祭草神。猎人在野猪、山羊出没必经之地安上"套子"，山羊或野猪踩在"套子"上，就被套住……

［务川仡佬族苗族自治县民族宗教事务局编：《务川仡佬族》，
待出版］

11. 贵州石阡县仡佬族溶洞崇拜

但在石阡境内崇拜点较多。例如太虚洞、老虎洞、观音洞、白马洞等，香火十分旺盛。因素较多，主要是因仡佬族人本身就是从穴居中走出来的民族，对溶洞有感情。再就是仡民认为山神居住溶洞，所以祭洞也就是崇拜山神。

［徐国光整理，2006 年 8 月调查］

12. 贵州石阡县仡佬族的山神崇拜

仡佬族是古老的土著民族。绝大多数居住在山区，与山为伴，靠山吃山。在其"万物有灵"观念的影响下，均对山神十分崇拜。在石阡还有至今仍保存完好的山神庙：山神庙中有一位威力巨大的山神在此主宰一切。你看他怒目利齿，左手持利斧，右手持沙刀，威严无比，真是神的化身。有了山神的荫佑，可以风调雨顺，林木葱郁，鸟语花香、庄稼丰稔。

［徐国光整理，2006 年 8 月调查］

13. 贵州石阡县仡佬族敬山神

三月三祭山神。全寨成年男子集体到寨外将山王牌放在山坳上，杀猪宰鸡连同酒一起在神树下祭祀，认为"山王菩萨不放口，老虎也不敢吼"。石固乡在三月三这天，全寨男子至寨口土地庙前，摆上糯米粑、刀头、豆腐，烧香纸供山神，称为供"猫猫菩萨"。

［翁家烈："石阡县仡佬族社会历史"，《民族志资料汇编·第十集·仡佬族》，第37页，贵州省志民族志编委会，1989年5月］

14. 贵州清镇市仡佬族石头崇拜

除了对树的崇拜，仡佬族对石头也很崇敬。凡山上或路旁有石像人或他物状的，他们都要把它当做神来祭祀礼拜。如铜鼓村路边一块被称作"仙人灶"的石头面前，长年香火不断；后寨的蛤蟆石、仙人石、凤凰的老虎石、凤凰石，岩上的牛头石等，均有人朝拜。

［王明刚、王最敏、王学龙："仡佬族的崇拜、巫术及占卜"，《清镇仡佬族》，第148页，贵州民族出版社2004年版］

15. 贵州镇宁县仡佬族三月初三敬山神

三月初三祭神树又叫祭山神。神树是寨旁两抱粗的一株老枫香树。祭祀由鬼师主持，各家来一位男子参加。在祭山神的三天之内，用茅草拦住各弄口，并放鞭炮一盘，派人守住。神树前用树枝扎成两层台阶，上阶放酒四碗，下阶放酒三碗。牺牲为猪或羊一头，宰后，鬼师以其血浇神树三转，取其头尾和蹄埋于树前，点燃鞭炮、香、纸、烛后，鬼师持黄牛角杯装的酒，呼请方圆十里内各山之名来享用祭品并祈祷各山神护佑全寨男女老幼清吉平安，牛马少遭瘟疫。祷毕，鬼师喝牛角杯里的酒，另外各碗里的酒，每碗倾倒一点于地上祭供后，与祭者一人喝一口后，众人以祭物就地会餐。仡佬语称祭神树为"祭斗别"。神树处的鞭炮一响后，寨子各弄口守候者亦点响鞭炮，一时寨子各口鞭炮齐鸣。祭山神后如有人生下子女，次年祭山神时，生男孩的人家，要以公鸡一只，生女孩家要用母鸡一只祭谢山神，祭谢后供大家打平伙用。1983年比拱祭山神时，就吃了六只公鸡和一只母鸡，就是因去年祭山神后，有六家生了男孩，一家生了女孩之故。

［翁家烈："镇宁布依族苗族自治县仡佬族社会历史"，《民族志资料汇编·第十集·仡佬族》，第50页，贵州省志民族志编委会，1989年5月］

16. 贵州水城县仡佬族祭山神

每年三月第一个寅日，由寨中有威望老人领八至十人组成舞队，老人提一大鸡笼，从寨头第一家始，在其灶边跳"祭山神舞"，舞毕，收鸡一只装入笼内，从寨头到寨尾，依户跳舞收鸡作聚餐用。后全寨族人聚集至山神树前，杀白公鸡一对祭山神，用鸡血涂糯米粑给众孩童吃。吃完祭饭，各家还带一点祭品供于神龛上。

［贵州省水城县地方志编纂委员会编：《水城县（特区）志》，
第 203 页，贵州人民出版社 1994 年版］

17. 贵州六枝特区仡佬族祭山神

三月寅日祭山神。由长房中的长辈主持祭祀活动。参加祭山神的均系男子，一户一人。人们于当天中午，聚集于象征盘古王的岩石前宰白公鸡一只，以鸡血淋洒石头，并用鸡毛蘸血粘于石头上。淋洒一次呼请一座山神，口念"呵米闪、呵米闪，呵米闪！"意为这些山，这些坡，请来吃饭喝酒喽。请保佑我们清吉平安、风调雨顺保丰收。又用鸡血洒九个饭团，留着带回给孩子们分食，以保平安。献祭毕，将鸡肉猪肉混合煮熟后，就地饮酒会餐。

［翁家烈："六枝特区仡佬族社会历史"，《民族志资料汇编·
第十集·仡佬族》，第 51 页，贵州省志民族志编委会，1989
年 5 月］

18. 贵州六枝特区仡佬族祭山神舞

这是居住在贵州六枝特区基部的仡佬族，在每年三月三祭山神时跳的舞蹈。每年三月的第一个寅日，由寨中有威望的老人带 8—10 名女子，老人手提一只大鸡笼，从寨头第一家开始，在该家灶边跳"祭山神舞"。姑娘们一边跳一边唱："今天是祭山神，今天是好时辰，又烧鸡来又烧鸭，不赶缘分不赶人，每年一次来烧鸡，欢喜，欢喜。"舞毕收鸡一只装入笼。这样依次从寨头跳舞收鸡到寨尾。然后，全寨族人聚（拢）到"山神树"前，杀白公鸡一对，祭飨山神，祈求平安，丰衣足食。

［杨新年："祭山神舞"，《仡佬族文化百科全书》，第 116 页，
贵州仡佬族学会编，熊大宽主编，贵州民族出版社 2002 年
版］

19. 贵州平坝县仡佬族祭山节

三月初三全寨男子会集于湾子寨前的小坡脚（仡佬语叫"仡叉对"）祭山王菩萨，时间是在中午。仪程是燃香九炷，烧纸二两，提篮内装一猪头和公鸡一只，猪、鸡之头皆朝向小山，另摆豆腐一碗，酒数杯，大家跪下，请山王菩萨保佑全寨人畜平安、五谷丰登。祭毕，各人用自备碗筷喝酒、吃肉、吃菜。这一祭祀活动，直到 1964 年"四清"运动时才停止。

［翁家烈："平坝县仡佬族社会历史"，《民族志资料汇编·第
十集·仡佬族》，第 44 页，贵州省志民族志编委会，1989 年
5 月］

20. 贵州普定县仡佬族祭山仪式

主持人于祭山前三天，每晚提着灯笼用仡佬语高声呼请祖先三遍，初二或初三中午上山前再请三遍。同时，要为祭山准备一头猪、一只雄鸡、一只未下蛋的母鸡、一小方块猪肉、一碗米饭、一壶酒，茶叶和花椒共五钱等做供品。果珠自带十四个碗、十四双筷子、一只牛角和一个马勺等做祭具。

到祭山场后，果珠用桦叶树枝在山神前搭盖一个小凉亭，用巴茅做一把扇，然后将所有供品、祭具等物摆在凉亭前。两个果珠向十个碗里斟酒之后，各持一只鸡，开始祭山。参加祭山的人排队跪在山神前，果珠唱《祭山歌》，直到猪、鸡杀死交牲后，跪着的人才能起来。

交牲时，果珠呼神灵、祖先来享受祭品，然后用刀在鸡、猪头上示杀的样子，主持人接过刀把鸡、猪杀死。果珠将鸡、猪的血染在敬供的山神上，随即唱交牲歌。待主持人把猪、鸡整净，将生内脏及煮熟的猪头和鸡交给果珠。果珠将其摆在凉亭里供山神，再唱交牲歌。之后，主持人将猪、鸡内脏煮熟成汤分给参加祭山的人喝，每人一碗。待果珠向大家高喊一声："嘎务当美"（喝汤之意）！大家齐端汤喝。

接着送祖。果珠唱完送祖歌，将所有供品每样撒少许在山神前，随即放炮，祭山仪式结束。参加祭山的人就地共餐后，分散回家。

在祭山时，禁止成年妇女到场，禁说汉话，忌有孕妇和生孩子未满月的人家参加祭山。

［贵州省安顺地区民族事务委员会编：《仡佬族古歌》，第1—
2页，贵州民族出版社1991年版］

21. 贵州普定县仡佬族《祭山神》唱词

（1）虔诚

三月二到了，三月三来了，我们齐来敬山神！敖伟天神，列位山神，地盘业主，请来喝酒喽！有去做事的，作客做买卖的，做工学艺的，凡是外出不在家的，都请转来喝酒喽！今天好日好时辰，我们虔诚来奉请，请大家来喝酒喽！我们初一请三回，担心你们听不准，初二又来请三回，又怕你们出了门，今天最后请三回，三天总共请九回。为何三天请九回？是怕你们来不齐。村村寨寨都约会，就在这里等你们。老领小来小扶老，大家都来敬山神。

三月二，三月三，我们虔诚请祖先。伯叔小伙儿孙们，大家都来敬祖先。我们买得肥猪来，买得雄鸡仔鸡来，全是拿来敬祖先。今天样样为祖先，扛上桌子扛上饭，带上砧板带上刀，拿着碗筷拿着瓢，抬起酒坛抬起汤。拿起锅盆装好菜，拿来葫芦盛满酒。样样齐备了，寨邻老人都来了，儿孙晚辈也来了，全来敬供老祖先。

敖伟天神，列位祖先，地盘业主。去做事的回来了，去做买卖作客的回来了，去做工学艺的回来了。今天好日好时辰，我们虔诚请你们。请你们坐席啦！老辈坐上席，小辈坐下席，同辈坐两边，大家同坐摆一天。老小均请坐下来，我们指名请你们。阿把请坐下哟！阿诺请坐下哟！阿谷请坐下哟！阿尼请坐下哟！阿业请坐下哟！阿仡请坐下哟！阿卜请坐下哟！阿达请坐下哟！阿尤请坐下哟！全部都请坐下来，先请祖先喝热茶，喝了热茶再吸烟，把酒斟好请你们，喝了酒后再吃饭，喝足吃饱了，再进纸钱给祖先，点起火把照祖先。

敖伟天神，列位祖先，地盘业主。现在我们地方好，全靠你们的业绩。坡是你们赶来的，山是你们留下的。你们开辟的地盘，宽广抵天边。我们享你们开的田地，享你们开的大河，享你们开的水渠，享你们砌的城墙，享你们建的仓房，享你们修的瓦屋。子孙后代用不完，千秋万代不用买。

今天你们平安来，吃了也要平安去。来时大路平坦坦，去时大路也宽阔。房后左右都是路，四方八面都可行，天宽地宽随你走，大田大坝由你行。阿把要回雨那去，阿诺要回舀抄罗，阿谷要回抹刀扛，阿尼要回达早正，阿业要回者戛去，阿仡要回告佬早，阿卜要回务幼去，阿达要回抹过依，阿尤要回秘标岗。① 我们是你们的子孙，你们是我们的祖先。每年的今天，是很好的时辰，我们杀猪修好棚②，真心诚意敬你们。今天过后各忙各，七月吃新③重相约，待到吃新节日时，我们再来敬你们。

（2）祈求

①赐福

敖伟天神，列位祖先，地盘业主。现在指名请你们。雨那的阿把，舀抄罗的阿诺，抹刀扛的阿谷，达早正的阿尼，者戛的阿业，告佬早的阿仡，务幼的阿卜，抹过依的阿达，秘标岗的阿尤。今天好日好时辰，我们做饭等你们，熬好浓茶等你们，熬好盐茶等你们，熬花椒茶等你们，杀猪宰鸡鸭等你们，提刀切肉等你们，煮好美酒等你们，备好碗筷等你们，备好马勺牛角④等你们，修好亭子等你们，设好供桌等你们，一切准备好等你们。你们从青天上边来，从日出的东方来，从日落的西方来，从山岩上来，从树林中来，从菜园里来，来了请歇供桌上。桌子板凳已安好，请祖先们来喝茶，请祖先们来吃饭，请祖先们来喝酒，两人同一葫，三人共一碗。你们喝了要赐福，你们吃了要保佑。保佑人人不生病，保佑家家得平安。保佑儿孙长成人，保佑老年延年寿。保佑儿孙多聪明，保佑老辈常健康。保佑子孙走好运，保佑子孙有吃穿。

---

　　① 雨那、舀抄罗等均为仡佬语音译，地名，全在普定县境内。雨那指新寨，舀抄罗指八钱地，抹刀扛指柯施，达早正指窝子大屯坡、小神坡，者戛指下者戛，告佬早指保俚保坡，务幼指长冲，抹过依指梭筛，这些地名在窝子乡。秘标岗指猫洞乡苦桃小寨。仡佬族在三月初二或初三在这些地方祭山。

　　② 祭山时搭的棚子。

　　③ 吃新是仡佬族的传统节日。每年七、八月谷物成熟，仡佬族男女老幼要到田边地角采摘一些新熟谷物祭神祭祖。普定一带仡佬族是在七月第一个辰（龙）日进行。

　　④ 马勺：舀汤的用具。牛角：牛角制成的饮具。

敖伟天神，列位祖先，地盘业主。今天好日好时辰，你们大家都来了，茶也喝够了，烟也吸过了，酒也饮足了，饭也吃饱了。求你们多赐福，求你们多保佑。保佑风调雨顺，保佑庄稼无虫害，保佑寨邻无灾害，保佑四季得平安，保佑永远得安宁，保佑子孙会耕田，保佑子孙会种地，保佑子孙尊敬老，保佑子孙爱护小，保佑子孙不欺天，保佑子孙不侮地，保佑姑娘会纺棉，保佑姑娘会纺线，保佑姑娘会捻麻，保佑姑娘会织布，保佑姑娘会裁衣，保佑姑娘会缝补，保佑姑娘会浆洗，保佑姑娘会绣花，保佑姑娘会制裙，保佑姑娘会鞋袜，保佑姑娘会锅灶，保佑姑娘会糖茶，保佑喂牛牛满圈，保佑喂马马成帮，保佑喂猪猪肥壮，保佑养鸡鸡成群，保佑养鸭鸭也肥。样样托福保佑好，样样托福保佑全。

敖伟天神，列位祖先，地盘业主。现在指名请你们：雨那的阿把，舀抄罗的阿诺，抹刀扛的阿谷，达早正的阿尼，者夏的阿业，告佬早的阿仡，务幼的阿卜，抹过依的阿达，秘标岗的阿尤。今天好日好时辰，今年是我们当头，有这家那家参加，都是伯叔兄弟们，都是亲戚朋友们，全是一寨一家人。你们要保佑他们，要留饭菜给他们，要留清水给他们，留金银给他们，留田地给他们，留子孙给他们，留九个儿子给他们，留五个姑娘给他们。

②驱邪

敖伟天神，列位祖先，地盘业主。今天你们来喝酒，请你们赶走妖和魔，保佑清早不遇着蛇，清早不遇蛇蜷缩，清早不遇蛇拦路，清早不遇蛇交配，清早不遇蛇缠瓜，清早无蛇跨大门，清早无蛇爬板凳，清早无蛇爬煤灶，清早无蛇爬水缸，清早无蛇爬供桌，清早无蛇爬床铺，清早无蛇爬房梁，清早无蛇爬磨盘，清早无蛇入牛圈，清早无蛇进猪圈，清早无蛇钻鸡笼，清早无蛇爬房门。凡是蛇虫来作怪，你们都要驱除光。

敖伟天神，列位祖先，地盘业主。三灾八难要带走，那些迷人瞌睡的，那些扒房梁的，你们要帮赶出去！使牯牛脱蹄壳的，使母牛早产的，使母猪翻儿的，使母鸡赖抱[①]的，使母鸡下软蛋的，你们要帮赶出去。有进家的野猫，有窜家的耗子，有来家的蚂蚁，你们要帮赶出去。一切妖魔邪恶，你们要帮赶出去。

③除病

敖伟天神，列位祖先，地盘业主。我们已请了三回。今年是我们当头，四十四家排一寨，四十四寨编一街，四十四街合一城。今天你们都来齐，要帮我们除疾病。牛圈里的牛病，马厩里的马病，猪圈里的猪瘟，鸡笼里的鸡瘟，你们要帮撵出去。那些粘在篱笆角的，那些粘房檐脚的，那些粘门上的，那些粘窗子上的，那些粘床铺上的，那些粘席子上的，你们要帮撵出去。那些粘瓿子的，那些粘柜子的，那些粘板凳的，你们要帮撵出去。那些粘头发上的，那些粘额颅上的，那些粘脸庞上的，你们要帮撵出去。那些粘手上的，那些粘脚上的，你们要帮撵出去。那些粘帽子上的，那些粘衣裤上的，那些

---

①　赖抱：母鸡生蛋满周期后，不给它蛋孵，它赖在窝里，俗称赖抱。

粘斗笠上的，那些粘蓑衣上的，那些粘鞋上的，你们要帮撵出去。有随来的摆子[①]，有跟来的疾病，你们要帮撵出去，撵到天边去，撵与太阳同落坡，撵与月亮同栽根，统统撵它去到岩，统统撵它去到坑，统统撵它去到河，统统撵它进河去，不要留它再害人。

〔贵州省安顺地区民族事务委员会编：《仡佬族古歌》，第10—24页，贵州民族出版社1991年版〕

22. 贵州普定县仡佬族三月三祭山神仪式

三月初三祭山神，仡佬语称作"久朵刀"。每年由六户人家轮值，负责挨家收钱和购备祭品。三月三前夕，由轮值中的一人推石磨三转表示惊动山神后，于寨内各巷道喊："去作客的快转来了，我们要做三月三了！"然后按八前地、石板寨、窝子、柯拖、新寨等顺序，呼请该地山神明日来享祭。初三清晨，轮值者或挑水或拉祭猪上山宰，此时大声于寨内喊道："喂，妇女们不要出门，要上山祭山！"大家前往山神坡的神树前，生火安锅，用盐巴、花椒叶煮水当茶。取桦树枝搭成高约8寸的小屋一座放神树脚。小屋前放大石板一块，上放砧板一块、马匙一支、尖刀一把、牛角杯一只、碗十个（两相仰俯相对地扣叠着，放在五处，由鬼师焚烧香、纸、烛后，恭请五位山神入席就坐）。轮值者宰猪杀鸡，剖腹取脏洗净后，取猪耳一只烧熟交给鬼师带回去。取肝、肠等内脏加辣椒煮，俗称为辣汤，连同猪、鸡、茶、酒、饭等一并放石板上祭供，寨老跪对神树，鬼师站其左边念祭词。大意是请山神保佑全寨清吉平安，一年之内五谷丰收，人畜兴旺。男的会犁田打耙做生意，女的会纺纱织布，能生八个儿子两个姑娘。祭毕，大家就地陪着山神吃祭物。在山坡闲谈或准备下午再祭时用的祭物和煮饭。照上午形式内容再祭一次会餐之后，全体跪下磕头送走山神，请山神明年的今天再来，然后各人将未吃的酒、饭、肉、鸡均分带回家供奉祖宗后与家人同用，但本届轮值者须将鸡腿交给下届轮值者，示意下届祭山神由他们六人负责。窝子乡仡佬族祭山时所祭对象不一：新寨祭神树，石板寨祭山坡，窝子祭岩石，八前地祭一鹅石。鬼师的待遇是祭山神时不出钱，鬼师传授徒弟念祭词只能白天在山上进行，徒弟可跟着鬼师在祭祀时跟着做，也可不出钱，还能得一份肝、心、肺等内脏。

〔翁家烈："普定县仡佬族社会历史"，《民族志资料汇编·第十集·仡佬族》，第47页，贵州省志民族志编委会，1989年5月〕

23. 广西隆林县仡佬族年三十敬山神

磨基仡佬族认为春节是一年中最大的节日，在春节来到的前半个月，仡佬族家家户户都忙碌着春节的筹备工作，有新媳妇的纷纷叫回来舂谷、舂糯米、磨玉米。并买过年

---

① 摆子：即疟疾。

用的东西——食品、香、纸等。春节前 2—3 天，有钱人就开始宰羊、杀猪，三十晚上，各家均做粽粑，并特做一个和祭盆一样大的粽粑，小的用 3—5 斤米，大的用 5—10 斤米来做，专门祭祖用的。吃过晚饭以后，各家的长子都选定一个小山岭，作为自己祭祖和祭天地神的对象，这样，一方面能祭祖先，另一方面又能祭保护自己的土地神——山神。祭祖先的食物主要是大粽粑，其次摆一个最大、最长又最直的红薯（煮熟），一碗大米饭，一块四方的熟猪肉、一碗菜，三碗酒等在神台上，接着烧香、烧钱纸、金纸。祭毕将三碗酒分别倒些下地，意思是给祖先做第二餐吃。每一次祭祀，粽粑、猪肉、酒、米饭和红薯等五样不能少一样。

正月初一、二两天三冲仡佬族都不下地干活，青年男女聚集在一起对歌、打秋千、踢毽子、吹笛、吹箫、吹木叶。初一通宵达旦，歌声、木叶声响彻云霄。

[广西壮族自治区编辑组：《中国少数民族社会历史调查资料丛刊·广西彝族、仡佬族、水族社会历史调查》，第 168 页，广西民族出版社 1987 年 2 月第 1 版]

24. 贵州六枝特区仡佬族祭老王山

老王山在传说中为夜郎古国的神山，夜郎老王去世后，埋在山上的月亮洞里。夜郎王埋骨之山在仡佬族神圣不可侵犯的，谁要冒犯了山神，必将受到严厉的惩罚。是六枝仡佬族中神秘之地，每年都要祭祀。

[刘安康整理。讲述人：李发旺，男，76 岁，仡佬族，住六枝特区箐口乡居都村。流传于六枝特区箐口乡居都村，2006 年 4 月调查]

25. 贵州六枝特区居都仡佬族祭山

阴历三月第一个虎场或蛇场天祭山。这两日清早，寨老先杀鸡敬灶王府君，立即撕开鸡腿取卦观看吉利。然后，中午再祭山、祭树。

祭山仪式有二：一部分人家在虎场天，中午在象征盘古王的岩石像前，杀只白公鸡，用血淋遍石像，寨老用本族语请祖宗盘古王和优各卓玛友（老王山）、阿若者聋（老黑山）、阿若可窝（老屋山）、停发行浪（扎营坡）四大山来受献。然后杀鸡猪煮，聚宴而归。一部分人家在蛇场天，将准备好的一斗二升糯米面揉捏成盘古王、沙达的形象，与各户的圆粑粑放在一起蒸熟后，抬至石像前献敬。接着将各户送献的鸡逐一杀来敬献。随即将鸡褪毛取出内脏再献。然后大家宴聚吃掉供品，各户的鸡可自带回。

[刘安康整理。讲述人：李发旺，男，76 岁，仡佬族，住六枝特区箐口乡居都村。流传于六枝特区箐口乡居都村，2006 年 4 月调查]

第二节　地体崇拜

1. 贵州关岭县仡佬族敬土地神

除夕，各家用刀头到村口土地庙前焚香供土地神，正月初二、初三两天又烙粑粑和一碗酒去燃香祭供，此后每天于土地庙前烧香三炷，直至正月十五为止。祀求土地神保佑全家清吉平安，六畜兴旺，即民间所谓"土地不松口，野猫不拉鸡"。夜间各家用碗盛菜汤和少许饭，并持大蒜一根站在堂屋内，右脚踏在门栏上，口念："夷蛮仡佬，开荒辟草"，"有手伸手，无手张口"，"不要挡老祖公的路，让他回家过年"等语言，将水饭反手泼出门给孤魂野鬼吃后，接祖公回家。蒜放于神龛前方桌上，用丰盛的菜肴和酒祭祖，奠酒于地，将菜碗、饭碗一一车动一下请祖宗享用，将蒜切细，每碗菜上各放些许，全家吃年饭。饭后，提一内用竹筒装油之灯笼，插于新坟前，燃香，叩头，谓之"亮灯"。饭毕，聚于神龛后的火塘周围烧树疙兜取暖。几乎整夜不睡，以"守田坎"，以防田坎"垮塌"。

[翁家烈："关岭县仡佬族宗教信仰评述"，《贵州民族调查》（之六），第 303 页，贵州省民族研究所、贵州省民族研究学会编，1989 年]

2. 贵州道真县仡佬族祭"龙田"

在道真仡佬族苗族自治县境内，有一条名叫梅江的河流，这条河经过梅江乡后坝村与池村乡马回云村交界，在这交界处的梅江河畔，是一座小山峰，山峰的山脚下有一个能容纳数人的山洞。这个山洞正对着的这段梅江河内有一片形似农田的小坑，一个一个紧密相连，仿佛就像一丘丘的农田，形象逼真，使这条梅江河显得别具一格，人们称这一片"农田"叫"龙田"……

……每逢天干地旱的时节，梅江、池村及其附近的大矸、三桥等地方的仡佬族苗族人们，都不约而同地来到这河边的山洞前，拜天求地，求神降雨，以保住地里的庄稼。来到的人都带有宰杀完好的猪、牛、羊祭品，他们先将这些祭品抬入山洞之中，并将河内那片形似农田的小坑上的"田埂"铲平，然后由几位德高望重的老人到山洞中念那求神降雨的咒语，……天上就乌云密布，顷刻间就下起了大雨，求雨的人们立即向天叩头三下，以谢降雨之恩。因为龙是管雨水的神，所以人们就把这片形似农田的小坑称作为"龙田"。

[张素芬："龙田的传说"，《民族志资料汇编·第十集·仡佬族》，第 105 页，贵州省志民族志编委会，1989 年 5 月]

3. 贵州务川县仡佬族奠土

奠土，也叫谢土，是务川仡佬族地域内盛行的一种祭祀活动。有着原始、古老、淳朴的风韵。

据《思南府志》卷一记述，务川这块土地上蛮僚杂居，土著的僚人及其他一些兄弟民族，"务本力穑"、"唱歌耕种"、"以泥封门"，已有两千多年悠久的稻作农耕文化。这些农耕的民族，对土地有着深厚的感情。于是，就在他们的生活中产生了"奠土"这一原始、古老的具有民族特色的祭祀活动。这些活动后来又受佛、道两种宗教文化的点染，形成了有章有序、完整的祀典仪式。但不管它怎样进化、发展，直至今天，我们还是可以从中窥见祖先那原始、古老的祭奠土地的活动场面。

奠土，是农耕民众对生息繁衍自己的土地的祭奠和酬谢。祈求土地广施博纳，春生夏长秋收冬藏，四时赐财富于耕者；对天灾、人祸、兽害虫患禳除殄治；祈求上天保护土地，也祈求土地护佑民间年年风调雨顺，五谷丰登，六畜兴旺，人丁安康。

奠土，要选择吉日良时举行仪式。这些吉日在每年立春后的五个戊（戊辰、戊午、戊申、戊戌、戊子）之内。这个时候，土地涌动万物生机，百花含苞待放。在此期间，即庚子—丁未（八天），甲申—癸巳（十天），甲寅—癸亥（十天）庚午—丁丑（十天），从中去看"周堂"择吉日。可见，先人们在大地勃发生机的时候祭奠土地，更能表达他们对土地虔诚敬奉的心情与谢意，更能表达他们对年年丰亨的期盼。

> ［覃义平："奠土"，《务川文史资料第十辑·仡佬之源》，第364—365页，政协务川仡佬族苗族自治县委员会宣教文史委编，2005年］

4. 贵州务川县仡佬族敬地盘业主

务川仡佬族人在洪渡河两岸繁衍生息，把这片土地视为自己的家园，把"开荒辟草"的先人，统称为"地盘业主"，虔诚崇祭。甚至外迁而来的兄弟民族也都崇敬"开荒辟草"的"地盘业主"。每年的春节、月半写袱包祭祀自家的父母祖宗时，都要另写一架袱包与之同时供在香龛上（写给野鬼的袱包则不能与之放在一起），这种袱包写成"地盘业主古老前人收用"，落款为"信士×××"。其含义为：这块土地是仡佬先人开辟的，现在享用（住屋或耕种）的后辈应当纪念，感恩。

> ［务川仡佬族苗族自治县民族宗教事务局编：《务川仡佬族》，待出版］

5. 贵州务川县仡佬族祭水井

务川仡佬族人认为水是神的赐予。有了水，人才能生活，非常敬重源源流出水来的水井（泉）。每座院子都把水井用块石砌得很规整，依地势特点砌成方形或圆形。平时不准人由上面跨过，尤其是妇女。一切肮脏的东西，像生小孩的血衣血裤等，甚至不准靠近井水漂洗，认为污秽了水井，侮辱了神灵，水井就将缩水，甚至干涸，影响人们的生活。除了这些规矩之外，仡佬族人在除夕那天，还要用酒食香纸等去敬祭水井。初一、十五早晨挑"金银水"时，也要燃香、纸、烛，表敬仰之诚。

有的地方说法不同，说水井里有龙，有龙才有水流出来。所以敬水井，也就是敬龙。

［务川仡佬族苗族自治县民族宗教事务局编：《务川仡佬族》，
待出版］

6. 贵州务川县仡佬族土地神崇拜

仡佬族先民在土地上开荒辟草、刀耕火种，对贡献粮食的土地有深厚的感情。每年在开耕二月和收割前八月间，都要祭祀崇拜土地神，求以保佑五谷丰登，感谢土地对人们的奉献。他们在大树下或路道旁为土地神立小庙。现乡村各地到处都可见到用木架或块石搭建的小土地庙，内供土地公婆之名，所辖地域的牌位。过节时烧香化纸钱、摆供品祭祀。另有平时路过随手摘几把草树叶，供于灵位前，当地称这种简便祭祀方法为祭"马口土地"。

［务川仡佬族苗族自治县民族宗教事务局编：《务川仡佬族》，
待出版］

7. 贵州六枝特区仡佬族祭田娘舞

贵州省水城和六枝特区一带的仡佬族，在每年的"吃新节"，妇女或儿童去"客家"田地摘五六穗新谷，拿回去挂在家中的中柱上。三天后，全寨出动，去田边土沿插起白纸标，杀猪羊祭天地和祖先。祈祷毕，由长者带领一簇女孩载歌载舞，唱"田娘舞歌"：正月里来要打田，二月里来放水泡，三月里来要撒秧，四月里来要栽完，七月里来家中坐，八月里来要割草，九月里来粮进仓，十月里来要栽麦，冬月里来活做完，过年户户好热闹。

［杨新年："祭田娘舞"，《仡佬族文化百科全书》，第116页，
贵州仡佬族学会编，熊大宽主编，贵州民族出版社2002年
版］

8. 仡佬族杀牛祭田

仡佬族每年农历六月初六有杀牛祭田的习俗。这天，全寨仡佬族共同出资购牛，集体参加杀牛祭田，并用牛血分别蘸纸于各户田里祭田，祈求粮食丰收，农事活动顺利。

祭田后，三日之内不干农活。祭田习俗，故又称"祭田神"。

［韩军："祭田"，《仡佬族文化百科全书》，第 202 页，贵州
仡佬族学会编，熊大宽主编，贵州民族出版社 2002 年版］

9. 广西隆林县仡佬族土地神崇拜

在初三那一天，磨基仡佬族还习惯拿着粽粑、酒和一把锄头到田头地头去祭。祭毕烧纸钱并叩头，随后用锄头在田地里锄 3—5 次。仡佬族人民习惯称之为"开三"。"开三"以后，就能驱去百虫，除去百灾，获得丰收。同时，经过"开三"以后，人们就可以自由下地干活路，否则就不能乱动锄头做活路。

春节时，仡佬族都习惯去祭本寨共同信仰的土地神。由初一到十五家家户户都给祖先烧香。

［广西壮族自治区编辑组：《中国少数民族社会历史调查资料
丛刊·广西彝族、仡佬族、水族社会历史调查》，第 169 页，
广西民族出版社 1987 年版］

第三节　大树崇拜

1. 仡佬族神树

仡佬族民间自然崇拜对象之一。由于"万物有灵"观念的影响，仡佬族人把所在地区枝叶繁茂的古树视为有灵气的神物，注意加以保护，而且顶礼膜拜，通称之为"神树"。生长在村寨或墓地附近者，称之为"风水树"；被选定为山神象征而加以祭献者，称之为"献山树"；个别作为祈求子嗣、荫佑康祥之对象者，则又称之为"树保爷"。

［罗懿群："神树"，《仡佬族文化百科全书》，第 40 页，贵州
仡佬族学会编，熊大宽主编，贵州民族出版社 2002 年版］

2. 贵州石阡县仡佬族树崇拜

尧上邓氏宗祠后面有一棵参天古树，称猴粟树。今据邓华宗说，从始祖迁此，已有此树（注：邓氏族谱记载：邓氏族祖邓正贵于清康熙初年迁此，买得方姓山林田土而定居，迄今已 15 代人。祠堂始建于清道光年间），相当高大，树根错节，深插岩隙，巍然屹立，魁兀峻拔，虬枝苍劲，羽盖凌霄。树高约 30 余米，树胸径 4 米余。枝叶繁茂，覆盖约亩许。推其至今约有七八百年树龄。这棵古树在尧上受到特别保护，无人敢亵渎。这里的仡民说，这棵古树很有灵性，是神物，是神的化身。为此，每逢大小祭祀活动和节日庆典，均都要来此树下祭拜。据云此树还影映至余庆县，这棵树的兴衰，将影响到余庆县的县情，因此余庆民众跟尧上族民一样，年年来朝拜此树，披红插香，求其赐福消灾。平日里，寨上如有人生病，开业求财，也来至树前烧香。挂红许愿。族民说这棵猴粟树拜寄的"干儿"、"干女"不少。凡孩童乳名叫"树儿"、"树生"、"树树"（或素素）的，均系该树寄收的后裔。族民传说其寓意是，望子（女）易长成人，长命富贵，成龙成凤，寒窗苦读，功名成就。几百年来，尧上猴粟树历尽沧桑，在历次破坏性砍伐中幸免于难，就是源于对此树神的崇拜。

[徐国光整理，2006 年 8 月调查]

3. 贵州六枝特区仡佬族祭树

　　第三日各户交鸡一只给主祭人共往神树前，用米撒于神树四周，每撒一次，念请一座山神来享用祭物。用竹竿两根交叉束靠神树上，用两箩筐鸡蛋分挂于竹叉两边。主祭人用手将鸡捏死，用鸡毛蘸血贴于神树上，再次乞求山神护佑全寨各户人畜平安、风调雨顺。祭毕，各自持鸡归煮食，取腿骨以卜吉凶。鸡腿骨的斑点如是偶数为吉，奇数则为凶，即"三筹鸡卦四筹财，五筹鸡卦祸就来"。一个斑点称为一筹。通过卜鸡卦以测当年是否风调雨顺，是否能于丰收。洒有白公鸡血的九团饭带回后，用化香树叶包着，放在屋后的泡木叉上，由小孩拿着鸡鸭各一只到各家各户的灶前转一趟，并祷念："全家男女老幼的疾病扫出去，金银财宝扫进来！"寨上各家的灶房绕完后，所有鸡鸭提到神树前宰杀，饭团则分给孩子们吃掉。祭神树所用的鸡各自带回，仅取其肚脏洗净煮熟后，连同所带之猪肉、酒、饭等于神树前会餐。在祭山神的前后三天时间内，不得在神树所在的山林里放牛、砍柴或割草。只有某家老人过世，可略有例外，允许丧家进林里割一点寄生草生火坐夜，让大家围火唱孝歌用。

[翁家烈："六枝特区仡佬族社会历史"，《民族志资料汇编·第十集·仡佬族》，第 51 页，贵州省志民族志编委会，1989 年 5 月]

4. 贵州清镇市仡佬族三月三祭神树（1）

　　每年阴历三月初三，是仡佬族隆重的祭树节。对于树的崇拜，源于对山的特殊的感情。仡佬族世代居住在山区，吃的是山，住的是山，死后也安葬在山。在仡佬人的眼里，山就是他们的第二父母。他们对大山的感情融注在对树的崇拜上。在仡佬族聚居的村寨中，几乎都有一棵被敬作"神树"的树，如卫城镇的铜鼓、后寨、仡佬坝、岩上、站街镇的落夯等地都有这样的树。祭树活动就在树下举行。祭祀时，在神树下摆一香案，香案上放着酒、肉、豆腐等祭品，然后由每家抽出一个主要人物组成的祭祀队伍对着神树行跪拜礼。主持人将公鸡鸡冠掐出血来，绕着神树滴洒三圈，再由巫师念咒语，恭请山神享用，并祈求山神保佑风调雨顺、五谷丰登、老幼平安、消灾免祸。近些年有的地方还进行祭树活动，但远没有原来那样隆重。只是到三月初三时，由几个年长的老人到神树下烧纸敬香而已。

〔王明刚、王最敏、王学龙："仡佬族的崇拜、巫术及占卜"，
《清镇仡佬族》，第147—148页，贵州民族出版社2004年版〕

5. 贵州清镇市仡佬族三月三祭神树（2）

每年三月三祭祀神树，由寨邻族中头人选两人负责购买一头肥猪祭祀神树。每家留一人看家，其余的人都要到附近山上神树的地点捡柴、挖灶、抬案桌，用泡木叉搭起神架，将猪拉到树脚按在桌上，用水将猪的四脚和嘴洗一下，用茅草扭成的反手搓的索子打个套，拿一头搭在神架上（意思是送给神灵），主持人用仡佬语祭祀神树说："求神灵保佑来年风调雨顺，不下白雨（冰雹），家家五谷丰登。"用神架上的横梁敲一下猪头，把猪杀死，烫好洗干净，煮熟送到神树前回熟祭祀。回熟后用反手索将猪下巴的骨头拴在神树上，然后每家上山去的人十个八个围在一起，分食煮熟的猪肉，将猪头砍成两半，分给来年买猪的头人。一年换一届，由两个头人负责买猪，用去的经费大家分摊。

〔高锡奎："过节祭祀"，《清镇仡佬族》，第110页，贵州民
族出版社2004年7月第1版〕

6. 贵州织金县仡佬族祭神树

三月初三，九月初九祭神树，仡佬语叫作"固伦"。于神树前筑一小台，以鸡、酒放台上烧香纸祭，扯下鸡毛、鸡爪、鸡舌，并砍数根枝条，一面请神树保佑清吉平安，一面取枝条及鸡毛、爪、舌等丢地。祭毕，带鸡回家煮吃。

〔翁家烈："织金县仡佬族社会历史"，《民族志资料汇编·第
十集·仡佬族》，第56页，贵州省志民族志编委会，1989年
5月〕

7. 仡佬族祭神树

凡仡佬族村寨，均有约定俗成的"神树"，一般位于寨子附近的山林。节前半月，全寨就公推出六户人家为领祭人，筹备一切事务。节前两星期左右，领祭户的老人，都要在每晚午夜十二时前点灯来到寨前路口喊道："老祖公！老祖公！三月三快到了，在外作客的老人家快回来吧……"节日清晨，六户领祭人牵猪捉鸡，担水扛锅，率先上山作准备。之后，全寨男性纷纷赶到"神树山"（禁止女性出门，禁止洗晒衣裳）。祭品是一碗五谷合煮的饭、一个猪鸡的头脚及五脏（各取一小片）做成的菜、一牛角杯酒、一缸花椒树叶煮成的茶。祭祖仪式程序是：点香烛、焚纸钱、放鞭炮、主祭者诵祭词。祭词的大意是，祈求祖公保佑全寨清吉平安，惩罚入侵者等等，恳切淳朴，毫无奢想，反映出仡佬族善良的本质。

　　祭毕，全体参祭者共进节宴，最后，大家各带一份吃剩的食品回家，给未参加祭仪的家人分享。

[唐祈、彭维金主编：《中华民族风俗辞典》，第 40 页，江西
教育出版社 1988 年版]

8. 广西隆林县仡佬族祭树

　　磨基仡佬族和三冲仡佬族每年旧历正月十四日，举行更隆重的拜树仪式，称之为"拜树节"。

　　节日的清早各家各户准备纯米酒三四斤，一寸长半寸厚的肥猪肉四五十块，糯米加玉米饭五斤，五十张巴掌大的红纸，鞭炮一百响。中午，全家大小，携带以上祭物，并扛起柴刀和锄头各一把，分别由近而远举行"拜树节"的仪礼。

　　仪式开始，先拜屋前屋后的草木、果树，而后拜远山。拜草木时，一位年长的持刀砍草木，问："长不长？"众答："长。"又砍第二刀，问："长得快不快？"众答："快。"又砍第三刀，问："长得高不高？"众答："高。"

　　拜果树时，也是长者持刀砍树，砍时问："果子大不大？"众答："大。"就砍第一刀，接着问："果子甜不甜？"众答"甜！"又砍第二刀。然后问："果子落不落？"答："不落！"最后砍第三刀。再将一小团糯米饭和一块肉喂进三个刀口处，并喷酒一口，随着贴红纸一张，表示来年树木长得苍翠，而后用锄头刮去树周围的杂草，培上新土，拜树的仪式就算结束了。

　　树木多的人家，就选择一片片树林来拜，或者只拜树林中大棵的树。人力少的人家，别人可以帮助去拜，总之，要全村寨人家的树拜完才算吉利。拜树节过后，家家户户，村村寨寨就开展植树造林活动。

　　仡佬族为什么要过拜树节呢？传说是：在很久以前，广西仡佬族是由湖广逃到安顺，其中有两兄弟再由六枝大崖脚来到磨基大水并。当时这一带地方还是荒无人烟，是个荒山野岭，茅草有一庹长，有十个人的手都围不过的大树，野兽非常多。二兄弟只能在大树上居住，用双手去劈山开岭，终于战胜了猛兽。后来，哥哥发展到十户人家，弟弟发展到四十户人家。其弟就在大水井。仡佬族人民为了纪念祖先，每年八月十五都要用最隆重的仪式祭祖先。

[广西壮族自治区编辑组：《中国少数民族社会历史调查资料
丛刊·广西彝族、仡佬族、水族社会历史调查》，第 169—
170 页，广西民族出版社 1987 年版]

9. 贵州六枝特区仡佬族三月三祭树

在三月初三祭树，源于古时仡佬族先民的树居。先祖们在这一带开荒辟草时，这里是一望无际的黑洋大箐，人们住在山洞里，大树下，那时豺狼虎豹很多，不安全，人们又搬到大树上搭棚居住，这样非常安全。后来经过一代代人的努力，人们把黑洋大箐砍平。把恶禽猛兽赶走，过上了安居乐业的日子，人们又用大树造房，树枝烧火煮饭及驱走毒虫猛兽，取暖。人们不忘记树给他们的保护与帮助，就要祭树，感谢树赐予人们的恩惠。祭祀是这样进行的：用一对鸡，一个泡木叉叉，一个鸡蛋，三十六根金竹编成一个竹炕，把竹炕铺在大树脚边，用山上茅草搓成一根反手索把竹炕捆巴大树，从家里把饭端到大树脚，用一升两碗米打成粑粑捏成一对龙（一雄一雌）在大树脚，然后由寨老把鸡杀了，把鸡血淋在大树脚，开始祭祀，由寨老念祭词：请寨中祖先来给树磕头，请寨中父老来给树磕头，请寨中所有人来给树磕头。然后把鸡肉煮熟，大家打一次平伙，吃完饭后各自回家。这棵大树是全寨人要保护和崇拜的对象，不能用其枝叶来烧火，谁用其枝叶来烧火，谁身上就会起大水泡。

〔刘安康整理。讲述人：李发旺，男，仡佬族，76 岁，居住在箐口乡居都村；李发开，男，仡佬族，61 岁，居住在箐口乡居都村。流传于六枝特区箐口乡居都村，2006 年 4 月调查〕

10. 贵州六枝特区新华仡佬族以楠树为神树

一走进仡佬寨，就会看见寨子里有一棵奇特的楠树，人们叫它神树，近看像一堵云，远看像把伞，要是哪个在神树下说了什么不好听的话，就会被全寨人罚他去供神树。所以，凡是仡佬寨中的神树，大人细娃都得爱护。特别是正月十五，家家户户都要做最好的饭带去供，请神树保佑一家人团圆和睦。

为什么仡佬族对神树这样尊敬呢？这里有个优美的传说。

在很古老的时候，山高水低的岩山地方住着一个名叫山树的仡佬族青年。这青年聪明得抬头一个主意，低头一个见识，为人忠厚老实，邻居有事他都肯帮忙。方圆团转的人，没有哪个不跷大拇指恭维他良心正，虽然山树的好名声像风那样传得远，可是他的婚姻大事因家贫却像二三月间的黄瓜没个蒂蒂，三十多岁了还成不起家，立不起业。有一天，山树的披袍脏得像抹桌帕，他便趁太阳当顶的时候，到月亮河边去脱下来洗了晾在刺蓬上，然后跳进河里洗澡。

这时，突然传来"救命！救命！"的喊声。山树抬头一看，只见不远处的河面上，有两只手在朝天上乱抓。他本想游过去救一下，又怕有人看见自己光碌碌的样子。眨眼间，那朝天上乱抓的两只手不见了，"救命"声也听不见了。他心一急，就不管三七二十一地游过去，扎了几个猛子，把落水的人抱了出来。走上沙坝时，山树被吓成了牛鼓眼。原来被他抱着的竟是个穿得花花绿绿的仡佬姑娘。山树心里"咚咚"地跳，伸出一个巴掌去试姑娘的嘴，觉得还有一口气，便提起她的两只脚轻轻一抖，就把姑娘肚里的水倒了出来，然后又把姑娘平放在沙坝上守着。

过了好半天，姑娘的眼睛睁开了一条缝。她见自己身边坐着一个光胸露肚的男子时，又忙闭上了眼。山树看见姑娘醒过来，心里很高兴。当看见姑娘慌忙闭上眼睛，他才想起自己身上连一根纱也没有。于是，赶快跑过去把湿披袍穿好，又才回到姑娘身边。

"大哥，你是哪里来的过路郎？在这里救我？"

山树说："我叫山树，是河对门寨子里的人。因在河中游水，听见你喊救命，就游过来了。小姐，你咋会落进河里去？"

姑娘说："哦，原来你是山树哥。听人说过你，可惜没见过，今天见面才晓得，你的心真比蓝天白云好。我叫彩霞，是岔河边马头家的姑娘，因来河边散闷，不小心踩翻了河坎上的一块石头，滚进了河里。"

山树心想："马头家的小姐，连有钱人家的子弟想见上一面都困难，今天我却抱了她，这不是背鼓上门找锤打？万一被马头家的人看见，那不死也要脱层皮哩！惹不起，再不走就脱不了爪爪。"于是，他站起来就要走。刚一抬脚，彩霞便拉住了他的披抱说："山树哥，我早听人家说，你既忠厚又老实，今天我总算亲眼看见了。要是你不嫌小妹肩不能挑，手不能提，那就让我去服侍你一辈子吧！"

山树说："小妹，不是我山树瞧不起你，实在是我太穷了。你同我去，总不能天天吃糠咽菜，披襟挂绺啊。你爹妈也不会同意的。"

"大哥，你刚才已在河中抱过我，我已是你的人了，等我回去给爹妈说好以后，大后天月亮明时你再到河沙坝来等我。"

天上的月亮圆了又缺，水里的月亮缺了又圆。山树一直在河沙坝边憨痴痴地等了七七四十九天，彩霞的半个影子也没见。

一天晚上，山树又来到河沙坝，他看着漩水涡正发呆，身后突然响起了一个嫩声嫩气的声音："山树哥，你来了？"

"小妹，你一去就把我的魂魄带走了，两个老人答应了？"

彩霞说："开初，两个老人死都不答应，把我关了这样多天。后来见我死都要同你在一起，他们无了法，只好答应了，但要我来叫你去同他们当面锣对面鼓地把亲事定了。"

第二天太阳快落坡的时候，山树穿上彩霞给他做的新披袍，高高兴兴地来到彩霞家。彩霞一家人热情地款待了他。

可是还没有喝完头巡酒，彩霞的大哥就借酒装疯了："好一个毛长嘴尖的黄鼠狼，竟想吃起天鹅肉来了。"他一边骂，一边把手中的酒杯朝山树砸去。

彩霞一见，慌忙朝山树的面前一挡。那酒杯"砰"的一声砸在彩霞的脑门上，血喷了满桌子。山树见彩霞挨了打，便"呼"地站起来要责问彩霞的大哥，却被彩霞死死揪住披袍道："憨包，你还不快跑，他们会杀你的！"说完把山树推出门外，折身挡住了红眉绿眼的大哥。

彩霞的大哥喊人分几路去追，要在半路把山树打死后丢洞。

全家人都追出去后，彩霞用罗帕把伤口裹了，收了点簪环首饰，逃离了岔河寨。

彩霞和山树在河沙坝会合后，山树背起彩霞游过月亮河，向着不见边的天脚逃去。他们在前边逃，彩霞的大哥便带人在后面追。正月十五那天，他们逃到一个坝子里，彩霞的脚肿过鞋口，寸步难行，眼看就要被追上了。正在危急的时候，山树突然看见路边一棵几抱粗的黄楠树上有一个大洞，便连忙躲了进去。他们一进去，树洞便合上了。追的人来到这里不见他们的影子便走了。山树和彩霞走出树洞，见这里河水清亮，山坡青枝绿叶，坝子平平坦坦，便在这里住下来。

白天，他们在坝子里开荒辟草；晚上，他们在树洞里住。从此，就在那一带繁衍了一支仡佬人。后来，这一支仡佬人为了纪念那棵黄楠树，便称它为神树，并在正月十五那天都去供它。这个习俗一直传到现在。

〔刘成学整理。讲述人：何朝胜，男，仡佬族，34 岁，住六枝特区新华乡。流传于六枝特区新华乡一带，2006 年 4 月调查〕

11. 贵州六枝特区仡佬族祭树仪式

寨老打着红伞，现在戴斗笠，先由小孩抬着各户送鸡装着的大笼子到每家灶台转三圈，念咒祭祀。然后，众人端着备好的一升二斗糯米面揉捏成一对龙代表金角和沙达，九个粑粑代表九支仡佬族，一并到山上主祭，倒毛鸡在树脚，用三十六棵刺竹编成大簸箕为盖，下面用竹篾设祭台，摆龙和粑粑，宰只红公鸡，一只母鸡，血围树淋一圈，用本族念咒语请金角等来受献，说一些对树感恩戴德的话。然后将各户送的红公鸡如此杀祭。其后如祭山一样处理供品。其中，个别人家要在树下将供品吃完，漱口洗手才能回家。

〔刘安康整理。讲述人：李发旺，男，76 岁，仡佬族，住六枝特区箐口乡居都村。流传于六枝特区箐口乡居都村，2006 年 4 月调查〕

12. 贵州务川仡佬族祭果树

务川仡佬族人的家园——洪渡河两岸，得天独厚的气候和土壤等自然条件，村村寨寨花果成林。较有特色的，如红丝的柑橘，长脚二带的柚子，大坪、江滨的桃李，正南的糖梨，镇江、泥高、砚山的核桃，丰乐的板栗，以及全县广为分布的银杏等等。果树丰美了本地人民的生活，还远销各地。在果树栽培的悠长岁月里，仡佬人不但积累了丰富的经验，而且仡佬人慈善的心态，给果树以人性化的关爱，一种深情，这就是每年春节，要在果树的树干上割开一个小口，如像人的嘴巴，然后喂以酒、肉、饭，让果树也过个快乐的新年，明年结出更多、更大的果实。

［务川仡佬族苗族自治县民族宗教事务局编：《务川仡佬族》，
待出版］

13. 贵州清镇市仡佬族喂果树

喂果树是仡佬族民间的一种传统习惯。一年满了，应该让果树吃一点饭，希望来年多结果子。所以在每年腊月三十傍晚，吃完晚饭后，就开始给树喂饭。给树喂饭由两人以上进行，一人拿一把刀，端一碗饭，内装一些肉及其他菜类站在果树下面，另一人爬到树上。拿刀的人砍树一刀，便问一声："结不结？"树上之人答："结。"问："闹不闹（即果子未成熟便落于树下）？"又答："不闹。"再问："多不多？"答道："连杆（连枷）（把绳索系在一长一短的两根木棍上，用来打豆类作物的一种农具）打，簸箕接，背篼背，囤箩装。"问答完，就将肉呀、饭呀塞进砍过的刀口内。这样在一棵树下做一遍或两三遍，再走第二棵，第三棵……一直走完，做完，念完。喂果树，实为给树放水，以免来年因树干蓄水过多，影响果实未成熟前掉落。

［高朝礼："喂果树"，《清镇仡佬族》，第 137—138 页，贵州
民族出版社 2004 年版］

14. 贵州六枝特区仡佬族正月十四敬果树

居都正月祭果树。正月十四过大年时仡佬族村寨都要举行喂果树祈祷仪式。种有果树的仡佬人家在自己房前屋后的果树干上砍几个口子，喂进一些米饭和肉片，喂时边问边用斧头背敲打树身，自问自答："要落不落？不落，杆杆打来撮箕撮；要结不结？杆杆打来撮箕接。"或念："喂你饭，果子结成串；喂你肉，果子结成坨。"这样果树就会多结果实。

［刘安康整理。讲述人：李发旺，男，仡佬族，76 岁，住六
枝特区箐口乡居都村；张兴华，男，39 岁，仡佬族，六枝特
区平寨镇干部。流传于六枝特区，2006 年 4 月调查］

第三章　鬼神崇拜

第一节　鬼魂崇拜

1. 汉文献有关仡佬族鬼魂的记录

仡佬以鬼禁，所居不着地，虽酋长之富，屋宇之多，亦皆去地数尺，以巨木排比，如省民羊棚，杉叶覆盖（屋），名"羊楼"。

［朱辅：《溪蛮丛笑》］

锅圈仡佬，在平远州。男子多以葛织纹斜纹为衣……病则延鬼师以虎头一具，用五色线装饰，置簸箕内祷之。葬则倒置其尸，谓使其不知回归云。

［乾隆《贵州通志·苗蛮》］

……必会党数千人技排而战，奉酋师为王，号曰婆能（王、鬼），出入前后植旗。

［欧阳修、宋祁：《新唐书·南平僚传》］

溪峒夷僚，疾病击铜鼓沙锣以祀神鬼。

［宋史·西南溪峒诸蛮·上］

2. 贵州清镇市仡佬族的鬼神崇拜

仡佬族笃信鬼神，他们总认为冥冥之中有鬼神在主宰着自己的命运。因此，凡要建房、凿井、开煤窑等，都要杀鸡、敬香、烧纸向神灵通报，以求其护佑；凡有人突然头疼、肚痛，他们认为是鬼找上了门，总要用烧钱纸或倒水饭的方式来求得鬼的宽恕。每次祭祀祖先时，都不忘烧几张钱纸给那些孤魂野鬼，以免惹恼他们，给自己带来灾祸。

［王明刚、王最敏、王学龙："仡佬族的崇拜、巫术及占卜"，
《清镇仡佬族》，第 148 页，贵州民族出版社 2004 年版］

3. 贵州清镇市仡佬族"打粉火"——驱鬼

仡佬族认为家中的一切不幸皆是鬼怪作祟，因而有驱鬼的习俗。驱鬼时，巫师手握师刀，站在堂屋正中，先向神灵祈祷，然后念咒语、摇师刀，对鬼进行驱赶。接着用葵花秆点燃，用干荞面粉或柏枝树叶粉从燃着的火上撒过，在所有的房间里边念咒语边撒，称为"打粉火"。粉火打完，鬼即被驱除，从此全家顺利，再不会有灾祸降临。

[王明刚、王最敏、王学龙："仡佬族的崇拜、巫术及占卜"，
《清镇仡佬族》，第150页，贵州民族出版社2004年版]

4. 贵州务川县仡佬族祭伤亡鬼

伤亡鬼又称"退五鬼"，如有因伤而亡者，有可能变成邪鬼而对受伤者作祟，暗中破坏医疗效果。巫用雄鸡祭神作法，先烧纸钱将伤亡鬼请入屋中，再念咒画符将鬼驱赶出门外，并在荒野之处用鸡隔之，使鬼不再返回作恶。另有解邪巫术，解邪俗称"上刀山下火海"，是颇强的巫术，要有一点"硬功夫"，此法术认为可治久病不愈、神情恍惚等病症。

[务川仡佬族苗族自治县民族宗教事务局编：《务川仡佬族》，
待出版]

5. 仡佬族的鬼怪

在"万物有灵"的观念影响下，仡佬族人认为疾病灾害、祸福等现象的出现，是因为有种种超自然的鬼怪作祟所致。这些鬼怪，无固定的名称和形象，凡所谓山妖、水怪、病魔、血光、吊颈、冤孽等等，一切使人们遭灾受难的邪恶幽灵，皆在鬼怪之列。仡佬族人对此，既畏惧又厌恶，故于禳祈之余，又多采取祈求正神为之护佑和驱除，或借助巫术禁咒之类予以防范或解除。

[罗懿群："鬼怪"，《仡佬族文化百科全书》，第34—35页，
贵州仡佬族学会编，熊大宽主编，贵州民族出版社2002年
版]

6. 仡佬族的火星

火，在人类生活中既有益又有害。一旦为害，迅猛难防。在仡佬族人看来，火有一个超自然的精灵在主宰，它是介于神灵和鬼怪之间的幽灵，故称之为"火星"。因而于敬畏祈祷之余，也对其加以驱赶。贵州安顺市、平坝县一带的仡佬族，每年春节皆要组织演出地戏，到正月十四或十五，则要终止演出活动，以转入春耕生产。在终止演出活动——"封脸子（谱）"之前，要专门进行一次"扫寨活动"。领班人（戏班的主持人）走在前头，不断念诵有关禁咒，其余演职人员，也都着戏装，戴面具，舞刀、枪、剑、戟，敲锣打鼓随后，在村寨中各条路上巡游一遭，称之为"扫寨"。这种"扫寨活动"又叫做"扫火星"。

［罗懿群："火星"，《仡佬族文化百科全书》，第 35 页，贵州
仡佬族学会编，熊大宽主编，贵州民族出版社 2002 年版］

7. 仡佬族的风怪

仡佬族自然崇拜的神祇之一。仡佬族先民对干旱、洪水等自然灾害，曾经留下深刻的记忆，在《公鸡叫太阳》、《洪水朝天》、《阿仰兄妹制人烟》等神话中均有曲折反映。更难得的是，仡佬族先民早年对"济时育物"的"风"的观察，也十分生动地在他们的祭祀古歌和散文体的神话中保存下来。先民们借助于直观的感受，把无形的"风"幻想成是有形的怪物之所为。仡佬族先民的首领阿利眼见狂风大作，使山崩树倒，房坍泥飞，危害严重，便杀牛犒众，将牛皮铺在山垭口，带领族众去追捕风怪。他们从山冲追到岩崖，从岩崖追到箐林，从箐林追到平地，从平地追到山垭口，风怪踩在牛皮上滑倒了，阿利把风怪的九弟兄全都捉住，把它们关到土坑里，还用石头压起，用刺来栅起。没想到，耗子在坑里挖了洞，有一对风怪趁机逃跑，再次兴风为害。阿利改变了一种方式——跟风怪订条规：不许它们"乱吹天和地"，不许"与人作对"。待二三月间春草发、猫头鹰叫的时候才准来；三伏天时天气热，人们嘘哨召唤才能来。自从阿利吩咐后，每逢季节风才吹。

［罗懿群："风怪"，《仡佬族文化百科全书》，第 36 页，贵州
仡佬族学会编，熊大宽主编，贵州民族出版社 2002 年版］

8. 广西隆林县仡佬族的鬼魂崇拜

七月十三日早上，仡佬族各家各户男人（妇女不能参加祭祖）烧香、摆上猪肉、米饭、酒三大碗，富裕人家还宰羊杀鸡祭祖，但最穷也不能缺少肉、酒、米饭三大碗，然后烧金银财宝给祖先。又认为七月鬼多，要多烧纸钱给鬼，以免鬼抢祖先的东西。这一节日，各家各户要从七月十三一直烧香到七月十五日。三冲仡佬族一般以七月十三为最隆重。磨基仡佬族却很随便，七月十四日同样杀鸡杀鸭，也烧纸钱送鬼。

［广西壮族自治区编辑组：《中国少数民族社会历史调查资料
丛刊·广西彝族、仡佬族、水族社会历史调查》，第 168 页，
广西民族出版社 1987 年版］

第二节　神灵崇拜

1. 仡佬族的灵魂观念

仡佬族人认为，人是由躯体和灵魂两部分组成。躯体是有形的，看得见，摸得着，只能生存在一定的时间和空间里。灵魂无形，但有意志，它永恒地存在，活动于广阔的空间。人死之后，灵魂与躯体分离，躯体可以消亡，灵魂则永远存在，仍然有思想感情，要衣、食、住、行和劳动。从躯体里分离出来的灵魂像世人一样地有喜怒哀乐，有物质生活与精神生活需要和享受。灵魂既可荫庇，造福子孙后代，也能遗祸于子孙后代，其威力和能量永远超过活着的时候。

[王良明："灵魂"，《仡佬族文化百科全书》，第 58 页，贵州
仡佬族学会编，熊大宽主编，贵州民族出版社 2002 年版]

2. 仡佬族的神话人物——彻格

仡佬族神话中人物，更是宗教祭祀中的一位重要的神祇。仡佬族先氏认为，人类的发展经历了四个发展阶段，有所谓"四曹人"的说法，即"风吹一曹（批或辈之意），火烧二曹，水淹三曹"，到现在，已经是第四曹人了。原来，头一曹人是天神用泥土捏的，遇着刮罡风（指最强的风），被风吹化了。第二曹人是天神用草扎成的，被天火烧光了。第三曹人是天上星宿下凡投生发展的，遇着洪水滔天，淹死无数，只剩下阿仰兄妹二人。洪水之后，天神彻格下凡来指点，阿仰兄妹成了婚，才传下现在的第四曹人。

仡佬族神话，对彻格指点阿仰兄妹制作渡过洪水的工具，让神鹰从悬崖上把他们背下平地，促成他们结婚，兄妹婚后生下不会说话的九个儿子，彻格又指点他们用"爆竹法"使之会说话等，都有较具体的叙述。总之，作为洪水遗民的阿仰兄妹，是在彻格的步步指点下，才得以闯过重重难关，生存下来，并繁衍后代，使人类有了现在的第四曹人。在仡佬人心目中，彻格是智者的化身，是人类得以再传的恩神和善神，因而十分敬重，称之为"天仙老祖"。

[罗懿群："彻格"，《仡佬族文化百科全书》，第 102—103
页，贵州仡佬族学会编，熊大宽主编，贵州民族出版社 2002
年版]

3. 仡佬族的黑神

仡佬族宗教信仰中的神祇之一。贵州境内多设有黑神庙，据田雯《黔书》、郭子章

《青螺集·黔草》、王士祯《居易录》、《贵州通志》、《贵阳府志》、《遵义府志》等文人著述和官修方志，均记载为：祀唐，南霁云。宗力、刘群合著《中国民间诸神》［按］："张巡诸部将，以南霁云、雷万春最为著名。据新、旧唐书所载，南实属为千古血性奇男儿。故除配祀于张巡庙外，贵阳又立专祠，可见民间对其喜爱推重之笃，惟名为黑神，则不知所本也。"在黔北，"冲傩"和演出"傩戏"以娱神，是较为普遍的一种宗教活动。在仡佬族举行的"傩祭"活动中，除要迎请"三清尊神"、川主、土主、药王等神降临神坛之外，还特别要迎请在"贵州显化的蛮王天子荣禄大夫——黑神"（亦称"黑神天子荣禄大夫"）到坛领祭。据说，他们奉祀的黑神就是三国时的孟获。在他们心目中，孟获敢于同蜀汉王朝抗衡，最后被延纳到朝廷做官——任御史中丞，是本民族得以扬眉吐气的一种荣耀（秦汉时期在中央设立了专门的监察机构御史府，以御史大夫为长官。御史大夫有两丞，一曰御史丞，一曰御史中丞）（战国时，置中大夫之类的谏官，汉代改称光禄大夫，掌顾问应对，属光禄勋。魏晋以后无官员，皆为加官及褒赠之官）。仡佬族民间称孟获为"荣禄大夫"，是否为"光禄"之误，尚不可确考。但有四点是肯定的：

一是，在傩祭中要特设"蛮王天子（或黑神天子）荣禄大夫"的神位；

二是，"三国故事"，是他们喜闻乐见的文学作品，但无论是讲述或在"傩戏"、"地戏"、"阳戏"、"高台戏"的演出中，虽然对于诸葛亮和刘、关、张、赵、马、黄等历史人物，十分敬重，但都不讲，也不演"七擒孟获"。在道真仡佬族苗族自治县流传有一则风物传说《石印披云》，孟获是传说中的主人公，但传说不直接叙述孟获的胜负，而是说他于大军压境时，挂印于高山，自己飘然远走。从故事的表层看，是一个"虽负犹胜"的结局。大约皆出于"为尊者讳"的心理所驱使。从文化深层看，则是对这位民族英雄的无限崇敬、神化与怀念。

三是，在安顺一带的仡佬族中流传着一段古老话："安顺城有二十八座庙，一处无人到（在旧城北门四官桥下有一土地庙）；还有一座黑神庙，供的是仡佬的先人（指孟获），庙门不能开。一开，满城的人就要讲仡佬话。"这其中透露出历史上反动统治当局对仡佬族的歧视、压制和防范之严；更反映出仡佬族对民族英雄孟获的神威的虔诚信仰，并由此而深蕴于他们心底的民族自尊与自信。

四是，普定一带的苗族传说中，亦认为孟获是仡佬族先民的首领。

以上四点说明，在仡佬族心目中的黑神，是另有所指的。或许恰好作为《中国民间神》按语所说的"则不知所本"的一个注脚。

> ［罗懿群："黑神"，《仡佬族文化百科全书》，第37—38页，贵州仡佬族学会编，熊大宽主编，贵州民族出版社2002年版］

4. 仡佬族祭四官老爷

仡佬族牲畜祭祀习俗之一。"四官老爷"，即牛、马、羊、猪四种牲神。每年仡佬族年节杀年猪时，以猪头祭四官老爷，祭后方解剖猪身。腊月三十日夜，于猪圈、牛圈、羊圈、马圈前烧四神纸钱（以草纸四张叠成长方形，打四个钱印）祭诸种牲神（圈神），祈保牲畜肥壮，六畜兴旺。有些地区仡佬族还在烧钱纸、焚香的同时，念道："今年好年，今月好月，今日好日，今时好时，神过不敢乱请，鬼过不敢断迎，转请四员官将，再来保到×氏门中，喂牛牛成对，喂马马成双，喂猪肥又大。喂羊羊成群，鸡牲鹅鸭，只论群数，不论个数，早晨放出去，夜晚回到家，不喂自肥，不喂自长，肥像冬瓜，黑像老鸹，瘟草不吃，瘟水不尝，跳沟跳坎，四脚端正……五谷万担，一籽落地，万籽归仓……一年四季，大的无灾，小的无难，空手出门，抱财归家。"

［韩军、程孟虞："祭四官老爷"，《仡佬族文化百科全书》，第 201 页，贵州仡佬族学会编，熊大宽主编，贵州民族出版社 2002 年版］

5. 贵州务川县仡佬族祭"四老爷"

每年正月十四这天称为"上元之期"，用酒、肉、豆腐等各种菜肴摆满一桌于神龛下祭祖先的同时，要在猪圈、牛圈旁，仍用酒食祭"四老爷"。在制作祭祖先的"袱包"时，就要把"四老爷"纸剪好，挂在屋壁上（不能与"袱包"一齐供在神龛上），到时焚祭，要念口诀：酒美肉香，鸡犬鹅鸭；四神来享，猪牛马羊；保佑吾门，对对双双；六畜兴旺，肥肥胖胖。"四老爷"的制作乃是一种剪纸艺术，一家人要老的教会小的，代代相传……

敬"四老爷"是怎么兴起的？务川境内传说的版本较多，不统一。较为主流的说法是：曾经有四大强盗，分别姓唐、严、罗、冉，一次去峨眉山，潜进赵公明家，被发觉。赵公明是峨眉山主持，成了仙家。赵公明发起浓雾迷烟，飞沙走石，四强盗难以招架，跪地求饶，并称愿改前非，皈依佛法。赵仙家看四盗确有悔改之心，遂命起身，收为徒弟，四盗在庙内与众师徒念经修道，感悟佛法，赵公明仙家即封唐、严、罗、冉四盗为财神，管民间六畜。民间俗称四神为"四老爷"，祭"四老爷"。"四老爷"保佑六畜兴旺，财运亨通。祭祀的时间，农村多在正月十四，"四老爷"纸烧在圈门口；市镇商家更是每月必祭，祈求"天天进财，月月进宝"。农村每年腊月间杀过年猪时，要用"四老爷"纸醮点猪血，烧在杀猪凳旁，表示请"四老爷"吃，保佑明年仍然有大肥猪杀，生活美好。

"四老爷"纸下垂四条如"脚"，故农村传说"四老爷"是四只脚，跑得快，能把畜瘟赶跑，祭祀的口诀也是随意编的，有的就简单说：四老爷保佑啊！

有一则笑话，一男子有三个娃崽，祭四老爷时随口念道：四神子，四神子，保佑我们四父子。妻子在屋里听了，追到圈门口去质问道：我喂猪，瓢把都捏玉（方言，意为"软"——编者注）了，只保佑你们四爷子？男人马上补充念道：四神四神，保佑我们妇人（务川称妻子为妇人）。

关于"四老爷"纸的四只"脚",主流"版本"的解释,那是四个钱袋子,搭在四神的肩头上的不是"四老爷"的四只脚的形象。

[杨通儒、邹书田:"务川仡佬族民间剪纸",《务川文史资料第十辑·仡佬之源》,第302—304页,政协务川仡佬族苗族自治县委员会宣教文史委编,2005年]

6. 仡佬族的保护神——阳沟神

在贵州省黔西县、大方县、织金县一带和云南省麻栗坡等处,阳沟神是仡佬族信奉的保护神之一,因供奉的地点在住户堂屋的后阳沟,故通常称之为"阳沟神"。祭献的时间在农历腊月三十日傍晚。其作法是:用泡木四根(约3—4尺长)作柱,搭成一个单面斜山式草棚,前高后低。在四根柱子的上半段,再搭成一个平架,架上先铺泡木片,再铺少许茅草。祭献时,要杀公鸡一只,将血滴在茅草上,还要用鸡毛蘸血贴在泡木架上。去毛后,先献全鸡,再将鸡的心、肝和睾丸取出烫熟,加上酒饭、刀头肉(用于祭献的方块猪肉)和豆腐之类,再次祭献。要一连上三次香,奠三次酒,仪式方告结束。三天之后(也有的要到正月十五),将茅草取下烧了,将泡木架全部收起来。捆成一捆挂在堂屋后的屋檐下,来年再祭时将其烧掉,又用新材料再搭。

[罗懿群:"供阳沟神",《仡佬族文化百科全书》,第203—204页,贵州仡佬族学会编,熊大宽主编,贵州民族出版社2002年版]

7. 仡佬族敬保护神——照化

在贵州省黔西、大方、织金等县一带和云南省麻栗坡等地的仡佬族,将"照化"看成是他们的保护神之一。"照化"的神形,谁也说不清。仡佬人每三年两载祭献一次"照化",祈求其保佑五谷丰登、六畜兴旺、老幼平安,所以有的称它为财神。祭献的方式,各地也不尽相同。一般是:用削平的泡木九片,编成一块"笆则",安放在当家人的床挡头或楼上,再用香樟树叶(也有的用别的树叶)插在"笆则"的周围,置祭品于笆则上祭献。三天后,将"笆则"收起,挂在后房檐内的椽角上,太阳不晒,雨不淋,又不被弄脏。

供"照化",要选择吉日,一般是杀一只鸡,加上酒、刀头肉(用作祭祀的方块猪肉)和豆腐等数种。隆重的,则要杀一只小猪,有的还要做成叉叉肉来祭献,即将并列的肋骨砍三条竖成笔架形,将各部分的肉和肠肝、心等各切一片穿于其上,最后用三块蒙肚油盖上,称之为叉叉肉。但是,无论祭品有多少,都一个晚上吃完,而且只许家中的人吃,外人不能吃,连已定亲未出嫁的姑娘都不能吃。供"照化"神之后,三天之内不能挑水,更不能向外泼水,不许出财(即钱财物品不得往外拿),也不许生人进门。

［罗懿群：“供照化”，《仡佬族文化百科全书》，第 209 页，贵州仡佬族学会编，熊大宽主编，贵州民族出版社 2002 年版］

8. 贵州清镇市仡佬族请娘娘神

仡佬族过节时，欢度的形式很多。白天，姑娘和小伙子们玩各自喜欢的游戏，天黑时，男女老幼都去看请神。事先经众人推选并且本人高兴接受的两名少女扮七娘娘。对两名少女要求的条件是其父母都健在。

请神前，要在神龛上烧三炷香，点上神灯，神龛面前放一张板凳。被请七娘娘神的少女俩坐于板凳上。要她们坐正，不能说话，也不能笑。两个姑娘各持一炷燃香，其他人则站在旁边，也不能与这两个被请的少女说话。

接下来是打醋坛。打醋坛就是用一个清吉的盆装上半盆水，将一块烧红的煤投于水中，在神龛面前熏一下，然后绕着坐在板凳上的两个姑娘转一圈，放下盆子。

开始请神时，会请神的人边烧钱纸边念念有词："七娘娘，你要来，快快来，不要在阴山背后挨，阴山背后狂风大，一风吹你滚下来。墙上有窝粽，七娘来得凶。墙上有窝菜，七娘来得快。墙上有窝药，七娘来得恶。七娘娘，你要来，快快来，不要在阴山背后挨，阴山背后狂风大，一风吹你滚下来。"如此反复诵念，边念边烧钱纸，一直念到娘娘神请来为止。

神来了，两姑娘就唱歌，唱人间的苦，唱爹妈的苦，等等。

要在鸡叫前就回神。回神时，对两个姑娘各喷一口水，口中念到："娘娘神，娘娘神，请你上天庭。"然后抱住两位姑娘腰部抖几下，这就叫回神了。如超过鸡叫回神，就必须请道士来做法事。

［赵龙富口述，高朝礼整理："请娘娘神"，《清镇仡佬族》，第 157—158 页，贵州民族出版社 2004 年版］

9. 贵州清镇市仡佬族请猴神

请猴神的人，必须要爹妈双全。首先要选一体格健壮的青年男子，在神龛前面放一张大桌，选定的青年站在桌前不许讲话。在神龛上插三炷燃香，请神的青年手中拿一炷香，将烧红的煤放在盆里水中打醋坛，先熏神龛，后围着这青年转一圈，把盆放于其他地方。做完后边烧纸钱边念："嘿哩喝罗猴子坡，牛儿不嚼江边草，马儿不吃毛豆角。大河沟，小河沟，自罗马，自罗忧，你要来快快来，不要在阴山背后挨。"这样反复念，边念边烧钱纸。猴神来时，那青年就会打金钩倒挂，做猴子动作，叫猴子声音，翻筋斗，往高处爬，因而必须用很多人监视，不让他上楼吃包谷。玩的时间不能过长，看到他累了就回神。

[赵龙富口述，高朝礼整理："请猴神"，《清镇仡佬族》，第
158 页，贵州民族出版社 2004 年版]

10. 贵州清镇市仡佬族请地牯牛神

挑选一位青年（自愿当地牯牛者）坐于堂屋中间地上，不能说话。请神者在神龛上
烧三炷香并点上神灯，点燃一炷香给"地牯牛"持于手中。请神者先打醋坛，然后围着
"地牯牛"青年转一圈，完毕，将打醋坛之盆置于旁边。请神者边念边烧钱纸："天牯
牛，地牯牛，请你下来打一头（走一趟），打得赢时吃马草，打不赢时遍山跑。"这样反
复地念，一直念到神来。神来时，自愿当地牯牛者会力大无穷，任何人和他抵，都抵不
过他。这样玩一段时间，有说有笑，热闹非常。回神时，几个人把当地牯牛的人抵得仰
面朝天，神就退了。

[赵龙富口述，高朝礼整理："请地牯牛神"，《清镇仡佬族》，
第 159 页，贵州民族出版社 2004 年版]

11. 贵州清镇市仡佬族敬小神子

有的家里还供有坛神，俗称"小神子"。据说，此神可保家人无病无灾、万事如意，
但却得罪不得，倘一得罪，它便会往你的田土里扔石头，往饭里掺沙子，直到你赔礼请
罪才肯作罢。有的人家有在正月里请撮箕神的习俗。请神时，将一撮箕装上细灰平端，
请神者手拿一炷点燃的香，闭目祷告。神来时，拿香的手会颤抖不已，香秆便会在细灰
上画字，画出的字符就预示着一年的吉凶祸福。

[王明刚、王最敏、王学龙："仡佬族的崇拜、巫术及占卜"，
《清镇仡佬族》，第 148 页，贵州民族出版社 2004 年版]

12. 贵州清镇市仡佬族的山王庙和土地庙

这两种庙宇原来各村寨都有，有的地方现在还保留着土地庙。土地庙高约一米，宽
约两尺，用石板砌成，形状像小庙。有的是弓形拱门，里面放有用石头或铜制的约五六
寸高的小菩萨一尊。焚香烧纸时，就烧在弓形拱门的门口。

山王庙的建造，高约八九尺到一丈，一般建在离村寨较远的荒山十字路口上，形象
似一座庙宇。庙内宽一丈有余，长有丈许，庙宇内正中设有约一米多高的台子，供焚香
之用。台子上供一尊山王菩萨，约有一尺多高。每逢过年过节，信仰之人就到山王庙或
土地庙去烧香烧纸，进行祷告。祈求山王菩萨镇压山中野兽不伤人吃人，不残害苍生，
祈求山王菩萨镇压豹子不咬狗，野猫不拖鸡，毛狗不偷食家禽，祈求土地菩萨不让狐狸
拱坏庄稼，喜鹊、乌鸦不啄食包谷等。

土地庙过去有家神土地庙供于家中神龛下方，寨门土地庙供于寨门口，桥梁土地庙

供于桥头等等之分。

［高朝礼："山王庙和土地庙"，《清镇仡佬族》，第159—160页，贵州民族出版社2004年版］

13. 贵州务川县仡佬族"宝王"传说（1）

务川仡佬族先民在洪渡河流域的官学、江边、三坑、板场、木悠、官坝等地方，发现了丹砂。这红灿灿的宝贝，先民认为是天神恩赐的。有了它就有了财富，得罪了它，就会招来灾难，于是发现丹砂的人被封为"宝王"。随之产生了"宝王"的传说、崇拜和祭祀文化现象。

传说宝王小时候父母早逝，孤单一人来到三坑、板场一带，在金鸡山大青洞、岩峰脚、木悠山开荒辟草为生。有一天宝王外出开荒，一锄挖去滚出个元宝，他不识其物，旁人则说是朱砂元宝，叫他赶快拿去敬奉皇帝。皇帝得到宝贝十分高兴，立即封他为"宝王"，还赏赐了许多财物。宝王回家后将财物分给了乡亲们。从此，宝王就成了这一地方开采朱砂的头领，得到大家的拥护和爱戴。

［务川仡佬族苗族自治县民族宗教事务局编：《务川仡佬族》，待出版］

14. 贵州务川县仡佬族"宝王"传说（2）

不知何年何月，一群濮人在洪渡河岸边深山中烧山垦荒。大火烧焦了泥土，烧红了石头，忽然一阵大雨，岩石爆裂，到处都是石块，他们在收拾石块中，发现有许多是红颜色的。一个青年捡起其中一块，又掂又看，觉得这种石头与其他石头不同，石头又红又重，还闪耀着红色光芒，便好奇地带几块石头回家存放起来。不知过了好几年，一个山货商人来到洪渡河畔，听说这里出了红石头。找到了存放红石头的青年人，商人接过石头一看，认定这就是朱砂石，随后仔细询问发现红石头的经过，并将红石头全部买去。"红石头就是朱砂，可以卖钱，是吉祥之物，好运气！苍天有眼，送来宝物。"这消息传开后，开采朱砂的濮人就多了起来，濮人的生活从此有了改善。并且，朱砂成了向朝廷进贡的珍奇贡品。皇上为安抚人心，继续获取朱砂，加封发现朱砂的青年为"宝王"。宝王因进贡朱砂，打通了与外界的联系，他从洪渡河顺流而下，经乌江、到长江、走中原，将朱砂送到皇宫，宝王又从道家那里学得丹砂提炼水银的技术，回家乡后，又传给本族人。就这样，务川产朱砂水银的名声远传。宝王受到了世代崇拜。

［务川仡佬族苗族自治县民族宗教事务局编：《务川仡佬族》，待出版］

15. 贵州务川县仡佬族"宝王"传说（3）

还有传说，居住在现官学、江边一带的远古濮人，是神鹰救下兄妹的后裔。他们在洪渡河岸山地里刀耕火种。炎热的火焰和辛勤的劳动，使他们口干舌燥，想找水喝。有一个年轻小伙子，不顾旁人劝阻，一个劲地往江边跑去。当他跑到现在的长坳口，看见大河，十分兴奋，又继续往下坡走去。小伙子心急脚步快，不知咋个搞的，刚到半坡，一连几跟斗，又翻了二转，滚到一个水坑边。他急忙起来一看。水坑的水一个劲地往外冒，里面还有许多红砂粒。他又看到水坑底有很多红沙子，觉得特别奇怪。小伙子喝了两口水，把身上的皮袍脱下来，在水中捧了很多红色沙粒，高兴地往山上走去。小伙子把红色砂粒拿回家放下，才发现自己的手和皮袍都染红了。正好，这时有个巫师来到，说小伙子沾上鬼气了，要避邪。但你的手上和身上已经有了红色，已经消了灾。巫师从小伙子那里拿走一些红色砂粒，用于给别人避邪。不知何年何月，一些拿着兵器的人从大河上来，进山寨，要抢当地人的粮食，占当地人的棚屋。这些人看见当地人个个打着光脚板，头发高高挽在头顶上，身上披着兽皮袍，还前短后长。皮袍的下端都涂了一圈红色。在这些拿兵器的人当中有一个老者，仔细看了皮袍上的红色，询问谁有这个东西。当他找到巫师，巫师带老者找到那个小伙子后，知道当地有朱砂。老者就下令随从放下兵器，砍伐林木，扎房安家。与当地人一起开荒种地，淘砂找钱，不再参加打仗。老者还封小伙子为"宝王"，带大伙一块去找丹砂，并宣布从此大家一起和睦过生活，不准欺压当地人，允许相互通婚。从此，今官学、江边一带就繁华起来了。当时冒朱砂的水坑被人们不停地挖淘，又不知过了好多年，砂源渐渐减少，有些淘砂人渡过洪渡河向现在的三坑走去，继续寻找朱砂。后人为了纪念宝王，不让砂源枯竭，便将水坑用石块围住，只将水引出坑以外很远，上面都盖上厚土。所以至今只见一个老石墙下有一口井，叫朱砂井。原水坑在何处，却无人知晓……

"宝王"的传说故事，被世人传颂。"宝王"成了仡佬人心中渴望财源和命运平安的神灵。从古至今，仡佬人像崇拜山神一样，崇拜和祭祀宝王。他们认为，山神是掌管山中一切神灵的山中之王，如果在祭礼中不崇拜山神，只崇拜宝王，仍然得不到好运。但只敬山神而不敬宝王，要想打岩子发财，是要费周折的，甚至是徒劳和灾难。为求财运和平安，凡是以采砂为业的仡佬族人就出资修山王庙，将山王、宝王都请进庙宇，升格为山王神、宝王菩萨，享受世代香火朝拜。过去，在官学、龙潭、三坑、板场、金鸡山、官坝、木悠等地都建有宝王庙，这些地方的庙址还在，还有人点香烧纸祭拜。务川最大庙宇"金鱼寺"就花水银一百零八筒（每筒五斤），购买材料请能工巧匠修建而成。庙宇内就供奉有宝王菩萨。"金鱼寺"解放初期被毁。在板场建有大小"西夷庙"，庙里也供有宝王菩萨。当地还流传着一个祭祀"宝王菩萨"的故事。

［务川仡佬族苗族自治县民族宗教事务局编：《务川仡佬族》，待出版］

16. 贵州务川县仡佬族"祭宝王"

当地民族祭祀宝王分大祭和小祭两种形式。

小祭宝王，是平时上山下洞开采朱砂矿，烧水银的人们进行祭祀的形式。地点可在山王庙，可在冶炼水银的灶台前，可在山上岩子洞口，亦可在大石旁和有朱砂矿的岩洞中，还可在家中香龛下放朱砂的桌前进行。祭时用火纸打的长钱十二树、猪头或刀头肉、四碗酒、四支香，其中三支香三碗酒是献给宝王的，另一支香和一碗酒是献给山王的。摆好供品后，点燃钱纸，双手握香站拜三下，口念："烧香磕头祭宝王，保佑找到朱砂矿。发财还原供香火，大恩大德永不忘"等吉利话。祭毕可分享宝王供品。

大祭宝王，在每年的除夕和新年的初一天，与祭祖活动同时举行。理由是：最早来到这个地方，最早开垦这块土地，最早发现丹砂都是仡佬族的先民。是丹砂给仡佬族先民带来了新的生机。"宝王"同样是祖先。狗大老倌祭宝王也是在除夕，初一天大家沾了宝王的红运，才有了后来的好日子。于是，居住在丹砂产地的仡佬族过年，都要祭宝王。除夕夜各家灯火闪亮，在堂屋的神龛上贴着"天地国亲师位、古老前人，地盘业主，列祖列宗、宝王灵位"香火榜。神龛下放着一张大方桌，上面摆上好丰盛的酒菜、饭，每位祖先都有一个座位，在座位前摆好碗筷，另用筷子给每只碗里夹上菜饭，夹菜时要按祖先辈分大小，依次边喊称呼边放菜。宝王位子在左，碗前放一粒朱砂石表示其位。一切安排妥当，就点香烧纸，大放鞭炮，跪拜行礼。向祖先祷告，请祖先过年。祭完后，撤下碗筷，献上糯米粑、糖果酥食、麻饼瓜子之类的食品，一直供献到正月十五日止。

［务川仡佬族苗族自治县民族宗教事务局编：《务川仡佬族》，
待出版］

17. 贵州务川县仡佬族"过宝王节"

新年的正月初一，各家开吉门，放鞭炮，桃金银水，给祖先敬香烧纸后，吃完鸡肉粉，男女老少都换上新衣和盛装，带上各种酒菜，敲锣打鼓，唢呐声声，到寨子空旷的坝子集中，一同去祭祀宝王，又称"过宝王节"。

祭祀活动由寨中有威望，懂祭祀礼数的法师或长者主持。三声礼炮响后，又是一阵锣鼓和唢呐声，法师双手托起朱砂矿，举过头顶，高声喊道："祭宝王，祭山神开始啦！各家长辈给神仙献菜罗。"大家依次向十二个大碗中拈上各种菜肴。法师将钻子、手锤、朱砂石放在神案上，端上一罐肉汤放在十二个碗中间，案头摆上一个猪头肉，又在酒碗中斟上白酒后，数上十二树香，每树三十支，表示十二个月三百六十天，点上香向诸神三叩九拜后，分别插在神案的香坛中。然后在神坛前烧上纸钱，一边烧纸，一边高声吟唱："诸神坛上坐乾坤，全寨老小得安宁，大家烧香来还愿，再求今年好收成。大家过年我过年，送上猪头不要钱，再得宝王来保佑，朝朝日日都过年。"一边吟唱一边斟酒，连斟三巡。酒毕，法师高声喊："大家给神仙叩拜啦！"这时，早已准备好的鞭炮齐鸣，锣鼓喧天，响彻山谷。每个叩拜的人都获得一根用朱砂红染的棉线，捏在手腕上，表示避邪消灾，一生平安。采朱砂的人还要用食指在备好朱砂红碗里蘸一下，表示沾上了宝王的灵气，打岩子时就很顺利。祭祀仪式完后，法师把猪头肉用刀划成许多小块，众乡亲把带来的酒菜集中在一起，共同分享欢乐的福分。这时能歌善舞的村民，三个一堆，五个一群，唱山歌、对山歌，跳踩堂舞。好胜的年轻人自发进行斗角力、抛篾鸡蛋等民间竞技活动。晚上各寨要烧篝火，燃爆竹，为之"喊火"，还要玩龙灯、跳花灯，整天山寨都处在一片欢腾之中。后来由于历史的原因，大祭宝王的形式没有了，当地村民只保留了小祭宝王的习俗，并以过春节的方法替代了"宝王节"。一些传统的民族文化形式正在消亡之中。

[务川仡佬族苗族自治县民族宗教事务局编：《务川仡佬族》，待出版]

18. 贵州务川县仡佬族祭灶神

灶神也是仡佬族人供奉的神灵之一。古传灶神从职司饮食到掌管一家祸福，而成了上界在人间的"特派员"，每年的农历腊月二十三或二十四日，有的地方为腊月二十五日或二十六日灶神要上天去向玉皇大帝禀告人间善恶行为。故民间各户于该日置酒肉、糖果等，陈于厨房灶神牌位下祭祀，随之将灶神焚之，谓之送灶神上天。送灶神由家中男丁参加磕头、行礼，奉香、送酒，为灶神坐骑撒马料，从灶台直撒到厨房门处小路，并口中念恭送灶神俗语："上天言好事，下界保平安"，如有会念《祭灶词》者，即唱念："古传腊月二十四，灶君朝天欲言事。去车风马小留连，家有杯盘丰典祀。猪头烂熟双鱼鲜，豆沙甘松粉饵圆。男儿酌献女儿避，酹酒烧钱灶君喜。婢子斗争君莫闻，猫犬触秽君莫嗔。送君醉饱登天门，杓长杓短勿复云，乞取利市归来兮。"祭时不能有得罪灶神的行为和言语，恐它上天说家中坏话。而招来不顺之事。送走灶神后至次年正月初一清晨。要换上新的灶神像举行迎灶神仪式。仪式时在灶神灵位前摆上酒肉、清水、点香引路。口念恭请灶神回家，为灶君洗尘归位之俗语。

[务川仡佬族苗族自治县民族宗教事务局编：《务川仡佬族》，待出版]

19. 贵州六枝特区仡佬族接灶神

腊月二十五日夜，各家接灶神。腊月的第一个猴日过小年。全寨杀牙猪（即公猪）一头平均分给各户。各户上山挖取野山药及割取花葛藤。将山药切为四坨，用四根葛藤穿上，又将肉切为两坨，用两根泡木穿上。葛藤所穿山药挂于炕笆的四角，泡木所穿猪肉挂于炕笆下端，炕笆上摆糯米粑九对，其中一对要大些。次日用簸箕一个反扑于凳上，簸箕上放米饭九团，猪肉九坨、山药炒牙猪肉、酒、马匙等祭物。每团饭上插三根茅草供祖。这时须熄灯、封火，因老祖宗们是无穿衣袄的，不熄灯火，他们害羞不便进屋来与后人相见。各家老人用马匙舀上些许山药炒肉撒地上，又用手掐取每份肉坨饭团一点丢地上，口念请各辈祖宗来享用。

〔翁家烈："六枝特区仡佬族社会历史"，《民族志资料汇编·第十集·仡佬族》，第 52 页，贵州省志民族志编委会，1989 年 5 月〕

20. 贵州清镇市仡佬族敬灶神

腊月二十三，据说火德星君下凡。这天夜晚，人们把做好的粑粑、豆腐、包谷花、麻糖、刀头（一小块肉）在大灶前摆好，然后烧香烧钱纸，作三个揖，请灶神菩萨吃饭。到第二天，家里的小孩谁起得早，谁就先去拿大灶前面供的东西吃。听说吃了贡品，会少生疾病。

以麻糖（又称黏糖，民间叫糍粑糖）敬灶神，其意为每年腊月二十三灶神要上天向玉皇大帝奏报主人家的善恶行为，用这种糖给灶神送行，让灶神吃了嘴被封住，说话不清，以免玉皇了解情况降罪。

〔高朝礼："敬灶神"，《清镇仡佬族》，第 116 页，贵州民族出版社 2004 年版〕

21. 贵州清镇市仡佬族祭灶神菩萨和阳沟菩萨

年三十夜吃完年饭后，等到凌晨一二点钟，用四只鸡祭祀灶神菩萨和房后的阳沟菩萨。

祭祀屋内灶神菩萨的做法是：用两根长的、两根短的泡木、丫杈插在地下成椅子型，用泡木树划成若干小块搭起楼层，用两小块钉在地下成"人"型，用茅草扭成反手搓的索子，一头搭在楼层上，一头从地下的"人"型木架穿过打套，并套在鸡头上。用仡佬语对灶神菩萨说："今年，年好、月好、日好、时好，用公鸡和母鸡祭祀菩萨，求菩萨看好家，保护财产，不准坏人和邪神进屋，保护全家老小平安。"把鸡杀了煮熟后，又拿到楼层前回熟。回熟后，用麻线将木架绑成楼梯型，用几根鸡毛，用一个大杯子装五谷盐茶，用三个小铜钱放在杯内，再盖上红布放在楼梯型上卡好，然后上楼插在房子上，一年杀一次鸡更换一次。

祭祀房后的阳沟菩萨时，先抓一把米撒在阳沟里，接着用泡木杈在阳沟里做好神架（与祭祀灶神菩萨一样的结构），用水将鸡脚鸡嘴洗一下，打过醋坛，用反手搓的索子套在鸡头上，用泡木杈的横梁轻轻打一下鸡头，用酒祭祀。用仡佬语念道："今年，年好、月好、日好、时好，用公鸡和母鸡祭祀阳沟菩萨，求菩萨保护鸡鸭鹅成群，猪牛马六畜兴旺，保护住宅，不让野兽、虫、蛇、蚂蚁在房前房后周围侵害。"祈祷完毕，把鸡杀了煮熟又拿到神前回熟。回熟完后。将神架拆下，用反手索将一些鸡毛和神架捆在一起，挂在阳沟后面的屋檐上。每年杀一次鸡更换一次。年三天（初一、初二、初三）。用一根小竹竿插上鸡毛，插在门口祭三天。生人一般不准进家（杀鸡的忌、不杀鸡的不忌）。

[高锡奎："过节祭祀"，《清镇仡佬族》，第 109 页，贵州民族出版社 2004 年版]

22. 贵州务川县仡佬族祭飞山神——治病

祀神治病的神灵有飞山神，它作祟时可致人怪病，凡久病难愈者皆祭此神，并绑扎一茅草人象征妖孽，然后被巫众人执刀枪斩杀，使飞山神遂胆怯而退，使病人解脱。

[务川仡佬族苗族自治县民族宗教事务局编：《务川仡佬族》，待出版]

23. 贵州务川县仡佬族祭雷神——祈雨

雷神，病人痼疾难治或无久旱不雨皆祀此神，大祭用牛，小祭用猪。牛用刀宰，猪用棒打。

[务川仡佬族苗族自治县民族宗教事务局编：《务川仡佬族》，待出版]

24. 贵州务川县仡佬族祭淘沙神——治病

淘沙神，人如果在山谷或水边阴邪处受惊吓而病，则祀此神，用包谷粑粑祭供，念咒画符即可。

[务川仡佬族苗族自治县民族宗教事务局编：《务川仡佬族》，待出版]

25. 贵州普定县仡佬族（门你）祭孔陇——财神

即祭大财神之意，每年腊月二十七至三十日中都可举行，祭祀必请祭师，一年一小祭，3—5 年一大祭。小祭只用一对鸡（一公一母），大祭要用一头黑毛孕猪。祭时，用 6 块木板做成一个炕，上放一个碗，内装盐、茶、米、豆及钱币，炕上另放一升米的酒，一丈二尺布，将布拴在堂屋的中柱脚上，以鸡血和猪血淋炕上。祭祀过的鸡、猪，外人及姑娘不能吃。祭后忌生人三日内来访，三日后才能打扫室内。

[贵州省普定县地方志编纂委员会编：《普定县志》，第 181 页，贵州人民出版社 1999 年版]

26. 贵州清镇市仡佬族起神架供神粑

起神架供神粑。用两棵五尺高、两棵三尺高的白荆条树杈，在堂屋门背后搭成椅子型。在神架上放簸箕，簸箕内放十二个粑粑（表示一月一个）。新年初一、二、三，每天早晚点香烧纸，供饭供酒磕头作揖。三天满后将神架拆下送往三岔路口，粑粑分给小孩吃，以求乖乖长大，长命富贵。

［高锡奎："过节祭祀"，《清镇仡佬族》，第109—110页，贵州民族出版社2004年版］

第四章　祖先崇拜

第一节　祖灵崇拜

1. 仡佬族祭祖仪式——插草为标

仡佬族祭祖活动。除夕夜，仡佬人家均要打一个特大的糯米粑粑贡上，用豆豉叶（即扁竹叶）插在粑粑上，谓之"插草为标"，意在纪念祖先当年的开垦之功。此俗流行于黔西一带。

［唐祈、彭维金主编：《中华民族风俗辞典》，第 598 页，江西教育出版社 1988 年版］

2. 仡佬族祭祖仪式——送祖

仡佬族祭祖活动结束时的礼仪仪式，一般在每年的正月初一至初五进行。贵州平坝仡佬族村寨，正月初二下午，全寨男子带着锄头、钉粑等农具，敲锣打鼓集于寨外的神树下，寨老（主持）用筛子装着糯米粑、黄豆芽置神树下，依长幼顺序跪拜送祖。寨老念送祖词："旧年去，新年来，我们今天来送老祖公，明天我们就要砍刺、铲土、撒稗秧了。"念毕，众人起来抢豆芽、米粑吃。清镇仡佬族正月初一用大糍粑、小糍粑各 8 个及豆腐、大蒜、肉等放簸箕内祭供祖宗三日，到正月初三送祖于大门外，全家分食供粑，称吃"子孙粑"。仁怀县仡佬族送祖是正月初三或初五，夜半鸡叫后，家长喊醒全体成员，于堂屋中祭祖后，用方帕包着糍粑用背篼背上，腰插镰刀，走到村口送祖宗。织金县仡佬族于正月初三用茶和甜酒粑献祭后，将桌上的大糍粑划一刀，翻过来即表示送祖。

［韩军："送祖"，《仡佬族文化百科全书》，第 200 页，贵州仡佬族学会编，熊大宽主编，贵州民族出版社 2002 年版］

3. 仡佬族祭祖仪式——亮坟

仡佬族过年节必须进行的一项祭祀仪式。从除夕这天开始，到正月十四日（有的从正月初一到十五日），每天下午都要去祖先坟前燃香点烛并烧纸钱。或每日傍晚都要去祖先坟点烛亮灯，称"亮坟"。特别是十四日晚的"亮坟"比较热闹。这天，各家男子带着柴刀去把祖先坟墓上及前后左右的刺草砍割干净，堆在墓前，每座祖先墓坟都有一堆，还要砍几节竹子放在里面，天黑之前，拿着香烛钱纸，叩头缅怀祖先。同时对附近无主的坟墓或无人插香的坟墓，都要给插上香烛，烧钱纸，以慰孤魂。天黑后，点燃刺草，光照田野。并爆发出震天响声，场面十分壮观。

〔韩军："亮坟"，《仡佬族文化百科全书》，第 200—201 页，贵州仡佬族学会编，熊大宽主编，贵州民族出版社 2002 年版〕

4. 仡佬族祭祖仪式——杀老人猪

仡佬族的一种独特的祭祖仪式。仡佬族人凡遇疑惑或不解之事，心境不宁，要杀"老人猪"解。杀猪时间必须在天黑，不能让人看见，猪毛全部烧掉，用于套猪的绳索也要烧掉，意为交给祖先。然后，将猪肉分成肝、肚、舌、蹄、心等，盛在大盘内祭祖。全家吃猪肉时，不准说话，三天之内，不准陌生人进屋。以此解疑，求得事事如意。此习俗，在贵州遵义县的仡佬族极为盛行。

〔韩军、程孟虞："杀老人猪"，《仡佬族文化百科全书》，第 202—203 页，贵州仡佬族学会编，熊大宽主编，贵州民族出版社 2002 年版〕

5. 仡佬族祭祖仪式——供年粑

仡佬族先民，与中原文化接触较早，故较早地采用夏历。在依夏历时令安排的节日中，对春节"过年"是比较看重的。就表层形式看，虽有与汉族和相邻民族趋同的倾向，若深入研究其深层内涵，仍葆有其山地农耕民族独特的风韵。

以劳动产品祭献祖先和神灵，是各民族都普遍采用的方式。作为以稻作农耕为主要生产内容的仡佬族，其劳动产品自然也主要是五谷杂粮。将谷类产品加工成食品，在南方一般是做成饭，进一步加工则是做成米粑或米糕。仡佬族所做的米粑，多数是糯米糍粑和糯米与黏米掺和做成的两合米粑。此外，还有以高粱、小米、包谷、荞子为主要原料分别做成高粱粑、小米粑、包谷粑、荞粑等类。这其中有的是以生产为转移；有的则是为了变换口味，有意制作异乎寻常的食品。更有向精细制作方面发展的。如将糯米和黏米先磨成面粉，置锅中炒熟，拌少许砂糖或白糖，然后用型范压制成各种米酥糕；有的将糯米糍粑、高粱粑、小米粑做成包有糖、豆沙、肉末、油渣等各馅子的包馅粑，甚至用油煎、炸的食品……不过，仡佬人在过春节或其他主要节日祭祖敬神时，大多是以当地生产的粮食为主要原料打粑祭献。但打制的方式和献供的方式，却又因地区支系和房族不同，各有讲究。

过春节时，各地仡佬族无论大家小户，都必须打粑祭祖，迎请先辈之灵回来享祭，同家人一起过年。对于精、粗、多、寡，视具体的经济条件而定。但打制的方式和祭献的方式，则因地区、支系、房族的不同而有所不同。就打制的时间而论，有的是在除夕那一天，有的则在除夕前一天或前两天，并有早、中、晚之分。粑的制作，一般是用一截长约1.5米，直径约0.5米的圆木，削成方木，然后凿开中部做成像独木舟似的木槽（也有的用石臼），盛上蒸熟的糯米，用直木棍作杵，或用丁字镐式的木粑锤，由两人连续杵、锤，使之被砸揉成团。在贵州安龙县境内的仡佬族打粑时，打粑者要头戴着斗笠，身披蓑衣，并边打边停下来，佯装从门缝往外瞧，看是否有外人撞进来。实际上，当地人都知道这种传统规矩：人家在打粑，不能前去（干扰），但打粑者都必须这样做。据说，是因为老祖人在打粑时，曾经有过不幸的遭遇——好不容易积攒了一点粮食用来打粑祭祖，正打得起劲，粑锤敲击粑槽发出的"叮咚"声，引来了一伙强盗，把他们一掳而空，使欢快的节日变成了饥饿哀愁的日子。如今，虽仍要佯装隐蔽防范，实际上却变成了一种嬉戏。各家各户打粑的声音此起彼落，已成为竞技之声，在山村回荡起一阵阵祥和而有节奏的除夕迎春曲。至于祭献的方式，更是多种多样：一般是将打好的粑，先捏成圆形饼状，用碗或盘盛起，放在堂屋的神龛上献供；有的支系，则要在户主卧室的门头上，用竹片临时编成二尺见方的竹案，用来陈设献供的各种酒、饭、肉和粑粑。竹案的四周要插挂一些"豆豉叶"（亦称"扁竹根"，形似"法国兰"，叶宽扁长，属兰科植物，冬夏常青，夏季开同穗复朵蓝色小花）。用以象征祖先们"开荒辟草"时栖息树上，以草叶遮风挡雨的艰辛生活。也有的在正屋大门头上，架一竹簸箕；还有的是放在磨盘上献供……关于供粑的摆放，也有许多讲究——有的在一个大圆粑的旁边，摆几摞由大而小堆成塔形小粑，每摞小粑的个数和摆放的方位，也因支系和房族不同而有区别……如今，人们虽已说不清其所以然，但就其标志祖辈的支系、房族这一点看，大约是仡佬先民男性生殖器崇拜和父系制家庭确立的历史遗迹。在务川、道真县一带，人们出于对农业丰收的殷切企盼，在打粑的当天，要选择一段枝繁叶茂的竹枝，弄来插在房前院坝的中间。老幼一齐动手，将粘附在粑槽、粑棍上的米粑，细心地抠下来，星星点点地粘缀在竹枝上，做成如米粒缀满枝头的"米花树"。

元宵是春节的最后一天，也是节日活动达到高潮的日子，有傩戏或地戏班子的村寨，中午以后，祭师或戏班头要带着有关成员到村中各处去"扫寨"。那天的晚餐，比平时要吃得早，晚餐前的祭祀，是过年期间的最后一次祭祖，是给祖先饯行。一方面要将娱乐器具——鼓、锣、铙、钹和傩戏、地戏的面具、服饰、道具封存起来；另一方面又要将贴在畜圈、碓磨、犁、锄等工具上当做封条的纸钱帛取下烧了，表示"启封"。有的地方还要将节日期间临时架设的高架秋千和转磨式秋千之类的文体用具也拆去存放起来，然后各家才坐下来吃"了年饭"。之后，要把所有摆设的供品（主要是米粑）收了，用竹簸箕或背篓装起送祖出门，到路口边点上香烛，将供品在点燃的香烛上绕几转，再反背着拿回屋里。接着，有的地方要安排年轻人到各处祖坟上去亮灯；老年人则带着小孩们去"喂树子"（一人持刀在果树上段轻轻砍开一两个小口；另一个人则将腊肉、豆腐米粑之类的食品填进树干的开口处。在砍和喂的过程中，一人高声问："结不结？"另一人答："结！"并接着同呼："要人来挑，要马来驮！"据说，这样做有刺激果树上水发芽开花结果之效应）。再是有的地方，一些小孩则又点上火把与冬青树（即女贞树）叶搭在一起，使之发出"哔哔、啵啵……"的爆裂声，从内室各处转到屋外，称之为"爆虼蚤"，实际上是孩子们进行的又一次驱鬼逐疫之举，妇女们则趁此将初一以来不倒出门的垃圾一起清扫出门，屋子里四处高亮华灯，有所谓"三十夜（除夕）的火（要旺），十五（元宵）的灯（要亮）"之说。于是，老老少少围坐于火塘边，谈天说地，孩子们则争相从"米花树"上将风干了的"米花"摘下来，放到火塘的热灰中煨爆，或在热锅中炒爆来吃，嬉戏打闹，热热闹闹。成年人在一旁或听老人摆古，或议论新一年的生产、生活安排。总之，既充满天伦之乐趣，也洋溢着丰收的快慰。这一来，年关已过，春临大地，仡佬人满怀着喜悦与自信，热忱地去迎接新一年更艰辛的劳动和更大丰收的到来。

［罗懿群："供年粑"，《仡佬族文化百科全书》，第204—207页，贵州仡佬族学会编，熊大宽主编，贵州民族出版社2002年版］

6. 贵州关岭县仡佬族过年敬祖宗

正月初一清晨打糯米粑簸箕内，置于神龛前的方桌上供奉祖宗。粑上放萝卜一段，燃香于萝卜上，给老祖公点烟用。除夕下午于方桌正中放一升糠，烧香四炷分别插于升子四方，升前摆酒三碗，升左侧放一长方形木板，上放猪头一个、筷一双、酒碗一只、菜刀一把，烧纸钱供四官菩萨——"补享不补"。边烧纸边念："今年是好年，今月是好月，今日是好日，今时是好时。神过不敢乱请，鬼过不敢乱迎。专请四员官将：大员官将、二员官将、三员官将、四员官将，再来保到某氏门中：喂牛牛成对，喂马马成双，喂鸡生鹅鸭。只说群数，不论个数。早晨放出门，夜晚收回家。肥像冬瓜，黑像老鸦，高像山头，壮像牯牛。瘟水不乱吃，瘟水不乱尝。跳沟跳坎四脚端正。再来保到某氏门中，五谷万担，一籽落地，万籽归仓。再来保到某氏门中，一年四季，大的无灾，小的无难，空手出门，宝财归家。"取菜刀划猪头，边划又边念："横划横吃，顺划顺吃。"继用筷子挟猪头，念："左挟左吃，右挟右吃，反挟反吃，正挟正吃。"正月初一下午将猪头换为刀头，又同样祭一遍。平时从寨外买回猪、牛，也要举行祭四官菩萨的仪式，但须在该月的初四、十四或二十四中的一天进行。初四送祖，如该天生肖与家主属相相同，则后延一天。送祖时，在堂屋内点燃草火把，取供祖的粑、肉放火上燎一下，翻转后放入背箩内，背至岔路口放下，回家咂完一袋烟再去将其背回。

［翁家烈："关岭县仡佬族宗教信仰评述"，《贵州民族调查》
（之六），第 303—304 页，贵州省民族研究所、贵州省民族
研究学会编，1989 年］

7. 贵州关岭县仡佬族"七月半"祭祖

七月十三或十四晚上以酒、肉、菜等祭祖，晚饭后，用酒两碗放桌上，给祖宗烧纸钱，呼叫曾祖、祖、父三代已故老人之名，一辈烧给一堆，给祖宗带钱去赶"云南大会"，求祖宗保佑子孙发达顺气。七月龙日或八月蛇日上午，各家一人取小扁担一根，到田地里摘数吊谷穗及瓜豆等挂扁担两端挑回。谷吊挂神龛两侧，瓜、豆等炒来做菜吃，解放后已自行停止。

［翁家烈："关岭县仡佬族宗教信仰评述"，《贵州民族调查》
（之六），第 305 页，贵州省民族研究所、贵州省民族研究学
会编，1989 年］

8. 贵州遵义县平正乡仡佬族敬祖仪式

正月初四早饭后，各家一位老人用篾篮背一大糍粑和酒、肉，摆在地上，将粑切成片，烧起柴火，烤热粑粑后，请祖宗们来享用，然后自己也吃点，再把所剩祭物收装篾篮内背回。

［翁家烈："遵义县仡佬族社会历史"，《民族志资料汇编·第
十集·仡佬族》，第 32 页，贵州省志民族志编委会，1989 年
5 月］

9. 贵州仁怀县仡佬族祭祖仪式

腊月二十九或三十日，各家将糯米淘净、蒸熟，放在碓、槽中打成粑。先做一个大粑放簸箕中央，周围放小粑八个，放堂屋案上连同酒肉一起供祖，每日早晚烧香供奉。正月初三或初五半夜鸡叫后，家长将全家喊醒再次用供物献祖，祭毕口念："祖宗们过完年后可以回去了，等小春时再接你们回来！"念毕，用方帕一块将簸内粑粑收包帕内，背在背上，腰间插镰刀一把出门走到村口，表示背粑粑送祖宗回去享用。带镰刀一把给祖宗割麦子用。然后背粑粑回家，又说："送老祖宗回来累了，切点粑粑给你来烧吃！"全家围着火坑高兴地吃着烧糍粑。

［翁家烈："仁怀县仡佬族社会历史"，《民族志资料汇编·第
十集·仡佬族》，第 35 页，贵州省志民族志编委会，1989 年
5 月］

10. 贵州平坝县仡佬族除夕祭祖

除夕之夜供祖，仡佬族称为"供倒乜"。堂屋神龛前的方桌上置以酒菜，点燃香烛，地上烧纸，由老人请三代祖宗来享用。请毕，全家对神龛磕头（用蓑衣垫地磕），再由老人拿酒杯往地上洒些酒，用筷夹点菜饭丢地上祭供，求祖宗保佑全家平安后，全家老幼才进食。食罢，围着火坑守夜，以陪老祖宗过年。到鸡叫时放鞭炮，用一带有四耳的大糯米粑放柴上，大粑正中再放一小块凸形糯米粑，插香三炷于其上，开门迎接祖宗们进屋过年。如有父母新亡，还得到坟上接亡灵回家，三年后才不再上山接。从除夕到正月初二，神龛上的油灯昼夜燃亮。初二上午，各户带上香纸到井边燃烧，表示买水，挑新鲜水回来给老祖宗煮饭吃。初二下午全寨共用一升六角糯米打成粑，又用同数量重黄豆发成豆芽，用筛子装着，全寨男子，带着镰刀、锄头、钉粑等农具列队，在锣鼓向导下，走到村寨附近的夜合山的水杉树前，摆出祭品，大家按长幼序分列跪拜。寨老（仡佬语称为"糯麻"）祝祷："旧年去，新年来。今天我们来送老祖公，明天我们就要砍刺、铲火土、撒稗秧了。过去你老人家来，贵州是黑羊大箐。是雷劈这个坡让我们有路来，扯闪电照我们走路来。"送祖毕，众起抢分豆芽吃，再回到寨内，各自带上酒饭，汇集轮值人家（一年由一户轮值）会餐。这顿饭不吃油荤，由轮值者用米汤煮一大锅豆芽、豆腐，大家以之蘸辣椒拌蒜吃。这一活动，仡佬语叫"瓦到药书"，解放后渐废止。

[翁家烈："平坝县仡佬族社会历史"，《民族志资料汇编·第十集·仡佬族》，第40页，贵州省志民族志编委会，1989年5月]

11. 贵州普定县仡佬族过年敬祖

除夕于堂屋正壁前方桌上，放猪头一个，糯米粑两个，酒一杯、饭一碗祭供天地诸神及祖宗。正月初三深夜，全家老幼起床再焚香供祖一次后，抢供粑吃，表示不舍祖宗离去。接着放鞭炮送祖宗出门后，煮粑、做饭全家共食。风姓在正月十五过小年的夜晚，各户户主一手端簸箕（内盛有糯米粑），一手持木棍，于寨内跑，作追赶状，口中反复念诵"正月十五追野猫，追到杨家桥"。窝子乡双坑村的柯拖寨王善之，隐瞒仡佬族成分谎称汉族于清末得中秀才，娶汉族女子为妻后，才改变春节初一忌说汉语、用火烧粑以及四男四女裸体遍村跑的习俗。

[翁家烈："普定县仡佬族社会历史"，《民族志资料汇编·第十集·仡佬族》，第47页，贵州省志民族志编委会，1989年5月]

12. 贵州普定县仡佬族（门你）过七月七

七月七日，也是祭供祖先的节日，用麦草扎一个草人，身穿老妇之衣，插在岔路口，杀一只公鸡，焚烧麦草和纸钱后，取回衣服，叫接先人回家，在堂屋中设香案，供新粮熟食和鱼，鱼不可少，如无鱼，则在火塘上取一根干藤藤扎成鱼状代供。

［贵州省普定县地方志编纂委员会编：《普定县志》，第 181
页，贵州人民出版社 1999 年 11 月第 1 版］

13. 贵州织金县仡佬族除夕祭祖

除夕打粑祭祖。用 5—10 斤的大粑一个放堂屋桌上，另取粽叶 3 条，每条穿汤圆大的糯米粑 5 个挂在堂屋正壁上祭供。在供饭时念：今年过完了，明天是新年，请老祖宗们来吃年饭，保佑种一颗长十颗，鼠不抠根，雀不啄心。正月初一清晨到井边、河边取水回家煮饭，但不燃烧香纸。正月初三早晨上煨茶，将茶和煮的甜酒粑放桌上供祖，并将桌上大糯米粑划一刀后翻转过来，表示给祖宗背走。然后可将该粑切煮吃。壁上所挂三吊小粑要供到正月十五后才吃。

［翁家烈："织金县仡佬族社会历史"，《民族志资料汇编·第
十集·仡佬族》，第 56 页，贵州省志民族志编委会，1989 年
5 月］

14. 贵州织金县仡佬族七月祭祖

七月初一，发麦芽、豆芽、谷芽挂祖宗神位前接祖过月半，一直供到七月十三日才送祖。送祖当天以各种新熟作物，连同纸做的金山银山等放桌上烧纸供祖。认为不供祖，老人会变成蛇来床上吓人。

［翁家烈："织金县仡佬族社会历史"，《民族志资料汇编·第
十集·仡佬族》，第 56 页，贵州省志民族志编委会，1989 年
5 月］

15. 贵州大方县普底乡仡佬族敬祖

除夕，用泡木于神龛前砌一神架与神龛等高，神架的前面两根泡木杈还高过神龛尺许，这两根长杆上横搭一根为梁。神架宽一尺、长二尺。架上铺一层豆豉叶。用九个糯米粑三个一叠并列于豆豉叶上。于吃年饭前接祖宗回来吃年饭、过年。每天清晨献酒，中餐晚餐献饭，每次都烧香纸，全家跪祭，直至初三上午才拆除神架烧掉……端午节吃雄黄酒，七月不吃新。红仡佬称他们为"可克"。

［翁家烈："大方县仡佬族社会历史"，《民族志资料汇编·第
十集·仡佬族》，第 58 页，贵州省志民族志编委会，1989 年
5 月］

16. 贵州黔西县仡佬族祭祖仪式

除夕用糯谷草扎成尺余宽的方框，四边插入泡木，编以豆豉叶放于火塘上，将五个
一叠、七个一叠、九个一叠的三叠糯米粑放在框内祭祖。有的是用一个三升米的大粑用
簸箕装着挂在灶房的壁上，摆酒三杯、肉一块，肉上插香祭祖。供数日，由老人取下粑
粑背着送祖，到岔路口时，表示背不动，用泡木杈插地上，说给祖宗作拐杖走路，我背
粑回去给儿孙吃，回来切片煮后再供一次即全家食用。除夕之夜全家须围在火塘边熬
夜。……端阳挂艾及菖蒲于门上，喝雄黄酒。七月，取新熟的谷子、包谷、小麦、高粱
等放于神龛下，烧香纸供祖，七月半烧包，将各辈已故老人名字各写一包后，将包袱纸
一一烧掉给祖宗阴间受用。

［翁家烈："黔西县仡佬族社会历史"，《民族志资料汇编·第
十集·仡佬族》，第 61—62 页，贵州省志民族志编委会，
1989 年 5 月］

17. 贵州正安县仡佬族祭祖仪式

中观区潘家寨的仡佬族，传说一怀孕祖婆在官家追赶斩杀中，逃入潘家洞躲藏得以
幸免，解放前祭祖均在夜间，并由最老的一家取出珍藏服饰示众。凤山四丫树王姓原姓
何，其先祖"追苗赶汉"逃入琵琶洞避难，后改姓王。中观区中观、安场区东坝乡、和
溪区杉木坪乡等地黄姓过年祭祖，祭物相同而有生祭、熟祭和碎祭之分。相传原来祖公
是三兄弟。三妯娌在筹备过年时速度不一，大媳妇刚宰剖刮净猪鸡，未下锅煮；二媳妇
刚把祭牲煮熟；三媳妇手脚快，已将煮熟的鸡切成块。突然官兵袭来，三家将现有祭物
匆匆祭祖后急忙逃生。事平之后三房子孙为纪念祖宗所遭不幸，分别保持逃难时的不同
祭祀到今。黄姓内有下列话语作为识别是否同宗根据："启马登程出故乡，任尔处处离
纲常。虽流外境即吾境，虽在他乡即故乡。朝夕不忘亲命主，晨昏常念祖先堂。望此苍
天垂庇佑，三七儿郎个个强。""追苗赶汉"后虽迫使一些人改族换姓。但濮教、濮家
湾、濮家井、濮家丫口、濮村坪、濮上台、高果洛、仡佬林、仡佬洞等散在县境各地的
与仡佬族及其先民有关的地名则沿用于今。

［翁家烈："正安县仡佬族社会历史"，《民族志资料汇编·第
十集·仡佬族》，第 65 页，贵州省志民族志编委会，1989 年
5 月］

18. 贵州务川县仡佬族敬祖先

除夕要办丰盛的酒席敬奉祖宗，燃烛点香，烧钱化纸，大放鞭炮，子孙要向祖宗神位叩头拜年。祭毕，全家老幼入席，老人必须上坐，儿孙旁坐，叫吃"年夜饭"，又叫"团圆饭"。晚上家家户户在祖宗神位前，供糯米制成的各种粑粑及糖果、酥食、麻饼、水果之类，供奉祖先，一直供到正月十五。除夕之夜全家老小必须用热水烫脚，意即来年无论走到哪里，运气都好，不愁衣食。火坑里要燃烧熊熊的疙蔸大火，家人围坐摆家史、谈些吉利的话，名曰"守岁"。主妇则忙于办新年初一、初二、初三的食物，办理完毕将菜刀藏好，叫做"封刀"。正月十四亮灯，房前屋后，灯火辉煌。要焚化"地盘业主，古老前人"的大袱包，敬奉祖先。坟山上亦要亮灯。

［务川自治县民族志编写组编：《务川仡佬族苗族自治县民族
志》，第 21 页，贵州民族出版社 1992 年版］

19. 贵州务川县仡佬族祖先崇拜

务川仡佬族最崇拜祖先，把生产的好坏、生活的幸福与否，全寄托于祖先的保佑。在堂房设神龛，贴上"古老前人，地盘业主，列祖列宗神位"的字样，表示祖先所在的位置。每逢过年过节都要在这里向祖先献奉酒饭，烧钱化纸，行跪拜礼向祖宗祷告。

［务川自治县民族志编写组编：《务川仡佬族苗族自治县民族
志》，第 22 页，贵州民族出版社 1992 年版］

20. 贵州务川县仡佬族的祭仪

祭祀礼仪指通过一定仪式，把规定的食品及其他祭物献给崇拜的对象。祭祀对象包括祭祖、祭所有神灵，逢年过节，祭祖多在堂屋香龛下举行，燃香亮烛烧纸化符，酒肉糕点果品齐全，一家老小跪拜三次。另要上山到祖坟前祭拜。其他神灵祭拜，在县内主祭玉帝、观音、山王、宝王、土地、灶王、四老爷等神祇。祭品多用酒、鸡或猪牛羊、五谷糕点、香烛纸钱等。祭祀活动由巫师、祭司、家族长辈或本人主持。对昊天、上帝、先王等的祭礼称大祭；对四望、山川、先公等的祭祀称中祭；对山林、川泽、风师、雨师等的祭礼称为小祭。在原始的巫术或禁忌思想中，认为百物皆有灵。日常有五种与生活有关的幽灵，必须按季节祭礼，否则，会贻害于人，如：春祭户、夏祭社、季夏祭中雷、秋祭门、冬祭行。祭祀时所有祭品应清洁卫生。一般由主持者依次摆好供品斟酒于杯，点香燃烛，火化纸帛，握香跪拜，口念祭语、放炮送神等过程。

［务川仡佬族苗族自治县民族宗教事务局编：《务川仡佬族》，
待出版］

21. 贵州务川县仡佬族朝祖

一寨、一村、一族都有一个共同的老祖宗,仡佬人称为"起根发芽"的人。一般每隔几年,在清明节前后,集队去朝觐老祖宗的坟,烧袱包、放鞭炮,挂清纸,排队磕头,同时除去墓周边的杂草小树。意在祈求老祖宗保佑,同时也彰显人丁兴旺,势强力大,能立于世而有一种光荣和自豪感。也有一些特殊的情况,也兴"朝祖",如发了财,升了官,可以一家人组织去,也可一族人集队而去。

[务川仡佬族苗族自治县民族宗教事务局编:《务川仡佬族》,
待出版]

22. 贵州清镇市仡佬族七月半敬祖先

仡佬族过七月半和其他民族不同。在月半前(约每年的农历七月初一、二)就开始用各种粮食发芽给驮钱的马吃。一般是发一碗包谷芽、一碗麦芽和一碗豆芽,以及其他能发芽的东西,品种越多越好。芽高一般是 3—5 寸,用红线将各碗芽从中拴好,以免它们从几边倒伏,这是给驮钱的马准备的草料。到了七月初十晚上,将一张大桌放在堂屋侧壁,挂上老人牌(相似于灵位),牌上有历代祖宗老人的名字。在桌上放一升包谷或一升豆类作插香之用,桌上摆放发好的各种嫩芽和果品,点上灯,烧上香,然后在桌上摆上饭、各种菜和酒等,从历代高曾远祖一直往下请,请他们来过七月半,这就叫接老人。把老人接来后,香和灯不管白天或黑夜都不间断。

七月十一、十二就开始写包(钱纸用白纸封好竖写),包的右方写上称呼,注明写包人和死者的关系及有多少个包奉上等;中间写领包人的辈分和名字,左面写火化日期。封给"地盘业主、古老前人"两个包的量要比一般包的量重,意思是他们开辟了天地,要给他们以酬谢。写包要从哪一辈写起,由写包人自己定。写完家包后,自己的姑妈、外婆或岳母、岳父等都可以写。有的人家用三四十斤钱纸,有的人家用十多斤钱纸不等。七月十三日晚是送老人回去的时刻,吃完晚饭后,将纸人纸马、阴币(就是死人用的钱)夹在包内(意思给老人的钱要人背马驮地给他们送去)。烧包时燃起熊熊大火,这时将一包点燃的香沿路插到远方,走几步,插一炷,倒一次水饭,念一句:"庆阳伸手,庆阴张口,吃不完,包起走。"一直把香插完,把水饭倒完,同时也把那些马草(指发的那些芽之类的东西)撒掉。回来后收好老人牌,再把插香的升子收好,仪式结束。

[高朝礼:"七月半",《清镇仡佬族》,第 113—114 页,贵州
民族出版社 2004 年版]

23. 贵州清镇市仡佬族过年"接送老人"

仡佬族过年,在年三十夜的晚上子时要接祖宗。接祖宗前要先做好簸箕粑。这种簸

箕粑，是做一个与簸箕一样大小的粑粑，另做九个小粑粑，将九个小粑粑三个为一叠，围着大粑粑置于三方，在簸箕边铺一圈钱纸，置于神龛面前的大桌上。再将猪头、猪尾（猪尾衔于猪嘴内）与簸箕粑、财神粑一起放于神龛前的大桌上。在神龛上烧三炷香，土地菩萨前烧一炷，在大门两侧各烧一炷，大门坎正中烧三炷，大灶前烧三炷，小灶前烧一炷或三炷，然后点上灯（用菜油）。在神龛两边各点一支大烛，在土地菩萨前点一支小烛，在大门坎正中点一支小烛，大灶前点一支小烛。在神龛前的大桌上除摆簸箕粑外，还要摆三杯酒、三杯茶、三碗饭、三个刀头猪肉和三块豆腐，三双筷子。摆设完毕，然后在神龛上敲磬三声，家主作三个揖，跪磕三下，然后烧钱纸，口念请历代高曾远祖、内亲过年，祈求保佑全家平安。然后走到大门口，向外三叩首，再到桌边，用筷子指点各种饭菜，奠酒，从历代高曾远祖一直请到已故的父母辈老人。然后将财神粑放到房间内，香灯继续供奉。

供财神粑。先用泡木树（即五倍子树）绑在一块木板凳上，然后将做好的粑粑放在木板上，置于房间内，同样烧纸接祖宗，也是香灯不断。吃早、中、晚餐前都要供奉，一直到正月初七晚饭后，拿着香蜡纸烛，背着簸箕粑和财神粑送祖宗出门。走到半路把香和钱纸烧了，说一些保佑一家老小平安的话，就背着簸箕粑和财神粑返回。

[高朝礼："过年接送老人"，《清镇仡佬族》，第107—108页，贵州民族出版社2004年版]

24. 贵州安顺县仡佬族祭祖仪式

每年除夕，以糯米打糍粑，扭碗大的五个放堂屋桌上接祖宗享用，年饭后移至神龛上供祖。接祖过年时，须先呼请"登板"、"亚板"（即祖公、祖太）再按所能记忆的列宗列祖之名一一呼请来享祭。糍粑直供至初三，由家主祝祷祖宗保佑全家清吉平安，带粑去吃后，才切之或煮、或烤全家共食。附近苗族于除夕接祖初三送时，除请其祖宗外，还要请仡佬族的祖先一起来过年，往往念"克桶来，莽桶得"。苗语称仡佬族为"克"。苗族所以如此敬重仡佬族的先祖，是认为现今所种田地原为仡佬族开垦，现在请之来吃饱酒肉，吃了之后和我们的老祖公一道回去。

[翁家烈："安顺县仡佬族社会历史"，《民族志资料汇编·第十集·仡佬族》，第44页，贵州省志民族志编委会，1989年5月]

25. 云南文山仡佬族祭祖仪式——搭桥祭

云南省文山壮族苗族自治州砚山县阿基乡码法克村仡佬族过春节的传统习俗之一。其作法是：用刀头肉（祭祀用的方块猪肉）十块，按一定距离摆成一行，形如桥墩，再用糯米做成的草鞋形糍粑当做桥板，搭在方块肉上，祭祀祖先。据说，他们的祖先原来住在贵州，因外族入侵，抵敌不过，才迁到砚山去的。当先民们逃到南盘江上游的八达河边时，前有大江阻挡，后有追兵赶来，形势十分危急。领头者急得无法而仰面高呼："天仙老祖呀，保佑我们吧！"话音刚落，江水突然断流，现出一条通道。当众人刚走上对岸，江水又马上复流，堵住了后面的追兵。由于怀念祖先，为了纪念先民们历险渡江，人们便采用上述形式来祭祖，世代相传，沿袭至今。

[罗懿群："搭桥祭"，《仡佬族文化百科全书》，第 204 页，贵州仡佬族学会编，熊大宽主编，贵州民族出版社 2002 年版]

26. 云南麻栗坡仡佬族祭祖仪式——供猪下巴

居住在云南省麻栗坡县一带的仡佬族白仡佬支系，每逢过年杀猪时，用猪头祭献之后，吃了猪头肉，猪的下颌骨却不能乱丢，要把它挂在神龛旁的木桩上，又口向下。然后，再燃香、点烛、烧钱纸，献酒饭加以祭供。从此，一年四季都不能动它，而且祭祀别的神灵时，也要给它烧钱化纸，加以祭祀，祈求其保佑六畜兴旺。但每隔两年再杀过年猪时，要把原来祭供的猪下颌骨取下来，送到附近山洞里。选一个干燥洁净的地方，再举行一次更丰盛的祭献之后，将它烧掉。回来后，又将新宰杀的猪的下颌骨，按上述程序祭献后，把它挂到神龛旁的木桩上。这大约是仡佬族先民由渔猎时代转入畜牧农耕时代后，在驯养家畜方面宗教信仰的遗风。

[罗懿群："供猪下巴"，《仡佬族文化百科全书》，第 207 页，贵州仡佬族学会编，熊大宽主编，贵州民族出版社 2002 年版]

27. 广西隆林县仡佬族八月十五敬祖先

（八月）十五晚各家都隆重祭祖先，祭物有牛心、酒肉，富者还杀猪、杀鸡等。吃过晚饭以后，老寨和坝子分别到附近一棵大树（一般是桐树）送祖先，主祭者必须是各家长子或寨中的老人。祭前先在树上挖一洞，把牛心、酒肉放进洞中。有的却是用三只小鸡做祭物，祭时用纸把小鸡包好，然后将小鸡搞死，并说："这是菩萨要你死，别怪我糊涂。"死鸡放进了洞，再封好，最后烧香、烧纸钱、烧纸炮才回家。

[广西壮族自治区编辑组：《中国少数民族社会历史调查资料丛刊·广西彝族、仡佬族、水族社会历史调查》，第 169 页，广西民族出版社 1987 年版]

28. 贵州关岭县仡佬族的神龛

仡佬族人家，普遍在堂屋正壁上设置神龛，民间一般称为"家神"，仡佬语叫"耿鲁"。神龛形式有二：一是在壁上正中横置长五尺、宽约五寸的木板一块，取斑竹一节留底成筒放于木板正中，或用三个竹筒平列其上，有的是用一节龙猫竹（粗如拇指）削尖一端插在木板上，仡佬语呼插香竹筒为"打母舀"。竹筒作敬祖时插香用。一个竹筒者，插香三炷，三个竹筒者，中间插香三炷，两侧各插二炷。这种神龛，除横木板及木板上的竹筒之外，别无其他设施。另一种神龛有横板、香筒，还用大小红纸写上各种条幅贴于横木板的上下正壁之上……

> ［翁家烈："关岭县仡佬族宗教信仰评述"，《贵州民族调查》（之六），第 301 页，贵州省民族研究所、贵州省民族研究学会编，1989 年］

29. 贵州毕节县仡佬族的神龛

毕节仡佬族无神龛（指堂屋正壁上贴大红纸写的"天地君亲师位"）屋后亦无灵筒设置。其祖宗神位是安在堂屋右侧离房檐尺许处。祖宗神位用泡木棍削皮，横两根、纵十二根扎成一长方形木笆，木笆上垫以狼鸡叶（即蕨类植物）。狼鸡叶上放马匙一把和圆形糯米粑一个、长形糯米粑二个。

> ［翁家烈："毕节县仡佬族社会历史"，《民族志资料汇编·第十集·仡佬族》，第 54 页，贵州省志民族志编委会，1989 年 5 月］

第二节　慰藉死者的丧葬形式

1. 汉文献记载的仡佬族丧葬形式

剪头仡佬，在贵定、施秉、平远州属……死则积薪而焚之也。

> ［《黔疆各种苗蛮图》］

红仡佬，在广顺、平远、清平等属。亲死殓以棺而不葬，置崖穴中，或临大河……傍树木为主。

> ［《黔疆各种苗蛮图》］

僚在牂柯，……死则竖棺埋之。有打牙者，谓打牙葛僚。

> ［《异域志》］

（思南）府南四十里许有家亲殿者，古仡佬奉先处也。在一大崖穴中，崖高百余丈，下临大河，行舟者往往遥见之。其规制如今之床然。上下依崖，不施蔽盖，雨、日亦不及之。正统间居民避苗者，鲁至其处，见有木主数道，字迹已不可辨。又旁有棺枢数具，启视之无见者。大抵棺枢自家亲殿而下，崖穴中处处有之。岂昔仡佬之制不土葬欤？

　　　　　　　　　　　　　　　　　　　　　　　　　　　　　　［《思南府志》卷七］

　　仡佬一曰仡僚，其种有五。……殁死有棺而不葬，置山崖间。高者绝地千尺，或临大河，不施蔽盖。以木主若圭，罗树其侧，号曰家亲殿。在平伐者为打牙仡佬，彪悍尤甚，善欲物之毒，以染箭刃，当人立死，触其气者亦死。父母死，则子妇多折其二齿投之棺中，以赠永诀也。在新添者为剪头仡佬，男女蓄发寸许。人死则积薪焚之。

　　　　　　　　　　　　　　　　　　　　　　　　　　　　　　　　［《炎徼纪闻》］

　　石阡府苗民司之仡佬，……丧葬击鼓唱歌，男女围尸跳跃，举哀而散，亦置之山洞间，……安顺州西堡司，部落皆仡，曰红仡佬，曰花仡佬，曰打牙仡佬，其名虽殊，其俗无异……死丧不用棺，积薪焚之……贵州前卫、把平司仡佬，……丧用长木桶为棺，多葬于路旁。

　　　　　　　　　　　　　　　　　　　　　　　　　　　　　　　　　［《嘉靖志》］

　　仡佬一名仡僚，其种有五……死者有棺而不葬，置岩谷间，或临大河，不施蔽盖，树木立于侧，号曰家亲殿……又有剪头仡佬在贵定县，男女蓄髦寸许，死则积薪焚之。其在平伐、平远者为打牙仡佬，剽悍尤其，父母死，子妇各折其二齿纳诸棺中以为永诀。

　　　　　　　　　　　　　　　　　　　　　　　　　　　　　　　　［《清一统志》］

　　十曰革佬，即《华阳国志》之鸠佬也，亦作革老。其种不一……人死，殓以棺，置之岩穴及大河之岸而不葬，亦无盖蔽，植木主于侧，曰家亲殿……锅圈革佬，……人病则延鬼师，鬼师设虎头一具，五色绒线装之，置之簸箕内，作法念咒而祷之。葬，掘地置木板，横陈其尸如花苗也。必横陈者，曰使鬼不知回家也。

　　　　　　　　　　　　　　　　　　　　［贵州省毕节地区地方志编纂委员会点校：《大定府志》，第
　　　　　　　　　　　　　　　　　　　　311—312页，中华书局2000年版］

　　八曰革佬，即《华阳国志》之鸠佬也，亦作仡佬。其种不一……人死殓以棺，置之岩穴及大河之岸而不葬，亦无盖蔽，植木主于侧，曰"家亲殿"……锅圈仡佬，……人病则延鬼师，鬼师设虎头一具，五色绒装之，置之簸箕内，作法念咒而祷之。葬，掘地置木板，横陈其尸，如花苗也。必横陈者，曰："使鬼不知回家也。"

　　　　　　　　　　　　　　　　　　　　［贵州省大定县县志编纂委员会办公室重印：《大定县志》，
　　　　　　　　　　　　　　　　　　　　第357页，1985年10月］

这些坟墓的特点是与山岗平行，而不像汉人坟墓那样与山岗或为直角，其中有些坟墓是用石板或石片砌成很好的墓穴。在安顺通往普定的途中，在一座土山的斜坡上就有这样一片墓地，有大约二十座石板墓，前面的两块石板形成一个三角形的顶。

今天仡佬族已采用汉人葬仪，但不久以前一个仡佬巫师还在行"开路"的仪式。要用一牛一猪献祭。为了悼念家长，居丧要延续三年。在新年时期的习惯，是以糯米捏制的小牛、犁、马和五谷作为供献，祈求父母保佑并获得丰收。

［《凉山彝族奴隶制研究·贵州仡佬的历史和现状》，转引自《民族志资料汇编·第十集·仡佬族》，第 28 页，贵州省志民族志编委会，1989 年 5 月］

仡佬多与苗同。惟有所谓红仡佬者，父母死，服丧服，无衰经，屠牛击鼓以召亲友，谓之闹丧。七七延巫荐视，始出户。葬用棺，垒土成坟，但皆横葬，谓之顺山葬。葬后于清明扫墓，七月祀先，与汉人无异。盖接近汉族村寨，同化者十而九矣。

［《贵州苗夷丛书》，转引自《民族志资料汇编·第十集·仡佬族》，第 29 页，贵州省志民族志编委会，1989 年 5 月］

剪头仡佬，在贵定、施秉、平远各州县，男女皆蓄发寸许即剪去。勤耕作，鲜为非者。亲死积薪焚之，苗俗也。古仡佬之一。

［《新生活季刊·贵州社会拾零》，转引自《民族志资料汇编·第十集·仡佬族》，第 29 页，贵州省志民族志编委会，1989 年 5 月］

2. 仡佬族岩穴葬

古代仡佬族人逝世后，多置棺于洞穴之内，棺底两端垫以石头，不封土。也有将棺埋于洞穴的。少数于绝壁上凿方形洞穴，置棺于中。黔北仡佬族地区有不少岩框，当地称"岩磔"，是仡佬人停置棺柩的处所，不封土，实为岩穴葬。关于岩穴葬的记载较多，《思南府志·拾遗志》载："府南四十里许，有家亲殿，古仡佬奉先处也，在一大岩穴中，岩高百余丈，下临大河，行舟者往往遥见之。其规制如今之床然。上下依岩，不施蔽盖，雨日亦不及之。"《嘉靖贵州图经》载："贵州前卫花仡佬死者葬于山洞。"《广西通志》载："仡佬来自黔中，棺而不瘗，置岩穴间，高者绝地千尺。"在贵州境内仡佬族居住的地方，已发现的岩穴葬较多，石阡县发现了 30 余处，正安县发现 234 处，道真仡佬族苗族自治县发现 184 具。

［杨新年："岩穴葬"，《仡佬族文化百科全书》，第 218—219 页，贵州仡佬族学会编，熊大宽主编，贵州民族出版社 2002 年版］

3. 仡佬族悬棺葬

通常是在濒临溪河处的山崖上打孔钉上一排木桩，将棺木横靠山崖平放于木桩之上，使之悬置高空。据《云南志略·诸夷风俗》载，"土僚蛮在叙州南，乌蒙皆是。"又据《古今图书集成·职方典》载，叙州府"棺木崖，在治西七十里，昔为僰蛮所避，其人凿岩石丁椿置上，年久有坏者。盖僰俗岩葬，以悬岩为吉也。"说明仡佬族是行悬棺葬的。

[杨新年："岩穴葬"，《仡佬族文化百科全书》，第 219 页，贵州仡佬族学会编，熊大宽主编，贵州民族出版社 2002 年版]

4. 仡佬族石板墓

用寸余厚的薄石板镶为棺形，棺盖、棺墙是长方形整块石板，头脚板都是正方形整块石板，无底板，或头脚底板各一短块，中空露土，尸体平仰放置石棺之中。埋葬时，石棺半裸露于地上。织金县上坪寨乡青桐林坡上有石板棺，苗语称为"摸戎"，意为"仡佬坟"。织金县仡佬语叫石棺坟为"潘阿山"。

从明代起，内棺外椁的葬式在仡佬族中很普遍。棺放入石椁之中，以 8 寸至 1 尺厚的整块石板镶成，形如石棺，但比石棺厚大，称为大石基。黔北一带俗称"明坟"、古老坟、暗椁、生基坟等。这些石板古墓，有单函、双函以至三函到九函等联排组成，最多的有十六函相连。相邻各函之间，有的有墙板，正中处有方孔相通，为流通道。许多石椁内壁雕有花纹，凿有壁龛，顶板雕有藻井。为使后代能辨认祖先的坟墓，正安县仡佬族《宗氏族谱》特写明祖坟葬地及标志，如"八十一世天奇子芳之子，卒葬老木冈，石椁有碑。"石板墓在仁怀、遵义、正安、凤冈、道真、务川、思南、石阡等县比较普遍。据调查，道真仡佬族苗族自治县有 1000 余函，石阡县有 500 余函。安顺地区苗族称仡佬族为"克"，呼石板墓为"克镶"，意为仡佬坟。六枝特区仡佬族至今仍用石板墓，用半尺厚的石板块镶嵌为椁，无底板，石椁与地面平，再于椁上垒土成前高后低的圆形。

[杨新年："石板墓"，《仡佬族文化百科全书》，第 219 页，贵州仡佬族学会编，熊大宽主编，贵州民族出版社 2002 年版]

5. 仡佬族生基墓

也称"生茔"，是清代以来黔北、黔东北仡佬族地区的一种墓葬。即在生之时将坟茔建造好，死后子孙再将之安埋其中。生基的结构是内为石椁，形制与石板墓相同。不同处在于外堆封土，树以墓碑。许多墓碑为牌坊式，甚至为亭式，豪华壮观，还雕有精美的图案。亭式的墓碑为上下两层，下为坟座，两侧为八字形风挂。坟座、风挂都布满动物、植物、人、神等各种象征吉祥的雕刻。坟座上以粗大条石横作承重梁，梁上为坟亭。亭的正前面空敞，仅以两条石柱支撑，上或雕以抱柱龙，或刻以对联装饰。其余三面均为石壁。正壁刻墓主牌位，左右两壁刻死者名或赞美诗文。坟亭盖顶之屋脊，正中立幅形碑帽，上雕佛像。坟座、坟亭的各种石雕有印雕、浮雕、镂雕等。光绪十二年（公元1886年）金沙县茶园乡平氏的一块墓碑上写道："年今将生基修就，大数已到安昔，现成夫室。"

［杨新年："岩穴葬"，《仡佬族文化百科全书》，第220页，贵州仡佬族学会编，熊大宽主编，贵州民族出版社2002年版］

6. 仡佬族丧葬形式——倒埋坟

仡佬族古老葬式之一。即仡佬人亡故后埋葬时，头在墓门对着山脚，脚对着所在山顶，脚登山，头枕空。意即让亡人沿着登山之路上天。由于苗族古代多行东向横埋，故有"苗横倒仡佬"之说。贵州清镇县1958年至1959年发掘的宋代仡佬墓，均是仰身倒埋，道真县三桥永锡周姓仡佬人为头顶天、脚站地的竖葬。这些倒埋坟的发现，实属仡佬族的一大葬式特点。

［韩军、程孟虞："倒埋坟"，《仡佬族文化百科全书》，第178页，贵州仡佬族学会编，熊大宽主编，贵州民族出版社2002年版］

7. 贵州务川县仡佬族丧葬形式（1）

（1）土葬。土葬是仡佬族最古老的葬法之一，起初对死者放入挖好的坑内，把土掩上就行。后来，由于汉文化系统的土葬糅合进本民族的风俗，才形成仡家新的丧葬方式。并出现了坟。坟区别于墓。墓指死者入葬的地方，坟则是在墓上起封土堆。这种封土堆的形式，使后人不会忘掉亲人埋葬的地方。后来使用棺木土葬，主要是受汉文化风俗的影响形成，使尸体不易腐烂。

（2）石板葬，是仡佬族人古代的一种葬俗。其墓是以大小石块砌成墓壁，再用大石块作墓盖。作这种墓葬的多属有水层岩石的地方。如砚山和涪洋镇的珍珠以及原属务川后拨归正安的中观音等地。因水层岩石易开采，用铁钎一撬，就是一块块石板，这种墓葬有连墓几间的。原县城外的大坟堡是连六间的石板墓葬，地址约在今计生局门前。这样夫妇子女死后都可埋在一处。这种墓乡下随处都有。

（3）岩穴葬，在境内不很多，这种葬法一般人认为只有麻风病人死后才放进岩穴里。从前人们见着麻风病人就害怕传染，不是追赶其出境，就是将其打死，用火焚毁，真是谈"麻"色变。但亦有人说非麻风病死者，亦有葬入岩穴的。县城东门波罗白马接近华盖山处就有一岩穴停放棺木两具，麻王洞右前面岩洞里亦曾停放棺木一具，至今人们一直认为是麻风病死者的棺木。

[务川仡佬族苗族自治县民族宗教事务局编：《务川仡佬族》，待出版]

8. 贵州务川县仡佬族丧葬形式（2）

仡佬族死人墓葬有岩穴葬、石板墓、倒埋坟、明堂生基、土葬等多种形式。岩穴葬和悬棺葬是仡佬族葬俗的一大特点。《华阳国志》载："濮人冢，冢不闭户，其穴有碧珍，人不可取，取之不祥。"清《一统志》："仡佬一名仡僚，以死者有棺而不葬，置岩谷间，或临大河不施蔽盖，竖木立于侧，号曰冢亲殿。"仡佬人有"生不入牢门，死不入地府"的说法，所以葬俗上有岩穴葬、悬棺葬。如岩穴葬，有天然岩穴和人工凿穴，墓地多为悬崖峭壁，前临溪河，难以攀登，置棺岩穴，敞而不闭。务川的都濡、濯水、柏村、砚山、丰乐等地发现较多，人称"岩棺墓"、"先人洞"、"濮人冢"、"徕子坟"等。务川石朝大漆飘扬村申姓亦有凿穴而葬。

悬棺葬，即"冢不闭户"。县境内最有特色的是以铁链高棺悬挂于悬崖峭壁的岩腔顶或人工制成的石椁内。或以瓦片、石块、三脚架支撑离地空置洞间。一般有单墓，也有双棺并排，棺木置向横直不论，洞门不闭。务川仡佬族的悬岩棺葬还有用绳索捆棺吊悬岩间，县境内岩穴葬、悬棺葬、石板棺葬到处可见。石板棺葬通用石板砌成，一般葬于土墟、山顶、溪岸，也有葬于乱石丛林中。无论何种葬地，仡佬族都要认真选择。由于社会的不断进步、各民族文化的相互交流，仡家也同样实行土葬。

[邹友谊："务川仡佬族民风民俗"，《务川文史资料第十辑·仡佬之源》，第324页，政协务川仡佬族苗族自治县委员会宣教文史委编，2005年]

9. 贵州道真县仡佬族丧葬形式

墓葬形式多种多样，有岩穴葬、石板葬、生基等。穴墓有两类，一是直接将棺放在岩穴内，一是岩穴内垒坟，坟内有棺。岩穴内的棺木，或架于两个铁三角上或置于石块上，有的棺用大铁钉钉盖，不避金属器物。岩穴内的坟墓或用石头砌就，或用泥土垒成，亦有用大石板镶砌者。大多无碑记，少数立有石碑。岩穴绝大多数是天然洞穴，仅极少数为人工凿成，如三桥区邱姓之岩穴即然。如三桥区接龙乡穿洞内古老户涂氏祖坟即为石板墓，寨子洞内的土坟则是古老户吴氏墓。民间一般将岩穴墓称呼为"癫子坟"。石桥古墓比比皆是，全县已发现千余所，或单函，或双函，甚至有七八所石墓并排相连者。大多数石桥墓无墓门，少数有墓门。石板墓墓壁上一般无花纹，少数有花鸟类纹饰，多在内壁。有一些石板墓系倒埋，即头向山脚，脚朝山顶。有的石板墓甚至是采取竖葬形式。1958 年富村沟陈姓在搞土改田时挖地，发现其祖坟石板墓是头上脚下立着埋的。民间对石板墓的称呼较多，县治所在玉溪区称古墓，中信区称为"苗罐"，旧城称为"郭"，三桥区称为"地郭墓"，一般则呼之为"桩桩坟"。近代以来，除极少数人沿袭石板墓外，多采用"生基"，即生前做的坟墓。"生基"亦是石板墓，只是外砌石为坟，墓门堂皇，有碑和碑帽，墓门雕饰的花纹繁多。建生基是很讲究的。选择吉日请石匠开采石头。在开石处，用一尺三寸红布挂树上，糯米粑、豆腐、肉摆地上，燃点香烛纸，将鸡冠掐出血祭山神后，以鸡冠血滴于水碗中以卜吉凶。以鸡血在水中不散为吉，表示开采时不会受伤，子孙不会散败。鸡血若散在水中，则表示凶。祭毕，鸡与布均归石匠所得。将打凿好的石板自石场运至墓地，以及挖墓坑镶砌石墓时，仍用上述物品各祭祀之。砌墓时，先垫底，但须留孔见土，后镶壁，最后关墓门。关墓门前，所用祭物同前。用新布将墓室打扫干净，称为"推光"。放进万年灯一盏（昔用灯盏，现用碗，用菜油、乌桕油均可，忌用桐油和动物油）。墓主的儿子们，一人放一个碗入墓室，碗内装有炒米、麻糖、鸡蛋和红色线一绺。人死后择吉日安理，又用同样祭物祭祀后，取出万年灯和各个碗，视碗中所放物状况以卜吉祥与否。如果碗内物化为水，表示该孝子的子孙发达，若碗内物干涸或化为水泥，表示该孝子的子孙不发达，父母死亡的一周内，孝子不能食荤。生基即一些族谱所记之"生茔"。旧城区大坪乡的熊、邓、朱姓，中信区的常、费、何姓，洛龙区河口乡的张姓等出丧，沿途不丢"买路钱"。

[翁家烈："正安县仡佬族社会历史"，《民族志资料汇编·第十集·仡佬族》，第 70—71 页，贵州省志民族志编委会，1989 年 5 月]

10. 贵州道真县仡佬族丧葬形式——崖棺

崖棺。又称"癫子坟"。据明·田汝成《炎徼记闻》载："仡佬一曰仡僚，其种有五……殓死有棺而不葬，置山洞间。高者绝地千尺，或临大河，不施蔽盖。"道真自治县境内，将尸置于棺内，山洞及崖穴间，不用土石遮掩崖棺。据 20 世纪 80 年代调查统计：玉溪镇有 8 具；隆兴镇有 10 具；旧城镇有 25 具（包括现棕坪乡）；忠信镇有 15 具（包括桃源）；洛龙镇有 7 具（包括阳溪镇）；三桥镇有 20 具；大千镇有 44 具（包括平模镇）。此类墓葬，有一崖穴三棺。如旧城镇毛田"癫子坟"，调查时，一具棺盖子已腐朽，棺底尚存，有头骨和脚杆置于棺底，另二具棺木全腐朽，有一块墙子还存在一层生漆漆的薄皮，有两截大骨落在腐朽的屑灰上。第三具没有棺木及骨骸，只有搁棺木两头的石头及棺木腐朽的灰渣痕迹。有一穴双棺一穴。如旧城镇柏木洞杜家沟"癫子坟"。调查时，棺木完好，棺木两头置于高板凳上。其余均为一穴一墓，大都棺木腐朽，骨骸不全。据传，此类崖棺在清末民国年间，棺木多置于铁三角、木马或高板凳上，调查时没有发现一具铁三角，是 20 世纪 50 年代"大炼钢铁"期间被盗去卖了，至今无存。在道真自治县境内，人们统称此葬式为"癫子坟"。据 1983 年张祥辉调查大千镇大埔村的

"癫子坟"时，该棺内骨架完好，没被侵扰，头部有长发鞭尚存，证实此类崖棺不是葬生前长"癫子病"人的崖棺，而是仡佬族人早期的墓葬方式——崖棺葬。

［梅应魁整理，2006 年 7 月调查］

11. 贵州道真县仡佬族丧葬形式——崖墓

崖墓，即在崖穴或崖洞中置棺，人们用土石包砌成坟墓（即施以蔽盖）。

据 20 世纪 80 年代调查，全县有 19 具，其中有墓主人者三所。如阳溪镇大沙河贵州岩的马孱股洞（又称蹇家洞），洞内葬两所坟，一致向洞口内向。一所为土垒毛石包砌。另一所则凿石条包砌嵌墓碑载，龙飞乾隆十八年癸酉岁（1735 年）季春月吉日立，墓主人是仡佬族人蹇思源。又如上坝土家乡街上上头场口岩洞，旧城镇半坡庙岭岗岩墓，都为石条包坟，嵌有墓碑，有年代和墓主人姓名，只是朝洞外取向山。子孙们传说，是葬在活龙口内，有发富发贵之寓。不难看出仡佬族这一葬式直至清乾隆中期（因其余墓葬无年代可考）。

［梅应魁整理，2006 年 7 月调查］

12. 贵州道真县仡佬族丧葬形式——崖圹

崖圹即"先人洞"，就是凿崖为圹而置棺其中。

①邱家先人洞　1983 年夏，笔者与梅江的张正荣同志由申村经横断岩到青球岩时，发现在青球岩岩壁上有人工开凿的洞穴。经调查访问，人称"邱家先人洞"，下临梅江河千余米。据传，仡佬族邱姓老祖宗在"追苗赶汉"时，驾簸箕云飞到那洞里躲避才得以幸存，还据当地张姓群众口述，大石碛下那个"先人洞"是他们在六十年代垦荒，才将已朽的棺木和大骨掀下岩烧毁的。"邱家先人洞"共有八穴。其中一穴较宽大。高1.4 米，宽 2.7 米，深 2.2 米。认定为双棺穴。据族人邱明宣口诉，始祖邱尚忠余氏，二世祖邱官环胡氏，三世祖邱天成等葬于"先人洞"，但哪个祖人葬哪个"先人洞"，早已失传。

②西家仙人洞　位于玉溪镇桑木坝窑罐厂崖壁。下临玉溪河约 500 米，共 5 穴，已竣工三穴，墓室较宽大，室顶为弧形状，可置棺两具，认为是双穴崖棺。其中三号洞穴较为特别，墓门四周凿有三道坎，每道坎每边大约 5 厘米，内层小，外层大，视为该墓可关三道墓门，使人不发现崖圹里置有棺木。同时在墓门上方崖壁上，以 0.61 厘米作半径画半圆，约凿 5 厘米宽、3 厘米深的石沟。墓门左右约凿深 4 厘米、宽 6 厘米的石槽与半圆弧相连。墓门上半圆内正中，从左至右斜凿一道形似矛的錾路。崖圹门外，形似一道下直上圆的圆光门。笔者认为：一是先民蓄意排水，截留峭壁上的水沿已凿好的石壕流走，不致注入墓室，侵蚀崖棺；二是一种装饰，下直上圆，圆中有线图，更显得美观大方。三是以示纪念，就像我们今天打开谱牒看一样，某某祖宗葬于何处，以碑石

为记，"子山午向"或"寅山申向"。便于追宗溯源。仡佬族酉姓自称为"先人洞"，是祖宗安息之所。也称是"追苗赶汉"时期，他们的祖先躲在那洞穴里幸存下来的，这就是"古老户"的来历。

③大河沟先人洞　　位于大千镇福兴大河坝沟岩，下临大河约 100 米，上距岩沿约 50 米。共二穴，相距约 300 余米。为人工开凿在峭壁上，墓门方正，上下无路，不能进穴查看。据当地群众讲，这个洞是仙家修来仙人享用的，非常显灵，要是男女婚后久不怀孕生子，已婚男女，不管采取哪种方式，将石子、泥丸子甩进洞内，定能保证你当年怀孕生子，因此当地百姓叫它为"打儿洞"。

④桴鄢坪先人洞　　位于河口乡凌霄桴鄢坪崖壁上，下临凌霄河约千余米。墓室深 220 厘米，宽 115 厘米，高 140 厘米。墓顶弧形，墓室右壁正中下镌刻"先人洞" 3 个字。墓门凿三道可关三层石门的痕迹。在崖圹壁下松林中查看，未发现墓门石板。桴鄢坪"先人洞"传说是"仙人"下凡开凿的。传说很久很久以前，一天晚上，鸡叫三道啦，住在桴鄢坪的一位老头忽然听到山上传来一阵开山凿石的叮当声，老头便起床，衣服都不顾穿，披着衣服，开门到坝子，侧耳倾听，急促的声响更紧，老汉便朝传来声音的方向，伸长脖子打啊——连打三声，结果一道红光一闪，好像驾的簸箕云，飞过凌霄河，落在大岭岗。老头心想："哼！我们的山，为哪样你们河那边的人偷偷摸摸半夜三更来修我们的山？"边自言自语边走进屋，穿好衣服，扎紧腰带，手执铗刀出门。在星光的照耀下，走到凌霄河边，这时天刚麻麻亮，老人涉水过河直奔大岭岗，走拢一看，没有一个人影，全是一片冷蕨苣草，没有一户人家。忽然往上一看，岭岗上突然土飞蕨舞，瞬时又无影无踪，岭岗光秃秃，寸草不生，全是裸露的黄沙。这就是老人为探寻先人洞的究竟，仙人开凿"先人洞"，驾簸箕云走时，用脚蹬地，仙衣扇风带来的古迹，至今叫黄毛岭。后来桴鄢坪"先人洞"就归那探寻者老人享受啦！

［梅应魁整理，2006 年 7 月调查］

13. 贵州道真县仡佬族丧葬形式——石灰坟

石灰坟。自治县境内，已发现石灰坟六处，共 18 函。除大千镇东山村一排五函连墓外，其于均为单函。墓室底，左右墙壁，前后回头均平直，墓门呈下直上半圆形，墓盖均为穿顶。棕坪乡赵山村的石灰坟，是用竹子一根接一根铺设成穿顶模式，然后用三合泥筑实而成，至今竹的印迹清晰可辨。尤为特殊的是县民族中学 2002 年建办公楼挖基础时，在乾隆三十二年韩氏墓基下一米多深的土里，错落（相距 3 米以上）挖出七具石灰坟，都有全骨架。据工人讲，墓室内没有其他东西，七具一模一样。墓室长 192 厘米，宽 37 厘米，高 40 厘米，灰壁厚 15 厘米。墓室不能置棺木，只能纳尸体。同时棺盖与棺墙、底板前后的回头都是整体，看起来似三合泥做的棺木。据仡佬族张姓族谱牒安葬一节载："凡安葬，关系甚大，人子尤当究。如心圹（墓坑）既毕（挖好），先布石灰于圹底筑实，厚二三寸。然后用筛过石灰二分，筛过江砂（河砂）如小黄豆大小一分，筛过净黄土一分，以乌樟叶浸水成汁，三合拌匀，再下圹底筑实，厚二三寸。四旁亦纳圹，傍亦用炭灰抹棺，中用薄板隔灰，傍用三合土，旋筑旋抽（土语：筑实一处抽一处薄板），将墙壁抹平为止。棺盖上放炭末面，再上三合泥，轻轻用筑物振动筑实，再上三合泥，筑实成坟而止，埋碑石于中。按此法，年久坚硬如石。且避水蚁，又截树根，且炭灰培棺，树根遇者即止也。"由此可见，石灰坟，崖圹（先人洞）、崖棺（有棺而不葬置崖穴）三种葬法，其功能有三：一是避水的侵蚀；二是防蛇虫蚂蚁的侵害；三是避树根伸入棺内扰乱尸骸。让死者尸骸永远安息，荫佑后世子孙们无苦无难，子孝孙贤，百世其昌。至今仡佬族人安葬族人，墓圹挖好后，孝子守圹，将圹底的异物必须清理一干二净，棺木下圹，掀棺盖清棺，孝子必须将亡人棺内异物弄出来，然后将亡人尸体摆正，衣物整理齐整，最后盖棺。若不清理守圹，有异物随葬，传说对后代子孙成长不利，如长多骨，生六指，生瘿子，长眸肉，长倒眼睫毛等。由此，道真仡佬族筑"石灰坟"这一工艺历史信息的传播，将是研究仡佬族墓文化最珍贵的历史文献典籍。

[梅应魁整理，2006 年 7 月调查]

14. 贵州道真县仡佬族丧葬形式——石板棺

石板棺。由人工开凿六块石板镶成长约 2.3 米，宽约 0.95 米，高约 1.2 米的长方体石板棺，置棺于内。石板厚度不等，一般厚 15—35 厘米，经加工的毛石板扣成。这类石板棺俗称"古墓"、"暗罐"、"苗罐"。县境内，村寨边，田野里，公路边比比皆是，多为单函，亦有一室双函，四函，六函，八函。最多的有一室十六函。大多没石门（早已被破坏），无墓志碑铭。少数墓只有口传墓主姓氏。如隆兴镇火石坡十六函"暗罐"是申氏八弟兄八妯娌的墓；玉溪镇淞江八函墓是韩氏八弟兄古墓等。据 1998 年 4 月，玉溪镇联盟村韩学清在自家园子犁土，犁完后，以为土中有个石头，土肉太薄，种玉米栽蔬菜都不好，想把泥土掀开，把石头打掉。挖开泥土一看，是一函石古墓，用棒槌将毛石板棺盖打破掀开后，棺内只发现两枚铜钱。2000 年 3 月笔者听说后去了解，墓室填土，墓室四周根本没刻画什么花纹图案，只发现两枚小钱，好的一枚被亲戚带走，破的一枚只有半边。经量，该铜币外圆直径为 3.5 厘米，内方孔直径为 0.9 厘米，经拓片有"崇宁"二字，方知该币为北宋徽宗时（公元 1102—1106 年）的铜币，该墓的主人亦属同时期或下一个皇帝时代的人。像这样的毛石板古墓县境内数不胜数，而发现宋币，仅此一例。玉溪、隆兴、旧城、三桥、大千、上坝等乡镇的砂石建造宋墓，可与遵义的杨粲墓媲美。还有旧城、长坝、古坟堡等汉墓。只要各级领导重视，加强文物保护，聘请考古专家考古发掘，道真悠久的历史会在贵州古代史上画上浓浓的一笔。

[梅应魁整理，2006 年 7 月调查]

15. 贵州道真县仡佬族丧葬形式——生基墓

生基墓。人生前修的坟墓（又叫修山），供人死后享用（20 世纪 90 年代又叫"活人坟")。生基分为明堂生基和响堂生基两种。

①明堂生基,以石板棺为基础,加25—30厘米的石横梁,梁正面浮刻《二龙抢宝》或人物图案,石梁上雕凿的覆瓦屋面石。墓室左右用石柱扣榫,镶嵌70—90厘米不等石板作八字墙(与墓室成八字形),墓柱上阳刻或阴刻墓对,石板墙面有刻墓志铭、有刻家训格言,有刻诗词,有浮各种图案。如《麒麟图》、《雄狮图》及自然风光图等,全凭墓主的钱财和匠师技艺。墙壁上扣瓦屋面似的石脊岭,脊岭末端雕石狮和石鸟屹立左右,显得雄姿威武,非常有气魄,加之每墓门分成三截制作,上截有各式花窗,中截是形形色色的《万卷书》,下截是《鱼》、《樵》、《耕》、《读》、《牧》等民风民俗图案,形似生前居住的推窗亮格楼阁的大门,这是第一层;第二层是建"阴龛"。建"阴龛"视其墓室的多少来定"阴龛"的高矮大小,墓室越多,"阴龛"建设就高大,反之则矮小(匠师们说要比例协调,才显得美观)。首先在墓室瓦屋面石脊正中左右各竖一根雕有六方或八方石礅礅相连的石圆柱,墓室多则立四至六根石柱,柱上刻对联。柱顶上扣石梁,梁正面镌刻《双凤朝阳》或《八仙图》。在横上面覆盖凿有瓦屋面石条,柱后30—40厘米是墓主人碑位,碑位左右立小石柱扣榫成八字形石板,刻孝子贤孙姓名,"阴龛"大者,在左右石壁上题诗作词,镌刻于上。因此第二层亦雕梁画栋,寓意为亡者的魂魄居住之所。第三层是在"阴龛"的瓦屋脊梁正中竖"望山石"。"望山石"多浮雕笑眯眯的"捧腹罗汉",亦有雕"太极图",今为多雕"福"、"寿"。左右两边多镶配三角形的刻有《凤》、《凰》、《人物》于上,石板与"望山石"形成整体,形成两边矮正中高的一座山形状,所以凡是修生基墓又叫"修山",有三层大小不同等,墓室与"望山石"(除瓦屋面)在一条垂直线上,所以匠师们又称"三叠式"建筑。据笔者调查,此类建筑,上限始于明中期,下限至今,明代建筑的此类墓,阴龛没有吞口式,如棕坪乡"牟氏佳城",从右至左横书,墓柱没有对联。墓门壁前多为叠一礅礅长石条封闭墓门,可能为避盗墓贼盗墓。

②响堂生基,相对明堂生基而言,兴起于清嘉庆道光年间。第一层墓前加宽80—130厘米不等的吞口。吞口前沿基石上树一根至多根(墓室多少)不等的四方石柱(亦有圆柱)。石柱多为文人墨客题写诗词或绘画镌刻其上。墓室左右镶80—150厘米不等石板,撰写墓志铭或浮雕各种画。两函响堂生的吞口。如遇暴雨,可供十来人站在里面躲雨,小孩还可以在里面抛杆抛石子,较为宽敞,里面说话有回音,因此而名响堂生基墓。二层的"阴龛"在吞口瓦屋面脊岭处竖柱建筑,"望山石"树在"阴龛"上,建筑式样与明堂生基完全相同。据三桥镇杨伯勋之祖墓志,熊洪声之墓志,玉溪镇宣统元年王以三为冉云山撰墓志载:"夫自古本无墓也,亲死委壑,前贤不无遗训。人亡弃野,蔓者尚有留言。迨至面目达心中,始反蘽里而掩之矣。而后人仁孝子,预避禽餐兽食……则为堃埋之道尚也。"由此看来黔北墓文化的发展由弃尸——崖棺——崖圹(崖墓)——石板棺(包括石灰坟)——生基坟(包括明堂生基墓和响堂生基墓)由低级弃尸向高级修生基墓发展的。也就是随社会的发展而发展。关于"崖圹墓"可不可以推测,在古代族群中,凡有较高权力者,死后亦应有很高的权益享受,凿"崖圹"具有避

水蚁、截树根的功能。人又不能随便去崖圹，更具有权威性，高不可攀。因此是古代族群中首领死后的归宿之所。

［梅应魁整理，2006 年 7 月调查］

16. 贵州金沙县仡佬族丧葬形式

古代，将死者入棺，不埋葬，抬放岩洞中，或放河陡岸上，不遮蔽，以稠密树木为掩，有悬棺、倒棺、侧棺等。清中叶以来，与汉族相似。但在丧事过程中有开天门、做嘎、赶火把。送殡时不丢买路钱，意思是土地属自己祖先开拓，根本不用再买。

［贵州省金沙县地方志编纂委员会编：《金沙县志》，第 177
页，方志出版社 1997 年版］

17. 贵州省黔西县仡佬族丧葬形式

古时，仡佬族因居住地区不同，丧葬习俗也不相同。有实行岩葬的，"人死则以棺木盛之，置千仞巅岩之上，以先坠者为吉"（载《云南志略》）。有实行土葬的，由死者亲属"负尸就塘，周身被蔽，以薄板而葬"。有实行火葬的，"人死则积薪焚之"（载《炎徼纪闻》）。也有实行洞葬的，"死则置于山洞"。

丧葬除个别地区外，与其他民族的习俗大致相同。其丧葬过程中尚有："开天门"、"做嘎"、"赶火把"等民族风俗。送葬时，不丢买路钱，意为土地是其祖先开辟的，这一习俗已被其他民族所公认。

［黔西县志编委会：《黔西县志》，第 129 页，贵州人民出版
社 1990 年版］

第三节　慰藉死者的丧葬礼俗

1. 仡佬族丧葬习俗——云梯

在贵州省黔西县、大方县、织金县一带的仡佬族，人死后，要砍一根形如拐杖、四尺来长的泡木棍。木棍的顶端要留起一对小杈枝，形若头角。再用一缕棉线（按亡人的寿数每岁一根，外加天一根、地一根计算）织成链环形的长带，人们称之为"寿带"。然后系在泡木拐杖上，即做成所谓"云梯"，竖靠在亡人头部的棺材边（按男左女右摆放）。出殡时，要由男亡人的娘舅家或女亡人的娘家中的长房或幺房的一位代表出来执著，送到坟地，称之为"执云梯"。据说，这是让亡人得以登天的"云梯"，如果男亡人的娘舅家或女亡人的娘家无人出面来执，整个超度亡人的法事，就归于无效。所以，男亡人的娘舅家或女亡人的娘家在整个丧葬仪式中，有着重要的地位，孝家对他们要特别尊重。

［罗懿群：“云梯”，《仡佬族文化百科全书》，第 179 页，贵
州仡佬族学会编，熊大宽主编，贵州民族出版社 2002 年版］

2. 仡佬族丧葬习俗——过山草鞋

在贵州省黔西县、大方县、织金县一带的仡佬族，人死之后，要立即请一位老人（最好是男亡人的娘舅家或女亡人的娘家的老人）为死者编织一双草鞋。编织时，要反手搓绳，并要一口气做成，中途不能站起来。草鞋做好后，拿来给亡人套穿在布鞋外面。直到入殓时，祭师用过“入木鸡”，才将草鞋脱下来挂到“云梯”上。据说，这是送给亡人穿起去爬山（一说是过地狱里的“刀山”）的。故称之为“过山草鞋”。

［罗懿群：“过山草鞋”，《仡佬族文化百科全书》，第 179 页，
贵州仡佬族学会编，熊大宽主编，贵州民族出版社 2002 年
版］

3. 仡佬族丧葬习俗——喝救苦水

在贵州省黔西县、大方县一带的仡佬族（红仡佬支系），人死之后，孝子要立即带着一水壶到水井边去燃香烧纸，向龙王“买水”，反背着手舀一壶水回来，放到锅里烧热，大部分用来给亡人洗脸、洗手、洗脚（不洗身子）。锅里剩下的水，所有亡人的亲属（包括儿子、姑娘、家孙、外孙以及他们的配偶），每人都要喝一口。据说，喝了此水，可使亡人在阴间减轻痛苦，故称之为“喝救苦水”。

［罗懿群：“喝救苦水”，《仡佬族文化百科全书》，第 179 页，
贵州仡佬族学会编，熊大宽主编，贵州民族出版社 2002 年
版］

4. 仡佬族丧葬习俗——做嘎

仡佬族超度亡人中一项主要而隆重的祭仪，又称为“做法事”。其祭词称为“经”，有的支系念的是“十二坛经”；有的支系念的是“二十四坛经”（此处的“坛”，相当于“段”或“超”之意）。“做嘎”有冷、热之分。“冷嘎”是给已安葬了的亡人做；“热嘎”是亡人尚未出殡，尸骨未寒，而及时举行大祭超度，但一般是经济较富裕之家，而时令季节也合适者。

“做嘎”又因超度对象不同，给父辈做，要立“翁车”，给祖辈以上老人做，则不立“翁车”。

“翁车”，是用四根柱子临时搭成的方形亭子。亭顶呈宝顶圆拱，四角翘檐，亭柱和亭顶均用柏树枝装饰。亭正顶和四角，用泡木削成五只岩鹰模型插在上面。亭分两个半间，前半间停丧，"做冷嘎"则放置草扎亡人的模拟身形，另安放一张桌子，桌子上放插香叶子和三个酒杯；后半间为孝子守灵和举哀处。

"翁车"前后各立一根幡竿，幡竿上用草扎一个岩鹰立于顶端，再吊一个竹圈，竹圈上各挂四株"扁竹根叶"（又名"豆豉叶"，属兰科植物，叶扁长而宽，略似法国兰，冬夏常青，夏季开同穗复朵的蓝色小花）。在"翁车"前边的那根幡竿下搭一偏厦，祭师在偏厦里念经做法事和施行供献等仪式，正祭师左手持一牛角酒杯，不时奠酒和饮酒；右手持一竹枝，不断从座前搁置的盆中将浸泡好的草果水，蘸来往四周洒放。副祭师右手持一镰刀。座前置一竹簸箕，簸箕中搁一铁锄，诵经时，以镰敲锄，为之击节。祭棚中除摆设酒醴、各种牺牲之类的供品外，还要铺一床竹席，搁一卷土布，外加巴茅草、竹根、蕨草、马桑、蒿枝等十二种草木的根、茎、叶（在堂屋里设祭，亦如此）。

这样的"翁车"，从外部看去，颇似古代的"营寨"，步入其中，则颇似一个古老的"博览馆"，闻着草果水的芳香味，各种草木散发出的特有气味和泥土味，令人感到仿佛置身于一个古奥而神秘的境界。在某种意义上说，似乎窥见了仡佬先民早期生活的某些史影。

"做嘎"，有以下几个程序：

（1）接亡（做热嘎不接亡）。将亡人的灵魂接到祭场。路近者，直接到坟上去接；路远者，只在村外的三岔路口接。要抬一乘纸扎的轿子去接，在迎接处用茅秆扎一草人，穿上衣服，戴上头饰，放在轿子里抬回来，再搁置在翁车的前半间（不立翁车者，置堂屋中，男性亡人略靠左；女性亡人略靠右）。

（2）献猪。当天晚上要杀一头猪（不论大小）来献祭。

（3）陪神。接亡灵后的第二天，孝家在翁车祭棚或堂屋中摆一桌菜饭，请祭师和娘舅家以及房族中的代表来陪亡人享用，称之为"陪神"。

（4）转嘎。请一个至亲来牵牛，孝子点火随后。祭师头戴横挂着一幅白布的竹斗笠诵词做法事，并由另一个孝子撑雨伞遮着。按以上次序牵着牛转，先绕着翁车转三圈，再到翁车里绕着亡人转三圈，然后围着前后两根幡竿各转三圈，称之为转嘎。

（5）打嘎。转嘎结束，牵牛上桩。外总管把帮忙的青壮年喊来，祭师念诵祭词之后，由打手将牛拉倒放血。打手向亡人磕三个头，到祭师那里接两牛角酒喝下，随即离开现场（含有回避之意）。

（6）摆活牛。剐牛以后，要将牛头、牛前脚朝着祭师摆在地上，再用牛皮盖上，呈俯伏状，称之为"摆活牛"。然后用18个碗，分别装上九碗血，九碗饭，再搁上九张"马匙"（即小木勺）来献血。

（7）献肉献饭。先割牛前腿肉烧熟后，切片分装七碗献祭；又割牛后腿肉煮熟后，切片分装九碗献祭；又将牛心、牛肝、牛肺、牛肚、牛肪切细混合穿成九串煮熟（又称九扦肉）献祭之后，又将牛头煮熟，将牛头肉切片分装三碗献祭。到此，整个"做嘎"的祭祀即告完成，随之即转入"放神"。

如打的牛多，交牲转嘎一起做，献供时先献主孝家的，再依次祭各亲戚家的。

［罗懿群："做嘎"，《仡佬族文化百科全书》，第180—182
页，贵州仡佬族学会编，熊大宽主编，贵州民族出版社2002
年版］

5. 仡佬族丧葬习俗——指路

仡佬族人丧葬仪式之一。在仡佬族人心目中，人在世时是聚众而居，而且同族同宗共寨。人死之后，去到冥亡天界，也理应如此，与已故的先辈们聚在一起，被视为是身后的一种追求。亲属们为使亡人能顺利去到那冥亡天界的"乐土"，则要请祭师给亡灵指路。祭师们手中都掌握着一份"路条"，确切地说是他们本民族历代迁徙路线的地名录。贵州境内仡佬族祭师掌握的"路条"，所涉及的地名，多在贵州境内；广西隆林一带仡佬族祭师掌握的"路条"，则指其回归贵州。值得一提的是：在有的地名旁，附加有一些不同的特异符号。祭师们念到该处时，要用手指"挽结"，或做有关法术。

［罗懿群："指路"，《仡佬族文化百科全书》，第182—183
页，贵州仡佬族学会编，熊大宽主编，贵州民族出版社2002
年版］

6. 仡佬族丧葬习俗——开天门

仡佬人丧葬仪式之一。在仡佬人看来，人死之后，灵魂将飞升上天。为此，在黔西县、大方县一带的仡佬族支系中，要举行开天门的仪式，以便让死者的灵魂得以顺利升天。其做法是：

由正祭师在死者身边作法念诵祭词，让副祭师左手持一犁铧，右手提一只雄鸡，由户外搭楼梯登上房顶，与屋内正祭师相应合，一起作法念诵祭词。当祭词念诵告一段落，主祭师用一根长竹竿将屋脊捅开一个见亮的洞，副祭师立即将右手所提的雄鸡往左手所持的铁铧口上摔，直到鸡头碰得鲜血直流，才将鸡和铁铧一起抛到屋下。雄鸡在我国各民族文化中，由于它能司晨报晓，因而被视为具有逐阴导阳功能的美禽，在婚、丧、嫁、娶、营造、祭祀、驱疫等各种民俗或宗教活动中，都往往要运用它，但用意各别，是一种多重文化的象征符号。在仡佬族的"开路"仪式中这样使用，大约是为了让它给亡人引路，或者是让其驮载亡人的灵魂飞升天界……看来，仡佬族先民在设计这一祭仪时，是别出心裁的。

［罗懿群："开天门"，《仡佬族文化百科全书》，第183页，
贵州仡佬族学会编，熊大宽主编，贵州民族出版社2002年
版］

7. 仡佬族丧葬习俗——烧七

这是仡佬族人丧家在死者的死期的第七日烧钱化纸、超度亡灵的祭祀仪式。第一个

七日叫"头七"，第二个七日叫"二七"。每个七日都要烧纸焚香，直到四十九日的"七七"为止。烧七，一般不请巫师。但若死后的七个七中，有一个逢农历初七、十七或二十七，就叫"撞七"。"撞七"就必须请巫师来超度。

［杨新年："烧七"，《仡佬族文化百科全书》，第 183—184 页，贵州仡佬族学会编，熊大宽主编，贵州民族出版社 2002 年版］

8. 仡佬族丧葬习俗——做周月

仡佬族丧葬仪式中的一个程序。居住在贵州省黔西县、织金县一带的仡佬族雅伊支系，老人故去后，家人立即砍来一根长一丈二尺左右的竹子，竹梢上留下部分枝叶；再找白棉线（或麻线），按亡人寿数外加天一根、地一根计算，抽出若干根搓成一丈二尺长的绳子系在竹竿上，做成一种特有的祭祀仪杖，仡佬语呼之为"必果列"，将其竖靠在堂屋的后壁神龛旁（依男左女右摆放）。每天早、中、晚给亡人供饭时，每供一次，就在"必果列"的长绳上绾一个结。亡人安葬后，亦天天如此，直到满一个月。到了第三十天供最后一次晚饭前，便将竹竿半段按五寸左右的长度锯下九节来，每节破成四片，每片的两端削一个卡口，每四片按"井"字形扣成一个方框。又将九个方框相叠，摞成一个方形小圈，把它搁在一个竹筛里。再捉来一只小鸡崽（如无鸡崽，则以鸡蛋替代），放入方形小圈之中。在供完第三十天的最后一次晚饭之后，于次日凌晨把"必果列"的长绳取下来，环绕在方形小圈之外，又撮一升左右的米谷壳，倒进方形小圈之中，把小鸡（或鸡蛋）壅上，再拈来一个红火炭放到谷壳上。让它慢慢点燃。最后由家中主孝子端起竹筛连同剩余的竹竿、竹枝叶一起，趁村中无人走动之时，悄悄将其送出村外，选一个人迹罕至，干净而又淋不着雨的地方，妥善搁下，就算完成丧葬仪式中的最后一个程序。因全过程长达一月，故谓之"做周月"。

［罗懿群："做周月"，《仡佬族文化百科全书》，第 184 页，贵州仡佬族学会编，熊大宽主编，贵州民族出版社 2002 年版］

9. 仡佬族丧葬习俗——空亡

仡佬族丧葬习俗中的禁忌。有亲人送终，是仡佬族人生仪礼中的一大追求。在老人病重至垂危时，必须将所有亲人召至身边（特别是儿、女、媳妇、女婿、孙子、孙女和外孙子、外孙女等亲属），认为在场送终的亲人多，就是死者的福气好。所以，所有亲人一旦得知亲人病危，都要力争赶到病床前给老人作临终告别。在老人身后扶着待其咽气。反之，如死者咽气时无亲人在场，便叫做"空亡"（也叫"落枕空亡"）。对这一类死者，必须为其"取枕"，即在死者的病榻下，用锄头掘开土面，设法挖出一只虫子或蚯蚓之类的小动物来，视其为死者灵魂寄托物，将它放进盛钱纸灰的盆里或锅里烧掉，然后装进用于陪葬的"金银罐"里封起来。据说不如此做，死者将时时返回阳间作祟。因而"空亡"又成为仡佬人的一大禁忌。

[罗懿群："空亡"，《仡佬族文化百科全书》，第184—185页，贵州仡佬族学会编，熊大宽主编，贵州民族出版社2002年版]

10. 仡佬族的踩堂舞

仡佬族丧葬仪式中的一种舞蹈。在贵州省遵义县、仁怀县、黔西县、大方县、织金县以及广西壮族自治区隆林各族自治县等地的仡佬族，老人去世后要请本民族的祭师做法事，超度亡人，其间还要安排青壮年跳踩堂舞。在祭堂里，祭师端坐于上方，亡人按男左女右，靠一侧停放。当祭师念唱到送亡人的祭词时，每三人一组的青年男子，分别吹芦笙，打钱竿（约四尺长的竹竿，两端凿槽装进方孔铜钱，摇可动而不落，能发出"唰唰"的碰击声），祭师舞师刀（祭师的法器之一，握把约五六寸长，其形如矛，矛的基部接一铁环，环上穿有带孔的铜、铁小钱，晃动时可发出"哗哗"的碰击声）。另由一妇女手持火把在前引导进退，三个男子则半蹲半蹉"寒鸡步"（即一只腿蜷曲，另一只腿平直往前伸，交替蹉跳）。同时，呼"啊——唷"声，先前进再后退，每跳到祭师跟前，祭师要给他们喝一次酒。当跳到告一段落时，祭师喊："拿晌午来"，当即有三个妇女用茶盘各端一碗酒敬踩堂者。踩堂者接酒在手，要一口气喝完。否则，妇女们便要拣火炭渣来杵在酒碗里，以示惩罚。据说，跳踩堂舞由来已久。远古时候，儿子们开始时不知父亲是谁。后来，从母亲口里得知，赶去找见时，父亲的尸体已被乌鸦啄坏，并已生蛆。跳踩堂舞，就是为死去的老人踩蛆赶乌鸦。谨遵祖制，以期亡人的遗体不受损害。

[罗懿群："踩堂舞"，《仡佬族文化百科全书》，第113—114页，贵州仡佬族学会编，熊大宽主编，贵州民族出版社2002年版]

11. 贵州务川县仡佬族剪纸与宗教

（1）寿棺衣：覆盖灵柩的大幅剪纸。剪纸依棺材大小设计为一长方形，多用黄纸或绿纸，对称两翼（长）脚边剪一排"野鹿含花"，余可随意剪些或圆或多角的几何图形，若天空的星宿一般。

（2）道场外坛要制幡、伞、金童、玉女、钱笼、望乡台等。

幡，又叫引魂幡，是引领亡灵去阴间世界的"旗"，长约1.5米，宽约0.1米，顶端系在一根像钓鱼竿的小竹子上，用白纸剪成的几绺扭在一起，末端留一截花尾，正面用一张宽约0.3米的白纸，边缘剪成波浪形，上书"观音引上珊瑚殿"字样。

笼，又叫钱笼，象征死者的"钱"非常多。制作时选用烤白纸，对折几次，剪成

（或"钱錾"錾成）七层，若干张剪纸组成一米高左右的筒状，如七个"鼓"垛成，每个"鼓"又如很多金币状的"钱"装成，七层下还有垂足，整个造型就是一件剪纸艺术品。

望乡台有三层楼，由一楼至三楼逐渐收小，呈塔状，高约 1 米，四方形，底楼边长约 0.3 米，先用竹片装成框架，再用剪纸裱糊，瓦、檐、窗、门花花绿绿，玲珑秀雅，象征死者回望人间的最后一站，故其一楼门柱上有对联一副：在阳间一生善果，返阴司定座普陀。

金童玉女，象征赴阴司去侍候亡灵的，先用竹制成骨架，再用剪纸的衣裤穿上，金童是"金衣"，玉女是"银衣"，平举合手，各握一小幡，分别写上"金童接引"和"玉女来迎"字样。

此外还有轿、马等都是剪纸裱糊的一种模拟实物造型。

［杨通儒、邹书田："务川仡佬族民间剪纸"，《务川文史资料第十辑·仡佬之源》，第 304—305 页，政协务川仡佬族苗族自治县委员会宣教文史委编印，2005 年］

12. 贵州务川县仡佬族丧葬礼俗（1）

务川仡佬族的丧葬，在远古时候实行过水葬，将死人输之大河，《溪蛮丛笑》曾记载："古僚人埋葬死者，输入大河。"尔后又多实行岩穴棺葬、悬岩棺葬（用绳索捆棺吊悬岩间），此后又进行石板棺葬。县境内悬棺、岩棺、石板棺的葬墓到处可见。岩穴有天然岩穴和人工凿成两种，置棺岩穴中。石板棺墓通用石板砌成，一般葬于土墟、山顶、溪岸，也有葬于乱石丛林中。无论何种葬地，仡佬族都要认真选择。从清代起，由于各族经济文化的交流，仡家也同样实行土葬了。

老人去世，仡家的仪式很讲究。老人临终时，子女要昼夜轮换侍候，叫"送终"，老人病危时要通知全家人到床前，听老人的临终遗嘱。断气后要焚烧"落气钱"，全家痛哭。接着为死者沐浴洁身，穿上寿衣寿裤、寿鞋、寿袜，包裹寿帕，再用土纸盖脸，遗体于堂屋停放，大殓后入棺，棺下点盏素油灯。在停枢择吉期间，孝子孝女要倚棺哭丧，通宵守灵。出丧时，不丢"买路钱"（因为仡佬族祖先是这里的开荒拓业者），棺前由一老人打着火把，一人烧着稻草在前面引路。孝子捧着"引魂幡"，端上"灵牌"，其余孝子扶棺，随着抬丧的人在送丧号子声中徐徐前进，接着就是丧葬鼓乐队，祭幛挽联队和送葬亲友，一直跟随灵枢之后，护送上山安葬。死者的子女，要披麻戴孝，安葬返回来后，丧家要办酒席，一则哀悼死者，二者酬谢亲朋众友，叫吃"寿饭"。席毕，有的将自己吃的饭碗装上一些饭菜，携带回家给小孩吃，叫"赶寿"。这是仡家老人寿终正寝安葬的习俗。

仡佬族中、青年（指 18—35 岁）死亡办丧事，仡家多数悲痛的语言叫办"凄凉事"。按照仡佬族的规矩叫"有多大的腿，就穿多大的裤"，有的也叫"量体裁衣"，这样办丧事就有所区别。但在外死亡的，概不能进堂屋，只能在吞廊或屋檐边安放。对这样死亡的人，仡家指为"上无根、下无底"，或叫"忠孝不可取"。如正义而死的，则要像老人葬礼一样对待，进行隆重的哀悼。也要请巫师进行 8—5 天的超度。有的还给死者"烧灵"。

另一种未婚无后的中青年死亡，仡家通称为"滑身子"。对这种的丧事，就要随便些了，但是仍然要请端公进行超度，一般叫做"开路"、"安灵"，以寄托父母的哀思。

再一种是不务正业、东逃西窜的中、青年死亡，仡家称为"无忠无孝"的光棍汉，一般都不进行安葬或礼仪，简单埋葬就行了，叫做"沟死沟埋，路死路埋"。

对小孩死亡，称为"打嫩丁"、"跑了"、"看青枫林去"、"看守茅坡山去了"，又咒骂为"忤逆不孝，不孝之崽"。对于这些小孩的安葬，一般分为两种：一是用杉柏木、杂木做成"小匣匣"安葬，三岁以上死的要请"端公"开路，视为已懂事；二是用竹编畚箕（箢箢）着衣提出埋葬。一般儿童埋葬都不讲究定坐向，由主人自点自定。但是仡佬族有一条禁忌，父母亲不能给子女送葬。这些丧葬礼俗，随着科学文化的发展，群众觉悟提高，正在逐步消失中。

> ［申茂吉："丧葬"，《务川仡佬族风情录》，第 88—89 页，务川自治县民委编辑，1994.年 4 月］

13. 贵州务川县仡佬族丧葬礼俗（2）

（1）沐浴。仡家老人病危时，全家人要到床前，听老人的临终遗嘱。死后要烧"落气钱"，并给死者以柏煎水沐浴，沐浴也称"净身"，使死者能干干净净地去另一世界。（民国以来用柏叶煎水沐浴逐渐消失）。

（2）衣衾、棺椁，是殓葬死者必备之物。仡家人到了暮年，便将寿衣与棺木准备好，一旦过世，便可不慌不乱。衣衾原为两物。衣为寿衣，是死者沐浴后穿在身上的，这种衣缝纫时都是串串针，不整边；衾为盖在死者身上的被子，称"勾头被"，垫的叫"兜单"。对棺椁要求大一点，棺盖要雄一点，木质要求杉木制，其次是柏木制和樟木制。

（3）报丧和受吊。凡家中死了人，死者的家属要即时通知远近所有的亲戚，这叫"报丧"。死者亲属获悉家有丧事，必须马上赶回奔丧。子女亲属不到，家中只好停尸待葬，直到子女到齐后才可发丧。父母死时在家的子女和亲人要在死者身边号哭，一面给死者沐浴、换衣整服，由亲朋好友将死者抬入棺内，仡家不附随葬物，由已嫁女整理棺内死者的衣枕，然后加棺盖，但不封密，以便最后清棺瞻仰遗容。遗棺于堂屋停放，棺下点盏素油灯。即请阴阳道士敲锣击鼓念经，子女亲属戴孝，穿孝衣、包孝帕，这谓之入棺开路道场。道士即设灵位，挂阎王和各种神像图，正式念经超度亡人。时间根据主人的意见确定念经三天或七天，最多的达四十九天。其目的是以求死者早日解脱苦难，顺利过阴间的各道关口。孝子要在柩前用草席寝守三日，这种守灵寝的习俗，在民国年间已逐渐淡化了。

受吊，也叫"吊唁"，至亲好友获悉丧讯后，即应前往死者家中，送上丧礼，不能空手前去。明清至民国时，一般都送香、纸，有送布帛的，上面题有吊唁。如死者家中有困难，至亲好友亦有送钱米的。出嫁女请吹唢呐的进门，以助丧吊之气氛。这种送礼之俗，称为"帮丧"。新中国成立后多数送花圈、送物、送钱。

（4）出丧和下葬，是仡家一种很隆重的事，在出丧之日，所有亲朋邻里都要相聚与死者道别，历来送葬以客多为荣。送丧队伍的组成，其次序排列是，抬棺前由一老人打着火把，一人烧着稻草在前面引路，不丢"买路钱"，因为仡佬族的祖先，是这里的开荒拓业者。其次是孝子捧着"引魂幡"，端着"灵牌"，其余孝子拄杖哭泣、扶柩以行，抬丧的、扶棺的、放鞭炮的、吹唢呐和敲锣打鼓的，最后是在丧后左右各一人手拉很长的白布，这谓之执绋。送丧者走两条拉白布的中间。送葬队伍到了墓地，将棺入穴后，道士要摆罗盘测卜墓地风水和方向。然后子女跪在灵前，反手拉着后衣角，由道士一面念经，一面抛米在孝子的后衣兜里。最后是孝子清棺，放鞭炮。孝子与死者这最后见面之别，号哭之声真是悲天撼地。明清时仡家在锹土掩棺时，要将预先准备好的一桶漆倒向棺木的四周，方锹土填坟。但第一锹土的必须是长子。丧家对吊丧送葬的所有亲朋要办酒席酬谢。孝子要披麻穿草鞋谢客。吊客饭后要将吃饭的碗带回家，这叫"赶寿"。三日后，孝子复往葬地，添土培坟，谓之"复三"。并植松柏或桂树于墓前，这树叫"风水树"。埋葬后的七日内，孝子每日夜间都要哭一阵，表示对亡人的哀伤。满了七日则设家馔以奠，供灵上食，谓之烧七，每七皆然，直至七次四十九天为限，并撤灵。

根据仡家丧葬之礼，孝子在死葬七日里，不能嬉笑，夫妇不能同床寝，不能吃肉，不能穿红戴绿。

对青年人的丧事，仡家叫"办凄凉事"，所谓白头翁送黑头人，是人生最凄楚的丧事。如果是在外死亡的青年人，不能将尸体抬进堂屋，只能放在屋檐边，对这样的死人，仡家指为"上无根、下无底"，或叫"忠孝不可取"。如属正义而死，则一切按老人葬礼办。

对未婚的青年死亡，仡家通称为"滑身子"，其丧事只是请端公或道士进行"超度"，一般叫"开路"、"安灵"，以寄托父母的哀思。

对不务正业而死的青年，仡家称"无忠无孝"的光棍汉，只简单安埋，叫"沟死沟埋、路死路埋"。

对小孩死亡叫"打嫩丁"、"看青枫林去了"、"看守茅坡山去了"。其安葬用杉木做个箱匣安葬。

仡家禁忌父母给子女送葬。

〔务川仡佬族苗族自治县民族宗教事务局编：《务川仡佬族》，待出版〕

14. 贵州务川县仡佬族丧葬礼俗 (3)

务川仡佬族在葬俗上，还要放一粒碎银在死者手心里，现在一般都是放纸钱或缝制一布包，包上纸钱灰，放入死者手中，意在到了阴间，手中有钱应急。出殡不丢买路钱，意为"仡佬、仡佬，开荒辟草"，仡佬先人开垦这块土地，是开荒拓业者，是土地的主人，所以不应交买路钱。务川大坪、都濡、镇南等一带的仡佬人，在行土葬时，要在打好的阴井底撒上"朱砂"，名为接气，再置棺井中封土埋葬。至亲下跪，祭鸡一只，四杯酒，供品与香蜡纸烛于灵前奠献。

[邹友谊："务川仡佬族民风民俗"，《务川文史资料第十辑·仡佬之源》，第 324—325 页，政协务川仡佬族苗族自治县委员会宣教文史委编印，2005 年]

15. 贵州黔西县、大方县仡佬族丧葬习俗——路口报丧

在贵州黔西县、大方县一带的仡佬族，死者一咽气，就要安排专人到后家（男性死者的娘舅家，女性死者的娘家）和亲生已出嫁的女儿家去报丧。报丧者不一定是孝子，任何一个可信赖者，均可充当。报丧者拿着一根三方削去三绺树皮的泡木棍前往，但不能直接进入对方家，只需走到能看见对方家门的三岔路口，便高声呼叫："有白喜事"，随手将泡木棍插在路口。对方家一经辨认来人，知道与自家有关，就立即拿出一条板凳来放到路口，呼亡人名字，让亡灵坐下，也请报丧者在一旁坐下。接着又去捉一只鸡（不论雌雄），来到路口杀了，作为"上路鸡"让亡人领牲，去毛后，回热（烫熟）再次拿来祭献，并供酒供饭，燃香烧纸，以作为得知亡人故去的信息后的及时祭奠，随即着手准备赶赴丧家奔丧。

[罗懿群："路口报丧"，《仡佬族文化百科全书》，第 176—177 页，贵州仡佬族学会编，熊大宽主编，贵州民族出版社 2002 年版]

16. 贵州黔西县仡佬族丧葬习俗

老人将亡，由子女撑着让其落气。气落后烧倒头纸，穿新衣（定是单数），停于堂屋（男停左侧，女停右侧），请人向至亲报丧。报丧者到女婿寨外大声喊，告知丧事。婿家闻讯，取泡木杈一根，刮其三条皮插于路上，叉上吊羊鞭一支，点香三炷、宰鸡一只，焚纸，并向报丧者敬酒一杯。取鸡回家煮熟后再提到泡木杈处连同饭一碗复祭一次。随后带着盖单、纸钱、火炮鸡、双月猪及唢呐班打着油纸伞赶来祭奠。丧家用树枝于屋外地里扎瓮车一座。亲翁家闻讯打着火把来吊丧。出嫁女儿一进屋即恸哭，用"波罗饭"供。波罗饭是将鸡宰杀、去毛、取出内脏后放一碗饭于其腔内做成。其他至亲亦

带波罗饭来祭。下祭是在装殓后进行。棺内垫白棉纸，死者身盖红绫盖单，须是单数，
脚穿布鞋。棺置于堂屋正中，鬼师坐于棺旁主祭。仡佬语称鬼师为"布悔"。鬼师面前
放酒一坛。凡来祭者均在棺前跪拜，鬼师用牛角杯酒与之祭，祭毕舀两杯酒给祭奠者
喝，喝不完的倒回坛内，最后剩余的酒归鬼师所有。丧期三日只吹唢呐，唱孝歌，不绕
棺，不敲锣鼓。出丧时，妇女哭送到村外，男子跟上山，用米酒墓坑、鸡跳井后，下棺
垒土为坟，孝子不得动土，埋后按连给亡灵送饭三天，头天送到坟前，次日送于半路，
第三日只送到门外，将碗打破后说："爹（或妈），你以后回家来吃！"埋葬后的一月内，
富裕人家可择吉日做热嘎。于屋外较宽的土地上搭简易灵房一座，称为瓮车。用茅草扎
为人形，白纸做衣套草人上，立于瓮车中。由鬼师持房于瓮车中交牲——牛后，孝媳孝
女进来哭灵，外面即钉桩以斧打牛，用牛生祭后拆除瓮车，茅草人放路口烧掉。打嘎仡
佬语叫"捏规"。冷嘎是在孝子做梦，认为老人要牛，许愿某年做嘎，一般是在老人埋
葬三五年后做。老人死后，要将其指甲剪下存竹筒内，于打嘎后将竹筒移置于全家族藏
竹筒的山洞中。

［翁家烈："黔西县仡佬族社会历史"，《民族志资料汇编·第
十集·仡佬族》，第 61 页，贵州省志民族志编委会，1989 年
5 月］

17. 贵州大方县理化区仡佬族丧葬习俗

理化区的仡佬族人为披袍仡佬，……老人死停尸堂屋内，鬼师上屋将铧口压屋顶，
谓之开天门，以惊动先祖，使之从天上下来接亡灵归去。又用铧口压在尸上，丧期须将
猫拴好，不得让其乱窜。出丧、过轿、爬坎及至墓坑时，孝子均须给抬棺者磕三个头。
妇女哭着送至寨外路口即返。沿途不丢买路钱。用泡木搭成长尺许、宽近尺，并扎有七
道梯的台架插安于屋后屋檐下。正月初一至十五的半月内，每天上午要用酒、饭各二
碗，马匙二把，肉一碗放泡木架上，燃三炷香、三张纸，男老人或长子三跪拜，请祖宗
保佑全家清吉平安，儿孙满堂，称为供"造化菩萨"。正月初一至十五，父亲带着儿子，
或哥哥带着兄弟，于每夜用一根三尺长的竹竿，上端划破、撑开，内放烛一支，外糊以
白绵纸的长柄灯笼，插于新坟前，给亡灵送灯照明，每座新坟须连续三年春节送灯。老
坟则不送灯。除夕家里火坑的柴火须通宵燃着。正月十五之夜神龛上，各间屋以及楼上
均须点着油灯以照通宵，称为"三十的火，十五的灯"。初一清晨，放三碗粽粑（每碗
三个粑）于神龛上，点香焚纸，由男老人拜祭祖宗。所供粽子在正月十五取下煮食。正
月第一个龙日清晨，各家各户取三根香三张纸烧于土内后，给牛架担牵于地里犁三转
后，各自牵牛回，喂以米糠，称为"转牛头"。

［翁家烈："大方县仡佬族社会历史"，《民族志资料汇编·第
十集·仡佬族》，第 60 页，贵州省志民族志编委会，1989 年
5 月］

18. 贵州大方县普底乡仡佬族丧葬习俗

老人病故、烧倒头纸，停尸堂屋（男在左侧，女停右侧），停尸板脚端下放一盆，内点油灯一盏。"开路"时，鬼师提鸡一只爬上屋顶，屋内一人用梭镖刺穿出屋顶，鬼师以鸡猛击梭标致死后丢下地，他人捡回去做来吃。装殓时，先用雄鸡一只扫棺内，给亡人换新衣后，由孝子抬尸入棺，众亲友各拿鸡一只相继至棺侧交牲给亡人，由丧家一一接去。交牲完毕，用红布盖死者面部即盖棺发丧。发丧时丢买路钱，先用雄鸡跳井后，下棺垒土为坟，用鸡血洒于坟前及孝女哭丧处，并用石灰围撒坟一圈。满七天后，丧家及亲友皆聚坟前烧纸祭奠。

［翁家烈："大方县仡佬族社会历史"，《民族志资料汇编·第十集·仡佬族》，第 58 页，贵州省志民族志编委会，1989 年 5 月］

19. 贵州大方县素河乡仡佬族丧葬习俗

给老人办丧事要打嘎，由鬼师领着孝男孝女绕着棺材，边绕边用脚蹉地还"呵伙，呵伙"地呼喊，意为蹉蛆赶老鸦……老人将落气即抬至堂屋，由儿子支撑着，另一人用木棍敲打鸡，口念："此鸡不是非凡鸡……"等咒词。待病人气断，提鸡绕到屋后，将鸡甩过屋顶落于屋前地上，再将鸡杀，并说："老人落气了，你可带着老人走。"给死者洗身，用木板停尸于堂屋左中柱旁，装殓后才移棺正中，头内脚外，棺内先垫孝布两块，丧事不放鞭炮，仅取冬青叶放火烧而发出"嚗泼"爆炸声。择日做道场，请彝族先生主持，在堂屋里叠三张桌子，放一升米或包谷于桌上，再将灵牌插升子中，叠桌的前、左、右三方皆挂席子围着，不准小孩看，先生端酒杯边念、边跳、边奠洒，另有二人手拉着，跷着脚在桌前跳。

［翁家烈："大方县仡佬族社会历史"，《民族志资料汇编·第十集·仡佬族》，第 59 页，贵州省志民族志编委会，1989 年 5 月］

20. 贵州纳雍县仡佬族丧葬习俗

境内仡佬族在丧葬习俗中行"做嘎"仪式。做嘎前，派人赴亲戚家报丧，到亲戚家附近时，折一枝万年青树枝插于路口，并交待："你老人家（指亡灵）在此等着，我办完事再一道回去。"然后去亲戚家报丧并转知安排事项。亲戚家要拿一只公鸡到插树枝的路口宰杀，并将血淋于万年青树枝上（若无鸡就以鸡蛋代替）。报丧后，亲戚家备办丧礼届时奔丧。丧期做"法事"。用梯子在堂屋正壁搭一道场，先生头戴法帽，背负法筒，手持响稿，站在梯子上念咒语祭祀。吊丧时，众宾客在丧场比赛跳"跳脚舞"和唱孝歌。发丧当天上午，行"打嘎"仪式。打嘎时，拉开棺盖交牲，按先外家后其他的顺序交牲后，将各家祭奠的牛、羊等牲畜当头一锤打杀，以肉供奉死者和招待宾朋。打嘎后盖棺发丧，送丧路上不丢买路钱。葬后三日内，孝家按时去墓地为死者供奉菜饭。

［贵州省纳雍县地方志编纂委员会：《纳雍县志》，第 152 页，
贵州人民出版社 1999 年版］

21. 贵州毕节县仡佬族丧葬礼俗

仡佬族的丧葬习俗颇具民族特色。当老人病危时，要请本民族"道士"祷祝，扎一个纸糊老虎头，用五色线装饰好放入簸箕中，道士不停念咒祈告，求病人"还魂"早脱病魔。老人弥留之际，由长子扶坐在床上落气。一般办丧事都要跳"踩堂"，富裕人家还要打嘎杀牛大肆操办。跳踩堂时，男女各列一行，男的手中拿碗，女的一手拿火把，一手拿瓢，在笙鼓伴奏下，绕棺边跳边唱，用脚蹉地，还不时发出"啊呵，啊呵"的呼喊。女子边用瓢舀甜酒倒入男子碗中，并不时撮泥土撒入碗内，男子则将碗内带泥土的酒一齐喝下。

仡佬族有岩穴葬、悬棺葬的习俗传说，清末以后，全都改为棺殓土葬。埋葬有"横埋"与"倒埋"两种方式，倒埋即头朝山麓，脚向山顶；还有一种倒埋方式，即头朝下脚朝天，其原由是说，仡佬族的先民是这里开荒辟草的创始人，倒埋后，死者可以永远看到这块土地，横埋的意思则是使鬼魔不能回家，保佑后人平安。埋葬时不丢买路钱。安葬后一般不立碑，而在坟墓旁栽树作纪念。

［贵州省毕节县地方志编纂委员会编：《毕节县志》，第 150
页，贵州人民出版社 1996 年版］

22. 贵州安顺市仡佬族丧葬礼俗

老人过世后的第一件事，就是拆一扇木门，摆两条长凳在堂屋里，将门板放在木凳上。第二件事由帮忙的人找出姜和艾草，熬姜汤艾水给亡者净身，洗完后穿衣服（衣服必须是青衣三件，其他衣服三件，有钱人家或事先有准备的要用丝绸把尸体裹上再穿衣服），打上绑腿，穿上寿鞋，男亡者还要剃头，包头帕。洗穿完毕就把尸体移到堂室中间铺好的门板上，并把纸钱放在死者左、右两手指缝间，同时将一块银子放入亡者口中，然后用一块白布从头至脚将尸体盖住；门板下方点上脚灯，意为"长明灯"，"长明灯"要不断加油直至尸体下葬方能熄灭。死者前面安放一张大四方桌，桌上放一斗稻谷和一升米，斗和升供燃香用，升子两旁放一对烛台，并供有"刀头"（肥肉）一块、豆腐一块、蒸饭、茶、酒、果品等，桌子前面的地上放上稻草等做成的软垫作跪拜用，另外，还要在亡人右侧方放一个罐子，名为磕禄罐（每天三次供饭，每次换掉的蒸饭、茶、酒、菜要倒放"磕禄罐"里）。停放好亡者后，另一帮人清理亡者生前穿过的衣物，掉床铺草，把亡人身前睡过的床立在侧房一角，然后派人把衣物连同床铺草一起拿到寨外的桥头（或河边）烧掉。同时给孝子、孝媳、孝女、孝婿制重孝即黄色麻布截头、麻衣穿在身上，用糯谷草制成一对草把系在腰间，脚穿草鞋，孙子、重孙只穿孝衣。亡者左边插上用向日葵秆和白纸制作的"拄丧棍"（有几个儿子制作几根）。一切安排妥当后，请魔师根据亡者生辰时日，死亡时间推算出入殓、出丧和安埋时间，并当天派人前往"外家"（不管亡者是男是女，女方家统称为"大外家"，儿、孙辈称为"小外家"）报丧。

以上事情完毕后，就是"开路"，"开路"必备的东西为公鸡一只，菜刀一把，碗一只，香三炷，烛一对，鞭炮一串。开路时，孝子、孝媳以及女、婿、孙辈等分男左、女右跪在亡者两侧，由魔师点香、点蜡、念开路词。魔师念开路词必须用仡佬语，旁人不准说汉语或其他语言。开路仪式开始后，炮声一响，魔师开始念开路词，大意为："×××，今天好日，今天好时，给你老人开路，你好走。""三四天前你去看田、看地来，你去亲戚朋友家做客来，高处你去来，矮处你去来，你去得病来，你来家睡在床上起不来，茶水你不喝，饭菜你不吃，病得你张嘴出气，病得你张不开眼睛。一家人千斤担子望你挑，我们一家人心中难过，请人来给你治病，钱米也用了，力气也用了，你得的病重，治不好。你不讲话了，你伸脚长了，你闭上眼睛了，断了气丢下一家老小去了。世间你在满了，是你的老路，你去得好，去得明，不要念世间，你得什么病来，带什么病去，不要在世间害人，今天亲戚朋友们来看你，送你上路，你收拾自己衣物、鞋、针线走，用过衣物烧给你，打姜汤艾水给你洗脸、洗头、洗身、洗脚，给你穿戴好衣物鞋，双手拿钱，口含银；公鸡给你引路去见你老祖公、老祖太，去见你父母亲，去扶持他们。鸡走前你走后，鸡走高你走高，鸡走低你走低，鸡飞高你飞高，鸡过沟你过沟，鸡过河你过河，鸡过桥你过桥，鸡上山你上山。鸡走到哪里你走到哪里，不要走错。鸡走左你走左，鸡走右你走右。遇山修路，遇水搭桥。你去得好，去得明。给你斟酒（魔师斟酒倒在门坎前，持鸡冠中间的尖点，用鸡冠出来的血点在亡人脚边的门板上）。鸡肉、猪肉给你吃，样样都给你，你随风来随风去，要保佑一寨人，一家人脚轻手快，牛马成对（群），每年三月清明、七月十四接你来坐，哪年哪月猪喂肥、鸡喂胖，你再来牵猪去喂，给你斟酒，拿酒给你喝，饭菜给你吃饱，拿钱给你用。收拾自己的东西上路。路已给你指明，话也给你讲清，来得清去得明。放心去吧，去老祖公老祖太那里，去你父母亲那里，去扶持他们，不要回来。你不要去庙里，不要去和尚家，不要去汉人家，不要去彝族人家。要去仡佬家，去好好做人，去做事，去种田，放心去吧，明天送你上山。"魔师念完，斟酒倒于门坎前，在亡人前面烧纸钱，再次用鸡冠血点在四方桌上的斗、升上。然后把鸡杀了，鸡血盛在碗里，门外小童放炮，开路结束，孝子等起来。

开路后，丧事告一段，随后来的是在"家门中"（直系亲戚）的主持下，根据丧家的情况安排丧事。一般来讲，一部分人安排饮食，如杀猪、杀鸡、宰羊、购菜、做饭、做菜等；另一部分（年青人），到山上砍柴、准备晚上熬夜的时候取暖。"内管事"负责接待前来吊丧的亲戚和客人，收取祭品，"外管事"负责准备各种工具等丧葬事宜。

仡佬族村寨凡死了人，帮忙的人吃饭时不用请，鸣锣为就餐信号，由家门中或寨老分配人员。孝子在吊丧期间只负责在灵前接待吊丧亲戚，其他事由内外管事负责。

［杨光富："仡佬族丧葬"，《安顺仡佬族民间习俗（传统）资料简编》，第28—31页，内部资料］

23. 贵州安顺市仡佬族丧葬礼俗——入殓

人死以后停放门板上是暂时的，魔师要根据亡人生辰和死亡时间推算出入殓时间，才能把亡人放到棺材里（棺材也称"老家"，即老人死后居住的地方）。棺材有好几种样式，要视其家庭经济和其他情况而定。有钱有势人家制作的棺材为十二圆心，即用十二根大树，以树心为中，锯成直径25—28厘米左右的方形，拉上凹凸槽，拼成盖子、墙子、底子，十二圆心的棺材高大雄壮，其重量可达几百斤。另一种为根墙、根盖，即盖子为一根大树锯成两半，墙子也是一根大树锯成两半，只有底子用三块木料拼成。再一种八合，即做棺材的木料尺寸不够，盖子用三块木料拼成，墙子用两块，底子算一块。也有一些穷人家，突然死了人，而又无棺材的，只有用楼板制作简易棺材。一般棺材的尺寸为：长6尺，底厚2寸、墙3寸、盖4寸，还有3、4、5或4、5、6寸不等，高度为头部1尺5寸，脚部1尺2寸。棺材的形状为鼓腔形，棺材头部的盖子、墙子为瓦块形、麻子倒角。棺材都要用土漆漆成黑色，漆的程序是先用猪血办粉料打底，称刮灰，打好底以后用缎子布料作漆底，然后才用土漆来漆，土漆的配比三分之二熟漆，即用火熬过，三分之一生漆，漆的遍数越多越好，有的棺材漆好过后黑里透红，可像镜子一样照见物影。

入殓前的准备工作是先把棺材从存放地点抬到大门口（一般人家棺材是超前准备，有一句古话为证"三岁孩儿制棺木"），把棺材外面打扫干净，打开棺材盖，用纸钱铺平棺材底，撒上朱砂、雄黄，再铺上床垫，头部用三块土瓦片铺作亡人的枕头。时辰到时，先拿凳子把亡人移顺堂屋一边（男左女右），把棺材抬放到原门板所在位置（堂屋中间），由魔师指挥一帮中年人把亡人平抬放入棺材内，并把亡人整个身体成仰睡姿势，亡人放进以后要用墨线来测量，使头的中部（人中）和两脚的中间，要与棺材的中缝对称。然后用纸锦（纸钱裹成）把亡人在棺材内的空隙塞满，以固定亡人，确定固定以后，就给亡人盖上被子（被子面料一般为白底红面），脸部用一张白纸盖上，最后盖上棺材盖。从亡人入棺到停丧结束期间，棺材盖子不能盖严，棺材上部要留缝，以便亲朋好友来吊丧时，磨开上部棺材盖就可以看到亡人的面部。入殓时忌属相相克的人在场，如属鸡的忌属狗的，属牛的忌属猴的等，还有是"四眼人"（孕妇）不能在场，即使是亲生女儿都要回避。

①大外家奔丧

大外家（亡人的外家）奔丧分两批人进行，第一批都是妇女，当得知姑妈或姑爹去世的信息后，由大外家通知家门中妇女，于当天首先到丧家进行哭祭。哭祭队伍当天来当天回，来时只带香和钱纸，不带别的祭品（哭祭内容见哭骂歌）。第二批为发丧的头一天下午到，这批人的规模大，带有唢呐开路，四人抬肥猪，祭品用脚篮装上，有祭帐，还有酒、香、蜡、纸等。大外家吊丧队伍到达丧家寨门口，燃放炮竹，以示通知丧家派人来接，丧家听到炮竹声，内管事会派一帮人去把大外家祭丧物品接过来，并把祭品按顺序摆在灵堂前面，孝子孝媳戴重孝跪地，由大外家点香、焚纸、燃烛后跪拜亡灵，仪式举行完毕把祭品送到指定的地方。丧家对大外家的来客要特别安排，有这样一句民间谚语"娘亲不如舅大"，其吊丧人员要由寨老陪同，同时还可以给丧家办理的丧事提出意见和建议。如平时子女对待老人不孝或丧事办得不周到，还可直接提出要怎么办的要求，甚至可强制丧家执行。如果外家提出的要求丧家无能为力，就要家门中或寨老给大外家协调，直到把丧事顺利办好。

②小外家奔丧

小外家主要是指出嫁的女儿家。

小外家一旦得知岳父或岳母去世，女儿当即就要回到娘家哭丧，女婿马上请先生给岳父或岳母挽联，派人送到丧家把孝联挂在灵堂前面竹帘上，挽联的内容要看亡者生前的事业、家境等情况而写，如"辛劳一世置下万千家业，享年辞逝留下千古美名"等等。亡人出丧的头天下午，女婿家送猪、羊（全猪或全羊）来祭奠，祭奠的形式为点香、焚纸、燃烛，孝子、孝媳、孝女、孝婿及儿孙等按长幼从左到右分几排跪在灵前，仪式由一魔师和两名助手组织，魔师首先报前来祭奠女婿的姓名，并把所带的食物一一点出来，如魔师指到猪就念"献猪头"，助手重复一遍"献猪头"。献给亡者的东西都要念一遍，而后由魔师把亡者的生平给吊丧亲戚讲述（类似现在的追悼大会），祭奠完毕鸣炮，扶孝子起来。在祭奠过程中，每到魔师念到叩首时，跪着的家属都要磕头。

祭奠仪式同时也是引发"哭骂歌"的导火线，如有的人家有几个女儿，女儿所找的女婿家境况也不一样，岳父或岳母去世后，祭奠礼物就不一样，有钱人家要多一点好一点，无钱人家就不那么好办了。因此有些穷女儿在哭的时候会这样"外公啊，你在世时喂个大黄狗，专咬穷人脚后跟；有钱女婿你喊他堂上坐，无钱女婿只能在火边行"等等。

［杨光富："仡佬族丧葬"，《安顺仡佬族民间习俗（传统）资料简编》，第36—39页，内部资料］

24. 贵州安顺市仡佬族丧葬礼俗——绕棺

在发丧的前一晚，对亡人要举行绕棺仪式。绕棺由两名面戴傩戏面具拿着鹅毛扇和大刀的魔师带头，孝子要按年龄大小排序，手持"拄丧棍"弯腰跟随其后，接着是媳妇、女儿、女婿、亲堂侄儿、侄女、侄媳等亲人，手拿一炷香。绕棺形式为围绕棺材转，每经过棺材正前面一次向亡人鞠一躬。

绕棺有一个特殊内容，叫撞女婿。撞女婿由家门中（直系亲戚）亲（堂）儿媳在绕棺时把参加的女婿夹在中间，每行至棺材的两侧时，侄媳们抬起姑爷（女婿）往上抛，抛到女婿上身碰到楼板的高度。为什么要在绕棺时抬女婿碰楼呢？其原因是父母养儿育女，但办丧则由儿子承担，出嫁的女儿只能根据自己的家境送来祭礼，发丧的前一晚吃夜宵的人较多，为解决夜宵的部分费用，在绕棺时堂儿媳等把女婿抛上楼顶，就是要女婿拿出钱来赞助办丧事。一般说来女婿在来祭丧之前都会准备几份夜宵钱。

"撞女婿"大约在绕棺行将结束时开始，绕棺的时间大约一个小时，即从晚上11时至12时，当绕棺快结束的时候，儿媳、侄媳中身强力壮者就会抓住女婿往上抛，口里齐喊"有没有（钱）？拿不拿？"女婿被抛时，口里回答"没有（钱）"或"没带来"，第一次女婿只是象征性地被抛一下，女婿身体达不到触摸楼板的高度，若女婿不答应拿钱，一次比一次抛得高，直到背部碰到楼板。比如儿媳要一百元，女婿答应后拿出几十元，儿媳认为不够，再抬起女婿往上抛，直至达到要求为止。因此，绕棺也称为打闹。

为什么碰楼板不是头而是背部呢？抛女婿时为了安全起见，被众人抬起时，女婿的头部下勾，以免头部碰及楼板顶。女婿要一直被抛到答应给钱，且数量上满足儿媳们要求为止，一般为几十或百元，场面甚为热闹。

"打闹"涉及的几种关系和方式：若是姑、舅关系好的，只是象征性的取乐，女婿不会受到什么伤；若是平时女婿对姑妈（亡人的女儿）不好或不太好，此时便成为（儿媳）为姑妈出气的时机，对这样的女婿，即使你拿的钱达到了要求，也要惩罚性上抛，甚至会被碰得头破血流。再一种是家里有钱而又舍不得出钱的，也会被碰伤。被抬抛的女婿即使被碰得头破血流也不能生气或发火，更不能哭。如果有的女婿受不了了，要发火、生气或者骂人，旁边的人就会指责他不服人尊重，因此女婿在打闹进程中只能是好言相承。在"打闹"过程中孝堂四周都是围观的人，围观的人可以在旁边为抬抛的人助威。绕棺抬抛女婿，凡前来祭祀的亲女婿、亲堂女婿都要来绕棺，都要出夜宵钱。打闹一完，丧家就要请守夜人，唱孝歌的人和在场的人吃夜宵。

［杨光富："仡佬族丧葬"，《安顺仡佬族民间习俗（传统）资料简编》，第40—41页，内部资料］

25. 贵州安顺市仡佬族丧葬礼俗——发丧

发丧是根据魔师扒算的时间进行的，发丧前的准备工作为拆除灵前的桌子、竹帘、供品，亲人和亲戚最后看一眼亡人，然后魔师把棺材盖严，用绳子绑住棺材两头，再把杠子插在绳子中间，棺材顶部放一个装有燃煤的碗（以供抬起棺材时用），用绳子拴住鸡脚后，让鸡站在棺材盖上。抬棺人由四人或八人组成，有人拿衣磕罐，一人拿引鬼散，孝子拿挂丧棒，门前唢呐队按顺序排列。发丧前五分钟，孝媳、孝女及妇女亲戚要哭丧，发丧时辰到时，抬棺人各就各位，由魔师右手拿一斧头，口中念道："今天日子好、时辰好，请亡人上路"，念完用斧头背猛敲棺材盖上的碗（要把碗敲碎），然后大喊："起！"抬丧的人跟着喊"起"，立即将棺材抬起，此时门口放鞭炮，在唢呐声的带领下，把棺材抬到寨门口的院坝里，然后把棺材放在事先准备好的木凳上。

抬棺出丧有两道程序，第一道为用绳子拴棺材两头由家里抬出来，到院坝后，更换用龙杆来抬。龙杆长 4.5 米左右，用优质楸木做成，龙杆中部钻一孔（孔只有一半），孔内插上坚硬木，以供固定绳子用，龙杆两头各钻一孔，孔内插一优质木棍，称为转主，转主从上往下，穿过扁担，转主的作用主要是固定扁担。拴棺材要把绳子拴成八字形，用绳子把棺材固定在龙杆之后，扁担两头插入杠子。抬棺方式一般为：唢呐在前，孝子拿着丧棒在棺材前面，抬棺人跟在孝子后面就往坟地出发，亲戚紧随其后（妇女不参加出丧）。抬丧经过的路上，如有河或桥，孝子要跪在地上，让棺材从背上经过，称为背父（或母）过河、过桥。发丧的路上不丢"买路钱"（因为贵州是远古时候仡佬族先民开辟的）。到目的地后，仍先将棺材放在事先准备好的木凳上，解下龙杆（龙杆拿回孝家保管，待有新的亡者，再从孝家拿出），把棺材上的鸡拴在板凳脚下，寻找适当的地方存放，尔后抬棺人、送棺人返回孝家。

发丧一出门，在家的妇女和帮忙的人，要把堂屋打扫干净，在门前准备一堆草。等发丧和送棺的人回来后点燃火堆，凡是跟随发丧队伍出去回来的人，都要由火堆上跨过。其意为发丧队伍的人，到山上后身上附着鬼魂，要通过跨火才能把鬼魂驱逐在门外。

帮忙的人吃过早饭后，就把准备好的工具（如引子杆、石灰、艾蒿、雄黄、朱砂等）带到葬地。埋葬方式有供井（即用三合土把棺材埋上）、砖供和石井等，一般是石井，即在魔师看好的地方，先挖出一块长方形的土坑，坑内四周用砖或石块砌好，一般为长 2.2 米，比棺材长 0.2 米，宽和高根据棺材的宽度和高度，各留 0.1 米，待石井做好时辰快到了就进行染井。先是用木炭放在石井底部，放上钱纸，放上引子杆、艾草，点火把钱纸烧燃，待钱纸、艾草、引子杆燃过后用杠子把燃烧过的灰扒平，然后魔师用酒洒在灰上，用朱砂、雄黄在井底画出八卦图形算是染井完毕。由四人或八人把棺材移到井口并放入井内，用四根杠子从井的两旁把棺材支住，离井底约 0.1 米处，时辰一到，魔师把发丧时带来的公鸡拿在手里举行"跳井"仪式，魔师手拿公鸡念道"紫鸡、紫鸡，你是昆仑山上飞来的，第一只鸡不是鸡，飞到树林变庆鸡；第二只鸡不是鸡，飞到草林变菊鸡；第三只鸡不是鸡，飞到山上变野鸡；第四只鸡不是鸡，飞到田里变秧鸡；第五只鸡才是鸡。紫鸡，紫鸡，头戴红冠子，身穿鸟色绿毛羽，别人拿你无用处，我今天拿你做个跳井鸡。"念完这一段，魔师用手揪住拴鸡的绳子，右手拿着公鸡，魔师把公鸡抛在井的下端、中间和上方，口中念道："紫鸡跳井脚，儿子儿孙多，紫鸡跳井腰，儿子儿孙穿紫袍，紫鸡跳井头，儿子坐进朝歌。"魔师念完，在旁的老人要说："赶先生金言"。然后旁边的人一起把杠子抽出，使棺材落地，仡佬族下葬之人，头部要向山，脚部要朝"靠山"，因为仡佬族人生前是在大山上走，死后也要登山。棺材落地后按中心线把棺材校正，然后把准备好的盖石盖上，但要留一孔，以便接收阳气。盖好盖石，就要由孝子背土埋父（或母）。方法是孝子背对帮忙人，由一人拉起孝子背后孝衣两只衣角，另一人用镐把土倒放在孝服上，魔师念："一镐金，二镐银，三镐进朝廷"，孝子背土倒在盖石上，孝子背土完毕，帮忙的人一齐动手，用土垒成坟堆。埋坟的土有两种，坟的中间用什么土都行，但坟的四周要用草坯包上，只有顶露出黄土，埋好坟后，要在坟的前方左（男）右（女）挖一洞，把衣磕罐埋在坟后一侧，另外，还要在坟的尾部，把一罐糯米饭封好埋进去。此罐的意思是：如果埋进去的罐子里的糯米饭会发酵变成甜酒，证明这座坟地势好，以后孝家家运等都会好，因此当新坟埋好过十天半月，放牛的小孩都会到新坟上去找罐，一旦找出发酵好的甜酒就拿在坟前食用。

新坟埋好，帮忙的人清理工具回家，孝家的人就要把准备好的供品摆放在新坟的前面，点上九炷香和一对烛，把挂丧棒放在新坟的侧面，将一束木棍拴上白纸做的坟标插在坟的顶部，亲人们一一给新坟磕头，然后把每样祭品用筷子夹起一点一点往新坟上丢，酒斟在坟前，燃放鞭炮，完毕。

新坟埋好后的第一、二天下午，孝家都要在寨门口朝新坟方向点三炷香、烧三页钱纸。第三天称为复山，要做祭品到坟上去供，前去复山的人除自家人外，还要请家门中人或亲戚前去。

满孝，也称为"满百日"。在人死后的百天时间里称为重孝期，重孝期间，儿子不能剃头、刮胡子，媳妇头上要带重孝，腰间要拴草把，到了满百日这天，亲戚和家人仍要做好祭品带到坟上去，祭礼完毕，就要把原来放在新坟旁的挂丧棒、儿媳戴的重孝和草把等当场烧掉。

［杨光富："仡佬族丧葬"，《安顺仡佬族民间习俗（传统）资料简编》，第42—46页，内部资料］

26. 贵州安顺县仡佬族丧葬习俗

老人病故办丧事绕棺时，孝男孝女们跟在鬼师后面，上前三步，向后两步，边走边唱，还不时"呵嚟，呵嚟！"地喊，从右至左不停地绕着棺木转。两边看热闹者不时拿点燃的香接触绕棺者的脸，逼使绕棺者东闪西躲以取乐。这种绕棺仪式叫做"踩蚂蚁"。在开路时，鬼师在交待亡灵不要去投汉人，不要去当官，不要来逗鸡叫，惹孩子哭，要保佑全家人手脚勤快之后，还告诉亡灵三年（或五年）后回来拿猪去喂。送葬上山安埋时，不丢买路钱。许愿期到，孝子用猪祭献亡灵，称叫"做好事"，仡佬语叫"犊戛里"。嫁出的女儿要带一升糯米和一个蛋回来祭奠。孝家用满双月的小猪一头、鸡六只和一升糯米饭摆成五团为祭物放在席子上，席子铺在搭在两条板凳上的门板上。斟上32碗酒和一碗清水，内有活鱼数尾。砍白龙须枝条32根插在一钵猪血旺内，另用一升米插香。堂屋壁上挂一个酒壶。由鬼师主祭。鬼师有两人，一为主，一为次。主鬼师摇着扇子祷念四句。副鬼师跟着念四句，并用木棍穿着的葫芦敲一下鱼碗又敲一下壁上挂着的酒壶。每四句为一段，共须念36段，从猪头、到猪身，一直念到猪尾，每念一段词，涉猪的一个部位。每念一段后，鬼师用牛角杯（现改为碗）斟酒给旁观者喝。接酒后须一饮尽，不得延误、剩下，如此进行 36 次。全部词念完后，取鱼碗放在筛子内，将白金条（龙须条）32 根用稻草来束成一把，蘸些鸡血，也放入筛内，猪头则放在簸箕内。两位鬼师各喝完一碗辣子汤后，各端起筛、簸送出大门，沿途取蘸血的白金条枝丢地，一直走到井边，烧香纸后，将鱼放生，请亡灵带猪去喂养。祭祀用的猪，一半给鬼师带走，另一半连同鸡一起烹调为馔肴宴请前来参祭的亲友。来的亲友，各自带些酒、米之类给主人家送礼。做好事时，在场者自始至终不得说汉语，谁不慎说了汉语，这场祭祀无效，亡灵得不到祭物，必须重做，所需费用全由该说汉话者负责。

［翁家烈：“安顺县仡佬族社会历史”，《民族志资料汇编·第
十集·仡佬族》，第 44 页，贵州省志民族志编委会，1989 年
5 月］

27. 贵州安顺市弯子寨、黑寨丧葬礼俗

“开路”时，孝子将一把锄头平放在棺材下面，双膝跪在锄头把上向死者叩头。纳汗持公鸡一只向死者叩三个头后，呼其名，唱三遍“开路歌”。第一遍唱结束，把“开路鸡”杀死，将血染钱纸和香，化给死者，第二遍唱结束，将杀死的鸡整净煮熟供死者，唱完第三遍，“开路”结束。

“做好事”，分“许愿”和“还愿”。安葬亡人回来的当天，纳汗用一个煮熟的猪头、一只活公鸡、一碗饭、一碗酒放在堂屋中央方桌上供亡灵，并向亡灵“许愿”。扯鸡毛三根装在一个竹筒里，将其挂在中柱上，待“还愿”时再用。

“还愿”何时举行，要根据丧家的经济状况和其他原因而定。“还愿”时，由正、副两位纳汗主持。纳汗用牛角一只和酒葫芦一个。供品有一头煮熟的猪，七只鸡，三五尾活鱼（装在碗里水养着），三十二个酒碗，三十二双筷子，“许愿”时留下的鸡毛竹筒，摆在堂屋中央的五张桌子上。用一张新席子立在一中柱旁，在另一中柱上挂一个酒壶。一个纳汗用葫芦斟酒，一个唱“还愿歌”。其中一、二两段连唱五遍。唱完一遍，重热一次茶，纳汗向三十二个碗内斟一次酒，请站在旁的人喝一小牛角酒。唱到第二段的第四遍时，将一碗水饭、一双筷子、鸡毛竹筒、三张钱纸，装在一把筛子里，一人抬筛子，两人陪送到三岔路口倒丢烧毁。回来的人暂停屋外，待丧家将穿成五串的蛋白、鲜豆腐等供品，每样切一点做成辣汤给他们喝后，才允许进屋。然后，唱第三段“送客”。碗里的活鱼，次日一早送去河里放生。“做好事”结束。

在“做好事”过程中，禁止说汉话。

（1）办丧

①开路

在今天以前，你出门去外面。看地盘看地界，认地界开田园。走东方去西方，走南方去北方，东西南北都走了，高处低处都走全。大寨小寨你都走，大场大坝你也行，大山小山你都走，小沟小冲你也到。旮旯角角都走了，大田大地都指清。各种

草叶你踩过，各种草叶你认得，四面八方你走过，处处都是我们的。四面指给我们看，八方留给我们耕。不幸病魔缠你身，不能在外四处行，病了你躺在床铺上，不能下地到处行。医也医不好，治也治不愈。饭菜吃不下，茶水喝不进。痛得眼发胀，痛得喉咙梗。病得动不了，闭嘴断了气。今天过世去，再也不复生。勿念在生的，勿挂在世的。你得哪样病来，就带哪样病去。你带痛苦来，要带痛苦走，不要留着传活人，不要留着染后代。

今天是好时辰，亲戚都来了，舅爷舅妈来了，姨爹姨妈来了，姑爹姑妈来了，表姐表妹来了，大伯小叔来了，堂哥堂弟来了，三朋四友来了，一齐送你魂起身。

世间你在满，跟着祖先去。祖先来迎你，同祖先一起去。祖公来接你，同祖公一起去。爷爷来接你，同爷爷一起去。爹爹来接你，同爹爹一起去。买只鸡来祭你，引你去会祖宗们。鸡就是马，你跟它后边行，去见祖先们。

鸡飞高你飞高，鸡跳低你跳低。鸡走东你走东，鸡走西你走西，鸡走南你走南，鸡走北你走北。鸡走上你走上，鸡走下你走下。鸡走平你走平，鸡走曲你走曲。鸡走到深冲去，你也走到深冲去。鸡转弯你转弯，鸡走明你走明。鸡过山你过山，鸡过沟你过沟。鸡过潭你过潭，鸡过河你过河。鸡过江你过江，鸡过海你过海。鸡走到哪里去，你就走到哪里去。千万不要走错路，紧紧跟它后边行。

大田大地我们的，大山大岭我们的，东南西北我们的。大场大坝随便走，大冲大凹随便行。天宽地宽由你走，四面八方任你行。紧紧跟着鸡走，才能会见祖先们。你要记清楚，你要记明白。

鸡肉煮熟了，可以喝鸡汤，可以吃鸡头，可以吃鸡腿，可以吃五脏。你吃在嘴中，你吃下肚内。鸡全身你吃了，可以平安去了。路已给你指明，话已给你讲清。酒你已得喝，饭你已吃过，鸡你已吃了。从今天起，你身魂去了。

魂魄飘飘起，魂魄悠悠升，走在天庭大道上，去会祖先们。你去得清去得明，三魂飘飘归天庭。你不要窜寨，你不要窜村，田边地角你不要来，山上山下你不要走，大田大坝你不要来，路头路边你不要走，房前屋后你不要来，左邻右舍你不要走。你不要来逗儿女，不要来逗牛马，不要来逗猪羊，不要来逗鸡鸭。不要来沾饭甑，不要来沾锅碗。过节时请你才来，有人请时你才来。鸡引你路你快去，去和祖先们团聚。你好好去，你快快行。随风来，随雨去，和祖先一起去喽！

②散花

说散花把花散，散散花儿度亡人。不说东西与长短，不说年月和水火，不说土地与山坡，不说天上日和月，其他事情都不讲，只讲五件度亡人。讲吃讲穿讲居住，又讲妻室和儿孙。

说散花把花散，看我散的哪样花？看去新鲜真爱人，摘来红红艳艳的。它生在清静处，它生在偏岩上，花枝弯又曲，花叶青又嫩，花朵鲜又红，逗得蜜蜂采，惹得蝴蝶飞，春夏秋冬都开放，一年四季有花观。春有牡丹红芍药，夏有荷花出水莲，秋有金菊篱边放，冬有腊梅对雪开。

水流归大海，太阳出东落西边。花有谢时重开时，人无老年转少年。粗茶淡饭饱肚子，不能只想好吃食。好饭佳肴吃不长，总会有时断炊烟。不嫌粗茶和淡饭，只求经常不断炊。休想海味与山珍，但愿年年有充饥。挨饥受饿没有时，还须想到苦时日。

不要只想穿好的，旧衣破衫能遮身。今日有了好衣裳，要防露体无衣穿。只要穿得暖，不求袄缠身。只要洗干净，人前也光生。肚不饿体不露，平平安安过光阴。茅草房子也能住，不想雕梁画栋壁。房子虽差扫干净，不求楼阁和大厅。只要挡风又避雨，住下就能得安静。

人生一世配夫妻，不因容貌才联姻。只求夫妻能持家，恩爱贤孝敬老人。两人和睦恩情好，恩恩爱爱过一生。

生儿育女人常情，望儿体谅父母心。性子粗野是祸根，行正理的有孝心。只求诚实又灵敏，成家立业立志气。

（2）做好事

①许愿

从今天起，你挖锄不用了，蓐锄不用了，撮箕不用了，扁担不用了，杠子不用了，索子不用了，锤子不用了，钻子不用了，一切都不用了。你离人间去，和老的团聚，欢欢喜喜，愉快过光阴。三年满了，买猪来祭你，买鸡来祭你。保佑子孙发达，保佑儿子会耕耘，保佑姑娘会织布。保佑牛耕千亩田，保佑马能千里行。保佑猪肥千斤重，保佑鸡鸭长成群。保佑粮食装满仓，保佑生活得安宁。保佑阴阳要分明，平安无事过光阴。

②还原

请客：

地盘业主，古老前人，开荒烈主，辟草先人，姑祖下辈，九代老人，好日好时来还愿。样样都周全，样样都齐备。有九十九匹披鬃马，有九十九只雄鸡，有九十九只生蛋鸡，有九十九只幼鸡，有九十九条家狗。大门是开的，请走正门进，直接进门来，不要走东窜西。今天来还愿，还得清清白白，还得水一样清。还了水满缸，还了米满仓，还了牛成群，还了马成帮，还了猪满槽，还了鸡鸭旺，还了老幼轻脚手快，还了人人无灾无难。儿孙快快长大，人人气饱力壮，个个儿孙会耕耘，个个姑娘会纺织。

请你们来坐席，请你们来喝酒，请你们来吃饭。酒是还愿酒，饭是还愿饭，喝了酒吃了饭，你们快快往回转。

献茶敬饭：

老祖公，请坐。茶来了，烟来了，样样都有，请老祖公享受。

请你来坐呀！请你来吃呀！请你来喝呀！猪头在这里。请拈这里。猪嘴在这里，请拈这里。猪舌在这里，请拈这里。猪耳在这里，请拈这里。猪心在这里，请拈这里。猪肝在这里，请拈这里。猪腰在这里，请拈这里。猪脚在这里，请拈这里。猪尾巴在这里，请拈这里。

送客：

送你出门前，拉马来配鞍。九十九匹披鬃马，九十九人来扶鞍，九十九人来牵马，九十九人来挑担，送你出门去。去后不回转，去后永不回。

［贵州省安顺地区民族事务委员会编：《仡佬族古歌》，第
178—193 页，贵州民族出版社 1991 年版］

28. 贵州仁怀县仡佬族丧葬习俗

老人过世，尸直停堂屋中，请汉族巫师坐在方桌旁，手拿酒一杯念祭词。侧屋内设灵位（即在所扎的竹架上套以死者衣服），请仡佬族巫师在灵位前作法事。夜里，死者的子侄们聚集堂屋排列绕跳，边跳，边用脚蹉地，口中还不断"呵嗬，呵嗬！"地呼喊。……老人死做斋，将簸箕反扑，用茅草弯成弓状，套上死者衣服放于簸箕上，摆在灵柩前，用牛角盛酒进行祭奠。巫师一手握师刀，另一手敲吊鼓（汉族巫师是敲锣）以开导亡灵。出驾（出丧）时，巫师将雄鸡一只从堂屋甩向门外，另一人在门外接着，提入灶房宰割洗净后煮熟作供物，次日由巫师带走食用。

［翁家烈："仁怀县仡佬族社会历史"，《民族志资料汇编·第
十集·仡佬族》，第 34—35 页，贵州省志民族志编委会，
1989 年 5 月］

29. 贵州遵义县平正乡仡佬族丧葬习俗

老人病故办丧事时，摆两坛咂酒于堂屋角落上，让前来祭吊的宾客用细竹竿插入坛内吸饮。宰猪，将肉切成小块，削出篾条备用。堂屋方桌上供祭品，法师坐于桌侧，孝家全体跪在地上，听取法师念诵法事。每念完一台，帮忙者用篾条穿肉一片给法师，以此超度亡灵，丧事丧期为二至三天，其间要吹五管芦笙。发丧时用筛子装着糯米粑、烧酒等将灵柩送上山，行土葬，垒土为坟。不用雄鸡引路，不用引魂幡，不丢"买路钱"。埋葬后，择日"出灵"。孝家砍来树枝若干于门前院坝内搭成棚子，棚外围上一些豆豉叶，并挂上数张笋壳。棚内设置死者灵牌，并制做灵衣，放于筛内。请三四位老年人坐在灵牌旁，不时哭上一阵。亲戚们背鸡、小猪来向亡人交牲。在打钱杆、摇师刀各跳一段之后，交牲者捏住鸡或猪的嘴，一刀将其杀死，献与亡灵。丧家要打牛一头。一人持屠刀，一人拉住牛尾，另一人牵牛绕灵棚一转后，由一位至亲用斧子向牛额猛击一下，无论牛被打死否，须立即丢下斧子跑开，再由另四人持小刀将牛破开。取下牛角系于一根长杆上插在新坟前，鬼师拿着刀在坟前边跳跃，边"呵呜！""呵呜！"的呼叫。在坡上架两口大锅，将猪肉、牛肉混合煮熟，分盛给送丧者共食。

［翁家烈："遵义县仡佬族社会历史"，《民族志资料汇编·第
十集·仡佬族》，第 32 页，贵州省志民族志编委会，1989 年
5 月］

30. 贵州水城县仡佬族丧葬习俗

人逝后，请本族"先生"洗浴入殓，筛些小铁砂，持一刚出壳雏鸡于灵前唱祝后，于大门坎上拍死，捆好棺木。"先生"在屋内撒铁砂，呼唤亡魂升天。用一小簸箕，一锄头，一把响篙（一头划成几瓣之竹子），先生用小鸡肠系于响篙上，用响篙敲打簸箕，称"开路"，抬上棺木，最前者边走边撒铁砂。至选定之墓地，用一鸡蛋由高处往下滚动，蛋在何地破裂，即视为吉地，定为葬地，若蛋未破，再滚另择。葬毕，将锄头、响篙、簸箕、小鸡用一小囤箩装放于棺木回头处。下葬择吉日。过去，花仡佬、红仡佬行洞穴葬，打牙仡佬用长木桶葬路旁，剪头仡佬行火葬，解放后各种葬俗大多简化，并从汉俗行棺葬。

［贵州省水城县地方志编纂委员会编：《水城县（特区）志》，
第 203 页，贵州人民出版社 1994 年 12 月第 1 版］

31. 贵州清镇市席关仡佬族丧葬习俗

仡佬族老人在弥留之际，由儿女或亲人抬到堂屋中，用凳子或椅子给其坐下，由亲人扶好，儿女或孙辈跪在死者面前烧三斤六两倒头纸，落气后，用木板先将死者停放在堂屋上角，男停左，女停右。用棺材置放在堂屋中间。先开路后入棺。开路时，用生木棒劈成两半，两块 6 尺长的、两块 2 尺 2 寸长的、两块 2 尺 6 寸长的共六块绑成滑竿样子，中间两块绑成十字形。用两条板凳摆成十字架，上面铺竹席，给死者把衣裤穿好后抬放在竹席上面，用一个公鸡给死者开路。开路时，在堂屋内用一根竹竿往房上捅。屋里的人用仡佬语问："外面天亮没有？"房上的人用仡佬语答："天亮了。"屋里的人对死者说："外面天亮了，你跟着竹竿上天去，跟着死去的老天天去，跟着老祖公老祖婆去，你一直往前走，我们的祖先在那里等你，你不要和别人混在一起，怕别人欺负你，你安安心心去。"说到这里才将死者装入棺内。开路的人手拿公鸡的双脚，把鸡活活打死，然后剥去鸡皮，留鸡脚、鸡头连在鸡皮上，用根小竹竿将鸡穿起（头朝上），放在棺材头处，等到抬死者上山去安葬时，再将鸡插放在坟边。

入棺后，召集族中寨邻商量定期办理丧事，通知三亲六戚、亲朋好友。办丧事正酒的那天，亲戚朋友会聚一堂，有的牵猪牵羊，有的拿一只鸡，3 尺 6 寸红绸或红布盖面到死者灵前祭祀。灵堂前安放一张桌子，用两棵泡木权权绑在桌子前的两支脚上，权权上搭着一根泡木做的横梁，地下用一小节泡木树划成两半，交叉钉在地下成"人"字形。用茅草扭成一根反手搓的索子，一头搭在桌上，一头放在地下从"人"字形下面穿过打个套，桌上用一只煮熟的鸡和一碗饭，将鸡盖在碗口上，这叫做坝饭鸡。

杀猪、羊、鸡祭祀的时候，管事要把各家送猪、羊、鸡的亲戚通知到死者灵前跪下烧纸烧香，把各人家亲戚送的猪、羊、鸡拉到灵前，把地下的反手搓的索子套在猪、羊、鸡的头上，然后用仡佬语向死者说："这是你的女儿、女婿、侄儿、侄女或某某亲戚拿猪、羊、鸡来祭祀你，你在阴间要保佑他们轻脚快手，平平安安发财发富。"祭师将泡木杈上的横梁拿下来轻轻打一下猪、羊、鸡的头部，把猪、羊、鸡杀掉，洗净煮一下，又拿到死者灵前回熟。接着清棺盖盖面，盖盖面的时候，将棺材盖打开，通知三亲六戚到死者灵前瞻仰死者遗容，向遗体告别，盖上盖面再将棺盖好。然后，组织10—20多人围绕棺木跳脚（跳悲哀舞，意思是给死者踩踏周围的虫虫蚂蚁，赶走野兽乌鸦）。天亮发丧，将死者抬去山上安葬（抬丧途中不丢买路钱）。安葬的时候，用碗装着米和鸡蛋给去安葬的人出魂。用一个公鸡跳井。亡者入土，把坟砌好后，把开路鸡的毛插在坟边，接着给死者送三晚上灯火。

死者抬出去安葬后，亲人在家中堂屋角设一个灵堂。用一张桌子，桌上放一碗饭，两个酒杯，用一根小竹子削尖，竹尖尖上拴着一根6尺长的麻线，将竹子插在桌子后面。每天要在灵位前烧香烧纸供饭，每天都将麻线打一个疙瘩，要供七七四十九天，将麻线打四十九个疙瘩。满四十九天，要给死者解疙瘩烧索索。

解疙瘩烧索索时，用仡佬语先数，一次数七个解七个，用刀割成七节，七次解完，将麻线割成七七四十九节，将竹子划破砍成小节。在地下做一个灯笼架，将麻线放在灯笼架内，用钱纸点火把灯笼架烧毁。烧索索的晚上，用一个木马匙（木勺），用一个碗装上炒面粉，用辣甜酒和炒面贴在马匙把柄上，插在碗里，放在灵前桌子上供一夜。传说死者死去变什么，他来吃炒面时就会把指纹留在马匙把柄上。天亮以后把灵堂拆下，往三岔路口送就完了。

[高锡奎："席关丧葬习俗"，《清镇仡佬族》，第128—130页，贵州民族出版社2004年版]

32. 贵州清镇市蚂蟥仡佬族丧葬习俗

仡佬族人去世后，请先生（道士）择吉日安葬。丧礼期间，要请先生（道士）为亡灵开路、绕棺、过殿、成服，并通知亲戚朋友前来奔丧吊唁。安葬的前一天，还要举行打嘎仪式。打嘎即杀牛祭奠亡灵。祭奠亡灵后便用煮熟的牛肉招待众亲友。在打嘎的同时，还必须杀一只大公鸡，意思是代替一头牛祭祀老祖宗。第二天就把亡者抬到山上安葬。安葬的地点，很讲究风水。安埋前，先将一只公鸡放在挖好的土坑（这坑称井，宽窄长短刚好放下棺木），井的四角放上粮食，公鸡在井里吃了四角的粮食，屙了屎，然后叫几声，说明这个地的风水好，将来要出贵人。然后将棺木放于井中，举行背土仪式，所有孝子都跪于井前方，将衣服或围腰反拉着，先生边念边撒土。念完后，孝子将撒在衣服或围腰里的泥土放于井中，然后孝子每人挖三锄泥放于井里，叫三声爹或三声娘，意思是最后喊爹喊娘，从此永别了。余下的事是请众亲友开始垒坟。垒完坟墓后，先生就举行招山仪式（意思是安慰山神土地，老人埋在这里，请他们关照）。

送火。砌好新坟的当晚，就给亡灵送火。第一晚将供饭、供菜、供酒及火送到坟边，意思是给已故老人的家里烧上火、点上灯，让老人在他的新家过得像生前一样温暖。第二晚上，送到半路，第三晚上就在家里供奉。

回煞（俗称收脚印）。这个时间是请先生推算出来的，据说老人的灵魂是被阎王派来的小鬼绑起回来的。来时阴风惨惨，还有"唰唰"的响声。小鬼看到桌上有供食便吃，吃了老人就不受苦；如果不见桌上有供食，不得吃，老人在阴间就要受苦。所以，事先要摆好供食、点上灯、香烛等，还要在地上筛一层细灰。老人回煞时，一家老小全部离开这间屋子，等老人的灵魂和押送他的地府"官差"走后，全家人才回家看灰上有什么迹印。然后，放鞭炮驱走邪气。

包坟、立碑。仡佬族包坟、立碑，都要"吹气"，意思是动了坟土，气已不足，要吹气。请道士先生作法，把气吹足。在坟前的东、南、西、北、中五方都放上粑粑、豆腐，一方刀头猪肉，香、纸、烛等。再在鸡蛋上写上死者的名字当灵位，也置于坟前。道士在五方先后唱完后就围着坟绕几圈。

[高朝礼："蚂蟥丧葬习俗"，《清镇仡佬族》，第130—131页，贵州民族出版社2004年版]

33. 贵州清镇市簸涌仡佬族丧葬习俗

仡佬族老人在弥留之际，亲属把其抬到堂屋中央，扶其在板凳上坐下，找一方斗让其踩着，然后子女跪在前面烧纸，称为烧"倒头纸"。同辈人把死者头剃光（女的不剃），完后放鞭炮，表示人已死去。死去的人分男左女右停放在堂屋之中。然后为其换上绸子长衫，称为"老衣"。穿戴整齐后，用一犁土用的铧口放在其胸上，称为"镇尸"。脚前用一碗装上菜油搓上七根灯芯点上，称为"七星灯"，也称为"引路灯"，"引路灯"一直要点到送死人上山。

此后是亲属为死人装棺，即把死人放入棺材内。此时的亲属一定要认真检查死者身上是否有金属一类的东西。据说有金属的东西在死者什么部位，后辈在这个地方会无缘无故地生烂疮。棺内用三斤六两纸钱作铺垫，死者脸部用白布盖上。盖上棺盖，此时亲属要大哭表示对死者哀悼。

死者家属都要请道士做法事，为死者超度亡灵。一般情况做法事三天，其中有"开路、绕棺、过殿"等过程。这些天的晚上，老年人都喜爱围到死者棺材周围唱孝歌，孝歌内容，大多是历史故事、家庭琐事及生活琐事。

老人去世后，家属要派人通知亲戚，通知之人走到哪家，不能进门。要先向他们讲清楚，死者亲戚用几张钱纸烧在大门口，点三炷香，再抬板凳给报丧之人坐，此时报信人才可进门。到下葬的前一天，亲戚就会来"下祭"，做一桌供碗，买点礼物。一般女婿家要下"猪羊祭"的，那就是牵猪赶羊的来。为死者出殡称为"上山"，送葬的家属到一山岔口时，都会点起火，家属大哭，与死者道别。

死者入土后三天，家属要接死者亡灵，从坟边喊死者名字，端上一盛饭的碗，点上香，头天接到半路，第二天又从半路接起，并把碗打烂，说："要吃饭到家里来吃。"然后又点上香，直接接到家里，把香插在神龛上，表示已把死者接到家里。第三天，在死者死去的时辰里，家里人要躲开，称为死者回煞。躲开的家人将菜饭放在神龛前一板凳上，下面放上细灰。过了时辰，家属回来，看灰上有什么印迹，因为仡佬人认为人死后大多变成了其他动物，看看是什么，然后用细瓦砂满屋撒，以示驱邪避凶。

［郭开新："簸涌丧葬习俗"，《清镇仡佬族》，第131—132
页，贵州民族出版社2004年版］

34. 贵州清镇市阳山仡佬族丧葬习俗

踩斗。老人在弥留之际，其儿女要把其抱到堂屋中，踩五升斗（人死为鬼，踩斗为魁星之意），烧三斤六两倒头纸。用菖蒲、陈艾熬水洗身，男的要剃头，女的要梳头。停放在门板上，用铧口压在死者胸口上。

做道场。先请道士按汉族习俗做道场，绕三堂棺。与此同时，又请仡佬族的先生做道场。时间是彼息我作，交替着做。主要是吹芦笙，在棺材的旁边跳。条件好的还要用牛打嘎。

插茅护甲。如果孝家是长房，要把过世老人的手、脚趾甲剪下来，装入竹筒中。割三捆茅草，将竹筒插入茅草中，然后用呼烟树（五倍子）杈将三个茅草钉放在阳沟中，不得随便动它。看吉日良辰，做斋时才换新草，旧茅草在做斋时烧掉。此俗今已失传。

安葬死者。家境好的要看期程，不好的三天急葬。有的则是将棺木抬上高山顶，在寸草不生之处摆放，认为这地方干净。不掩土，不堆坟（不占良田好土，取坐得高、看得远之意），干干净净的来，干干净净的去，使魂灵升入仙界。

［周光俊、罗云华："阳山丧葬习俗"，《清镇仡佬族》，第
132—133页，贵州民族出版社2004年版］

35. 贵州清镇市银桥仡佬族丧葬习俗

仡佬族的丧葬仪式一般较为隆重。从前，给已故老人办丧事须"打嘎"，跳踩堂舞。男女各列一排，男子手持一碗，女子一手持火把，一手掌瓢，在笙鼓声中，围棺跳跃。在丧场地上栽一木桩，将牛拴在桩上，巫师紧握牛鼻，牵着牛头绕木桩走，口中念念有词，突然持斧猛击牛头把牛打晕，一击能把牛击毙，视为大吉。然后，将牛肉煮来招待亲朋。阖族吹芦笙跳舞，名叫"做优"。送葬时，不丢买路钱，用棺木土葬。解放后，仡佬族大多已移风易俗。

［陈光荣、肖立勇："银桥丧葬习俗"，《清镇仡佬族》，第133
页，贵州民族出版社2004年版］

36. 贵州正安县仡佬族丧葬礼俗

老人垂危，由儿子扶着落气，为之沐浴换衣。死者为男性，包头布挽结于头顶，若为女性，则将发打散梳伸，移尸堂屋，按男左女右方位停放，脚向外，点油灯，孝子守灵，亲友吊唁，媳妇、孝女、侄女等哭灵，一面表示感谢亲友来临，一是赞颂亡者的好德，一是叹自己的坎坷。入殓时，桌上供糯米粑一个并酒肉等祭物。端公穿法衣、作法事后，手持宝剑，口咬鸡冠，取鸡毛蘸鸡血抹棺木两端，放鸡、罐、碗、杯等于抬棺的横担上。出丧时，在将棺抬起的同时，用斧背将罐等击落地，抬棺出门后，另一人扫碎片入撮箕即关大门。落坑前，由孝子先清棺，查看棺内有无金属物，检查后盖棺，留缝穴，由法师念出魂后盖严。用两条竹片套棺底，将棺推滑进入墓坑，关墓门。孝子抬着死者灵牌在返回路上不时默念亡灵回家享受香烟。到大门前，放一长凳跨于门内外，凳上摆刀头、酒，焚香纸，先放灵牌于地，继提放凳上，最后安置于神龛之上。丧期，孝子须忌荤七天。古代行石板墓，现通行"生基"。夜间守灵饮咂酒，（咂酒制法是）先煮包谷，次煮糯米，到半熟放入高粱合煮，待熟，倒入簸内降温到 30℃ 时拌以曲药，装坛密封，贮藏三五年以至十年，备守灵时用。饮时，将细竹通节，下端划成十字叉，用篾片撑开，外绕棕绳一层，插入坛内，按亲疏长幼序一一扶竿吸饮，边唱，边用开水掺满。采墓石前，于采石场上用鸡、刀头、糯米粑和 8—9 杯酒，焚香纸祭山神，7—12 尺红布一段挂树上。石匠咬破鸡冠，取鸡毛蘸其血画纸数下，并滴血酒杯中后方破石。所取石板斜立地面，到石板全数取齐，运到墓地，择吉日拂晓镶墓室。镶墓室时，放鞭炮，以上述供品再祭一次。墓主亲人须日夜守候墓旁，待砌就内无异物时，孝子各放一装有粮食五色线等物的碗一只，依长幼序自左到右放入墓室后关花门（生基墓门俗称花门，因一般刻有禽兽花草等图饰）。又择吉日封山，即以石块、泥土将长方形墓石包垒为坟状。墓主过世，仍由原建造石墓的石匠开花门。若该石匠已亡故，则由其大徒弟替行。开花门时仍用酒、肉、粑、鸡、红布等物，焚香烧纸祭祀后才将墓门取开。孝子用花围腰各取当年放在墓内的碗包着，回家各自观看以判吉利与否。

［翁家烈："正安县仡佬族社会历史"，《民族志资料汇编·第
十集·仡佬族》，第 66—67 页，贵州省志民族志编委会，
1989 年 5 月］

37. 贵州道真县仡佬族丧葬习俗

境内仡佬族老年人去世忌讳说"死"字，慰称"百年归天"，或叫"闭封"、"落平"。中青年夭折称"死"或"去世"。婴幼儿死亡叫"逃了"（逃读条）或"丢了"。

父母病危，子女守候，昼夜不离，直到落气，烧"落气钱"，移尸板上，理直手脚，抚闭眼睑，以纸掩面，鸣放鞭炮送终。随即一边请道士择葬期、做亡斋，一边给死者穿洗，时孝子回避。穿"老衣"数取单不取双。富者可佩戴金、银或玉石首饰。在堂屋将死者扶坐椅上，孝子跪前烧"老纸"，而后举尸入棺，棺下焚香、点"脚灯"。棺内以柏枝叶铺底，以青布为垫，用红绫（红布也可）镶被，棺不全盖。四邻闻讯，急奔丧家，共筹丧事，即使原有隙怨，也共赴急难。由德高望重者协助主持丧事。亲友备挽幛、纸帛、鞭炮吊丧（习称"吊香"）。丧家按吊客的亲疏辈分发给长短不同的白布，称"开孝帕"，各缠于头上。孝子的孝帕加麻丝缠头称"披麻戴孝"。有的富户直系血亲穿"孝衣"，对其他亲朋开普孝（对吊丧者各给白帕一条）。停枢之夜，四邻皆到，至亲围棺哭泣，锣鼓、鞭炮常鸣，通宵达旦，称"守灵"或"坐夜"……

出殡称"上山"。一般都请"阴阳先生"选择吉祥墓地。在槐坪罗家岩、冉家沟一带不受他人土地所限，可自由选择。掘墓穴，俗称"开井"，由孝子先挖数锄并自始至终看护，切忌杂物入井。出殡时，道士作完仪式，击破"罐子"一声"起"，众声呼"起"，锣鼓开道，鞭炮齐鸣，吆喝不断，孝子捧"灵牌"、执"引魂幡"导枢前行，亲友护枢随行，称"送葬"。昔日，出葬不丢买路钱，意为本属仡佬族开荒辟草之地。棺入井后，以布遮天，打开棺盖，孝子整理死者穿戴，谓"清棺"。家友瞻仰遗容默哀，以示永诀。事毕盖棺，孝子先掩土数锄，从原路呼死者称谓而归，众手垒墓。

葬式，古时多岩穴葬、悬棺葬。近代多为土葬。岩穴葬，有天然岩穴与人工凿穴。天然岩穴，其地多是悬崖峭壁，前临溪河，难于攀登，置棺于岩穴，岩穴口多敞而不闭。人工凿穴，多选在砂石兼风化岩层开凿，置棺洞中。境内岩穴墓葬分布较广，残存一百余处，以三桥、大磏、旧城等地居多，其中三桥镇青球岩岩墓列入县级文物保护单位。悬棺葬，其地仍为悬崖绝壁，用铁链系棺悬挂于岩腔顶，亦有在棺底用石块支垫的。在洛龙、忠信、旧城发现多处，以三桥及大磏两镇所属大沙河、牌坊、伍元、新合等地较为集中，共残存数十处。大磏镇铧耳山悬棺葬已列入省级文物保护单位。土葬，墓长六七尺，前宽三四尺，后宽二三尺，前高四五尺，顶端中央竖一块三角形石板，称"望山石"。墓尾高一尺许。四周为不规正的石块包砌，中填以土。富者建造"生茔"。可以几代合茔，唯忌翁媳2人同墓。此外，境内还发现竖棺葬和和倒埋坟数处。

［道真仡佬族苗族自治县民族志编纂委员会编：《道真仡佬族苗族自治县民族志》，第54—55页，贵州人民出版社1994年版］

38. 贵州石阡县仡佬族丧葬习俗

在古代，仡佬族人民的丧葬采取悬棺葬、岩洞葬、岩穴葬和生基石板葬等形式，初步调查现保留的明、清代所葬的约五百多处，按其祖传习俗，人死后安葬，不丢买路钱，是为纪念他们祖先是"开荒业主，古老先人"的一种形式。入葬后不立墓碑。只在墓旁栽松柏、黄杨以作纪念。仡佬族人死后停在堂房内时先是头朝门外，脚朝门内再转一转将死者的头转门内，脚转门外。另外，死人头上用黑布或蓝布打英雄结，入棺后还要"盖灯、打绕棺"，击鼓而歌围棺跳跃，举哀而散。这些习俗一直流传至今。

[胡亚兴："石阡县仡佬族习俗初考"，《民族志资料汇编·第十集·仡佬族》，第76页，贵州省志民族志编委会，1989年5月]

39. 贵州贞丰县仡佬族丧葬习俗

老人过世，要给亡人开路，由魔公指亡灵到尖刀山。做斋时，是在半夜鸡叫时，摆桌于堂屋正壁前，竹筒一节放桌上。魔公坐桌侧，将孝男、孝女及前来祭奠的亲戚到灵前，上祭者每人以一对杀过的鸡进献，另外丧家杀肥猪一头放堂屋右侧中柱处祭献。祭毕，所有上祭之鸡全归魔公所有。坟墓不立碑，仅于坟前用三块长方形石头相叠为志。做斋时以摆一大坛酒给孝子吃。孝子用两根细竹管或巴茅秆钻通后，插入坛内吸饮，称为"吃老祖公酒"，仡佬语叫"标把"。

[翁家烈："贞丰县仡佬族社会历史"，《民族志资料汇编·第十集·仡佬族》，第63页，贵州省志民族志编委会，1989年5月]

40. 贵州镇宁县仡佬族丧葬习俗

仡佬族的古坟是石板墓，系倒埋，苗语谓之为"克壤"。仡佬语称坟为"当"。办丧事时，尸体于堂屋内顺梁停。正月春节及三月清明上坟时，于坟前击铜鼓祭祖，平时由鬼师保管，仡佬语称鬼师为"补华"，称铜鼓为"搂"。仡佬族铜鼓有四耳，为芝麻秆花纹，杨森统治贵州时，匪患严重，比拱仡佬族铜鼓连同其他财物一道被土匪抢走。

[翁家烈："镇宁布依族苗族自治县仡佬族社会历史"，《民族志资料汇编·第十集·仡佬族》，第49页，贵州省志民族志编委会，1989年5月]

41. 贵州六枝特区仡佬族丧葬习俗

老人病故举办丧事时杀牛搞"跳脚"，即取牛头置棺前，孝家小辈分男女按男左女右顺序站为排，一面伤心地痛哭，一面不停地跳动，自左至右各绕棺三转。孝子一手摇铃铛，另一手用烧过的木柴于牛头额中画一十字，嘱告老人牵牛去阴间享用，牛肉用以招待前来吊唁的宾客。安葬时，由孝子拿一枚鸡蛋上坡丢掷于地。鸡蛋如未破，表示老人不愿在此安息，又得另到一地投掷，如果蛋落地破裂，表示老人满意此地，遂挖墓坑，用石板砌坑壁，放入棺木后垒土为坟。出丧时不丢买路钱。仡佬族称坟为"肖"……

杨梅区罗盘乡雾座仡佬族，老人病故举办丧事时，根据年岁的不同，分别用不同的古器物作祭。死者在六十岁以上，要摆出石刀（实际是石斧）一把，在六十岁以下，则改放铜刀一把。墓地的选择须在殓尸入棺后进行。用一掏孔开口的园木球，装进鸡蛋一枚。孝子一手拿着装有鸡蛋的木球，另一手将木棍一根，在棺脚前敲 7 下，然后自左至右绕棺三转，再自右至左绕棺三转。孝男孝女均不戴孝，每人只捏草一把，妇女盘脚坐地哭唁。绕完棺，孝子在山坡上丢掷鸡蛋，到蛋破时，挖该地作墓坑。

猴场的仡佬族，用竹筒装米或插上茅草祭祖；三月三杀羊祭神树；七月吃新，附近彝族布依族让仡佬族人先将新熟谷物祭祖吃新后，才跟着摘取新谷物祭祖吃新，丧事扎纸人纸马等冥器陪祭。

[翁家烈："六枝特区仡佬族社会历史"，《民族志资料汇编·第十集·仡佬族》，第 51—53 页，贵州省志民族志编委会，1989 年 5 月]

42. 贵州织金县仡佬族丧葬习俗

老人病死，称为成神。于大门外的坪地上，用银松树枝搭成高丈余、四角有翘角的灵房一座名曰嘎房。殓尸入棺后置棺嘎房内，鬼师坐棺侧，用牛角杯装酒，念一段倒些许酒于地祭奠。每来一位亲戚来上祭，鬼师要念上祭者名字祭奠一次。孝子跪着答谢，孝女孝男则陪着哭。法事毕，鬼师反手牵着猪和牛，用斧皆猛击其额，倒毙后，剖、净、煮供亡灵，嗣办席招待宾客，但须留猪、牛腿各一支以及猪尾给鬼师称为"打嘎"。初，人一落气后，须用"鸡梳头"，即死者的儿女给亡人洗手、脸、脚，梳头后，从鸡颈将鸡掐死，鸡身上的毛拔去后，留鸡头、鸡尾、鸡翅上的毛不拔，将鸡挂于进大门处的内壁上。打嘎时，鬼师念：今天是好日子，你成神升天了，给你做好事，用鸡、用猪、用牛，交给你。你把它们领去喂养使用，去成家，去立业，跟你的祖宗去，老鬼带领新鬼去，小心不要在路上被别人抢走，平平安安地到你的家。出丧时不丢买路钱。土葬，垒土为坟。旧时行石棺葬。若干人家在送葬时，背着粮食，在梭镖上挂着草鞋一双扛在肩上送行，以再现祖先古代作战阵亡的情景。葬毕归来，孝女取"梳头鸡"办菜吃，但孝子不能吃。葬后三日复山。每逢清明上坟挂纸，除夕和十五送油灯到坟前，正月初三送饭上坟前，给老人照明、享用。仡佬语称给亡人梳头为"山艾"，称打嘎为"斗果"，称石棺为"潘阿山"。

老人死后要打狗还愿，是三年两头做，一般在二、八月间。鬼师坐在堂屋（有的跪在地上）念祝词，卜卦后，用锄头背将狗打死，再以刀宰并用瓶接其血置神台上（古无神台，祖宗神位是在灶房的吊板上，民国后才渐兴神台，定于堂屋正壁处），或挂于堂屋正壁。狗肉煮熟放筛上，下垫以狼鸡叶供祭后，供大家食用，各族各姓的人来遇着做狗鬼都能参加吃狗肉，但在吃之前的祭祀活动里不得说民话（即汉语）。做狗鬼是因晚上梦着苗婆来追，说明家神不安。要使家神得安就要做狗鬼。传说原来苗族和仡佬族世代友好相处。苗族喂有一条很得力的追山狗，仡佬族喂有一头好母猪。一天，狗将猪咬死，仡佬族一怒之下将狗打死，于是就发生矛盾、扯皮。后来经过协商，仡佬族找一条好狗还给苗族，苗族也找一头好猪赔给仡佬族，将此案解决，两族又友好地相处了。从此仡佬族老人死后，要做狗鬼还愿，苗族则做猪鬼还愿。猪鬼在堂屋做，狗鬼则在屋外做。仡佬语叫做狗鬼为"豆谬包"。

［翁家烈："织金县仡佬族社会历史"，《民族志资料汇编·第十集·仡佬族》，第55—56页，贵州省志民族志编委会，1989年5月］

43. 贵州平坝县仡佬族丧葬习俗

老人病故，由孝子扶坐凳上使之落气。人死后，是男性须剃头，是女性须梳头，换穿上新衣3—5套。梳洗穿戴毕即装棺。棺以白纸铺底，垫以石灰，再以白纸卡边。用钱纸塞入死者手中，用碎银或银元放入死者之口。倒停堂屋中，俗谓"横夷、吊苗、倒仡佬"。将香、烛插于米升子内放在方桌上，桌前放砂锅一口烧钱纸。门上贴白纸黑字对联一副。死者是男老人，对联是"头顶麻冠酬父德，手执竹杖报亲恩"；死者是女老人，对联"头顶麻冠酬母德，手执竹杖报亲恩"。孝男孝女披麻戴孝，孝孙则于孝帕中加红一点。死者入殓当夜即"开路"。"开路"时，孝子跪棺前，巫师用仡佬语念：今天是好年、好月、好日子、好时候，你遇着鬼了，阎王要你，你去了！我来吩咐你去和老祖公、老祖太，祖公、祖太……在一起，平坝是我们的，安顺是我们的，贵阳是我们的。你走到哪里，就算哪里。正月间你来，七月间你来，其他时间你不要来。拿老母鸡送你去，鸡往上走你跟着往上走，鸡往下行，你跟着朝下行，不要掉头看凡间，不要来逗狗咬，不要来惹娃娃们哭。"你要保护孙孙平平安安，要保佑牛马顺顺利利。土地是我们的，送你到平坝去，到安顺去，到贵阳去，到北京去做官了。"亲戚吊丧，一般带酒菜和一小碗饭来，女婿则带着猪羊来祭奠。每来一人上祭，均跪着听巫师念祭文一张，孝子跪在旁边还礼。送葬的头一夜须"绕棺"，仡佬语叫"略忍"。绕棺时，孝子孝孙等每人持香数炷，大女婿拿着猪腰子，二女婿捧着插在米升上的灵牌，列队从右向左绕棺三转。绕棺毕，用小猪一头，公鸡一只及小鸡三只"做好事"，仡佬语叫"滩乜麻摆"。巫师念："今天拿猪送你去，你要保佑一家人快手快脚。这一带的城头、乡里和地方都是我们的。你去平坝、安顺、贵阳、北京见老祖公、老祖太，他们会来接你，招待你的。"这类的祝词共念28段后，才将献牲宰割洗刮净烹调端出给大家吃。吃完，巫师用汉语叫魂："孝子生魂出，亡人死魂入；亲戚六眷生魂出，亡人死魂入；隔壁邻舍生魂出，亡人死魂入；众姓人等生魂出，亡人死魂入；牛马六畜生魂出，亡人死魂入；帮抬帮忙人等生魂出，亡人死魂入。五谷丰登，生魂得出，死魂得入，出入安康。"叫魂完毕，继之"封丧"，仡佬语叫"当歹"。巫师仍用汉语念："此木生在此山中，张良去砍一头空。鲁班合成金箱样，收将一块盖音客。四颗金钉在手中，定与亡人不迎风，满堂儿女皆落泪，万叫青山不见出。封丧已毕，百事大吉！"将棺盖盖严、密封盖口。天明时"发丧"，仡佬语称为"土歹"。巫师又用汉话念："日吉时良，天地开张，玉帝敕旨，差吾发丧。一十一条大道，二十二尺亮光。掩饰英雄事迹，四时官鉴行房。吾道法君王，吾事正开张。鲁班造房屋，不许久停丧。此山不是佛家山，惊动八大金刚。八大金刚齐肃列，一抬抬到南山岗。天地无忌，年月无忌，日时无忌，百无禁忌。雄鸡扫除，大吉大利。"念毕，杀鸡，提之绕棺一转丢出大门后就抬上山埋葬。古代是用宽石板作椁，并放铁三脚一个，给死者在阴间放锅煮饭吃。近代以来行土葬，垒土为坟，三天后复山，清明时上坟挂纸。

[翁家烈："平坝县仡佬族社会历史"，《民族志资料汇编·第十集·仡佬族》，第39页，贵州省志民族志编委会，1989年5月]

44. 贵州平坝县大狗场仡佬族丧葬习俗

这一带的仡佬族老人去世，在为其洗身后，衣服男穿单，女穿双，头缠六尺长的青布帕，腰带按亡人岁数加天、地、年、月、日、时和父母各一根棉线织成，穿布鞋（忌用白色）。棺材放在堂屋中央的板凳上，入殓前，纳汗扫棺，在棺内铺草纸、白纸，再铺棉布。亡人多少岁数就数多少张钱纸为其垫枕，然后入殓。入殓后，用六尺棉布盖身。纳汗唱"开光词"。用一碗酒、三张钱纸为亡人"开光"（即擦脸），随即盖棺。

盖棺后，纳汗为亡人"开路"。用一只孵过小鸡的母鸡作"指路鸡"，唱"指路歌"，孝子跪在棺脚叩头。"指路歌"的第一部分唱一遍，二、三部分连唱三遍。唱完三遍，将"指路鸡"杀死煮熟，鸡翅膀、鸡腿和内脏及血分装成三碗，与猪肉、饭、酒各一碗，筷子一双摆在供桌上祭供，称为"回熟"。此时，纳汗唱"指路歌"第四部分，也连唱三遍，"指路"结束。每唱完一遍，纳汗用牛角向亡人奠酒一次，孝子叩三个头。只有外姓人才能吃指路鸡，丧家和亲人不能吃。

"做好事"，有经济条件的接着进行，没经济条件的可以推后进行。"做好事"时，在堂屋中央摆两张方桌，杀未阉过的母猪、公猪各一头祭祀，供桌上摆二十四个酒碗，一碗肉，一碗饭和两双筷子，一升米作香座，点三炷香插上。方桌周围拴七只鸡（或用七个蛋代替）围着香座。另用一碗酒，一只鸡及一炷香置于筛子里，放在靠中柱的小桌上。孝子跪在灵前烧香化纸。两个纳汗坐在方桌两边唱"做好事歌"中的"请师歌"。每唱完一次，向二十四个碗斟酒一次。在唱"交牲歌"时，要唱四遍。唱后，将杀死的两头猪煮熟，内脏装成一盘，其余的装在一个簸箕里，摆在供桌上。接着纳汗唱"回熟歌"四遍、"陪客歌"三遍、"送客歌"四遍。唱完后，用杀死后的一只公鸡、一个鸡蛋、一碗酒、几粒米、六张钱纸、三炷香、一双筷子和扎的草人，摆在"请师"时用的筛子里。孝家请两人抬出村外三岔路口烧毁扔掉，留死鸡带回归纳汗。然后孝家请两人吃饭，送客结束。纳汗接着唱"安家神歌"，也唱四遍。次日，将七只鸡（或代替的七个蛋）煮熟给孝子吃。

"绕棺"时，纳汗唱"绕棺歌"。儿子、媳妇、女儿、孙子和下辈亲友，每人持一炷点燃的香，依次沿棺正反各绕三圈。每绕到棺脚一次，就把一炷香插在米升里，同时叩一个头，化三张钱纸。

绕棺后，全体孝男孝女齐跪灵枢前，由沙道说"规劝词"，传述死者生前的教诲，劝导后辈要做好儿女。接着发丧，孝子弯腰走在前，儿媳持装水的葫芦和兜稻谷、黄豆、高粱等作为马料跟后，之后是女儿和孙子，随着是抬枢的，送丧的在抬枢后面。沿途不丢买路钱。

安葬时，灵枢下井后，扯四根茅草插在井内四角，孝子背土放在井盖上示为老人"盖房"，然后帮忙的人再填土垒坟。葬后三天，家族亲友去看新坟。纳汗用一个鸡蛋放在米碗里为在生的人喊魂，唱"喊魂歌"。纳汗唱"喊魂歌"至喊魂歌词"时辰好"后，呼亡人奶名，接着由喊魂歌词唱"你嘴含银子"至"保佑猪羊满圈"止。此时为喊魂的人自报其名，纳汗"啊"的应了一声。接着又由喊魂歌词"你让客魂回家"起唱至末尾，在唱这部分喊魂歌时，纳汗边唱边提碗中米粒撒在蛋上，待掉在蛋上的米粒是单数时，表示为此人喊魂已结束；然后第二名又自报其名，纳汗又照上述过程为第二人喊魂；接着是第三人、第四人……直到把在坟上的家族、亲友的魂都喊了。喊魂即结束，就地吃饭后回家。

（1）开光词

今天天气好，今天好时晨。不知你什么时候倒床？不知你什么时候去世。你不说话了，你再也不说话了，你嘴含银子[1]，手里拿钱了，结束了人生一世。

你睡在棺木里，帮你揩额头，帮你揩脸盘。扫你眼睛，眼睛不见光景。扫你耳朵，耳朵听不见音。扫你鼻子，鼻子不能出气。扫你嘴巴，嘴巴不含银子。

（2）指路

今天天气好，今天好天气，日子好，时辰好。你遇着野鬼，遇着冤枉鬼，男鬼要你，女鬼要你，男鬼要你去，女鬼要你去。你脚不动了，躯体倒下了，喉咙阻了气，完全断了气。香坛设好了，香头也设好，香坛设在这里，香火摆在这里。磕头送你啦！送鸡给你啦！

你一世过了，一生完了。你和伯伯去，你和叔叔去。你丢下儿女去，你去很远了。

好儿子好媳妇，给你开路，指路给你走。大鸡引你去，好鸡引你行，鸡走上你走上，鸡走下你走下。你口含银子，你手拿钱币，你气没有了，你不再说话了。香坛设好了，香火也设好。香坛摆在这里，香火放在这里。磕头送你啦！送鸡给你啦！

去了你为仙，去了你为神。离开人世间，升上高天去。你和伯伯去，你和叔叔去。大地方你去对了，大地方是我们的。楼鲁[2]你去对了，楼鲁是我们的。你来有日子，你去有时辰。来时日子好，去时好时辰。保佑儿孙来，保佑银钱来，保佑米粮来，保佑牛马来。香坛设好了，香火也设好，香坛摆在这里。香火放在这里。磕头送你啦！送鸡给

---

① 仡佬习俗，老人去世，要拿银子给死者含在口中，称"含口钱"，入棺后取出。

② 楼鲁：仡佬语音译，即贵阳。

你啦！

今天天气好，今天好天气，日子好，时辰好。大鸡送给你，好鸡送给你。你吃鸡头，你吃鸡脚，你吃鸡翅膀，你吃鸡内脏。一吃这碗，二吃这钵，吃在嘴里，落在肚中。香坛设好了，香火也设好，香坛摆在这里，香火放在这里。磕头送你啦！送鸡给你啦！

（3）做好事

①请师①

刀吾啊刀吾，刀月啊刀月，来到我身边，来到我身旁。大师傅来了，二师傅来了，羊鲁构褒来了，纯鲁构褒来了，装酒师傅来了。天神从此路来，地神从石窝来。样样都备齐了，样样都备好了。酒已倒满了，酒已斟满了。请诸神喝，请诸神饮。野朗主人②，好啊！地盘主人，好啊！古老前人，都好啊！

土地神啊，土地神好。来到我身边，来到我身旁。大师傅来了，二师傅到了，羊鲁构褒来了，纯鲁构褒来了，装酒师傅来了。天神从此路来，地神从石窝来。样样都备齐了，酒已倒满了，酒已斟满了。请诸神来喝，请诸神来饮。野朗主人，好啊！地盘主人，好啊！古老前人，都好啊！

楼鲁来的门神呀！大地方的门神呀！列位门神，你们站在大门口。一直是，一直站在大门口。请打开九道门，是啊，道道门都打开，才好咧。大师傅来了，二师傅到了，羊鲁构褒来了，纯鲁构褒到了，装酒师傅来了。天神从此路来，地神从石窝来。酒已倒满了，酒已斟满了。请诸神来喝，请诸神来饮。野朗主人，好啊！地盘主人，好啊！古老前人，都好啊！

灶神公公，灶神婆婆，来到我身边，来到我身旁。大师傅来了，二师傅到了，羊鲁构褒来了，纯鲁构褒来了，装酒师傅来了，天神从此路来，地神从石窝来。样样都备齐了，样样都备好了。酒倒满了，满斟满了。请诸神来喝，请诸神来饮。野朗主人，好啊！地盘主人，好啊！古老前人，都好啊！

②交牲

刀吾啊刀吾，刀月啊刀月，来到我身边，来到我身旁。大师傅来了，二师傅来了，羊鲁构褒来了，纯鲁构褒来了，装酒师傅来了，天神从此路来，地神从石窝来。猪杀好了，肉煮好了，样样都备齐了，样样都备好了，酒已倒满了，酒已斟满了，请诸神来喝，请诸神来饮。野朗主人，好啊！地盘主人，好啊！古老前人，都好啊！

---

① 有五位师傅，即刀吾、刀月、羊鲁构褒、纯鲁构褒、稍欧沙。前四位是仙，后一位稍欧沙意为石头窝。传说四位神仙下凡教仡佬族唱"丧葬歌"时，不能在家教，要在外面教。一天，神仙们带徒弟上山教歌，忘记带碗去喝酒，在喝酒时没有碗装。神仙师傅就对徒弟说："这里有个石窝，正好装酒，把酒倒进去，大家轮流埋头喝。今后石头窝就是装酒的师傅，你们为去世老人'做好事'时，也要把它请来。"后来，仡佬族为老人去世办丧"请师"时，把石头窝列为师傅来请。

② 野朗：仡佬语音译，意为天庭。

③回熟①

刀吾啊刀吾，刀月啊刀月，来到我身边，来到我身旁。大师傅来了，二师傅到了，羊鲁构褒来了，纯鲁构褒来了，装酒师傅来了，天神从此路来，地神从石窝来。鬼账现在还了，鬼债现在偿了。切了好多的肉，请你们来吃，肉穿成串串，肉垛成碗碗，肉吃进肚子。吃下肚去了。猪头你们吃了，猪腰你们吃了，猪腿你们吃了，猪脚你们吃了，猪尾巴你们吃了，猪肺你们吃了，猪心你们吃了。酒已倒满了，酒已斟满了。请诸神来喝，请请诸神来饮。野朗主人，好啊！地盘主人，好啊！古老前人，都好啊！

④陪客

刀吾啊刀吾，刀月啊刀月，来到我身边，来到我身旁。羊鲁构褒来了，纯鲁构褒来了，装酒师傅来了，哥哥坐上边，弟弟坐旁边。要吃糯米饭，就把糯米饭吃。余下的饭不吃，余下的饭拿走。装九碗，有的是，装九碗，还有余。酒已倒满了，酒已斟满了，请诸神来喝，请诸神来饮。野朗主人，好啊！地盘主人，好啊！古老前人，都好啊！

⑤送客

刀吾啊刀吾，刀月啊刀月，来到我身边，来到我身旁。羊鲁构褒来了，纯鲁构褒来了，装酒师傅来了，鬼的账还了，鬼的债偿了。送客走，送过门去。送客的白裹脚，同客人换衣服。往中间望去，是楼鲁。酒已倒满了，酒已斟满了。请诸神来喝，请诸神来饮。野朗主人，好啊！地盘主人，好啊！古老前人，都好啊！

⑥安家神

刀吾请喽！刀月好啊！羊鲁构褒来了，纯鲁构褒来了，装酒的师傅来了，来到我身边，来到我身旁。酒坛装满了，香炉安好了。保佑牛满圈，保佑马满厩，保佑谷满楼，保佑水满缸，保佑轻脚手快，保佑身体安康。能够上山去如虎，能够下山去如龙。手脚病好了，身体病好了。猪你得去了，得去好了。在家的人都到了，在家的人都齐了。子子孙孙都跪下，儿孙媳妇都跪下。磕头烧纸送你钱，磕头烧纸送你银。酒已倒满了，酒已斟满了。请诸神来喝，请诸神来饮。野朗主人，好啊！地盘主人，好啊！古老前人，都好啊！

（4）绕棺②

（公，太）去到好地方，后代子孙发。（公，太）去住金银地，后代子孙好。（公，太）去住大地方，后代子孙强。（公，太）去住好地方，子孙得书读。（公，太）去日子明，喂牛喂马肥又壮。（公，太）去到好地方，养鸡养猪兴又旺。送（公，太）过大门，有马接你去，你去管百姓。（公，太）过金门，发钱又发银。（公，太）过田坝，有水灌塘田。要谷谷满仓。（公，太）送升天去，你去管天下，天下由你管，风调雨均匀。

（公，太）走得快，三步当两步，走得喘吁吁，踩得泥石动，走得山坡转，走得衣裙摆。越看越远去，望得眼睛花。

（公，太）升天去，（公，太）走得急，走得风呼啸，走得云雾散，走得山林跳，走

---

① 把祭过祖的祭品煮熟后再次祭祖，称回熟。

② 死者是男性，唱"公"不唱"太"，若是女性，则唱"太"不唱"公"。

得河流跑。越望越升高，望得眼泪淌。

（5）规劝词

①生前教诲

父母对儿女们说：你们要孝敬父母，对父母，不要骂，不要吼；父母有病，要找药送吃，要在堂屋神前，烧香化纸求祖先保佑。求老祖公老祖太，在天上保佑，保佑父母病好，病好了抚养你们。你们要报父母养育恩，父母想吃哪样，你们要做给吃；父母无穿的，你们要制给穿；你们虽然穷，也要奉养父母，让父母活一百年。父母去世了，要请纳汗来，按我们习惯办。安葬时，不要择日看地，父母在天上会保佑你们。

②劝导儿女

父母在世时，做儿女的，对父母态度要好。父母不对的地方，不能生气，要笑起解说。要孝敬父母。出门做事情，要让父母知道。照顾父母要尽心尽力。你们能看到父母笑容，能听到父母声音时，有好的布，先缝给父母穿；有好吃的，先做给父母吃。父母去世，是件大事，要按父母生前嘱咐去做。今天老人去世了，你们要听到老人的话，是没有机会了，要看到老人的面，也不能见到了。你们对老人，已是费尽心力，你们都是好儿女。

（6）喊魂①

今天天气好，今天好天气，时候好，时辰好。你嘴含银子，你手拿银币，你断气了，你不说话了。你来时候好，你去时候佳。你丢下子女，你留下儿孙。你的子孙好，跪在你坟前。拿钱送你用，拿饭给你吃，倒酒给你喝。你吃在嘴里，你喝入肚中，你住的是金银房②，你用的是金银灶。你还有金银圈③。大地盘好地盘，是我们的。金地盘银地盘，是我们的。你住在这里，你在这里住。疯鬼野鬼住河里，疯鬼野鬼住龙潭。让它随水流，让它远远去。今天高贵客人，来望你；你的好儿子，来望你。

你就住这里，不回人家逗狗咬，不返世上逗鸡鸣。保佑儿孙旺盛，保佑钱财盈余，保佑粮食满仓。保佑牛马肥壮，保佑猪羊满圈。你让客魂回家，让儿孙魂返家。骑马来的骑马去，坐轿来的坐轿回。来得清去得明，清如水明如镜。喊好客人。唤好儿孙，白天做活，夜晚睡觉，上坡如虎，下坡如龙。

〔贵州省安顺地区民族事务委员会编：《仡佬族古歌》，第120—146页，贵州民族出版社1991年版〕

45. 贵州普定县仡佬族丧葬习俗

老年人亡故，横置堂屋中；年轻人夭折，则倒停于堂屋侧面。行"开路"、"绕棺"

---

① 喊魂，是葬亡人后三天，其家族、亲友要去看坟，因怕他抓住其家族、亲友的魂，所以纳汗要为在生人喊魂。

② 金银房，指亡人的坟墓而言。

③ 指修给亡人的牲畜圈。

等丧仪。妇人死须穿裙。发丧时，抬着棺材无伦穿过任何民族所住村寨，无人干涉、指责，认为是理所当然之事，沿途也不丢买路钱。要是其他民族送葬，则只能从村寨旁边经过，而且必须放鞭炮、丢买路钱，否则该寨人会出来干涉，不准通行。顺山埋葬，墓坑四壁镶以石板，垒土为坟。死者平时床上所垫稻草，在发葬后即收拢抱到寨外在墓地方向的路口烧掉。窝子乡石板寨旁是一大片墓地，大约有上千座坟墓。坟墓内全系石板砌成的墓坑，较短，宽长约1米见方，无棺木。坑内尸骨大多残缺不全，有的只有头颅，有的只有上肢，有的只有下肢。传说很久以前，皇帝派三十万大军征南蛮来到此地，遭到仡佬族人的顽强抵抗。首领阿大带领大家与官军激战七昼夜，最后大部分被杀死，尸积如山，血流成河，从墓地前五六丈高的悬岩上淌流下边的河沟里。这一惨状深深印在仡佬族人心中，人们从此称这堵悬岩为淌血岩。岩下浸透着仡佬族先祖的血，岩上埋葬着那次壮烈牺牲的先祖白骨。有的老人还具体说，这次大屠杀是发生在"吴王剿水西"时期内。究竟发生于何时各说不一。补郎区仡佬族古坟为石板墓，墓内有棺，棺内多系骨灰。少数有尸骨者，皆用一种粗如筷子的条状金属绕箍着。这种金属非铜、非铁，苗语呼为"撩"。

［翁家烈："普定县仡佬族社会历史"，《民族志资料汇编·第十集·仡佬族》，第46页，贵州省志民族志编委会，1989年5月］

46. 贵州普定县仡佬族（告）丧葬习俗

"告"的丧葬，有火葬和棺葬两种，棺葬又分土葬、岩洞葬和悬棺葬，今化处水母有一岩洞尚陈棺数十具，乃为"告"的岩洞葬。超度亡灵时以鼓乐歌舞为哀悼，猪、羊为祭献。解放后实行木棺土葬。丧事有开路、封棺、发丧、上供板等过程。

开路：死者断气时，由仡佬族祭师（称果珠）持鸡在死者（男用公鸡、女用母鸡）头部抓三下，称为梳头，此鸡称梳头开路鸡，以后用它开路。死者断气后，由亲人抱到堂屋正中，面向大门扶坐板凳上剃头（女梳头），同时祭师念开路词，洗身，穿衣（男单、女双），头缠六尺长青布帕，脚穿布鞋（忌用白色）。棺材放在堂屋中央板凳上，脚朝大门，入殓前，祭师先扫棺，棺内铺草纸，白纸，再铺棉布，亡人有多少岁，就用多少张纸钱垫枕，然后入殓，用六尺红棉布盖身，随即盖棺，孝子跪于棺前烧香化纸，祭师坐于棺材头端念开路词，待鸡叫时念完开路词，开路结束。

封棺：开路结束，祭师将棺盖打开，让亲友最后看死者一面，口中念词，念完将棺盖盖上。

发丧：发丧前，奔丧的亲友将带来的供品摆在棺前祭奠亡人，把梳头开路鸡杀死煮熟给死者老辈外家亲人吃。拂晓发丧，先将棺木抬出堂屋，置于院坝中央板凳上，等死者外家亲人在棺前摆桌上饭吃饱，即抬棺上山。孝子挂丧棒走在棺木前，媳妇持盛水葫芦和内装高粱、黄豆的马料袋跟后，边走边倒水，撒高粱、黄豆，沿途不丢买路钱。安葬时，灵柩下井后，扯四根茅草插在井内四角，先由孝子背土放在井盖上，再填土垒坟。葬后三天，家族亲友去看新坟，祭师用一个鸡蛋放在米碗里为生人喊魂，喊完魂，就地吃饭后回家。

上供板：丧期未满百日，孝子不能梳头、理发、更衣，吃饭时要在饭桌上为死者摆放碗筷，满百日时，由祭师设祭，请亡人灵魂上供板，供板用一块木板吊于厨房灶头上，板上放一碗米饭，一碗米酒，一碗猪肉，一双竹筷。从堂屋至灶前铺一丈二尺新白布，布上倒扣 24 个新碗，孝子背一只公鸡，脚踩着碗走到供板前，祭师将鸡杀死，洗净煮熟放在供板。第二天清晨，将供板上的鸡和供品收起交祭师带走。此后，逢年过节要在供板上祭供已故者的亡灵。

死者埋葬百日之内，若丧家发生意外事故，视为死者作乱，个别地方有向亡灵许愿、还愿的活动，叫做好事。

在抬灵魂上供板和做好事时，禁说汉话。

“门你”的丧葬，清乾隆《贵州通志》载：“居丧，三月不食米饭，惟饮稗粥，犹有古礼，杀牛宰牲，聚亲属吹笙跳舞，名曰做戛。夫死，将妇殉葬，妇家抢去乃免。”民国时为棺殓土葬。人死，洗净穿戴入殓后，棺木横陈堂屋中，请本族祭师“即吼把”来念经，指路，然后安葬。办丧期间，孝子不用筷子，只能跪在棺材前用马匙舀饭吃，禁吃葱、蒜、辣椒，禁往外倒水。直系亲属除用牲畜来祭外，还要做一个筛子般大的粑粑，用头顶着祭供。送葬时，孝子背一张弓、一双草鞋和一个坛子，途中，孝子将坛子打破，至坟地，将弓、草鞋和鄞子杆及一个喜鹊窝烧于坟中，坟埋好后，用一枝刺倒拖坟土，谓之为送葬人喊魂。

［贵州省普定县地方志编纂委员会编：《普定县志》，第 179—180 页，贵州人民出版社 1999 年版］

47. 贵州普定县窝子乡仡佬族丧葬习俗

普定仡佬族丧葬活动主要分为开路、封棺、发丧和招魂上供板四个过程。

老人断气时，由果珠持鸡在死者（男人用公鸡，女人用母鸡）头部抓三下，称为“梳头鸡”，以后就用此鸡开路，又称“开路鸡”。老人断气后，由孝子抱至堂屋正中，面向大门，扶坐在木凳上。由该族中一多子女、年岁高者用新剃刀或新木梳为其（男死者）剃头或（女死者）梳头。然后由两位果珠为死者开路。大门外摆一张方桌，桌上放置猪肉、酒、饭各一碗和筷子一双。一位果珠在门外坐于桌旁；一位果珠在门内持鸡唱《开路歌》，反复唱到剃头或梳头完止。接着进行装殓（其过程与平坝县大狗场同）。之后，将棺木置于堂屋正中两条板凳上，脚朝大门。孝子跪在棺木前烧香烧纸。门内果珠在棺木头端唱《开路歌》头三段，连唱三遍。待鸡鸣时，唱《开路歌》最后一段，开路结束。

开路后随即封棺。果珠将棺盖打开，让亲友最后看死者一面，并且念道：“今年是好年，今月是好月，今日是好日好时，你得高寿了，得好去路了，你就去。我吩咐你和老祖宗们在一起，正月间你来，七月间你来，其余时间不要来。拿鸡引你的路，你不要调头看人间。"念毕将棺盖盖上。

发丧前，将亲友带来的供品摆在棺木前祭供，并把梳头鸡杀死煮熟由死者亲长辈外家人吃。拂晓发丧，还要用一只鸡为死者引路。果珠念道："今日好日好时，好日好地，我行发丧。堂堂大路，四方宽广，时候已到，棺木出房。我今将鸡来引你走，一家顺顺当当。"念毕，将棺木抬出，置于院坝中。待死者外家人在棺木前摆桌吃饭，意为最后陪死者吃饭后，即抬丧上山（其过程与平坝大狗场同）。

丧期未满百日，孝子不能梳头、理发、更衣，吃饭时要为已故老人放碗筷，表示同桌吃饭。满百日那天，由果珠设祭，请亡灵上供板。此后，逢节庆日或喜日，都要在供桌上祭老人亡灵。百日后，丧家若发生意外事故，必须请果珠"做好事"（其过程与安顺市弯子寨同）。"抬魂上供板"和"做好事"时，禁说汉话。

《开路歌》：

哪个心不好？哪个心不正？凶神恶鬼心不好，恶鬼凶神心不正。已故老人啊！是凶神恶鬼害你，是恶鬼凶神整你。你饭吞不下，水也喝不进。今天是你跟祖宗去的好日，是你去念祖宗的好时辰。你要去祖宗场，你要去祖宗处，去会见老祖先。今天你瞑目去，去的是好去路。今天你高寿去，得的是好寿缘。认清古老古代的人，认清了你才去。要理清古老古代的事，理清了你才行。

是哪个开天？是哪个辟地？古老古代保海来开天，他抓四把黄泥撒四方，得一个圆圆的天。古老古代保因来辟地，他抓四把细泥撒四路，得一块宽宽的地。开得的天高，辟得的地阔。用哪样来遮天？拿青布来遮天。用哪样来盖地？拿树叶青草来盖地。

是哪个造太阳？是哪个造月亮？天神拿簸箕造太阳，天神用筛子造月亮。造的太阳会发光，照得满地亮堂堂。造的月亮会发亮，照得遍地白晃晃。是谁开头兴年月？是保海开头兴年月。开始一年十五个月，一年五百七十天。种的粮食不够吃，砍的柴火不够烧。年太长日太多，以后改成十二个月，一年三百六十天。

是谁开头养箐鸡锦鸡？始祖开头养箐鸡锦鸡。箐鸡喂在青山上，锦鸡喂在大山里。箐鸡吃树果，锦鸡吃草籽，箐鸡吃树果长血，锦鸡吃草籽长油。箐鸡长畜，锦鸡长肥。

是谁开头养家鸡？始祖开头养家鸡。原来鸡在高坡上，鸡在荒野里。它挡不住风，它挡不住雨。它飞进刺蓬中，它飞到树丛里。祖先去掏猪草，它飞进祖先背篼。祖先问它是哪样？它讲它是鸡。祖先背它进家来，把它放在笼子里。

是谁开头养公猴母猴？始祖开头养公猴母猴。公猴挺腰杆，母猴展腰身。太阳出来它们不知热，下大雨它们不知湿。它们掏青枫叶当饭，摘毛栗叶当粮。

是谁开头喂水牛黄牛？祖先开头喂水牛黄牛。喂水牛耕田地。喂黄牛做活路。是谁开头造人类？祖先开头造人类。他用哪样造人？用黄蜡来造人。用哪样做人的筋脉？用棉麻做人的筋脉。用哪样做人的腿骨？用青枫树做人的腿骨。造的人个个腰身软，造的人个个软腰身。热天他们怕日晒，雨天他们怕雨淋。他们坐满天下，他们坐满人间。

　　是谁造得供祖宗场？祖先造得供祖宗场。供九天九夜，情郎不来见，情妹不来会。又供七天七夜，情郎也不来见，情妹也不来会。再供五天五夜，情郎还是不来见，情妹还是不来会。最后供了三天三夜，情郎来相见了，情妹来相会了。情郎看情妹，从头看到脚，情妹面美丽，情妹身窈窕。情郎转回家里，取来卖猪钱，加上卖米钱，凑得四两三钱银，去上寨请得三位媒人，去下寨请得媒人三位。把媒人请到家，把媒人请到屋。杀鸡一大个，备酒一大壶。吃鸡留鸡头，饮酒剩个壶。拿起四两三钱银，揣在衣袋里。手拿一把伞，肩扛一床被。越过龙坡去，翻过虎山行，到了情妹家，交了四两三钱银。带系情妹腰，伞遮情妹头。情哥拉床棉被子，情妹穿双花尖鞋。卯时动身，申时到屋，情郎爱你妈，情郎想她又亲她。满日来身上①，足月身不爽。一月到二月，二月到三月，转眼五月到，情哥在点蜡，情妹在绣花。情妹左肚动，情妹右腹跳，左肚动是男，右腹动是女。足月生了你，足月把你生。出身三朝满，出身整三天，啼哭声不断。爹妈为你来操心。请祖公给你说姓，请祖太给你取名。杀鸡一大个，备酒一大壶。饮酒说了姓，吃鸡取得名。父母为你成家立业。你辛勤劳动一生，抚养子女成人，正当享受儿女奉养，恶鬼害你一生。

　　凶神恶鬼心不好，恶鬼凶神心不正，让你痛翻不了身，让你病不会痊愈。恶鬼心不好日子好，凶神心不正时辰佳。砍棵竹子搭在你头上，包坨米饭放在你手里，点盏明灯照在你身前，拿来银钱带在你身上。今日你瞑目去，去的是好去路。今天你高寿去，去的是好寿缘。

　　哪个带你路？哪个引你行？大鸡带你路，大鸡引你行。大鸡站在你床前，大鸡站在你床边，你跟大鸡走，你随大鸡行。走到柴草堆，那是你烧的柴，那是你烧的草。大鸡走前你跟后，丢开这里放开脚步往前行。为哪样要这样走？为哪样要这样行？千人是这样走，万人是这样行。

　　大鸡带你走，大鸡引你行。走到水坑前，那是你洗瓢处，那是你洗碗处，大鸡走前你跟后。丢开这里迈开脚步往前去。为什么这样走？为哪样这样行？千人是这样走，万人是这样行。

　　大鸡带你走，大鸡引你行。走到内房里，那里有你的金银被，那是你们夫妻床。大鸡走前你跟后，丢开这里迈开脚步往前走。为什么这样走？为哪样这样行？千人是这样走，万人是这样行。

　　大鸡带你走，大鸡引你行。走到屋里中耳门，那是你的陪客处，那是你的陪亲处。大鸡走前你跟后，丢开这里放开脚步快快去。为什么要这样去？为哪样要这样行？千人是这样走，万人是这样行。

　　你跟大鸡走，你随大鸡行。走到堂屋中，那是祭祖堂，那是供祖厅。大鸡走前你跟后，丢开这里迈开脚步快快去。大鸡带你路，你要紧紧跟。

-----

　　①　来身上：指女性经期到。

　　你跟大鸡走，你随大鸡行。走到大门边，迈开大步跨出门。大鸡走到屋檐沟，你跟着走到屋檐沟。哪个心不好？哪个心不正？凶神恶鬼心不好，恶鬼凶神心不正。它们要你喝了檐沟水再走，它们要你喝了阳沟水再行。你不要听，你不要饮。喝了走不到祖宗场，饮了走不到祖宗处。大鸡走前你跟后，丢开这里迈开脚步快快去。

　　大鸡带你走，大鸡引你行。你走到院坝中，你要反裹花绑腿，要反缠黑花带，打扮漂亮去祖宗场，收拾标致去祖宗处。

　　你跟大鸡走，你跟大鸡行。你走出院门，热天躲在鸡翅下，雨天躲在鸡尾底，大鸡走前你跟后，丢开这里放开脚步往前去。大鸡带你到寨门，大鸡引你到寨边。堂堂大路走四方，正正大路四方行。东方有岔路一条，西方有一条岔道，有穿草鞋脚印，有光脚板脚印。那是后来走的路，那是后来走的道，你不要走那条路，你不要走那条道。那条路走不到祖宗场，那条道走不到祖宗处。还有一条小岔路，还有岔路一小条，有穿布鞋脚印，有穿花鞋脚印，那是走外家的路，那是走外家的道，那条路不能走，那条道不能行，那条路走不到祖宗场，那条道走不到祖宗处。堂堂四方大路，正正四方大道，是你走的大路，是你走的大道，你走这条大路能到祖宗场，你走这条大道能到祖宗处。大鸡带你走到荞子寨，大鸡引你走到荞子村，大鸡走前你跟后。丢开这里放开脚步往前行。

　　大鸡带你去到虫窝，大鸡引你去到虫洞。哪个心不好？那个心不正？凶神恶鬼心不好，恶鬼凶神心不正。它们要你去踩虫蚁再走，它们要你去踩虫蚁再行，你不要听，你不要信。你随大鸡赶快走，你跟大鸡赶快行。莫把你鞋踩脏了，丢开这里放开脚步赶快行。

　　大鸡带你走到冷水冲，大鸡引你走到冷水谷，那里有黑竹一对，你去摘根做杖拄，拄着它才到祖宗场，拄着它才到祖宗处。

　　大鸡带你去到茅草坡，大鸡引你走到茅草岭，大鸡走前你跟后，丢开这里放开脚步往前行。

　　大鸡带你走到老林坡，七天七夜走不过。大鸡引你走到老林岭，七天七夜走不完。哪个来哄你？哪个来骗你？凶神恶鬼来哄你，恶鬼凶神来骗你。它们叫你吹酸杆筒[①]再去，它们叫你吹酸杆筒再行，你不要听，你不要信。你的酸杆筒挂在腰，你的酸杆筒随身带。你一边走一边吹，哩哩呐呐去祖宗场，哩哩呐呐去祖宗处。你跟大鸡走到射箭坳，你随大鸡走到射箭关。你的胸挂有日月盾，你背上背有日月牌，九神射你九箭，九箭射不中。十神射你十箭，十箭射不着。大鸡走前你跟后，丢开这里放开脚步往前去。

　　大鸡带你走到浮飘[②]井，大鸡引你走到浮飘泉。哪个来哄你？哪个来骗你？凶神恶鬼来哄你，恶鬼凶神来骗你。它们要你喝浮飘水再去，它们要你饮浮飘泉再行。你不要听，你不要信。喝了浮飘水，水里映有你眉毛，你饮了浮飘泉，水里映有你发圈，你就不得好路去，你就不得好路行。大鸡走前你跟后，丢开这里放开步子快快去。

---

　　①　用燕麦草制作，再用菜油煮过而成的哨筒。
　　②　浮飘：即浮荡萍，水生植物。

　　大鸡带你去到山冲冲，大鸡引你去到山凹凹，大鸡走前你跟后，丢开这里放开脚步快快行。

　　大鸡带你走到大江边，大鸡引你走到大河旁。大水滚滚来，大水哗哗淌。水冲哪样来？冲有蜘蛛来。我说你要听，我讲你要信。你不要去粘蜘蛛身，你不要去粘蜘蛛体，粘了蜘蛛身，蜘蛛背你进岩洞，粘了蜘蛛体，蜘蛛背你进岩孔，你去不到祖宗场，你去不到祖宗处。

　　大水滚滚来，大水哗哗淌。水冲哪样来？冲有螃蟹虾儿来，你不要粘螃蟹身，你不要粘虾儿体，粘了螃蟹身，螃蟹背你进岩窝。粘了虾儿体，虾儿背你进岩洞。你去不到祖宗场，你去不到祖宗处。

　　大水滚滚来，大水哗哗淌。水冲哪样来？水冲小鱼大鱼来。你不要粘小鱼身，你不要粘大鱼体，粘了小鱼身，小鱼背你进大海，粘了大鱼体，大鱼背你进大洋，你去不到祖宗场，你去不到祖宗处。

　　大水滚滚来，大水哗哗淌。水冲哪样来？水冲大船小船来。漂来一只杉木船，船身红艳艳。你坐上那只船，你去不到祖宗场，你去不到祖宗处。

　　大水滚滚来，大水哗哗淌。水冲哪样来？水冲大船小船来。漂来一只栗树船，船身黑又蓝。你坐上那只船，你去不到祖宗场，你去不到祖宗处。

　　大水滚滚来，大水滚滚淌。水冲哪样来？水冲大船小船来，漂来一只刺木船，船身红又白。你坐上那只船，你去不到祖宗场，你去不到祖宗处。

　　大水滚滚来，大水哗哗淌。水冲哪样来？水冲大船小船来。漂来一只梧桐树船，轻轻巧巧漂得快，这是我们的舟，这是我们的船，这是送过路客的舟，这是送过路人的船。我们要收过河钱。你坐这只舟，你坐这只船，不能漂去海，不能漂去洋。漂不到祖宗场，荡不到祖宗处。

　　大鸡带你去到养鸡坡，大鸡引你走到养雀坳。哪个心不好？哪个心不正？凶神恶鬼心不好，恶鬼凶神心不正。它们要你拣光鸡米才走，它们要你拣完雀米才行。你要喂石槽米，才能拣得光。饿鬼馋鬼撒的米，不会拣得光。大鸡走前你跟后，丢开这里迈开脚步赶快行。

　　大鸡带你走到红花坡，大鸡引你走到红花岭。你伸手去选花，摘朵鲜花戴头上，你戴花能去到祖宗处，你插花能走到祖宗场。大鸡走前你跟后，丢开这那迈开大步往前行。

　　大鸡带你走到大歌坝，你有大歌要快唱，没有大歌赶快行。大鸡引你走到大歌场，你有山歌要快唱，没有山歌赶快走。

　　大鸡带你上九十九台阶，大鸡引你上九十九层岩，你拿出盒里的饭来吃，你倒出罐里的水来喝，吃了饭上台阶才有劲，喝了水上层岩才有力。大鸡走前你跟后，丢开这里迈开脚步往前行。

　　大鸡带你上了天，你到祖宗场旁边。哪个变成灵魂？你要变成灵魂。你的大鸡叫一声，祖宗大鸡应一声。

　　管场有四郎八汉，祖宗开门出来看。祖宗问你哪样来？你说你得病才来，你享了高寿才来，你寿缘满了才来。

　　管场有四郎八汉，领你进到祖宗场，领你进到祖宗处，去会老祖先。家族老祖先，挺胸坐中堂，你把你大鸡，交给老祖先。家族老祖先，想你又爱你，收你去归宗。

［贵州省安顺地区民族事务委员会编：《仡佬族古歌》，第148—175页，贵州民族出版社1991年版］

48. 贵州关岭县仡佬族丧葬习俗

　　仡佬族的老人病故，烧落气纸，以宽长一尺的新白布给亡人洗身。死者为男性剃头，是女性需梳头，均以青纱包头，但男亡人须包女式，盖顶，挽髻于后，女亡人须包男式，包为环形。洗身之布用火烤干，以木棒夹着烧化，注意观察成为灰烬的帕上之图纹：若布烬上是花纹，预示亡灵将投生为女子，若现字纹，则预示亡人未来投生男子。给亡人换衣的数目规定为单数，裤子为双数。"老磨"刷木头（即持酒一碗、香一炷对棺念咒）后方装殓。棺底垫柴灰、草纸、白纸。前来吊唁者除死者同辈及外姓朋友不送盖布外，都要送盖布。家族送的是青布，至亲送白布。布一般长五尺，宽一尺二寸。"老磨"将子女的盖布依先男后女先长后幼秩序，即将孝男孝女的青盖布铺垫于棺内，嗣放尸于棺，再将家族中子侄的青盖布盖在尸身上，最后才将其他亲戚的白色盖布往上盖。"老磨"在铺盖盖布时，须先用香在盖布的一角烧一小孔。盖布时，桌上放碗，碗数与孝子数同，一个孝子摆一碗酒，烧香纸祭供，子侄辈跪棺前。"老磨"每盖一张布，都念及亡人名字和献盖布者与死者的关系、名字，并说："你归天去了，你的某某放不下心，拿一块布来盖你，盖得你身上安逸，盖得你身上好看。你要保佑他喂牛牛乖，种庄稼有八仓糯谷、九仓黏谷，一根绳子拉八条、九条牛，拉到圈里，圈都满了关不下。"青布盖定，跪者起立，请老人们陪亡灵。由"民师"——道士封棺，口念："日吉时良，天地开张，天有八角，地有八方，才见人起屋，不见酒色误伤，昨日东，今日西，观见阴阳事不同，来到堂前已满出。孝男孝女生魂出，内亲外戚生魂出，寨邻人等生魂出。弟子敕起，天无忌，地无忌，年无忌，月无忌，日无忌，时无忌，弟子封棺已毕，闭气。"封棺后，经济好者可做斋，经济困难者由道士主持出丧。道士取鸡于死者床前摇动，并卜卦，直到卜得阴卦（两只卦皆俯）才宰鸡，宰后丢鸡出外。门外放筛子，筛内放一鸦雀窠和笋壳做的小棺。道士摆完上述物件，回到屋内，左脚踏着门槛，对外喷水一口后念："台上有山台，天门地不开，御敕亲口语，差吾发丧行，神将大路修，小路修开一尺，大路修开一丈。人要横行丧正气，今有买路钱财，用凭火烧。"念毕，棺上放公鸡一只发丧。一位老人沿途丢买路钱，到墓坑前，道士击钗，向坑内撒米并丢鸡跳井。放棺入坑后，孝子跪地，双手反拉起后衣作兜状，道士撒土三次入其衣兜内，孝子转身将泥土倒于棺上，挖放三锄土，其余人再堆土垒坟，外砌石一层后，用鸡谢坟，在坟的东南西北中五方各放一升粮食，上有钱一元，又放酒一碗，粑粑、豆腐一片放纸上，杀鸡交牲，典卖地契，用鸡血围坟转一圈作为坟界。谢坟时，道士口念："新正酒，喊吃香。香烟香，香九天。孟子见梁惠王，王立于沼上。墓前斟美酒，不见起来尝。吃，不吃，也来尝。"有的在封棺后，做了斋才送葬安埋。

做斋的日子由道士择定，由"老磨"主持。仡佬称呼做斋为"杀汪灯"，俗叫"盘"。当丧家提一壶酒请"老磨"做斋时，"老磨"将酒倒入碗内，连同牛角杯、扇子一并放神龛前长方形的矮桌上，跪于桌前，以酒敬告亡师：某家来请我来帮老人做好事，请老师去吃酒。我在做好事时有想不起的地方，请老师要提醒我。说完磕三个头，喝几口酒后，就跟着来请者去丧家。丧家端酒于村口迎风，"老磨"喝了迎风酒进屋，丧家以酒肉款待。饭毕，开始做斋。其程序是：

（1）"老磨"先到坡上招灵："某某，你已亡了，你儿子在后头想到你过意不去，做庄稼三病两痛，心头不安。你儿子在河边想，在塘边想，总想不出是什么原因。想呀，想呀，咦，不如拿个鸡蛋来滚身上，你儿子第二天拿滚过身的蛋请老磨看。老磨看后说，哦，你家老人死了，没有给他做斋，没有饭吃，要你拿饭给他吃。你的儿女商量后来请老磨把好事做。"接着"老磨"将亡人从病危到埋葬的情景叙述一遍。"老人病得很重，睡在床上，我们拿蛋来滚，拿去请老磨看，老磨说遇到了凶鬼。如果想要病好，需拿只小鸡来解。儿子拿小鸡给老磨为老人解，病还不见好。又用蛋再滚，摆上酒饭祭祖看蛋，还是好不起，去问老磨。老磨说，这位老人的病好不了，要死。你赶快回去把他撑起。儿子回家，见老人只有一口气，赶紧把老人抱撑着，姑娘、媳妇看着这情景，都放声哭起来。寨邻们听着哭声，纷纷来看望，对儿子说，你好好撑着，我们帮忙烧火热水剃头，由儿子（或媳妇）替死者洗身，换衣服，请老磨洗棺木，把尸体洗得干干净净。棺内铺上一层柴灰，灰上铺一层草纸，再用白纸铺卡四边。儿子姑娘们想到老人辛苦一生，实在过意不去，一人用一块布垫在老人下面，亲戚们想到老人的好处，一人送一张盖单，盖在老人身上。大家坐夜说，你们摆饭给老人吃，为老人做斋。姑娘和亲戚们都来望，大家在一起商量说，我们吃他（或她）老人家辛辛苦苦开出来的大田大地。老人停在屋里的时间长了不好，去找块安埋地方，某日去采地。孝子说这块地好，我用个鸡买这块地给你（指亡人），鸡刨到哪里，你就管到哪里；鸡血滴到哪里，你就管到哪里"。念完这段，宰鸡一只，用柴火烧其毛，剖其肚，取其肠绕于一根尺余长的木杈上，"老磨"和大家喝点酒，丢绕有鸡肠的木杈于岔路上。"老磨"喊着亡人的名字说："走，回家去吧！"

（2）"老磨"回到丧家进行第二道仪式——"接灵"。取长板凳一条仰放大门内，上放酒二碗及梳子一把、麻丝一束、蒜一根、盆一只（内有火炭一块）、布帕一张、饭一坨。"老磨"坐在神龛前桌子的上坐念："你的儿子吃了葱，就不会懒心，吃饭也不会被谷子哽着。媳妇用麻线不会乱。并用麻丝扎在头上志孝，打盆热水给你洗干净，儿子想你，给你做好事，宰落气猪给你用。"念完，将板凳掀翻，把火炭倒丢，取走其他物件，宰鸡1只，斜划为两半，一半有头，另一半有尾，放桌上（如亡者是男性头留左半，是女性头留右半）。桌上还放酒两碗及"老磨"所用牛角、扇子。

（3）杀落气猪。孝子碰头，"老磨"站着念："你儿子想到父母辛苦一辈子，拿猪来杀，洗整出来砍下带两片肋骨和三片肋骨肉一块，割下七个猪奶和心肺的肉一方。肋骨肉是老古代留下的古迹礼仪，七奶肉是你的祖籍。还有一块（指剖为两半之鸡）我们不能拿走，放在香火上，你各人守着它。"取五碗，将猪的五脏各放少许于碗内，放在桌上的五方，称为"五衬盘"，孝子跪下，"老磨"又念："你儿子宰猪给你，做五衬盘给你吃了。吃了就可以落心，要保佑儿子儿孙发达，喂牛牛成对，喂马马成双……"出嫁的女儿扎一灵房放簸箕内，摆于堂屋左角，灵房内有纸做的金山银山，死者为男性，有纸马一匹，为女性为纺车一张，由孝女守着（即与请四官菩萨念词同）。

"老磨"念："你的猪得了，五衬盘也得了，土地也买得了。你儿子免不了心，拿饷午来给你吃。你要保佑他们，牛马猪羊长得好，大事小事都顺利。""老磨"从 1 升 2 碗米煮的饭甑中舀一碗衣禄饭放灵房内，孝家、亲戚中的老人和"老磨"也自舀饭吃，但孝家的人不得吃落气猪的肉，称为吃饷午。

吃完，"老磨"又坐着念："儿子为我做了斋，你坐在火塘边不要想到我，在锅边不要想到我，在屋角不要想到我，在院坝里不要想到我，到寨郊家不要想到我，睡觉时在床边不要想到我，赶场时不要想到我，走路不要想到我，割草不要想到我，放牛不要想到我，犁田不要想到我，挑水不要想到我，摘菜不要想到我，无论做什么事都不要想到我！"念完又宰鸡一只，烫后去毛，破腹，洗净，煮熟，放桌上供，交牲给亡灵，又念："你要记在心头，有只鸡你好生捉住，把刀放在鸡脖子上，不要让它扳，不要让它蹬，不要让它拍翅膀。把刀架在鸡脖子上，血要溅了。"交牲后，边用扇指着鸡的各部位边念叫亡人吃："来吃鸡肝，来吃鸡肚，来吃鸡心，来吃鸡肠！"

"老磨"念请亡人归去："你儿子在火塘边，你把他领去，不要把他丢下来，惹大人小孩哭。你连儿子都不要了，别人会笑你，会骂你，会说你，这是哪家的儿呀，不把他带走？"接着从锅边，在堂屋角，在堂屋前，在大门口，喂猪的时候，在院坝里，走寨邻时，睡觉时，赶场时，走路时，割草时，放牛时，犁田时，挑水时，到摘菜……按上述内容各念一遍。最后说，"带你的儿子去吧，不要把他丢下，要不然别人会笑话你，会骂你，会说你连自己的儿子都不要哩！"又宰鸡一只，剖腹，洗净，煮熟放桌上，"老磨"用扇子指鸡的各个部位，念请亡人的祖宗吃。

（4）亡灵要母鸡。"老磨"念："你来到火塘边，见有一只母鸡，想要拿这只母鸡去喂。你想要拿去喂吧！"孝家宰母鸡一只，洗整干净，剖开煮熟，盖在一碗饭于桌上，"老磨"又用扇子指着鸡的各部位叫亡人吃。

（5）敬师。牛角内盛酒，孝家用一条一尺长红布挂在牛角上。"老磨"左手持牛角，右手持扇，以亡人及其父的口气大声地念："一天赶场，路上遇到老磨先生，我喊先生站住，告诉我家老的已过世，请来帮忙做好事。先生说，好，我回去拿法具（指牛角和扇子）就来。先生回到家里，摆酒敬师，掐鸡冠子的血滴在牛角和扇子上，还用鸡毛蘸血沾在扇上，把牛角、扇子放桌上敬师后，带着牛角和扇子出门。走到寨边，孝子端着酒前来迎风。先生接过酒喝了，就到孝家做好事。"

　　"老磨"念："你（指亡灵）和你爹赶场，路过一个寨子，见一位姑娘打扮得很漂亮。赶场回来，你总是坐卧不安，哼哼叽叽的。你爹问你是哪里不好？你说没有哪点不好。你爹说那你为哪样成天哼哼叽叽的。你说，那天赶场，见某寨那位姑娘生得太好。爹说，不要紧，你好好做活路，八九月间收了粮食，做好酒，请媒人去说吧。粮食收了，酒做好了，请媒人来家吃了饭，把想法告诉媒人，媒人带一匹布到那位姑娘家。姑娘的父母问，你是来做贼的？媒人说，我不是贼，是来搭桥的。姑娘父母说，唉，你来晚了，我家女儿有去处了。回来，你爹问，那位姑娘好不好？媒人说，好是好，就是去得晚了！你听到去晚了说不成很生气。你爹说不要紧，好生做活路，请媒人再去说说看。媒人带着一匹布又去说亲。这回姑娘的父母同意了这门亲事。媒人回来，你爹问，姑娘家同意没有？媒人说，这回已得花带着回来，她舅爷已收了布。你爹说，儿呀，你好生做活路，等今年收了庄稼，我们做酒，做甜酒，准备给你办喜事。你爹请先生看完婚的日子。先生说，在十冬腊月好。规定的日子到了，请押礼先生带着篾帽、裹脚、勾尖花鞋、腰带、簪饰、衣服等礼物去接亲。女方家迎风。抹干净桌子候押礼先生走进堂屋。押礼先生一一放在桌上，请新娘的母舅或总管验收。还要给收礼、抬洗脚水和替新娘梳头的人，一人一个装有一角二分钱的红封。晚上摆饭给押礼先生吃后，安排他到寨邻家睡。第二天早晨，在堂屋把两张桌子连成长桌，桌上各点红烛一只，男女各坐一桌，先喝三巡酒后，上两碗豆腐和一簸箕饭，分筷子。大家吃豆腐、吃饭，又喝三巡酒，女方给接亲的姑娘和押礼先生各人一角二分钱的红封。吃完酒饭，发亲。新娘在前后两个打灯笼的童子中间，由接亲的姑娘拉着从房内走进堂屋再走出大门。新娘的哥嫂特别防止新娘的衣服挨擦着大门，并叮嘱说，你好好去，不要望着转来，舅爷舅妈跟你去，拿箱子柜子送你，你带去，到婆家门前，放尺、戥、伞和升子在桌子，先生杀鸡绕着新娘和桌子走三转回车马后，被扶进屋，在堂屋板凳上坐东向西一会儿，就进入新房。在新房里守三天规矩，不得出来走动。第二天，男方家在堂屋内摆开长桌席，由新郎的舅爹、舅妈和姑爹、姑妈等陪送亲来的人喝酒。新娘的母舅说，娃儿年轻，个子虽大年龄还小，你们好好带她做活路。三天后，新婚夫妇和送亲者一道回门。在娘家住一段时间回到婆家后两夫妇才同房。"

　　老磨念："不久你娘怀了你。快要生你的时候，有一天你爹在坡上犁牛，你娘照样去送饭，但走到坡脚就停下大喊你爹：要吃饭自己来拿，我要回家了。你爹感到奇怪地问，咦，我们没有闹架，怎么今天把包饭丢在这里就走？你娘回家睡在床上，你爹也早早收工回来，你爷、你奶看见这情景说，你两个做活路怎么会是这样？用蛋给你娘滚，拿去请先生看。先生看后笑着说，没有哪样，是要生孩子了，快回去招呼吧！你爹赶紧回到家里，你娘在床上痛得又扳又叫，真是娘奔死，儿奔生。生下你三天，你爹去赶场，遇着亲友就摆，我家生了个孩子爱哭，不知道怎样办才好。回答说，你家孩子哭吵三天，是要取名字。你回来给孩子取了名字，慢慢长大，爹妈为他请媒人说亲，成了家，生了孩子，安埋了老人，为老人做了好事，自己也辛辛苦苦老了，活到了八九十岁，一天病倒。他的儿子（指现在的孝子）在火塘边想，很着急，用蛋给他滚，拿去请先生看。先生说你爹好不起了，快回去扶着他落气。一落气，全家哭，哭声传给寨邻听到，都来帮忙。给亡人洗身，洗棺、换衣、装殓、抬上山埋葬。"念完这段，宰鸡一只，老磨叫亡人好生捉住，不要让鸡扳，拍翅膀，拿刀放在鸡脖子上，并用扇子指叫亡人享用从鸡头到鸡尾各部分。

"老磨"念："你（指孝子）听说是从火塘边生的，你用尖锄挖，找不着你出生的地方。听说是在铺边生的，你用尖锄挖，也找不着你出生的地方……"再从堂屋角、堂屋中、大门脚、院坝、鸡圈、牛圈、寨中、井边、路边、割草、割柴、放牛、种庄稼、赶场、吃酒等各处、各活动中如上去找出生地，都一一找着。到了山上，"老磨"说："你是生在床脚的，回去一找，确实找着了孝子出生的地方。"念完，宰鸡一只，"老磨"又边用扇子指着鸡的各部位，边喊着亡人名字，前来享用。这一段叫问根源。

（6）指路。"老磨"走到火塘边、床铺边、堂屋角、堂屋、大门口等各处，告诉亡灵在上中下三条路中，不要走上边那条，也不要走下边那条。要走中间那条。"走到了奈何桥前，原先和你唱歌玩得很有感情的那位姑娘把你拉着过去，由父母包办成婚的那个当家人（即妻子）却不能领你过桥。"宰鸡，老磨喊着亡人之名，用扇子指着鸡的各部位叫其享用。

"老磨"念："好事办完了，什么都指给你了。你要走了，把衣服收拾好，把床铺整理平整，收拾打扮得亮锃锃的。你可以走了！"宰鸡一只，把家族中为老人准备的老衣、老鞋、腰带、头帕借来，用长竹竿挑起，竹竿插在篱笆上，衣物等悬挂在堂屋的左角、灵房顶上。发丧时，将灵房和亲戚送来的祭帐拿着送葬上山安埋，坟前烧掉灵房，衣物祭帐等带回。这段仪式仡佬语叫"旧直梅"，意为好事办完。

（7）扫火场。三条板凳放堂屋中，一条横放，另两条直放两侧，用七丫竹叶、七碗酒分放三条板凳上，先放竹叶，酒碗放竹叶上（中间板凳放三份，两侧板凳各放二份）。请七位老人，中间三位代表老祖人，两侧各坐二人，左边二人代表内亲和寨邻，右边二人代表野鬼。孝家给七位老人各一碗鸡肉和豆腐，"老磨"、孝子也各得一碗。桌上也供有八碗，其余人等各人一钵。"老磨"按照七位老人代表身份的名字，念到最后一位野鬼的名字时，七位同时端起酒碗，啊哆一声，一齐将板凳掀倒，把酒倒出门外，全部斋事到此完毕。

［翁家烈："关岭县仡佬族宗教信仰评述"，《贵州民族调查》（之六），第305—309页，贵州省民族研究所、贵州省民族研究学会编，1989年］

49. 贵州关岭县简嫩村仡佬族丧葬习俗

这一带的仡佬族老人去世，要请普菲举行祭祀，唱《丧葬歌》。全歌分"敬终孝"、"别人间"、"祖宗引去"、"问根由"，"陪影身"、"述鸡"、"指路"七首。

老人去世，先为其着装整容，然后装棺入殓，接着送上山安葬。普菲在亡人入土前唱"敬终孝"前段至"挖土盖棺材时",将一只鸡杀死祭祀死者,普菲唱"交鸡"。普菲唱完"交鸡词"后,接亡灵回家。

丧家先在堂屋中摆桌子一张,桌上放两个装酒的碗,在大门坎搭一条脚朝天的条凳。普菲把亡灵接到丧家大门时,将在坟上祭祀的鸡整净剖成两半,摆在条凳上,把亡灵引上家神。普菲坐在堂屋里的桌子上方,右手持扇子,左手持牛角,两人辅助着普菲并站在普菲右边,一位倒酒,一位等候杀猪、鸡祭奠。杀的猪、鸡必须是公猪、母鸡或母猪、公鸡相配。猪、鸡抬上供桌后,普菲唱完"敬终孝"和其余部分。每唱完一部分,杀一只鸡祭亡灵。但在唱"陪影身"后祭亡灵的鸡不杀,只扯鸡毛沾在普菲的扇子和牛角上,并将其送给普菲。除唱"指路"时要祭雄鸡外,其余祭的都是母鸡。

(1) 敬终孝

嗨! 撒咪撒咪①! 你八十有余九十来临,你坐在火塘边,你坐在火堆旁。你儿问你在做什么? 问你在做哪样?

我没有做什么,我没有做哪样。今年灾难多,今年多灾难,吃饭不落肚啊! 喝水不落腔。爬坡脚杆软呀! 下坡脚杆酸,才坐在火塘边,才坐在火堆旁。我不好讲呀! 我不好说呀!

儿动手去撮米,动手去把米撮,动手去拿蛋,动手去把蛋拿。拿蛋来滚你身,拿蛋来滚你体。老祖祖啊! 老祖公,有哪样要求蛋显? 有哪样要求蛋现? 明早我请普菲看,明早请普菲瞧。我去普菲家,我去请普菲。

你来得这样早,你这样早就来,来这里为哪样? 为哪样这里来?

来请你普菲啊! 来请你普菲。父亲身体不舒服,父亲身体不安逸。他转身找板凳,他伸手拿板凳,板凳摆在房檐下,板凳摆在房檐脚。他伸手拿大碗,移步拿小碗,碗都摆在板凳上,大碗小碗一起放。他伸手拿大瓢,弯腰拿小瓢,大瓢舀清水,小瓢舀亮水,清水倒在大碗里,亮水倒在小碗头。他伸手拿柱烛,转手来点灯。他伸手拿鸡蛋,弯腰拿得蛋,拿蛋打在大碗里,拿蛋打在小碗头。他偏头看,他埋头瞧,看后把头摆,看后把头摇。有哪样请普菲讲? 有哪样请普菲说? 没有哪样,没有什么,一样都没有,一样都没得。是闯着异常鬼,闯着异常魂,遇着了鬼邪,闯着了邪鬼,要拿白鸡送,要拿白鸡解。

请普菲来帮送,请普菲来帮解。请得普菲来了,普菲已请来,普菲请到堂屋里,普菲请到家神前。拿烟递普菲,拿烟给普菲,普菲得烟抽,普菲得烟吸。他伸手拿板凳,他弯腰拿板凳,摆在堂屋中,摆在家神前。他帮送了,他帮解了,你还是不转好,还是不见好。

临终的日子来了,临终的时候到了,你断气在火塘边,你断气在灰堆旁。儿子眼泪淌,儿媳放声哭。喊你你不醒,叫你你不应。拿大瓢来,拿小瓢来,大瓢舀清水,小瓢舀亮水,清水倒大罐,亮水倒小罐。大罐放在大火上,小罐放在小火上,大罐水热了,

---

① 嗨! 撒咪撒咪:仡佬语音译,开头语,无实际意义。

小罐水温了。去拿大盆来，去拿小盆来，去拿洗身布来，去拿洗脸帕来。身上洗净了，脸也洗净了。

找木梳来，找篦子来，拿给姑娘，拿给媳妇。拿来梳头，拿来篦头，不让头发乱，不让头发蓬。我要用麻，我要麻用，拿给姑娘，拿给媳妇。拿来扎头发，拿来把发扎，捆好了不让它蓬，捆好了不让它散。

帮他穿上衣，帮他穿下衣，帮他打衣号①，帮他打鞋号，帮他包头帕，帮他戴头巾。

请亲友来帮忙，请亲友来帮助，抬到堂屋中，停在家神前。去为他燃香，去为他点灯，去为他买棺，去为他买漆。请三朋四友来抬，作客的也来抬，把棺抬到堂屋中，把棺抬到家神前。棺材要用鸡扫，扫棺材驱了邪。棺材扫净了，棺材扫好了。虫蚁驱出去，虫蚁已扫出。

你的儿子在，你的侄儿在。拿青布来，拿白布来，青布垫棺材给你睡。白布垫棺材给躺。请你来入棺，你已入棺了。你的女儿在，你的侄女在。拿青布来，拿白布来，青布盖你身，白布盖你体。盖上你舒服，盖上你心安。拿绳子捆棺材，拿绳子把棺材捆。儿子扛起锄头，儿子拿起薅刀。抬上山坡去，抬到山坡上。儿先挖三锄，儿先挖三路②。请寨邻来帮忙，请亲友来帮助。坟井已挖好，坟坑已挖平。井已挖成坑，坑已挖成形。棺材入坟井，灵柩已放平。请寨邻来帮忙，请亲友来帮助。抬石头来，砌好坟井边。挖泥土来，盖好棺材身。拿来一只鸡③，拿一只鸡来。你来享受鸡，你来领鸡去，你好好拿着，你好好拿住，你不要让鸡飞，不要让鸡跑。用刀来杀颈，用刀来割头。鸡血淌了，鸡血流了。请你来喝，请你来吃。我点鸡头，你拿鸡头。我点鸡翅膀，你拿鸡翅膀。我点鸡身，你拿鸡身。我点鸡尾巴，你拿鸡尾巴。我点鸡腿，你拿鸡腿。我点鸡肝，你拿鸡肝。我点鸡肚，你拿鸡肚。母鸡哪里放？仔鸡哪里摆？放在堂屋角，摆在堂屋旁。放在筛子里，摆在灵房中。样样都齐备，一样也不少。你吃饱了，你吃够了，酒已斟过，酒已敬过。请你安神了，请你安神了。

爹啊爹啊！伯呀伯呀！请你回来，请你转来。请你回来望猪祭④，请你转来看呈祭，请你来享受猪祭，请你来享受呈祭，请你来享猪，请你把猪享。你站在家神前，你站在神龛上。你的儿子，你的侄子，跪在桌子旁，跪在桌子边。捉猪来宰，捉猪来杀，好好捉住它，好好压住它。现在把猪杀，现在猪血淌。杀一个增十个，杀一圈增十圈，杀鸡鸡满笼，杀猪猪满圈。我点你的猪祭，我点你的呈祭。我点七个猪奶，我点猪奶七

---

①　在仡佬族传说中，亡人生前穿过的衣服和鞋，死后才得穿。亡人生前未穿过的新衣服、新鞋，死后拿给他穿前，要点燃香在新衣、新鞋上燃几个小洞，打上记号，表示衣服和鞋都是旧的，死者到阴间去才能得穿。

②　在安葬去世老人挖坟井时，孝子先挖几锄，然后帮忙的才挖，这表示孩子对去世老人的孝敬。"挖三锄"、"挖三路"就是这个意思。

③　从"拿来一只鸡"至"请你安神了"这段称为"交鸡词"。在办丧过程中，凡交鸡给亡人，都要唱这段词。

④　猪祭、呈祭：在祭祀时，把交给亡人的猪杀死整净，按各家族的祭祀规矩，将猪摆于桌上，然后按各家族自己的丧葬礼规点交给亡人。这称猪祭和呈祭。

个。我点猪心肺，我点猪内脏。我点三根肋巴骨，点两根肋巴骨，点一根肋巴骨。你家猪祭放哪里？你家呈祭放哪里？放在家神前，放在神龛上。你家猪祭看完了，你家呈祭看完了，祭猪你享受了，你享受了祭猪，祭酒你喝了一杯，你喝了一杯祭酒。请你来坐上席，请你来上席坐。摆午饭你吃，请你吃午饭。五个五件盘供你，五个五件碗供给[①]。你吃饱了，你吃够了。你喜欢了，你满意了。你在堂屋角整理好，你在堂屋旁打扮好。

（2）别人间

呗！撒咪撒咪，祭猪你享受了，你享受了猪祭。要敬你二回酒了，要敬你二次酒了。你要离开儿子去，要离开侄子去，要与女儿分离，要与侄女分离。你一样不望，也不望哪样。你只望着水，你就望着水。一股淌上，一股淌下，水不相连了。你如水一样与儿女分开，从此不能与儿女在一起。从哪里分开？从哪里分离？从房间里分开，从房间里分离。从家什分开，从锅边分离。从火塘边分开，从灰堆旁分离。从屋角分开，从屋角分离。从家神分开，从家神分离。从大门分开，从大门分离。从鸡笼边分开，从鸡笼旁分离。从猪圈分开，从羊圈分离。从牛圈分开，从马厩分离。从寨子里分开，从寨子中分离。由寨边分开，从寨角分离。

我用金刀，我用银刀，拿来划竹，拿来破竹，划成八片，破成八条。从此竹片不合陇了，从此竹条不相连了。你像竹条一样分开，与儿子分离，与侄儿分离，与媳妇分离，与侄媳妇分离，与女儿分离，与侄女分离。你还与大路分离，与路边岩石分离，你要记清楚，你要记明白。你与挑盐地分离，与酿酒坊分离，与场坝分离，与水井分离，与菜园分离，与蒜地分离，与放牛场分离，与放马场分离，与捡柴坡分离，与割草坡分离，与山岩脚分离，与山岩顶分离。这些地方都要分开，这些地方都要分离，你要好好记清楚，你要好好记明白。

（3）祖先引去

梭罗咪撒梭唉！梭罗咪撒撒！沙厘厘歪不唉！沙泥泥不塞[②]！幕木卜作祖公把你引去，业幕不足祖太把你引去。你站在房间里，不要跳，不要动，不要哼，不要喊，哼得难受，喊得难听。是谁多嘴乱缠人？是谁话多扰乱人？不说什么了，什么也不说了。这道交代清了，这道交代完了。

撒……望……兜！梭罗咪撒梭唉！梭罗咪撒撒[③]！不要在家什边跳，不要在锅旁动，不要在家什边哼，不要在锅边喊。哼得难听，喊得难受。是谁嘴多乱缠人？是谁话多扰乱人？不要说什么了，什么也不说了，这道交代清了，这道交代完了。

你不要在火塘边跳，不要在灰堆旁动，不要在火塘边哼，不要在灰堆旁喊。哼得难听，喊得难受。是谁嘴多乱缠人？是谁话多扰乱人？不说什么了，什么也不说了。这道

---

① 五个五件盘、五个五件碗：表示摆在桌上的菜肴很多之意。
② 此四句是仡佬语音译，皆为祭词的开头语。
③ 这三句是仡佬语音译，也是祭词的开头语。

交代清了，这道交代完了。

你不要在屋角边跳，不要在屋角里动。不要在屋角边哼。不要在屋角里喊。哼得难听，喊得难受。是谁嘴多乱缠人？是谁话多扰乱人？不说什么了，什么也不说了。这道交代清了，这道交代完了。

你不要在家神前跳，你不要在家神边动，不要在家神前哼，不要在家神边喊。哼得难听，喊得难受。是谁多嘴乱缠人？是谁话多扰乱人？这道交代清了，这道交代完了。

你不要在大门边跳，不要在大门旁动，不要在大门边哼，不要在大门旁喊。哼得难听，哼得难受。是谁嘴多乱缠人？是谁话多扰乱人？不说什么了，什么也不说了。这道交代清了，这道交代完了。

把你交给幕木卜作祖公，把你交给业幕不足祖太。你们是两父子，你们是两婆媳。祖公好好领你去，祖太好好领你走。有吃你得吃，有喝你得喝。这道交代清了，这道交代完了。

你不要在鸡笼边跳，你不要在鸡笼旁动，不要在鸡笼边哼，不要在鸡笼旁喊。哼得难听，喊得难受。是谁嘴多乱缠人？是谁话多扰乱人？不说什么了，什么也不说了。这道交代清了，这道交代完了。

你不要在羊圈里跳，不要在羊猪圈里动，不要在羊圈里哼，不要在猪圈里喊，哼得难听，喊得难受。是谁多嘴乱缠人？是谁话多扰乱人？不说什么了，什么也不说了。这道交代清了，这道也交代完了。

你不要在牛圈里跳，不要在马厩里动，不要在牛圈里哼，不要在马厩里喊。哼得难听，喊得难受。是谁嘴多乱缠人？是谁话多扰乱人？你不要在村里跳，不要在寨子中动，不要在村寨里哼，不要在寨子中喊。哼得难听，喊得难受。是谁嘴多乱缠人？是谁话多扰乱人？不说什么了，什么也不说了。这道交代清了，这道交代完了。

你不要在挑盐地跳，不要在酿酒坊动，不要在挑盐地哼，不要在酿酒坊喊。哼得难听，喊得难受。是谁嘴多乱缠人？是谁话多扰乱人？不说什么了，什么也不说了。这道交代清，这道交代完。

你不要在场坝里跳，不要在场坝中动，不要在场坝里哼，不要在场坝中喊。哼得难听，喊得难受。是谁嘴多乱缠人？是谁话多扰乱人？不说什么了，什么也不说了。这道交代清了，这道交代完了。

你不要在水井边跳，你不要在水井旁动。不要在水井边哼，不要在水井旁喊。哼得难听，喊得难受。是谁嘴多乱缠人？是谁话多扰乱人？不说什么了，什么也不说了。这道交代清了，这道交代完了。

你不要在菜园边跳，不要在蒜地旁动，不要在菜园边哼，不要在蒜地旁喊。哼得难听，喊得难受。是谁嘴多乱缠人？是谁话多扰乱人？不说什么了，什么也不说。这道交代清了，这道交代完了。

你不要在看牛坡跳，不要在放马场动，不要在看牛坡哼，不要在放马场喊。哼得难听，喊得难受，是谁多嘴乱缠人？是谁话多扰乱人？不说什么了，什么也不说了。这道交代清了，这道交代完了。

你不要在砍柴处跳，不要在割草处动，不要在砍柴处哼，不要在砍柴处喊。哼得难听，喊得难受。是谁嘴多乱缠人？是谁话多扰乱人？不说什么了，什么也不说了。这道交代清了，这道交代完了。

你不要在坡脚跳，你不要在岩脚动，不要在坡脚哼，不要在岩脚喊。哼得难听，喊得难受。是谁嘴多乱缠人？是谁话多扰乱人？不说什么了，什么也不说了。这道交代清，这道交代完。

你站在山顶上，你站在岩头上。把你交给祖公了，把你交给祖太了。你们是两父子，你们是两婆媳。好好引你去，好好引你走。你要记清楚，你要记明白。

（4）清根由

这道酒敬了，这次酒敬了，这回问根源，这回问根由。你的根源哪里来？你的根由在哪里？来到房间里，走到房屋中。尖锄房间里挖，薅刀房屋中刨，不见根源，不见根由。这道问过了，这道已问过。

我问根源要根源，我问根由要根由，你的根源哪里来？你的根由在哪里？我去到灶火边，来到锅台前。尖锄灶火边挖，薅刀锅台前刨。不见根源，不见根由。这道问过了，这道已问过。

我问根源要根源，我问根由要根由，你的根源哪里来？你的根由在哪里？我去到火塘边，来到灰堆旁。尖锄火塘边挖，薅刀灰堆旁刨。不见根源，不见根由。这道问过了，这道已问过。

我问根源要根源，我问根由要根由。你的根源哪里来？你的根由在哪里？我走到家神前，来到家神边。尖锄家神前挖，薅刀家神边刨。不见根源，不见根由。这道问过了，这道已问过。

我问根源要根源，我问根由要根由，你的根源哪里来？你的根由在哪里？我走到大门边，来到大门旁。尖锄大门边挖，薅刀大门旁刨。不见根源，不见根由，这道问过了，这道已问过。

我问根源要根源，我问根由要根由。你的根源哪里来？你的根由在哪里？我来到鸡笼边，走到鸡笼旁。尖锄鸡笼边挖，薅刀鸡笼旁刨。不见根源，不见根由，这道问过了，这道已问过。

我问根源要根源，我问根由要根由。你的根源哪里来？你的根由在哪里？我走到羊圈边，我走到猪圈旁。尖锄羊圈边挖，薅刀猪圈旁刨。不见根源，不见根由。这道问过了，这道已问过。

我问根源要根源，我问根由要根由。你的根源哪里来？你的根由在哪里？我走到牛圈，来到马圈，尖锄牛圈挖，薅刀马圈刨。不见根源，不见根由。这道问过了，这道已问过。

我问根源要根源，我问根由要根由。你的根源哪里来？你的根由在哪里？我走到寨中，来到寨里。尖锄寨中挖，薅刀寨里刨。不见根源，不见根由。这道问过了，这道已问过。

　　我问根源要根源，我问根由要根由。你的根源哪里来？你的根由在哪里？我走到挑盐地，来到酿酒坊。尖锄挑盐地挖，薅刀酿酒坊刨。不见根源，不见根由。这道问过了，这道已问过。

　　我问根源要根源，我问根由要根由。你的根源哪里来？你的根由在哪里？我走到场坝上，来到场坝里。尖锄场坝上挖，薅刀场坝里刨。不见根源，不见根由。这道问过了，这道已问过。

　　我问根源要根源，我问根由要根由。你的根源哪里来？你的根由在哪里？我走到水井边，来到水井旁。尖锄水井边挖，薅刀水井旁刨。不见根源，不见根由。这道问过了，这道已问过。

　　我问根源要根源，我问根由要根由。你的根源哪里来？你的根由在哪里？我走到菜园上，来到蒜地里。尖锄菜园上挖，薅刀蒜地里刨。不见根源。不见根由。这道问过了，这道已问过。

　　我问根源要根源，我问根由要根由。你的根源哪里来？你的根由在哪里？二月来了，三月到了。露水要来了，雨水要来了。正手撒高粱，反手撒高粱。高粱撒完了，高粱撒好了。八月间来了，九月间到了。高粱丰收了，拿罐来煮酒，拿坛来装酒，抬酒来请客，端酒来宴宾。提亲人背布，提亲把布背。背往女家走，背到女家去。女家抬头望，女家抬头看，女家把门关，女家把门闭。关门也要进，闭门他要入。提亲人开门，说媒人开门，聘礼挂在家神上，聘礼挂在家神边。第二天早早起，第二天大清早，伸手摆板凳，顺手安板凳。摆来放布，安来放布，请女家看布。请女家收布，放在柜子里，放在箱子中。提亲人喝了酒。说媒人饮完酒，提亲人转，说媒人回。提亲人说，说媒人讲：女家已答应，女家已同意。

　　好好挖荒地，好好开生地，荒地撒高粱，生地种高粱。拿罐子煮高粱酒，拿坛子装高粱酒。抬酒来请客，端酒来宴宾。去拿哈奔①，去把哈奔拿。拿一只雄鸡去，带一只公鸡去。明天起早走，明天起早去。杀一只雄鸡，宰一只公鸡。敬祖先的饭，敬祖公的酒。

　　提亲人吃饭，说媒人喝酒，去拿哈奔，去把哈奔拿。提亲人转，说媒人回，提亲人讲，说亲人说，哈奔落今天，哈奔是今天。

　　好好开荒地，好好拓生地，荒地撒高粱，生地种高粱。拿罐子煮高粱酒，拿坛子装高粱酒。拿酒请普菲，提酒请普菲。请帮看日子，请帮定日子。日子落八月，日子落九月。

　　去接亲，去接客。手提灯笼，手拿灯芯。到女方家去，到亲家家去。亲家人拿杯，亲家人提酒，迎接亲人进屋，迎接亲人进家。迎风迎三回，迎亲迎三道，接亲人走到堂屋中，接亲人走到家神前。接亲人饮酒，接亲人喝茶。饮酒到鸡叫，喝茶到鸡鸣。

　　接亲人拿酒，娶亲人提茶，拿到房间里，提到房间去。请姑娘梳头，请姑娘把头

---

　　①　哈奔：仡佬语音译，意为生辰八字。

梳。姑娘坐东向西，姑娘坐南朝北。姑娘梳妆打扮，姑娘打扮收拾，打扮好起身，收拾好动身。接亲人喊发亲，接亲人叫发亲。接亲人提灯笼，接亲人拿灯芯，先走沾露水，早走沾露水。接新娘到家，接新娘到屋。用一只雄鸡，用一只公鸡，拿扫邪气，拿扫凶气。撒咪撒咪撒格升，撒咪撒咪撒格六①，扶进房间里。扶进房间中，新娘坐东向西，新娘坐南朝北。

送亲的亲人，随亲的宾客，有抬柜子的，有背箱子的，来到门口前，来到门口边。主家拿酒，主家提茶，拿来迎亲，拿来接客。迎风迎三回，接亲接三道。接到家神前，接到家神边。饮三天酒，喝三天茶。送亲的回转，随亲的返回。

三年来了，三年到了，新娘不舒服，新娘不爽快。上坡脚酸，下坡脚软，新娘腰酸，新娘脚软。伸手去拿鸡蛋，移步去拿鸡蛋，伸手去撮米，移步去撮米。拿来全身滚，拿来滚全身。她喊老祖公，她呼老祖太，有哪样？有什么？他拿去请普菲看，他拿去请普菲瞧。走到普菲家，走到普菲家。普菲讲，普菲说，客人呀，客人呀，你为哪样早来？你为什么早到？

她身子不爽快，请你普菲瞧，请普菲看。普菲伸手拿板凳，普菲顺手拿板凳，伸手拿大碗，顺手拿小碗，伸手拿大瓢，顺手拿小瓢。拿来舀清水，拿来舀净水，清水倒在大碗里，净水倒在小碗头。伸手拿鸡蛋，顺手拿鸡蛋，拿来打在大碗里，拿来打在小碗中。普菲说你抬头看，普菲说你偏头瞧。普菲笑，普菲欢。笑些什么？欢的哪样？你家增新人，你家添新人。

好运来，好运到，你娘生你，你才出生。用雄鸡一只，用一只雄鸡，敬老祖公的饭，敬老祖太的饭，给你起名，告诉你姓。从此你才有名，从此你才知姓。我问根源得根源，我问根由得根由。

（5）陪影身②

从天黑坐到天亮，从天亮坐到天黑。普菲陪你坐到这时，普菲陪你坐到现在，陪你坐到这时，陪你坐到这阵。不见你身影，不见你影身。你的影身像哪样？你的影身像什么？你的影身像云雾，你的影身像云彩。一股风，一阵风，刮你去哪你去哪，吹你去哪你去哪。

你的影身像什么？你的影身像哪样？像山垭上的茅草，像岩缝中的茅草。一股大风，一阵岩风，刮你偏哪你偏哪，吹你偏哪你偏哪。

你的影身像什么？你的影身像哪样？你的影身像雨点，你的影身像露珠，落地就消，落地就散。隔着扇子对你讲，隔着扇子同你说。牛角倒酒给你饮，牛角倒酒给你喝。不见你影身啊！你的影身不见了。

---

① 这两句为仡佬语音译，祭词的开头语。

② "陪影身"即陪死者的影身。这段歌词要唱七遍。谁陪影身，称谓改称谁。第一遍是普菲陪影身，第二遍是斟酒人陪影身，第三遍是杀鸡人陪影身，第四遍是亡人的女儿陪影身，第五遍是杀猪做厨的人陪影身，第六遍是吹奏乐器的人陪影身，第七遍是奔丧的客人陪影身。

（6）述鸡①

你的儿，你的女，带哪样来给你？带哪样来送你？带鸡来交给你，带鸡来送给你。

儿女要哪样？儿女要什么？要子孙发达，要后代兴旺。你要保佑好，你要好好保佑。还要哪样？还要什么？要牛满圈，要马满厩。天亮喊放牛，清晨喊放马，放牛满八个坡，放马满八座山。天黑吆回来，天黑赶回家。一根绳子牵八个，一根缰绳拉九匹，牵牛牛满圈，拉马马满厩。

保佑羊满圈，保佑猪满槽，保佑鸡满笼。保佑金银装满柜，保佑钱财装满箱。保佑衣满楼，保佑衣满柜。保佑有粮吃，保佑有食粮，常来客有吃，多来客有吃。保佑酒满坛，保佑菜满罐，常来客有饮，多来客有喝。

士罗思文标②，这道要交鸡给你，不要让它飞，不要让它动。拿刀来杀头，拿刀来割颈。鸡的血溅起，鸡的血流淌。杀一只来一百，杀一个来一笼。杀鸡鸡满笼，杀鸡鸡满圈。

我指鸡头，你拿鸡头。我指鸡脖子，你拿鸡脖子。我指鸡尾巴，你拿鸡尾巴。我指鸡腿，你拿鸡腿。我指鸡肚子，你拿鸡肚子。我指鸡肝，你拿鸡肝。我指鸡身，你拿鸡身。

我正拈你得吃，我反拈你得吃。我正拈三回，我反拈三次。不少哪样了，哪样也不少。你好好记清楚，你好好记明白。

（7）指路

鸡已述过了，已经述过鸡。酒敬供过了，茶敬供过了。你从哪走是这回，往哪走也是这次。

去房间有三条路，走房间有路三条。上边那条去不得，下边这条不能去，你由中间这条去，你从中间这条走。这条是会祖公路，这条是会祖太路。

还有一程路，还有一段路。去家什边有三条路，去锅边有路三条。上边那条去不得，下边那条不能去，你由中间这条去，你从中间这条走。这条是会祖公路，这条是会祖太路。

还有一程路，还有一段路。去火塘边有三条路，去灰堆旁有路三条。上边那条去不得，下边那条不能去，你由中间条去，你从中间条走。这条是会祖公路，这条是会祖太路。

还有一程路，还有一段路。去屋角有三条路，去屋角有路三条。上边那条去不得，下边那条不能去。你由中间这条去，你从中间这条走。这条是会祖公路，这条是会祖太路。

还有一程路，还有一段路。去家神处有三条路，走家神处有路三条。上边那条去不得，下边那条不能去。你由中间这条走，你从中间这条走。这条是会祖公路，这条是会

---

① "述鸡"即点给死者。这段歌词唱的次数不限，有多少人杀鸡祭亡人，普菲就唱多少遍。

② 仡佬语音译，开头语，无实际意义。

祖太路。

　　还有一程路，还有一段路。去大门有三条路，走大门有路三条。上边那条去不得，下边那条不能去。你由中间这条去，你从中间这条走。这条是会祖公路，这条是会祖太路。

　　还有一程路，还有一段路。去鸡笼边有三条路，去鸡笼边有路三条。上边那条去不得，下边那条不能去。你由中间这条去，你由中间这条走。这条是会祖公路，这条是会祖太路。

　　还有一程路，还有一段路。去羊圈有三条路，去猪圈有路三条。上边那条去不得，下边那条不能去。你由中间这条去，你从中间这条走。这条是会祖公路，这条是会祖太路。

　　还有一道路程，还有一段旅程。去牛圈有三条路，去马厩有路三条。上边那条去不得，下边那条不能去。你由中间这条去，你从中间这条走。这条是会祖公路，这条是会祖太路。

　　还有一程路，还有一段路。去寨中有三条路，走寨中有路三条。上边那条去不得，下边那条不能去。你由中间这条去，你从中间这条走。这条是会祖公路，这条是会祖太路。

　　还有一程路，还有一段路。去盐地有三条路，去酒坊有路三条。上边那条去不得，下边那条不能去。你由中间这条去，你从中间这条走。这条是会祖公路，这条是会祖太路。

　　还有一程路，还有一段路。去集市有三条路，去场坝有路三条。上边那条去不得，下边那条不能去。你由中间这条去，你从中间这条走。这条是会祖公路，这条是会祖太路。

　　还有一程路，还有一段路。去水井有三条路，去水井有路三条。上边那条去不得，下边那条不能去。你由中间这条去，你从中间这条走。这条是会祖公路，这条是会祖太路。

　　还有一程路，还有一段路。去菜园有三条路，去蒜地有路三条。上边那条去不得，下边那条不能去。你由中间这条去，你从中间这条走。这条是会祖公路。这条是会祖太路。

　　还有一程路，还有一段路。去放牛坡有三条路，去放马场有路三条。上边那条去不得，下边那条不能去。你由中间这条去，你从中间这条走。这条是会祖公路，这条是会祖太路。

　　还有一程路，还有一段路。去割草地有三条路，去砍柴坡有路三条。上边那条去不得，下边那条不能去。你由中间这条去，你从中间这条走。这条是会祖公路，这条是会祖太路。

　　还有一程路，还有一段路。去山坡脚有三条路，走山坡脚有路三条。上边那条去不得，下边那条不能去。你由中间这条去，你从中间这条走。这条是会祖公路，这条是会祖太路。

　　幕木卜祖公，业幕不足祖太。好好的领儿去，好好的带媳走。不要怕祖先影身，不要怕祖公影身。你们是俩父子，你们是俩婆媳。到坡顶上，到山头上。你站在坡顶上，你站在山头上。吹响木叶声，有茨木声应。你摆手中帕，她甩来一朵花；你甩一朵花，他摆手中帕。你们挨到了，他身挨到你。不要怕他的身，不要怕他的影。

　　我不需哪样，我不要什么。我造楼梯，我把楼梯造，用楼梯搭上天，用楼梯撑上天。我开天门，我把天门开，开一道你记一道，指一梯你记一梯。道道记在心，梯梯记在心。你好好记清楚，好好记分明。

　　我开了一道，指了二梯；开了三道，指了四梯；开了五道，指了六梯；开了七道，指了八梯；你道道记在心，梯梯记在心里。我开了九道，指了十梯；开了十一道，指了十二梯。你会见祖公了，你会见祖太了。你望大田，你看大地。大田是我们的，大地是我们的。日照哪里你管哪里，月照哪方你管哪方。你好好记在心，好好记心间，你好好记清楚，好好记明白。

［贵州省安顺地区民族事务委员会编：《仡佬族古歌》，第62—
118页，贵州民族出版社1991年版］

50. 广西隆林县仡佬族丧葬习俗

　　仡佬族对丧事的处理一般和壮、汉族大同小异。如果家中有老人，早就为老人准备好棺木、绸子（或白布，盖死者用的）、衣服和鞋子。

　　若老人家病重在床，亲子女就不下地干活，而在家中服侍病人，等待见父（母）最后一面——这是最神圣的一面，据说，只有"好命"的人才能见到呢。

　　父（母）死后，亲儿子用热水帮洗身、剃头刮须，女的帮穿好衣服（是母亲还要梳头），人们认为这样父（母）才能干干净净的上天堂去。

　　除此以外，仡佬族人民还习惯放银钱到棺木中去，意思是让死者日后有吃又有穿，生活过得舒舒坦坦、无忧无虑。富裕人家有的放银元，多至几十块。甚至还放金器等，贫者只能放些铜钱或一把黄豆，意思是给死者送种子，作日后生产之用。然后用绸子（贫者用白布）盖之，烧炮封棺。

　　约在30—40年前，三冲仡佬族还有打牙（亲儿子）陪葬的习惯。灵枢一般留在家中1—3天，富裕人家还请道公来开七天七夜的"道场"，请人吹唢呐、打锣打鼓。仡佬族还兴杀牛祭父母，且甚流行"帮丧"——亲戚朋友拉羊、拉牛来丧家杀，意为祭丧，只留四分之一大家吃，四分之三自己拿回家，但这只牛（羊）的价钱却由丧家负责。这种"帮丧"是仡佬族人民的一种负担。

　　安葬死者以前，必须择好日子，如果没有选到好日子，仍要留在家中。

　　仡佬族一般只择日而不择地，随便找个较高的地方（多半在路边）葬。葬时用石块围好，埋下，没有捡骨的习惯。

葬时，富裕人家还立碑铭字，今三冲还有几座田姓的大坟，碑高约 6—7 尺。贫穷人家最多是在墓前栽 2—6 棵松、柏等树为纪念，他们称之为"风水树"。

第一年的二月初和三月初，还要请所有的亲戚朋友，拉羊抬猪到坟地去杀，坟修好后大家大吃一顿，习惯称之为"修新坟"。

〔广西壮族自治区编辑组：《中国少数民族社会历史调查资料丛刊·广西彝族、仡佬族、水族社会历史调查》，第 172 页，广西民族出版社 1987 年版〕

51. 云南麻栗坡仡佬族丧葬习俗——侧门出丧

仡佬族丧葬仪礼中有两种特有的出殡仪礼。仡佬族因支系较多，居住分散，风俗习惯在大同中亦存在颇多殊异。仅以出殡而言，据初步了解，就有两种特殊的礼规：

(1) 侧门出丧。通常仡佬族的老人去世，都从大门抬出去安葬。但云南麻栗坡仡佬族中的白仡佬支系，却与众不同。他们把大门作为管家理财和迎宾送客的门径；把侧室的侧门作为家神祖宗进出的门径。因此，老人故去后，出殡时必须从左边的侧门抬出去，灵柩启动前还要以一方桌跨置于左侧门口门坎上，桌上摆放酒肉之类的祭品举行祭祀，然后折祭出殡。何以如此？尚无确切解释。

(2) 孝媳与孝婿在丧葬仪式中，担任特殊角色。居住在云南省麻栗坡的仡佬族，老人故去后出殡时，要将棺木抬出横搁于屋前。抬棺时，孝婿是主要参加者，无亲女婿者，必须由侄女婿出场担任主角；抬棺到墓地，必须由儿媳点火把在前边引路，如无儿媳，也需由侄儿媳妇出场点火把引路，将灵柩抬到墓地。开掘墓坑，孝婿也须充当最先动土者，但只略挖几锄，便将锄头丢下，让别人继续挖，孝婿本人则绕道回丧家。

按理说，孝媳和孝婿本属于服丧者中的主要成员，但在通常情况下，与孝子、孝女相比，他们与死者是无直接血缘关系的亲属。由他们来担任类似的特殊任务，充当特定角色，是值得进一步探讨的文化现象。

〔罗懿群："出殡仪礼"，《仡佬族文化百科全书》，第 180 页，贵州仡佬族学会编，熊大宽主编，贵州民族出版社 2002 年版〕

第五章 生产祭祀与人生祭仪

第一节 农事祭祀

1. 贵州清镇市仡佬族白龙会——祈风调雨顺

每年农历二月，仡佬族人都要办白龙会。白龙会是仡佬族聚居的寨子，规定一座小山或大山，作为祭供处。祭供的目的，是希望风调雨顺，连年丰收，过上好日子。祭供是自愿筹钱，没有钱的也不勉强，将收到的钱请道士或者和尚在白龙会山顶设一白龙神位，烧香烧纸，敲着锣鼓做法事，求老天爷不要下白雨（冰雹），保一方粮食得收成。

［高朝礼："白龙会"，《清镇仡佬族》，第113页，贵州民族出版社2004年版］

2. 贵州六枝特区仡佬族祭珠玉苏

仡佬族祖先居住天上，吃仙桃供果。天上有十三种仙果，只有一种不可吃，有毒，珠玉苏及妻子一行，受玉皇大帝派遣，顺着桑树下滑到凡间。下地后，无供果享受，虎狼成群，只好住在树上，挖野山药充饥。为回天上，其中之九兄弟商量着一起砌宝塔，却被观音老母施法术，塔砌不高，九兄弟背上被观音抹一把，于是各操一种语言。这就是被后人称之为九兄弟的由来。后来，在地上开荒辟草，繁衍生息，推珠玉苏为王。珠玉苏和盘古上天要来谷种，分大家种吃。现在仡佬族祭祖，都要祭珠玉苏和盘古。

［刘安康整理。讲述人：李发旺，男，76岁，仡佬族，住六枝特区箐口乡居都村。流传于六枝特区箐口乡居都村，2006年4月调查］

3. 贵州关岭县仡佬族祭秧神

六月六日下午各家男主人抱大公鸡一只，提粽子十个到所种各丘田地看一遍后，将粽叶剥开放碗内，另一碗盛酒，烧香纸，拔公鸡毛一束连同粽子系于棍上祭秧神，念：

"包谷像牛角，谷子像牛索，棉花鸡蛋大，黄豆像胡豆角。秧苗土地，把蚂蚁赶出去。"宰鸡，以碗盛，又念一遍。带回鸡剖烹后连同粽子、肉、酒、饭在家供祖，请祖宗来过节，请祖宗保佑丰收。仡佬语称过六月六为"比良达"，呼秧神为"布给五"。

[翁家烈："关岭县仡佬族宗教信仰评述"，《贵州民族调查》（之六），第304—305页，贵州省民族研究所、贵州省民族研究学会编，1989年]

4. 贵州省六枝特区仡佬族敬秧神

贵州境内仡佬族均有祭秧神的习俗，时间一般在5—6月，祭祀时由各户家长到自家田里，用鸡一只，粽子十个及酒、菜等。祭时剥开粽子放碗内，再斟酒一碗，烧香、烧纸祭秧神，杀鸡时要念祭词，大意为："包谷像牛角，秧子像牛索，棉花鸡蛋大，黄豆像蚕豆角，秧苗土地，把虫虫脑脑赶出去。"然后用鸡翅膀上羽毛二片，包一个粽子束挂在木棍上，插于田埂边。

[刘安康整理。讲述人：李发旺，男，仡佬族，76岁，居住于六枝特区箐口乡居都村。流传于六枝特区箐口乡、堕却乡、新窑乡等地，2006年4月调查]

5. 仡佬族祭秧神

贵州境内的仡佬族，每年农历六月左右，均有祭秧神的习俗。石阡县仡佬族，在农历五月上旬，各家拿粽子、酒、菜到自己家的秧田里，烧钱纸供祭后，将粽子吊竹竿上插于田中。祈求秧神除虫害，保丰收。关岭自治县仡佬族，在六月初一这天，各户家长，捉鸡一只，提粽子十个，到自家田里，剥开粽子放碗内，再斟酒一碗，烧香、焚纸、宰鸡祭"秧神"。宰鸡时念："包谷像牛角，谷子像牛索，棉花鸡蛋大，黄豆像胡豆角，秧苗土地，把虫虫老老赶出去。"又用鸡翅膀上羽毛二片，包一个粽子束挂在木棍上，插于田埂边。黔西县仡佬族每年六月二十四日，用狗一只，咂酒1罐，到田边集体祭供，祭毕，男女老幼，集于山上喝酒、唱歌、跳舞。

[韩军："祭秧神"，《仡佬族文化百科全书》，第201—202页，贵州仡佬族学会编，熊大宽主编，贵州民族出版社2002年版]

6. 仡佬族祭谷神

仡佬族的一种祭祀活动。正月初一晚（除夕夜），每户都要在留做种子的谷堆上插点香烛，烧纸钱祭供，称"亮种子"，又称"祭谷神"。道真、平坝等县的仡佬族，每年农历六月，要将田里最早出现的谷穗摘回，供于堂屋神龛上，并念到："米天公，米天婆，你为后，造新米，米秆活像石菖蒲，米颗活像斗和升。"祈祷谷神保丰收。

［韩军："祭谷神"，《仡佬族文化百科全书》，第 202 页，贵州仡佬族学会编，熊大宽主编，贵州民族出版社 2002 年版］

7. 贵州六枝特区仡佬族敬谷神——亮种子

每年除夕夜，仡佬族人家都要在留着种子的谷堆上插点香烛，烧纸钱祭供，称"亮种子"，边烧钱纸边念"米公公，米婆婆，请你们，造新米，米秆活像石菖蒲，米颗活像斗和升。"祈祷谷神保丰收。

［刘安康整理。讲述人：李发旺，男，仡佬族，76 岁，住六枝特区箐口乡居都村；石明华，男，仡佬族，51 岁，六枝特区箐口乡居都小学教师。流传于六枝特区，2006 年 4 月调查］

8. 仡佬族祭米神

仡佬族有腊月（冬月）十二日祭"神婆婆"又称"祭米神"的习俗。这天，各家用新茶叶、糯米粑、豆腐等呈桌上，桌下一碗米，焚香、烧钱纸祭献。祈请保佑来年丰收，吉祥平安。贵州黔北一带仡佬族"祭米神"，是在各家堂屋左侧二柱处，以米、酒、粑、蛋、面条、茶叶、刀头（一块方肉）和一把木杆秤等祭物，放在反扣的簸箕上献祭，烧纸、焚香念道："奉请米神公公、米神婆婆、谷公谷母……金鸡口漏，埋鞋溪口，田积仓廒，米积升斗……"以示五谷丰登。

［韩军："祭米神"，《仡佬族文化百科全书》，第 202 页，贵州仡佬族学会编，熊大宽主编，贵州民族出版社 2002 年版］

9. 仡佬族祭猎神

古时仡佬族人农闲时喜欢狩猎。出猎前要占卜竹卦，竹卦以双仰为阳，双俯为阴，阴卦为吉。得吉卦方才出猎，反之暂停。每次猎获的野兽，都要取其头、肝煮熟，连同刀一把放筛内烧纸祭奉"猎神"。传说猎神是位裸体女神，俗称妹妹神，故祭时要严肃，不得嬉笑，否则会认为得罪猎神，下次出猎一无所获，并会遭受灾难和事故。平坝县仡佬族猎手出猎要事先约定，届时出门会合，路上互不讲话，各自走自己的路，捕获的猎物，先祭猎神，后分食。

［韩军："祭猎神"，《仡佬族文化百科全书》，第 203 页，贵州仡佬族学会编，熊大宽主编，贵州民族出版社 2002 年版］

10. 仡佬族祭麻王

古代仡佬族织布的原料多为麻类，因此，贵州道真、务川等地的仡佬族人民都善种麻。当地传说，麻王是位种麻能手，他种的麻高达1.2丈。麻王同情贫苦人，既教他们种麻技术，又教他们种粮食，使当地穷苦农民麻粮均获丰收。他还经常借粮食给穷人解决生活困难，但秋后，有的人却用糠壳当粮食还麻王。麻王很生气，一怒之下，便返回天庭。广大仡佬族人非常怀念他，便将其所居的洞称为麻王洞，并建麻王庙祭祀。以致至今道真县境内有麻王洞、麻王庙、麻王寨等地名、庙名，借以怀念帮助贫苦仡佬族人生产致富的"麻王"。

〔熊大宽："麻王"，《仡佬族文化百科全书》，第79页，贵州仡佬族学会编，熊大宽主编，贵州民族出版社2002年版〕

11. 仡佬族修日——祈丰收

每年正月末至二月间，仡佬族人在粮食作物下种前都要请补伏（道士）至家中行坛祈祷，名曰"修日"。主人设香案供品，补伏坐上方，面向外，用一节竹筒绑在桴蒿杈上，装入稻谷、玉米、高粱、小米、黄豆等，然后念："修出去，祈求祖先、山神保佑，颗颗长好，生根发芽，不遭鸟兽虫害，一籽落地，万粒归仓。"念毕，将竹筒拿去置于地里。到秋后，收割完毕，又要做一次"修日"，仍用竹筒、桴蒿杈，再用高粱秆做梯子，隆重祈祷一次，表示五谷丰登，最后将竹筒挂在堂屋柱上。一年两次，称为"春祈秋报"。

〔韩军、程孟虞："喂果树"，《仡佬族文化百科全书》，第187—188页，贵州仡佬族学会编，熊大宽主编，贵州民族出版社2002年版〕

12. 仡佬族薅打闹草——祭神

薅打闹草前，薅草的主人要作许多准备，如磨豆腐、煮腊肉、蒸米泡粑、捏红帽子粑（即用黏米和糯米混做，捏成帽子形，内有馅，尖顶上放一些染成红色的米，故称红帽子粑）、煮甜酒等，就是要用好酒、好菜和好吃的食品，祭祀山神、谷神，并款待参加薅打闹草的亲朋好友和族中兄弟姊妹，使大家吃得好，干得乐。

开始薅打闹草时，还要举行打闹仪式，即摆上米粑和酒菜，由打闹歌手主持，面对青山和田园，祈告四方神灵。唱词有："安慰神来安慰神，安慰四方土地神。我来安慰起，安安稳稳坐乾坤。安慰神来安慰神，安慰田中五谷神，我来安慰起，不怕狂风暴雨淋。"祭祀毕，轰轰烈烈的打闹薅草即开始。接着打闹歌手便挥手边敲打锣鼓边高歌唱道："大家都请来排起，男排东来女排西；男排东来鹰展翅，女排西来阳雀啼。"随着锣鼓声，独特的打闹歌便飞扬在青山绿水间，男男女女便奋力除草。打闹歌的歌词内容，非常丰富生动，有天文地理、历史知识、生产经验、风俗民情、讥讽嘲笑、催促鼓励，等等，天南地北，说古道今，嬉笑诙谐，把劳动、教育、娱乐三者融为一体。如有首歌词曰："一根鼓棒两头翘，前朝古人传打闹。打得好，不用夸；打不好，不要笑。管你夸不夸，笑不笑，我们来打个起头号。开动锣和鼓啊！锣儿打得响当当，鼓儿敲得咚咚响，是来薅草不是上战场，要薅草，要歌唱，先把前人排两行。碰死孟姜女，阵破杨六郎，借秦王的捆索、霸王的钢刀、张郎的扦担、孙悟空的金箍棒，借观音菩萨的漏勺，借五龙的法水，借张飞的长枪，大家来打闹打闹。"

［熊大宽："薅打闹草"，《仡佬族文化百科全书》，第188—189页，贵州仡佬族学会编，熊大宽主编，贵州民族出版社2002年版］

13. 仡佬族烧香龙

仡佬族的生产习俗之一。仡佬族地区每当夏季田里农作物遇上虫灾时，全寨人即抬着草龙，持着火把，敲锣打鼓，于夜间游走于田埂上，插上点着的香驱虫，称"烧香龙"。以驱走虫蝗等害虫，保证农作物丰收。

［韩军、程孟虞："烧香龙"，《仡佬族文化百科全书》，第189页，贵州仡佬族学会编，熊大宽主编，贵州民族出版社2002年版］

14. 仡佬族戊日不动土

戊日，即按六十花甲的排序逢戊的一日，每十日有一戊日，有些地方的仡佬族人历来忌戊日，不下地耕作。按寨老、村老不成文的规定，违者要受官家、寨老的严惩：有的命跪地十日，有的则罚鸡、鸭或猪头、山羊等禽畜，扫寨敬天地。按民间传说太岁名戊，戊日耕作动田土，示太岁头上动土。太岁发起怒来，逞强施威，会造成百里无收，万家闭门。因此，尽管农忙，戊日必须忌，男女老少都待在家里休息。这一习惯仡佬地区后来一直延续，成了千家万户的休息日。解放后，很多地区已不忌戊，但这一习俗，至今也还在仡佬族地区流传。

［刘天文："戊日不动土"，《仡佬族文化百科全书》，第189—190页，贵州仡佬族学会编，熊大宽主编，贵州民族出版社2002年7月第1版］

第二节　节日祭祀

1. 史籍记载的节日祭祀

仡佬以前要过七月初六的节日。用牛、猪献祭，并摆设筵席，男女轮流唱歌。吹唢呐并击鼓。家长死后三年要用一头猪献祭，把肉分成三十六碗，供在祖先的牌位之前。

> ［《凉山彝族奴隶制研究·贵州仡佬的历史和现状》，转引自《民族志资料汇编·第十集·仡佬族》，第28页，贵州省志民族志编委会，1989年5月］

2. 贵州毕节县仡佬族三月三敬土地

敬山神土地或寨门土地，要准备酒、肉、饭和公鸡、香蜡纸烛等物，由村寨中长者率众祭祀。

> ［贵州省毕节县地方志编纂委员会编：《毕节县志》，第151页，贵州人民出版社1996年版］

3. 贵州普定县仡佬族七月初七摘新禾祭祖

七月初七各户出一人由寨老带领到附近每块田里摘谷穗回家各自供祖。供祖处在灶房吊板上。仡佬语称吊板为"骂约"，是吊在灶角上的一箥笆，吃新祭祖，于吊板上铺谷草一层，用1.5尺直径的大糯米粑一个放谷草上，又用26个小粑叠于大粑上。另用粑捏成的粮食放小粑的左边，小粑右边放粑捏成的牛、犁、耙。粮食上放包谷，粑上放一碗酒，此外还于大粑上按所能记住的祖宗，一人放碗一个，筷一双，酒杯一只，并于吊板两端各挂新谷穗三吊。焚香燃纸后，按长幼序跪下，每人磕一个头，乞请祖宗来享用祭物，护佑全家清吉平安。吊板所在的那间房是神圣的，该间房屋的楼上不得住人，新娘嫁到婆家，也要满三日后方能进入此屋行走或做家务。

> ［翁家烈："普定县仡佬族社会历史"，《民族志资料汇编·第十集·仡佬族》，第47页，贵州省志民族志编委会，1989年5月］

4. 贵州六枝特区仡佬族吃新节祭天

在七月或闰年的八月第一个虎场天，连过五天。吃新节前三天掏新谷，男女盛装出寨，女走前男随后。女从第一块先开荒辟草的田称为"田娘"的周围开始，男子在较远的田掏新谷。不会有人阻拦。掏回家后集中放好。

虎场天，女子负责舂碓，其新米的糠、碎米、淘米水，在节日中不能喂禽畜。所煮供品不能尝，不能闻，以免失敬。男子负责祭祀，清早杀只红公鸡敬灶王爷。继在主办者家屋侧设台祭地，供九坨饭，一筐箩包谷，一碗酒，祭牲古时用白马，现有的用公鸡代。头人戴斗笠念咒祭毕，杀鸡血滴祭台供品上，砍鸡翅同泡筒心圈夹在耗子刺树杈上，丢到房上。下午，打牛祭天。打牛场古在三岔河处，现在村寨旁。将牛拴在木桩上，头人戴竹斗笠念咒祭毕，将牛拴在木桩上，头人戴斗笠望天视山，请天地、祖宗、四大山来受献。打牛三斧，宰牛后，割四个奶头丢四方，剥皮剐肉后，各部位割点肉来生祭。煮牛血大家聚宴。

兔场天凌晨，妇女挑井水和采十三种草药一齐泡米蒸饭。男人将牛的各部位内脏切部分来熟祭，大家聚宴。将所余牛肉、心肝等各部位按人口分给各户带回家。

龙场天或蛇场天，各户将分得的新粮、牛肉、牛杂煮好。将大簸箕反扑在地，把菜锅、饭甑置其上，用马匙舀出，以手捏成人样献天地、祖宗、金角、沙达。

最后两天，青年着盛装在外唱歌，谈情说爱，中老年人吹唢呐，对酒令娱乐。

［刘安康整理。讲述人：李发旺，男，76岁，仡佬族，住六
枝特区箐口乡居都村。流传于六枝特区箐口乡居都村，2006
年4月调查］

5. 贵州平坝县仡佬族七月逢龙吃新节祭祖

这日清晨，全寨男女着盛装会集寨中的一株大古树下，听候寨老安排活动。先是男女青年结队到村口，唱着歌，用酒迎接前来参加吃新活动的亲友。用糯米粑祭祖后，分给全寨成员及客人食用。安排几个青年杀剖肥猪，并去净毛，又发排一些青年男女到田地里去摘取初熟的谷穗、瓜、豆等农作物，只要在村寨附近的田土，尽管是外寨外族人所有，这天仡佬族人都可从中摘取少许作物祭祖。不仅不会受到刁难、指责，相反会受到欢迎，据说被摘取过的田地来年庄稼长得好。各家先于室内祭祖。神龛前的方桌上摆酒二杯，盘内放两层糯米粑，下层粑的四角伸出盘外，第二层中间放一大坨粑，四方各放小粑一坨。粑上各插有谷穗。盘的两侧各放一碗粑。盘后装米一升，插烛两支、香三炷和茄子、四季豆各一枝，再后菱瓜、包谷、黄豆、老瓜等放于升子两侧。老人坐桌旁念祝词，不时用牛角杯倒酒浇地。各家祭祖后，会集于古树下集体祭祖，古树前的大方桌上，放三排碗，每排为碗八个，内装饭。又放九串肉，每串有肉九块。一升米上插大烛一对，放尖刀一把。去毛猪整头放于桌前地上。寨老坐于桌侧，念请祖宗享用祭物，祈祷保佑全寨人畜兴旺平安，庄稼丰收。祭毕，鼓声响、鞭炮鸣，寨老将肉串收放筛子内，取一碗酒，宰一只鸡，另一老人拿着系有红辣椒、大蒜各三个的竹竿一根，一起走到村外路口，插竹竿于田埂旁，烧纸三张，祷念数句话，又端筛、提鸡回到村里。这时青年们或进行男女对歌，或表演武术。吃新节后，各家各户开始进入忙碌的秋收时节。

[翁家烈："平坝县仡佬族社会历史"，《民族志资料汇编·第十集·仡佬族》，第 41 页，贵州省志民族志编委会，1989 年5 月]

6. 贵州遵义县平正乡仡佬族的吃新节敬天地

粮食瓜豆初熟吃新时，先用大碗新米饭摆在门外的板凳上敬献天地，又另舀一小碗喂狗，然后人才尝新。传说人们原不种水稻，是狗漂洋过海到产稻地滚沾一身谷子后游水归来，身上的谷子均被水冲掉，只有一直翘出水面的尾巴上粘着的谷子犹存，仡佬族先民以之为谷种播后，开始水稻农业，吃上了白而香的米饭，故每年吃新时以新米饭给狗先吃，以不忘狗给人们立下的功劳。

[翁家烈："遵义县仡佬族社会历史"，《民族志资料汇编·第十集·仡佬族》，第 32 页，贵州省志民族志编委会，1989 年5 月]

7. 贵州镇宁县仡佬族吃新节祭祖先

七月龙场或闰月的八月蛇场那天，是传统吃新节。一方面，全寨凑钱买猪一头供天地后，分给各户祭祖。各家出一人到田坝上，每块田摘取几穗谷，回来用锅炒干，舂为米，做成新米饭，连同酒肉一并祭祀祖先，用马匙舀少许饭祭献后，求祖先保佑庄稼丰收。上至水粉山（比拱北五里余），下至麻园（比拱南七里余），东至四棱碑（距比拱五里余），西至猫屯头（距比拱五里余），在这方园二十里范围内，无论何族何姓之田地，比拱仡佬族人均可在摘熟谷物时畅通无阻。

[翁家烈："镇宁布依族苗族自治县仡佬族社会历史"，《民族志资料汇编·第十集·仡佬族》，第 50 页，贵州省志民族志编委会，1989 年 5 月]

8. 贵州务川县仡佬族吃新节祭祖

"吃新节"又称"七月七"，务川仡佬族又叫"打新节"或"尝新节"。过节日期多为七月十四过"月半"。古时，仡佬族聚族采新祭祖，所用新粮、新菜不分何族何家都可摘取，为开荒辟草的先民视为正理，被采主人也感欣慰。这是流传下来的仡佬族人民共庆丰收、同享劳动果实的古风。"月半"这天要烧钱化纸祭奠"中元节"，与献新一并进行。七月谷物初熟，仡家人都要到自己田地采摘一些稻谷炒干舂米煮饭，用新黄豆推豆腐，备上酒肴，奉献祖先尝新，而后合家品尝新的收获。仡佬族媳妇趁新米、新菜成熟时向娘家送新敬老。有一些高山地方，新粮成熟后，姑娘、新媳妇还要向庄稼成熟较早的坝上亲戚送新，称为收新。

[邹友谊："务川仡佬族民风民俗"，《务川文史资料第十辑·仡佬之源》，第325—326页，政协务川仡佬族苗族自治县委员会宣教文史委编印，2005年]

9. 贵州清镇市仡佬族吃新节祭祖

"吃新节"是仡佬族最讲究的节日。每年农历七月的龙日或八月的蛇日，新谷即将收割时，摘取谷穗，回家炒干，去壳成米，将新米煮成饭，并用六吊谷穗挂在神龛两则，神龛吊板上垫以糯谷草，草上放一个一尺五寸长的大糍粑，大糍粑上再放二至三个小糍粑，左右两侧各放用糍粑搭成的谷仓、犁耙和牛，并摆上酒和肉。"吃新节"，一是为祭奠祖先，二是为供奉谷神。此外还邀请地戏班子演唱地戏，欢送祖宗神灵和五谷之神。

[陈光荣、肖立勇："吃新节"，《清镇仡佬族》，第114—115页，贵州民族出版社2004年版]

10. 贵州毕节县仡佬族吃新节祭谷神

七月或八月的头一个巳（蛇）日，秋收在望之时，是仡佬族的吃新节。届时，男女穿上盛装，由寨老率领到村寨附近的田地中去摘谷，将六穗谷子挂在神龛两侧，神龛中央放一个直径为一尺五寸的大糍粑，在粑左侧放包谷，右侧放粑捏成的犁、耙，粑上放酒，包谷上放肉。由寨老主祭五谷六神。祈求保护五谷丰登，然后集体会餐。有的地方由各家摘新谷炒干舂米煮饭连同酒、肉上供，用马匙献饭。有的地方吃新节为三天，第一天各家自己祭食，第二天集体食用大家共同摘谷舂米做成的新米饭，第三天将剩余食物再次会餐。吃新节期间，所用谷物可以随意到任何一家田中去采摘。

[贵州省毕节县地方志编纂委员会编：《毕节县志》，第151页，贵州人民出版社1996年版]

11. 贵州六枝特区仡佬族吃新节敬地盘业主

七月第一个寅日吃新，若遇闰月则改到八月第一个巳日过吃新节。吃新节的第一天，各家将各家田地里的新熟作物摘回家祭祖。次日男女青年盛装到寨子周围田地里捋取谷子和小米，毛稗等初熟粮食作物，数量以够全寨人两天食用为定。无论是何族何姓的田土，吃新节期间仡佬族人都可以去摘取一些，不仅不会遭到斥阻，反受别族田主所欢迎。因为各族都公认这一带田土是仡佬族的祖宗最早开辟的。仡佬族传说，先祖们原在天上吃仙桃供果过日子，仙桃供果越吃越少，不够吃，神仙就叫仡佬族的先祖随盘古王下到地上来开荒辟草。仡佬语称盘古王叫"波朵拉重"。他们来到地上是以山药、鸟兽等动植物度日，慢慢才认识谷种（仡佬语称稻谷为"吉"），但是种下的谷种长不成熟，先祖请教盘古王，盘古王告诉说你们在七月的虎场天或者八月的蛇场天杀牛祭天，杀马祭地，谷子就会长好。先祖们照办，果然丰收，以后便为定例。捋回的谷物焙干后舂米做成饭，磨豆腐，并宰牛一头，在坝子里由寨老将上述祭物供五谷大神和祖宗后，大家就地会餐，并将所余牛肉、牛内脏分成若干份，各人一份带回祭祖。第三日各家祭祖毕，留一点送前来参加过节的亲友，当夜各家摆开长桌，以丰盛筵席（包括猪头、猪耳、猪舌等）款待来宾，宾主尽情痛饮，欢乐地唱酒令。

[翁家烈："六枝特区仡佬族社会历史"，《民族志资料汇编·第十集·仡佬族》，第52页，贵州省志民族志编委会，1989年5月]

12. 贵州镇宁县仡佬族吃新节祭祖歌

（1）采新①

各家老老小小们，大家听我说分明，今天是个好时晨，吹起泡筒要吃新，各人准备出门去，采收新谷祭祖神。兄弟们来姐妹们，各人准备快起身，出了家门田地去，采新回来敬祖神。小田收三吊，大田收三升，小地收三碗，大地收三斤，小坡小冲一石三，大坡大弯三石一，旮旮旯旯要收到，田边地角要收齐。老的年迈走不动，留在家中作准备，碓窝筛子准备好，采新回来少费心。男男女女都要去，齐心协力去采新，男的拿镰刀口袋，女的背箩拿撮箕，快去采新祭祖先。忍勒有寨九十九，村村寨寨住忍勒，四方八面忍勒住，百里千里居忍勒。比贡②背后案桌坡，年年采新多热乐，忍勒坟地开始采，采到普里和麻园，东边采到鸡窝寨③，西边采抵四棱碑④，北面采到分水山，南面采抵扁担山，高处采到古老岩，低处采到古老沟，旮旮旯旯要采到，冲冲凹凹要采周。小的还小挑不动，大的就去帮助背。果珠在家耐心等，收新拿来交与你，做熟请你敬祖先。

一敬天神忍哈佤，二敬土地神，三敬老祖先，四敬米天神⑤，祖先神灵要敬好，明年才会有吃的，祖先神灵敬过了，大家热闹来吃新。去采新时看地界，一年一次才记清。二采新来二看界，祖祖辈辈传至今。

（2）祭祖⑥

合：米天公、米天婆，你们为人间造新谷。你们使禾苗成箐林，又让风调雨顺好年景。儿子儿孙听分明，地盘业主是忍勒，万古千秋要牢记。吹泡筒、打铜鼓，吃新节日已

---

① 采新：是仡佬族吃新节日中的第一个项目。吃新节时，首先要采新熟谷物来祭祖先，这叫采新。

② 比贡、案桌坡、坟地、普里、麻园、扁担山均为地名，在镇宁布依族苗族自治县境内。

③ 鸡窝寨、分水山，地名，在普定县境内。

④ 四棱碑：地名，在六枝特区境内。

⑤ 米天神：指粮食神。

⑥ 祭祖由两个果珠主持。在房下的果珠称师傅，又喻为谷根和谷蔸；在房上的果珠称徒弟，又喻为谷秆、谷叶和谷穗。祭祖时有师徒合唱和分唱。

来临。自古吃新不忘祖，年年吃新闹腾腾。穿花裙、穿花鞋，姐姐妹妹成双来。吹泡筒、打铜鼓，今年样样好收成，男女老幼乐融融。古老前人山神们，今天我们敬你们。满田满坝谷子熟，满山满岭好收成。谷子吊吊像金链，颗颗谷子似黄金。黄豆长得像扫帚，豆角多得似芝麻。高粱长成一大串，穗穗压断高粱秆。小米大得像绳索，吊吊好像金坨坨。今年庄稼样样好，人人见了乐呵呵！还有荞麦没有收，春来也是好收成。粮食就是命根子，老小不能乱糟蹋。古老前人山神们，今天敬供你们了，保佑来年好丰收。保佑谷穗吊子大，吊吊饱满像黄金。保佑高粱吊子大，吊吊饱满大又肥。保佑黄豆满地坝，棵棵长像扫帚形。保佑无虫又无灾，风调雨顺年景好，今年吃新敬供了，明年丰收接你们。

徒：米天公、米天婆，你们为人间造新谷。今年庄稼黄又黄。师傅叫我来上房，我在房上如谷穗，倒披蓑衣像谷叶，我的腰杆像谷秆，我的脑壳像谷吊，我的头发如谷芒。师傅在下如谷苑，长出谷子绿油油。师傅在下如谷桩，长出谷秧很粗壮，师傅房下如谷根，我在房顶如谷穗，我长得快长得好，全靠谷根来营养。上得房来上得梁，年景好来多收粮。一步两步上楼梯，田里庄稼长成林。两步三步上楼梯，地里高粱真爱人。三步四步上楼梯，谷吊穗穗像黄金。四步五步上楼梯，一吊谷子有半斤。五步六步上楼梯，一吊高粱有半升。六步七步上楼梯，大田大坝铺黄金。七步八步上楼梯，家家粮食满屋堆。八步九步上房顶，家家户户有粮存。

师：米天公、米天婆，你们为人间造新谷。谷子叶片像菖蒲。谷粒大得像黄豆。祖先们，神灵们，十盘八碗敬你们，鸡鸭猪羊备齐了，样样都拿敬你们，新米新豆成熟了，样样采来敬你们。祈求你们保佑好，来年定有好收成。一棵谷子长三吊，一棵高粱长半升。年年谷子堆满屋，岁岁高粱挂满房。家家收成好，户户有余粮。

徒：米天公、米天婆，你为人间造新谷。我在人间长得好，二月、三月我下地，四月、五月我就长，六月、七月长成林，八月、九月遍地熟，十月忙丰收，冬月回家过寒冬，过了腊月见春风。

师：拜向东方去，

徒：今年庄稼长得好，

合：今年粮食丰收了，顺顺利利！

师：拜向南方去，

徒：明年庄稼长得好，

合：明年粮食丰收，顺顺利利！

师：拜向西方去，

徒：明年年景好，

合：明年收成更好，更顺顺利利！

师：拜向北方去，

徒：明年年景更加好。

合：明年收成更加好，更加顺顺利利！

师：东南西北你要拜，四方八面我拜了。到处都是我们的。今年庄稼已成熟，世间人们把我收。世上宝贵我为贵，人间少我活不成。天庭忍哈佤保佑我，忍勒祖先把我请，我要快长快成熟，家家户户不离我。

（3）祭神

七月八月要吃新，忍勒要祭土地神。土地神有八兄弟，个个都会显神灵。大哥坐在天门内，叫他天官土地神。二哥坐在天门口，叫他天门土地神。三哥坐在山关口，叫他山关土地神。四哥坐在桥头上，叫他桥梁土地神。五哥坐在龙头上，叫他龙王土地神。六哥坐在田坝中，叫他秧苗土地神。七哥坐在寨门口，叫他寨门土地神。只有八弟年纪小，叫他家中土地神。八个兄弟受封赐，镇守四处忍勒地。忍勒辈辈敬你们，保佑年年有收益。四盘八碗年年敬，保佑忍勒得安宁。

（4）扫寨

七月龙日八月蛇，是我忍勒吃新节。吃新祭祖要扫寨，妖魔鬼怪全扫尽。不干不净的扫出去，丧生害命的扫出村，这里不是安身处，打到岔路去藏身。三灾八难扫出去，清静平安扫进村。虫灾病害扫出去，五谷丰登扫进村。牛瘟马病扫出去，六畜兴旺扫进村。摆子百病扫出去，安居乐业扫进村。天瘟扫到天上去，地瘟扫到地埃尘。要是哪样扫不到，神灵带去九霄云。自从今天扫过后，寨邻老幼得安宁。

［贵州省安顺地区民族事务委员会编：《仡佬族古歌》，第

52—59 页，贵州民族出版社 1991 年版］

13. 广西隆林县仡佬族吃新节祭祖

磨基仡佬族还习惯在八月十五那天，拿酒肉和新米饭到田头去祭，祭毕又在田里选三穗最长最大的稻谷和两穗最大最长的小米拿回家挂在灶上。这就是仡佬族的"吃新节"。"吃新"以后才能吃新玉米和新米，否则吃新米就会被虎追，肚胀毙命。

关于"吃新节"仡佬族还有个有趣的传说。相传仡佬族的老祖辈和苗族打老庚，在苗族老庚家吃了还没有祭过祖先的新米饭。在回家时，一路上被老虎猛追。老祖辈到家后肚子发胀。从此以后，祖祖辈辈都不吃还未祭过祖宗的新谷。

［广西壮族自治区编辑组：《中国少数民族社会历史调查资料丛刊·广西彝族、仡佬族、水族社会历史调查》，第 170 页，广西民族出版社 1987 年版］

第三节　婚姻中的祭祀

1. 贵州大方县仡佬族婚姻祭俗

……接着，女方家又一次拿出一只母鸡，同男方家送来的公鸡一起宰杀，请祭师祈

祷祭祀，然后设席宴客。宴客时，在堂屋中摆一桌八座的正席，入座者有严格规定：媒人和男方的父亲，受到特殊尊重，必须在正席上方就座，由女方的两位父辈代表在下方对陪；未婚女婿和背夫在正席右侧就座，女方家专选两位同辈男青年对陪。席间，将祭祀用过的鸡，分部位切割摆好，俗称"鸡八块"，谁吃头，谁吃腿和翅，都必须按规定拈取。于是，宾主唱祝酒歌，互相称颂道贺，直到尽醉方散。

[罗懿群："插草标"，《仡佬族文化百科全书》，第 174 页，贵州仡佬族学会编，熊大宽主编，贵州民族出版社 2002 年版]

2. 仡佬族婚俗——吃鸡卦酒

仡佬族婚俗中的祭祀礼仪。居住在贵州安顺县、平坝县一带的仡佬族，青年男女的婚姻，由中间人先试探双方当事人和家长的意向。男方家正式请媒人出面说媒，第一次带一包糖去，第二次带一只鸡去。在基本上取得女方父母同意之后，选定日期便要到女方家去"吃鸡卦酒"。届时，由媒人陪着男方的父母和当事者本人，一道前往。女方家要请祭师来杀鸡祭祖（男方家送来的是一只雄鸡，女方家要同时捉一只刚开始下蛋的雌鸡一起宰杀）。祭祖后，女方家把近亲邀来作陪。宴请媒人和男方家来的有关客人。原来祭祖的那两只鸡，人们在吃罢鸡肉之后，要将两双大腿骨拿来让祭师看卦。之后，将两只鸡的大腿骨两两相并，配成两副，男女两家各保存一副，作为凭据。这一次祭祖宴亲，既是祈求祖先和神灵的荫佑，又是将这桩婚事公之于众，以引起社会舆论和监护。此后，这门亲事就算正式确定下来。

[罗懿群："吃鸡卦酒"，《仡佬族文化百科全书》，第 174—175 页，贵州仡佬族学会编，熊大宽主编，贵州民族出版社 2002 年版]

3. 仡佬族吃允口酒

仡佬族订婚礼俗，亦称"打倒信"、"吃鸡卦酒"。行礼时须杀鸡敬祖先，用鸡股骨占卜，并宴请亲友，借此机会正式肯定婚姻关系，使其受到大家的关心和监护。在贵州大方一带，男青年们行行过礼后，趁良机拜认女方亲戚，改口喊岳父、岳母为爹妈。行礼中最值得注意的是：象征着允许婚事的第一碗酒，须先请女方母亲喝，当轮到其父喝酒时，他还要明确表示："娃娃是她养大的，要由她娘作主。"被认为合乎规矩。此俗实是人类母权制时期的遗风。

[唐祈、彭维金主编：《中华民族风俗辞典》，第 212 页，江西教育出版社 1988 年版]

4. 贵州织金县仡佬族结婚仪式——回喜神

新娘来到新郎家门口，要举行"回喜神"仪式。于门前放一升包谷，上插香，再上撑伞罩着，鬼师用鸡对着新娘念做法事后，新娘被挽入堂屋，门外摆设随即撤除。新郎新娘于堂屋拜祖宗后，奔入新房抢床坐，认为谁先坐上床，谁就会长寿。近处三日回门，远处要一月才回门。有与汉族开亲者。

［翁家烈："织金县仡佬族社会历史"，《民族志资料汇编·第十集·仡佬族》，第 57 页，贵州省志民族志编委会，1989 年5 月］

第四节　人生祭仪

1. 贵州正安县仡佬族佑子习俗

旧城区中平乡郑、梅二姓祭神树（为檬子树），使之保佑儿子能够顺利长成人。中信区一山沟中有一座 40 公尺高的石笋，被人们视为神，当地马、费、谢等姓人常以儿子过寄之，过年时以酒肉焚香纸祭之，乞佑儿子平安。

［翁家烈："正安县仡佬族社会历史"，《民族志资料汇编·第十集·仡佬族》，第 71 页，贵州省志民族志编委会，1989 年5 月］

2. 仡佬族石保爷

仡佬族的自然崇拜对象之一。"万物有灵"，在仡佬族的传统信仰中，有着广泛而深刻的影响。随着社会的日益发展，虽然一般的山水树木在仡佬族人心目中的神秘性已日益淡化，但对于古树、奇石仍然是十分神秘的。因而，对自然界的一切事物和现象的普遍敬畏和崇拜，逐步转化到对个别古树、奇石的崇拜。加上宿命论思想的影响，在仡佬族民间便形成了向古树、奇石求子、祈福的迷信活动。久婚不育或缺乏子嗣者为祈求得子，望子康祥者为祈求佑护，皆纷纷向各地区人们认为有灵气的古树或奇石祭拜。届时，备齐牲（一般是鸡，也有用猪、羊者）、醴、香、烛、纸帛等前往祭祀。祈子者，夫妇前往（也有的是妻子邀一有关的长辈妇女或同辈女伴前往）。祈求得子或望子康祥者，父母带着孩子前往。于祭献的同时，要当着古树、奇石给孩子"命名"（如叫木生、根生、石生、石保之类）。带去祭拜的孩子则要称古树为"树保爷"、"树保公"；称奇石为"石保爷"、"石保公"（称"爷"者为父辈；称"公"者为祖辈，多因父辈曾有人祭拜过该树、该石为"保爷",故应缘此而升格称之为祖辈——"保公")。这是民间"过房"、"寄养"之类的习俗与自然崇拜结合的产物。认古树、奇石为亲,求其庇佑,古树、奇石也就成了他们保身护魂的神灵了。自祭拜之后,有的是每逢年节就如期前去献祭;有的则要在特定的时间——或因许下心愿,抑或是适逢孩子的特殊喜庆之期才去祭献。

[罗懿群:"石保爷",《仡佬族文化百科全书》,第41—42页,贵州仡佬族学会编,熊大宽主编,贵州民族出版社2002年版]

3. 贵州务川县仡佬族"石保爷"——乞求孩子平安

仡佬人认为石和树,尤其是大石和大树都有神灵。在古代医药不发达,小孩子死亡率很高。有一句古时的语言,至今还流传在仡佬人口语中,"一年坐十二回月,没得个崽崽过年。"所以,仡佬人生了孩子,最大的希望就是要他的命根牢实。给孩子喊个"石头保爷",就是这种希望的一种寄托。孩子生下来,就去找八字先生算命,先生推出犯"短命关",父母就要为孩子喊个"石保爷",只有石头才是千年万载不会死的,喊它为"保爷",孩子的命根就会像石头一样坚牢,不会"短命"了,易长成人。选定哪尊石头做"保爷"之后,要择吉日去祭拜,摆上香、纸、烛、刀头酒礼,点燃香烛之后,由先生念咒语,孩子向石头作揖磕头。如果孩子小,不会磕头作揖,就由大人代言几句:石保爷啊,今后多多保佑呀!先生念的咒语如下:石老先师,你在山中万年青,何人见你长?何人见你生?开天辟地同你长,盘古初分同你生。玉皇大帝敕封你,黄水潮天也不怕,放火烧山不担心。今有下民×××夫妇所生×××儿(女),推算有关煞,无处哀告,前来祭拜,祈求石老先生保佑,关煞赦免,易长成人,百年长寿。

此外还有拜大树为"保爷"的;拜房屋中柱为"保爷"的;拜朝门为"保爷"的。

[务川仡佬族苗族自治县民族宗教事务局编:《务川仡佬族》,待出版]

4. 贵州关岭县仡佬族祭石、送"白虎"——治病

孩子生病,父母备酒、菜及饭到怪石前焚烧香纸祭石,请"石婆"保佑孩子平安。若是老人生病。会以为是白虎官,用茅草扎一双拇指大的"白虎"(或以豆渣捏)请"迷拉"或道士先生来"解",取病人所穿的一件衣,提雄鸡一只至岔路口,用鸡绕衣三转后,将"白虎"、衣服一并烧掉,宰鸡送鬼后带回做菜肴。或用茅草扎为人形放在堂屋方桌下由道士念后送到岔路口烧掉。

[翁家烈:"关岭县仡佬族宗教信仰评述",《贵州民族调查》(之六),第303页,贵州省民族研究所、贵州省民族研究学会编,1989年]

第五节　其他习俗

1. 贵州清镇市仡佬族接银水、买牲口

在卫城镇迎燕村、银桥村一带的仡佬族，每年正月初一早上一般在天亮之前，家庭主人就会用三炷香、三张钱纸到水井边去接银水（新鲜的水），然后挑回来倒在缸内。意味着新的一年财运亨通，挣钱如舀水一般容易。之后仍然拿着三炷香、三张钱纸到野外去捡一些拳头大的石头，用绳子捆着回来放在自己家的圈中，一边放一边说："买大猪回来了，买大牛回来了。"以此预祝六畜兴旺。

[刘玉荣："过年习俗"，《清镇仡佬族》，第112—113页，贵州民族出版社2004年版]

2. 贵州关岭县仡佬族的建房仪式

住房通常为四立三间，中为堂屋，两侧各是卧室和灶房。堂屋、卧室、灶房上有楼，木为楼枕，上编以竹笆，作存放囤箩、犁、纺车、草鞋架及其他杂物用。筑土作墙，茅草盖顶，为吞口式，石屋基。石匠开山取石，须用鸡一双、香三炷、纸一叠，至采石场焚香纸、宰鸡供奉，乞求山神保佑开山取石的安全。嗣用铁钎撬石数块以应吉利后，再择日正式采石制成长方形条石砌成屋基。屋梁由母舅送给。用一丈二尺长的红布缠于梁木正中抬至建屋者家。屋主取墨两锭、笔两支，连同高粱、谷子、包谷、黄豆、花生等五谷，包于一丈二尺正方形红布内束于屋梁正中，另剪五条色彩不同的布条（宽如指，长约五寸）束于搭成十字形的小竹架上，系于红布包下。上梁时，木匠捉红公鸡放梁上，念吉语数句，两端同时抬起，任鸡惊飞叫而下。梁安牢固后，石、木二匠同时攀踞于屋梁左右两头，石匠先讲四句，木匠接着讲四句，如此反复对讲若干吉利话语后，木匠将梁上的长红布解开，使之悬吊着，两匠下到地上。上梁仪式结束，房主人取下红布收藏，留待姑爹之子结婚，以之转赠，横放在其大门门包上，两端垂挂在大门两侧。

[翁家烈："关岭县仡佬族宗教信仰评述"，《贵州民族调查》（之六），第303页，贵州省民族研究所、贵州省民族研究学会编，1989年]

3. 贵州关岭县仡佬族过年娱乐活动——七姑娘附体

送祖后至正月十五前夜间，常搞请七姑娘的活动。择一堂屋宽大的人家，两个或三

个未婚男女青年坐于神龛下的长板凳上，面盖青布，再塞棉花以壮其视听，各捧香一炷衬在方桌上，灶房门、大门外也分别插香一炷，并烧纸化水一碗放神龛上，由一位已婚男青年站在桌前，拿扫帚一把，面对上座者，一面扫地，一面口念："七姑娘快快来，不要在金山银山背后挨。金山银山雪凌大，打湿七妹绣花鞋。一包针，二包线，拿给七妹纳鞋面。一捆柴，两捆柴，拿给七妹垫路来。一捆草，二捆草，拿给七妹烧火烤。一块粑，二块粑，拿给七妹哄娃娃，一块瓦，两块瓦，拿给七妹垫上马。有马骑马，无马骑扫把。嘟——嘿！"如此一遍又一遍地反复念，直念到上座者中有一人昏昏然，出现发抖时，才停止，认为该人已有"七姑娘附体"。坐在旁边的巫师先指挥其站起来对着神龛、左堂屋角、大门、右堂屋角各拜一次，谓之"拜四方"。巫师唱起《采茶调》，"神附体者"在屋中跟着翩翩起舞，唱完十二个月的各段后，让其坐回原位，巫师抽烟一口喷其脸，问其要讨花还是要唱歌，谓之"开咽喉"。回答说要讨花，巫师就唱："讨花要讨金银花，不是金银花不讨它。左手讨来右手栽，右手摘来揣妹怀。""神附体者"又妖娆地在屋中随旋律舞蹈。跳完讨花，又返回原座。巫师又问是要唱花歌还是唱民歌。若答是唱花歌，巫师便从砍草烧荒、挖地撒棉籽、薅棉苗、结棉籽、摘棉花、轧棉籽、弹棉花、搓棉籽、纺纱、倒筒、牵纱、织布、染布、比量身裁剪缝衣等一系列过程唱出来，"神附体者"仍然蒙闭着眼睛按其所唱内容，表演出相应的劳动动作。寨内男女老幼挤集于两厢楼上聚精会神地观望着。之后，青年们开始与之对歌。对歌者每人每次唱八句，如"好花鲜，好花生在塘中间。心想讨朵给妹戴，狂风吹花花不鲜"。人们一一争着与之对歌，到夜半鸡叫前，巫师取神龛上的水碗，喝水三口喷"神附体者"面，又以手拍其背，人醒后，大家哄然而散。

[翁家烈："关岭县仡佬族宗教信仰评述"，《贵州民族调查》（之六），第304页，贵州省民族研究所、贵州省民族研究学会编，1989年]

4. 广西隆林县仡佬族"磨猫"

年年秋收时，仡佬人家家户户都要买一只新猫来"磨"，娱乐一番，庆祝丰收。

"磨"的方法相当有趣：先由老人抱着猫儿在烧得火势熊熊的灶头上，摆来摆去摆三次，以示家猫不会逃跑。而后把猫儿递给家中最能劳动的年轻小伙子，小伙子将猫放在石磨上，再将石磨加快推转三次，这表示"猫儿像磨盘转动那样不停地抓老鼠"。接着将猫儿传给家中最用功读书的小孩手上。小孩抱着花猫儿绕着厅堂上的谷堆跑三圈，这表示着猫儿为主人抓老鼠，保护丰收的谷子。最后全家大小围成一个圆圈，异口同声地说："我家好猫儿，快去抓老鼠吧！"这种习俗，仡佬人叫"磨猫"。

[广西壮族自治区编辑组：《中国少数民族社会历史调查资料丛刊·广西彝族、仡佬族、水族社会历史调查》，第170页，广西民族出版社1987年版]

5. 广西隆林县仡佬族节日祭祖习俗

仡佬族一年习惯的节日有正月初一、正月十五、三月三、五月五、六月六、七月十五和八月十五等。一般节气的情况和其他民族大同小异，最大的节气是八月十五而不是正月初一。过八月节就大为不同了，仡佬族认为八月节是面临秋收的前夕，也是决定自己一年生活收成的主要季节的前夕，人们为了能使自己获得丰收，人畜兴旺，免除百祸千灾，都用各种祭祀形式祷告自己的祖先，祈求祖先保佑自己一家在下一年中太平富贵。在八月十五日以前的最后一个虎日（十二相），全寨杀一头公牛，由一位老年人口中念"热的去，冷的来，饿的去，饱的来"这几句话，然后将牛的四个奶头割下分抛四方。再将牛心挖出给各家分点，做十五日晚祭祖公用。

八月十五日晚，各家吃晚饭前再祭祀祖公一次，这一次比前二次更为隆重。供物除了同中午那次一样，还增加一只鸡和牛心（熟的），仪式的步骤同中午。牛心只有和祖公一脉相承的人才能吃，其他人是不能吃的。杀牛用其心祭祖公的意义就是，只有用牛心祭祖公后，稻米、谷子、高粱才能收回家来，否则就收不回来，并且出门就会碰上老虎、蛇，进屋会使人生病，自己的小孩也同时变成哑巴。

十五那天吃完晚饭后，老寨和坝子的人分别到近处的一棵多年来作送祖公用的青枫树下进行送祖公的活动。祭司由七、八个或五、六个人组成，他们多是长子，也有次子。祭物用一只小鸡和三炷香，鸡用三张烧纸包好，然后弄死，弄死小鸡时说："这是菩萨要你死的，别怪我。"将鸡放入传说是以前祖公挖的一个洞中（在树身上），然后用烧纸将洞口糊好，点燃，叩四次头，放炮六至九声，这些活动完了之后，才能回家。

传说这天祖公菩萨下来享受各家的祭祀，晚上要把它送回去，因为祖公菩萨平日是住在树上的。

仡佬族另一个重要的节日就算是阴历年了。当阴历年快到的前几天，各家就开始忙着作过年的准备，如杀猪宰羊，磨玉米、稻米，买过年用的其他东西等。到十二月三十这天，各家早上作粽粑，晚上各自都祭祀自己的祖公。习惯上由长子做祭司，将就近的小山岭来作为祭祀的对象。在家祭祀祖公的主要供物是个大的粽粑，一条特别长而直的红薯，三碗大米饭，一块长方形的熟猪肉和一碗菜，三碗酒。将这些东西放在神台后，祭司就烧香纸叩头。供物多少因家境贫富不同而异，但红薯、猪肉、酒、粽粑是必不可少的。

在正月初三这天一定要"开三"，否则全年庄稼（如包谷）就被虫吃，被风刮跑，不得丰收。每家在这天将拿着粽粑、酒、烧纸和锄头到田地头，在那里烧纸叩头后，再用锄头锄地几下，这就叫"开三"。此后才可以开始工作。

解放前仡佬族还有占卜、算命、找巫师送鬼等封建迷信活动。

［广西壮族自治区编辑组：《中国少数民族社会历史调查资料丛刊·广西彝族、仡佬族、水族社会历史调查》，第209页，广西民族出版社1987年版］

6. 贵州务川县仡佬族朱砂的宗教用途

古时代，由于交通闭塞，少有文化交流。仡佬先民认识肤浅，一旦发现野兽怪叫、禽鸟异声、旋风、瘴气、惊恐、噩梦等，就认为是鬼邪作祟。有人被溺死了，说是有"水鬼"索命；岩坎凶亡，乃是"摔死鬼"取替胎；妇女生产死亡就是"产后鬼"勾魂……所以，那时人们非常怕鬼，就用朱砂画"鬼马"来镇压。"鬼马"，尾脚身体皆马形，唯头部怪状，凶恶有威。法师将"鬼马"画在木板、衣服或门上，就用朱笔点祭。面向东方，喷净水三口，连拍三掌，口中念念有词："小鬼大鬼，速行他方。男鬼女鬼，跪地伏降。凶鬼恶鬼，无处躲藏。'鬼马'出现，百鬼消亡。上上灵符，普扫不祥。灵光出现，大吉大昌，急急如律令。"

据说，朱砂画符很灵验，邪鬼远避。有道法师，印章必用朱砂，大显灵威。所以，自古以来，从中央集权到地方角落，朱砂盖印一直沿用。

仡佬族人对朱砂十分尊重，在每次开采前，首先必须用香烛纸钱祭祀神灵，然后开采。朱砂提炼之水银，除进贡皇上外，人们还用于：老年人去世后，将水银从口中注入尸体内，说是尸体不腐烂。大富人家埋葬父母多用水银。埋葬时，人们将金井开好，还将朱砂撒于井中。说是朱砂能穿山透地，旺龙接脉，压煞镇邪。蛇虫不敢近，鼠蚁不敢入，亡魂得安，使龙脉地穴更兴旺，保佑子孙。

［雷崇明："务川仡佬族风水说"，《务川文史资料第十辑·仡佬之源》，第 392—393 页，政协务川仡佬族苗族自治县委员会宣教文史委编印，2005 年］

7. 贵州六枝特区仡佬族用山药祭祖习俗

居都仡佬族祭祖必须要有黑山药。冬月小年节是仡佬族祭祖的日子，居都仡佬族老人传说，远古时代仡佬人很穷苦，仡佬九兄弟（大披袍、小披袍、金毛、打铁、打牙、红仡佬、水仡佬等）在衣不遮体、食不果腹中度日，吃的是山药，没有衣服穿。传说这九兄弟是天上下来开荒辟地的，九兄弟看到生活这样困难就想回到天上重过安逸舒适的神仙日子，九兄弟建了一个很高的塔，塔尖顶着天，天上玉皇大帝听说后很生气，就派人堵着天门不让他们九兄弟上天，传话说："你们不用回天上了，在地上种庄稼算了，天上不需要懒人，怕吃苦的人。"九兄弟听了很失望也很痛苦，就一直在塔顶守候，观音路过后在九兄弟每人头顶按了一掌，塔压垮了，九兄弟又被压到地上，最恼火的是九兄弟自此讲话声音都变了，互相听不懂，看看到了冬天，大雪飘飘而下，河封水冻，没有吃的，没有穿的，光身子冻得通红，九兄弟把最后一只小猪杀来吃光了，看看活不下去了，九兄弟含泪默默地带着妻子儿女各自谋生去了，这天恰是冬月虎场天。

后人为了纪念祖先这一悲惨的日子，就在这一天杀小公猪把肉分到各家后祭祖先，第二天做饭供，第三天挖山药煮熟用一个小簸箕捏九个饭团，27 个小肉团和熟的野山药放到簸箕里供，供前点亮灯，供时把灯吹灭，传说祖先因没有衣服穿，无脸见人，把灯吹灭后才来吃。供后叫族中或寨中九个小男孩来用手抓食，每个小孩一个饭团，三个小肉团，一节野山药。让后人不忘仡佬族都是九个兄弟的子孙。

［刘安康整理。讲述人：李发旺，男，76 岁，仡佬族，住六枝特区箐口乡居都村。流传地区：六枝特区一带，2006 年 4 月调查］

第六章　巫师、占卜与禁忌

第一节　巫师及巫术

1. 仡佬族的巫术

仡佬族信仰"巫师"。民间传说，巫师威力很大。不但能装神弄鬼为人祈福消灾，而且还能以念咒画符给人治病。以前巫术在仡佬族人心中有着重要的位置，患了病不请医生，而找巫师，把希望寄托在巫师身上。遇有不吉，也要请巫师化解。主要的巫术活动有扫寨、冲傩、跳地戏等，并与佛教、道教相互掺杂在一起。

〔杨新年："巫术"，《仡佬族文化百科全书》，第 42 页，贵州仡佬族学会编，熊大宽主编，贵州民族出版社 2002 年版〕

2. 贵州务川县仡佬族的巫师

仡佬族信仰"巫师"（巫师即巫神，俗称端公）。民间传说，巫师威力很大，不但能装神弄鬼为人祈福消灾，而且医术高明，能以念咒画符给人治百病。以前仡佬族人害了病，不愿请医生治疗，却把希望寄托在巫师身上。

〔李国栋："崇拜与禁忌"，《务川仡佬族风情录》，第 83 页，务川自治县民委编辑，1994 年 4 月〕

3. 仡佬族祭师——博岥

贵州省黔西县、织金县一带，仡佬族雅伊支系称本民族的正祭师为"博岥"、副祭师为"博罱"。在举行重大祭祀时，必须有正副祭师同时出场主持。博岥头戴竹笠，竹笠上横披一条约六尺长的白布，自竹笠顶垂到博岥的两肩；右手执一牛角尖做的酒杯；在左手握一虎颌骨法器（用五色线缠绕，并缀有鹰爪、獐蹄羊蹄……）；座前置一面竹筛，筛中搁一旧铁锄（不带锄把）。边喝酒，边诵经，边用垂下的鹰爪、兽蹄抓座前的铁锄，相当于卜卦，抓起来为吉卦，抓不起来则预示不吉，就要反复诵同一段经，直到抓起，才继续往前念诵。另外在博岥座右侧，还要搁一盆用"草藁"（多年生草本植物，叶呈长椭圆形，花黄白色，果实呈长圆形，有香味，中医入药，有健脾开胃之效）浸泡的香水，供博岥随时用竹枝蘸来往四周洒放。

博嗣则陪坐于正祭师博岥的左边，右手执一铁镰，在跟随博岥的同时，用铁镰去击座前竹筛中的铁锄，节奏与吟唱相应和，铿锵有致，使古歌的吟唱更显得古朴、高昂而又悠扬。此外，博嗣还需随着祭仪的进行，协助博岥行祭，完成有关祭祀礼仪。据说，但凡举行大型祭祀，从开场起，即使做一天一夜的长斋，正副祭司在祭仪结束以前，绝对不能起身离开座位，一旦离开，便会导致法事无效。

[罗懿群："博岥"，《仡佬族文化百科全书》，第 208 页，贵州仡佬族学会编，熊大宽主编，贵州民族出版社 2002 年版]

4. 仡佬族巫师的法器——阿奈牙侒

仡佬族祭祀法器之一。据贵州《黔西州志》载：仡佬"病则延鬼师，以虎头一具用五色绒线装饰，置箕内祷之……"这种用五色线装饰的虎头，实际上只有虎的下颌骨，仡佬语译音为"阿奈牙侒"。虎颌骨上还缀有鹰爪獐牙、山羊角、野羊蹄之类。"阿奈牙侒"是仡佬族祭师使用的主要法器之一。除用于驱鬼除邪的祭祀之外，也用于超度亡灵等丧葬仪式。有的是搁在堂屋的桌子上，有的是搁在临时用泡木专门搭成的木架上。还要插上梭镖和尖刀等武器。行祭时祭师握在手中，并不断将缀系着的兽蹄、鹰爪去抓座前竹筛中的铁锄。

据云南省麻栗坡一带的仡佬族解释说：因为老祖先"开荒辟草"时死于虎咬，族众们赶去打死了老虎，便割下虎头来祭祀祖先，此后，代相沿袭，并转而成为祭师的法器。

[罗懿群："阿奈牙侒"，《仡佬族文化百科全书》，第 208—209 页，贵州仡佬族学会编，熊大宽主编，贵州民族出版社 2002 年版]

5. 贵州务川县仡佬族的巫术及用具

巫师的祖师坛设在自家堂屋里家神旁边，"二殿神君"为两个酷似夫妇的木雕头像，并供坛上，端公对其十分虔诚，长年四季香火不绝。端公每遇出门为人驱神送鬼，必先于坛前焚香纸叩首，顶礼祝告，然后才整理道具出门前行。

由于驱神送鬼种类繁多，所以，巫师在各种不同的巫术活动中所用的道具便各不相同，除"二殿神君"外，巫师常备道具还有扛神锣、水镲、卦、鼓、师刀、宝剑、禅杖、牌带、令牌、牛角、法衣、法冠、面具（戏脸壳）等。

师刀是一个直径约 30 厘米的铁环，一端有铁手柄，铁环上套有八个直径约 3 厘米的小铁圈。八个铁圈之间还套有两个直径约 2 厘米和一个直径 1 厘米的小铁圈，八个大铁圈代表八卦或八神；较大的两个小圆圈为鬼圈，最小的一个小圆圈为本命圈。巫师作法时摇动师刀叮当响，念罢咒语，将师刀往地上抛去，然后观察各个铁圈所摆位置，以判断吉凶祸福。

令牌，相当于古代官吏升堂判案时所用的"惊堂木"，巫师作法时在关键时刻猛拍令牌，伴以"喳，喳，急急如律令"的吼叫声，用以镇鬼驱邪。

卦，是用老斑竹头制成一分两半的牛角尖块。掷卦落地时，若两半均仰为"阳卦"，两半均伏为"阴卦"，此二卦均为"拗卦"，意谓所求的事未得"神"的允准；一仰一伏为"圣卦"，即神已赞同所求之事。

牛角，是巫师作法请神、降神、祈神时吹用的法器。务川有俗谚说："端公吹牛角，道士吹海螺。"

除道具外，务川仡佬族巫师的看家本领和绝招是符咒，符咒是巫术中最为神秘的部分，在大多的巫术仪式中，施术者都离不开念咒画符。符咒有白符咒与黑符咒之分，为人防病治病、避凶趋吉、对人生有利的称为白符咒，一些巫师用来制敌害人的称为黑符咒。

务川仡佬族中的巫术活动，从保胎、保身到消灾免难，凡生活中相关事宜均在巫术中有所体现。

[务川仡佬族苗族自治县民族宗教事务局编：《务川仡佬族》，待出版]

6. 贵州务川县仡佬族的端公及其道具

务川仡佬族人信巫祈神，是迎巫至家设坛祭祀、祈神消灾、以求百事如意。巫师，俗称端公，尊称端公先生。旧时，务川每个角落，均有他们的足迹。表面上是一个源远流长的教派，实际上无总（坛、教、会）分组织，无统领，而以师承关系沿袭，经久不衰。所谓"各师其教"，即在同一祈神仪式上大体一样，而所用的咒语、祷词和其他"套言"，各个端公则不相同，但又互不相涉。相同的是各自在家所供的祖师坛位均为"二殿君王"。

祖师坛设在堂屋家神旁的一角，两个木雕头像为夫妻二人，并供坛上。端公对其虔诚，晨昏香火不绝。相传这祖师是个"反王"，被皇帝追杀后弃头于河里。其妻追至，抱其头而哭之，自刭尽节，二首暴于河滩，经久不腐，使百姓安宁，人畜两旺，诸事如意，无一病者。

初，有人见二首不腐以疑为神，置于河边灌木丛下祈祷求庇。后又置于林中石台上，求愿者则灵，于是络绎不绝，香火不断。后来端公就把这有求必应之神，奉为坛祖，称他们为"二殿君王"。每当出门为人祈禳时，必须先于坛前焚香祝告，然后整理背夹中的道具前去。

由于祈禳形式多种，所用道具各不相同。端公一般常备的道具有：

扛神锣：约三十厘米直径的平面铜锣。

锣槌：竹根制，一端用布绕成球。

大锣：与扛神锣同，仅大十多厘米。

大锣槌：木制，长约三十厘米，中小，两端为椭圆形。

水镲：俗称铰铰，与京剧水镲同。

卦：各种竹根制成，形如羊角，一分为二瓣，合称一副。每个端公有大小卦十余副。卦象分阴、阳、圣、立马四种。阴卦为两瓣卦心朝下；阳卦为两瓣卦心向上；圣卦为一上一下；立马卦为一瓣或两瓣竖立，此种卦象不易出现，故称凶卦。

皮鼓：约三十至四十厘米直径的单面或双面皮鼓。

鼓棒：一对，长约三四十厘米的竹根制成，一端弯曲。

师刀：刀尖为黄瓜米形，长约十厘米，无柄，下连十至十五厘米直径的铁圈。圈上串有圆形大铁片十二，代表十二公神，小铁片二十八，代表二十八宿，摇起来沙沙作响，用此刀为人察看吉凶祸福。

剑刀：铜制或铁制普通短剑，长约五十厘米，剑与柄之间扎有各色布条，用以引车、送船驱魔。

牌带：用长约五十厘米、宽六厘米、厚三厘米的木方制成，外包数层布，横下方缀有若干飘带，带长二尺，宽一寸，双层，下端尖形，颜色不拘。每二根为一副，均为信士人所献，上写信士人姓名和所献年月日。带内装有端公历代祖师的法名和生辰。如某人向端公许愿献牌带，那端公就事先写好一位祖师的法名和生辰，折成帖交信士人缝在带内。

牌带的作用很大，它是端公的师父，每当端公打不转卦（不与他事先所说的卦象相同）时，便请出牌带边舞边念咒语，然后把牌带搭在左肩，跪着再打卦。如仍不转，用卦直敲牌带，直到打转为止。牌带还有个作用，是护体驱魔，常有人向端公求取牌带来为孩子做帽带或腰带，使孩子有病则除病，无病保平安长命。

神像：为一幅裱褙的大画轴。主像为玉皇大帝、释迦牟尼的半身像，主像下有若干小半身像和头像，名三千诸侯。

二殿君王：为夫妻两个木刻头像。男的红脸，五绺须，头戴王冠，约似关羽像；女的美丽慈祥。头像颈部（喉管）有孔，可穿在竹竿上。竹竿也是特制道具，上有对穿孔两个，插篾条围圈，穿上红袍，宛如活人。这是扛神仪式中必设之主神。

小三：为一对夫妻的木偶头像，称押兵神。扛神时把它放在坛桌下的篾筛内，像前摆放一个盛满黄豆的升子（木制量器），豆上插着点燃的香烛或摆放一盏燃烧着（用酒杯盛油）的油灯。

令牌：黄阳木制，上刻符令，形同惊堂木。

牛角：水牛角制的号角。

法衣：黄色，对襟，大袖大袍，有的缀有符令带。

法冠：折叠式莲花冠，冠瓣上有佛像。

红裙：红色折叠长裙，腰缀彩带。

脸壳：均为形态逼真、艺术很高的木刻面具。有唐氏公婆，俗称土地公婆。土地公的下巴是活动的，表演者利用下巴做出若干滑稽动作，配以诙谐的语言，令人捧腹。有仙凤小姐又称仙姑娘娘、押兵先师、和尚、歪嘴等。

以上道具，一般端公必备，冲傩的端公，必须有全堂道具，其脸壳就在二十四个以上。如果端公又兼道士（为丧家做道场，务川没有和尚做道场的），所用道具更多。

[申政伯："务川仡佬族的巫师活动"，《务川文史资料选辑·第六辑》，第149—152页，中国人民政治协商会议务川仡佬族苗族自治县委员会文史资料研究委员会编印，1992年9月]

7. 贵州务川县仡佬族的巫术活动

家中若有久病不愈之人，或病人垂危，经许愿有了好转，便请端公扛神，叫"打急救"。若望孩子易长成人，有钱人家在孩子一至三岁和十二岁时，也要请端公扛神，这种祭神叫"渡关"。孩子一至二岁、三六九岁，十二岁都要渡关。为十二岁的孩子扛神叫"渡童关"或"过童关"。过了此关，孩子就易长成人了。

端公给主人定下扛神日期，师徒三人于黄昏前赶到主人家。端公身背剑刀，挎牛角，徒弟背背夹负道具，行至离主人不远处，吹起牛角，以告主人。走近主人家时角声又起，主人出迎。邻人和村寨老幼也来凑热闹。

当天，主人家很忙，要备办晚上的酒宴。最费时费工的是做"印粑"。它是黏、糯米各半磨成面揉和，放在木刻印板里拓出有图案的粑来，蒸熟风凉，晚上散发给来看扛神的孩子，孩子吃了可以免灾。凡在场的孩子都有一份，少则四五个，多则十几个，主人不得吝啬，否则受人咒骂，求神不灵，这坛神就白扛了。

端公首先布置神坛，即在堂屋正中后壁的家神前挂上画轴，将"香火"（家神）全部遮没，再请出二殿君王（祖师神）头像以竹承其颈，穿上袍服，贴立于画轴下方，用大方桌挤压其腹以固之，脚置于伏地的二碗上，男左女右（外地称此神为师公师娘）。大桌上有香炉、供品（印粑、豆腐、果食、刀头），桌下设押兵神（一对夫妻的小像，俗称小三，外地叫五猖），大桌右侧置皮鼓，正中燃香、照油灯。取出师刀、宝剑、令牌、扛神锣、牌带等置于桌上。桌前铺有簟席（当地毯），上搁枕头或卷叠的被条，家贫则捆一束稻草，作端公跪拜用。诸事已毕，即可开坛。

开坛锣鼓响了，由端公击鼓，徒弟敲锣，紧锣密鼓，夹吹牛角，约十分钟后稍事休息。主人送上茶水果点，表示已开了坛。这时本村外寨，街坊邻里大人孩子，妇孺姑娘听到牛角锣鼓声，陆续前来观看。

接着，徒弟穿戴法衣法冠，手提扛神锣，端公司鼓，开始第一坛。只见徒弟在簟席上边敲锣边念唱，进进退退，有疾有缓，左旋右转，快慢结合，既歌又舞，伴有跪拜。

有时师父根据唱词，还要搭腔，增添声势。这时，主人端着印粑，在人丛中散发。锣鼓紧密，热闹哄哄，约个把小时，一坛结束。休息片刻，二坛开始。

第二坛由师父穿戴法衣法帽上场。先在坛前念一阵，吹起牛角，徒弟伴以锣鼓。牛角声老是一个调，即嘀嘀嘀嘀咯喽——咯喽咯喽——，反复若干次。据端公说，角声是敦请各位祖师前来助坛求神的。

之后，端公念动咒语，把已准备好的文书符令置于桌上的令牌下。文书符令是用薄黄纸做的（文书有两份，一份上写主人姓名、时间，为什么求天地神灵保佑、降福消灾、孩子长命高贵的；一份是端公自己具上法名、祝告天地、祈求值班神圣和过往神灵保佑法事顺利的），命主人置一碗净水于桌上。端公右手握师刀，刀尖在拇食指间，边摇动边唱念，进退俯仰，旋身踏步，走四门，转圆圈，疾中有慢，跪拜有序，其间杂有主人跪于桌前左侧焚烧钱纸。师刀摇动，其上的圆铁片有节奏地沙沙作响，与锣鼓声混杂，倒是一首动听的特殊戏曲。

大约一个多小时，端公歌舞停止，闭目默念于桌前。搁下师刀，换握令牌，遥向桌上水碗乱划一通，将文书焚烧于碗内，随即置令牌于碗上，二坛结束。

端公喝茶休息，主客寒暄，堂中熙熙攘攘闹成一片。主人邀请端公师徒，远近贵客，至亲好友，入席消夜。这一餐下来已是翌日凌晨了。

饭后继续开坛，锣鼓声中，把主人叫到坛前。端公上场，手握师刀摇摇晃晃，口中念念有词，将师刀向上一抛，坠于席上，刀圈上的大小铁片东倒西歪，端公跪下凝目察看，皱眉思索片刻，才告诉主人：某方的祖坟不安，被牛羊践踏；家中有人在某方遇鬼，被鬼纠缠；家中有人于梦中或无意中得罪了某菩萨；若是孩子常病或久病不愈，就说他遇鬼落魂。这样反复抛掷师刀，辅以问卦，总要说到主人心坎上，使之口服心服为止。

所谓问卦，即是端公替主人设问。比如：端公告诉主人的所冲所犯，而主人未置可否或认命不爽快，则以问卦决之。问卦前，右手执牌带，挥舞念唱，指天夺地，横扫转圈，牌带上的几十条飘带呼呼生风，而端公念唱大多是他不同祖师的法名。跳一阵后，将牌带搭于左肩，立在坛前祷告，再从桌下卦堆中选出三副卦来，跪下问卦。

端公高唱："值班神圣，过往神灵，你们有千里眼，顺风耳，明察秋毫，若是东方妖魔对主人作怪，请显阴、阳、圣三卦。"如果一二三卦是按阴、阳、圣顺序排列，算是最好的卦。卦象已定，就待日后如何请师驱魔了。如果第一卦不是阴卦，端公为了取信于人，重打第一卦，若仍不是，则收起卦鬼念一番，并将卦在左肩飘带上敲打，高喊祖师法名再掷卦，反复数次，仍无阴卦出现，只得换个方位，高唱："不是东方妖魔，便是南方厉鬼……"有时真是"鬼捉弄"，尽管换方位，换鬼神，甚至请了当方土地爷，仍是打不转卦，弄得端公跳了老半天，心情紧张，气喘吁吁，汗流浃背，最后只得长吁短叹，告诉主人："不知你们得罪的是哪一位尊神？"当然这样的情况很少出现，而主人听了就骇然震惊。因为打不转卦是倒霉事，旁人会编造种种不利的故事来消遣。

卦象一定，端公划符水。将桌上烧过文书的水碗再次咒语后，命主人将水给病人喝，拿出病人的贴身衣服，取出铜制符印，于衣服背部盖上朱红印章，让病人穿着避邪；同时将桌上的黄纸符也盖上朱印。稍作休息后，已离天亮不远，该"出土地"了；师父扮土地公，徒弟扮土地婆，各穿男女有别衣裙，戴上面具。土地公是一位满脸堆笑，下巴活动的白胡老者。土地婆是面白慈祥而带微笑的老太婆。他们一上场，用对话编造从南天门来，要到某家去为某人祈神禳灾，把"途中"的趣闻趣事有声有色地表演出来。土地公手舞足蹈，土地婆手舞花帕，娇羞百态，趣象横生，令人捧腹。有时还要扮成村姑村童唱一两段情歌。最后才开始替主人家祝告祈祷。

由于"出土地"是个有趣节日，每当此时，附近的妇女儿童都赶去观看。有时端公为了博得观众高兴，把在场人也编入趣事中去取笑。

"出土地"也叫出戏，这台戏结束天已亮了。如果是为"打急救"而扛神，端公只要遣符念咒，把符贴在各门楣上（大门三至五张，其余一张），然后化纸送神就算结束。如果是保孩子长命富贵而渡关扛的神，还要进行过"刀山"关。"刀山"是用一根比大碗粗的柏木，长一丈二尺，削去部分皮，在中间适当处钮十二道口，以方条木和各种刀具交错填之，如独梯。梯级上挂纸钱，斜立于大门内侧，以高凳固之，顶端旁横放一木甑，如洞状。开始，端公立于刀山前，手执宝剑，口念咒语，挥舞一阵，就吹牛角，化纸钱，高唱："押兵神开路，护法神押车，诸神让路魔鬼远离，谁敢挡道，赶出地府……"主人抱着孩子象征性地让其一步一步上刀山，上到顶端，把孩子由甑洞内送出去，对面有人等着接。接的人是孩子的干爸爸又称保爷。当把孩子接到手，便将事先准备好的厚礼塞给孩子，还要封赠几句吉利话："保你无灾无病，长命百岁，易长成人，福禄俱全。"这时围观者祝贺声此起彼落，热闹哄哄，主人以罗圈揖感谢。端公卸装休息，其余由徒弟煞尾，如送神、收拾道具、送刀山等等。

刀山上的刀取下后，送到沟边小桥处，靠在桥边作桥梁（象征性），徒弟去念一番咒，化纸焚香，就算了事。

[申政伯："务川仡佬族的巫师活动"，《务川文史资料选辑·第六辑》，第155—160页，中国人民政治协商会议务川仡佬族苗族自治县委员会文史资料研究委员会编印，1992年9月]

8. 贵州务川县仡佬族划龙船——求财祈福

端公划龙船，并非端午赛龙舟的龙船，是端公在春节期间的祈神活动。有的端公从正月初二日起，到每家门前求神降福，保人畜兴旺，四季平安。其祭神时间不一，据说最早从正月初二起到正月十五日止，后来到初九日止。在笔者的记忆中，过了初五就少见划龙船了。

端公的龙船，高约一米三四，四柱排列成长方形，在柱的三分之二以上四面封木板，宽三尺，厚二尺，正面开一个或两个上圆下方的门洞，有底，上覆木板钉成木房顶样，有一面水和两面水的。两面水的有脊有鳌，用彩色勾画出瓦片飞檐。门洞内设"二殿君王"头像。门外的门脚边上钉有三个小铁筒，作插香烛用。行动时，端公以船的背面架在肩上，手扶柱脚，到了某家门口，安好龙船（正面朝主人家门），端公在船后敲起扛神锣，唱念起来；主人出来含笑示意，表示招呼，急忙燃香换烛。若船上的香烛是新燃的，主人便将香烛置于船的门洞内，若主人素与端公有交往，待端公做完法事后，请进家中用茶点，并送红封和过年食物。农村银钱干贵，则送粮食。若端公被主人邀进家去，龙船不能进屋，留在门外。这样从早到晚一家一家地"划"下去。离家远了，便在亲友处借宿，第二天又开始，直到身乏囊足，才回家去。

［申政伯："务川仡佬族的巫师活动"，《务川文史资料选辑·第六辑》，第162—163页，中国人民政治协商会议务川仡佬族苗族自治县委员会文史资料研究委员会编印，1992年9月］

9. 贵州务川县仡佬族傩戏（1）

务川仡佬族傩戏也叫脸壳戏、冲傩或者杠神。生招满日或添人进口，请人冲傩，向鬼神祈祷，向活人庆贺。家有灾，人有难，请人杠神，求神驱鬼，消灾灭祸。冲傩、杠神还包括各种许愿、还愿。

傩戏属于巫、佛两教，信奉张天师和释迦牟尼。

傩戏头戴脸壳，脸壳只有一个固定的形象，或凶狠或慈祥，一成不变。演出时，动作简单、古老而粗犷。唱腔的旋律起伏不大，是唱又似念。

傩戏分为两部分：一是开坛，属于祭祀部分；二是开洞，属于戏剧部分。

（1）开坛

开坛分为四个内容：

①发通帖文书：由法师身穿法衣，头戴法帽，右手举师刀，左手拿排带，烧长钱后，口中念念有词，边念边舞，以示发出文书、请帖，邀请各路神明来赴傩坛会。

②立楼诗：由另一个法师身穿法衣，头戴法帽，右手举神棍，左手拿排带，口里念着巫教的圣经诗文，对各路神明抬举奉承。

③搭桥：由另一个法师身穿法衣，头戴法帽，右手举师刀，左手拿排带，在"过桥案子"前边唱边舞，以示引导各路神明前来赴傩坛会。

④酿星布斗：由另一个法师身穿法衣，头戴法帽，右手举神棍，左手拿排带，念着、唱着、舞着，邀请诸位神明就位。

（2）开洞

开洞就是唱戏。傩戏实际上并没有"戏"，多数是一个演员，头戴脸壳，身着古装，根据民间传说或唱本改编的故事，伴着锣鼓、牛角念唱一遍，故事念唱完，"戏"就完了。傩戏实际就是唱故事。

傩戏有二十四戏，有十二戏戴脸壳，又称前十二戏。有十二戏不戴脸壳，又称后十二戏。前十二戏有：唐氏太婆与土地、迎宾土地、和尚、先锋、汉朝将军、灵官镇坛、活闪娘娘、出秦头和炳灵、统兵圣母（这出戏是六个演员六具脸壳；备马童子、土地、上原将军、下原将军、统兵圣母、梁山土地）等。

傩戏只有戏文，唱一遍故事而已，就像统兵圣母这出戏，虽有六人上场，仍是各唱一遍，互无联系。

另外后十二戏不戴脸壳，唱法与前十二戏相似。

傩戏短则可唱一天，长则可唱十天半月，由掌坛师在案子前游一阵，转一阵，唱一阵，念一阵。念的时候，微闭眼睛，口中念念有词，谁也听不清掌坛师念的内容。念的时间可长，可短，也可任意重复。

（3）道具

傩戏的道具分为四类：神坛、案子、脸壳和小道具。

神坛：供奉神位的方桌，桌子上供着木雕菩萨。菩萨背面挂着"中堂案子"。菩萨前面除了放着香炉外，还放着师刀、排带、神棍、卦、牛角、令牌等小道具。

案子：是两幅布质的壁画。一幅叫中堂案子，中堂案子宽二尺七，高六尺，呈长方形。画面上从玉皇大帝、王母娘娘到阎王老爷、判官、小鬼等两百多个鬼神。从天庭、瑶池到地狱的上刀山、下油锅。另一幅过桥案子，长一丈五，宽二尺七，画有五十个神仙腾云驾雾在天空行走。

脸壳：用木料雕刻，涂上颜色，有迎宾土地、汉朝将军、和尚、先锋等十多个。

小道具：

①师刀：刀鞘为一尺五寸长的铁质双刃尖刀，相似道家的戒刀，佛家的宝剑，用于镇邪斩鬼之用。

②排带：一尺长竹根上挂着无数彩色的布条。这些布条是做阴功的主人相赠，布带上写着主人的名讳，以示敬神。

③神棍：是一根六尺长的手杖，杖身缠身雕的一条蛇，蛇头在棍子的顶端，蛇头上倒立着一个孩童，头向下，脚朝天，用于降魔伏妖。

④卦：形似嫩笋，用于卜问吉凶。

⑤牛角：是对鬼蜮的号令，也是伴着锣鼓的吹奏乐器。

⑥令牌：是一块硬质的小木牌，用于镇唬鬼魅。

⑦印：是印章，掌堂师的关防，用于盖在符上驱鬼。

务川仡佬族流传甚久的傩戏，它既有浓郁的封建色彩，又是古朴的戏剧艺术，是中华大地的戏剧活化石。

［向朝武："务川仡佬族傩戏"，《务川文史资料第十辑·仡佬之源》，第332—335页，政协务川仡佬族苗族自治县委员会宣教文史委编印，2005年］

10. 贵州务川县仡佬族傩戏（2）

傩戏也是一种古巫文化的载体，源于远古的一种驱鬼逐疫祭祀活动。在历史发展中，逐渐渗进了避邪、消灾、祈年、延寿、求子等为主的内容。《周礼·夏官》载："方相氏掌蒙熊皮，黄金四月，玄衣朱裳，执戈扬盾，师百隶而时傩，以索室驱疫。"汉代以后，驱傩逐渐发展成为具有浓厚娱人色彩和戏乐成分的礼仪祀典。大约自宋代前后，礼仪祀典由于受到民间歌舞戏剧的影响，开始演变为旨在酬神还愿的傩堂戏。傩戏中的"傩"，是神圣的意思。傩公、傩母（圣父圣母）传说他们是兄妹，洪水之后二人结为夫妻，繁衍了人类。祭祀时，巫师行各种法事，唱歌跳舞，都表示对始祖的虔诚崇拜和敬仰。祭祀傩神，在湘、渝、黔毗邻县份，不惟苗族盛行，仡佬族、土家族亦盛行。务川傩戏，从唱词中反映出与巴楚文化有关。"开坛"法事中端公先生唱道："我祖原是湖南、湖北人，来在贵州显威灵"；在正戏《秦童》中，甘生唱道："家住湖广西连县，西湖村，甘家花院"；在正戏《勾簿判官》中，判官唱道："家住南昌十字县，崔坪村内我家门"；傩堂戏神祇中掌管五路五营阴司的凶神"五猖"（也称"小三"），传说他家住湖北武昌府竹阳县，母亲是上界神仙女，父亲是下界张三郎。在湘、渝、鄂一带，与傩有关的，还流传着傩愿菩萨的故事：由于人世间不慎得罪了上天，玉帝拟派瘟神下凡，把毒药撒遍江河，叫人世间人死畜灭。心地善良的傩神赶紧把圣旨"抢"到手，他携带毒药却迟迟不撒。当瘟神追他追到湖广三省交界处，傩神为了搭救黎民，把毒药猛吞腹内。一霎时，一个容颜俊美的傩愿，被毒药攻得遍体墨黑，眼珠暴出，口吐鲜血，气绝身亡。傩愿承受了变像身亡的苦难，民间却免除了浩劫重灾。傩愿的拯世博大精神，感动了湖广三省的人民大众，大家都把傩神供奉起来，顶礼膜拜，香火不断，玉皇大帝也不得不把傩愿封为"清源妙道傩部真君"（傩愿神号），永享凡间的祭祀（《伦理文化论》，第 294 页）。

［王治高："务川仡佬族探略"，《务川文史资料第十辑·仡佬之源》，第 38—39 页，政协务川仡佬族苗族自治县委员会宣教文史委编印，2005 年］

11. 贵州务川县仡佬族娱神仪式——冲傩

冲傩，是一种驱逐疫鬼的仪式，通过巫师来进行。《黔记》载："务川土民（仡佬族），信巫屏（排除、不用）医，得兽祭鬼。"信巫，在务川仡佬族人心中占有重要地位，自古以来代代相传，植根于群众之中。"巫"，古代称能以舞降神的人，商代最重巫。巫就是巫师，也称端公，尊称端公先生，专以装神弄鬼替人祈祷为职业的人。在一些仡佬族人心目中，巫师"威力"很大。据传，巫师活动在早期是为人们祈福驱灾，平安度日，为人们做好事，不计较报酬，后来才发展成为骗人钱财的迷信职业。务川仡佬族人把治病消灾求福，寄托于巫师，有事请端公先生到家设坛冲傩（跳神）。家中有人生了病，请端公冲傩消灾，以求病愈，家里逢凶事，要冲傩，化凶为吉；老人生日要冲寿傩，祈求高寿；壮年夫妇无子要冲傩，许愿还愿以求生子；"干贵"（小孩少，易生病）子女人家要扛神"跳家关"，"保关煞"，以保小孩过关，易长成人。

冲傩仪式是以戏剧形式进行，寓驱邪与娱乐于一体，称"傩堂戏"。端公先生既是导演又是演员，据传傩堂戏是由原始巫教的傩舞演变而成，傩舞是我国最古老的一种戏剧艺术。

冲傩仪式有半堂傩、中堂傩和全堂傩之分。半堂傩有从业人员 3—5 人，时间一个晚上，主要是为病情严重者进行的"急救"；中堂傩有从业人员 5 至 6 人，时间少则一个晚上，多则五天五夜。10 人以上、时间五天以上是全堂傩。中堂傩、全堂傩都是用于"还愿"。

冲傩的道具一般有扛（跳）神锣，大锣，水镲，卦，皮鼓，师刀，宝剑，牌带，神像，令牌及各式脸壳。脸壳是木刻面具，经过精雕细刻，做工考究，形象逼真，有很高的艺术价值。

务川仡佬族冲傩，内容丰富，本文只就因病冲傩作一点介绍。端公先生受有病人家之请冲傩，进主人屋后，首先就是设坛，在主人堂屋正中"神龛"上，挂上神的画像，将神龛上的家神全部遮没，再请出祖师头像以竹承其颈，穿上袍服，固定在大方桌上，男左女右。大方桌上摆有香炉、供品（印粑，豆腐、果实，猪肉刀头），桌下押兵神（一对夫妇的小像，俗称小三），正中照油灯，烧香。桌上放师刀、宝剑、令牌、牌带、扛神锣等。桌前铺篾席，篾席上放叠好的被条。布置已毕，由端公击鼓，徒弟敲锣，夹吹牛角，表示开坛，引来众多观众。接着进行第一坛，端公司鼓，徒弟身穿法衣，头戴法帽，手提扛神锣，在篾席上，边念唱，边敲锣，且歌且舞，伴有跪拜。端公根据唱词帮腔。主人端上印粑（用黏、糯米面，放入木刻印板里拓有图案的粑，蒸熟风凉）散发给在场的孩子，孩子吃了可免灾。约个把小时，一坛结束。

稍微休息后，接着进行二坛。由师傅主持敬请各位祖师前来助坛求神。师傅身着法衣、头戴法帽上场，先在坛前口若悬河念一通，吹起牛角，徒弟伴以锣鼓，牛角不断地吹着，这是催请列位祖师到坛。接着端公念动咒语，把文书符令压在桌上的令牌下，文书两份，一份是写主人为治病而冲傩，祈求神灵保佑，驱邪逐魔，早日康复；一份是端公祝告天地，祈求值班神圣和过往神灵保佑法师顺利。端公命主人端一碗水放于桌上。端公右手握师刀，边舞边唱，主人跪于桌前左侧焚烧纸钱。端公歌舞停止，闭目默念，放下师刀，拿起令牌，向桌上水碗比划一阵，将文书焚于水碗内，随即将令牌盖于碗上。二坛结束。主人摆夜宵，餐毕已是翌日凌晨。接着进行关键性的一坛，就是问病治病。锣鼓声中，请主人到坛前，端公上场，手握师刀摇摇晃晃，口中念念有词，将师刀向上一抛，坠于席子上，刀圈上的大小铁片东倒西歪，端公跪下凝目察看，皱眉思索，告诉主人：祖坟不安，受牛羊践踏；有人在东方遇鬼，被鬼纠缠；家中有人得罪了某菩萨，孩子久病不愈，是由这几方面造成。接着就是问卦，问卦就是主人对端公所讲主人家的患者所冲所犯，主人未置可否的情况下，则以问卦决定。端公右手执牌带，挥舞念唱，指天夺地，横扫转圈，牌带上的飘带呼呼生风，唱跳之后，端公将牌带搭于左肩，立在坛前祷告一阵，再从桌下取出卦（竹根切为两块做成的）三副，跪下叫卦。端公高唱："值班神圣，过往神灵，你们有千里眼，顺风耳，明察秋毫，若是东方妖魔对主人作怪，请显阴、阳、圣三卦"。接着打卦，如果卦像按阴、阳、圣顺序排列，算是好卦。卦像已定，就待日后请师驱魔。若遇卦像不按阴、阳、圣显卦，端公一再重打都不行，只得换个方位，又唱："不是东方妖魔，便是南方厉鬼……"将卦在左肩牌带的飘带上敲打，高喊祖师法名，再掷卦，如卦像仍不按意图显现，端公心情紧张，又进行祷告，甚至连当方土地爷亦请到，总是打不转卦，端公则汗流浃背，下不了台，最后只好告诉主人："不知你们把哪位尊神得罪了?"主人听了更是紧张害怕，认为病人无救了，当然出现这种情况极少。一般都能按端公意图显现卦象。卦象定后，端公划符水，将桌上烧过文书的水碗再念一次咒语后，要主人端去给病人喝下，拿出病人的贴身内衣，在衣服背部盖上朱红印章，病人穿着避邪。稍作休息后，天已将黎明，接着就"出土地"，也叫"出戏"，娱乐性强，附近的男女老少都赶来参观。师傅扮土地公，徒弟扮土地婆，戴上面具，男女穿着十分讲究，土地公是满脸堆笑、下巴活动的白胡老者，土地婆是面白慈祥带微笑的老太婆。他们一上场，用对话编造从南天门而来，要到某家去为某病人祈神禳灾，使病魔脱身，把途中的趣闻趣事有声有色地表演出来。土地公手舞足蹈，土地婆手舞花帕，娇羞面态，妙趣横生，令人捧腹。有时当场取材，把观众编入故事取笑，使气氛倍增。最后替主人家祝告祈祷而告终。天已大亮，端公遣符念咒，把符贴在各门楣上，大门贴三到五张，其余各门贴一张，然后化纸送神，冲傩就算结束。

[付敏："冲傩"，《务川仡佬族风情录》，第94—97页，务川
自治县民委编辑，1994年4月]

12. 贵州务川县仡佬族的冲傩——祭神

务川仡佬族巫术中的冲傩既注重于祭祀仪式又注重于戏剧性的表演。其中祭祀仪式包括"四大坛、八小坛"。祭仪完毕之后，便是正戏表演。

"四大坛"即"开坛"、"发文"、"立楼"、"搭桥"，这是傩坛祭祀中最基本的程序，一般不得减少。而"八小坛"则根据"冲傩"或"还愿"的需要进行增减，大体上有"领牲"、"上熟"、"参灶"、"招魂"、"祭船"、"判卦"、"和坛"、"投表"、"清册"、"送神"、"游傩"等。其演出程序一般为：祭祀的第一天上午便要扎"三宝龛"；中午，杀牲供果；晚上进行开坛仪式。开坛时，掌坛师站立于设好的傩坛"神龛"前，打牌念章，请求各方神灵就位，其时，须烧香焚纸，口吹牛角，喃喃念咒，一时间，香烟袅袅、师牌飘飘，加之牛角嘟嘟、锣鼓铿锵，气氛异常森严，同时又充满了戏剧性。尤其引人注目的是，神案上还供奉着绯红色的傩公、傩母木雕背面高悬"三清"（即原始天尊、灵宝天尊和道德天尊）神图。加上白鸡、白猪、白羊等供品相映衬，使得整个场面

阴森肃穆。

　　然后，请酒打闹台，请圣号。这是傩坛祭祀中极为重要的仪式，无论是驱鬼治病、祈福禳灾，还是大坛、小坛、大法事、小法事。都必须观师请圣，否则其祭祀就不能获得神灵的庇佑。

　　接着，便是发文请师，其由法师向玉皇大帝呈送奏章，叩请神灵降临傩坛，以保户主平安。这一过程十分庄重，既有文书相请，还要擂鼓三通，鸣锣三阵。法师双膝下跪，用朱红茶盆将文书呈上，由"三界功曹"把文书带到玉皇大帝那里。其文书同人间公文一样，也有一定的格式，如"过关愿"之文书：今据奏，为在中国贵州××府××县××地名，为因信士××所生孩男童关不遂，命犯阴司，无方投告，只得发星许五岳太像良愿一堂。

　　于是，"三界功曹"赴傩坛接"文"，敬酒三巡后便打马回天。"立楼"、"搭桥"、"造船"，则是为了迎接"五方兵将"降临傩坛，在交通、住宿方面作的准备，其目的就是为了讨好神灵，希望赐予主家宅地安宁、身心愉快的"还愿"服务，希望神灵在"生死簿上少勾文"，并帮助愿主把"天瘟扫出天堂去，地瘟扫出地狱门，猪瘟扫出黄毛岭，牛瘟扫出青草坪。"

　　根据祭坛进展，往往还要举行念诰章、咒语的仪式，最后才是唱下坛歌，标志着开坛仪式的结束。

　　傩坛仪式进行到次日，便要和坛。和坛是傩坛的重要法事之一，其目的是让法师向天、地、水界许愿，祈求儒、释、道三教，天、地、水三元的所有神祇，降临傩坛，和睦欢聚，共了善信良愿。其首先要"判卦"，卦一共有三副，按阴、圣、阳分别排列组合，得二十七卦，外加一个"立马卦"，共二十八卦，法师凭着这二十八卦中的某一卦便可下"断张"，根据下卦的具体情况对照卦辞作结论。此外，和坛时，法师还要相互盘歌问答，称为问根生，其以人类起源、天地山川、八卦甲子、冲傩还愿、傩公傩母来历、竹子来历用途等为主题、内容广泛，有的还用"莲花落"形式表演，有的则要跳起巫舞，祭中有戏，戏中有祭，趣味无穷。

　　和坛结束后，便打开桃园洞，请出戏子，开始傩戏表演。傩戏分正戏和外戏两大类。

　　正戏，是"还愿"仪式中戴着面具表演的二十四个剧目。其分为"上洞"、"中洞"和"下洞"三部分。其中"上洞"部分包括《扫地和尚》、《开路将军》、《点兵仙官》、《引兵土地》、《押兵五郎》、《水路将军》等，这些戏全是为了请神还愿服务的。"中洞"部分包括《甘生八郎》、《杀牲九郎》、《牛皋卖药》等戏，总称为《甘生赴考》或《秦童买猪》，这部分戏较上洞戏有了可喜的进展。"下洞"部分则是一些表现收邪斩魔、追魂抓鬼的神仙道化戏，如《开山猛虎》、《二郎镇宅》、《钟馗戏判》、《目莲追殿》等。由于法师高超的表演技巧，翻滚跌爬、腾空跳跃，加上鬼神面具之狰狞凶悍、咄咄逼人，充满了阴森恐怖的气氛，令人毛骨悚然，所以"下洞"戏在群众中又有"鬼戏"之称。这些戏一般在"还愿"户主家的堂屋或晒坝演出，背景均要布置祖师神案，名曰"三宝尫"，神案后则挂"三清"神像彩图，称"三清图"，两旁摆道具。

外戏，则是在正戏表演结束后，在舞台上不戴面具表演的戏，它是傩坛正戏的发展。这类戏大多是以历史题材为主的传统戏，如《柳毅传书》、《鹦哥记》、《蟒蛇记》、《太子卖身》等，也有从唱本文学改编的，反映婚姻自主的爱情戏，如《白罗裙》、《谋夫夺妻》等。

最后，才是封坛。封坛仪式一般在"打太保"的第三天举行，其包括扎茅人取替胎、游傩、过关解厄、送神、祭魂等。

[务川仡佬族苗族自治县民族宗教事务局编：《务川仡佬族》，
待出版]

13. 贵州务川县仡佬族的杀铧——治病

杀铧又叫"溜红铧口"，它是在愿家疾病缠身，久病不愈；或家宅不宁，邪鬼作祟的情形下，请法师用烈火强行将鬼疫瘟病驱逐的巫术活动。其做法是：把犁田的铁铧用炭火烧得通红，巫师一边念动咒语，一边用几张草纸（事前垫入鞋中吸上了脚汗）包上祭祀燃烧后的纸钱灰，然后垫在脚下，踩在烧红的铁铧上。表演中，巫师脚一踩上铁铧，铁铧上便青烟袅袅，吱吱作响。接着，巫师还要向烧红的铧口喷上包谷酒、桐油的汁液，燃起几尺高的火苗，巫师则用手端着正在燃烧的铁铧向四周冲杀，嘴里发出尖锐的吼叫声。现场甚为惊险、恐怖、紧张。

[务川仡佬族苗族自治县民族宗教事务局编：《务川仡佬族》，
待出版]

14. 贵州务川县仡佬族的打保符

若家中有生病久治不愈之人，家人就得去找巫师卜算，若巫师算出是生病之人有鬼魂缠身，则家人便要请巫师"打保符"收鬼。"打保符"收鬼时，端公手持一土罐俗称"禁罐"，用红布（纸）封口，用香火烧一孔，洒米粒于其上，然后关闭门窗。这时巫师一手摇动师刀，一手在桌上拍击令牌，并大声吼叫，以震动红纸，等米粒逐渐从纸孔掉入罐内，鬼便收住了，随即用红布封紧罐口，用令牌在布面上画符。然后，巫师持罐跑到屋外，将罐埋在荒郊野外。有的地方则由巫师作法事后持罐出门，去到坟园，将预埋的泥人用钢叉取出，装入罐内埋在土中。

[务川仡佬族苗族自治县民族宗教事务局编：《务川仡佬族》，
待出版]

15. 仡佬族的扫寨

黔中、黔北一带的仡佬族村寨，在每年春季的二、三月间，要举行扫寨活动。有的地方又叫"打清醮"。通过扫寨，祈求全年风调雨顺，全寨清吉平安。

扫寨要请巫师作法事，所用的道具是以篾竹编成的长1米、宽50厘米、高80厘米的鸭形船一只，用纸糊好，留有龙须。巫师身穿法衣，头戴法帽，手持钹一付，两人抬船跟随其后，另一人提桶一只，挨家作法事。每到一家，船、桶放门外，巫师入堂屋转三圈，口念瘟疫疾病扫出去之类的咒语，然后从灶房出来。户主将放有火炭的一碗水倒入桶中，再拿盐茶和炒熟的五谷、鸡蛋一个放入船内，巫师将所画之纸符，贴于大门、猪牛圈上。做完法事，在巫师的带领下，到寨外岩脚、牛马不及、能看见村寨的僻静处，揭开早已埋好水坛的石板，将收集的水倒入坛内，杀鸡祭献，再用石板封好坛口，最后到河边或井边将船焚烧。

〔杨新年："扫寨"，《仡佬族文化百科全书》，第42—43页，贵州仡佬族学会编，熊大宽主编，贵州民族出版社2002年版〕

16. 贵州务川县仡佬族的巫术活动——隔门

家中诸事不利，久病不愈，孩子"逗罗嗦"（常病），失财不免灾，斗嘴角（常与人吵架）……都要迎巫隔门，又叫送冤枉。费时较少，花钱不多，又无亲朋参加，仪式简单。

端公在黄昏前到家，做隔门准备工作。如用笋壳做一小棺材，内装纸人，代表冤枉（魔鬼），扎一小纸船，备载棺材用。

开坛前用一方桌塞于大门口，行人只能从桌旁进出。桌靠门外一面，两脚各绑一根一米五六高的苦竹竿，顶端扎横竿，上挂纸钱。纸钱有规定，小长钱三十六树，大长钱十二树。桌上供祭品：粑粑一碗、豆腐（整块）一碗、刀头（整块半熟的猪肉）一碗（碗旁置放一菜刀，刀刃朝下）、白酒三杯。另备一根一米二三长的苦竹竿，两头削尖，一头留有丫枝，暂插于门外阶檐下，丫枝上挂若干白纸条。桌下摆一只绑了脚的大雄鸡，点燃香烛或油灯，诸事俱备，即可开坛。

所谓开坛，就是端公手执剑刀（宝剑），边舞边念咒。大部咒语不清，近乎自言自语。念咒时，端公的眼睛时闭时睁，同时又烧纸钱或打卦。有时念得大声，好像是故意让主人知道。大意是：主人的姓名、隔门时间、为什么事祈神降福消灾，或是高呼祖师法名助其驱魔送鬼，保佑主人平安。这样反复一两个小时，祈神祷告就算结束。然后进入驱魔捉鬼阶段。

端公驱魔捉鬼，是主人事先准备好火把和香粉，端公把香粉撒向火头，立即"轰"的一声火光熊熊，浓烟滚滚，名为"打粉火"。火把为若干干竹片扎成。香粉是用柏香树叶烘干碾制的粉末。端公左手执火把，腰插宝剑、口念咒语，在主人内外寝室、客厅、厨房、厕所等的黑暗角落所谓可藏魔鬼处打粉火。这一套驱魔捉鬼把戏搞完，便回到坛前宰鸡。

端公宰鸡，形态威严。他先将鸡冠咬破，滴血于供桌上的酒杯内，取一碗水，手执令牌，在水碗上划上一通，又烧纸钱于碗内，名为"划水"，划毕宰鸡。有功夫的端公，是用指代刀，口念咒语，高呼法师，右手握住雄鸡两腿及鸡尾，左手伸出食中二指，食指在上，猛力朝鸡颈砍去，少则一下，多则三下，便见鸡头飞出，接着将鸡身越过供桌横竿抛掷门外，随即拾起鸡头，穿在阶檐下的苦竹竿上，竿尖从鸡口中露出。

接着取下纸钱，把三十六树小长钱烧于门外，泼上杯中血酒。同时主人拆下坛桌上的竹竿，收拾鸡身。端公取过水碗，右手中指蘸上法水，向屋内、门上、墙壁乱撒，一边口念："此水不是非凡之水，乃天宫取来闪电之水，左边洗过招财路，右边洗过进财来，天瘟扫出天朝去，地瘟扫出地府门，人来有路，鬼来无门，主人清吉，四季平安。"然后主人一手拿着穿鸡头的竹竿，一手拿纸船，听候端公命令。这时端公手执宝剑，左手拿笋壳棺材，口念："初分天地有二离，阴阳分起国三旗，白鹤仙人游天下，正是吾师发丧时，吉日良辰，天地开窗，凡间阳宅，谁敢停丧，八大金刚，叱咤吉地神，两边人让路，引押凶仙出大门。"宝剑一挥，主人朝前引路，端公执法跟随，行至三岔路口或河边，主人于路边或河边插上苦竹竿，把纸船置于竹竿旁一两米处，点燃香烛，静观端公作法。端公边舞宝剑，边念咒语，把笋壳棺材置于船内，然后命主人将十二树大长钱点燃，连同纸船、棺材一起烧掉。如在河边，只化纸钱，纸船由端公丢弃河水中，任其流失。化钱时，要泼水饭即是用几片肉、豆腐、米饭混合在瓢内，渗进生水，倒上一些酒，泼于化纸旁的地上。

有的端公在设坛时，用两根板凳在门坎外架成十字，待他用法水扫地驱瘟后，突然像着魔似地倒在阶上，丢掉水碗，两手护胸，如死人状，这表示被驱鬼魔已附他身。然后主人着人把他抬放在十字架的板凳上，由二人抬着板凳到十字路口或河边，端公起立，从怀中取出棺材置于船内。其他如前。

送鬼完毕，回家消夜喝酒，翌日早晨，主人送了谢礼，端公背着挂有无头鸡的背夹起程。有的端公不背背夹，只挎宝剑和布囊，回程时，无头鸡挂于宝剑上。

端公的咒语，有许多不明其意。曾访过有名的老端公，据说是师父口传，他也不知何意。贵州民族学院教授张正东，1983 年来我县进行民俗考察时曾说过，端公所念咒语，凡是听不懂的地方，就具有研究的价值。

［申政伯："务川仡佬族的巫师活动"，《务川文史资料选辑·第六辑》，第 152—154 页，中国人民政治协商会议务川仡佬族苗族自治县委员会文史资料研究委员会编印，1992 年 9 月］

17. 贵州务川县仡佬族的巫术活动——上钱

上钱亦叫敛钱，又叫祭地王，或称安阳宅。如家中常有病人，发生怪异声响，出现蛇虫蚂蚁及其他反常现象，均认为地神作祟，家神不安，便请端公祭祀求庇；或者为了保佑家人平安，每年岁终也上清静平安钱。

这种祈神仪式简单，一般在夜间进行。端公于堂屋左侧中柱脚点上香烛摆上纸钱（长钱和散钱），供上刀头酒礼，旁置一只捆了脚的大雄鸡。

先是端公朝中柱站立，念动咒语，然后跪着边念边打卦。端公凝视卦象，似乎从中看出端倪，告诉主人：对某某神曾许愿未了，或家人于某处遇鬼，把鬼带回家中作祟，或蛇虫的出现是某神鬼的化身，要超度，或已故家人在阴间有困前来求助……主人经过深思验证，当即许愿，再迎师祭神禳灾。有时端公严令主人或其孩子陪跪求庇，约个把小时后，端公左手握着雄鸡两腿，右手握住鸡头，同时右手拇食二指捏住鸡冠，指向中柱，边念咒语，边在空中作画符状，接着跪下咬破鸡冠，再画一阵，将冠血涂于中柱离地三尺左右处，拔下两撮颈毛粘于血上，烧化纸钱，仪式结束。

另外，还要备上香烛到十字路口泼水饭。意在泼给过往的孤魂野鬼，求他们不要给主人添麻烦。因为他们在阴曹没有钱花，阳间又无亲戚朋友为之化冥财，认为到人间来作祟的都是这些孤魂野鬼。

> ［申政伯："务川仡佬族的巫师活动"，《务川文史资料选辑·第六辑》，第 154—155 页，中国人民政治协商会议务川仡佬族苗族自治县委员会文史资料研究委员会编印，1992 年 9 月］

18. 贵州务川县仡佬族的巫术活动——谢坟

谢坟是阴宅不安，引起诸事不利而进行的祭祀活动。大多是在庙上抽签、问卦，或算命预卜的阴宅不安。家中的祖坟多，究竟是哪一间作祟呢？并不知道，只好请端公来一一安宅。

主人事先算好要谢多少坟，就备多少份供礼（刀头、印粑、豆腐、香烛、纸钱）。一般在清明前几日开始，一天谢不完，两天，到清明日一定要谢完。端公由于知道坟墓太多，整天在东南西北的荒山野岭打转转，所以做起法事也很敷衍。到了坟地，烧香摆供，斟三杯酒，端公击动水镲口念咒语，十来分钟焚纸奠酒了事，又往别处。如果中途饿了，就在坟地上烧供过的粑粑吃。

> ［申政伯："务川仡佬族的巫师活动"，《务川文史资料选辑·第六辑》，第 160 页，中国人民政治协商会议务川仡佬族苗族自治县委员会文史资料研究委员会编印，1992 年 9 月］

19. 贵州清镇市仡佬族的巫术

谢家土。巫师在堂屋中敲打镰刀或铧口，口中念着祝词。在仡佬族的巫术中，谢家土是让神灵保佑来年喂猪养鸡顺利。

开财门。巫师在堂屋中敲打镰刀或铧口，口中念着祝词。在仡佬族的巫术中，开财门，神灵会保佑财源广进，经济生产各方面都顺利。

送鬼。送鬼又叫"解棺木"。疾病缠身的人往往被认为是"撞鬼了，鬼邪附体了。"要请巫师来"送鬼"。巫师"送鬼"时，被"鬼邪附体"的人坐在堂屋中间，巫师拉一条狗围着他一边转一边念念有词，念完后把狗打死炖汤锅，大家一起把狗肉分吃掉。

叫魂。小孩受到惊吓会"失魂落魄"，长辈要给小孩叫魂。叫魂时，用一个碗装一些米，放一个鸡蛋，点燃一炷香，横放在碗上，叫道：你在檐下失落魂，屋檐土地送三魂！你在寨门失落魂，秧苗土地送三魂！你在桥边失落魂，桥梁土地送三魂！你在水中失落魂，水府三官送三魂！这样每叫一句，喊一声：×××，你的三魂七魄回家来喽！连续喊燃完一炷香的时间。

打嘎。在仡佬族的丧葬礼仪中，巫师手里拿着斧头，用本民族语言唱着祝词，用斧头背用力击打牛头。击打时，以最少的次数最短的时间把牛击昏倒毙为大吉大利。

吼老鸹。是丧葬礼仪时的巫术。巫师口念祝词，做出各种吼老鸹的姿态。这个巫术是为了防止亡人尸骨遭到老鸹的侵害。

蹉蚂蚁。是祭祀（做斋）时的巫术。巫师口念祝词，做出各种蹉蚂蚁的姿态。这个巫术是为了防止祖宗先人的尸骨在地下遭到蚂蚁的侵害。

〔肖平静："巫术"，《清镇仡佬族》，第 160—161 页，贵州民族出版社 2004 年版〕

20. 贵州清镇市仡佬族的"叫魂"

如果家中有谁长期精神不振、没精打采或被吓着或从高处摔下时，便认为是丢了魂。解救的办法就是叫魂。叫魂可请巫师作法，亦可由被叫魂者的父母、长辈作法。叫魂者用盒子盛一盒米，盒中插上燃香，用一鸡蛋写上被叫者的姓名，在其身上滚过三遍。并让其哈过三口气之后，放置在盒子中便开始叫魂了。叫的内容是"叫你来，你快来，不要在阴山背后挨，阴山背后阴风大，一风吹你滚下来。×××，三魂七魄回家来喽。"要叫三晚上，每晚七七四十九遍之后，即将鸡蛋煮给被叫魂者吃了。据说这样，这个人的魂魄便附体了。叫魂可一次为一人叫，也可一次为几人叫。为几人叫魂时，就必须请巫师了。

〔王明刚、王最敏、王学龙："仡佬族的崇拜、巫术及占卜"，《清镇仡佬族》，第 150 页，贵州民族出版社 2004 年版〕

21. 贵州清镇市仡佬族的"收蛊"

如果家里有谁生疮久治不愈或患病日久时，仡佬人便认为是有蛊作祟，这就要收蛊。届时，请一巫师至家，用一鸡蛋在患处边滚动边念咒语，滚上七七四十九遍之后，即将鸡蛋煮熟剥看，若鸡蛋有窝窝或缺陷时，说明蛊已被收。收蛊的鸡蛋不能吃，看后即埋入深土中。若一次收不好，可照样进行两三次。

［王明刚、王最敏、王学龙："仡佬族的崇拜、巫术及占卜"，
《清镇仡佬族》，第 150 页，贵州民族出版社 2004 年版］

22. 贵州清镇市仡佬族的"走阴"

若家里有人突然惊悸害怕，便认为是走阴上门。收走阴必须请巫师。巫师将患者衣裤脱下，用钉子钉于门上，然后念咒语，驱使走阴鬼附于所钉的衣裤上，立即用沸水淋之，说这样能把走阴鬼烫伤或吓跑，使其不敢再找这个人。

［王明刚、王最敏、王学龙："仡佬族的崇拜、巫术及占卜"，
《清镇仡佬族》，第 150—151 页，贵州民族出版社 2004 年版］

23. 贵州务川县仡佬族追魂赎魂

追魂赎魂巫术，源于原始灵魂观，先民认为"魂"与"魄"是人的重要体现，"魂"是精神支柱，"魄"是肉体之壳。巫者认为，当病人有心神慌乱，时冷时热，语无伦次，病证怪异等，都需延巫作法，向神灵奉供猪肉与香烛，并用"追魂法"、"遗法"、"拖磨子法"等追魂巫术，使所谓"失魂"者在巫法中得以"还魂"。

在禳灾纳吉祭神中，由于人们在万事之前丧失了自我，一切皆祈求上苍的恩赐与保佑。有祸则延巫贿神，请求宽恕。在巫术中，要祭主宰一方阴阳的"土地神"能驱虫灾、瘟疫、火灾的"公安神"，又名"五智神"、"三宝神"。打猎中不被野兽伤害，不患手足酸痛等病证的狩猎者，要在山上背避处，用猪心、肝等祭猎神。

求神赐子在民间求得最多的是"送子观音"，但在傩坛上的送子之神是傩神女娲或傩母的化身孟姜女、穆桂英、太子等"送子法"，在法事中演出戏目，有《仙姬送子》、《穆桂英大破天门阵》等，也有用木偶作"太子"形状，由巫师怀抱"太子"作舞一番，与主东家对答："巫：神仙送来太子你要不要？ 主：要！ 巫：神仙送来太子你得不得？主：得！"等吉语，如果以后此户人家果然生子，便多取"傩佑"或"傩送"为小孩的乳名，一为纪念傩神的恩赐，二为平安成长。在傩祭巫术中还有"取替胎"、"关煞"、"过阴"、"踩堂"、"渡关跳神"等形式以及预测事物因果、吉凶祸福的各种占卜方式，如动物卜、植物卜、竹卦、铜钱卜等等。由于民俗事象十分丰富，因而巫术民俗相应的繁杂，在此不能尽述。

一个古老的民族，必然有其原始的思维。仡佬族先民对自然力的恐惧与崇拜，造就了"万物有灵"的观念。先民为支配自然力便产生了巫术心理和巫术行为，信仰鬼神，这是人类处于神话的蒙昧时代同步发展的文化现象。随着社会物质生活和精神生活的提高，一些民俗在科学观的碰撞中会自行消灭。但至今县境内还有部分村民信仰鬼神的作法，是因客观上经济落后，缺医少药，使一部分人没能摆脱现实的困境而寻求精神上的

解脱。另外，是作为一种民族文化遗产形式加以保护，从信仰变成了文化娱乐形式，丰富和继承民族文化特色，绝非提倡信神信鬼，用科学观解释民俗，发展民族文化才是最根本的目的。

［务川仡佬族苗族自治县民族宗教事务局编：《务川仡佬族》，
待出版］

24. 贵州务川县仡佬族的"撵尸"

"撵尸"又称"赶尸"，在民间流传。据说镇南一邹姓端公先生（此人已故），深得此术。故事说，在云南或其他地界谋生的人，因工伤事故或暴病死亡了，要将尸体运回来。在那时谈何容易，道路崎岖，十天半月乃至一月两月还不一定能抬到家，腐烂了怎么办？遇到这种情况，便只好求助于受异人传授过"撵尸"法术的人了。这法术高强的"撵尸"者，去到云南或其他省份，到了死者面前，为死者穿上草鞋，待天黑下来，端一小碗水，用手指在水面的虚空画符，口中念念有词，然后在水碗里含水一口，喷在死者身上，并厉声大喝："起！"于是死者自己站立了起来。施法术者为死者戴上粽粑叶斗笠，以免见到星光月亮，法术失灵。再喝一声："走！"于是死者随同前来引路的人开始了艰难的跋涉。"撵尸"者在后面，密切监视死尸有无越轨企图。有时，一路要撵上五六个，这种情况，引路人和"撵尸"人每人除背自己的包袱雨伞外，还得背许多双草鞋，供死者路上换穿。若路途遥远，死者辛苦，有时足趾都踢破了，走烂了。死者只能天黑行走，风雨兼程。五更鸡叫前就要歇店，歇店时"撵尸"者收了法术，尸体一个个就僵直了。如何安置这些死者？一说是把人们搁在门背后，一说是将他们搁在屋檐下，第二天天黑，换上草鞋，戴上斗笠，再次施法术上路。就这样，一天又一天地昼伏夜行，风尘仆仆，十天半月，一月两月才走回到家，见到亲人，听到哭声，尸体颓然倒地，被家人入棺安葬。国学专家钱穆在《现代中国学术论衡》一书中的《略论中国心理学（二）》里，在论述特异功能中写道："辰州符能令离乡死尸步行回家，始再倒毙。此事流布极广，几乎国人皆知。据闻对日抗战时，有两美国人在湘西亲睹其事。曾邀两术者同赴美国试验，俾科学探讨，许以巨金为酬。两术者拒之，谓：拜师受术时，曾立誓不为牟利。如获巨金，恐所受术即不灵。此又心理学上一大问题，苟为牟利，即不传，得传亦不灵"（《伦理文化论》，第110页）。

［王治高："务川仡佬族探略"，《务川文史资料第十辑·仡佬
之源》，第39—40页，政协务川仡佬族苗族自治县委员会宣
教文史委编印，2005年］

25. 贵州务川县仡佬族的"看风水"

史书记载，务川城乡野兽纵横肆虐，伤害人畜甚多。为保住人的生命及所种庄稼有收成，先民走出洞穴，在相近的树与树之间捆绑木排，离地数尺，登木梯而上，以树荫或盖茅草遮风挡雨。有的先民另伐木，将木立柱于地若干根，用横木在上面搭建一个二柱一梁结构的三角形房屋，离地二米左右的地面空间，用来圈养所猎山羊等野物。这种三角形草屋，现在务川边远村寨的农民还用来望野物子或作临时住棚、灰棚。这就是北齐《魏书》记载，僚人"依树积木，以居其上，名曰'干栏'"，及唐《通典》所记"南平僚，北涪州接，部落四千余户，山有毒草及沙虱、蝮蛇，人并楼居，登梯而上，号为'干栏'"的仡佬族先民住房。

由于家口人数多少不一，经济条件不同，"干栏"住房由简单的二柱一梁结构向复杂结构转变。最初为二立一间，房体下方为方形，上方为三角形，离地二米左右，横木捆绑地板，铺草为铺，屋面盖茅草或杉树皮，四周用木或草、杉树皮、竹篱席来围栏，房下喂猪羊。另在正房左右，搭建斜面小屋作厨房，也离地二米左右。这种房屋现在务川洪渡河两岸仍可见到。正如南宋《溪蛮丛笑》记"以禁鬼所居不着地，虽酋长之富，屋宇之多，亦皆去地数尺，此巨木排比，如省民羊栅，杉叶覆屋名'羊楼'"。

离地数尺，是仡佬族民居的主要特点。从古到今在当地风俗中，信神信鬼的思想仍有一定的地位，怕夫妻同房时沾地下邪气而影响子孙繁衍，但又不能太高，气高则散，吸不到地下真气，造成气息不通，龙脉不畅而影响兴衰。所以，在务川仡佬族人心目中，一旦修房造屋，就是成家立业的最大体现，是出人头地的日子，也是关系到今后兴旺发达的大事。不管贫穷与富贵，都有些讲究。首先，请本族风水先生察看地形，尤其对水、阳光、通风问题有所要求。一般选择半山腰及平坝凸起处，有泉水、小溪或小河。前有小坝缓坡，阳光充足，视野较宽，人就有上山为仙的感觉。后有龙脉靠山，左右翠绿环抱，对今后的生活才充满信心。地势选好后，风水先生看朝向，点香化钱，恭请太岁，确定正房中心，大门中线志向，开间和进深，猪牛羊圈方位，石围墙界线，朝门位置及栽培风水树木的地方，所说这一切都与今后家人生息相关。在今天看来，风水先生的点化就是规划一个合理的生活环境。

[邹愿松："务川仡佬族民居演变"，《务川文史资料第十辑·仡佬之源》，第120—122页，政协务川仡佬族苗族自治县委员会宣教文史委编印，2005年]

26. 贵州务川县仡佬族的阳宅风水习俗

仡佬先人用旱罗盘追龙脉，水罗盘看水，山体中是否有水，地下面是否有水，他们另有秘诀。当然，这些罗盘都可以用于阴阳宅定方位。

老年人们常言："阴地一根线，阳宅一大片。"说的是阴地一线之方位角度十分重要。哪怕地穴环境十分完美，此线一错，差之毫厘，谬以千里，好地化为废地。阳宅一大片，说的是阳宅占地宽广，但环境必须合法度，其方位角度也同样十分重要。

仡佬先人的家居房屋，主要以木架结构居多，其造型有：四合头，三合头，长五间，长三间，还有吊脚楼，竹木混合房，纯竹造房，土墙房。纯竹造房现在很少了，人们一般把居房最中一间取名为堂屋，供奉祖先神灵。食宿皆在两边，他们对床、灶、门、路、牛栏、猪圈、碓、磨、水井等，在方位上都十分重视。老年人们常讲，路乃进出之门，灶是饮食之源，床乃安息之所……多用旺方，身体健康，财源顺利。若犯煞方，诸事不利。但有许多人把灶都打在火铺上。火铺，就是用一间房屋离地约三尺铺上木板作楼层，在楼层上面作一小灶，旁有火坑，用作烤火，家人团坐四方。

务川大山多，丘岭多，山谷风重，仡佬族的先辈们在房屋外围四周的风水修整上也十分讲究。他们认为草木茂盛则生气旺盛，可挡风煞，护荫地脉，方为富贵旺局。大多喜欢东植桃杨，南植梅枣，西栽槐榆，北栽杏李，可大吉大利。俗语云：树木弯弯，享福清闲；桃株向门，荫庇后昆；高树般齐，早步云梯；迪环竹木，家足衣禄；门前有槐，荣贵丰财。如果某方有缺陷凶煞，多在门外适当方位，用一石狮、铜狮或木狮、麒麟等，镇煞迎吉。

风水理论认为，阳宅以形势为身体，以泉水为血脉，以土地为皮肉，以草木为毛发，以舍屋为衣服，以门户为冠带。若其内外整洁，空气流通，清风送爽，可称雅居，乃为上吉。

[雷崇明："务川仡佬族风水说"，《务川文史资料第十辑・仡佬之源》，第396—397页，政协务川仡佬族苗族自治县委员会宣教文史委编印，2005年]

27. 贵州务川县仡佬族的阴宅风水习俗

务川民间葬地习俗，多以中原风水文化为主导，但原先仡佬前人传下来的也照用不替。老年人去世后，孝子身穿孝衣，头包孝帕，结上麻丝一束，搓草绳一根拴于腰间，俗名：披麻戴孝。丧事期间，有事前往邻居他家，孝子不能进屋，只在门前协商办理。说的是怕孝家煞气入门。死者正病而亡者，多停在堂屋办理丧事，若是凶亡路死，他乡运回者，皆不能进屋，说是冷丧入宅，家人不利。多在离家不远处搭丧棚哀悼。丧礼初，孝男孝女要杀全猪全羊各一头，去净皮毛，摆于亡灵牌位前，鼓乐香烛酒果祭奠。按照释迦牟尼传下来的佛学思想，是决不允许的。这是道场掌坛师在作孽，给亡人加罪，给掌坛师自己加罪。但仡佬族人主丧掌坛的先生们，不管这些，照用如前。

选地下葬，有的是提前数年将地穴确定好，有的是临时查勘。选地时，务川仡佬族人有许多禁忌，如"黄鹰打兔形"，地穴、形体、方位等各样俱全，若主人年命属兔，即卯年出生的人，就认为鹰食兔子，会受到克制。"猛虎下山"形，猪年生人同样不乐。"双凤朝阳"遇鸡年，"狮子戏球"逢虎岁，当然就高兴了，说是此地与主人投缘。龙蛇喜春夏，忌寒冬。猿猴喜瓜果怕火烧。还有一种地形，培墓全用泥土，石砖禁用。坟墓安碑，关乎兴衰，必须慎重。唉！务川仡佬先人们确实积累丰富，巧思奇特。正确与否，暂且不论，认真研究，深思细玩，趣味无穷。

[雷崇明："务川仡佬族风水说"，《务川文史资料第十辑·仡佬之源》，第 397—398 页，政协务川仡佬族苗族自治县委员会宣教文史委编印，2005 年]

28. 贵州务川县仡佬族的祖坟风水

仡佬族老人百年归天时，除要大办丧事，大做道场外，最重要的要请阴阳先生选择葬地，认为老人的阴宅好，决定后人的兴衰成败，大凡后人的人财两旺，事业有成，是因祖坟葬得好的关系。

[李国栋："崇拜与禁忌"，《务川仡佬族风情录》，第 83 页，务川自治县民委编辑，1994 年 4 月]

29. 贵州务川县仡佬族鸡血定位法

地师查准了阳基或阴地，在穴之中心焚香祈祷，用鸡冠之血滴入酒中，以其形状结合碗中银针，用"射石"（即磁石）进行调整以定方位。

[雷崇明："务川仡佬族风水说"，《务川文史资料第十辑·仡佬之源》，第 394 页，政协务川仡佬族苗族自治县委员会宣教文史委编印，2005 年]

30. 贵州务川县仡佬族古法定时辰

何以祭祀等多用雄鸡？因为雄鸡乃灵禽。据仡佬前辈们传说："鸟王凤凰奉玉帝旨令，聚集各种鸟类在凤凰山开百鸟大会。号召鸟儿们各司其职，为人类谋福利。特别敕令阳雀报春，知了报夏，鸿雁报秋，寒号鸟报冬，乌鸦报忧，喜鹊报喜，斑鸠报晴雨，金鸡报时辰。"每天夜晚寅时，即天亮前三点三十四分或三点三十五分钟时，雄鸡准时开叫，决不误时，被人们称之为报更鸡或报晓鸡，说是地脉龙神催鸡啼更报晓。

仡佬先人墓葬、造房等用时辰，还有一种方法：猫眼定时法。此法是以猫眼的形象来确定。这是古人在长期的观察实践中总结出来的经验。猫眼定时的法则是：寅申巳亥猫眼圆，辰戌丑未眼半睁，若看子午并卯酉，猫儿眼开一条线。

古人们如果生了孩子，就去捉猫儿来看眼形定时辰。经查验，猫眼定时法极准。

[雷崇明："务川仡佬族风水说"，《务川文史资料第十辑·仡佬之源》，第 395 页，政协务川仡佬族苗族自治县委员会宣教文史委编印，2005 年]

31. 贵州务川县仡佬族的"取替胎"

务川境内有一种叫"师娘教"的巫医，有些地方的群众更简单地叫做"送神送鬼"

的，不论大人小孩生了病就去请巫医先生。巫医先生认为病人的魂魄已走了（他们的术语叫做"走阴"）。必死无疑，惟一救治的办法就是扎一个"茅人"，配十二挂"长钱"、香烛拿到十字路口烧掉，这"茅人"就替病人死去。取了替胎，病人的魂就会回来"归身"，就会一天天好转，恢复健康。"茅人"怎样扎法，也要用一些剪纸技法。先用茅草十三根扎成"人形"，有头、腰、双手双脚，再用一张白纸，剪成衣服给"茅人"穿上即成……

　　这种师娘教"取替胎"的治病方法从何而起？有一个传说：以前有一个人叫张孝，母亲生病，什么药都吃了，就是治不好，一天比一天严重，眼睁睁只等着死了。后来听说，只有凤凰鸟熬汤来吃才能奏效。张孝有个异母兄弟叫张理。张理说：哥哥，你在家侍奉母亲，让我去打只凤凰鸟来救她。张孝觉得弟弟讲得有理，就同意了。张理跋山涉水，餐风饮露，历尽艰辛，终于打得一只凤凰鸟，拿回家来熬汤给母亲喝下，果然灵验，母亲顿时眼睛就清亮了，三日之内就痊愈了，一家喜出望外。可是，正在这时，官府兵丁追到张孝家，把张理捉到官府问罪。包公审判，执法如山，要处斩。张孝在家听说，急忙奔赴官府，求见包公，说他是张理的哥哥，愿替张理受斩。包公问是什么道理？张理在一旁抢着说是我打死的凤凰鸟，不能连累哥哥，包大人就斩我吧！包大人这下却懵了，只有求生不求死，怎么这二人争死不争生？张孝向包公禀明：母亲生病将死，弟弟张理打凤凰鸟是为了熬汤让母亲服下，救老人家的命，又说张理是他的异母兄弟，论理救母的责任自己最大，现在母亲病已痊愈，他不能让弟弟因救母而被处斩，请包公处斩自己，为了救母亲之命，死而无悔！包公听罢，大受感动，说原是孝悌之家，可钦可佩，叫跪着的两兄弟起来，免予斩首之罪。案子又怎么了断呢？包公乃命令扎一个"茅人"替张理之罪，斩于十字路口。后来就演变成为一种巫医治病的方法，叫做"扎茅人取替胎"。

［杨通儒、邹书田："务川仡佬族民间剪纸"，《务川文史资料
第十辑·仡佬之源》，第 300—302 页，政协务川仡佬族苗族
自治县委员会宣教文史委编印，2005 年］

第二节　占卜

1. 贵州务川县仡佬族卜卦传说

　　相传在很早很早以前，仡佬先人有一巧妇在江边洗衣。洗着洗着，忽闻远处有乐声传来，抬眼四顾，江上漂来一大竹，近前，其声愈响，似歌似乐。巧妇大奇，捞而劈之，竹内有一小儿，见风即长，且能言语。远近人们闻风而来，载歌载舞，集而贺之。小儿从小聪慧过人，别具仙眼，风雨祸福，先人而知，且智勇双全，才干超群，土著人们大乐，认为此小儿给他们带来了福音，就立他为竹王，敬若神明。

一天，巧妇忽然神思恍惚，卧病在床，不思茶饭，不言不语，历时七七四十九天。早起醒来，端坐堂前，正容喝道：菩萨有令，凡人恭听，净心虔诚，大显神灵。观音派我下凡尘，救苦救难救世人。三才者，天地人；三光者，日月星。善与恶，有报应，凶与吉，早知情。劝世人，培德行，孝父母，敬神灵。南山生竹四十九，内有紫红竹一根。挖竹用头三寸许，造成八卦半月形。顶敬竹王有效应，救苦救难观世音。人们惊而好奇，扛锄南山。果有翠竹四十九根，内中唯有一根是紫红色。众皆深信不疑，挖竹用头，切成两片，每片内刻八格，名曰竹八卦。适当弯度，形同牛角。用于趋吉避邪，还算灵验。后来，人们把阳宅或阴地看好之后，就用此竹头卦分吉凶。首先焚香祈祷，再行打卦。分阴卦、阳卦、圣卦。地穴之好否以此三种卦象来辨别。

从此以后，巧妇与人祛病消灾，能知过去未来，吉凶祸福，并说是观音菩萨下凡仆身，代代相传。

> [雷崇明：“务川仡佬族风水说”，《务川文史资料第十辑·仡佬之源》，第391—392页，政协务川仡佬族苗族自治县委员会宣教文史委编印，2005年]

2. 仡佬族的占卜

占卜在仡佬族中较为流行，仡佬族以之作为预测事物因果关系、吉凶福祸的重要方式，有动物卜、植物卜、鸡蛋卜、衣食卜、卦卜等。

> [杨新年：“占卜”，《仡佬族文化百科全书》，第45页，贵州仡佬族学会编，熊大宽主编，贵州民族出版社2002年版]

3. 仡佬族的动物卜

除夕吃年饭后，取饭、肉、菜放盆里喂狗。观察狗先吃什么，若先吃饭，预示来年粮食将获丰收，就多种粮食；若先吃肉，预示六畜兴旺，可多养鸡猪牛羊。正月初一黎明前，在屋内静听外面最先开声叫的动物是什么来预测年成的丰歉凶吉。若乌鸦或野兽先叫为凶；若鹊雀先叫为吉；麻雀先叫，预示粮食将有丰收。平坝县大狗场的仡佬族人，在除夕之夜，以看牛的睡向来预测凶吉。

> [杨新年：“动物卜”，《仡佬族文化百科全书》，第45—46页，贵州仡佬族学会编，熊大宽主编，贵州民族出版社2002年版]

4. 仡佬族的鸡腿骨卜

仡佬族男女青年定亲时，女方父母宰雌鸡右腿及雄鸡左腿，当众看鸡腿骨上的小孔点，以鸡腿骨上现出的小孔点数来判婚姻的凶吉。鸡腿骨上的一个小孔点称为一筹。两个鸡腿骨上的小孔点若在五筹以上、九筹以下，预示双方婚姻美满幸福。否则，会被认为双方的婚姻不顺，有坎坷。鸡腿骨卜，主要用于婚姻关系的预测。在建房、看地以及外出远门时，也用鸡腿骨卜来测示凶吉。

［杨新年："鸡腿骨卜"，《仡佬族文化百科全书》，第46页，贵州仡佬族学会编，熊大宽主编，贵州民族出版社2002年版］

5. 仡佬族的鸡蛋卜

用于为死者择葬地。拿一个鸡蛋，放入木球的孔中，死者长子一手握装有蛋的木球，一手将木棍敲棺材七下。然后，从左到右，绕棺三周。再从右到左，反绕棺三周，捧着装有蛋的木球到坟山上抛掷，任其自由落滚。若鸡蛋未被震破，需改向另一方向抛掷，直到蛋破。以木球停落、蛋破裂之处为死者墓地。

［杨新年："鸡蛋卜"，《仡佬族文化百科全书》，第46页，贵州仡佬族学会编，熊大宽主编，贵州民族出版社2002年版］

6. 仡佬族的树根卜

黔西北的仡佬族，在除夕之夜，要通宵达旦烧树根。先置一树根在火坑的柴灰底下，再烧火。到正月十五，扒开柴灰，看柴灰下的树根是否燃烧了。若未燃烧，表示将有凶；燃烧一半，表示吉凶祸福相间；若全部燃烧为灰烬，则表示全年平安顺利。若燃烧树根时，发出呼呼的火啸声，则表示好事多。

［杨新年："树根卜"，《仡佬族文化百科全书》，第46页，贵州仡佬族学会编，熊大宽主编，贵州民族出版社2002年版］

7. 仡佬族作物卜

农历十月初一至十五，仡佬族村寨的男子集中在村外的斋堂，各自手持谷穗、包谷和木棍，在巫师的带领下，载歌载舞，揭开堂内土坑的石板，看去年同期埋藏的谷物是否腐烂。若谷物腐烂，预示来年庄稼将丰收。然后，重新放入新谷物，盖上石板，待明年此时，再取谷物验看。

［杨新年："作物卜"，《仡佬族文化百科全书》，第46—47页，贵州仡佬族学会编，熊大宽主编，贵州民族出版社2002年版］

8. 仡佬族的糍粑卜

仡佬族过年，要用糍粑来祭祖。做一个粑王，重8至10斤，12个小粑，每3个重叠为一堆，放在神龛前祭供。以一个小粑代表一个月，称为"月月粑"。每叠表示一个季度。正月十五日送走祖宗后，取小粑来看，视其颜色来预测旱灾水涝。若糍粑上长满了红色的霉菌，预示有干旱；若糍粑上长满绿色的霉菌，预示将有小灾；若糍粑不变色，则预示风调雨顺。

［杨新年："糍粑卜"，《仡佬族文化百科全书》，第 47 页，贵州仡佬族学会编，熊大宽主编，贵州民族出版社 2002 年版］

9. 仡佬族的水卜

在黔西北织金一带的仡佬族，每年"三月三"祭山拜祖时，要用坛子装水埋入地下，到第二年三月三时，再取坛里的水看卜。若水清澈，无臭味，则表示吉祥；若水浑浊，有臭味，则预示将有灾难。

［杨新年："水卜"，《仡佬族文化百科全书》，第 47 页，贵州仡佬族学会编，熊大宽主编，贵州民族出版社 2002 年版］

10. 贵州道真县仡佬族的衣食卜

贵州道真县仡佬族的石椁（又叫"生基"），是为死者生前所修建。在生基修好时，儿子们要将墓室打扫干净，并按长幼顺序，每人放一个碗在椁内。碗里装上五谷和用红线缠绕的鸡蛋一个，红线代表衣物，五谷代表粮食。墓主谢世安葬时，由建造生基的石匠打开墓门，让孝子们依次取出放入的衣食碗。看五谷和鸡蛋的变化来预测自己的命运。若碗内五谷不坏，预示福气好；若碗内所盛之物化成清水，预示丰衣食足，要把碗里的水喝完；若碗里之物干涸腐烂，则预示缺衣少食。

［杨新年："衣食卜"，《仡佬族文化百科全书》，第 47 页，贵州仡佬族学会编，熊大宽主编，贵州民族出版社 2002 年版］

11. 贵州道真县仡佬族的泡豆卜

贵州道真县三桥一带的仡佬族，在大年初一清晨，要吃汤圆（称圆宝）。吃前，要先敬供祖宗。同时，要在供桌上摆放 12 个碗，象征一年的 12 个月，碗里放入适量的水。然后，每个碗放一粒黄豆浸泡，哪一个碗里的水干，就预示那一个月遭旱。

［杨新年："泡豆卜"，《仡佬族文化百科全书》，第 47 页，贵州仡佬族学会编，熊大宽主编，贵州民族出版社 2002 年版］

12. 仡佬族出猎卦卜

仡佬族出猎前，要取竹卦丢地上占卜，视两片卦的俯仰情况测定吉凶。两片竹卦都俯于地为阴卦。两片竹卦仰朝上为阳卦。一俯一仰为顺卦。若所卜为阳卦或阴卦，预示出猎平安，能顺利获得猎物。

［杨新年："卦卜"，《仡佬族文化百科全书》，第48页，贵州
仡佬族学会编，熊大宽主编，贵州民族出版社2002年版］

13. 贵州清镇市仡佬族转灯

　　人生病长期卧床不起，仡佬族人常采取转灯的方式来确定病人是否会病愈，但也有神药两解的说法。

　　用0.5厘米厚钱纸放在一张方桌面上，然后把菜油灯放在三角形纸上，菜油的上面再放一块1.5厘米厚，宽约8厘米，长约35厘米的木板。方桌下面四周分别贴三十六张写有鬼神名称的白纸，点燃油灯，让一个13岁左右的男童蹲于木板之上，手把住方桌的边沿。巫师念咒语后，油灯会根据巫师所念咒语沿顺时针方向或沿逆时针方向转动，同时男童把着方桌边沿转动起来，当油灯停止转动时，巫师用一炷香测量油灯与方桌下面的哪一条写有鬼神的纸贴是否成一条线，如果成一条线，就把纸条拆下来放在巫师指定的地点。再念咒语，再转，再拆纸条。巫师用拆下的写有鬼神的纸条去对照后得出一定的结论。此时又将菜油灯和钱纸一并移到方桌下的地面上，把方桌面朝下，灭熄油灯，桌脚朝上，放在油灯上，四名男子用拇指、食指、小指分别稳住方桌的四脚，巫师再念咒语，四人稳住方桌的四脚向逆时针或顺时针方向旋转，再看油灯的灯芯和哪一张没有拆下的纸贴成一条线进行综合对照，从而"判断"卧床不起的人的病情是否有好转。

［闵仲藩："转灯"，《清镇仡佬族》，第162页，贵州民族出
版社2004年版］

14. 贵州清镇市仡佬族看鸡卦

　　除夕之夜，将鸡宰杀煮熟，将头取下，置于神龛前，焚香烧纸祈祷毕，掰开鸡嘴察视鸡舌舌尖走向。若舌尖成一直线指前，则一年顺利，想要发展的事业可大胆进行；若舌尖有偏离，则这一年就会不顺，做任何事都要小心谨慎。

［王明刚、王最敏、王学龙："仡佬族的崇拜、巫术及占卜"，
《清镇仡佬族》，第151页，贵州民族出版社2004年版］

15. 贵州清镇市仡佬族打木卦

　　用桃木两块，一面削成平面，一面削成凸面，占卦者先向神灵祈祷，然后将二木卦丢在地。若两平面朝上，为"阳卦"；若两凸面向上，为"阴卦"；若是一平一凸，则为"顺卦"。至于什么卦好与不好，则要看占卜者希望的是什么。一般都希望"顺卦"，阴阳平衡则顺。

［王明刚、王最敏、王学龙："仡佬族的崇拜、巫术及占卜",
《清镇仡佬族》,第 151 页,贵州民族出版社 2004 年版］

16. 贵州清镇市仡佬族打水卦

此卦常用于占卜牛马丢失或财物被盗。左手心内滴水三滴（不能多也不能少,用筷子蘸水滴下）,心里默默向神祈祷,右手掌心正面拍下,视水溅起的方向而判断牛马财物丢失的去向。若水向四周溅起,则牛马财物丢失已定,再找也是徒劳。此占卜术极为简单,无须请巫师,任何人都可操作。然灵验度不高,故少有人用。

［王明刚、王最敏、王学龙："仡佬族的崇拜、巫术及占卜",
《清镇仡佬族》,第 151 页,贵州民族出版社 2004 年版］

17. 贵州清镇市仡佬族的食物卦

腊月二十三敬灶神之后,就要推豆腐和做甜酒来预测来年的运气。若推的豆腐好,做的甜酒甜,则来年的运气就好;反之,则运气就差。因此,仡佬族在推豆腐、做酒之前是非常慎重的,先要向灶神敬香、烧纸祈祷后才进行。

［王明刚、王最敏、王学龙："仡佬族的崇拜、巫术及占卜",
《清镇仡佬族》,第 151 页,贵州民族出版社 2004 年版］

18. 贵州清镇市仡佬族的抹米卦

这要请女巫师来占卜。用碗盛满米,以一干毛巾覆盖其上。巫师一边念咒语,一边用手在毛巾表面由内向外抹四十九遍,再由外向内抹四十九遍,然后揭开毛巾察看,若毛巾上沾的米粒多,则病灾就多;若沾的米粒少,则病灾就少;若粒米未沾,则无病无灾。

［王明刚、王最敏、王学龙："仡佬族的崇拜、巫术及占卜",
《清镇仡佬族》,第 151—152 页,贵州民族出版社 2004 年版］

19. 贵州清镇市仡佬族的动物占卜

除夕之夜,吃完饭后,取饭、肉、蔬菜各一份（不能混合）置于盆内喂狗,看狗先吃什么。若狗先吃饭,则来年的粮食将贵,趁早作好增加粮食收入的打算;若狗先吃肉,则来年肉将贵,多养猪鸡鹅鸭,以增加经济收入;若狗先吃蔬菜,则来年蔬菜将贵,要搞好四时蔬菜的种植,以备短缺。

［王明刚、王最敏、王学龙："仡佬族的崇拜、巫术及占卜",
《清镇仡佬族》,第 152 页,贵州民族出版社 2004 年版］

20. 贵州清镇市仡佬族请筲箕神（1）

旧时，仡佬族人通过请"筲箕神"来占卜人们的疾病、寿命或生儿育女等。每逢正月初一，吃过晚饭后人们齐聚一堂，由年高会念请神咒语的老人主持，在神龛前大桌上摆放筲箕一个，先焚香点烛，随后由两童男分别立于大桌两旁，手持立于大桌上的筲箕。随着老人口中念动咒语，神到后筲箕会微微摇动，求卜者立于大桌前虔心诚问。如问寿命，假如你有八十寿命，筲箕神会不停地摆动八十下。但切记要在鸡鸣前送神。据说蔡家坝两童女，跑到寨旁的穿洞坡岩洞中请神，由于鸡鸣后未送神，两童女疯死，家中老人只好装棺停放洞中。

[杨仕钧："筲箕神"，《清镇仡佬族》，第 156 页，贵州民族出版社 2004 年版]

21. 贵州清镇市仡佬族请筲箕神（2）

首先，用一个新的筲箕，在筲箕上用两块竹片做成一双手（一边一只），再用一个新的木瓢，绑在筲箕大的一头作脑袋，给筲箕穿上衣服（用男人衣），再在头上戴上帕子，在手上绑一炷燃香。将穿好衣、戴上帕的筲箕翻过来（凸的一面朝上，凹的一面朝下），一边站一个男人伸手抬住筲箕，放于神龛前面的大桌子上。其次，插三炷香在神龛上，用烧红的煤放进一盆冷水中使之产生蒸汽，叫做"打醋坛"，围着筲箕和两个人转一圈，再把盆放好。最后，请神的人边烧钱纸边念："筲箕哥哥筲箕神，请你前来下堂神。来得真来是真神，来得假来笑坏人。笑坏凡人犹自可，笑坏哥哥难转身。灶神老爷接神来，门神老爷送神去。八大金刚抬不住，一风吹到九霄云。"神来时，两边撑的人手要放松，不要捏得太紧。神来正常后，要不断地磕头，然后叫声"筲箕哥哥，请慢走！"这时，可以问今年有什么祸福。有几种祸，磕几个头；有几种福，磕几个头。任何人都可以问。玩到鸡叫前，就可回神。回神时，喷一口水，心中默念"无事，送神上天堂。"

[赵龙富口述，高朝礼整理："请筲箕神"，《清镇仡佬族》，第 156—157 页，贵州民族出版社 2004 年版]

22. 贵州务川县仡佬族请筲箕神

现在有一些较偏僻的仡佬山寨，一些村民为求其寿缘，恭请筲箕神，也叫瓢瓢神。巫师用一木根，将瓢把缠于木根一头，着人头，另用一木根横绑成十字架，着人的二肩和手臂，再用筲箕绑在十字中心着人身，穿上衣服，活像人型。求寿缘者要焚香告以诚意，并奉上礼品，礼品以生活必需品为主，多少不论，然后由巫师和求寿缘者各拉着假人的衣袖，如果筲箕神点头的次数在几十数上停止，那求者的寿缘就是多少岁，预测寿缘的高低，都掌握在巫师玄妙而神秘的意识操作之中。

［务川仡佬族苗族自治县民族宗教事务局编：《务川仡佬族》，
待出版］

23. 贵州大方县普底乡仡佬族鸡卜

在人类发展史上，不少民族的先民就有了卜卦的风俗习惯，由于文化科学的不发达，人类对自然的认识很肤浅，对自然灾害等的无法抗拒，就产生了各种迷信的活动。把各人的行动，祈求上天和鬼神来主宰，卜卦就是这类活动的一种表现。卜卦的办法很多，有的用龟甲、兽骨，有的用竹根、草节。仡佬族用鸡骨卜卦，应是在鸡鸭被驯化为家禽之后。经过长期的演变，到今天，用鸡骨来卜卦，仍是普底仡佬族最保密的家庭活动之一。

据普底仡佬族中很有声望的风水先生王仁书介绍，本民族用鸡卜卦，最初可能是用于庄严的场合。比如在婚姻嫁娶中，鸡卜是一种必不可少的仪式，没有这个过程，婚姻就不能成立。仡佬族婚姻过程的开头是请媒人到女方说亲。这种活动一般要进行三次。前两次去，媒人都不带任何礼物。女方父母即使很满意这门亲事，也要失口推脱，表面上表示不同意。这样对女方来说，显得门户高贵，有风度。第二次去以后，媒人得到肯定的回答。第三次媒人才拿一斤酒和一斤面条去。这样，表示这门亲事双方已初步同意。这时候，女方的姑娘可能才几岁或十一二岁。等到姑娘长到十四岁或十五岁时，由媒人与双方商定日期，去女方家吃"烧香酒"。由于这次吃酒过程中最重要的活动是用鸡卜卦，所以又叫做吃"鸡卦酒"。去女方参加这次活动的人一般是媒人和男方的父亲。带去的礼物是一罐酒，一把面，一把新布伞。这次活动，客人要在女方住三天。进门后由男方的父亲把伞挂在进门靠左边的中柱上。女方接了礼物，安排客人住下，第二天就吃"烧香酒"。吃"烧香酒"是决定男女婚姻的大事，女方要请家门和娘舅到场。在酒席过程中，双方吃几次"双杯酒"以后，男方父亲把准备好的银子拿出来（各地仡佬族男女定亲，至今仍要银子作礼物）。先交给女方二两二钱，或二两六钱，然后，边吃酒，边添银子，添到三两四钱时，不再增加。女方收存银子时，要留二钱给男方带回去。这时再吃酒，人家再看鸡卦。女方要杀两只较肥大的鸡，其中雌、雄各一。鸡卦揭晓后，男方收藏母鸡卦，女方收藏公鸡卦。表示大家吃了鸡卦，婚姻定死，永不反悔。女方可以在男方要带回去的母鸡卦上拴一根红线，表示结婚时要红色的嫁衣，也可以同时拴几种颜色的线，表示要多种颜色的嫁衣。

现在再谈一下，所谓"看鸡卦"或"吃鸡卦"，究竟"鸡卦"指的是什么东西？普底仡佬族的鸡卦，主要是看鸡的大腿以上的两节腿骨，在这两根骨头上，会呈现两个或两个以上的小孔，出于小孔位置的不同，就可以判定鸡卦是吉是凶。鸡卦可以看一根骨头，也可以看两根骨头，常看的鸡卦有下面八种。分别介绍如下。

图一、这种卦叫做"平安卦"。是属于吉祥卦之一。上面的小孔代表祖公，下面的小孔代表本人。整个鸡卦上只有两个小孔，据王仁书先生多年实践的经验说，这种鸡卦

出现的频率最大，也为一般人所喜爱。

　　图二、这种卦叫做"吉祥卦"。除原来两个小孔外，在代表祖公的小孔上面还有一个稍小的孔。这个小孔表示子孙。出现这种卦，叫做"上添人口"。缺少儿女的人家，尤其喜爱。如果在过年过节时遇到这种吉祥卦，主人家往往会放鞭炮表示庆贺。但放炮原因，不告诉外人。

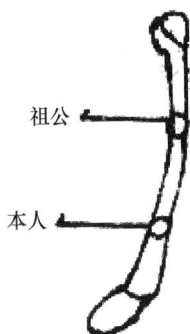

图一

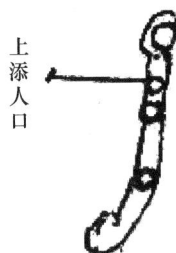

图二

　　图三、这种卦也属于吉祥卦之一。除原有的一上一下两个孔外，在代表本人的小孔下面，又有一个稍小的孔。这个小孔表示本人要得财喜，因此把这一现象叫做"下添财源"。当这种鸡卦出现时，家中人都很高兴。在上述二、三两类卦中，都是右鸡骨呈现的卦型，如果在左鸡骨上也出现相同的卦型，那就是很大的喜事，对二类卦来说是双添人口，对三类卦来说是双进财喜。

　　图四、这种卦是比较罕见的。不但右鸡骨是平安卦，左鸡骨出现的也是平安卦，就表示双重的平安顺昌，如果主人家发现这种鸡卦，还要再杀一只雄鸡来祭奠祖宗，表示因有祖上的保佑，儿孙才有这样好的运气。因此这是一种最好、最吉利的鸡卦。据当地群众讲，这种好卦，往往几代人都遇不上一次。王仁书先生说，他自己也未遇到过。

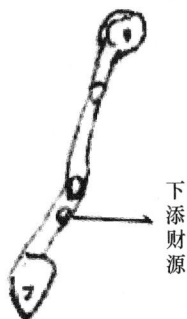

图三

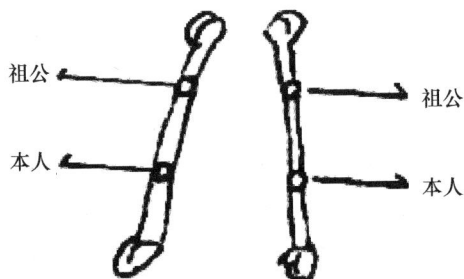

图四

图五、在左鸡骨或右鸡骨上出现这类卦型时，表示家中不太平安。在代表本人的小孔外侧部位一再出现这个小孔，这个小孔表示本人将与外人发生争执或口角。发现这种鸡卦时，本人就特别谨慎，往往几天不出门办事，以防止与外人发生矛盾和争执，等过段时间之后，心理上的压力才逐渐减轻以至消失。

图六、在左鸡骨或右鸡骨上出现这类卦型时，表示家中人之间有矛盾、有冲突，即将发生吵架或斗殴。在代表本人的小孔内侧部位出现的另一个小孔，是一种不祥预兆。这时家中的主要负责人，就要提醒儿、女、媳、侄等，各人要少言少语，尽量避免不愉快事态的发生和发展。作为家中的其他成员，一般也都相信鸡卦所展示的迹象，因而各自小心从事，这样，在那一段时间内，家中就避免了矛盾的激化，从而达到息事宁人的目的。

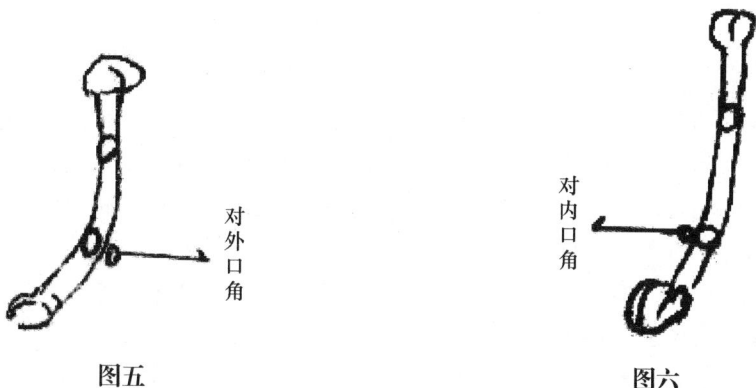

对外口角

图五

对内口角

图六

图七、在右鸡骨上，代表祖公和代表本人的两个小孔的中间，发现同样大小的第三个小孔时，这时全家人会情不自禁地哭出声来，他们把这一卦型叫做"抬丧卦"，就是说遇到这种卦，家里一定要死人。群众对这种卦很恐惧。传说这种鸡卦的骨头，扔在地下，狗不但不吃，而且连嗅都不嗅一下。如果请先生看病人，遇到这种卦，先生连主人家的饭都不吃就告辞了。王仁书老先生行艺四十多年，参加过千百次鸡卦酒宴，我问他是否遇到过这种鸡卦，他说几十年来几乎走遍了普底仡佬族的家家户户，只有在1972年遇到过一次，当时他也就很快告辞了那家主人，结果那家确实死了一个男孩。连当天参加吃鸡卦的人也都不顺利。那一年他喂的猪就死了两槽（两次各死一头猪）。所以传统的看法认为这种卦一出现，就意味着家破人亡，因而是群众最忌讳的大凶卦。

图八这种卦型极为罕见。在左、右两个鸡卦上，出现的小孔不一样。左鸡骨有上、下两个小孔，与第一卦型完全相同，按理论说应是一个"平安卦"，但是左鸡骨上却有上、中、下三个孔，与第七卦型完全相同，也就是所谓"抬丧卦"，这样左鸡卦是吉卦，右鸡卦是凶卦，两相抵消，不是就平安无事吗？恰恰相反。因为从总的方面来说，一般两根鸡骨上的卦型都是相同的，也就是说左右是对称的。如果出现不对称，这本身就是

不吉祥，加之左鸡骨的"平安卦"远远抵不过右鸡骨上的"抬丧卦"，因此这种卦是双重不吉利，人们把它看成是超过第七种卦型的"大凶卦"。

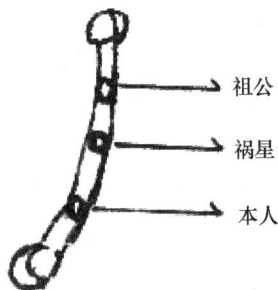 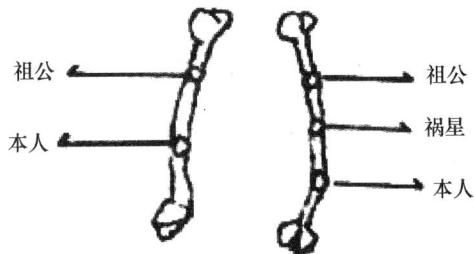

　　图七　　　　　　　　　　　　　　　　　图八

　　以上所谈的八种鸡卦，前四种是吉卦，后四种是凶卦。在中、老年人中，对这些卦的意义有很明确的理解，多少年来，有一种传统的习惯观念，如果你对他们说这完全是迷信，他们短时间是难以接受的。因为看鸡卦是生活中的一种需要，也是一种习惯，在任何时间、任何场合，只要杀鸡吃肉，他们都会公开地或秘密地、很自然地去观察鸡骨上的卦型，这些鸡卦到今天还制约着某些行动。最初由婚姻问题上使用的鸡卦，后来逐步应用到生活的许多方面。比如今天立房子、看风水、买、卖牲畜和出远门作客，都要看鸡卦，以协调自己的具体行动。

　　这里还要提到两点：一是，传统的鸡卜，后来发展到可以用其他家禽来代替鸡。近代有些人用鸭卜来代替，也有进行鹅卜的，不过很不普遍。二是，鸡卜时还注意到鸡骨颜色的，一般的人都喜欢白色，不喜欢黑色（乌骨鸡）。但做生意的人却特别喜欢红色，如一个经商的人，在遇到四种吉祥卦时，如果卦骨是呈红色，则信心十足，自认为一定会发财致富。

　　　　　　　　　　　　　　［张济民："大方县普底乡仡佬族的鸡卜与禁忌"，《贵州民族调查》（之三），第353—356页，贵州省民族研究所，1985年10月］

24. 贵州关岭县仡佬族看定乾坤雨

　　八月初一至十二期间看定乾坤雨，以这十二天各代表未来的一个月，如果八月初一下雨，预示来年正月有雨，初二下雨，预示明年二月有雨，以此类推。

　　　　　　　　　　　　　　［翁家烈："关岭县仡佬族宗教信仰评述"，《贵州民族调查》（之六），第305页，贵州省民族研究所、贵州省民族研究学会编，1989年］

25. 贵州贞丰县仡佬族种子卜

解放前朱登科老人于每年除夕，取龙猫竹一根，每节割一口子，装一种种子入内，灌水其中，到正月十五将竹剖观，看哪类种发胀得好，当年就多种那种作物，据说可得丰收。

[翁家烈："贞丰县仡佬族社会历史"，《民族志资料汇编·第十集·仡佬族》，第 64 页，贵州省志民族志编委会，1989 年 5 月]

26. 仡佬族测种子

每年除夕时，仡佬族村寨的寨老，切取龙猫竹（当地产的一种竹子）一根，在每节竹的中部开一小孔，每节各装入一种种子，再灌水浸泡，至正月十五剖竹观察，若发胀不好或坏死的那种农作物就少种或不种。

[韩军、程孟虞："测种子"，《仡佬族文化百科全书》，第 187 页，贵州仡佬族学会编，熊大宽主编，贵州民族出版社 2002 年版]

27. 贵州六枝特区仡佬族鸡腿骨卜

仡佬族男女青年定亲时，女方父母宰雌鸡右腿及雄鸡左腿，当众看鸡腿骨上的小孔点，以鸡腿骨上现出的小孔点数来判婚姻的凶吉。鸡腿骨上的一个小孔点称为一筹。两个鸡腿骨上的小孔点若在五筹以上、九筹以下，预示双方婚姻美满幸福，否则，会被认为双方的婚姻不顺，有坎坷。鸡腿骨卜，主要用于婚姻关系的预测。在建房、看地以及外出远门时，也用鸡腿骨卜来测示凶吉。

[刘安康整理。讲述人：李发旺，男，76 岁，仡佬族，住六枝特区箐口乡居都村。流传于六枝特区箐口，2006 年 4 月调查]

28. 贵州六枝特区仡佬族鸡蛋卜

用于为死者择葬地。拿一个鸡蛋，放入木球的孔中，死者长子一手握装有蛋的木球，一手将木棍高高敲棺材七下。然后，从左到右，绕棺三周。再从右到左，反绕棺三周，捧着装有蛋的木球到坟山上抛掷，任其自由落下，蛋破裂之处为死者墓地。

[刘安康整理。讲述人：李发旺，男，76 岁，仡佬族，住六枝特区箐口乡居都村。流传于六枝特区箐口，2006 年 4 月调查]

29. 贵州六枝特区仡佬族种子卜

以竹预示收成好坏。每年大年三十这天，居都仡佬寨的寨老李发旺老人都要切取龙猫竹（当地生的一种竹子）一根，在每节竹的中部开一小孔，每节各装入一种种子，再灌水浸泡，至正月十五剖竹观察，若发胀不好或坏死的那种农作物则预示收成不好，则少种或不种。

[刘安康整理。讲述人：李发旺，男，仡佬族，76 岁，住在六枝特区箐口乡居都村。住在六枝特区箐口乡居都村。流传于六枝特区箐口乡居都村，2006 年 4 月调查]

30. 贵州六枝特区仡佬族的卦具

竹片（木刻）1 尺 2 寸长，1 寸宽，李兴仁、李发旺各有一片，研究起房坐屋、接亲嫁女、安葬老人、打猎等运程。上有一，〇（洞），×（不干净），〇｜（坑），数木刻看落洞落坑。"一"表示运程一般，"〇"表示不好，"×"表示最差，"〇｜"表示较差。

传徒弟（子女或侄男侄女）要研究得熟，李发旺的木刻是其祖父传授的，是在古书上刻下来的。

杨朝学买一支母羊挣断绳索跑掉，李发旺老人用木刻给他研究，认为落洞不会丢失，反而要添小羊。一个月后，在金坡脚下一岩石下面找到，且生了一窝小羊。

[刘安康整理。讲述人：李发旺，男，76 岁，仡佬族，住六枝特区箐口乡居都村。流传于六枝特区箐口，2006 年 4 月调查]

第三节　禁忌

1. 仡佬族妇女不能登楼

居平地者食米，居山者食包谷及荞麦，或三餐，或两餐，视其所近村落之习惯。盖其族类稀少，无独立性，不能自为风气也……红仡佬者，荆壁不涂，门户不扃，出入封以丸泥。妇女终身不登楼。

[《贵州苗夷丛书》，转引自《民族志资料汇编・第十集・仡佬族》，第 29 页，贵州省志民族志编委会，1989 年 5 月]

2. 仡佬族正月初一"五忌"

仡佬族禁忌，即不扫地，不挑水，不煮生，不在门前倒污水，男不用农具，妇不使针线，现已逐渐消失。

[唐祈、彭维金主编：《中华民族风俗辞典》，第 602 页，江西教育出版社 1988 年版]

3. 贵州遵义县平正乡仡佬族禁忌习俗

除夕之夜，全家围火坑守岁，妇女不得理麻抢线，以免网着先祖……正月的忌讳较多：正月初一不能揭甑盖；正月十四前不得抢麻、做针线活，万一急需缝补衣物，也只能在门外烧上柴火，坐在火边缝补；正月初一和十五这两天只能吃素，不得吃荤。

[翁家烈："遵义县仡佬族社会历史"，《民族志资料汇编·第十集·仡佬族》，第 32 页，贵州省志民族志编委会，1989 年 5 月]

4. 贵州道真县仡佬族禁忌（1）

清晨忌说鬼道神。深夜忌打哨吹嘘。戊日忌动土。惊蛰日忌犁牛。春分日和三月三忌上山砍柴。红沙日、杨公忌日和清晨如吃夹生饭均忌外出办事。新郎新娘拜堂时忌孕妇观礼。女子忌役牛。未婚女子忌先坐新娘床。女儿忌在娘家分娩。产妇未满月忌跨大门槛、忌串户。晚辈忌直呼尊长的姓名、取名忌占（即同）长辈的字。忌入别人卧室。翁媳忌耳语。兄与弟媳忌笑谑。忌乘车说翻。过渡忌说沉、落、磕、散。建土墙房忌说垮、倒。建木房抽烟时忌说"烧一杆"（谐音间）。煮酒熬糖忌说酸。烧砖瓦忌说红。铸铁锅忌说亮、沙。木匠忌架空木马。铁匠忌打空砧。石匠忌打空錾。医生忌送终。孝子七天内忌食荤和忌包孝帕入他人宅。忌冷丧（即在外死亡）入宅。忌抬丧从他人檐下过。产妇死后忌葬路旁。

[道真仡佬族苗族自治县民族志编纂委员会编：《道真仡佬族苗族自治县民族志》，第 58—59 页，贵州人民出版社 1994 年版]

5. 贵州道真县仡佬族禁忌（2）

如三月三日忌动土和上山砍柴割草，戊日忌动土；四月八日忌役牛。尤以大年初一禁忌多：忌妇女先踏门、忌泼水出门、忌吹火、忌扫地、忌梳头，忌说病、死不吉利的话等。

［"道真仡佬族苗族自治县概况"编写组：《道真仡佬族苗族自治县概况》，第 26 页，贵州民族出版社 1987 年版］

6. 贵州毕节县仡佬族禁忌

仡佬族信鬼信巫，《周书·异域志》说："僚者……俗畏鬼神，尤尚淫祀（对祭祀很喜欢），祀巫祝，至有卖其妻孥尽者，乃自卖以祭祀焉。"人若生病，则请本民族道士祷祝。

禁忌：过年时忌扫地、下生（蒸或煮生的食物）；春节三天内，媳妇不能上楼；过年时不能把脏水泼在门外、不准动土等。

［贵州省毕节县地方志编纂委员会编：《毕节县志》，第 151页，贵州人民出版社 1996 年版］

7. 贵州黔西县仡佬族禁忌

禁忌多集中在春节期间，从正月初一至初三，不扫地、不挑水、不煮生、不倒污水出门，男的不骑马、犁田，女的不用针线等。平时，有分娩和伤亡事故的人家，忌外人随便入内。产妇未满月不能出门，不能进堂屋；新媳未满月也不能进别人家的屋；妇女不能随便上楼，逢"戊"日忌动土插秧等。

［黔西县志编委会：《黔西县志》，第 129 页，贵州人民出版社 1990 年版］

8. 贵州清镇市仡佬族禁忌

正月初一，不扫地，不煮生米，不倒水出门，表示金银财宝不外流。无论何处，正月十五晚，家家户户在各屋间包括牛圈内点上油灯或自做的蜡烛，灯火通明。正月初一，男不骑马，不犁土、犁田，不用刀、斧。女不用针线。妇女生孩子，忌外人进卧房，产妇未满月不能出门，也不能进入家中堂屋，怕得罪祖神。妇女结婚未满一月不准走进别人家。妇女不能随便上楼。戊日不能动工，平时不能坐门坎。仡佬族出门办事，上午吃饭赶程，家里人不能收碗，要等出门人走一段路程，才收碗，以示平安出门，平安归家。喝酒时喝完酒，不能倒立杯子或吃酒的碗。倒立杯子和碗表示送鬼神出门，对客人不礼貌。老人、长辈常教育孩子，不能用脚踩字，踩字得罪圣人。

［高兴亮："清镇仡佬族概述"，《清镇仡佬族》，第 8 页，贵州民族出版社 2004 年版］

9. 贵州清镇市蚂蟥井仡佬族禁忌

妇女不准爬楼。不准的意思就是因神在下面，老人（包括已死去的老人的灵魂）在下面。如果妇女上了楼，是对神的侮辱，对在生和死去老人的侮辱。这样，得罪了神，得罪了老人，总有一天神会惩罚她，会使她经常不得平安。

妇女生孩子的那一个月，不能从堂屋走过，也就是不能进堂屋。说妇女刚生小孩，身上不干净，进了堂屋，是对神的侮辱，是对老祖宗的侮辱，玷污了神和老祖宗，这就会使众神不灵，家神不安。

辈分不同不开亲。仡佬族对这方面十分讲究，也十分重视。这是与辈分的称呼有关。如果不按这个雷打不动的规矩办，那就叫"乱了套"，小辈对老辈的称呼就不好叫。特别是红喜或白喜时，人们走到一起，相处在一处，就不好喊。乱喊了就要遭到亲戚的谴责。

男人不能给女人提鞋，男人不给女人提裤子，男人不穿女人衣，男人不给女人洗衣服。主要是说男人高高在上，女人要低男人一等。如果男人这样做了，说男人就会倒霉，做什么都不走运，尽是走霉运。

狗不能爬房子。说狗爬房子有火灾，这是前兆。必须要注意家中的火及在外面烧的火。

太阳要落山时，如果有公鸡叫了，这是凶灾，说以后怕家中要发生不吉祥的事，所以必须把叫的那只公鸡抓来在门坎上砍掉它的头。

腊月三十晚吃饭，不准泡汤。说如果在腊月三十晚泡了汤，那么到春夏天做活时，就要被瓢泼大雨淋。

新媳妇刚进门三天，不能吃婆家饭。说是吃了婆家饭，就会打烂婆家的锅、碗、罐。

正月初一，不能拿锄头、镰刀和绳子。如果拿了这些，到春天石头会划破牛脚；用了锄头，会挖到自己的脚；拿了绳子会遇到蛇，等等。

正月初一不能将生米做饭。正月初一至正月十六不能舂碓、推磨。说是这样做了，神不给粮食。

建土墙房或立木架屋动土那天，不能有人在现场哭（不论大人或小孩）。如果哭了，房子还没完工，就要倒塌；即使不倒塌，将来住这房子的人家也不顺利。

推豆腐正逢点酸汤的时候，从野外进家的人，不准进豆腐房。说野外进来的人，带得有野兽之类的不祥气味进来，影响豆浆变不成豆腐。

[高朝礼："仡佬族的禁忌"，《清镇仡佬族》，第152—153页，贵州民族出版社2004年版]

10. 贵州清镇市仡佬族忌"戊"

仡佬族十分盼望风调雨顺，连年丰收，过上有吃有穿的幸福生活。然而又往往事与愿违，自然气候往往给人们造成吃不上饭穿不暖衣的艰难生活，因此兴忌戊。忌戊，分大和小。忌大戊，一个月忌一天。在这一天不能动锄头、镰刀等，否则就会惹怒菩萨，菩萨就要下白雨（冰雹）。忌小戊，凡劳动满了十天，就要休息一天。如果不忌小戊，石头就会划破牛脚，树桩桩会刺破人的脚，刀子会砍伤人的手，说是神给的惩罚。

［高朝礼："忌戊"，《清镇仡佬族》，第 154 页，贵州民族出
版社 2004 年版］

11. 贵州清镇市仡佬族忌"挑空桶进家"

在卫城镇迎燕、银桥等村一带，仡佬族人家不准将空桶挑进他的家门。其原因是：仡佬族人民把水看做是银子，如果你挑着一桶水进他的家门，主人一定很高兴，意味着你挑了一挑银子给他家；如果你挑着空桶去，则意味着什么都没有，主人自然要生气。因此，归还水桶时，要么挑着水去归还，要么到门前先把水桶放下，一只一只地从侧门提进去。

［刘玉荣："不挑空桶进家"，《清镇仡佬族》，第 154 页，贵
州民族出版社 2004 年版］

12. 贵州镇宁县仡佬族"乌哇"禁忌

"乌哇"是仡佬族特有的一种传统乐器，用长约二尺的泡木筒做成，中有二音孔，上端插以竹哨。可吹 1（"多"）、2（"来"）、3（"米"）、4（"发"）、5（"索"）、6（"拉"）六个音。"乌哇"只能在秋收后到腊月这段期间的闲时吹奏娱乐，其余季节不得吹，否则会认为影响庄稼。清明上坟时跳"钱棍舞"，一人吹笙、一人打棍，一人摇钱，一人跳，都是老年人，还口喊："老祖公吃饭了"。

［翁家烈："镇宁布依族苗族自治县仡佬族社会历史"，《民族
志资料汇编·第十集·仡佬族》，第 50 页，贵州省志民族志
编委会，1989 年 5 月］

13. 贵州镇宁县仡佬族禁忌

除夕吃年饭不得泡汤；正月初一至初三不扫地，不梳头，不烙干锅；正月初一至正月十五之半月内不得于屋外晾晒衣物；出嫁女儿回娘家不得登楼。……禁忌：吃年饭时，前三碗不能泡汤吃。正月初一到初三除烧火外，一切活路（包括室内室的）都必须停止。

［翁家烈："贞丰县仡佬族社会历史"，《民族志资料汇编·第
十集·仡佬族》，第 60—64 页，贵州省志民族志编委会，
1989 年 5 月］

14. 贵州大方县普底乡仡佬族禁忌

（1）杀年猪时用的祭祀工具"小炕"，平时任何人不准乱动。

普底仡佬族每年杀年猪时都有一套完整的仪式。杀年猪也叫"请财神"。喂肥了年猪，不请"财神"不能杀，请财神时没有"小炕"不能请。所以"小炕"在人们心目中是一种神圣的东西……"小炕"是摆祭品的一个笆笆。不过是用木质扎成而已。从扎制到收藏，都不让妇女沾手。显然这有父系社会残余的痕迹。"小炕"呈正方形，一般不超过一尺。必须用群众最崇拜的五倍子树枝来扎制……许多祭山、祭树、祭坟用的木架子也必须使用这种树枝做成。扎"小炕"时，把直径三公分左右的五倍子树枝劈成两半。一共需要九根。纵的两根，横的七根，放均匀，绑牢即可。

祭祀时把这个"小炕"放在竹簸箕上，在"小炕"上先放豆豉叶（一种叶子像扇形的植物），在叶子上面放一升米，米上放少量盐巴，在米上点一盏灯，插三炷香，并放银钱或铜钱。米上要插常青树枝，一般多用樟树或冬青。杀猪的刀和绳子也必须放在这个"小炕"上。准备妥当后，自己或请人口念《请财神词》，一定要用本民族语念，不能用任何其他民族的语言来念。杀猪后，煮五脏、肋肉和血敬财神，求保佑。念、献完了之后，用小布袋装点粮、钱、并同杀猪用过的那根草绳连同"小炕"一起挂在楼脚。从此不准任何人取动，到第二年杀猪时，才把挂在一起的豆豉叶、草绳烧掉，换成新的，再进行一次新的杀猪仪式。

看起来，之所以珍视"小炕"，因为它是杀年猪仪式必备的祭祀工具之一，对它的保存和尊重，有取其年年发财、年年杀猪的意思。如果家中的妇女和小孩，不慎动了"小炕"或有任何损坏，就是亵渎了神灵，认为不但不顺利，而且这个家庭会变穷，甚至于再杀不起过年的猪。

（2）不准污损或碰击中柱

普底仡佬族群众，认为中柱是一幢房子中最重要的部分，它最高、最直，承担的压力也最大，如果中柱朽坏，整个房子也就倒塌了。这样，每一个家庭对中柱都注意保护。不仅如此，还赋予它一些特殊任务。比如男女两方说亲成功之后，男方的父亲第一次同媒人去女家时，把送女方的新伞一定得挂在靠左边的中柱中。如果挂错了地方，就是对女方极大的不尊重，这不但不合风俗和礼仪，而且亲事有中断的可能。再比如除夕的晚上家家都要过年敬祖先，一个大粑粑（与簸箕同样大）上面放九个小粑粑和三杯酒，把簸箕放在距楼板约8寸到一尺的地方，必须紧靠中柱，另外一盏祭祖先的夜明灯也必须挂在中柱旁边。这样，既是祭奠祖先，也是祭奠中柱。我问了一些仡佬族的老人，他们说：中柱是大树做成的，传说过去的祖先曾在大树上和大树下生活过，是人们离不开的伙伴，今天大树做了中柱，仍然同我们天天相处在一起。因此，过年时家家户户都把祭品放中柱旁，既表示尊重现在，又表示纪念过去。很明显，不准污损中柱的这种禁忌，很可能与人类远古生活有关。

（3）不准用火钳、棍子、烟斗等在燃着的火子上敲打

一般仡佬族群众认为火不但是人们的重要伙伴，而且是一家之主，有"火为大"的传统观念。用木材烧成的火子特别是烧燃后的煤炭或木炭，不许别人拨弄、敲打、整碎。即使是抽旱烟的老人，也不能利用点燃旱烟的时机用烟袋锅去敲击火团。小孩子更不准用棍子去拨挑。如果有哪一家失了火，烧毁了房屋粮食衣物，邻居远近的人都会认

为这是没有尊重火的结果。也就是说触怒了火神，因而遭了大难。所以这种禁忌，从效果上看，对防止火灾是有积极意义的。从另外一个角度看，人类很早就发明了火，火对人类的进化和发展起了多么巨大的作用。因此仡佬族对火的爱护和尊重，也可能与人类远古的遗风有某种间接的关系。上述这种禁忌，值得进一步去研究，因为这也是民族学要探讨的问题之一。

（4）不准对饭甑进行任何敲击

饭甑是蒸饭的重要工具。人们想吃饱饭，就必须保证甑子里的粮饭充足。为了达到这个希望，对饭甑有一种非常尊重和爱护的感情。好像爱护这个工具，就自然会有饭吃一样。甚至把甑子蒸饭时的某些现象，作为问卜吉凶的标志。许多人家除夕那天都要蒸糯米、打粑粑。黎明就开始，越早越吉利。老人们亲自烧火，坐在灶边等待饭甑子上气。如果甑子靠东面的一方先上气，就说明第二年东方最吉利，出门、赶场向东方去，心里没有顾虑。如果甑子靠西面的一方老不见上气或者很久才上气，认为饭甑子已经指明第二年西方不太吉利，出门办事，尽量少到这一方去。这说明群众把饭甑功能看得很神秘。

一般家庭都要求蒸饭、上饭时，不能用饭勺敲响甑边或甑壁。饭熟后抬甑子下来时，只能轻轻抱起，不能用两手拍敲甑壁。他们说这种举动就是打饭甑的耳光。"民以食为天"，这样甑子就不盛饭，人们就会挨饿。

在甑子里舀饭时，要求饭勺的口要朝下，而不能让饭勺口朝上。舀完饭后，要把空饭勺俯放在甑子里，绝对不许仰放。因为俯放表示舀进来，常舀常来，仰放表示舀出去，越舀越少。

如果饭甑里的饭不够，舀饭的人不能说："没有饭了。"只能说："发财了。"如果小孩子不懂事，叫嚷："没饭了。"大人要及时地、小声地补一句："发财了。"以便相抵，图个吉利。

以上从对饭甑的种种禁忌来看，虽然方式不一样，但总的理想是吃饱饭或有饭吃。

（5）在特定情况下的粮、饭、肉、菜不给外人吃

这一种禁忌总的目的是抑制外人，加强自身，希望"财不外流"，使自己一人、一家很快富起来。比如装满粮食的仓、屯箩或柜子，从中第一次摄取的粮食只许自己家里人先吃，既不让最近的邻居尝一口，也不让远方的客人吃一顿。即使是分了家的亲兄、弟、姐、妹，也一律算作"外人"之列，不予分享的权利。他们说这样做目的是以后的粮食不会天天向外流。自己的粮谷可以常取常有。

另一种情况是把包谷棒子运装上楼时，无意中掉在楼脚的那些棒子，主人家认为这既是一宗"财喜"，又是一个吉利，因而把这几捧包谷珍贵地收藏起来，无论谁什么时候吃，都不能分与外人点滴。因为外人得吃这种粮食，就意味着主人家的"财喜"被分散了，这样会由穷继续变穷，甚至于会由富变穷的。

还有一种情况是：杀年猪后，祭奠过财神和祖先的祭品如米、内脏、肉、酒等，外人不得沾唇。这一点有较严格的禁忌，一般也都能认真地执行。如果出嫁了的姑娘回来，遇到这种场面，她会很自觉地离开。只有分家后的父母，才有资格参加这一类的

会餐。

总的来看，这类禁忌的目的，也是为了达到由穷至富的理想。从节约、简朴的方面看，这种禁忌的效果是有利的，从培养自私的方面看，这种祭忌的效果是有害的。但从发展的观点来，这都是历史的产物。

（6）歧视妇女的许多限制

这类习惯型的禁忌是对妇女的一种极不公平的待遇。由于千百年历史的形成，人们的思想里认为有些事情要限制妇女是理所当然的，这是一种巨大的舆论和习惯的压力，妇女们也只有无可奈何地接受。天长日久，这种民族内部的习惯法，像无形的枷锁紧紧套在妇女们的头上，她们也就习以为常，自觉地接受了。

老人病死，派人到姑娘家去报丧，有许多繁琐的手续。姑娘听到亲人去世的噩耗，无论怎样悲伤，都不能立刻起程去奔丧。派出报丧的人，手持一根削了皮的、呈四方形的五倍子棒，到了姑娘的村寨，并不立即进门，而是把木棒插在远处的山坡上，然后再去呼叫。姑娘不能去抚摸亲人的遗体，而只能先到插五倍子棒的地方去大哭一场，这时还不准动身回娘家，而是要亲自搬一张方桌到插棒棒的地方，再提一只鸡在那里宰杀。回去把鸡煮后，携带礼物，才能回到生养过自己的娘家。哭奠之后，姑娘本人和她丈夫家去奔丧的人，都不能吃这只鸡。规定只能由报丧人和有关帮忙的外人全部吃完。至于分了家居住在外村寨的儿子们，在奔丧时，却没有任何限制。在这种场合下，对男、女的不公平是显而易见的。

另一个禁忌是姑娘嫁出去之后，在任何困苦的情况下，都不准在除夕的这一天回娘家过年。如果因种种原因，（如姑娘守寡）平日姑娘就住在娘家，在过除夕的这天晚上，即使拖儿带女也必须另找一个地方过夜。或住岩洞，或住山林都可以。据说如果出嫁了的女儿在娘家过除夕，娘家人以后就要逐步走上"穷断筋"的道路。这一种禁忌，在某些汉族地区也广为流传（如陕西的不少地方就是这样）。很明显，普底仡佬族的这种禁忌，可能是历史上民族间互相影响的结果。

再一个禁忌是姑娘出嫁以后，不准上娘家的楼，这一点对怀了孕的女儿限制得更严，甚至连靠近楼梯都很警惕。所说怀孕的女儿上了娘家的楼，娘家的兄弟要穷干，婆家的兄弟要富溢。女儿回到娘家不能动娘家的衣、物、帐、被。转回夫家时，一般不许带什么东西回去。特别是无权过问娘家的家务内政。如果多嘴多舌，父、母、兄、弟都可以当面不客气地责备。经常会说："你只能在婆家管事，绝不能在娘家当家"，等等。作女儿的一般都很自觉，很注意遵守这些禁忌。出嫁了的姑娘不上娘家的楼，这种禁忌在某些苗族地区也很盛行（如威宁苗族），这也是各民族长期杂居、互相影响的结果。但后一种禁忌即女儿出嫁不管娘家的事，在汉族中却不尽然，有不少姑娘出嫁后，回到娘家仍然有很大的权威。可见由于社会发展的进程不同步，各民族在禁忌方面有同有异，这是很自然的事情。

（7）关于"踩奶"的禁忌

这类禁忌也是习惯型的。妇女怀孕后生产时，一般不许外人进门。据说外人进门，就会"踩奶",这样,孩子出生以后就会没有奶吃。这一禁忌经过长期的发展演变,现在已应用于牲畜的产仔方面。如牛、马、猪、羊下崽时,也不欢迎外边人来看。认为外人看了,就会踩断母畜的奶汁,幼畜就无法养活,为了防禁外人不知趣,硬要去看主人家的牲畜下崽,或在这方面问长问短,主人家往往在事先就采取措施。一般是拿一瓶水和一个破筛子挂在牛圈门上,以示告警。意思是:瓶水可以照见来人,外人如果要偷奶汁去,筛子也会漏掉,外人偷也不行,拿也不行,这样就不至于酿成被"踩奶"的后果。牲畜也将成群地发展起来。

[张济民:"大方县普底乡仡佬族的鸡卜与禁忌",《贵州民族调查》(之三),第353—356页,贵州省民族研究所,1985年10月]

15. 贵州务川县仡佬族禁忌（1）

务川仡佬族人禁忌较多。禁忌是犯忌讳的话和行动(大都与迷信有关)。忌讳是因风俗习惯或个人理由等,对某些言语或举动有所顾忌,积久成为禁忌,对某些可能产生不利后果的事力求避免。仡佬族人的禁忌,涉及范围较广,主要是生产和生活方面的居多,特别是过年的时候禁忌多,除夕之夜吃年饭,忌倒汤泡饭,犯了,做庄稼活要遭雨淋,外出远行亦要遭雨淋。正月初一不能说不吉利的话,忌言"死"、"挨刀"、"卖脑壳"、"拖丧"、"上山"、"抬出去"、"穷"、"输了"、"亏了"、"没得"、"没有办法"、"混账"等话语,认为大年初一是开张喜日,说这类"破口话"易应验。忌扫地、倒污水、垃圾在门外,犯了就不吉利,认为是把金银财宝倒走了,影响全年收入。忌用吹火筒吹火,犯了,庄稼要被火风吹倒。忌看见刀、甑、秤、扫帚等用具。见刀易被刀砍,见甑苍蝇多,见秤常遇蛇,见扫帚毛虫多。因此,在除夕晚上要把这些东西收藏好。忌已婚妇女到别人家,犯了,全年不利达。忌打骂小孩,犯了,会使小孩更淘气,经常挨打骂。

平时的禁忌亦多:忌戊,逢戊日,忌下地干活。相传戊属太岁,此日耕作是在太岁头上动土,犯者不得高在(要死),且要引起庄稼无收,造成荒年。打(立)春日,忌别家已婚的妇女入门,此日犯忌,要扯铧毁犁,既花钱,又影响生产。忌别人在家里哭,认为把哭神带进家里,要损人丁。严忌夫妻在别人家里同房,犯了,认为是秽气熏神,大不吉利,有"宁可使人停丧,不可让人成双"之说,犯忌者不但要向主人赔礼道歉,还必须请道士做斋三日,祈神驱邪。新婚洞房中的床铺忌接触"四眼人"(孕妇),犯了影响新媳妇的生育。毛头姑娘(未结婚的姑娘)也忌在新娘床上坐(新娘未坐前不坐),犯了,影响新婚夫妇不睦,经常吵骂,要等毛头姑娘结婚生孩子后才停止吵骂,夫妇合好。有孕妇的人家,忌乱搬东西,忌在屋内乱钉钉子,忌堵塞耗子洞。搬动东西绊动了"占方"孩子生后,五官不全,缺这少那;钉钉子会钉伤胎儿;堵塞耗子洞,生下的孩子大小便不通。孕妇忌吃母猪肉和水牛肉,吃了母猪肉,生下的孩子要害母猪疯；吃了水牛肉，生下的孩子鼻子"瓮"（说话瓮声瓮气）。产妇之家，忌四眼人和穿草鞋的人进屋，犯了，就会把产妇的奶带走（停奶），犯者要送大米、茶叶给产妇，产妇煮食后奶才能恢复。未婚男儿忌食猪蹄，说猪蹄专叉老丈（岳父），犯了，谈婚事七不成、八不就。办喜食忌吃羊肉和魔芋豆腐，认为它们是短命浆。办丧事忌食海椒，海椒红色，主喜，若犯忌，后代会出红眼病。孝服之家，忌贴红对子，俗传红主喜，又传红驱阴魂，亡人的阴魂见门上现红，不敢到佛堂受供。养蜂人家请吃蜂糖忌言"多谢"、"分别"、"走了"、"再见"等，传说犯忌后，蜜蜂要离主而高飞远走。送亲客离开男家归回时，忌言"二回再来"，送亲客听了认为是在挖苦他们，极不高兴，会发生吵骂。手艺人忌坐在晒晾的裤下，俗言"裤无洁处"，"裤下一蹲，邪缠终身"，"裤落头上，银钱跑光"，是大不吉利之事。

上述崇拜和禁忌，虽然迷信占主要成分，荒唐无稽，但是反映了一个民族的民情风俗，民族文化现象。随着人类社会的发展，科学的进步，人们文化水平的提高，有些崇拜和禁忌在逐渐消失中。

［李国栋："崇拜与禁忌"，《务川仡佬族风情录》，第85—87
页，务川自治县民委编辑，1994年4月］

16. 贵州务川县仡佬族禁忌（2）

日忌：（1）正月初一或十五两日，忌打扫屋里庭院，俗以为开年吉日，打扫了会将喜色财气像垃圾尘埃一样扫走，导致全年不顺不乐。（2）打（立）春日，忌别家的已婚妇女入门。相传"此日犯忌，扯铧毁犁"，既花钱多，又影响生产。（3）忌戊，戊是天干第五位，逢戊日，忌下地干活。相传戊属太岁，此日耕作是在太岁头上动土，为者不得高在（要送命），且要引起百里无收的荒灾。原来，每十年有一次戊年，每十日有一次戊日。如果当某个戊年的太岁属戊，而戊本身是属土，所以这一年中的戊日就不能下地动土。后人们为了怕犯忌，不管当年的太岁属不属戊，宁可逢戊则忌，逐渐演变成戊日例假休息，即十日一休。（4）婚丧事务日，忌扫屋里门外，说婚日打扫，是嫌弃喜气，喜即转忧，忧日打扫，会忧上添忧。

食忌：（1）小孩忌食猪血，俗以为食了猪血后记忆力差，终生受害。（2）未婚男孩忌食猪蹄，传说猪蹄专差（叉）老丈（岳父），若有犯忌，则婚事不顺，十有九吹。（3）孕妇忌食母猪肉，怕以后生下孩子患母猪疯。（4）喜宴忌食羊肉和魔芋豆腐，因称它们是"短命菜"、"伤泪菜"，怕讨不祥的口风。办丧事忌食海椒，海椒红色，主喜，若犯忌，后代会耳聋。有的地方还忌食牛肉，怕死者阴魂变牛，又出于对牛的珍视。（5）产妇忌食海椒和烧酒，怕后人出红眼病。（6）孝家七日内忌沾荤菜，以示其忠孝之意。

言忌：（1）正月初一、十五两日早晨忌言"死"、"穷"、"挨刀"、"拖丧"、"卖脑壳"、"混账"、"上山"、"抬出去"等词语，俗以为开张喜日，出这类"破口话"易应验，（2）在养蜂人家吃了蜂糖忌言"多谢"、"分别"、"走了"等，传说犯忌后蜜蜂要离主而高飞远走。（3）送亲客从男家返归时忌言"二回再来"，说此言意味着新婚夫妇难合终生。（4）对姑娘忌言"你吃杯茶吧"。因为在一些地方，"吃茶"是姑娘落人户的指代语，对方听了不高兴，以为你在戏弄她。

行忌：（1）从艺之人忌坐晒晾裤下，有言"裤无洁处"，"裤下一蹬，邪缠终生"，"裤落头上，银钱失光"。（2）忌外人夫妇在家同房，以为秽气熏神，大不吉利。故有"宁可借人停丧，不可让人成双"之说。犯忌者不仅要向主人道歉赔礼，还要请道士做斋三日，祈神祛邪。（3）卖的或送人的扫帚忌在自家屋里试扫，俗以为会把财宝扫走。买扫帚忌买六指式或八指式，有言道："六扫叫化八扫庙"，故只买七指式，人称之为"七姊妹"。（4）大年三十夜吃年饭忌倒汤泡饭，说犯忌者以后出门要遭雨淋；当夜和次日忌用吹火筒吹火，犯之，则谷类不黄或倒伏于地。（5）出行路上忌捡口袋，俗以为遇口袋大不吉利，可能人财皆失。（6）新婚洞房中的床铺忌近"四眼人"（孕妇），犯之影响新媳妇的生育。（7）孝服之家忌贴红对子，俗传红主喜，又传红驱阴魂；亡人的阴魂见门上现红，不敢到佛堂受供。

以上所述，不涉及流行民间的通书里的诸忌，而全是笔者耳闻目睹的资料。随着人们文化水平的提高，社会的发展，有些禁忌正在逐步消失。

〔谢众力："务川民间的传统禁忌"，《务川文史资料选辑·第五辑》，第51—53页，中国人民政治协商会议务川仡佬族苗族自治县委员会文史资料研究委员会编印〕

17. 贵州关岭县仡佬族禁忌

正月初一至十五"七姑娘上天"以前，各天所用洗脸水不得倒出门外，要倒在屋内。从除夕到正月初三四之内，妇女不得进入别的人家，否则该家今年内有天灾人祸就怪是她给带来的灾难。腊月二十三各家将扬尘打扫完毕，送灶王爷上天后，要等儿童（无论男女）先进屋，成年人才能进屋来。妇女在正月初一、初二、初三的三天内，不得做针线活。女儿出嫁后，回来只能在楼下活动，不得上楼。老人亡故至埋葬前，死者亲属忌食辣子及喝冷水。

定亲后，男方媒人带八字送给女方家时，要带去公鸡一只，宰、净、煮熟供女方祖宗。与女方父母内亲等共餐，鸡腿分别由媒人及女方最老的人食用。食完腿肉后持鸡骨看鸡卦。鸡腿骨上的一个斑点称作一笺（一筹），两腿合为二笺、三笺、四笺均主吉，其余皆为不吉。仡佬语称看鸡卦为"望木布该"。接亲当天，新娘清晨出嫁，由两个童子在新娘卧室内外各打一灯笼，新娘在其中间，走入堂屋向祖宗行三个礼以示告别。新娘跨出大门时十分小心，身子四肢以及衣服都不得擦着门框。出门后不得反顾，以防不利于后家，并戴上斗笠一顶避邪。将出寨时，要弄熄灯笼。途中遇着土地庙及神树，童子要点燃香烛插于庙、树前。如遇另一接送亲队伍，须从左边走，并将两位新娘所穿左鞋互调。婆家于大门前安桌子一张，撑开红伞束于桌腿上，桌上放升、斗、秤、尺和镜子，燃香，大门内放七星灯一盏，大门外侧摆面一盆，内有木瓢一把，神龛上燃大红烛一对。新娘入寨走到桌前停下，由先生给"回车马"。先生拿着宰了的鸡，按顺时针方向围桌子及新娘绕三转，口念"时吉日良，天地开张，新人到此，车马回乡。天无忌，地无忌，年无忌，月无忌，日无忌，时无忌，百无禁忌，姜太公在此，大吉大利"。念毕，将鸡丢出。新人跨过七星灯进入堂屋时，有人即将木瓢折断丢掉，取走盆。"回车马"用的鸡煮吃后，仍看鸡卦。两支红烛燃烧的进度也被人们重视。认为两支红烛同时燃尽才好，表明新婚夫妇能寿命同等，燃一半，预兆命不长，左烛代表新郎，右烛代表新娘。新婚夫妇不拜堂，在新娘进入新房之前，新郎及其父母皆回避，否则夫妻、婆媳间易生口角。生小孩后，女婿请人带 12 个红蛋、12 个核桃和 1 壶酒、1 只鸡去岳父母家报喜。生男孩抱公鸡，生女孩则抱母鸡，岳家分别配以母鸡或公鸡让带回给女儿女婿。岳父母以之加上酒菜放神龛前供祖，告知已添外孙，祈祷保佑外孙平安长大。孩子满三朝，其父母宰鸡祭祖后，于床边给孩子取名。

［翁家烈："关岭县仡佬族宗教信仰评述"，《贵州民族调查》
（之六），第 305 页，贵州省民族研究所、贵州省民族研究学
会编，1989 年］

18. 广西隆林县仡佬族忌讳

过年时，不能扫地也不挑水，男的不能下地干活路，女人针线也动不得。

年初一和初三不登门拜年；年初一不能晒衣服。

平时不能站和停在门口或坐在门坎上，特别是女人更不许这样。

女人不能参加祭祖。

女人不能上栏棚睡觉。

媳妇不能在公公面前摘头巾，不能与公公、丈夫同桌吃饭。

两男人谈话时，女人不能从中间穿插而过。

男人不插秧，女人不犁耙田。

家有远行的人，任何人不能说不吉利的话。

祖先台上不能摆辣椒、狗肉，不摆食剩的食物。

祭祖先时，小孩不能大声哭闹。

在八月十五日晚所祭的那棵大树下，不能小便、不能乘凉、不能拴牛马。

死人埋葬时所用的东西不能再用（只限于石头、木板等）。

人死埋下地以后，不能再挖起来。

［广西壮族自治区编辑组：《中国少数民族社会历史调查资料
丛刊·广西彝族、仡佬族、水族社会历史调查》，第 175 页，
广西民族出版社 1987 年版］

19. 广西隆林县仡佬族禁忌

祭祀祖先和财神的活动不准妇女参加，就连预备供物也是由男人一手包办，原因是：a. 祭祖公是非常庄重的事情，所以得有干净的人作才行，妇女因为生养小孩摸粪尿脏，她们也认为自己如果参加祭祀是对祖公财神极大的不敬。b. 祭祖公要和祖公有血统的人作才行，仡佬族的妇女多半是外族人，祖公对这些人上的供物将不理睬，会生气怪罪下来。

祭祀祖公神台前不得放辣椒，谁犯了就会头痛；神台上不得放狗肉，否则会瞎眼；不得放剩下的食物，犯了就乱嘴舌。

祭祀祖公时，家中的小孩不得大声哭，他们认为这样的话祖公吃不上供物。

青枫树下不得拴牲畜，犯了牲畜不旺，母不生仔。

青枫树下（八月十五时祭祀的那棵）不得大小便，犯着就会生疮和拉恶痢。

青枫树下不得乘凉，否则会发疟疾，或者上山时会跌死。

正月初一、初二不得晒衣服，否则会有大风将房子顶揭走。

死人埋坟打过的石头不能再拿来用。

人死埋下后不得再挖出来埋第二次，这样会影响下一代子孙的兴旺。

礼节方面：

如果客人和主人在一块谈话，妇女想从当中穿过，必须说："对不起，过一下。"此表示尊敬和歉意。

新婚之妇吃饭不得早于家公家婆，除非他们不在家。

儿媳和弟媳不得同公爹和伯伯同桌吃饭。

新婚媳妇不得在家公和伯父面前摘头巾，否则就被认为是极不礼貌。

客人进门时，全家要暂停一切工作，立起迎接；如果是男客人，妇女就必须离开（老年人除外）。

如果不相识的人来本寨和路过本寨没有钱时，本族人总是热情帮助和招待，并做饭给他吃。

[广西壮族自治区编辑组：《中国少数民族社会历史调查资料丛刊·广西彝族、仡佬族、水族社会历史调查》，第214—215页，广西民族出版社1987年版]

20. 贵州六枝特区仡佬族禁忌

（1）居都仡佬族禁忌

仡佬族禁忌，大多集中在过年时候。大年初一、二、三不准挑水，不能扫地出门，如扫地出门，则当年钱财不顺。若需用水，须拿一块粑粑、两张纸钱、一炷香到水井边敬祭龙王，说吉利话，才能挑水回家。初一早上，要由户主开门，开门时要说句吉利话，然后用一块石头从门口往里滚，预示当年大量金银财富涌进家。大年三十后杀鸡，杀鸡后，就不准进家。

正月忌日：初七为人生日，全家和睦，主全年顺利，若生怨气，则全年不利；经日高照，主全年吉祥安康；大雾满天，主当年难逃出。初八米生，忌煮新米饭，只吃存食。初九豆生，不煮豆。初十麻生。不绩麻。十一强盗生，天晴，主强盗在光天化日之下，罪行一目了然；乌云遮天，则强盗横行。

平时忌站坐于门口，对女性更加忌讳。两男人谈话时，忌女人从中间穿行。男人不插秧，女人不犁田。家畜生仔，在家门挂把草标。不让孕妇进家或借家什。家有远行人，任何人不得讲不吉利的话。埋葬死人用过的木石，不能再用。死人埋下后不得重埋。老人过世，不满3年不准贴红对联，只能贴白黄绿三色对联，以示对死者的思念。忌妇女参加祭祀祖先和财神的活动，并忌小孩在此场所哭闹。祭祖禁用狗肉和吃剩的食物。八月十五祭青枫树，树下不能大小便，不能拴牲畜，不得乘凉。家人分娩或有伤亡事故时，忌外人随便进家。有的地区，在"丑日"或"午日"逢打雷时，忌外人随便进家。安葬死人的时候，不许妇女接近墓坑，安葬后，送葬人要绕路回家，忌走原路。

忌孕妇或坐月子的妇人摸生冷的东西，忌坐月子的人从神龛或老人面前走过，忌吃黏米饭，蔬菜及生冷硬食品。

（2）中寨仡佬族禁忌

忌孕妇或产妇从铁匠铺前走过，忌孕妇或产妇摸铁匠铺的火钳、风箱、铁锤等打铁用具。

禁止在神树下大小便。

禁止同宗开亲，禁止辈分不同而谈婚论嫁。

禁止老人过世三天内串门，与人开玩笑，喝冷水，吃辣椒。

忌新娘发亲出门时其身子挨擦着大门。

已出嫁了的女儿回到娘家忌住楼上、爬楼、扫地。

禁止产妇坐月期间进灶房堂屋、外出、过屋后阳沟。禁止婴儿尿布在屋外晾晒。

忌正月初一用刀、泼水、扫地、揭甑盖、做针线活、妇女梳头，吃年饭泡汤。正月初一至初三不能吹火。春节祭祖粑粑只能煮吃不能烧吃。

三月三禁止挖地、砍柴和割草。

四月初八不能用牛耕地。

立春日妇女不能串门，怕踩着"春"。立秋日男女不得外出劳作，怕踩着"秋"。俗谚说："一年踩着秋，十年不丰收。"

忌赌淫。

[刘安康整理。讲述人：李发旺，男，76岁，仡佬族，住六枝特区箐口乡居都村。流传于六枝特区箐口，2006年4月调查]

主要参考资料

1.《务川文史资料第十辑·仡佬之源》，政协务川仡佬族苗族自治县委员会宣教文史委编，2005 年内部出版。

2. 广西壮族自治区编辑组：《中国少数民族社会历史调查资料丛刊·广西彝族、仡佬族、水族社会历史调查》，广西民族出版社 1987 年版。

3.《贵州民族调查》（之六），贵州省民族研究所、贵州省民族研究学会编，1989 年版。

4.《清镇仡佬族》，清镇市民族宗教事务局、清镇市史志办、清镇市仡佬学会编，贵州民族出版社 2004 年版。

5.《民族志资料汇编·第十集·仡佬族》，贵州省志民族志编委会，1989 年 5 月。

6.《仡佬族文化百科全书》，贵州仡佬族学会编，熊大宽主编，贵州民族出版社 2002 年版。

7. 道真仡佬族苗族自治县民族志编纂委员会编：《道真仡佬族苗族自治县民族志》，贵州人民出版社 1994 年版。

8. 唐祈、彭维金主编：《中华民族风俗辞典》，江西教育出版社 1988 年版。

9. 务川仡佬族苗族自治县民族宗教事务局编：《务川仡佬族》，待出版。

10. 贵州省安顺地区民族事务委员会编：《仡佬族古歌》，贵州民族出版社 1991 年版。

11. 务川自治县民族志编写组编：《务川仡佬族苗族自治县民族志》，贵州民族出版社 1992 年版。

12. 贵州省普定县地方志编纂委员会编：《普定县志》，贵州人民出版社 1999 年版。

13. 贵州省毕节县地方志编纂委员会编：《毕节县志》，贵州人民出版社 1996 年版。

14. 贵州省纳雍县地方志编纂委员会编：《纳雍县志》，贵州人民出版社 1999 年版。

15. 贵州省大方县地方志编纂委员会编：《大方县志》，方志出版社 1996 年版。

16.《贵州民族调查》（之三），贵州省民族研究所，1985 年 10 月。

17.《务川仡佬族风情录》，务川自治县民委编辑，1994 年 4 月内部发行。

18.《务川文史资料选辑·第六辑》，中国人民政治协商会议务川仡佬族苗族自治县委员会文史资料研究委员会，1992 年 9 月内部发行。

19.《务川文史资料选辑·第五辑》，中国人民政治协商会议务川仡佬族苗族自治县委员会文史资料研究委员会，内部发行。

20. 黔西县志编委会编：《黔西县志》，贵州人民出版社 1990 年版。

21. "道真仡佬族苗族自治县概况"编写组：《道真仡佬族苗族自治县概况》，贵州民族出版社 1987 年版。

22. 贵州省水城县地方志编纂委员会编：《水城县（特区）志》，贵州人民出版社 1994 年版。

23. 杨光富："仡佬族丧葬"，《安顺仡佬族民间习俗（传统）资料简编》，内部资料。

24. 贵州省金沙县地方志编纂委员会编：《金沙县志》，方志出版社 1997 年版。

25. 贵州省毕节地区地方志编纂委员会点校：《大定府志》，中华书局出版，2000 年版。

26. 贵州省大方县县志编纂委员会办公室重印：《大方县志》，1985 年 10 月。

后　记

　　本研究项目是何耀华研究员主持的 2004 年国家社会科学基金重点项目《中国原始宗教资料调查研究》（04AZJ001）的一个子项目；是自"七五"、"八五"以来吕大吉、何耀华总主编的《中国各民族原始宗教资料集成》多卷本中的一卷。

　　本分卷由贵州省民族研究所李平凡任主编。贵州省民族研究所覃东平承担了资料的录入、编纂任务；贵州省六枝特区民宗局刘安康收集调查了数万字资料，为本卷的课题组成员。在数年的调研过程中，六盘水市、毕节地区、安顺市等地市民宗局及六枝特区、大方县、纳雍县、黔西县、清镇市、普定县、务川县、道真县等县市民宗局给予了大力的支持。柳远胜、李吉宣（均为六盘水市民宗局）、张全富（毕节地区民宗局）、龙和劲（大方县民宗局）、陈英勇（清镇市民宗局）、冉文玉（道真县民宗局）、王宗党（务川县民宗局）、韩军（贵州民族旅行社）、郭定高（贵州省民委老干处）、杨新年（贵州省民委政法处）等同志积极提供资料，并帮助联络相关人员，使本卷调研得以顺利进行。

　　仡佬族散居面广，原始宗教不甚突出、系统，而且区域差异明显，这无疑给本卷的调研和资料收集带来很大难度，常常事倍功半，所得材料可用者极少。加之，本卷承担者学识浅显，属初涉仡佬学调研的新生，原占有资料有限，因此课题成果中资料不足或不够典型在所难免，企盼专家、读者指正。

　　项目主持人何耀华研究员多次来贵州检查指导，并召开审稿会议，传达"集成"总主编吕大吉研究员的意见，严格把关；贵州五个民族分卷的组织管理协调人陈国安研究员对本分卷的调研给了具体的帮助；中国社会科学出版社第五编室主任黄燕生，责任编辑李是前来贵州省民族研究所出席审稿会议，对本分卷的修改完善给予指导。在本项目付梓之前，让我们对上述同志以及对项目申报管理单位云南民族大学、云南省民族研究所、中国西南民族研究学会表示衷心的感谢！

李平凡

2008 年 1 月

总编附记

　　《中国原始宗教资料调查研究》是 2004 年全国哲学社会科学规划办公室批准立项的重点项目。根据批准立项的研究计划，按苗、布依、仡佬、侗、水、拉祜、高山、畲等 8 个民族设子课题组进行调研，分五个阶段进行：

　　第一阶段（2004 年 7—8 月），学习马克思主义的宗教理论和党的民族宗教政策、分析国内外原始宗教研究的历史和现状，总结研究吕大吉、何耀华总主编，"七五"（跨"八五"）国家社会科学基金重点项目《中国各民族原始宗教资料集成》对 29 个民族原始宗教调研的经验和问题。

　　第二阶段（2004 年 9 月—2005 年 12 月），进行多省区、多县域、多社区、多批次的田野调查，同时检索历史文献，辑录、核实前人成果中的资料，编印初稿，送课题组长初审。

　　第三阶段（2006 年 1 月—8 月），根据课题组长的初审意见和咨询专家的建议，进行第二轮的田野调查和文献资料的拾遗补缺，完成第二稿送课题组长审定。

　　第四阶段（2006 年 8—12 月），召开包括有中国社会科学院编室主任黄燕生、责任编辑李是在内的专家评审会。根据专家意见，再次修编，提高质量，编出送审成果，报全国哲学社会科学规划办公室申请结项。

　　第五阶段（2007 年 12 月—2008 年 3 月），根据全国哲学社会科学规划办公室汇总鉴定专家提出的修改建议，再进行补充调研和修改完善。

　　最终成果共 8 个分卷，总字数约 300.9 万字，其中《高山族卷》34.5 万、《水族卷》38.9 万、《苗族卷》58.3 万、《布依族卷》38 万、《侗族卷》37.5 万、《仡佬族卷》32.1 万、《拉祜族卷》31 万、《畲族卷》30.6 万。应邀参加 2006 年 6 月 7—9 日在贵阳召开的专家评审会的专家们认为，本成果"内容丰富，资料翔实，学术质量高，达到了立项设计的要求"。

　　本项成果旨在持续完成《中国各民族原始宗教资料集成》尚待研究的苗、布依、侗、水、仡佬、拉祜、高山、畲等 8 个民族的调研，将已进行原始宗教资料集成的民族由原来的 29 个扩大到 37 个，进一步为哲学社会科学工作者提供新资料；同时，联系上述民族的实际，对原始宗教进行再认识、再研究，为构建宗教和谐、民族和谐、社会和谐提供一定的理论支持。根据吕大吉研究员为《中国各民族原始宗教资料集成》写的总序及这次调研的 8 个子课题成果，现将本项研究的主要观点和内容概述如下：

（一）原始人的宗教信仰，是整个人类宗教的发端；也是人类社会各种文化形式的源泉。文明时代的各种宗教，不管它们崇拜的神灵多么神圣，信奉的教义多么玄秘，构建的礼仪体制多么严密，实际上都不是来自神灵的启示，而是起源于原始时代野蛮人粗俗的膜拜。文明时代各种精致的文化，崇高的道德规范，庄严的政治制度，赏心悦目的高雅艺术，智慧深邃的哲学思辨……尽管它们都有各自植根的社会土壤，但在其发育的初期，几乎无不脱胎寄养于原始宗教的腹中。宗教和其他文化形式在发生学和发育学上的这一事实，突显出我们研究原始宗教的学术意义。

（二）原始宗教是氏族集团全民信仰的"氏族宗教"，是原始社会的上层建筑和社会意识形态的总汇。它的社会本质集中体现为巩固氏族制度和维护氏族社会的传统；它的各种基本要素（宗教观念、崇拜对象、崇拜行为、崇拜礼仪、宗教体制……）无论在内容和形式上，都体现出原始时代人际关系的性质和氏族制度发展的需要，并与氏族制的社会结构融为一体，成为制约氏族所有成员意识和行为的规范。该成果调研的民族，原始社会早已消失在远古的烟云之中；但是，原始宗教并不随着原始氏族制的消亡而完全消失，正像氏族制度"在它后来被迫蜕变的时候，也还留下了氏族制度的片断"（《马克思恩格斯选集》第4卷第148页）那样，原始宗教在被迫蜕变的时候，也还留下了不少原来的"片断"和经过变形的"沉积"。由于已经脱离原始氏族制社会的母体，这些"片断"和"沉积"虽已不再是完整意义上的原始宗教，但其本质属性、内容、形式和特点仍是原始宗教的，通过它们，仍可还原原始宗教的原有形态。该成果集成的资料，就是通过实地调查，对那些保留下来的"片断"进行实录，通过科学分析，对那些"沉积"进行筛选、剥离而获得的。

（三）原始人的宗教观念，是原始时代支配人们生产生活的异己力量在人们头脑中幻想的反映。从人类诞生之日起，人就与自然界浑然一体，仰赖自然界维持生存；而要从自然界获取生存所需，就必须依赖由血缘关系结成的氏族群体共同从事采集、狩猎、原始农耕等生产活动。这就决定原始人的生活既要受异己的自然力量的支配，又要受异己的氏族社会关系的制约。这两种异己力量反映在原始人的幻想世界中，就使他们产生"灵魂"、"万物有灵"、"灵魂不死"等超自然的观念及对图腾物、自然物、鬼神及祖先的崇拜。这四种崇拜是原始氏族宗教的基本结构和基本崇拜对象，其他的崇拜均是这四种崇拜的附属物和衍化物。现今中国各民族社会中存在的图腾崇拜、自然崇拜、鬼神崇拜和祖先崇拜，本质上都是原始宗教的"沉积物"。该成果集成的资料，基本上是围绕这四种崇拜来进行调研和收集的。对原始宗教与其他宗教结合为"共生物"，而又不能剥离的那些原始宗教因子，也重点地加以收录并予以说明。

（四）灵魂（神灵）观念的产生在原始宗教的形成中具有标志性的意义；在人类思维发展史上是一次质的飞跃。从高深的神学理论和现代文明人的眼光看，原始人的灵魂观念不足为道，他们祭献的神灵粗陋，但在使用石器的原始时代，灵魂（神灵）却是原始人所能设想出来的一种至高无上的存在。它集中了原始人的最高智慧，寄托着他们对美好生活的期待以及对自身命运的关注。灵魂（神灵）观念给原始人的想象添上了超自然的羽翼，使之解脱了人类生理本能的自然束缚，翱翔于超自然的无垠空间；也使原始人超出动物式的感性直观，进入人所特有的抽象思维领域。正是这种具有超自然性质的灵魂（神灵）观念，孕育了人类关于人与超人、自然与超自然的信念。如果原始人没有某种关于"超自然力量"的信念，就不会有宗教的神，也就不会在文明发展的一定阶段出现论证它的哲学与神学；当然，也不会因此而激发起把这种"超自然力量"还原为自然力量的自然科学和启蒙科学。系统、深入地探讨灵魂（神灵）观念的产生、存在形式及原始人对灵魂、神灵、鬼灵的抚慰、祈求、献祭、崇拜的行为、礼仪，是该项成果的特色和建树。因为这不单是从深层研究原始宗教的需要，也是研究其他宗教的需要。

（五）在原始时代，宗教的体制与社会的体制是合二为一的。氏族制度被宗教化，宗教崇拜活动的体制也构成氏族社会的社会制度。由图腾崇拜构建出同一图腾氏族男女不婚的外婚制；由祖先崇拜而规定出丧葬制度；由丰产巫术发展为各种生产祭祀和庆丰收的节日；由巫术神判衍生出氏族社会的习惯法；由祭神山圣水衍生出氏族社会的环境保护。氏族赋予宗教禁忌规定和宗教礼仪以神圣的权威，迫使原始人逐渐强化对社会规范的服从和对个人行为的约束。这些神圣的禁忌和规范成了原始人在生产生活中必须遵守的"无上命令"，使原始人的动物性本能受到抑制，由此而受到自制的教诲。年深日久，这些神圣的禁忌和行为规范演变成为氏族的习尚、行为准则和伦理意识。正如弗雷泽所说，与神圣观念相联系的禁忌制度，在人类早期的社会生活中，对稳定社会秩序，对确立私有财产不被盗窃和不受侵犯，对婚姻的神圣性，对保护和尊重人的生命，都有重大作用。在原始社会，如果没有与宗教崇拜相联系的礼仪制度和禁戒规定，以及随之而来的严酷可怕的神判和神圣制裁，原始人的道德规范和"法纪"规约是难以建立的，社会的文明与进步就难以想象了。因此，该项成果大量汇集了巫术、禁忌及原始宗教与经济生产、与社会和谐、与伦理道德、与人生礼仪、与生态保护等相关的资料。这些资料不仅对研究原始宗教具有学术价值，而且对发展民族经济文化，构建人与人、人与自然和谐的社会，也具有一定的现实意义。

（六）原始宗教是原始文化的载体，又是原始文化的表现形式之一。该成果从原始宗教探寻各种文化的渊源和形式，为文化史研究和创造新文化提供了借鉴。原始人一旦在自己的幻想世界里生出超人间、超自然的神灵观念，必然伴生出对神灵的祈求和敬畏之情。各种敬神、娱神的举动由此而生。他们用以表现神灵的言词和身体动作都是拟人化的、象征性的；或者用某种物质性的实物和偶像象征那本属虚无的神灵，用比喻性的语词来表象征神灵的性状，用模拟化的身体动作再现神灵的活动……一切"象征"性的表现，都是人性的创造活动，成为形象化的艺术。语言的象征，发展为讴歌神灵的事功、感谢神灵恩德的文学艺术（诗歌和神话之类）；身体动作的象征性模拟，发展为舞蹈艺术；神灵偶像的制作，发展为雕塑绘画之类造型艺术……原始人的艺术活动和艺术创作之最深刻的源泉无疑是他们的社会实践，但同样无疑的事实是，原始艺术在原始社会的存在与发展，不可能脱离宗教观念的刺激和宗教崇拜活动的哺育。祭坛即文坛，世界各民族的早期文化艺术几乎无不具有宗教的色彩，寄生于原始人的宗教生活。该项成果对与原始宗教相关的神话、传统、经书、诗歌、音乐、舞蹈、绘画、雕刻、手工工艺等资料进行了调研、摄片。这些资料不仅再现了原始宗教崇拜的风貌，而且展现了文化艺术的源头，是深入研究原始宗教、开发利用原始艺术和发展创新民族文化所不可缺少的。

马克思说："研究必须充分地占有材料，分析它的各种发展形式，探寻这些形式的内在联系。"（《资本论》第1卷第二版跋）毛泽东说："要像马克思所说的详细地占有材料，加以科学的分析和综合的研究。"（《改造我们的学习》）资料是学术研究工作的根，没有资料就不可能有学术研究。此项成果的学术价值，就在于它比较充分、比较准确、比较系统地为哲学、宗教学和其他人文科学的研究者提供了研究原始宗教的资料。

研究原始宗教的意义还不限于宗教学领域。在漫长的历史发展中，宗教一直高居于社会上层建筑的顶端，支配着人类的精神世界。正像宗教的神被视为君临世界的主宰一样，它也被视为人类社会各种文化形式的神圣之源。此项成果对历史学、民族学、哲学、文艺学、政治学、法学等诸多学科的研究，都具有应用价值。本项研究的阶段性成果多未发表。就已发表的《论高山族的原始宗教》（《世界宗教研究》2005年第3期）而言，其观点和资料广泛被学者和写论文的硕士、博士研究生引用。该文以高山族原始宗教的产生和发展史为论证的切入点，以高山族的原始信仰与大陆各民族的同类崇拜作比较，得出高山族与祖国大陆的各民族不仅民族同种、文化同源、历史发展同体，国家同一，而且具有中华民族共同的民族心理素质的结论。这说明本项成果对促进祖国的统一大业，也有重要的意义。

作为一项重要的大型学术资料研究工程，本成果的不足，一是对不断变化中的崇拜现象作本质的、理论上的论证不够深入。二是在对原始宗教的理论研究上，我们虽然有一定的建树，但也仅是一家之言。有许多问题尚需作进一步的探讨，比如图腾崇拜是怎样产生的？它与灵魂（神灵）崇拜、自然崇拜、祖先崇拜有何关系？是先有灵魂崇拜，还是先有图腾崇拜；是先有图腾崇拜，还是先有自然崇拜；或他们都是同时产生等等，都还有待作深入的研究。三是进行实地调研的面和调研的专题还不够广泛，特别是对高山族的研究，除依靠台湾学者作实地调查提供部分资料外，课题组成员没有去台湾进行调查，仅有的一次是课题负责人利用在台讲学的机会，去宜兰县大同乡泰雅人碧雅楠部落对夫布尔溪的祭溪护溪仪式作过实录。今后有条件时赴台湾进行实地调查是不可少的。

本成果的错漏，敬请读者予以批评指正。

何耀华

2008年3月4日